[原书第2版
Second Edition]

仲裁的
规则、程序与实践

Law, Practice and Procedure of Arbitration

[马来] 孙德砬铢（Sundra Rajoo）◎著
韦彦婷　[马来] 陈行昌（Tan Seng Cheong）◎译

知识产权出版社
全国百佳图书出版单位
—北京—

图书在版编目（CIP）数据

仲裁的规则、程序与实践：原书第2版/（马来）孙德砬铢著；韦彦婷，（马来）陈行昌译. —北京：知识产权出版社，2022.2

书名原文：Law, Practice and Procedure of Arbitration (Second Edition)

ISBN 978-7-5130-7370-7

Ⅰ.①仲… Ⅱ.①孙… ②韦… ③陈… Ⅲ.①国际仲裁—研究 Ⅳ.①D994

中国版本图书馆CIP数据核字（2020）第267138号

责任编辑：韩婷婷　　**责任校对**：谷　洋
封面设计：杨杨工作室·张冀　　**责任印制**：刘译文

仲裁的规则、程序与实践（原书第2版）
［马来］孙德砬铢（Sundra Rajoo）著
韦彦婷　［马来］陈行昌（Tan Seng Cheong）译

出版发行：知识产权出版社有限责任公司　　**网　址**：http：//www.ipph.cn
社　址：北京市海淀区气象路50号院　　**邮　编**：100081
责编电话：010-82000860转8359　　**责编邮箱**：176245578@qq.com
发行电话：010-82000860转8101/8102　　**发行传真**：010-82000893/82005070/82000270
印　刷：天津嘉恒印务有限公司　　**经　销**：各大网上书店、新华书店及相关专业书店
开　本：787mm×1092mm　1/16　　**印　张**：53.75
版　次：2022年2月第1版　　**印　次**：2022年2月第1次印刷
字　数：1251千字　　**定　价**：298.00元
ISBN 978-7-5130-7370-7
京权图字：01-2021-1195

仲裁的规则、程序与实践

（原书第2版）

拿督孙德砬铢（Sundra Rajoo）教授

特许仲裁员

辩护人和律师（非执业）

建筑师及城市规划师

马来西亚理科大学（住房、建筑和规划学院）理学学士（荣誉）学位

伦敦大学法学（荣誉）学位，法律执业证书

利兹贝克特大学荣誉法学博士学位

塔斯马尼亚高等教育学院建筑学研究生文凭

塔斯马尼亚理工学院城市和区域规划研究生文凭

大学（建筑法和仲裁）理学硕士学位（优异成绩）

曼彻斯特大学（法学）哲学硕士

英国皇家特许仲裁员协会国际商事仲裁文凭

马来西亚绘测师协会院士，马来西亚城市规划师学会成员，英国皇家特许仲裁员协会院士，马来西亚仲裁员协会院士，新加坡仲裁员协会院士，国际传播协会院士，澳大利亚国际商事仲裁中心院士，英国皇家特许测量师学会院士，英国认可职业专家证人，英国特许屋宇工程师学会院士

以及

英国皇家特许仲裁员协会2016年——主席

吉隆坡区域仲裁中心——主任

亚太区域仲裁组织——前主席

马来西亚建筑法学会——创办主席

马来西亚审裁员学会——创办主席

致

我敬爱的父母,

Nadarajah Kuppusamy 先生 及 Letchumi 女士

和

我的家人

致

Ray Turner 教授

导师及朋友

致

拿督 Mahadev Shankar

伟大的法学家，内心充实而博学多才，他对马来西亚的贡献是公认的

前　言（一）

能够为拿督孙德砬铢的书籍《仲裁的规则、程序与实践》再版而撰写前言是我的荣幸。

在过去的30年到40年里，仲裁从业人员和学者出版了许多有关仲裁的书。其中涉及了国际和国内仲裁的特别领域，如保密、豁免、费用、利益、临时措施和裁决执行等，涵盖了如海事、商品、建筑、能源、知识产权和投资等不同的行业领域或专业分工，还涉及不同的仲裁机构和司法管辖区域。

今天已不同于我（和拿督孙德砬铢）开始在亚洲实践仲裁并建立我们的职业生涯的日子。我记得，在30多年前，我的书架上只有几本关于仲裁的书。当时沃顿（Walton）的《罗素论仲裁》（*Russell on Arbitration*）（1963年出版）是作为仲裁参考书的唯一经典著作。在马斯迪尔（Mustill）和博伊德（Boyd）的《商事仲裁》（*Commercial Arbitration*）于1982年出版后，它成了当时最受欢迎和最重要的书。

如今不乏好的仲裁书籍，因为大量的书籍足以能够涵盖所有的仲裁法律和实践。拿督孙德砬铢的书中也提及和参考了很多这些最新的书籍，例如伯恩（Born）的《国际商事仲裁》（*International Commercial Arbitration*）（2014年第2版），默金（Merkin）和弗兰纳里（Flannery）的《1996年仲裁法案》（*Arbitration Act* 1996）（2014年第5版），布莱卡比（Blackaby）、帕特塞兹（Partasides）、雷德芬（Redfern）和亨特（Hunter）的《雷德芬与亨特论国际仲裁》（*Redfern and Hunter on International Arbitration*）（2015年第6版），萨顿（Sutton）、吉尔（Gill）和吉尔林（Gearing）的《罗素论仲裁》（*Russell on Arbitration*）（2015年第24版）等。

毫无疑问，拿督孙德砬铢的书和我刚才提及的书籍是同样重要的。它涵盖了所有国际和马来西亚国内的仲裁法律和实践的问题。但是这本书还有其他书籍所没有的独特之处。简单举例如下。

首先，这本书着重于亚洲仲裁的法律和实践。书籍引用了许多与仲裁有关的马来西亚法庭案件，另外两个受欢迎的亚洲仲裁地——新加坡和中国香港地区的法庭案件也被广泛引用。从某种程度上讲，这反映了在这三个受欢迎的亚洲仲裁地进行仲裁的程序上的相似性（一些细微但重要的差异正在研究），那就是都奉行英美法。在机构层面，这本书涵盖了吉隆坡区域仲裁中心（Kuala Lumpur Regional Centre for Arbitration，KLRCA）的规则和实践。这些特点使得这本书成了推广马来西亚仲裁（更具体地说是KLRCA仲裁）的一个伟大使者。

其次，这本书在很多方面都非常便于用户使用，特别是对于仲裁从业者来说，因为它已涵盖了仲裁中会遇到的大多数常见的问题。这本书引用了大量最新的评论（包括主要文本）和法庭案件（主要是马来西亚和英国的案件，同时也有来自其他司法管辖区特别是跨国的案件）。毫无疑问，这会为从业者带来许多方便。除此之外，对于希望学习国际仲裁的复杂性的初学者和学生来说，这是一本很好的书。作者以自己的语言指出、详细探讨和解释了大多数的困难和有争议的仲裁议题，例如：临时仲裁及仲裁机构仲裁的利与弊（第6章）；独任仲裁员与三位（或更多）仲裁员小组的利与弊（第7章）；马来西亚（及中国香港地区）现行立法的问题，这与新加坡在仲裁员的负面管辖权声明方面有所不同（2012年修订了国际仲裁法案）；*SCOTT V AVERY* 条款（第18章）；在国际仲裁中使用混合模式（对抗制和审问制相结合）（第25章）；仲裁员行使较新的权力，即决定临时措施时的实际例子和其中的困难（第32章）；当仲裁员所作的裁决被向法庭提出异议，特别是提出撤销裁决或发回重作的申请时可能的选择（第45章）；等等。

重要的是，拿督孙德砬铢勇敢地公开就仲裁进行过程中的困难局面，表达了自己的观点和建议，即使是在没有其他机关支持的情况下。我必须补充的是，在我看来，在大多数情况下，作者的见解都是平衡、实际和恰当的。

最后，这本书同时涵盖了一些被热议的话题，例如：伊斯兰法中的仲裁（2003年第1版书中简要介绍，但在第2版中已经扩展，涉及伊斯兰金融等）；文化差异（第20章）；第三方资助；仲裁秘书；关于“积极”救济（“active” remedy）（向监督法院提出撤销不理想的裁决）和/或“消极”救济（“passive” remedy）（依靠执行裁决时的抗辩）的争议（第48章）；不同法院执行被监督法院宣布无效或撤销的裁决的不同方式（第47和48章）；投资仲裁［全面覆盖了如何理解此种形式的特别仲裁制度，并重点谈及马来西亚的情况，包括但不限于跨太平洋伙伴关系协议（Trans-Pacific Partnership Agreement, TPPA），将全球经济的40%集中在其12个国家或签署方］；体育仲裁（同样的，全面涉及并重点谈及马来西亚在体育争议方面的争议解决方法的发展和变化）；等等。

除了赞美这本书之外，如果非要给予一些建设性的建议，那就是拿督孙德砬铢引用了很多旧案例，其中大多数是英国的裁决。当然，好的一面是人们可以发现一些小问题，仲裁中的任何小问题都可以以各种方式导致巨大困难。拿督孙德砬铢也的确不时提到，近几十年来情况可能已经改变了。我很高兴地告诉大家，这些旧案例读起来很有趣，但是必须谨慎适用。马来西亚（已被作者多次提及）和英国的法院在心态上已经发生了完全的转变，从封闭和严控仲裁到不干预主义甚至到坚定支持。这些改变仅仅发生在过去的几十年间。

我还记得第一次遇见拿督孙德砬铢的场景（但我不记得准确的年份了）。我们就解开“密封提议”和“因怠于行使诉权而剔除仲裁程序”的谜团进行了深入的探讨。如今，阅读拿督孙德砬铢的书给了我一些启发。首先，在过去几十年间国际仲裁不仅在国际贸易和商业方面越来越重要，其复杂性也持续增加。我非常自豪地看到亚洲拥有本土仲裁专家，如拿督孙德砬铢——他令人信服地展示了他对国际仲裁的全面了解。更令人敬佩的是，拿督孙德砬铢愿意花费时间和精力来写出这本好书，以让亚洲（甚至世界各地）的仲裁员和学生受益。其次，如今仲裁在国际上有巨大的市场，在亚洲也是如此。

有无数年轻和充满活力的新人加入这个行业。我认为，从某种程度而言，他们比我和拿督孙德砬铢幸运得多，因为他们不需要经历我们以前为了获得知识所必须面对的种种困难。他们现在可以容易地、以非常低的价格，获得像此书般的好书。我曾经担心仲裁的保密性会阻碍仲裁知识和教育的传播，但这似乎并没有发生。现在所需要的就是付出耐心和努力去阅读和理解这本书。

杨良宜（Philip Yang）
特许仲裁员
亚太地区仲裁组织（Asia-Pacific Regional Arbitration Group）前任主席
香港国际仲裁中心（Hong Kong International Arbitration Centre）名誉主席
丹麦波罗的海及国际海事委员会文件委员会
（Baltic and International Maritime Council Documentary Committee）副主席
波罗的海及国际海事委员会海事仲裁条款工作小组
（Baltic and International Maritime Council Maritime Arbitration Clause Working Group）主席

前　言（二）

仲裁的“法”是难受管束之地。它融合了不断变化的元素，不仅包括法律的，还有政治的、文化的和社会的。自2003年《仲裁的规则、程序与实践》第1版面世以来，这一点也并没有改变。然而，仲裁法学已经有了迅猛的发展；在领先的司法管辖区，我们已经看到针对执行和有效性问题的司法评论变得越来越复杂，而在发展中的司法管辖区，仲裁已经从被质疑的争议解决程序变成了得到国家法院支持的、得到信任的裁决程序。仲裁中的临时措施的实践有了跨越式发展。《联合国国际贸易法委员会国际商事仲裁示范法》（*UNCITRAL Model Law on International Commercial Arbitration*）2006年的修正案对此作出了重大贡献，一些仲裁机构规则随之的改变也对此作出了重大贡献。同样的，“紧急仲裁”的设立在全球范围发展迅速。国内的立法者现在也面临着挑战，要制定办法以应对更新、更广形式的国际仲裁。在大多数情况下，我们得到的回应都是积极的。

关于拿督孙德砬铢的祖国马来西亚的国际仲裁，我想说几句。在过去的几十年里，马来西亚的仲裁法规经历了重大修订，推出了新的《2005年仲裁法案》。在更短的时间内，吉隆坡区域仲裁中心（KLRCA）经历了可称为凤凰涅槃般的转变。熟悉拿督孙德砬铢的人会非常了解他对该中心和该地区的进步作出的巨大贡献。事实上，该种贡献最终促成马来西亚今天在国际舞台上稳固树立了其独特地位。

在此背景下，第2版《仲裁的规则、程序与实践》的创作需要的不是单纯的更新，而是对于该书初版重点章节文本的实质性改写。这个任务与第1版相比，在深度和广度上更加艰巨，因为当中需要处理在这个截然不同的世界里的仲裁法律和机构规则。

尽管如此，拿督孙德砬铢全心全意地接受了这项任务。他的努力反映在评论文本的深度上，无论从学术或是实践的角度来说都是如此。

本书讨论了人们期待一本关于国际仲裁的重要评论所会涵盖的所有范畴。人们很快就会发现，本书的命名恰如其分，因为它告诉读者的不仅是有关仲裁的规则，还有国际指南、法律文书、机构规则，乃至实践中常发生的问题。

本书讨论的语境不仅局限于马来西亚。它分析的广度以及立足国际的观点，使其可以当之无愧地被归入国际仲裁作品。

本书在分析案件的常见法律问题时对细节一丝不漏，其在处理对于裁决和其执行提出异议时详细参考了重要的判例。本书提及的关于仲裁协议的法律是最全面的，七个章节围绕仲裁裁决的形式、类型和法律展开，其充分展示了常见争论点。同样的，作者在仲裁实践的领先之处也体现在随处可见的实务建议上，这些实务建议将会对从业人员大有裨益。本书围绕有关费用的法律和实务操作的讨论也同样细致入微。

本书也注入了当代的元素，这反映出了作者对于创新的热情。事实上，仲裁界已经从近年来吉隆坡区域仲裁中心（KLRCA）的两个成功创新中看到了这种热情。这两个创新就是该中心为了迎合新兴的伊斯兰金融世界的需要而创制的“i-仲裁规则”，以及适合于小额争议的“快捷仲裁规则”。在本书较后部分出现的对于这些创新的评论，也就是关于在马来西亚适用吉隆坡区域仲裁中心仲裁相关问题的评论。而这些评论由他们中的先驱者提出是非常合适的。

作者对体育仲裁现象、其历史背景及其在国际和马来西亚的法律基础方面提供了有价值的建议，进一步增加了本书的价值。本书还提出了涉及专业领域的见解，即投资仲裁和海事仲裁。虽然本书在这方面的论述并不旨在做到完备，但有关这些法律领域的章节也都是在参考了相关的案例、法规和政策的基础上来充分而详尽地讨论的，以求为读者们提供工作中需要的相关知识。

本书文本自始至终贯穿了作者熟悉的声音——我想很多人都会同意，这是本书第 1 版的标志。充满敬意地说，这在采用总编制来编译仲裁文章的最新趋势下，是很罕见的。这本书的另一个显著特征是，它以解决读者在思考过程中自然而然地遇到的问题，并在遇到这些问题时给出答案的方式展开。本书也同时带出了不同层次的说法，敢于表达自己的想法，而不是简单地陈述法律。这个特点使其成为启发刚进入仲裁领域的新人的理想工具，他们将从本书的叙述和论理中得到帮助。

随着受欢迎的国家仲裁地数量的增加，权威评注以一种关注特定司法管辖区的方式去整理、分析和传播不计其数的适用法律的需要日益上升。尽管国际私法的法律、法规、规定和指引日渐呈现出国际融合的趋势，但这一点是不可否认的。我无须列明在美国、英国和法国的屈指可数的著名评论书籍。我相信，作者第 2 版《仲裁的规则、程序与实践》在不久的将来会成为处理以马来西亚为仲裁地的国际仲裁时为人们信任的论著。

如上所述，本书并不仅有这一宝贵之处。国际性是商事仲裁法学的题中之意，本书关注了世界各个大陆上的司法管辖区的重要案例；同样的，本书重点放在普通法地区，也当然是由马来西亚的法律和政治制度起源决定的。

最后，我们应该看到作者在服务于吉隆坡区域仲裁中心、马来西亚和英国皇家特许仲裁员协会，以及广大商界和法律界时所做的不懈努力，而这不过是他最新的成就。能够阅览第 2 版的文本是我无上的荣幸，我认为，这本书也应如他的其他作品一样被视为杰出贡献。它承载了作者深刻和领先的思想，它应该因此而得到称赞。

Doug Jones AO 教授

第1版前言

如今，在许多国家，解决争议的方法除了诉讼之外还有很多种。在这些程序当中，有些是最近才出现的，而有些已经存在了很长一段时间。有一些方法，将会且应该经得起时间的考验。同时，也有一些是用粗暴或妥协的方式来解决争议的，还有一些方法是短暂性的，是通过暂时性的工具来保证工程和金钱的运行。这种方式只有在不想或者不能深入地解决这个问题时，才可能会成为终局“解决方案”——也就是说，一般情况下，所有的或者绝大多数的解决方式，都在整个机制中各司其位。然而，在这之中，只有一种方式能够保证终局性，且其裁决能够在许多的司法管辖区具有可执行性——那就是仲裁，一个已经经过时间考验的程序。

仲裁的程序也拥有其他的特征。其中最重要的可能是，根据司法地区的不同，当事人可以拥有较多的自主权。当事人可以依据自己的意愿，或在受任命的专业且熟悉程序的仲裁员指导下，根据具体情况、他们的需要、争议性质、紧急程度，以及各种对他们来说重要的因素而制定适当的程序。因此，仲裁具有灵活性、高效性、成本效益性、终局性和可执行性，以及对商界争议者来说非常重要的隐私性和保密性。

以上优点将通过综合以下因素得到最佳的实现。首先，作为当事人选择的结果，当事人的代表和顾问判断力强。其次，当事人和其代表熟悉仲裁法、仲裁程序及其条件以及该过程中固有的可能性。最后，确保指定的仲裁员拥有法律和仲裁实践方面的知识和能力，具有良好的管理能力和说服能力，并且能够在特定的情况下，在相关争议领域具有精通的技巧和丰富的经验。如果缺乏第一个因素（当事人较强的判断力），则可以通过第三因素的勤勉来弥补这一缺陷，也就是有能力且高效的仲裁员。

但是仲裁员和其他涉及仲裁的人员很少这样开始他们的职业生涯。仲裁业通常不被认为是主要行业，它通常被视为第二职业或者附加行业，附加在个人的主要职业和专业领域之上。因此，尽管诉讼律师从一开始就接受法律训练，法官由指定的经验丰富的律师组成，但在仲裁领域，仲裁教育、培训和经验常常是以不同的方式获得的。除了例外情况，大多数仲裁员是在其40多岁时被首次委任的，这时他在原职业领域已经有相当的地位。虽然从业人员学习过各种各样的培训课程，其中也不乏优秀者，但是许多（虽然不是绝大多数）从业人员获取与他们个人在仲裁中的角色（作为仲裁员、法律顾问、律师或者其他代表角色）相关的仲裁法律、实践和程序的必要知识的途径还是权威的教科书。权威教科书可以对任何级别的仲裁课程提供辅助，不只是新手需要参考这些权威课本。即使从事仲裁多年的仲裁员和其他从业人员也会有知识缺陷，或者在想到仲裁法律或实务的要素时有漏洞——这就是需要翻阅知识丰富且实用的教科书的时候。

仲裁并不是一个静止的过程，它是一个运动的、持续演变和发展的过程，同时也要跟上商业或其他方面的变化。因此，我们不断需要更新、更权威而综合的教科书，其主题不仅仅涵盖马来西亚，还需将更广语境下的国际仲裁元素囊括在内，而拿督孙德砬铢的书正好满足了这种需求。

这种作品需要满足各种不同的需要，需要满足已经执业的仲裁员或其他仲裁实务工作者以及初学者的不同需求。能够完成这种作品的作者需要具备什么特征呢？主要来说，需要作者对该学科知识有深入了解，同时还应是一位合宜的实务工作者，在仲裁业领域经验丰富。

仅拥有广泛的知识本身是不够的，还需要同时详细了解细节。只有拥有广泛的知识，才能够把每个主题放在更广阔的背景之下展开讨论——与包括诉讼、国内和国际法、私法（当事人合意）、在其他司法管辖区的仲裁在内的其他的争议解决程序相比，它是怎样被影响、能影响或能被影响的？作者提供的资料要足够详细，足以填补读者在理解上和认识上的漏洞，无论读者是一名新手还是有经验的从业人员，他（她）力图寻求信息、判例、参考案例、想法，或者仅仅是通过这些作品获得心理慰藉。

然而，不论知识面多么广泛，拥有知识本身是不足以满足这个目的的，除非他得来的经验已经经过长期的最前线的磨炼。这种经验必须来自个人作为仲裁从业者的积极参与，在这些经验中最好有相当的一部分是处于两难境地的经验，也就是担任仲裁员的经验。担任仲裁员就是考验自己的最好方式。许多争议都由独任仲裁员来解决。他只能依靠自己，他需要精通知识并且准备充分，他需要有能力和信心，这种能力和信心来自他对这个学科知识的广泛阅读，来自他拥有权威的参考书可供查阅。

任何读者都不难发现，拿督孙德砬铢是卓越并且适宜地取得了资质的，在学术上拥有不止一个高度相关的硕士学位，同时也是许多专业团体的成员。除此之外，他是一位经验丰富的执业仲裁员。同时，他也深入参与起草新的合同形式及仲裁立法。有什么更好的方式去积累对于仲裁程序和参与仲裁程序所需要的内容的认识呢？正如从 1994 年以来我所接触及了解他的一样，他除了博学多识外，还有非凡的能力——不仅仅是掌握吸收案例的事实和信息，而且去理解和分析这些原始数据，并将这些数据开发成实用和可用的形式。

我在 1994 年年初初次遇见他，当时他在职业生涯中期，已经是一名执业仲裁员，并作为当时第一批在利兹城市大学修读建筑法和仲裁理学硕士学位的同学来到英国。由于我当时身兼仲裁访问学者以及日常细致的设计、开发、人员配置、教授两门仲裁课程数职，我和我的仲裁员、律师同事都会经常与他接触。

当时我最亲密和受尊敬的同事、已故的 Michael Needham（后来成为教授）和我很快就称赞了拿督孙德砬铢高水准的贡献，他在工作、学习和对于辩论与讨论方面的投入。他很乐意教授我们，与他一起能够探索到仲裁的细微之处。他对案件事实、知识、推理的吸收能力之强可以用一个不常用的词来描述：“吸水性”。但他做的不仅仅是吸收；他加工、精炼那些知识，加之运用他自己以及他的导师的经验，这个时候才“释放出”他那一种自然而然的技能，而现在能使得他的读者大大受益。毫无疑问，拿督孙德砬铢拥有丰富的上述特征，这些特征是成为这样一本书的作者的先决条件。我想在这里加入一个私人小注解，当知道这本书要献给的其中一个人是已故的 Michael Needham 教授时，我非常欣慰。同时也百感交集，我居然有这份荣幸，能够为这本献给他的巨作撰写前言。

现在来谈谈我对本书的看法：

这是一本任何方面都可以以伟大相称的作品，很显然，其他高质量的书籍都可以依据本书为基础。这本书就一个复杂的主题涵盖了非常（我很想使用“极度”一词）全面的内容，但能以清晰和有逻辑的顺序列出该内容。他用了易于读者理解的方式来写作，非律师读者也能略懂本书中的拉丁语。本书的主题布局清晰，可能反映了作者的建筑和规划职业背景；章内单独命名的分章题目有逻辑地以分区的形式划分，可以为参阅本书以寻找特定信息或指引的忙碌的读者带来巨大的便利。

在描述出大背景后——这是在其后进行广泛的探索之前所必需的——作者按照仲裁程序的先后顺序进行叙述。在这个过程中，他巧妙地将有关的法律条文和普通法（马来西亚和英国）、各种仲裁规则、《联合国国际贸易法委员会国际商事仲裁示范法》和规则、实际操作、问题和解决路径混合编织，全部配以完整的脚注。随着读者可见的主题之间的引入和发展，作者考虑到了法律和实务的意义，那就是将相关的司法评论、作者的推理和适时的结论相结合。

这是一本每个仲裁从业者的书架上都不可或缺的书，它对于在马来西亚参与仲裁的人士是如此，对于更广泛的地域范围内的从业人员也有很大的意义。如果我还在执业，即使实际上是在英国，这本书及它的新版本也将会一直被收藏在我的书橱里随手可及之处。

拿督孙德砬铢学识渊博，他的著作价值巨大，值得赞赏。

雷·特纳（Ray Turner）

雷·特纳自1994年始一直在利兹城市大学（Leeds Metropolitan University）担任访问教授，1983年至1984年担任英国特许仲裁员协会主席，1987年至1996年担任专家学院（Academy of Experts）副院长，是建筑业仲裁员协会（Society of Construction Arbitrators）和建筑法学会（Society of Construction Law）的创始人之一，担任执业仲裁员长达数十年，1997年至2002年担任Turner大律师行负责人。

自序和致谢

本书第 1 版是根据《1952 年仲裁法案》而创作的。从 1999 年开始，我花了三年的时间独自写作。然而，在 2003 年出版这本书后的不到两年时间里，马来西亚以《2005 年仲裁法案》的形式颁布了《联合国国际贸易法委员会国际商事仲裁示范法》。该法案随后于 2011 年修订。

在 2005 年以后的这段时间里，有许多人要求我修改和更新这本书。尽管法律被修改了，但第 1 版仍然是有用的书籍，尤其是当需要寻找关于《2005 年仲裁法案》条文的解释的时候。

最终，十年之后的 2013 年，我的出版商 Norain'ni Abdul Rahman（当时在 Lexis Nexis）希望我开始第 2 版的创作。我当时有点不情愿，因为我任职吉隆坡区域仲裁中心主任、执业仲裁员，以及在如亚太区域仲裁组织（APRAG）、建筑法学会（SCL）和英国特许仲裁员协会（CIArb）等各种各样的专业和仲裁业忙碌，加上教学任务，使我无暇分身。

在我作出决定的过程中，Norain'ni 向我推荐尼古拉斯·托尔斯（Nicholas Towers）作为我的研究助理。我向他的努力致以敬意。尼古拉斯·托尔斯审慎地开始了工作，他研究和更新了首版的几个章节以使其符合时代的变化。

然而，第 2 版工作在尼古拉斯·托尔斯决定搬回英国完成他的见习职位以成为大律师后有些停滞不前。当时，我们已经粗略地更新了许多章节。但是，还有很多工作需要完成，当时的进展极度缓慢。

在 2015 年年初，我重新开始专注于更新第 2 版本。我向我的同事 Smrithi Ramesh 和 Ioannis Konstantinidis 寻求帮助。Smrithi Ramesh 在每个工作阶段都给予了我极大的帮助，而 Ioannis Konstantinidis 协助完成有关投资仲裁和法律冲突的章节。尤其是，Smrithi 的热情和全力以赴的态度督促我继续努力。

我已把 Smrithi Ramesh、Nicholas Towers 和 Ioannis Konstantinidis 列为第 2 版的贡献人，因为如果没有他们的协助，这本书是无法完成的。

如今的替代性争议解决方式从业者需要知道国际商事仲裁的各种法律及其发展情况。这些内容来自国际条约、其他统一的法律文书，也来自不同司法管辖区的平行的有意或无意的司法评论。

本书第 2 版遵循了第 1 版划分仲裁程序阶段的方式。不过，第 2 版基于《联合国国际贸易法委员会国际商事仲裁示范法》机制，依据马来西亚以及更广泛的普通法司法管辖区和大陆法司法管辖区现行法律、工作实务和仲裁程序，对内容进行了扩充、更新和讨论。本书还研究了有关海事、投资和海运等专业仲裁制度，以及像仲裁秘书和第三方资金等常见的问题。

莫里斯（Morris）教授在他的《黛西与莫里斯论法律冲突》（*Dicey & Morris on the Conflict of Laws*）中解释说，法律书籍很像婴儿一样，怀孕时让人觉得很有趣，但有趣过后，要把他们养大成人需要大量辛苦的工作。然而，“把待办工作分配给最忙的人”这句俗语似乎是真的。我很高兴第 2 版现已经完成。

我因此书而受到无数人的帮助。跟平时一样，我得到了不同人的帮助，尽管他们的名字没有被提及，但对他们的感激，我深藏心中。

我的家人在我更新这本书的每一阶段都给予我很大的鼓励。我在他们的爱与陪伴中感受幸福。我尤其感激 Vanitha 以及我的其他家人让我可以完成我的作品。

我很感激我的良师益友雷·特纳教授，以及在利兹城市大学（Leeds Metropolitan University）（现在的利兹贝克特大学，Leeds Beckett University）教导我有关仲裁的原理、实务和程序的，已故的迈克尔·尼达姆（Michael Needham）教授，他赋予我仲裁领域根深蒂固的知识及智慧的根基。我也保留了雷·特纳教授为我的首版所写的前言以纪念他对我的情谊和信心。

我也非常感激我所有的朋友、知名的仲裁从业者。杨良宜和 Doug Jones，他们在百忙之中特地抽出时间来为我的第 2 版撰写前言。我由衷地感激他们提供的帮助、建议、鼓励和友谊。我们都曾经在仲裁案件中一起工作过。他们的学识、专业知识和实践方法是非常有启发性的。

杨良宜不仅撰写了前言，他还指出了书中的错别字并提出改进建议。大卫·贝特森（David Bateson）细致地审阅了整本书，提出了很多修改和更新建议。我很感激他们的付出，但我对所有仍然存在的任何错误或不正确的信息独自承担责任。

我想借此机会感谢在研究、修订和介绍这本书的过程中提供过帮助的同事，其中包括 Rammit Kaur、Franz Dominic、Tatiana Polevshchikova、Mehtab Khan、Litsan Choong、Melanie Fernandez、Huganeswaran Veerasagram、Teddy Murray、Danaindran Rajendran、Stephanie Tan、Carmen Schick 和 Manpreet Kaur。我的私人秘书 Carol Yee 也密切督促我完成我的工作。

我衷心感谢 Lexis Nexis 的 Amitabh Srivastava，他富有决心，办事得体，以确保我们可以集中精力使这本书完满地完成。同时 Nadiah Nadzri、Tabitha Dass、Nawal Husna Masri、Terrence Lim、Adrienne Yeoh 和 Katherine Leong 则尽力满足我对于更优质量的要求。

书中所表达的全是我自己的观点。在这本书当中可能存在一些比较尖锐的言辞。但我相信，我都对这些意见作出了合理的解释。对于这本书，我不仅提供了丰富的资料，还希望能够就亟待解决的各种问题提供讨论的机会。

我试图让本书内容保持中立，除非是参考了权威性案例或资源。本书收录了所有截止到 2016 年 9 月 30 日的最新资料。

拿督孙德砬铢教授
吉隆坡
2016 年 9 月 30 日

贡献者名单

SMRITHI RAMESH

Smrithi Ramesh，吉隆坡区域仲裁中心（KLRCA）法律服务部副主任。她在印度取得了文学（荣誉）学士学位和法学（荣誉）学士学位，之后在加州大学伯克利分校取得法律硕士学位，专注于国际争议解决，专注于国际仲裁以及其他的争议解决方式，包括在马来西亚和国际范围内的案件管理和政策制定，在加入 KLRCA 之前执业于印度，处理各种交易、公司、国内和国际的仲裁争议。

NICHOLAS TOWERS

Nicholas Towers，英国诉讼律师，专注于商事诉讼、建筑诉讼及仲裁。曾在吉隆坡 Azmi & Associates 律师事务所工作两年，并在 Inns of Court Pegasus Scholarship 的支持下调派到新加坡 Rajah & Tann 事务所。曾处理过按照主要仲裁机构规则进行的案件，并看到了马来西亚仲裁光明的未来。

DR IOANNIS KONSTANTINIDIS

Dr Ioannis Konstantinidis 是 KLRCA《投资条约仲裁与国际法》（*Investment Treaty Arbitration and International Law*）的负责人。拥有雅典大学（希腊）文学学士学位、巴黎政治学院文学硕士学位、索邦大学法学院法学硕士学位（国际法律和国际组织）和博士学位（国际法）。加入 KLRCA 之前，于伦敦一家领先的国际公法事务所工作，为国际法院（ICJ）、国际海洋法法庭（International Court of Justice，ITLOS）和国际投资争端解决中心（ICSID）等处理的案件提供法律咨询。

译者序一

2017年，我们拿到《仲裁的规则、程序与实践》这本书的作者拿督孙德砬铢教授的授权时，正值首届“一带一路”国际合作高峰论坛在北京召开。习近平主席出席高峰论坛并发表了主旨演讲。习近平主席说：“一代又一代‘丝路人’架起了东西方合作的纽带、和平的桥梁。”丝绸之路绵亘万里，延续千年，随着“一带一路”倡议的推进，随着中国企业“走出去”步伐的加快，对外经贸活动日趋频繁，我们迫切需要适当的争议解决机制以更好地维护企业的合法权益。国际仲裁以专业化、国际化、便利化、可执行等优势，在解决国际商事争议时广受企业的青睐。

大陆法系和普通法系是世界上最具有影响力的两大法系，他们在法律制度、思维方式、文化理念、权利观念上存在诸多的差异。但国际仲裁融合了两大法系之间的差异，不同国家、不同法域的当事人可以坐在一个会议室，用双方选定的规则、双方选定的处理方式来解决问题。国际仲裁的魅力在哪里？这本书即向读者全方位地介绍了国际仲裁的规则、程序与实践，通过比较《联合国国际贸易法委员会国际商事仲裁示范法》以及不同法系国家不同的仲裁规则来展示仲裁的特点。希望我们探索的过程与成果能给所有的法律工作者、仲裁参与者、商业经营者带来帮助。

计划翻译《仲裁的规则、程序与实践》这本书的时候，其实我是拒绝的。这本书的原版有1300多页，要完成它，势必是一项艰难的挑战。它就像一座望不到顶的山，我不知道以我的时间、我的精力能否攀登它。也因为陈行昌（Tan Seng Cheong）的坚持，以及一路走来众多法律专家和朋友们的支持和鼓励，最终我们征服了这座高峰，这本书得以顺利出版。我和陈行昌有一个共同的愿望，希望本书的出版能让涉外律师得到社会更多的关注，希望我们中国律师通过一步步的努力，在国际上的地位和可信度日趋提升。

胸怀祖国，才能放眼世界。仲裁作为多元化纠纷解决方式之一，在保障和推动“一带一路”倡议的顺利实施中发挥着不可替代的作用。希望本书关于仲裁的讨论能为我国“完善仲裁制度，提高仲裁公信力”的总体要求贡献绵薄之力。再次感谢在本书出版过程中提供帮助的所有专家及朋友们。

韦彦婷

二〇二一年一月四日于南宁

译者序二

这本书不仅仅是一本英文书的中文译本，它更是一幅不同法律语言和文化的地图，将大陆法概念和普通法理解的多样性和理念连接起来。尽管这项艰巨的任务类似于在未知的水域进行海上航行，但我们和我们身后的众多法律专家还是促成了这样的尝试。而这本书的完成，就像是看着克里斯托弗·哥伦布（Christopher Columbus）这位探险家和领航员在你眼前完成了四次横渡大西洋的航行，为欧洲探险和美洲殖民开辟了道路。

对于这本书，我有三个愿望。

第一个愿望是，我希望这将开启“一带一路”倡议国家在国际仲裁方面的合作，保护“一带一路”的船只和航程。

马克思说：“卖给一个人一条鱼，他能吃一天。教会一个人如何钓鱼，你就毁了一个绝好的商机。”我相信，在一个全球化的社会里，跨国消费者依赖我们来提供他们在国内无法获得的法律服务。如果我们分享我们的技术诀窍，我们不是在限制我们自己的优势，而是在扩大我们的机会，把我们的视野扩展到海洋之外的新领域。

第二个愿望是，我真诚地希望这本书成为致力于走出国门的各国法律同人之间开展更多国际合作的种子。

据说生活中有些东西比金钱更重要，但金钱对几乎每个人来说仍然很重要。我们非常重视金钱，但是如果我们努力提供更好的法律服务，并且因我们擅长的工作而获得声誉，那么这种声誉将伴随我们的一生。

我的第三个愿望是感谢所有那些坚持不懈地帮助这本书面世并使之成为可能的人，你们的贡献确实是无价的，任何金钱都买不到。

拿督陈行昌（Tan Seng Cheong）

二〇二一年一月四日于马来西亚吉隆坡

目　录

Contents

第1篇　仲裁的一般性框架

第2篇　仲裁协议

第3篇　违反仲裁协议和法院中止诉讼程序

第 4 篇 法院管辖权的排除

第 5 篇 仲裁的开始及仲裁庭的设立

第6篇 仲裁的实施

第 7 篇　仲裁员和法院

第8篇　仲裁裁决

第 9 篇　仲裁费用

第 10 篇　提出裁决异议

第11篇　裁决的执行

第1篇 Part one

仲裁的一般性框架

第1章　仲裁的性质

1.1　引　言

在当今世界上，仲裁因具有能够顺利且及时地解决纠纷这样的特点而广为人知。及时性、仲裁小组的独立性、仲裁员的可选择性以及保密性是仲裁为人所知的部分特点和优点。

然而仲裁也快速经历了不断地完善，才在迎合了复杂的商事纠纷的同时又包含了自身鲜明的特点。尤其在当今相互关联的世界中，越来越多跨境国家的商事纠纷当事人认可仲裁作为解决合同纠纷的手段。

仲裁的实践和程序已经发展到能考虑各方的特性、行业的需求和对公平及公共利益的保障。普遍认为，大部分的争议完全不需要聘请律师去解决。[1]

通常认为，当事人会尝试将纠纷消灭于萌芽之中并继续工作，而不是让这些争议发展成为需要第三方介入的、持久且昂贵的战争。[2]

因此，现在的商业实体和政府常常会评估自身风险，并制定早期争议评估和预防机制。其中就包括所有形式的替代性争议解决方式。

1.2　争议解决机制

争议解决的程序发展到今天已经变得很宽泛，可以大致分为以利益为基础和以权利为基础两种类型。

当事人可以考虑这两种选择：是从当事人的实际利益（比如公平性和维持长久的关系）角度出发来解决争议，或者是应该采取更具法律性的、以权利为基础的做法去解决问题。

对于以利益为基础的途径来说，当事人和调解员可以深入去调查争议并解决争议各

---

[1] 2013年普华永道在600名国际受访者调查中发现，有57%的国际争议通过友好协商或调解解决。参见普华永道2013年发表的《公司对国际仲裁的选择》。

[2] 在没有被友好解决的32%的国际争议中，只有32%被诉诸诉讼或仲裁，即只有1/10的国际争议提交诉讼或仲裁。参见普华永道2013年发表的《公司对国际仲裁的选择》。

方的需求。这种做法并不仅仅局限于审查当事人所提出的争议点，也不仅仅适用法律制度所提供的救济解决办法。

公司自身是否真想要对过去的错误行为而提出损害赔偿，还是考虑到未来的商业机会和有利条件更为重要？被歧视的员工是想要获得损害赔偿呢，还是想在同一个机构里获得一份更好的工作或跟随另一个领导者？

因为当事人有各自的需求和欲望，因此可以有很多的方式来达成一项和解。[3] 这些问题往往与合同的权利义务关联不大。

因此，大家认同的是，没有一种单一的方式或“魔法棒”可以适用于解决所有案件的争议。当争议出现时，当事人会面临三种不同的争议解决机制：

（1）法庭诉讼，即传统的法定争议解决方式；

（2）仲裁，旨在达成可执行的最终结果；

（3）其他替代性争议解决（Alternative Dispute Resolution，ADR）机制，例如审裁、和解、专家决断、先调解后仲裁、微型审判、租用法官、争议解决委员会，以及其他以第三方形式介入以达成解决方案的方式。

以上这些机制都是通过第三方的介入来解决纠纷的，而不论该第三方对当事人来说是不是真正意义上的正式权力机关。

第三方的角色在每个机制中都有所不同，从具有约束力的决定的制定者（诉讼、仲裁）到临时措施的决定者（审裁），再到双方达成协议的促进者（调解）。这三种机制的性质和进程的不同使得它们适用于不同类型的争议。

在实践中，使用第三方来解决争议是相沿成习的。爱德华·德博诺（Edward de Bono）说：

> 第三方的角色不可或缺，因为争议中的当事人陷入了争辩的思维模式……第三方不是额外的角色，也不是为争议的解决提供援助，而是争议解决过程的组成部分。[4]

而且，在当事人之间的问题关涉专业意见时（例如，如果当事人之间对于技术或法律问题意见不一），那么专家决断可能会成为合适的解决或者控制争议的方式。

或者，如果当事人希望友好地解决问题，不分输赢，那么调解或者和解会是适合的方式。现在很常见的是，当事人同意首先将他们的争议提交给非约束性的替代性争议解决机制，如果替代性争议解决方式失败，就会将仲裁或诉讼作为后备方式。[5]

---

[3] Aibel，HJ，“Mediation Works：Opting for interest-based solutions to a range of business needs”，Dispute Resolution Journal（1996）5 at p 26.

[4] DeBono，Conflicts：A Better Way to Resolve Them（1986），*Brown and Marriott*，*QCADR Principles and Practice*（3rd Edn，2011），pp 124-125.

[5] 大部分的标准格式条款都允许在仲裁开始之前进行内部和解。有些条款的规定甚至更进一步，比如《建筑业发展委员会（CIDB）建筑工程标准合同格式（2000年版）》第47.2（d）条规定了调解是仲裁的先决条件；《马来西亚建筑师公会（PAM）合同（2006年版）》第34.1条规定了对于雇主引起的争议必须作出裁决。

1.3 仲裁作为一种选择

仲裁有别于其他没有约束力的替代性争议解决方式。仲裁庭的作用并非去决定如何以最快速的方式来解决争议，而是根据证据和案情来划分责任大小。[6]

威廉姆（Williams）和卡沃鲁（Kawharu）说，从最基本的层面来说，仲裁是将一个争议提交给由各方当事人共同选择或者替当事人选择的、一个独立的非政府性质的决策者，以期在平等地聆听当事人诉求的基础上，根据中立的裁决规则就争议作出一个有约束力的裁决，以此解决争议。[7]

在需要迅速地解决争议时，采取正式的争议解决程序很难达到这个目的。[8] 长期以来，商业界都意识到有必要消除在解决商事纠纷过程中的拖延和其他障碍。[9] 因此，出现了许多商业机构、商会、交易所和贸易协会等在其内部设立仲裁场所这样的仲裁组织形式。[10]

国内法院为清理积压的案件而设立了专门的法庭以审理商事纠纷，例如新加坡国际商事法庭，所以在审理速度上，仲裁曾经拥有的优势将会减少。[11] 然而商业界仍然倾向于通过仲裁而不是法院来解决争议，原因在于仲裁所具有的优势，即可以选择仲裁地、双方可以确定一个中立且拥有适宜解决该纠纷的资质的裁判庭、保密性和全球范围的可执行性。[12] 而执行海外法院判决则取决于相互承认条约，例如《海牙公约》（*Hague Convention*）。

法官罗杰斯（Rogers J）在 *Beveridge v Dontan Pty Ltd*[13] 案中提到，仲裁只是解决商事纠纷的众多争议解决机制之一。他解释说：

> 今天的法律思维更加开明，应当接受在争议的解决方式中，得到公正结果的方

---

[6] Carroll and Dixon，"Alternative dispute resolution developments in London"［1990］ICLR 4 at pp 436-437.

[7] Williams QC and Kawhar，Williams & Kawharu on Arbitration（2011） at para 1.1.1. Gary Born，*International Commercial Arbitration*（2nd Edn，2014） at p 69 and Blackaby and Partasides with Redfern and Hunter，*Redfern and Hunter on International Arbitration*（6th Edn，2015） at para 1.04.

[8] 这包括等待审判的时间，法律团队之间的拖延，以及为了替出色的仲裁员、两个或多个法律团队、客户和证人量度合适的日程机构所面临的挑战。

[9] 这促使了吉隆坡区域仲裁中心（Kuala Lumpur Regional Centre for Arbitration，简称 KLRCA）等机构提供"快捷仲裁"规则，以便在适当的情况下更快地解决争议。

[10] 例如，仲裁设施由马来西亚的 Pertubuhan Akitek、工程师协会（Institute of Engineers）和马来西亚橡胶交易所（Malaysian Rubber Exchange）根据 1962 年《马来西亚橡胶交易所（公司法）法案》（法案 402）设立提供。

[11] ［2012］1 MLJ cxxiv 是大法官拿督斯里 Arifin bin Zakaria 在 2012 年法律年会开幕式上的演讲，详细说明了马来西亚法院系统积压案件的减少情况。

[12] 在《纽约国际商事仲裁（2010）》（*International Commercial Arbitration in New York 2010*）的前言中，杰拉尔德·阿斯肯（Gerald Asken）在谈到仲裁时说："仲裁程序之所以受欢迎，是因为还没有人找到一种更好的方法，能稍加保密又能获得有效执行地解决国际商事关系背景下的争议"。

[13] （1991） 23 NSWLR 13 at 24 C-D.

式并非只有一种。[14]

仲裁是司法程序的替代方法。特别是在涉及法律要点的时候，它是解决双方复杂纠纷的恰当方法之一。

上诉法院民事庭主事官丹宁勋爵（Lord Denning MR）* 在 *Modern Engineering（Bristol）Ltd v C Miskin & Son Ltd*[15] 案中承认了仲裁的重要性。他认为：

> 仲裁现在是世界上司法活动中最重要的领域之一。

最初，法院对仲裁的方式感到不满，认为仲裁剥夺了法院的司法权。但是，最高法院在 *Scott v Avery*[16] 案中作出了相反的表示，消除了这样的观点。

在 21 世纪，法院被认为是仲裁强大的盟友，而不是仲裁权力的嫉妒者。[17] 这种关系在促进国际贸易、外商投资和经济发展方面发挥了重要作用。

仲裁作为解决各式各样商事纠纷的方式现在已被普遍接受，特别是在如航运[18]、建筑、能源和金融服务业等专业或技术领域。[19]

1.4 本书的讨论范围

本书讨论了仲裁，即当事人通过选择的私人仲裁庭或者法庭转介的方式来解决争议。[20] 仲裁庭作出的裁决具有法律效力，对当事人各方均有约束力，它不仅可以在当地法院执行，还能在国际上执行。[21]

---

[14] 在《纽约国际商事仲裁（2010）》（*International Commercial Arbitration in New York 2010*）的前言中，杰拉尔德·阿斯肯（Gerald Asken）在谈到仲裁时说："仲裁程序之所以受欢迎，是因为还没有人找到一种更好的方法，能稍加保密又能获得有效执行地解决国际商事关系背景下的争议"。

* MR，即 master of rolls，是上诉法院商事庭首席大法院。——译者注

[15] [1981] 1 Lloyd's Rep 135 at 138.

[16] [1856] HL 案件 811，[1843-60] All ER Rep 1. 另见 *Hayter v Nelson and Home Insurance Co* [1990] 2 Lloyd's Rep 265.

[17] 中国远洋运输公司"富宁海"轮的共同所有人诉惠斯勒国际有限公司租船合同仲裁案 [1999] HKCFI 655 中的被申请人拒绝披露其地址，以避免为仲裁费用提供担保，因此法院通过作出必要的命令来支持仲裁。另见英国部门咨询委员会（DAC）关于《1996 年仲裁法案》的报告第 2 章第 22 号，其中萨维尔法官（当时的法官）说，"如今法院的干预通常只是为了支持而不是取代仲裁程序"。

[18] 在 2011 年，Stone cum Ebony 镇的克拉克法官在其发表的一篇关于仲裁和法院的论文中说，"过去英国作为仲裁地取得相当成功的原因之一……是许多标准形式的租船合同都有英国仲裁条款"。

[19] 在普华永道 2013 年的调查中，73% 的行业受访者同意仲裁适合本行业，其中建筑、能源和金融服务业的比例分别为 84%、78% 和 69%。在来自建筑业的受访者中，68% 的人认为仲裁是解决跨境争议的最佳方法。参见普华永道 2013 年发表的《公司对国际仲裁的选择》。

[20] 1964 年《司法法院法案》（法案 91）第 24A 条规定，法院命令通过仲裁裁决纠纷或事项的权力有限。

[21] Blackaby and Partasides with Redfern and Hunter Redfern and Hunter on International Arbitration，(6th Edn，2015) at para 1. 87.

仲裁产生于双方当事人在合同订立时或者在争议出现并要通过仲裁解决争议时的仲裁协议。仲裁也能产生于要求当事人通过仲裁解决争议的条约条款或法定条款。

本书涵盖三个重要的领域：首先，是否应当选择仲裁而不是法院，以及在程序搁置、禁止令和缺乏管辖权的情况下能否保持仲裁程序；其次，程序和其他实务问题，如仲裁庭的任命和报酬、仲裁的开始和进行；最后，裁决书、裁决执行权和提出异议的机会。

作为概述，本书大致旨在从现代法律机制的角度出发为国内和国际商事仲裁提供文本和参考，同时也研究了在吉隆坡区域仲裁中心（KLRCA）* 管理的机构仲裁，以及在特殊领域使用的专业的替代性争议解决机制。

最后，本书汇编了相关仲裁立法、机构规则、软性法律文书，例如《国际律师公会指引和实务规程》（*International Bar Association*（*IBA*）*Guidelines and practice protocols*），以及提纲［如，皇家特许仲裁员协会（CIArb）以书本附录形式发行］。

---

* 吉隆坡区域仲裁中心（KLRCA）已于 2018 年 2 月 28 日更名为亚洲国际仲裁中心（AIAC）。——译者注

第 2 章　仲裁的立法发展

2.1 引　言

自从人类建立了有凝聚力的社会，争议解决的方式就已经存在了。然而特点鲜明、借助系统化的程序在法庭之外解决争议，是近年来相对较新的一种争议解决方式。[1]

仲裁，即经过当事人的同意，将争议提交给一个或多个人审理，在马来西亚还没有被英国殖民之前，以这样的方式作出的裁决可以由州政府执行，这在很大程度上是闻所未闻的。当时，州际之间的交流困难，地区之间更加孤立；马来西亚的地区和种族群体认可习惯法以及传统的领袖机构所作出的决定。

族群中的年长者、富有的人以及具有影响力的人被赋予了维护社会稳定及解决争议的权力。如今，约定遵守地方权力决定的协议已没有最终效力，因为它并没有强制执行力。

然而这些决定是有可能被执行的。因为不服从决定会遭受社会的排挤、流放，或遭受更糟糕形式的制裁。

2.2 伊斯兰法中的仲裁

仲裁，在阿拉伯语中被称为“塔赫金”（tahkim），是伊斯兰国家争议解决中普遍使用的方式。[2] 引用伊斯兰准则的合同当事人，不需要担心以仲裁解决合同争议会违反伊斯兰法的问题。这是因为仲裁作为解决争议的方式在伊斯兰教中具有悠久的基础和历史。[3]

古兰经、圣训（先知穆罕默德的言论和做法）、伊玛玛（公认的宗教当局的共识）和奇亚（先例推论）相结合形成了伊斯兰教教义。伊斯兰教教义也提供了可以适用于仲裁的原则基础。仲裁的立法规定可以从古兰经和预言传统中推论得出。

例如，在下列经文中，仲裁被视为解决婚姻纠纷的主要方式：

---

[1] Roberts, *Order and Dispute*: *An Introduction to Legal Anthropology* (1979).

[2] Saleh, Commercial Arbitration in the Arab Middle East (1984) at pp 1-4.

[3] Abdul Hamid El-Ahdab, Arbitration with the Arab Countries (2nd Edn, 1999).

如果你担心他们（男人和他的妻子）会离婚，可以委任（两位）裁决者，从男方家庭选出一位、女方家庭选出一位；如果双方希望和平解决，阿拉将会指引解决方案。阿拉是无所不知和万能的。[Surah al-Nisa'（4）：35][4]

使用仲裁的方式去交换意见和进行调解的偏爱，延伸到了不同类型的争议之中。在伊斯兰世界中，最早关于仲裁协议的记录是叙利亚总督阿本·比亚布（Ali Ben Abi Taleb）与叙利亚总理穆阿维耶特·本阿比（Muawiyat Ben Abi）之间有关对哈里发的继承。

两名仲裁员会被委任来解决争议。[5] 在仲裁协议[6]中，约定了仲裁地、适用法律、程序规则以及选任替代仲裁员的规定，这类似于现代商事仲裁中的提交协议。

在伊斯兰法律中，仲裁仅限于处理私权范围内有关财务的和商业的争议事实。有财产争议的当事人可以去仲裁。当然，在仲裁之前必须有仲裁协议，并且仲裁条款是有效的。因为有效的仲裁条款是仲裁协议具有仲裁效力的必要条件，它将使得各方当事人受益。

仲裁员可以作出裁决，其地位与伊斯兰法官（Qadi）的地位相似。本质上，仲裁员的个人资历和宗教信仰必须与伊斯兰法官相同。他应当是虔诚而公正的，而且可以作为法庭上的合格见证人。

在这种情况下，妇女和非穆斯林人长期以来被限制作为仲裁员，因为他们没有资格担任伊斯兰法官。2012 年，《沙特阿拉伯仲裁法》（*Saudi Arbitration Law*）第 14 条（M／34 号法案）被修改，以消除国籍、地区、性别或种族的要求。随后，沙特阿拉伯在达曼的上诉法院于 2016 年 8 月没有反对任命一名女性仲裁员，这为改变创造了先例。[7] 任命非穆斯林仲裁员到底是好是坏还有待观察。不过很明显，非穆斯林当事人可以按照自己的喜好和条件去选择仲裁员。

在商事交易中，人们应当遵守良好的行为准则，而这样的准则也同样适用于仲裁员。仲裁员必须在经济环境和个人情况发生变化的情况下正视各方当事人的合同义务，以此来保障最大限度的公平及维护正义。仲裁员必须在遵守法律的前提下，努力保持对各方当事人的公正。

根据伊斯兰法律，大多数法学家认为仲裁裁决具有与法官判决相同的约束力，并且这样的约束力一经仲裁员作出就会发生效力。[8] 仲裁员作出的裁决可根据普通的伊斯兰教程序法规则去执行。否则，法官可以宣布违反伊斯兰教法的裁决无效。

---

[4] Dato Syed Ahmad Idid，Umar A Oseni "Appointing a Non-Muslim as Arbitrator in Tahkim Proceedings：Polemics，Perceptions and Possibilities"［2014］5 MLJ xvi.

[5] Abdul Hamid El-Ahdab，The Moslem Arbitration Law Arab Comparative & Commercial Law，Proceedings of the International Bar Association First Arab Regional Conference，Cairo，（1987，vol 1）15-19 February at p 337.

[6] 同上注。

[7] 穆拉希姆·哈马德·阿尔姆欣（Mulhim Hamad Almuhim）："沙特阿拉伯第一位女仲裁员"（2016 年），克鲁维尔仲裁博客 8 月 29 日（http://kluwerarbitrationblog.com/2016/08/29/the-first-female-arbitrator-in-saudi-arabia/）。

[8] Saleh，Commercial Arbitration in the Arab Middle East（1984）at p 76.

在现代环境下，伊斯兰金融成为常规商业交易的一种替代方式，伊斯兰金融是不断发展中的金融业，同时也面临着一系列独特的商业挑战和问题。所以，基于伊斯兰原则所订立的协议中不可避免地会出现争议，而这些争议的数量也不可避免地会增长。

然而伊斯兰金融具有不同的原则和性质，这意味着与处理传统金融领域纠纷相比，处理这类纠纷的法律专家和法官获得的专业培训更少，经验更少。此外，在伊斯兰金融语言中，阿拉伯语词汇的广泛使用也使得西方的法官特别费解。

鉴于伊斯兰金融在全球市场和经济份额方面的潜力，国际商事仲裁方面将伊斯兰金融仲裁原则进行微调以平衡解决纠纷的内在需要。这使得仲裁符合包含伊斯兰教义原则的争议解决程序的需要，以此来促进不同法律原则的共存。

吉隆坡区域仲裁中心（KLRCA）制定了符合伊斯兰教义的“i-arbitrantion”仲裁规则，规定了向伊斯兰教咨询理事会（Shariah Advisory Council）[9] 或伊斯兰教专家询问并征求其决定的条款。[10] 对于当事人来说，这是一个重要的条款，因为他们在仲裁中可以选择擅长商业事务和伊斯兰金融专业方面的仲裁庭。

“i-arbitrantion”仲裁规则允许适用国际商事仲裁机制。这使得仲裁的范围更大，因为它能够适用于可能涉及或不涉及伊斯兰教义原则的争议。

这样做的出发点是通过国际商事仲裁来解决商业合同中涉及伊斯兰教义的争议，通过调和双方仲裁参加人之间的差异，在不影响任一方的情况下确定一个基本原则。这在本书后面的章节中会有更详细的探讨。

2.3 仲裁的法律框架

理论上，仲裁的进行不需要法院的支持或干涉。然而，现实中存在的实际困难使得法院在仲裁的过程中发挥着不可或缺的作用。

一方面，仲裁依赖于各方当事人同意将纠纷提交仲裁解决这个前提。仲裁庭由普通公民组成，他们经常来自其他的国家。因此，执行仲裁协议、案中救济、各方当事人的配合都是程序中面临的问题。

另一方面，不受任何约束的仲裁庭有可能会忽视现有的法律原则和自然正义。因此，有必要在司法支持和控制下提供支持仲裁的程序。

马来西亚仲裁法律框架的起源可追溯到《1809年仲裁条例》第13条，该条例用以管辖当时英国—印度控制的马六甲、槟城和新加坡的海峡定居点。马来亚联邦所有州以1889年《英国仲裁法案》为模板，通过了《1950年仲裁条例》。

---

[9] 由马来西亚中央银行（Malaysian Central Bank）根据2009年《中央银行法案》（*Central Bank of Malaysia Act 2009*）（法案701）或由证券委员会（Securities Comission）根据1993年《马来西亚证券委员会法案》（法案498）设立的伊斯兰教法咨询委员会（Shariah Advisory Council）成立。

[10] 《KLRCA仲裁规则》第8条。

随后，它被《1952 年仲裁法案》取代，这部法案与 1950 年《英国仲裁法案》相似，并一直适用直到《2005 年仲裁法案》颁布。[11]

当时，已经存在一些重要的国际规则、条约和公约，它们寻求建立一个有凝聚力的国际仲裁框架。早期的条约是 1923 年的《日内瓦仲裁条款议定书》（*Geneva Protocol of* 1923），其后是 1927 年的《日内瓦公约》（*Geneva Convention of* 1927）。

当今世界上，最为重要的国际仲裁公约之一是《承认及执行外国仲裁裁决公约》（*Convention on the Recognition and Enforcement of Foreign Arbitral Awards*），人们通常把这个公约称为 1958 年《纽约公约》（*New York Convention* 1958）。

随后，1985 年有了《联合国国际贸易法委员会国际商事仲裁示范法》［*United Nations Commission on International Trade Law*（*UNCITRAL*）*Model Law*，以下简称《UNCITRAL 示范法》］，为世界各地的地方法律提供了仲裁立法模板。[12]

《UNCITRAL 示范法》被世界各地认可并得到了广泛的实施，许多仲裁法律的立法均是在《UNCITRAL 示范法》条款的指导和指示下进行的。此外，《UNCITRAL 示范法》出台之前，已经缔结的仲裁协议仍被视为属于《UNCITRAL 示范法》的管辖范围，《UNCITRAL 示范法》仍适用于这些仲裁。[13] 这使得世界各地的仲裁法更加协调。

2.4　《2005 年仲裁法案》（2011 年修订）

《1952 年仲裁法案》虽然有简单明了的特点，却是过时的仲裁时代的产物。[14] 它通过法院干预仲裁程序，为各方提供了过多的空间，导致了仲裁的拖延，也违反了当事人因为仲裁的速度和独立不受干扰性而选择仲裁这个初衷。

因此，仲裁需要改革，如果不进行改革，仲裁就会出现“从商者的期望与法律规定的补偿之间的不一致”。在这个全球化的商业时代，一个国家的形象很快就会因此被其影响外国投资的不合适法律所玷污。[15]

在 1980 年修正案之后，《1952 年仲裁法案》第 34（1）条规定，根据 1965 年的《关于解决国家与其他国家国民之间投资争端公约》或 1976 年《UNCITRAL 仲裁规则》以及《区域仲裁中心规则》的仲裁不适用本法。

这些规定的实施，表面上实现了消除当事人对马来西亚法院制度的怀疑，并鼓励当事人在马来西亚进行仲裁的效果。然而移除法庭在仲裁中的作用被证明是一把双刃剑，它失去了法院支持力量的优势，而并没有使马来西亚的仲裁数量激增。

结果，在马来西亚的仲裁发展停滞不前时，新加坡和中国香港却正在领先变为国际

---

[11] Act 646.

[12] 通过 2006 年修订的《UNCITRAL 示范法》更新。

[13] UNCITRAL Case 29，*Kanto Yakin Kogyo Kabushiki-Kaisha v Can-Eng Manufacturing Ltd*（1992）7 O. R.（3d）779.

[14] Davidson，Rajoo，The New Malaysian Arbitration Regime 2005［2006］4 MLJ cxxx.

[15] Selvaratnam，*Particular Aspects of Legal Reform in Malaysia*：*Some Comparative Studies*［2007］4 MLJ cxv.

仲裁的中心，这使得改革的需求变得清晰。[16] 这种改革是由《2005 年仲裁法案》引起的。该法在大量借鉴了《UNCITRAL 示范法》之后被广泛模仿，但它是以 1996 年《新西兰仲裁法案》为基础起草的。

《2005 年仲裁法案》的详题是“一部旨在改良与国内仲裁相关的法律，规定国际仲裁、承认和执行裁决和相关事宜的法案”。国内和国际仲裁在马来西亚根据同一部仲裁法处理，但其第三部分[17]规定了这两种不同情况的处理机制。

该法第三部分承认了国内和国际仲裁之间的差异，并为国内仲裁提供了更多的法庭干预[18]的机会。这部分被默认适用于国内仲裁，但仲裁当事人可以选择退出。相反，它不会被默认适用于国际仲裁，当事人必须选择才能适用。这样的规定，反映了国际商事仲裁中当事人希望受到尽量少的司法干预的意愿。

2.5 规定和解释

《2005 年仲裁法案》基本上不遵守英国成文法；因此，解释关于同一事项规定的最权威的英国案例不再具有说服力或适用性。

《2005 年仲裁法案》分为四个部分：第一部分涉及初步事项，第二部分涉及仲裁本身，第三部分涉及与仲裁有关的其他条款，第四部分则包含杂项条款。

第一部分

第 2 条是解释条款，这部分列出了《2005 年仲裁法案》中某些词语在特定语境中的定义，以确保仲裁作出正确的解释。本节包含了对国际仲裁的定义。

这部分还描述了关于特定条件的词语，即“除非上下文另有要求”，这意味着在这个部分，可能需要通过结合这个词语被使用的主题或上下文中不同的情况来理解。鉴于这样的特点，仲裁庭和法院在仲裁中不仅仅要看这些词语，还要看它们出现的文义背景。[19]

第 3 条废除了在选择仲裁规则时适用法律的区别。它规定，第一部分、第二部分、第四部分适用于国内和国际仲裁，第三部分是国内仲裁可以“选择不适用”、国际仲裁可以“选择适用”的内容。

然而这部分并没有提到仲裁地在马来西亚以外的情况。法院考虑到第 3 条[20]关于这

---

[16] 2010 年，KLRCA 对 2 项国际仲裁和 20 项国内仲裁分别进行了管理；相比之下，2015 年国际仲裁裁决共有 18 项，国内仲裁达 95 项。

[17] 与 1996 年《英国仲裁法案》相一致，与由《国际仲裁法案》（*International Arbitration Act*）（第 143A 章）和《国内仲裁法案》（*Domestic Arbitration Act*）（第 10 章）构成的新加坡制度相反。

[18] 例如，《2005 年仲裁法案》第 42 条提及法律问题。

[19] *Knightsbridge Estates Trust Ltd v Byrne*［1940］AC 613 at 621，［1940］2 All ER 401 at 405，HL.

[20] *Twin Advance（M）Sdn Bhd v Polar Electro Europe BV*［2013］7 MLJ 811.

一方面的问题，认为如果单独理解这个条款，则会造成当仲裁地不在马来西亚时本法不适用的理解。

然而在 *Twin Advance* 案中，法院认为应将第 3 条与《2015 年仲裁法案》第 38 ~ 39 条等特别规定相结合，第 3 条可以“解释为［仲裁地点在马来西亚之外］所作出的裁决不适用本法……除非法案有特别的规定，例如第 38 ~ 39 条的规定与《UNCITRAL 示范法》第 1（2）条完全一致”。

第 4 条规定，当事人同意提交仲裁解决的任何争议只要不违反公共政策，就可以通过仲裁来进行裁决。

上诉法院在 *Larsen Oil and Gas Pte Ltd v Petroprod Ltd*（以开曼群岛官方清算并在新加坡进行强制清盘）[21] 案中指出，是否可以仲裁需要将公共利益考虑在内来判定。

法院补充说：

> “不可仲裁性”的概念是仲裁程序的基础。它允许法院以违反公共政策为理由，拒绝执行有效的仲裁协议……可仲裁性的例外由法院规定。

第 5 条规定了这部法案适用于整个马来西亚，包括州和联邦。

第二部分

这是《2005 年仲裁法案》的核心部分，主要依据《UNICTRAL 示范法》；第 6 ~ 39 条遵循《UNICTRAL 示范法》第 3 ~ 36 条的标准并具有与其相同的标题，但具有一定的遗漏和差异。

首先，这部法案提及了“第二部分为委任仲裁员的过程提供了灵活性，可以对仲裁员的任命提出异议，决定仲裁的过程中适用的仲裁程序，同时仲裁庭可以决定仲裁活动的管辖范围和一般规定，包括作出裁决、搁置裁决和执行裁决”。

第 6 条规定了书面通信的接收，第 7 条规定了放弃提出异议的权利，第 8 条排除了法院对该法案所管辖事项的干预，除非该法案另有规定。

第 9 ~ 11 条的规定解释了仲裁协议的定义，在什么情况下法院可以依据仲裁协议的约定暂停对案件的审理，以及法院采取临时措施的权力。

这几条规定确保了法院可以实施临时措施的权力，其中包括保存、临时扣押或出售令、临时禁令、宣誓作证、披露和质询以及仲裁费用担保。但是，与《UNCITRAL 示范法》保持一致的是，它也限制了对仲裁裁决的追诉权。

第 12 ~ 17 条规定了单一仲裁员和多名仲裁员的任命程序，包括在没有协议的情况下的默认规定，并规定了吉隆坡区域仲裁中心主席在仲裁员任命中的作用。这几条也规定了对仲裁员的任命可以提出异议及其程序，以及关于仲裁员无法仲裁和替换仲裁员的规定。

第 18 条和第 19 条规定了仲裁员的权力，包括他们的管辖权及其下达例如保全等临

---

[21] ［2011］3 SLR 414.

时措施的权力。

第 20~29 条涵盖了仲裁的行为，包括当事人之间的平等待遇、仲裁地和提起仲裁的程序、默认使用的语言、提交申请书和答辩书的程序、开庭、当事方过错、由仲裁庭任命专家，以及法院协助收集证据等。

第 30 条涉及适用于处理仲裁争议的法律，包括有关法律冲突的规定。

第 31~36 条列出了仲裁庭作出裁决的规则、仲裁程序中的和解、仲裁裁决的构成要件、仲裁的终止、仲裁庭纠正裁决的条件或作出新裁决以及最终裁决效力。

第 37 条、第 38 条和第 39 条规定了针对裁决向法院提出异议的积极和消极的方式，即通过申请撤销裁决或拒绝执行。

第三部分

这部分为国内仲裁提供了可以约定不适用的条款，为国际仲裁提供了可以约定适用的条款，也规定了一些马来西亚高等法院在仲裁中发挥作用的其他机制。

第 40 条允许当事人就仲裁纠纷的合并审理达成协议，但仲裁庭未经当事人同意不得这样做。

第 41 条和第 42 条为高等法院提供了处理初步的法律问题以及后来与裁决有关的法律问题的程序，第 43 条赋予了此类裁决与高等法院的普通判决相同的地位。

第 44 条规定了当事人未达成一致时，仲裁费用如何分摊的默认框架性规定。

第 45 条和第 46 条规定了高等法院可以延长在仲裁协议中约定的申请仲裁的时间期限，以及作出裁决书的时间。

第四部分

本部分包含杂项条款。第 47 条和第 48 条排除了仲裁员——吉隆坡区域仲裁中心主席以及任命仲裁员的其他人员或机构的责任，除非有恶意的行为或不作为的行为而被认为是恶意的。

第 49 条规定了仲裁的一方当事人破产的情况。

第 50 条规定了根据本法案，当事人向高等法院提出的申请是以提交诉状的方式提出的。

第 51 条废除了《1952 年仲裁法案》和 1985 年《承认及执行外国仲裁裁决公约法案》（*Convention on Recognition and Enforcement of Foreign Arbitral Awards Act* 1985）。[22] 另外它还规定，如果仲裁程序在新法案生效之前已经开始，那么旧法律将继续适用。

---

[22] 《2005 年仲裁法案》（法案 320 的重复）。

2.6　2011 年仲裁法案修正案

国会于 2011 年通过了《2005 年仲裁法案》修正案，我们将在之后章节详细说明修正后的仲裁法案与之前规定相比的重要变化。在此，我们先做一个简单的介绍：

（1）第 10 条作出了很大的改变，包括第（2A）、（2B）及（2C）款，规定了处理海事争议的规定和程序。

（2）第 11 条加入了第 11（1）（e）条，在出现“争议”之后，可以通过“是否通过扣押财产或保释或依照高等法院海事管辖权的其他担保”来确认高等法庭的管辖范围。

（3）第 39 条扩大了“州”的定义，第（1）（a）（ii）项中“作出裁决的州”取代了“马来西亚”一词。

（4）根据第 39（3）条，如果纠纷中含有可提交仲裁解决和不可提交仲裁解决的部分，“只有承认和执行可提交仲裁事宜的裁决部分才能得到承认和执行”。

（5）第 42 条修订了包括第（1A）款在内的规定，其中叙述了高等法院解除机制、对第 42（1）条的参考，除非法律问题严重影响了当事人一方或多方的权利。

法定解释

《2005 年仲裁法案》是有关仲裁的专业法案，其中使用的词语必须以其简明的语法和所使用的语言进行解释。

美国伟大的法学家奥利弗・温德尔・霍布斯（Oliver Wendell Holmes）在 The Five Per Cent Discount Cases㉓案中指出，可以推理“书面的意思是正确的，特别要从整个结构上看，片面的理解不是解释，而是歪曲”。

首席大法官廷德尔（Tindal CJ*）在 Sussex Peerage 案㉔中解释道：

> 如果法案的词语本身是精确且没有歧义的，那么就不需要再在原始的意义上对这些词语进行阐述了。在这种情况下，这些词语本身就是对立法者意图的最好表达。㉕

㉓ 243 US 97（1917）at 106.

* CJ，即 cheif of justice，指首席大法官。——译者注

㉔ ［1844］11 Cl & F 85 at 143，［1843-60］All ER Rep 55 at 63.

㉕ *Inland Revenue Commissioners v Hinchy*［1960］1 All ER 505 at 512，HLper Lord Reid；*Smith v East Elloe Rural District Council*［1956］1 All ER 855 at 866，HLper Lord Morton；*London Brick Co Ltd v Robinson*［1943］1 All ER 23 at 26，HL per Viscount Simon LC；*Johnson v Moreton*［1978］3 All ER 37 at 41，HL per Lord Salmon；*Duport Streets Ltd v Sirs*［1980］1 All ER 529 at 541，HL per Lord Diplock. *Heydon's* case［1584］3 Co Rep 7a cited in Bennion，*Statutory Interpretation*（3rd Edn，1997）p 356.

赫歇尔勋爵（Lord Herschell）在 *The Governor and Company of the Bank of England v Vagliano Brothers*[26]案中阐明，正确的做法是合理地解释法律的规定，并引用词语的原始意义上的解释，以便结合上下文中给出的每个单词来对法案作出适合的理解。

作为法律条文，它规定了针对法院丧失管辖权的情况，除非法律在各个部分有明确规定，否则不需要法院给予任何意义的解释。[27]

另外，格里菲斯（Griffith）和斯特里特（Street）指出，法庭有时采取有目的的解释，允许法官"睁一只眼闭一只眼，超出法规的书面含义来解释法规"[28]。

大法官丹宁勋爵（Denning LJ*）在 *Seaford Court Estate Ltd v Asher*[29]案中解释道：

> 法官在处理案件时应该问自己一个问题：如果立法者自己碰到这样的褶皱，他们会把褶皱抻直吗？法官必须把自己想象成立法者来决策。一个法官不能改变编织法案的布料，但是他可以而且也应该把褶皱熨平。

我们可以从法案条文的章节标题了解到这些条文所涉及的内容。章节标题也有助于确定相关条文的内容。虽然标题可以帮助我们理解模糊之处，但是当用词准确、毫不含糊的时候，它们并不能支配或者修饰语义。

如果对这些词语可以作出两个不同的理解，而其中一个理解有可能损害到仲裁作为当事人选择的纠纷解决途径的有效性，那么法院应该按照更倾向于有利于实现当事人的意图的方式来解释。如果对这些条款的解释有任何疑问，那么该法案的详题可以提供协助。[30]

《2005 年仲裁法案》并不是为了给仲裁的适用提出严格和详细的规则。仲裁是当事人根据自主的权利和意愿，反映了意思自治的概念。它以默认的方式支持当事人，并在必要时给仲裁协议提供实质支持。

当事人自治的概念已经出现在这部法案的许多项规定中，例如"除非在协议中有相反表示"这样的表达。其许多条款仅在当事人双方没有在仲裁协议中作出相反意思表示的情况下才适用。这意味着当事人必须遵循在这些条款中确定的程序，但也可以通过协议选择不同的程序。

法案允许当事人通过协议来改变或补充仲裁程序。这可以在双方提交争议到仲裁时的原始仲裁协议中进行，也可以在仲裁过程中通过提交补充协议来实现。

---

[26] ［1891］ AC 107，HL *R v Fulling* ［1987］ 2 All ER 65 at 69，CA per Lord Lane CJ.

[27] *Re Franklin v Swaithling's Arbitration* （1929） 1 Ch 238.

[28] Griffith and Street，*Principles of Administrative Law* （4th Edn，1967），p 98.

* LJ，即 Lord Justice，指大法官。——译者注

[29] ［1949］ 2 KB 481 at 499，CA，per Denning LJ，approved by Lord Potter，*Lord Norman and Lord Reid in Asher v Seaford Court Estates Ltd* ［1950］ 1 All ER 1018，HL.

[30] *Albilt Resources Sdn Bhd v Casaria Construction Sdn Bhd* ［2010］ 3 MLJ 656 at ［63］；*AV Asia Sdn Bhd v Pengarah Kuala Lumpur Regional Centre for Arbitration* ［2013］ MLJU 183 at ［10］.

《2005 年仲裁法案》的适用性

该法案明确规定其适用于整个马来西亚，而且有权声明它不能被排除适用。

在 *R & W Paul Limited v The Wheat Commission*[31] 案中，法庭宣布一个合同是无效的，因为它宣称了排除 1889 年《英国仲裁法案》适用于诉讼程序。对此，麦克米兰勋爵（Lord Macmillan）说：

> 《2005 年仲裁法案》是一部普遍适用的制定法，它赋予了当事人宝贵而重要的诉诸法院的权利。将其适用排除在仲裁之外就是剥夺了该法赋予当事人的仲裁权利。我认为，当议会通过一项规约将其下的争议提交仲裁时，不可以推定它有可能废除另一个为进行仲裁而颁布的规约。反之，相反的概念更准确。如果这是有意的，那么我认为明确表达相关词语至关重要，只是在此并没有如此明确的词汇。

印度联邦法院在 *The Government of India v Cairn Energy India Pty Ltd* 案中认为，当马来西亚被选为仲裁地时，强制性程序规则（即《2005 年仲裁法案》）就应当是马来西亚的规则。[32]

---

[31] ［1937］AC 139，154，HL.

[32] ［2011］6 MLJ 441［25］.

第 3 章　定义仲裁

3.1　仲裁的定义

通过仲裁方式来处理争议的做法可以追溯到古代。萨·泰瓦尔（SA Tiewal）和法·蒂塞加（FA Tsegah）认为仲裁的出现可能早于现有的书面记载的历史，也早于法律秩序的建立。❶

柏拉图在谈到仲裁时解释说：

> 如果一个人没有履行合同……而且当事人如果事先不能够在仲裁员（由他们的邻居担当）之间调和他们的分歧，就应该向部落法院提起诉讼。❷

亚里士多德提到仲裁时说：

> 它让我们记住利益而不是损害，记住得到的利益而不是被赋予的利益；受到冤屈的时候要有耐心；通过谈判而不是武力解决争议；倾向仲裁优于诉讼——因为仲裁员是基于衡平法上的决断，而法官是基于法律，仲裁产生的明确目的就是最大限度地实践衡平。❸

仲裁是腓尼基商人（Phoenician）和罗马法中常见的做法，贺拉斯（Horace）、塔西佗（Tacitus）和奥维德（Ovid）在其作品中都提到了仲裁。❹ 仲裁的特点和作用已通过法哲学和习惯被广泛传播。

从广义上理解，仲裁是这样的一种过程：当事人双方协商一致❺，同意依据仲裁协

---

❶ SATiewal and FATsegah，“Arbitration and the Settlement of Commercial Disputes”（1975）24 ICLQ 393.

❷ Plato（translated by T Saunders），The Laws（1970）at p 68.

❸ Barnes（Ed），The Complete Works of Aristotle（Vol 2，1984）Chap 13，at p 2189.

❹ WW Buckland，A Textbook of Roman Law（2nd Edn，1932）at p 531；JF Philips，The History of Arbitration（1981）at p 16.

❺ 协商一致是至关重要的。Blackaby and Partasides with Redfern and Hunter，Redfern and Hunter on International Arbitration（6th Edn，2015）at para 1. 53；Gary Born，International Commercial Arbitration（2015）at p 741；*Dallal v Bank Mellat*［1986］QB 441，［1986］2 WLR 745. 协商一致的例外情况是法院命令的仲裁，如果法律规定将争议提交给独立的仲裁庭作出具有约束力的裁决，那么它仍然相当于仲裁。*Racecourse Betting Control Board v Secretary for Air*［1994］Ch 114.

议，将在进行商事交易活动过程中所引起的争议，交由双方选定或为双方选定的独立的非政府决策者而不是地方法院，以期其根据中立的和裁判性的程序，为当事人提供平等的发表意见的机会，作出具有约束力的决定（称为裁决）以解决争议。[6]

仲裁是一种替代性争议解决方式，当事人双方同意用仲裁的方式来避免诉讼。仲裁庭可以基于当事人的同意、法院的命令或制定法中的规定获得管辖权。[7]

首席大法官劳勃·雷蒙德（Sir Robert Raymond CJ）表示：

> 仲裁员是经双方同意选定的处理他们之间争议的私人特别法官。仲裁员被如此称谓，是因为他们拥有仲裁的权力；如果他们遵守管辖书（仲裁协议）并在正当的界限内行事，他们的裁决就会是确定的，因为仲裁不存在上诉。[8]

上诉法院民事庭主事官罗密（Romily MR）在 *Collins v Collins*[9] 案中将仲裁定义为“一方或多方所作的决定……关于某一事项或双方之间不同事项的决定”。然而这一定义也可以适用于其他形式的争议解决。该争议被提交给一个或多个被称为仲裁员的人来作出判决，他们成为考虑法律和事实问题的唯一法官。

有一系列可选择的争议解决机制涉及曾在第2章所述的、由被任命的第三方所做的决定。是否按双方之间的协议进行仲裁并不总是说得那么清楚。[10]

法定援助是有限的；《仲裁法案》（*the Arbitration Act*）本身并没有界定“仲裁”一词，而《UNCITRAL示范法》第2（a）条将仲裁定义为“由无论是否常设仲裁机构进行的任何仲裁”。这只是为了确认示范法适用于临时仲裁和机构仲裁。

3.2 仲裁的构成

《马来西亚哈尔斯伯里定律》（*Halsbury's Law of Malaysia*）[11] 中把仲裁定义为这样一种程序：为解决两个或多个当事方之间基于彼此的法定权利和义务而产生的争议或差异，而将争议交由一个或多个人（仲裁庭）而不是法院，以通过法律的运用，进行具有约束效力的司法化的裁决。

---

[6] Williams QC and Kawhar, Williams & Kawharu on Arbitration（2011）at para 1.1.1. Tackaberry, Marriot QC and Bernstein, Bernstein's Handbook of Arbitration and Dispute Resolution Practice（4th Edn, 2003）at para 2-010. 其将仲裁过程描述为“通常在私下和保密的基础上，根据同意受仲裁员所作决定约束的两个或两个以上当事方之间的协议进行”。

[7] 仲裁虽然以司法化的形式进行，但并非真正的司法诉讼，即使当事人选择法官作为仲裁员（经常如此）也是如此，仲裁裁决仍然是普通的仲裁裁决，而不是法院判决。

[8] Gill, Law of Arbitration（Concise College Texts）（2nd Edn, 1975）p 1.

[9]（1858）28 LJ Ch 184,（1858）53 ER 916 at 918.

[10] 对仲裁界定问题的讨论，参见 Mustill and Boyd The Law and Practice of Commercial Arbitration in England（2nd Edn, 1989）at pp 38-55。

[11] Halsbury's Laws of Malaysia at para［130.001］.

萨蒙法官（Salmon）在 *Sutcliffe v Thackrah*⑫ 案中认为：

> ……关于某人是否应当被视为仲裁员的问题，这取决于他所起到的作用是否发挥了司法作用的特征。如果一名专家被雇用来给予证明、作出估值或估价，或者在冲突的利益之间就赔/补偿达成和解，这就不是让他担任仲裁员的职务（例如，他的工作不超过检查货物、工作或账目并作出相应的决定）。另外，他可能会……听取双方的证据和呈件，在这种情况下，他将明确地被视为仲裁员。一切都取决于具体案件的事实。

惠特利法官（Wheatley J）在 *Arenson v Casson*，*Beckman*，*Rutley & Co*⑬ 案中进一步认为：

> 标记如下：（a）双方之间存在某种或其他方式形成的争议或分歧；（b）双方当事人之间的争议或者分歧已经被双方当事人提交给个人，该人通过被要求行使司法职能的方式解决争议或者分歧；（c）在适当情况下，双方必须有机会提出证据和/或提交资料，以支持他们各自在争议中的诉求；（d）各方当事人同意接受他的决定。⑭

虽然很难用确切的特征组合将仲裁与其他争议解决方法区分开来，但某些特征确实与仲裁确切相关。人们可以遵循一套准则来确定，依据该协议是否要将问题提交给专家来解决，或者双方是否同意通过仲裁解决争议。

重点是：首先，的确存在现有的争议，而不是力求避免未来的争议；其次，所选择的仲裁庭在考虑到当事人向其提交的有关证据和意见之后，是以司法化的方式采取行动的；最后，该决定是为了约束双方当事人。

与其他形式的争议解决相比，仲裁因具备一些特点而变得独特：

第一，诉诸仲裁的协议将由法院执行，而进入其他的替代性争议解决程序的协议则不会；

第二，仲裁的目标是实现最终的且有约束力的裁决，而这在其他过程中不是自动的结果；

第三，与调解或协商等其他方式相比，仲裁程序通常在更大的程度上受制于法定体制。⑮

问题的实质是当事人选择了对他们有约束力的第三方。上述仲裁员以更大的灵活性来行使扩大范围的权力，通常会有（但也经常没有）双方的具体协议来设计程序，以通

---

⑫ ［1974］ AC 727 at 763，HL.

⑬ ［1977］ AC 405 at 428，HL.

⑭ 这些标记是由在 *Red Rock Construction Sdn Bhd v People Realty Sdn Bhd*［2004］ 5 MLJ 235［12］案的高等法院批准引用的。

⑮ Brown and Marriott，ADR Principles and Practice（2012，3rd Edn），Oxford：Oxford University Press，2012：121.

过公正的仲裁庭使争议获得公平解决，并且避免不必要的延误或费用。而有时候，提交仲裁不是自愿的，而是由制定法规定的。

3.3　争议或分歧

提出仲裁需要有能够提交的争议或分歧。仲裁与决断双方当事人之间的问题事项有关。仲裁程序的一个基本方面是只有争议或分歧可以诉诸仲裁，因为这个程序关乎仲裁庭将对其被任命时已经存在的争议或分歧作出决定。

如果不存在能够协商或者妥协的争议或分歧，就不能诉诸仲裁。相应地，在没有争议或分歧的情况下，法院不会在仲裁协议涵盖的索赔请求还没有产生争议的情况下下达搁置诉讼程序的命令。

例如，当一方完全承认责任但未能支付赔偿金时[16]，或者法院认为被告提出的辩护站不住脚的时候。[17] 关于什么能构成争议，在第 12 章将有更详细的讨论。

3.4　估值、专家决定、裁决和认证

缔约方有时会采取仲裁以外的其他争议解决方式来解决争议。这些方式和约定这些方式的协议并不是狭义而言的仲裁。然而分界线并不是很明显，有些协议同仲裁协议类似。

通常来说，有关的法律部门对待仲裁和其他替代性争议解决方式的态度都是一致的。但是，仲裁协议必须与估值协议相区别，与查验建筑合同下的工程已经妥善完成的协议相区别，以及与当事人或代理人被批准或者条件被成就相区别。

估值协议和仲裁协议

例如，关于未来行动的意见、估值或者建议[18]，或由不是作为仲裁员而是作为专家的第三方来解决的争议，都不能被称为仲裁程序。[19] 而判断依据就是：当事人的意图是要去避免争议，还是想要以一个终局的决定来解决争议。

估值师从事评估工作，从更广泛的意义上说，他们可以证明某些工作已经完成。估值师必须在雇主和对方之间以专业、公平和公正的方式行事，但这并不意味着估值师就

---

[16] *ELF Petroleum SE Asia Pte Ltd v Winelf Petroleum Sdn Bhd* [1986] 1 MLJ 177; *London and North Western and Great Western Joint Rly v J H Billington Ltd* [1899] AC 79, HL.

[17] *Nova (Jersey) Knit Ltd v Kammgarn Spinnerei GmbH* [1977] 2 All ER 463, [1977] 1 WLR 713, [1977] 1 Lloyd's Rep 463, HL; *Ryoden Engineering Co Ltd v Pauly Construction Co Ltd* [1991] HKCFI 155.

[18] *FF Ayriss & Co v Board of Industrial Relations of Alberta* (1960) 23 DLR (2d) 584.

[19] *Methanex Motonui Ltd v Spellman* [2004] 1 NZLR 95 at 46.

是仲裁员。[20]

判断一份协议究竟是仲裁协议还是估值协议，最终还是取决于协议中所使用的词语，以及协议所反映的双方的意图。以第三方确定的价格或价值出售的协议通常是估值协议，即使使用“仲裁员”一词也并不能定性，因为协议的目的是防止争议出现。[21]

Re Hammond and Watertond[22]案揭示了估值师和仲裁员之间的区别，在该案中，两个人在协议中均被称为仲裁员，他们受指派在当事人产生争议或分歧的情况下作为公断人。但法院拒绝把这些公断人所作出的决定视为裁决结果加以执行。因为根据他们职权范围内的考虑，看不到任何有司法调查的意图。[23]

内维尔法官（Neville J）在 *Taylor v Yielding*[24]案中分析道：“一个估值师不会仅仅因称谓的改变就变成仲裁员，反之亦然。”如果协议约定在估值师出现分歧的情况下任命一名裁判，并不一定表明这份协议就是仲裁协议。[25]同样，在“估值师”出现意见分歧的情况下，根据任命裁判的条款来任命的裁判，即使他是在出现分歧后才行动的[26]，他也不是仲裁员。

是否为仲裁员取决于他所起到的作用是否发挥了司法的作用。如果一名估值师是为了给予证明、作出估值或估价，或者在冲突的利益之间就赔偿或补偿达成和解，其职务就不是仲裁员。估值师的工作就是检查货物、工作或账目，并作出相应的决定。

从另一方面来说，根据《2005年仲裁法案》[27]等法规的规定来任命一名估值师和公断人的协议是一项仲裁协议。[28]一切都取决于具体案件的事实。加拿大、澳大利亚、新加坡和中国香港的法院都集中关注仲裁程序涉及的审裁职能，亦即听取当事人的呈件和证据，并且作出的决定是公正的。[29]

---

[20] *Stevenson v Watson*（1879）4 CPD 148；*Sutcliffe v Thackrah*［1974］AC 727 at 735，HL. 合同中包含仲裁条款这一事实并不会自动使担任评估师的人成为仲裁员，正如 per Greer J 在 *Taylor v Yielding*（1912）56 Sol Jo 253 案中所说：“你不能通过这样称呼评估师来使他成为仲裁员，反之亦然。”

[21] *Vickers v Vickers*（1867）LR 4 Eq 529；*Collins v Collins*（1858）26 Beav 306，53 ER 916，（1858）28 LJ Ch 184 *Re Carus-Wilson and Greene*（1886）18 QBD 7；Jackson v Jackson（1853）1 Sm & G 184，65 ER 80；*Leigh v English Property Corpn Ltd*（1976）2 Lloyd's Rep 298.

[22] （1870）62 LT 808.

[23] *Barclays Bank PLC v The Nylon Capital LLP*［2011］EWCA Civ 826，［2011］2 Lloyd's Rep 347，［2011］BLR 614. 上诉法院认为，在 *Fiona Trust & Holding Corporation v Privalov*［2007］UKHL 40 案中的起始推定，即当事人打算由一个仲裁庭来裁决其所有纠纷并不适用于专家评估协议。

[24] （1912）56 Sol J 253. *Sachs v Gillibrand*（1959）2 SA233；*Star International Hong Kong*（*UK*）*Ltd v Bergbau-Handel GmbH*［1966］2 Lloyd's Rep 16.

[25] *Vickers v Vickers*（1867）LR 4 Eq 529.

[26] Re Hopper（1867）LR 2 QB 367.

[27] Act 646.

[28] *Taylor v Yielding*（1912）56 Sol Jo 253；*Leeds v Barrows*（1810）104 ER 1；*Re Hammond and Waterton*（1890）62 LT 808，6 TLR 302；*cf Re Dawdy and Hartcup*（1885）15 QBD 426，CA，per Lord Esher MR.

[29] Gary Born，International Commercial Arbitration（Second Edition），（2nd Edn，2014）at p 741. *PT Tugu Pratama Indonesia v Magma Nusantara Ltd*［2003］4 SLR 257.

伊舍法官（Esher J）在 *Re Carus Wilson and Greene*[30] 案中解释了如何确定是否存在仲裁协议的测试标准：

从协议的条款来看，如果一件事情提交给某人做决定时，双方的意图是该人应该进行司法调查性质的调查，听取当事人各自对案件的意见，并基于呈交给他的证据作出裁定，那么这个案件就是一个仲裁案件。这种案件的意图就是以司法化的方式进行司法调查。但另一种情况是，基于防止分歧的产生而不是解决已产生的分歧的目的，某人被指定来查明一些事情，那么这个案子就是估值而不是仲裁了。也可能有中间人的情况，即使某人被指定来解决已经出现的争议，当事人的意图也并不是此人必须听取证据和陈述。在这种情况下，他是打算成为仲裁员还是打算行使一些除了仲裁员以外的职能，可能很难确定。这种案子就必须根据具体情况确定。

测试标准是指，如果由当事人任命的人员被要求以司法化的方式听取案件、采集证据并作出决定，那么即使他是估值师，他也充当了仲裁员的角色。如果没有进行司法调查的打算，那么这一估值师就不是仲裁员。[31] 一个在不经司法调查的情况下利用他自己的技能和知识来决定案件争议的人，可能是一名估值师。[32]

法院在 *Town & City Properties（Development）Ltd v Wiltshier Southern Ltd and Gilbert Powell*[33] 案中认为，一个在他自己和当事人的专业代表之间召开会议，而没有涉及口头证据、交叉询问或者陈词的仲裁员，采用的是"实际上是估值而不是仲裁"的程序。

仲裁员与估值师或裁决员的角色是完全不同的。大法官查德威克（Chadwick LJ）在 *Carillion Construction Limited v Devonport Royal Dockyard Limited*[34] 案中总结道：

裁决员的任务并不是作为仲裁员或法官开展工作，他被期待完成工作的时间限度就是证明。裁决员的任务是找到符合案件需要的临时解决办法。

一份合同如果包含了约定争议转交专家解决的条款，也并不意味着就是仲裁协议。一个重要的例子是 *Cott UK Ltd v FE Barber Ltd*[35] 案，在该案中，一个标题为"仲裁"的条款规定因本协议的解释或履行而引起的任何争议均应转交给由英国软饮协会会长指定的一个人来作出决定；而与此相矛盾的表述是独立顾问"应当担任专家而不是仲裁员的角色，其作出的决定是终局的且对双方当事人均有约束力"。

---

[30] （1886） 18 QBD 7 at 9.

[31] *Pierce v Dyke*（1959） 2 WIR 30； *Jowett v Neath Rural District Council*（1916） 80 JP Jo 207； *Re Hopper*（1867） LR 2 QB 367； *Re Carus-Wilson and Greene*（1886） 18 QBD 7. *Cf Star International Hong Kong*（*UK*）*Ltd v Bergbau-Handel GmbH*［1966］ 2 Lloyd's Rep 16.

[32] *Chambers v Goldthorpe*（1901） 1 KB 624； *In Re Carus-Wilson and Green*（1886） 18 QBD 7.

[33] （1988） 44 BLR 109 at 119.

[34] ［2006］ BLR 15 at［86］，［2005］ All ER（D） 202（Nov） at［86］.

[35] ［1997］ 3 All ER 540.

法院认为，尽管标题如此，但这个独立人士并不是仲裁员。[36] 如果使用了“仲裁”一词，那么仲裁协议可能会更具有说服力，但这并非具有决定性的。[37]

专家与仲裁员的区别

《罗素仲裁论》（*Russel on Arbitration*）的博学作者们全面解释了仲裁和专家决定的区别。传统区别在于：专家应用自己的专家意见[38]，而仲裁员采取行动时应符合司法性并应用法律。[39]

新加坡高等法院认为，专家决定与仲裁或诉讼之间最重要的区别在于：后者的各方当事人“对所有要被决定的事项都享有陈词的机会”，而在专家决定中他们没有此权利。[40]

专家必须根据交由他处理的事项的合同条款来运作。除非争点适用了错误的法律，否则针对专家决定依据的法律或程序性的不正当行为不得提出上诉。[41]

除非被证明有欺诈或某些操纵，否则专家决定具有约束力，但专家决定在执行方面并没有仲裁裁决的地位。专家决定不能像仲裁裁决那样简单地被执行。

与享有司法豁免的仲裁员不同[42]，专家会对自己的过失负责。[43] 因此，协议的条款必须经过当事人认真考虑。

在解释合同条款时，表达的措辞可能会强烈地表明双方的意图。诸如“仲裁员”“仲裁庭”“仲裁”或“作为专家而不是仲裁员”这样的词是有说服力的[44]，虽然它们不是决定性的。[45]

当表达的措辞模糊时，法院首先要参考文件中的其他词语来解决歧义。凡是没有明确措辞的，法院会参考一些指引：

其一是仲裁中的司法程序，相对来说专家在专家决定中仅能表达自己的意见。其二

---

[36] 该法院还裁定，根据《1981 年最高法院法》第 49 条第（3）款的规定高等法院拥有固有的管辖权，如果当事方指定了替代性争端解决机制，即使这不是仲裁，英国高等法院也有权准许中止法院诉讼。另见案件 *Forestry Corporation of New Zealand Ltd（In Receivership）v Attorney-General［2003］3 NZLR 328.*［2003］3 NZLR 328。

[37] 在案件 *Thorn Security（Hong Kong）Ltd v Cheung Kee Fung Cheung Construction Co Ltd*［2004］HKCA 217，［2005］1 HKC 252 中，中国香港上诉法院不同意“任何条款中只要提到‘仲裁’一词，就必须将其解释为一项仲裁协议”。

[38] *Palacath Ltd v Flanagan*［1985］2 All ER 161.

[39] 通过司法手段解决问题。参见案件 *David Wilson Homes Ltd v Survey Services Ltd（in liquidation）*［2001］1 All ER（Comm）449。另见《罗素论仲裁》（*Russell on Arbitration*）第 4-003 段。

[40] *Evergreat Construction Co Pte Ltd v Presscrete Engineering Pte Ltd*［2006］1 SLR 634，［2005］SGHC 224.

[41] Kendall，Expert Determination，（3rd Edn，2001）at para 1. 1. 2.

[42] 根据《2005 年仲裁法案》第 47 条，除非证明某一作为或不作为是恶意的。参见案件 *Beatty v Rent Tribunal*［2005］IESC 66。

[43] *Arenson v Casson Beckman Rutley & Co*（1975）3 WLR 815；*Nikko Hotels（UK）Ltd v MEPC Plc*（1991）28 EG 86. 过失责任延伸至建筑师或工程师等证明人。*Palacath Ltd v Flanagan*［1985］2 All ER 161.

[44] *Palacath Ltd v Flanagan*［1985］2 All ER.

[45] *Taylor v Yielding*（1912）56 Sol Jo 253.

是双方当事人在提交争议之前是否没有明确的立场。

这似乎有点多余，因为各方在将争议提交给专家之前往往已经有了明确的立场或形成了明确的争议。不过，专家如果要行使调查职能时，都将会适用到这个问题。[46]

最后一个指引是，各方是否同意接受专家的决定是终局的。尽管仲裁庭的裁决可以上诉，但由于仲裁裁决的上诉会受到限制，这一点就变得不那么重要了。[47]

因此，专家决定是合同各方共同指定第三方决定问题的一种手段。这样的程序不是仲裁。专家决定限制于约定将争议事项提交给专家的合同条款。

除非此类争议的合同或实践有相关规定，否则被指定的第三方没有义务接受证据或陈词。被任命的专家有权仅仅根据自己的专长和调查来作出决定。

除非合同另有约定，否则专家没有义务给出他作出决定的理由[48]；但是，除非另有约定，否则仲裁员必须提供理由。[49]

认证和裁决

在英格兰，1996年《房屋补助、建筑和翻新法》（*Housing Grants*，*Construction and Regeneration Act* 1996）[50] 第108条已经规定了建设合同的法定强制性审裁，并且这种审裁在提交仲裁之前具有临时约束力。

在如2006年《PAM建筑合同标准格式》《IEM表格》或《CIDB建筑工程合同标准格式》等建筑和工程合同中，建筑师、工程师或监督官员的证书通常是向承包商付款的先决条件。[51] 其他建筑合同则规定，在启动仲裁程序之前，需要将争议提交建筑师或工程师进行认证。

这种协议既不禁止也不限制后续仲裁的范围。当事人不会因为在诉诸仲裁之前没有向认证师或工程师提出某些争论点就无法在仲裁中提出相同的争论点，尽管在他们想对先前的证明文件提出质疑时可能会受到强制性的时效的约束。[52]

有时仲裁条款规定建筑师或工程师的证书是决定性的。这种认证是基于建筑师或工程师的知识、专长和经验。它并非基于以司法方式记录的证据。因此，即使这样的证书被当事各方接受为终局的或决定性的，认证人也不会因此变成仲裁员，而且该决定也不

---

[46] 在 *Mayers v Dlugash*［1994］1 HKC 755 案中，决定商业合伙企业资产如何分配的会计师被认为是专家而不是仲裁员。

[47] 参见《罗素论仲裁》2-032段。

[48] 参见 *Evergreat Construction v Presscrete*［2006］1 SLR 634，［2005］SGHC 224．在该案中，法官 VK Rajah 引用了肯德尔（Kendall）的《专家意见》（*Expert Determination*）（2001年第3版）中的一句话，“不能强迫专家说明作出决定的理由，除非这是其职权范围的一部分。这是由专家的合同条款决定的”。

[49] Arbitration Act 2005 s 33（3）.

[50] Housing Grants，Construction and Regeneration Act 1996.

[51] *PAM 2006 Form cl* 30. 1. *Eaglesham v McMaster*（1920）2 KB 169；*Milner v Field*（1850）5 Ex 829；*Morgan v Birnie*（1833）9 Bing 672；*Stevenson v Watson*［1879］4 CPD 148；*Wallace v Branden and Byshettles Urban District Council*（1903）；*Hudson's Building Contract* Volume 2，（4th Edn，1914）at p 362；*Sharpe v San Paulo Rly Co*（1873）LR 8 Ch App 597.

[52] 参见《罗素论仲裁》第2-034段。

属于仲裁概念的范围。[53]

3.5 相互的法律权利和责任

争议或分歧必须能够在民事诉讼中作出裁决，并能够通过协议和和解得到解决。[54]仲裁协议必须考虑到仲裁庭将决定各方的实质性权利。虽然各方当事人把争议或分歧诉诸仲裁时拥有几乎完全的自主权，但并非所有事项都是可以仲裁的。[55]

被排除的类别可能包含具有公共利益因素的问题。[56]只能由国家作出的决定显然不在可仲裁的范围之内。这包括刑事审判、授予公民身份、对船只提起诉讼[57]、判决离婚和子女的监护权。[58]

仲裁员不能行使法院的权力，而旨在决定是否犯罪的裁决是无效的。

中央破产问题，例如清盘或破产申请显然不在仲裁范围之内，但与存在仲裁协议的另一方商事合同当事人的破产有关的争议可以提交仲裁。国家法律可能会通过立法的形式使争议不可仲裁，强制某些争议必须在当地法院解决。[59]

商标或专利是否得到国家有效注册的问题是不可仲裁的，但是因已注册的知识产权的使用而产生的争议可以仲裁。[60]由于版权是不可注册的权利，也不需要任何国家的授权，所以它无疑是可以仲裁的。

因合同订立时的错误而引起的争议，或者有关虚假陈述或误解产生的纠纷是可以仲

---

[53] 在某些合同中，同一人也有可能在某一阶段被称为验证人，而后来被称为仲裁员，参见 *Eaglesham v McMaster*（1920）2 KB 169案、*Neale v Richardson*（1938）1 All ER 753案。

[54] *Horton v Benson*（1675）Freem KB 204；*R v Coombs*，*R v Rant*（1797），*Kyd on Awards* 2nd Ed 64；*R v Blakemore*（1850）14 QB 544；*R v Hardey*（1850）14 QB 529. 请注意，仅仅因为受害方受到相当于可起诉的违法行为的伤害这一事实，并不妨碍他将其要求提交仲裁，只要他还有可能合法地受到损害的诉讼理由。参见 *Keir v Leeman*（1846）9 QB 371案、*Re Metropolitan Saloon Omnibus Co*（1860）1 LT 294、*Baker v Townsend*（1817）1 Moore CP 120 at 124案、*R v Bardell*（1836）5 Ad & El 619案、*R v Corbishley*（1824）2 LJOSKB 150案。

[55] Bac. Abr. Arbitrament and Award A.

[56] 必须在仲裁标的的一般公众利益与维持仲裁协议的公众利益之间进行权衡。参见 *Williams QC and Kawhar*，*Williams & Kawharu on Arbitration*，（2011）at para 7. 3. 16 and *Sure Care Services Ltd v At Your Request Franchise Group Ltd* [2010] 3 NZLR 102案。

[57] Sylph（1867）LR 2 A & E 24；*Raukura Moana Fisheries Ltd v The Ship "Irina Zharkikh"* [2001] 2 NZLR 801.

[58] 离婚双方之间关于资产分割的双方协议可以仲裁。参见 *Soilleux v Herbst*（1801）2 *Bos & P* 444案、*Bateman v Countess of Ross*（1813）1 Dow 235案、*Hooper v Hooper*（1860）Sea & Sm 156案、*Wilson v Wilson*（1848）1 HLCas 538案、*Besant v Wood*（1879）12 Ch D 605案、*Hart v Hart*（1881）18 Ch D 670案、*Cahill v Cahill*（1883）8 App Cas 420，HL案。

[59] 在比利时的销售分配协议必须完全由当地法院根据当地法律解决。参见加里·博恩《国际商事仲裁》（2014年第2版）第900~903页。

[60] 知识产权仲裁实际上非常普遍。参见 Lew，Intellectual Property Disputes and Arbitration，Final Report of the Commission on International Arbitration，（1997）。

裁的。[61]

如同指控合同的非法性一样，分离原则[62]意味着涉嫌欺诈、腐败或贿赂的指控不应成为仲裁庭拒绝管辖的理由。[63] 因此，违反反垄断法的问题不应被排除在仲裁事项之外。[64]

《2005 年仲裁法案》废除了 1952 年法案第 25（2）条的规定，允许由法院直接确定欺诈的问题。而《2005 年仲裁法案》第 10 条规定，对受制于仲裁协议的争议，法院可以强制中止诉讼程序，即使其中有涉嫌欺诈的指控。

3.6　一人或多人决定的仲裁

仲裁庭必须是由当事人自己指定的，或者按照当事人同意的方法组成。仲裁庭可由一名或多名仲裁员组成，实际上通常由一名或多名仲裁员组成。[65]

根据《2005 年仲裁法案》第 12 条的规定，国内仲裁中的仲裁员人数默认为一名，国际仲裁为三名。在某些情况下，双方将各自指定一名仲裁员，这两名仲裁员将自行指定第三名仲裁员担任主席或首席仲裁员。仲裁庭的组成可由当事人或第三人根据仲裁协议约定的程序确定。

《2005 年仲裁法案》第 13 条规定了约定任命仲裁员程序的细则。第 13 条规定了由吉隆坡区域仲裁中心主席任命，如果主席无法任命或没有任命，则高等法院可以任命仲裁庭。虽然仲裁是以法院之外的方式来解决法律争议，但法官可以接受任命[66]作为独任仲裁员或裁决员。[67]

3.7　司法化的仲裁裁决

当仲裁庭在仲裁听证过程中发挥作用时，被称为其在司法上采取行动。由于它的职

---

[61] *Sabah Gas Industries Sdn Bhd v Trans Samudera Lines（S）Sdn Bhd*［1993］2 MLJ 396.

[62] Chapter 8 on Separability.

[63] Blackaby and Partasides with Redfern and Hunter，Redfern and Hunter on International Arbitration（6th Edn 2015）at para 2. 101 and also Kreindler，"Public Policy and Corruption in International Arbitration：A perspective for Russian Related Disputes"，（2006）72 Arbitration at pp 3，236.

[64] 美国的做法在这一问题上存在一些冲突，但在 *Mitsubishi Motors Corp v Soler Chrysler Plymouth Inc* 473 US 614，105 S Ct 3346（1985）案中，最高法院认为国际合同引起的反垄断问题是可以仲裁的。

[65] 值得注意的是，奇数名仲裁员可能是近期的偏好。例如，据《英国枢密院法案》第 9 卷 1575－1577 记载，59 个仲裁案件中，偶数的仲裁员被任命了 40 次。

[66] 本书第 20 章和第 21 章详细介绍了仲裁庭的任命和组成。

[67] 例如，*Tee Liam Toh v National Employer Mutual General Insurance Association Ltd*［1964］MLJ 320 案中，仲裁员是高等法庭的庭长。

能具有司法的性质，所以仲裁员在行使职能过程中产生的过失免受起诉。[68]

当然，仲裁庭必须是公正的。如果仲裁员不公正，则应取消他的资格，不论他不公正的原因是否由于他与当事人一方的关系或联系。[69] 仲裁员会因为他的行为甚至是他的种族歧视而被人认为是不公平的。[70] 适用的测试叫“偏见危险性”（real danger of bias）[71]。

仲裁庭还必须基于当事人提交的证据和书面陈词来确定争议，只要争议的性质对于这样的做法来说是合适的。[72] 这里的仲裁员区别于被任命为专家的估值师或鉴定人。

3.8 法律的适用

仲裁庭将会公正地、司法化地确定当事人的权利，并且必须遵循正当的程序、自然正义和普通法的原则；这些原则也体现在法律条文当中。仲裁庭只能通过适用法律[73]和法律允许或承认的原则来解决争议。[74]

大法官辛格尔顿（Singleton LJ）在 *Taylor（David）& Son Ltd v Barnett Trading Co* 案中说：“仲裁员的职责是根据当事人的合法权利，而不是根据他在当时情况下可能认为

---

[68] Arbitration Act 2005 s 47；*Pappa v Rose*（1871）LR 7 CP 32；*Tharsis Sulphur and Copper Co v Loftus*（1872）LR 8 CP 1；*Stevenson v Watson*（1879）4 CPD 148；*Chambers v Goldthorpe*［1901］1 KB 624，CA（Eng）.

[69] 仲裁员通过接受其任命而成为仲裁合同的一方，参见案件 *Compagnie Europeene De Grales SA v Tradax Export SA*［1986］2 Lloyd's Rep 301。他也可能是受托人，因此，联合仲裁员有资格向法院申请命令，要求其联合仲裁员在有偏见的情况下披露先前的任命；参见案件 *Sundra Rajoo v Mohamed Abd Majed*［2011］6 CLJ 923。

[70] *Kuala Ibai Development Sdn Bhd v Kumpulan Perunding*（1988）Sdn Bhd［1999］5 MLJ 137；Turner（East Asia）*Pte Ltd v Builders Federal（Hong Kong）Ltd*［1988］2 MLJ 502；*Locabail（UK）Ltd v Bayfield Properties Ltd*［2000］QB 451，［2000］1 All ER 65；*Dato' Dr Muhammad Ridzuan bin Mohd Salleh v Syarikat Air Terengganu Sdn Bhd*［2012］3 MLJ 737，［2012］6 CLJ 156.

[71] *R v Gough*［1993］AC 646，［1993］2 All ER 724，HL；*Andrews（t/a BAConstruction）v Bradshaw and H Randell & Son Ltd*［2000］BLR 6；*Hock Hua Bank（Sabah）Bhd v Yong Liuk Thin*［1995］2 MLJ 213，CA；*Progressive Insurance Sdn Bhd v Gaya Underwriting Services Sdn Bhd*［1997］3 MLJ 524，CA.

[72] *Arenson v Casson Beckman Rutley & Co*［1977］AC 405 at 428，［1975］63 All ER 901 at 915-916；*Arenson v Arenson*［1976］1 Lloyd's Rep 179 at 190-191，HL，per Lord Wheatley；Re Carus-Wilson and Greene（1886）18 QBD 7，CA（Eng）.

[73] 这指的是实体法，而不是程序法。例如，可参见 *Tehno-Impex v Gebr Van Weelde-Scheepvaartkantoor BV*［1981］QB 648，［1981］2 All ER 669，CA（Eng）案。

[74] *Intelek Timur Sdn Bhd v Future Heritage Sdn Bhd*［2001］6 MLJ 727.

公平合理的内容，来决定提交给他的问题。”[75]

双方当事人达成的意思相悖的协议不是有效的仲裁协议，公平约定或诚实约定的条款不允许仲裁员脱离法律行事。[76]

法院已经努力去避免在这种情况下产生仲裁协议无效的情形，将在保险合同中常见的所谓公平或诚实的条款视为仅仅确认仲裁员可以对合同采取类似商业的解释而不是字面解释的权力。

《2005 年仲裁法案》与《UNCITRAL 示范法》相比，明确地削减了关于仲裁庭“根据权利”或“出于公平和良知”（按照公平善意原则或作为友好和解者）来裁决争议的规定。

《UNCITRAL 示范法》第 28（3）条允许各方明确同意这种决定方式[77]，但这在《2005 年仲裁法案》与其相对应的第 30 条中没有被提到。[78]

虽然仲裁庭不受严格的证据规则的约束，但它必须给予各方当事人提出证据和主张的机会。然而，如果仲裁庭偏离《1950 年证据法案》（*the Evidence Act* 1950）[79] 里的技术规则，则各方对该程序的反对不能成立。

因为《1950 年证据法案》适用于任何法院审理或受理的诉讼，而不适用于仲裁员审理的程序。[80] 因此，仲裁员的审理受制于《2005 年仲裁法案》。[81]

仲裁时效的适用参见《1953 年时效法》（*The Li mitation Act* 1953）。[82] 关于向法庭提

---

[75] ［1953］1 WLR 562 at 568，［1953］1 All ER 843 at 846. *Re Astley and Tyldesley Coal and Salt Co and Tyldesley Coal Co*（1889）68 LJQB 252，这一案件中法院认为仲裁员“有义务执行所有法律辩护”；*Jager v Tolme and Runge and The London Produce Clearing House Ltd*［1916］1 KB 939，CA（Eng）；*Cottage Club Estates Ltd v Woodside Estate Co*（Amersham）Ltd［1928］2 KB 463，［1927］All ER Rep 397；*Board of Trade v Cayzer*，*Irvine & Co Ltd*［1927］AC 610，［1927］All ER Rep Ext 778，HL；*Ramdutt Ramkissen Das v E D Sassoon & Co*（1929）98 LJPC 58，［1929］All ER Rep 225，PC；*Naamlooze Vennootschap Handels-en-Transport Maatschapij “Vulcaan” v A/S J Ludwig Mowinckels Rederi*［1938］60 Ll L Rep 217，43 Com Cas 252，HL；*Taylor*（*David*）*& Son Ltd v Barnett Trading Co*［1953］1 All ER 843，［1953］1 WLR 562，CA（Eng）；*Tehno-Impex v Gebr Van Weelde Scheepvaartkantoor BV*［1981］QB 648，［1981］2 All ER 669，CA（Eng）；*President of India v La Pintada Compania Navigacion SA*［1985］AC 104，［1984］2All ER 773，HL.

[76] *Home and Overseas Insurance Co Ltd v Mentor Insurance Co*（UK）Ltd（in liquidation）［1989］3 All ER 74，［1990］1 WLR 153，CA（Eng）.

[77] As do the English Arbitration Act 1996 s 46（1）（b）and（DAC）Report on Arbitration Bill 1996 para 223；French New Code of Civil Procedure art 1512；Swiss Federal Act on Private International Law art 187；ICC Rules of Arbitration art 21（3）and LCIA Arbitration Rules art 22. 4.

[78] 关于仲裁条款要求仲裁员不参照法律上可以承认的标准作出决定，参见 *Didymi Corpn v Atlantic Lines and Navigation Co Inc*［1987］2 Lloyd's Rep 166 at 170 案。

[79] Act 56.

[80] Evidence Act 1950 s 2. 另请注意，该法第 3 条将仲裁员排除在“法院”的定义之外。

[81] *Tetuan Bakar & Partners v Malaysia National Insurance Bhd & Ors*［2010］4 MLJ 493，这一案件中法院的主张在下一案件中被引用：*Sdn Bhd v Teo Teck Huat*（*M*）*Sdn Bhd*［1998］6 MLJ 545；*Hartela Contractors Ltd v Hartecon JV Sdn Bhd*［1999］2 MLJ 481，CA；*Suppu v Govindacharyar*（1887）11 Mad 85（Mad）；*Howard v Wilson*（1878）ILR 4 Cal 231.

[82] Limitation Act 1953（Act 254）s 30. 本节适用于所有仲裁，包括可能有不同时效期限的外国法律管辖的仲裁，都可能导致法律冲突。参见“第 49 章：仲裁中的法律冲突”。

出有关仲裁的申请的程序指引，现在规定于《2012年法院规则》（*Order 69 of the Rules of Court* 2012）第69号命令[83]中。

该规则规定了各种请求法院协助或干预仲裁员任命、中间命令或对仲裁庭管辖权决定提出的上诉等问题的申请程序。[84]

第69号命令还规定了撤销裁决的申请[85]、初步法律问题[86]、由裁决引起的法律问题[87]、申请执行裁决的许可[88]和依据《2005年仲裁法案》第10条中止法院诉讼[89]。与第69号命令的事项相关的、在本司法管辖区范围外的送达也包含在内。[90]

3.9 仲裁协议的约束效力

仲裁的基本特征是，仲裁庭的裁决在当事人之间具有法律约束力和可执行性。[91] 据此推理，终局性意味着争议应当一次性彻底地解决，而且对于同样的主张不能再次提交仲裁。[92]

不仅仅是术语，协议的真实意图和目的才是决定性的。这个过程可以描述为需要达成一个协议来将某事项诉诸仲裁（除非是法定仲裁）、程序中的隐私性、裁决和裁决的终局性。

仲裁协议必须考虑到仲裁庭将作出一个在法律上具有约束力并可供执行的裁决。除非双方另有协议，否则裁决被视为终局裁决，对当事人和根据其提出索赔的人具有约束力。虽然约束力是裁决的必要条件，但这本身并不是一个充分的条件。

根据这一原则，仲裁庭的裁决在法律上是可执行的，并在随后的程序中可以对既判力提出抗辩。仲裁员一旦作出最终裁决，就相当于履行了他应有的职责。这防止了仲裁庭重复裁决，并为各方提供了终局性。[93]

履行职权原则有一些例外，这仅限于当事人要求纠正轻微的文书错误，解释裁决的某一部分，或要求公布进一步的裁决。[94]

---

[83] Order 69 of the Rules of Court 2012.

[84] Rules of Court 2012 O 69 rr 1-4.

[85] Rules of Court 2012 O 69 r 5.

[86] Rules of Court 2012 O 69 r 7.

[87] Rules of Court 2012 O 69 r 6.

[88] Rules of Court 2012 O 69 r 8.

[89] Rules of Court 2012 O 69 r 10.

[90] Rules of Court 2012 O 69 r 12.

[91] 《2005年仲裁法案》第36条规定："仲裁庭根据仲裁协议作出的裁决是终局的，对双方当事人均有约束力。"

[92] 既判力适用于仲裁庭，*Fidelitas Shipping Co Ltd v v/O Exportchleb* [1966] 1 QB 630，[1965] 2 WLR 1059，[1965] 2 All ER 4；关于仲裁中适用的不同类型既判力的讨论，见第39章。

[93] *La Vale Plaza Inc v RS Noonan* 378 F 2d 569（3d Cir. 1967）.

[94] Arbitration Act 2005 s 35.

3.10 虚假仲裁

仲裁机制不受直接的司法审查，是保密的并且可以选择仲裁地，这对老练的罪犯来说很有吸引力。虚假仲裁是指“争议”实际上是一个串通好的安排，它对仲裁作为一种制度的威胁。这种程序可能出于多种目的，包括妨碍或拖延债权人[95]、逃税或洗钱[96]。在某些司法管辖区，虚假仲裁可能会成为洗钱、逃避付款或重新定性付款的手段。

例如，A希望将资金从严格管辖的司法管辖区转移到更宽容的司法管辖区，所以对B就损失的利润进行虚假索赔，但B实际上与A相关联或受A控制。当A在仲裁获得胜利时，B按照仲裁书支付金钱，使资金合法化，或者可以作为损失注销以减免税负。

此类仲裁中的征兆可能包括非常明显一边倒的争议，或者一家或两家公司的实际商业活动非常有限。虚假仲裁非常复杂，很难被发现[97]，并且会尽一切努力去掩盖或伪装腐败行为。[98]

如果仲裁庭怀疑仲裁是虚假的或者涉及腐败，那么如何作出正确的回应将是一个难以抉择的问题。如果仲裁庭根据自己发现的腐败而作出裁定，或者在没有任何一方当事人提出的情况下主动作出裁定，那么该裁决可能会因为超裁而面临被提出异议的风险，也就是超越协议的仲裁。[99]

如果仲裁庭无动于衷，那么它可能与犯罪活动串通一气。而支持严格反对任何利用仲裁程序来实施腐败合同企图的一般政策的各种决定缓和了这种担心。[100] 一个由于不当影响而作出的裁决不会得到支持。[101] 法院已经撤销了因虚假争议而作出的裁决。[102]

这也提出了仲裁员的职责是什么，以及职责的范围有多大的问题。关于仲裁员的作用及其主动调查索赔的权力，有很多争论。一种观点认为，仲裁员的角色和他所依据的

---

[95] *Mt Akram-Un-Nissa v Mt Mustafa-Un-Nissa* AIR 1929 All 238.

[96] McDougall，“International Arbitration and Money Laundering”，（2005）20 American University International Law Review，No 5.

[97] 关于复杂的多方计划非法转移资产的案例，参见 McDougall，“International Arbitration and Money Laundering”，supra at p 2。

[98] Mills and Sani，“Corruption and Other Illegality in the Formation and Performance of Contracts”，paper delivered at the ICCA Congress，London，2002.

[99] Blackaby and Partasides with Redfern and Hunter，Redfern and Hunter on International Arbitration，（6th Edn 2015）at para 2. 153.

[100] 在 *Himpurna California Energy Ltd*（*Bermuda*）*v PT*（*Persero*）*Perusahaan Listruk Negara*（*Indonesia*），UNCITRALAd Hoc-Award of 4 May 1999，YCAXXV（2000）paras 219 and 220，Mealey's International Arbitration Report Vol. 14，No. 14（December 1999）. *World Duty Free Co Ltd v The Republic of Kenya ICSID* Case No ARB/00/7，仲裁庭表达了“腐败比盗窃更可憎”的观点。

[101] *Sri Kishan Lal v Mt. Kashmiro* 3 AIR 1916 PC 172.

[102] *Velchand Chhaganlal v Lieut Liston*（1914）ILR 38 BOM 638，25 IC 371.

法律平台赋予了仲裁员调查和打击非法行为的合法工具。[103]

有很多案件支持了仲裁员的调查。[104] 只要有初步证据，并且仲裁员告知当事人怀疑腐败的依据，并为他们提供就此事提交意见的机会，仲裁员有权（实际上有义务）调查腐败；如果当事人拒绝出示证据或提交论点，仲裁员有权（被迫）根据这种调查作出相关裁决。[105]

在国际商会国际仲裁院第1110号裁决书中[106]，独任仲裁员收集了以佣金支付形式存在腐败的证据。拉格尔格伦法官（Lagergren J）说："在下述性质的合同争议中，出于公共政策、礼仪和道德的谴责，我不能为了司法的利益而自行回避审查管辖权问题。"因此，虽然对仲裁员没有任何授权，但似乎存在着仲裁员必须遵守的最低调查标准。

在 *Sundra Rajoo v Mohamed Abd Majed and Persatuan Penapis Minyak Sawit Malaysia*（PORAM）案中，仲裁员的调查作用得到了进一步的发展。[107] 申请人的联席仲裁员对被申请人的联席仲裁员的任命提出了质疑，指控他不披露被同一方当事人多次任命为仲裁员的事实，由此显示此类任命背后可能有财产性利益。高等法院认可了申请人的联席仲裁员的申请，并责令被申请人的联席仲裁员在7天内作出必要的披露，否则将被移除和取消资格。披露文件证实了其被多次任用，被申请人的联席仲裁员资格也被撤销了。

还有一些虚假机构滥用商事仲裁程序的例子。例如，在马来西亚，一个被称为马来西亚仲裁庭机构（Malaysian Arbitral Tribunal Establishment）的虚假实体开始了仲裁，该机构在没有任何仲裁协议，也没有任何协议指定其为任命机构的情况下单方面任命了仲裁员。

吉隆坡区域仲裁中心向总检察长办公室（Attorney General Chambers）投诉了这个虚假实体的活动。毫无疑问，这些裁决在法庭上遭到质疑，从而给受其裁决的各方，包括政党、商业实体和个人等造成了不便和困难。然而这个假冒的机构仍然继续审理和颁发裁决，尽管在其主持下进行的任何仲裁或裁决都是非法的和不可执行的。

吉隆坡区域仲裁中心一直积极反对腐败。2013年，吉隆坡区域仲裁中心与其他40家跨国公司签署了企业诚信承诺（Corporate Integrity Pledge，CIP），承诺进行公正的仲裁庭程序，以打击仲裁领域的腐败。[108] 随着国际商事仲裁中的虚假仲裁和腐败的威胁日益真实，仲裁员和机构有责任变得更加谨慎。

---

[103] Kreindler，"Public Policy and Corruption in International Arbitration：APerspective for Russian-Related Disputes"（2006）72 Arbitration 3，236.

[104] *Minmetals Germany GmbH v Ferco Steel Ltd*［1999］1 All ER（Comm）315；*CRW Joint Operation v PT Perusahaan Gas Negara*（*Persero*）*TBK*［2011］4 SLR 305，［2011］SGCA 33.

[105] Hwang SC and Lim，"Corruption in Arbitration-Law and Reality"，（2011）Herbert Smith Freehills-SMU Arbitration Lecture.

[106] ICC Case No. 1110（1963），reprinted in Wetter，"Issues of Corruption before International Arbitral Tribunals：The Authentic Text and True Meaning of Judge Gunnar Lagergren's 1963Award in ICC Case No. 1110"，（1994）10（3）Arb Intl.

[107] D-24NCC（ARB）-13-2010.

[108] "KLRCA declares war on corruption. Arbitration centre collaborates with MACC，Pemandu and Bar Council"，（2013），The Star，23 June. Sebastian Perry，"UK arbitrator charged with bribery in Malaysia"，（2013），Global Arbitration Review，28 June.

第 4 章　仲裁的相关性

4.1 引　言

为什么有人会申请仲裁？毕竟除了律师费之外，各方当事人还必须支付仲裁庭和仲裁机构的费用，或是租用场地的费用，而与法院相关的费用并不多。

各方当事人一致同意进行仲裁而不是去法院诉讼有几个原因。仲裁承诺由公正的仲裁庭进行公正审判。仲裁当事人可以将他们争议的细节保密，不受公众的关注。

当事人有各种选择，这与当事人意思自治的概念一致。他们在仲裁员、仲裁程序、适用规则、听证时间和场地的选择上都很灵活。比如，在某些情况下，仲裁员和当事人可以选择仲裁地点（甚至国家）以外的会议地点。

仲裁的程序往往没有法院诉讼那样正式，各方当事人可以定制自己的程序规则。仲裁在会议室中进行，没有长袍，没有假发。仲裁可以为程序的启动和送达提供一个简化的过程，中立并且有利于取证。从表面上看，仲裁保持了相对快速裁判的可能性。❶

如果争议涉及需要专业知识的极端技术性问题，仲裁可能会有所帮助，比如专利或软件纠纷。仲裁可能涉及科学或机械原理，如在大型建筑或工程纠纷中。❷

就性质而言，这种争议对非专家来说是很难理解的。仲裁程序可以根据问题进行调整，这能让各方当事人更有信心认为决定争议结果的人能够正确地理解争议的实质。

很多行业和国际贸易普遍倾向于选择仲裁，但并不是因为仲裁教科书和会议中经常强调的仲裁的速度和节省成本这样的优势，这些因素很少应用于现代商事关系之中。

大多数商事合同中约定有仲裁条款的主要原因是双方当事人不愿意到法院提起诉讼。值得注意的是，法院确实对仲裁和各方当事人有重要的支持和监督作用。当绝对必要时，当事人会转而选择法院。

大法官马斯蒂尔（Lord Mustill）已经将案件提交了仲裁，他说：

---

❶ Cook, *International Intellectual Property Arbitration*,（*2010*）第 2.4.1 段中提出："如果各方当事人合作，提出一个切实可行的时间框架，是可以在不到一年的时间内迅速解决争议的。" 根据 McIlwrath 和 Savage, *International Arbitration and Mediation*: *A Practical Guide*（*2010*）中所言，仲裁庭往往需要一到两年时间才能在国际仲裁中作出裁决。实务界对作出裁决所用时间的不满程度似乎很高，另参见 Berwin Leighton Paisner, "*International Arbitration*, *Research-based report on perceived delay in the arbitration process*",（*2012*）。

❷ 法官库曼（Colman J）在 *Bulfracht*（*Cyprus*）*Ltd v Boneset Shipping Co Ltd* "*The MV Pamphilos*" ［2002］2 Lloyd's Rep 681 案中说："在许多情况下，仲裁员由于其专业、合法 、商业或技术经验……"

> 仲裁的优势在于它结合了力量与灵活性。仲裁有力量，是因为仲裁能产生可以执行的裁定，并得到司法框架的支持，而作为最后手段，该框架可以诉诸国家的强制力。灵活，是因为它允许参加者选择适合争议性质和发生争议的商业环境的程序。任何接近实现这些目的的法律制度，在实践中都可能会遇到智力上和实践中的困难。[3]

仲裁庭的作用是判断性的，因此无论出于什么原因，总是需要仲裁来作出最终和可执行的结果。在某些情况下，当事人需要得到第三方施加的最终和有约束力的解决方案——而不是妥协或同意的裁决书。

通常不只是金钱受到威胁；有时，一方当事人如果没有取得完全的胜利，可能就会破产。原则问题或一方当事人在长期关系中的定位也可能成为一个问题。

在许多文化中，保全面子是一个问题，一方的管理层可能承担不起妥协的责任。在这种情况下，当事人可能需要一份正式的文件，比如仲裁庭的裁决，然后才同意支付款项并承担一些责任。

普遍认为，各方当事人希望得到可执行的裁决，并准备支付有经验的仲裁员的费用。

各方当事人首先关心的是想要得到商事正义。同时，他们希望能够迅速地解决争议，并且在可接受的时间范围内得到裁决。

然而仲裁会出现一些特有的延迟。比如，指定仲裁庭的程序可能会导致延迟。尽管双方当事人积极行使配合的义务，并且不妨碍或拖延程序[4]，但仲裁仍然容易延迟，这一问题至少部分是由于仲裁庭有限的强制力造成的。[5]恶意地故意拖延程序会产生许多困难。

4.2 仲裁相对于诉讼的优点

参考诉讼，能够对仲裁的优势进行有益的比较。诉讼区别于仲裁，它并不需要双方当事人达成共识。任何人都有权对违约行为或侵权行为向法院提起诉讼。

1997 年是马来西亚诉讼的分水岭。亚洲金融危机，加上各方采取法律行动来执行和保护他们的合法权利的意愿，使得大量民事诉讼案件涌入法院。[6]虽然没有统计数据，但人们普遍认为提出仲裁的数量也大幅增加了。

法院案件的拥挤和由此造成的开庭拖延进一步推动了仲裁的使用，但与诉讼相比，

---

[3] Lord Mustill, foreword to Cato, Arbitration Practice and Procedure, (2nd Edn, 1997).

[4] *Paal Wilson & Co AS v Partenreederei Hannah Blumenthal* [1983] 1 AC 854.

[5] 根据《2005 年仲裁法案》（法案 626），仲裁员有权根据第 19 条规定采取临时措施，但如果一方不遵守，唯一的求助途径是向高等法院申请根据第 11 条执行该命令，1996 年《英国仲裁法案》第 41 条和第 42 条中也存在类似情况。另外应当注意的是，双方可以在达成一致的情况下，以双方无约束力的方式达成和解。因为《2005 年仲裁法案》第 19 条的规定以“除非双方另有约定”开头。

[6] *CBI New Zealand Ltd v Badger Chiyoda* [1989] 2 NZLR 669, CA, Cooke P 引用“法院名单的堵塞”作为仲裁的动机。

这并不是仲裁在马来西亚受欢迎的唯一原因。[7]

语言

越来越多的法院要求将当地语言（马来西亚语）用于诉讼和诉讼文件，这意味着在现实中无法保证用英语进行庭审。

因为当事人必须去翻译诉状，这便导致诉讼成本增加，[8]同时也增加了出现误解的可能性。如果没有翻译，当事人可能无法跟踪诉讼，便会产生距离感。

在法院语言不是英文的司法管辖区内，仲裁允许双方当事人选择仲裁语言，一般是外国人优先。[9]

仲裁庭的专长

虽然人们认识到，专家可以因为技术专长和诉讼经验而被任命，但真正危险的是，如果法官没有必要的技术专长和经验，那么他可能更容易被专家的意见左右，而不是受到证据的实际技术价值的影响。在这种情况下，选择具有适当技能和经验的仲裁员是很重要的。

选择仲裁员是仲裁中最重要的活动之一。仲裁员用来确定各方当事人的合法权益。雷德芬（Redfern）和亨特（Hunter）指出，主持仲裁行为的任务，其技术性“不比外科医生进行手术或飞行员驾驶飞行器的技术要差，不应该委托给没有实际经验的人”[10]。

只有进行过必要的教育及培训，有处理仲裁事项的技能和实践经验的人，才可以被委任为仲裁员。迈克尔·科尔爵士（Sir Michael Kerr）认为：

> 法庭的能力、经验和勤奋，以及个别案件所采用的程序的性质和质量，都是至关重要的。[11]

因此，当事方及其律师或代表必须讨论为他们选择仲裁员来解决争议的利弊。法官只有在作为执业律师或司法部门的律师中获得丰富的经验后才可以被任命，但是对仲裁员的经验或资格没有正式的要求。因此，没有必要素质的仲裁员有时会被当事方或指定机构不恰当地任命。

一些专业机构认为在涉及成员问题的争议中任命仲裁员是它们的权利。在这种情况下，仲裁员的选择往往似乎是对过去服务或与委任人目前关系的一种奖励和回报。

可能会忽略的问题是，选择仲裁员的依据应该是决定争议之人的适当性，以及他为

---

[7] Abraham，*Arbitration in Asia*：*Division X*：*Malaysia*，（2001）p X1-X2.

[8] 虽然马来西亚几乎所有的律师都有马来西亚文的工作知识，但许多人更喜欢用英语工作，尤其是在上级法庭工作。

[9] 其他司法管辖区的语言要求更加严格；在迪拜，地方的诉讼必须用阿拉伯语进行，这是一项规则，要求将所有证据文件认证翻译成阿拉伯文，而不仅仅是诉状；毫无疑问，仲裁是解决这些国家的国际争端的首选方法。

[10] Blackaby and Partasides with Redfern and Hunter，*Redfern and Hunter on International Arbitration*，(6th Edn，2015）at para 4. 33.

[11] Sir Michael Kerr in the introduction to Bernstein and Wood's，*Handbook of Arbitration*，（2nd Edn，1993）at p 5.

双方提供高质量服务的能力。这可能不一定完全基于过去的服务或目前与专业机构的关系来确保。该地区大多数著名的仲裁机构，如吉隆坡区域仲裁中心、新加坡国际仲裁中心和香港国际仲裁中心，它们接纳仲裁员的标准就很高。

虽然技术仲裁员可能没有接受过法律培训，但反过来说，一名法律上合格的仲裁员在审理技术性内容的争议时，对仲裁程序的效力来说同样是危险的。

这两种情况都不能令人满意。仲裁员（特别是那些非法律背景的技术型仲裁员）经常抱怨的是，他们错误地作出了妥协决定，没有考虑到当事人的权利。这不会让任何人满意。[12]

然而如果仲裁员的任命是正确的，它可以极大地改善仲裁的进行。现在有许多具有技术/行业和法律经验的仲裁员。这有助于缩小争议的范围，控制专家证人，减少对行业实践证据的需求。在多仲裁员仲裁中，可以组建一个由具有技术、法律和工业专业知识的仲裁员组成的平衡仲裁庭。

委任机构

有些情况下，仲裁其实并不合适。一致同意和仲裁协议的基本原则使得多方争议难以通过仲裁解决。虽然法院有权合并诉讼，以确保最有效地处理争议，但仲裁庭通常没有这种权力，如果未经同意就撤销裁决也有风险。[13] 然而对一些机构规则的修订赋予了加入各方当事人或合并单独程序的权力。

《2005 年仲裁法案》第 40（2）条明确规定，除非当事各方另有协议，否则“仲裁庭无权命令合并仲裁程序或一并审理”[14]。

马来西亚的仲裁员包括退休的法官、律师、建筑师、工程师和马来西亚境内外的其他专业人士。如果双方当事人不能就仲裁员达成一致意见，他们可以同意让任命机关替他们作出选择。

标准建筑合同和订购合同经常会提到任命机构，例如 2006 年《马来西亚建筑师协会建筑合同标准格式》（*PAM standard Form of Building Contract* 2006）[15] 和《JKR* 建筑合同 203A 格式》（*JKR 203A Form of Building Contract*）[16]。《2005 年仲裁法案》第 13 条规定了一项保留条款，如果双方当事人之间没有任何协议，他们未能就委任仲裁员达成

---

[12] 要求仲裁员在授权中提供全面的书面理由可以缓解这一投诉，但这需要增加裁决的时间，并可能增加成本。

[13] Tackaberry, Marriott and Bernstein, *Bernstein's Handbook of Arbitration and Dispute Resolution Practice*, (4th Edn, 2003) at para 2-035. Staughton 大法官在案件 *Furness Withy (Australia) Pty Ltd v Metal Distributors (UK) Ltd* 中曾将合并诉讼权的缺失描述为可悲的，参见案件 *The Amazonia* [1990] 1 Lloyd's Rep 236；《吉隆坡区域仲裁中心仲裁规则》（2013 年修订版）第 8 条。

[14] 主要后果是由于第三方不正当地加入仲裁而产生的；*PT First Media TBK v Astro Nusantara International BV* [2014] 1 SLR 372, [2013] SGCA 57 的错误合并导致仲裁裁决从约 2.5 亿美元减少到 100 万美元（减少约 99.6%）。幸运的是，《2005 年仲裁法案》和《KLRCA 仲裁规则》（2013 年修订），明确表达了并将阻止在马来西亚仲裁中出现的这种情况。

[15] 例如，Pertubuhan Akitek 马来西亚总统作为指定机构的 PAM 合同 2006（无数量）第 34.6（b）项。

* JKR，全称为 Jabatan Kerja Raya（马来文），即马来西亚工程部。——译者注

[16] 参见 2007 年版《JKR 建筑合同 203A 格式》第 65.9 条，哪些名称规定指定机构是 KLRCA 的董事。

一致意见时，吉隆坡区域仲裁中心主席可以委任仲裁员。[17]

建筑和工程合同引起的争议通常会涉及时间的延误和延长、未完工、迟发图纸、变更等。因此，建筑纠纷往往是技术性的。

因此，有经验的建筑师/工程师能很好地了解这些问题。听证可能会更快，因为仲裁员不需要解释太多的技术知识。

在各种建筑合同中，根据合同的具体性质，指定马来西亚建筑师协会、建筑师事务委员会、工程师委员会、工程师协会、测量师协会、马来西亚仲裁员协会的会长，特许仲裁员协会马来西亚分会主席和吉隆坡区域仲裁中心主席，从而去实现这个目标。

大法官高夫（Goff LJ）总结说，仲裁在下列情况下和由下列原因引起是适当的，如下：

> 当事人来自不同的国家，并且都不希望受到某些外国法院的管辖，因为各方可以对仲裁庭的章程行使一定程度的控制权；因为仲裁庭可以是相关行业的专家；因为事情是私人的，而且裁决书一般不会被公开；因为有或可以有某种程度的非正式性（而且希望是迅速的）。[18]

法官宾汉（Bingham J）在 *Farid v MacKinnon Mackenzie & Co Ltd*, *The Sheba and Shamsan*[19] 案中认为：

> 在选择通过仲裁程序解决争议时，当事人获得了各种明显的优势。例如，他们可以选择自己的法庭，毫无疑问，他们会利用这个机会选择一个经验和知识相结合的仲裁庭来解决争议；他们也可以保护自己避免法庭的风险，因为法庭的判决有可能被过度的法律主义颠覆。

仲裁庭的中立性

仲裁的关键卖点之一是当事人选择中立仲裁庭的能力。各方当事人在一个没有公正和独立司法声誉的司法管辖区内开展业务时，他们可能会怀疑当最高出价者获得胜利或者司法机构倾向于偏袒国内当事人时，诉讼是否会产生公正的结果。

当合同的一方是与国家或政府有联系的实体，并且法官被要求向对其有委任权的一方作出不利裁决时，这一点尤其适用。[20]

我们不应该认为这些问题仅限于发展中国家，因为在某些欧盟国家，获得补救的质

---

[17] 双方根据《2005 年仲裁法案》第 13（7）条的规定，无法诉诸高等法院。如仲裁条款中任命仲裁员的程序“不可行”的情况，如 *Enercon（India）Ltd v Enercon GmbH* Civil Appeal No. 2086 of 2014 dated 14 February 2014，SC（India）。

[18] Goff LJ，“Arbitration Today”，（1987）57 Journal of the Chartered Institute of Arbitrators at pp 111-112.

[19] ［1983］2 Lloyd's Rep 500.

[20] Blackaby and Partasides with Redfern and Hunter，*Redfern and Hunter on International Arbitration*，（6th Edn，2015）at para 1. 99.

量、速度和成本方面还存在很多问题。[21]

仲裁当事人可以从世界各地委任仲裁员的权力，使双方避免了有可能引起关切的任何国家、政治、宗教、经济或种族偏见。

法定代理的选择

在大多数司法管辖区，只有当地律师才拥有出庭权，这意味着国际当事人必须雇用不熟悉客户业务的律师，并与他们一起工作，这些律师对客户业务可能没有他的常规律师团队熟悉。

各方当事人不愿聘请当地律师的原因有很多，而不一定是因为质量问题。一个常见的原因是为了避免利益冲突，因为在一个法律专业相对较小的司法管辖区内，如果被申请人是一个大型组织，那么高级别律师[22]很有可能以某种身份代理被申请人，因此是被利益冲突所禁止的。

相比之下，仲裁当事人可以从世界任何地方选择律师[23]，因此有更多的专业知识库可供选择。当事人甚至可以聘用具有与案件有关的技术或科学知识、技能、培训和经验的非法律资格人士。

对于外国当事人来说，在马来西亚进行仲裁而不是法院诉讼，有助于避免在海外存在潜在的执行问题和诉讼技术问题。作为对抗性的公开程序，诉讼会滋生敌对行为。

也可能有一种根深蒂固的态度，认为法官无法提早解决一个高度技术性的问题。[24]这些问题可以在争议的很早期阶段得到解决，而这往往在合同中就已经规定好了。

终局

仲裁裁决的一个巨大优势是其终局性。

法官宾汉在 *Farid v MacKinnon Mackenzie & Co Ltd*，*The Sheba and Shamsan*[25] 案中解释说，仲裁提供了法院诉讼中无法达到的终局性，如下：

> 仲裁还有其他优势，如速度和节省费用，这取决于双方当事人的意愿及其所选择的安排。但这些是仲裁过程中肯定能够实现的额外优势。这些优势是以仲裁代理人付出的代价换来的。最明显的代价是，他失去了上诉法院对初审法官作出的事实和法律决定所享有的广泛审查权。我想说，避免这种审查可能旷日持久并且昂贵，但有时候这无疑是当事人急于实现的目标。尽管如此，法院对仲裁程序的审查权力

---

[21] 在希腊、意大利和西班牙等国家。Tackaberry，Marriott and Bernstein，Bernstein's Handbook of Arbitration and Dispute Resolution Practice，（4th Edn，2003）at para 2-017.

[22] 或者更准确地说，他们工作的公司。

[23] 马六甲共和国合并组织法院［1990］3 MLJ 125 决定，仲裁论坛是一个不属于 1976 年《法律专业法》（法案 166）范围的私人法庭，因此不禁止任命外国律师。

[24] Dwight，"Commercial Dispute Resolution in Australia：Some trends and misconceptions"，（1989）1 Bond Law Review 1 at 1-2.

[25] ［1983］2 Lloyd's Rep 500.

实际上极为有限。

根据《1952 年法令》和《2005 年仲裁法案》，一方当事人对仲裁裁决提出质疑的范围非常有限。

法院在 *Kerajaan Malaysia v Perwira Bintang Holdings Sdn Bhd*[26] 案中规定了法院可以根据法律撤销仲裁裁决的限制。可接受的情况包括回答以下问题：

- 法律问题必须足够的明确；
- 法律问题必须来自裁决书而不是仲裁程序；
- 法院必须确信，法律问题的裁定将会对当事人的权利产生重大影响；
- 法律问题必须是合法的法律问题，而不是伪装成法律问题的事实问题；
- 只有在明确和例外的情况下才能行使管辖权；
- 如果裁决显然是非法和不合理的，法庭可以进行干预。

可执行性

仲裁的最大特点之一——特别是在跨境争端方面——是可以通过 1958 年《承认及执行外国仲裁裁决公约》（《纽约公约》）在国际上执行裁决。

156 个缔约国[27]有义务通过立法来执行公约，这使得执行外国仲裁裁决变得更为容易。同法院判决相比，执行仲裁裁决的容易程度是不容忽视的。[28]

例如，在马来西亚作出的仲裁裁决可以在每个《纽约公约》缔约国强制执行，但须服从缔约国根据公约所作出的保留。相反，1958 年外交协定的相互强制执行仅适用于 7 个国家[29]。

程序控制

《1950 年证据法案》并不适用于仲裁，因此，与严格适用证据规则的法院诉讼程序相比[30]，仲裁更加灵活地摆脱了严格的证据规则。

这种灵活性为仲裁员提供了充分的机会去采用适当的程序来评估证据，特别是涉及

---

[26] ［2015］6 MLJ 126，［2015］1 CLJ 617，CA.

[27] 包括阿富汗、阿尔及利亚、安道尔、安提瓜和巴布达、阿根廷、亚美尼亚、巴林、巴巴多斯、不丹、波斯尼亚和黑塞哥维那、博茨瓦纳、布隆迪、中非共和国、加拿大、中国、科摩罗、克罗地亚、古巴、塞浦路斯、刚果民主共和国、丹麦、吉布提、厄瓜多尔、希腊、圭亚那、危地马拉、洪都拉斯、匈牙利、印度、印度尼西亚、伊朗伊斯兰共和国、牙买加、马达加斯加、马来西亚、摩纳哥、蒙古、黑山、尼泊尔、尼日利亚、菲律宾、波兰、大韩民国、罗马尼亚、圣文森特和格林纳丁斯、塞尔维亚、南斯拉夫的马其顿共和国、特立尼达和多巴哥、突尼斯、土耳其、美利坚合众国、委内瑞拉和越南等。

[28] 判决条约相互执行的次数很少，通常是区域性的；参见欧盟理事会第 44/2001 号条例（以前的《布鲁塞尔公约》和《卢加诺公约》），涉及执行欧盟成员国之间的判决。其他例子参见 Blackaby and Partasides with Redfern and Hunter, *Redfern and Hunter on International Arbitration*,（6th Edition 2015）at Paragraph 1. 101.

[29] 法案 99；这些国家或地区是英国、中国香港、新加坡、新西兰、斯里兰卡、印度和文莱达鲁萨兰国。

[30] *euro Development Sdn Bhd v Teo Teck Huat*（*M*）*Sdn Bhd*［1998］6 MLJ 545；*Hartela Contractors Ltd v Harteco JV Sdn Bhd*［1999］2 MLJ 481，［1999］2 CLJ 788；*Tetuan Bakar & Partners v Malaysia National Insurance Bhd*［2010］4 MLJ 493 at［142］。

不同国籍的当事人时，他们可能会适用不同的证据规则。

最后，马来西亚的标准格式合同包括新格式的情况是很常见的，例如2000年发布的新的《CIDB* 建筑工程合同标准格式》，就规定了将仲裁作为解决争议的手段。这些格式利用了这样一个事实，即当事人可以选择谁应该审理他们的争议，以及仲裁员应该拥有什么权力来进行仲裁。

当事人可以自由选择一名仲裁员，他的技术专长和经验可以解决商事纠纷。这样做的好处是仲裁员已经熟悉了争议的主题，减少了唇枪舌战的范围，使得争议各方可能继续保持他们的业务关系，并将争议限制在他们之间。

中级法院和高等法院的法官审理了各种各样的案件，但通常不具备技术仲裁员的技术知识。另外，技术专家仲裁员的法律知识永远无法与法官相提并论。

仲裁允许当事人选择一个既具有法律专业知识又具有技术/行业专业知识的仲裁庭，从而为双方都提供了机会。此外，现在有大量仲裁员同时具备法律知识和技术专长。

取消归属管辖权优势

通常情况下，诉讼是在被告所在国提起的，这在国际商事合同中造成了许多问题。在某些司法管辖区内，人们可能会担心司法程序的独立性。

习惯于普通法诉讼的当事人可能被迫在不熟悉的大陆法系管辖范围内进行诉讼，对外国法院程序的语义又可能不熟悉，因此诉讼的实际成本可能会很高。比如，在英国和澳大利亚之间的争议中，两国之间的旅行时间超过20小时。

这并不是说“在家玩”就会带来一定的优势。美国诉讼当事人就哀叹于本国司法管辖范围内影响深远和费用高昂的文件查找过程[31]，而外国原告就可以利用这一过程来促成和解。

不受执政政府青睐的公司或地方政府机构，或者被媒体描绘成恶棍的公司，可能会得到外国政党的青睐。

仲裁庭的选择过程有什么好处？用加里·博恩（Gary Born）的话来说，“至少不受欢迎的当事人可以在庭上得到公平磋商”[32]。

布朗（Brown）和马里奥特（Marriot）还表示，在“外国”法院提起诉讼的一些不确定性包括：外国法院是否会承担管辖权来审理案件；该司法管辖区律师的咨询和代理是否是必要的；文件翻译和证据解释的必要性；接触技术和正式的程序以及证据规则；以及由经验不足和不称职的法官解决争议的风险。[33]

如果没有仲裁作为替代，这些因素可能会阻碍各方的交易，从长远来看会扼杀国际贸易。

---

* CIDB，即 Construction industry Development Board，指马来西亚建筑业发展局。——译者注

[31] Gary Born，*International Commercial Arbitration*，（2nd Edn，2014） at p 73.

[32] Gary Born，*International Commercial Arbitration*，（2nd Edn，2014） at p 74.

[33] Brown and Marriot，ADR Principles and Practice，（2nd Edn，1999） pp 68-69. 有几个地方法院，其中法官的素质是具有国际知名度的，如在纽约、伦敦和新加坡，但这仍然是少数。

4.3 费用因素

正如本章开头所提到的，仲裁似乎比诉讼涉及更多的初始费用。由于仲裁员和机构费用可能很高，特别是在3个仲裁员的仲裁庭和高价值纠纷中，人们很可能从表面上看待问题。[34]

尽管仲裁旨在以最快的速度和最低的成本来解决争议，但时间延误和费用问题仍会发生。特别是在复杂的案件中，这使得仲裁的快速性受到质疑。

有时也有人认为，随着费用的增加，仲裁程序变得更加复杂，更加法制化，更加制度化。[35] 部分原因是大量具有法律资格的专业人士担任了律师和仲裁员，他们在当地法院系统中的专业培训会产生一种倾向，倾向于对仲裁采取更加司法的方式。

仲裁庭必须按照适用的规则或自然正义的规则，以司法方式进行仲裁程序，包括给予当事人平等的机会来陈述案件。

虽然仲裁与法院相比有更大的自由度，并可以特别定制程序去适合特定的争议或特殊的当事人，但在这种情况下仲裁的费用可能不会低于诉讼程序期间发生的费用。

一击即中的命题

对方律师的答辩会加剧仲裁的费用和延误，仲裁结果往往同他们的委托人有很大的利害关系，他们宁愿扰乱仲裁的速度，也不愿达成和解。

即使双方当事人都参与这个过程，上诉的空间也是有限的，这意味着基本没有出错的余地。新加坡首席大法官梅达顺（Sundaresh Menon）认为，仲裁一击即中的命题导致了费用的增加，因为“各方当事人会选择最好的仲裁员和最好的律师给自己最好的机会去赢得他们的案件”[36]。

法官兰顿（Langton J）在 *Foresta Romana SA v Georges Mabro*（*Owners*）[37] 案中遗憾表示：

> 我的职责不是对商事仲裁作出任何反应，但我对此有一些经验，而且，“准备和愿意”这个表达方式对我来说并不意味着双方必须带着愉快和兴奋的迹象进行这种争论。我的商事仲裁经验是，它很难令人愉快，永远不会令人兴奋，它总是昂贵得令人失望。

在这种情况下，大法官马斯蒂尔（Mustill LJ）评论说，仲裁已经成为一个服务行业，

---

[34] 高级仲裁员可以控制自己的高额收费，但即使是从价税率上看也可能对原告造成心理负担。

[35] 特许仲裁研究所的国际仲裁费用会议（2011年）发现，国际仲裁费用的近75%是由法律费用组成的。

[36] 新加坡国际商会2012年大会的主题演讲。终审法院首席大法官梅达顺也提出，当仲裁人被迫在各方意见中提出“给予当事人充分机会”提交案件时，都会引起延误。

[37] （1940）66 LI L Rep 139 at 141.

参照英国的情况，“仅酒店账单就可能超过了当时（大约 30 年前）仲裁的全部费用”[38]。直到今天，仍然需要考虑国际差旅费用。

没有积压的仲裁案件也不能保证可以迅速地开庭。在复杂的大型争议中，各方当事人和仲裁员本身可能来自业界最高层，他们都有繁忙的工作时间表，很难找到一个能坐在一起的时间。[39]

这一定会导致程序的拖延，从而产生比诉讼更高的费用。

另外，仲裁提供了成本和费用的可预测性的承诺。特别是在马来西亚，那里的法院多年来充满了延伸到联邦法院一级的诉讼，上诉程序让通过诉讼来解决争议的方式更加缓慢和昂贵。

仲裁的初始费用可能相当于或超过法院的一审判决的费用。但是，不需要上诉是可以节省时间和金钱的。

4.4　仲裁的可持续性

实质上，仲裁在历史渊源上并没有发生根本的变化。在国内程序中，仲裁和诉讼之间的选择可能取决于保密性和仲裁庭的中立性问题。

根据具体情况，一项决定可能会很平衡[40]，特别是在当地法院受到高度尊重的司法管辖区。然而在国际争端中，仲裁有许多决定性的优势，使其成为有效处理商事纠纷和技术纠纷的首选方法。

必须强调的是，《UNCITRAL 示范法》和《2005 年仲裁法案》仅提供了框架，其中大部分条款都是默认条款，仅仅在双方没有其他协议的情况下才适用。

但是，在仲裁机构提供规则（通过引用或特别商定的规则）的协助下，当事人可以建立一个全面的框架，去公平、公正地解决他们的争议。

大法官马斯蒂尔（Mustill LJ）总结道：

> 仲裁在国际贸易中已经占据了重要地位。它还有很多工作要做，它能够而且应该抓住面前的机遇。但是，它还没有自满的余地。[41]

作者完全支持这一主张。

---

[38] Mustill LJ, “Arbitration: History and Background”, (1989) 6 Journal of International Arbitration 43 at p 55.

[39] Williams QC and Kawhar, Williams & Kawharu on Arbitration, (2011) at para 1.15, p 9.

[40] Blackaby and Partasides with Redfern and Hunter, *Redfern and Hunter on International Arbitration*, (6th Edn, 2015) at para 1.105.

[41] Mustill LJ, “Arbitration: History and Background”, (1989) 6 Journal of International Arbitration 43 at para 56.

第 5 章　仲裁的隐私性和保密性

5.1　引　言

仲裁与诉讼有两个非常重要的区别：程序的隐私性[1]和过程的保密性。

隐私性涉及仲裁参与人员的专属权利，例如仲裁庭、出席会议或参加听审的当事人以及证人了解仲裁的专属权利。

保密性是仲裁员和当事人不得泄露与仲裁有关的程序、文件或裁决之信息的义务。[2]

5.2　隐私性

仲裁的基本原则之一是仲裁程序是私密的。[3] 仲裁协议的各方当事人同意将他们之间（仅在他们自己之间）产生的争议提交仲裁。

这意味着公众并不能参加仲裁。在这方面，雷德芬（Redfern）和亨特（Hunter）表示："国际商事仲裁是不公开的程序。它从本质上说是一个私人的过程，因此有可能是一个保密的过程。"[4]

听审的隐私性从来都没有争议，根据英国法律，Coleman J 在 *Hassneh Insurance Co of Israel v Mew*[5] 案中表示：

> 如果以英国法律签订合同的当事人将他们的争议提交仲裁，那么他们至少有权私下进行听审。伦敦数百年来的普遍做法就是这样，我相信这是没有争议的。这种

[1] 在案件 *Al Rawi v Security Service* [2012] 1 All ER 1 at [11]，[2011] UKSC 34 at [11] 中，根据英国最高法院的规定，在诉讼中"审判应以公法进行，判决应以公法作出"，这是一项"基本的普通法原则"。同样参考 *Scott* (*otherwise Morgan*) *v Scott* [1913] AC 417，[1911–13] All ER Rep 1。

[2] Lew，"Expert Report of Dr Julian DM Lew（in *Esso/BHP v Plowman*）"，（1995）11 Arbitration International 283 at p 285.

[3] *Tillam v Copp*（1847）5 CB 211，136 ER 357；*Haigh v Haigh*（1861）3 De G F & J 157，45 ER 838；*Russell v Russell*（1880）14 Ch D 471 per Jessel MR；*Bibby Bulk Carriers Ltd v Cansulex Ltd* [1989] QB 155. 法官赫斯特（Hirst）认为："我承认仲裁程序是私密的，产生的结果仅限于合同当事人之间。"

[4] Blackaby and Partasides with Redfern and Hunter，*Redfern and Hunter on International Arbitration*，（6th Edn，2015）at para 2. 161.

[5] [1993] 2 Lloyd's Rep 243 at 247.

做法体现出仲裁作为一种争议解决手段的优势，在这点上仲裁要优于法院。以不公开的方式进行听审可能会带来的坦诚，是仲裁的重要组成部分。

英国上诉法院在 *Ali Shipping Corporation v Shipyard Trogir*[6] 案中证实了这个立场。马来西亚接受并且适用这个规则，特别是在 *Malaysian Newsprint Industries Sdn Bhd v Bechtel International, Inc*[7] 案中。

大法官帕克（Parker LJ）在 *Dolling-Baker v Merrett*[8] 案中有如下法律陈述：

> 就仲裁双方当事人而言，尽管仲裁程序是双方同意并且可能被视为完全自愿的，但在我看来，仲裁的性质决定了双方当事人之间必须承担一些隐含的义务，即非经另一方当事人的同意或者根据一项命令以及得到仲裁庭的许可，不得披露或以任何目的去公开仲裁中的任何文件、裁决或裁决中的证据抄本或记录，并且不论在仲裁中证人提出了什么样的证据，都不得公开。这种限制很有必要，就像银行和客户之间隐含的保密义务一样。

此前，法官莱格特（Leggatt J）在 *Oxford Shipping Co Ltd v Nippon Yusen Kaisha, The Eastern Saga*[9] 案中解释说：

> 仲裁的隐私概念仅仅源于这样一个事实，就是双方当事人同意将他们之间并且只在他们之间发生的特定争议提交仲裁。这意味着陌生人应被排除在仲裁之外，并且仲裁庭和任何当事人都不支持该争议能与另一个争议同时或甚至用符合另一个争议的方式进行审理或裁决，不论这样的过程对当事人来说是如何的便利、如何的密切相关。仲裁员所拥有的唯一权力与他被委任的职权有关。他们不能仅仅因为存在类似的争议就扩大争议的审理范围。

鉴于仲裁是私人程序，只有仲裁协议的各方当事人及其代表才可以参加仲裁会议或者开庭，公众被排除在外，他们没有权利出席仲裁庭的听审。证人的证词只有被允许在场的人才能听到。

首席大法官梅森（Mason CJ）在 *Esso Australia Resources Ltd v The Honourable Sidney James Plowman*（能源和矿产部部长）[10] 案中陈述道：

> 我更倾向于将听审的隐私性描述为协议提交仲裁的争议里固有的东西，而不应

---

[6] ［1998］2 All ER 136，［1999］1 WLR 136，［1998］1 Lloyd's Rep 643，CA（Eng）；*Department of Economics, Policy and Development of the City of Moscow v Bankers Trust Co*［2004］EWCA Civ 314，［2005］QB207，［2004］2 All ER（Comm）193，CA（*Eng*）*and Emmott v Michael Wilson & Partners Ltd*［2008］EWCA Civ 184，［2008］2 All ER（Comm）193，CA（Eng）.

[7] ［2008］5 MLJ 254.

[8] ［1991］2 All ER 890 at 899，［1990］1 WLR 1205 at 1213，CA（Eng）.

[9] ［1984］3 All ER 835 at 842.

[10] ［1995］128 ALR 391 at 398.

定性为隐含术语。

首席大法官梅森补充说：

> 仲裁之所以能成为一种快捷并且具有商业吸引力的争议解决方式，至少部分取决于它的隐私性。因此，如果向公众公开仲裁中的程序和相关文件，那么将会使仲裁的效力受到损害，甚至失败……如果听审是私密且保密的，那么将那些为听审准备的文件（如证人证言、专家报告等）视为同样私密且保密的似乎就符合逻辑了。同样的表述可以延伸到庭审笔录上，这听起来也似乎是合乎逻辑的。这几乎相当于向第三方敞开了仲裁庭的大门。[11]

法官图希（Toohey J）在 *Esso Australia Resources* 案中认为：

> 隐私权应被视为仲裁协议的隐含条款。这是一个附加的法律问题，而不是商业协议。它是合同本身就隐含的法律要求。仲裁协议的性质、仲裁的惯例以及仲裁听审过程对隐私权的重视表明，这是一个隐含的法律问题。[12]

隐私权现在被认为是仲裁的一个普遍的、必要的因素。（除了法定情形外）仲裁是当事人之间私下协议的结果，他们将争议从法院撤回，并提交给私人仲裁庭裁决。如果违反隐私原则，那么仲裁可能会受到损害。[13]

5.3　保密性

保密性被广泛地称赞为仲裁的主要好处之一。[14] 它阻止无关的第三方侵入当事人的保密信息并影响到仲裁庭的独立性。

《2005 年仲裁法案》[15] 没有关于仲裁程序的隐私或保密的规定。

保密性只有当事人、仲裁庭和仲裁机构以及能够获得信息和证据的第三方遵守规则

---

[11] Esso *Australia Resources Ltd v The Honourable Sidney James Plowman*（*Minister of Energy and Minerals*）（1995）128 ALR 391 at 399，as per Mason CJ. 这可以与早些时候在 *Aerospatiale Holdings Australia Pty Ltd v Espan International Ltd*（1992）28 NSWLR 321 案中的判决相比较。法官克勒（Cole J）在当时认为，原则上没有理由不将涉及密切相关事项并且主要在同一当事方之间的仲裁和参考文献合并在一起。这项裁决没有得到支持，因为它违反了在所有主要司法管辖区的仲裁法中根深蒂固的既定原则——同意、协议和隐私。

[12] *Esso Australia Resources Ltd v The Honourable Sidney James Plowman*（*Minister of Energy and Minerals*）（1995）128 ALR 391.

[13] *Baker v Cotterill*（1849）18 LJQB 345；*Giacomo Costa Fu Andrea v British Italian Trading Co Ltd*［1961］2 Lloyd's Rep 392 at 402；*Liverpool City Council v Irwin*［1977］AC 239.

[14] Bond，"*Expert Report of Stephan Bond Esq*（*in Esso/BHP v Plowman*）"（1995）11 Arbitration International 273. 邦德（Boud）指出，采用公布裁决的政策将"对使用国际商会仲裁构成重大威慑"。在撰写该报告时，AS Tallinna Vesi 和 Estonia 之间的投资仲裁涉及应在国际投资争端解决中心（ISCID）网站上公布哪些文件或信息的问题。这些问题的最终听证会于 2016 年 11 月举行。

[15] Act 646.

才能确定。为此，一些仲裁规则具体规定了仲裁中发生的所有事情都是保密的。因为无论是当事人还是仲裁庭，在没有征得同意的情况下都不能向第三方透露仲裁过程中发生的事情。除非是为了妥善进行仲裁，否则非经仲裁庭同意，不能披露任何事情。[16]

人们普遍能接受仲裁的隐私性，但保密性经常被忽略。直到最近，保密的问题大部分都草草解决，随之而来的是法律规定和权威判例法的匮乏。

然而 *Emmott v Michael Wilson & Partners Ltd*[17] 案的判决表明，英国法院将隐私和保密视为分别独立的概念。

即使所有当事人都决心维护仲裁，但仲裁的保密性可能还是会受到破坏。例如，法院的程序属于公开记录的事项，在当事人试图撤销或执行仲裁裁决时，法院可能会在仲裁程序之前或期间损害或破坏保密性。当事人或非当事人可能会认为在随后的仲裁或法院程序中使用先前仲裁程序的一个或另一个要素是合适的。

阻止胜诉方在屋顶上为他的成功欢呼，即使这件事不是不可能，也是很困难的。证人在作证时，就可能不会被严格地限制透露其了解的仲裁信息。

当事人可能无法确保这些证人的保密性。

如果确实要作出区分，那么判例法在这方面能给予的指导微乎其微。问题是隐私是会自动导致机密性，还是自动对机密性有要求？

英国上诉法院在 *Emmott v Michael Wilson & Partners Ltd*[18] 案中认为：

> 区分保密性和隐私性并不容易，考虑判决书决策的背景也很重要。

保密性的区分

有两个时间段特别需要保密：首先是作出裁决前的保密，包括正在开庭的阶段；其次是作出裁决后的保密。在前一种情况下，无论是出于商业目的还是出于倾向性目的，双方当事人都可能想单方面透露争议。

然而双方可能有法定义务或其他义务向保险公司、审计机构、股东、公共监管机构等提供信息。配偶或伴侣可能需要知道裁决的结果。例如，这些“外来者”可以包括分包商，他们可能有权分得总承包商的索赔。

局外人也可能会同意仲裁当事人在仲裁中产生的任何责任。因此，为了追求自己的合法利益，局外人可能在了解证据或裁决结果方面有合法的权益。

在后一种情况下，面临商业偏见问题的当事人可能会继续提起诉讼，并在不同程度

[16] 《KLRCA仲裁规则》（2013年修订版）第15条；《国际商会（ICC）仲裁规则》（2012）第22（3）条，附录Ⅰ第6条，附录Ⅱ第1条；《美国仲裁协会国际争端解决程序（包括调解和仲裁规则）》第37条；《伦敦国际仲裁法院规则》（2014）第30条；《中国国际经济贸易仲裁委员会仲裁规则》（2014）第38条；《世界知识产权组织（WIPO）仲裁规则》（2014）第54、75-78条；《马来西亚仲裁员协会仲裁规则》（2000）第35条；《马来西亚建筑师公会（PAM）仲裁手册》（1994）第14条；《联合国国际贸易法委员会仲裁规则》（2010）第34条第（5）款。

[17] ［2008］EWCA Civ 184，［2008］2 All ER（Comm）193，CA（Eng）.

[18] ［2008］EWCA Civ 184 at［71］，［2008］2 All ER（Comm）193 at［71］，CA（Eng）.

上使用裁决、申请书和证据，这些都是对执行仲裁提出质疑的公共记录的一部分。

法院在 *Dolling-Baker v Merrett*[19] 案中认为，仲裁条款中缺乏保密性的明确条款，所以保密性就被推定为仲裁程序本身所隐含的条款。

仲裁中的裁决书、申请书、书面陈述、笔录和证据文本都附有保密性义务。未经另一方同意，任何一方都不得向第三方披露裁决、裁决理由、仲裁中披露的文件以及为仲裁目的而准备的文件。

作为一项法律问题，法院在 *Ali Shipping Corporation v Shipyard Trogir*[20] 案中认为，仲裁协议的保密性作为商业惯例中“可以定义的契约关系之必要事项”是有局限的。仲裁庭和当事人对彼此负有一般的保密义务。

保密程度降低

霍布豪斯勋爵（Lord Hobhouse）在 *Associated Electric and Gas Insurance Services Ltd v European Reinsurance Co of Zurich* 案中对“一刀切”的做法表示了保留。因此，关于保密性规则可能产生的例外情况，就不得不考虑保密性的范围。[21]

在 *Department of Economic Policy and Development of the City of Moscow v Bankers Trust Co* 案中，法院处理了驳回诉请的判决是否应该向特定金融机构公开或部分公开的问题。[22]

该争议在伦敦根据联合国国际贸易法委员会仲裁规则进行了仲裁。银行家信托公司试图根据 1996 年《英国仲裁法案》（*the English Arbitration Act* 1996）第 68 条质疑该裁决，认为这是私下审理的。

法官库克（Cook J）也在驳回了撤销裁决的申请之后，考虑了判决的公开问题。在决定这个问题的时候可以考虑若干因素，例如双方当事人对公开仲裁信息的态度、仲裁的基本隐私性和保密性以及双方申请的性质。

库克法官认为，评估这些要素的重要因素是正义的整体利益，并且决定了不公布判决。然而当裁决的一些细节在一家名为 *Lawtel* 的法律报告网站上公开时，其公开了关于异议的概括性细节。

库克法官继续说，这一披露和该诉讼的结果并不违反任何保密义务。因为向投资者和利益相关者披露争议对双方都很重要。

澳大利亚高等法院在 *Esso Australia Resources Ltd v The Honourable Sidney James*

---

[19] *Dolling-Baker v Merrett* ［1991］ 2 All ER 890 at 899，［1990］ 1 WLR 1205 at 1213，CA（Eng）.

[20] ［1998］ 2All ER 136，［1999］ 1 WLR 136，［1998］ 1 Lloyd's Rep 643，CA. 这一决定在一定程度上是对 *Esso Australia Resources Ltd v The Honourable Sidney James Plowman*（能源和矿产部部长）（1995） 128 ALR 391 一案裁决的反应；参见 Smeureanu，*Confidentiality in International Commercial Arbitration*（*2011*）第 44 页。同时参照案件 *Hass-neh Insurance Co of Israel v Mew*［1993］ 2 Lloyd's Rep 243；*London & Leeds Estates Ltd v Paribas Ltd*（No 2）［1995］ 1 EGLR 102，［1995］ 2 EG 134；*Insurance Co v Lloyd's Syndicate*［1995］ 1 Lloyd's Rep 272；*Sacor Maritima SA v Repsol Petroleo SA*［1998］ 1 Lloyd's Rep 518；*Aquator Shipping Ltd v Kleimar NV*，The Capricorn 1［1998］ 2 Lloyd's Rep 379。

[21] ［2003］ UKPC 11，［2003］ 1 All ER（Comm） 253.

[22] ［2004］ EWCA Civ 314，［2005］ QB 207，［2004］ 2 All ER（Comm） 193，CA（Eng）.

Plowman（Ministry of Energy and Minerals）[23]（“*Esso Australia*”）案中认为，仲裁协议不能隐含一般保密义务（尽管程序隐私是仲裁的一个隐含部分）。

法院认为，保密不是私人仲裁的基本属性，也不是合同的性质和关系的固有部分。

即使存在这种义务也不是绝对的，因为在仲裁结果影响公共利益的情况下，例如公共事业公司向消费者收取的天然气价格，则保密是一个普遍的公共利益例外。[24]

Esso Australia 案的裁决在国际仲裁界普遍不受欢迎，它被认为打破了保密的核心原则，被描述为仲裁世界的“核事件”[25]。这一裁决的影响非常严重，以致新西兰颁布了 1996 年《新西兰仲裁法案》（*the New Zealand Arbitration Act* 1996），其中第 14 条规定了默认的保密规则。[26]

在 Esso Australia 案的裁决后，雷德芬和亨特立即评论道：

> 这可能是一条危险的道路，加强了法院在仲裁过程中的干预。总的来说，我们希望这个案件仅限于它的具体事实，即有关部长为了能够履行监督公共事业的职责而寻求资料。即使各方当事人明确同意了仲裁中发生的一切事情都是保密的，部长仍有权获得他所要求的资料。双方显然不能通过私人协议来取代法规规定的义务。[27]

美国[28]和瑞典也表达了对一般保密义务的类似态度。雷德芬和亨特认为，有证据表明，世界某些地区的自动保密义务正在减弱或至少受到质疑。[29]

在可能涉及公共当局的仲裁中，“公众获取有关公共当局事务信息的合法利益”可能取代保密原则。[30]

保密原则的例外

保密原则被认为是隐私的必要及必然结果，在大多数国家中被视为仲裁协议中的一

---

[23] （1995） 128 ALR 391. *United States v Panhandle Eastern Corp* 118 FRD 346（D Del 1988）.

[24] *Television New Zealand Ltd v Langley Productions Ltd* [2000] 2 NZLR 250 是存在严重危害公共利益的例外情况的代表案例。

[25] P NeillQC，“Confidentiality in Arbitration”，（1996） 12 Arbitration International 287.

[26] Williams QC and Kawhar，*Williams & Kawharu on Arbitration*，（2011） at para 13. 3. 1.

[27] Redfern and Hunter，*Law and Practice of International Commercial Arbitration*，（3rd Edn，1999） at p 29.

[28] *Industrotech Constructors Inc v Duke University* （1984） 67 NC App 741，314 S E 2d 272；Blackaby and Partasides with Redfern and Hunter，*Redfern and Hunter on International Arbitration*，（6th Edn，2015） at paras 2. 173-2. 176.

[29] Blackaby and Partasides with Redfern and Hunter，*Redfern and Hunter on International Arbitration*，（6th Edn，2015） at para 2. 170.

[30] 法官布里格斯（briggs）在案件 *Milsom v Ablyazov* [2011] EWHC 955（Ch） at [30] 中表示：“仲裁的保密性或隐私性并不是绝对的。在特定情况下，例如在仲裁上诉中，它的保留只是一个起点，在公共利益或司法利益需要的情况下，它可能会被推翻。”

个隐含术语。[31] 除当事人另有约定外，现在人们普遍认为仲裁是隐私的和保密的。

马来西亚法院可能会遵循英国和新加坡关于保密的司法立场。在这种情况下，可以确定保密性的四个关键例外。

如此一来，基于 *Emmott v Michael Wilson & Partners Ltd*[32] 案的例外情况，从具体情况看，可能适用的例外情况如下：

（1）法院发出了披露命令或者披露许可。[33]

（2）披露符合公共利益[34]或司法利益。[35]

（3）在何种情况下以及在何种程度上[36]，披露信息对于确立或保护一方的合法权利是合理必要的——针对第三方或为第三方提出的索赔进行辩护。

（4）当事人明示或默示同意的。

因此，保密义务不是绝对的，而是受上文所列的条件或例外情况的限制。[37] 是否可以公开文件或资料必须根据个别情况加以考虑，并考虑到文件的性质和披露的背景。

虽然由仲裁引起的法院诉讼的起点是仲裁应该非公开地进行，但英国上诉法院在 *Department of Economics, Policy and Development of the City of Moscow v Banker's Trust*[38] 案中认为法院应该牢记判决应该公开作出，而不披露任何机密信息。

通过区别对待，裁决和理由可用于作为第三方向法院申请诉讼的理由。然而通常禁止将仲裁中使用的原材料用于与仲裁无关的目的，除非并且直到法院裁定为了正义的目

---

[31] *Liverpool City Council v Irwin* ［1977］ AC 239, ［1976］ 2 All ER 39, HL; *Lister v Romford Ice and Cold Storage Co Ltd* ［1957］ AC 555, ［1957］ 1 All ER 125, HL; *Ali Shipping Corp v Shipyard Trogir* ［1988］ 2 All ER 136, ［1999］ 1 WLR 314, CA (Eng); *Hassneh Insurance Co of Israel v Mew* ［1993］ 2 Lloyd's Rep 243. Cf *Esso Australia Resources Ltd v The Honourable Sidney James Plowman* (*Minister of Energy and Minerals*) (1995) 128 ALR 391.

[32] ［2008］ EWCA Civ 184, ［2008］ 2 All ER (Comm) 193, CA (Eng).

[33] *AAY v AAZ* ［2009］ SGHC 142, ［2011］ 1 SLR 1093.

[34] *Glidepath Holding BV v Thompson* ［2005］ EWHC 818 (Comm), ［2005］ 2All ER (Comm) 833 upheld by the Court of Appeal in ［2005］ EWCA Civ 1071; *AAY v AAZ* ［2009］ SGHC 142 ［72］, ［2011］ 1 SLR 1093; *AAY v AAZ* ［2010］ SGHC 350, ［2011］ 2 SLR 528; *Gray Construction Ltd v Harley Haddow LLP* ［2012］ CSOH 92; *Westwood Shipping Lines Inc v Universal Schiffahrtsgesellschaft MBH* ［2012］ EWHC 3837 (Comm) at ［13］, ［2013］ All ER (D) 138 (Feb); *AZT v AZV* ［2012］ SGHC116, ［2012］ 3 SLR 794.

[35] Mustill and Boyd, *Commercial Arbitration*, (Companion Volume to 2nd Edn, 2001) p 113. These exceptions were approved by Potter LJ in *Ali Shipping Corpn v Shipyard Trogir* ［1998］ 2All ER 136, ［1999］ 1 WLR 136, ［1998］ 1 Lloyd's Rep 643, CA. *The Hamtun v The St John* ［1999］ 1 Lloyd's Rep 883, ［1999］ 1 All ER (Comm) 587; *Hassneh Insurance Co of Israel v Mew* ［1993］ 2 Lloyd's Rep 243; *London & Leeds Estates Ltd v Paribas Ltd* (*No* 2) ［1995］ 1 EGLR 102, ［1995］ 2 EG 134; *Insurance Co v Lloyd's Syndicate* ［1995］ 1 Lloyd's Rep 272. 这甚至可以扩展到在不同程序中援引仲裁裁决的能力，参见 *Associated Electric & Gas Insurance Services Ltd v European Reinsurance Company of Zurich* ［2003］ UKPC 11, PC 案。在 *Pot Hole People Ltd v Fulton Hogan Ltd* (2003) 16 PRNZ 1023 案中，一方当事人被允许披露一项仲裁裁决，以证明其期望在为债权人的诉讼进行辩护时获得损害赔偿。

[36] *Ali Shipping Corpn v Shipyard Trogir* ［1998］ 2 All ER 136, ［1999］ 1 WLR 136, ［1998］ 1 Lloyd's Rep 643, CA; *Myanma Yaung Chi Oo Co Ltd v Win Win Nu* ［2003］ 2 SLR 547.

[37] P Neill QC, "Confidentiality in Arbitration", (1996) 12 Arbitration International 287 at 290.

[38] *Department of Economics, Policy and Development of the City of Moscow v Bankers Trust Co* ［2004］ EWCA Civ 314, ［2005］ QB 207, ［2004］ 2 All ER (Comm) 193, CA (Eng).

的要超越保密。任何一方都可以通过仲裁协议中的前提条款或随后的临时协议放弃该条款。

仲裁将秘密进行，所有与仲裁有关的信息以及听审时披露的信息都将被视为绝对机密。仲裁当事人往往期望保留他们的商业秘密和个人机密。

普遍认为，保密性是仲裁的有利和有益的特征之一，是诉诸仲裁而不是诉讼的理由。

马来西亚的立场

鉴于英国的先例，马来西亚法院不太可能沿着需要明确保密协议的合同路线前进，但毫无疑问，马来西亚仲裁当事人认为隐私性和保密性是仲裁的基本特征。*Malaysian Newsprint Industries Sdn Bhd v Bechtel International*，*Inc*[39]案引用了 *Dolling-Baker v Merrett*[40]案，以支持保密性的隐含义务。

如此一来，如果仲裁员或当事人泄露这些信息，例如向第三方发布详细的状态报告，则通常会被认为违反保密的义务。违反保密义务的仲裁员可能会受到不当行为诉讼的影响。

新加坡机构在 *International Coal Pte Ltd v Kristle Trading Ltd* 案中表示，相对于对澳大利亚的观点，他们更偏爱英国对隐含义务的表述。[41]

然而有趣的是，2010年版《马来西亚建筑师协会仲裁规则》（*the PAM Arbitration Rules*）［以下简称《PAM 仲裁规则》（2010）］允许马来西亚建筑师协会（PAM）仲裁员根据 PAM 的请求向 PAM 仲裁与调解服务委员会报告仲裁的细节。[42]

按照惯例，在委任仲裁员之后，委任机关就完成了指派任务。它作为利益相关者的剩余任务取决于各方当事人和仲裁员的指示。有其他第三方委员会来监督仲裁是不正常的。

这项规定削弱了根据《PAM 仲裁规则》（2010）进行仲裁的保密性要求。PAM 仲裁被认为是临时性而不是管理性的。因此，PAM 规则下的仲裁将是一个不太有吸引力的争议解决机制。在这种机制中，保密性作为其基本原则之一并不能完全适用。

因此，需要利用保密原则的当事人可以认真考虑他们对仲裁规则的选择，或者选择退出仲裁规则。

起草保密的仲裁协议

考虑到澳大利亚高等法院在 *Esso Australia*[43]案的裁决中所造成的威胁，给缔结仲裁

---

[39] ［2008］5 MLJ 254.

[40] ［1991］2 All ER 890，［1990］1 WLR 1205 at 1213，CA（Eng）.

[41] *International Coal Pte Ltd v Kristle Trading Ltd*［2008］SGHC 182 at［82］，［2009］1 SLR（R）945.

[42] PAM Arbitration Rules（2010 Edn）arts 4. 5 and 29. 1.

[43] Trakman，"Confidentiality in International Commercial Arbitration"，（2002）18 LCIA Arbitration International 1 at p 12；Bagner，"The Confidentiality Conundrum in International Commercial Arbitration"，（2001）12（1）ICC International Court of Arbitration Bulletin 18.

协议的各方当事人带来的重要指示是，他们必须在仲裁协议中明确规定保密的性质和范围。

各方当事人可以起草适当的仲裁条款，规定在未来的任何仲裁中适用保密义务的范围和性质，尽管各方当事人有可能会因起草过于激烈而发生冲突。

他们应该考虑是否应当保密程序、文件、裁决和/或可能存在的仲裁，以及这些信息是否可以在特定情况下公开。

这种情况可能包括如强制执行程序、法院质疑、强制执行法律、遵守证券委员会或吉隆坡证券交易所条例，或者为保护仲裁方的合法利益而满足保险公司、审计师和其他各方的要求。该条款还可能涉及违约时应采取的制裁措施。

有了这样一项条款，当事人可以要求仲裁员在仲裁过程中就保密问题进行裁决，例如就作为证据引用的特定文件或贸易惯例作出裁决。在仲裁之后，当事人还可能提出保密问题，并进一步进行仲裁或诉讼。

《2005 年仲裁法案》的修改给马来西亚仲裁保密性提供了法定依据的契机。1996 年《新西兰仲裁法案》（*the New Zealand Arbitration Act* 1996）就是很好的例子，其中第 14-14 I 条为保密提供了全面的制度，包括禁止披露的限制、仲裁庭允许披露的权力、高等法院的权力和仲裁程序是否应公开聆讯。

其他国家也通过了类似的法律规定。[14] 目前，《KLRCA 仲裁规则》（2013 年修订）第 15 条规定了与仲裁相关的所有事项的保密性，但这仅适用于在吉隆坡区域仲裁中心主持下进行的仲裁。

---

[14] Including Norway, Peru, Spain and Romania. Smeureanu, *Confidentiality in International Commercial Arbitration*, (2011) at pp 23-24.

第 6 章 仲裁的类型

6.1 引 言

当事人在签订合同时，如果考虑将仲裁条款写入合同以解决争议或分歧，就可能会面临各种类型的仲裁的选择。大多数贸易或工业部门都在其专业机构内设立了仲裁程序。当代仲裁给予了仲裁当事人广泛的自由，用来确定任何适合他们的仲裁规则。

不同的仲裁类型存在着结构性的差异，这一般反映在当事人提交案件和仲裁员理解的方式上。然而在大多数情况下，仲裁当事人所选择的仲裁类型并不是他们偏好的表现，而是没有去选择的结果。

虽然每种类型的仲裁都有其内在的优点，而且双方可以达成合意采用更合适的方法，可一旦争议具体化，默认的情况下选择的方法通常会占上风，使得其他选择消失不见。

6.2 临时仲裁

临时仲裁是指没有机构的仲裁，在这种情况下，当事人和仲裁员将根据当事人商定的程序进行仲裁。如果没有协议，仲裁员将在仲裁开始后的预备会议上提出协议。

然而临时仲裁程序的选择并不是唯一的。在仲裁中有多种仲裁规则供仲裁的当事人去选择，这些规则还包含他们各自行业协会的规则。

“临时”（ad hoc）一词在“临时仲裁”（ad hoc arbitration）和“临时提交”（ad hoc submission）两种不同的意义上被混淆使用。临时协议是指将现有的争议诉诸仲裁，或者在没有指定的任何仲裁程序规则的情况下，将未来或现在的争议提交给指定的仲裁机构。[1]

因此，临时仲裁可以在“提交协议”中规定，也可以在仲裁条款中规定，只要它广泛地确立了仲裁庭、仲裁地点、管辖法律以及程序或仲裁规则。

所以，如果仲裁协议规定仲裁应由仲裁机构进行，那么这就是机构仲裁。而“临时仲裁”则是在没有仲裁机构的协助或支援的情况下由当事人自行商定和安排的仲裁。

---

[1] Sutton, Gill and Gearing, *Russell on Arbitration*, (24th Edn, 2015) at para 2. 006.

这种仲裁可以按照仲裁机构的规则进行，然而当事人可以选择适用特定仲裁机构的规则，而不将其争议提交给这个机构。“临时仲裁”可以用于国内或国际商事仲裁。[2]

临时仲裁的优点在于可以根据当事人的要求来设计仲裁。特别是在利害关系很大或是涉及国家或政府机构的情况下，它的优点尤为明显。临时仲裁中的当事人可以采用适当的仲裁规则来设计对双方当事人都公平的程序。

临时仲裁的缺点是，其能否充分发挥效力取决于双方当事人及其律师之间的合作精神，并且得到仲裁地适当法律制度的支持。可是这样的前提未必存在。

如果任何一方当事人拒绝任命仲裁员，或对仲裁庭的管辖权或公正性提出质疑，都可能使仲裁程序受到拖延。[3] 在这种情况下，仲裁法的规定在提供必要的支持方面[4]就显得至关重要。

临时仲裁也可能受到可信度不足的困扰。我们要注意的是，在某些司法管辖区（例如中国），仲裁地在中国的临时仲裁不会被认可，也不能得到执行。[5]

6.3 机构仲裁

机构仲裁是由仲裁机构进行的仲裁。双方当事人可以在仲裁协议中约定将争议提交给特定的仲裁机构，例如吉隆坡区域仲裁中心（Kuala Lumpur Regional Centre for Arbitration，KLRCA）、新加坡国际仲裁中心（Singapore International Arbitration Centre，SIAC）或香港国际仲裁中心（Hong Kong International Arbitration Centre，HKIAC）。

其他主要国际机构还有国际商会（International Chamber of Commerce，ICC）、伦敦国际仲裁法院（London Court of International Arbitration，LCIA）、国际投资争端解决中心（International Centre for Settlement of Investment Disputes，ICSID）、中国国际经济贸易仲裁委员会（China International Economic and Trade Arbitration Commission，CIETAC）、美国仲裁协会（American Arbitration Association，AAA）和世界知识产权组织（World Intellectual Property Organization，WIPO）。

这些机构在不同的仲裁领域根据各自的规则监督或者进行仲裁。虽然仲裁的费用可能更贵，但其会提供程序框架、专门的知识和服务。总的来说，尽管机构仲裁的规则是为其自身机构管理的仲裁而制定的，但其他机构的模式也类似。

---

[2] OP Malhotra，*The Law and Practice of Arbitration and Conciliation*，（1st Edn，2002） at pp 75-76.

[3] 在 *Ariba India Private Ltd v M/S Ispat Industries Ltd*，High Court of Delhi at New Delhi，4 July 2011 案中，被申请人和被申请人指定的仲裁员推迟了临时仲裁，四年半之后只审查了一名证人，因此必须寻求法院的协助。

[4] Blackaby and Partasides with Redfern and Hunter，*Redfern and Hunter on International Arbitration*，（6th Edn，2015） at para 1.145.

[5] Hughes QC，*Arbitrating in China*，Azmi & Associates Litigation Bulletin，3/2013.《中华人民共和国仲裁法》规定，当事人在仲裁协议中应当指定仲裁机构。然而为了履行中国根据《纽约公约》应承担的义务，中国最高人民法院裁定会执行外国特别仲裁裁决。

当事人进行机构仲裁时，可以获得一套经过充分考验的仲裁规则。仲裁规则规定了仲裁中可能出现的各种实际情况。这些机构拥有各个领域中经验丰富的仲裁员，如建筑、海运、合同、贸易、商品等。[6] 一些机构也审查裁决草案，例如国际商会（ICC）。

这些显然是一个优势。在这些规则中有一个可以对仲裁员表示异议的机制，且如有必要，可以解除仲裁员的职务。机构仲裁的缺点是，它的灵活性比临时仲裁要低。[7]

机构仲裁大部分来自双方当事人在协议中约定的机构仲裁条款。例如，吉隆坡区域仲裁中心建议的条款规定如下："由本合同有关或由其所引起的任何争议、纠纷或索赔，或合同的违约、终止或无效，均应按照吉隆坡区域仲裁中心（KLRCA）的仲裁规则通过仲裁解决。"[8]

雷德芬和亨特指出，这些优势是有利的。因为即使在将来的某些时候，一方当事人在仲裁中拖延时，仍然可能进行有效的仲裁。这是因为存在着一套规则来规范仲裁庭被任命的方式以及管理仲裁的开始和进行。[9]

机构仲裁的规则通常会列明在仲裁机构编制的小册子中，以便于同意按照这些规则将争议提交仲裁的当事人能够有效地将这些规则纳入他们的仲裁协议中。

机构仲裁的主要缺点是费用问题，因为除了仲裁庭的费用外，仲裁机构还要再收取管理费。我们清楚，在某些机构进行的仲裁，它的仲裁费用有可能是昂贵的并且必须提前支付。

还有一个缺点是，如果仲裁机构没有足够的资源来及时处理案件，则可能由于多了一层仲裁的机构管理而延误案件的处理。当然，人力配置高效并且有实力的仲裁机构可能会使仲裁过程更加精简，能够缩小双方争论的范围及减少拖延。

6.4 法定仲裁

正如前面所述，仲裁的提起是双方当事人同意的产物，这是仲裁不同于诉讼的一个基本特征。但是，这一陈述必须有所保留。因为仲裁可以通过法规或者其他法定的方式强制当事人。事实上，有越来越多的做法把相当于法定仲裁或调解的东西强加给争议各方。[10]

这相当于"强制仲裁"，即无论当事人是否订立了仲裁协议，都被迫将争议提交给

---

[6] OP Malhotra, *The Law and Practice of Arbitration and Conciliation*, (2nd Edn, 2006) pp 117-118.

[7] *Infineon Technology (M) Sdn Bhd v Orisoft Technology Sdn Bhd (previously known as Orisoft Technology Bhd)* [2011] 7 MLJ 539 at 565.

[8] KLRCA Arbitration Rules (Revised 2013) sch 3.

[9] Blackaby and Partasides with Redfern and Hunter, *Redfern and Hunter on International Arbitration*, (6th Edn, 2015) at para 1.148.

[10] 马来西亚的 Persatuan Insuran Amam（PIAM）、银行业调解局（BMB）、住房买家法庭（HBT）和消费者权益法庭（CCM）等都协助法定调解。

仲裁来解决。

顾名思义，法定仲裁是法规的产物。诉诸仲裁并非来自双方当事人的协议，而是除了《2005 年仲裁法案》外，由议会通过的其他法案。[11] 根据法条规定，法院对明确应该通过仲裁解决的争议没有管辖权。

规定特定类别的争议或分歧应提交仲裁的法条包括 1959 年《工会法案》（*Trade Unions Act* 1959）第Ⅵ部分第 45 条[12]、1952 年《工人赔偿法案》（*Workmen's Compensation Act* 1952）第Ⅲ部分第 27~44 条[13]、1993 年《合作社法案》（*Co-operative Societies Act* 1993）第 82（3）（b）条[14]和 1965 年《公司法案》（*Companies Act* 1965）第 270（2）条。[15]

因此，法定仲裁程序源自产生这种特定仲裁的法规[16]或《2005 年仲裁法案》的默认程序。这种仲裁通常出现的问题是，不管是一般性还是具体性的运用，《2005 年仲裁法案》适用法定仲裁的程度到底有多大。

在适用这一规定的情况下，依法规定的仲裁庭对这种争议具有管辖权。[17] 法院在英国的 *Tustian v Johnston*[18] 案中考虑了这种情况的排除范围。它认为《1986 年农业控股法案》（*Agricultural Holdings Act* 1986）完全排除了《1979 年仲裁法案》（*Arbitration Act* 1979）的适用，法院没有自由裁量权，只能中止诉讼。

关于同意仲裁的规则也适用于法定仲裁，除非法规规定了排除适用的情况。总而言之，《2005 年仲裁法案》只有违反了任何公认或授权的规则及程序才能排除适用。

为了使《2005 年仲裁法案》适用于仲裁的进行，就必须要有一个仲裁庭。[19] 但是，并非每个法定的仲裁庭都自动成为仲裁庭。所以，有必要根据每项法规考虑议会是否打算设立仲裁法庭。[20] 在法定仲裁中，根据《2005 年仲裁法案》提到的仲裁协议双方当事人，也就是指与争议有关的各方当事人。

专职仲裁员如果处理的不是法律强制要求他解决的事宜，就必须根据《2005 年仲裁法案》取得当事人的同意及任命。即使法定和其他外来的事项都同时处理，他也必须作

---

[11] Act 646.

[12] Act 262. *Kolandaisamy v Annamalai & the Harbour Trade Union*（*Selangor*）*Port Swettenham*［1960］1 MLJ 222；*AR Fernandez v National Union of Bank Employees*［1986］2 MLJ 135, SC；*Jeeram v National Union of Plantation Workers*［1993］3 MLJ 104；*Ismail bin Abd Halid v National Union of Newspaper Workers*［1993］3 MLJ 541；*Cook & Songate's case*（1588）4 Leon 31.

[13] Act 273. *Tan Kooi Neoh v Chuah Tye Imm*［1958］MLJ 123；*Tan Toi Lan v Lai Kee Ying*［1975］1 MLJ 27。

[14] Act 502. *Professor Dr A Kahar Bador v N Krishnan*（*No* 2）［1983］1 MLJ 412.

[15] Act 125. Mirrored in the Companies Act of 2016 s 457（2）.

[16] 2016 年《公司法案》第 457（6）条规定了两名仲裁员，各方当事人或清算人提出一名。一个偶数的审裁庭与现代审裁庭组成的偏好有所不同，这可能是由于判例法的缺乏。

[17] *Imperial Metal Industries*（*Kynoch*）*Ltd v Amalgamated Union of Engineering Workers*［1979］1All ER 847.

[18]［1993］2 All ER 673.

[19] A Walton and M Vitoria, *Russell on the Law of Arbitration*,（20th Edn 1982）p 10.

[20] *Racecourse Betting Control Board v Secretary for Air*［1944］Ch 114. 法院认为，是否使用“仲裁”一词以及是否有意适用该法案很重要。

出两个裁决，一个根据《2005 年仲裁法案》，另一个根据制定法。[21]

这些裁决必须要加以区分，因为它应该明确哪个裁决是根据哪个法案作出的。否则，裁决可能因为超出了仲裁的范围而无效。

法院对法定仲裁的干预

只有根据法规任命的仲裁员才能对争议作出裁决。在这种情况下，法院不能以仲裁员接受了不可接受的证据为由而援用法院权威。[22]

另外，关于分部分运作的法定规定并不剥夺法院对于该部分的适用性问题作出裁决的管辖权。[23]

同样，法定仲裁员也是法定产物，他们在法规的授权下进行仲裁。法定仲裁员的权力受到法规的限制。仲裁员有隐含的权力，让他们能够以合理的方式进行所有事情，来达到解决争议的目的。

如果法定仲裁员是公共机构，法院可以通过发出禁止令和调卷令来干预其裁决。[24]但是，这种特权令不能发给根据仲裁协议行事的私人仲裁员。[25]

如果公共机构有明确的法定责任去任命仲裁员，那么法院可以向该机构发出执行职务令要求其任命仲裁员。[26] 申请执行职务令应当在提起仲裁之前提出。[27]

6.5 投资国仲裁

还有一种仲裁形式是在投资人与国家之间产生的投资国仲裁，它被称为“无利害关系的仲裁”。[28] 国家对仲裁的同意可以在双边或多边条约的规定中找到。当根据条约进行仲裁程序时，投资者被视为已经同意。国家和对该国提起仲裁的投资者之间没有直接的仲裁协议。

---

[21] A Walton and M Vitoria, *Russell on the Law of Arbitration*, (20th Edn 1982) at pp 13–14.

[22] *London and North Western Railway Company v Donellan* [1898] 2 QB 7, CA (Eng); *Norwich Corporation v Norwich Electric Tramways Co* [1906] 2 KB 119, CA (Eng); *The Midland Railway Company v Loseby & Carnley* [1899] AC 133, HL; *Joseph Crosfield & Sons Ltd v Manchester Ship Canal Company* [1905] AC 421, HL; *Great Western Railway Company Phillips & Co Limited* [1908] AC 101, HL.

[23] *Goldsack v Shore* [1950] 1 KB 708 at 712.

[24] 24 *R v National Joint Council for the Craft of Dental Technician (Disputes Committee) Ex parte Neate* [1953] 1 QB 704, [1953] 1 *All ER* 327 *R v National Arbitration Tribunal Ex parte South Shields Corporation* [1951] 2 All ER 828; *R v Industrial Disputes Tribunal Ex parte Queen Mary College University of London* [1957] 2 All ER 776; *R v Powell Ex parte The Marquis of Camden* [1925] 1 KB 641.

[25] Ibid.

[26] *Norton v Counties Conservative Permanent Benefit Building Society* [1895] 1 QB 246.

[27] *Norton v Counties Conservative Permanent Benefit Building Society* [1895] 1 QB 246; *R v Biram* (1852) 17 QB 969, 117 ER 1552.

[28] J Paulsson, “Arbitration without Privity”, (1995) 10 (2) ICSID Review Foreign Investment Law Journal 232.

6.6　1964 年《司法法院法案》

1964 年《司法法院法案》(*Courts of Judicature Act* 1964) 第 24A 条[29]规定，在某些情况下，马来西亚高等法院可将案件提交给任何特定的裁判或仲裁员。

这些情况包括，在所有当事人同意的情况下，该事项需要对文件进行长期的审查；或者高等法院认为，由法院调查不方便；或者争议问题的全部或部分涉及会计事项。

在没有《2005 年仲裁法案》第 9（3）条所要求的书面协议仲裁的情况下，这一条款提供了将最初诉诸法院的案件诉诸仲裁的可能性。然而不幸的是，考虑到本条款的措辞，仍然存在一些不确定性。主要的不确定性是仲裁必须征得各方当事人同意，但是当事情已经诉诸法院时，这显然不太可能。

可能正是这些不确定性，导致了这个条文在任何未决的法院诉讼中没有被当事人充分利用。这个条文可以在议会的适当干预下更频繁地被使用。在实践中，当事人之间的协议由于都是书面形式的，因此受《2005 年仲裁法案》的约束。[30]

6.7　"Look-sniff" 仲裁

有很多的争议纯粹只是质量上的纠纷，特别是在商品领域。争议的问题是所交付的商品是否符合质量规格和约定的样品。

一些机构专门制定了特定的规则来解决这类纠纷，以满足特殊的仲裁需要。例如，马来西亚橡胶交易所（Malaysian Rubber Exchange）作为仲裁中心以解决涉及橡胶的贸易纠纷。另一个机构是粮食和饲料贸易协会（Grain and Feed Trade Association，GAFTA）。

质量问题最好由该领域的专家通过仲裁程序来解决。"Look-sniff 仲裁" 或 "质量仲裁" 就是仲裁程序和专家意见的结合。双方当事人根据仲裁员在特定业务或贸易领域的专业知识、专门技术和经验去选择仲裁员。在此类仲裁中，双方当事人向仲裁员披露有关文件，列明所需的规格，并有可能向仲裁员展示约定的样品。

仲裁员在必要的情况下会检查与争议焦点有关的货物和商品。而这种检查不需告知各方当事人。

这种检查甚至可以在当事人缺席的情况下进行，不需要正式开庭来收集证据或听取口头陈述。仲裁员运用自己的经验和知识来寻找或判断，并根据当事人向仲裁庭提交的

---

[29] Act 91.

[30] 《2005 年仲裁法案》第 9（3）条。口头协议作为普通法事项是有效的，但很少遇到，并且与《1952 年仲裁法案》第 93 条规定的立场相比有严重的不利之处。*New India Assurance Co Ltd v Lewis* [1967] 1 MLJ 156，[1965-1968] SLR 149，FC (Sing).

证据作出裁决。

这类仲裁是仲裁规则的例外，仲裁员通常不应该考虑自己的意见，除非他已经向当事人解释了这些意见，并给予了当事人以证据或文书的方式对这些意见作出回应的机会。

仲裁员有广泛的自由裁量权来寻找必要的相关证据和信息。现在来看，“Look-sniff仲裁”非常少见，GAFTA几乎没有进行过“Look-sniff仲裁”[31]，专家判断可能是更合适的方法。

6.8 “Flip-flop”仲裁

“Flip-flop”仲裁也被称为“摆锤”仲裁、“高低”仲裁或“棒球式”[32]仲裁，在仅涉及金额大小的争议中很有用。这种方法基于的假设是，各方当事人作为商人会以务实的态度来处理纠纷，他们被鼓励理性并务实地提交案件。“Flip-flop”仲裁的当事人把各自的案件列明计算方式，并向仲裁员提供最终的数据。

然后，仲裁员会被邀请选择两者之一，而不能在两者的中间范围内作出选择。如果一方当事人超额请求或者提供了不合理的偏低数额，那么仲裁员选择其计算方式的概率将接近于零。这种风格的仲裁旨在鼓励各方当事人作出合理的报价。

“Flip-flop”仲裁的另一个变体是由仲裁员决定最终结算的数字，而不管双方当事人提出了什么。这个数字可能介于双方提出的两个数字之间。

还有一种方式是“密封投标”程序。每一方当事人都把一个预期支付或收到的金额数字放入一个密封信封，然后如果出价落在指定的参数范围，则差额会被分摊。

6.9 仅基于文件的仲裁

一些仲裁仅在交换书面文件的基础上进行。雷德芬和亨特指出，这种仲裁常见于某些类别的国内仲裁中，特别是涉及如度假者对旅游经营者的投诉，以及基于保险单的索赔这样的小额索赔案件。

在国际上，“仅基于文件的”（documents-only）仲裁案例是根据伦敦海事仲裁员协会（London Maritime Arbitrators Association）的规则进行的仲裁，其涉及由租船合同当事人和相关文件引起的争议。[33]它们也可能在商品纠纷中出现，如 *Food Ingredients LLC v*

---

[31] Sutton, Gill and Gearing, *Russell on Arbitration*, (24th Edn, 2015) at para 5-121.

[32] 在美国，这是一个棒球运动员用于协商薪水的方法，因此得名。

[33] Blackaby and Partasides with Redfern and Hunter, *Redfern and Hunter on International Arbitration*, (6th Edn 2015) at para 6.155.

Pacific Inter-Link Sdn Bhd[34] 案。

《2005 年仲裁法案》第 26 条明确规定了可以进行文件仲裁。吉隆坡区域仲裁中心快捷仲裁规则还规定，当在国际仲裁中索赔的总额低于或不大可能超过75 000美元，或在本地仲裁中低于或不大可能超过150 000元马币时，这样的仲裁应以仅基于文件的仲裁方式来进行，除非仲裁员在向各方当事人咨询后，认为有必要开庭审理。[35]

如果争议涉及的是相对简单的事实和法律问题，而且首要考虑成本控制，那么仅基于文件的仲裁是很有用的。例如在消费者纠纷中，如果争议的事实在认定上存在冲突，那么仅基于文件的仲裁可能就不起作用了，因为这样一来，仲裁员就失去了观察和盘问的优势。

仅基于文件的仲裁不是口头的，不允许证人作证。它仅以索赔申请书、答辩书和索赔人的书面答复（如有）为依据，主要依据双方当事人提交的文件（如合同文件、信件、收据）等作出裁决。

双方当事人依次向仲裁员提交书面陈述和证明文件。书面陈述可以简单地采取当事人或其代表向仲裁员致函的形式，也可以由律师出具更正式的文件。[36]

这些书面材料一旦提交完毕，仲裁员将立即根据提交的书面陈述和文件进行裁决。仲裁员可以在需要的时候写信给双方当事人寻求解释。一般来说，仲裁员自行作出裁决，没有必要通知双方当事人。

6.10　“Chess clock” 仲裁

为了加快仲裁程序和避免开放式的听审，现在的仲裁庭通常会对仲裁程序进行时间控制或者设置截止日期。

从简单地为双方当事人设定同样的时间限制，到为程序的每个阶段分配特定时间的详细时间表，“Chess clock” 仲裁的复杂性会有所不同。

在设置这种时间限制时必须考虑一些因素，例如仲裁庭需要全面地了解文件和问题，并且有灵活运用时间的意识而并非对时间的僵化遵守。[37]

最后，如果详细规定了时间限制，建议仲裁庭要为仲裁庭和当事人之间的讨论留出时间，以避免开庭时的沉默。[38]

---

[34] *Food Ingredients LLC v Pacific Inter-Link Sdn Bhd* [2012] 8 MLJ 585.

[35] KLRCA Fast Track Arbitration Rules (Revised 2013) art 9 (3).

[36] Sutton, Gill and Gearing, *Russell on Arbitration*, (24th Edn, 2015) at para 5. 156.

[37] Tackaberry, Marriot QC and Bernstein, *Bernstein's Handbook of Arbitration and Dispute Resolution Practice*, (4th Edn, 2003) at para 2-545.

[38] *Ibid* at para 2-546.

6.11 国内和国际仲裁

有趣的是，《2005年仲裁法案》将国内（domestic）仲裁定义为“任何不是国际仲裁的仲裁”（any arbitration which is not an international arbitration）[39]，因此，理解什么是国际仲裁就尤为必要。

该法遵循《UNCITRAL示范法》第1（3）条所使用的国际仲裁的定义，规定有下列情形之一的仲裁为国际仲裁：

（a）仲裁协议的各方当事人在订立协议时，其营业地点位于不同的国家；

（b）下列地点之一在各方当事人的营业地点所在国以外：

（i）仲裁协议中确定的或根据仲裁协议而确定的仲裁地点；

（ii）履行商事关系的大部分义务的任何地点或与争议事项关系最密切的地点；

（c）各方当事人明确同意，仲裁协议的标的与一个以上的国家有关。

由此可见，《2005年仲裁法案》的条文能否适用，取决于当事人发起的仲裁是国际仲裁还是国内仲裁。

6.12 最近的发展趋势

如今，商事仲裁的趋势越来越明显，当事人希望获得第三方资金来支付进行仲裁所涉及的成本和费用。英格兰、威尔士和澳大利亚现在已经允许第三方资助。

这改变了仲裁中的相对性的基本概念，因为第三方资助者与仲裁没有关系，他们只是为了商业利益而做了出资人。由于有直接的经济利益，第三方资助人也将从仲裁中受益，从而成为仲裁当事人。

本书将在后面另行讨论这个概念的法律含义。马来西亚是否将以立法方式允许第三方资助还有待观察。[40]

---

[39] Arbitration Act 2005 s 2.

[40] 第三方融资的监管问题在亚太地区日益突出。

第2篇 Part two

仲裁协议

第 7 章　仲裁协议

7.1 简　介

仲裁协议是仲裁程序的基础，也是仲裁庭拥有管辖权进行仲裁和作出裁决的基础。[1]因此，在起草仲裁协议时应小心谨慎。

我们通常看到的是，双方当事人淡化合同有可能引起的争议和分歧，乐观地签订合同。订立合同的当事人不愿意承认合同或商业交易有失败的可能性，往往对于合同中仲裁协议的起草没有给予足够的思考和重视。这种情况还会因当事人（和他们的代理律师）想要加快达成商业交易的心态而雪上加霜。

因此，只有在谈判的最后阶段，他们才会对仲裁协议的必要性和协议的内容给予大概的考虑。仲裁协议是他们的合同中不重要和附带的“午夜”条款。

仲裁协议可能在两种情况下产生：第一种情况是，基于仲裁协议而将任何未来的争议或分歧诉诸仲裁；第二种情况是，基于临时仲裁协议（或提交仲裁的协议）而将现有争议诉诸仲裁。

临时仲裁的主要特点是并非由仲裁机构管理。在任何时候，当事人可以决定如何对争议进行仲裁。重要的是，临时仲裁并不完全排除仲裁机构的作用，因为各方当事人享有委任一个任命机构的选择权。在这种情况下，特定的机构会指定需要的仲裁员。

因此，这两种形式的仲裁协议并不相互排斥。仲裁协议可以包含在基础合同中，也可以采取当事人之间单独协议的形式，在该合同产生争议或者分歧的情况下生效（仲裁条款）。

这些仲裁形式可以在需要的时候依次被采用。[2]

协议也可以在双方发生争议之后达成（即提交仲裁的协议）。[3] 例如，双方可能已经通过仲裁协议同意只将未来某些类别的争议提交仲裁。

因此，如果新出现的争议不在上述协议的范围内，各方当事人可以通过订立临时的仲裁协议而将争议提交给仲裁[4]或者选择去法院解决纠纷。

---

[1] 罗兹（Rhodes-Vivour）：“仲裁协议——解决海事争议的主要工具”，由 2008 年 4 月 5 日至 7 日在迪拜举行的阿拉伯国际法中心组织的实际海事仲裁会议提出。

[2] *Compagnie Graniere SA v Fritz Kopp AG* ［1980］ 1 Lloyd's Rep 463.

[3] *Navigazione Alta Italia SpA v Concordia Maritime Chartering AB*, *The Stena Pacifica* ［1990］ 2 Lloyd's Rep 234.

[4] *Jones Engineering Services Ltd v Balfour Beatty Building Ltd* ［1994］ ADRLJ 133；*MJGleeson Group Plc v Wyatt of Snetterton Ltd* （1995） 11 Const LJ 59，42 ConLR 14，CA （Eng）；*LG Caltex Gas Co Ltd v China National Petroleum Corp* ［2001］ All ER （D） 198 （May）.

律师事务所和争议解决部门之间有时候存在的分离以及滥用不适合的先例也可能导致这样的风险。也就是说，合同中的仲裁条款是不当的、有缺陷的、不完整的、莫名其妙或模棱两可的。

当事人在谈判过程中作出的让步也可能会导致起草仲裁协议时出现问题。例如，各方当事人一致同意任命一名独任仲裁员，否则，各方当事人应各自指定一名仲裁员，第三名仲裁员由仲裁机构指定。

所以，一方当事人想要一名独任仲裁员，另一方当事人想要一个三名仲裁员的仲裁庭，这是双方之间的妥协，将仲裁庭的费用增加两倍，还产生了仲裁机构费用，并且使得一杆进洞地安排时间表更加困难。它可能为小额争议中不情愿的当事人一方提供了潜在的战术上的优势。

此外，用词含混不清的仲裁协议所引起的不确定性很难消除。例如，这种仲裁协议可能会使人严重怀疑双方当事人是否真正和最终打算排除所有其他争议解决模式，而将其争议诉诸仲裁。[5]

马来西亚《2005 年仲裁法案》[6] 基于《UNCITRAL 示范法》，为仲裁提供了必要的框架以防协议中的重要细节被省略。因此，这能减少双方订立无可挑剔和明确的仲裁条款的压力。

一个简单和缺乏细节的条款如"在伦敦进行仲裁"已经被认定是充分和有效的。[7] 这个案例强调了一个事实，即一个仲裁协议不必然是特别复杂或全面的。如果有明显的仲裁意图，法院将会尊重这种意图。

不过，正确地起草争议解决条款能够节省时间、精力和金钱，让各方当事人能够充分利用仲裁程序。这也有助于避免去寻求法院协助的情况发生，例如指定仲裁员的具体程序看似无法执行的情况。[8] 此外，也可能是被选择管理或参与仲裁的机构是不存在的[9]或是已经解散了。

总的来说，恰当起草的仲裁协议有利于同时支持仲裁立法和国际执行公约的各方当事人，避免了诉讼及随之而来的相关费用。

---

[5] *Cravat Coal Export Company Inc v Taiwan Power Company*, *United States District Court for the Eastern District of Kentucky*, Civil Action 90-11（March 5, 1990），"以任何方式引起的与协议或协议的构造或履行有关的任何争端均可提交仲裁"这一条款引起了当事各方是否确实打算缔结一项具有约束力的仲裁协议的问题。

[6] Act 646.

[7] *Tritonia Shipping Inc v South Nelson Forest Products Corporation* [1966] 1 Lloyd's Rep 114; *Hobbs Padgett & Co (Reinsurance) Ltd v J C Kirkland Ltd* [1969] 2 Lloyd's Rep 547; *Mangistaumunaigaz Oil Production Association v United World Trading Inc* [1995] 1 Lloyd's Rep 617; *XL Insurance Ltd v Owens Corning* [2000] 2 Lloyd's Rep 500.

[8] *Enercon (India) Ltd v Enercon GmbH*（14 February 2014），印度最高法院。请注意，《2005 年仲裁法案》第 13（4）、（5）和（6）条通过规定 KLRCA 主席可以在当事人没有或无法任命仲裁庭时进行委任，从而帮助解决"无法运转的"任命程序。

[9] "适用国际商会仲裁规则在新加坡的仲裁委员会仲裁"这个仲裁协议产生了很多困难，参照以下案件：*HKL Group Co Ltd v Rizq International Holdings Pte Ltd* [2013] SGHCR 5; *Dalimpex Ltd v Janicki* [2003] CanLII 34234 (ON CA) (Can); *Chung Siu Hong Celment v Primequine Corporation Ltd* [1999] HKCFI 1472 (HK)。

7.2 仲裁协议的要素

《2005年仲裁法案》第9（1）条将仲裁协议定义如下：

> 各方当事人就一切或某些已经发生或可能发生在他们之间的有关其特定法律关系（契约性或非契约性）的争议同意提交仲裁的协议。

可以说，仲裁条款有四个基本要素[10]：

（1）所有协议都有一个共同点，那就是对各方产生强制性后果；

（2）排除国家法院对争议解决的干预，尽管在许多司法管辖区，法院保留了至少在签发裁决之前干预和协助的固有权力；

（3）给予仲裁员解决双方可能产生的争议的权力；

（4）允许建立一套程序，为了寻求以最佳的效率和速度作出能被司法执行的裁决。

明确的法律关系

正如《2005年仲裁法案》第9条反映的那样，《UNCITRAL示范法》并不要求争议产生于合同关系，而是要求双方当事人之间有明确的法律关系。

加里·博恩认为这些词的确切含义是"非常有限的实际重要性"。[11]

马斯蒂尔（Mustill）和博伊德（Boyd）说：

> 通常很难找到一个约定将未来的争议诉诸仲裁的协议是完全独立于其他合同关系的。该协议几乎总是构成一些基础合同的一部分，或至少附属于基础合同。[12]

法院在*Methanex Motunui Ltd v Spellman*[13]案中考虑了明确的法律关系的问题。它认为必须有一些基本的最低限度的法律关系，而且"在一个确定的法律关系下，存在着一方当事人有权从对方获得某种形式的法律救济的可能性"。

实际上，几乎所有双方当事人之间足够明确的仲裁条款，一直被认为满足了明确的法律关系的要求。

然而必须要谨慎行事，因为某些司法管辖区要求明确的法律关系具有商业性质。这是《纽约公约》（*New York Convention*）明确允许的。包括马来西亚在内的许多国家已经

---

[10] *Eisemann*, *La clause d'arbitrage pathologique*, *in Commercial Arbitration*: *Essays in Memoriam Eugenio Minoli* (*Torino*: *Unione Tipografico editrice Torinese*, 1974).

[11] Chapter 2: Legal Framework for International Arbitration Agreements in Gary Born, *International Commercial Arbitration* (*Second Edition*) (2nd Edn, 2014) at p 294.

[12] Mustill and Boyd, *Commercial Arbitration* (2nd Edn, 1989) at p 105.

[13] [2004] 3 NZLR 454 at 61, CA (NZ).

宣布他们将只会执行由商事关系产生的仲裁裁决。[14]

但是，《2005年仲裁法案》没有使用《UNCITRAL示范法》第1（1）条的商事措辞。因此，《2005年仲裁法案》的适用范围不限于商事关系引起的仲裁。

如果当事人发现自己所处的仲裁可能是由非商事关系引起的，那么他们谨慎的做法是，查明将要寻求执行裁决的国家的当地法律，以确定非商事关系的仲裁裁决是否会得到执行。[15]

在马来西亚，《2005年仲裁法案》第38条涉及承认及执行仲裁裁决，但该条款不含“商业性质的争议”的字眼。这可能扩大了在马来西亚可以被执行的仲裁裁决种类的范围。因此，争议的商业或非商业性质似乎不是决定因素。[16]

仲裁的前置程序

一项条款可以成为仲裁协议，即使它没有规定在争议发生时应立即提起仲裁。这种仲裁的前置程序在马来西亚的合同中很常见。

例如，《CIDB标准格式》（*CIDB Standard Form*）的第47.2（d）项将调解作为仲裁的前提条件[17]，要求在不满意的一方提起仲裁之前，需要将所有争议提交给指定的官员作出决定。2006年《PAM建筑合同标准格式》（*PAM standard Form of Building Contract*）要求所有有关雇主抵销的纠纷必须首先提交审裁。

仲裁的前置程序非但不会使仲裁协议无效，反而会为仲裁创造一个先决条件。[18] 然而仲裁的前置程序如果起草模糊，就可能会产生问题。所以，应该作出明确的规定，以便为当事人设定相互的义务。

要求谈判也是提起仲裁的先决条件，[19] 但如果没有阐明细节，这样的要求就会引起

---

[14] 截至2016年1月21日的国家名单包括阿富汗、阿尔及利亚、安道尔、安提瓜和巴布达、阿根廷、亚美尼亚、巴林、巴巴多斯、不丹、波斯尼亚和黑塞哥维那、博茨瓦纳、布隆迪、中非共和国、加拿大、中国、科摩罗、克罗地亚、古巴、塞浦路斯、刚果民主共和国、丹麦、吉布提、厄瓜多尔、希腊、圭亚那、危地马拉、洪都拉斯、匈牙利、印度、印度尼西亚、伊朗伊斯兰共和国、牙买加、马达加斯加、马来西亚、摩纳哥、蒙古、黑山、尼泊尔、尼日利亚、菲律宾、波兰、韩国、罗马尼亚、圣文森特和格林纳丁斯、塞尔维亚、南斯拉夫的马其顿共和国、特立尼达和多巴哥、突尼斯、土耳其、美国、委内瑞拉和越南等。

[15] 参见《纽约公约》中对“商业的”定义的详尽分析；参见 Chapter 2：Legal Framework for International Arbitration Agreements in Gary Born，*International Commercial Arbitration*（*Second Edition*）（2nd Edn，2014）at p 306。

[16] Dato Cyrus Das “Enforcement of Awards under the new Arbitration Act 2005：An Overview”［2007］1 MLJ xliv.

[17] 此类要求在 *Sulamerica CIA Nacional De Seguros SA v Enesa Engenharia SA*［2012］EWCA Civ 638案中被适用。

[18] *Kieppe Participações e Administração Ltda vs Graal Participações Ltda* N°1.331.100－BA（2012/0100301－4），22 February 2016. 巴西法院就一个规定调解或仲裁的条款是约束各方进行仲裁，还是仅指在发生争议时采用替代性方案而作出裁决。

[19] 关于英国诚信谈判要求的对比方法，参见英国 *Wah*（*Aka Alan Tang*）*v Grant Thornton International Ltd*［2013］1 Lloyd's Law Reports 11 at［57］，［2013］1 All ER（Comm）1226 at［54］案、澳大利亚 *United Group Rail Services Limited v Rail Corporation New South Wales*（2009）127 Con LR 202案和新加坡 *International Research Corporation PLC v Lufthansa Systems Asia Pacific Pte Ltd*［2014］1 SLR 130案。

一些问题，如在参与谈判的各方当事人之间，参与程度很低[20]，退出这个进程的程序，以及如何确定谈判失败的日子（如有）。

例如，在 *River Thames Insurance Co Ltd v Al Ahleia Insurance Co SAK*[21] 案中，根据仲裁条款，在认定雇主与承包商之间发生的争议或分歧之前，必须先穷尽其他机制。

法院面临的问题是该条款是否能认定为仲裁协议。这个问题将先提交给一个由三名独立专家组成的小组来解决，他们被明确指定为专家而不是仲裁员。这导致根据《国际商会仲裁规则》，可以就专家组的决定向三名专家提出上诉。

法院认为，这类条款是仲裁协议。实际上，在法律上不可能监督和执行一个不确定的程序，这意味着法院需要明确的指导方针，例如在这样一个条款成为仲裁的先决条件之前，需要提交材料到一个特定的机构所推荐的替代性争议解决机构。

在马来西亚，《2005 年仲裁法案》和《KLRCA 仲裁规则》仅要求机构确认先决条件已被满足，但当事人有提供必要说明的义务。

相比之下，*Cott UK Ltd v F E Barber Ltd*[22] 案中的争议解决条款被称为“仲裁”，并规定任何争议或分歧应提交给独立顾问，该顾问“应作为专家而非仲裁人，其决定应为最终决定，并对双方具有约束力”。

法院没有理会该条款的标题，认定该协议的效力是约定专家决定而不是仲裁。因此，违反这一条款时的司法程序不必自动中止。

这里的问题在于，不遵守仲裁的前置程序（未声明为先决条件）是否会成为仲裁争议的绝对障碍。[23] 但是很明显，在一个争议中不遵守仲裁的前置程序并不会妨碍新的或不同的争端的开始，除非已经过了时效。[24]

单方或不对称仲裁协议

通常，仲裁条款允许任何一方有权将争议提起仲裁。但是，仲裁协议可能只有效地

[20] 一个对于讨论的要求，即如果没有在连续的四周内解决这个问题，各方将有权利开始仲裁，在 *Emirates Trading Agency LLC v Prime Mineral Exports Private Ltd*［2014］EWHC 2104 案中带来了难题，在此案中一方当事人（未成功）试图争辩，这需要连续四周的谈判。

[21] ［1973］1 Lloyd's Rep 2.

[22] ［1997］3 All ER 540.

[23] Chapter 2：Legal Framework for International Arbitration Agreements in Gary Born，*International Commercial Arbitration*（*Second Edition*）（2nd Edn，2014）at p 922；萨蒙勋爵（Lord Salmon）在 *Bremer Handelsgesellschaft mbH v Vanden Avenne-Izegem PVBA*［1978］2 Lloyd's Rep 109，HL 案中认为，作为先决条件，该条款必须在索赔方面就额外的损失和费用说明不遵守的后果。这个规则可能在有关遵守仲裁前置程序时被适用。

[24] *Waste Management*，*Inc v United Mexican States*（“*Number 2*”）（*Award*）（30 April 2004），ICSID Case No. ARB（AF）/00/3，43 International Legal Materials，967；Chapter 2：Legal Framework for International Arbitration Agreements'in Gary Born，*International Commercial Arbitration*（*Second Edition*），（2nd Edn，2014）at p 941.

赋予其中一方当事人提起仲裁的权利。[25] 这样的条款在这种选择发生时将有约束力。[26] 在 *Swee Pte Ltd v Lim Kian Chai*[27] 案中，法院承认了单方的仲裁协议。

即使诉讼程序开始后，当有权提起仲裁的当事人行使该权利时，英国的法院准予中止法院诉讼。[28] 一方行使选择权必然导致另一方产生接受仲裁的义务。

仲裁本身的选择是订立协议，将现有争议提交仲裁。选择性协议的框架和行使选择权都必须是书面形式的，以满足书面的要求。[29]

单边协议因缺乏相互性而受到批评。然而尼达姆·洛伦（Niddam Laurent）认为，单边协议实际上是缺乏考虑而不是缺乏相互关系。单方面条款的不平等运作并不会剥夺仲裁协议的性质。

大法官福克斯（Fox LJ）在 *Pittalis v Sherefettin*[30] 案中评论道：

> 在我看来，如果一方当事人选择仲裁，那么未来的仲裁协议可以被正确地描述为将未来的争议提交仲裁的协议；如果存在这样的选择，那么双方当事人都会受到约束。

在 *Swee Pte Ltd v Lim Kian Chai* 案中，法院认为这一条款是公平的，原因在于这出于双方当事人的同意。法院解释道，仲裁条款只允许原告援引仲裁条款，被告不能将此作为依据。因此，原告可以在诉讼或仲裁间作出选择。

然而在债权人不希望所有争议都在当地法院解决，但希望保留在债务人当地管辖区（即其资产所在地）起诉的选择的情况下，单边仲裁条款是有用的。[31]

除了这些情况之外，这种条款通常是有问题的，因为只赋予一方当事人仲裁权并不一定会相应地剥夺另一方当事人提起诉讼的权利。

这可能导致各方企图通过提起诉讼、相关费用和拖延中止诉讼申请来利用战术取胜。在某些国家，如俄罗斯，单方仲裁协议是被认定为无效的。[32]

---

[25] *Pittalis v Sherefettin* [1986] QB 868, [1986] 2 All ER 227, CA (Eng); *Woolf v Collis Removal Service* [1948] 1 KB 11, [1947] 2 All ER 260, CA (Eng); *NB Three Shipping Ltd v Harebell Shipping Ltd* [2004] EWHC 2001 (Comm), [2005] 1 Lloyd's Rep 509; *Law Debenture Trust Corporation plc v Elektrim Finance BV* [2005] EWHC 1412 (Ch); *Mauritius Commercial Bank Ltd v Hestia Holdings Ltd* [2013] EWHC 1328 (Comm); *Swee Pte Ltd v Lim Kian Chai* [1983] 1 MLJ 353.

[26] *Westfal-Larsen & Co A/S v Ikerigi Compania Naviera SA*, *The Messiniaki Bergen* [1983] 1 All ER 382, [1983] 1 Lloyd's Rep 424; *Navigazione Alta Italia SpA v Concordia Maritime Chartering AB*, *The Stena Pacifica* [1990] 2 Lloyd's Rep 234.

[27] [1983] 1 MLJ 353.

[28] *NB Three Shipping Ltd v Harebell Shipping Ltd* [2004] EWHC 2001 (Comm), [2005] 1 Lloyd's Rep 509. 判决的逻辑依据是，为了防止一方当事人通过首先在法庭开始诉讼来规避另一方的仲裁权利。

[29] *Westfal-Larsen & Co A/S v Ikerigi Compania Naviera SA*, *The Messiniaki Bergen* [1983] 1 All ER 382, [1983] 1 Lloyd's Rep 424.

[30] [1986] QB 868 at 874.

[31] *Professor Fentiman "Universal jurisdiction agreements in Europe"* (2013) *CLJ* 72 (1) 24-27.

[32] 在撰写本书时，在最近的俄罗斯案件编号 A40-49223/11-112-401 案中，俄罗斯联邦的最高仲裁法庭主席团指出，单方仲裁条款无效。

《2005 年仲裁法案》第 9 条将仲裁协议定义为“各方当事人同意提交的协议”，字面意思就是所有当事人都同意将争议提交仲裁。

实际上，仲裁协议通常赋予了协议各方将事项提交仲裁的相互权利。这样的做法符合在法规中的定义，也符合相互原则。相互原则是仲裁协议中必不可少的组成部分。

大法官戴维斯（Davis LJ）在 *Baron v Sunderland Corp*[33] 案中解释说：

> 在仲裁条款中，每一个当事人都同意将争议提交仲裁是有必要的；任何一方在发生争议时可以通过约定的方式将争议诉诸仲裁，这是仲裁条款的基本组成部分。换言之，该条款必须赋予双方当事人提交仲裁的权利。

但是，单方或不对称的仲裁协议的有效性一直在马来西亚[34]及其他地方[35]得到承认。对仲裁的选择甚至可以在诉讼程序已经开始之后作出。[36]

法院在最近的 *Law Debenture Trust Corporation plc v Elektrim Finance BV*[37] 案和 *NB Three Shipping Ltd v Harebell Shipping Ltd*[38] 案中支持了单方条款。这样做时，法院强调了“合同条款给予一方超过另一方的优势，这些条款存在商业意义”。

在 *Mauritius Commercial Bank Ltd v Hestia Holdings Ltd*[39] 案中，法院解释说，英国法律下的协议载有“规定了英国法院的专属管辖权的争议解决条款”。该协议还指出，不能阻止索赔银行在任何司法管辖区的任何其他法院提起与争议相关的诉讼。

此后，原告在英国法院对被告提起诉讼，但后者则以“不符合平等诉诸司法的基本原则”为由对单方条款的有效性提出了异议。法院驳回了这一论点，并指出“这种不对称的条文已经一贯地得到法院执行”。

仲裁协议的广义解释

约定将争议诉诸仲裁的协议至关重要，而且仲裁的意图也必须清楚明确。[40]

尽管如此，即使仲裁条款不完整或缺乏某些细节，也不需要具体的词语或形式甚至

---

[33] ［1966］2 QB 56 at 64，［1966］1 All ER 349 at 351，CA（Eng）. *Tote Bookmakers Ltd v Development & Property Holding Co Ltd*［1985］Ch 261，［1985］2 All ER 555.

[34] *Swee Pte Ltd v Lim Kian Chai*［1983］1 MLJ 353.

[35] *Pittalis v Sherefettin*［1986］QB 868，［1986］2 All ER 227，CA（Eng）；*Woolf v Collis Removal Service*［1948］1 KB 11，［1947］2 All ER 260，CA（Eng）；*NB Three Shipping Ltd v Harebell Shipping Ltd*［2004］EWHC 2001（Comm），［2005］1 Lloyd's Rep 509；*Law Debenture Trust Corporation plc v Elektrim Finance BV*［2005］EWHC 1412（Ch），［2005］2 All ER（Comm）476；*Mauritius Commercial Bank Ltd v Hestia Holdings Ltd*［2013］EWHC 1328（Comm）.

[36] *NB Three Shipping Ltd v Harebell Shipping Ltd*［2004］EWHC 2001（Comm），［2005］1 Lloyd's Rep 509.

[37] ［2005］EWHC 1999（Ch）.

[38] ［2004］EWHC 2001（Comm），［2005］1 Lloyd's Rep 509.

[39] ［2013］EWHC 1328（Comm）.

[40] 在案件 *King v Brandywine Reinsurance Co（UK）Ltd*（前身为 Cigna RE Co（UK）Ltd）［2004］EWHC 1033（Comm），［2004］All ER（D）108（May），仲裁条款为“该争议可以根据协议当事人……而提交”。作为一项协议，同意将争议提交仲裁的意思表达并不是明确的，因此是不可执行的。另参见案件 *Jagdish Chander v Ramesh Chander 26 April 2007*，Appeal（civil）case 4467 of 2002），SC（India）。

“仲裁”一词来构成仲裁协议[11]；只要有明确的仲裁意图，即使该条款不完整或者缺少一些细节，协议也将具有效力。[12]

当事人可以自由决定仲裁协议的措辞，只要协议是清楚和明确的。[13] 例如，*Mangistaumunaigaz Oil Production Association v United World Trade Inc*[14] 案中的仲裁协议载明：“仲裁，如有，在伦敦适用国际商会 ICC 规则。”

法院驳回了“如有”一词使得仲裁协议含混不清的论点。法庭认为这个词是没有意义的，可以被忽略，或者可以被解释为如果出现任何争议的缩略语。

法院认定，无论采用哪种理解方式，仲裁条款都不能含混不清。仲裁员的数量不需要明确。[15] 这在《2005 年仲裁法案》中是明确的，在当事人没有协议的情况下规定了仲裁员的默认数量。[16]

仲裁协议与任何其他合同一样都是协议。因此，如果其含义如此模糊，以致不能作出解释来给予协议确定性，那么该协议是无效的。有缺陷、模糊或不可行的仲裁条款被称为病理性条款。

由起草协议而引发问题的一个例子是当仲裁协议看似许可，或者规定了在仲裁和诉讼之间作出选择时。[17] 仲裁条款中适用“可以提起”（may refer）一词会引起争议，但在其他司法管辖区，它并没有被认定为非常含糊，因为其规定了提起诉讼的选项。[18]

---

[11] *Plant v Plant*［2002］EWHC 2283（Ch）；*Tech Inc v Bally Total Fitness Holding Corp*, 374 F. 3d 1, 7（1st Circuit 2004），US，争议解决程序是“除了名称都可以仲裁”（at［26］）；*Benson Pump Co v South Cent Pool Supply Inc*, 325 F. Supp. 2d 1152, 1156（D Nev 2004），US，该案认为“仲裁”不是一个重要的“魔力词”；参见加里·博恩《国际商事仲裁》（第 2 版）第 2 章“国际仲裁协议的法律框架”。

[12] 汤姆森（Thomson LP）在 *Lim Su Sang v Teck Guan Construction & Development Co Ltd*［1966］2 MLJ 29 at 31, FC 案中表示：“基于《1950 年仲裁法案》，当当事人同意提起仲裁却没有提名仲裁员时，法院有权任命一名仲裁员。本案中的各当事人明确打算将他们的争议诉诸仲裁。在合同之初，当事人通常同意提起仲裁而没有指定仲裁员，这种做法很值得称赞。因此，仲裁员没有被指定以及空白处没有填充并没有什么问题。在名字空缺时，那些话没有意义，且可以被忽略。”*Woh Hup（Pte）Ltd v Property Development Ltd*［1991］3 MLJ 82.

[13] *Tan Kok Cheng & Sons Realty Co Sdn Bhd v Lim Ah Pat（t/a Juta Bena）*［1995］3 MLJ 273.

[14] ［1995］1 Lloyd's Rep 617.

[15] *MMTC Limited v Sterlite Industries（India）Ltd*（1996）6 SCC 716 案中，法院认定，《UNCITRAL 示范法》第 7（1）条并没有要求确定仲裁员人数。

[16] 《2005 年仲裁法案》第 12 条。

[17] 在 *Total Future Sdn Bhd v Government of Malaysia*［2013］9 MLJ 288 案中，仲裁前条件是指“诉讼或仲裁以外的其他争议解决方法”，但这并不改变仲裁本身是强制性的事实。Williams QC and Kawharu, *Williams and Kawharu on Arbitration*（2011）at para 8. 2. 3.

[18] *Grandeur Electrical Co Ltd v Cheung Kee Fung Cheung Construction Co Ltd*［2006］HKCA305, on the basis that granting a choice between arbitration and litigation must be clearly spelt out；*Canadian National Railway Company v Lovat Tunnel Equipment Inc*［1999］CanLII 3751（ON CA）；*Tianjin Medicine & Health Products Import & Export Corporation v J A Moeller（Hong Kong）Limited*［1994］HKCFI 351, SC；*China State Construction Engineering Corporation, Guangdong Branch v Madiford Limited*［1992］HKCFI 160；*Campbell et al v Murphy*［1993］CanLII 5460（ON SC）；*WSG Nimbus Pte Ltd v Board of Control for Cricket in Sri Lanka*［2002］1 SLR（R）1088, ［2002］SGHC 104. *Contrast with CCIC Consultech International v Silverman*［1991］CanLII 2868（QC CA）；*Aitken v Ishimaru Ltd*［2007］NZHC 1133, NZ.

Lembaga Pelabuhan Kelang v Kuala Dimensi Sdn Bhd[49]案的上诉法院认为，“可以”（may）一词的使用赋予了双方放弃仲裁的权利。一个明确提供了仲裁和诉讼之间的选择的条款，在某些法庭看来，是有缺陷的。[50]

某一条款规定双方将尽力通过瑞士的仲裁解决问题，如果仲裁失败，则英国法院拥有管辖权，这被认定为没有仲裁协议。[51] 在 *Westfal-Larsen v Ikerigi Compania Naviera*, *The Messiniaki Bergen*[52]案中，“可以”（may）一词的使用并不能强迫当事人进行仲裁，但是一旦一方当事人选择这样做，仲裁协议就具有约束力。

一些仲裁协议规定了提起仲裁的时间限制。[53] 法院认为，这种时间限制不能为双方当事人提供提起诉讼或仲裁的选择权。

Wholecrop Marketing Ltd v Wolds Produce Ltd[54]案的法院认为，对于约定了提起仲裁的时间限制，当事人表述的本意并不是“在上述的12个月后将争议诉诸仲裁将被视为时效已过，但是在剩余的法定时效期间内，可以向法庭提起诉讼”。

未能在规定时间内开始仲裁并不一定是致命的。《2005年仲裁法案》第45条规定，高等法院如果认为没有延长将产生“过度的困难”[55]，则可以延长提起仲裁的时间。

有些合同既包括仲裁协议条款，也包括规定某一管辖区的法院拥有专属管辖权的条款。[56] 乍一眼看去，仲裁的意图似乎含混不清。[57]

但是，法院支持当事人进行仲裁的意愿。法院认为，这些法院选择条款适用于当事人寻求法院干预或支持仲裁的情况。[58]

仲裁协议可能在争议发生之前或之后达成。《2005年仲裁法案》并不区分临时提交

---

[49] [2011] 2 MLJ 606, CA.

[50] *Empressa de Turismo Nacional & Internacional v Vacances sans frontiere Itée* [1992] CanLII 3546 (QC CA).

[51] *Kruppa v Benedetti* [2014] EWHC 1887 (Comm).

[52] [1983] 1 Lloyd's Rep 424.

[53] 根据《JKR PWD 203A格式》(2007年修订) 第65.3条规定，仲裁应在仲裁前争议解决程序完成后的45天内进行。同时可参见 *Dancom Telecommunications (M) Sdn Bhd v Uniasia General Insurance Bhd* [2008] 6 MLJ 52, [2008] 5 CLJ 551, CA案、*Target Warehousing (M) Sdn Bhd v MSIG Insurance (Malaysia) Bhd* [2013] MLJU 156案。

[54] [2013] EWHC 2079 (Ch); *Nanjing Tianshun Shipbuilding Co Ltd v Orchard Tankers PTE Ltd* [2011] EWHC 164 (Comm); *China Merchants Heavy Industry Co Ltd v JGC Corporation* [2000] HKCFI 511.

[55] Chapter 20 on *Commencement of Arbitration*.

[56] 在《JKR PWD 203A格式》(2007年修订) 标准表格中，第65条规定了仲裁，但第72条规定的情况下，双方当事人应“不可撤销地服从马来西亚法院的专属管辖权”。在 *R Kathiravelu a/l Ramasamy v American Home Assurance Co Malaysia* [2009] 1 MLJ 572. 案件的保险单中也发现了类似的情况。上诉法院认为，管辖权条款只是为了使马来西亚法律成为该政策的法律，排除了非马来西亚法院的管辖权来解释该条款。

[57] *Rampton v Eyre* [2007] *ONCA* 331 (*CanLII*)。在 *Lembaga Pelabuhan Kelang v Kuala Dimensi Sdn Bhd* [2011] 2 MLJ 606案中，法院认为，在包含了仲裁条款的主合同订立之后才达成的、包含法院管辖权条款的补充协议，视为共同放弃提起仲裁的权利，因为“仲裁协议和补充协议的条款相互矛盾，原因是这些条款无法和谐地发挥作用。它们仿佛法律表述合唱团里不和谐的音乐。不可能存在仲裁和诉讼并存和融合的情况，要么是仲裁，要么是诉讼”(第29页)。

[58] 这包括含有法院选择条款和仲裁协议的合同。*PT Tri-MG Intra Asia Airlines v Norse Air Charter Limited* [2009] SGHC 13; *PCCW Global Ltd v Interactive Communications Service Ltd* [2006] HKCA434, CA; *Bundesgerichtsh of* Schieds VZ 2007, 273, Ⅶ ZR 105/06; *Sulamerica CIA Nacional De Seguros SA v Enesa Engenharia SA* [2012] EWHC 42 (Comm) at [48].

的仲裁协议（也就是将现存争议诉诸仲裁）和争议前达成的仲裁条款。[59]

仲裁协议可以将仲裁条款写进合同中，也可以专门形成约定仲裁的单独文件。独立的仲裁协议在争议出现前比较少见。大多数仲裁协议都是作为基础合同中的一项条款或通过引述包含仲裁条款的另一文件而出现的。

无效的仲裁协议

有时候，病理性仲裁协议太过模糊或不可行，以致法院无法认定双方当事人仲裁的意图。"本合同的仲裁权属于卖方所在地的法院"这样的约定，被认为是无效的仲裁条款。[60]

法院在 *Finnegan（J F）Ltd v Sheffield City Council*[61] 案中认为，合同中包含的就合同项下的争议是否应被诉诸仲裁需进一步讨论的条款太模糊了。

有一个涉及法国农业部长作为一方当事人的合同，约定这位部长在万一发生争议时成为仲裁员。法院裁定这一点明显违反了自然正义"任何人不得成为自己案件的法官"的规则，因而仲裁协议无效。[62]

雷德芬和亨特引用了另一个例子，即一个约定"仲裁员应该是一个知名商会（如国际商会）"的条款会因为缺乏确定性而无效。

在协议中指定具体的仲裁员时，应谨慎行事。商事关系中可能出现的争议之广，可能会导致指定的仲裁员并不适合解决这些争议。也存在有个别仲裁员后来不愿意或不能担任工作的可能性。

个人很少被指定为任命机构。同样的，也存在个人任命机构之后不愿意或不能作为的可能性。指定一个任命机构如一名专业协会的主席是明智的，因为这些职能通常是制度化的。

此外，仲裁员的资格不应过于具体地列明，因为找不到这样的仲裁员可能会使协议失效："要求仲裁员是一个会说英语、拥有法国法律学位、熟悉中东建筑合同的意大利人，太为苛刻。"[63]

7.3 书面仲裁协议

为使《2005年仲裁法案》适用于仲裁，第9（3）和（4）条明确规定仲裁协议必须是书面形式的，如下所示：

（3）仲裁协议应该是书面形式的。

---

[59] *Cheah Wai Poh v Chin Brothers & Co Ltd*［1958］MLJ 215.

[60] *Tai-Ao Aluminium（Taishan）Co Ltd v Maze Aluminium Engineering Co Ltd*［2006］HKCFI 220.

[61] （1988）43 BLR 124.

[62] *Jean Charbonneau v Les Industries AC Davie Inc et al*, published in French, Recueil de Jurisprudence du Québec 1989, 1255.

[63] W Park, "Arbitration of International Contract Disputes"（1984）39 Bus Lawyer 1783 at 1786.

（4）当仲裁协议出现在以下文件中，是以书面的形式——

（a）一份由各方当事人签署的文件；

（b）以信件、电报、传真或其他可作为协议记录的通信方式进行的信息交换；

（c）在申请书和答辩书的交换中，其中一方声称有协议的存在而另一方没有否认。

这反映了《UNCITRAL 示范法》第 7（2）条的要求，即仲裁协议应采用书面形式。《纽约公约》第 Ⅱ（2）条也规定了仲裁协议必须是书面协定的，但《纽约公约》中的定义则较为狭窄，如下：

> "书面协议"包括当事人所签订或在互换函电中所载明的仲裁条款和仲裁协议。

仲裁协议可能会在争议发生之前或之后达成，基本上仲裁协议都是书面的。

仲裁条款通常见于标准形式的建筑合同、涵盖股东纠纷的公司章程、合伙关系和商业合同中。在建筑和工程合同中，将未来争议提交仲裁的仲裁条款是规范。

何为书面

当有文件包含或确认存在仲裁协议时，书面要求即被满足。[64]

如果在协议中引用了一个书面的仲裁条款并且使其成为协议的一部分，这就构成了一个仲裁协议。这些文件不需要任何一方签字，双方可以口头或以行动的方式同意仲裁条款。[65]

"书面形式"（in writing）的定义很广泛。《2005 年仲裁法案》第 9 条包括了各当事人撰写的典型文件，还包括了"以信件、电报、传真或其他可作为协议记录的通信方式进行的信息交换"。

因此，仲裁可能通过交换书面通信的形式成立，如信件、传真和作为书面证据的备忘录，或者是由一方当事人或第三方在协议当事人授权下记录的有关协议的书面证据。

雷德芬和亨特认为，普遍的观点是，包含仲裁条款的文件不需要签署，只要协议是书面的即可。《UNCITRAL 示范法》和《纽约公约》都没有把签字作为强制性要求。[66]

"书面形式"定义的范围可以从以下例子中看出：

（1）被保险人通过对保险单的起诉来确认其合同，法院认定，虽然他没有在保险单

---

[64] *Bauer（M）Sdn Bhd v Daewoo Corp*［1999］4 MLJ 545 at 565，CA，per Gopal Sri Ram JCA，citing *Radha Kanta Dass v Baerlein Bros Ltd*AIR 1929 Cal 97（Cal）；*Union of India v AL Rallia Ram* 1963 AIR 1685，SC（India）；*Shankar Lal Lachmi Narain v Jainey Bros*AIR 1931 All 136. *Anglo-Newfoundland and Development Corporation v R*［1920］2 KB 214；*Caerleon Tinplate Co v Hughes*（1891）60 LJQB 640；*Tracomin SA v Sudan Oil Seeds Co Ltd*［1983］1 Lloyd's Rep 560；*Excomm Ltd v Ahmed Abdul-Qawi Bamaodah*，*The St Raphael*［1985］1 Lloyd's Rep 403，CA（Eng）；*Sweeney v Mulcahy*［1993］ILRM 289.

[65] *Birse Construction Ltd v St David Ltd*［1999］BLR 194.

[66] Blackaby and Partasides with Redfern and Hunter，*Redfern and Hunter on International Arbitration*，（6th Edn，2015）at para 2. 13.

上签字，但其受到仲裁条款的约束；[67]

（2）规定了仲裁的有限责任公司章程是充分的书面形式陈述；[68]

（3）每位律师在自己的摘要上签署的背书组合在一起构成了一份有效的意见书，因为背书的条款是相同的；[69]

（4）买方受到卖方报价背面印制的仲裁条款的约束；[70]

（5）买方受中间人发给买方的备忘录中提到的标准形式的商品合同中的仲裁条款的约束；[71]

（6）仲裁协议可由当事人之间的往来信件中推定出来；[72]

（7）一份能确认合同的电报被认定满足了书面形式要求；[73]

（8）说明书中提及的所有争议的条款，不论是否正式提及或通知双方，都不属于仲裁；[74]

（9）一年期合伙协议中的仲裁条款以口头协议续期的，即使六年之后，仍是一份充分的书面协议；[75]

（10）提交仲裁时，必须有以司法方式进行司法调查以解决已经产生或将要出现的分歧的意图，以区别于为防止分歧产生而进行的单纯估价或评估；[76]

（11）*Lombard-Knight v Rainstorm Pictures Inc*[77]案的法院认为，在现代，仲裁协议经常被有效地包含在邮件往来中。

第9条提到的协议可以从一份文件或一系列文件中收集。在某些情况下，一方当事人可能会被禁止声称没有协议。在协议提供选择仲裁的选项的情况下，当选择协议和选择权的形式都是书面形式时，书面协议的法定要求即得到满足。[78]

---

[67] *Baker v Yorkshire Fire and Life Assurance Co* [1892] 1 QB 144. *Hickman v Kent or Romney Marsh Sheep-breeders Association* [1915] 1 Ch 881; *Beattie v E & F Beattie Ltd* [1938] Ch 708, [1938] 3 All ER 214, CA (Eng).

[68] *London Sack and Bag Co Ltd v Dixon & Lugton Ltd* [1943] 2 All ER 763, CA (Eng).

[69] *Aitken v Bachelor* (1893) 62 LJQB 193, 68 LT 530; *Excomm Ltd v Bamaodah, The St Raphael* [1985] 1 Lloyd's Rep 403, CA (Eng).

[70] *Zambia Steel and Building Supplies Ltd v James Clark and Eaton Ltd* [1986] 2 Lloyd's Rep 225, CA (Eng).

[71] *Excomm Ltd v Bamaodah, The St Raphael* [1985] 1 Lloyd's Rep 403, CA (Eng).

[72] *Morgan v William Harrison Ltd* [1907] 2 Ch 137, CA (Eng).

[73] *Fehr Frank & Co v Kassim Jivraj & Co Ltd* (1949) 82 L1 L Pep 673.

[74] *Jowett v Neath Rural District Council* (1916) 80 JP Jo 207.

[75] *Gillet v Thornton* (1875) LR 19 Eq 599, 44 LJ Ch 398.

[76] *Re Hammond and Waterton* (1890) 62 LT 808, Eng.

[77] [2014] EWCA Civ 356.

[78] *Westfal-Larsen and Co A/S v Ikerigi Compania Naviera SA, The Messiniaki Bergen* [1983] 1 All ER 382, [1983] 1 Lloyd's Rep 423.

书面文件本身可以包含仲裁条款[79]，例如《PAM 建筑合同标准格式》（*PAM standard form of building contract*），如《PAM 1998 格式》（*PAM 1998 Form*）第 34 条、2006 年《PAM 合同》（*Pertubuhan Akitek Malaysia*（"*PAM*"）*Contract* 2006）第 34 条、《IEM 格式》（*IEM form*）、《建筑业发展委员会建筑工程合同标准形式》（2000 年修订）（*Construction Industry Development Board*（"*CIDB*"）*Standard form of Contract for Building Works*）和《JKR PWD 203A 格式》（2007 年修订）[*JKR PWD 203A Form*（*Rev* 2007）]都包含仲裁条款，或该协议可以通过引用的形式纳入仲裁条款。仲裁协议的更改也必须以书面形式进行。[80]

7.4 通过引用纳入仲裁条款

在包含明确仲裁条款的标准合同或明确包含仲裁协议条款的往来信件中，很少会产生仲裁协议是否是书面形式的问题。

当仲裁协议包含在与主合同分开的文件中时，如果一方当事人提出它通过引用的方式而被纳入主合同中，但对方当事人不同意，这时候围绕仲裁协议的必要形式可能会产生争议。

参与商业交易的各方当事人通常采用包含仲裁条款的标准合同形式。仲裁条款可以通过引用标准格式合同而被纳入，或者通过引用另一个列明了仲裁条款的合同的特定条文而被纳入，这是既定已久的法律。

迪普洛克勋爵（Lord Diplock）在 *A Schroeder Music Publishing Co v Macaulay*[81] 一案中表示：

> 这些合同中的标准条款多年来通过所涉商业利益的代表来谈判解决，这种做法已经被广泛接受，因为经验表明了它们有利于贸易的进行。这些合同不仅会影响事实上的当事人，而且还会影响在此交易中其他与他们关联的可能具有商业利益的人，例如买方或卖方、承租人或船东、保险公司或银行家。

《2005 年仲裁法案》第 9（5）条为通过引用的方式纳入协议提供了法定基础，它并

---

[79] *Cheah Wai Poh v Chin Brothers & Co Ltd* [1958] MLJ 215; *Lim Su Sang v Teck Guan Construction & Development Co Ltd* [1966] 2 MLJ 29, FC; *Woh Hup (Pte) Ltd v Turner (East India) Pte Ltd* [1987] 1 MLJ 443; *Invar Realty Pte Ltd v JDC Corporation* [1988] 3 MLJ 13; *Tropicon Contractors Pte Ltd v Lojan Properties Pte Ltd* [1989] 3 MLJ 216; *Woh Hup (Pte) Ltd v Property Development Ltd* [1991] 3 MLJ 82; *Pembenaan Leow Tuck Chui & Sons Realty Co Sdn Bhd v Dr Leela's Medical Centre Sdn Bhd* [1995] 2 MLJ 57, SC; *Tan Kok Cheng & Sons Realty Co Sdn Bhd v Lim Ah Pat (t/a Juta Bena)* [1995] 3 MLJ 273; *Chung and Wong v CM Lee* [1934] MLJ 153; *Ong Boon Him v Tan Oh Tee* [1937] MLJ 122; *Ching Hen Tiu v Sime Darby Holdings Ltd* [1978] 2 MLJ 83; *Teong Piling Co v Asia Insurance Co Ltd* [1994] 1 MLJ 444.

[80] *Altco Ltd v Sutherland* [1971] 2 Lloyd's Rep 515.

[81] [1974] 3 All ER 616 at 624, HL.

不需要明确提及仲裁条款本身。第9（5）条反映了《UNCITRAL示范法》第7条，其编纂工作准备文件列明“文本明确规定，只需要提及文件；因此不需要明确提及其中的仲裁条款”。

马斯蒂尔和博伊德同意这一主张，并表示，原则上说：

> 仲裁条款可以通过引用标准格式合同而被纳入；或者通过即使没有明确引用该条款，但引用另一个列明了仲裁条款的合同的特定条文而被纳入。但是对于当事人意图适用仲裁条款这一点，必须是毫无疑问的。[82]

《罗素论仲裁》中提到：

> 关键问题是，一个协议中引用的书面仲裁条款或包含仲裁条款的文件是否构成仲裁协议？如果引用使得该条款成为协议的一部分，那么它确实发挥了效果。[83]

默金（Merkin）和弗兰纳里（Flannery）解释说，仲裁条款的纳入发生在单一合同或两个合同中[84]：

（1）第一种是在单一合同情况下，在合同订立过程中，任一（或双方）当事人都提到他们的标准条款和条件，其中包括仲裁条款。第二种情况是有两个合同，比如A和B之间的合同以及B和C之间的合同，后者引用前者的条款。

（2）第二种情况在建筑、航运和再保险合同中很常见，为了实现合同层之间的一致性，某个合同的条款被纳入这个链中的其他合同中，例如在建筑中，主合同条款可以纳入各种分包合同中。同样的，在航运方面，租船合同的条款可能被纳入由承租人代表船东出具的提单中。

马洛特拉（OP Malhotra）说，包含在一些其他文件中的仲裁条款只有在满足以下四个要求的情况下才具有约束力和有效性[85]：

（1）引起争议的主合同中有明示或暗示的、对其他载有仲裁条款的文件的引用；

（2）任何纳入的语句与仲裁条款的纳入都是相适宜的；

（3）仲裁条款的条件与纳入了仲裁条款的主合同所引起的争议相适宜；

（4）仲裁条款与主合同没有矛盾。

明确引用仲裁条款或一般纳入所有条款

《2005年仲裁法案》第9（5）条的措辞表明，有效地纳入仲裁条款并形成仲裁协议并不需要明确引用仲裁条款。然而就适当纳入一个仲裁条款需要何种程度的明确性，不同案例中存在冲突。

---

[82] Mustill and Boyd, *Commercial Arbitration* (2nd Edn, 1989) at p 106.

[83] Sutton, Gill and Gearing, *Russell on Arbitration* (24th Edn, 2015) at para 2-045.

[84] Merkin and Flannery, *Arbitration Act* 1996, (5th Edn, 2014).

[85] G I Zekios, *International Commercial and Marine Arbitration*, (2011) at p 212, fn 46.

问题是，另一份文件中的仲裁条款是否在所有情况下都必须被明确提到，或者是表述为包含另一文件的所有条款就足够了。在租船合同和提单中，直接引用的要求通常是严格的，但是，是否应当对以下其他形式的合同适用同一标准，存在着混淆之处：

· *TW Thomas & Co Ltd v Portsea Steamship Company Ltd*[86]案中，上议院认为将租船合同的所有"条件"或"条款或条件"纳入提单，并不会延伸至租船合同的仲裁条款。

· *The Merak*[87]案中，法院认为，该仲裁条款表明其适用于由租船合同和任何提单所引起的纠纷。

· 法院在 *United Asian Bank Bhd v M/V Fushi Hoshi Maru, Owners*[88]案中表示：

> 因此我认为，就解释来说，在提单中规定了装运根据和依照租船合同条款进行的一般条文并未纳入租船合同的仲裁条款。

· *Modern Building Wales Ltd v Limmer & Trinidad Co Ltd*[89]案的大法官巴克利（Buckley LJ）表示：

> 若当事人通过协议将某些其他文件的条款导入作为他们协议的一部分，则那些条款必须整体被纳入，但须受到约束，即如果任何被导入的条款与明确同意的条款有任何冲突，后者都必须优先于被导入的条款。

约翰·梅高爵士（Sir John Megaw）在 *Aughton Ltd (formerly Aughton Group Ltd) v MF Kent Services Ltd*[90]案中认为：

> 这个独立的合同如果要被纳入，则必须被明确引用在书面纳入它的文件中。仅仅提及仲裁条款构成附属合同的条款的，不是纳入。

然而这一决定的依据是，仲裁协议是可以从包含它的合同中分离出来的，因此不属于一般的合同引用，这确实引起了一些问题。

可分性原则的适用发展是为了支持在合同无效的情况下进行仲裁，而不是为了要求在协议中更加明确地提及仲裁。如果要求在仲裁协议中特别说明，那么就与对仲裁的一般商业态度背道而驰了。

事实上，大法官拉斐尔·吉普森（Ralph Gibson LJ）和约翰·梅高（Joha Megaw）爵士在此案中就对仲裁条款的具体引用要求作出了不同的结论，也造成了一些难题。

Ben Barrett and Son (Brickwork) Ltd v Henry Boot Management Ltd[91]案的法院认为，仲

---

[86] [1912] AC 1.

[87] [1964] 2 Lloyd's Rep 283, [1964] 2 Lloyd's Rep 527.

[88] [1981] 2 MLJ 333.

[89] 14 BLR 101.

[90] 57 BLR 1, CA.

[91] [1995] CILL 1026.

裁协议未被纳入。

不过，在 *Secretary of State for Foreign and Commonwealth Affairs v Percy Thomas Partnership*（*a firm*）[92] 案中，法院裁定：

> 根据所考虑的个别交易中使用的词语，虽未明确提及仲裁条款本身，但其可以通过在协议中明确提及一系列包含有关仲裁条款的条件而有效地纳入协议……当仲裁条款属于为了将其纳入某一特定类型的合同而特别编写的一系列标准条件之一时，则该类合同会把包含这些术语的措辞纳入合同，以使得仲裁条款适用于合同项下的争议。

根据《英国仲裁法案》第5（2）（c）条和第5（4）条，同《英国1996年仲裁法案》相比，该法对“书面形式”（written form）的构成作出了广泛定义，包括“由一方当事人，或由协议的当事人授权的第三方记录”的口头仲裁协议。[93]

明确性的出现

法院在 *Habas Sinai Ve Tibbi Gazlar Isthisal Endustri AS v Sometal SAL*[94] 案中通过概括四个一般类别（类似于默金和弗兰纳里的合并引用的问题），在某种程度上减轻了混淆：

（1）A和B签订了一个纳入了标准条款的合同；

（2）A和B签订了一个合同，该合同纳入了A和B之前约定的另一合同的条款，或者纳入了他们双方均为当事人的合同的条款；

（3）A和B签订了一个合同，该合同纳入了A（或B）和C之间约定的条款；

（4）A和B签订了一个合同，该合同纳入了C和D之间约定的条款。

法官克拉克（Clarke J）说，在“类别（1）和（2）和类别（3）和（4）之间存在关键区别”。他认为，对于以类别（1）和（2）纳入的，应该对其采用较为宽松的态度。前者的当事人熟悉标准条款，有充分机会研究这些条款，并且知道仲裁是预期的。

法官克拉克解释说[95]：

> 一个商人与其对方当事人就一份包含了不同小标题的10个具体条款的合同达成协议，然后又与同一个对方当事人就与之前小标题相同的条款1~5达成协议，对于余下的，则先前合同的所有条款都应适用，我认为，他会很惊讶地发现“所有”应该被解释为意味着“除仲裁条款之外的全部条款”。

正如 *Habas Sinai Ve Tibbi Gazlar Isthisal Endustri AS v Sometal SAL* 案中所引用的那样，

---

[92] 65 ConLR 11 at [55] and [75].

[93] 关于书面仲裁协议的广泛性与口头仲裁协议的有效性，参见案件 *Toyota Tsusho Sugar Trading Ltd v Prolat SRL* [2014] EWHC 3649（Comm），*Midgulf International Ltd v Groupe Chimique Tunisien* [2010] EWCA Civ 66。

[94] [2010] 1 All ER（Comm）1143.

[95] [2010] 1 All ER（Comm）1159-1160.

法官兰利（Langley J）在 The Athena（No 2）[96] 案中说：

> 英国法律接受通过使用普通词语来纳入标准条款，我要补充的是，特别是当这些条款很容易获得，并且这个问题出现在知名市场中老牌玩家之间的交易中时。正如判词所表明的，这项原则没有区分仲裁条款和处理其他问题的条款。相比之下，恰好是因为它考虑了其他当事人，在租船合同/提单的案件中采用了“更严格的规则”。对此给出的理由是，另一方当事人可能既不知道也无从知道相关条款。此外，正如判例所释明的，如果一个仲裁条款要在不同合同中的当事人之间适用，则可能要调整其条件。

在类别（3）和（4）中，即涉及租船合同/提单、再保险和建筑合同时，英国判例一贯的立场是认为一般措辞是不充分的。

这些决定背后的原因并不一致。仲裁条款与主合同没有密切关系。仲裁条款是为争议解决方式而出现的附属条款。当它剥夺了法院管辖权时，必须具体提及。

租船合同的条款如果不通过一般引用来纳入，则可能不适用于提单持票人和船主之间的争议。通常，法院在把对一个合同的一般引用解释为引入了仲裁条款之前，会仔细研究合同的内容。

Haba Sinai Ve Tibbi Gazlar Isthisal Endustri AS v Sometal SAL[97] 案的法院裁定，在前两类案件中，对于明确引用仲裁条款并没有严格的要求。但是，它补充说，后两类的案件适用更严格的做法。

法官兰利在 The Athena（No 2）案中，对于类别（3）和（4）适用严格的纳入原则，而（1）和（2）则是“涉及吞噬规则的例外”（involve the exception swallowing the rule）。

新加坡上诉法院在 *International Research Corp PLC v Lufthansa Systems Asia Pacific Pte Ltd*[98] 案中遵循了 *Habas Sinai Ve Tibbi Gazlar Isthisal Endustri AS v Sometal SAL*[99] 案中的做法。它认为，明确提及仲裁条款的要求是：“严格的规则从最初在提单和租船合同中的应用来看已经被过度延伸了，这是不允许的。这显然不应被视为一个普遍适用的规则。”[100]

限制仲裁范围

一项条款的措辞可以通过例如“由本合同引起的所有争议”（All disputes arising out of this contract）等字眼限制仲裁协议的涵盖范围和程序，或者，仲裁的范围可以通过“任何有关保修服务的争议”或“由本协议引起的所有争议，但仅因费用产生的争议除

---

[96] *Trade Maritime Corp v Hellenic Mutual War Risks Association (Bermuda) Ltd*;（*The Athena*）［2006］EWHC 2530（Comm）at［65］.

[97] ［2010］EWHC 29（Comm）.

[98] ［2014］1 SLR 130,［2013］SGCA 55.

[99] ［2010］EWHC 29（Comm）.

[100] ［2014］1 SLR 130,［2013］SGCA 55 at［34］.

外”等语言来被扩大或缩小。[101]

马来西亚的立场

Albilt Resources Sdn Bhd v Casaria Construction Sdn 案[102]的上诉法院认为：

> 第9（5）条规定，在一份协议中引用一个包含了仲裁条款的文件可以构成一个仲裁协议，前提是协议是书面形式的，而且该引用使得该条款成了协议的一部分。

在 *Ajwa for Food Industries Co（MIGOP），Egypt v Pacific Inter-Link Sdn Bhd*[103] 案中，联邦法院在认定《2005年仲裁法案》的第9（5）条应被如此理解时是这样解释的：

> 在引用中，不必明确指出包含在文件中的仲裁协议。引用只需要提及文件即可，无须明确指向其所包含的仲裁条款。

联邦法院在 *Ajwa for Food Industries Co（MIGOP），Egypt v Pacific Inter-Link Sdn Bhd* 案中的判决，与 *International Research Corp PLC v Lufthansa Systems Asia Pacific Pte Ltd* 案和 *Habas Sinai Ve Tibbi Gazlar Isthisal Endustri AS v Sometal SAL* 案相一致，体现了法律上的正确立场。

因此，对于在另一文件中的仲裁条款的明确引用，并不是对所有合同的普遍要求。涉及租船合同或提单、再保险和建筑合同的案件是例外（严格适用明确引用的规则）。

决定纳入

Bauer（M）Sdn Bhd v Daewoo Corp[104] 案的法院解释说：“在一个具体案件中，通过引用而纳入是否是当事人所预期的，是一个需要根据每个案件的特殊案情解决的问题。”

是否需要明确引用一个条款，以及是否发生了纳入的效果，将取决于具体的合同和情况。在某些情况下，不论协议属于何种类别，将仲裁协议从一个文书纳入另一个文书可能不具有商业价值。

当对另一文件的引用清楚地采纳了被引用文件的所有条款时，纳入的范围可能会包括仲裁条款。如果文字上缺乏法律效力，则不足以通过引用的方式纳入与它们通常性质相符合的仲裁协议。

应当向合同当事人明确说明，必须认真对待通过引用的方式纳入的司法考虑程度。谨慎起草、清楚且毫不含糊地表达当事人进行纳入的意图可以避免以上提到的争议。

因此，如果当事人希望将一个协议的条款纳入另一个协议，并且相对而言希望确保

---

[101] Brennan，“Current Trends in Arbitration：Takeaways for Transactional Lawyers”，available at https://www.healthlawyers.org/Events/Programs/Materials/Documents/AM14/k_brennan.pdf.

[102] ［2010］7 CLJ 785 at［28］.

[103] ［2013］5 MLJ 625 at［26］.

[104] ［1999］4 MLJ 545 at 557.

其有效，建议在纳入措辞后附加类似“包括规定通过仲裁解决争议的条款”的语句。

7.5 仲裁协议内容清单

整个仲裁过程以仲裁协议为基础。有时候，当事人及其法律顾问在起草仲裁协议时没有充分思考或作出足够的努力，特别是在仲裁协议生效所要求的门槛相对较低时。

充其量来说，一个起草不当的仲裁协议可能会降低仲裁的潜在优势，否则可以提高效率、节省时间和金钱。但从另一方面来说，一个起草不当的仲裁协议可能是模糊不清或模棱两可的。

对此最好的例证是著名的“在伦敦进行仲裁”（arbitration to be settled in London）条款，它最终被认定为是有效的，正如在《罗素论仲裁》中所引用的那样。[105] 不变的事实是，通过诉讼来确定仲裁协议的有效性是消耗时间、精力和金钱的。

最后，当事人应当考虑为达成仲裁协议所需的细节和特殊事项。仲裁协议应以清晰而不含糊的语言表述，以表明双方当事人将争议诉诸仲裁的意图。

在起草仲裁协议时，当事人必须把自己从谈判的激烈阶段抽离出来，仔细研究合同和项目的周边环境，因为仲裁被选为解决未来可能出现的争端的方式。[106]

因此，一个经过妥善起草的仲裁协议将包括同意仲裁的协议和有效的仲裁程序。[107] 没有单一或统一的条款适用于所有情况。

因此，如果没有留心到商业的具体情况而盲目地遵循先例，可能是徒劳无益的。相反，另一个极端，尝试在仲裁协议中规定每一个可能性也是需要避免的。

由于机构的规则几乎总是比当事人自己拟定的任何仲裁条款要更全面，大多数情况下，纳入机构规则会比双方拟订的临时规则产生更好的结果。

例如，《KLRCA 仲裁规则》（2013 年修订）推荐以下示范条款：[108]

> 与本合同有关或由其引起的任何争议、纠纷或请求，或合同的违约、终止或无效，均应按照《KLRCA 仲裁规则》，通过仲裁解决。

《KLRCA 仲裁规则》（2013 年修订）附表 4 中的协议的格式，使得当事人能够将一个现有的仲裁条款取代和替换为将争议按照《KLRCA 仲裁规则》诉诸仲裁，如下：“各方在此达成协议，由日期为___的合同而引起的争议应按照《KLRCA 仲裁规则》通过仲

---

[105] Sutton, Gill and Gearing, *Russell on Arbitration* (24th Edn 2015) at para 2-064.

[106] Gelinas, *Report*: *Arbitration Clauses*: *Achieving Effectiveness*, in van den Berg (Ed) *Improving the Efficiency of Arbitration Agreements and Awards*: *40 years of Application of the New York Convention* (ICCA Congress Series No. 9) (1999); Bond, "How to draft an Arbitration Clause", (1989) 6 Journal of International Arbitration 66.

[107] Tackaberry, Marriot QC and Bernstein, *Bernstein's Handbook of Arbitration and Dispute Resolution Practice* (4th Edn, 2003) at para 2-110.

[108] 《KLRCA 仲裁规则》（2013 年修订），附表 3。

裁解决。”

但是，在起草仲裁协议的过程中，在标准格式仲裁条款和附带规则不能满足当事人的要求，或者当当事人希望进行临时仲裁而不是参照确定的或预定的规则时，以下因素应当被考虑：

（1）有关任何仲裁的前置程序，如协商、调解或审裁及有关时限的明确规定；

（2）开始仲裁的时限；

（3）不遵守仲裁前置程序/开始仲裁的时限的后果的规定；

（4）能够体现当事人诉诸仲裁的意图的清晰、无歧义的规定；

（5）对于仲裁协议所涵盖的争议范围，以及其是否包括与合同的存在或有效性相关的争议的明确规定；

（6）仲裁庭裁决具有终局性和约束力的规定；

（7）仲裁地应当明确；

（8）如仲裁地点与仲裁地不同，应予明确；

（9）应说明选择适用的法律；

（10）协议应当说明适用的程序法和规则；

（11）确保适用的规则涵盖披露、诉讼合并和第三方当事人的合并，除非对这些另有规定；

（12）如果仲裁地为马来西亚，决定《2005年仲裁法案》第三部分是否适用；

（13）在哪家仲裁机构（如有）进行仲裁；

（14）确保提到的机构是存在的且愿意履行职责，例如，国际商会（ICC）可以拒绝管理其认为基本规则被修改了的仲裁；

（15）仲裁庭成员人数或决定仲裁庭成员的程序；

（16）对仲裁庭的任何具体要求，包括其资格和国籍；

（17）关于如何和由谁组成仲裁庭的规定；

（18）填补空缺的模式和方式；

（19）仲裁的语言；

（20）隐私性和保密性。

建议避免在仲裁协议中包括以下内容：

（1）将特定个人任命为仲裁员；

（2）对仲裁员所要求的资质过于具体；

（3）为当事人、仲裁员和整个仲裁程序设定不切实际的过短的截止期限；

（4）将多个程序规则合并为一个单一的混合程序。

起草或选择仲裁条款时要考虑的其他杂项是：

（1）要求仲裁员作出他们将行事不偏不倚的声明；

（2）关于仲裁程序和裁决的隐私性和保密性的规定；

（3）在仲裁程序期间向仲裁员或法院提出延长时间的申请，而不受限于当事人之间的协议；

（4）如果双方当事人订立了若干合同（如多个建筑工程），那么争议有可能会在所有这些合同中产生，因此，一个允许法院或仲裁员将这些争议合并在一个仲裁中的条款可以节省相当多的时间和费用。

马斯迪尔和博伊德[109]列出了一份协议如果要被认定为仲裁协议，其必须展现的一些特点：

（1）仲裁协议必须考虑到仲裁庭作出的仲裁裁决对协议各方具有约束力；

（2）仲裁庭得以决定当事人权利的管辖权必须来源于当事双方的同意，或者来源于法院命令或法条，其条款清楚地表明这个过程将成为一个仲裁；

（3）协议必须考虑到当事人将由仲裁庭裁定的实质性权利；

（4）仲裁庭将以公正和司法化的方式确定各当事人的权利，仲裁庭对双方当事人同等地负有保证公平性的义务。

（5）当事人将争议提交仲裁庭裁定的协议的意图是使其得以在法律上执行；

（6）协议必须考虑到仲裁庭将对在提交至仲裁庭时已发生的争议作出决定。

其他考虑因素包括，协议必须考虑到仲裁庭将收到当事双方的证据，并听取他们的陈述，或者至少给予当事双方提出意见的机会。协议的措辞必须符合当事双方以此种方式进行仲裁的意图。该协议必须要求仲裁庭根据法律对这一争议作出裁决。

基于上述，起草全面的仲裁协议要求技巧、时间和深思熟虑。妥善起草的仲裁协议将确保各当事人得以充分受益于仲裁程序。

一名或三名仲裁员

决定聘请一名还是三名仲裁员很重要。原因在于构成仲裁庭的仲裁员人数对仲裁的时间表、动态和费用都有影响。

双方当事人在经济状况可以支持的情况下，通常会就三名仲裁员小组的仲裁庭达成一致同意。在通常的仲裁庭组成方案中，当事双方也可以自己任命一名联席仲裁员作为仲裁庭的一个成员。

人们普遍认为，与独任仲裁员相比，一个三人组成的仲裁庭可能会作出一个更合理且高质量的裁决。此外，这样的仲裁庭受到不当影响的风险更小，因为仲裁庭有更多的精力来充分考虑各当事人的论点。当事双方可能还会认为他们指定的联席仲裁员将担任一个文化和法律解释者的角色，甚至会确保其提交的材料得到充分考虑。

独任仲裁员与三人仲裁员小组仲裁庭所作出的裁决质量或仲裁程序行为是否存在明显的差异，我们尚不明确。也许，由较多人组成的仲裁庭的质量优势被夸大了。

事实上，仲裁中许多由真实错误所造成的问题（如误解程序规则、误用法律或未获授权而作为调解人）在一人和三人仲裁员小组的仲裁庭中可能同样多地出现。然而一个多人仲裁小组仲裁庭有助于预防有时发生在独任仲裁员中的流氓行为。

当事人更喜欢三人仲裁员小组的仲裁庭的最重要的原因也许是，他们选择的仲裁员

---

[109] Mustill and Boyd, *Commercial Arbitration* (2nd Edn, 1989) at pp 41–42.

会出现在仲裁庭中。但是，仲裁员小组中有自己的仲裁员的意义可能被当事人高估了，因为大多数由当事人指定的仲裁员是行动中立的，在仲裁庭的决定中有第三票的投票权的是首席仲裁员或主席。

通常，首席仲裁员、主席和联席仲裁员都是有经验的从业者，他们能够快速识别出有偏袒行为的联席仲裁员。他们可能通过多数决的方式对该联席仲裁员的意见予以较少关注（或完全无视）。

拥有一名自己的仲裁员的不利之处是，对方恰好也具有同等的优势，并可以毫不客气地利用它。意欲反抗的被申请人可以指定一名仲裁员，这名仲裁员可能会通过疾病发作、在关键日期无法出席以及在签署文件或者起草指示时长时间拖延来扰乱仲裁程序。

尽管存在潜在的不利因素，但三名仲裁员组成的仲裁庭给了双方当事人更大的信心。这一点是非常重要的，因为审查和撤销仲裁裁决的范围非常有限使得仲裁成为一个一锤定音的程序。

三人仲裁员小组的仲裁庭可能有助于处理文件繁多、事实复杂的争议和技术性很强的案件。一名技术性的联席仲裁员可以通过协助其他成员管理仲裁本身的结构来增加价值，例如在专家证供方面。在技术上和法律上获得资质并且经验丰富的具有综合才能的仲裁员，能够确保所有相关事实和法律论据都得到充分考虑。

在合同解释出现不同学派时，当事人指定的仲裁员也可能是有用的。对一方当事人指定的仲裁员来说，当另一方当事人提出有目的的解释作为论据时，他支持严格的文义解释方法是合法正当的。

根据合同价值的大小或基于其是国内合同或国际合同而统一适用一种仲裁庭规模的做法具有局限性。一人或者三人仲裁员小组仲裁庭有各自的优点和缺点。

《2005年仲裁法案》和《KLRCA仲裁规则》（2013年修订）基于国际仲裁和国内仲裁的区别，规定了仲裁员的数量。对于前者，仲裁员数量应为三人；对于国内仲裁，则应设一名仲裁员。[110]

如果各方当事人正在签订他们认为是高价值的合同，他们很可能需要三名仲裁员，但并不是所有由该合同引起的争议实际上都需要三名仲裁员。如果出现相对较小的争议，如滞纳金索赔，三名仲裁员仲裁庭的费用可能会过高。

一方面，害怕支付高额费用可能会阻碍有理有据的索赔的进行，或者是任由申请人胁迫被申请人和解。另一方面，一个规定了独任仲裁员且价值较低的合同所涉及的争议可能会演变成一个复杂的纠纷，或者涉及的违约导致的损害赔偿金可能超过合同的价值。

在两种情况中的任一情况下，对仲裁员人数的灵活安排都将允许使用更合适或更具成本效益的仲裁庭。如《国际商会标准格式》（*ICC standard form*）等协议为当事人或机构提供了灵活性，当事人可以在特定争议中决定合适的仲裁员人数。

当事人有可能会指明，低于某一特定价值的争议以一种方式解决，而高于该数额的

---

[110] 《2005年仲裁法案》第12（2）条和第13条，以及《KLRCA仲裁规则》（2013年修订）第4（4）条。

争议则以另一种方式解决。

理想情况下，仲裁庭是以协商一致的方式作出裁决的。但是，鉴于仲裁庭成员之间的分歧，这种方式也不总是可行的。有时候，这种决策方式可能需要相当长的时间。当当事人想要迅速解决他们的争议时，并不希望出现这种拖延。

为了仲裁程序的效率，“达成一致的理想状态在某种程度上必须有所淡化，尽管它不应该被完全抛弃”[111]；虽然有人认为也许只应有一个仲裁员（首席仲裁员或公断人）能够在没有达成一致的情况下作出最终决定。但是，司法化的仲裁庭作出的大多数具有约束力的裁决所体现出的理念是公认的仲裁规则。

7.6 口头仲裁协议

没有转为书面形式的口头仲裁协议是很罕见的。[112] 就像口头订立的合同有约束力一样，将争议诉诸仲裁的协议在普通法下可以口头提出，并且不会自动无效。[113]

然而在马来西亚，根据《2005年仲裁法案》第9（3）条规定，非书面仲裁协议的后果是其不会构成有效的仲裁协议。[114] 在没有书面仲裁协议，以及在整个合同包括仲裁协议都是口头形式的情况下，该合同的存在和有效性也可能是存疑的。[115]

口头证据规则（parole evidence rule）使当事人很难去争辩在签订书面合同时，他们口头同意仲裁，尤其是当书面合同规定了法院专属管辖权时——这是标准格式合同的共同特征。

但是，当事人可以口头同意对现有争议进行仲裁。这样的协议被称为愿受仲裁管辖书（submission to arbitrtaion）或临时仲裁协议（ad hoc agreement）。为了使这种协议有效和完整，必须存在现有的争议、争议的实际参考以及特定仲裁员的任命。

即使裁决是书面形式的或事实上被签章，口头的仲裁协议仍须这样处理。[116] 如果当事人有口头仲裁协议，并且随后达成了一份完整的仲裁协议，它可以成为可执行裁决的基础。

---

[111] Uzelac, "Number of Arbitrators and Decisions of Arbitral Tribunals", (2007) 23 Arbitration International 4, available at: http://www.alanuzelac.from.hr/pubs/B25NumberArbInt_man.pdf.

[112] 有时这会出现在海上船舶口头签订救助合同的救助作业中，但即使这样也可以归结为书面协议，因为法院认为，提及书面条款的口头协议（如劳埃德标准形式的救助协议）是书面协议。*The Owners of the Motor Vessel Tojo Maru v NV Bureau Wijsmuller* (*The "Tojo Maru"*) [1972] AC 242; Sutton, Gill and Gearing, *Russell on Arbitration* (23rd Edn, 2007) at para 2-045.

[113] Sutton, Gill and Gearing, *Russell on Arbitration* (24th Edn, 2015) at para 2-015.

[114] *New India Assurance Company Ltd v Lewis* [1967] 1 MLJ 156, [1965-1968] SLR 149, FC (Sing); *Imperial Metal Industries (Kynoch) Ltd v Amalgamated Union of Engineering Workers* [1979] 1 All ER 847, [1979] ICR 23, CA (Eng); Mustill and Boyd, *Commercial Arbitration* (2nd Edn, 1989) at p 6; *Livingstone v Ralli* (1855) 5 E & B 132; *Ex p Glaysher* (1864) 3 H & C 442.

[115] Sutton, Gill and Gearing, *Russell on Arbitration* (23rd Edn, 2007) at para 2-015; *E Turner & Sons Ltd v Mathind Ltd* (1985) 5 Const LJ 273.

[116] *Talbot v Earl of Shrewsbury* (1873) LR 16 Eq 26.

口头仲裁协议的缺点

口头仲裁协议和其后的仲裁程序不在《2005年仲裁法案》的适用范围内。这为仲裁本身的组织和仲裁的进行，以及裁决的执行带来了实际困难。

由口头仲裁协议产生的仲裁程序通常不会令人满意，因为它依赖于双方当事人的诚意，并且一个意欲反抗的当事人还有比平常更多的机会来阻碍或拖延仲裁程序，不限于对仲裁协议的存在本身提出质疑。

根据《2005年仲裁法案》授予仲裁员和仲裁庭的众多权力是不适用的，因此仲裁庭行使任何权力都必须得到当事人的同意，但实际上这很困难。

任何向法院提出的监督协助的申请都必须属于法院的固有管辖权。口头仲裁协议不能通过中止根据《2005年仲裁法案》第10条提起的诉讼程序来执行，而是通过违反契约的行为方式来执行。

除非口头协议是全面的，否则如果仲裁员在仲裁程序中放弃仲裁权或死亡，指定替代的仲裁员很困难。因为当事人寻求的是从仲裁程序的诸多优点特别是程序简单性中受益，这些缺陷可能是不能容忍的。

然而最初看似是口头的仲裁协议可能实际上属于书面协议的范围。这是因为，尽可能地促进仲裁的政策目的已经使得对“书面形式”的法定定义非常宽泛。达成口头仲裁协议的会议记录已被认定为书面协议。

《2005年仲裁法案》第9（4）（b）条规定，除了传统签署的文件的类别，“以信件、电报、传真或其他可作为协议记录的通信方式进行的信息交换”将构成书面协议。这表明，即使是录制的电话也可以被认为构成书面协议。

《UNCITRAL示范法》第7（4）条（备选案文一）规定：“电子通信所含的信息可以调取以备日后查用的，即满足了仲裁协议的书面形式要求。”

根据口头仲裁协议执行仲裁裁决难度很大。根据《2005年仲裁法案》第38（2）条规定，如果一方当事人意欲向高等法院申请以判决的方式承认和执行裁决，这方当事人必须出示“仲裁协议原件”或者一份正式认证的副本。

如果不能满足这一要求，剩下的唯一选择就只有对违反公约的行为提起新的诉讼。这种做法类似于违反法院判决后双方达成的和解协议。

这会造成法院需要深入审理案情的危险，甚至可能需要接受这样的论点，即在《2005年仲裁法案》范围之外排除法院管辖权的协议是违反公共政策的。这可能会损害根据口头仲裁协议发布的仲裁裁决的终局性。

由于以上弱点以及随之而来的无法满足现代商业实践的需求，在普通法下很少使用口头仲裁协议。

《罗素论仲裁》的作者说，书面形式的法定定义之广使得“难以参与由一个据称是口头且无法被解释为书面的仲裁协议引起的仲裁程序”[17]。

---

[17] Sutton, Gill and Gearing, *Russell on Arbitration*, (24th Edn, 2015) at para 2-043.

《纽约公约》在国际仲裁的范围内提出了一个相对狭窄的“书面形式”的定义。因此，口头仲裁协议可能不会落入该公约的范围。口头仲裁协议因此不能被执行，即使根据《2005 年仲裁法案》或《UNCITRAL 示范法》也要求仲裁协议是书面形式的。

由于《纽约公约》规定的执行仲裁裁决是国际争议的当事人进行仲裁的一个主要原因，达成口头仲裁协议可能是一个不可接受的风险。所以，仲裁应转为书面形式以尽量减少争议并确保可执行性。

第 *8* 章　仲裁条款的可分离性

8.1 简　介

仲裁条款与合同分离的原则，是指仲裁条款能够独立于其所嵌入的实质合同而存续并且继续有效。《2005 年仲裁法案》[1] 第 18（2）条为可分离性原则提供了法定依据，而《1952 年仲裁法案》[2] 缺乏这一基础。

仲裁条款实际上嵌入了合同，而不是作为一个独立的协议提交仲裁。后者很少见，因为仲裁协议通常采取合同条款的形式。

问题在于，仲裁条款是否必须遵循其所属合同的命运，或者是否有独立的命运。如果仲裁条款缺乏自主权，那么就没有理由不遵循合同的其他部分。相反，如果仲裁条款是自主的，它将有其自己的生命，不会受到其嵌入的合同可能无效所带来的影响。

加里·博恩（Gary Born）将可分离性原则描述为“国际仲裁的概念和实践的基石”[3]。

8.2 可分离性

可分离性原则是指仲裁条款的可分割性或自主性。它将仲裁条款和纳入其中的合同视为两项不同的合同。仲裁协议独立于合同本身。仲裁协议可能先于主合同本身而存在。

前者包含了当事人同意通过仲裁来解决当前和未来的争议。后者是引起当事人之间的争议或分歧的基础合同，也是仲裁的主题。此外，仲裁协议可能先于主合同本身而存在。

仲裁条款（其有效性并不取决于整个合同的有效性）在主合同终止后仍然有效，这就构成了当事人将他们之间的任何争议诉诸仲裁的必要协议。

可分离性原则为仲裁庭行使管辖权并就管辖权作出裁决提供了法定基础。它允许仲裁庭就是否具备管辖权这一重要问题作出裁决。

---

[1] Act 646.

[2] Act 93（repealed）.

[3] Gary Born, *International Commercial Arbitration*（2nd Edn, 2014） at p 28.

由这个原则可以得出的推论是，基础合同的无效性并不会自动导致仲裁协议无效。相反地，基础合同的有效性也并不会自动导致仲裁协议有效，仲裁协议无效也并不会导致基础合同无效。

仲裁条款的可分离性的概念由于具有明显的实践优势，现在已经广泛地被仲裁规则和马来西亚国内法律接受。它防止了在不同管理机构重复审理的程序。例如，合同的有效性由法院决定，而争议的实质问题却由仲裁庭裁决。

有一系列判例法支持这一原则。

上议院在 *Fiona Trust & Holding Corporation v Privalov*[4] 案中认为，不论仲裁协议词语之间的语义区别如何，解释它应该从假设开始，即当事人作为理性的商人，打算由同一仲裁法庭来解决合同的含义、合同履行的问题及合同的有效性问题。

因此，如果当事人想要就有关合同有效性的问题由一个仲裁庭裁决，而有关其含义或履行的问题由另一仲裁庭裁决，就必须作出明确约定。

可分离性也适用于主合同因拒绝履行、根本违约或合同落空而被认定无效的情况。

对基础合同的质疑

在 *Fiona Trust & Holding Corporation v Privalov*[5] 案中，上议院认为应当质疑仲裁协议本身，对基础合同的有效性或合法性提出的异议并不代表就是对仲裁协议的质疑。

仲裁协议不需要与基础合同共进退。该判决提供了仲裁协议可能被控诉也可能不被控诉的例子。

当仲裁协议和主协议被包含在同一份文件中时，一方当事人声称他的签名是伪造的，或者代理人无权订立协议（包括仲裁协议），这将是对仲裁协议的直接打击，因为合同和仲裁协议自始就是无效的。

但是，如果代理人超越代理权签订的协议只包含了部分无权签订的条款，这不会对仲裁协议本身造成直接打击。

当一方当事人主张主合同生效的前提条件未得到满足时，可分离性保留了仲裁协议。主张主合同是通过欺骗、欺诈、非法、误解而订立的，或者合同因根本违约、拒绝履行或落空，都不会使得仲裁庭失去管辖权，这归功于可分离性原则。

作为从未（即不论在任何时间点都没有）有效订立的合同的一部分的仲裁条款仍然是有效的。大法官霍夫曼（Hoffman LJ）在 *Fiona Trust & Holding Corporation v Privalov* 案中说道[6]：

> 即使主张合同没有达成（例如，主要的合同条款仍有待商定），这也不一定是对仲裁协议的质疑。如果已经就仲裁条款达成了协议，则当事人将被推定为意图通

---

[4] ［2007］ 4 All ER 951.

[5] ［2007］ 4 All ER 951.

[6] ［2007］ 4 All ER 951 at ［18］.

过仲裁来决定主合同是否达成的问题。[7]

非法性或者无效性能同时影响基础合同和仲裁协议，还是只影响基础合同本身，这将是一个事实问题。

基础合同无效并不导致仲裁协议无效，以及仲裁庭可以就基础合同的有效性作出裁决的原则，现在已经被牢固地融入国际商事法律中。

斯泰恩法官（Lord Steyn）在 *Lesotho Highlands Development Authority v Impregilo SpA*[8] 案中表示，可分离性是"仲裁法的基本组成部分"。

Beijing Jianlong Heavy Industry Group v Golden Ocean Group[9] 案的法院考虑了包含在"由于非法性而不能强制执行"的担保合同中的仲裁条款的有效性。

法官麦凯（Mackie QC J）* 坚持可分离性原则，并表示：

> ……如果一个仲裁协议是基于有关仲裁协议本身，而不仅仅是基于基础合同的无效性而被直接质疑的话，那么其可能被认定为是无效的或不能强制执行的。[10]

法国和瑞士最高法院近年来都表示，可分离性原则仅限于当事人就主合同达成协议的情况。这与巴塞尔上诉法院（Basel Court of Appeal）一个否认订立契约（non est factum）的判决和瑞典最高法院（Swedish Supreme Court）在 Hermansson[11] 案中的判决相矛盾。

然而在实践中，这些判决的影响范围可能远不如可分离性原则的影响广。如果当事人尚未就主合同达成协议，几乎可以确定的是仲裁条款将会面临同样的命运。

不过可以明确的是，合同存在的前提条件如果没有成就，将对仲裁协议没有影响。[12]

这个关键点似乎可以在大法官霍夫曼（Hoffman LJ）的评论中发现：

> 在我看来，在任何情况下，逻辑上的问题并不在于合同是否有效，而在于仲裁条款的有效性。一个问题可能引起另一个问题，但是正如我们看到的，它也可能不会引起另一个问题。

法院何时裁决争议？

通常情况下，法院会允许仲裁庭确定合同的有效性，从而使仲裁协议生效。但是在

---

[7] 即使指称这里没有达成协议（例如，主要协议的条款仍有待商定），也不一定是对仲裁协议的攻击。如果仲裁条款已经达成一致，则推定当事人意图解决是否存在需要通过仲裁裁决的已订立的主要协议的问题。

[8] ［2005］UKHL 43.

[9] ［2013］EWHC 1063（Comm），［2013］2 All ER（Comm）436.

* QC 为英文 Queen's Counsel 的缩写，即御用大律师，指英国拥有 15 年执业经验以上的优秀大律师（barristers），经过考核获得的等级。QC J 指拥有御用大律师身份的法官。——译者注

[10] ［2013］EWHC 1063（Comm）at［23］. *Fiona Trust & Holding Corporation v Privalov*［2007］4 All ER 951.

[11] *Hermansson v AB Asfaltbelaggningar* NJA 1976 125.

[12] Samuel，"Separability of arbitration clauses-some awkward questions about the law on contracts，conflict of laws and the administration of justice"［2000］ADRLJ 36.

某些情况下，仲裁庭不宜或不能对与主合同有关的争议作出裁决。

正如 Fiona Trust 案那样，这种情况可能是因为仲裁协议本身的特定原因而被直接质疑。

在合同和仲裁协议都被质疑的情况下，如果仲裁庭继续对该问题作出裁决，但认定仲裁协议无效，那么其裁决权将消失并且从未存在。

毕竟，仲裁条款的订立至少需要在某个时间点上生效，以排除法院的管辖权和授权仲裁庭对事项进行裁决。

这一规则必然意味着，在基础合同的缺陷也直接影响仲裁条款的情况下，可以由仲裁庭或者法院对此问题作出裁决。

在这种情况下，法院行使这样的职权可能更为适合。只要仲裁协议的存在和有效性不受所提出的质疑的影响，仲裁庭将是适合继续作出裁决的机构。

8.3　法定条文

《UNCITRAL 示范法》第 16 条明确承认了可分离性原则。马来西亚采用了《UNCITRAL 示范法》，因此《2005 年仲裁法案》第 18 条反映了《UNCITRAL 示范法》的第 16 条，如下：

18. 仲裁庭对其管辖权作出裁决的能力

(1) 仲裁庭可就其管辖权作出裁决，包括对仲裁协议的存在或有效性的任何异议。

(2) 在第 (1) 条款下——

(a) 作为协议一部分的仲裁条款应视为独立于协议其他条款的协议；

(b) 仲裁庭作出关于协议无效的决定，不得依法推断仲裁条款也无效。

首先，第 18 (2) 条规定了一个作为协议一部分的仲裁条款应被视为一个独立协议。其次，它规定仲裁庭可以决定基础合同的有效性。最后，它规定仲裁庭作出的一个基础合同无效的决定不会自动使仲裁条款无效。

根据上述规定，仲裁庭有权决定仲裁条款的有效性，这是不言而喻的。这一权力与仲裁庭有对其管辖权作出裁决的能力有关。

其他许多国家也采用了类似第 18 (2) 条的法定框架，规定了仲裁庭决定其管辖权并独立于合同而确定仲裁协议的有效性。

司法部门对第 18 条的回应与法律规定相一致。

CMS Energy Sdn Bhd v Poscon Corporation[13] 案的法院认为，《2005 年仲裁法案》第 18 条赋予仲裁法庭广泛的管辖权，以决定实质性问题和初步的管辖权问题。上诉法院和高等法院确认并支持了这一理论。

在新加坡，高等法院认为，在确定仲裁协议是否有效并赋予仲裁庭管辖权方面，仲

[13] [2008] 6 MLJ 561.

裁庭优于法院。[14]

可分离性问题往往出现在申请法院中止诉讼的程序中，即仲裁协议的申请人试图在法院提起诉讼要求确认仲裁协议无效，或者被申请人不希望参与仲裁。

第 18（2）条明确规定，连同 *Fiona Trust & Holding v Privalov* 案的指引和《2005 年仲裁法案》第 10（1）条的强制中止条款，意味着除非出现仲裁协议被直接否定这种罕见的情况，否则法院不会干预。

但是，这个理论本身和它的执行一直都受到批评。一种观点认为，作为一种法律假设，可分离性破坏了可信度并且产生了不受欢迎的影响。这个理论将仲裁协议的范围扩大到了与合同订立有关的问题。有人认为，这样做是为了将商业实用性和常识应用于法律规则的运作。

然而正是这种非常实用的效果确保了可分离性原则与国际仲裁法律和实践密切相关，并通过《2005 年仲裁法案》在马来西亚牢固扎根。

8.4 仲裁条款是不能具体强制执行的

即使仲裁条款构成了一种合同，它也不能具体强制执行。[15]

1950 年《特别救济法》（*Specific Relief Act* 1950）[16] 第 20（2）条规定：

除了与民事诉讼有关的法律规定外，任何将争议诉诸仲裁的合同都不能具体强制执行。

所以，法院不会强制执行诉诸仲裁的协议，这通常是普通法立场的声明。

但是，无法具体执行的仲裁协议并不会造成障碍，这正是《2005 年仲裁法案》赋予法院对于涉及当事人有书面仲裁协议的纠纷而中止诉讼的自由裁量权的原因。[17]

Yip Chee Seng & Sons Sdn Bhd v Ornaconstruction Corp Sdn Bhd[18] 案的审理法院认为：

> ……我认为，第 20（2）条事实上强化了作为替代性争议解决方法的仲裁。如果一个将纠纷诉诸仲裁的合同可以被具体地强制执行，那么仲裁条款就毫无意义了，因为如此一来争议最终是在法院解决的，并且会导致该法案的基础崩溃。

仲裁协议的可强制执行性问题，同当代与仲裁裁决的执行相对的、所谓被动救济办法的可用性和有效性的论述有一定的联系，这个话题将在随后的章节中详细探讨。

---

[14] *Malini Ventura v Knight Capital Pte Ltd* [2015] SGHC 225.

[15] *Trygg Hansa Insurance Co Ltd v Equitas Ltd* [1998] 2 Lloyd's Rep 439.

[16] Act 137.

[17] *Swee Pte Ltd v Lim Kian Chai* [1983] 1 MLJ 353.

[18] [1998] 7 MLJ 655 at 674.

第 9 章　仲裁庭的管辖权

9.1　管辖权的询问权

仲裁庭有对其管辖权作出裁决的权力，这被广泛认为是国际商事仲裁的一项基本原则。实际上，这一原则削弱了一方当事人通过诉诸法院并主张缺乏管辖权从而拖延仲裁的能力。

这项原则有两个方面：第一，它允许甚至要求仲裁员在不需要法院支持的情况下对其管辖权作出裁决。第二，它防止法院在仲裁庭作出裁决之前作出裁决。

仲裁员的管辖权指的是他得以对当事人之间的争议进行决断的权力、授权或能力，这对仲裁程序来说至关重要。管辖权是双方当事人协商一致的，完全由仲裁协议界定。双方当事人通过仲裁协议来授权仲裁员裁决双方争议的权力。事实上，仲裁员的管辖权没有其他来源。管辖权的缺乏可以通过随后的补充协议来解决。

仲裁员的管辖权至关重要，因为它决定了双方当事人是否受到裁决的约束。他的仲裁管辖权尤其取决于是否存在有效的仲裁协议。

通常出现的一个问题是，仲裁员是否有权对其管辖权作出裁决，或者是否应该由法院来裁决。如果一方当事人主张基础合同无效，无论其中包含的仲裁协议是否遭到异议，问题都是仲裁庭是否可以就此作出裁决。

通常情况下，机构规则会明确述明仲裁员有权对其管辖权作出裁决，或者——也很常见的是，述明仲裁员有权决定其权限范围。这被称为“决定管辖权的权限”（competence to determine jurisdiction）、“权限的权限”（compotence-competence）或来自德国术语中的“Kompetenz-Kompetenz”。

主动对管辖权作出裁定

根据普通法，一般的观点是，仲裁员没有义务提出管辖权问题。若需仲裁员对管辖权问题进行裁决，就必须存在对管辖权的异议，也就是说，仲裁员不能主动作出其没有管辖权的裁定。

这看起来可能侵犯了当事人的程序性权利。但是，《UNCITRAL 示范法》的编纂工作准备文件（travaux préparatoires）规定，第 16 条“并不旨在将仲裁庭的 Komeptenz-Kompetenz 限制在有一方提出管辖权异议的案件”。此外，“适用示范法时，最终是由每个国家决定其是否愿意接受这一原则，如果接受的话，则要尽可能地在文本中表明当事人可以排除或者限制该权力”[1]。

因此，仲裁员就管辖权问题主动作出裁决可能是合法的，并且在《UNCITRAL 示范法》的涵盖范围内。

这种方法一般倾向于维护仲裁员支持其管辖权的裁决。

例如，法院在 *CMS Energy Sdn Bhd v Poscon Corp*[2] 案中写道：

> 因此，本案中的一个问题很明显是合资公司的存在问题，以及被告是否确实履行了所谓的合资协议……在我看来，这些问题可以提交给仲裁员，仲裁员有资格进行回答。……我认为《2005 年仲裁法案》第 18（1）条所采用的语言赋予了仲裁庭广泛的权力来决定提交给它的问题——不仅包括实质性问题，还包括针对管辖权的初步异议。

法院补充说：

> 在我看来，若将该法案的第 10 条和第 18 条合并解读，如果立法机关没有明确的意图，则法院应该倾向于仲裁程序的意图。[3]

法院在 *Capping Corp Ltd v Aquawalk Sdn Bhd*[4] 案中说道：

> 本着法院同意尽量少干涉通过仲裁解决的争议事项的精神，我们不再就各方律师在上诉法院或高等法院提出的任何其他问题作出进一步裁决。这些问题应该由一名或多名仲裁员进行裁决。[5]

9.2　法例条文

《1952 年仲裁法案》[6] 没有授权仲裁庭对其管辖权进行裁决。

《2005 年仲裁法案》[7] 采纳了《UNICTRAL 示范法》第 16 条，明确规定仲裁庭可以对其管辖权作出裁决，将“Kompetenz-Kompetenz”这一原则纳入马来西亚法律之中。该

---

[1] Sutton, Gill and Gearing, *Russell on Arbitration*,（24th Edn, 2015）at para 2-043.

[2] ［2008］6 MLJ 561, at ［14］ and ［16］.

[3] ［2008］6 MLJ 561, at ［18］.

[4] ［2013］1 LNS 574 CA.

[5] ［2013］MLJU 627.

[6] Act 93（repealed）.

[7] Act 646（repealed）.

理论有助于减少对国家法院的支持和干预机会的需求，这可能会损害仲裁程序的效率。[8]

仲裁庭可就其管辖权作出裁决这一基本原则，在大多数现代法律框架和在《2005 年仲裁法案》之下是毫无疑问的。关键的争议领域如下：

（1）Kompetenz-Kompetenz 原则是否在仲裁庭作出决定前完全排除了法院的管辖权；

（2）提出管辖权的异议是否有时间限制。

管辖权异议

针对仲裁员管辖权的异议可以是部分的，也可以是全部的。部分异议的情形出现在提出的某些请求或反请求没有落入仲裁员的管辖权内时。全部的异议发生在主张仲裁庭对提交给它的任何请求和反请求都无权裁决时。

管辖权异议有很多种理由，包括仲裁协议的有效性、仲裁庭组成是否合适、仲裁的前置程序是否遵守、仲裁权的放弃、非签字方的加入和争议的可仲裁性。

放弃仲裁时须有明确的协议来表示。这一点体现在法院驳回根据仲裁条款可推定放弃权利的观点中。

在一起埃及的案件中，法院裁定“根据仲裁条款放弃仲裁的权利不得被推定。当事人表达其放弃将争议诉诸仲裁解决的合同权利时必须清晰而毫不含糊”[9]。

对仲裁协议的这种做法确保了对《UNCITRAL 示范法》的解释，并为世界各地在立法中采纳了《UNCITRAL 示范法》的国家提供了一致性的指导。

通常来说，上述异议发生在程序的早期阶段。但是，如果仲裁员在仲裁过程中审理了不属于仲裁范围的争议，也可能会产生异议。

仲裁庭必须在仲裁协议授权的范围内进行仲裁，并限于当事人所提请仲裁的事项。仲裁裁决结果不得超出提请仲裁的事项。

雷德芬和亨特解释说：“这方面的规则有多种不同的表达方式。有时表述为仲裁庭必须依照被委托的任务进行仲裁；或不得超出其职权范围；或必须保持在其协议范围、职权或权利范围内。”[10]

马来西亚法院已经处理了管辖权和 Kompetenz-Kompetenz 之间的问题。

法院在 *AV Asia Sdn Bhd v Pengarah Kuala Lumpur Regional Centre For Arbitration*[11] 案

---

[8] 留意《2005 年仲裁法案》第 51（4）条的规定：“本法案适用于任何在本法案生效之后开始的与仲裁有关的法庭程序，尽管该法庭程序是由在本法案生效之前开始的仲裁程序引起的。”由此得出的推论是，1952 年“法案”中缺乏“权限的权限”（competence-competence）原则，现在适用于与仲裁有关的所有法庭程序，尽管法庭程序是由《2005 年仲裁法案》生效之前开始的仲裁程序引起的。要注意的是，在马来西亚也有完全相反的决定，例如 *Putrajaya Holdings Sdn Bhd v Digital Green Sdn Bhd*［2008］7 MLJ 757；*Hiap-Taih Welding & Construction Sdn Bhd v Boustead Pelita Tinjar Sdn Bhd*（原名为 Loagan Bunut Plantations Sdn Bhd）［2008］8 MLJ 471。但是，这些案例日期早于《2011 年仲裁（修订）法案》（法案 A1395），该法案将第 51（4）条纳入了《2005 年仲裁法案》。

[9] 案例 780：MAL 4-Egypt：Cairo Regional Center for International Commercial Arbitration，312/2002 号（2004 年 11 月 28 日），可查阅：http://www.gjpi.org/wp-content/uploads/uncitral-arbitral-award-abstracts-en.pdf.

[10] Blackaby and Partasides with Redfern and Hunter，*Redfern and Hunter on International Arbitration*（6th Edn，2015）.

[11]［2013］MLJU 183，［2013］10 CLJ 115.

中，解释了拒绝管辖权：

> ……考虑到第 8 条的明确规定，法院必须拒绝行使司法管辖权。事实上，如前所述，第 12 条并未赋予法院管辖权。如果出现这种问题，议会已经立法规定了将根据第 18 条处理，该条规定“仲裁庭可以对其本身的管辖权作出判定，包括对仲裁协议的存在或有效性的任何异议”。当仲裁庭对此问题作出初步裁定时，第 18（8）条允许一方当事人可以上诉至高等法院。这与 Kompetenz-Kompetenz 的原则一致。否则，第 8 条和第 18 条将失去其意义或目的。[12]

9.3 管辖权异议的程序

根据第 18 条，当提出管辖权异议时，仲裁庭可以采取三种措施。一是可以裁决其没有管辖权，在这种情况下，仲裁程序将终止；二是就管辖权以初步裁决的方式作出肯定裁决；三是继续仲裁，将裁决推迟到最终裁决时才作出。

至于仲裁庭何时作出裁决的问题，通常的做法是在提出管辖权异议时予以处理。否则，会存在浪费剩余仲裁程序对应的费用的风险，尤其是这些费用必须由申请人承担的情况下。然而如果对案情的听审不太可能旷日持久和昂贵，那么无效的裁决不会造成费用的巨大浪费。在这种情况下，最好继续在权限范围内进行仲裁。

第 18（7）条为仲裁庭提供了自由裁量权，防止明显不能成立的管辖权异议拖延或扰乱程序，并继续进行仲裁，直到被有管辖权的法院制止。有一项条文规定，在仲裁庭作出裁决后，须向高等法院提交《2012 年法院规则》的原诉传票程序和表格 5 以提出上诉。

然而仲裁庭在这种情况下仍然可以根据第 18（9）条继续进行仲裁。如果可以立即进行审理，仲裁庭比较明智的做法是等到上诉结果出来后再继续仲裁程序，原因如上段所述（除非对管辖权的异议和上诉明显是伪造的）。

提出管辖权异议的时限

第 18（3）条和（5）条为对仲裁庭管辖权提出异议设置了时间限制，即要么在提交答辩书之前，要么在程序中提出超出仲裁庭权限的事项时。

第 18（6）条为仲裁庭提供了自由裁量权，如果延迟是合理的，仲裁庭可酌情在规定的时间之外接受这种抗辩。理由可以包括基于新发现的事实的抗辩。轻微的拖延可能并不妨碍异议的提出，因为根据《2005 年仲裁法案》第 20 条，每一方当事人都有公平合理的机会陈述自己的案情。

---

[12] ［2013］MLJU 183［17］，［2013］10 CLJ 115［17］.

第 18（8）条对上诉至高等法院设置了 30 天的限制。

新加坡上诉法庭在 *PT First Media TBK*[13]（原名为 *PT Broadband Multimedia TBK v Astro Nusantara International*）案中讨论了包含与第 18（8）条相似措辞的《新加坡国际仲裁法案》（*Singapore International Arbitration Act*）[14] 第 10 条。它认为“根据法案第 13（3）条和第 16（3）条规定的 30 天的严格时限，其设计似乎是为了早日促成仲裁庭的组成和解决管辖权问题，以便仲裁可以继续”。

因此，如果没有及时向高等法院提出上诉，就失去了向高等法院上诉的机会。然而上诉法院确实补充说，这不会影响一方当事人在执行阶段提出被动管辖权异议的能力。

Kompetenz-Kompetenz 原则和管辖权

尽管 Kompetenz-Kompetenz 原则允许仲裁庭对其管辖权作出裁决，但最终还是由法院对仲裁庭关于管辖权的裁决作出最终决定。这种司法控制很重要，因为它仍然是防止仲裁庭获得其不拥有的权力的主要途径。这样做时，法院必须处理防止拖延战术和使一方受到未经授权的诉讼的压力。

一方当事人希望直接由法院就管辖权作出裁决的背后有很多原因。例如，该当事人可能会对整个仲裁的有效性提出异议，并且根本不想参与仲裁程序。随之而来的问题是，在仲裁庭对管辖权作出裁定之前是否可以阻止一方当事人寻求法院的协助。

答案就在《2005 年仲裁法案》第 18（8）条，该条款允许对仲裁庭关于管辖权的裁定不服的一方当事人向高等法院提出上诉。从该条文可以看出，法院可以确定仲裁庭的管辖权。然而在仲裁庭作出裁决之前，没有直接的条文允许当事人向法院提出申请。

加拿大法院在 *Compagnie Nationale Air France v Mbaye*[15] 案中认为，《2005 年仲裁法案》第 18（8）条的效力“可以被减损”。在该案中，各方当事人已经通过采用《UNCITRAL 仲裁规则》而放弃了诉诸法院；立法者的基本目的是在诉诸法院之前穷尽仲裁程序。换言之，凡是涉及管辖权异议或与仲裁庭的组成有关的所有案件，国家法院只能在最终裁决之后介入。

但英国的判例表明，在仲裁庭就管辖权作出裁决之前，没有什么可以阻止当事人直接诉诸法院。

英国最高法院在 *Dallah Real Estate and Tourism Holding Co v Ministry of Religious Affairs, Government of Pakistan* 案中认为，“并不是说仲裁庭有确定其管辖权的排他性权力，也不是说仲裁地法院在仲裁庭对此作出裁决之前不能决定仲裁庭是否具有管辖权”[16]。

加勒比法院在 *BCB Holdings Ltd v Attorney General of Belize*[17] 案中就法院的监督角色作出了类似的决定。

---

[13] ［2014］1 SLR 372，［2013］SGCA 57［130］.

[14] 第 143A 章。

[15] ［2003］R. J. Q. 1040.

[16] ［2011］1 All ER 485 at［84］.

[17] ［2013］CCJ 5（AJ）.

英国法院并不完全赞同仲裁庭有权决定管辖权异议的观点。

法院在 *Caparo Group Ltd v Fagor Arrasate Sociedad Co-operative*[18] 案中认为：“对仲裁庭的管辖权提出异议的人不应该被要求参与仲裁程序或采取积极手段为其立场辩护，因为任何此类要求都会回避他的质疑是否是实质性的问题，从而可能导致严重的不公正。”

此外，*Toyota Tsusho Sugar Trading Ltd v Prolat SRL*[19] 案的仲裁庭认为，由于可能会出现对管辖权的裁定的上诉，所以如果法院可以先确定管辖权，就能节省巨大的费用。

尽管法院有决定管辖权的权力，但在 *Fiona Trust v Privalov*[20] 案中，上议院维持上诉法庭的做法并表示，“一般来说，仲裁员先考虑他们对裁定的纠纷是否有管辖权是对的”，并指出：“尽管教科书作者有不同的意见，法院不应总是被有关诉诸仲裁的有效性的争议所困扰。”

此外，1996年《英国仲裁法案》第30条承认了 Kompetenz-Kompetenz 的原则，该条款授权仲裁庭对是否拥有管辖权作出裁决：首先，是否存在有效的仲裁协议；其次，仲裁庭的组成方式是否合宜；最后，依照仲裁协议被诉诸仲裁的事项是什么。

就这一点，马来西亚的当代判例与 *Fiona Trust v Privalov* 案相一致。[21] *Capping Corp Ltd v Aquawalk Sdn Bhd*[22] 案的上诉法院认为，根据《2005年仲裁法案》，法院采取最小干预的做法，管辖权的问题应由一名或多名仲裁员裁定。[23]

AV Asia Sdn Bhd v Pengarah Kuala Lumpur Regional Centre for Arbitration[24] 案中，法院并不同意法院有其他权力干涉仲裁，无论是通过固有管辖权还是普通法或是其他方式，因为《2005年仲裁法案》第8条的排除性表述规定，“除本法另有规定外，法院不得干预本法管辖的事项”。

AV Asia Sdn Bhd v Pengarah Kuala Lumpur Regional Centre for Arbitration 案的争议涉及仲裁员人数的确定。法院裁定仲裁庭有权根据《2005年仲裁法案》第12条的规定作出裁决。由于《2005年仲裁法案》没有授权法院来确定仲裁员人数，所以法院没有管辖权受理这样的申请。这个决定应该留给仲裁庭。

按照这个论理，法院没有明确的权力确定仲裁庭的管辖权，所以在仲裁庭作出初步裁决之前，法院不得受理确定仲裁庭管辖权的申请。因此，仲裁庭对管辖权的裁决成为高等法院行使其管辖权的先决条件。威廉斯（Williams）和卡瓦鲁（Kawharu）认为，从条文本身的措辞来看，这个结论是显而易见的。

但是，如果说第8条完全排除了法院在仲裁庭作出自己的裁决之前确定仲裁庭管辖

---

[18] ［2000］ASRLJ 254.

[19] ［2014］ALL ER（D）105（Nov）.

[20] ［2007］All ER（D）233（Oct），［2015］EWHC 527（Comm）.

[21] ［2007］All ER（D）233（Oct），［2015］EWHC 527（Comm）.

[22] ［2013］6 MLJ 579，［2013］5 MLRA 98.

[23] 参见 *Christopher Brown Limited v Genossenschaft Oesterreichischer Waldbesitzer Holzwirtschaftsbertriebe Registrierte GmbH* ［1953］2 All ER 1039 at 1042：“无论是否拥有管辖权，他们都有权调查该问题的是非曲直，目的不是达成对当事人有约束力的任何结论（因为他们不能这样做），而是作为一个初步事项，满足自己是否应该继续进行仲裁的要求。”

[24] ［2013］MLJU 183，［2013］10 CLJ 115.

权的权力，这与 *Dallah Real Estate* 和其他英国判例以及审查管辖权的宽泛权力不一致。这种立场可能过于偏向仲裁程序的自主权，而忽视了认为仲裁程序完全不合法的被申请人的合法担忧。

对此，应当遵循在 *Capping Corp Ltd v Aquawalk Sdn Bhd* 案中所规定的最小干扰的做法。尽管法院和仲裁庭都可以确定仲裁庭的管辖权，但除非是必要情况，这个任务应当留给仲裁庭。

这一立场与《2005 年仲裁法案》第 8 条相一致。Kompetenz-Kompetenz 原则通常不允许法院在仲裁庭作出裁决之前决定该问题。因此，当法院过早地面临仲裁员的管辖权问题时，将只限于发现存在仲裁协议并使各方当事人提交仲裁。

否定管辖权的裁定

《2005 年仲裁法案》第 18（8）条仅规定了当仲裁庭裁定其有管辖权时的诉诸法院的情况。编纂工作准备文件述明，“仲裁庭作出的其缺乏管辖权的裁定［是］终局的”（a ruling by the arbitral tribunal that it lacked jurisdiction［is］final），如果仲裁庭认为自己没有管辖权，强迫仲裁庭继续仲裁程序可能是不明智的。

这意味着，如果仲裁庭裁决其不具有管辖权，即使裁决是明显错误的，当事人也无权要求重新审议该裁决。他们也失去了仲裁的许多优势，只能选择在国家法院的诉讼中解决他们的争议。

不同的司法管辖区采取了不同的做法。

2010 年《香港仲裁条例》（*Hong Kong's Arbitration Ordinance* 2010）[25] 明确规定，“仲裁庭裁定其无权裁决争议的裁决不得上诉”。

新加坡采取的做法是，缺乏对否定管辖权的裁决提出上诉的权利是不公平的，会导致矛盾。

2012 年《新加坡国际仲裁法案》（*Singapore's International Arbitration Act in* 2012）第 10 条的修正案允许各方当事人对认为其没有管辖权的仲裁庭裁决提出上诉，这与加拿大、英格兰、美国和克罗地亚的做法相一致。

鉴于马来西亚在此问题上的立法与新加坡修订法律前的情况十分相似，马来西亚可能会遵循 *PT Asuransi Jasa Indonesia*（*Persero*）*v Dexia Bank SA*[26] 案的决定。因此，仲裁庭作出的否定管辖权的裁定是终局的。

---

[25] 《香港仲裁条例》第 609 章，第 5 部分第 34（4）条。

[26] ［2007］1 SLR（R）597.

9.4 法院对仲裁庭管辖权裁决的审查

初步或全面的司法审查

当法院依据第 18（8）条重新审理对仲裁庭作出的管辖权裁决的上诉时，关于法院是应该全面审查仲裁庭的裁决，还是应该将审查限于表面（prima facie）的程度，是存在争议的。

加里·博恩指出，将《UNICTRAL 示范法》第 16 条的措辞与第 8 条一并理解时，并没有将法院对管辖权异议的审查限于表面审查。[27] 最高法院在 Dallah Real Estate 案中说，一个仲裁庭的管辖权裁决始终可以“在英格兰法院得以基于证据对管辖权问题进行全面的司法决断”[28]。

马来西亚法院在 *Food Ingredients LLC v Pacific Inter-Link Sdn Bhd*[29] 案中认为，在一个审查中涉及的司法监督程度将取决于该国法律。

它解释说，执行法院“在没有约束力的情况下，有权就仲裁庭作出该裁决的管辖权或者缺乏管辖权的问题进行全面调查”。

Food Ingredients LLC v Pacific Inter-Link Sdn Bhd 案涉及在执行阶段提出的管辖权异议，而此前仲裁庭完全没有考虑过管辖权的问题。法院认为，“即使仲裁庭曾对其管辖权作出了裁决，但这并不妨碍本院重新审查该问题，在相关法律下审查现在被提出的证据”[30]。

在马来西亚，根据《2005 年仲裁法案》第 18（8）条提出的上诉的审查标准通常是全面审查。

不过，加拿大的做法更倾向于表面的方式，即法院有权决定是否在这种情况下进行充分的司法审查。这种做法的依据是，法院一般不愿干预商事仲裁庭的裁决。对仲裁庭关于管辖权的裁定提出异议必须克服一个强有力的假设，即仲裁庭在其职权范围内行事。

根据新加坡的判决，当提出有关仲裁庭管辖权的争论点时，根据《UNCITRAL 示范法》第 16（3）条进行的法院审查并不是以上诉的方式进行的。因此，各方当事人可以提出新的论点，而不受仲裁庭裁决的限制。

《2005 年仲裁法案》第 18（8）条没有遵循《UNCITRAL 示范法》，并明确使用“向高等法院上诉”的表达。不过，法院在 *Food Ingredients LLC v Pacific Inter-Link Sdn Bhd*

---

[27] “Part Ⅰ：International Arbitration Agreements” in Gary Born, *International Commercial Arbitration* (2nd Edn, 2014) at p 1083.

[28] ［2011］1 All ER 485 at［26］.

[29] ［2012］8 MLJ 585.

[30] I bid at［67］.

案中有进行全面而独立的审查的义务，这可能会引发关于是否可以向法院提交仲裁庭未提出的新论点的辩论。

即使有关管辖权的初步问题是以临时裁决的方式被仲裁庭处理的，也可以根据第 18（8）条向法院提出上诉。这可能不会超出该条所述初步问题的范围。当仲裁庭的裁决是以初步裁决而不是最终裁决出现时，就会出现这种情况。

大陆法管辖权

法国有关 Kompetenz-Kompetenz 的法律已经通过判例法得到了发展。[31] 法国法律规定，当任一问题被提出时，仲裁庭有自行裁定仲裁协议的范围和有效性的权力。

在仲裁结束并作出裁决之前，仲裁庭有权决定仲裁的效力和有关问题。[32]

在 *Société Spa Tagliavini Cour De cassation* 案中，法院裁定："法国法院允许对仲裁管辖权提出异议的唯一情况是没有组成任何仲裁庭、仲裁协议由于某种原因明显无效或无法执行。"[33]

《法国国际仲裁法案》（*French Law on International Arbitration*）第 1465 条规定了法语版的 Kompetenz-Kompetenz，如下："仲裁庭有排他性的管辖权来裁决对其管辖权的异议"[34]；第 1448 条补充说，"当受制于仲裁协议的争议被提交到法院，法院应当拒绝行使管辖权，除非仲裁庭尚未受理争议且仲裁协议明显无效或明显不适用"[35]。

德国法律规定了司法干预的广泛职权。该原则编纂在《民事诉讼法典》（*Code of Civil Procedure*）第 1032（1）条中，使被告有权声称某一事项仅须通过仲裁，以寻求法院无管辖权审理案件的裁决。若要在管辖权问题上取得胜利，原告必须证明仲裁协议是"无效、不能实行或不能履行的"（null and void，inoperative or incapable of being performed）[36]。

---

[31] Bermann，The "Gateway" Problem in International Commercial Arbitration，YALE J. Intl Law，Vol. 37 1，p 15.

[32] 法国最高上诉法院反复强调了这一主张。例如，可参见 *Société Spa Tagliavini*，*Cour de cassation* ［Cass.］［supreme court for judicial matters］Com.，Nov. 25，2008，Bull. civ. IV, No.197；*Société Ocea c. M. Bouet*，*Cour de cassation* ［Cass.］［supreme court for judicial matters］1e civ.，July 9 2008，2008 REV. ARB. 680，681；*Société Nat l Broadcasting Co.*（*NBC*）*c. M. Bernadaux*，*Cour de cassation* ［Cass.］［supreme court for judicial matters］1e civ.，July 11，2006，Bull. civ. I，No. 364；Société Prodim c. epoux Mohimont，Cour de cassation［Cass.］［supreme court for judicial matters］1e civ.，July 4，2006，Bull. Civ. I No. 338；*Société Quarto Children's Books Ltd. c. Société Éditions du Seuil*，*Cour de cassation* ［Cass.］［supreme court for judicial matters］1e civ.，Oct. 16，2001，Bull. civ. I，No. 254；*Société American Bureau of Shipping c. Copropriétaire Maritime Jules Verne*，*Cour de cassation* ［Cass.］［supreme court for judicial matters］1e civ.，June 26，2001，Bull. civ. I，No. 183；*Société Métu System France c. Société Sulzer Infra*，*Cour de cassation* ［Cass.］［supreme court for judicial matters］1e civ.，Dec. 1，1999，Bull. civ. I，No. 325；Emmanuel Gaillard，Note-Cour de cassation（1re Ch. civile），2001 REV. ARB. 529；等等。

[33] ［Cass.］［Supreme Court for judicial matters］Com.，Nov. 25，2008，Bull. civ. IV，No. 197 at 17.

[34] Décret no 2011-48 du 13 jan. 2011 portant réforme de l'arbitrage［Decree 2011-48 of Jan. 13，2011 on arbitration reform］，JOURNAL OFFICIEL DE LAREPUBLIQUE FRANCAISE［J. O.］［OFFICIAL GAZETTE OF FRANCE］Jan 14 2011 at 777.

[35] Supra n. 27 at 18.

[36] *Id.* at 19.

该条款还允许被提起仲裁的一方当事人“直接向中级上诉法院寻求关于仲裁可受理性或不可受理性的裁决”（directly from an intermediate appellate court on the admissibility or inadmissibility of arbitration）。但是，这种补救办法只有在仲裁庭组成之前才可以使用。此后，它成为仲裁庭对仲裁的可受理性作出裁决的专属权力，尽管这可以在程序进行的基础上受到司法上的质疑。[37]

---

[37] *Id*. at 20.

第 10 章 谁可以把问题提交仲裁?

10.1 简 介

仲裁协议对当事人以及通过协议或根据协议提出索赔的人具有约束力。[1] 当事人指的是仲裁协议的一方，非合同协议的当事人或陌生人在仲裁协议下没有任何权利。

乍看之下，似乎仲裁程序中对权利义务有争议的当事人和受裁决约束的当事人一定是完全相同的。这个定义不适用于申请加入仲裁的非仲裁协议的当事人。[2]

在不变更当事人的情况下，协议名称的变更并不妨碍仲裁协议的约束力[3]，但是由于身份错误而启动的程序是无效的。除双方当事人另有约定外，任何仲裁裁决都是终局的，对双方当事人和根据其提出索赔的人均具有约束力。[4]

“通过它或在它之下提出索赔的人”一词出现在《1952 年仲裁法案》[5] 第 6 条，它几乎涵盖了仲裁当事人的利益通过死亡、破产、自愿转让、代理或“名称借用”而转移给其他衍生方的情况。

《2005 年仲裁法案》排除了这些词语，新法案第 2 条将“当事人”定义为“仲裁协议的一方当事人”，这样使定义看起来更为狭窄。1996 年《新西兰仲裁法案》使用了相同的定义[6]。

新西兰上诉法院在 *Methanex Motunui Ltd v Spellman*[7] 案中认为，在责任由第三方担保或其中一方当事人获得赔偿的情况下，并不存在实际的困难。

衍生方包括代理人、受让人[8]，以及通过法律的运作而成为的继受者，如遗产代理

---

[1] *Concord Line Co Ltd v The Owners of the Ship "Molly"* [1998] 1 AMR 26; *Pittalis v Sherefettin* [1986] QB 868, [1986] 2 All ER 227, CA (Eng).

[2] *Etri Fans Ltd v NMB (UK) Ltd* [1987] 2 All ER 763, CA.

[3] *Zhejiang Province Garment Import and Export Co v Siemssen & Co (Hong Kong) Trading Ltd* [1993] ADRLJ 183; *Unisys International Services Ltd (formerly Sperry Rand Ltd) v Eastern Counties Newspapers Ltd and Eastern Counties Newspapers Group Ltd* [1991] 1 Lloyd's Rep 538.

[4] Arbitration Act 2005 (Act 646), s 36 (1).

[5] Act 93 (repealed).

[6] New Zealand Arbitration Act 1996 (No 99) s 2.

[7] [2004] 3 NZLR 454.

[8] *Shayler v Woolf* [1946] Ch 320, [1946] 2 All ER 54 (Eng); *Montedipe SpA v JTP-RO Jugotanker, The Jordan Nicolov* [1990] 2 Lloyd's Rep 11.

人、破产受托人（他们认可包含了仲裁协议的合同）[9]，以及对保险公司权利的法定受让人。[10] 类似地，衍生方还包括全资子公司。

Roussel-Uclaf v GD Searle & Co[11] 案中，原告试图在仲裁中向母公司提出一项索赔，并通过法院向子公司提出一项索赔，该子公司希望受惠于仲裁协议，并通过仲裁解决所有争议。法院解释了准予中止法院诉讼的理由，如下：

> 在我看来，双方当事人和它们的诉讼是紧密相关的，基于本案的案情涵盖在仲裁条款的范围内，因为这是“通过或根据”母公司来实施具体行为的，而不论这些行为合法与否。

10.2 一方当事人的能力

一方当事人提起仲裁的能力与其签订合同的能力是共存的。合同法原则约束一方当事人订立仲裁协议的能力。

任何有能力订立普通合同的人都可以订立仲裁协议。任何影响当事人订立合同的权利的缺陷同样会影响其签订仲裁协议的权利。[12]

个人能够订立仲裁协议的能力都是非常重要的，因为《2005年仲裁法案》第37条和第39条规定了在仲裁协议的一方当事人无能力的情况下，可以撤销裁决，或者拒绝承认和执行裁决。

《纽约公约》第5（1）（a）条的情况也是如此，也有人说无能力应与《纽约公约》第2条一起解读，即当仲裁协议是“无效、失效或不能履行”时不予认可仲裁协议。

由于《2005年仲裁法案》第10（1）条包括了这一措辞，这表明了一方当事人的无能力会导致仲裁协议的无效，并会妨碍诉讼程序的中止。[13]

所有人，包括个人、法人团体、合伙企业和公共机构都受到他们签订的合同的约

---

[9] Arbitration Act 2005 s 49（1）.

[10] *Socony Mobil Oil Co Inc*, *Mobil Oil Co Ltd and Mobil Oil AG v West of England Ship Owners Mutual Insurance Association（London）Ltd*, *The Padre Island*［1984］2 Lloyd's Rep 408. Leggatt 法官在本案中作出裁决的事实依据是：双方在后来的诉讼中“同意有误”，参见 *Firma C-TradeSA v Newcastle Protection and Indemnity Association*, *The Fanti*; *Socony Mobil Oil Co Inc v West of England Ship Owners Mutual Insurance Association（London）Ltd（No 2）*, *The Padre Island*［1991］2 AC 1 at 24,［1990］2 All ER 705 at 709,［1990］2 Lloyd's Rep 191 at 195, HL, per Lord Brandon of Oakbrook.

[11]［1978］1 Lloyd's Rep 225 at 229-231.

[12] Com Dig Arb D 2; Bac Ab Arb C.

[13] *Gill v Russell*（1672）Freem KB 139, Freem KB 62; *Roberts v Newbold*（1694）Comb 318; *Bowyer v Blorksidge*（1681）3 Lev 17; *Re Hurley*（1832）1 Hay & Jo. 160, Com Dig Arb D 9; *Bean v Newbury*（1664）1 Lev 139; *Rhodes v Swithenbank*（1889）22 QBD 578.

束，这是无须赘言的。只有限制能力的未成年人和精神病患者除外。[14]

除了有关食品、饮料、服装和药品等必需品外，未成年人无能力签订合同，仲裁协议同样如此。否则，与未成年人签订的合同是无效的；不能对未成年人强制执行，也不能请求反悔。

所以，未成年人会受到必需品合同中的仲裁协议的约束。未成年人不能在非必需品合同中提起诉讼以强制执行合同，因为缺乏相互关系。

与未成年人签订的必需品合同中的仲裁条款不能与合同的其余部分分开。类似父母或监护人等有能力的个人可能会受到约束，即他们的孩子或者受监护人要履行该裁决。此类裁决对父母或监护人以及合同相对方具有约束力。[15]

为了公司的业务目的，公司的合伙人是公司的代理人。公司会受到合伙人为公司开展日常业务所进行的行为的约束。将与公司交易有关的争议诉诸仲裁的行为，不属于为开展日常业务所进行的行为。[16]

诉诸仲裁必须得到所有合伙人的授权。合伙企业在开展业务的过程中通常会签订包含仲裁条款的合同，如果合伙人代表公司签订了包含仲裁协议的合同，那么整个合伙关系都会受到约束。[17]

但是，必须要将未来的争议和现有的争议区分开来。[18] 合伙人只能签订将未来的争议诉诸仲裁的仲裁协议。如果要将现有的争议提交仲裁，那么必须得到其他合伙人的明示或默示的同意。[19]

非法人团体没有法律上的身份，因此不能成为仲裁协议等合同的当事人，除非法条通过明示或默示的方式给予其授权（如工会的情况）。

在没有得到其他成员授权的情况下，非法人团体签订的合同会约束任何成员，但不会约束那些不时成为该团体成员的人。[20] 非法人团体的规则可以包含仲裁协议，它作为团体与个人成员之间的合同，对他们之间的争议具有约束力。

如果在马来西亚签订的合同受外国法律管辖，则签订合同的一方可能有能力在马来西亚签订合同，但是在外国法之下是无能力的。这个当事人可能会利用这种无能力来逃避责任。

据此，应当对当事人订立仲裁协议的能力加以考虑，尤其是与那些法律地位由他们

---

[14] *Boughton and Marston v Knight*（1873）LR 3 PD 64.

[15] *Wrightson v Bywater*（1838）3 M & W 199，7 LJ Ex 83；*Jones v Powell*（1838）6 Dowl 483；*Re Warner and Farnell and Norris*（1844）2 Dow & L 148；13 LJQB 370.

[16] *Stead v Salt*（1825）3 Bing 101，130 ER 452；*Adams v Bankart*（1835）15 Cr M & R 681；*Antram，Assignee of Hawkes v Chace*（1812）104 ER 823.

[17] *Wood v Thompson*（1647）Rolle Ab Arb 523；*Ball v Dunsterville*（1791）4 TR 313；*Adams v Bankart*（1835）15 Cr M & R 681.

[18] *Hatton v Royle*（1858）3 H & N 500；*Robertson v Hatton*（1857）26 LJ Ex 293；*JK Jute Mills Co Ltdv Firm Birdhichand Sumermal* AIR 1958 All 176.

[19] *Antram v Chace*（1812）15 East 209；*Thomas v Atherton*（1878）10 Ch D 185.

[20] *Bradley Egg Farm Ltd v Clifford*［1943］2 All ER 378.

本国司法管辖区的法律所约束的外国实体打交道时。

10.3 政府的能力

在仲裁方面，没有与政府有关的特别规定。《2005年仲裁法案》第5条规定该法适用于政府。但法案本身对于与政府有关的当事人并没有给予特别待遇。

因此，《2005年仲裁法案》的所有条文均适用于联邦政府[21]或马来西亚的州政府[22]作为一方当事人的任何仲裁。总检察长（Attorney-General）有法定权力代表政府，并在政府参与的所有法律程序中代表政府行事。因此，总检察长可以同意约束政府。

法定机构有权签订仲裁协议，除非章程不允许。因此，政府签署仲裁协议的能力可能会受到法律的限制。因为法律规定，政府在受到仲裁协议的约束之前必须得到部长的批准。

然而雷德芬和亨特认为，如果一个州或者国家机构有权依靠自己的法律来推翻它签署的协议，那么这显然无法令人满意。马来西亚的现行立法并没有要求州或者国家机构签订仲裁协议前必须先要获得同意，但在国际上做生意时，这是值得注意的事情。[23]

英国高等法院在这个问题上似乎采取了不同的做法。在 *Dallah Real Estate & Tourism Holding Co v Ministry of Religious Affairs*, *Government of Pakistan*[24] 案中，法院拒绝执行巴黎国际商会（International Chamber of Commerce in Paris）作出的裁决，理由是法院认为仲裁协议是无效的。抵制执行的一方是巴基斯坦政府，政府并没有签署协议。

法院认定，根据1996年《英国仲裁法案》第103（2）（b）条的规定，如果根据各方当事人同意遵守的法律，该仲裁协议本身是无效的，则不能执行裁决。如果没有指明法律，则应依据裁决所在国家的法律。

在确定当事人没有决定适用的法律后，法院适用法国法律审理，因为这是裁决地的法律。

法院认为：

> 在评估当事人是否有受协议约束的共同意愿时，法国实体法有一个宽泛的做法去考虑相关因素。这些因素中包括外国法问题。因此，法院着手研究巴基斯坦法律作为当事人意图适用的法律。《巴基斯坦宪法》（*The Pakistani Constitution*）针对签订对国家具有约束力的协议的可能性有各种限制，即协议必须是以巴基斯坦总统的

---

[21] 联邦政府是指马来西亚政府，参见1948年和1967年的《解释法案》第388号法案第3条。

[22] 州政府是指一个州的政府，参见1948年和1967年的《解释法案》第388号法案第3条。

[23] Blackaby and Partasides with Redfern and Hunter, Redfern and Hunter on International Arbitration, (6th Edn, 2015) at paras 2.37-2.39.

[24] *Dallah Real Estate & Tourism Holding Co v Ministry of Religious Affairs*, *Government of Pakistan* [2008] EWHC 1901 (Comm).

名义并在其授权下签订的。法院认为，没有必要去确定这项规则是否是强制性的，因为它的存在本身就足以使法院确信此处并无约束政府的主观意图。㉕

10.4 第三方

仲裁是一种协商一致的程序，通常发生在从一开始就是仲裁协议和包含该协议的合同的当事人之间。将未签署仲裁协议的第三方纳入国际商事仲裁是一个有争议的问题。㉖

一般来说，非当事人可以被排除在程序之外㉗，因为仲裁协议受合同相对性原则的约束。相对性原则有两个方面。只有合同当事人可以获得合同项下的权利，也只有合同当事人可以承担合同项下的责任。㉘

只有在包含了仲裁条款的合同中的当事人才能成为仲裁当事人，仲裁裁决只对当事人有约束力。

然而排除第三方的规则也有例外。正式签署方之外的人员可以因其是第三方受益人或通过授权或表见授权的方式来成为仲裁协议的当事人，因为他们是第三方受益人或通过继受取得。

这通常被称为“扩展”仲裁协议。然而另一种观点是，它实际上是承认仲裁协议所有当事人的真实身份，而不是协议本身的扩展，这应该反映在法院的态度上。

偶尔可能会发生这样的情况，一个刚开始并没有被称为当事人的第三方参与到仲裁程序中。例如，第三方可能是根据或通过协议一方当事人提出索赔的人；合同可能已经通过更新让渡给第三方；第三方可能是担保人，或者仲裁可能涉及多方当事人。

在这种情况下，第三方可能希望受惠于仲裁协议，或者申请人可能希望强制他们加入仲裁程序。

公司和公司面纱

即使合同的目的超出了公司的注册范围，法人组织也会受到合同的约束，这意味着任何与公司真诚交易的人都可以对其执行仲裁条款。代表公司以专业身份签署仲裁协议的法人代表不是仲裁协议的当事人。

㉕ Cordero Moss, “Legal capacity, Arbitration and Private International Law”, in Boele-Woelki, Girsberger, Einhorn and Symeonides (Eds), *Convergence and Divergence in Private International Law-Liber Amicorum Kurt Siehr*, (2010), available at http://jus.uio.no/ifp/english/research/projects/choice-of-law/events/2009/presentations/article_ cordero_moss.pdf.

㉖ Lord Collins' speech in *Dallah Real Estate & Tourism Holding Co v Ministry of Religious Affairs*, *Government of Pakistan* [2011] 1 AC 763, [2009] EWCA Civ 755 at [105].

㉗ *Oxford Shipping Co Ltd v Nippon Yusen Kaisha*, *The Eastern Saga* [1984] 2 Lloyd's Rep 373.

㉘ *Price v Easton* (1833) 4 B & Ad 433; *Tweddle v Akinson*, *Executor of Guy*, *Deceased* (1861) 1 B & S 393. *Kepong Prospecting Ltd v Schmidt* [1968] 1 MLJ 170, [1967] 2 PCC 465, PC; affirming [1964] MLJ 416, FC; *Fima Palmbulk Services Sdn Bhd v Suruhanjaya Pelabuhan Pulau Pinang* [1988] 1 MLJ 269.

对于建立新企业的公司来说，成立子公司来经营企业是完全可以接受的。众所周知，大多数先进的法律制度都认可独立的公司法人资格，因此也认可独立的法律责任。

如果子公司订立了仲裁协议后产生争议，申请人可能会希望将母公司或控股公司作为仲裁的一方当事人。这样做的目的很现实，因为母公司的实际资产比子公司多。

《2005年仲裁法案》不允许除仲裁协议当事人以外的任何人参与仲裁程序。然而公司的独立法律身份也是有限制的，在某些情况下它可以被忽略。

这被称为“揭开公司面纱”（lifting the corporate veil），通常出现在公司人格被用作幌子或被用来规避合同责任或义务时。当利益和所有权的结合使得公司的独立人格不复存在时，以及如果不忽视公司形式将会导致不公正的情况下，法院可能会无视公司法律身份的独立性。

在最高法院作出 *Perst v Petrodel Resources Ltd*[29] 案的判决之后，英国法律广泛接受了有关揭开公司面纱的限制性观点。法官萨姆欣（Sumption）说：

> ……英国法律中会适用一个有限的规则，当一个人受制于一个现有的法律义务或责任，或者受限于现有的法律，他通过介入一个受他控制的公司而故意逃避该义务或责任，或使它们落空时，那么法院可能会刺破公司面纱，目的是，并且仅仅是为了剥夺该公司或其控制人的利益，否则他们就会基于公司独立法人人格获得利益。

Sarawak Energy Bhd v Minister of Human Resources[30] 案中的法院认可 *Perst v Petrodel Resources Ltd* 案，但根据当地的判决，没有对揭开公司面纱施加限制性限定。它补充说，在马来西亚，“在出于案件的公正需求时，法院将很乐意揭开公司的面纱”。然而面纱被揭开的情况其实很罕见。

集团公司

集团公司的原则规定，在一个企业集团内的所有相关公司，如果有显示其有成为仲裁协议当事人的共同意愿，则可以成为仲裁的当事人。主要案例是巴黎上诉法院维持的 *Dow Chemical*[31] 仲裁案。这个原则在英格兰被明确拒绝，且“不构成英国法的一部分”。它不太可能在马来西亚适用。

预期受益人

“预期受益人”原则是美国的法律概念，它规定如果第三方打算作为合同的受益人，那么该第三方有权受益于仲裁协议（或者不能拒绝）。

不过，这个原则在新加坡和马来西亚已经被明确拒绝。*Thai-Lao Lignite* （*Thailand*）

---

[29] ［2013］ UKSC 34 at ［35］.

[30] ［2014］ 8 MLJ 305 at ［9］，［2014］ 3 CLJ 672 at ［9］.

[31] ICC Award No. 4131，YCA 1984 Vol Ⅸ.

Co Ltd & Hongsa Lignite（Lao Pdr）Co Ltd v Government of the Lao People's Democratic Republic[32]案中的法院解释道，《2005 年仲裁法案》并未提及预期受益人，“预期受益人的原则”在马来西亚的法律之下并不是一个受认可的突破合同相对性原则的例外。[33]

10.5 变 更

变更发生在当原合同双方当事人达成的协议经双方同意，变为其中一个原始当事人和一个经过同意的第三方之间的协议时。[34]《1950 年合同法案》[35]（*The Contracts Act* 1950）第 63 条通过规定“如果合同的当事人同意以一个新合同代替之，或者废除或更改合同，则原始合同不需要被履行”，从而从法律上纳入了合同变更的概念。[36]

原始合同消灭，新的合同被创设。这与转让不同，在转让中，合同利益被转让给一个第三方。[37] 由于合同的变更创设了新合同，适用合同法原则。因此，必须征得所有当事人的同意，并由新一方当事人为新合同提供对价。

法官布勒（Buller J）在 *Tatlock v Harris*[38]案中解释道：

> 假设 A 欠 B 100 英镑，B 欠 C 100 英镑，三者相遇并同意 A 向 C 支付 100 英镑，则 B 的债务消灭，C 可以向 A 追回款项。[39]

Lyl Hooker Sdn Bhd v Tevanaigam Savishthria[40]案的法院表示：

> 合同变更意味着一个新的合同。新合同的创设消灭了旧合同所规定的权利和义务。一个新合同必须得到所有当事人的同意且必须有对价，合同项下的权利和义务

---

[32] ［2014］WL 476239（S. D. N. Y. February 6，2014）.

[33] ［2013］3 MLJ 409 at［103］

[34] *Far East Consortium Ltd v Airedale Ltd*［1991］HKC 325（HK）；*Shedumbrum Chotty v Keng Cheow & Co*（1890）4 Ky 587；*Scarf v Jardine*（1882）7 App Cas 345 at 351，per Lord Selborne.

[35] Act 136.

[36] *Haji Ahmad bin Imam Agong v Puteh bte Haji Ahmad*［1934］MLJ 65；*Yong Mok Hin v United Malay States Sugar Industries Ltd*［1967］2 MLJ 9 at 16；*Toeh Kee Keong v Tambun Mining Co Ltd*［1968］1 MLJ 39 at 42；*Kepong Prospecting Ltd v Schmidt*［1968］1 MLJ 170；*Tong Lee Hwa v Chin Ah Kwi Tong Chong Fah*［1971］2 MLJ 75；*Sharikat Eastern Plastics Industry v Sharikat Lam Seng Trading*［1972］1 MLJ 21；*Government of Malaysia v Adnan bin Awang*［1980］2 MLJ 291 at 292；*Bank Negara Malaysia v Mohd Ismail bin Ali Johor*［1992］1 MLJ 400.

[37] *Lyl Hooker Sdn Bhd v Tevanaigam Savishthri*［1987］2 MLJ 52；*Housing and Development Board v Lee Sem Yoong Sdn Bhd*［1987］2 MLJ 204.

[38] （1789）3 Term Rep 174 at 180.

[39] *Liversidge v Broadbent*（1859）4 H & N 603；*Re United Railways of Havanna and Regla Warehouses Ltd*［1960］Ch 52 at 84，86，affirmed［1961］AC 1007，［1960］2 All ER 332，HL.

[40] ［1987］2 *MLJ* 52 *at* 53.

并不是从已经消灭的旧合同中转移而来的。[41]

取代原合同一方的第三方，现在属于《2005 年仲裁法案》第 2 条中“当事人”一词的定义范围。原合同一方根据新合同的条款，不再享有任何权利，也不需要继续履行原合同。原合同的双方当事人和第三方签订三方合同。[42] 但是，第三方可以利用任何对原合同方有利的时效期限。[43]

在仲裁程序中，一旦发生合同变更，新的当事人必须遵守仲裁条款。新的当事人被视为从一开始就是一方当事人。[44]

原始当事人不再受仲裁条款的约束，不能成为仲裁程序的一方当事人，因为原始当事人在合同关系中不再具有任何地位。例如，合同变更可能发生在被保险人保险单下的权利被第三方代位行使时，第三方会受保险单中仲裁条款的约束。

10.6 担保人、保证人和赔偿人

包含仲裁条款的合同的一方当事人可能已经签订了单独的担保、保证或赔偿合同。在通常情况下，担保人已经保证了合同一方当事人的责任，因此可能产生次要于合同首要责任的责任。担保人的责任通常取决于根据主合同确定的责任，也取决于仲裁协议的条款。

马斯蒂尔和博伊德[45]解释道，在普通形式的一般担保和仲裁协议下，担保人的责任与主债务人的责任同时成立，另一方当事人可以立即对担保人提起诉讼。

例外的情况是，当把仲裁裁决规定为诉讼的先决条件的 *Scott v Avery* 条款[46]出现时，担保人只有在存在对合同当事人的仲裁裁决时才承担责任。

合同的另一方当事人可能无法直接对担保人提起仲裁，因为后者不是仲裁协议的当

---

[41] *Housing and Development Board v Lee Sem Yoong Sdn Bhd* ［1987］ 2 *MLJ* 204 *at* 208；*Malaysian International Merchant Bankers Bhd v Datuk Mohd Salleh* ［1988］ 2 *CLJ* 90 *at* 95.

[42] *G Ramchand v Lam Soon Cannery Co Ltd* ［1954］ MLJ 239 at 241；*Goh Seng Thiam v Lee & The Ceylon Sports Club* ［1965］ 1 MLJ 206；*Panachand & Co*（*Pte*）*Ltd v Riko International Pte Ltd* ［1986］ 1 MLJ 294.

[43] *Chatsworth Investments Ltd v Cussins*（*Contractors*）*Ltd* ［1969］ 1 All ER 143，［1969］ 1 WLR 1，CA（Eng）.

[44] *Smith v Pearl Assurance Co Ltd* 63 Ll L Rep 1，［1939］ 1 All ER 95；*Dennehy v Bellamy* 60 Ll L Rep 269；*Freshwater v Western Australian Assurance Co Ltd* ［1933］ 1 KB 515；*Digby v General Accident Fire and Life Assurance Corporation Ltd* ［1940］ 2 KB 226；*Pena Copper Mines Ltd v Rio Tinto Co Ltd* 105 LT 846；*Printing Machinery Co Ltd v Linotype and Machinery Ltd* ［1912］ 1 Ch 566；*Oakland Metal Co Ltd v D Benaim & Co Ltd* ［1953］ 2 Lloyd's Rep 192，［1953］ 2 QB 261；*Socony Mobil Oil co Inc*，*Mobil Oil Co Ltd and Mobil Oil AG v West of England Ship Owners Mutual Insurance Association*（*London*）*Ltd*，*The Padre Island* ［1984］ 2 Lloyd's Rep 408；*West Tankers Inc v Ras Riunione Adriatica di Sicurta SpA*，“*The Front Comor*”［2005］ EWHC 454（Comm），［2005］ 2 All ER（Comm） 240.

[45] Mustill and Boyd，*Commercial Arbitration*，（2nd Edn，1989） at p 139.

[46] ［1843-60］ All ER Rep 1.

事人。也就是说，对主债务人的仲裁裁决通常对担保人没有约束力。[47]

在 *Ex parte Young*，*Re Kitchin*[48] 案中，担保人的表述如下：

> 我承诺并保证应妥善地支付由您向他们供应的所有葡萄酒的款项……
>
> 我承诺并保证将妥善履行协议的各个方面。

担保人保证支付主债务人所欠的债务以及担保合同的履行，但是担保人并没有同意受主债务人的裁决的约束。担保人不是仲裁的当事人，因此不受裁决的约束。

上诉法院在 *Bruns v Colocotronis*，*Vasso*[49] 案中认为，如果担保人没有约定要受主债务人的裁决约束，这样的裁决不能约束担保人。因为概括性的语言是不充分的，否则会产生不公正的效果。例如，裁决可能是来源于主债务人在未得到担保人授权的情况下对于责任的承认。

但是，如果担保包括了对裁决的履行，那么仲裁裁决对担保人是有约束力的。一份包含仲裁条款的合同的一方当事人，其履行裁决的义务是基于合同产生的义务；一个担保人对合同"所有义务的妥善履行"（due fulfilment of any obligation）的保证包括了保证履行裁决的义务。[50]

如果要让担保人受到主债务人的裁决的约束，那么在仲裁协议或者担保合同中必须有对该责任的清晰表达。法官勒什（Lush J）在 *Ex parte Young*，*Re Kitchin*[51] 案中解释说：

> 你必须找到明确的词语，让一个人有责任支付任何可能判给第三方的款项。

在缺少明确的规定担保人无条件同意履行裁决的语句情况下，另外一方在对担保人提起的诉讼中不得将仲裁裁决作为证据。担保人有权以与主债务人相同的方式证明对其负有的责任。

迪普洛克勋爵在 *Moschi v Lep Air Services Ltd*[52] 案中将规则总结如下：

> 当债务人没有履行作为担保标的的义务时，债权人可以向担保人追偿因违反担保合同而造成的损失，无论债权人因这一不履行的行为本可以向债务人本人追偿多少金额。债务人对债权人的责任也适用于担保人。

---

[47] *Daunt v Lazard*（1858）27 LJ Ex 399；*Ex parte Young*，*Re Kitchin*（1881）17 Ch D 668；*Thermistocles Navegacion SA v Langton*，*The Queen Frederica*［1978］2 Lloyd's Rep 164；*Saberno Pty Ltd v De Groot*（1992）8 BCL 128；*Alfred McApline Construction v Unex Corp*［1994］NPC 16；*Oddmund Grundstad v Joseph Ritt and American Arbitration Assn Inc*（1997）12 Mealey's International Arbitration Report F1.

[48]（1881）17 Ch D 668 at 669.

[49]［1979］2 Lloyd's Rep 412.

[50] *Compania Sudamericana de Fletes SA v African Continental Bank Ltd*，*The Rosarina*［1973］1 Lloyd's Rep 21，per Mocatta J.

[51] *Id.* n 46 at 674.

[52]［1973］AC 331 at 349.

因此，债权人可能必须要提出两项索赔，以便对主要债务人作出有约束力的裁决，并对担保人作出判决。这反过来又使人担心平行或连续诉讼会产生不同结果的阴影，因为一个诉讼程序的法律或事实的调查结果与其他诉讼程序无关。

一个可能的解决办法是担保人同意受仲裁庭裁决的约束。[53] 实际上，担保人只有在符合其利益的情况下才会这样做。

母公司担保

Alfred McAlpine Construction Ltd v Unex Corporation Ltd[54] 案就给出了提醒，母公司向为单一目的而成立的公司提供担保可能产生程序性和实质性的困难。

Alfred McAlpine 受雇于 Panatown 有限公司，在英国剑桥建造了一座大型办公楼。Unex 有限公司签订了母公司担保合同，约定如果 Panatown 有限公司不履行合同义务时，Unex Corporation 有限公司将会赔偿 Alfred McAlpine Construction 有限公司。

Alfred McAlpine 和 Panatown 有限公司之间产生争议后诉诸了仲裁。在仲裁过程中，Alfred McAlpine 试图执行母公司的担保合同，并在高等法院向 Unex 有限公司提起诉讼，而管辖法院驳回了 Unex 有限公司中止诉讼程序的申请。

在上诉中，法院认为，Unex 有限公司的权利义务与 Alfred McAlpine 和 Panatown 有限公司之间的合同项下的权利义务是分开的。Unex 有限公司对 Alfred McAlpine 有限公司的责任是首要的，并不依赖于 Panatown 有限公司对 Alfred McAlpine 有限公司的责任。而且，也没有明确的表述规定 Unex 有限公司有责任不承担仲裁员对 Panatown 有限公司裁决的金额。基于案件事实，上诉法院驳回上诉，并拒绝批准中止诉讼。

大法官吉尔德维尔（Gildewell LJ）认为，虽然仲裁确定了 Alfred McAlpine 与 Panatown 有限公司之间的责任，但这与确定 Unex 有限公司的责任无关。然而他认为，由于赔偿的措辞，仲裁裁决确实影响了赔偿人，因为它规定了 Unex 有限公司对 McAlpine 的最大赔偿责任。

大法官埃文斯（Evans LJ）认为，担保合同和赔偿合同是有区别的。严格地讲，前者是指担保人对另一个人的履行负责的保证，这是次要责任。担保人（保证人）只有在主债务人未履行其义务时才承担责任。

相比之下，赔偿只是一个人对另一个人遭受的损失的一项义务。由于 Unex 有限公司没有正式承认母公司担保合同下的责任，他们可以在法庭上提出仲裁中没有调查的新问题。

本案应与 *Roche Products Ltd v Freeman Process Systems Ltd*[55] 案相比较，在该案中，法官希克斯（Hicks QC J）区分了案件事实，即担保人曾提出受仲裁员调查结果的约束。因此诉讼程序的中止申请获得了批准。债权人也无法向主债务人和保证人提出索赔。

---

[53] *Roche Products Ltd v Freeman Process Systems Ltd* ［1996］ 80 BLR 102.

[54] ［1994］ 70 BLR 26，38 ConLR 63.

[55] ［1996］ 80 BLR 102.

因此，若主债务人向受理索赔的法院申请中止程序，则该法院有义务中止对主债务人的诉讼，除非仲裁协议是无效、失效或不能实行的。同样的，债权人必须一次在两套程序中都取得成功。

因此，应当区别担保和赔偿。

一般来说，担保人的责任是次要的，赔偿人的责任是主要的。主要责任和次要责任之间的区别是：在次要责任的情况下，如果主债务人没有责任，则担保人也不需承担责任；在主要责任的情况下，即使债权人对主债务人没有强制执行的权利，也可以对赔偿人提起诉讼。

主要责任和次要责任之间的区别一直受到批评，因为它“引发了许多细微的差别，正是这种差别使法律招致公众的仇恨、嘲笑和蔑视”[56]。

10.7　抵押权人

抵押权人是对债务拥有留置权或变卖权的债权人，无论其是否拥有占有权。[57] 法院在 *Bonnin v Neame*[58] 案中认为，一个对某合伙人的股份享有权利的抵押权人并不是根据该合伙关系提出索赔的人，他不会受到合伙契约中的仲裁条款的约束。

法院在 *Mount Cook（Northland）Ltd v Swedish Motors Ltd*[59] 案中解释道：

> 要使用这一表述，提出索赔的人必须是“通过或根据”仲裁协议的当事人而提出索赔的。因此，他们之间的关系必须是索赔的重要组成部分。

但是，如果索赔是独立于协议的当事人提出的，他们之间的任何关系都与支持索赔的理由无关，那么索赔就不是通过或根据仲裁协议的当事人而提出的。

10.8　多方当事人

仲裁协议基本上都是在双方当事人之间生效的双方协议。当争议出现时，必然涉及的是合同当事人。但是，在一些情况下，仲裁程序涉及两个以上的当事人是适宜的。

第一种情况是，仲裁协议中的申请人基于同一系列事实产生了两项索赔，一项是向另一方当事人提起的，另一项是向不是仲裁协议当事人而是属于一连串合同或相关合同一部分的另一方提起的。

---

[56] *Yeoman Credit Ltd v Latter*［1961］1 WLR 828 at 835.

[57] P Ramanatha Aiyar, *The Law Lexicon*, (1992) at p 834.

[58] ［1910］1 Ch 732.

[59] ［1986］1 NZLR 720 at 725.

也有可能是在多方合营的企业中，两个合营方可能针对第三方开展独立的仲裁程序，正如 *Siemens AG and BKMI Industrienlagen GmbH v Dutco Construction Company* 案中那样，[60] 可能会出现平行的仲裁，例如，建筑合同中的一个发包人可能对一个承包商以及一个分包商都提出索赔。

第二种情况是，仲裁中的被申请人希望将第三方作为被申请人加入仲裁，或者第三方也希望向被申请人提出索赔。

例如，在一个建筑合同中，承包商可以就分包商所进行的工作，也即业主和承包商之间的争议标的，向分包商寻求赔偿。

另一个例子是，A、B 和 C 签订了由仲裁管辖的合营协议。A 和 B 产生了争议并开始仲裁。不久之后，C 和 B 之间出现了争议。与其开始一整个新的仲裁，C 可能更愿意加入 A 和 B 之间的仲裁。

在这两种情况下，法院都强调，如果一个仲裁庭命令一方当事人做另一个仲裁庭禁止做的事情，不同仲裁对基本上相同的事实的不同裁决在实践中可能产生重大的后果。[61]

然而我们不应假设重复诉讼是无理取闹的。合并通常具有商业意义，能减少仲裁员和机构的费用，尽管这一观点并不普遍。法院始终有权合并诉讼，一般来说，这能带来节省费用和时间的明显优势。

仲裁则不一样。在包括马来西亚在内的几乎所有司法管辖区，仲裁员无权合并受限于不同仲裁协议的争议。[62] 然而某些机构规则允许合并，通常是基于双方当事人的同意。[63]

仲裁程序是协商一致的，不能影响第三方。一系列确定但相同或相关联的索赔不可能在同一个程序中处理。之前仲裁中的指令在后来的仲裁中是不被接受的证据，因此，相同的问题可能必须由一系列单独的听审来确定。[64]

合并仲裁程序

根据《2005年仲裁法案》第40（2）条，除非双方同意，否则仲裁庭不能合并仲裁或同时进行听审，即使处理各个争议的是同一名仲裁员。

---

[60] Constr. Co., Casso. Civ. 7 Jan. 1992 (French Cour de Cassation).

[61] *Halifax Overseas Freighters v Rasno Export Technopromonport and Polskie Linie Oceaniczne PPW*, *The Pine Hill* [1958] 2 Lloyd's Rep 146；*Collins v Cromie* [1964] 1 WLR 633；*Bulk Oil (Zug) AG v Trans-Asiatic Oil Ltd SA* [1973] 1 Lloyd's Rep 129；*Abu Dhabi Gas Liquefaction Co Ltd v Eastern Bechtel Corpn and Chemichal Engineering & Construction Co Ltd* [1982] 2 Lloyd's Rep 425；比较 *Hanno (Heinrich) & Co BV v Fairlight Shipping Co Ltd*, *The Kostas K* [1985] 1 Lloyd's Rep 231.

[62] *Oxford Shipping Co Ltd v Nippon Yusen Kaisha*, *The Eastern Saga* [1984] 2 Lloyd's Rep 373；*Aquator Shipping Ltd v Kleimar NV*, *The Capricorn* 1 [1998] 2 Lloyd's Rep 379.

[63] KLRCA Arbitration Rules (Revised 2013) r 8, SIAC and HKIAC Rules.

[64] *Dolling-Baker v Merrett* [1991] 2 All ER 890.

在仲裁庭可以下令合并或同时开庭之前，必须要先得到当事人的授权。[65] 在每个案件中，各方当事人必须同意将争议合并为一个仲裁，或者应当同时进行。

合并程序在仲裁中带来了不同于诉讼的独特问题，因为当事人可以决定仲裁庭的身份。可能出现的问题是当两个仲裁合并时，哪个仲裁庭（如果是不同的）应该作出合并的指令并且继续仲裁？

然而如果申请在很早的时候就提出，法院或者其他任命机构就没有理由不指定同一个仲裁庭来连续审理不同的争议，正如在 *Abu Dhabi Gas Liquefaction Co Ltd v Eastern Bechtel Corporation and Chemical Engineering & Construction Co Ltd* 案中那样。[66]

仲裁庭面临的问题是，这两项索赔是否应该有单独的仲裁员和单独的仲裁，还是两项程序只应有一名仲裁员。

上诉法院在上诉中认为，尽管只进行一个仲裁能避免在相同问题上出现两个不同的裁决，但法院无权未经双方当事人同意而指令合并。

尽管如此，法院还是下令在两次仲裁中指定同一名仲裁员，以避免出现不一致的裁决。然而这样做的方式应该是，确保任何一方当事人都不会认为他们的争议早已被事先决定，或者他们没有机会在案件中陈述意见。

法院还命令将这些问题分为可以先分开决定的问题和不能分开决定的问题。在这样做时，法院维护了当事人意思自治的原则，即只有当事人才能同意授权仲裁庭下令合并或同时听审。

Tan Sri Dato' Professor Dr Lim Kok Wing v Thurai Das a/l Thuraisingham[67] 案的情况与 *Abu Dhabi Gas* 案的情况相似，在该案中，同一名仲裁员经由吉隆坡区域仲裁中心的任命处理同一申请人的两个仲裁。法院认为，申请人主张仲裁员将会受其他程序中的证据的影响是不太可能且毫无根据的。

如前所述，根据所适用的规则，机构仲裁也规定了合并仲裁。吉隆坡区域仲裁中心关于合并仲裁的规则将在本书后面的章节中详细介绍。

追加第三方当事人

由于仲裁从根本上依赖当事人的同意，追加一个对原始仲裁协议并不知情并且没有同意参加仲裁的第三方，从理论上说是矛盾的。

仲裁协议的各方当事人可以同意让任何数量的第三方加入仲裁程序，但是非缔约方的强制加入被描述为“对当事人自治原则的一个重大减损，这一点至关重要，因为所有的仲裁必须有同意仲裁的意愿”。

《2005 年仲裁法案》对第三方加入的问题保持沉默。但是，《KLRCA 仲裁规则》

---

[65] *Oxford Shipping Co Ltd v Nippon Yusen Kaisha*, *The Eastern Saga* ［1984］ 2 Lloyd's Rep 373；*Aquator Shipping Ltd v Kleimar NV*, *The Capricorn* 1 ［1998］ 2 Lloyd's Rep 379.

[66] ［1982］ 2 Lloyd's Rep 425.

[67] ［2011］ 9 MLJ 640.

（2013年修订）规定[68]：

> 仲裁庭可以应任何一方的请求允许一个或多个第三方加入仲裁，条件是此人为仲裁协议的一方。

这限制了对仲裁协议已经知情的当事人的追加，因此是毫无争议的，也是处理上述第三个例子的一个合理的程序步骤，在仲裁协议的不同当事人之间可能会产生多重争议。

一个潜在的担心可能是，如果第三方在仲裁庭组成后才加入仲裁，它就失去了任命仲裁庭的机会。一个自愿作为申请人加入的第三方被推定为放弃了这个权利。

但是作为被申请人被追加的第三方肯定会主张这违反了各当事人应受到平等对待的要求。然而根据《KLRCA仲裁规则》（2013年修订），仲裁庭可以允许追加第三方，这意味着根据规则，只可能存在双方当事人同意的追加，因为仲裁庭不能指令这种追加。

不能违背当事人的意志而强制其参加听审。仲裁庭或法院均无权为防止重复诉讼而勉强当事人同意。

然而在少数情况下，仲裁机制允许在没有仲裁协议的当事人一致同意的情况下合并或追加当事人。如果当事人根据这些规则进行仲裁，则假定他们同意按照规则进行合并或追加，这种情况应该没有争议。

在根据《新加坡国际仲裁中心仲裁规则》（*SIAC Arbitration Rules*）进行的*Astro v FM*案中，仲裁庭听取了先前不是仲裁协议当事方（仲裁）的初步申请。仲裁庭决定，其有权追加当事人。

根据《新加坡国际仲裁法案》[69]第16条，FM对这一决定没有提出质疑，继而仲裁继续进行，随后Astro最终获得胜诉，仲裁庭作出5个价值约为2.5亿美元的裁决。

Astro此后获得了新加坡高等法院的许可以执行裁决，这促使了FM提出执行异议。理由之一就是，其与追加的当事人之间没有仲裁协议，因此仲裁庭允许他们参加仲裁超越了其管辖权。

新加坡高等法院认定，根据《新加坡国际仲裁法案》，只要“国内国际裁决没有被撤销，它就是‘具有终局性和约束力的’，其执行不得被抵抗”，即一方当事人必须在法定时间内对裁决提出异议，否则即丧失该权利。[70]

上诉法院驳回了高等法院的判决，并认为可以在执行阶段第一次被动地质疑关于管辖权的初步裁决。上诉法院随后审议了质疑的实质内容，并认定合并审理无效，将裁决从最初的2.5亿美元减少到大约100万美元。[71]

---

[68] KLRCA Arbitration Rules（Revised 2013）art 17（5）.

[69] Singapore International Arbitration Act，Cap 143A.

[70] Towers，“Active vs Passive Remedies in Arbitration-A Malaysian Perspective of The Astro-FM Case”，［2014］3 MLJ i at ii.

[71] *Id.*

集体仲裁

仲裁中一个相对较新的争论领域是集体仲裁的概念。

这些涉及一类申请人（例如在某一特定时期内某一特定车型的所有购买者）的索赔，通常因为数量太多而使得行使追索权很不实际。申请人有着共同的不满和利益，并希望得到有利于集体成员的救济，即损害赔偿。

他们由一个集体代表和一个法律团队所代表。

集体仲裁为申请人提供了大量的优越性，尤其是大幅度减少了法律费用（否则这些费用可能会压低小额案件中的损害赔偿），使得仲裁适合解决消费者争议。

自 *Green Tree Financial Corp v Bazzle*[72] 案以来，这些仲裁在美国越来越普遍。自那以后，美国仲裁协会（American Arbitration Association）已经进行了数百次集体仲裁。

在马来西亚，集体诉讼或代表诉讼是可能的，但仲裁立法没有为集体仲裁提供直接机制。这是因为《2005 年仲裁法案》第 40（2）条规定，除双方同意外，仲裁庭无权下令合并。

公司与消费者之间签订的各种合同可能包含明确允许集体仲裁的条款，但公司同意这样的条款似乎不太可能。

集体仲裁引出的最大的概念性问题就是同意；既然当事人的同意在仲裁中具有根本的重要性，若要主张一方当事人多次与不同的当事人签订仲裁协议时的意图，想要通过集体仲裁解决是很难的。

美国在集体仲裁中出现的另一个问题是集体放弃仲裁，即合同双方当事人同意任何仲裁都必须以个人为基础进行。美国法院支持集体仲裁，认为此类条款是不可行的。

10.9　遗产管理人和遗产代理人

遗产代理人是在有效遗嘱中被任命的遗嘱执行人，或者是当死者未订遗嘱时其遗产的指定管理人。遗产代理人可为遗产的管理做出一切必要的行为。

如果确有必要，遗产代理人可以提起与遗产管理有关的仲裁纠纷。

事实上，遗产管理人和遗产代理人有权成为仲裁当事人，以及可以就在其控制下的遗产或信托所引起的任何纠纷订立仲裁协议。

然而这种法定权力可能会受到信托契约的限制，甚至被废除。遗产管理人或遗产代理人只要诚信行事，就不会承担任何个人责任。

除非当事人另有约定，否则即使在仲裁的一方当事人死亡的情况下仲裁协议仍然有效，现有程序不会自动终止，除非法律有规定，例如仲裁的实质性原因是死者个人的原因。

---

[72] 539 U. S. 444（2003）.

死者的遗产代理人可以执行该协议或者对他们强制执行协议。这证实了先前的普通法原则，即在死亡时提出诉讼理由或自动终止的原则不适用于仲裁。

当一方当事人在仲裁过程中死亡时，事情就变得复杂了。尽管仲裁没有自动终止，但是在遗产代理人没有被任命成为仲裁当事人之前，仲裁程序中只有一方当事人。

如果一方当事人在任命仲裁员之前死亡，这个问题就没有那么严重。在这种情况下，遗产代理人将以该方的身份行事，索赔将由遗产代理人执行或反对。

当事人在仲裁过程中死亡的，被任命为执行人的人可能希望对遗产和索赔进行调查。在仲裁中，应当向仲裁员和另一方当事人发出一方当事人的死亡通知。

被命名为执行人的人可能希望放弃执行人的职务，特别是在遗产无法支付裁决金额的情况下。一旦仲裁一方死亡，仲裁员将被告知在指定遗嘱执行人之前中止仲裁。

10.10 官方受托人

破产人订立的合同对破产人具有约束力，但对破产人的财产没有约束力。破产人不能提起仲裁以控制他或她的财产。破产人可以是仲裁的当事人，但是不能是出于使其债权人处于不利地位的目的。[73]

破产方的财产会交给官方受托人，并受限于 1967 年《破产法》（*the Bankruptcy Act* 1967）。[74]

按照普通法规定，破产令不能解除现有的仲裁协议，也不会撤销由破产人委任的仲裁员的资格。[75] 如果破产财产管理人或破产受托人认可仲裁协议，他们可以提起仲裁或者进行答辩。[76]

当破产受托人不认可合同时，具有管辖权的法院可以根据仲裁协议的其他当事人或者破产受托人的申请，指令仲裁协议适用的争议诉诸仲裁。[77]

10.11 清算人、管理人或财产接收人

一旦公司不复存在，其作为一方当事人的任何仲裁协议或仲裁程序都会终止。[78] 大

---

[73] In the Matter of the Arbitration between John Milnes and Robert Henderson Robertson（1854）15 CB 451.

[74] Act 360.

[75] *Hemsworth v Brian*（1845）1 CB 131.

[76] Arbitration Act 2005 s 49（1）; *Marsh v Wood*（1829）9 B & C 659; *Sturges v Curzon* 7 Exch 17; *Pennel v Walker*（1856）18 CB 651.

[77] Arbitration Act 2005 s 49（2）and Rules of Court 2012 O 69 r 2（j）.

[78] *Baytur SA v Finagro Holding SA*［1992］QB 610.

法官卢杰（Lord LJ）在 *Baytur SA v Finagro Holding SA*[79] 案中解释了背后的法理："仲裁要求两个或多个当事人。当一方当事人不复存在时，就不可能有有效的仲裁。"

大法官梅戈斯特（Megoster LJ）在 *Foster Yates* 和 *Thom Ltd v H W Edgehill Equipment Ltd*[80] 案中认为：

> 除了判例之外，我还认为，当一个法人组织因清盘而解散时，任何在解散之日待决的程序不是暂时地和临时地——而是绝对地和永久地即告终止……在这个问题上，这是我作为原则应采取的观点。通过参考《最高法院规则》（*the Rules of the Supreme Court*），更为重要的是通过参考上议院在 *Morris v Harris* 案中所做的判决，我的判决书证实了这一点。[81]

公司的解散不应与公司的债务整理方案相混淆。如果公司与债权人之间提出了债务整理方案，法院可在任何针对公司的诉讼中限制进一步的诉讼程序，但须经法院许可，并受法院可能施加的条件约束，这其中也包括仲裁程序。

当公司清盘时，清算人可以提起诉讼或进行答辩，并可以通过发出通知以放弃过度繁重的财产（如无利可图的合同），从而放弃它们中的任何仲裁协议。

当被告知任命了清算人时，仲裁员除了向双方当事人发出仲裁程序暂时中止的指令外，别无选择。一旦公司清盘，清算人控制了公司的资产，清算人有权提起仲裁或继续现有的仲裁。

在 *Tanning Research Laboratories Inc v O'Brien*[82] 案中，清算人适用仲裁条款来中止法庭程序，原因是清算人取代了当事人的地位。仲裁员可以作出强制令并说明，在清算人没有对此作出回应的情况下，违反强制令可能会导致仲裁终止。[83]

当被任命时，财产接收人将担任董事会的角色。财产接收人不能放弃无利可图的合同，但考虑到公司的立场，他可以通过不履行公司义务的方式拒绝履行合同。另一方有权获得损害赔偿，但只能是以无担保债权人的身份。

10.12　受让人

包含仲裁条款的合同的当事人可以将其合同下的权利转让给第三方（受让人）。受

---

[79] ［1992］QB 610 at 619.

[80] （1978）The Times，29 November 1978.

[81] ［1927］AC 252.

[82] ［1990］HCA 8.

[83] *Crampton and Holt v Ridley & Co*（1887）20 QBD 48；*Brown v Llandovery Terra Cotta Co Ltd*（1909）25 TLR 625.

让人将受到仲裁条款的约束并可以援引仲裁条款的权利。[84] 有些判决指出，即使转让协议中没有包含仲裁条款，情况也是如此。

衍生方有义务并有权对任何索赔进行仲裁，并可以利用原当事人任何在待决的仲裁程序中已经提出的索赔，以使得在转让或移转之前产生的任何时效限制落空。

转让意味着将合同产生的一方权利或部分权利转让给另一个对合同不熟悉的人。转让的方式可能有两种：通过法律的运作，或者通过合同当事人转让合同而将其权利转让给第三方。

一个有效的转让将允许第三方根据合同就受转让的权利提起诉讼。例如，当合同一方当事人死亡时，如果执行人被赋予的权利和义务是非人身性的，转让就发生了。

一方当事人破产时，非人身性合同的权利和义务会赋予官方受托人或者破产受托人。转让在商业环境中是很常见的，因此值得欣慰的是，司法管辖区普遍允许转让仲裁条款所带来的利益。

只有合同利益可以转让，并且合同不能具有人身属性。[85] 合同的义务不能转让。[86]

但是，在合同变更或者合同的替代履行被允许时，合同的义务可以由第三方履行。如果合同包含了有效的不得转让条款，则受让人不受仲裁条款的约束。[87]

转让可以是法律上的或者衡平法上的。法律上的转让可能仅限于由合同引起的特定权利或索赔，使得受让人能以自己的名义对合同提起诉讼。[88]

如果是衡平法上的转让，则受让人必须以转让人的名义起诉，或者，如果转让人拒绝被追加为申请人，则必须将转让人添加为被申请人。[89]

包含仲裁协议的合同可以在仲裁开始之前和之后转让。但是，当仲裁正在进行时，无论法律上还是衡平法上的受让人都不会自动成为仲裁当事人。

法院在 *Montedipe SpA v JTP-RO Jugotanker*，*The Jordan Nicolov*[90] 案中认为，一个法律上的受让人要成为待决仲裁的一方当事人，必须采取两个步骤：

第一步，他必须向另一方当事人发出通知；

第二步，他必须向仲裁员发出通知。

法官霍布豪斯（Hobhouse J）解释如下：

> 一旦采取了这些步骤，就有可能解决实际上和概念上的困难。仲裁权是可转让

---

[84] *Shayler v Woolf*［1946］Ch 320；*Montedipe SpA v JTP-RO Jugotanker*，*The Jordan Nicolov*［1990］2 Lloyd's Rep 11；*Schiffahrtsgesellschaft Detler von Appen GmbH v Voest Alpine Intertrading GmbH*［1997］2 Lloyd's Rep 279；*Hela Pharma AB v Hela Pharma Australasia Ltd*［2005］NZCA 11，CA.

[85] *Tolhurst v Associated Portland Cement Manufacturers*（1900）Ltd［1902］2 KB 660.

[86] *Nokes v Doncaster Amalgamated Collieries Ltd*［1940］AC 1014.

[87] *Bawejem Ltd v MC Fabrications Ltd*［1999］1 All ER（Comm）377.

[88] *Rumput（Panama）SA and Belzetta Shipping Co SA v Islamic Republic of Iran Shipping Lines*，*The Leage*［1984］2 Lloyd's Rep 259.

[89] *William Brandt's Sons and Co v Dunlop Rubber Co Ltd*［1905］AC 454；*Weddell v JA Pearce & Major*［1988］Ch 26.

[90]［1990］2 Lloyd's Rep 11 at 18；Longmore J in *Eurosteel Ltd v Stinnes AG*［2000］1 All ER（Comm）964.

> 的；该转让已经完成，并且通过送达通知而对其他有关当事人产生了法律约束力。正如由 RSC 第 15（7）（2）条所规定的那样，送达通知和参加仲裁提供了有效率且令人满意的进行程序的方式。

Baytur SA v Finagro Holdings SA[11] 案的法院认可了一个未向对方当事人发出转让通知时，衡平法上的受让人的地位如何处理的方法。法官劳埃德（Lloyd J）认为：

> 我会根据这个简单的理由来决定本案。受让人不会自动成为一个待决仲裁的当事人。对此，还需要有更多的工作。他至少必须通知对方，并服从仲裁员的管辖。

然而法官劳埃德在附带意见中提出疑问，仅仅服从仲裁员的管辖权是否足以让受让人成为仲裁的当事人，或者仲裁的另一方当事人和仲裁员是否必须先同意受让人成为当事人。这个问题在转让人不复存在而费用问题产生时特别重要。

转让不会自动地结束一个仲裁。

法院在 *The Choko Star*[12] 案中认为，原则上，如果被告仅仅通过与另一家公司合并就可以逃避责任，这是不能令人满意的。

法官霍布豪斯在 *Montedipe SpA v JTP-RO Jugotanker*，*The Jordan Nicolov*[13] 案中表示，转让人仍然需要对在仲裁中已经产生的费用承担责任，并且转让加入了另一个可能对那些费用负责任的当事人。如果转让人不复存在，则费用负担将会完全落在受让人身上。这与转让人不能将合同的负担转让给受让人的规则相冲突。

法官劳埃德在 *Baytur SAv Finagro Holdings SA*[14] 案中考虑到有反请求的情况时表示：

> 如果资不抵债的转让人能够将仲裁索赔的利益转让给关联公司，而对被申请人的反诉承担全部责任，那么将存在巨大的不公正的空间。这让我产生了一个疑问：是否仅仅愿意接受管辖就足够了？考虑到仲裁的性质，作为一种双方协商一致的争议解决方式，仲裁员的同意和仲裁的另一方当事人的同意或许都是需要的。

如果这个分析正确，那么唯一的例外可能是外国法律创造了一个概括的继承者，正如在 *National Bank of Greece and Athens SA v Metliss*[15] 案中那样。

然而不公正的范围受到法律上或衡平法上的受让人受益的规则的限制，即“受限于转让人可用的所有抵销权和其他抗辩权”。因此，索赔的受让人接受合同另一方因合同

---

[11] ［1991］4 All ER 129.

[12] *Industrie Chimiche Italia Centrale v Alexander G Tsavliris & Sons Maritime Co*, *Pancristo Shipping Co SA and Bula Shipping Corpn*, *The Choko Star*［1987］1 Lloyd's Rep 508.

[13] ［1990］2 Lloyd's Rep 11. *London Steamship Owners Mutual Insurance Association Ltd v Bombay Trading Co Ltd*, *The Felice*［1990］2 Lloyd's Rep 21 at 27（该案反对 *Montedipe SpA v JTP-RO Jugotanker*, *The Jordan Nicolov*［1990］2 Lloyd's Rep 11 *supra* 一案的判决理由）.

[14] ［1991］4 All ER 129 at 133.

[15] ［1958］AC 509.

而提出的任何反请求。[96]

衡平法上的受让人，在其能够成为与其相关但在转让之前已经开始的仲裁的一方当事人之前，应当至少将通知送达另一方，并且同意接受仲裁员的管辖。[97] 如果进行了衡平法上的转让，但是对方当事人没有收到通知，并且已经向转让人付款或与转让人和解，那么该方对受让人不承担任何责任。[98]

因此，法律上和衡平法上的转让之间的区别是程序问题。如果衡平法上的受让人以自己的名义提起仲裁，而没有加入转让人作为一方当事人，那么仲裁是无效的。

10.13 代理人

代理人可以代表其委托人签订仲裁协议。代理协议可以是明示的，也可以是默示的。代理人和委托人之间不一定有合同。在某些情况下，代理人—委托人的关系可能是由于当事人的行为或法律的实施而产生的。

当代理人代表其委托人与第三方签订合同时，合同在委托人和第三方之间订立。代理人不能根据合同起诉或被起诉。因此，如果合同包含有仲裁协议，代理人不能成为仲裁的当事人。

这个一般性论点的主要例外是当代理人为隐名的委托人行事时，当代理人不向第三方透露代理协议的事实时可能会出现这种情况。第三方认为自己与代理人签订了合同，因此可能会起诉代理人。[99]

另外，代理人有权假定第三方同意与委托人签订合同，并且隐名的委托人仍可干预代理人与第三方之间的合同。反过来，隐名委托人可能会因协议而被起诉。

如果委托人和代理人都有可能要承担责任，那么第三方必须选择向谁提起程序。作出选择后，第三方会丧失向余下一方发起程序的权利。在这种情况下，第三方可以选择对委托人或代理人提起仲裁。[100]

10.14 律　师

律师并没有通过提交仲裁来约束他的客户的隐含权利。[101] 如果他提交的文件具有约

---

[96] *Roxburghe v Cox*（1880）17 Ch D 520 at 526.

[97] *Baytur SA v Finagro Holdings SA*（1991）Times，21 June，CA（Eng）.

[98] *Herkules Piling Ltd v Tilbury Construction Ltd* 61 BLR 107.

[99] *Public Trustee v Taylor*［1978］VR 289.

[100] *Higgins v Senior*（1841）8 M & W 834；cf *Keighley*，*Maxsted and Co v Durant*［1901］AC 240 at 261.

[101] Sutton，Gill and Gearing *Russell on Arbitration*（24th Edn，2015）at para 3-038；*Macaulay v Polley*［1897］2 QB 122，*Wright v Castle*（1817）3 Mer 12.

束力，而又超出了他的权限，他将承担个人责任。[102] 然而一旦争议被提交，律师就意味着有权在与仲裁程序进行有关的事务中约束他的当事人。[103]

10.15 分包商

合同的相对性规则只允许合同当事人根据合同起诉或被诉。在建筑业中，主建筑合同中的仲裁协议是由总承包人和发包人签订的。发包人和分包商之间没有合同关系，不能提起诉讼。

虽然总承包人和发包人之间可能没有争议，但某些形式的建筑分包合同有“名称借用”（name borrowing）条款，允许分包商以主总承包人的名义向发包人提起诉讼，条件是分包商向总承包人提供合理要求的赔偿保证和担保。[104]

总承包人可以授权分包商代表总承包人进行仲裁。这通常发生在当发包人或监理人对分包商作出不利决定时。

如果单纯是“名称借用”的仲裁，那么它被视作完全是处理发包人和分包商之间纠纷的渠道。分包商提起此仲裁的权利严格限于分包合同中所规定的事项。[105] 该裁决本身只对总承包人在其意图受约束的授权范围内具有约束力。[106]

要发生“名称借用”，主合同将通过引用的方式纳入分包合同。法院在 *Trafalgar House Construction* （*Regions*） *Ltd v Railtrack plc* 案中认定，虽然主合同和分包合同在法律上是独立的，但它们“在商业上和在它们的条款中都是明显相互联系的”[107]。

Co-operative Wholesale Society Ltd v Birse Construction Ltd[108] 案中的总承包人代表分包商，就违约引起的损失和费用向发包人提起了仲裁。[109] 仲裁庭裁决的损害赔偿是归于代表分包商的总承包人名下而对发包人作出的。发包人因未支付这笔款项而最终被清盘了。

其后，分包商向总承包人追回到期的款项。法院认为，即使发包人尚未向总承包人支付任何款项，总承包人仍然有义务遵守仲裁庭的裁决，向分包商付款。

大法官菲利普斯（Phillips LJ）解释说：

---

[102] *Ex p Hughes* （1822） 5 B & Ald 482；*Burrell v Jones* （1819） 3 B & Ald 47.

[103] *R v Hill* （1819） 7 Price 636.

[104] PAM 1998 Sub-Contract Form，cl 11.6.

[105] PAM 1998 Sub-Contract Form，cl 27.0. 该条将诉讼限制于对认证金额产生争议或未经建筑师认证产生争议的范围。

[106] *Durham* （*Gordon*） *& Co Ltd v Haden Young Ltd* （1990） 52 BLR 61；*Belgravia Property Co Ltd v S & R* （*London*） *Ltd* ［2001］ All ER （D） 253 （Jul）.

[107] （1995） 75 BLR 55 at 79.

[108] 84 BLR 58.

[109] 84 BLR 58 at 71.

> 大家普遍同意的是，除了根据分包合同的具体条款为名称借用仲裁而把名义借给分包商的义务之外，总承包人还有义务为了分包商的利益，根据分包合同第8（c）条和第12条提起仲裁……隐含的意思是，在根据主合同提出的仲裁中，如果仲裁员作出裁定的款项是本应被证明为事关分包商工作的到期款项，则该笔款项被视为在分包合同中得到有效证明的款项，因此在这方面，该裁决对分包合同具有约束力。

大法官菲利普斯补充说，仲裁裁决如果对分包合同不产生影响，那么将导致一个荒谬的结果。那样的话，分包商可以坚决要求借用总承包人的名称，通过仲裁的方式对建筑师的证书进行质疑，但是那个裁决并不会对分包合同产生直接影响。

因此，一个“名称借用”仲裁必须与“权利和利益”仲裁区分开来。前者由分包商提起并控制；后者是由分包商在总承包人明确和具体的授权下进行的仲裁，总承包人将受到裁决的约束。[110]

10.16 外国主权

主权国家豁免是重要的考虑因素，特别是在国际仲裁中。一个主权实体（可以包括元首、民族国家、政府机构和主权财富基金）可以要求免于诉讼和执行。

众所周知，一个主权国家可以订立仲裁协议并接受仲裁庭的管辖。但是，对于一份由一个外国主权国家和一家公司达成的通过仲裁解决争端的协议，在协议的另一方当事人申请执行裁决时，主权国家可以拒绝法院的管辖。

一个由主权国家提出的撤销裁决的申请并不代表其愿受法院管辖，该公司可能仍然无法执行该裁决。仲裁员并不是法院，外国主权国家到仲裁员席前应诉并不一定就意味着愿受其管辖。[111]

英国最高法院认为：

> 似乎“在20世纪，国家限制豁免理论在世界上得到越来越多的承认，根据该理论，豁免事关政府行使国家主权的行为（acta jure imperii），而与国家从事的商业活动无关（acta jure gestionis）”。我认为，这是与商业交易相关的程序的结论，不过是种日益得到承认的例子。

因此，当争议仅同商业行为有关时，主权国家可能不能豁免。

尽管一般的公司不太可能与一个元首或者整个民族国家签订很多合同，但投资主权

---

[110] *Durham (Gordon) & Co Ltd v Haden Young Ltd* (1990) 52 BLR 61; *Stewart (Lorne) Ltd v William Sindallplc and North West Thames Regional Health Authority* 35 BLR 109.

[111] *Duff Development Co Ltd v Kelantan Government* [1924] AC 797, [1924] All ER Rep 1, HL.

财富基金更有可能成为伙伴；随着一些此类基金的资产接近 5 000 亿美元，全球这样的基金总额约为 6.5 万亿美元，与此类基金签订合同的可能性更大。

考虑到成功执行针对国家的仲裁协议似乎还是一种例外而不是原则，明智的做法是，要与一个国家签订合同的当事人应要求其明确放弃承认和执行仲裁裁决的豁免权。

此外值得注意的是，外国原告在起诉马来西亚各苏丹国成员时面临的困难，即使这些成员不是以国家元首的身份行事，也可能会在其他地方的执行程序中再次出现。因此，在合同的磋商阶段应进行尽职调查，以发现另一方是否被视为其本国管辖范围内的主权国家。

第 *11* 章 仲裁协议的范围

11.1 争议的性质

仲裁是协商一致的过程，因此提交仲裁的任何争议都必须在协议的范围内，这一点至关重要。“书面形式的要求并不意味着强制双方当事人必须以签署文件的形式来表达。因此毫无疑问的是，仲裁的意图也可以通过提及包含有仲裁条款的单独文件来表达。”[1]

如果仲裁庭超出仲裁协议所赋予的管辖权而对争议作出裁决，那么没有经过授权的裁决是可以撤销的。以下类型的争议是可仲裁的：

（1）一方当事人是否拒绝履行合同，而另一方当事人是否接受拒绝履行的行为。然而一方当事人的拒绝履行并不意味着合同无效，而是为了衡量违约所引起的索赔。

（2）合同目的是否已经落空。合同得到部分履行或完全履行无关紧要。如果合同目的落空，仲裁员有权准许根据合同提出合理金额（quantum meruit）的索赔。

（3）合同的订立是否因虚假陈述引起。仲裁员可以解除合同或者裁定损害赔偿金以代替解除合同。

（4）合同是否因不公开而无效。主事官丹宁（Denning MR）在 *Mackender v Feldia AG*[2] 案中表示：“如果合同因不公开而无效，那么合同不是自始无效，而是从宣告无效的那一刻无效。”

（5）在合同的先决条件没有成就时，合同是否对当事人具有约束力。

（6）一方当事人是否能够依靠合同的终止条款来逃避合同责任。

（7）当事人是否因错误订立合同而要求更正合同。但是，法官麦克米伦（MacMillan）和法官赖特（Wright）在 *Heyman v Darwins Ltd*[3] 案中提出，关于错误的争议不属于仲裁的范围。

（8）非法的合同是否可以执行。

（9）合同是否自始无效，包括因贿赂或非法的原因。

（10）合同是否因欺诈而无效。

---

[1] Final Award，CAM Case No. 7211，24 September 2013 in A J van den Berg（ed），*Yearbook Commercial Arbitration*，*volume XXXIX*（2014） at pp 275-276.

[2] ［1966］ 3 All ER 847.

[3] ［1942］ 1 All ER 337.

（11）合同是否变更或被新合同取代。

（12）关于存在影响合同双方权利和义务的贸易习惯的问题。

（13）主张含有默示条款或者担保条件。

（14）违反仲裁协议的损害赔偿请求。

（15）要求分摊共同海损。

（16）侵权索赔与合同索赔密切相关。法院在 *Woolf v Collis Removal Service*❹ 案中裁定，过失索赔与合同索赔有着密切的联系，合同索赔以合同中的勤勉义务为依据，侵权索赔以非合同义务为依据。

（17）法院在 *Empresa Exportadora de Azucar v Industria Azucarera Nacional SA, The Playa Larga and The Marble Islands*❺ 案中裁定，认为案中索赔与合同项下的索赔有足够密切的联系。

（18）在 *Ashville Investments Ltd v Elmer Contractors Lt*❻ 案中，疏忽错报的索赔在仲裁协议的范围内。在 *Astro Vencedor Compania Naviera SA of Panama v Mabanaft GmbH, The Damianos*❼ 案中，damianos 7 号船被错误扣押的目的是逃避责任。

（19）没有争议的主张，以致没有被明确承认。

（20）在建筑方面，与合同有关的侵权纠纷可以通过仲裁解决。被申请人可以同时承担合同责任和侵权责任，这两种责任在建设工程中是相关的，因为在建设工程中，违约行为因为限制问题难以被发现。因此，侵权索赔比合同索赔更有利。

关于合同有效性的争议

仲裁庭可以决定合同是无效的，如是否越权行使公司的权力，或者是否自始就不合法。一段时间以来，有一种观点认为，仲裁庭永远无权决定合同是否有效，且这种争议并不属于仲裁协议的范围。

然而可分性原则的演变使仲裁员能够在仲裁协议的范围足够广泛的情况下决定合同是否有效。

法官斯泰恩（Steyn）在 *Harbour Assurance Co（UK）Ltd v Kansa General International Insurance Co Ltd*❽ 案中解释道：

> 一旦承认仲裁条款是一项独立的协议，是对合同的补充，那么将合同无效的问题提交仲裁的逻辑障碍就消失了。只要仲裁条款本身没有受到直接质疑（例如通过非事实的抗辩），仲裁协议就是一个原则性的法律理论问题，能够在合同无效后继续存在。

---

❹ ［1947］2 All ER 260.

❺ ［1983］2 Lloyd's Rep 171.

❻ ［1988］2 Lloyd's Rep 73.

❼ ［1971］2 QB 588.

❽ ［1993］1 Lloyd's Rep 455.

法官霍夫曼（Hoffman）在 *Fiona Trust & Holding v Privalov*[9] 案中解释说，当事人作为理性商人，很可能打算由同一仲裁庭裁决他们之间的任何争议。

除非有排除仲裁庭管辖的明确措辞，否则该条款应按照这一推定来解释。

大法官朗莫尔（Longmore LJ）在 *Fiona Trust & Holding v Privalov* 案中表示：

> 如果任何商人确实想排除关于合同有效性的争议，那么这样说相对容易。许多示范仲裁条款明确规定了协议的范围包括合同的存在、效力或终止的任何问题。[10]

只有在仲裁协议本身遭到质疑的情况下，例如一方当事人声称从未签署载有仲裁条款的合同，法院才能阻止仲裁庭作出裁决。然而普遍接受的解释原则是，对仲裁协议的解释必须维护其有效性。[11] 此外，正如在 *X v AY* 案和 *BY* 案中所述："一旦发现存在仲裁协议，就必须对其范围作出宽松的解释。"[12]

此外，印度最高法院还在 *Arasmeta Captive Power Company Private Limited v Lafarge India Private Limited* 案的判决中支持了这一有利于仲裁的趋势，限制了"法院在根据《2005 年仲裁法案》第 11 条任命仲裁员时对仲裁协议范围的干预和审查的程度"[13]。

直接质疑仲裁协议的情形包括指控载有仲裁协议的合同自始是非法的、不经协商的、不确定的，将被视为当事人没有约定，或被后来"协商和满意的"的合同所取代，以全新的权利和义务取代了原合同下的权利和义务。

关于对犯罪活动的指控是否可列入仲裁条款的问题，并没有统一的方案。例如，在 *Interprods Limited v De La Rue International Limited* 案[14]中，商事法院认为，"这将严重限制仲裁条款的范围，……对犯罪行为的指控足以剥夺仲裁庭根据该犯罪行为确定合同权利和义务的管辖权"[15]。

但是，如果仲裁协议载于一份单独的文件中而没有受到上述任何指控的质疑，则在第 8 章所讨论的分离原则将使仲裁庭能够就合同的有效性争议作出裁决。

---

[9] ［2007］4 All ER 951,［2007］UKHL 40.

[10] ［2007］1 All ER（Comm）891 at［17］.

[11] Final award in ICC case No. 14581 in AJ van den Berg（ed）, *Yearbook Commercial Arbitration*, *volume XXXⅦ*（2012）at pp 81-82.

[12] First Civil Law Court, Judgment of February 27, 2014, available at: http://swissarbitrationdecisions.com/arbitration-clause-survives-termination-its-scope-be-interpreted-liberally.

[13] Herbert Smith Freehills LLP, "Supreme Court confirms that scope of an arbitration agreement should be determined by arbitral tribunals",(2014) 5 February, available at: http://lexology.com/library/detail.aspx?g=d737f655-f861-42a0-b1bd-6af726d85862.

[14] *Interprods Limited v De La Rue International Limited*［2014］EWHC 68（Comm）at［7］.

[15] B Fletcher, "Is your Arbitration clause wide enough to catch dispute based upon criminal conduct?（*Interprods v De La Rue*）",（2014）5 February, available at: http://blogs.lexisnexis.co.uk/dr/arbitration-clause-wide-enough-to-catch-dispute-based-upon-criminal-conduct-interprods-v-de-la-rue/.

11.2　措辞的形式

争议是否属于仲裁协议的范围，这个问题与仲裁条款的措辞形式有关。在案件的所有情况下，这些措辞都有其自然和适当的含义。《英国皇家特许仲裁员协会管辖权异议指南》（*CIArb Guidelines on Jurisdiction Challenges*）建议仲裁员“仔细审查条款的措辞”，以审查是否有时间限制。因为“仲裁协议的措辞可能包含明确的时间限制，并确定仲裁协议对这些争议的可执行性，以确定争议是否可以受理”[16]。仲裁协议的“措辞不同；解释双方对协议范围的意图并不是一件容易的事情”[17]。

法院不受先例原则的约束，不能用先前涉及另一合同的案件中解释的相同方式去解释仲裁条款中的特定措辞。

正因如此，在以后涉及解释同一形式措辞的案件中，对特定形式措辞的含义作出的裁决可能具有说服力。早期的裁决在多大程度上具有说服力取决于这两个案例中合同和周围环境的相似性。

像“索赔”“差异”“争议”等一般词语，赋予了尽可能广泛的管辖权。但是，必须参照所包括的合同标的来解释这些条款。在许多主要机构的示范条款中，常常使用这些通用词语，目的是“最大限度上捕捉协议产生的潜在争议（如国际商会 ICC、伦敦国际仲裁院 LCIA、斯德哥尔摩商会仲裁院 SCC 和知识产权组织 WIPO）”[18]。

法院花费了大量的司法精力来审查仲裁协议措辞中的语义差异以及可以提交仲裁的争议种类、争议分类的语义差别。法院对这些词语的含义所作出的裁决并不是无效的，但人们对这些词的效用表示怀疑。

最高法院在 *Fiona Trust & Holding v Privalov*[19] 案中解释说，尽管“法官们如此仔细地解释了各种语言细微差别的影响，可能仍会感到非常失望”，但现在是“划清当局界线，重新开始”的时候了，“当事人作为理性商人，很可能打算由同一仲裁庭裁决他们现在和未来出现的争议。该条款应根据这一推定进行解释，除非措辞明确规定某些问题排除

---

[16] *CIArb Guidelines on Jurisdictional Challenges* at pp 16-17, available at: http://www.ciarb.org/docs/default-source/ciarbdocuments/guidance-and-ethics/practice-guidelines-protocols-and-rules/international-arbitration-guidelines-2015/2015jurisdictionchallenges.pdf?sfvrsn=16.

[17] H E Kjos, *Applicable Law in Investor-State Arbitration: The Interplay Between National and International Law* (2013) at p 112, available at: http://oxfordscholarship.com/view/10.1093/acprof:oso/9780199656950.001.0001/acprof-9780199656950-chapter-4; C Schreuer, "*Consent to Arbitration*" *in P Muchlinski et al* (*eds*), *Oxford Handbook of International Investment Law* (2008) at pp 830, 866; A Reinisch, "How Narrow are Narrow Dispute Settlement Clauses in Investment Treaties?" (2011) 2 (1) J. Int'l Disp. Settlement 115.

[18] AGarcia, "Scope of arbitration clauses and carve-out clauses: erring on the side of caution or on the side of daring?", (2012) Kluwer Arbitration Blog 25 May, available at: http://kluwerarbitrationblog.com/2012/05/25/scope-of-arbitration-clauses-and-carve-out-clauses-erring-on-the-side-of-caution-or-on-the-side-of-daring/.

[19] [2007] 4 All ER 951.

了仲裁员的管辖”。

这符合仲裁协议各方当事人的商业期望，也符合对所用语言的过度技术性分析被描述为不切实际和没有反映当事人的实际意图的概念。作为普通商人，他们会对法院对“出”（out）和“下”（under）这两个词所做的区分感到惊讶。在 *X v Z* 案中，瑞士第一民事法院认为：“仲裁庭处理的初步问题如果是根据案情处理的，则不一定超出其管辖权。不用说，解决初步问题可能只是为了解决另一个取决于它的争议。”[20]

Fiona Trust & Holdings v Pivalov 案的作用由法官福克斯（Faux J）描述如下：[21]

> 英国法院在早前的许多判决中，已经清除了诸如“由此产生”（arising out of）或“产生于”（arising under）或“与之相关”（in connection with）等条款之间的细微区别。

按照法院这种反对吹毛求疵的做法，诸如“由此产生”或“产生于”之类的词语据说涵盖了除合同本身的有效性或存在性问题以外的所有争议。

即使这种解释，也可能过于狭隘。以商人的立场，除了合同是否有效这一最根本的问题之外，商人打算通过仲裁来处理合同引起的或根据合同产生的、与合同有关的或与合同相联系的所有争议，这一立场没有涉及选择仲裁作为争议解决机制的问题。

在国际合同中尤其如此；与司法机构不健全的国家实体签订合同的公司，不太可能希望“因本合同产生的”一词意味着与违反或履行该合同有关的任何争议交由仲裁员处理，但地方法院可以决定合同本身是否有效的关键问题。

许多仲裁机构的示范仲裁条款使用了“产生于”一词，并规定“产生于”一词应足以支持包括合同有效性的争议。

如果仲裁协议推定适用于与合同的存在、有效性和终止有关的问题，那么用斯泰恩（Steyn）勋爵在 *Sirius International Insurance Co（Publ）v FAI General Insurance Ltd*[22] 案中的话说，这将导致“从字面解释方法转向更商业化的方法”，即“因此，一般来说，这种趋势应当是反对字面解释的”。

尽管在 *Fiona Trust & Holding v Privalov* 案中，术语的差异不太重要。也许判例法仍然有用，因为人们认为，如果当事人约定对某些争议提起诉讼而对其他争议进行仲裁，则 *Fiona Trust* 的推定是不适用。在这种情况下，语义区别与案件有关。

仲裁协议语言的含义

被广泛使用的“合同产生的争议”（arising out of the contract）的提法通常来说涵盖了所有争议，但是否存在有效合同的争议除外。

---

[20] *X v Z*, Federal Civil Court, Judgment of 9 November 2010, Available at: http://swissarbitrationdecisions.com/jurisdiction-of-the-arbitral-tribunal-to-decide-a-preliminary-is.

[21] R Aikens, R Lord and M Bools, *Bills of Lading* (2006) at chap 14, para 14.47.

[22] [2004] UKHL 54.

这种形式的词语涵盖了以下争议：合同因错误而终止，合同因不能履行而终止，被终止的合同，合同的创立、保密，合同的变更或替换，影响合同各方权利和义务的贸易习惯的存在，违反仲裁协议本身的损害赔偿，共同海损分摊，满足先决条件，争议的终止和转换。

较为普遍是观点是，“产生于”一词的争议范围比由合同“产生的”争议范围更广。虽然法官迪尔霍恩子爵（Viscount Dilhorne）和萨蒙勋爵（Lord Salmon）在 *Union of India v EB Aaby's Rederi A/S*[23] 案中表示理解这两种形式的措辞之间的区别比较困难，这一立场也反映在 *Fiona Trust & Holding v Privalov* 案中。

《罗素论仲裁》中说，“产生于”一词曾被给予限制性解释，但现在已被公认为具有广泛的含义。关于拒绝履行合同、合同目的落空、不披露、违法的合同、无法执行的合同、不符合先决条件和共同海损分摊的争议均被认为是由合同产生的争议。[24]

侵权索赔没有这样做，但现在的情况是，需要有明确的措辞使法院相信，它“已经根据某种遗留的管辖权来考虑。例如，因协议引起的要求恢复原状或对侵权行为的索赔”。

仲裁协议规定了与合同“相关”（in connection with）的争议，以涵盖有关虚假陈述、疏忽错报和要求纠正错误的争议。

“关于”（in respect of）一词被认为足以涵盖有关拒绝履行合同、不能履行合同、纠正和声称合同含有隐含条款或者存在抵押合同的争议。“至于”（with regard to）一词被认为足以涵盖拒绝履行合同和不能履行合同。

马来西亚立场

改变限制性解释的做法在当地得到了采用，*Fiona Trust & Holding v Privalov* 案得到了高等法院在 *KNM Process Systems v Mission Biofuels*[25] 案和 *The Government of India v Cairn Energy India*[26] 案中的明确批准，并在随后的各种当地案件中引用。

在该地区的其他地方，新加坡上诉法院在 *Larsen Oil and Gas Pte Ltd v Petroprod Ltd*（开曼群岛的官方清算和新加坡强制性清算）案中指出：

> 对于仲裁条款应作出广义的解释，除非有充分的理由作出其他结论，否则所有形式的索赔（无论是基于普通法还是成文法）都应视为属于其范围。[27]

在 *Marnell Corrao Associates v Sensation Yachts*[28] 案中，新西兰采用了 *Fiona Trust & Holding v Privalov* 案中力求实现当事人将争议提交仲裁的意图的做法。

---

[23] ［1975］ AC 797.

[24] Sutton, Gill and Gearing, *Russell on Arbitration*,（24th Edn, 2015）at para 2-102.

[25] ［2014］ 8 MLJ 434.

[26] ［2014］ 9 MLJ 149.

[27] ［2011］ 3 SLR 414,［2011］ SGCA 21.

[28] （2000） 15 PRNZ 608.

法院对仲裁条款的范围作出最广泛的解释，以落实各方当事人将其争议在一个裁判机构处理的意图。

在 *West Tankers Inc v RAS Riunione Adriatica di Sicurta SpA*，*The Front Comor*[29] 案中，最高法院总结了一般不干预的立场，指出“（大多数现代仲裁立法规定）仲裁的目的是，争议应由任何法院以外的协商一致的机制解决，但不得超出法院对仲裁地的有限监督”。

法庭在 *Assar Senari Holdings Sdn Bhd v Teratai Sanjung Holdings*（*M*）*Sdn Bhd*[30] 案中没有遵守上述规定，认为当时《2005 年仲裁法案》[31] 第 18（1）条“没有赋予仲裁庭裁定实质性协议的有效性权力”，而《2005 年仲裁法案》计划“以双方之间存在实质性协议为前提，并将仲裁协议的有效性和存在问题留给仲裁庭处理”。

但必须指出的是，*Assar Senari Holdings v Teratai Sanjung Holdings*（M）案的判决无视《2005 年仲裁法案》第 18（2）条，根据该条规定仲裁庭有权确定实质性协议的有效性。

---

[29] ［2007］1 All ER（Comm）794，［2007］UKHL 4.

[30] ［2011］MLJU 834.

[31] Act 646.

第 *12* 章　争议或分歧的存在

12.1　引　言

争议或分歧是否存在的问题非常重要，因为它是仲裁程序的一个基本方面。只有双方当事人之间的争议才能提交仲裁。

因此，如果不存在争议或分歧，则不能提交仲裁。例如，国际投资争端解决中心（ICSID）《1965 年关于解决国家与其他国家国民之间投资争端公约》（*Convention on the Settlement of Investment Disputes between States and Nationals of Other States 1965*）第 25（1）条提到，存在法律争议是确立该中心管辖权的先决条件。尽管“争议”（dispute）一词的含义看起来很简单，但对于是否存在争议引起了大量的诉讼。

《2005 年仲裁法案》第 9（1）条[1]将仲裁协议定义为“将双方之间就已经发生或可能发生的所有或某些争议提交仲裁的协议”。商事合同中的仲裁条款通常根据争议和分歧来界定管辖权，因为它们通常规定对“争议”“分歧”或两者的某种组合进行仲裁。据大法官拿督司法署长哈吉德·苏丹·本·阿布·贝伯博士（Justice Datuk Dr. Haji Hamid Sultan Bin Abu Backer）说，“它的定义必须非常宽泛”[2]。

争议的存在

争议的存在可以在申请中止诉讼的情况下提出，这包括很多情形，例如，未表明存在争议或分歧；如果仲裁条款未生效，这不妨碍诉讼[3]和原告的索赔被受理，但不要求通过仲裁解决。[4] 被告承认索赔尽管没有被排除在外，但在实践中发生了这样的情况：不付款的原因很简单，比如缺乏资金或者无法获得政府授权将钱转移到国外。[5]

在《2005 年仲裁法案》[6] 于 2011 年修正之前，《2005 年仲裁法案》第 10 条要求法

---

[1] Act 646.

[2] Justice Datuk Dr Haji Hamid Sultan Bin Abu Backer, *International Arbitration with Commentary to Malaysian Arbitration Act* 2005（2016） at p 198.

[3] *KSM Insuran Bhd v Ong Ah Ba*［1986］ 1 MLJ 237.

[4] *ELF Petroleum SE Asia Pte Ltd v Winelf Petroleum Sdn Bhd*［1986］ 1 MLJ 177；*London and North Western Rly Co v Jones*［1915］ 2 KB 35，(Eng).

[5] J Lew, *Contemporary Problems in International Arbitration*，（1987，） at p 55.

[6] Act A 1395.

院中止就仲裁协议所涉事项提起的诉讼，除非法院认定协议“无效、失效或不能履行”，或者“实际上没有争议”。[7] 后者背离了《UNCITRAL 示范法》第 8 条[8]的措辞，并为仲裁程序提供了一个拖延的机会。[9]。“无效”的规定可能导致各种情况，是引起争议的肥沃土壤。[10]

在 *Jiangsu Hantong Ship Heavy Industry Co Ltd v Sevan Pte Ltd*[11] 案中，新加坡高等法院发现，双方当事人之间存在的争议应通过仲裁解决。在考虑争议是否存在的时候，高等法院对 *Tjong Very Sumito v Antig Investments Pte Ltd*[12] 案进行了一项检验。“除非被告明确承认索赔是到期应付的，否则就是存在争议。”[13]

《2005 年仲裁法案》第 10 条可能出现的另一个潜在问题是，在外国有仲裁席位的马来西亚当事人在马来西亚启动诉讼程序时：“这里的法院可根据马来西亚法律而不是根据《2005 年仲裁法案》受理基于违反合同的中止和/或撤销申请，因为当事方的仲裁协议不属于《2005 年仲裁法案》下的国际或国内仲裁的定义。”[14]

2011 年的修正案明确删除了该条款。法院在 *KNM Process Systems v Mission Biofuels*[15] 案中解释说，根据第 10 条提出的申请：

> 现在，再也不能争辩说当事人之间关于提交仲裁的事项没有“争议”了。

因此，争端是否实际存在实质上是仲裁员在行使其 Kompetenz-Kompetenz 职权时决定的问题。[16]

这项裁决与中国香港上诉法院在 *Tai Hing Cotton Mill Ltd v Glencore Grain Rotterdam BV*[17] 案中的裁决是一致的。法院解释说：

> 根据《UNCITRAL 示范法》第 8（1）条，法院并不关心调查被告是否有可争辩的理由对索赔提出异议。如果在仲裁协议所涉事项中对他提出索赔，而他不承认

[7] Arbitration Act 2005 s 10（1）（b），pre-2011 amendment.

[8] 新西兰也做了类似的减损，目的是维持简易判决程序的效率。参见 *Williams QC and Kawhar*，*Williams & Kawharu on Arbitration*，（2011）at para 4. 13. 5；也可参见 *Fletcher Construction New Zealand & South Pacific Ltd v Kiwi Co-operative Dairies Ltd* HC New Plymouth CP7/98，27 May 1998 案。

[9] 在 *Todd Energy Ltd v Kiwi Power*（1995）Ltd HC Wellington CP46/01，29 October 2001 案中，法院指出了要求法院就每个案件作出裁决以及需要进行多次听审的困难。

[10] Justice Datuk Dr. Haji Hamid Sultan Bin Abu Backer，*International Arbitration with Commentary to Malaysian Arbitration Act* 2005（2016）at p 218.

[11] ［2010］2 SLR 293，［2009］SGHC 285.

[12] *Tjong Very Sumito v Antig Investments Pte Ltd*［2009］4 SLR（R）732.

[13] *Cruden Construction Ltd v Commission for the New Towns*，［1995］2 Lloyd's Rep 387 at 393.

[14] Justice Datuk Dr. Haji Hamid Sultan Bin Abu Backer，*International Arbitration with Commentary to Malaysian Arbitration Act* 2005（2016）at p 215.

[15] *KNM Process Systems Sdn Bhd v Mission Biofuels Sdn Bhd*［2012］MLJU 1218 at［17］；*ZAQ Construction Sdn Bhd v Putrajaya Holdings Sdn Bhd*［2014］10 MLJ 633.

[16] Williams QC and Kawhar，*Williams & Kawharu on Arbitration*，（2011）at para 8. 3. 3.

[17] ［1996］1 HKC 363.

> 索赔，则存在本条含义范围内的争议。如果他申请中止诉讼，则法院必须准予中止，除非原告能够证明仲裁协议无效、不适用或无法履行。

这一立场与上议院在 West Tankers RAS Riunione[18] 案中的判决是一致的，即仲裁是"任何法院机构以外的协商一致的机制，只受仲裁地法院的有限监督"。

然而根据《2005 年仲裁法案》第 10 条的规定，仍有可能就争议的存在提出争议。这是因为第 10 条涉及"就仲裁协议的标的提起诉讼"，因此必须表明提起的诉讼属于仲裁协议的条款范围。

如果协议规定对"争议"或"分歧"进行仲裁，那么标的物在没有"争议"或"分歧"的情况下将不在诉讼程序之内。[19]

即使提出这样的意见，法院在 *Halki Shipping Corporation v Sopex Oils Ltd* 等案件中也支持尊重当事人的自主权，不会进一步探讨案情而只看是否有明确的承认。因此，只要指称有争议就足以构成中止诉讼的正当理由。[20]

在维护仲裁协议的讨价还价与成本节约的简易判决之间的紧张关系中，当事人可能作出的妥协是，作为仲裁协议的一部分，仲裁庭有权根据当事人的申请作出简易裁决。

对于仲裁庭按照《2012 年法院规则》第 14 号命令第 1 条规定的程序作出的裁决，尽管仲裁的"一裁终局"（one-strike proposition）排除了上诉程序，但这样的仲裁协议可能令人难以接受。[21]

普通仲裁中的简易程序可能会出现败诉方以无法陈述案情为由提出质疑。[22]

根据《国际投资争端解决中心仲裁程序规则》（*ICSID Rules of Procedure for Arbitration Proceedings*）（《ICSID 仲裁规则》）第 45（5）条[23]，仲裁庭有权以"明显没有法律依据"为由立即驳回案件。这为处理虚假仲裁请求提供了有效的途径，提高了仲裁的效率。然而国际投资争端解决中心的仲裁是根据 1965 年《关于解决国家与其他国家国民之间投资争端公约》（*Convention on the Settlement of Investment Disputes between States and Nationals of Other States* 1965）进行的。[24]

---

[18] *West Tankers Inc v RAS Riunione Adriatica di Sicurta SpA The Front Comor* [2007] All ER (D) 249 (Feb), [2007] UKHL 4 at [29].

[19] *Tjong Very Sumito v Antig Investments Pte Ltd* [2009] SGCA 41, [2009] 4 SLR (R) 732, [2010] 2 All ER (Comm) 366 at [22] - [23].

[20] *Halki Shipping Corporation v Sopex Oils Ltd* [1998] 1 WLR 726.

[21] Sundaresh Menon ICCA 2012 Congress in Singapore, Keynote Address.

[22] Article V (1) (b) of the New York Convention.

[23] 1966 年生效（2006 年修订）。

[24] 1965 年《关于解决国家与其他国家国民之间投资争端公约》，于 1965 年 3 月 18 日在美国华盛顿开放签字。

承认的效力

法院对不干涉原则作出例外处理的一种情况是，被告明确承认索赔。[25]如果索赔得到充分承认，那么也就不会有争议了。[26]

法院在审理*MCM Bulk Shipping v Raz Intan Industries*[27]案中裁定，“直到被告承认这笔款项到期应付时，争议才会消除”。

这与早先英国在*Tradax Internacional SA v Cerrahogullari TAS, M Eregli*[28]案中的判决是一致的。法院认为，如果提出索赔但被告对此没有采取任何行动，那么沉默并不意味着他们承认了索赔，因为除非被告承认一笔款项是到期应付的，否则在仲裁条款范围内存在争议。[29]

承认必须是明确的，判例法表明，法院要求承认赔偿责任和数额。法院在*Zhan Jiang E & T Dev Area Service Head Co v An Hau Company Limited*[30]案中解释说，在责任和索赔数额都被承认之前，双方存在争议。

承认责任，但不承认索赔数额，这就足以构成争议。[31] 即使是“有争议的承认”，也构成争议。[32] 支付支票的行为可能足以构成对责任和数额的承认[33]，但决算账户本身不足以承认责任和数额。[34]

新加坡上诉法院在*Tjong Very Sumito v Antig Investments*[35]案中考虑了被告支支吾吾承认后又撤销或拒绝付款的情况。法院表示，“就仲裁条款而言，在承认赔偿责任后拒绝付款仍视为一项争议”[36]。

---

[25] *Louis Dreyfus Trading Ltd t/a Louis Dreyfus Sugar v Bonarich International (Group) Limited* [1997] 3 HKC 597; *Tai Hing Cotton Mill Limited v Glencore Grain Rotterdam BV* [1996] 1 HKC 363; *Glencore Grain Ltd v Agros Trading Co* [1999] 2 Lloyd's Rep 410; *The Incorporated Owners of Sincere House v Sincere Co Ltd* [2005] HKLT 30; [2005] 2 HKC 424 at [9]; *Getwick Engineers Ltd v Pilecon Engineering Ltd* [2002] HKCFI 189 at [23 (3)].

[26] *Niaga Tani Sdn Bhd v Samazez Holdings Berhad* [2002] MLJU 140; *London and North Western and Great Western Joint Rly Cos v JH Billington Ltd* [1899] AC 79, HL; *Cruden Construction Ltd v Commission for the New Towns* [1995] 2 Lloyd's Rep 387.

[27] *MCM Bulk Shipping (M) Sdn Bhd v Raz Intan Industries Sdn Bhd* [2012] MLJU 401.

[28] [1981] 3 All ER 344, [1981] 2 Lloyd's Rep 169.

[29] [1981] 3 All ER 344, [1981] 2 Lloyd's Rep 169.

[30] [1994] 1 HKC 539.

[31] *Leung Kwok Tim T/A Tim Yip Engineering Co v Builders Federal (Hong Kong) Ltd* [2001] HKCFI 823, [2001] 3 HKC 527; *The Incorporated Owners of Sincere House v Sincere Co Ltd* [2005] HKLT 30, [2005] 2 HKC 424; *Yingde Gases Investment Ltd v Shihlien China Holding Co Ltd* [2014] HKCFI 68.

[32] *Leung Kwok Tim T/A Tim Yip Engineering Co v Builders Federal (Hong Kong) Ltd* [2001] HKCFI 823 at [5].

[33] *Getwick Engineers Ltd v Pilecon Engineering Ltd* [2002] HKCFI 189.

[34] *Fai Tak Engineering Co Ltd v Sui Chong Construction & Engineering Co Ltd* [2009] HKDC 141 at [56].

[35] *Tjong Very Sumito v Antig Investments Pte Ltd* [2009] SGCA 41, [2009] 4 SLR (R) 732, [2010] 2 All ER (Comm) 366 at [62].

[36] Merkin, *Arbitration Law*, (2008) at para 8.42.2. *Exfin Shipping (India) Ltd Mumbai v Tolani Shipping Co Ltd Mumbai* [2006] EWHC 1090 (Comm); *Glencore Grain Ltd v Agros Trading Co Ltd* [1999] 2 All ER (Comm) 288.

因此，要平息一场争端需要程度相当大的承认。法院在 *Tjong Very Sumito v Antig Investments* 案中，考虑了 *Scott v Avery* 条款[37]对承认责任和拒绝付款的影响，认为该条款仍然将仲裁裁决作为在法院执行的先决条件。[38]

沉默的效力

拒绝索赔的行为可以是明示或默示的，从当事人的行为或周围的环境可以推断出来。不答复或无限期沉默将构成拒绝索赔。

法官坦普尔曼（Templeman J）对于 *Ellerine Brothers（Pty）Ltd v Klinger*[39] 案在沉默问题上的解释要早于萨姆纳勋爵（Lord Sumner）在 *Chandanmull v Donald Campbell*[40] 案中的解释：

> 当一个争议者作出明确表示，而另一个争议者在答辩中保持沉默时，一个争议就完美呈现出来了。一方的肯定和另一方的否定都能通过文字的方式使言行一致。

法院在 *Amec Civil Engineering v Secretary of State for Transport*[41] 案中认为，沉默可以推定为否认索赔，被申请人在推翻争议之前可保持沉默的时间取决于案件事实和合同条款。[42]

例如，在技术纠纷中，被申请人可能需要征求独立方或专家的意见才能作出答复。因此，申请人不能缩短作为合理答复时间的最后期限。[43]

威廉姆斯和卡瓦鲁援引了 *Amec Civil Engineering v Secretary of State for Transport*[44] 案来支持这一主张，特别是费希尔法官（Fisher J）认为，“当两个或两个以上的个人表达或保持相互冲突的观点或立场时”[45]，沉默等同于争议。

推论大概是，沉默被推断为争议冲突。

---

[37] 参见第 19 章。

[38] *Tjong Very Sumito v Antig Investments Pte Ltd* at ［2009］ SGCA 41，［2009］ 4 SLR （R） 732，［2010］ 2 All ER （Comm） 366 at ［62］，citing *Glencore Grain Ltd v Agros Trading Co Ltd* ［1999］ 2 All ER （Comm） 288.

[39] ［1982］ 1 WLR 1375（EWCA）. 参见第 1383 页：其中包括一项声明，即奉行“一种巧妙的不作为政策”并不意味着没有争议。

[40] （1916） 23 CWN 707，PC per Lord Sumner.

[41] *Amec Civil Engineering Ltd v Secretary of State for Transport* ［2004］ EWHC 2339 （TCC） at ［68］，affirmed ［2005］ EWCA Civ 291.

[42] 在 *Beck Interiors Ltd v UK Flooring Contractors Ltd*［2012］ EWHC 1808（TCC），［2012］ BLR 417 案件中，在作为公众假期的周末没有回应对方，不代表着就没有争议。

[43] *Amec Civil Engineering* 案件中所列出的 7 大主张得到了上诉法院的明确支持，同时在案件 *Collins（Contractors）Ltd v Baltic Quay Management（1994）Ltd*［2004］ EWCA Civ 1757，［2005］ BLR 63 中得到认可；在 *Tjong Very Sumito v Antig Investments Pte Ltd*［ 2009］ SGCA 41、［ 2009］ 4 SLR（R）732、［2010］ 2 All ER（Comm）366 at［61］一案中，新加坡上诉法院进行了引用。

[44] *Methanex Motunui Ltd v Spellman* ［2004］ 1 NZLR 95 at ［76］，affirmed ［2004］ 3 NZLR 454，CA at ［59］.

[45] Williams QC and Kawhar，*Williams & Kawharu on Arbitration*，（2011） at para 8. 3. 2.

新加坡上诉法院在审理 *Tjong Very Sumito v Antig Investments*[46] 案时认为，可能有些情况下的索赔如此荒谬，以致"沉默"被认为是最适当的回应，在某些文化中，非对抗性更为可取。

马来西亚的这种情况当然并不少见，被申请人会无视追讨的申请，希望问题自行解决。

新加坡上诉法院在 *Tjong Very Sumito v Antig Investments* 案中得出的结论是，法院应"倾向于认定所有案件都存在否认的情形，除了最明确的案件外"，如果沉默的目的是声称尚未发生争议，则不支持沉默策略。

对此，应由仲裁庭而不是法院来决定被申请人提出的所有答辩是真实的还是虚假的。如果申请人对被申请人提出索赔，而被申请人未对申请人的主张作出答复，则不应将被申请人的沉默理解为承认责任，双方仍存在争议。[47]

12.2 索赔、争议或分歧

实际上，"索赔"（claim）、"分歧"（difference）和"争议"（dispute）等词语可以互换使用。

加里·博恩表示："这些措辞包括了仲裁程序中可能产生的任何类型的意见不一、争议、分歧或索赔。"[48]

显而易见的是，在 *Post-Fiona Trust & Holding v Privalov* 案后，占用了法院大量时间的语义差异并不那么重要了，因为人们认为"当事人作为理性的商人，很可能打算由同一仲裁庭来裁决他们已经发生或准备发生的任何争议"[49]。

即使在当事人对事实或法律问题上存在分歧的阶段，也可以提起仲裁。同样，在当事人认为其主张不会得到满足的时候，也可以提出意见。

索赔

索赔是对合同或侵权行为可能产生的权利的要求或主张。索赔与诉讼理由的不同之处在于支持索赔的方式或索赔的理由。[50]

如果一方当事人希望将索赔包括在现有仲裁提及的范围内，则可能会产生是否存在争议或仅仅是一项索赔的问题。这种情况下，法律当局建议对如何构成争议采取广泛的理解。

---

[46] *Tjong Very Sumito v Antig Investments Pte Ltd* [2009] SGCA 41, [2009] 4 SLR (R) 732, [2010] 2 All ER (Comm) 366 at [61] - [62].

[47] *The Incorporated Owners of Sincere House v. Sincere Co Ltd* [2005] HKLT 30, [2005] 2 HKC 424.

[48] Gary Born, *International Commercial Arbitration* (2nd Edn, 2014) at p 1347.

[49] *Fiona Trust & Holding Corporation v Privalov* [2007] UKHL 40, [2007] 4 All ER 951 at [13].

[50] *West Wake Price & Co v Ching* [1957] 1 WLR 45.

法院在 *Lesser Design & Build Ltd v University of Surrey*[51] 案中裁定，JCT 建筑合同项下的索赔是一项“争议”仅仅是因为他们没有达成一致意见；索赔没有被驳回，付款时间也没有到。

另外，一种观点认为这可能不适用于仲裁开始时尚未存在的事项。[52]

法院没有对涉及“所有索赔”的仲裁条款和涉及争议或分歧的条款作出区分。[53] 在“所有争议”的仲裁条款中，不论申请人是否有类似主张，都属于“所有争议”的仲裁条款。[54]

争议

争议是索赔或权利的冲突。冲突在字典中被定义为“对立或敌对的状态”（a state of opposition or hostilities）、“斗争或抗争或对立原则的冲突”（a fight or struggle or the clashing of opposed principles）。当一方当事人根据合同条款向另一方索赔，而另一方否认或拒绝索赔时，就会产生争议。

一般来说，当一方当事人向另一方提出索赔，而另一方拒绝或无视该项主张时，就会发生争议。[55] 虽然当事人之间约定将争议提交仲裁的协议是仲裁条款，但在仲裁条款成立之前不能将争议提交仲裁。

在判决 *Methanex Motunui v Spellman*[56] 案时，法院认为，据说存在一种争议：“两个或两个以上的个人表达并保持相互冲突的观点或立场，解决这些观点或立场将产生或可能产生法律后果或存在问题，如果不解决则可能会引起争议。”

新加坡上诉法院在 *Tjong Very Sumito v Antig Investments*[57] 案中认为，确立争议的门槛很低，“而且被告只要声称他为了诉诸仲裁而反对或否认诉讼请求，便可以中止诉讼”。

法院在 *Ellerine Bros（Pty）Ltd v Klinger*[58] 案中认为，仅仅否认就能构成争议。在申请人承认应交付到期款项之前，争议都存在。

法官坦普尔曼解释说，一旦索赔被无视或被拒绝，争议就会产生：

---

[51] （1991） 56 BLR 57.

[52] Sutton，Gill and Gearing，*Russell on Arbitration*，（24th Edn，2015） at para 5.001.

[53] *Woolf v Collis Removal Service* ［1948］ 1 KB 11；*First Steamship Co Ltd v CTS Commodity Transport Shipping Schiffahrtsgesellschaft mbH*，*The Ever Splendor* ［1988］ 1 Lloyd's Rep 245.

[54] *Astro Vencedor Compania Naviera Sa of Panama v Mabanaft GmbH* ［1971］ 2 All ER 1301.

[55] *London & North Western Railways Co v Jones* ［1915］ 2 KB 35；*Bede Steam Shipping Co Ltd v Bunge y Born Ltd SA* （1927） 27 Ll L Rep 410；*Monmouth County Council v Costelloe and Kemple Ltd* （1965） 63 LGR 429，（1995） 5 BLR 83；*Tradax International SA v Cerrihougulllari TAS*，*The M Eregli* ［1981］ 2 Lloyd's Rep 169；*Ellerine Brothers （Pty） Ltd v Klinger* ［1982］ 2 All ER 737；*Erith Contractors Ltd v Costain Civil Engineering Ltd* ［1994］ ADRLJ 123；*Acada Chemicals Ltd v Empresa Nacional Pesquera SA* ［1994］ 1 Lloyd's Rep 428；*Amec Civil Engineering Ltd v Secretary of State for Transport* ［2004］ EWHC 2339 （TCC） affirmed ［2005］ EWCA Civ 291.

[56] *Methanex Motunui Ltd v Spellman* ［2004］ 3 NZLR 454，CA at ［59］.

[57] *Tjong Very Sumito v Antig Investments Pte Ltd* ［2009］ SGCA 41，［2009］ 4 SLR （R） 732，［2010］ 2 All ER （Comm） 366 at ［49］.

[58] ［1982］ 2 All ER 737 at 741，［1982］ 1 WLR 1375 at 1381，CA （Eng）.

……如果申请人提出一些请求或要求，而被申请人没有答复，那么争议就会产生。如果产生了争议，被申请人不必回信说“我不同意”。如果经分析，申请人提出的请求或要求涉及未达成协议的事项，而且该事项公平、公正地属于协议的范围，则申请人有权坚持仲裁而不是诉讼。

分歧

丹宁勋爵（Lord Denning）说：“在双方陷入战斗之前，分歧可能存在很久了。他们没有必要打起来。他们为了对弈而争吵就足够了。”[59]

但是，这种分歧必须是相当明确和实际的东西[60]，不只是个人的争吵、抱怨或煽动。[61] 合同的分歧是对事实真相或法律问题的争论，而不是对合同的不同评价。[62]

“争议”和“分歧”之间的区别在过去一直是一个重要的问题。[63] 一般而言，“争议”一词将意味着“争议”既有积极方面，也有消极方面，还假定一方提出主张，另一方予以否认。[64]

尽管“分歧”被认为具有更广泛的意义，然而在现代实践中，“争议”和“分歧”是一样的。

大法官丹克沃茨（Danckwerts LJ）在 *Sykes*（*F and G*）（*Wessex*）*Ltd v Fine Fare Ltd*[65] 案中解释说，“‘分歧’一词适用于当事各方未达成一致的情况”。[66]

法官达尼丁子爵（Viscount Dunedin）在 *May and Butcher*，*Limited v The King* 案中陈述道，“……未能达成一致……争议是完全不同的”，“但在我看来，‘分歧’一词特别适合描述这种情况”[67]。

然而法官萨维尔（*Saville J*）在 *Hayter v Nelson and Home Insurance Co* 案中表示，实际上，“争议”与“分歧”是一样的。[68]

法院在 *Cruden Construction Ltd v Commission for the New Towns* 案中对这一问题进行了讨论，给出了这些词的本质含义。吉利兰法官 Gilliland QC J 认为：

---

[59] *Beetham v Trinidad Cement Ltd*［1960］1 All ER 274 at 279 per Lord Denning，PC.

[60] *Huntley v Thornton*［1957］1 All ER 234.

[61] *Conway v Wade*［1909］AC 506 at 510，HL.

[62] Stroud's，*Judicial Dictionary*，（5th Edn，vol 2，1986）at p 771.

[63] 在英国，根据《UNCITRAL 示范法》第 7（1）条使用的定义，“争议”和“分歧”之间的区别不再像《1996 年仲裁法案》第 82（1）条那样重要，它证明了争议“包括任何分歧”。

[64] *Gujarat State Co-operative Land Development Ltd v PR Manded* 1979 AIR 1203，1979 SCC（3）123，SC（India）；*Dato' Teong Teck Kim v Dato' Teong Teck Leng*［1996］1 MLJ 178，CA；*Perbadanan Kemajuan Negeri Perak v Asean Security Paper Mill Sdn Bhd*［1991］3 MLJ 309，SC.

[65]［1967］1 Lloyd's Rep 53.

[66]［1967］1 Lloyd's Rep 53 at 60.

[67]［1934］2 KB 17 at 22.

[68]［1990］2 Lloyd's Rep 265 at 267.

> "争议"或"分歧"是普通英语单词，除非在 JCT 合同第 35 条中对这些单词的解释制定了一些有约束力的解释规则，否则我认为应该赋予这些词平常的意义。[69]

因此，仲裁条款中的"争议"或"分歧"一词具有宽大的含义，符合广泛解释仲裁条款的原则，以实现各方当事人的商业意图。[70]

12.3　无可争辩的索赔

雷德芬和亨特列举了仲裁协议的一方当事人认为不存在真正的争议时所产生的困难，例如，发票未付款，而债务人根本无视付款请求。

在普通诉讼中，如果对被告提出无可争辩的索赔，也就是没有可辩驳的理由，原告可以向法院申请简易判决。[71] 几乎在每一种情况下，债权人为无可争辩的债权申请简易判决比通过仲裁程序更为便宜和快捷。[72]

但是，萨维尔勋爵（Lord Saville）认为这并不是当事人或法院放弃仲裁协议的理由：

> 如果当事人同意仲裁他们的争议，那么为什么法院不理会这个交易，仅仅是因为事后一方当事人意识到如果去法院可能能够更快地行使自己的权利？[73]

他拒绝了这样的说法，即无可争辩的索赔不能构成"争议"或"分歧"的主张，他说：

> 据我所知，英国法律中没有一条一般原则会提出这样的建议，因为对一方当事人而言，事后讨价还价的结果似乎比没有达成协议或以不同方式达成协议的结果更不理想。[74]

新加坡上诉法院在 *Tjong Very Sumito v Antig Investments Pte Ltd*[75] 案中赞成这种做法并表示，在没有令人信服的法律依据允许当事人单方面改写仲裁协议的情况下，应当坚持

---

[69] ［1995］2 Lloyd's Rep 387 at 393.

[70] *Larsen Oil and Gas Pte Ltd v Petroprod Ltd*（*in official liquidation in the Cayman Islands and in compulsory liquidation in Singapore*）［2011］SGCA 21，［2011］3 SLR 414.

[71] Rules of Court 2012 O 14 r 1.

[72] Blackaby and Partasides with Redfern and Hunter, *Redfern and Hunter on International Arbitration*,（6th Edn 2015）at para 1. 60.

[73] Lord Saville, "Arbitration and the Courts", The Denning Lecture 1995, at p 13; Blackaby and Partasides with Redfern and Hunter, *Redfern and Hunter on International Arbitration*,（6th Edn 2015）at para 1. 61.

[74] *Hayter v Nelson and Home Insurance Co*［1990］2 Lloyd's Rep 265 at 269.

[75] ［2009］1 SLR（R）861，［2008］SGHC 202.

其仲裁协议。[76]

在 *Halki Shipping Corporation v Sopex Oils Ltd*[77] 案中，出现了无可争辩的索赔问题。法院认定，仲裁庭（而不是法院）应裁决答辩是否真实以及是否存在争议。大法官斯文顿·托马斯（Swinton Thomas LJ）表示：

> 一旦索赔，除非被告承认这笔款项是到期和应付的，否则争议就会存在。一项无可争辩的索赔仍然是争议。[78]

为此，法院在 *Halki Shipping Corporation v Sopex Oils Ltd* 案中批准引用了法官萨维尔（当时的法官）在 *Hayther v Nelson* 和 *Home Insurance Co*[79] 案中的附带意见，如下：

> 根据我在这方面的判断，"争议"一词和"分歧"一词并不局限于当时无法确定一方是否正确的情况。例如，有两个人争论在某一年中谁赢得了大学划艇赛。用常规的语言来讲，他们对是牛津获胜还是剑桥获胜有争议。事实上，可以很容易地、立即地、毫无疑问地去证明谁对谁错。这并不意味着争议实际上并不存在。因为在我看来，即使可以无可争辩地说一个人是正确的而另一个人是错误的，也并不意味着他们之间就没有任何争议。[80]

作为谈判过程的一部分，当双方签订合同时，双方都同意他们所有的争议都应该在商定的地点以仲裁的方式私下处理，而不管他们所提出的论据是强还是弱。

有人可能会建议不要通过仲裁来处理索赔，从而规避仲裁协议，因为被申请人的抗辩被认为是毫无希望的。必须抵制这样的诱惑，因为这样做将损害当事人讨价还价的能力而对其不利。

法院在 *Pledream Properties Ltd v 5 Felix Avenue London Ltd* 案中解释说：

> 我们都有这样的经历：诉讼当事人推进无望的案件，却没有成功的希望。仅仅因为结果是不可避免地就认为没有争议的说法，是滥用语言。[81]

尽管有法院的判决认为，如果一方当事人"明显没有辩护的理由"就没有争议[82]，

---

[76] *Tjong Very Sumito v Antig Investments Pte Ltd* [2009] SGCA 41, [2009] 4 SLR (R) 732, [2010] 2 All ER (Comm) 366 at [45].

[77] [1998] 1 WLR 726 at 761.

[78] *Halki Shipping Corporation v Sopex Oils Ltd* [1998] 1 WLR 726, per Henry LJ.

[79] [1990] 2 Lloyd's Rep 265 at 268.

[80] Quoted with approval in *Tjong Very Sumito v Antig Investments Pte Ltd* [2009] SGCA 41, [2009] 4 SLR (R) 732, [2010] 2 All ER (Comm) 366 at [44].

[81] [2010] EWHC 3048 (Ch) at [18].

[82] *First Steamship Co Ltd v CTS Commodity Transport Shipping Schiffahrtsgesellschaft mbH*, *The Ever Splendor* [1988] 1 Lloyd's Rep 245; *Afia Worldwide Insurance Co v Deutsche Ruck Versicherungs AG* (1983) 133 NLJ 621.

但这些结论被描述为“错误的”[83]，最近的权威机构对“争端”的解释更为宽松[84]。

马来西亚当局在《2005 年仲裁法案》（2011 年修正案）之前就已经决定了这个问题。如同《2005 年仲裁法案》颁布前的情况一样，法院对无可争辩的索赔采取保守的态度。

联邦法院在 *Tan Kok Cheng & Sons Realty Co Sdn Bhd v Lim Ah Pat*（*t /a Juta Bena*）[85]案中表示，虽然争议不一定是真诚的，但“在简单明了的案件中，如果一个合理的审判没有对案情进行细致的审查，就必然会认为被告提出的问题是琐碎无聊或无理取闹的，那么法院可以有理由拒绝中止诉讼”[86]。

BMC Construction v Dataran Rentas 案对此做了解释，认为“只是说‘我们对索赔提出异议’是绝对不够的”[87]。高等法院在 *Niaga Tani v Samarez Holdings*[88] 案中说，“如果一方当事人能够证明对方没有抗辩的理由，那么争议或分歧就不存在”。

中国香港地区法院认为，在解释《UNCITRAL 示范法》第 8 条时，主张无可争辩的事实不足以阻止法院准许中止诉讼。其适用格式与目前《2005 年仲裁法案》第 10 条的格式相同。[89]

因此，根据与《2005 年仲裁法案》（2011 年修正）类似的法定框架下的现行机构，不可争辩性并不能证明不存在争议的结论是合理的。只有明确承认这一点，才足以促使法院放弃其不干涉主义的立场。

12.4　争议发生的时刻

法院在审理 *Amec Civil Engineering Ltd v Secretary of State for Transport*[90] 案中，概述了关于争议的含义和争议产生时刻的七项主张：

（1）“争议”一词应具有其普通含义，而不是律师赋予的特殊或不寻常的含义；

（2）对于什么是争议，没有严格的法律规则；

---

[83] Gary Born，*International Commercial Arbitration*（2nd Edn，2014）at p 339.

[84] *Tai Hing Cotton Mill Ltd v Glencore Grain Rotterdam BV*［1996］1 HKC 363 at 373H；*Louis Dreyfus Trading Ltd T/A Louis Dreyfus Sugar v Bonarich International*（*Group*）*Ltd*［1997］HKCFI 312；［1997］3 HKC 597；*Orkney Islands Council v Charles Brand Ltd*，2002 SLT 100；*Public Service Electric & Gas Co v Local* 94 *International Brotherhood of Electrical Workers*，140 F. Supp. 2d 383，395（DNJ 2001）；Gary Born，*International Commercial Arbitration*（2nd Edn，2014）at p 1347.

[85]［1995］3 MLJ 273，［1996］1 CLJ 231.

[86] *Tan Kok Cheng & Sons Realty Co Sdn Bhd v Lim Ah Pat*（*t/a Juta Bena*）［1995］3 MLJ 273 at 281，FC. 在 *Perbadanan Kemajuan Negeri Perak v Asean Security Paper Mill Sdn Bhd*［1991］3 MLJ 309 at 314 案中，最高法院指出：“被申请人的案件中存在明显的弱点这一事实不应被视为无视上诉人作为当事方并且被申请人坚持的仲裁条款的借口。”

[87] *BMC Construction Sdn Bhd v Dataran Rentas Sdn Bhd*［2001］1 MLJ 356 at 362.

[88] *Niaga Tani Sdn Bhd v Samarez Holdings Berhad*［2002］MLJU 140.

[89] *Zurich Australian Insurance Ltd v Cognition Education Ltd*［2013］3 NZLR 219.

[90] *Amec Civil Engineering Ltd v Secretary of State for Transport*［2004］EWHC 2339（TCC）at［68］，affirmed［2005］EWCA Civ 291.

（3）一方通知另一方索赔并不自动和立即产生争议[91]，除非并直至出现索赔不被承认的情形，否则就不会发生争议[92]；

（4）出现不承认索赔的情况可能是多种多样的，包括明确拒绝、从各当事人之间的讨论中得出客观推断、推诿和沉默；

（5）可以推断争议的沉默期取决于案件的事实；

（6）超过答复规定的截止日期并不自动使争议具体化；

（7）如果索赔人提出的索赔含混不清、定义不明，以致被申请人无法作出理智回应，那么被申请人的沉默甚至明示不承认都会引起争议。[93]

因此，如果在核心问题上存在分歧，就会产生争议或分歧：不需要提出任何主张，也不需要完全构成诉讼理由。[94] 虽然对赔偿责任没有争议，但仍可能对赔偿金的数额存在争议。[95]

12.5 后来产生的争议的管辖权

法律的一项既定原则是，提及仲裁通常意味着只有在提及之日产生的争议、分歧或索赔才由仲裁庭裁决。[96] 例如，《国际商会仲裁规则》（*ICC Arbitration Rules*）明确规定，

---

[91] *Monmouth County Council v Costelloe and Kemple Ltd*（1965）63 LGR 429，（1995）5 BLR 83 at 89；*Cruden Construction Ltd v Commission for the New Towns*［1995］2 Lloyd's Rep 387 at 394；*Union of India v E B Aaby's Rederi A/S*［1975］AC 797 at 807，［1974］2 All ER 874 at 879，*sub nom EB Aaby's Rederi A/S v Union of India*，*The Evje*［1974］2 Lloyd's Rep 57 at 61，HL.

[92] Mustill and Boyd，*The Law and Practice of Commercial Arbitration in England*（*2nd Edn*，*1989*）. 该书第128页提到"……该纠纷的产生并不必然发生索赔，该索赔是不充分的"，其引用了法官鲍舍（Bowsher QC J）在案件 *Secretary of State for Foreign and Commonwealth Affairs v Percy Thomas Partnership*（*a firm*）*and Kier International*［1998］All ER（D）13 中的陈述。

[93] 被告没有提供任何细节，使原告能就房屋协会指称的任何事宜作出任何知情决定，更不用说这些指称对原告人有何影响，因此要求提供进一步资料并不足以使争议具体化。参见 *Cruden Construction Ltd v Commission for the New Towns*［1995］2 Lloyd's Rep 387 at 394 案。

[94] *Robertson*（*J F*）*& Co v A T James & Co*（1923）16 Ll L Rep 34 at 36；*Ramac Costruction Co Ltd v J E Lesser*（*Properties*）*Ltd*［1975］2 Lloyd's Rep 430. Cf *Brightside Kilpatrick Engineering Services v Mitchell Construction*（1973）*Ltd*［1975］2 Lloyd's Rep 493，CA（Eng）；*Sioux Inc v China Salvage Co*，*Kwangchow Branch sub nom The American Sioux*［1980］2 Lloyd's Rep 224，CA（Eng）；*Union of India v EB Aaby's Rederi A/S*［1975］AC 797，［1974］2 All ER 874，*sub nom EB Aaby's Rederi A/S v Union of India*，*The Evje*［1974］2 Lloyd's Rep 57，HL.

[95] *Associated Bulk Carriers Ltd v Koch Shipping Inc*，*The Fuohsan Maru*［1978］2 All ER 254，［1978］1 Lloyd's Rep 24，CA（Eng）.

[96] *Moor & Bedell's Case*［1587］145 ER 189，Jenk 264；*Barnes v Greenwell*（1600）Cro Eliz 858；*Stains v Wild*（1614）Cro Jac 352；*Ward v Uncorn*（1631）Cro Car 216；*Banfill v Leigh*（1800）8 Term Rep 571；*Manser v Heaver*（1832）3 B & Ad 295；*Jones v Cony*［1839］5 Bing NC 187；*London and North Western and Great-Western Joint Railway Co's v Billington*［1899］AC 79；*Telfair Shipping Corporation v Inersea Carriers SA*，*The Caroline P*［1983］2 Lloyd's Rep 351；*Cathiship SA v Allanasons Ltd*，*The Catherine Helen*［1998］3 All ER 714；*Alfred McAlpine Construction Ltd v RMG Electrical Ltd*［1998］ADRLJ 53.

在法院签署或批准了职权范围后，任何一方当事人不得提出超出职权范围的新索赔，除非仲裁庭已授权其这样做。仲裁庭应考虑到此类新索赔的性质、仲裁阶段和其他相关情况。[97]

在提交仲裁之日后提出的新索赔可能会“超出已开始仲裁的争议或分歧，因此需要开始新的仲裁”[98]。

例如，法院在 *Manser v Heaver*[99] 案中撤销了仲裁裁决[100]，在这一部分中，仲裁庭保留了对双方之间未来可能产生的任何争议或分歧作出决定的权力（在这方面是可分割的）。

法院在审理 *Lesser Design & Build v University of Surrey*[101] 案中解释了一封将争议提交仲裁的信件，该信函仅限于其发出之日存在的争议。如果当事方通过特别提交明确或默示同意此类事项应由仲裁员审议，则仲裁员的管辖权可延伸至提交后争议。

这种明示协议可以在听审期间产生，也可以在仲裁员的职权范围中建立。[102] 管辖权的默示扩大往往取决于当事人的行为。

Hayter v Nelson and Home Insurance Co[103] 案中的问题是，仲裁员是否对再保险人就管理再保险协议所发生的费用向再保险人提出的索赔拥有管辖权。在提交仲裁之后，提出了被申请人对收费的责任问题，这与费用问题不同。

法院确信，在仲裁开始之前交换信件足以赋予仲裁庭审议这一新问题的管辖权。然而法院补充说，如果在诉讼过程中出现补充的问题或争议，并根据当事人的默示协议可以视为仲裁员管辖范围内的事项，那么法院本来准备认定的仲裁员的管辖权可以默示扩大。

---

[97] ICC Rules of Arbitration（2012）art 23（4）.

[98] M Pryles and J Waincymer, “Multiple Claims in Arbitrations Between the Same Parties” at p 37.

[99] （1832）3 B & Ad 295.

[100] *Ayland v Nicholls*［1679］Freem KB 265; *Marks v Marriott*［1696］1 Lut 520; *Hooper v Pierce*（1679）12 Mod Rep 116; *Simon v Gavil*（1703）1 Salk 74; *Barnardiston v Fowler*（1714）Gilb 125, 10 Mod Rep 204; *Keen v Godwin*（1728）Bunb 250; *Johnson v Warren*（1730）1 Barn KB 430.

[101] （1991）56 BLR 57.

[102] *Lewis v Rossiter*（1875）44 LJ Ex 136; *Brown v Watson*（1839）6 Bing NC 118; *Great Ormond Street Hospital NHS Trust v Secretary of State for Health* 56 ConLR 1. Cf *Re Morphett*（1845）2 Dow & L 967.

[103] ［1990］2 Lloyd's Rep 265. *Re Brown & Croydon Canal Co*（1839）9 Ad & El 522.

第3篇 Part three

违反仲裁协议和法院中止诉讼程序

第 13 章　仲裁协议的效力

13.1　不可撤销和可执行的情形

《1952 年仲裁法案》[1] 有一项规定，除非得到高等法院许可，否则仲裁员的权力是不可撤销的。[2]

现在情况已经不再如此了，因为《2005 年仲裁法案》[3] 第 15 条允许各方当事人就质疑仲裁员任命的程序达成一致[4]，如果有正当理由怀疑仲裁员的公正性或独立性，或出现仲裁员不具备各方当事人同意的资格。[5]但是，各方当事人应该记住，该条规定的质疑机制必须被视为违约机制。本节必须与《2005 年仲裁法案》第 2（2）（b）条一起阅读，该节允许第三方，包括一个机构确定该问题。[6]此外，应根据《2005 年仲裁法案》第 15（1）条的规定遵守对仲裁员提出质疑的严格时限，即在了解仲裁庭的组成或第 14（3）条提到的任何理由出现后的 15 天。

仲裁庭本身可就质疑作出裁决。[7] 但是在请求时，高等法院的干预仍然是强制性的[8]，而对它的裁决不能上诉。[9]

此外，如果仲裁员在法律上或事实上无法履行职责或出现不当拖延的行为时，各方当事人可就仲裁员的终止达成协议，或仲裁员可自愿退出。[10]

2010 年版《PAM 仲裁规则》［*PAM Arbitration Rules*（2010 *Edition*）］第 4. 4 条提供了一个相反的例子，该条规定“仲裁员的任命可随时通过各方当事人的书面协议撤销”。

这项规定设想了一种情况，即各方当事人共同行动，并以书面形式同意撤销仲裁员

---

[1] 已废除。

[2] Arbitration Act 1952 s 3；*Penang Development Corp v Trikkon Construction Sdn Bhd*［1997］3 MLJ 115，CA. *Jak Kwang Builders & Developers Sdn Bhd v Ng Chee Keong*［2001］4 MLJ 391.

[3] Act 646.

[4] Arbitration Act 2005 s 15（1）；参见第 23 章关于撤销仲裁员的规定。

[5] Arbitration Act 2005 s 14（3）（a） and （b）.

[6] Justice Datuk Dr Haji Hamid Sultan Bin Abu Backer，*International Arbitration with Commentary to Malaysian Arbitration Act* 2005（2016） at p 259.

[7] Arbitration Act 2005 s 15（2）.

[8] Arbitration Act 2005 s 15（3）.

[9] Arbitration Act 2005 s 15（5）.

[10] Arbitration Act 2005 s 16（1）. 这种终止也可以根据第 16（2）条提出异议。

的权力。必须注意的是，2010年版《PAM仲裁规则》作为仲裁协议的一部分纳入2006年版《PAM建筑合同标准格式》第34.7条，该条款在建筑业中被广泛使用。

因此，仲裁协议具有约束力，任何一方均不得单方面撤销，除非仲裁协议表达了相反的意图。

13.2 一方当事人的死亡

除非当事人另有约定，仲裁协议不因任何一方的死亡而解除：

> 人们普遍认为，在保留协议的前提下，普遍的继承人受到他所继承的人所缔结的仲裁条款的约束——特别是在这样的条款具有严格的个人特征的情况下。[11]

如果仲裁协议的一方当事人死亡，仲裁协议仍然有效，现有的程序不会自动终止，但法律规定的情况除外，例如，诉讼的实质性原因归结于死者个人。[12]

"遗嘱代理人"指死者的遗嘱执行人或遗产管理人，而就缴付遗产税的法律责任而言，包括未经遗产代理人或法院授权而占有或处理死者财产的人。[13]

然而这并不影响任何成文法或法律规则的实施，根据这些成文法或法律规则，死者的遗产代理人可以强制执行协议，也可以被要求为另一方当事人提起的仲裁进行辩护。

被正式任命并接受任命的仲裁员，其职权不受任何一方当事人——包括被指派的任何一方当事人死亡的影响。[14]

13.3 个人破产和公司清盘

仲裁协议的一方当事人后来被裁定破产的，如果财产管理人采纳该协议，可以提起仲裁或为仲裁进行辩护。[15]

如果财产管理人没有采纳该协议，而该事宜需要就破产程序作出裁定，则该协议的任何一方或破产财产的正式受让人可向对破产程序有管辖权的法院申请许可，将该事宜按照协议提交仲裁。[16]

---

[11] J F Poudret, S Besson, *Comparative Law of International Arbitration*, (2nd Edn, 2007) at p 252.

[12] Arbitration Act 2005 s 34 (4).

[13] Probate and Administration Act 1959 (Act 97) s 2.

[14] Arbitration Act 2005 s 34 (4) (b).

[15] Arbitration Act 2005 s 49 (1); *Marsh v Wood* (1829) 9 B & C 659; *Sturges v Lord Curzon* (1851) 21 LJ Ex 38, 7 Exch 17; *Pennell v Walker* (1856) 18 CB 651.

[16] Arbitration Act 2005 s 49 (2).

如果财产管理人向法院提出书面申请后[17]，未在 28 天内或法院可能允许的延长期限内放弃协议，则视为已采用该协议。[18]

法院还可根据其认为公平的条款撤销协议，条件是任何一方当事人因不履行协议而以法院认为公平的其他方式支付了损害赔偿金。[19] 法院可以酌情命令将该事项进行仲裁。[20]

对于公司而言，在申请清盘后及清盘令作出前的任何时间，如针对公司的任何诉讼或法律程序仍待决的，公司或任何债权人或分担人可向法院申请中止或限制在该诉讼或法律程序中的进一步法律程序，而法院可据此按其认为适当的条款中止或限制其法律程序。[21]

当一家公司开始自愿进行债权人清盘时，未经法院许可不能进行任何程序。[22] “程序”（proceedings）一词包括仲裁程序。对于成员自动清盘的公司，则没有类似的禁令。

---

[17] Bankruptcy Act 1967（Act 360） s 85（3）.

[18] Bankruptcy Act 1967 s 59（4）.

[19] Bankruptcy Act 1967 s 59（5）.

[20] Bankruptcy Act 1967 s 61；s 8（1）.

[21] The Companies Act 2016（Act 777） s 470. 参见 *Re Sanpete Builders*（*S*） *Pte Ltd*［1989］ 1 MLJ 393，以及 *ac Construction & Trading v Bennes Engineering Berhad*（*No* 2）［1999］ MLJU 30，［1999］ 2 AMR 1621 案；也可参见 *Public Bank Bhd v Muhibbah Meridian Sdn Bhd*［2001］ 1 MLJ 31，［2000］ 7 CLJ 137 案。在这里，《1965 年公司法案》第 222 条没有授权法院命令中止清盘申请的法律程序。当清盘令发出或临时清盘人获委任时，自动延缓生效（根据《2016 年公司法案》第 471 条。）

[22] The Companies Act 2016 s 451.

第 14 章　法院并行程序的中止

14.1　中止诉讼程序的法定管辖权

仲裁协议规定了当事人避免诉讼和通过仲裁解决纠纷的消极义务。[1] 但是，如果一方认为仲裁协议不适用，或者认为通过普通诉讼解决争议[2]更合适时，他们可能会在当地法院提起诉讼。

《承认及执行外国仲裁裁决公约》（《纽约公约》）第Ⅱ（3）条要求缔约国本国法院执行仲裁协议，以便遵守这项义务。[3] 这一要求也体现在《UNCITRAL 示范法》第 8（1）条中。

《2005 年仲裁法案》[4] 第 10（1）条与《UNCITRAL 示范法》[5] 第 8（1）条一致。它规定了中止诉讼的法定义务，这与《1952 年仲裁法案》不同。[6] 早些时候，法院有广泛的自由裁量权命令中止诉讼，“如果确信没有足够的理由，就不应该提交此事”。如今的变化是，法院必须中止所有受仲裁协议约束的程序[7]，除非法院认定该协议“无效、失效或不能履行”[8]。

---

[1] *Ust-Kamenogorsk Hydropower Plant JSC v AES Ust-Kamenogorsk Hydropower Plant LLP* [2013] UKSC 35, [2013] 2 Lloyd's Rep 281; Gary Born, *International Commercial Arbitration* (2nd Edn, 2014) at p 1285.

[2] 第 12 章第 5 条将无可争辩的索赔视为索赔人可能寻求即决判决的情况。

[3] 《纽约公约》第 2（3）条规定：“缔约国的法院在受理当事人就本条意义上的协议所涉事项提起的诉讼时，应根据一方当事人的请求，将当事人的争议提交仲裁，除非它认定该协议无效、无效或不能履行。”

[4] Act 646.

[5] *ZAQ Construction Sdn Bhd v Putrajaya Holdings Sdn Bhd* [2014] 10 MLJ 633.

[6] 正如《1952 年仲裁法案》第 6 条所述。

[7] *Borneo Samudera Sdn Bhd v Siti Rahfizah bt Mihaldin* [2008] 6 MLJ 817, [2008] 5 CLJ 435; *Innotec Asia Pacific Sdn Bhd v Inotec GmbH* [2007] 8 CLJ 304; *Standard Chartered Bank Malaysia Bhd v City Properties Sdn Bhd* [2008] 1 MLJ 233, [2008] 1 CLJ 496; *Sunway Damansara Sdn Bhd v Malaysia National Insurance Bhd* [2008] 3 MLJ 872, *CMS Energy Sdn Bhd v Poscon Corp* [2008] 6 MLJ 561, [2008] 1 LNS 543; *Chut Nyak Isham bin Nyak Ariff v Malaysian Technology Development Corp Sdn Bhd* [2009] 6 MLJ 729; *Albilt Resources Sdn Bhd v Casaria Construction Sdn Bhd* [2010] 3 MLJ 656; *Lembaga Pelabuhan Kelang v Kuala Dimensi Sdn Bhd* [2011] 2 MLJ 606.

[8] *Standard Chartered Bank Malaysia Bhd*; *Renault SA v Inokom Corp Sdn Bhd* [2010] 5 MLJ 394, [2010] 5 CLJ 32; *Metrod (Singapore) Pte Ltd v GEP Ⅱ Beteiligungs GmbH* [2013] MLJU 602 at [36]; *Rightmove Sdn Bhd v YWP Construction Sdn Bhd* [2015] 7 MLJ 687.

这种没有自由裁量权的情况，与《纽约公约》[9] 第Ⅱ（3）条的一般性解释以及其他英联邦国家的判例相一致。[10] 此外，中止诉讼的管辖权由受理诉讼的法院享有，因此不限于高等法院。[11]

《2005 年仲裁法案》在申请中止诉讼程序方面不区分国内仲裁和国际仲裁。

当《2005 年仲裁法案》第一次颁布时，第 10（1）（b）条允许法院在确信双方之间没有争议的情况下拒绝中止诉讼程序。随后这一规定被《2005 年仲裁法案》（2011 年修订）[12] 废除，所谓的不存在争议不再是拒绝中止的理由。[13]

14.2　固有管辖权下的中止诉讼

法院命令中止诉讼程序的固有权力原则上适用于与仲裁有关的任何事项。[14] 它不应受第 10 条[15]的影响，但法院行使该管辖权只处理不属于法定范围内的案件。[16]

Channel Tunnel Group Ltd v Balfour Beatty Construction Ltd[17] 案中，法院解释道：

> ……使用同样的权力来执行争端解决协议肯定是合法的，这几乎是一项立即生效的仲裁协议，尽管不完全如此。因此我认为，无论第 67 条是否属于 1975 年《英

---

[9] *West Tankers Inc v Ras Riunione Adriatica Di Sicurta*, "*The Front Comor*" [2005] EWHC 454 (Comm), [2005] 2 Lloyd's Rep 257 at [57], *West Tankers Inc v Ras Riunione Adriatica Di Sicurta*, "*The Front Comor*" [2005] EWHC 454 (Comm), [2005] 2 Lloyd's Rep 257 at [57]. 但请注意，欧洲法院已颁布禁令，禁止在另一个欧洲成员国提起违反仲裁协议的法院诉讼，这与 2000 年 12 月 22 日第 44/2001 号理事会条例（EC）不符。Samuels, "*Jurisdictional Problems in International Commercial Arbitration*" *A Study of Belgian, Dutch, English, French, Swedish, US and West German Law*, (1989) at p 195; *McCreary Tire & Rubber Co v CEAT SpA* 501 F. 2d 1032, 1037 (3rd Circ. 1974).

[10] *GreCon Dimter Inc v J R Normand Inc* [2005] SCC 46 (CanLII) (Can); *Fibreco Pulp Inc v The Star Dover* [2000] CanLII 15323, FCA (Can); *Tai Hing Cotton Mill Limited v Glencore Grain Rotterdam B V* [1995] HKCA 626, CA (HK); *F & D Building Services Engineering Co Ltd v Chevalier (E & M Contracting)* [2001] 3 HKCFI 824; *Pathak v Tourism Transport Ltd* [2002] 3 NZLR 681; *Mugoya Construction & Engineering Ltd v National Social Security Fund Board of Trustees* [2005] eKLR, Civil Suit 59 of 2005 (Kenya); *Ocean Park Corporation v Proud Sky Co Ltd* [2007] HKCFI 1221 (HK); *Rondabosh International Ltd v China Ping An Insurance (Hong Kong) Co Ltd* [2009] HKCFI 1198 (HK).

[11] 《2005 年仲裁法案》第 10 节没有提及"高等法庭"一词并非偶然，因为其他章节专门提及了高等法庭。*Malaysian European Production System Sdn Bhd v Zurich Insurance (M) Bhd* [2003] 1 MLJ 304 at 312.

[12] Act 1395.

[13] *Rightmove Sdn Bhd v YWP Construction Sdn Bhd* [2015] 7 MLJ 687.

[14] *Tan Kok Cheng & Sons Realty Co Sdn Bhd v Lim Ah Pat (t/a Juta Bena)* [1995] 3 MLJ 273, FC; *Inter Maritime Management Sdn Bhd v Kai Tai Timber Co Ltd, Hong Kong* [1995] 1 MLJ 322, CA; *Roussel-Uclaf v GD Searle & Co* [1978] 1 Lloyd's Rep 225 at 230; *OTM Ltd v Hydranautics* [1981] 2 Lloyd's Rep 211.

[15] *Chok Yick Interior Design & Engineering Co Ltd v Fortune World Enterprises Ltd* [2010] 2 HKC 360 (HK); *Louis Dreyfus Trading Ltd T/A Louis Dreyfus Sugar v Bonarich International (Group) Ltd* [1997] 3 HKC 597 (HK); *Simmonds Capitals Ltd v Eurocom International Ltd* [1998] CanLII 7229, FC (Can).

[16] *Etri Fans Ltd v NMB (UK) Ltd* [1987] 2 All ER 763 at 767, [1987] 1 WLR 1110 at 1114, [1987] 2 Lloyd's Rep 565 at 568, CA (Eng). 这可能包括一个口头仲裁协议。

[17] [1993] 1 All ER 664 at 678, HL.

国仲裁法案》（*UK Arbitration Act* 1975）第1条的范围，法院都有权中止本诉讼。

在法律授权法院在当事方同意通过仲裁解决争议或分歧的情况下中止诉讼之前，普通法的立场是，法院拥有充分的自由裁量权，可以完全无视其他争议解决机构，以任何方式处理不受限制的诉讼。[18]

法院在 *Racecourse Betting Control Board v Secretary of State for Air*[19] 案中说：

> 相当不幸的是，法院中止诉讼的权力和义务据说是根据1889年《英国仲裁法案》（*UK Arbitration Act* 1889）第4条而来的。实际上，权力和义务是在更广泛的一般原则下产生的，即法院要求人们遵守他们的合同，因此，法院将限制原告提起诉讼的权利，因为这违反了他与被告达成的协议，即双方之间的任何争议应通过其他方式解决。

除非有法院下令仲裁的明文规定，否则法院不得擅自将审理中的案件提交仲裁。[20]

14.3 适用程序

根据《2005年仲裁法案》第10条之规定提出的中止诉讼申请必须在诉讼程序中的任何其他步骤[21]之前提出，并应根据《2012年法院规则》第69号命令第10条作出。（参见第15章第15.7节）

与该法案中特别提及的高等法院的其他申请不同，根据第10条提出的中止申请可向任何法院提出，包括下级法院。[22] 因此，申请人应向已开始诉讼的法院提出申请。

《2012年法院规则》第69号命令第10条没有明确要求申请必须有宣誓书支持。但是，寻求中止的一方有义务向法院坦白诉讼中的问题，仅仅说已经向原告提供了这些问题的概要细节是不够的。[23]

与高等法院根据《2005年仲裁法案》第18（8）条对仲裁庭管辖权作出的裁决不

---

[18] *Newacres Sdn Bhd v Sri Alam Sdn Bhd* [1991] 3 MLJ 474, SC; *Chip Chong Sawmill Co Sdn Bhd v Chai Khiun Fui* [1978] 2 MLJ 24, FC; *Dobbs v The National Bank of Australasia Ltd* (1935) 53 CLR 643, [1935] ALR 360, (Aust).

[19] [1944] 1 All ER 60 at 65, CA (Eng). *Accounting Publication Sdn Bhd v Ho Soo Furniture Sdn Bhd* [1998] 4 MLJ 497 and *Brian McGowan v Summit at Lloyd's* 2002 Scot (D) 14/6.

[20] A/CN. 9/264 对《国际商事仲裁示范法（草案）》第8条第3款的分析评论；*Hrvatsko Mirovinsko Osiguranje d.o.o.v EDIS d.o.o.*, *High Commercial Court*, *Croatia*, 17 April 2007, XLVII Pž-6756/04-3; *D Andrés v Díez Carrillo SL*, *Audiencia Provincial de Palma de Mallorca* (sección 5a), Spain, 5 October 2006, rec. apel. 399/2006; *Kolinker Industrial Equipment Ltd v Longhill Industries Ltd* [2004] HKDC 65; *United Laboratories Inc v Abraham* [2002] CanLII 17847, SCJ (Ont).

[21] Arbitration Act 2005 s 10 (1).

[22] *Malaysian European Production System Sdn Bhd v Zurich Insurance (Malaysia) Berhad* [2003] 1 MLJ 304 at 312, [2003] 1 AMR 670 at 677, per Kamalanathan Ratnam J.

[23] *Turner v Fenton* [1982] 1 All ER 8, [1982] 1 WLR 52.

同，第 10 条既没有规定也没有限制对法院准予中止裁决提出上诉。[24]

《2005 年仲裁法案》第 10（3）条允许在是否中止的问题悬而未决期间开始或继续仲裁程序，直至作出最后裁决。

在仲裁程序继续进行的情况下，根据《2005 年仲裁法案》第 18 条，仲裁庭也可对自身管辖权作出裁决。这样可以防止在明确同意仲裁的情况下，为了拖延而进行虚假诉讼。

在仲裁协议受有效质疑或仲裁庭明显没有管辖权的情况下，作为是否准予中止的裁决的一部分，法院就仲裁庭的管辖权作出裁决可能具有成本效益，但法院可以简单地准予中止，该问题可由仲裁员裁决。[25]

以提交宣誓书的方式反对根据《2012 年法院规则》第 14 号命令作出裁判的申请方，应在提交此类宣誓书之前或同时，尽早发出停止诉讼的传票。[26] 根据《2012 年法院规则》第 12 号命令，出庭不是诉讼程序的一个步骤。[27]

14.4 申请中止的费用

法院“可以施加其认为适当的任何条件”，而且由于这一权力似乎是不受限制的，因此可以根据《2005 年仲裁法案》第 10（2）条对任何一方当事人施加费用。这保留了法院在中止诉讼程序的费用方面的普通法权力。[28]

如果中止令中没有就费用作出指示，则费用不会自动遵循《2012 年法院规则》的规定，因为相关规定[29]不适用于仲裁，但如果中止令被批准了，通常是命令被告申请人支付诉讼费用（如有）和中止申请的费用。[30]

在 *A v B*（*No* 2）[31] 案中，法院认为，对于提起违反仲裁协议的中止诉讼申请，其费用通常应在赔偿的基础上提出。因此，企图以违反仲裁协议的方式提起诉讼会带来更大的财务风险。

---

[24] *Inco Europe Ltd v First Choice Distribution* [2000] 2 All ER 109，[2000] 1 Lloyd's Rep 467 上诉程序可能长达数年，这表明需要起草得当的仲裁协议，尽可能少地提供争论的余地。

[25] Rules of Court 2012 O 56 r 2.

[26] *Ahmad Al-Naimi*（*T/A Buildmaster Construction Services*）*v Islamic Press Agency Inc* [2000] 1 Lloyd's Rep 522，尽管这一般来说只适用于法院“几乎确定存在仲裁协议，或仅对仲裁协议的范围存在争议”的情况。*Birse Construction Ltd v St David Ltd* [1999] BLR 194；*Joint Stock Company "Aeroflot Russian Airline" v Berezovsky & Ors* [2012] EWHC 1610 (Ch)，[2012] All ER (D) 115 (Jun).

[27] *Pitchers Ltd v Plaza*（*Queensbury*）*Ltd* [1940] 1 All ER 151，CA（Eng）；*Turner & Goudy v McConnell* [1985] 2 All ER 34，[1985] 1 WLR 898，CA（Eng）.

[28] *Splosna Plovba International Shipping and Chartering d.o.o. v Adria Orient Line Pte Ltd* [1998] SGHC 289.

[29] Rules of Court 2012 O 59 r 3；*Belfield v Bourne* [1894] 1 Ch 521 at 528.

[30] *Bustros v Lenders*（1871）LR 6 CP 259.

[31] *A v B*（*No* 2）[2007] EWHC 54（Comm），[2007] 1 Lloyd's Rep 358；*Kyrgyz Mobil Tel Ltd v Fellowes International Holdings Ltd* [2005] EWHC 1314（Comm）.

法院有时会指出，申请中止的费用应由仲裁员酌情决定。[32] 除非另有约定，否则《2005 年仲裁法案》第 44（1）（a）条规定，仲裁员有充分的裁量权裁决费用。

14.5 反诉讼禁令

各方当事人在面临国际商事纠纷时可能无视仲裁协议，并在仲裁地以外的国家启动法院程序。这可能是出于多种原因，包括当事人认为其索赔是无可争辩的，或更有信心在海外诉讼中胜诉，而不是在仲裁中胜诉。

在这种情况下，被申请人可能不希望在另一个国家承担对这些程序提出异议而产生的费用和困难，而是可以在仲裁地申请反诉讼禁令。在英国，法院已经明确确认了他们下达这种命令的权力。[33]

法院在 *The Front Comor*[34] 案中说：

> 英国法院经常颁布禁令，以限制仲裁协议各方当事人在其他国家的法院提起或继续诉讼。

此外，法院在 *The Angelic Grace*[35] 案中认为：

> 在这两种情况下，下达禁止令的理由都是：如果没有禁止令，将会在损害赔偿显然不足以补救的情况下剥夺原告的合同权利。

这个立场已经在英联邦其他地方得到认可。[36]

---

[32] *Barnes v Youngs*［1898］1 Ch 414 案诉讼中止。

[33] *Warburg & Co v McKerrow & Co*（1904）90 LT 644；*Tracomin SA v Sudan Oil Seeds Co Ltd*（*No* 2）［1983］3 All ER 140，［1983］1 WLR 1026，［1983］2 Lloyd's Rep 624，CA（Eng）；*Marazura Navegacion SA v Oceanus Mutual Underwriting Association*（*Bermuda*）*Ltd and John Laing*（*Management*）*Ltd*［1977］1 Lloyd's Rep 283 *Pena Copper Mines Ltd v Rio Tinto Co Ltd* 105 LT 846，［1911-13］All Rep 209，CA（Eng）；*World Pride Shipping Ltd v Daiichi Chuo Kisen Kaisha*，*The Golden Anne*［1984］2 Lloyd's Rep 489；*Mike Trading and Transport Ltd v R Pagnan & Flli*，*The Lisboa*［1980］2 Lloyd's Rep 546，CA（Eng）；*Gorthon Invest AB v Ford Motor Co Ltd*，*The Maria Gorthon*［1976］2 Lloyd's Rep 720.

[34] *West Tankers Inc v Ras Riunione Adriatica di Sicurta SpA*，*The Front Comor*［2007］UKHL 4 at［8］，［2007］1 Lloyd's Rep 391 at［8］，HL. *Aggeliki Charis Cia Maritima SA v Pagnan SpA*，*The Angelic Grace*［1995］1 Lloyd's Rep 87 at 96，CA（Eng）；*Industrial Maritime Carriers*（*Bahamas*）*Inc v Sinoca International Inc*，*The Eastern Trader*［1996］2 Lloyd's Rep 585；*National Westminster Bank plc v Utrecht-America Finance Company*［2001］3 All ER 733 at［29］-［35］；*Starlight Shipping Co v Tai Ping Insurance Co Ltd*，*The Alexandros T*［2007］EWHC 1893（Comm），［2008］1 All ER（Comm）593；*C v D*［2007］EWHC 1541（Comm），［2007］2 All ER（Comm）557；*Elektrim SA v Vivendi Universal SA*（*No* 2）［2007］EWHC 571（Comm）；*Deutsche Bank AG v Highland Crusader Offshore Partners LP*［2009］EWCA Civ 725，［2009］2 All ER（Comm）987.

[35] *Aggeliki Charis Compania Maritima SA v Pagnan SpA*（*The Angelic Grace*）［1995］1 Lloyd's Rep 87 at 96，cited in *Transfield Shipping Inc v Chiping Xinfa Huayu Alumina Co Ltd*［2009］EWHC 3642（Comm）at［54］；and *Malhotra v Malhotra*［2012］EWHC 3020（Comm）at［65］，［2013］2 All ER（Comm）353 at［65］.

[36] *West Tankers Inc v Ras Riunione Adriatica di Sicurta SpA*，*The Front Comor*［2007］UKHL 4 at［8］，［2007］1 Lloyd's Rep 391 at［8］，HL.

获得反诉讼禁令所采用的必要检验标准要高于普通的禁令[37]，并要求原告证明对被告提起的诉讼是正确概率很高的[38]且法院有管辖权。[39] 反诉讼禁令的申请必须在外国诉讼程序进行之前迅速发出。[40]

这种做法产生的理由在于国家不愿意干涉彼此的法院诉讼程序，特别是在另一个国家执行《纽约公约》或《UNCITRAL 示范法》的情况下，并且当事人是在法院违反仲裁协议的情况下。[41]

然而现代司法态度的似乎是，在协商一致的谈判中坚持合同仲裁协议胜过礼让的考虑。[42]

英国最高法院认为，可以在任何仲裁程序开始之前，甚至在申请人明确表示无意或希望开始仲裁的情况下，对违反仲裁协议的程序下达反诉讼禁令。[43]

Turner v Grovit[44] 案是一个具有里程碑的欧盟案例，该案限制了反诉讼禁令的使用。欧洲法院认为，禁止一方当事人向欧盟成员国法院提起诉讼的反诉讼禁令是对该法院管辖权的无理干涉。

在马来西亚，高等法院也有权根据《2005 年仲裁法案》发出这样的禁令。第 11（1）条允许一方当事人向高等法院提出“在仲裁程序之前或期间”采取临时措施的申请，第 11（1）（h）条就包括了临时禁令。无论如何，马来西亚法院发布反诉讼禁令的权力是固有的。[45]

《2005 年仲裁法案》（2011 年修订）使马来西亚的仲裁制度符合《UNCITRAL 示范法》。它通过在第 11（3）条中明确规定这一点，解决了关于第 11 条的权力是否也适用于仲裁地不在马来西亚的国际仲裁的困惑（这一措辞在《 2005 年仲裁法案》原始版本中是缺失的）。[46]

---

[37] *Maldives Airports Co Ltd v GMR Malé International Airport Pte Ltd*［2013］SGCA 16，［2013］2 SLR 449；*Ashlock William Grover v SetClear Pte Ltd*［2012］SGCA 20，［2012］2 SLR 625；*CSR Ltd v Cigna Insurance Australia Ltd*（1997）189 CLR 345.

[38] 法官科尔曼（Colman）在案件 *Bankers Trust Co v PT Mayora Indah*（1999 年 1 月 20 日，未公布）中称：“这不仅仅是一个美国氰胺试验（［1975］1 All ER 504，［1975］AC 396）；除此之外，原告的请求将持续到根据仲裁条款进行的任何仲裁听证之后，因此具有强制执行该仲裁协议的效力。这有别于在仲裁进一步进行之前，维持现状等待裁决。

[39] *Midgulf International Ltd v Groupe Chimiche Tunisien*［2009］EWHC 963（Comm）.

[40] *Bankers Trust Co v PT Jakarta International Hotels and Development*［1999］1 All ER（Comm）785 at 789.

[41] *Toepfer International GmbH v Societe Cargill France*［1998］1 Lloyd's Rep 379 at 386；*Shell International Petroleum Co Ltd v Coral Oil Co Ltd*［1999］1 Lloyd's Rep 72；*Verity Shipping SA v Nvorexa*［2008］EWHC 213（Comm），［2008］1 Lloyd's Rep 652.

[42] *Toepfer International GmbH v Societe Cargill France*［1998］1 Lloyd's Rep 379 at 386.

[43] *Ust-Kamenogorsk Hydropower Plant JSC v AES Ust-Kamenogorsk Hydropower Plant LLP*［2013］UKSC 35，［2014］1 All ER 335.

[44] *Turner v Grovit*：C-159/02［2004］2 All ER（Comm）381，［2004］ECR I-03565.

[45] Fisher“Anti-suit Injunctions to Restrain Foreign Proceedings in Breach of an Arbitration Agreement”［2010］22 Bond Law Review 1 at p 25.

[46] *Mobikom Sdn Bhd v Inmiss Communications Sdn Bhd*［2007］3 MLJ 316 per Gopal Sri Ram CJA（as he then was），CA.

第 15 章 获得诉讼程序中止的条件

15.1 举证责任

根据《2005 年仲裁法案》，在违反仲裁协议的情况下，获得法院中止诉讼的要求是具体的。[1] 申请中止诉讼的当事人必须证明：

（1）他是符合该法案所定义的仲裁协议一方当事人；

（2）法院诉讼程序的争议标的涵盖在该协议中。[2]

一旦满足上述条件，法院就必须将案件提交仲裁，除非法院认定仲裁协议是“无效、失效或不能履行”的。[3]

高等法院在 *ZAQ Construction Sdn Bhd v Putrajaya Holdings Sdn Bhd*[4] 案中对法律做了详细的论述，并表示“不应过分强调第 10（1）条的强制性”。

在很多情况下，法院认为申请人在获准中止诉讼时所承担的举证责任相对较低。在此过程中，法院审查了仲裁协议来确定法院的选择，以及其他诸如法院的管辖权的实质性问题。

法院在 *CLLS Power System Sdn Bhd v Sara Timur Sdn Bhd*[5] 案中认为：

> 根据 1964 年《司法法院法案》第 19 条，法院拥有审理索赔或争议的管辖权。任何法院中止诉讼的原因都可以追溯到法院承认双方当事人对解决他们之间争议的约定。当法庭中止诉讼并将当事人的争议提交仲裁时，法院只是在执行双方当事人合同约定的条款，这并不是因为没有管辖权，法院始终保留管辖权。

---

[1] Act 646.

[2] 参见英国上诉法院在 *Joint Stock Company Aeroflot Russian Airlines v Berezovsky* [2013] EWCA Civ 784 at [73] 一案中的观点。另参见案件 *Coop International Pte Ltd v Ebel SA* [1998] 1 SLR (R) 615 at [99]；*Dalian Hualiang Enterprise Group Co Ltd v Louis Dreyfus Asia Pte Ltd* [2005] 4 SLR (R) 646 at [75]。*the Rules of Court 2012 O 69 r 10* (3). Cf Tackaberry, Marriott QC and Bernstein, *Bernstein's Handbook of Arbitration and Dispute Resolution Practice*, (*4th Edn*, *2003*). 第 2-188 段认为（b）要求是不必要的，因为可分离性原则允许仲裁条款独立有效和可执行，不管是否提出管辖权异议。

[3] Arbitration Act 2005 s 10；*Rightmove Sdn Bhd v YWP Construction Sdn Bhd* [2015] 7 MLJ 687；*Innotec Asia Pacific Sdn Bhd v Innotec GmbH* [2007] 8 CLJ 304；*Sunway Damansara Sdn Bhd v Malaysia National Insurance Bhd* [2008] 3 MLJ 872；*Ace Synergy Insurance Bhd v Teng Yed Lan* [2009] MLJU 1719.

[4] [2014] 10 MLJ 633 at [33].

[5] [2015] 11 MLJ 485 at [9].

类似地，新加坡上诉法院在 *Tjong Very Sumito v Antig Investments Pte Ltd*[6] 案中也认为，“如果有证据证明提出争议的事项是仲裁协议的标的，那么就应当下令中止诉讼程序”，“只有在极其明确的案件中”，法院才能对仲裁协议的适用性作出裁决。

但英国法院采取了更严格的做法。法院在 *Albon v Naza Motor Trading*[7] 案中认定如下的情况：

> 援引仲裁条款的一方当事人只需要就仲裁协议的有效性提出一个有据可查的案件就享有中止诉讼的权利，这并不影响依据第 9（1）条确立仲裁协议的结论（不仅仅是争议的结论）的要求的存在。[8]

英国上诉法院随后肯定了这一做法。[9]

尽管如此，马来西亚的法院可能会倾向于仲裁。[10] 在 *Malaysian Newsprint Industries v Bechtel International*[11] 案中，法院明确说，马来西亚的法院将作出有利于仲裁的裁定，除非有特殊的理由不允许这样做。

同样的，塔克巴利和马里奥特等也认为，如果法院过分地干涉仲裁，可能会鼓励当事人绕过仲裁员的管辖权，最终将导致延期增加费用。[12]

一旦中止诉讼的申请人证明了他是仲裁协议的当事人以及目前的诉讼涉及仲裁协议范围内的事宜时，此后的举证责任就转移给了被申请人，以证明仲裁协议是“无效、失效或无法履行”的。[13]

关于申请人和被申请人的举证标准是否实质一样的问题，仍存在一些模糊性。在前

---

[6] *Tjong Very Sumito v Antig Investments Pte Ltd*［2009］4 SLR（R）732，［2009］SGCA 41 at［24］；*Dalian Hualiang Enterprise Group Co Ltd v Louis Dreyfus Asia Pte Ltd*［2005］4 SLR（R）646，［2005］SGHC 161.

[7] *Albon*（*trading as N A Carriage Co*）*v Naza Motor Trading Sdn Bhd*（*No* 3）［2007］EWHC 665 Ch，［2007］2 All ER 1075 at［22］；*A v B*［2006］EWHC 2006（Comm），［2007］1 All ER（Comm）591.

[8] 见早些时候英国上诉法院的案件 *Downing v Al Taneer Establishment*［2002］2 All ER（Comm）545，［2002］EWCA Civ 721 at［20］，法院认为如果申请人“能够在有效期内提出有争议的案件”，则应准予延期。

[9] *Joint Stock Company Aeroflot Russian Airlines v Berezovsky*［2013］EWCA Civ 784，［2013］All ER（D）36（Jul）；*Golden Ocean Group Ltd v Humpuss Intermoda Transportasi Tbk Ltd*［2013］EWHC 1240（Comm）. 在这一案件中，法官波普维尔（Popplewell）强调，如果法院本身能够解决仲裁协议是否“无效”（或“失效”）的问题，那么，一个“仅仅是有争议的案件”，即仲裁协议是有效的，也不足以根据《1996 年仲裁法案》第 9 条的规定来中止审理；法院只有在不能作出决定、不能或不愿作出指示的情况下才这样做。

[10] *Tan Kok Cheng & Sons Realty Co Sdn Bhd v Lim Ah Pat*（*t/a Juta Bena*）［1995］3 MLJ 273 at 282.

[11] *Malaysian Newsprint Industries v Bechtel International*［2008］5 MLJ 254 at［20］. 在［2012］4 MLJ 583 中，上诉被驳回了。

[12] Tackaberry，Marriott QC and Bernstein，*Bernstein's Handbook of Arbitration and Dispute Resolution Practice*，（4th Edn，2003）para 2-192.

[13] *Tjong Very Sumito v Antig Investments Pte Ltd*［2009］4 SLR（R）732，［2009］SGCA 41；*Downing v Al Tameer Establishment*［2002］EWCA Civ 721，［2002］All ER（D）342（May）；*Prekons Insaat Sanayi AS v Rowlands Castle Contracting Group Ltd*［2006］EWHC 1367（Comm）；Mandaraka-Sheppard，*Modern Maritime Law*：*Volume 1*：*Risks and Jurisdiction*：*Jurisdiction and Risks*（2013）at p 241.

一种情况下，说仲裁协议争议的标的是“有据可查”（arguable）的，意味着适用于申请人的举证标准低于概率平衡。

相反，对于被申请人的举证责任，各种迥然不同的案例共同证明了其矛盾地适用标准既不低于概率平衡[14]，也不高于概率平衡。[15]

15.2 仲裁协议

《2005 年仲裁法案》仅适用于书面仲裁协议。[16] 因此，法案第 10 条要求中止诉讼程序的申请人必须证明存在书面仲裁协议。[17] 该协议可能是针对当前或将来发生的争议或分歧，也可能是在申请中止诉讼后才达成的。[18]

因此，口头协议并不能实现这些目的。[19] 所以在这种情况下，中止诉讼程序的申请人只能依赖法院的固有管辖权。

最终，法院有权决定是否存在仲裁协议的门槛问题[20]，尽管说法院可能希望根据案情的具体情况将该问题留给仲裁庭处理[21]。

如果当事人拒绝接受仲裁条款，或者否认包含该条款的合同的存在，那么该当事人就不能提出仲裁条款使其有权获得批准中止诉讼。[22] 然而他可以争辩说协议已经结束，例如，是由于一项可接受的违约行为。如果后一种情况成立，那么仲裁协议仍然有效，应当中止诉讼。[23]

如果被申请人从一开始就否认实质合同的存在或有效性，而其中所包含的仲裁条款从表面上看是无效的，通常由法院在中间阶段对该问题作出裁决是最有效的做法。

必须留意的是，仲裁庭完全有权根据可分离性原则作出仲裁协议是否“无效、失效

---

[14] Merkin and Flannery, *Arbitration Act* 1996,（5th Edn, 2014）at p 52.

[15] *Joint Stock Company “Aeroflot Russian Airlines” v Berezovsky & Ors* [2012] EWHC 1610（Ch）per Floyd J at 77.

[16] Arbitration Act 2005 59（3）.

[17] *Duta Wajar Sdn Bhd v Pasukhas Construction Sdn Bhd* [2012] 5 MLJ 27.

[18] *The Tuyuti* [1984] QB 838 at 852, [1984] 2 All ER 545 at 555, [1984] 2 Lloyd's Rep 51 at 64-65, CA（Eng）, per Robert Goff LJ.

[19] *Fleming v JS Doig（Grimsby）Ltd*（1921）38 RPC 57. As to the requirement for writing, *Zambia Steel and Building Supplies Ltd v James Clark and Eaton Ltd* [1986] 2 Lloyd's Rep 225, CA（Eng）. 然而书面协议的门槛很低，因为法院认为口头仲裁协议达成的会议记录构成书面协议。参见关于口头仲裁协议的第 7 章第 7.6 节。

[20] *Ahmad Al-Naimi（T/A Buildmaster Construction Services）v Islamic Press Services Inc* [2000] APP LR 01/28, [2000] 1 Lloyd's Rep 522; *Claxton Engineering Services Ltd v TXM Olaj-Es Gazkutato Kft* [2010] EWHC 2567（Comm）, [2011] 2 All ER（Comm）38.

[21] *Ahmad Al-Naimi（t/a Buildmaster Construction Services）v Islamic Press Services Inc* [2000] APP LR 01/28, [2000] 2 Lloyd's Rep 1; *Birse Construction Limited v St David Limited* [1999] BLR 194.

[22] *Republic of Liberiav Gulf Oceanic Inc* [1985] 1 Lloyd's Rep 539, CA（Eng）; *Metal Scrap Trade Corpn Ltd v Kate Shipping Co Ltd*, *The Gladys* [1990] 1 All ER 397, [1990] 1 WLR 115, [1990] 1 Lloyd's Rep 297, HL; *Fiona Trust & Holding Corporation v Privalov* [2007] UKHL 40, [2007] 4 All ER 951 at [26].

[23] *Heyman v Darwins Ltd* [1942] AC 356, [1942] 1 All ER 337, HL.

或不能履行”[24] 的裁决。不过，就根据第 10 条作出的申请而言，措辞表明法院应“满足”（satisfied）这些条件，这意味着这些事项完全是法院的审议事项。[25]

如果就违反仲裁协议提起了诉讼且没有提出中止诉讼，或者申请中止诉讼被驳回了，则法院审理的争议就不能仲裁，除非当事人在诉讼程序开始后同意重新将此事提交仲裁。如果仲裁已经开始但又提起了诉讼，则仲裁员自然失去了权限（functus officio）。[26]

事实上，如果各方当事人同意，法院不会拒绝将已经开始诉讼的事项提交到仲裁庭，从而使仲裁诉讼并形成为可能。[27] 仲裁协议并不排除法院的管辖权，法院保留中止诉讼的固有管辖权。

《2005 年仲裁法案》第 10 条的效果是，法院不再保留旧有的广泛的自由裁量权来驳回中止诉讼申请。[28] 上诉法院在 *TNB Fuel Services Sdn Bhd v China National Coal Group Corp*[29] 案中支持了这一点，认为“法院应该倾向于迫使当事人尊重‘仲裁协议’，即使法院对其有效性有一定的疑问”。

15.3　诉讼程序

为了获得中止诉讼，“诉讼程序的启动”一词包括以令状、起诉状、反诉状、第三方通知或分担款项通知书开启的程序。[30]

特别是在后两个例子中，尽管诉讼的原始当事人不受仲裁协议的约束，而且诉讼将会继续进行，但应当准予中止诉讼。[31]

如果当事人之间存在有争议的债务，债权人通常会向债务人发出清盘申请。这种情况引起了这样的难题：这样的申请是否属于《2005 年仲裁法案》第 10 条所规定的可以被中止的“诉讼程序”？

这个问题也可以从平衡的角度来看，因为法院实际上被要求权衡考虑由“当事人约

---

[24] Arbitration Act 2005 s 18；*CMS Energy Sdn Bhd v Poscon Corp* ［2008］ 6 MLJ 561；*TNB Fuel Services Sdn Bhd v China National Coal Group Corp* ［2013］ 4 MLJ 857；*Standard Chartered Bank Malaysia Berhad v City Properties Sdn Bhd* ［2008］ 1 MLJ 233.

[25] Merkin and Flannery, *Arbitration Act* 1996,（5th Edn, 2014） at p 52.

[26] *Doleman & Sons v Ossett Corp* ［1912］ 3 KB 257, CA （Eng）；*Herschel Engineering Ltd v Breen Property Ltd* （2000） 70 ConLR 1.

[27] *Lloyd v Wright*, *Dawson v Wright* ［1983］ QB 1065, ［1983］ 2 All ER 969, CA （Eng）；*Titi Latex Sdn Bhd v WRP Asia Pacific.*

[28] *Kong Wah Housing Development Sdn Bhd v Desplan Construction Trading Sdn Bhd* ［1991］ 3 MLJ 269；*Accounting Publications Sdn Bhd v Ho Soo Furniture Sdn Bhd* ［1998］ 4 MLJ 497, ［1999］ 1 CLJ 765, CA.

[29] ［2013］ 4 MLJ 857 at ［24］；the Court of Appeal also cited *Tjong Very Sumito v Antig Investments Pte Ltd* ［2009］ 4 SLR 732, ［2009］ SGCA 41 at ［24］, CA （Sing）.

[30] *Chappell v North* ［1891］ 2 QB 252.

[31] *W Bruce Ltd v Strong* ［1951］ 2 KB 447, ［1951］ 1 All ER 1021, ［1951］ 2 Lloyd's Rep 5, CA （Eng）；*The Jemrix* ［1981］ 2 Lloyd's Rep 544.

定仲裁的协议”和“基于债务而提起清盘诉讼的法定权利”所体现的相互竞争的政策。

在这方面，新加坡早期的一系列案件主张清盘优先于仲裁协议，因为尽管当事人之间存在仲裁协议，但是清盘申请仍被批准了。[32] 然而在 2007 年，上诉法院中止了一个涉及交叉索赔的清盘申请，支持了仲裁。[33]

虽然乍一看，这个裁决似乎偏离了新加坡传统的立场，然而就其具体事实而言，交叉索赔的存在显然是影响法院准予中止诉讼的关键事实。因此，*Metalform Asia Pte Ltd v Holl and Leedon Pte Ltd*[34] 案可能被视为最好的异常裁决。事实上，此案的做法已被 *Larsen Oil and Gas v Petropod Ltd*[35] 案取代。

新加坡上诉法院在 *Larsen Oil and Gas v Petropod*[36] 案中阐述了新加坡法院对上述问题的两种通行方式，并强调，在一审程序中：

> 应当区分两种纠纷，即涉及破产公司的权利和义务的纠纷，以及由于破产制度的运作而发生的纠纷。[37]

在后一种情况下，中止诉讼程序将被拒绝。

新加坡上诉法院解释说，在这种情况下诉讼程序的中止不仅会使法定破产制度的政策目标落空，而且还将违反以下原则：由于破产制度法定条文的运作所引起的争议本身是不可仲裁的，即使这种争议实际上明确地落入了仲裁协议的范围。[38]

如果争议源于破产公司破产前的权利和义务，而所涉及的仲裁协议仅旨在管辖公司与另一方当事人之间先前私人间纠纷的解决，法院将倾向于维护仲裁协议的条款，因为在这种情况下，“债务证明程序只是对公司强制执行债务的替代手段，不会在债权人中产生新的权利，也不会破坏旧的权利”[39]。

与新加坡相比，这个问题仍然是马来西亚司法机构尚未全面或最终考虑的问题。事实上，截至 2015 年，马来西亚地方法院只有在高等法院聆讯的 3 宗案件中，才有机会在申请中止诉讼程序的范围内考虑清盘申请。

案件按时间顺序列举如下：*Liew Yin Yin Construction Sdn Bhd v Yata Enterprise Sdn*

---

[32] *Four Pillars Enterprises Co Ltd v Beiersdorf Aktiengesellschaft* ［1999］ 1 SLR （R） 382, CA （Sing）; *Re Sanpete Builders* （*S*） *Pte Ltd* ［1989］ 1 MLJ 393, ［1989］ 1 SLR （R） 5.

[33] *Metalform Asia Pte Ltd v Holland Leedon Pte Ltd* ［2007］ 2 SLR （R） 268, CA （Sing）.

[34] *Metalform Asia Pte Ltd v Holland Leedon Pte Ltd* ［2007］ 2 SLR （R） 268, CA （Sing）.

[35] *Larsen Oil and Gas Pte Ltd v Petropod Ltd* （*in official liquidation in the Cayman Islands and in compulsory liquidation in Singapore*） ［2011］ 3 SLR 414.

[36] *Larsen Oil and Gas Pte Ltd v Petropod Ltd* （*in official liquidation in the Cayman Islands and in compulsory liquidation in Singapore*） ［2011］ 3 SLR 414.

[37] *Bulk Oil* （*Zug*） *AG v Trans-Asiatic Oil Ltd SA* ［1973］ 1 Lloyd's Rep 129 at 135.

[38] *Republic of Liberia v Gulf Oceanic Inc* ［1985］ 1 Lloyd's Rep 539, CA （Eng）.

[39] *Teknik Cekap Sdn Bhd v Nirwana Indah Sdn Bhd* ［1996］ 4 MLJ 154; *Wight v Eckhardt Marine GmbH* ［2004］ 1 AC 147.

Bhd[10]案、*Wintrip Maincon v Urun Plantation*[11]案和 *Syarikat Lian Ping Enterprise Sdn Bhd v Cygal Bhd*[12]案。在 *Liew Yin Yin* 和 *Syarikat Lian Ping Enterprise* 案中，一个清盘申请的提起与由一个包含了仲裁协议的合同所引起的债务有关。

在上述三起案件中，法院采用了明显支持仲裁的推理路线，最终驳回了上诉。事实上，这两项裁决的基本原理是，高等法院设置的专门处理公司纠纷的法庭根本不是确定显然属于仲裁协议范围内的当事人之间争议的适当场合。

法院在 *Liew Yin Yin*[13]案中认定：

> 这些争议……应该如约定的那样被提交仲裁是事不宜迟的。法院调查争议就相当于法院对争议进行裁决，从而使得法院通常应该依据的仲裁协议的目的落空。

但是，中止诉讼不得以与辩护相同的方式用于防止被告依赖仲裁协议所涵盖的事项。[14] 如果原告启动诉讼程序声明他不是仲裁协议的当事人，而被告反诉称原告是仲裁协议的当事人并就其违反合同的行为提出了损害赔偿，则原告无权依靠仲裁条款中止诉讼。[15]

一名申请人在英国提起仲裁，声称其在国外订立的包含有英国仲裁条款的合同已经终止，并要求违约损害赔偿。法院认为，即使原告因此可以找到索赔的司法管辖，但原告仍有权在另一方的诉讼中对同一索赔提出反诉。该管辖权除了争议中的条款外与英国无关，也可能无法在英国的法院提起诉讼。[16]

15.4　提交任何事项的协议

在申请中止诉讼的法律程序中，待考虑的事项必须属于仲裁协议的范围。申请人需要证明诉讼程序中争议的事项属于仲裁协议的范围，即是一个约定诉诸仲裁的事项。

法院在 *Allagappa Chettiar v Palanivelpillai*[17]案中认定，提及“根据本租约或与本租约相关的”事项的仲裁条款，并不适用于后续协议中的事项。

---

[10] ［1989］ 3 MLJ 249.

[11] *Wintrip Maincon Sdn Bhd v Urun Plantations Sdn Bhd*［2007］MLJU 758；在 *Salford Estates*（*No 2*）*Ltd v Altomart Ltd*［2014］EWCA Civ 1575 案件中，英国上诉法院作出了有趣的判决，这表明，仲裁立法的中止条款并不总是适用于清盘申请。

[12] ［2000］ 2 CLJ 814.

[13] ［1989］ 3 MLJ 249 at 251.

[14] *Bulk Oil*（*Zug*） *AG v Trans-Asiatic Oil Ltd SA*［1973］ 1 Lloyd's Rep 129 at 135.

[15] *Republic of Liberia v Gulf Oceanic Inc*［1985］ 1 Lloyd's Rep 539，CA（Eng）.

[16] *Metal Scrap Trade Corpn Ltd v Kate Shipping Co Ltd*，*The Gladys*［1990］ 1 All ER 397，［1990］ 1 WLR 115，［1990］ 1 Lloyd's Rep 297，HL；*Glencore International AG v Metro Trading International Inc*［2001］ All ER（D） 107（Nov）.

[17] ［1967］ 1 MLJ 208.

争议事项是否落入仲裁条款的范围最终都是留给法院的问题。[48] *Trans Resources Corp Sdn Bhd v Sanwell Corp*（*No* 2）[49] 案中的法院认为，对于约定诉诸仲裁的事项来说，都可以提出中止诉讼的申请。因此，法院唯一真正需要解决的问题是：待决定的问题是否属于仲裁条款的范围。

争议的问题是一个纯粹的法律问题也无关紧要，一个有经验的法官无疑能更好地作出决定。[50] 仲裁协议的范围可以通过解释仲裁条款[51]并确定其适用于法院审理的争议事项来确定。[52]

在这方面，法院在 *Fahem*（*Abdullah M*）*& Co v Mareb Yemen Insurance Co and Tomen*（*UK*）*Ltd*[53] 案中认定，如果索赔的事项不在合同范围之内，与合同有关的争议可能就不是一个"由合同引起的索赔"。例如，在依据运输合同就不当交付而提出损害赔偿索赔的案件中，索赔可以基于合同或侵权（疏忽或转换索赔）提出。如果是侵权行为，可以认为这不是"合同引起的索赔"。[54]

使用了恰当措辞的仲裁条款甚至可能适用于那些基础合同范围之外的争议。

法院在 *Batshita International*（*Pte*）*Ltd v Lim Eng Hock Peter*[55] 案中认为，一个表述为"如果出现任何争议或分歧时……涉及在此载明的任何条款、问题或事项，以及与本协议相关的问题或事项，以上所有情况下，争议或分歧都将被诉诸仲裁"这样的仲裁条款，宽泛到足以包括在租赁协议执行之前是否存在单独的口头协议的问题。

如果仲裁条款仅适用于出现争议或分歧时，在没有任何争议的情况下，就没有被约定诉诸仲裁的事宜。

例如，法院在 *Big Island Construction*（*Hong Kong*）*Ltd v Abdoolally Ebrahim & Co*（*Hong Kong*）*Limited*[56] 案中认为，在没有争议的情况下，法院将缓慢地允许在申请范围内进行充分的论证。*Mayers v Dlugash*[57] 案的法院表示，如果一方当事人依赖弃权或禁止

---

[48] *Piercy v Young*（1879）14 Ch D 200；*Renshaw v Queen Anne Residential Mansions Co Ltd*［1897］1 QB 662；*Parry v Liverpool Malt Co Ltd*［1900］1 QB 339；*Trans Resources Corp Sdn Bhd v Sanwell Corp*（*No* 2）［1999］2 MLJ 609；*Willesford v Watson*（1873）LR 8 Ch App 473.

[49] ［1999］2 MLJ 609. *Celcom*（*M*）*Sdn Bhd v Sarawak Electricity Supply Corp*［2002］4 MLJ 593，CA；*State Government of Sarawak v Chin Hwa Engineering Development Co*［1995］3 MLJ 237，SC.

[50] *Teknik Cekap Sdn Bhd v Nirwana Indah Sdn Bhd*［1996］4 MLJ 154.

[51] *Heyman v Darwins Ltd*［1942］AC 356 at 368，［1942］1 All ER 337 at 344，HL，per Viscount Simon LC.

[52] *Aggeliki Charis Compania Maritima SA v Pagnan SpA*，*The Angelic Grace*［1995］1 Lloyd's Rep 87，CA（Eng）.

[53] ［1997］2 Lloyd's Rep 738.

[54] *Fahem*（*AbdullahM*）*& Co v Mareb Yemen Insurance Coand Tomen*（*UK*）*Ltd*［1997］2 Lloyd's Rep 738. *Bennett v Skinner*，2012 WL2161641. 此为美国著名的有关可仲裁性的案件，该案件表明，尽管一个约定的仲裁条款并不处理侵权问题——大多数的典型的、宽泛的条款都不会处理——一方当事人也不能够通过提起侵权的索赔而绕开一个宽泛的仲裁条款。当一个侵权索赔直接与一个合同相关联时，法院可能仍然要求当事人根据宽泛的仲裁条款对所有的争议进行仲裁。这个决定与执行仲裁协议的普遍政策相一致。

[55] *Batshita International*（*Pte*）*Ltd v Lim Eng Hock Peter*［1996］3 SLR（R）563 at［17］，CA（Sing）.

[56] *Big Island Construction*（*Hong Kong*）*Ltd v Abdoolally Ebrahim & Co*（*Hong Kong*）*Limited*［1994］1 HKLR 161，［1994］3 HKC 518.

[57] *Mayers v Dlugash*［1994］1 HKLR 442，［1994］1 HKC 755.

反悔的结论，即不存在争议。这通常是由仲裁员处理的事情。

法院在 *Tan Kok Cheng & Sons Realty Co Sdn Bhd v Lim Ah Pat* （*t/a Juta Bena*）[58]案中认为，如果当事人没有争议或分歧，就不会产生中止诉讼的问题。然而只有在明确承认赔偿责任和数额的情况下，才不会有任何争议。[59]

法院在 *Teknik Cekap Sdn Bhd v Nirwana Indah Sdn Bhd*[60] 案中表示，如果该条款延伸到例如“索赔”（claims），即使没有实际的争议，也可能会有一个约定被提交的事项。根据《2005 年仲裁法案》第 10 条，这将是中止诉讼的理由。应该留意的是，争议形成的门槛其实很低，争议甚至可以产生于沉默。[61]

有进取心的原告会通过以避开仲裁协议事项的方式提起诉讼，来试图绕过仲裁协议。然而法院不会仅仅看诉状如何提出索赔，而是从整体上看待索赔的性质。[62]

15.5 原 告

申请人必须证明提起诉讼的原告是仲裁协议的一方当事人，或者他是通过或根据仲裁协议的一方当事人提出索赔的人。

这里的“人”包括任何的个人、公司或非法人团体。[63] 一般来说，通过或根据当事人而提出索赔的人，是由于协议的一方当事人死亡或破产而发生了协议标的利益的转移。

法院在 *Sinnadoraiv New Zealand Insurance Co Ltd*[64] 案中认定，原告对合同不熟悉，因此无法援引仲裁条款。[65]

法院在 *Piercy v Young*[66] 案中质疑了一个破产管理人是否为一个“通过或根据当事人

---

[58] ［1995］ 3 MLJ 273，FC.

[59] *MCM Bulk Shipping* （*M*） *Sdn Bhd v Raz Intan Industries Sdn Bhd* ［2012］ MLJU 401，*Zhan Jiang E & T Dev Area Service Head Co v An Hau Company Limited* ［1994］ 1 HKC 539；*Leung Kwok Tim T/A Tim Yip Engineering Co v Builders Federal* （*Hong Kong*） *Ltd* ［2001］ HKCFI 823，［2001］ 3 HKC 527；*The Incorporated Owners of Sincere House v Sincere Co Ltd* ［2005］ HKLT 30，［2005］ 2 HKC 424；*Yingde Gases Investment Ltd v Shihlien China Holding Co Ltd* ［2014］ HKCFI 68.

[60] ［1996］ 4 MLJ 154.

[61] Chapter 12 para ［12.4］ supra；*AMEC Civil Engineering Ltd v Secretary of State for Transport* ［2004］ EWHC 2339 （TCC） at ［68］，affirmed ［2005］ EWCA Civ 291.

[62] *Lombard North Central Plc v GATX Corp* ［2012］ EWHC 1067 （Comm），［2012］ 2 All ER （Comm） 1119.

[63] 1948 年和 1967 年《释义法案》（法案 388）第 3 条。

[64] ［1968］ 2 MLJ 70；*Mayor and Commonalty & Citizens of the City of London v Sancheti* ［2008］ EWCA Civ 1283，［2008］ All ER （D） 204 （Nov）.

[65] Cf. *Fortress Value Recovery Fund I LLC v Blue Skye Special Opportunities Fund LP* ［2013］ EWCA Civ 367，［2013］ All ER （D） 115 （Apr），根据 1999 年《英国合同（第三方权利）法案》，其中的规约产生了不同的结果。

[66] *Piercy v Young* （1879） 14 Ch D 200.

提出索赔的人"，但他可以引用仲裁协议。[67] 原当事人可以将其权利转让给原告[68]，或者可能已经根据仲裁协议转让了其权利。

此外，在诉讼中加入了非仲裁协议当事人的第三人，不是驳回中止诉讼申请的理由。[69]

15.6 申请人

申请人必须是诉讼的当事人和仲裁协议的当事人。[70] 为了中止诉讼而加入诉讼的申请人并不是这里所说的诉讼的一方当事人。

在当事人申请中止诉讼之前，他必须已经是仲裁协议的当事人，而诉讼是由仲裁协议的另一方当事人提出的，或者至少是通过或者根据另一方当事人而提出索赔的人提出的。[71]

仲裁协议的其中一方当事人就足够提出中止诉讼的申请，即使仲裁协议的其他当事人与原告意见一致，希望该事宜在法院提起诉讼而不是诉诸仲裁。[72]

15.7 诉讼程序采取的步骤

申请人在诉讼中必须没有采取其他步骤。[73] 法律所设想的步骤是，申请人采取一些积极的行动，而不是单纯地阻挡原告的攻击。[74]

然而，如果申请人看似拒绝或者同意原告向法院提出的申请，那么足以构成诉讼程

---

[67] Arbitration Act 2005 s 49（1）；*Marsh v Wood*（1829）9 B & C 659；*Sturges v Curzon*（1851）21 LJ Ex 38，7 Exch 17；*Pennel v Walker*（1856）18 CB 651.

[68] *Aspell v Seymour*［1929］WN 152，CA（Eng）；*Roussel-Uclaf v GD Searle & Co Ltd*［1978］1 Lloyd's Rep 225；*Rumput*（*Panama*）*SA and Belzetta Shipping Co SA v Islamic Republic of Iran Shipping Lines*，*The Leage*［1984］2 Lloyd's Rep 259.

[69] *AV Asia Sdn Bhd v MEASAT Broadcast Network Systems*（*M*）*Sdn Bhd*［2011］8 MLJ 792 at［12］；*Renault SA v Inokom Corp Sdn Bhd*［2010］5 MLJ 394.

[70] *Mayor and Commonalty & Citizens of the City of London v Sancheti*［2008］EWCA Civ 1283，［2008］All ER（D）204（Nov）.

[71] *Etri Fans Ltd v NMB*（*UK*）*Ltd*［1987］2 All ER 763，［1987］1 WLR 1110，［1987］2 Lloyd's Rep 565，CA（Eng）.

[72] *Willesford v Watson*（1873）LR 8 Ch App 473.

[73] Arbitration Act 2005 s 10. *Woh Hup*（*Pte*）*Ltd v Turner*（*East Asia*）*Pte Ltd*［1987］1 MLJ 443；*Lian Seng Construction Co v Yuzin*［1970］1 MLJ 108；*Thames Valley Power Ltd v Total Gas & Power Ltd*［2005］EWHC 2208（Comm）at［38］；*Capital Trust Investment Ltd v Radio Design TJ AB*［2002］EWCA Civ 135，［2002］2 All ER 159.

[74] *Roussel-Uclaf v GDSearle & Co Ltd*［1978］1 Lloyd's Rep 225.

序采取的步骤。[75] 如果申请人只是邀请原告采取一个行动，例如提供一份索赔声明，则很可能是不足够的。[76]

但是申请人应该声明这样的邀请是在不带偏见的情况下作出的。

上诉法院在 *Comos Industry Solution GmbH v Jacob and Toralf Consulting Letrikon Sdn Bhd*[77] 案中解释说：

> 一个步骤是否构成诉讼程序中的步骤取决于它的性质，以及它是否明确表示了继续诉讼并放弃将争议诉诸仲裁的意图。一个申请，如果没有明确表明被告同意诉讼而非仲裁的意愿，就不是一个诉讼行为。

诉讼程序中采取的步骤包括：提交宣誓书以反对简易判决的传票（除非在此之前或同时提出了中止诉讼的申请）[78]，递交答辩状[79]和向法院提出延期申请[80]，向法院申请递交质询书[81]或在未提供诉讼费用保证金之前提出中止诉讼的申请[82]，或申请披露令[83]，或出席传票索取指示[84]。

在案件管理之后就诉讼时间表达成一致的行为是诉讼程序中的一个步骤。[85] 在早期的案件中，要求提供更多更好的细节也视为诉讼程序的步骤。[86] 但是，最近案件的意见

---

[75] *Turner and Goudy v McConnell* [1985] 2 All ER 34，[1985] 1 WLR 898，CA（Eng）；*Parker*，*Gaines & Co Ltd v Turpin* [1918] 1 KB 358；*County Theatres and Hotels Ltd v Knowles* [1902] 1 KB 480，CA（Eng）；*Richardson v Le Maitre* [1903] 2 Ch 222；*Ochs v Ochs Bros* [1909] 2 Ch 12；and Cf *Metropolitan Tunnel and Public Works Ltd v London Electric Rly Co* [1926] Ch 371 at 384，CA（Eng）.

[76] *Ives and Barker v Willans* [1894] 2 Ch 478，CA（Eng）.

[77] [2012] 4MLJ 573 at [14].

[78] *Trans Resources Corp Sdn Bhd v Sanwell Corp* [1999] 5 MLJ 537；*Pitchers Ltd v Plaza（Queensbury）Ltd* [1940] 1 All ER 151，162 LT 213，CA（Eng）；*Rumput（Panama）SA and Belzetta Shipping Co SA v Islamic Republic of Iran Shipping Lines*，*The Leage* [1984] 2 Lloyd's Rep 259；*Turner and Goudy v McConnell* [1985] 2 All ER 34，[1985] 1 WLR 898，CA（Eng）；*PP Persero Sdn Bhd v Bimacom Property & Development Sdn Bhd* [1999] 6 MLJ 1. 关于提交反对清盘申请的意见，参见案件 *Re Sanpete Builders（S）Pte Ltd* [1989] 1 MLJ 393。

[79] *West London Dairy Society Ltd v Abbott*（1881）29 WR 504，44 LT 376；*Stancroft Trust Ltd v Can-Asia Capital Co*（1990）67 DLR（4th）131（BCCA）；需要注意的是，在 *Life Plaza Sdn Bhd v Pasukhas Construction Sdn Bhd* [2012] MLJU 176，[2012] 5 CLJ 120 案中，法院命令在同一天提出辩护，但这并不构成诉讼程序的一个步骤。

[80] *Ford's Hotel Co Ltd v Bartlett* [1896] AC 1，HL. *Smith & Co v British Marine Mutual Insurance Association* [1883] WN 176；cf *Bilta（UK）Ltd（in liquidation）v Muhammad Nazir* [2010] EWHC 1086（Ch），[2010] All ER（D）146（May）. *Sanwell Corporation v Trans Resources Corporation Sdn Bhd* [2002] 2 MLJ 625，[2002] 3 CLJ 213；*Winsin Enterprise Sdn Bhd v Oxford Talent（M）Sdn Bhd* [2009] MLJU 286.

[81] *Chappell v North* [1891] 2 QB 252.

[82] *Adamsv Catley*（1892）40 WR 570，66 LT 687；"*The Dai Yun Shan*" [1992] 1 SLR（R）461.

[83] *Parker*，*Gaines & Co Ltd v Turpin* [1918] 1 KB 358.

[84] *Sim Hiang Kiaw v Lee Hoi Kim Construction Co* [1986] 1 MLJ 347；*Ochs v Ochs Brothers* [1909] 2 Ch 121；*Metropolitan Tunnel and Public Works v London Electric Rail Co* [1926] Ch 371.

[85] *Nokia Corp v HTC Corp* [2012] EWHC 3199（Pat）.

[86] *Chappell v North* [1891] 2 QB 252.

提出了相反的看法。[87]

以下情况不构成诉讼程序中采取的步骤：诉讼程序前的行为、在信函中请求延长提交答辩状的时限[88]、针对原告指定管理人的申请提交宣誓书[89]、申请延长回应宣誓书的时限[90]、将传票转交律师的名单[91]、申请删除有缺陷的索赔书[92]、通过提出证据并出庭而拒绝中间禁令的申请[93]、申请中止诉讼并提出简要判决请求作为替代方案[94]、申请中止诉讼但理由不是基于争议受制于仲裁协议[95]、根据法院的命令而提出实质性答辩[96]、提交宣誓书以寻求解除单方面中间禁令、提出初步的法院管辖权异议[97]、在合并审理之前明确说明合并不影响实体权利并受仲裁条款的约束[98]。

总体来说，诉讼程序中采取的步骤是一个既会引起法院管辖权，又会表明申请人打算进行诉讼并且抛弃或放弃诉诸仲裁的行为。[99] 任何不涉及法院的行为都不会引起法院管辖权。

法院在 *Thamesa Design Sdn Bhd v Kuching Hotels Sdn Bhd*[100] 案中认为，由于诉讼当事人从未提出管辖权异议，所以他们的行为表示他们放弃了仲裁的权利。

法院在 *Newacres v Sri Alam*[101] 案中裁定，当事人在提交文件时没有提出管辖权异议。因此，面对仲裁条款即法院没有管辖权审理此事，提出异议已经太晚了。

法院在 *Parker, Gaines & Co Ltd v Turpin*[102] 案中认定，尽管当事人并不知道存在仲裁条款，但他采取了诉讼程序中的步骤。

在涉及外国当事人的争端中，一方当事人在外国法院提起诉讼时，应当注意不要将

---

[87] *Life Plaza Sdn Bhd v Pasukhas Construction Sdn Bhd* [2012] MLJU 176, [2012] 5 CLJ 120.

[88] *Ivesand Barker v Willans* [1894] 2 Ch 478, CA (Eng); *Brighton Marine Palace and Pier Ltd v Woodhouse* [1893] 2 Ch 486.

[89] *Zalinoff v Hammond* [1898] 2 Ch 92; *Cie du Sénégal et de la Côte Occidentale d'Afrique v Smith & Co and Woods & Co* (1883) 53 LJ Ch 166 at 169.

[90] *Metrod (Singapore) Pte Ltd v GEP II Beteiligungs GmbH* [2013] MLJU 602.

[91] *Lane v Herman* [1939] 3 All ER 353, CA (Eng).

[92] *Eagle Star Insurance Co Ltd v Yuval Insurance Co Ltd* [1978] 1 Lloyd's Rep 357, CA (Eng).

[93] *Roussel-Uclaf v GD Searle & Co* [1978] 1 Lloyd's Rep 225; *Seloga Jaya Sdn Bhd v Pembenaan Keng Ting (Sabah) Sdn Bhd* [1994] 2 MLJ 97, [1994] 2 CLJ 716, SC.

[94] *Capital Trust Investment Ltd v Radio Design TJ AB* [2002] EWCA Civ 135, [2002] 2 All ER 159.

[95] *RGE (Group Services) Ltd v Cleveland Offshore Ltd* (1986) 11 ConLR 77.

[96] *Life Plaza Sdn Bhd v Pasukhas Construction Sdn Bhd* [2012] MLJU 176, [2012] 5 CLJ 120.

[97] *Seloga Jaya Sdn Bhd v Pembenaan Keng Ting (Sabah) Sdn Bhd* [1994] 2 MLJ 97, [1994] 2 CLJ 716, SC; *Kirames Sdn Bhd v Federal Land Development Authority* [1991] 2 MLJ 198.

[98] *Ismail bin Abd Halid v National Union of Newspaper Workers* [1993] 3 MLJ 541.

[99] *Sanwell Corp v Trans Resources Corp Sdn Bhd* [2002] 2 MLJ 625 at 638; *Comos Industry Solution GmbH v Jacob and Toralf Consulting Letrikon Sdn Bhd* [2012] 4 MLJ 573 at [10].

[100] [1993] 3 MLJ 25 at 34, SC. *Eagle Star Insurance Co Ltd v Yuval Insurance Co Ltd* [1978] 1 Lloyd's Rep 357, CA (Eng); *Metropolitan Tunnel and Public Works Ltd v London Electric Rly Co* [1926] Ch 371 at 384, CA (Eng); *Ives and Barker v Willans* [1894] 2 Ch 478 at 484, 490, 494, CA (Eng); *Ford's Hotel Co Ltd v Bartlett* [1896] AC 1, HL.

[101] *Newacres Sdn Bhd v SriAlam Sdn Bhd* [1991] 3 MLJ 474.

[102] [1918] 1 KB 358.

“任何其他诉讼行为”理解为与马来西亚的立场相一致；例如，在菲律宾，申请中止诉讼不得迟于预审会议。[103]

15.8　有条件和无条件的出庭

《2012 年法院规则》删除了有条件出庭的旧规定，因此，当事人现在只能出庭。这应该是不需要考虑的问题，因为联邦法院在 *Sanwell Corp v Trans Resources Corp Sdn Bhd*[104] 案中已经裁定：

（1）出庭是当事人在高等法院的诉讼中必须采取的强制性程序步骤。

（2）出庭作为一个步骤被排除在外，或者是诉讼程序中的一个豁免步骤，并不等同于《1952 年仲裁法案》第 6 条所指的诉讼程序中的步骤，该条现在已被《2005 年仲裁法案》第 10 条代替。

这样做的结果是，希望另一方当事人将争议提交仲裁的当事人可以在不遵守仲裁协议的情况下提起诉讼，并且不丧失其要求中止诉讼的能力。[105]

尽管这一案件是根据以前的程序规则作出裁决的，但该裁决与上诉法院在 *Comos*[106] 案中的论理一致，即出庭并不会导致不能申请中止诉讼。

如果申请人明确说明这是事实，或者同时发出传票以保留该行为而不影响其申请中止的权利，则申请人可以采取本来可能采取的步骤。[107]

15.9　无效、失效或不能履行

一旦法院认为其审理的事宜属于仲裁协议的范围，就必须中止诉讼程序，除非仲裁协议被证明无效、失效或不能实行。[108]

最初颁布的《2005 年仲裁法案》规定，法院认定当事人之间不存在争议是拒绝中止

---

[103] Philippines Alternative Dispute Resolution Act of 2004 s 24.

[104] ［2002］ 2 MLJ 625.

[105] *PP Persero Sdn Bhd v Bimacom Property & Development Sdn Bhd* ［1999］ 6 MLJ 1；*Trans Resources Corp Sdn Bhd v Sanwell Corp*（*No* 2）［1999］ 2 MLJ 609. 上诉法院大概不知道联邦法院在 *Trans Resources Corp Sdn Bhd v Sanwell Corp* ［2001］ 1 MLJ 380，CA 案中的决定，在 *Interscope Versicherung Sdn Bhd v Sime Axa Assurance Bhd* ［1999］ 2 MLJ 529，CA 中肯定并遵循了自己的决定。

[106] *Comos Industry Solution GmbH v Jacoband Toralf Consulting Letrikon Sdn Bhd*［2012］ 4 MLJ 573 at ［14］.

[107] *Metropolitan Tunnel and Public Works Ltd v London Electric Rly Co* ［1926］ Ch 371，CA（Eng）；*London Sack and Bag Co Ltd v Dixon and Lugton Ltd* ［1943］ 2 All ER 763 at 767，CA（Eng）；*Pitchers Ltd v Plaza*（*Queensbury*）*Ltd* ［1940］ 1 All ER 151，162 LT 213，CA（Eng）；*Richardson v Le Maitre* ［1903］ 2 Ch 222 at 225. *Brighton Marine Palace and Pier Ltd v Woodhouse* ［1893］ 2 Ch 486.

[108] Arbitration Act 2005 s 10（1）.

诉讼的理由之一。这一条文限制了《UNICTRAL 示范法》第 8 条的措辞。它使得仲裁程序有可能因争议的存在性而被拖延。[109]

《2011 年仲裁（修正）法案》明确删除了“烦琐及有时难以解决的例外情况”[110]，这导致法院开始“不必要的程序”并干预当事人的自主选择。[111]

法院在 *KNM Process Systems v Mission Biofuels*[112] 案中表示，根据第 10 条提出的申请：

> 现在已经不再可能争辩说，就双方当事人之间的纠纷而言，在提交仲裁的问题上不存在“争议”……

因此，争议是否存在，实质上是仲裁员应用部分 Kompetenz-Kompetenz 权力来决定的一个问题。[113]

所以，妥当起草的协议对于避免原告提出仲裁协议无效或失效而企图反对中止诉讼是至关重要的。

无效

仲裁协议可能是无效（null and void）的，因为它是通过贿赂或欺诈手段签订的[114]或者签订方是无行为能力的[115]，或一方当事人称其从未签订该协议[116]。

企图通过引用而将一个仲裁条款纳入租船合同或提单之中，但未明确提及仲裁条款时，这样的协议是无效的。[117]

协议中存在不可仲裁的事项也将导致协议无效，如国家的刑事指控或申请专利授权。加拿大最高法院在 *Seidel v Telus Communications Inc*[118] 案中判决了仲裁协议无效。在该案中，仲裁协议企图抛弃某人的法定权利（特别是当有关法规明确规定其任何行为将导致协议无效时）。

---

[109] 在 *Todd Energy Ltd v Kiwi Power*（1995）*Ltd* HC Wellington CP46/01，29 October 2001 案中，法院指出了要求法院就每个案件作出裁决以及需要进行多次听审的困难。

[110] *ZAQ Construction Sdn Bhd v Putrajaya Holdings Sdn Bhd*［2014］10 MLJ 633 at［28］.

[111] *ZAQ Construction Sdn Bhd v Putrajaya Holdings Sdn Bhd*［2014］10 MLJ 633 at［28］.

[112] *KNM Process Systems Sdn Bhd v Mission Biofuels Sdn Bhd*［2012］MLJU 839 at［17］.

[113] Williams QC and Kawhar，*Williams & Kawharu on Arbitration*，（2011） at para 8. 3. 3.

[114] *Fiona Trust & Holding Corporation v Privalov*［2007］UKHL 40，［2007］4 All ER 951；*Comandate Marine Corpn v Pan Australia Shipping Pty Ltd*，*The Comandate*［2006］FCAFC 192.

[115] Blackaby and Partasides with Redfern and Hunter，*Redfern and Hunter on International Arbitration*，（6th Edn 2015） at para 2. 31.

[116] *Mariana Maritime SA v Stella Jones Inc*［2002］FCA 215（CanLII）；*H & H Marine Engine Service Ltd v Volvo Penta of the Americas Inc*［2009］BCSC 1389（CanLII）；*Ocean Park Corporation v Proud Sky Co Ltd*［2007］HKCFI 1221；*APC Logistics Pty Ltd v CJ Nutracon Pty Ltd*［2007］FCA 136（Aus）.

[117] *TW Thomas & Co Ltd v Portsea Steamship Company*［1912］AC 1，HL *Federal Bulk Carriers Inc v CItoh & Co Ltd*，*The Federal Bulker*［1989］1 Lloyd's Rep 103，CA（Eng）；*Habas Sinai v Sometal SAL*［2010］EWHC 29（Comm），［2010］1 All ER（Comm）1143.

[118] *Seidel v Telus Communications Inc* 2009 Carswell BC 608，［2009］BCWLD 2020，CA（Can）.

根据第 10 条的规定，可撤销的仲裁协议不能被认为就是无效的。[119] 法院将根据可分离性原则[120]对仲裁协议进行评估，该原则规定仲裁协议独立于基础合同，即使后者无效时它仍然有效。只有直接质疑仲裁协议，才能足以使其无效。[121]

失效

失效（inoperative）及不能实行（incapable）的行为看起来是相似的，但“失效”也可以意味着该条款由于诸如拒绝履行协议或放弃等某些事件而不再有效，而“不能实行”则涉及诉讼更实际的方面。[122] 在争议不能通过仲裁解决的情况下，仲裁协议也可能被视为失效。[123]

法院在 *Lombard North Central v GATX Corporation*[124] 案中列举了协议失效的的例子，例如拒绝履行协议[125]、被撤销[126]或终止[127]（尽管注意，但措辞适当的仲裁条款可以在合同被否决后继续存续）[128]，或者一方当事人通过言辞或行为放弃了仲裁的权利[129]，或者以其他方式被禁止执行仲裁协议。[130]

在诉讼程序中采取步骤也将使协议失效。[131] 仲裁协议中的时限到期通常不会使协议失效。[132] 英国法院拒绝将未在时限内提起仲裁解释为允许诉讼。[133] 而需要注意的是，在适用《2005 年仲裁法案》第三部分的仲裁中，法院有权延长提起诉讼的时限。[134]

如果当事人之间没有争议，仲裁协议在当时就是失效的。法院在面对原告的简易判

---

[119] *Innotec Asia Pacific Sdn Bhd v Innotec GmbH* ［2007］ 8 CLJ 304 at ［53］.

[120] 参见第 8 章。

[121] *Fiona Trust & Holding Corporation v Privalov* ［2007］ UKHL 40 ［2007］ 4 All ER 951 at ［17］.

[122] Blackaby and Partasides with Redfern and Hunter, *Redfern and Hunter on International Arbitration*,（6th Edn 2015） at 2. 202.

[123] *Fulham Football Club* （1987） *Ltd v Richards* ［2011］ EWCA Civ 855, ［2012］ 1 All ER 414.

[124] *Lombard North Centralplc v GATX Corporation* ［2012］ EWHC 1067 （Comm）, ［2012］ 2 All ER （Comm） 1119.

[125] *Aggressive Construction Co Ltd v Data-Form Engineering Ltd* ［2009］ HKCFI 952.

[126] *Paladin Agricultural Ltd v The Excelsior Hotel* （*Hong Kong*） *Ltd* ［2001］ HKCFI 1271.

[127] *ODC Exhibit Systems Ltd v Lee* ［1988］ CanLII 3297 （BCSC）.

[128] *Paquito Lima Buton v Rainbow Joy Shipping Ltd Inc* ［2008］ HKCFA 30, （2008） 11 HKCFAR 464 at 35, Court of Final Appeal （Hong Kong）.

[129] *Tjong Very Sumito v Antig Investments Pte Ltd* ［2009］ 4 SLR （R） 732, ［2009］ SGCA 41 （CA Singapore） *AED Oil Ltd v Puffin FPSO Limited* （*No* 2） ［2009］ VSC 534 （Aust） *Comandate Marine Corp v Pan Australia Shipping Pty Ltd* ［2006］ FCAFC 192, FC （Aust）; *La Donna Pty Ltd v Wolford AG* ［2005］ VSC 359 （Aust）; *Comos Industry Solution GmbH v Jacob and Toralf Consulting Letrikon Sdn Bhd & Ors* ［2012］ 4 MLJ 573.

[130] *Lembaga Pelabuhan Kelang v Kuala Dimensi Sdn Bhd* ［2011］ 2 MLJ 606 at ［19］, CA.

[131] *Methanex New Zealand Ltd v Kinugawa*, （*The*） ［1998］ 2 FCR 583, 1998 CanLII 9039, FC （Can）.

[132] *China Merchant Heavy Industry Co Ltd v JGC Corporation* ［2001］ HKCA248, CA （Hong Kong）; *Tommy CP Sze & Co v Li & Fung* （*Trading*） *Ltd* ［2002］ HKCFI 682 （Hong Kong）.

[133] *Nanjing Tianshun Shipbuilding Co Ltd v Orchard Tankers Pte Ltd* ［2011］ EWHC 164 （Comm）, ［2011］ All ER （D） 122 （Feb）; *Wholecrop Marketing Ltd v Wolds Produce Ltd* ［2013］ EWHC 2079 （Ch）, ［2013］ All ER （D） 302 （Jul）.

[134] Arbitration Act 2005 s 45.

决申请以及被告的中止诉讼申请时，不应像作出简易判决一样对争议的有效性进行审查。

在法院面临中止诉讼申请和要求简易判决的情况下，应先考虑中止诉讼，只有在诉讼程序中止未被允许的情况下，才能考虑简易判决的申请。[135]

法院在 *Trans Resources Sdn Bhd v Sanwell Corp*[136] 案中认为，中止诉讼申请和简易判决申请不能也不应该同时审理。

不能履行

在 *Gatoil International v National Iranian Oil Company*[137] 案中，原告提起了诉讼但没有成功辩称仲裁协议无效，因为其声称找不到一位合适的、愿意在德黑兰审理的、说英语的仲裁员，但法院并没有采信。

然而，如果由于战争或自然灾害或其他原因，如某机构拒绝委任仲裁员或仲裁确实无法进行，该协议将变得无法实行。[138]

如果当事人对仲裁员的身份[139]或素质约定得过于具体而无法委任仲裁员，或委任程序[140]没有可行性，协议也可能无法实行。

仲裁协议不会因一方当事人无法履行仲裁程序中[141]或支付裁决款项时的财务义务而自动被认定为无法实行。[142]

仲裁和诉讼程序之间的一个关键性的实际区别是，仲裁通常需要提前支付仲裁员和机构的费用，当事人有时会通过拒绝付款来逃避仲裁协议下的义务。

在 *Paczy v Haendler & Natermann GmbH*[143] 案中，申请人提起了仲裁，但随后其决定要去诉讼。为此，申请人拒绝支付其应承担的仲裁费用，提出该协议无法实行，且被申请人应当支付原申请人的仲裁费用或应当同意由法院审理。在批准中止诉讼时，法院将之描述为“梦幻的主张”（fantasitic assertion）。

申请人在 *Resin Systems v Industrial Service & Machine*[144] 案中提起了仲裁并支付了应付的费用，但被申请人拒绝接受。申请人不愿支付被申请人的份额，于是提起了诉讼。法院认定是因为被申请人拒绝支付仲裁费用而使得仲裁协议无效或无法履行，因此驳回了

[135] *Lee Brothers Construction Co v Teh Teng Seng Realty Sdn Bhd* [1988] 1 MLJ 459.

[136] *Trans Resources Sdn Bhd v Sanwell Corp* [1999] 5 MLJ 537.

[137] *Gatoil International Inc (Panama) v National Iranian Oil Company (Iran)* (1992) XVII Yearbook Comm Arb 587.

[138] *Aminoil v Government of Kuwait* (1982) XXI ILM 976.

[139] J Poudret, S Besson *Comparative Law of International Arbitration* (2nd Edn 2007) at p 365. 从中可以看出，协议中指定的仲裁员拒绝作仲裁员或者被撤销的，仲裁协议可能失效或者不能履行。

[140] *Enercon (India) Ltd v Enercon GmbH* (14 February 2014), SC (India).

[141] *El Nasharty v J Sainsbury plc* [2007] EWHC 2618 (Comm), [2007] All ER (D) 200 (Nov).

[142] *The Rena K* [1979] QB 377.

[143] *Paczy v Haendler & Natermann GmbH* [1981] Lloyd's Rep 302, CA.

[144] *Resin Systems Inc v Industrial Service & Machine Inc* [2008] ABCA 104 (CanLII) (Can).

中止诉讼的申请。[145]

希望避开仲裁协议的被申请人可能会拒绝支付有关费用。如果申请人想要继续进行仲裁，其可能会被迫支付不足的部分。

《2005 年仲裁法案》第 11（1）（a）条授予了高等法院为仲裁前或仲裁期间一方当事人的申请提供费用担保的权力。如果拒不服从的被告（及其资产）不在马来西亚，这种权力的效用就会减弱。在这种情况下，申请人将别无选择，只能支付所有费用并尝试随后追回。

15.10　“随时准备和愿意”

根据《1952 年仲裁法案》，申请人必须向法院表明，他随时准备并且愿意为仲裁的适当进行采取一切必要的行动。[146]《2005 年仲裁法案》第 10 条没有类似的规定。

除非协议是无效、失效或无法实行的，或者申请人通过行动放弃了仲裁协议[147]，或者以其他方式被禁止执行仲裁协议，否则法院必须允许中止诉讼。

---

[145] 雷德蒙（Redmond）所称“一方当事人拒绝支付预付费用的仲裁协议无效”这一点可能会受到批评，理由是另一方当事人本来是可以支付费用的，因此该协议并非真正无法履行。

[146] Arbitration Act 1952（Act 93）s 6（repealed）. *Seloga Jaya Sdn Bhd v Pembenaan Keng Ting（Sabah）Sdn Bhd*［1994］2 MLJ 97，SC；*Accounting Publications Sdn Bhd v Ho Soo Furniture Sdn Bhd*［1998］4 MLJ 497，CA.

[147] Blackaby and Partasides with Redfern and Hunter，*Redfern and Hunter on International Arbitration*，（6th Edn，2015）at para 2.204.

第 16 章 诉讼程序中止的影响和期限

16.1 诉讼程序中止的影响、变化和撤销

违反仲裁协议而造成的诉讼程序中止是永久的。[1] 如果外国法院违反仲裁协议而继续进行了诉讼，则法院可能拒绝承认外国的判决。[2] 法院很可能有权变更或撤销诉讼程序中止，尽管谨慎的做法是通过当事人的自由申请。[3]

所以，法院不但可以撤销诉讼程序中止，还可以修改中止的条件，并给予附属救济。类似地，拒绝诉讼程序中止并不影响随后的仲裁争议转而由法院决定。[4]

但是，在诉讼程序已经开始但当事人没有申请中止诉讼或被驳回了中止诉讼申请的情况下，仲裁员可能无法违背原告的意愿就同一事项进行仲裁，仲裁员作出的裁决是无效的。[5]

16.2 诉讼程序中止的条件

根据《2005 年仲裁法案》第 10（2）条的规定，法院“可以施加其认为合适的任何条件”[6]。这种权力似乎是不受约束的。有人建议，这种权力应限于施加申请中止诉讼的当事人应继续进行仲裁的费用和条件[7]，而不是施加那些可能阻碍仲裁程序的条件[8]。

例如，法院要求申请人提供费用担保，允许变更仲裁庭的组成，按照指定的时间表

---

[1] Merkin and Flannery, *Arbitration Act* 1996 (5th Edn, 2014) at p 55.

[2] *Tracomin SA v Sudan Oil Seeds Co Ltd* [1983] 1 All ER 404.

[3] *Cie du Sénégal et de la Côte Occidentale d'Afrique v Smith & Co and Woods & Co* (1883) 53 LJ Ch 166 at 169.

[4] *Printing Machinery Co Ltd v Linotype and Machinery Ltd* [1912] 1 Ch 566 at 574; *Re Carlisle, Clegg v Clegg* (1890) 44 Ch D 200.

[5] *Doleman & Sons v Ossett Corpn* [1912] 3 KB 257, CA (Eng); but cf *Lloyd v Wright, Dawson v Wright* [1983] QB 1065 at 1071-1072, 1074, 1075 and 1075-1076, [1983] 2 All ER 969 at 971, 972, 974 and 975, CA (Eng).

[6] Act 646.

[7] *Fuller Austin Insulation Inc v Wellington Insurance Co* [1995] CanLII 5752 (SK QB) (Can); *East African Development Bank v Ziwa Horticultural Exporters Limited* [2000] UGCommC 8 (Uganda); Security for the Arbitration: *P T Budi Semestra Satria v Concordia Agritrading Pte Ltd* [1998] SGHC 127.

[8] Rajoo, Davidson *The Arbitration Act 2005-UNCITRAL Model Law as applied in Malaysia* (2007) at 10. 11.

进行诉讼，或放弃一个特定的索赔或论点。[9]

法院甚至施加了一个要求将被任命的仲裁员应该具有法律资格并对特定争议事项具有知识的条件。[10] 然而这样的要求可能会违背当事人的自主权。

16.3　附属救济

在批准诉讼程序中止时，在以后任何时候[11]，高等法院可以给予无法来源于仲裁员的救济，例如，指定接管人[12]或颁发禁令[13]，包括 Mareva 禁令[14]。除此之外，法院还可以在中止诉讼的情况下拒绝释放被扣押的船只。[15]

《2005 年仲裁法案》第 11 条规定的临时措施与高等法院有关，而任何处理受仲裁协议约束的事项的法院都有权批准诉讼程序中止。由于《2005 年仲裁法案》第 8 条规定了禁止法院干预，除法律规定外，下级法院可能无法根据第 11 条给予附属救济。

法院在 *Kwek Seow Kee* ［“*No*：2”］ *v K T Packaging Sdn Bhd*[16] 案中详细阐述了可以批准 Mareva 禁令的情况，如下：

（a）在判决之前，它也可以被授予判决债权人以协助执行，如本案一样。

（b）帮助和协助支付执行费用。

（c）针对的通常是属于法院管辖范围内的被告。

（d）作为附属救济，其可用性取决于是否存在既存的诉讼原因。授予 Mareva 禁令的管辖权甚至扩大到法院管辖范围内有资产流失危险的案件。

（e）它甚至可以用来防止法院管辖范围以外的资产流失。

（f）它可能会被批准并扩展到仲裁程序中，就像在法庭上一样。

Mareva 禁令不会产生留置权或任何所有权。它没有给原告担保，原告对冻结的资产

---

[9] *Hitachi Shipbuilding and Engineering Co Ltd v Viafel Compania Naviera SA* ［1981］ 2 Lloyd's Rep 498，CA（Eng）；*Flender Werft AG v Aegean Maritime Ltd* ［1990］ 2 Lloyd's Rep 27；*Fal Bunkering of Sharjah v Grecale Inc of Panama* ［1990］ 1 Lloyd's Rep 369.

[10] *John Mowlem & Co plc v Carlton Gate Development Co Ltd*（1990） 6 Const LJ 298 at 303-304，21 ConLR 113.

[11] *Zalinoff v Hammond* ［1898］ 2 Ch 92 at 95.

[12] *Law v Garrett*（1878） 8 Ch D 26，CA（Eng）；*Pini v Roncoroni* ［1892］ 1 Ch 633；*Cie du Sénégal et de la Côte Occidentale d'Afrique v Smith & Co and Woods & Co*（1883） 53 LJ Ch 166.

[13] *Brighton Marine Palace and Pier Ltd v Woodhouse* ［1893］ 2 Ch 486；*Willesford v Watson*（1873） LR 8 Ch App 473；*Re Phoenix Timber Co Ltd's Application* ［1958］ 2 QB 1，［1958］ 1 All ER 815，［1958］ 1 Lloyd's Rep 305，CA（Eng）.

[14] *Jasa Keramat Sdn Bhd v Monatech*（M） Sdn Bhd ［1999］ 4 MLJ 217；*Hitachi Shipbuilding and Engineering Co Ltd v Viafel Compania Naviera SA* ［1981］ 2 Lloyd's Rep 498，CA（Eng）.

[15] *The Rena K* ［1979］ QB 377，［1979］ 1 All ER 397，［1978］ 1 Lloyd's Rep 545，distinguishing *The Golden Trader* ［1975］ QB 348，［1974］ 2 All ER 686；*The Tuyuti* ［1984］ QB 838，［1984］ 2 All ER 545，［1984］ 2 Lloyd's Rep 51，CA（Eng）；*The Silver Athens*（*No* 2）［1986］ 2 Lloyd's Rep 583；*The World Star* ［1986］ 2 Lloyd's Rep 274.

[16] ［1998］ MLJU 77.

也没有任何优先权。

如附件 39 所示，在 1998 年 2 月 25 日，因为没有申请中止诉讼，所以原告有权收割庄稼并享受其劳动成果。

16.4 确定竞合权利诉讼

根据《1952 年仲裁法案》，如果给予了确定竞合权利诉讼 * 救济，而且高等法院认定仲裁协议（索赔人是当事人）适用于该争议事项，那么高等法院可以指令将索赔人之间的问题按照该协议决定。[17]

《2005 年仲裁法案》并没有提及确定竞合权利诉讼。但在这种情况下仍然有可能获得诉讼程序中止，前提是在任何其他诉讼行为之前提出申请。[18]

法院在 *Re Phoenix Timber Co Ltd's Application*[19] 案中认定，即使争议非常适合在法院审理，但这不能成为拒绝按照该协议决定问题的充分理由。

---

* 确定竞合权利诉讼是指：在有两人或两人以上对由第三人持有的财产提出同一权利主张时，确定该财产权属的诉讼程序。——译者注

[17] 《1952 年仲裁法案》第 7 条和第 32 条；*Re Phoenix Timber Co Ltd's Application* [1958] 2 QB 1，[1958] 1 All ER 815，CA (Eng).

[18] Rajoo，Davidson. *The Arbitration Act 2005-UNCITRAL Model Law as applied in Malaysia*（2007） at 10. 13.

[19] [1958] 2 QB 1，[1958] 1 All ER 815，CA（Eng）.

第4篇 Part four

法院管辖权的排除

第 *17* 章　限制仲裁程序的禁令

17.1　限制仲裁程序的禁令

从法院以及那些最成功的仲裁中心支持仲裁的态度可以很自然地得出结论：中止仲裁的禁令作为富有争议的措施，其使用（如有）是非常谨慎的。❶

加里·博恩认为，在国际案件中，经仲裁地的国家法院审查后，由于存在干扰仲裁庭对其自身管辖权的认定的风险，实际上绝对不应发布反仲裁禁令。如果当事人同意仲裁管辖权异议，则不应批准反仲裁禁令的申请。❷

然而法院是通过禁令来限制仲裁的固有管辖权的。在特定的情况下，它有权作出中止仲裁的命令，以维护法律上或衡平法上的权利。❸ 如果禁令获得批准，它可能针对仲裁员、另一方当事人或两者。❹

《UNCITRAL 示范法》没有就反仲裁禁令的作出进行规定。由于没有这样的规定，当将其与第 8 条关于法院干预的界定（相当于《2005 年仲裁法案》第 8 条)❺ 一起理解时，表明了限制仲裁程序的禁令的法院管辖权不再存在。

事实上，新加坡的法院在 *Mitsui Engineering v Easton Graham Rush*❻ 案中采纳了这种

---

❶ J Lew，"Does National Court Involvement Undermine the International Arbitration Processes?'，(2009) 24 3 American University International Law Review at p 499；Shearer and Jaynel，"Anti-suit and Anti-Arbitration Injunctions in International Arbitration：A Swiss Perspective"，(2009) Int ALR.

❷ Gary Born，*International Commercial Arbitration* (2nd Edn，2014) at pp 2501-2502.

❸ *Malmesbury Railway Company v Budd* (1876) 2 Ch D 113；*North London Railway Company v Great Northern Railway Company* (1883) 11 QBD 30，CA (Eng)，approved in *Siskina* (*Cargo Owners*) *v Distos Compania Naviera SA* [1979] AC 210，[1977] 3 All ER 803，sub nom *Ibrahim Shanker & Co v Distos Compania Naviera SA*，*The Siskina* [1978] 1 Lloyd's Rep 1，HL；*Bremer Vulkan Schiffbau und Maschinenfabrik v South India Shipping Corpn Ltd* [1981] AC 909，[1981] 1 All ER 289，[1981] 1 Lloyd's Rep 253，HL；*Muirfield Properties Pty Ltd v Eric Kolle and Associates* [1988] VR 167；*Chuan Hup Agencies Pte Ltd v Global Minerals* (*Sarawak*) *Sdn Bhd* [1990] 1 MLJ 305；*Jasa Keramat Sdn Bhd v Monatech* (*M*) *Sdn Bhd* [1999] 4 MLJ 217；*Pilecon Industrial Engineering Sdn Bhd v Maxson Resources Ltd* [2002] 1 MLJ 217；*British Caribbean Bank Ltd v Attorney General* [2013] CCJ 4 (AJ) at [23].

❹ *Salini Costruttori SPA v The Federal Democratic Republic of Ethiopia*，*Addis Ababa Water and Sewerage Authority*，*Partial Award in ICC Case No.* 10623，(2003) 21 ASA Bull 59，99.

❺ Act 646.

❻ *Mitsui Engineering and Shipbuilding Co Ltd v Easton Graham Rush* [2004] 2 SLR (R) 14；the Swiss decision in *Air* (*PTY*) *Ltd v International Air Transport Association* Tribunal de Premiere Instance，May 2，2005，Case No C/1043/2005-15SP (Switzerland)，translated in (2005) 23 ASA BULL 739.

特殊的法律解释，认为法院没有中止仲裁的权力。相反，应当由仲裁庭来决定是否中止仲裁，一旦作出决定，还可以诉诸法院进行监督。[7]

但另外，英格兰法院[8]和新西兰法院[9]并没有支持对《UNCITRAL 示范法》作出如此严格且狭隘的解释。因此，他们认为其保留了批准中止仲裁程序的管辖权。这种做法的理由包括与一些案例相反的观点，即 1996 年《英国仲裁法案》并未"占据所有的理由"，由此为限制仲裁程序的固有管辖权留出了空间。[10]

但是，这些法院尽管继续坚定不移地保留批准反仲裁令的权力，但已经确认了必须更加谨慎地行使这种权力[11]，提高警惕[12]，并且比以往任何时候都要更克制。[13]

批准针对外国仲裁程序的反仲裁禁令的判断标准是严格的，这毫无意外。它比不涉及解决管辖范围以外争议的合同案件的检验标准更高。[14]

法院在 *Excalibur Ventures v Texas Keystone*[15] 案中指出，反仲裁禁令只能在"特殊案件"（exceptional cases）[16] 中被批准，用上诉法院在 *Compagnie Nouvelle France Navigation SA v Compagnie Nevale Afriquedu Nord*[17] 案中的话来说，除非仲裁程序的继续适用将是"显失公平的、压迫性的、无理取闹的或是以其他方式滥用法院的正当程序的"[18]。

---

[7] *Yokogawa Engineering Asia Pte Ltd v Transtel Engineering Pte Ltd* [2009] 2 SLR（R）532，[2009] SGHC 1. 在这一案件中一方当事人提出了中止仲裁的申请，另一方当事人认为仲裁是在错误的机构开始的，因此要求中止仲裁。法院基于禁止反言的适用没有触及剩余管辖权的问题，驳回了申请。

[8] *Claxton Engineering Services Ltd v TXM Olaj-Es Gazkutato KFT*（No 2）[2011] EWHC 345（Comm），[2011] 2 All ER（Comm）128；*Nomihold Securities Inc v Mobile Telesystems Finance SA* [2012] EWHC 130（Comm）；*Intermet FZCO v Ansol Ltd* [2007] EWHC 226（Comm），[2007] All ER（D）221（Feb）；*Elektrim SA v Vivendi Universal SA Number* 2 [2007] 2 Lloyd's Rep 8；*J Jarvis & Sons Ltd v Blue Circle Dartford Estates Ltd* [2007] EWHC 1262（TCC）；*Albon*（*t/a N A Carriage Co*）*v Naza Motor Trading Sdn Bhd* [2007] 2 Lloyd's Rep 420，[2008] 1 Lloyd's Rep 1，CA；*Cetelem SA v Roust Holdings Ltd* [2005] EWCA Civ 618，[2005] 4 All ER 52，[2005] 2 Lloyd's Rep 494 at [74]；*Weissfisch v Julius* [2006] EWCA Civ 218，[2006] 2 All ER（Comm）504 at [33]；*Republic of Kazakhstan v lstil Group lnc*（No 2）[2007] EWHC 2729（Comm），[2008] 1 Lloyd's Rep 382.

[9] *Carter Holt Harvey Ltd v Genesis Power Ltd* [2006] 3 NZLR 794.

[10] *AES Ust-Kamenogorsk Hydropower Plant LLP v Ust-Kamenogorsk Hydropower Plant JSC* [2011] EWCA Civ 647，affirmed [2013] UKSC 35，SC.

[11] *Intermet FZCO v Ansol Ltd* at *Ltd* [2007] EWHC 226（Comm）at [20]，[2007] All ER（D）221（Feb）at [20].

[12] *British Caribbean Bank Ltd v Attorney General* [2013] CCJ 4（AJ）at [37].

[13] *J Jarvis & Sons Ltd v Blue Circle Dartford Estates Ltd* [2007] EWHC 1262（TCC）at [39]；*Injazat Technology Capital Limited v Dr Hamid Najafi* [2012] EWHC 4171（Comm）at [23].

[14] *British Caribbean Bank Ltd v Attorney General* [2013] CCJ 4（AJ）at [39].

[15] *Excalibur Ventures LLC v Texas Keystone Inc* [2011] EWHC 1624（Comm）at [56].

[16] *Republic of Kazakhstan v Istil Group Inc*（*No* 2）[2007] EWHC 2729（Comm）at [2] and *Weissfisch v Julius* [2006] EWCA Civ 218 at [33].

[17] *Compagnie Nouvelle France Navigation SA v Compagnie Nevale Afrique du Nord*，*The Oranie and The Tunisie* [1966] 1 Lloyd's Rep 477 at 487.

[18] *Turner v Grovit* [2002] 1 WLR 107；另参见 *McHenry v Lewis*（1882）22 Ch D 397 和 *Peruvian Guano Company v Bockwoldt*（1882）23 Ch D 225 案中关于烦恼和压迫的起源；不便或高昂的费用似乎并不能将仲裁视为压迫。*British Caribbean Bank Ltd v Attorney General* [2013] CCJ 4（AJ）at [45].

这种情况包括“争议在于双方当事人是否同意外国仲裁”或“主张仲裁协议是伪造的”。[19] 另外，延误对于申请来说也是致命的。[20]

总的来说，《2005 年仲裁法案》明确规定了旧判例法所说明的关于批准反仲裁禁令的许多情况，包括仲裁庭根据《2005 年仲裁法案》第 18 条能决定合同有效性的权限[21]，或根据第 15 条有理由撤换仲裁员。[22] 仲裁庭不是与管辖权有关的公约或实践规范的缔约方，没有必要尊重司法礼让。[23]

因此，面对来自某些司法管辖区的反仲裁禁令时，有些仲裁庭是拒绝遵守的。原因之一是考虑到鉴于仲裁庭对双方当事人的主要责任，遵守那些已经拖延了程序的禁令是不合适的，这会使得双方当事人的仲裁协议落空。[24]

Salini Costruttori SPA v The Federal Democratic Republic of Ethiopia[25] 案的仲裁地曾在埃塞俄比亚，但仲裁庭为方便起见，将该地点转移到了巴黎。对此，埃塞俄比亚以获取对仲裁庭和另一方当事人的禁令来作出回应。[26] 在另一个案例中，仲裁庭对反仲裁禁令作出了回应，将仲裁程序的地点转移到另一个国家，并继续在那里进行。[27]

马来西亚的仲裁程序中止

在《2005 年仲裁法案》颁布之前，*Pilecon Industrial Engineering Sdn Bhd v Maxson Resources Ltd*[28] 案的仲裁在中国香港地区开始，一方当事人向马来西亚高等法院申请了一个中止仲裁程序的禁令，同时寻求关于适用法律的声明（1950 年中国香港或马来西亚仲

---

[19] *Excalibur Ventures LLC v Texas Keystone Inc* [2011] EWHC 1624 (Comm) at [56].

[20] *J Jarvis & Sons Ltd v Blue Circle Dartford Estates Ltd* [2007] EWHC 1262 (TCC) at [40].

[21] *Kitts v Moore* [1895] 1 QB 253, CA (Eng); *Mylne v Dickinson* (1815) Coop G 195; *Maunsell v Midland Great Western (Ireland) Rly Co* (1863) 1 Hem & M 130; *Ben & Co Ltd v Pakistan Edible Oils Corpn Ltd* (1978) Times, 13 July, CA (Eng). But cf, *Turk Gemi Kurtama v Ithaka (Owners), The Ithaka* [1939] 3 All ER 630, CA (Eng), and *Industrie Chimiche Italia Centrale v Alexander G Tsavliris and Sons Maritime Co, The Choko Star* [1987] 1 Lloyd's Rep 508, CA (Eng). 其中一方当事人依据其请求救助仲裁的权利，解除了被救助船舶的担保，参见 *McHarg v Universal Stock Exchange* [1895] 2 QB 81 案。

[22] *Malmesbury Railway Company v Budd* (1876) 2 Ch D 113; *Beddow v Beddow* (1878) 9 Ch D 89.

[23] J Lew, “Does National Court Involvement Undermine the International Arbitration Processes?”, (2003) 24 3 American University International Law Review at 522.

[24] *Salini Costruttori SPA v The Federal Democratic Republic of Ethiopia*, *Addis Ababa Water and Sewerage Authority*, *Partial Award in ICC Case No* 10623, (2003) 21 ASA Bull 59, 99.

[25] *Salini Costruttori SPA v The Federal Democratic Republic of Ethiopia*, *Addis Ababa Water and Sewerage Authority*, *Partial Award in ICC Case No* 10623, (2003) 21 ASA Bull 59, 99.

[26] J Lew, “Does National Court Involvement Undermine the International Arbitration Processes?”, (2003) 24 3 American University International Law Review at 512.

[27] *Himpurna California Energy Ltd v Republic of Indonesia* 案件的临时仲裁裁决和最终裁决，*Yearbook Comm Arb* 第 25 章第 109 页；C Dugan et al, *Investor-State Arbitration (2010)* 第 110 页，讨论了巴基斯坦最高法院在 *Hub Power Company Limited (HUBCO) v Pakistan WAPDA and Federation of Pakistan* 案件中的反仲裁禁令裁决，(2000) 15 7 *Mealey's International Arbitration Reports*, at A-1。Gary Born, International Commercial Arbitration (2nd Edn, 2014) at p 1315.

[28] *Pilecon Industrial Engineering Sdn Bhd v Maxson Resources Ltd* [2002] 1 MLJ 217.

裁条例）。

高等法院批准了中止仲裁程序的禁令，并运用了 American Cyanamid 判断标准。[29] 该案的仲裁员确认，“如果中国香港的审理在马来西亚的中止令之前，并且作出了裁决，则马来西亚的诉讼程序使得它可能是无效的”。

但是，反仲裁禁令的申请只有在制定法没有提供更适当的补救办法的情况下才能提出[30]，而且自 19 世纪晚期以来，法院已经表示不愿“干涉国内仲裁庭的仲裁”[31]。

在 *Kitts v Moore & Co*[32] 案中，法院批准了一个限制仲裁程序的禁令，该案推翻了包含仲裁条款的合同。然而法院补充说，除非仲裁条款本身直接受到质疑，否则分离性原则的适用意味着仲裁协议继续有效，仲裁庭可以继续确定其自身的管辖权，从而限制了法院的作用。[33]

如果法院认定一方当事人无权将争议诉诸仲裁，那么通过中间禁令限制仲裁程序或许是适宜的[34]，但这同样可能会属于仲裁庭 Kompetenz-Kompetenz 权力的范围。[35]

虽然基础合同有效，但是因拒绝履行[36]或者违法性妨碍履行而终止，那么仲裁程序将不受禁令的约束。[37] 如果仲裁员想要超越其管辖权行事，显然也没有批准禁令的管辖权[38]，这是因为《2005 年仲裁法案》第 18（4）条规定了这种情况下提出异议的程序。

随着 2012 年《建筑业支付和裁判法案》（*Construction Industry Payment and Adjudication Act* 2012，“CIPAA”）[39] 引入法定裁判，仲裁程序在马来西亚更有可能中止。该法规定，在建筑业支付纠纷中，裁判是强制性的。如果一方当事人违反 CIPAA 第 5 条的规定进行仲裁，则要求裁判的一方的合法权利将受到威胁，这为中止仲裁提供了正

---

[29] *American Cyanamid Co v Ethicon Ltd*［1975］2 WLR 316. 一旦确定继续进行仲裁会令人感到压抑或不合情理，美国氰胺公司通常会适用于法院作出的发出禁令的决定。参见 *Golden Ocean Group Ltd v Humpuss Intermoda Transportasi Tbk Ltd*［2013］EWHC 1240（Comm）at［73］案。要注意的是，这个测试并不是普遍的，也不会在所有情况下都适用。*British Caribbean Bank Ltd v Attorney General*［2013］CCJ 4（AJ）at［24］-［28］.

[30] *Beddow v Beddow*（1878）9 Ch D 89.

[31] *Farrar v Cooper*［1886-90］All ER Rep Ext 1268 at 1269，（1890）44 Ch D 323 at 327.

[32] 在 *Kitts v Moore & Co*［1895］1 QB 253，CA（Eng）一案中，对包含仲裁条款的合同的起诉正在进行中，法院发布了禁止令以限制仲裁。如果法院认为一方当事人没有权利将争议提交仲裁，那么通过中间禁令来限制诉讼程序是合适的。

[33] *Fiona Trust & Holding Corporation v Privalov*［2007］UKHL40，［2007］4All ER 951.

[34] *Ben & Co Ltd v Pakistan Edible Oils Corpn Ltd*（1978）Times，13 July，CA（Eng）.

[35] Arbitration Act 2005 s 18.

[36] *Heyman v Darwins Ltd*［1942］AC 356，［1942］1 All ER 337，HL.

[37] *Grey（Edward）& Co v Tolme and Runge*（1914）59 Sol Jo 218，31 TLR 137，CA（Eng）；*Smith，Coney and Barrett v Becker，Gray & Co*［1916］2 Ch 86，CA（Eng）；*Scott & Sons Ltd v R & N Del Sal* 1923 SC（HL）37，（1923）14 Ll L Rep 65.

[38] *North London Railway Company v Great Northern Railway Company*（1883）11 QBD 30，CA（Eng）；*Den of Airlie SS Co Ltd v Mitsui & Co Ltd and British Oil and Cake Mills Ltd* 106 LT 451，CA（Eng）*Farrar v Cooper*［1886-90］All ER Rep Ext 1268，（1890）44 Ch D 323.

[39] Act 746.

当性。[40]

最近，法院详细阐述了在当事人寻求根据 CIPAA 中止裁判直至仲裁程序结束的情况下，何时可以准予中止。

法院在 *Subang Skypark Sdn Bhd v Arcadius Sdn Bhd*[41] 案中说：

> ……原告的申请是根据 2012 年《建筑业支付和裁判法案》第 16 条提出的，包括中止裁判的决定。

第 16（1）条在下列情况下，一方当事人可以向高等法院申请中止裁判的决定：

（a）已根据第 15 条提出撤销裁判决定的申请；

（b）裁判决定的标的事项正由仲裁庭或法院作出最终决定。

（2）高等法院可以批准中止裁判的决定，或命令将裁判的全部金额或部分金额存放于吉隆坡区域仲裁中心主席处，或作出其认为合适的其他命令。

通过阅读第 16 条可以看到，可能会出现对裁判决定的影响，从而只能在某些有限的情况下才能启动裁判决定的执行。第一，有根据第 15 条作出的撤销裁决决定的申请；第二，仲裁庭或法院对同一事宜存在同时进行的程序。

17.2 协议或行为终止后的禁令

仲裁协议可以通过明确的协议[42]、明示或暗示的行为而终止。虽然协议仲裁不会仅仅因程序的过度拖延而无效或落空[43]，但是双方当事人长时间的不作为可能导致默示同意终止仲裁协议。

---

[40] *Elektrim SA v Vivendi Universal SA*（*No* 2）［2007］EWHC 571（Comm）. 虽然裁决时间很短，但这不太可能发生。

[41] *Subang Skypark Sdn Bhd v Arcadius Sdn Bhd*［2015］11 MLJ 818 at［20］-［21］.

[42] *Downing v Al Tameer Establishment*［2002］EWCA Civ 721，［2002］All ER（D）342（May），CA（Eng）；*BEA Hotels NV v Bellway LLC*［2007］EWHC 1363（Comm），［2007］All ER（D）90（Jun）.

[43] *Bremer Vulkan Schiffbau und Maschinenfabrik v South India Shipping Corpn Ltd*［1981］AC 909，［1981］1 All ER 289，［1981］1 Lloyd's Rep 253，HL；*Paal Wilson & Co A/S v Partenreederei Hannah Blumenthal*，*The Hannah Blumenthal*［1983］1 AC 854，［1983］1 All ER 34，［1983］1 Lloyd's Rep 103，HL.

例如，在 *Andre et Cie SA v Marine Transocean Ltd*，*The Splendid Sun*[44] 案中得出了这样的推论，该案期间有 8 年的拖延，其中有一名仲裁员死亡并且一直没有被替换。

澳大利亚的法院在 *Comandate Marine Corp v Pan Australia Shipping Pty Ltd*[45] 案中认为，放弃仲裁必须是有意的选择。

法院在 *Tankrederei Ahrenkeil GmbH v Frahuil SA*，*The Multitank Holsatia*[46] 案中进一步补充道，将会谨慎地推定终止，并且只会在非常有限的情况下这样做：

（1）从申请人不采取行动的情况可以明确推断出他不希望进行仲裁程序，而且被申请人也同意不进行；

（2）从被申请人不采取行动的情况可以明确推断出他同意放弃；

（3）这些推断与被申请人对实际情况的理解没有冲突。[47]

法院在考虑限制仲裁程序的禁令的申请时，会根据案件的实际情况考虑，并在认定仲裁协议已经终止的情况下才会发出禁令。

在 *Indescon Ltd v Ogden*[48] 案中，法院拒绝批准反仲裁禁令，因为没有事实证据表明当事人放弃了仲裁，尽管自发出仲裁通知以来已经过去了 8 年多。[49]

在马来西亚，《2005 年仲裁法案》并没有规定像英国法案中的情况，即如果存在"过度和不可原谅的延误"，仲裁庭可以终止仲裁程序。[50]

但是，第 34（2）（c）条要求，如果当事人同意或者继续仲裁是不必要或不可能时，仲裁庭应当终止仲裁程序。这确实引出了一个问题，即由当事人共同的不作为而达成的默示同意是否也属于本节的范围。但应该指出的是，第 47 条规定了仲裁员对在履行职责过程中的作为或不作为免于承担任何责任。

---

[44] ［1981］QB 694，［1981］2 All ER 993，［1981］2 Lloyd's Rep 29，CA（Eng）（eight year delay during which one of the arbitrators died and was not replaced），approved in *Paal Wilson & Co A/S v Partenreederei Hannah Blumenthal*，*The Hannah Blumenthal*［1983］1 AC 854，［1983］1 All ER 34，［1983］1 Lloyd's Rep 103，HL；*Excomm Ltd v Guan Guan Shipping（Pte）Ltd*，*The Golden Bear*［1987］1 Lloyd's Rep 330（eight year delay）；*Tankrederei Ahrenkeil GmbH v Frahuil SA*，*The Multitank Holsatia*［1988］2 Lloyd's Rep 486（six year delay，doubtful claim）；and *The Torm Herdis*（unreported，1990）（three year delay）. Cf *Allied Marine Transport Ltd v Vale do Rio Doce Navegacao SA*，*The Leonidas D*［1985］2 All ER 796，［1985］1 WLR 925，［1985］2 Lloyd's Rep 18，CA（Eng）；*Gebr van Weelde Scheepvaartkantor BV v Compania Naviera Sea Orient SA*，*The Agrabele*［1987］2 Lloyd's Rep 233，CA（Eng）；*Food Corpn of India v Antclizo Shipping Corpn*，*The Antclizo*［1988］2 All ER 513，［1988］1 WLR 603，［1988］2 Lloyd's Rep 93，HL；*Passat Shipping & Trading Co Ltd v Cosentinio Shipping Co SA*（*The Achillet*）（unreported，8 September 1989）；*Thai-Europe Tapioca Service Ltd v Seine Navigation Co Inc*，*The Maritime Winner*［1989］2 Lloyd's Rep 506；*Syntex Pharmaceutical International Ltd v Adderley*［1998］4 LRC 561，SC（Bahamas）；*Unisys International Services Ltd*（*formerly Sperry Rand Ltd*）*v Eastern Counties Newspapers Ltd and Eastern Counties Newspapers Group Ltd*［1991］1 Lloyd's Rep 538.

[45] *Comandate Marine Corp v Pan Australia Shipping Pty Ltd*［2006］FCAFC 192.

[46] *Tankrederei Ahrenkeil GmbH v Frahuil SA*，*The Multitank Holsatia*［1988］2 Lloyd's Rep 486.

[47] *Shell International Petroleum Co Ltd v Coral Oil Co Ltd*（*No* 1）［1999］1 Lloyd's Rep 72；*Thai-Europe Tapioca Service Ltd v Seine Navigation Co Inc*，*The Maritime Winner*［1989］2 Lloyd's Rep 506.

[48] *Indescon Ltd v Ogden*［2004］All ER（D）109（Aug）.

[49] Sutton，Gill and Gearing，*Russell on Arbitration*（24th Edn，2015）at para 2-139.

[50] English Arbitration Act 1996 s 41（3）.

第 *18* 章　排除法院的管辖权

18.1　法院的剩余管辖权

《1950 年合同法案》第 29 条规定❶，任何一项协议，凡是绝对禁止任何一方当事人执行合同项下或与合同有关的权利，或限制相关方强制执行所赋予权利的时间，都是无效的。

因此，仲裁协议的各方当事人不能排除法院的管辖权。❷ 任何意图这样做的协议都是违法的、无效的，因为这样做违反了公共政策。❸ 例如，排除了法院受理有关裁决无效的管辖权的协议因违反了《1950 年合同法案》第 29 条和公共政策而无效。

同样，约定仲裁员的裁决是终局性的且任何一方均不得提出上诉的协议是无效的。对于没有明确表明排除管辖权的仲裁协议，就不能这样解读。

仲裁员的裁决是"终局性的和有约束力的"的标准措辞，并不会排除法院的管辖权，前缀"为所有当事人接受的"的词语没有加入任何实质性的意义。❹

法院在 *J & Wong Logging Contractor v Arab Malaysian Eagle Assurance Berhad* 案❺中认定，原告所持有的保险单的第 11 条限制了原告在法院执行其权利的时间，因此，根据《1950 年合同法案》第 29 条的规定，该条款是无效的。❻

法院审理和裁决诉讼当事人之间争端的管辖权，不能以双方同意的方式被剥夺。❼ 如果合同条款的作用是限制原告在诉讼中执行其权利的时间，那么它可能是无效的。

寻求依赖于仲裁协议的一方必须申请中止法院诉讼，任何中止许可都可能被撤销。诉

---

❶ Act 136.

❷ *Dobbs v The National Bank of Australasia Ltd*（1935）53 CLR 643，［1935］ALR 360（Aust）；*Newacres Sdn Bhd v Sri Alam Sdn Bhd*［1991］3 MLJ 474，SC；*Chai Ming v The Overseas Assce Corpn Ltd*［1962］MLJ 282；*Lan You Timber Co v United General Insurance Co Ltd*［1968］1 MLJ 181.

❸ 这一原则在 *Thompson v Charnock*（1799）8 Term Rep 139 案中得以确立。*Alexander Scott v George Avery*（1856）5 HL Cas 811；*Kill v Hollister*（1746）1 Wils 129；*Czarnikow v Roth，Schmidt & Co*［1922］2 KB 478.

❹ *Ford v Clarksons Holidays Ltd*［1971］3 All ER 454，［1971］1 WLR 1412，CA（Eng）.

❺ ［1993］1 MLJ 240 at 244.

❻ *New Zealand Insurance Co Ltd v Ong Choo Lin*（*t/a Syarikat Federal Motor Trading*）［1992］1 MLJ 185，SC；*Corp Royal Exchange v Teck Guan*［1912］3 FMSLR 92.

❼ *Boon Chang*（*M*）*Engineering and Construction Sdn Bhd v Tejana Trading Corporation Sdn Bhd*［2000］6 CLJ 305；*Inter Maritime Management Sdn Bhd v Kai Tai Timber Co Ltd*，*Hong Kong*［1995］1 MLJ 322，CA；*Tan Kok Cheng & Sons Realty Co Sdn Bhd v Lim Ah Pat*（*t/a Juta Bena*）［1995］3 MLJ 273，FC；*Perbadanan Kemajuan Negeri Perak v Asean Security Paper Mill Sdn Bhd*［1991］3 MLJ 309，SC.

讼程序中止的许可是出于承认仲裁协议的效力，但这并不会排除法院作出仲裁以外的命令。

此外，如果法院中止了诉讼程序以便将事项仲裁，则一方当事人不能再向仲裁员争辩说，由于争议不属于仲裁条款的范围，所以其没有管辖权。[8]

18.2 *Scott V Avery* 条款

《1950 年合同法案》第 29 条规定了这一规则的例外情况，其中包含了来自 *Scott v Avery* 案[9]的判决理由[10]，以避免出现所有仲裁协议都会被视为无效的情况。

因此，仲裁协议的存在并不是针对约定好将争议提起诉讼的阻碍或者抗辩。只有当仲裁协议的措辞使得获得裁决成为存在诉讼理由或者执行它的权利的先决条件时，它才能成为抗辩。[11]

只要仲裁还没有作出有效的裁决，那么当诉讼程序开始时仲裁实际上正在进行，这样的事实并不意味着存在对这些诉讼程序的辩护或障碍。[12]

如果当事人提起诉讼，则在没有申请中止诉讼的情况下，他们将以仿佛仲裁协议不存在的方式进行诉讼，仲裁员作出的任何裁决都是无效的。[13]

实质上，*Scott v Avery* 仲裁条款的作用是，通过对任何在法院提出的索赔提出抗辩，而将诉讼推迟到仲裁裁决发布为止。对于那些习惯于现代仲裁实践的人来说，这可能并不是特别独特的，因为一个有效的仲裁条款将使得双方当事人有进行仲裁而不是诉讼的义务，这可以通过当地立法来执行。[14]

Scott v Avery 条款出现时，正值人们对仲裁排除法院管辖权的概念仍然存在很大敌意的时代。本质上，它是一个执行有约束力的仲裁协议而并不侵犯司法管辖权的办法。

这些条款在商业合同中比较少见，但在海运、保险[15]和大宗商品领域普遍存在。[16]

《罗素论仲裁》中[17]将该条款描述如下：

> 合同当事人可以约定，在作出仲裁裁决之前不得提起任何诉讼，或（可以与之相等

---

[8] *South British Insurance Co Ltd v Gauci Brothers & Co* ［1928］ AC 352.

[9] *Alexander Scott v George Avery* （1856） 5 HL Cas 811.

[10] *Borneo Samudera Sdn Bhd v Siti Rahfizah binti Mihaldin* ［2008］ 6 MLJ 817.

[11] *Borneo Samudera Sdn Bhd v Siti Rahfizah binti Mihaldin* ［2008］ 6 MLJ 817.

[12] *Pena Copper Mines Ltd v Rio Tinto Co Ltd* 105 LT 846 at 851，CA （Eng）；*Doleman & Sons v Ossett Corpn* ［1912］ 3 KB 257 at 262-263，CA （Eng）.

[13] *Doleman & Sons v Ossett Corpn* ［1912］ 3 KB 257，CA （Eng）；*World Pride Shipping Ltd v Daiichi Chuo Kisen Kaisha*，*The Golden Anne* ［1984］ 2 Lloyd's Rep 489.

[14] 在马来西亚，通过《2005 年仲裁法案》（法案 646）第 10 条规定了对涉及仲裁协议的事宜强制性地停止诉讼。

[15] *Lim Kitt Ping Lynnette v People's Insurance Co Ltd* ［1997］ 1 SLR （R） 914；*Tay Eng Chuan v Ace Insurance Ltd* ［2008］ SGCA 26，［2008］ 4 SLR （R） 95.

[16] *B v S* ［2011］ EWHC 691 （Comm） at ［6］；Merkin and Flannery，*Arbitration Act 1996* （5th Edn，2014） at p 54.

[17] Sutton，Gill and Gearing，*Russell on Arbitration*，（24th Edn，2015） at para 2-023.

> 同的）可以约定由合同特定条款产生的唯一义务是支付仲裁庭可能裁定的任何款项……它并不妨碍对包含此类条款的合同提起诉讼，但其先决条件是对该诉讼的抗辩。

在 *Scott v Avery*[18] 案中，被保险人的船舶加入了一个互助保险协会，该协会的规则规定，在仲裁员审理完毕事项之前，任何成员“无权中止任何就其保险单而提起的法律诉讼或衡平法之诉”，即使到了那个时候也“只能针对仲裁员裁决的款项”。

上议院驳回了合同因试图排除法院管辖权而无效的论点并强调了合同的效力，并且指出：

> 允许当事人约定，在他们的责任被一个国内的、私人的且是他们约定的仲裁庭确定之前，他们不对任何诉讼负责。有什么借口说这样的约定违反了公共政策呢？公众会因此受到损害吗？在我看来，如果阻碍签订这样的合同才是对主体自由最不适当的侵犯……如果说公司不会为诉讼所扰——诉讼的代价是毁灭性的，但任何引起的争议将会被诉诸一个国内的、能够迅速且有经济效益地解决纠纷的仲裁庭，那么这有任何违反公共政策之处吗？我不认为这种协议会带来任何不良后果，反而它有很大的优势。[19]

因此，将作出仲裁裁决明确规定为就任何协议仲裁的事项提起诉讼的先决条件并没有排除法院的管辖权。仲裁条款是否以 *Scott v Avery* 方式运作是一个解释学的问题。[20]

虽然可以提起司法程序以执行这样的仲裁协议[21]，但法院在认定协议中是否包含 *Scott v Avery* 仲裁条款时是慎重的。[22] 即使只有一方当事人受到先决条件的约束——正如在保险合同案中那样，出于现实原因，只有一方当事人有可能对另一方当事人提起诉讼，它也是可执行的。[23]

该原则也被延伸到工程合同中，直到雇主的工程师签发证书时才能提起诉讼。[24] *Scott v*

---

[18] *Scott v Avery* 条款名称的确立源于案件 *Alexander Scott v George Avery*（1856）5 HL Cas 811。*Khoo Boo Gay v The Home Insurance Co Ltd*［1936］1 MLJ 190；*Commissioner of the Federal Capital v Insurance Company of North America*［1968］2 MLJ 143，FC；*Tharmalingam v Sambanthan*［1961］1 MLJ 63，CA；*Perbadanan Kemajuan Negeri Perak v Asian Security Paper Mill Sdn Bhd*［1991］3 MLJ 309，SC；*Newacres Sdn Bhd v Sri Alam Sdn Bhd*［1991］3 MLJ 474，SC；*QBE Insurance Ltd v Hashim bin Abdul*［1981］2 MLJ 275；*Safety Insurance Company Sdn Bhd v Chow Soon Tat*［1975］1 MLJ 193，FC.

[19] *Alexander Scott v George Avery*（1856）5 HL Cas 811 at 852-853，per Lord Campbell. *Braunstein v Accidental Death Insurance Co*（1861）1 B & S 782；*Elliott v Royal Exchange Assurance Co*（1867）LR 2 Exch 237；*Trewden v Holmes*（1862）1 H & C 72.

[20] *Dawson v Lord Otho Fitzgerald*（1876）1 Ex D 257；*Viney v Bignolf*（1887）20 QBD 172.

[21] *Alfred C Toepfer International GmbH v Societe Cargill France*［1998］1 Lloyd's Rep 379.

[22] *Hardwick Game Farm v Suffolk Agricultural and Poultry Producers Association Ltd*［1964］2 Lloyd's Rep 227 cited in *Bernhard's Rugby Landscapes Ltd v Stockley Park Consortium Ltd* 14 Const LJ 329.

[23] *Woolf v Collis Removal Service*［1947］2 All ER 260.

[24] *Havant Borough Council v South Coast Shipping Co Ltd*［1996］CILL 1146；*Christiani & Nielsen Ltd v Birmingham City Council*［1994］CILL1015；*Monmouthshire County Council v Costelloe & Kemple Ltd*［1965］63 LGR 131；*Scott v Liverpool Corpn*（1858）3 De G & J 334；*Westwood v Secretary of State for India in Council* 7 LT 736；*Sharpe v San Paulo Railway Company*（1873）LR 8 Ch App 597.

Avery 条款应被包含在一个单独的条款中，不能分解成不同的部分并在整个合同中展开。[25]

18.3 *Scott V Avery* 条款的效果

Scott v Avery 条款的作用是，仅作为对规定的事项在法院执行权利的先决条件。[26]

它有两个效果。

第一个效果是，在发布仲裁裁决之前不允许当事人根据合同到法院提起诉讼，而迫使当事人进行仲裁。虽然其他形式的仲裁协议提供了索赔的程序，但 *Scott v Avery* 条款引发了一种偶然性。[27]

Garrett v Salisbury & Dorset Railway Co[28] 案中的建筑合同包含了一个 *Scott v Avery* 仲裁条款，授权雇主在承包商延误或违约时终止合同并接管所有材料的所有权。一项争议产生后被提交仲裁。同时，雇主终止合同并接管了材料。

承包商获得了一项限制雇主的禁令，因为法院认为雇主不能像他此前那样行使这种救济措施。原因是，在他获得有利的仲裁裁决之前，损失尚未确定。同样的，在 *Harrowby（Earl）v Leicester Corporation*[29] 案中，法院拒绝允许终止合同，直到案件的实体部分得到仲裁为止。

第二个效果是，*Scott v Avery* 条款可以规定被申请人的唯一义务是支付仲裁裁决中规定的金额。[30] 司法程序只能根据仲裁员裁决的数额提起。裁决的作出不一定是先决条件。[31]

法院把这一条款视为中止司法程序的实质性依据[32]，或视为在作出裁决前提出的关

---

[25] *Tay Eng Chuan v Ace Insurance Ltd* [2008] SGCA 26, [2008] 4 SLR（R）95 at [29].

[26] *Stokoe v Hall*（1864）3 New Rep 566; *Collins v Locke*（1879）4 App Cas 674; *Foster and Dicksee v Mayor, Aldermen, and Burgesses of the Borough of Hastings*（1903）87 LT 736; *Garrett v Salisbury and Dorset Junction Rly Co*（1866）LR 2 Eq 358; *Harrowby（Earl）v Leicester Corpn* 85 LJ Ch 150; *Compagnie Europeenne de Cereales SA v Tradax Export SA* [1986] 2 Lloyd's Rep 301.

[27] *Rippin Group Ltd v ITP Interpipe SA*（1995）The Times, 10 March.

[28] （1866）LR 2 Eq 358.

[29] （1916）85 LJ Ch 150.

[30] *Scott v Liverpool Corpn*（1858）3 De G & J 334; *Braunstein v Accidental Death Insurance Co*（1861）1 B & S 782; *Elliott v Royal Exchange Assurance Co*（1867）LR 2 Exch 237; *Wright v Ward* 24 LT 439; *Viney v Bignold*（1887）20 QBD 172; *Scott v Mercantile Accident & Guarantee Insurance*（1892）66 LT 811; *Caledonian Insurance Company v Andrew Gilmour* [1893] AC 85; *Spurrier v La Cloche* [1902] AC 446; *Central Electricity Generating Board v Halifax Corpn* [1963] AC 785, [1962] 3 All ER 915.

[31] *Czarnikow & Co Ltd v Roth, Schmidt & Co* [1922] 2 KB 478 at 485, CA（Eng）; *Scott v Avery*（1853）8 Exch 487 at 502; *Freshwater v Western Australian Assurance Co Ltd* [1933] 1 KB 515 at 523; *Central Electricity Generating Board v Halifax Corpn* [1963] AC 785 at 801, 806, [1962] 3 All ER 915 at 920, 923, HL（本案不再适用于有 *Scott v Avery* 条款的时效期限）。

[32] *Dennehy v Bellamy* [1938] 2 All ER 262 at 264.

于诉讼的抗辩。[33] 原告只能通过仲裁来执行其权利。[34] 在出现 *Scott v Avery* 条款的情况下，诉讼程序中止几乎都会得到批准，否则所提出的任何索赔都将会面临提出索赔的先决条件尚未得到满足的抗辩。

根据《2005 年仲裁法案》，法院不再拥有批准或拒绝暂缓执行的裁量权。因此，*Scott v Avery* 条款可能不太具有现实意义。如果根据对条款的恰当解释，待裁决的问题或诉讼中寻求的救济将属于仲裁员的管辖范围，*Scott v Avery* 条款只是对诉讼程序的抗辩。[35]

双方当事人并不丧失在法庭上追究此事的权利；该条款只是延迟但不会消除当事人求助法院的权利。[36]

然而当仲裁条款是不可实行的并且没有成功提起诉讼时，会产生现实的困难，可能会导致事项既不能被仲裁也不能被诉讼的情况。

Scott v Avery 条款只能是对在马来西亚的法院提起的诉讼的抗辩，英国的法律已经改变了。[37] 如果一个基于违反仲裁协议而要求中止外国法院诉讼的禁令的申请是向马来西亚的法院提出的，*Scott v Avery* 条款的存在并不具有决定性作用，只是能支持当事人的申请。[38] 它也不能延长任何时效期限的计算。[39]

对 *Scott v Avery* 条款的依赖相当于对仲裁员管辖权的确认，而依赖该条款的一方不能基于仲裁员无权裁定某一特定问题而在随后拒绝执行裁决。[40]

当作出裁决时，获胜的一方当事人随后的权利是建立在裁决而不是原来的诉由基础之上的。[41] 当事人提起诉讼的权利基于仲裁的结果，而法院的司法管辖权最终是基于对

---

[33] *Golding v London & Edinburgh Insurance Co Ltd*（1932）43 Ll L Rep 487.

[34] *Alexander Scott v George Avery*（1856）5 HL Cas 811；*Tredwen v Holman*（1862）1 H & C 72；*Braunstein v Accidental Death Insurance Co*（1861）1 B & S 782；*Elliott v Royal Exchange Assurance Co*（1867）LR 2 Exch 237；*Viney v Bignold*（1887）20 QBD 172；*Trainor v Phoenix Fire Assurance Co*（1891）65 LT 825；*Scott v Mercantile Accident and Guarantee Insurance Co Ltd*（1892）66 LT 811，CA（Eng）；*Caledonian Insurance Co v Gilmour*［1893］AC 85，HL；*Spurrier v La Cloche*［1902］AC 446，PC；*Sharpington v Fulham Guardians*［1904］2 Ch 449；*King v Phoenix Assurance Co*［1910］2 KB 666，CA（Eng）（就追讨工人赔偿而提起诉讼的先决条件）；*Hallen v Spaeth*［1923］AC 684，PC；*Board of Trade v Cayzer, Irvine & Co Ltd*［1927］AC 610，HL；*Monmouth County Council v Costelloe and Kemple Ltd*（1965）63 LGR 429，CA（Eng）. *Cf Collins v Locke*（1879）4 App Cas 674，*PC*，*and Dawson v Fitzgerald*（1876）1 Ex D 257，CA（Eng）（在这种情况下，有人认为，虽然没有提及仲裁，但诉讼是可以维持的）。因此，中止诉讼的申请很可能会成功。

[35] *Compagnie Européene de Cereals SA v Tradax Export SA*［1986］2 Lloyd's Rep 301.

[36] *Central Electricity Generating Board v Halifax Corpn*［1963］AC 785，［1962］3 All ER 915，HL.

[37] 关于 *Scott v Avery* 条款，英国的法律已经通过 1996 年《英国仲裁法案》第 71（4）条作出了改变。法院如果撤销裁决或者宣布其无效，则有权下令使这个条款无效。法院可以自由决定，或中止本法院的审理、将案件交由仲裁解决，或拒绝中止诉讼程序、由本院直接审理。因此，一个当事人无法基于还没有作出仲裁裁决的理由而对随后的法律程序进行抗辩。在《1950 年仲裁法案》下的程序错误案件中，英国法院没有这种权力。

[38] *Tracomin SA v Sudan Oil Seeds Co Ltd*（*No* 2）［1983］3 All ER 140，［1983］1 WLR 1026，［1983］2 Lloyd's Rep 624，CA（Eng）.

[39] Limitation Act 1953（Act 254）s 34（b）. Cf *Central Electricity Generating Board v Halifax Corpn*［1963］AC 785 at 801，806，［1962］3 All ER 915 at 920，923，HL，这是一个反映早期立场的例子。

[40] *South British Insurance Co Ltd v Gauci Bros & Co*［1928］AC 352，PC.

[41] *Woodall v Pearl Assurance Co Ltd*［1919］1 KB 593 at 608，CA（Eng）.

仲裁员裁决的异议。

在英国，*Scott v Avery* 条款可能造成的意外后果是，《1996 年仲裁法案》第 44 条规定了法院颁布临时措施的权力，但是有但书——“除当事人另有约定外”。

在这种情况下，由于 *Scott v Avery* 条款是指双方已经同意在作出裁决之前不得向法院提起任何诉讼或法律程序，因此可以说他们“另有约定”（otherwise agreed），因此失去了得到法院的临时救济的权利。[42]

在 *Dancom Telecommunication （M） Sdn Bhd v Uniasia General Insurance Bhd*[43] 案中，马来西亚上诉法院已经确定了 *Scott v Avery* 条款的效力。法院认定，在约定的规定期限内将当事人的争议诉诸仲裁，属于“自成一类的合同”（a contract *sui generis*）。

由于马来西亚《2005 年仲裁法案》中的同等条款并没有为当事人提供约定排除法院监督权的自由，因此，对于仲裁地为马来西亚的仲裁来说，由 *Scott v Avery* 条款带来的对临时救济的限制不会成为一个问题。

18.4 失去依赖 *Scott v Avery* 条款的权利

第一种情况是，被申请人因违反或放弃条款而失去了依赖 *Scott v Avery* 条款的好处。这可能发生在两种情况下：其一，被申请人通过明示或默示表示接受法院的管辖权，例如，在司法程序中提出抗辩[44]；其二，被申请人已经违反了仲裁协议的条款，例如，拒绝申请人在诉诸仲裁之前表达意见的权利。[45]

第二种情况是，被申请人超越了其诉诸仲裁的权力。例如，在 *Lowndes v Earl of Stamford and Warrington*[46] 案的雇用合同中，伯爵给予了朗兹（Lowndes）在没有正当理由而被解雇的情况下获得补贴的权利，但对解雇权施加了 *Scott v Avery* 条款。法院认为，朗兹（Lowndes）有权在被解雇之后立即提起诉讼，因为解雇的行为已经提前了仲裁。

当面对 *Scott v Avery* 条款时，法院除了中止诉讼并允许将事项提交给仲裁员以外别无选择。然而可能会出现如下情况，被申请人可能会通过放弃而失去依赖先决条件的权利。

---

[42] *Kallang Shipping SA Panama v Axa Assurances Senegal* [2008] EWHC 2761 （Comm） at [77]，[2008] All ER （D） 213 （Nov） at [77]；*A Tweeddale and K Tweeddale*，“ Scott v Avery Clauses：O'er Judges' Fingers，Who Straight Dream on Fees”，（*2011*） *77 Arbitration 423-427*；这本书第 157 页中引用的 *Toepfer International GmbH v Société Cargill France* [1998] 1 Lloyd's Rep 379 案件作为权威，*Scott v Avery* 条款不会阻止向法院申请禁令救济。

[43] [2008] 6 MLJ 52 at [22]，[2008] 5 CLJ 551 at [22].

[44] *Hardwick Game Farm v Suffolk Agricultural and Poultry Producers' Association* [1964] 2 Lloyd's Rep 227.

[45] *Edwards v The Aberayron Mutual Ship Insurance Society Ltd* （1875） 1 QBD 563.

[46] （1852） 18 QB 425.

放弃可以采取与该条款不一致的行为，或者是妨碍被申请人满足完成先决条件的行为。[47] 也可能是由于仲裁员的行为，仲裁变得不可能。否则，除非双方同意，不能提起诉讼。

英国《1996 年仲裁法案》有一项具体的条款，即如果中止诉讼被拒绝，*Scott v Avery* 条款将不再有效。[48] 但是，《2005 年仲裁法案》并没有对将裁决作为诉讼的先决条件的条款作出规定。因此，如有需要，一方将不得不依靠上述普通法的例外情形。

18.5　法院撤销条件的权力

根据《1952 年仲裁法案》[49]，法院有权命令仲裁协议不再适用于特定的争议，且事项将由法院予以解决。[50]

法院行使这一权力的根据是《1952 年仲裁法案》第 25（2）条——如果双方之间的争议存在欺诈问题[51]，或是《1952 年仲裁法案》第 26（2）条——如果高等法院下令撤销该权力或撤销仲裁员或仲裁人。

根据《1952 年仲裁法案》第 26（4）条的规定，法院可以进一步下令 *Scott v Avery* 形式的仲裁条款不再生效。[52]

《2005 年仲裁法案》中没有这些规定。根据《2005 年仲裁法案》第 8 条的规定，"法院不得干预本法案规定的事项，除本法案另有规定外"。因此，这些权力已经不再存在了。

如果一个仲裁员因该法案第 15 条的异议程序而被更换，第 17 条规定了替代仲裁员的强制任命情形。因此，很明显，更换仲裁员并不等同于规定当事人进行仲裁的 *Scott v Avery* 条款的失效。[53]

---

[47] *Toronto Rly Co v National British and Irish Millers Insurance Co Ltd* 111 LT 555, CA (Eng); *Hardwick Game Farm v Suffolk Agricultural and Poultry Producers' Association* [1964] 2 Lloyd's Rep 227; *Heyman v Darwins Ltd* [1942] AC 356, HL; *Hickman & Co v Roberts* [1913] AC 229, HL; *Edwards v The Aberayron Mutual Ship Insurance Society Ltd* (1875) 1 QBD 563. *Woodall v Pearl Assurance Co Ltd* [1919] 1 KB 593, CA (Eng).

[48] 1996 年《英国仲裁法案》第 9（5）条。

[49] Act 93（已废止）.

[50] 1952 年《英国仲裁法案》（已废止）第 25 条和第 26 条。

[51] *Getreide-Import GmbH v Contimar SACompania Industrial Comercial Y-Maritima* [1953] 1 All ER 257, [1953] 1 WLR 207, [1953] 2 All ER 223, [1953] 1 WLR 793, CA (Eng).

[52] *Watson v Prager* [1991] 3 All ER 487.

[53] Mustill and Boyd, *Commercial Arbitration*, *Companion Volume*, (2001) at p 154.

18.6 大西洋航运条款

在一项在被称为大西洋运输条款（*Atlantic Shipping* clause）的仲裁协议中，禁止一切索赔。这一条款规定，除非在规定的时间内开始仲裁，否则该协议适用的索赔将被禁止。除非索赔是以书面形式提出的，并且在有限的时间内任命了仲裁员，否则这一规定将持续下去。在所有其他情况下，这一条款是有约束力的，并且不会排除法院的管辖权。[54]

然而存在着延长时间的法定权力，以避免不必要的困苦和实现正义。[55]

《2005 年仲裁法案》第 45 条赋予了高等法院延长期限的权力。如果当事人没有选择退出国内仲裁或选择参加国际仲裁，应按其通常含义来理解。只要仲裁协议规定了开始仲裁的时限，高等法院就可以延长时间。这与协议条款是否赋予了仲裁员延长时间的自由裁量权无关。[56]

由于法院具有作出声明的一般权力，它有权宣布仲裁员无权审理或裁定任何待决索赔。[57] 法院也有权宣告协议仲裁已经通过协议而终止。[58]

然而《2005 年仲裁法案》严重削弱了法院行使这些权力的管辖权。在大多数情况下，由仲裁庭决定其是否具有管辖权[59]或者决定待决的事项是更为适宜的，法院应该甚至必须拒绝管辖。[60]

---

[54] 此条款的名称来自 *Atlantic Shipping and Trading Co Ltd v Louis Dreyfus & Co* ［1922］2 AC 250，HL 案件，现在最常见的形式是“Centrocon”仲裁条款，参见案件 *Tradex Export SA v Vokswagenwerk AG* ［1970］1 All ER 420。

[55] *Atlantic Shipping and Trading Co Ltd v Louis Dreyfus & Co* ［1922］2 AC 250，HL；*Williams and Mordey v W H Muller & Co*（*London*）*Ltd*（1924）18 Ll L Rep 50；*Union of India v E B Aaby's Rederi A/S* ［1975］AC 797，［1974］2 All ER 874，sub nom *E B Aaby's Rederi A/S v Union of India* ［1974］2 Lloyd's Rep 57，HL. Cf *H Ford & Co Ltd v Compagnie Furness*（*France*）［1922］2 KB 797.

[56] *Comdel Commodities Ltd v Siporex Trade SA*（*No* 2）［1991］1 AC 148，［1990］2 Lloyd's Rep 207，sub nom *Comdel Commodities Ltd v Siporex Trade SA* ［1990］2 All ER 552，HL.

[57] *Government of Gibraltar v Kenney* ［1956］2 QB 410，［1956］3 All ER 22；*Atlas Levante-Linie Akt v Gesellschaft Fuer Getreidehandel AG and Becher*，*The Phönizien* ［1966］1 Lloyd's Rep 150；*Metal Scrap Trade Corpn Ltd v Kate Shipping Co Ltd*，*The Gladys* ［1990］1 All ER 397，［1990］1 WLR 115，［1990］1 Lloyd's Rep 297，HL.

[58] *Excomm Ltd v Guan Guan Shipping*（*Pte*）*Ltd*，*The Golden Bear* ［1987］1 Lloyd's Rep 330；*Tankrederei Ahrenkeil GmbH v Frahuil SA*，*The Multitank Holsatia* ［1988］2 Lloyd's Rep 486.

[59] *Skandia Intl Insurance Co and Mercantile & General Reinsurance Co* Case 127：MAL 16 SC（Bermuda）（unreported，21 January 1994）；*Private Co "Triple V" Inc v Star*（*Universal*）*Co Ltd* ［1995］2 HKLR 62，［1995］3 HKC 129，CA（HK）；*Paladin Agricultural Ltd v The Excelsior Hotel*（*Hong Kong*）*Ltd* ［2001］2 HKC 215；*Rio Algom Ltd v Sammi Steel Co*（1991）25 ACWS（3d）780（Gen Div）（Can）；*Mind Star Toys Inc v Samsung Co Ltd*（1992）CanLII 7542，9 OR（3d）374（Can）；*Continental Commercial Systems Corp v Davies Telecheck Intl Inc* ［1995］BCJ No 2440，SC（BC，Can）.

[60] *AV AsiaSdn Bhd v Pengarah Kuala Lumpur Regional Centre for Arbitration* ［2013］MLJU 183 at［17］. 请注意，法院并非完全排除在决定管辖权问题之外，参见案例 *Dallah Real Estate and Tourism Holding Company v The Ministry of Religious Affairs*，*Government of Pakistan* ［2010］UKSC 46，［2011］1 All ER 485 at［86］.

如果一方当事人向法院提出申请仲裁员管辖权的声明，假定法院不会将该问题交由仲裁庭审理，另一方当事人可以尝试通过在同一诉讼程序中提出反诉来干预根本的争议。[61]

如果提出了中止诉讼程序的申请，根据《2005 年仲裁法案》第 10 条的规定，它可能会成为强制性中止的理由。然后，在宣告程序的结果出来之前，反诉可能会被中止。[62]

---

[61] *Metal Scrap Trade Corpn Ltd v Kate Shipping Co Ltd*, *The Gladys* [1990] 1 All ER 397, [1990] 1 WLR 115, [1990] 1 Lloyd's Rep 297, HL.

[62] *Andre et Cie SA v Marine Transocean Ltd*, *The Splendid Sun* [1981] QB 694, [1981] 2 All ER 993, [1981] 2 Lloyd's Rep 29, CA (Eng); *Paal Wilson & Co A/S v Partenreederei Hannah Blumenthal*, *The Hannah Blumenthal* [1983] 1 AC 854, [1983] 1 All ER 34, [1983] 1 Lloyd's Rep 103, HL; *Excomm Ltd v Guan Guan Shipping (Pte) Ltd*, *The Golden Bear* [1987] 1 Lloyd's Rep 330 (eight year delay); *Tankrederei Ahrenkeil GmbH v Frahuil SA*, *The Multitank Holsatia* [1988] 2 Lloyd's Rep 486 (six year delay, doubtful claim); and *The Torm Herdis* (unreported, 1990) (three year delay). Cf *Allied Marine Transport Ltd v Vale do Rio Doce Navegacao SA*, *The Leonidas D* [1985] 2 All ER 796, [1985] 1 WLR 925, [1985] 2 Lloyd's Rep 18, CA (Eng); *Gebrvan Weelde Scheepvaartkantor BV v Compania Naviera Sea Orient SA*, *The Agrabele* [1987] 2 Lloyd's Rep 233, CA (Eng); *Food Corpn of India v Antclizo Shipping Corpn*, *The Antclizo* [1988] 2 All ER 513, [1988] 1 WLR 603, [1988] 2 Lloyd's Rep 93, HL; *Passat Shipping & Trading Co Ltd v Cosentinio Shipping Co SA* (*The Achillet*) (unreported, 8 September 1989); *Thai-Europe Tapioca Service Ltd v Seine Navigation Co Inc*, *The Maritime Winner* [1989] 2 Lloyd's Rep 506; *Syntex Pharmaceutical International Ltd v Adderley* [1998] 4 LRC 561, SC (Bahamas); *Unisys International Services Ltd (formerly Sperry Rand Ltd) v Eastern Counties Newspapers Ltd and Eastern Counties Newspapers Group Ltd* [1991] 1 Lloyd's Rep 538.

第5篇 Part five

仲裁的开始及仲裁庭的设立

第 *19* 章　仲裁的开始

19.1 引　言

申请人在仲裁程序中采取的第一个步骤是启动仲裁程序，这也是仲裁程序中最重要的步骤之一。在任何仲裁中，不管是临时仲裁还是机构仲裁，都包含了对开始仲裁的表述。

此外必须指出的是，在时效期限届满后开始仲裁程序的任何当事人都无权享受这种救济。索赔是否有时间限制取决于合同条款和管辖合同的法律。[1]被申请人不能拒绝回应仲裁请求而逃避仲裁。[2]

想要开始仲裁的当事人应谨慎遵守仲裁通知的形式、性质和内容以及仲裁生效的日期。这是为了规避可能导致无法启动仲裁通知的风险，或者缓解在仲裁早期的仲裁庭管辖权异议。

例如，应该考虑仲裁是强制性的程序还是可选择的程序[3]，以及当事人在采取正确的程序性措施及有效启动仲裁程序之前是否已经遵守了任何优先条款。[4]

19.2 开始仲裁日期的重要性

仲裁开始的日期必须确定，因为它对适用于仲裁的合同或法定期限来说具有重要意义。[5]

首先，一般的时效适用于仲裁，就像它适用于其他民事诉讼一样，这意味着仲裁开

---

[1] M McIlwrath and J Savage, *International Arbitration and Mediation a Practical Guide*,（2010）p 119 at para 3-004.

[2] *Tradex Hellas SA*（*Greece*）*v Republic of Albania*, ICSID No ARB/94/2（Award on Jurisdiction, December 24 1996）.

[3] *Halifax Financial Services Ltd v Intuitive Systems Ltd*［1999］1 All ER（Comm）303.

[4] *International Research Corp PLC v Lufthansa Systems Asia Pacific Pte Ltd*［2013］SGCA 55 第 62 页：“双方明确约定了一套具体的争议解决程序作为仲裁的前提条件，即前提条件必须满足”；*Emirates Trading Agency LLC v Prime Mineral Exports Private Ltd*［2014］EWHC 2104（Comm）：一项规定在有限时间内进行善意友好协商的仲裁条款根据英国法律的规定，该争议可以提交仲裁。

[5] Sutton, Gill and Gearing, *Russell on Arbitration*（24th Edn, 2015）at para 5-005. *Lafarge*（*Aggregates*）*Ltd v Newham London Borough Council*［2005］EWHC 1337（Comm）.

始的日期时限相当重要。

一般来说，时间通常从诉讼事由出现之日起计算，因此申请人必须在《1953年时效法案》（*Limitation Act* 1953）[6] 所规定的时限内开始仲裁程序。否则，仲裁权或索赔权很可能被禁止。

这意味着仲裁开始的日期是在收到仲裁的通知时[7]，或是在仲裁机构启动仲裁程序时[8]，或是仲裁员被委任时，这对当事人有很大的影响。[9]

第二，当事人可以通过签订合同的方式来同意仲裁开始的特定时限，否则，仲裁权或者索赔权都将被禁止。[10] 上诉庭在 *Dancom Telecommunication v Uniasia General Insurance*[11] 案中认为，这不会违背《1950年合同法案》第29条[12]的规定，并指出：

> ……双方当事人都可以自由地选择，不仅可以规定将争议提交仲裁并选择自己的仲裁员或裁决员，还可以规定提交仲裁的时限。

这是因为根据《2005年仲裁法案》第45条[13]的规定，法庭有延长开始仲裁的时限的自由裁量权，以避免造成不必要的困难。[14]

第三，开始仲裁的日期也会影响到法律冲突的立场。合同法的法律适用是一种法律，仲裁程序的法律适用是另一种法律。在仲裁开始之前以合同法为准，仲裁开始之后以仲裁法为准。[15]《2005年仲裁法案》第23条明确规定了当事人可以根据意思自治原则自由地约定开始仲裁的时间。

最后，我们还可以注意到，机构仲裁为其自身的启动机制提供了一个合理的程序。机构规则中规定的各种限制都是从仲裁程序的开始日期计算的。根据《UNCITRAL示范

---

[6] Act 254.

[7] 例如，《吉隆坡区域仲裁中心仲裁规则》（2010年修订版）第3条第（2）款规定，仲裁自被申请人收到通知之日开始。《新加坡国际仲裁法》（第143A章）第26条第（4）款、《波兰民事诉讼法》第五部分第1188条第（1）款和《1988年仲裁与调解法》（尼日利亚联邦法律，2010年，第A18章）（仲裁法）第17条也有类似规定。

[8] 例如，《国际商会仲裁规则》（2012年版）第4条第（2）款；*Bell Canada v The Plan Group*［2009］ONCA 548（CanLII）.

[9] 例如，《国际商会仲裁规则》（2012年版）第4条第（2）款；*Bell Canada v The Plan Group*［2009］ONCA 548（CanLII）.

[10] 例如，《国际投资争端解决中心仲裁规则》（2006年修订）第6条第（1）款规定："在秘书长通知当事方所有仲裁员均已接受其任命之日，该仲裁庭应视为已组成并已开始仲裁。"

[11] *Dancom Telecommunication（M）Sdn Bhd v Uniasia General Insurance Bhd*［2008］6 MLJ 52 at［22］,［2008］5 CLJ 551 at［22］, CA.

[12] Act 136.

[13] Act 646.

[14] 联邦法院在 *Malaysia National Insurance Sdn Bhd v Meraslam*［1982］1 MLJ 274 案中已经制定了适用于行事裁量权的原则；也可参见 *Majlis Perbandaran Petaling Jaya v J F Industrial Products and Supplies Sdn Bhd*［1998］1 MLJ 441, CA 案、*Dancom Telecommunication（M）Sdn Bhd v Uniasia General Insurance Bhd*［2008］6 MLJ 52,［2008］5 CLJ 551, CA 案。

[15] *International Tank and Pipe SAK v Kuwait Aviation Fuelling Co KSC*［1975］1 All ER 242,［1975］Lloyd's Rep 8, CA（Eng）.

法》第 3 条的规定，仲裁必须向另一方发出通知。

通知必须包括诸如将争议提交仲裁的要求、当事人的资料和合同的细节、索赔性质和索赔的要求。仲裁机构规定，仲裁自被申请人收到通知之日开始。

一旦仲裁开始后，时间就停止计算了，而关于诉讼原因的任何限制都不会出现问题。[16]

19.3　开始仲裁的方式

如今，一些行业协会或仲裁机构的规则或章程中包含标准仲裁条款已成为惯例。这些机构可以是国内或国际机构，由专业团体、贸易商、制造商、保险公司等组成，并参与各自专业、贸易或业务的推广。几乎每一套仲裁规则都包括了关于开始仲裁的规定。[17]

当仲裁按照具体的仲裁规则进行时，当事人为了开始仲裁程序，可能需要采取一些措施。例如，开始仲裁时，需要委任仲裁员或者提供仲裁的申请。[18]

当“秘书长”通知当事人所有的仲裁员均已接受委任时，视为国际投资争端解决中心（ICSID）的仲裁已经开始了。[19] 精准的措辞能够反映仲裁庭的类型或仲裁庭的组成。在仲裁协议或者合同规则中有约定程序的，必须按照约定程序进行仲裁。[20]

一些规则要求当事方通过向相关仲裁机构提交通知来开始仲裁。例如，吉隆坡区域仲裁中心（KLRCA）[21]或者国际商会（ICC）[22]。这些机构将接收到仲裁请求的时间视为仲裁程序的开始日期。

其他规则要求申请人向被申请人发出通知。《马来西亚建筑师协会（PAM）仲裁手册》（1994 年修订）（*The Pertubuhan Akitek Malaysia*（*PAM*）*Arbitration Handbook*，1994 *Edition*）以及 2012 年《马来西亚工程师协会仲裁规则》（*Institution of Engineers Malaysia Arbitration Rules* 2012）都要求必须向另一方送达仲裁通知。

法院在 *Offshore International SA v Banco Central SA*[23] 案中说道：

---

[16] *Hoegh*（*Leif*）*& Co A/S v Petrolsea Inc*，*The World Era*［1992］1 Lloyd's Rep 45；*Triad Shipping Co v Stellar Chartering & Brokerage Inc*，*The Island Archon*［1993］2 Lloyd's Rep 388.

[17] 《KLRCA 仲裁规则》（2013 年修订）第 2（2）条规定：“国际法院院长收到请求以及所有附带文件和不可退还的登记费的日期，应视为就所有目的而言仲裁已经开始的日期。”另可参见 *Ets Soules & Cie v International Trade and Development Co*［1979］2 Lloyd's Rep 122 案、*Fuller Austin Insulation Inc v Wellington Insurance Co*［1995］CanLII 5752（SK QB）案。

[18] Sutton，Gill and Gearing，*Russell on Arbitration*，（24th Edn，2015）at para 5-017.

[19] Lew，Mistelis and Stefan，*Comparative International Commercial Arbitration*，（2003）at 20-28；ICSID Arbitration Rules r 6（1）.

[20] *Transpetrol Ltd v Ekali Shipping Co Ltd*，*The Aghia Marita*［1989］1 Lloyd's Rep 62 at 65-66.

[21] 《KLRCA 仲裁规则》（2013 年修订）第 2（2）条。

[22] 2012 年《国际商会仲裁规则》第 4（2）条规定：“就所有目的而言，秘书处收到请求的日期应被视为启动仲裁的日期。”

[23] ［1976］2 Lloyd's Rep 402 at 407.

> 如果当事人同意根据具体规则进行仲裁，那么确定是否有有效的提交仲裁文件是奇怪的……我被排除在规则之外。

然而参考仲裁机构的仲裁规则可能会产生困难，如果该机构的规则在协议的订立和仲裁的开始之间有所不同，在合同中没有指出是否参考现行或未来规则的情况下，法院一般会假设当事人打算在仲裁开始时把现行的规则纳入其中。[24]

包含仲裁条款的合同也可以分层，列入启动仲裁的先决条件。例如，这样的先决条件可能包括裁决[25]强制调解[26]或者尝试谈判。[27] 最近，瑞士最高法院认为，如果未能遵守仲裁强制性的先决条件，仲裁程序将被搁浅，直至仲裁的前置程序进行为止，“仲裁设定了中止的方式，尤其是在仲裁的前置程序失败的情况下，恢复的时间范围应该由仲裁员设定”[28]。

只有在完成先决条件的步骤之后，当事人才可以开始仲裁。关于法定仲裁，对仲裁协议的提及必须理解为对该法案或其下的任何命令、计划、规则、条例或章程所规定的仲裁协议。[29]

19.4 未定义开始日期

如果仲裁协议没有提及采取的步骤，仲裁的开始往往与仲裁庭的设立同时进行。以往在仲裁方面没有法定的指引，丹宁勋爵在 *Nea Agrex SA v Baltic Shipping Co Ltd* 案中称：

> ……诉讼在什么时候启动？到目前为止，法院对这方面都没有面临任何困难。诉讼是在法院发出传票时就启动了，即使传票延迟了一段时间才送达被告……我不知道有什么权威告诉我们仲裁何时开始……[30]

《2005年仲裁法案》试图弥补由于缺乏确定性而产生的困难。因此，在没有任何相

---

[24] *China Agribusiness Development Corporation v Balli Trading*［1997］5 CL 32；《吉隆坡区域仲裁中心仲裁规则》（2013年修订版）第1条第（2）款规定，将适用推定生效日期的规则。

[25] 2006年版《马来西亚建筑师公会合同》第34.1条要求所有关于雇主扣款的纠纷应当首先提交裁决。

[26] 《建筑业发展委员会（CIDB）建筑工程标准合同格式》第47.2条（d）。

[27] *Petromec Inc v Petroleo Brasileiro SA Petrobas*［2005］EWCA Civ 891，［2006］1 Lloyd's Rep 121；*Halifax Financial Services Ltd v Intuitive Systems Ltd*［1999］1 All ER（Comm）303.

[28] C. Boog and JU Menz，“Landmark Swiss Decision on Failure to Comply with a Mandatory Pre－arbitral Tier”，(2016)，Kluwer Arbitration Blog，4 May.

[29] 关于根据法规确定仲裁的起因问题，可参见 *Pegler v Railway Executive*［1948］AC 332，［1948］1 All ER 559，HL（Eng）案、*Layen v London Passenger Transport Board*［1944］1 All ER 432案。

[30] ［1976］2 All ER 842 at 847.

反协议的情况下，第 23 条[31]规定了仲裁自被申请人收到争议提交仲裁的请求之日开始。[32]

请求通知书以书面的方式来启动仲裁程序。除了《2005 年仲裁法案》第 23 条的书写要求外，除非合同另有约定，否则并没有其他特别要求。[33] 通常都是提出索赔的人用书信的方式来通知被申请人。[34]

书面请求通知书由一方当事人提供，要求另一方选择以下两者之一：

（a）指定一名仲裁员，或者同意指定一名仲裁员（如果仲裁条款中没有明确规定，例如在一个简单的条款中说“所有的争议都将被仲裁”）；

（b）将争议提交给协议中指定的任何人。

这份请求通知书与仲裁协议一起阅读，确定了提交仲裁的争议范围，因此也决定了仲裁员的管辖权。这也是组成仲裁庭机制的一部分。

19.5　请求通知书的形式

请求通知书可以采取多种形式，除法律或者机构规则另有规定外，不需要特定的形式。它可以称为“请求”“通知”“申请”或“索赔声明”。

这里必须要有一些书面的证明来表达请求的提出。[35] 尽管通过传真或者电邮来传送请求通知书也是很好的方式，但最常用的还是书信。[36] 请求通知书应通过条款号码或其他适当的参考来识别仲裁协议。它还可以通过参考其他文件或查明争议提交仲裁的性质来确定。

请求通知书必须清楚表明，仲裁程序正在启动，而不仅仅是威胁他们。[37]它也可以表

---

[31] 《KLRCA 仲裁规则》（2013 年修订）第 2（2）条。

[32] 《2005 年仲裁法案》第 6 条规定，书面通信如已送达收件人本人或其营业地点/住所/邮寄地址，即视为其已收到。*Fung Sang Trading Ltd v Kai Sun Sea Products & Food Co Ltd*［1991］HKCFI 190；*Milkfood Ltd v M/s GMC Ice Cream（P）Ltd*［2004］Insc 229，SC（India）.

[33] Sutton，Gill and Gearing，*Russell on Arbitration*，（24th Edn，2015）at para 5-025.

[34] *Blackpool Borough Council v F Parkinson Ltd*（1991）58 BLR 85. 通知也可以通过电子邮件的形式：*Bernuth Lines Ltd v High Seas Shipping Ltd*［2005］EWHC 3020.

[35] 除非情况不允许，否则通过信函发出通知通常被认为是最佳做法。Baster et al（Ed），Construction Law Handbook（2000）at 2. 3.

[36] *Bernuth Lines Ltd v High Seas Shipping Ltd*［2005］EWHC 3020（Comm），［2005］All ER（D）332（Dec）；*Stoomv Maats De Maas NV v Nippon Yusen Kaisha*，The Pendrecht［1980］2 Lloyd's Rep 56；*Continental Sales Ltd v R Shipping Inc*［2013］4 NWLR（part 1343）67（Nigeria）；*In Seabridge Shipping AB v AC Orsleff's Eftf's A/S*［2000］1 All ER（Comm）415，如果请求通知是通过传真发送的，并且被认为是无效的，则法院驳回了一种过度技术的说法，并认为如果通知“客观明确地要求（被申请人）指定一名仲裁员，则该通知是有效的送达。

[37] *Atlanska Plovidba v Consignaciones Asturianas SA*，The Lapad［2004］EWHC 1273（Comm），［2004］2 Lloyd's Rep 109；*Primus Build Ltd v Pompey Centre Ltd*［2009］EWHC 1487（TCC），［2009］All ER（D）14（Jul）：Coulson 法官驳回了关于没有按照合同要求送达裁决通知的申诉。但他指出，如果该机构是无效的，它将剥夺裁决员的管辖权。因此，确保通知有效送达是至关重要的。他还认为存在有违自然正义规则的是，裁决员的决定无关于双方当事人都同意这一点，而且他没能给双方当事人机会就他所提议采取的方法提出意见。因此，裁决员对其所作出的决定是没有管辖权的，并且他的决定并未得到执行。

达过后才要开始的意图[38]，或者询问被申请人对仲裁的立场。[39] 这不需要很详细，但收到请求通知书的被申请人应该要能够理解针对他的指控。[40]

19.6 请求通知书的种类

当仲裁协议规定指定了三名仲裁员，或者没有指定人数，并且该仲裁被认为是国际仲裁时，《2005 年仲裁法案》第 12 条规定默认仲裁员人数为三人。请求通知书应包含要求被申请人指定其仲裁员的请求。

当仲裁协议规定指定一名仲裁员，或者没有这类条款并且该仲裁是国内仲裁时，默认只有一名仲裁员。申请通知书可以提出一系列提名名单并要求另一方当事人同意，或者要求另一方当事人提供提名名单，或者直接声明对任命机构的要求，例如委托吉隆坡区域仲裁中心主席任命。[41]

19.7 请求通知书的传送

恰当的仲裁请求通知书是有效启动仲裁的关键因素，它排除了根据《纽约公约》第（1）（b）条[42]撤销和不承认裁决的风险。此外，"确定某一特定争议仲裁程序开始的时间点的规则……与其他法律规定的法律后果相关，例如撤销原判或时效的中断"[43]。

根据《2005 年仲裁法案》，除非当事方另有约定，仲裁在被申请人收到仲裁请求通知书之日即视为已经启动。[44] 因此，当事人可以删减这一规定，并选择不同的时间点。

实际情况并不总是直截了当的，因此，对于什么行动被认为是请求通知书的传送，可以有不同的解释：

（1）法官戈夫（Goff J）在 *Nea Agrex SA v Baltic Shipping Co Ltd and Intershipping*

---

[38] The "Travaux Préparatoires," A/CN.9/264，对国际商事仲裁示范法草案案文（第 21 条）的分析评注。参见 http: //www.uncitral.org/uncitral/en/commission/sessions/18th.html.

[39] *Fustar Chemicals Ltd v Sinochem Liaoning Hong Kong Ltd* ［1996］ 2 HKC 407.

[40] *Chuan Hup Agencies Pte Ltd v Global Minerals（Sarawak）Sdn Bhd* ［1990］ 1 MLJ 305.

[41] Arbitration Act 2005 s 12.

[42] 2015 年 2 月 18 日，奥地利最高法院撤销了上诉法院关于 *Ried im Innkreis holding* 案件的判决，其认为"上诉法院错误地适用了奥地利法律对承认的要求，而不是 1958 年《纽约公约》规定的要求，而该公约是适用于奥地利的"。Austria No 2016-1, *Kinve Solar Power Co, Ltd v Sun Value GmbH et al.*, *Landesgericht*, *Ried Im Innkreis*, Case No. 6 R 80/14b, 27 August 2014 in Jan van den Berg（ed）, *Yearbook Commercial Arbitration 2016-Volume XLI, 2016* at p 1. Spain No 2016-1, *Tele-Radio i Lysekil AB v Motorman Radio Sistemas y Aplicaciones*, SL, Superior Court of Justice of Catalonia, Case No 16/2014, 19 February 2014 in Jan van den Berg（ed）, *Yearbook Commercial Arbitration 2016-Volume XLI, 2016* at pp 1-9：西班牙高等法院批准执行瑞典的一项裁决，因为被申请人提出的关于正当程序和公共政策的异议没有得到支持（包括未能证明缺乏适当通知）。

[43] "Commencement of Arbitral Proceedings" in P Sarcevic, *Essays on International Commercial Arbitration*（1989） at p 120.

[44] Arbitration Act 2005 s 23.

Charter Co，*The Agios Lazaros*[45]案中认为，电报的交换构成了“一方当事人向另一方当事人发出通知，表示将要仲裁争议”的暗示，加上双方着手委任仲裁员，足以构成申请通知书的传送；

（2）法官朗莫尔（Longmore J）在 *Frota Oceanica Brasiliera SA v Steamship Mutual Underwriting Association*（*Bermuda*）*Ltd*，*The Frotanorte*[46]案中裁决，提供合适的名字以被任命为独任仲裁员就足以构成了通知的送达；

（3）法官曼斯（Mance J）在 *Villa Denizcilik Sanayi Ve Ticaret As v Longen SA*，*The Villa*[47]案中认为，当通知送达律师，声明其客户未能建造足够的建筑物并询问律师是否有权接受开始仲裁的通知时，这就是一个有效的通知书。

19.8 提交给指定人

关于仲裁的开始，如果仲裁协议指明或指定要通知一方或多方当事人，则当提起仲裁的一方遵守这一要求时，视为仲裁已经开始，也就是说如果适当通知了指明或指定的一方或多方当事人，将被视为仲裁已经启动。

然而有时国内法规定有义务向仲裁协议的所有当事人提交仲裁请求，“无论是否在仲裁请求中将他们确定为仲裁当事人”[48]。

另外，如果当事人根据《KLRCA 仲裁规则》申请紧急临时救济，则应同时向吉隆坡仲裁中心主席和所有其他仲裁当事人传送请求通知书。[49]

---

[45] [1976] QB 933 at 945，[1976] 2 All ER 842，[1976] 2 Lloyd's Rep 47，CA（Eng）. 法官丹尼（Denning）认为，一份关于要求将争议提交仲裁的通知就意味着要求指定一名仲裁员。*Cremer*（*Peter*）*GmbH & Co v Sugat Food Industries Ltd*，The Rimon [1981] 2 Lloyd's Rep 640.

[46] [1995] 2 Lloyd's Rep 254 at 261. *Cathiship SA v Allanasons Ltd*，*The Catherine Helen* [1998] 3 All ER 714 at 721（a）-（e），[1998] 2 Lloyd's Rep 511.

[47] [1998] 1 Lloyd's Rep 195 at 196. *Erith Contractors Ltd v Costain Civil Engineering Ltd* [1994] ADRLJ 132；*Cruden Construction Ltd v Commission for the New Towns* [1995] 2 Lloyd's Rep 387，75 BLR 134；*Ocean Laser Shipping Ltd G Roussos Sons SA v Charles M Willie*（*Shipping*）*Ltd*（*The* "*Smaro*"）[1999] 1 Lloyd's Rep 225 at 238 per Rix J；*Mannai Investment Co Ltd v Eagle Star Life Assurance Co* [1997] AC 749，[1997] 3 All ER 352，[1997] 2 WLR 945 at 964 per Lord Steyn；*West of England Ship Owners Mutual Protection and Indemnity Association*（*Luxembourg*）*v Hellenic Industrial Development Bank SA* [1998] CLC 1431；*Great Ormond Street Hospital NHS Trust v The Secretary of State for Health and Wales Construction Ltd*（1997）56 ConLR 1；*Westfield Design & Construction Pty Ltd v LR & M Constructions Pty Ltd*；*C S R Ltd*（*t/a The Readymix Group*）[1999] SASC 319；cf *Vosnoc Ltd v Transgobal Projects Ltd* [1998] 2 All ER 990，[1998] 1 WLR 101；*Allianz Versicherungsaktiengesellschaft v Fortuna Co Inc*，*The Baltic Universal* [1999] 2 All ER 625，[1999] 1 WLR 2117；*Emson Contractors Ltd v Protea Estates Ltd* [1987] 13 Con LR，39 BLR 126；*Lesser Design and Build Ltd v University of Surrey*（1991）56 BLR 57；*Blackpool Borough Council v F Parkinson Ltd*（1991）58 BLR 85.

[48] Gary Born，*International Commercial Arbitration*，（2014 年第二次修订版）第 2217 页；例如，《美国统一关税法案》第 9（a）条（http://www.uniformlaws.org/shared/docs/arbitration/arbitration_final_00.pdf）明确要求向仲裁协议的所有当事人发出启动仲裁程序的通知，而不仅仅是向提出仲裁请求的当事人发出通知。

[49] 《KLRCA 仲裁规则》（2013 年修订）第 2（1）条。

是否实际收到请求通知书可能会引发这样的问题，即仅仅承认接收是否就构成了解其内容的证据[50]，或仲裁庭是否有义务调查协议所示地址的准确性。[51]

19.9 通知书的要求

通知书不能太早提出，因为仲裁的开始取决于是否存在争议。法院在 *Cremer (Peter) GmbH & Co v Sugat Food Industries Ltd, The Rimon*[52] 案中认为，一份电报显示，“如果有分歧，我们现在已经提交仲裁……我们现在要求你对履行合同可能出现的违约负责”，这只是一个预防性的约定，但目前没有任何争议。因此，先发制人地提交通知书并不构成指派仲裁员的要求和仲裁的开始。

请求通知书在某些情况下会被严格诠释。斯泰恩勋爵在 *Food Corpn of India v Halcoussis, The Petros Hadjikyriakos*[53] 案中审议了一封任命书，其中没有提到仲裁员已经决定的一个问题。他认为应当严格地诠释任命书，在这种情况下，仲裁员已经超出了他的管辖权，所以这是一个坏的裁决。

以上判决可与丹宁勋爵在 *The Agios Lazaros*[54] 案中的意见相比较，丹宁勋爵说：

> 在商事纠纷中，不应过于严格地诠释建议仲裁的信件。写信者不应该因为他用礼貌性的方式写信或者保留了和解的可能性而被加以时间上的限制。

法院认为在通知书中出现“请提出解决此事的建议，或指定贵方的仲裁员”这句话就足够了，尽管协议只规定了一名独任仲裁员。

如果通知书包含了将争议提交仲裁的请求，并呼吁另一方当事人采取适当的步骤，那么这样的通知也是足够的。例如请求指定仲裁员，即使通知书留下了友好解决的可能性，则该通知已经足够。

在伯恩斯坦（Bernstein）的《仲裁和争端解决实务手册》（*Handbook of Arbitration*

---

[50] UNICTRAL 2012 Digest of Case Law on the Model Law on International Commercial Arbitration, at para 3, p 17; CLOUT case No 967 (Madrid Provincial High Court, Spain, Section 19, Case No 225/2006, 12 September 2006); CLOUT case No 969 (Madrid Provincial High Court, Spain, Section 21, Case No 208/2006, 18 April 2006); CLOUT case No 971 (Constitutional Court, Spain, Case No 2771/2005, 5 July 2005).

[51] UNICTRAL 2012 Digest of Case Law on the Model Law on International Commercial Arbitration, at para 4, p 17; CLOUT case No 870 (Oberlandesgericht Dresden, Germany, 11 Sch 19/05, 15 March 2005); *Uganda Telecom Limited v Hi-Tech Telecom Pty Ltd* [2011] FCA 131, FC (Aus).

[52] [1981] 2 Lloyd's Rep 640 at 643.

[53] [1988] 2 Lloyd's Rep 56. *Casillo Grani v Napier Shipping Co, The World Ares* [1984] 2 Lloyd's Rep 481; *Interbulk Ltd v Ponte Dei Sospiri Shipping Co, The Standard Ardour* [1988] 2 Lloyd's Rep 159 at 162 per Savill J.

[54] *Nea Agrex SA v Baltic Shipping Co Ltd and Intershipping Charter Co, The Agios Lazaros* [1976] QB 933 at 945, [1976] 2 All ER 842 at 848, [1976] 2 Lloyd's Rep 47, CA (Eng).

and Dispute Resolution Practice)[55] 中，博学的作者认为这一裁决体现了法院处理这一问题的适当方法。

19.10　通知书的内容

通知书的基本内容“根据当事人的仲裁协议、适用的规则和适用的国家法律而有所不同”[56]。

如果不遵守内容所需的最低限度，可能会导致仲裁通知书无效的后果。

无论适用何种规则或法律，开始仲裁的文件必须明确地通知其他当事人即将要提交具体争议去仲裁；应向被申请人提供足够的资料，使其在知情的情况下选择是否进行仲裁。因此，请求通知书必须能够确定争议的性质，而不仅是确定有争议就行了。[57]

大多数现代仲裁规则规定了仲裁通知的最低限度内容。例如，《吉隆坡区域仲裁中心联合国国际贸易法委员会规则》（2010 年修订）［*KLRCA UNCITRAL Rules*（*Revised* 2010）］第 3（3）条要求通知书包含以下内容：

（1）要求将争议提交仲裁；

（2）当事人的名字和联系方式；

（3）援引的仲裁协议；

（4）与争议有关的合同或其他法律文书，或者在没有这些合同或法律文书的情况下，对相关关系情况的简要说明；

（5）如有债权，写清索赔的简要说明和涉及金额；

（6）救济或赔偿的要求；

（7）在当事人之前没有约定的情况下，关于仲裁员的人数、语言和仲裁地的方案。

在规则中缺乏这些要求时，例如在不是机构管理的临时仲裁中，将适用准据法。争议的性质必须传达给对方当事人。

法院在 *Interbulk Ltd v Ponte Dei Sospiri Shipping Co*，*The Standard Ardour*[58] 案中裁决，通知书必须明确地说明提交仲裁的争议，因为：

> 除非一方当事人也向另一方当事人明确表明了这一点，否则一方当事人私下寻求赋予其仲裁员确定特定索赔的权力是不够的。

通知书必须要求另一方当事人指定仲裁员。表明有意向将该事项提交仲裁的通知也

---

[55] Tackaberry, Marriot QC and Bernstein, *Bernstein's Handbook of Arbitration and Dispute Resolution Practice*, (4th Edn, 2003) at para 2-201.

[56] Gary Born, *International Commercial Arbitration*, (2nd Edn, 2014) at pp 2212-2213.

[57] Lew, Mistelis and Stefan, *Comparative International Commercial Arbitration*, (2003) at pp 20-33.

[58] ［1988］2 Lloyd's Rep 159 at 162.

是不够的。

法院在 *Surrendra Overseas Ltd v Government of Sri Lanka*[59] 案中审议了一项声明：

> 鉴于承租人在计算装卸时间方面的态度，船东将把此事提交仲裁。我们将在适当时候就指定仲裁员的细节向您提供意见。

法院认为这不是对被申请人强加任何要求，而是简单地提供信息，这并不足以启动仲裁，因为这封信的措辞“含混不清，用了将来时态来表达”。

法院在 *Gosford Meats Pty Ltd v Queensland Insurance Co Ltd*[60] 案中解释道：

> 我们认为，在这个意义上提到“引用”或者同一时间聘请仲裁员是没有必要的，必要的是充分明确和肯定地表达了仲裁意图或愿望。

必须存在一种未解决的分歧，把这种分歧的性质仅仅是作好仲裁意图的一部分来表述，并不是必要的。仲裁员或仲裁庭在适当的时候考虑。

要求另一方当事人确定仲裁员被认为是足够的要求。丹宁勋爵在 *Nea Agrex SAv Baltic Shipping Co Ltd and Intershipping Charter Co, The Agios Lazaros*[61] 案中解释了这一原则：

我认为，要开始仲裁，必须是一方当事人以书面形式通知另一方当事人执行以下两件事之一：（1）“指定仲裁员”；（2）“同意委任仲裁员”。

第一种选择适用于提及两名仲裁员的情况，每一方当事人指定一名仲裁员。在这种情况下，当一方当事人明示或暗示地要求另一方当事人指定他的仲裁员时，仲裁即被视为开始。如果他简单地说“我要求根据我们的协议将分歧提交仲裁”，这就足以开始仲裁，因为这暗示了要求另一方当事人指定他的仲裁员。

第二种选择适用于独任仲裁员的情况。在这种情况下视为仲裁已经开始，即其中一方当事人明示或者暗示说：“现在是我们必须要按照我们的协议将分歧提交给仲裁的时候了，我必须要求你同意任命一名仲裁员。”现在他无法强迫对方同意甚至不能要求对方作出回应。在我看来，一份注明“我要求将我们之间的分歧提交仲裁”的通知就足以开始仲裁；因为这是暗示要求对方同意任命一名仲裁员。所以在任何情况下，一份简单的书面通知要求将分歧提交给仲裁即视为仲裁的开始。

法官戈夫在同一个案件中解释道：

> ……当双方都有仲裁员时，希望开始仲裁的一方会要求对方“指定一名仲裁员”；当提到一名仲裁员时，会要求对方“同意指定一名仲裁员”。然而在我看来，如果他选择了错误的做法，那么这不会使他的申请无效，也不会妨碍仲裁的开始。

---

[59] ［1977］2 All ER 481 at 484-485，［1977］1 WLR 565，［1977］1 Lloyd's Rep 653.

[60] ［1970］3 NSWR 400 at 405.

[61] ［1976］QB 933 at 944-945，［1976］2 All ER 842 at 847，［1976］2 Lloyd's Rep 47，CA（Eng）.

这不过是一种可以补救的不正常现象。就独任仲裁员而言，明智的做法是要么提交一个或多个名称以供委任，要么请另一方委任，但我倾向于认为，仅仅要求他同意指定仲裁员的正式通知就足以启动仲裁……[62]

如果有一封信写着“请告知你方解决问题的建议，或指定你方仲裁员”，法院认为这就足够了。

然而，要求将此事提交仲裁而没有明确要求另一方当事人指定其仲裁员的请求，被认为不符合这一要求。

例如，法院在 *Vosnoc Ltd v Transglobal Projects Ltd*[63] 案中采取了严格的做法，认为一封信仅仅说明“在本信中，我们各自公司之间的争议将根据合同第 17.8 条的规定转交给三名仲裁员在伦敦进行仲裁……”是不够的。这种严格的做法在后来的裁决中遭到了法院的批评，而在随后的判决中并没有得到遵守。[64]

法院在 *The Baltic Universal*[65] 案中认为，开始仲裁程序的通知不要求被申请人明确指定其仲裁员或寻求将争议提交给独任仲裁员的协议。

根据 *The Agios Lazaros* 案的裁决——该案被认为是关于有效的仲裁通知必须结合上下文阅读这一规则的有约束力的权威裁决，申请人是否要求被申请人在仲裁中采取一些步骤，取决于人们根据信息发送的背景条件和上下文能够正确理解的信息内容。

法官里克斯（Rix J）在 *Charles M Willie & Co（Shipping）Ltd v Ocean Laser Shipping Ltd & George Roussos Sons SA*，*The Smaro*[66] 案中也参考了上诉庭在 The Agios Lazaros 案中的裁决，将其视为具有为约束方的裁决。法院认定，当一方当事人指定了自己的仲裁员，并且存在强有力的政策考虑认为默示的请求已经足够时，仲裁即开始。[67]

法院在 *West of England Ship Owners Mutual Protection and Indemnity Association v Hellenic Industrial Development Bank SA*[68] 案中对诉讼开始的判断采用了初步证据检验，并将问题的是非曲直留给仲裁员来决定。

---

[62] 参见［1976］2 Lloyd's Rep 47，CA（Eng）. 案件中的第 950 页。

[63] ［1998］2 All ER 990，［1998］1 WLR 101.

[64] Tackaberry，Marriot QC and Bernstein，*Bernstein's Handbook of Arbitration and Dispute Resolution Practice*，（4th Edn，2003）at para 2-202.

[65] *Allianz Versicherungs Aktiengesellschaft v Fortuna Co Inc*，*The Baltic Universal*［1999］1 Lloyd's Rep 497.

[66] ［1999］1 Lloyd's Rep 225.

[67] Mustill & Boyd，*Commercial Arbitration*，*Companion Volume*（2001）at p 162.

[68] ［1998］CLC 1431.

19.11 《1953年时效法案》

拖延正义就是否认正义。[69] 法律应设想限制仲裁和诉讼的不确定性和费用。[70] 时间限制的目的是确保有关人员在对所涉事件记忆犹新时提出索赔。时间的流逝可能导致文件、证据和证人的丢失。即使有证人，他们的证据也可能由于模糊的记忆而变得不可靠。

如果协议或者法律规定了双方当事人要在特定的时间段内将争议提交仲裁，那么这种争议就如同法院诉讼一样，必须在法律规定的时间内或双方合同约定的时间内开始。

适用于仲裁的规约的时效是对超过期限的索赔的抗辩。[71] 它是程序性的抗辩而不是实质性的抗辩。因为它们在一般情况下不会消灭诉权，但是能阻止救济。

被申请人应该在答辩范围内提出关于任何限制问题，并且该问题应当由被申请人在答辩书中处理，被申请人应当对诉讼时效的问题请求特别抗辩。[72] 然后，责任将转移到申请人身上，他要证明诉因尚在时效期限中。

某一特定法规是否适用于仲裁，是对该法规解释的问题。一般来说，大多数法定时限都适用于仲裁，以防止当事人在法定时限以外订立合同。[73] 如果法定时限和合同约定的时限有冲突，这是普遍存在的一个问题。[74]

《1953年时效法案》和其他法规规定的法定时限适用于仲裁，其适用方式同法院诉讼一致。[75] 法定时限也适用于争议适用的实体法不是马来西亚法律的情况。[76] 自诉讼事由产生之日起六年期满后，不得提起合同之诉或侵权之诉。[77]

---

[69] The Magna Carta, 1215 art 40.

[70] *Det Dansk-Franske Dampskibsselskab A/S v Compagnie Financiere d'Investissements Transatlantiques SA* (*Compafina*), *The Himmerland* [1965] 2 Lloyd's Rep 353 at 360, per Mocatta J; *Agro Company of Canada Ltd v Richmond Shipping Ltd*, *The Simonburn* [1972] 2 Lloyd's Rep 355, affd [1973] 1 Lloyd's Rep 392, CA (Eng).

[71] *Penta-Ocean Construction v Penang Development Corporation* [2003] MLJU 11, [2003] 2 AMR 331. *Re Astley and Tyldesley Coal and Salt Co and Tyldesley Coal Co* (1889) 68 LJQB 252; *Board of Trade v Cayzer*, *Irvine & Co* [1927] AC 610 at 614.

[72] *Mariam Bte Shaik Mohd Omar v Ong Chin Poh* [1994] 3 MLJ 419.

[73] *Denny*, *Mott and Dickson Ltd v Lynn Shipping Co Ltd* [1963] 1 Lloyd's Rep 339.

[74] *Unicoopjapan and Marubeni-Iida Co Ltd v Ion Shipping Co*, *The Ion* [1971] 1 Lloyd's Rep 541; *Sabah Flour and Feedmills v Comfez Ltd* [1987] 2 Lloyd's Rep 647; affd [1988] 2 Lloyd's Rep 18, CA (Eng).

[75] The Merak; *T B & S Batchelor & Co Ltd* (*Owners of Cargo on The Merak*) *v Owners of S S Merak* [1965] p 223, [1965] 1 All ER 230, [1964] 2 Lloyd's Rep 527, CA (Eng); *Unicoopjapan and Marubeni-Iida Co v Ion Shipping Co*, The Ion [1971] 1 Lloyd's Rep 541.《1953年诉讼时效法案》第30条规定，合同和侵权行为的诉讼时效期限为6年。作出裁决的，自执行期限届满之日起计算。

[76] Limitation Act 1953 s 30.

[77] Limitation Act 1953 s 6 (1); *Alfred Templeton v Low Yat Holdings* [1989] 2 MLJ 202; *Bagotv Stevens*, *Scanlan & Co Ltd* [1966] 1 QB 197, [1964] 2 Lloyd's Rep 353, 2 BLR 67.

如果作出裁决，执行期限的日期自裁决之日起计算。[78] 沙巴和砂拉越有自己的时间限制条例。[79] 这和《1953 年时效法案》不一样，因为他们提供了适用于各种形式和诉讼原因的时效期限的详细时间表，并为规定了每种情况的生效日期。

为了确定法律规定的时效，仲裁协议所要求的任何事项均不产生诉讼事由的协议在作出裁决前不得生效。

此外，如果没有《1953 年时效法案》第 30 条规定的协议条款，诉讼原因将被视为与任何此类事项相关的累积。这类条款通常见于较旧的合同形式，通常被称为 *Scott v Avery* 条款。[80] 裁决会产生新的诉因。

19.12　合同时间限制

当事人可以自由改变时间限制。[81] 许多形式的合同规定了更严格的时间限制。而当事人必须遵守合同的时间限制。在施加这些时间限制时通常会表明需要做什么，无论是通过索赔通知还是仲裁请求的形式。它们在所允许的时间长短和法律效力上都有差异。

有些条款可以抗辩，也可以禁止申请人提出索赔的权利，也可以取消索赔。例如，仲裁协议可能包含一项条款，要求在规定的期限内完成某项行为。

这些条款有时被称为"*Atlantic Shipping*"条款。[82] 它认为，禁止一切索赔的条款是有约束力的，它并没有排除法院的管辖权。

而现在，这种条款的常见形式是"*Centrocon*"条款，该条款规定："任何索赔必须以书面形式提出，并在最终解除合同的 9 个月内指定索赔人的仲裁员，如果不遵守这一规定，则被视为放弃和绝对禁止索赔。"

该条款要求在短时间内完成两个步骤。第一，索赔必须以书面形式提出；第二，索赔人必须指定一名仲裁员。没有完成任何一个步骤都会完全剥夺提出索赔的权利。[83]

其他例子包括 *Fédération Internationale Des Ingénieurs-Conseils* 第 67 条，也被称为国际咨询工程师联合会（FIDIC）条件［*International Federation of Consulting Engineers*（*FIDIC*）*Conditions*］[84]，该条规定了在工程师作出决定后通知开始仲裁的时限。此外还有《JKR PWD 203A 格式》（2007 年修订）［*JKR PWD 203A Form*（*Rev* 2007）］[85]，其中

---

[78] *Government of Malaysia v Lee Hock Ning*［1973］2 MLJ 51，PC，论公共权利合同中的责任期限。

[79] Cap 72 and 49 respectively.

[80] *Scott v Avery*（1856）5 HL Cas 811，［1843-60］All ER Rep 1.

[81] *Dancom Telecommunications*（*M*）*Sdn Bhd v Uniasia General Insurance Bhd*［2008］6 MLJ 52，［2008］5 CLJ 551，CA.

[82] *Atlantic Shipping and Trading Co Ltd v Louis Dreyfus & Co*［1922］2 AC 250，［1922］All ER Rep 559，HL（Eng）. *Harbour and General Works v Environment Agency*［2000］1 Lloyd's Rep 65 at 81；*Thyssen Inc v Calypso Shipping Corp SA*［2000］2 All ER（Comm）97. Refer also to paragraph［18.6］of Chapter 18.

[83] *Williams and Mordey v W H Muller & Co*（*London*）*Ltd*［1924］18 Ll L Rep 50 at 52.

[84] *Conditions of Contract*（*International*）*for Works of Civil Engineering Construction*，（4th Edn，1987）.

[85] S JKR PWD Form 203A（Rev. 2007）cl 65. 3.

提供了 45 天的参考。《马来西亚棕榈油炼油商协会（PORAM）仲裁和上诉规则》（*The Palm Oil Refiners Association of Malaysia*（*PORAM*）*Rules of Arbitration and Appeal*）第 1（Ⅲ）（2）（ⅰ）项和（ⅱ）项规定了根据争议的性质限制开始仲裁的时间。

如果没有遵守时间限制，则建议该条款具有禁止诉诸仲裁和法院的效果。[86]

最常见的指定行为是通知索赔和委任仲裁员。当事人可以采取任何方式来决定时间开始计算的日期，但通常双方同意的日期首先是“发生争议时”，其次是“发生诸如船舶卸货等事件时”。

就第一个日期而言，条款实际上被解释为关于它们所涉及的争议范围[87]与可被认为构成争议的事件相反。[88] 就第二个日期而言，如果规定的事件从未发生，则这些条款将不适用。[89] 即使不能及时了解当事人提出索赔所需的事实，也不会使这些条款不适用。[90]

禁止索赔或者禁止救济

该条款还可以规定，如果该行为没有完成，则合同时效可适用于禁止索赔本身或仅适用于救济（即仲裁）。根据合同的性质和情况，所商定的期限有时可能很短。[91] 但是为了禁止索赔，甚至还规定了不可能实现的非常短的时间。[92]

“禁止索赔条款”（*Claim-barring clauses*）[93] 禁止了索赔，其运作方式与法定时效是

---

[86] Blackaby，Partasides 以及 Redfern 和 Hunter，*Redfern & Hunter on International Arbitration*（2015 年第 6 版）第 4.05 段；Wallace，*The International Civil Engineering Contract*（*1974*）第 169-170 页；同时参见案件 *Bremer Handelsgesellschaft mbH v Vanden Avenne-IzegemPVBA*［1978］2 Lloyd's Rep 109 at 128 per Lord Salmon，据此，条款前的条件必须说明期限，并用明示语言说明，除非在该期限内送达通知，否则该条款的权利将丧失；同时参见 Tackaberry，Marriot QC 和 Bernstein，*Bernstein's Handbook of Arbitration and Dispute Resolution Practice*（2003 年第四次修订）第 2-204 段，其中，不履行义务的影响被认为是要求时间限制。

[87] *Minister of Materials v Steel Bros & Co Ltd*［1952］1 All ER 522，［1952］1 Lloyd's Rep 87，CA（Eng）；*Hardwick Game Farm v Suffolk Agricultural and Poultry Producers' Association Ltd*［1964］2 Lloyd's Rep 227 at 273；就其他事宜提供部分资料［1966］1 All ER 309，［1966］1 WLR 287，［1966］1 Lloyd's Rep 197，CA（Eng）.

[88] *Monmouthshire County Council v Costelloe and Kemple Ltd*（1965）63 LGR 429，［1965］5 BLR 83，CA（Eng）.

[89] *Denny*，*Mott and Dickson Ltd v Lynn Shipping Co Ltd*［1963］1 Lloyd's Rep 339.

[90] *Det Dansk-Franske Dampskibsselskab A/S v Compagnie Financière d'Investissements Transatlantiques SA*（*Compafina*），*The Himmerland*［1965］2 Lloyd's Rep 353 at 360.

[91] *Atlantic Shipping and Trading Co Ltd v Louis Dreyfus & Co*［1922］2 AC 250，HL（Eng）（three months）；*Ayscough v Sheed*，*Thomson & Co Ltd* 93 LJKB 924，（1924）19 Ll L Rep 104，HL（Eng）（three days）；*Smeaton Hanscomb & Co Ltd v Sassoon I Setty*，*Son & Co*［1953］2 All ER 1471，［1953］1 WLR 1468，［1953］2 Lloyd's Rep 580（14 days）*Alan*（*W J*）*& Co Ltd v El Nasr Export and Import Co*［1971］1 Lloyd's Rep 401（7，14 and 30 days）. 另参见 *Isbirligi ve Ticeret AS v Uzunoglu*（1984）Times，8 December（一方当事人能否信赖仲裁协议中的限制条款，取决于该条款在整个合同范围内的适用，同时考虑到违约行为的性质和情况以及违约行为在整个合同范围内的重要性）。

[92] *Aktiebolaget Legis v Berg & Sons Ltd*［1964］1 Lloyd's Rep 203；*Smeaton Hanscomb & Co Ltd v Sassoon I Setty*，*Son & Co*［1953］2 All ER 1471，［1953］1 WLR 1468，［1953］2 Lloyd's Rep 580.

[93] 索赔限制条款的例子有 *Centrocon* 条款和 *Panchaud Frères SA v Etablissements General Grain Co*［1970］1 Lloyd's Rep 53，CA（Eng）案件中的条款；*Alma Shipping Corpn v Union of India*，*The Astraea*［1971］2 Lloyd's Rep 494；*Ayscough v Sheed*，*Thomson & Co Ltd 93 LJKB 924*，（1924）19 Ll L Rep 104 HL（Eng）；和案件 *Smeaton Hanscomb v Sassoon I Setty Son & Co*［1953］2 All ER 1471，［1953］1 WLR 1468，［1953］2 Lloyd's Rep 580.

一样的。如果该条款所要求的行为没有完成，索赔人就无法在其实质性的索赔中取得成功。他仍然可以开始仲裁，但裁决必然对他不利。诉讼会失败，就像法律规定的索赔会失败一样。

“禁止救济条款”（*Remedy-barring clauses*）[94] 只能阻止开始仲裁的能力，无法禁止索赔。索赔人仍然可以通过其他渠道（如法院）追究索赔，但不得启动仲裁。

具体条款的效力取决于它如何被恰当地构造。对此，必须根据法律来研究使用的准确词汇，以确定其含义和效果。有些条款既可以禁止索赔，也可以禁止救济[95]，因为它限制了提出索赔的时间，如果没有在规定时间内提出索赔，在仲裁中提出索赔的权利就消灭了。

如果合同期限只限制了进行仲裁的权利，那么当事人仍然可以在双方确立管辖权的法院对争议进行诉讼。[96] 如果合同期限限制了整个索赔，则在使用“索赔”一词的情况下，有利于被申请人的实质性抗辩将被视为“放弃并绝对禁止索赔”[97]。

马斯蒂尔和博伊德[98]指出，法院倾向于将条款解释为禁止索赔，这与各方将所有争议提交仲裁却允许将陈旧的争议提起诉讼的行为不一致。

对于一个只是禁止救济的条款，我们称为“例外的”[99]，这是随后的英国案例所遵循的观点。[100] 特别是法官（Norris J）在 *Wholecrop Marketing v Wolds Produce*[101] 案中说，这并不是当事人起草有关时间限制条款的本意：

> 在上述 12 个月期满之后，仲裁争议的仲裁时间将被限制，但在法定期限的剩余时间内，可以向法院提起诉讼。

虽然没有什么硬性规定去要求合同要以更具商业意义的方式来解释，[102] 但这是英国法院在仲裁方面所采取的方向。

---

[94] 救济限制条款的一个例子是在 *Hardwick Game Farm v Suffolk Agricultural and Poultry Producers' Association* ［1964］2 Lloyd's Rep 227 at 274 案件中；另见上文注 3。关于合同的修改是否影响合同限制条款的适用，参见案件 *Metalimex Foreign Trade Corpn v Eugenie Maritime Co Ltd* ［1962］1 Lloyd's Rep 378；至于在有些条款的情况下，是否允许对一项超时的索赔要求进行不合时宜的修改，参见案件 *Panchaud Frères SAv Etablissements General Grain Co* ［1970］1 Lloyd's Rep 53，以及 *Rendal A/S v Arcos Ltd* ［1937］3All ER 577，58 Ll L Rep 287，HL（Eng）。

[95] 至于这两类从句的区别，参见案件 *Metalimex Foreign Trade Corpn v Eugenie Maritime Co Ltd* ［1962］1 Lloyd's Rep 378 和案件 *Pinnock Bros v Lewis and Peat Ltd* ［1923］1 KB 690.

[96] Indian Oil Corpn v Vanol Inc ［1992］2 Lloyd's Rep 563，CA（Eng）.

[97] *Atlantic Shipping and Trading Co Ltd v Louis Dreyfus & Co* ［1922］2 AC 250，［1922］All ER Rep 559，HL（Eng），用了“索赔应被视为放弃和绝对禁止”的措辞。

[98] Mustill and Boyd，*The Law and Practice of Commercial Arbitration in England*（2nd Edn，1989）at p 203；*Metalimex Foreign Trade Corp v Eugenie Maritime Ltd* ［1962］1 Lloyd's Rep 378.

[99] *Hoegh（Leif）& Co A/S v Petrolsea Inc（The World Era）*［1992］1 Lloyd's Rep 45.

[100] *Nanjing Tianshun Shipbuilding Co Ltd v Orchard Tankers PTE Ltd* ［2011］EWHC164（Comm），［2011］All ER（D）122（Feb）.

[101] *Wholecrop Marketing Ltd v Wolds Produce Ltd* ［2013］EWHC 2079（Ch）at［24］.

[102] *BMA Special Opportunity Hub Fund Ltd v African Minerals Finance Ltd* ［2013］EWCA Civ 416 at［24］.

应当指出的是，参加仲裁并不意味着放弃提出时效作为抗辩的权利。仲裁庭的管辖权不受时效抗辩的影响。[103]

19.13 完成指定的行为

为了达到这些目的提出索赔的通知，索赔人的通知必须明确提出索赔的要求，而不仅仅是索赔人正在考虑提出索赔，并且必须足够详细，以使得另一方足够了解他的要求并准备作出回应。[104]

如果在其他通信中提供了足够的信息并且收件人明白该通知涉及哪些索赔，那么这是好的通知。[105]

关于随后的超时索赔是"新索赔"，还是一项在仲裁员针对原始争议的管辖范围内的索赔。[106]

除非合同规定了其他形式的通知，否则通知必须实际传达给另一方。[107] 如果该条款需要书面通知，则必须以书面的形式提出。但是，收件人可以放弃此要求。[108]

为了这些目的，当索赔人就他能够采取行动的权利与选定的仲裁员进行沟通时，仲裁员已经接受并且通知了索赔人，而另一方已被告知这些事情发生了。[109]

19.14 延长时限

然而在下列情况下，在指定的行为完成之前，可以避免合同时效期限到期的后果：

（1）如果法院根据《2005年仲裁法案》第45条的规定行使自由裁量权来延长时限，以避免"过度的困难"；

---

[103] *Hoegh（Leif）& Co A/S v Petrolsea Inc（The World Era）（No 2）*［1993］1 Lloyd's Rep 363.

[104] *Rendal A/S v Arcos Ltd*［1937］3 All ER 577 at 580，［1937］58 Ll L Rep 287 at 293，HL（Eng）.

[105] *Court Line Ltd v Aktiebolaget Gotaverken*，*The Halcyon the Great*［1984］1 Lloyd's Rep 283. 至于要提供的信息的范围，参见案件 *Rendal A/S v Arcos Ltd 54Ll L Rep 309*，CA（Eng）；on appeal［1937］3 All ER 577，58 Ll L Rep 287，HL（Eng），至于后续逾期索赔是否属于"新索赔"，还是属于仲裁员管辖权范围内的原始争议索赔.

[106] *Mosvolds Rederi A/S v Food Corpn of India*，*The Arras and The Hoegh Rover*［1989］1 Lloyd's Rep 131.

[107] *Rendal A/S v Arcos Ltd*［1937］3 All ER 577，58 Ll L Rep 287，HL（Eng）；最终，接收方必须能够通过准备和获得适当的证据来满足索赔要求；*Merrill Lynch International Bank Ltd v Winterthur Swiss Insurance Company*［2007］EWHC 893（Comm）at［72］.

[108] *Lickiss v Milestone Motor Policies at Lloyd's*［1966］1 WLR 1334，［1966］2 All ER 972.

[109] *Tradax Export SA v Volkswagenwerk AG*［1970］1 QB 537，［1970］1 All ER 420，［1970］1 Lloyd's Rep 62，CA（Eng）；*Mertens（Edm J M）& Co PVBAv Veevoeder Import Export Vimex BV*［1979］2 Lloyd's Rep 372；*Union of India*，*The v E B Aaby's Rederi A/S*［1975］AC 797，［1974］2 All ER 874，sub nom *E B Aaby's Rederi A/S v Union of India*，*The Evje*［1974］2 Lloyd's Rep 57，HL（Eng）；*Carras Shipping Co Ltd v Food Corpn of India*，*The Delian Leto and The Delian Spirit*［1978］2 Lloyd's Rep 433；on appeal［1979］2 Lloyd's Rep 179，CA（Eng）.

（2）如果仲裁条款赋予仲裁员延长时限的自由裁量权并且仲裁权行使了自由裁量权；

（3）如果另一方的行为排除了他对索赔人的时间限制的依赖。[110]

19.15　《2005 年仲裁法案》第 45 条的自由裁量权

法院可以在可能造成不必要困难的前提下，延长合同规定的开始仲裁的时间。《2005 年仲裁法案》第 45 条对此作了如下规定：

> 如果仲裁协议规定仲裁程序将在协议规定的时间内开始，那么尽管协议指定的时间已届满，但高等法院若认为在该情况下将导致过度的困难，则可以将期限或条款调整为其认为合适的期限及条款。

申请是通过向高等法院发出原诉传票*的方式提出的。[111]

上诉法院民事庭主事官丹宁勋爵把“过度”解释为过多的，即必须比实际情况面临更大的困难。[112]

联邦法院在 *Safety Insurance Company Sdn Bhd v Chow Soon Tat*[113] 案中采用了这个定义，意思是“需要比实际情况面对更大的困难，或者相较司法上要求申请人承担的正义而言，需要面对更大的困难”。

上述措辞清楚地表明，即使合同期限届满，法院也可以延长时间。虽然法院有这样做的自由裁量权[114]，然而它在行使裁量权时，可能会考虑延迟时间的长短，所涉及的金额，延迟是否由于申请人的过失或超出其控制的情况造成的，如果申请人有过错，申请人是否被被申请人误导，以及由于延误而导致的侵害程度。[115]

大部分关于延长时限的判例法是根据以前的法律产生的[116]，但《2005 年仲裁法案》第 45 条的规定也非常相似，关键问题仍然是申请人是否可以证明“过度困难”。

法院批准延期的案件很多，例如 *Phoenix Shipping Pty Ltd v General Feeds Inc*[117] 案延期

---

[110] *Thyssen Inc v Calypso Shipping Corp SA* ［2000］ 2 All ER （Comm） 97.

* 原诉传票，英文为 originating summons，类似于我国书面审理的开庭方式。——译者注

[111] Rules of Court 2012 O 69 r 4 and O 3 r 5; *Percon Corp Sdn Bhd v Yap Choon Loy* ［1998］ 3 MLJ 867 at 871，CA.

[112] *Liberian Shipping Corp "Pegasus" v A King & Sons Ltd* ［1967］ 1 All ER 934 at 938.

[113] *Safety Insurance Company Sdn Bhd v Chow Soon Tat* ［1975］ 1 MLJ 193 at 202.

[114] *Libra Shipping and Trading Corpn Ltd v Northern Sales Ltd*，*The Aspen Trader* ［1981］ 1 Lloyd's Rep 273 at 281-282，CA （Eng）；*Comdel Commodities v Siporex Trade SA* （*No* 2） ［1991］ 1 AC 148，［1990］ 2 All ER 552，HL （Eng）.

[115] Halsbury's Laws of Singapore-Arbitration at ［20. 047］；*Malaysia National Insurance Sdn Bhd v Meraslam* ［1982］ 1 MLJ 274，FC.

[116] Arbitration Act 1952 s 28 （已废止）.

[117] ［1997］ 2 Lloyd's Rep 703，CA （Eng）.

了 23 个月，原因是申请人律师的时间限制记录系统不明不白的崩溃和办公室内部的误解。

法院在 *Safety Insurance Co Sdn Bhd v Chow Soon Tat*[118] 案拖延了 3 年 11 个月后，很快又延长了时限。被保险人在保单中遇到了 *Scott v Avery* 条款，保险公司没有拒绝索赔并与被保险人联系，他们随后提出时效抗辩。法院称这家保险公司的态度是“卑劣和可鄙的”。

上诉法院在 *Mascom（M）v Ken Grouting System Specialist*[119] 案中认为，在被申请人不活动的 24 天后，却要求其严格遵守时间限制是不公平的，并且如果在到期 7 个月后拒绝延长时间会造成“过度的困难”，因为这将有效地开脱被申请人的责任。

在其他一些情况下，法院采取了更严格的做法，例如，法院在 *Harbour & General Works v Environment Agency*[120] 案中没有批准延迟 8 天的通知。[121] 法院尽管表示同情，但还是拒绝了 *Gibson Joint Venture v DENI*[122] 案的延长期限申请。法院在 *Korbetis v Transgrain Shipping BV*，*The Alexia M*[123] 案中拒绝了延期申请，因为通知被发送到了错误的传真号码的分机。

法院的延长时效的权力也不受其他可能延期的商定程序的影响。然而这项权力仅限于延长合同时效而不是法定时效。法院就算认定存在过度的困难，但仍可以行使自由裁量权拒绝延期。

因此，申请人不能故意拖延，他必须采取一切合理步骤，尽快向法院提出延期申请。[124] 虽然批准延期的权力是自由裁量权，但上诉法院可以推翻在错误的法律依据下作出的裁决，或者是没有考虑到实质性因素，或者是考虑了非实质性因素的情况而作出的裁决。[125]

《2005 年仲裁法案》第 45 条可以假定适用于禁止索赔的条款以及禁止救济的条款。[126] 但是，当仲裁条款要求的索赔通知不是作为开始仲裁的一个步骤而运作时，该条款并不

---

[118] ［1975］1 MLJ 193，PC.

[119] *Mascom（M）Sdn Bhd & Ors v Ken Grouting System Specialist Sdn Bhd*［2004］2 MLJ 163.

[120] ［2000］1 WLR 950.

[121] Extensions were refused in *Metalfer Corp v Pan Ocean Shipping Co Ltd*［1997］All ER（D）7 and *Gibson Joint Venture v The Department of Environment for Northern Ireland*［2001］NIQB 48.

[122] *Gibson Joint Venture v The Department of Environment for Northern Ireland*［2001］NIQB 48.

[123] ［2005］EWHC 1345.

[124] *First Steamship Co Ltd v CTS Commodity Transport Shipping Schiffahrtsgesellschaft mbh*，*The Ever Splendor*［1988］1 Lloyd's Rep 245；*A/S Det Dansk-Franske Dampskibsselskab A/S v Compagnie Financière d'Investissements Transatlantiques SA（Compafina）*，*The Himmerland*［1965］2 Lloyd's Rep 353 at 361；*Timmerman's Graan-en Maalhandel en Maalderij BV v Sachs*［1980］1 Lloyd's Rep 194 at 209；*Richmond Shipping Ltd v Agro Co of Canada Ltd*，*The Simonburn（No 2）*［1973］2 Lloyd's Rep 145 at 150.

[125] *Liberian Shipping Corpn "Pegasus" v A King & Sons Ltd*［1967］2 QB 86 at 99，［1967］1 All ER 934 at 938，［1967］1 Lloyd's Rep 302 at 307，CA（Eng），per Lord Denning MR；*Libra Shipping and Trading Corpn Ltd v Northern Sales Ltd*，*The Aspen Trader*［1981］1 Lloyd's Rep 273 at 281-282，CA（Eng）.

[126] *Consolidated Investment and Contracting Co v Saponaria Shipping Co Ltd*，*The Virgo*［1978］3 All ER 988 at 992，994，［1978］1 WLR 986 at 990，993，［1978］2 Lloyd's Rep 167 at 169，171，CA（Eng）.

适用。

合同时效和法定时效之间的区别很重要，因为法院有权延长不遵守合同时效的时间限制，却只有在有限的情况下才能延长法定期限。

《2005 年仲裁法案》第 45 条仅适用于仲裁协议，不能用来推翻法定时限，除非法定时限仅适用于双方同意的情况。[127]

即使仲裁协议旨在授予仲裁员延长时间的绝对自由裁量权，但仲裁员拒绝这样做，申请人也可以诉诸《2005 年仲裁法案》第 45 条。[128]

“过度的困难”是指比实际情况更大的困难或大于在公正的情况下要求申请人所需要承担的困难。[129] 如果没有索赔，那就没有困难。然而法院不会超越表面证据的立场来看待索赔的实质内容。[130]

例如，法院会考虑下列因素来决定如果延期被拒绝是否会造成“过度的困难”：

（1）申请人的错误是可原谅、申请人可能遭受的损失与其允许索赔时效的过失程度相比不成比例、申请人迟迟未采取必要步骤的程度、申请人的错误由另一方当事人分担或造成、双方当事人在时效期间进行谈判以及另一项没有时效的索赔与索赔的事实相同；[131]

（2）另一方当事人在收集证据或向第三方索赔方面是否会面临困难；[132]

（3）时间的延长总是损害另一方当事人，因为另一方当事人失去了时效抗辩的利益，除非另一方当事人能够指出延长时间会带来额外的损害，否则没有理由反对延长时间；[133]

---

[127] *Nea Agrex SA v Baltic Shipping Co Ltd and Intershipping Charter Co*, *The Agios Lazaros* [1976] QB 933, [1976] 2 All ER 842, [1976] 2 Lloyd's Rep 47, CA (Eng); but cf *Kenya Railways v Antares Co Pte Ltd*, *The Antares* [1987] 1 Lloyd's Rep 424, CA (Eng).

[128] *Comdel Commodities Ltd v Siporex Trade SA* [1990] 1 All ER 216, sub nom *Comdel Commodities Ltd v Siporex Trade SA (No 2)* [1989] 2 Lloyd's Rep 13, CA (Eng); affd sub nom *Comdel Commodities Ltd v Siporex Trade SA (No 2)* [1991] 1 AC 148, [1990] 2 Lloyd's Rep 207, sub nom *Comdel Commodities Ltd v Siporex Trade SA* [1990] 2 All ER 552, HL (Eng).

[129] *Malaysian National Insurance Co Sdn Bhd v Meraslam* [1982] 1 MLJ 274, PC; *Safety Insurance Company Sdn Bhd v Chow Soon Tat* [1975] 1 MLJ 193, PC; *Labuan Wood Products Sdn Bhd v Malaysian National Insurance Sdn Bhd* [1991] 3 CLJ Rep 113.

[130] *The Cunard Carrier*, *Eleranta and Martha* [1977] 2 Lloyd's Rep 261; *Mediterranea Raffineria Siciliana Petroli SpA v Kuwait Oil Tanker Co SAK*, *The Al Faiha* [1981] 2 Lloyd's Rep 99 at 105, [1981] Com LR 81; *Salenrederierna SA v Blue Star Line Ltd*, *The New York Star* [1982] 1 Lloyd's Rep 78. “过度的困难”不涉及任何法律概念：*Richmond Shipping Ltd v Agro Co of Canada Ltd*, *The Simonburn (No 2)* [1973] 2 Lloyd's Rep 145 at 150.

[131] *Liberian Shipping Corpn "Pegasus" v A King & Sons* [1967] 2 QB 86, [1967] 1 All ER 934, [1967] 1 Lloyd's Rep 302, CA (Eng).

[132] *Moscow v/o Exportkhleb v Helmville Ltd*, *The Jocelyne* [1977] 2 Lloyd's Rep 121.

[133] *Davies (Graham H) (UK) Ltd v Marc Rich & Co Ltd* [1985] 2 Lloyd's Rep 423 at 426, CA (Eng). *Libra Shipping and Trading Corpn Ltd v Northern Sales Ltd*, *The Aspen Trader* [1981] 1 Lloyd's Rep 273, CA (Eng).

（4）在时效到期之前，索赔的可能性不应该成为延期的因素；[134]

（5）索赔被接受或索赔肯定会成功，这表明应该给予延期；[135]

（6）如果申请人可以向另一方提出索赔，这是一个不应给予延期的因素；[136]

（7）仲裁员拒绝了仲裁协议授予他的可主张延期的自由裁量权，是法院不应批准延期的因素。但仲裁员就算拒绝了延期，也并不意味着法院不能延期，只要法院认为是适当的；[137]

（8）“困难”是指当一个可抗辩的索赔被禁止和“过度的困难”是比实际情况还要更困难；[138]

（9）如果申请人因为过分的态度和不可原谅的拖延而申请延期时，法院不愿给予这样的延期，因为这可能对被申请人造成困难。[139]

---

[134] *Ets Soules & Cie v International Trade Development Co Ltd* ［1979］ 2 Lloyd's Rep 122 at 138，affd ［1980］ 1 Lloyd's Rep 129，CA（Eng）.

[135] *Tradax Internacional SA v Cerrahogullari TAS*，*The M Eregli* ［1981］ 3 All ER 344，［1981］ 2 Lloyd's Rep 169.

[136] *The Cunard Carrier*，*Eleranta and Martha* ［1977］ 2 Lloyd's Rep 261.

[137] *European Grain and Shipping Ltd v Dansk Landbrugs Grovvareslskab* ［1986］ 1 Lloyd's Rep 163. *European Grain and Shipping Ltd v R & H Hall plc* ［1990］ 2 Lloyd's Rep 139.

[138] *Tote Bookmakers Ltd v Development and Property Holding Co Ltd* ［1985］ Ch 261，［1985］ 2 All ER 555. *Unitramp SA v Jenson & Nicholson（S）Pte Ltd*，*The Baiona* ［1991］ 2 Lloyd's Rep 121，（1991） Financial Times，1 March；*Navigazione Alta Italia SpA v Concordia Maritime Chartering AB*，*The Stena Pacifica* ［1990］ 2 Lloyd's Rep 234；*Mitsubishi Corpn v Castletown Navigation Ltd*，*The Castle Alpha* ［1989］ 2 Lloyd's Rep 383；*Garrick Shipping Co v Euro-Frachtkontor GmbH*，*The World Agamemnon* ［1989］ 2 Lloyd's Rep 316；*Sparta Navigation v Transocean America Inc*，*The Stephanos* ［1989］ 1 Lloyd's Rep 506；*Transpetrol Ltd v Ekali Shipping Co Ltd*，*The Aghia Marina* ［1989］ 1 Lloyd's Rep 62；*Irish Agricultural Wholesale Society Ltd v Partenreederei*：*MS Eurotrader*，*The Eurotrader* ［1987］ 1 Lloyd's Rep 418，CA（Eng）；*Casillo Grani v Napier Shipping Co*，*The World Ares* ［1984］ 2 Lloyd's Rep 481；*Federal Commerce and Navigation Ltd v Xcan Grain（Europe）Ltd*，*The Ratna Vandana* ［1982］ 1 Lloyd's Rep 499；*Mediterranea Raffineria Siciliana Petroli SpA v Kuwait Oil Tanker Co SAK*，*The Al Faiha* ［1981］ 2 Lloyd's Rep 99；*Libra Shipping and Trading Corpn Ltd v Northern Sales Ltd*，*The Aspen Trader* ［1981］ 1 Lloyd's Rep 273，CA（Eng）；*Kruidenier（H）（London）Ltd v Egyptian Navigation Co*，*The El Amria*（No 2）［1980］ 2 Lloyd's Rep 166；*Cast Shipping Ltd v Tradax Export SA*，*The Hellas in Eternity* ［1979］ 2 Lloyd's Rep 280，CA（Eng）；*Sanko Steamship Co Ltd v Tradax Export SA* ［1979］ 2 Lloyd's Rep 273，CA（Eng）；*Atlantic Shipping Co SA v Tradax Internacional SA*，*The Bratislava* ［1977］ 2 Lloyd's Rep 269；*Intermare Transport GmbH v Naves Transoceanicas Armadora SA*，*The Aristokratis* ［1976］ 1 Lloyd's Rep 552.

[139] *International Tank and Pipe SAK v Kuwait Aviation Fuelling Co KSC* ［1975］ QB 224，［1975］ 1 All ER 242，［1975］ 1 Lloyd's Rep 8. *Then Kim Far v Mercantile Insurance Sdn Bhd* ［1993］ MLJU 538，［1993］ 1 AMR 488；*Majlis Perbandaran Petaling Jaya v J F Industrial Products & Supplies Sdn Bhd* ［1998］ 1 MLJ 441，CA.

19.16　仲裁条款中的自由裁量权

仲裁条款必须明确赋予仲裁员行使自由裁量权的权利。[140] 是否存在自由裁量权最终是法院裁决的问题。[141] 根据《2005 年仲裁法案》第 45 条向法院提出的申请即使并未成功，也并不会排除对仲裁员自由裁量权的依赖。[142]

仲裁员行使自由裁量权的方式其决定，法院只会在仲裁员行为不正当或者其考虑了明显毫无相干的因素时进行审查。[143]

19.17　当事人的行为

另一方当事人的行为可能被视为放弃其依靠时间限制的权利，或者也可能导致禁止反悔。[144] 它必须是明知故犯的故意行为，并且当事人必须清楚地知道提出异议的实质情况。[145]

证明放弃和默许的责任在于声明放弃和默许的一方。[146] 申请应及时进行。[147] 需注意的是，一旦仲裁通知书送达后，一方当事人的拖延也不一定会让通知无效，即使在一个案例中，通知已经闲置了 12 年。[148]

---

[140] *Amalgamated Metal Corpn v Khoon Seng Co Ltd* ［1977］ 2 Lloyd's Rep 310，HL （Eng）. *Panchaud Frères SA v Etablissements General Grain Co* ［1969］ 2 Lloyd's Rep 109；on appeal ［1970］ 1 Lloyd's Rep 53，CA （Eng）；*Provimi Hellas AE v Warinco AG* ［1978］ 1 Lloyd's Rep 373，CA （Eng）；*Bunge SA v Kruse* ［1979］ 1 Lloyd's Rep 279；on appeal ［1980］ 2 Lloyd's Rep 142，CA （Eng）；*Mertens （Edm J M） & Co PVBA v Veevoeder Import Export Vimex BV* ［1979］ 2 Lloyd's Rep 372；*Timmerman's Graan-en Maalhandel en Maalderij BV v Sachs* ［1980］ 1 Lloyd's Rep 194.

[141] *Compagnie Europeene de Cereals SA v Tradax Export SA* ［1986］ 2 Lloyd's Rep 301.

[142] *The Cunard Carrier，Eleranta and Martha* ［1977］ 2 Lloyd's Rep 261.

[143] *Cook Industries Inc v Handelmaatschappij Jean Delvaux BV* ［1985］ 1 Lloyd's Rep 120，CA （Eng）.

[144] generally *Nippon Yusen Kaisha v Pacifica Navegacion SA，The Ion* ［1980］ 2 Lloyd's Rep 245；*Alma Shipping Corpn v Union of India，The Astraea* ［1971］ 2 Lloyd's Rep 494 at 502.

[145] *The Earl of Darnley v The Proprietors of the London，Chatham and Dover Railway* （1867） LR 2 HL；*Alex Miller （Merchants） Ltd v AC Runo Aktiebolag* 59 Cal WN 61 at 67.

[146] *Rolland v Cassidy* （1888） 13 App Cas 770 at 778.

[147] *Percon Corp Sdn Bhd v Yap Choon Loy （t/a Seng Hup Engineering Works* ［1998］ 3 MLJ 867；*Raymond & Reid v Granger* ［1952］ 2 All ER 152；*Irish Agricultural Wholesale Society Ltd v Partenreederei：MS Eurotrader，The Eurotrader* ［1987］ 1 Lloyd's Rep 418，CA （Eng）.

[148] *Indescon Ltd v Robert Ogden* ［2004］ EWHC 2326，［2005］ 1 Lloyd's Rep 31.

第 20 章　根据仲裁协议任命仲裁庭

20.1　介　绍

当事人选择仲裁而不是进行诉讼的主要原因之一是希望精心挑选的专家能够比法院更专业、更经济和更迅速地解决争议。

仲裁员可以在仲裁协议签订之前就确定并在协议中指定，虽然这并不是好的做法，而且一般应该避免❶，特别是在指定的仲裁员拒绝采取行动可能导致仲裁协议无效或无法执行的情况下。❷

在大多数情况下，一旦出现争议，就必须提名和任命一名或多名仲裁员。《2005 年仲裁法案》第 12～17 条❸涉及与任命仲裁员有关的问题。

20.2　仲裁员和当事人之间的合同

委任仲裁员协议是仲裁员与当事人之间就当事人之间的争议进行仲裁的一种特殊的合同类型。

20 世纪 80 年代末，马斯蒂尔和博伊德提出，用合同条款来界定当事人和仲裁员之间的关系可能是错误的。学者们更倾向于用“地位”这一词，这是由仲裁员角色的准司法性质决定的。❹

如今，人们普遍接受仲裁员和当事人之间的关系为契约❺，因为仲裁员角色的独特

---

❶ 仲裁员可能不愿意或不能采取行动，或不适合处理该争议（例如技术性独任仲裁员必须决定一个法律问题，反之亦然）。然而，Tackaberry，Marriott 和 Bernstein，在 *Bernstein's Handbook of Arbitration and Dispute Resolution Practice*（2003 年第四版）第 2-225 段表明，在施工纠纷中，技术争议的可能性很高，而且明显需要速度，因为预先指定的仲裁员将有机会熟悉合同文件，并可能迅速作出决定。

❷ J Poudret and S Besson，*Comparative Law of International Arbitration*，（2nd Edn，2007）at p 365.

❸ Act 646.

❹ Mustill and Boyd，*The Law and Practice of Commercial Arbitration in England*，（2nd Edn，1989）at pp 222-223，226.

❺ Blackaby and Partasides with Redfern and Hunter，*Redfern & Hunter on International Arbitration*，（6th Edn，2015）at para 5. 44-4. 33；Mustill & Boyd，*Commercial Arbitration*，*Companion Volume*（2001）at p 166；Quentin Loh J in *Anwar Siraj v Teo Hee Lai Building Construction Pte Ltd*［2014］1 SLR 52，［2013］SGHC 200 at［26］.

性质，加里·博恩认为有必要“将仲裁员的合同视为特殊的合同”[6]。

英国最高法院在 *Jivraj v Hashwani*[7] 案中，驳斥了仲裁员是雇员的论点。[8]

法官霍布豪斯（Hobhouse J）在 *Compagnie Europeene de Cereals SA v Tradax Export SA*[9] 案中裁定：

> 仲裁员通过接受委任，同当事人形成仲裁合同。

仲裁员的任务是个人的，在其过世后自动终止。[10] 填补仲裁员死亡空缺的程序与替代仲裁员所造成空缺的程序相同。[11]

仲裁员由当事人的协议来委任，不管他是独任仲裁员还是更大的仲裁庭的成员。如果将当事人的这一角色转交给第三方机构，则会牺牲调整仲裁庭组成的能力，并可能产生令人不满的任命。[12]

仲裁协议的各方可以同意任何形式的仲裁庭，并任命他们想要的任何人来仲裁任何争议。

对于可以被任命为仲裁员的人没有法定限制，例如年龄或法定资格。[13]

“当事人意思自治”的原则允许当事人在决定仲裁员人数和指定仲裁员的程序方面享有最大的自由。[14] 仲裁协议中的任何缺陷都将援引仲裁规则或《2005 年仲裁法案》中通过的规则来实施。因此，当事人在违约情况下，指定的机构或者法院可任命一名仲裁员。

遵守仲裁协议意味着仲裁员必须在协议规定的范围内行事，不得超越协议（超出仲裁请求）（ultra petita）或忽略（没有达到仲裁请求）（infra petita）。[15]

---

[6] Gary Born，*International Commercial Arbitration*（2nd，2014）at pp 1702-1703.

[7] [2011] UKSC 40，[2012] 1 All ER 629.

[8] [2011] UKSC 40，[2012] 1 All ER at [76] Lord Mance cited the German Reichsgericht 1904（RGZ 59，247），注意到仲裁员办公室的特殊性质，不能将仲裁员作为雇员对待。

[9] [1986] 2 Lloyd's Rep 301 at 306.

[10] Sutton Gill and Gearing，*Russell on Arbitration*（24th Edn，2015）at para 4-164

[11] Arbitration Act 2005 s 17.

[12] Sutton Gill and Gearing，*Russell on Arbitration*（24th Edn，2015）at para 4-023.

[13] 《2005 年仲裁法案》第 13（1）条规定：“除非当事人另有约定，任何人不得因国籍而不能担任仲裁员。”

[14] *Trengganu Land Development Board Kuala Terengganu v Talib* [1962] MLJ 82，CA；*Re Arbitration between Mohamed Ibrahim v Koshi Mohamed* [1963] 1 MLJ 32，CA（S'pore）；*Wong Wai Cheng v Attorney-General of Singapore* [1979] 1 MLJ 59；*Maidin v Welfare Insurance Co Ltd* [1968] 2 MLJ 47；*Official Assignee v Chartered Industries of Singapore Ltd* [1978] 2 MLJ 99；*Attorney-General of Singapore v Wong Wai Cheng* [1980] 1 MLJ 131，CA（S'pore）；*Ho Bock Kee v Central Provident Fund Board Bhd* [1981] 1 MLJ 80；*CK Tay Sdn Bhd v Eng Huat Heng Construction & Trading Sdn Bhd* [1989] 1 MLJ 389；*State Government of Sarawak v Chin Hwa Engineering Development Co* [1995] 3 MLJ 237，SC；*Yee Hoong Loong Corp Sdn Bhd v Kwong Fook Seng Co* [1993] 1 MLJ 163；*Artic Builders & Co（Pte）Ltd v Tan Tong Meng Co（Pte）Ltd* [1984] 2 MLJ 5；*Invar Realty Pte Ltd v JDC Corporation* [1988] 3 MLJ 13.

[15] Alessi，“Enforcing Arbitrator's Obligations：Rethinking International Commercial Arbitrators' Liability”，（2014）31 6 Journal of International Arbitration at p 763.

法院在 *Malaysian Historical Salvors Sdn Bhd v The Government of Malaysia*[16] 案中认为，仲裁庭未能行使协议和《国际投资争端解决中心公约》（*ICSID Convention*）赋予它的管辖权，从而超越了其权力。此外，仲裁员还应当遵守当事人在仲裁协议中规定的适用规则和程序。

20.3 委任仲裁员的程序

当事人可以在协议中指定仲裁员，或者可以专门提及独任仲裁员，并就争议发生后的仲裁员选择的行为达成一致意见。或者，他们可以指定一个三人仲裁庭。双方当事人同意任命仲裁员的第一步是就仲裁员的身份达成一致。

在现阶段，当事人及其顾问必须重点思考争议所需的仲裁员类型：争议是技术性的、法律性的，还是二者混合的问题？商事经验在多大程度上适合或需要？仲裁程序中会引用大量文件吗？

在这种情况下，一方当事人或双方当事人可能都希望联络潜在的仲裁员以确定他们是否愿意采取行动。未经同意而委任仲裁员是无效的。同意可以以口头或书面形式作出。仲裁员对委任他的人的回应将理想地列出他准备接受任命的基础。

《2005年仲裁法》第14（1）条要求仲裁员在与指定人员接触时披露任何可能对其独立性或公正性产生合理怀疑的情况。[17] 如果不披露，可能会导致裁决无效。[18]

由于近期全球对第三方资金需求的增长[19]，仲裁员应该评估他们是否与第三方资助者有任何关系，如果有，应当披露这种关系。披露第三方资金来源和身份的重要性已经在投资仲裁庭作出的很多程序性决定中得到证实。[20]

除此之外，国际商会（ICC）于2016年2月12日通过了《仲裁员披露冲突指引》（*Guidance Note for the disclosure of conflicts by arbitrators*）[21]，准确反映了国际律师公会（IBA）2014年《国际仲裁利益冲突指南》（*Guidelines on Conflicts of Interest in International Arbitration* 2014）通用标准第7（a）条给出的第三方资金定义。

---

[16] *Malaysian Historical Salvors Sdn Bhd v The Government of Malaysia*, ICSID Case No ARB/05/10, available at: http://www.italaw.com/sites/default/files/case-documents/ita0497.pdf.

[17] 《KLRCA UNCITRAL 规则》（2010年修订）第11条。另参见《KLRCA 仲裁规则》（2013年修订）第5条，其中也规定了仲裁员在与指定人员接触时必须披露此类信息。

[18] *R v Bow Street Metropolitan Stipendiary Magistrate*, *ex parte Pinochet Ugarte*（*No* 2）［1999］1 LRC 1 at 19.

[19] K Singh, S Luttrell and E Krishna, "Third-party funding and arbitration law-making: the race for regulation in the Asia-Pacific",（2016）Kluwer Arbitration Blog, July 14.

[20] *Guaracachi America, Inc and Rurelec PLC v The Plurinational State of Bolivia*, UNCITRAL, PCA Case No 2011-17; *Muhammet Çap & Sehil Insaat Endustri ve Ticaret Ltd Sti v Turkmenistan*, ICSID Case No ARB/12/6; *South American Silver v Bolivia*, PCA Case No 2013-15.

[21] www.iccwbo.org/News/Articles/2016/ICC-Court-adopts-Guidance-Note-on-conflict-disclosures-by-arbitrators/.

如果缔约方没有透露第三方资金的存在，仲裁员通常不会获知第三方资金的存在，因此无法评估是否披露了此因素。[22]

任命仲裁员不需要特别的手续。通常采取的做法是，申请人通过通知被申请人同意任命一名独任仲裁员的方式，向被申请人提交一份或几份能表明经验和资格的预期仲裁员名单。如果被申请人同意选择，双方将向仲裁员发出书面邀请，请其接受。被申请人可以提供自己的预期仲裁员名单，其中包括申请人可以选择的一名仲裁员。

经过修改的程序被称为名单列表，其中每一方准备了一份由三名或四名预期仲裁员组成的名单，然后他们（同时）交换这份名单，以就仲裁员的身份达成协议。

列表里可能包含一个通用名称，尽管这在国际商事纠纷中以及扩大的仲裁程序里不太可能。尽管如此，这个名单可能包含可以接受的个人的姓名，并可以通过反复的交换过程形成一个仲裁庭。经当事人合意，出现在双方名单上或当事双方可以接受的人可以被委任为仲裁员。[23]

20.4　委任机构

另一个常见的程序是各方当事人可以自由地授权任何人包括机构来代替他们作出判断。因此，当事人有时候为了享受有经验的人员或有经验的机构的利益、经验和设备，把委任的任务委托给了这类人员或机构。

这些机构称为委任机构，例如吉隆坡区域仲裁中心（KLRCA）、国际商会（ICC）、马来西亚建筑师协会（PAM）和马来西亚工程师协会（IEM）。这些机构职能的性质是立即协助组建仲裁庭。委任机构也会向仲裁员发出书面邀请以使其参考接受。

20.5　仲裁员被委任

当由当事人或机构委任仲裁员时，仲裁员通常会以书面的方式接受委托。[24] 虽然这是一种良好的做法，但仲裁员不必正式通知当事人其接受委托。当事人和仲裁员的行为可以推断而来，例如通过引用仲裁。[25]

如果仲裁员的提名和他的同意是口头形式的，谨慎的做法是以书面形式确认提出和

---

[22] A Goldsmith, L Melchionda, "The ICC's Guidance Note on Disclosure and Third-Party Funding: A Step in the Right Direction", 14 March 2016.

[23] Blackaby and Partasides with Redfern and Hunter, *Redfern and Hunter on International Arbitration* (6th Edn, 2015) at para 4.34. Sutton Gill and Gearing, *Russell on Arbitration*, (24th Edn, 2015) at para 4-022.

[24] Mustill and Boyd, *The Law and Practice of Commercial Arbitration in England*, (2nd Edn, 1989) at p 175.

[25] *James Finlay & Co Ltd v Gurdayal Pahlajraj* AIR 1924 Sind 91; Gary Born, *International Commercial Arbitration* (2nd Edn, 2014) at chap 12.

接受，因为委任的日期可能很重要，例如在计算时限方面。

20.6 仲裁员的指定

“提名”（nomination）和“任命”（appointment）一词通常可互换使用，但人们认为这两者之间有重要的区别。最初，当事人可以提名仲裁员以争取对方的同意。“任命”一词意味着同意任命。[26] 当事人任命谁都是自由的。[27]

例如，在 *Cheah Wai Poh v Chin Brothers & Co Ltd*[28] 案中，建筑师被任命为仲裁员来解决双方之间的纠纷。在 *Dr Ng Ah Kow v Dr Low Shik Aun*[29] 案中，医生被任命为仲裁员来解决医疗合伙人之间的纠纷。

有时候，仲裁协议会要求任命“商人”[30]或者“船务人员”[31]，协议可以规定任何可以想象得到的类别的人。一旦双方当事人就提名达成了一致，就是任命了。应当指出，指定机构不是提名，而是指定仲裁员。

仲裁员的任命在下列情况下生效：第一，任命是由授权人作出的；第二，仲裁庭知道任命并同意任命；第三，通知另一方任命和提交仲裁的事项。

一旦这些手续完成后，委任就完善了，仲裁员的权限只能通过双方同意、在某些有限情况下向法院提出申请[32]或通过仲裁员提交辞呈来撤销。[33]

法官埃德蒙·戴维斯（Edmund Davis LJ）在 *Tradax Export SA v Volkswagenwerk AG*[34] 案中解释说，委任仲裁员涉及知识和同意的概念。

登曼勋爵（Lord Denman）在 *Thomas v Fredricks*[35] 案中称，在让另一方当事人知道他选择的对象之前，不能说任何一方都选择了仲裁员。

提名和确定的任命意味着通知。在英国的法定框架下，仲裁员的名称和委任事实必须传达给另一方当事人。[36] 否则，将适用无效委任的规定。[37]

---

[26] *Re Eyre and Leicester Corpn* ［1892］ 1 QB 136 at 141, CA（Eng）.

[27] *Minoutsi Shipping Corporation v Trans Continental Shipping Services（Pte）Ltd* ［1971］ 2 MLJ 5.

[28] ［1958］ 1 MLJ 215.

[29] ［1970］ 2 MLJ 257.

[30] *Pando Compania Naviera SA v Filmo SAS* ［1975］ QB 742, ［1975］ 2 All ER 515; *Vincor Shipping Co Ltd v Trans-atlantic Schiffahrtskontor GmbH* ［1987］ HKLR 613 案件中，法官认为该条款不会因为太过宽泛而无效。

[31] *Palmco Shipping v Continental Ore Corp*, *The Captain George K* ［1970］ 2 Lloyd's Rep 21.

[32] Arbitration Act 2005 ss 15 and 16.

[33] 《2005年仲裁法案》第17（1）（b）条似乎允许仲裁员因第15条和第16条规定的挑战以外的原因辞职；参见本书关于仲裁员职责的第31章。

[34] ［1970］ 1 QB 537, ［1970］ 1 All ER 420.

[35] （1847） 10 QB 775 per Lord Denman; *Re Haddan and Roupell*（1861） 9 CBNS 683.

[36] *Tew v Harris*（1847） 11 QB 7; *Farrar v Cooper*（1890） 44 Ch D 323; *Drummond v Hamer* ［1942］ 1 KB352, ［1942］ 1 All ER 398.

[37] English Arbitration Act 1996 s 17（2）.

马来西亚的立场是相似的。例如，在《2005 年仲裁法案》第 13（4）条中，吉隆坡区域仲裁中心主席任命的权利是由于未能任命一名仲裁员或先前任命的两名仲裁员未能在接到要求后 30 天内就第三名仲裁员（首席仲裁员）达成一致而引发的。

影响该条款的适当观点可能是，未能通知另一方当事人关于仲裁员的选择是否触发了诉诸主席的权利。固执的一方当事人不应该等到已经为外部委任花费了时间和费用后才透露已经指定了一名仲裁员，却没有通知对方。

这和法定仲裁中由指定官员委任仲裁员的立场可能相同。[38]

法院在 *Mertens（Edm J M）& Co PVBA v Veevoeder Import Export Vimex BV*[39]案中裁决，在“连串”合同中的（40 位）中间人不需要委任自己的仲裁员，他们只要把委任的通知书互相传送就已经足够了。

如果时间不重要，那么在仲裁协议规定的时间之外指定仲裁员对仲裁来说不是致命的。[40]

法官奥米斯顿（Ormiston J）在 *Gollin & Co Ltd v Karenlee Nominees Pty Ltd*[41]案中认为，规定 14 天内委任仲裁员的条款只是一个指南，而不是仲裁合同里的重要条款。

20.7　仲裁员的能力

《2005 年仲裁法案》没有明确规定没有完全法律行为能力的人，例如婴儿和患有身体或精神疾病的人，是否能够履行仲裁员的职能。因此，担任仲裁员的人即被视为有资格担任仲裁员。

即使选定的仲裁员不能胜任工作，当事人也必须遵守他们的选择。过度年轻或年老以及精神或身体虚弱的仲裁员都不能因此剥夺他的行事权力或使其裁决无效。[42]

由儿童或精神缺陷者作出的裁决可能损害仲裁程序的合法性，现行英国法律规定“精神上无能力”的仲裁员将被免职。[43]

《2005 年仲裁法案》第 16 条规定，撤销“法律上或事实上不能履行职务的仲裁员”，可以合理假设这个仲裁员包括疾病和精神上的无能力。[44]

---

[38] *University College，Oxford（Master and Fellows）v Durdy*［1982］Ch 413，［1982］1 All ER 1108，［1982］3WLR 94.

[39] ［1979］2 Lloyd's Rep 372 at 381–382.

[40] *Alliance Petroleum Australia NL v Australian Gas Light Co*（1985）39 SASR 84；*United Scientific Holdings Ltd v Burnley Borough Council*［1978］AC 904，［1977］2 All ER 62，HL.

[41] （1983）153 CLR 455 at 458.

[42] Mustill and Boyd，*The Law and Practice of Commercial Arbitration in England*，（2nd Edn，1989）at pp 246–247.

[43] English Arbitration Act 1996 s 24（1）（c）.

[44] Williams QC and Kawhar，*Williams & Kawharu on Arbitration*，（2011）at para 5.9.5；CLOUT Case No 1062，Oberlandesgericht Köln，Germany，9 SchH 27/02，11 April 2003.

在一些涉及大数目的仲裁中，双方当事人会共同来为仲裁员的健康和生命投保。[45]这确保了如果仲裁员死亡或丧失工作能力，保险单所得的收益至少可以覆盖一部分的开支。

20.8 委任仲裁员的程序

当事人还可以自由地在仲裁协议中或在仲裁争议出现后，商定委任仲裁庭的程序，其必须遵守商定的程序或采用的制度规则，例如《KLRCA 仲裁规则》（2013 年修订）、2010 年版《马来西亚建筑师协会仲裁规则》（*Malaysia Pertubuhan Akitek Arbitration Rules*（*2010 Edition*）），2012 年《马来西亚工程师协会仲裁规则》（*Malaysia Institution of Engineers Arbitration Rules* 2012）或者《马来西亚仲裁员协会仲裁规则》（2000 年版）（*Malaysian Institute of Arbitrators Arbitration Rules*（2000 *Edn*））。[46]

任何违反商定程序的行为都将导致仲裁员的任命无效，除非法院能够将忽视的条款解释为仅仅是多余的条款。[47]因此，法院在 *Re Shaw and Sims*[48] 案中维持了通过抽签任命仲裁员的协议。然而仲裁员不得通过这种方式指定第三名仲裁员，因为他们的选择必须涉及自由裁量权，除非当事人另有明确授权。

当无法达成一致意见来委任仲裁员时，委任的权力可以交给中立的人或合同授权的人，这种情况很常见。例如，将委任仲裁员的权力授予大律师公会理事会的主席[49]，或是商务法庭主任[50]，或是马来西亚工程师协会主席[51]，或是吉隆坡区域仲裁中心主席。[52]

在没有协议，或者尽管商定了协议但当事人还是不能就仲裁员的委任达成一致时，将采用法律规定。[53] 简单地说，如果存在有效的仲裁协议，但是单方面或者双方面不能任命仲裁员时，仲裁员只能由吉隆坡区域仲裁中心主席或者高等法院院长任命。[54]

提交仲裁的争议必须是真实的。当事人向吉隆坡区域仲裁中心主席或高等法院提出

---

[45] Blackaby and Partasides with Redfern and Hunter, *Redfern and Hunter on International Arbitration*（6th Edn, 2015）at para 4. 167.

[46] *Transpetrol Ltd v Ekali Shipping Co Ltd*, *The Aghia Marina* ［1989］ 1 Lloyd's Rep 62 at 65-66.

[47] *Finzel*, *Berry & Co v Eastcheap Dried Fruit Co* ［1962］ 2 Lloyd's Rep 11, CA（Eng）; *Nicolene Ltd v Simmonds* ［1953］ 1 QB 543, ［1953］ 1 All ER 822.

[48] （1851） 17 LTOS 160.

[49] *Hashim bin Majid v Param Cumaraswamy* ［1993］ 2 MLJ 20.

[50] *Drouth v The Ship* "*GG Paul Doumer*" ［1934］ MLJ 72.

[51] *Kian Hong Holdings Pte Ltd v Ohbayashi-Gumi Ltd* ［1984］ 1 MLJ 16; *Ohbayashi-Gumi Ltd v Kian Hong Holdings Pte Ltd* ［1987］ 2 MLJ 110, CA（S'pore）.

[52] *Kien Tat Sdn Bhd v Klockner Industrie-Anlagen GmbH* ［1989］ 1 MLJ 498. 根据《2005 年仲裁法案》第 13 条的规定，这是双方在未达成协议的情况下默认的立场选择。

[53] Arbitration Act 2005 s 13.

[54] *Sabah Shipyard Sdn Bhd v Jackson Marine*（*M*）*Sdn Bhd* ［1991］ 2 CLJ 1020.

任命仲裁员的申请时，法院可以以该问题不是真实的为由驳回申请。[55]

当事人可以建议仲裁员的姓名，以供指定机构考虑。[56] 这样做可以向吉隆坡区域仲裁中心主席或高等法院院长提供当事人所希望的仲裁员类型的有益指导。然而指定机构在接受一方当事人单方面提议的仲裁员时会谨慎，因为这可能会给人一种偏袒一方当事人的印象。

20.9　仲裁员的选择

通常的做法是商定在仲裁方面有一定声誉和经验的行业专业人员，他们的资格和经验适合于争议的性质。如果争议完全或主要涉及法律问题，那么通常会选择退休的法官、律师或具有双重资格的专业人士。

查卡利·亚山法官（Zakaria Sam J）在 *The Government of Malaysia*（*JKR Sarawak*）*v Lau Tiong Ik Construction Sdn Bhd*[57] 案中参考了马斯蒂尔和博伊德[58]案的评论如下：

> 对此必须认为，当事方已经预见到争议可能涉及的法律问题和事实问题，他们同意通过仲裁解决争议；熟练的仲裁员就像高等法院的法官一样可以解决涉及这两类问题的争议。因此，如果当事人预见到争议将会涉及困难的法律问题，则建议选择具有法律资格的仲裁员。

同样，*Seloga Jaya Sdn Bhd v Pembenaan Keng Ting*（*Sabah*）*Sdn Bhd*[59] 案的法院认为，具有必要技术、专门知识的仲裁员很可能更能够处理问题并作出裁决。尤其是建筑、工程、商品贸易、复杂的法律问题、技术转让、知识产权、海事等特别类型争议的仲裁，可能会需要特殊的专业资格、技能和经验。

当事人通常在任命具有资格、技能和经验的仲裁员时会意识到这样的风险，即如果他们不能就仲裁员达成一致，仲裁协议中指定的机构可能会任命一名不太合适的仲裁员。对此，建议当事人客观地看待对方当事人的提名，并尝试克服他们的疑心。

除了考虑知识和经验外，还应考虑仲裁员拥有的“软技能”，如文化背景和所持态度。英国大律师可能对合约的解释有一定的意见，但也可能对什么构成商业交易中的诚信有特殊的看法；民事律师可能对“诚信义务”有不同的看法。

曾经在世界各地生活和工作的仲裁员可能相对一些人的文化相对主义来说，对此更

---

[55] *Menang Development*（*M*）*Sdn Bhd v Pembinaan K & H Sdn Bhd*［1993］MLJU 597，［1993］3 CLJ 41.

[56] *Credit Corporation*（*M*）*Bhd v National Insurance Co Ltd*［1975］2 MLJ 104.

[57] ［2001］5 MLJ J 629 at 635-636.

[58] Mustill and Boyd，*The Law and Practice of Commercial Arbitration in England*，（2nd Edn，1989）at p 477.

[59] ［1994］2 MLJ 97，SC.

有全球视野和不同理解。正是出于这个原因，必须仔细考虑仲裁员的国籍。[60] 鉴于每个仲裁员必须对整个争议进行裁决，因此仲裁庭的组成必须保持不变。

当事人可以自由地决定仲裁员的人数[61]并且通常会选择一名仲裁员或者三名仲裁员。[62] 比较少见的是，双方当事人可能同意同一个或两个仲裁员[63]，甚至人数更多，其中还可能包括某个行业协会的委员会。

另外还有一些例外情况，比如在涉及两个或两个以上国家的多方国际商事仲裁中，可能需要任命五名[64]、七名或人数更多的仲裁员。例如，伊朗—美国索赔法庭（Iran-United States Claims）经过实际考虑委任了九名成员的仲裁庭，其中三名由当事人委任，三名由第三国家委任。[65]

合同大部分是规定了三名仲裁员的提名和任命方式。[66]任命的仲裁员人数越多，仲裁程序中可能造成延误和花样更多费用的可能性就越大。某些机构要求仲裁庭主席与当事人具有不同的国籍。例如，国际商会（ICC）就根据第13.5条规定了这个要求。

20.10 仲裁员的资格

除当事人另有规定外，仲裁员不需要具有特殊资格，除非仲裁协议或机构规则有特别规定。仲裁员可以是任何国籍的，并且不需要经过法律培训。对于可以被委任为仲裁员的人员来说，并没有法定的限制或要求法定的资格。《2005年仲裁法案》也没有规定仲裁员必须是马来西亚人。[67]

1976年《法律职业法案》（*Legal Profession Act* 1976）第37A条[68]明确规定了任何人都可以作为仲裁员或仲裁当事人的代表进行工作。然而仲裁协议在有些情况下会规定，

---

[60] Williams QC and Kawhar, *Williams & Kawharu on Arbitration* (2011) at para 5.5.3, citing J Lew et al, *Comparative International Commercial Arbitration* (2003) at p 228.

[61] Arbitration Act 2005 s 12 (1).

[62] *Salutary Avenue (M) Sdn Bhd v Malaysia Shipyard and Engineering Sdn Bhd* [2000] 7 MLJ 620, [1999] 3 AMR 2659; *Re Keighley, Maxsted & Co and Durant & Co* [1893] 1 QB 405, CA (Eng).

[63] *Chung and Wong v CM Lee* [1934] MLJ 153；两个仲裁员小组常见于航运、商品和保险仲裁中，参见Sutton Gill和Gearing，*Russell on Arbitration*（2007年第23次修订）第4-036段；尽管偶数仲裁庭通常不用于这些领域以外的仲裁，但此类仲裁庭作出的裁决是完全可执行的，参见*Termarea SRL v Rederiaktiebolaget Sally* [1979] 2 All ER 989, [1979] 2 Lloyd's Rep 439，如果商定了偶数名仲裁员，并且出现了僵局，则有可能无法作出裁决。

[64] 苏丹政府与苏丹人民解放运动/阿布耶地区军队2009年的仲裁设立了有五名仲裁员的仲裁庭。

[65] OP Malhotra, *The Law and Practice of Arbitration and Conciliation: The Arbitration and Conciliation Act* 1996 (1st Edn 2002) at p 349.

[66] Mustill and Boyd, *The Law and Practice of Commercial Arbitration in England*, (2nd Edn 1989) at p 174, 189.

[67] UNCITRAL Model Law art 11 (1).

[68] Act 166.

争议必须转交给没有任何资格且来自特定国家的人。[69]

当事人可以就仲裁员的资格要求达成一致，这些资格可能对争议的主题事项具有相关性和必要性。此类资格可以在仲裁条款或提交的协议中明确规定。通过纳入某些仲裁机构的规则，这些资格也可以包含在协议中。

如果当事人希望委任具有特定资格的仲裁员，则必须在仲裁协议中明确规定。因此，在当事人无法就特定的仲裁员达成一致意见时，指定机构或争议的法院将清楚地了解当事人的意图。[70]

然而如果设定了太具体的资格，可能会限制候选人的数量。[71] 而仅存的那些候选人选可能非常忙，这使得不情愿的被申请人有时间在没有履行资格要求的基础上与指定的仲裁员争辩。[72]

当事人在起草仲裁协议时应该谨慎和明确地规定对仲裁庭所要求的资格，特别是当预期的争议是高度技术性的争议时，例如由建筑合同、建筑、商品贸易、医疗疏忽、海运合同和知识产权引起的争议。[73]

其他常见的要求还包括专业机构的成员以及律师执业年限的最少年数。[74]

由于当事人对仲裁员的资格没有任何明确的协议，所以没有理由因为仲裁员没有达到一方当事人所预期的资格而终止仲裁员职务。[75]

法院在 *Continental Grain Co v China Petroleum Technology & Development*[76] 案中驳回了申请人因为自身关于仲裁员法律资格的错误认知而要求终止仲裁员职务的申请。他补充说，申请人的认知并没有合同基础，并且这种单方面的错误并没有导致双方产生不同目的。因此，这不是终止任命的理由。

仲裁当事人和专业人士越来越期待仲裁员接受一些法律和仲裁方面的培训。被要求任命的机构或专业机构通常从由它们维持的仲裁员小组中任用仲裁员[77]，因此可以设定

---

[69] *The "Dong Moon" Trans Asia Shipping Co Ltd v "Dong Moon" Owners* [1979] 1 MLJ 152; *the English Supreme Court in Jivraj v Hashwani* [2011] UKSC 40, [2012] 1 All ER 629 案件支持一项要求，即使伊斯力面对反歧视立法环境，法院也支持仲裁员必须是伊斯迈利社区的一部分，因为是仲裁员不是雇员。

[70] Bernstein, Tackaberry and Marriott, *Handbook of Arbitration Practice* (3rd Edn 1998) at p 38.

[71] Park 在 "*Arbitration of International Contract Disputes*", (1984) 第 39-4 卷《1783 年公共汽车法》(第 1784 页) 中提出的 "说英语的意大利人，拥有法国法律学位，熟悉中东建筑合同"，就是协议中可能出现的过度规范的一个例子。

[72] Tackaberry, Marriott and Bernstein, *Bernstein's Handbook of Arbitration and Dispute Resolution Practice* (4th Edn, 2003) at para 2-228.

[73] Mustill and Boyd, *The Law and Practice of Commercial Arbitration in England*, (2nd Edn 1989) at p 248-249.

[74] Merkin and Flannery, *Arbitration Act* 1996 (5th Edn, 2014) at p 89.

[75] 在 *Sebiro Holdings Sdn Bhd v Bhag Singh* [2014] 11 MLJ 761 案中，沙捞越提交仲裁的当事方质疑由 KLRCA 主任委任的非沙捞越仲裁员，理由是他没有"案发地点的知识"，但高等法院裁决，当事方并没有达成协议要求仲裁员应具有《2005 年仲裁法》第 13 (8) 条的资质，因此该申请被驳回。

[76] 1998 年，在 *Caltex (LG) Gas Co Ltd v National Petroleum Corporation* [2001] APP LR 05/15 案件的上诉中引用并在 Merkin, *Arbitration Law*, (2004) 第 8.18 段中提及。

[77] *The Government of Malaysia (JKR Sarawak) v Lau Tiong Ik Construction Sdn Bhd* [2001] 5 MLJ 629 at 635-636 per Zakaria Sam J.

小组成员所需的标准。

20.11 仲裁员的属性

如果当事人同意仲裁将在一个或多个具有特殊资格的人面前进行（例如，通过成为一个贸易协会的成员），那么不合格人员的裁决将是无效的，除非弹劾该裁决的当事人被禁止对仲裁员不符合资格提出异议或已经放弃了这样做的权利。[78] 仲裁员所需的属性可以表达为积极属性或消极属性。积极属性可以通过参考例如贸易协会的参与或成员资格来指定。

法院在 *Jungheim, Hopkins & Co v Foukelmann*[79] 案中允许的仲裁员不需要属于指定的行业协会，但是要在合同的争议方面有丰富经验。

法院在 *Palmco Shipping Inc v Continental Ore Corpn, The Captain George K*[80] 案中强调了商业人士的实践经验的必要性。

消极属性是仲裁员不应该拥有的特征，例如对货物或对交易有利益的人不可以担任仲裁员。*Robinson, Fleming & Co v Warner, Barnes & Co*[81] 案中的争议是关于上诉委员会的其中一名成员是否具有合同禁止的次要金钱利益。

法院在 *Cook International Inc v Handelmaatschappij Jean Delvaux and Braat, Scott and Meadows*[82] 案中认为，仲裁员对交易不感兴趣，仅仅是因为他受雇于一方申请人的子公司。

法院在 *Ewart & Sons Ltd v Sun Insurance Office*[83] 案中认为，在保险纠纷中被指定为仲裁员的一位评估人员，并不会因为其曾代表被申请人行事而被取消资格。以上所有情况都可以说是“引起对该人的公正性或独立性的合理怀疑”[84]。

同样，合同也可以规定仲裁员“不能是律师”。[85] 马斯蒂尔和博伊德提出，在这种情况下，各方当事人希望避免的是来自法律实践而非法律资格的法律主义的心态。[86] 法院在 *Pando Compania Naviera SA v Filmo SAS*[87] 案中说，这里说的律师想必是指被排除在仲裁员之外的执业律师。

---

[78] *Oakland Metal Co Ltd v D Benaim & Co Ltd* [1953] 2 QB 261, [1953] 2 All ER 650 at 652.

[79] [1909] 2 KB 948.

[80] [1970] 2 Lloyd's Rep 21 at 25.

[81] (1922) 10 Ll L Rep 331. *Hookway (F E) & Co Ltd v Alfred Issacs & Sons* [1954] 1 Lloyd's Rep 491.

[82] [1985] 2 Lloyd's Rep 225.

[83] (1925) 21 Ll L Rep 282.

[84] Arbitration Act 2005 s 14 (1).

[85] *Rahcassi Shipping Co SA v Blue Star Line Ltd* [1967] 3 All ER 301.

[86] Mustill and Boyd, *The Law and Practice of Commercial Arbitration in England*, (2nd Edn 1989) at p 249.

[87] [1975] 2 All ER 515.

另外，委任具有较高声誉和能力的执业律师作为仲裁员也是很普遍的。[88] 如果争议中的主要问题是法律问题，或者当事人之间的紧张关系可能使仲裁程序具有对抗性，那么受过法律训练的仲裁员可能更为可取。[89]

20.12　诠释资格要求

资格的要求将会由法院自由和实际地讲解，以便不缩小现在仲裁员的范围。[90] 如果仲裁员在任命时符合必要的资格，他不会因为随后从任命时赋予他必要资格的职位上退休而丧失担任仲裁员的资格。[91]

仲裁庭商定的资格是指其采取行动的管辖权。[92] 如果协议中没有资格要求，法院将不暗示这一要求。[93]

除弃权外，如果仲裁员缺乏合同规定的资格，则法院无权支持该仲裁员的任免或该仲裁员的裁决，仲裁程序和裁决将被视为无效的。就像 *Jungheim*, *Hopkins & Co v Foukelmann*[94] 案一样，要求仲裁员必须是行业协会的成员。

另外，在 *Pando Compania Naviera SA v Filmo SAS*[95] 案的租船合同中，要求仲裁员是一名商业人士。当作为全职海事仲裁员和航运公司非执行董事的前律师进行了仲裁时，法院认为，就仲裁而言，他符合商业人士的定义。

提名仲裁员的当事人不能因为仲裁员缺乏必要的资格而抗辩裁决是无效的，特别是在知道仲裁员缺乏资格，但他向另一方表示一切正常，甚至不知道他有缺陷的情况下。[96]

如果不满意的一方当事人没有故意隐瞒某一特定仲裁员的利益，则其表示同意该仲裁员将否定他关于该仲裁员在争议结果中有某种个人利益的任何投诉。[97]但是，《2005 年仲裁法案》第 14（4）条规定，如果委任方是在委任后才意识到出现质疑的事实，则可以由委任方提出质疑。

---

[88] 在 *Sun Alliance Insurance v Jackson Russell Dignan Armstrong* [1990] Land Valuation Cases 767 案件中，有人指出，退休法官和领先的大律师能够解决相互冲突的技术性证据的问题，参见 Williams QC 和 Kawhar，*Williams & Kawharu on Arbitration*（2011）第 5. 5. 2 段。

[89] Williams QC and Kawhar, *Williams & Kawharu on Arbitration*（2011）at para 5. 5. 2.

[90] *Vincor Shipping Co Ltd v Transatlantic Schiffahrtskontor GmbH* [1987] HKLR 613 at 617 per Nazareth J.

[91] *Pan Atlantic Group Inc v Hassneh Insurance Co of Israel* [1992] 2 Lloyd's Rep 120, affd [1992] 2 Lloyd's Rep 120, CA (Eng).

[92] *Re Blackhouse and Taylor* (1851) LIQB 233, CA (Eng); *French Government v Tsurushima Maru* (*Owners*) (1921) 7 Ll L Rep 244, on appeal (1921) 8 Ll L Rep 403.

[93] *Sebiro Holdings Sdn Bhd v Bhag Singh* [2014] 11 MLJ 761.

[94] [1909] 2 KB 948; *Merchants Marine Insurance Co Ltd v North of England Protecting & Indemnity Association* 32 Com Cas 165; *Ringland v Lowndes* 33 LJCP 337.

[95] [1975] QB 742, [1975] 2 All ER 515, [1975] 1 Lloyd's Rep 560.

[96] *Jungheim*, *Hopkins & Co v Foukelmann* [1909] 2 KB 948.

[97] *Oakland Metal Co Ltd v D Benaim & Co Ltd* [1953] 2 QB 261, [1953] 2 All ER 650.

参与仲裁程序可能会造成放弃反对仲裁员缺乏商定资格的权利。[98] 若当事人声称已委任了一名仲裁员，而且如果对方已经依赖这一点采取了行动，那么该当事人就不能事后否认说其没有这样做。[99]

当事方可以将争议提交给外国法院[100]，但若提交给了外国法院而不是外国的仲裁庭，就不算是提交仲裁。[101] 不过，外国法院似乎也可以以仲裁庭的身份行事。[102]

一般来说，如果当事人选择一个不称职或不合适的人作为仲裁员，这是他们自己的事情，除非仲裁员不具备协议要求的资格[103]，或者在某些情况下，除非其是不公正或可能不公正的。

以前，其中一方当事人为了将来可能发生的分歧，可以申请撤销仲裁员的权力，这表明仲裁员已经是不公正或者可能是不公正的。[104] 然而现在看来（除非另有约定），必须在得知抗议理由后的15天内提出质疑。[105]

如果仲裁员是由其中一方当事人指定的，但其不知道该仲裁员因利益冲突而被取消资格，当裁决因仲裁员的利益冲突而被撤销时，反对裁决的一方当事人也无权收回该仲裁的所有费用。[106]

仲裁协议本身可以指定一名或多名仲裁员，也可以不直接指定仲裁员，或者可以简单地提供对如何选择仲裁员的参考；也可以提交仲裁，而不指定具体参考模式，或指定仲裁员，或指示如何选择仲裁员。

接受委任的仲裁员不会因为接受该职位而一定要作出裁决。[107]《2005年仲裁法案》没有具体规定要求其必须作出裁决。但有人争辩说，仲裁员有义务完成他接受的任务[108]，并且仲裁员可以约束自己根据该任务作出裁决。[109]

因恶意而未完成任务属于《2005年仲裁法案》第47条中排除责任的例外，仲裁员会面临损害赔偿的起诉。这也可能包括没有理由辞职的仲裁员。在这种情况下，补偿当

---

[98] *Iselin and Iselin v Sommer*, *Davis and Davis* (1983) 2 ACLR 70; cf *Compagnie Nouvelle France Navigation SA v Compagnie Navale Afrique du Nord*, *The Oranie and The Tunisie* [1966] 1 Lloyd's Rep 477 at 478.

[99] *Legumbres SACIFIA v Central de Cooperatives de Productores do Rio Grande do Sul Ltda* [1986] 1 Lloyd's Rep 401, CA (Eng). *Matthew v Ollerton* 4 Mod Rep 226; *Ranger v Great Western Railway Co* (1854) 5 HL Cas 72.

[100] *Law v Garrett* (1878) 8 Ch D 26, CA (Eng); *Austrian Lloyd Steamship Co v Gresham Life Assurance Society Ltd* [1903] 1 KB 249, CA (Eng); *Kirchner & Co v Gruban* [1909] 1 Ch 413; *The Cap Blanco* [1913] p 130.

[101] *Racecourse Betting Control Board v Secretary for Air* [1944] Ch 114 at 125-126, [1944] 1 All ER 60 at 65, CA (Eng), per MacKinnon LJ; *The Fehmarn* [1958] 1 All ER 333, [1958] 1 WLR 159, CA (Eng).

[102] *The Vestris* (1932) 43 Ll L Rep 86; *The Media* (1931) 41 Ll L Rep 80; *Austrian Lloyd Steamship Co v Gresham Life Assurance Society* [1903] 1 KB 249, CA (Eng); *The Cap Blanco* [1913] P 130; *The Athenee* (1922) 11 Ll L Rep 6.

[103] *Re Shaw and Sims* (1851) 17 LTOS 160.

[104] Arbitration Act 1952 (Act 93) (repealed) s 25.

[105] Arbitration Act 2005 s 15 (1); *Tan Sri Dato' Professor Dr Lim Kok Wing v Thurai Das a/l Thuraisingham* [2011] 9 MLJ 640.

[106] *Sellar v Highland Rly Co* 1919 SC (HL) 19.

[107] *Lewin v Holbrook* (1843) 11 M & W 110; *Crawshay v Collins* (1818) 1 Swan 40.

[108] Gary Born, *International Commercial Arbitration* (2nd Edn, 2014) at pp 2007-2011.

[109] *Pappa v Rose* (1872) LR 7 CP 525 at 527.

事人的正确方式是让仲裁员对损害赔偿负责。

根据《2005 年仲裁法案》第 16（1）条的规定，不签发裁决书也能构成申请撤换仲裁员的依据。赔偿的责任或者移除仲裁员的选择会比强迫仲裁员作出裁决更好。从逻辑上看，强迫不情愿的仲裁员进行裁决可能会在裁决的质量和内容方面产生不良结果[110]并产生撤销裁决的请求。

就仲裁员的责任而言，不同的司法管辖区规定了不同的标准。最近迪拜最高法院（Dubai Court of Cassation）有两起案件[111]是由于对迪拜国际仲裁中心（Dubai International Arbitration Centre）因程序不当而任命的仲裁员提出若干质疑而产生的。

在这两种情况下，迪拜最高法院采取坚定的立场驳回了质疑。这当然符合一般原则，即除非在罕见的、恶劣的情况下，否则仲裁员在行使其权力时不受限制。

---

[110] Mustill and Boyd, *The Law and Practice of Commercial Arbitration in England*, (2nd Edn, 1989) at p 231; Summary Record of the 5th Meeting of the Committee of the Whole (Ⅱ), UNCITRAL, Ninth Session A/CN. 9/9/C. 2/SR. 5 at paras 31-32.

[111] *Meydan Group LLC v Alexis Mourre* Case No 212/2014 and *Meydan Group LLC v Doug Jones*, *Humphrey Lyod QC and Stephen Furst QC* Case No 284/2015.

第21章　仲裁庭的组成

21.1　提交独任仲裁员

《2005年仲裁法案》[1] 第2（1）条规定的仲裁庭是指“独任仲裁员或仲裁员小组”。当事人可自由选定一名独任仲裁员或者由一定人数的仲裁员小组。[2] 仲裁庭的人数没有上限，当事人可以自由决定组成仲裁庭的仲裁员人数。[3]

仲裁协议本身通常规定由一名独任仲裁员进行仲裁。如果当事人不能决定仲裁员人数，或者换句话说，没有约定仲裁员的人数时，推定国内仲裁的默认人数为独任仲裁员，推定国际仲裁的默认人数为三名仲裁员。[4] 一名独任仲裁员就组成了一个完整的仲裁庭。

21.2　国内仲裁中的独任仲裁员

在国内仲裁中，或者至少在合同价值相对低的国内仲裁案件中，当事人最普遍的做法是明确规定指定一名独任仲裁员。

独任仲裁员通常是仲裁庭最为有效的组织形式。它可以导向更快捷、更经济的仲裁程序。因合议人数少，独任仲裁员的形式比三人仲裁员小组更容易组织会议和听审。

独任仲裁员只需要自己作出决定，因而仲裁程序将更为迅速有效。他不必花时间就争议事项与他的联席仲裁员协商，努力达成一致意见或多数意见。同样，组织听审也没有必要兼顾三名忙碌的仲裁员和当事人法定代理人的日程。

独任仲裁的不利之处就在于，“国内仲裁”并不必然就是“简单”的近义词。高度复杂、重大且附带大量文件和冲突技术性证据的争议仍可能出现于国内仲裁中。这种案件更适合由有三名仲裁员的仲裁庭进行服务。

---

[1] Act 646.

[2] 在 *MMTC v Sterlite Industries*（*India*）*Ltd* 1997 AIHC 605，SC（India）案中，仲裁协议的效力不以指定（或不指定）的仲裁员人数为条件。

[3] Arbitration Act 2005 s 12（1）.

[4] 如果协议中存在模棱两可的地方，或者当事人未能指定仲裁员人数，则《2005年仲裁法案》第12（2）条作为一个默认的程序规则发挥作用。

21.3 国际仲裁中的多位仲裁员

在国际仲裁中，通常委任三位或三位以上的仲裁员参与仲裁。这往往是因为当事人国籍不同，语言不同，并希望其指定的仲裁员在仲裁中能担当富有同情心的文化大使。[5]

如果当事人是国家或国家机关，则各方提名一名仲裁员（他必须公正行事）、由第三名仲裁员担任首席仲裁员的做法更令人满意。[6] 通常来说，没有什么合理的理由需要委任一个由三名以上仲裁员组成的仲裁庭。[7]

仲裁小组可能因为争议规模之大，技术性争点、技术性事实的复杂问题数量和涉及法律的数量之多，需要多位仲裁员。当事人甚至可以考虑指定一名有法律顾问协助的技术型仲裁员，而不是多名仲裁员组成的仲裁庭。

有更多仲裁员的仲裁小组的好处在于仲裁员之间可以相互讨论[8]，降低证据被忽视或得不到充分重视的风险。独任仲裁员的工作可能是孤独的，也可能会发生错误。[9]

与国内仲裁一样，并没有一揽子规则规定国际仲裁一定要具有复杂性和价值性；一个较大的仲裁庭将会导致拖延和增加成本（有时是不必要的）。

例如，一个来自新山市*的商人和一个来自新加坡的商人就一集装箱货物的延迟交货索赔提起的超过 50 万令吉的仲裁，根据《2005 年仲裁法案》[10] 的规定，这符合国际仲裁的条件，需要三名仲裁员。

事实上，这个仲裁不可能涉及重大的文化和语言差异，或者大量的文件或技术事宜，从而需要指定三名仲裁员。诚然，仲裁费用的增加可能会常常促使经济实力较弱的当事人达成和解或放弃索赔。

有人认为，虽然有三名仲裁员增加了当事人对仲裁的信心[11]，但并没有给仲裁质量带来任何明显的提升，并且为了达成一致，往往还会带来讨价还价的妥协。[12]

雷德芬和亨特建议，如果国际商事仲裁中的当事人能够同意指定独任仲裁员并对其

---

[5] Bishop and Reed, "Practical Guidelines for Interviewing, Selecting and Challenging Party Appointed Arbitrators in International Commercial Arbitration", (1998) 14Arb. Int'l 395 认为他们提名仲裁员是"仲裁中最具决定性的一步"。

[6] 《UNCITRAL 示范法》第 10 条第（1）款违约推定和《UNCITRAL 仲裁规则》(2010 年修订）第 7 条。

[7] Gary Born, *International Commercial Arbitration*, (2nd Edn, 2014) at p 1673. 书中将五名仲裁员组成的仲裁庭形容为"通常既麻烦又不必要"。

[8] D Caron et al, *The UNCITRAL Arbitration Rules: A Commentary* (*Oxford Commentaries on international Law*), (2006).

[9] Tackaberry, Marriot QC and Bernstein, *Bernstein's Handbook of Arbitration and Dispute Resolution Practice* (4th Edn, 2003) at para 2-235; Gary Born, *International Commercial Arbitration* (2nd Edn, 2014) at p 1674.

* 新山市是马来西亚柔佛州的首府，比邻新加坡。——译者注

[10] Arbitration Act 2005 s 2 (1).

[11] Gary Born, *International Commercial Arbitration*, (2nd Edn, 2014) at p 1670.

[12] J Kirby, "With Arbitrators, Less Can be More: Why the Conventional Wisdom on the Benefits of Having Three Arbitrators may be Overrated", (2009) 26 3 J Int Arb at p 337.

有信心，他们这样做是可取的。⑬

但应该指出的是，多名仲裁员组成的仲裁庭有助于防止独任仲裁可能产生的流氓行为。⑭ 当事人必须为他们自身考虑——这样的仲裁庭所带来的信赖价值是否值得额外的花费。

其结果是，除非当事人坚持能够指定“他们的仲裁员”，否则仲裁协议将更好地为各方服务，因为它会授予当事人或者委任机构一定程度的裁量权，可以根据实际产生的争议的性质选择独任或三名仲裁员的仲裁庭。

21.4 根据仲裁协议委任仲裁员

仲裁协议未约定独任仲裁员的指定方式的，双方当事人必须达成协议，并取得被选定人的同意。这是指定仲裁员的较佳方法，因为它承认了当事各方选择仲裁员的自由，并利用了以仲裁作为争议解决方法的最大优点之一。

仲裁员的指定没有固定公式。⑮ 一些常见的情况可见于标准格式合同中。

例如，一份仲裁协议中指定了仲裁员；或者仲裁协议明确规定了提交给一个独任仲裁员，并且在争议发生后当事人就担任仲裁员的人选达成一致（如 2006 年《PAM 建筑合同标准格式》（*PAM Standard Form of Building Contracts* 2006）第 34. 2 条，仲裁员第一次被明确为“由当事人商定的人”。

如果仲裁协议规定由一名以上仲裁员组成仲裁庭，但后续协议有所更改，或者协议对仲裁庭的组成没有规定，在这种情况下，应根据《2005 年仲裁法案》的规定进行解释。

21.5 根据《2005 年仲裁法案》委任仲裁员

根据《2005 年仲裁法案》，仲裁的法定程序是在被申请人收到将争议提交仲裁的请求时开始的。⑯

法院在 *Allianz Versicherungsaktiengesellschaft v Fortuna Co Inc*，*The Baltic Universal*⑰ 案

---

⑬ Blackaby and Partasides with Redfern and Hunter，*Redfern and Hunter on International Arbitration*，（6th Edn 2015）at para 4. 25.

⑭ 例如，由独任仲裁员作出的一项基本上是自发的命令，要求双方当事人为其预期费用提供 100% 的担保，从而有效地为自己提供双重保险。*Wicketts v Brine Builders & Siederer*［2001］CIL L 1805，［2001］App LR 06/08.

⑮ Arbitration Act 2005 s 13（2）.

⑯ Arbitration Act 2005 s 15. 其第 6 条规定，书面通信如已送达收件人本人或其营业地点/住址/邮寄地址，即视为其已经收到。参见 *Fung Sang Trading Ltd v Kai Sun Sea Products & Food Co Ltd*［1991］HKCFI 190 案、*Milkfood Ltd v M/s GMC Ice Cream*（*P*）*Ltd*［2004］INSC 229，SC（India）案。

⑰ ［1999］1 Lloyd's Rep 497. Cf *Vosnoc Ltd v Transglobal Projects Ltd*［1998］1 Lloyd's Rep 711.

中认为，启动仲裁程序的通知不必明确要求被申请人指定其仲裁员或就将争议提交独任仲裁员达成协议。

在此过程中，法院遵循了 *Agios Lazaros*[18] 案，该案是“有效的仲裁通知必须结合上下文解读”这一规则的约束性案例。申请人是否要求被申请人在仲裁程序中采取某种步骤，取决于一个人在考虑到条款用语和上下文的情况下会作出的适当解读。在送达该通知时，仲裁即被视为已经开始，于是根据《1953 年时效法案》时效中止。[19]

在实践中，一方当事人向另一方当事人提供一个姓名或一份名单。如果对方同意其中一个姓名，双方将邀请该人担任仲裁员。另一方当事人也可以以自己的提名代替。如果双方无法确定一个提名人选，则将以双方合意的方式或者在仲裁协议相关规定缺失时以法定任命机制进行处理。

仲裁协议明示或默示地要求提交独任仲裁员或三名仲裁员的仲裁庭，但是当事人无法达成合意或无法作出自己一方的指定时，有必要根据《2005 年仲裁法案》第 13（4）条和（5）条向吉隆坡区域仲裁中心主席提交申请。

21.6 指定委任机构

当事人可自由授权任何个人或机构来决定他们自己可以决定的任何问题。因此，如果协议规定，任何当事一方都可以请求第三方委任仲裁员。[20]

这种仲裁协议可能要求指定的第三方指定一名仲裁员或三名仲裁员小组主席。大多数仲裁协议都包含一种在当事人无法达成一致的情况下指定独任仲裁员或第三名仲裁员的方法。

《2005 年仲裁法案》规定，吉隆坡区域仲裁中心主席是默认的委任主体。这是马来西亚仲裁法案的一个独特之处，因为大多数司法实践和立法规定都表明法院是默认的委任机构。

各方当事人应当认真考虑其对任命机构的选择，避免选择那些因委任了无能或不适当的仲裁员而声名狼藉的机构。仲裁协议中委任机构的选择对仲裁程序的有效性至关重要。

仲裁员的任命一旦作出并被接受，此时若再重新考虑可能为时已晚。法官凯恩（Cairns）在 *National Enterprises Ltd v Racal Communications Ltd*[21] 案中说，如果“一名仲裁员已经被指定……而且他愿意并能够接受被提交，法院显然不能被要求指定一名对立的仲裁员”。

---

[18] *Nea Agrex SA v Baltic Shipping Co Ltd and Intershipping Charter Co*, *The Agios Lazaros* [1976] QB 933 at 945, [1976] 2 All ER 842, [1976] 2 Lloyd's Rep 47, CA (Eng).

[19] Act 254.

[20] Arbitration Act 2005 s 13 (2).

[21] [1974] 3 All ER 1010 at 1014.

法官唐纳森（Donaldson J）在 *Medov Lines SpA v Traelandsfos A/S*[22] 案中表示仲裁员可以由第三方指定，甚至在双方当事人同意的情况下由法院指定。如果仲裁协议规定的任命方式不能完全适用于特定案件的情况，法院将调整字面措辞，以达成有效的程序。[23]

然而印度最高法院认为，在根据协议几次尝试组建仲裁庭都以失败告终的情况下，该协议中的程序可以被抛弃。[24]

Davies, Middleton and Davies Ltd v Cardiff Corpn[25] 案中，在一个有关未来争议的仲裁协议中出现了一名仲裁员的名字要被填入其中的留白处，且当此名仲裁员因"死亡、不情愿或履行不能"而不能担任仲裁员时，法庭认为英国皇家建筑师学会（Royal Institute of British Architects）的院长应提名一名仲裁员。

如果当事人没有指定一名仲裁员，则有必要根据《2005 年仲裁法案》第 13（7）条的规定向法院作出申请。如果该第三人或委任机构选择了一名仲裁员，但是该仲裁员拒绝任命，申请人应该请第三人或者委任机构选择另一名仲裁员。[26]

21.7 委任机构的责任

《2005 年仲裁法案》第 48 条规定了对第三方或委任机构履行任用合适仲裁员的职责的豁免。它只有在委任机构在履行职责过程中的作为或不作为被表明是恶意的时候，才可以追究责任。[27]

这样的条款是有好处的，因为许多仲裁机构，如吉隆坡国际仲裁中心（KLRCA），作为国际性和非营利组织运作，没有资金来应付对他们的索赔，或为潜在且众多的其管理的仲裁办理保险，强加赔偿责任往往会对这些机构的无偿工作造成负面影响。[28]

按照目前的情况，如果被指定的仲裁员在其仲裁职责和诉讼请求豁免方面被证明特别不称职或失职，那么第三方或指定机构可能承担责任。

遭受损害的当事人可以追索第三方或委任机构以补偿损失。因此，第三方或委任机构有责任不得恶意指定不合适的仲裁员。这同样适用于委任机构的代理人或雇员。

Hooper Bailie Associated Ltd v President Master Builders Association of the ACT[29] 案表明，第三方行使委任权力时必须遵守程序公正和自然正义（与行政决定有关）的规则，这个

---

[22] ［1969］2 Lloyd's Rep 225 at 227.

[23] *Finzel, Berry & Co v Eastcheap Dried Fruit Co*［1962］2 Lloyd's Rep 11, CA（Eng）; *Gola Sports Ltd v General Sportcraft Co Ltd*［1982］Com LR 51.

[24] *Union Of India v M/S Singh Builders Syndicate* 26 February 2009, SC（India）.

[25] *Davies, Middleton and Davies Ltd v Cardiff Corpn*（1964）62 LGR 134, CA（Eng）.

[26] *Re Wilson & Son and Eastern Counties Navigation and Transport Co*［1892］1 QB 81 at 84.

[27] 在 *Infineon Technologies（M）Sdn Bhd v Orisoft Technology Sdn Bhd*（*previously known as Orisoft Technology Bhd*）［2011］7 MLJ 539 案中，这条规定得到了承认，但没有通过检验。

[28] Merkin and Flannery, *Arbitration Act* 1996,（5th Edn, 2014）at p 363.

[29] （1989）8 ACLR 83; *Re Lord and Lord*（1855）5 E & B 404.

权力并不是简单或者单纯的权力，而是一个就其行使及其方式附加了责任的权力。

然而大法官霍布豪斯（Hobhouse LJ）在 *Palgrave Gold Mining Co v McMillan*[30] 案中表示：

> 在英国，授予负责任的官员在特定情况下任命仲裁员的职责是非常常见的。这样的任命应该正直和公正；但是，对于法官们来说，听到将这些称作司法行为是很新奇的。在作出这种任命之前以任何方式发出通知或邀请讨论肯定不是惯例，尽管任命者在某些情况下可能认为这样做是合适的。[31]

法院还认定，在这种情况下，并不要求委任机构就委任对当事人发出通知以使该委任有效。

谨此提请注意，仅仅存在一项委任仲裁员的权利，出于自然正义，并不会约束第三方的委任人和当事人发表意见的权利。这是指：

第一，第三方委任仲裁员不是行政行为。

第二，在任何情况下企图对仲裁适用公共行政法原则是不合适的。[32]

第三，确认听取双方陈词（audi alteram partem）原则的不适用意味着委任可以在没有参考或者考虑任何一方当事人意愿的情形下作出。

第四，有充分的法定条款来解除一名不合适的仲裁员的委任[33]，而且进一步的救济不需要也不可取。

如果指定的第三方拒绝委任，这将被视为职务已完成履行（functus officio）。仲裁员随后由法院委任，其拒绝履行仲裁或不能履行仲裁时，第三方委任仲裁员的权力也不能恢复。在这种情况下，有必要根据《2005年仲裁法案》第13条寻求委任。

21.8　提交两名仲裁员

如上所述，在某些特定商事部门之外有两名仲裁员的仲裁很少见。但尽管如此，协议可能规定两名仲裁员由第三方委任。如果第三方没有委任，则根据《2005年仲裁法案》第13（6）条的规定，必须向吉隆坡区域仲裁中心主席提出委任请求以确保委任，除非协议就委任程序规定了其他方式。

如果第三方选择了仲裁员，但其中一名或两名均拒绝担任，则申请人的实际做法是邀请第三方选择另一人或其他人。[34]

---

[30] ［1892］AC 460 at 470，PC.

[31] Gary Born 在 *International Commercial Arbitration*，（2nd Edn，2014）第1703页中，这本书提出对将通常不处理仲裁事务的官员/机构作为指定机构提出警告。

[32] *Bill Biakh K/S A/S and Bill Biali K/S A/S v Hyundai Corpn*［1988］1 Lloyd's Rep 187.

[33] Arbitration Act 2005 ss 14 and 15.

[34] *Re Wilson & Son and Eastern Counties Navigation and Transport Co*［1892］1 QB 81.

仲裁协议规定委任两名仲裁员，各方当事人各指定一名的[35]，在委任生效之前要满足三个独立的条件：

（1）仲裁员必须得到委任的通知；

（2）他必须同意担任；[36]

（3）他的姓名及其受委任的事实必须传达给另一方当事人。[37]

同意担任可以是默示性的，不需要通过正式的形式。[38] 因此，如果仲裁员没有正式接受委任，但作出了一个裁决，那么这足以构成委任的同意。[39]

如果协议要求在指定时间内指定一名仲裁员，那么就需要在规定的时间内满足这三个条件[40]，或在法院命令[41]或者协议约定的任何延长时间段内满足。

根据《2005年仲裁法案》第13（2）条的规定，各方当事人可以约定委任一个“首席”（presiding）仲裁员的程序。

当仲裁协议规定的提交两名仲裁员由当事人各委任一名时，除非有证据证明相反的意图，否则如果任何一名由此指定的仲裁员拒绝担任、退出、无行为能力或死亡的，委任他的当事人可以根据《2005年仲裁法案》第17（1）条委任一名新的仲裁员代替，并且根据第17（2）（b）条的规定，以前的审理可以由仲裁庭酌情重复。

由于公平的基本规则，仲裁员被解除的那一方当事人通常有机会选择新的联席仲裁员（而不是被强制委任一名）。任何与此相反的事情都有可能会不利于对仲裁员提出质疑。[42]

21.9 提交三名仲裁员

当事人在紧急情况下认为需要一名以上仲裁员的，他们应该选择的人数是三人。特

---

[35] 关于双方当事人协议指定仲裁员，参见 *Itex Shipping Pte Ltd v China Ocean Shipping Co*, *The Jing Hong Hai* [1989] 2 Lloyd's Rep 522 案。

[36] *Ringland v Lowndes* 33 LJCP 25.

[37] *Tew v Harris* (1847) 11 QB 7; *Thomas v Fredricks* (1847) 10 QB 775; *Tradax Export SA v Volkswagenwerk AG* [1969] 2 QB 599, [1969] 2 All ER 144, [1969] 1 Lloyd's Rep 494, affd [1970] 1 QB 537, [1970] 1 All ER 420, [1970] 1 Lloyd's Rep 62, CA (Eng). 关于禁止一方当事人否认已有效任命仲裁员的情况，参见 *Legumbres SACIFIA v Central de Cooperativas de Productores do Rio Grande do Sul Ltda* [1986] 1 Lloyd's Rep 401 at 403, CA (Eng)。关于放弃指定仲裁员的权利，以及该权利的恢复，参见 *World Pride Shipping v Daiichi Chuo Kisen Kaisha*, *The Golden Anne* [1984] 2 Lloyd's Rep 489。

[38] *Itex Shipping (Pte) Ltd v China Ocean Shipping Co*, *The Jing Hong Hai* [1989] 2 Lloyd's Rep 522.

[39] *Cox v Johnson* (1914) 14 SR (NWS) 240.

[40] *Tradax Export SA v Volkswagenwerk AG* [1969] 2 QB 599, [1969] 2 All ER 144, [1969] 1 Lloyd's Rep 494, affd [1970] 1 QB 537, [1970] 1 All ER 420, [1970] 1 Lloyd's Rep 62, CA (Eng); *European Grain and Shipping Ltd v Dansk Landbrugs Grovvareslskab* [1986] 1 Lloyd's Rep 163.

[41] Arbitration Act 2005 s 46.

[42] Gary Born, *International Commercial Arbitration*, (2nd Edn, 2014) at p 1922.

别是在涉及大量资金的国际商事仲裁中，或者存在因特定类型争议而独有的复杂问题时。

例如，在复杂的工程、建筑、海事和贸易纠纷中，一名独任仲裁员可能并不合适。在这些情况下，委任一个由三名仲裁员组成的仲裁庭更为有效，即使这样做会涉及更多的费用和带来延迟，但这样做可能会向当事人证明仲裁的结果更令人满意并且更能让人接受。[43]

如果仲裁协议规定提及三名仲裁员，则要求每一方当事人委任一名仲裁员，有关通知仲裁员的委任、仲裁员的同意和与另一方当事人就仲裁员的姓名和委任其为仲裁员的事实进行的沟通，这些适用于两名仲裁员的仲裁庭的委任程序的条件类似地也同样适用于此。

当事人委任的两名仲裁员通常会指定第三名仲裁员以组成仲裁庭，这是《2005 年仲裁法案》第 13（3）条的默认条款。然而时常会发生一方当事人可能拒绝或不能委任自己的仲裁员，从而导致无法任命第三名仲裁员的情况。

《2005 年仲裁法案》考虑到这种情况，并通过第 13（4）条允许任何一方当事人向吉隆坡区域仲裁中心主席申请委任，申请失败的可以根据第 13（7）条向高等法院提出申请委任。

除非仲裁协议中明确表明了相反的意图，在提交三名或更多的仲裁员时，不管他们如何被指定，多数人作出的裁决都具有约束力。[44]

如果两名被要求指定第三名仲裁员的仲裁员没有指定，反而继续作出裁决，这属于程序上的瑕疵，并不必然导致撤销裁决的结果。[45]

由于《2005 年仲裁法案》第 13 条仅为缔约方提供了向吉隆坡区域仲裁中心主席申请委任第三名仲裁员的选择，合逻辑的推论是，如果双方当事人都没有提出这样的申请，那么在当事人合意同意的情况下，两名仲裁员可以继续进行仲裁。

然而这样做受制于《2005 年仲裁法案》第 31 条要求多数人裁决的规定。如果出现僵局，第 31 条允许首席仲裁员作出裁决，这显然只适用于三名仲裁员的仲裁庭。

为了确定仲裁庭对特定的争议或请求是否享有管辖权，有必要看看当事人同意将哪些事项提交仲裁，以决定问题事项是否被包含在内。然而这样的决定是在英国《1996 年仲裁法案》颁布之前产生的，之后的案件明确表明，在现代仲裁制度下，这种严格的解释已不复存在。

---

[43] Gary Born, *International Commercial Arbitration*,（2nd Edn, 2014）at p 1668.

[44] 《2005 年仲裁法案》第 31 条第（1）款；多数仲裁员是由一名联合仲裁员和首席仲裁员组成，还是由两名联合仲裁员组成，这无关紧要；参见 *Sabah Shipyard Sdn Bhd v Jackson Marine*（*Malaysia*）*Sdn Bhd*［1991］3 CLJ Rep 701。虽然在案件 *European Grain and Shipping Ltd v Johnston*［1983］QB 520，［1982］3 All ER 989，［1982］2 Lloyd's Rep 550，CA（Eng）中，认为所有仲裁员必须参与裁决，但不必在同一时间和地点签字。

[45] *Termarea SRL v Rederiaktiebolaget Sally*［1979］2 All ER 989，［1979］2 Lloyd's Rep 439.

21.10 当事人未能委任仲裁员

在仲裁协议规定各方当事人委任一名仲裁员时，不情愿的当事人就有了施展拖延战术的机会。[46] 这可能表现为当事人拒绝指定仲裁员这种形式，也可能来自（更罕见的）他们指定的仲裁员拒绝同意首席仲裁员的意见这种形式。

《2005年仲裁法案》第13（4）条规定，如果自收到委任仲裁员的书面请求起30日之内没有委任任何人，另一方当事人在这样的情况下有申请吉隆坡区域仲裁中心主席指定仲裁员的权利，以防止这种情形的出现来扰乱仲裁。[47] 截至目前，并没有吉隆坡区域仲裁中心主席未能履行上述法定职责的情况。

《2005年仲裁法案》对于在规定两个仲裁员组成仲裁庭的协议中，若一方当事人未能委任则允许另一方当事人委任的仲裁员担任独任仲裁员这样的情况，没有作出规定。[48]

申请人必须优先在仲裁协议规定的时限内向另一方发出通知，要求他委任仲裁员。除非协议另有规定，否则其没有必要在这段时间内完成其仲裁员的委任。

在发生不能委任之前或者在当事人陷入僵局、不能同意委任之前，不能提请吉隆坡区域仲裁中心主席。该30天（或当事人同意的其他期间）的委任期限在一个有多名仲裁员的情况下不太可能会造成困难，但是查明“当事人无法达成一致”的时间点可能较有难度。

1996年《新西兰仲裁法案》[49] 与《2005年仲裁法案》的不同点在于，如果一方当事人没有委任仲裁员，那么允许另一方作出默认委任。然而法官汉森（Hansen）在 *Hitex Plastering v Santa Barbara Homes*[50] 案中解释说，“除非有达成协议的真诚尝试”，否则一方当事人不能援引默认委任条款。

因此，如果一方当事人没有尝试过一些失败的谈判，或者交换没有共同姓名的仲裁员名单，就立即向吉隆坡区域仲裁中心主席提出申请，可能是不合适的。

是否发生不能委任的情形将取决于每宗案件的情况。一般认为，法院应该考虑到避免使当事人延迟解决争议的目标，并且只有在明显不存在僵局的情况下才能拒绝介入。[51]

---

[46] 拖延也可能是由于“无能、拖延和草率的管理”以及未能及时获得适当的建议而产生的，因此不应总是假定其是恶意的。参见 Tackaberry, Marriot QC 和 Bernstein, *Bernstein's Handbook of Arbitration and Dispute Resolution Practice*,（4th Edn, 2003）第2-261段。

[47] 在提交仲裁的通知中要求另一方指定仲裁员的好处之一是与单独提出指定请求相比，第13（4）条流程的触发速度更快；至于委任通知，参见以下案件：*Nea Agrex SA v Baltic Shipping Co Ltd and Intershipping Charter Co*, The Agios Lazaros［1976］QB 933,［1976］2 All ER 842,［1976］2 Lloyd's Rep 47, CA（Eng）; *Cremer（Peter）GmbH & Co v Sugat Food Industries Ltd*, *The Rimon*［1981］2 Lloyd's Rep 640.

[48] 与之前的法案不同，见《1952年仲裁法案》（第93号法案）（已废除）第9（b）条。

[49] （No 99）Sch 2（1）（4）.

[50] *Hitex Plastering Ltd v Santa Barbara Homes Ltd*［2002］3 NZLR 695 at［29］.

[51] *Montpelier Reinsurance Ltd v Manufacturers Property & Casualty Limited*［2008］Bda LR 24, SC（Bermuda）.

因此，在 *Drummond v Hamer*[52] 案中，当事人委任了他的仲裁员，并向另一方送达通知、要求他在 7 天内指定其仲裁员，并且约定“如果不能指定，则上述争议和分歧将只能提交至上述的 RGW，并由其作为独任仲裁员”，法院认定这不是有效行使任命权的行为。

对此，必须严格遵守法定时间表。[53] 协议可以规定如果一方当事人没有委任仲裁员时的后果是什么。如果这种情况确实发生了，那么将产生约定的而不是法定的后果。[54]

仲裁协议的条款一如既往地至关重要，如果其规定了委任的程序却没有被遵守，那么吉隆坡区域仲裁中心主席或者高等法院的委任通常是无效的。[55]

专门从事仲裁的指定机构可能具有经验和专业知识，可以在双方当事人未达成协议或一方当事人未委任仲裁员的情况下，就委任仲裁员作出明智的决定，但最好将委任仲裁员的建议同样包括在内，特别是在将由非仲裁机构进行委任的情况下。[56]

对于吉隆坡区域仲裁中心主席或高等法院的决定，不能上诉。[57] 但是，在当事人是否同意指定仲裁员的程序[58]这个问题上，有可能对该决定提出异议，如果《2005 年仲裁法案》第 14（3）条的要求被满足了，异议也可能是根据《2005 年仲裁法案》第 15 条针对仲裁员本身提出的。

除了一些在商品、航运和保险贸易方面规定了提交两名仲裁员的协议外，独立仲裁员很少是根据仲裁协议被指定的。[59] 使用独立仲裁员是英国法律传统的残余。在现代，在工业市场一隅之外使用独立仲裁员并不常见，其在《UNCITRAL 示范法》或者《2005 年仲裁法案》中也并没有体现。

这被认为不适合现代国际仲裁[60]，而且在现代立法环境下将难以实施。

无论是单独还是与他人共同被提交仲裁的人，都叫作仲裁员。如果案件要提交给共同仲裁员，并且存在明确表示如果他们之间没有达成一致，仲裁将被转交给其他人或机构的规定，则该人或机构被称为独立仲裁员。

需要指出的第一点是，使用独立仲裁员是英国的传统，这在世界其他地方并不常见，因此并没有反映在《UNCITRAL 示范法》中。《2005 年仲裁法案》也没有提及独立仲裁员。

---

[52] ［1942］1 KB 352，［1942］1 All ER 398.

[53] *Rubin v W Smith & Co*（*Grimsby*）*Ltd*（1939）64 Ll L Rep 7；*Ministry of Food*，*Government of Bangladesh v Bengal Liner Ltd*，*The Bengal Pride*［1986］1 Lloyd's Rep 167；*Kiril Mischeff v British Doughnut Co*［1954］1 Lloyd's Rep 237.

[54] 协议可以就一方当事人未能指定仲裁员的情况作出规定。在这种情况下，会产生商定的后果而不是规约中所载的后果。

[55] *Sumukan Ltd v Commonwealth Secretariat*［2007］EWCA Civ 243，［2007］3 All ER 342，［2008］1 Lloyd's Rep 40.

[56] *Henry Muriithi Mvungu v Bruno Rosiello*，Misc Civ Appli 264 of 2006，（Kenya）.

[57] Arbitration Act 2005 s 13（9）.

[58] *Private Company* “*Triple V*” *Inc v Star*（*Universal*）*Co Ltd and Sky Jade Enterprises Group Ltd*［1995］HKCA 617.

[59] 在一些现代案例中，裁判的使用已经得到了默认。参见 *Food Ingredients LLC v Pacific Inter-Link Sdn Bhd*［2012］8 MLJ 585 案、*Taman Bandar Baru Masai Sdn Bhd v Dindings Corporations Sdn Bhd*［2009］MLJU 0793 案。

[60] Blackaby and Partasides with Redfern and Hunter，*Redfern and Hunter on International Arbitration*（6th Edn，2009）at para 4. 28.

作为参考，*Kannenberg v Gird*[61]案中的法院解释了独立仲裁员和第三名仲裁员的区别：

> 然而在我看来，正如其名，独立仲裁员和第三名仲裁员之间的根本区别就是：在被请来时，他具有被赋予作出裁决的独有权力——在这种情况下，他显然是一名独立仲裁员；还是说他只是成为仲裁庭的一个额外的成员——在这种情况下，他是第三名仲裁员。

仲裁员之间的分歧可能是程序性的，也可能是实质性的。

马斯蒂尔和博伊德[62]指出，至少根据英国法律来说：

> 在与仲裁有关的问题上的任何分歧，都不仅是实体部分是非曲直的主要问题，而是作为整体足以允许提交独立仲裁员。[63]

例如，*Cudliff v Walters*[64]案中对有关证据产生了分歧；*Iossifoglu v Coumantaros*[65]案的两名仲裁员未能就会议地点和时间达成一致。分歧可能发生在协议仲裁的中间阶段。

这种分歧可能与一个或多个出现的问题有关。例如，*Winteringham v Robertson*[66]案的仲裁员在证据结论上持不同意见；*Wicks v Cox*[67]案的分歧仅有关花费；*Re Tunno and Bird*[68]案中，仲裁员的分歧在于拒绝推进程序的原因。这都构成了分歧，并使得独立仲裁员获得管辖权。

法院在 *Smailes v Wright*[69]案中认定，仲裁员未能达成一致实质上造成了分歧。独立仲裁员有权在仲裁员作出裁决的期限届满之时介入仲裁。[70]

因此，当事人及其法定代表应该认识到，他们如果真的希望使用一个独立仲裁员，就必须在其仲裁协议里明确规定这一点，并为法庭提供协助。

21.11 委任前的会见

要获得关于仲裁员表现的信息并不容易。看起来，似乎获取信息的主要来源是口耳

---

[61] 1966 4 SA 173（C）at 178-179.

[62] Mustill and Boyd，*Commercial Arbitration*，*Companion Volume*（2001）at p 175.

[63]（1839）2 Mood & R 232.

[64] ［1941］1 KB 396，CA（Eng）.

[65] *Iossifoglu v Coumantaros*［1941］1 KB 396，CA（Eng）.

[66]（1858）27 LJ Ex 301. *Sinclair v Fraser*（1884）11 R 1139；*Lang v Brown*（1855）25 LTOS 297.

[67]（1847）11 Jur 542. *Cerrito v North Eastern Timber Importers Ltd*［1952］1 Lloyd's Rep 330.

[68]（1833）5 B & Ad 488，110 ER 870.

[69]（1815）3 M & S 559. *Re Yeadon Local Board and Yeadon Waterworks Co*（1889）41 Ch D 52，CA（Eng）；*Sprigens v Nash*（1816）5 M & S 193，105 ER 1021.

[70] *Iossifoglu v Coumantaros*［1941］1 KB 396，CA（Eng）.

相传——经验丰富的仲裁律师可能就合适的仲裁员交换意见，这或许来自在与该仲裁员进行仲裁时的经验，或者来自声誉。

其他来源可能包括通过查询机构公开列明的仲裁员名单，或查看正式的仲裁资格，例如由英国皇家特许仲裁员协会（Chartered Institute of Arbitrators）[71] 授予的仲裁员资格。

另外，当事人可能希望会见潜在的仲裁员来帮助确定其是否合适，这些委任前的会议可以起到有效的质量控制功能，特别是在评估仲裁员以司法方式进行程序的能力时。会见潜在的仲裁员在亚洲并不常见，在亚洲，传统上这被视为对仲裁员和律师的怀疑。[72]

许多因素能且只能在面对面的会见中得到体现。一个委任前的会见也能让仲裁员有机会考虑他是否有《2005年仲裁法案》第14（1）条规定的需要披露的任何情况。仲裁员可能被问及其是否可以进行案件审理。

这是当事人对仲裁员进行的尽职调查的一种形式，以确保不存在利益冲突。它没有被禁止，但必须限制在合乎道德的范围内。讨论必须保持在非常概括的层面，例如争议的性质、规模、时间或仲裁时长、对准据法的熟悉程度、将提供的报酬，不能讨论案件的细节。[73]

国际律师公会《国际仲裁利益冲突指南》（*The IBA Guidelines on Conflicts of Interest in International Arbitration*）在绿皮书中提出了以下建议：

> 仲裁员已经与委任方或其附属机构（或各自的律师）在委任之前进行了初步联系，这个联系如果仅限于仲裁员服务的可得性和资质，以及限于可能成为首席仲裁员的名单，则没有处理案件实质或程序方面的问题。[74]

2007年，英国皇家特许仲裁员协会也发布了《实践指南16：会见潜在的仲裁员》（*Practical Guidelines* 16：*The Interviewing of Prospective Arbitrators*），允许讨论下列领域：

（1）争议当事人的名称和涉及或可能涉及的任何第三方的名称；

（2）争议的一般性质；

（3）有关项目充分但不必需的细节，使会见者和被会见者能评估后者是否适合被委任；

（4）仲裁程序的预期时间表；

（5）如果当事人同意了适用于仲裁程序的语言、准据法、仲裁地和适用的规则，或者这些中的一些或全部未被达成一致的事实；

---

[71] M McIlwrath and J Savage，*International Arbitration and Mediation*：*A Practical Guide*，（2010） at pp 253-254 at paras 5-077-5-079.

[72] M McIlwrath and J Savage，*International Arbitration and Mediation*：*A Practical Guide*，（2010） at p 255 at paras 5-077-5-083.

[73] Greenberg，Kee，and Weeramantry，*International Commercial Arbitration*：*An Asian-Pacific perspective*，（2011） at p 265.

[74] 如果这种接触仅限于仲裁员是否有时间和资格担任主席或提供可能的主席候选人的姓名，而不涉及案情实质或案件的程序方面，那么在指定之前，仲裁员已与指定方或指定方附属机构（或各自的律师）进行了初步接触。

（6）被会见者的经验、专业知识和可得性。

不过值得注意的是，上述指南正在审查中，并不能反映现在的情况。

真正的困难是，各方当事人可能不会仅限于会见一名潜在的仲裁员，而是同时会见几名候选仲裁员，并以委任其中最有可能支持己方的仲裁员为目标。韦德（VV Veeder）委婉地称之为“选美”。[75]

然而即使是在委任前的阶段，这种单方面与一个潜在的仲裁庭成员的联系也可能成为另一方当事人提出异议的借口，原因在于缺乏公正性。国际律师公会《国际仲裁利益冲突指南》和《实践指南 16：会见潜在的仲裁员》都关注了限制会见，以使其不会成为随后提起异议的理由。[76]

对于独任仲裁员，双方都出席会见可以缓和此类问题。但是，这在国际仲裁中可能很难组织，因为时间长并且费用昂贵。对于当事人指定的联席仲裁员，当事人都出席会议显然是不适宜的。

我们建议，如果进行单方面会见，时间应当相对较短（如 30 分钟），主要重点应该是仲裁员的经验和对于被委任处理此事宜的兴趣。应该尽可能中立地讨论案件，讨论的事实和性质应该以书面形式记录，如果委任了仲裁员，则该记录须交给另一当事人。[77]

加里·博恩建议遵循一些常识性的步骤，例如在仲裁员的住所或住处进行讨论，而不需要约谈方或仲裁员提供任何膳食、招待或其他财政捐助。[78]

---

[75] VV Veeder, “‘L’ Indepdendance et L’impartialite de L’arbiter dans L’arbitrage International”, in L C Cladiet, T Clay and E Jeuland (eds), *Mediation et Arbitrage*, (2005) at p 219 as cited by Greenberg, Kee, and Weeramantry, *International Commercial Arbitration: An Asian-Pacific perspective*, (2011) at p 266.

[76] D Bishop and Reed, “Practical Guidelines for Interviewing, Selecting and Challenging Party-appointed Arbitrators in International Commercial Arbitration”, (1998) 14 4 Arbitration International.

[77] Tackaberry, Marriot QC and Bernstein, *Bernstein’s Handbook of Arbitration and Dispute Resolution Practice* (4th Edn, 2003) at para 2-246; Gary Born, *International Commercial Arbitration* (2nd Edn, 2014) at p 1674.

[78] Gary Born, *International Commercial Arbitration* (2nd Edn, 2014) at p 1686; Blackaby and Partasides with Redfern and Hunter, *Redfern and Hunter on International Arbitration* (6th Edn 2015) at para 4. 73.

第 22 章 吉隆坡区域仲裁中心主席或高等法院委任仲裁庭

22.1 吉隆坡区域仲裁中心主席或高等法院委任仲裁员

通过仲裁迅速解决争议意味着尽可能将问题排除在法庭之外。出于法院最小干预的目标[1],《UNCITRAL 示范法》和《2005 年仲裁法案》[2] 规定了有关委任仲裁员的问题的解决方式,不允许当事人立即诉诸法院。

在另一方当事人拒绝委任仲裁员的情况下,应当避免寻求外部援助来指定仲裁员。选择仲裁员的基本权利是至关重要的。

虽然马来西亚的法律并没有规定,但在某些司法管辖区,当事人不能委任一个联席仲裁员会使得另一方当事人因此可以委任两名联席仲裁员[3],或者使得该方任命的仲裁员担任独任仲裁员。[4] 后一种选择可能会引起非参与方对仲裁结果是否已成定局的担忧。

《2005 年仲裁法案》第 18(4)条明确规定,不得以一方当事人已经委任仲裁员或者参与了委任为由,阻止其对仲裁庭的管辖权提出异议。

相应地,即使一方当事人认为不存在有效的仲裁协议,其拒绝参加委任程序也并不能获得策略上的优势。对他来说,也许更重要的是承认或没有放弃仲裁庭的管辖权。

根据《2005 年仲裁法案》第 13 条,在当事人就委任不能达成一致时、当一方当事人拒绝进行委任时,当被委任的仲裁员不能决定首席仲裁员时,或当此前同意的其他方法失败时,吉隆坡区域仲裁中心主席是默认的委任主体。

在所有情况下,如果吉隆坡区域仲裁中心主席未能在当事人请求进行委任的 30 天内委任,则当事人可以向高等法院请求委任。[5]

在 *Sebiro Holdings Sdn Bhd v Bhag Singh*[6] 案中,法院提出了是否能对吉隆坡区域仲

---

[1] *Capping Corp Ltd v Aquawalk Sdn Bhd* [2013] 6 MLJ 579; *AV Asia Sdn Bhd v Pengarah Kuala Lumpur Regional Centre for Arbitration* [2013] MLJU 183 at [11] and at [13]:"简而言之,在涉及仲裁的事项上,法院的监督管辖权并非与生俱来的司法性质,而是法定的。"

[2] Act 646.

[3] Gary Born, *International Commercial Arbitration* (2nd Edn, 2014) at p 1720.

[4] 1996 年《英国仲裁法案》第 17(1)条。

[5] 《2005 年仲裁法案》第 13(7)条。

[6] *Sebiro Holdings Sdn Bhd v Bhag Singh* [2015] 4 CLJ 209, CA.

裁中心主席的委任提出异议的问题。

上诉法院基于两个原因驳回了上诉：

（1）对委任一个仲裁员的合理质疑应基于《2005年仲裁法案》第15（1）条，该条款规定了提起异议的具体期间，此案情况不符合该规定。

（2）如果仲裁员必须在特定领域具备专门知识或专长，这在委任前应向委任机构明确说明。

《2005年仲裁法案》就委任仲裁员出现的僵局规定了有效的解决方法，但它们必须是在正确的时候——即没有达成协议或委任的期间到期时使用。

当然，以仲裁方式解决的争议应该是在提交吉隆坡区域仲裁中心主席之前发生的[7]，*Amec Civil Engineering Ltd v Secretary of State for Transport*[8]案有助于确定争议实际发生的节点。

22.2 根据《2005年仲裁法案》第13（4）条委任

当事人未能就仲裁员的委任程序达成协议的，适用《2005年仲裁法案》第13（4）条。如果根据仲裁协议，仲裁是国际性的，则默认仲裁员人数为三人。[9]

如果其中一方当事人没有委任他的仲裁员，或当事人委任的两个仲裁员在被书面要求进行委任的30天内或者各自被委任的30天内不能委任首席仲裁员的，则该条文允许任何一方通过向吉隆坡区域仲裁中心主席申请委任来防止延误。

此条款规定的30天期限在很大程度上能够排除有关违约是否实际发生的争议，有关送达时间的疑问，以及有关仲裁员被委任的时间的争议。

法院认定，《UNCITRAL示范法》第11（3）条［第13（4）条同此］只适用于在“不同意委任一名仲裁员是由于双方当事人尚未就他的委任程序达成一致时，当未能达成协议是因为当事人完全不同意诉诸仲裁时，则不适用……”[10]。

22.3 根据《2005年仲裁法案》第13（5）条委任

如果仲裁协议规定了一名仲裁员，或默认委任一名仲裁员，但没有就委任程序或委

---

[7] *Mayer Newman & Co Ltd v A I Ferro Commodities Corpn SA, The John C Helmsing* [1990] 2 Lloyd's Rep 290, CA (Eng).

[8] *Amec Civil Engineering Ltd v Secretary of State for Transport* [2004] EWHC 2339 (TCC) at [68], affd [2005] EWCA Civ 291, CA (Eng).

[9] 《2005年仲裁法案》第2（1）条定义了“国际仲裁”（international arbitration）。

[10] *Private Company "Triple V" Inc v Star (Universal) Co Ltd and Sky Jade Enterprises Group Ltd* [1995] HKCA 617 at [25].

任本身达成共识，那么任何当事人同样可以向吉隆坡区域仲裁中心主席申请委任。

这项规定有助于避免一个“不可行的”（unworkable）委任程序可能引起的问题。[11]这里的关键问题在于未达成协议的原因是什么。

新西兰的案例可以提供指导。值得注意的是，新西兰的仲裁法案[12]与马来西亚的仲裁法案略有不同，区别在于如果另一方当事人未能委任仲裁员，则允许一方当事人作出默认委任。

然而法官汉森在 *Hitex Plastering v Santa Baraba Homes*[13] 案中认为，“除非有达成协议的真诚尝试”，否则一方当事人不能援引默认委任条款。这是一种务实的做法，很可能为马来西亚所接受。

虽然以前的法案规定直接向高等法院申请任命仲裁员，但在 *Salutary Avenue*（*M*）*Sdn Bhd v Malaysia Shipyard and Engineering Sdn Bhd*[14] 案中，寻求法院协助的一方当事人没有告知另一方当事人其提名的仲裁员的姓名，并且在规定的期限届满之前提出了申请，致使过早地申请了。

目前尚不明确的问题是，一方当事人是否可以在一次提议仲裁员被拒绝之后[15]，或者除另一方明确表示不会同意任何委任之外的单独交换没有共同姓名的名单的情况下，或根本拒绝参加委任程序时，立即向吉隆坡区域仲裁中心主席提出申请。

22.4　根据《2005 年仲裁法案》第 13（6）条委任

《2005 年仲裁法案》第 13（6）条规定了不适用默认条款的情况，即双方当事人已经同意就委任一名仲裁员的程序达成协议，但未遵守该程序；或他们委任的仲裁员未能委任一个首席仲裁员；或指定第三方作为委任机构，但该委任机构未能作出委任。

除非该协议规定了保证委任的其他方式，否则任何当事人均可以向吉隆坡区域仲裁中心主席申请作出委任。[16]

---

[11] *Enercon*（*India*）*Ltd v Enercon GmbH* Civil Appeal No 2086 of 2014，SC，（India）.

[12] （No 99）Sch 2（1）（4）.

[13] *Hitex Plastering Ltd v Santa Barbara Homes Ltd*［2002］3 NZLR 695 at［29］.

[14] ［2000］7 MLJ 620，［1999］3 AMR 2659.

[15] 在 *Majlis Ugama Islam dan Adat Resam Melayu Pahang v Far East Holdings Bhd*［2007］MLJU 523 案中，各当事人拒绝对方当事人提议的一名仲裁员，足以向 KLRCA 主任提交申请。

[16] 在这种情况下，向吉隆坡区域仲裁中心主席提出申请的权利将被剥夺，参见 *Private Company “Triple V” Inc v Star*（*Universal*）*Co Ltd and Sky Jade Enterprises Group Ltd*［1995］HKCA617 案、*Tritonia Shipping Inc v South Nelson Forest Products Corpn*［1966］1 Lloyd's Rep 114 案、*Re Wilson & Son and Eastern Counties Navigation and Transport Co*［1892］1 QB 81 案。

22.5 吉隆坡区域仲裁中心主席或高等法院考虑的因素

一旦向吉隆坡区域仲裁中心主席请求委任一名仲裁员，在作为替代请求向高等法院提出以前，吉隆坡区域仲裁中心主席有 30 天的时间能作出委任。吉隆坡区域仲裁中心主席或高等法院选出一名“值得各方当事人充分尊重和信任”的仲裁员是很重要的。⑰

在作出这项委任时，第 13（8）条要求吉隆坡区域仲裁中心主席（如没有委任时，则为法院）仔细考虑以下几点：

（1）各当事人要求具备的条件；

（2）其他可能确保委任一名独立和公正的仲裁员的考虑；

（3）在国际仲裁中，是否应该选择一名第三国国籍的仲裁员。

第一个因素体现了仲裁协议本身的至上地位，应遵守协议的任何资格要求。⑱

除了对仲裁员的公正性或独立性有正当理由的怀疑外，唯一质疑仲裁员的理由是仲裁员不拥有各方当事人约定的资格。⑲ 虽然针对吉隆坡区域仲裁中心主席的裁定不能上诉，但是一方当事人仍然可对仲裁员提出质疑，但这会增加不必要的时间和费用。

相反的是，如果就仲裁员的资格实际上没有达成合意，则一方当事人不得以资格原因质疑由吉隆坡区域仲裁中心主席委任的仲裁员。在一个沙捞越（Sarawak）的 *Sebiro Holdings Sdn Bhd v Bhag Singh*⑳ 仲裁案中，被申请人对由吉隆坡区域仲裁中心委任的一名非沙捞越的仲裁员以该仲裁员并不“熟悉履行地的习俗”的理由提出异议。

高等法院认定，根据第 13（8）条，当事人并没有就仲裁员应具有的资格达成协议，因此该当事人的申请被驳回了。即使仲裁协议没有规定任何资格要求，吉隆坡区域仲裁中心主席或高等法院也必须考虑争议和听审的性质㉑，以确定一个合适的委任。

---

⑰ *XL Insurance Ltd v Toyota Motor Sales USA Inc*, Unreported（QB 14 July 1999）per Aikens J.

⑱ *Union of India v E BAaby's Rederi* A/S [1975] AC 797, HL；例如，在案件 *Oberlandesgericht München*, *Germany*, 34 SchH 11/09. 中，仲裁协议规定了医生（作为仲裁员），如果仲裁协议规定了医生，则律师就可能不会被指定。

⑲ 《2005 年仲裁法案》第 14（3）条；这是以任何放弃反对权威条件的。参见 T Grant，“What the arbitrator should not do!”[2003] NZLJ 10 at 107-108.

⑳ [2014] 11 MLJ 761.

㉑ 如果因估值方法产生问题，则会任命评估员（作为仲裁员），比如案件 *The Cornwall Trust Board（Inc）v Brown* [2008] NZHC 562；当存在合同解释的问题时，则有经验的仲裁员是合适的；*Con Dev Construction Ltd v Financial Shelves No 49 Ltd* CP179/97, 22 December 1997（obiter）；如果问题主要是法律问题，而且听证会可能是对抗性的，那么律师或法官可能更适合，*Queensgate Tower Ltd v ANZ Banking Group（New Zealand）Ltd* HC Wellington M285/98, 4 September 1998；Williams QC and Kawhar, Williams & Kawharu on Arbitration（2011）at para 5.5.2.

第二个因素考虑到仲裁员必须是公正的和独立的，这被认为是重要[22]甚至是最重要的[23]；如，尼克·哈希姆法官（Nik Hashim，当时的大法官）在 *Kuala Ibai Development Sdn Bhd v Kumpulan Perunding*（1988）*Sdn Bhd*[24]案中说：

> 仲裁当事人有权期望无论对于其自己还是涉及待仲裁员裁决的事情，仲裁员都能够完全公正、不偏不倚。他们也有权期望其作出一个忠实、诚实和无私的裁决。

因此，吉隆坡区域仲裁中心主席或高等法院必须考虑可能导致仲裁员在这种情况下不合适的因素。国际律师公会《国际仲裁利益冲突指南》就什么可能构成利益冲突提供了有用的指导，为可能存在缺乏独立性和公正性的情况提供了一个“交通灯”系统：

> “红名单”包括仲裁员与某一当事人或者与案件结果具有重大经济利益关系的情况，他是一方当事人的法定代表人，或在一方当事人处担任高级职务等。
>
> 潜在利益冲突的严重程度在“橙色名单”中有所减轻，该名单包含的情况如：仲裁员以前曾担任其中一方当事人的律师，但现已没有继续的关系；仲裁员是同一律师事务所或大律师行的律师。
>
> “绿色名单”包含的情况如：在其中一方当事人处有无足轻重的持股，或者仲裁员和一方当事人的律师曾共同担任联席仲裁员。
>
> 这些指南从性质上说不具有约束力，但其是评估仲裁员是否适于被委任的有用起点。[25]

第三个因素适用于国际仲裁，提及是否应该委任一个与当事人不同国籍的仲裁员。当吉隆坡区域仲裁中心主席被要求委任一名首席仲裁员时，也将考虑当事人委任的仲裁员的国籍。

国际仲裁期待中立性。[26] 因此，例如，加拿大法院不宜委任一个加拿大人担任在加拿大和日本之间的争议的首席仲裁员[27]，理由是“对双方当事人和仲裁员都不方便，也不公平，因为他们期望任何国际知名人士在本案所需要的时间内远离自己的家园和其他

---

[22] *Montpelier Reinsurance Ltd v Manufacturers Property & Casualty Limited* [2008] Bda LR 24，SC（Bermuda）；*Denel (Proprietary Limited) v Bharat Electronics Ltd* Arbitration Petition No 16 of 2009，SC（India）；*Desbois v Industries AC Davie Inc* [1990] CanLII 3619（QC CA）.

[23] *Canadian Reinsurance Co v Lloyd's Syndicate* PUM 91（1995），1995 Carswell Ont 2356，17 CCLI（3d）165，6 BLR（3d）102；Blackaby and Partasides with Redfern and Hunter，*Redfern and Hunter on International Arbitration*，（6th Edn，2015）at 4. 75.

[24] [1999] 5 MLJ 137 at 150，[1999] 1 CLJ 632 at 646.

[25] *Sierra Fishing Company v Farran* [2015] EWHC 140（Comm）at [58] 一案的法院从这些措施当中获得了帮助。

[26] Gary Born，*International Commercial Arbitration*，（2nd Edn，2014）at p 1736；Blackaby and Partasides with Redfern and Hunter，*Redfern and Hunter on International Arbitration*，6th Edn，2015 at para 4. 61. 后一本书的作者对中立国籍仲裁员的坚持提出了批评，认为有时排除了合乎逻辑的任命，比如瑞士当事人和法国当事人之间的合同，受瑞士法律管辖，所在地在瑞士，但排除任命瑞士律师。

[27] *Quintette Coal Ltd v Nippon Steel Corp* [1988] BCJ No 492，SC（British Columbia）.

利益”。

在另一个涉及法国和墨西哥当事人之间的案件中，法院尽管主张仲裁员应具有中立国籍，但还是任命了一名法国人。[28] 对此，应加以考虑合同的准据法以及潜在的仲裁员对该法律的熟悉程度。但是，如果中立国籍仲裁员来自对抗制的普通法背景，而双方当事人都来自大陆法系，则其可能不适合担任该案仲裁员。

国籍与仲裁的语言要求密切相关。语言引起的考虑可能包括对翻译和口译员的需要。最终，该过程会带来大量费用和延迟，并干扰听审的进行。[29]

高等法院可以征求已被委任的仲裁员的意见，可以在作出委任之前让其会见仲裁员以确定他们的意见。[30] 作为决策过程的一部分，吉隆坡区域仲裁中心主席也可以咨询被委任的仲裁员。

22.6 吉隆坡区域仲裁中心主席或高等法院的决定不得被上诉

《2005年仲裁法案》第13（9）条明确规定，对吉隆坡区域仲裁中心主席或高等法院就委任作出的裁定不得上诉，合理的异议只能根据《2005年仲裁法案》第15条[31]向委任的仲裁员表达。上诉法院不具有审理就委任提出的上诉的司法管辖权。[32]

法院在 *Private Company "Triple V" Inc v Star (Universal) Co Ltd and Sky Jade Enterprises Group Ltd*[33] 案中认为，双方当事人在未能委任仲裁员的原因是双方当事人对是否应该进行仲裁存在分歧的情况下指定了仲裁员，并不涉及《UNCITRAL示范法》第11（3）条［相当于《2005年仲裁法案》第13（4）条］。

禁止上诉的规定因此不适用。如果要求吉隆坡区域仲裁中心主席或高等法院作出委任，而其未作出委任的原因是由于对仲裁协议的存在性或有效性存在争议时，则可以针对裁决提出上诉。

这也表明，只要一方当事人能证明该案有据可查，即根据法律条文存在有效的仲裁协议，故而可以作出有效的委任，则当事人没有上诉的权利。[34]

---

[28] *Transportacion Maritima Mexicana SA v Société Alsthom* (1988) Rev. Arb. 699.

[29] Gary Born, *International Commercial Arbitration* (2nd Edn, 2014) at pp 1751-1752.

[30] *Taylor v Denny, Mott and Dickson Ltd* [1912] AC 666 at 671, HL; *United Kingdom Mutual Steamship Assurance Association v Houston* [1896] 1 QB 567.

[31] *Tan Sri Dato' Professor Dr Lim Kok Wing v Thurai Das a/l Thuraisingham* [2011] 9 MLJ 640.

[32] *Virdee v Virdi* [2003] EWCA Civ 41.

[33] *Private Company "Triple V" Inc v Star (Universal) Co Ltd and Sky Jade Enterprises Group Ltd* [1995] 3 HKCA 617 at [25]; *Bendex Eng v Efficient Pet (Nig)* [2001] 8 NWLR (Part 715) 333, CA (Nigeria); *Ogunwale v Syrian Arab Republic* [2002] 9 NWLR (Part 771) 127, CA (Nigeria).

[34] *Noble Denton Middle East v Noble Denton International Ltd* [2010] EWHC 2574 (Comm), [2011] 1 Lloyd's Rep 387; *Ms Cristina - Victoria Utrilla Utrilla (Spain) v Explotaciones Mineras Justiniano Muñoz SL*, Juzgado de lo Mercantilnúmero1 de Madrid, Spain, 5 July 2006, arbitrator appointment No. 15/06; *Pacific International Lines (PTE) Ltd v Tsinlien Metals and Minerals Co Ltd* [1992] HKCFI 225.

法院也有可能遵循不干预原则，kompetenz-kompetenz 遵循的观点是，不管是什么原因导致未能达成合意或未能委任一名仲裁员，均不允许上诉。

当然，如果仲裁庭的管辖权问题已经事先在法院提出（例如，根据《2005 年仲裁法案》第 10 条申请诉讼程序中止），当以同样的理由反对申请吉隆坡区域仲裁中心主席或高等法院委任仲裁员时，法院可以不接受。[35]

22.7　向高等法院申请的方式

如果吉隆坡区域仲裁中心主席在被请求委任仲裁员的 30 天内没有委任仲裁员，则当事人可以根据《2005 年仲裁法案》第 13（7）条向高等法院提出申请，该申请由表格 5 的原诉传票根据《2012 年法院规则》第 69 条命令第 5 条提出。只有仲裁协议的当事人可以作出申请。[36] 原诉传票必须：

（a）包括请求委任一名仲裁员的简明陈述；

（b）陈述支持原诉传票的理由，例如，根据《2005 年仲裁法案》第 13（4）条、（5）条或（6）条，未就程序达成协议或作出委任；

（c）证明任何法定要求已被满足，具体而言，吉隆坡区域仲裁中心主席在被请求委任仲裁员的 30 天内没有委任仲裁员；

（d）指明向高等法院提出的申请是根据《2005 年仲裁法案》第 13（7）条作出的；

（e）指明仲裁索赔原诉传票已送达被申请人，陈述他们在仲裁中的作用；

（f）如有的话，说明向哪一个被申请人请求诉讼费支付命令；如果是三人仲裁员小组的案件，说明拒绝委任仲裁员的被申请人。

申请人也必须提交包含所打算依据的书面证据的宣誓书，证据包括仲裁协议的一份副本和请求吉隆坡区域仲裁中心主席委任的请求书副本。

如果被一方当事人委任的仲裁员拒绝委任一名首席仲裁员的，一方当事人可以向高等法院申请委任，并由对方当事人支付诉讼费。

但是，这只有在能证明行为是出于恶意[37]，即“私愤或因不正当理由意图伤害意义上的恶意”[38] 时才能实现，但这在大多数情况下难以证明[39]。

---

[35] *Pan African Builders & Contractors Ltd v National Social Security Fund Board of Trustees* Civil Case 701 of 2005.

[36] *Re Franklin and Swathling's Arbitration* ［1929］ 1 Ch 238.

[37] 《2005 年仲裁法案》第 48 条；《KLRCA UNCITRAL 规则》（2010 年修订）第 16 条排除了对仲裁员的任何起诉，例外是“有意图的不法行为”（intentional wrongdoing）。

[38] *Melton Medes Ltd v Securities and Investments Board* ［1995］ 3 All ER 880 at 890.

[39] Sutton Gill and Gearing, *Russell on Arbitration*, （24th Edn 2015） at para 5-154.

22.8 作出委任的一般规则

一般规则是，当要求高等法院（现在是吉隆坡区域仲裁中心主席）作出委任时，其应该委任。虽然《2005年仲裁法案》第13（7）条的措辞并不强制高等法院委任，但是*Re Eyre and Leicester Corporation*[40]案认定了法院就是否应该委任一名仲裁员这个问题没有裁量权。

尽管英国上诉法院在*Re Bjornstad and Ouse Shipping Co Ltd*[41]案中认为，高等法院的委任是有自由裁量性的，但就法定义务而言，如果有效地满足了法案的要求，则吉隆坡区域仲裁中心主席将推进委任。

这种做法与百慕大最高法院[42]的决定一致，当一名当事人故意造成仲裁协议中的委任程序瓦解以获得一些为人所知的策略优势时，高等法院有拒绝申请委任的自由裁量权。

据此，法院应始终倾向于委任一个如各方当事人在仲裁条款中商定的那样的仲裁庭[43]；并且除了仲裁协议明显无效的案件外，委任仲裁员的管辖权的争议应根据《2005年仲裁法案》第15条进行处理。

---

[40] ［1892］1 QB 136，CA（Eng）.

[41] ［1924］2 KB 673.

[42] *Montpelier Reinsurance Ltd v Manufacturers Property & Casualty Limited*［2008］Bda LR 24，SC（Bermuda）.

[43] Merkin and Flannery，*Arbitration Act* 1996（2014）at p 76；*Villa Denizcilik Sanayi Ve Ticaret AS v Longen SA*，*The Villa*［1998］1 Lloyd's Rep 195.

第 23 章　撤回权力和撤销仲裁员

23.1　普通法

除法律另有规定外，法院无权向仲裁员发出调卷令（certiorari）或禁止令，以干涉仲裁员处理仲裁。例如，指示仲裁员作出撤销仲裁员的裁决，或者禁止仲裁员继续仲裁。[1] 因此，如果一方当事人对仲裁员不满，其只能寻求撤销仲裁员的权限。

在普通法上，仲裁员的权利是可撤销的。现代观点认为，尽管考虑到任命的特殊性质[2]，仲裁员与当事人的关系仍是契约关系。[3] 因为仲裁本身是以双方当事人的协议为前提的，如果双方彼此同意撤销仲裁员，则没有什么理由加以反对。《2005 年仲裁法案》[4]也没有阻止其这样做的相关规定。[5]

同样，任何一方当事人都不能单方面撤销仲裁员，即便是自己指定的仲裁员（除仲裁协议有此规定外）。[6] 这是为了预防仲裁当事人通过单方面撤销仲裁员，迫使另一方当事人基于违反协议而发起程序，从而妨碍仲裁程序，如旧法的案例那样。[7]

此前，一方当事人对仲裁员提出的质疑相对较少。[8] 现在，这种情况已经改变了。仲裁程序逐步演变，上诉机会减少，而争议金额却飞涨。商事仲裁——特别是在国际争

---

[1] *R v Disputes Committee of National Joint Council for Craft of Dental Technicians*, *ex p Neate* [1953] 1 QB 704, [1953] 1 All ER 327.

[2] Blackaby and Partasides with Redfern and Hunter, *Redfern and Hunter on International Arbitration* (6th Edn, 2015) at paras 5. 50-5. 52; Mustill and Boyd, *Commercial Arbitration*, *Companion Volume* (2001) at p 166.

[3] Gary Born, *International Commercial Arbitration*, (2nd Edn, 2014) at pp 1967-1969.

[4] Act 646.

[5] 《PAM 仲裁规则》(2010 年版) 规定："当事人可以在任何时候根据书面协议指定仲裁员。"

[6] Fouchard, "Les Rapports entre L' arbitre et les Parties et L' institution Arbitrale [Relationships Between the Arbitrator and the Parties and the Arbitral Institution] " (1995) 12 16 Bulletin de la Cour International D'Arbitrage de la CCI. *Vivion v Wilde* 2 Brownl 290; *Milne v Gratrix* (1806) 7 East 608; *Marsh v Bulteel* (1822) 5 B & Ald 507; *Haggett v Welsh* (1826) 1 Sim 134; *Skee v Coxon* (1830) 10 B & C 483; *Bright v Durnell* (1836) 4 Dowl 756; *Mills v Bayley* (1863) 2 H & C 36; *Thomson v Anderson* (1870) LR 9 Eq 523; *Re Rouse & Co Ltd and Meier & Co Ltd* (1871) LR 6 CP 212; *Randell*, *Saunders & Co Ltd v Thompson* (1876) 1 QBD 748; *Re Smith & Service and Nelson & Sons* (1890) 25 QBD 545.

[7] *In Re An Arbitration between Fraser & Co v Ehrensperger and Eckenstein* (1883) 12 QBD 310, CA (Eng), *Siemens AG v Dutco Construction Co (Pvt) Ltd* (1992) 18 YB Com Arb 140; *Doleman & Sons v Ossett Corp* [1912] 3 KB 257 at 262.

[8] Blackaby and Partasides with Redfern and Hunter, *Redfern and Hunter on International Arbitration* (6th Edn, 2015) at para 4. 89.

议中——已成为各方当事人寻求的“一击即中的建议”（one-strike proposition）[9]，当事人寻求在此领域最好的从业者，并尝试最大化他们的战术优势，或至少最小化任何劣势。

他们对过度偏袒的、失职的或不合适的仲裁员越来越敏感，因此异议越来越多。这不一定是一种负面性的发展。人们同意，在速度和经济效益方面，仲裁较之现代法院不再拥有显著优势，但这个过程仍然可以为来自不同背景的各方当事人提供一个公平的竞争环境和真正的程序公平，以及专家仲裁庭。这是一个必须保持的优势。

案件被诉诸法院的情况过去并不常见，因为许多仲裁员受到质疑时便会辞职[10]，这也许是为了避免旷日持久的撤销仲裁员纠纷给他们的声誉带来的潜在损害。[11]

然而《仲裁与争端解决手册》（*Handbook of Arbitration and Dispute Resolution*）[12] 一书博学的作者们告诫人们，批评和挑战对仲裁员来说是一种职业风险，他们不应对挑战感到不安或不快。

即使如此，对仲裁员的诚实性，特别是对品行无可挑剔、经验丰富和备受尊敬的仲裁员的质疑不太可能成功，这只会疏远仲裁员和仲裁庭其他成员。

潜在的异议者应该注意，据国际商会（ICC）报告，在委任前提起的异议有70%被接受，而在仲裁庭组建后提起的异议中，只有10%的案件能取得成功。[13]

23.2 根据《2005年仲裁法案》

《2005年仲裁法案》旨在平衡两个相互冲突的目标：既要防止仲裁庭的偏袒和偏见，也要防止当事人在仲裁庭提出毫无实质意义的质疑，从而破坏仲裁的进程。

为此目的，该法规定了对仲裁员提出质疑的某些有限手段。第一个是根据《2005年仲裁法案》第15条提出的，只有在对仲裁员的公正性或独立性存在合理质疑或该仲裁员不具备当事人约定的[14]资质[15]的情况下，才可以对仲裁员提出质疑。

其他情况载于《2005年仲裁法案》第16条，当仲裁员在法律上或事实上无法履行

[9] Sundaresh Menon 在2012年新加坡大会上的主题演讲。

[10] M Moses, *The Principles and Practice of International Commercial Arbitration*,（2008） at p 141.

[11] 在 *Wicketts v Brine Builders & Siederer* ［2001］ CILL 1805，［2001］ App LR 06/08 案中，法院认为，仲裁员“对其作为仲裁员的职能的性质理解不足，令人遗憾”，而且他下达命令的条款“是我在任何仲裁程序中所见过的最令人发指的”。

[12] Tackaberry, Marriot QC and Bernstein, *Bernstein's Handbook of Arbitration and Dispute Resolution Practice*,（4th Edn, 2003） at para 2-301.

[13] ICC International Court of Arbitration Bulletin, Statistical Reports（1996-2005）; Gary Born, *International Commercial Arbitration*,（2nd Edn, 2014） at p 1919.

[14] *Drew v Drew and Leburn* 2 Macq 1, HL, per Lord Cransworth LC; *Jungheim Hopkins & Co v Foukelmann* ［1909］ 2 KB 948, 25 TLR 819; *Rahcassi Shipping Co SA v Blue Star Line Ltd* ［1969］ 1 QB 173,［1967］ 3 All ER 301.

[15] 《2005年仲裁法案》第14条第（3）款规定的标准。

该职务的职能，或由于其他原因无法在没有无故拖延的情况下履行的时候。

这是根据《UNCITRAL 示范法》可以对仲裁员提出质疑的唯一理由[16]，它被纳入了《2005 年仲裁法案》，其文字和精神都要求法院的干预最小化。[17]

因争议涉及欺诈问题，法院不再有权撤销仲裁员。[18] 法院的固有管辖权不允许其介入《2005 年仲裁法案》规定的事项。[19]

关于根据《KLRCA 仲裁规则》质疑仲裁员的情况，参见本书的第 6 篇。

23. 3　不符合合同要求的资格

仲裁员不具备合同约定条件的，法院可以撤销其资格。[20] 如果未满足合同要求的资格，则被委任的人事实上根本不是一名仲裁员，也无权作出有约束力的裁决。[21] 换句话说，不能满足该项条件会使得委任和随后作出的裁决（如有）无效、应被撤销。

这自然符合《2005 年仲裁法案》第 7 条的要求，即当仲裁协议中规定了资格要求时，未就仲裁员缺乏此种资格提出异议[22]将视为放弃异议权。

除非仲裁协议具体要求某一资格，否则不能以仲裁员在某一方面资格不足为由对其提出质疑，正如 *Sebiro Holdings Sdn Bhd v BhagSingh* 案中那样。[23]

但是，在没有适当询问的情况下，如果一方当事人选择了自己的仲裁员，指定一名

---

[16] Official Records of the General Assembly, Fortieth Session, Supplement No. 17 (A/40/17), paras 116–119.

[17] *Capping Corp Ltd v Aquawalk Sdn Bhd* [2013] 6 MLJ 579 at [29]; *AV Asia Sdn Bhd v Pengarah Kuala Lumpur Regional Centre For Arbitration* [2013] MLJU 183 at [15]; *Cetelem SA v Roust Holdings Limited* [2005] 1 WLR 3555; *Elektrim SA v Vivendi Universal SA (No 2)* [2007] EWHC 571 (Comm) at [67].

[18] Sutton Gill and Gearing, *Russell on Arbitration* (24th Edn, 2015) at para 2–107.

[19] *Sundra Rajoo v Mohamed Abd Majed* [2011] 6 CLJ 923 at [10 (e)]; *Taman Bandar Baru Masai Sdn Bhd v Dindings Corporations Sdn Bhd* [2009] MLJU 0793, [2010] 5 CLJ 83.

[20] *Sabah Medical Centre Sdn Bhd v Syarikat Neptune Enterprise Sdn Bhd* [2010] MLJU 1486 at [8]; T Grant, "What the arbitrator should not do!", [2003] NZLJ 10 at pp 107–108; *Oakland Metal Co Ltd v D Benaim & Co Ltd* [1953] 2 QB 261, [1953] 2 All ER 650; *Jungheim, Hopkins & Co v Foukelmann* [1909] 2 KB 948, 25 TLR 819; *MacLeod Ross & Co Ltd v Cradock Manners Ltd* [1954] 1 Lloyd's Rep 258; *Myron (Owners) v Tradax Export, SA Panama City RP* [1970] 1 QB 527, [1969] 2 All ER 1263; *Royal Commission on Sugar Supply v Trading Society Kwik–Hoo–Tong Trading Society* 38 TLR 684; *Pando Compania Naviera SA v Filmo SAS* [1975] QB 742, [1975] 2 All ER 515; *Aramco Servsco v EAC Bulk Transport Inc* (1993) WL 405996 [MDFLA 25 January 1993]; *WK Webster & Co v American President Lines Ltd* 32 F. 3d 665; *Palmco Shipping Inc v Continental Ore Corpn, The Captain George K* [1970] 2 Lloyd's Rep 21 at 25; *Robinson, Fleming & Co v Warner, Barnes & Co* (1922) 10 Ll L Rep 331; *Hookway (F E) & Co Ltd v Alfred Isaacs & Sons* [1954] 1 Lloyd's Rep 491; *Cook International Inc v BV Handelmaatschappij Jean Delvaux and Braat, Scott and Meadows* [1985] 2 Lloyd's Rep 225; *Ewart & Sons Ltd v Sun Insurance Office* (1925) 21 Ll L Rep 282; *Vincor Shipping Co Ltd v Transatlantic Schiffahrtskontor GmbH* [1987] HKLR 613 at 617 per Nazareth J; *Pan Atlantic Group Inc v Hassneh Insurance Co of Israel* [1992] 2 Lloyd's Rep 120, CA (Eng).

[21] Mustill and Boyd, *The Law and Practice of Commercial Arbitration in England*, (2nd Edn, 1989) at p 247.

[22] Arbitration Act 2005 s 15 (1).

[23] [2014] 11 MLJ 761.

没有合适资格的人担任仲裁员并进行仲裁，且向另一方当事人表示其仲裁员的资格是合乎程序的，则其不得在之后以缺乏合适的资格为由主张仲裁无效。[24]

23.4 对仲裁员独立性和公正性的正当怀疑

仲裁庭的公正性和独立性是仲裁的基本组成部分，这可以追溯到古希腊时期[25]的仲裁，表示仲裁员的词语为"Koinos"，意思是双方当事人共有的一个公正的第三方。[26]

尽管仲裁员可能认为自己并没有偏袒，但他的思想仍可能会无意识地受到其他因素的影响[27]，并可能受此影响来决定支持或反对一方当事人，而没有适当地考虑争议真正的是非曲直。仲裁员审理的程序和结果将由此遭受玷污。在他变得偏袒于某一方当事人的那一刻，一个仲裁员便失去了他的司法品格。

关于仲裁庭保持公正的重要性，如何强调都不为过。法院在 *Kuala Ibai Development v Kumpulan Perunding*[28] 案中解释道：

> ……无论是对其自己还是涉及待仲裁员裁决的事情，仲裁当事人都有权期望仲裁员完全公正、不偏不倚。[29]

事实上，马来西亚法官认为：

> 当人们对仲裁员作为公正和独立的审裁者，能作出公平、公正的裁决抱有信心和信任时，整个仲裁制度和结构才能获得最好的发展。[30]

对公正性的感知很重要。[31] 法官休厄特（Hewart）在 *R v Sussex Justice ex parte McCarthy*[32] 案中表示，这是"至关重要的，正义应该被实现且应该被明显地实现"[33]。

这个著名的格言已经被特别地适用于仲裁员或其他裁决员资格的取消，作为至关重要的公共利益的一部分，即对司法的廉正应当充满信心。

---

[24] *Jungheim, Hopkins & Co v Foukelmann* [1909] 2 KB 948.

[25] D Roebuck, *Arbitration in Ancient Greece* (2001) at pp 164, 349.

[26] Gary Born, *International Commercial Arbitration*, (2nd Edn, 2014) at p 1760. D Roebuck, *Ancient Greek Arbitration* (2001) at pp 164, 349.

[27] *R v Gough* [1993] 2 All ER 724 at 728, per Lord Goff based on *R v Barnsley County Borough Licensing Justices, ex p Barnsley and District Licensed Victuallers Association* [1960] 2 All ER 703 at 715, per Devlin IJ.

[28] *Kuala Ibai Development Sdn Bhd v Kumpulan Perunding* (1988) *Sdn Bhd* [1999] 5 MLJ 137 at 150, [1999] 1 CLJ 632 at 646; *Desbois v Industries AC Davie Inc* [1990] CanLII 3619 (QC CA).

[29] *Dato' Dr Muhammad Ridzuan bin Mohd Salleh v Syarikat Air Terengganu Sdn Bhd* [2012] 3 MLJ 737 at [34].

[30] *Muir v Commissioner of Inland Revenue* [2007] 3 NZLR 495.

[31] [1923] All ER Rep 233 at 234.

[32] 虽然这并没有使人们产生一种认为"应当伸张正义比实际伸张正义更为重要"的错误印象。

[33] *Dato' Dr Muhammad Ridzuan bin Mohd Salleh v Syarikat Air Terengganu Sdn Bhd* [2012] 3 MLJ 737 at [34].

第一个挑战是，不同于法官——法官任职时必须放弃其他商业上的领导职务或其他任命，仲裁员“大多数双脚根植于贸易、商业和专业”[34]，他们的收入中可能只有一部分是来源于仲裁庭的工作。[35] 这使得一个仲裁员更可能与争议存在关系、利益和联系。

第二个挑战是，对于已被某一方当事人选中并任命的联席仲裁员来说，这自然产生了出现偏见的机会。加里·博恩总结了当事人任命联席仲裁员所面对的现实：

> 联席仲裁员被推定要公正和独立行事，但他或她的这种公正和独立行事的语境是：精心挑选这两名联席仲裁员，以保证双方当事人各自能够陈情且其论点能被充分理解和考虑的权利。[36]

虽然这并不是说当事人委任的仲裁员遵守其委任者的任何指示[37]都是可以接受的，但实践中，如果要求联席仲裁员表现出与对独任或首席仲裁员所要求的同样程度的超脱，那么这是对仲裁委任仲裁员现实情况的误解，因为对后者来说可容忍度更低。[38] 因此可以预计的是，一名联席仲裁员将会对委任其的当事人给予更多的注意力，但是不应该在审理过程中为该当事人辩护。[39]

披露的义务

《2005 年仲裁法案》第 14（1）条要求仲裁员在被委任为仲裁员时，必须披露任何可能会对其公正性或独立性权利产生合理怀疑的情况。[40]

而第 14（2）条规定，披露的义务直至仲裁程序结束。[41] 因此，必须披露在委任后出现的利益冲突。

强调“可能”（likely）一词是因为，基于第 14（3）条和第 15 条提起的异议和有可能引起这种异议的情况是不同的。[42]

---

[34] *Commonwealth Coatings Corp v Continental Casualty Co*, 393 US 145, SC（US）.

[35] 联席仲裁员被要求必须公正和独立，但他或她被要求这样做的背景是，已经选定了两名联席仲裁员作为双方当事人各自陈述案情并使其得到充分理解和审议的权利的担保人。Gary Born, *International Commercial Arbitration*（2nd Edn, 2014）at p 1810.

[36] *Myron（Owners）v Tradax Export SA Panama City RP*［1970］1 QB 527,［1969］2 All ER 1263.

[37] 加里·博恩（Gary Born）指出，由当事人指定的仲裁员从来不会对有利于其指定人的裁决持有异议，而对反对他们的裁决则会持有异议。尽管如此，大多数仲裁裁决都是一致通过的，因此不应过分强调这一点。Gary Born, *International Commercial Arbitration*（2nd Edn, 2014）at p 1812.

[38] Bishop and Reed, “Practical Guidelines for Interviewing, Selecting and Challenging Party-Appointed Arbitrators in International Commercial Arbitration”,（1998）14 4 Arb Int'l 395 at 403.

[39] Y Derains, “The Deliberation and the Arbitral Tribunal-‘Retour au delibere arbitral’”, in Wirth（Ed）, *The Resolution of the Dispute-From the Hearing to the Award ASA Special Series No* 29,（2007）at 15.

[40] *Saxmere Company Limited v Wool Board*［2009］NZSC 72［2010］1 NZLR 35 at［48］, SC（NZ）.

[41] *Dato' Dr Muhammad Ridzuan bin Mohd Salleh v Syarikat Air Terengganu Sdn Bhd*［2012］3 MLJ 737 at［28］; Report of the Secretary-General: Preliminary Draft Set of Arbitration Rules for Optional Use in *Ad Hoc* Arbitration Relating to International Trade（UNCITRAL Arbitration Rules）, 8th Session UNCITRAL（1975）A/CN. 9/97 at 171.

[42] *Jung Science Information Technology Co Ltd v Zte Corporation*［2008］HKCFI 606.

因此，仲裁员宁可更广泛地披露。因为法院已经认定，未予披露本身会引起对公正性的正当怀疑[43]，相比以后因不披露而被取消资格的可能性而言，过度披露的代价要低很多。[44]

在 *Sundra Rajoo v Mohamed Abd Majed*[45] 案中，法院认为，一名联席仲裁员也有投诉另一位联席仲裁员未予披露的发言权，这证明了披露的重要性。

关于披露的义务在多大程度上意味着仲裁员有义务进行调查，目前尚不清楚。[46]

未披露在实践中的重要意义在于，一项裁决可能因违反自然正义而被撤销[47]，例如仲裁员担任自己案件的法官。即使是一个被同意的裁决，如果有不当之处，也可以被撤销。[48]

独立与公正

里士满爵夫人黑尔（Baroness Hale of Richmond）在 *Gillies v Secretary of State for Works and Pensions*（*Scotland*）[49] 案中认为：

> 公正与独立是不一样的，虽然它们紧密相连。公正是仲裁庭决定其要审理的案件的方法。独立是确保这种公正性的结构或体制框架，它不仅是仲裁庭成员的思想，也是公众的认识。

更简单地说，独立性指的是不存在不当的关联和预判，或“基于与争议实体无关的原因而对一方当事人的论点或证据存在倾向或偏见”。[50]

尽管仲裁员的公正性可以独立存在，但是缺乏独立性并不等同于缺乏公正性。加里·博恩认为，公正性和独立性的区别被赋予了过度的重要性。

在语义层面，公正性几乎总是一个主观的问题，而独立性则是对联系、关系或交易的客观评估。在实践中，除非仲裁员作出偏袒的陈述[51]，公正性几乎总是通过调查外部客观事实和情况来证明的。

英国等一些司法管辖区已经取消了“独立”的要求，理由是这会造成理据不足的异

---

[43] 同样的，在案件 *Forest Electricity Corporation v HCB Contractors* 1995 WL 37586，*3（ED Pa 1995）；*cfAT & T Corpn v Saudi Cable Co*［2000］2 Lloyd's Rep 127，CA（Eng）中，考虑到仲裁员是经验丰富的律师和仲裁员，并且认为其持有偏见的风险微乎其微，那么一方当事人的竞争对手未披露（取消资格的）的非执行董事职位将不被接受作为撤销裁决的理由。然而，这个案例是在接受客观测试之前决定的，今天可能会有不同的结果。

[44] Gary Born，*International Commercial Arbitration*（2nd Edn，2014） at p 1907.

[45] ［2011］ 6 CLJ 923 at ［10（d）］.

[46] *HSMV Corp v ADI Ltd*，72 F. Supp. 2d 1122（C. D. Cal. 1999）.

[47] Under Arbitration Act 2005 s 37（2）（a）（b）（i） and（ii）.

[48] *Dato' Dr Muhammad Ridzuan bin Mohd Salleh v Syarikat Air Terengganu Sdn Bhd*［2012］ 3 MLJ 737.

[49] ［2006］ UKHL 2，［2006］ 1 All ER 731 at ［38］.

[50] *Flaherty v National Greyhound Racing Club Ltd*［2005］ EWCA Civ 1117 at ［28］.

[51] As was the case in *Johnson v Johnson*［2000］ HCA 48，［2000］ 5 LRC 223（Aus）；*Catalina*（*Owners*） *v Norma*（*Owners*） 82 Sol Jo 698；*Veritas Shipping Corpn v Anglo-Canadian Cement Ltd*［1966］ 1 Lloyd's Rep 76.

议[52]，这是为了使得作为自雇人士的大律师在仲裁中坐在仲裁庭的席位，而大律师行的其他成员可以作为代理律师参与仲裁的实践得以延续。[53]

值得注意的是，当仲裁员是一个大律师行的大律师时，反对方可能会试图通过聘请来自相同大律师行的其他大律师来废除该委任。如果仲裁庭的权力中包含否决变更代理律师的明示权力，则可以避免这些类型的异议。

加里·博恩认为，缺乏独立性仅仅是一个担忧，因为它可能导致缺乏公正。[54] 它也可能损害将要实现的正义。

Williams & Kawharu on Arbitration[55] 报告说，针对独立性的虚假异议的数量之少，表明英国部门咨询委员会（Departmental Advisory Committee in England）的担忧并没有在联邦的其他地方实现。

正当怀疑的检验

采用了《UNCITRAL 示范法》的司法管辖区可以自由确定有关公正性和独立性的正当怀疑的检验标准。[56] 在允许有偏见的仲裁庭和设定不切实际的高道德标准之间取得平衡是很有必要的，这两个极端都会破坏仲裁程序。

检验有两个步骤：第一步是，确定说了什么可能导致决策者决定以外的是非曲直；第二步是，查明争议与基于事实裁决案件的过程可能存在的偏离之间的逻辑关系。[57]

必须指出，没有必要证明仲裁员实际上缺乏公正性和独立性。[58] 除非仲裁员对此明确说明，否则在大多数情况下获得不公平的确凿证据都是不容易的。[59] 因此，针对正当怀疑规定了较低的标准。[60]

各国现行的检验原则有三种。“合理的担心”（reasonable apprehension）检验原则来自 *Sussex Justices*[61] 案，要求一个公平的、明智的观察者会合理地担心仲裁员有偏见。这

---

[52] English Departmental Advisory Committee on Arbitration（DAC）Report on Arbitration Bill 1996.

[53] 由于新加坡和马来西亚法律制度的融合，决定取消“独立”标准是不恰当的；加里·博恩认为，使用独立性和公正性是更好的立法方法，但即使只使用独立性或公正性一种方法，结果也应该是一样的。Gary Born，International Commercial Arbitration，（2nd Edn，2014）at pp 1775-1776；Riverside Casino Ltd v Moxon［2001］2 NZLR 78，CA.

[54] *Id.* at pp 1775-1776.

[55] Williams QC and Kawhar，*Williams & Kawharu on Arbitration*，（2011）at para 5.7.1.

[56] Holtzmann and J Neuhaus，*A Guide to the UNCITRAL Model Law on International Commercial Arbitration*：*Legislative History and Commentary*，（1989）at p 388.

[57] *Saxmere Company Ltd v Wool Board*［2009］NZSC 72，［2010］1 NZLR 35；*Ebner v Official Trustee in Bankruptcy*［2000］HCA 63，205 CLR 337；*Smits v Roach*［2006］HCA36，227 CLR 423 at pp 464-465；*Flaherty v National Greyhound Racing Club Ltd*［2005］EWCA Civ 1117.

[58] Kammergericht Berlin，Germany，28 Sch 24/99，22 March 2000.

[59] Per *Morelite Construction Corp v NYC District Council Carpenters' Benefit Funds*，748 F. 2d 79（2d Cir 1984）.

[60] *Saxmere Company Ltd v Wool Board*［2009］NZSC 72，［2010］1 NZLR 35 at［41］；Gary Born，*International Commercial Arbitration*（2nd Edn，2014）at p 1777.

[61] *R v Sussex Justices*，*ex p McCarthy*［1924］1 KB 256.

是最容易满足的检验。

而另外，最难以满足的检验原则是来自上议院在 *R v Gough*[62] 案中的“真正的危险”（real danger）检验原则，要求法院本身找到偏见的“真正的危险”，这是一个比“合理的担心”更高的标准。

最后，还有在 *Porter v Magill*[63] 案中上议院主张的“真正的可能性”（real possibility）检验原则，它取代了英国“真正的危险”考验，要求一个公平的、明智的观察者会觉得存在真正的偏见的可能性。

R v Gough 案的判决调整了两个方面。上议院在 *Porter v Magill*[64] 案中承认，澳大利亚高等法院批评了“真正的危险”的检验，因为它[65]强调了法院对事实的看法，而“对于公众对不合规事件的感知不够重视”。

奇夫利（Chieveley）* 的法官戈夫在 *R v Gough* 案中拒绝了法院应该“通过一个理性的人的眼睛来看待事情，因为法院在这种情况下是一个理性的人的化身”的建议。[66]

克雷格黑德（Craighead）** 的霍普勋爵（Lord Hope）在 *Porter v Magill* 案中接受了英国上诉法院对检验方法的适度调整，他这样说道：

> 尽要考虑到 Strasbourg 的判例，但我们认为有必要对 *R v Gough* 案的检验标准进行适度的调整。这实际上显示出，它很明显与在英联邦和苏格兰绝大多数地区所适用的检验标准没有差别。[67]

法院必须先查明所有表明法官存在偏见的情况，然后考虑这些情况是否会导致一个公正和明智的观察者得出这一结论，即法院存在偏见的真实可能性或真正风险。

另一个调整是，克雷格黑德的法官霍普进一步说，他会“从中删除‘真正的危险’的说法”。那些词语不再有用，而且它们在 Strasbourg 案中也没有被使用。问题是，公平和明智的观察者在考虑了事实后是否会得出仲裁庭可能真的存在偏见的结论。[68]

Porter v Magil 案中的检验方式随后在 *Gillies v Secretary of State for Work and Pensions*[69] 案中得到了上议院的支持。

---

[62] *R v Gough*［1993］2 All ER 724 at pp 737-738，HL；*Sabah Medical Centre Sdn Bhd v Sykt Neptune Enterprise Sdn Bhd*［2012］7 MLJ 28；*Majlis Perbandaran Pulau Pinang v Syarikat Bekerjasama Serbaguna Sungai Gelugor dengan Tanggunggan*［1999］3 MLJ 1，［1999］3 CLJ 65.

[63] *Porter v Magill*［2001］UKHL 67，［2002］1 All ER 465 at［100］-［103］，HL per Lord Hope of Craighead.

[64] *Porter v Magill*［2001］UKHL 67，［2002］1 All ER 465 at［100］-［103］，HL per Lord Hope of Craighead.

[65] *Webb & Hay v R*（1994）181 CLR 41 at 50 per Mason CJ and McHugh J.

* Chieveley，地名。——译者注

[66]［1993］2 All ER 724 at 737，HL.

** Craighead，地名。——译者注

[67]［2001］UKHL 67，［2002］1 All ER 465 at［102］.

[68] *Id.* at［103］.

[69]［2006］1 All ER 731，［2006］UKHL 2 at［3］per Lord Hope of Craighead and at［38］per Baroness Hale of Richmond. 在撰写本文时，英国法院通过 *the Porter v Magill* 测试确认了对仲裁员偏见索赔的处理方法。参见 Lee 和 Kilich，“*The English Courts Confirm the Approach to Claims of Arbitrator Bias*”（2016）Global Arbitration News，16 June.

马来西亚的立场

在司法偏见的背景下，联邦法院[70]认为“真正的危险”检验适用于马来西亚，遵循 *R v Gough*[71] 案中法院被要求查明是否存在偏见的可能性（而不是很有可能）：

> ……确定有关情况后，法庭应该问问自己，在考虑那些情况下，仲裁庭的有关成员是否存在有偏见的真正危险，即他可能会不公平地（或已经不公平地）在他所考虑的问题上支持或不支持案件的一方当事人的观点……

上诉法院在 *Progressive Insurance Sdn Bhd v Gaya Underwriting Services Sdn Bhd*[72] 案中强调了法官休厄特在 *Sussex Justice* 案中的提醒：

> ……正义不仅应该被实现，而且应该显而易见、毫无疑问地被见证实现，这是至关重要的”不应当被用作推翻定罪的凭证，也不应该被用作对绝对没有事实根据的命令进行确认的证据，在某些情况下，的确是偏见……可能导致错误的印象，认为正义似乎应该得到实现比实际上应该得到实现更重要。

法院承认了这一观点，并认为“担忧偏见的理由必须是实质性的，但是，每个案件都必须根据其自身的特殊情况且纵观整个程序评估”[73]。

法院在 *Sabah Medical Centre v Sykt Neptune Enterprise*[74] 案中提道：

> 撤销一名仲裁员的检验方式是“偏见的真正危险性”，这个门槛很低——只需要证明可能性，而不是很有可能。

很明显，遵循先例原则在决定法官偏见的问题上必须遵循“真正的危险”检验标准。但是，这些案件与仲裁并没有关系。

在大多数国家中，虽然法官和仲裁员都适用同样的偏见检验法，但是仲裁员来源并存在于与法官截然不同的环境中，他们可以拥有商业利益，除了担任仲裁员的工作外还担任律师。因此，对于两种完全不同的情况使用相同的检验法可能是不合适的。

既然 *R v Gough* 案已经被 *Porter v Magill* 案作出了调整，并且英国的检验方法已经转变为“在一个公平和明智的观察者眼中真正的可能性”，那么一旦这个问题出现在仲裁

---

[70] *Dato' Tan Heng Chew v Tan Kim Hor* ［2006］ 2 MLJ 293，［2006］ 1 CLJ 577；*Mohamed Ezam bin Mohd Nor v Ketua Polis Negara* ［2002］ 1 MLJ 321，［2001］ 4 CLJ 701；*Majlis Perbandaran Pulau Pinang v Syarikat Bekerjasama-sama Serbaguna Sungai Gelugor dengan tanggungan* ［1999］ 3 MLJ 1，［1999］ 3 CLJ 65.

[71] ［1993］ 2 All ER 724 at 737-738，HL. *Sabah Medical Centre Sdn Bhd v Sykt Neptune Enterprise Sdn Bhd* ［2012］ 7 MLJ 28.

[72] ［1997］ 3 MLJ 524 at 530.

[73] *Residence Hotel and Resorts Sdn Bhd v Seri Pacific Corp Sdn Bhd* ［2014］ 10 MLJ 413 at ［24］.

[74] *Sabah Medical Centre Sdn Bhd v Sykt Neptune Enterprise Sdn Bhd* ［2012］ 7 MLJ 28 at ［3］.

的语境之下而由地方法院审理时，就应遵循后一个案例，而不是让法院成为理性人的化身。[75]

这种做法符合与《UNCITRAL 仲裁规则》有关的外国判例，如果偏见的可能性对客观的观察者[76]来说是合理的，那么这种怀疑就是正当的。[77] 如塞缪尔吕特雷尔博士（Samuel Luttrell）指出的那样[78]，“除马来西亚以外，所有遵循 Gough 案的国家现在都抛弃了这个做法并支持‘真正的可能性’检验法”。

在司法偏见的背景下，*R v Gough* 案明确拒绝了“合理的怀疑”的偏见检验法，但是在关于仲裁员偏见的本地案件（如 *Kuala Ibai Development*[79] 案）中，高等法院采用了“合理的怀疑”的偏见检验法，认为“合理的怀疑”检验和“真正的可能性”检验都应被现今法律接受。但是，适用“合理的怀疑”检验是趋势，因为实质上“合理的怀疑”检验似乎比“真正的可能性”检验范围更广。

Kuala Ibai 案得到了 *Dato' Dr Muhammad Ridzuan bin Mohd Salleh v Syarikat Air Terengganu*[80] 案中的法院的支持，而且法院认定“对于仲裁员一方缺乏公正性和独立性，不需要确定，只需有这种可能性，或有正当怀疑、合理怀疑的理由”。

在 *Progressive Insurance Sdn Bhd v Gaya Underwriting Services Sdn Bhd*[81] 案中，尽管上诉法院强调了实质高于表象，认为 *Porter v Magill* 案的“真正的可能性”检验将产生与 *R v Gough* 案检验大致相同的结果，但它拥有以公平和明智的第三方观察者的视角考虑事宜的更高正当性。

高等法院在 *MTM Millenium Holdings v Pasukhas Constructions*[82] 案中似乎接受了采用第三方观察者来确定偏见的做法，其认为：

> 适用以上检验法来考虑此案中是否存在偏见的可能性，我考虑到，鉴于 1983 年 9 月以来为人所知的观点及其可能形成的印象，用 Abdoolcader 法官在 *Penang case of Manoharan and Another v Public Prosecutor* 案（［1979］1 MLJ 262）中的话来说，“在

---

[75] *Sharikat Pemborong Pertanian & Perumahan v Federal Land Development Authority*［1971］2 MLJ 210; *Hagop Ardahalian v Unifert International SA*, *The Elissar*［1984］2 Lloyd's Rep 84, CA（Eng）; *Modern Engineering（Bristol）Ltd v C Miskin & Sons Ltd*［1981］1 Lloyd's Rep 135, CA（Eng）; *Holland Stolte Pty Ltd v Murbay Pty Ltd*（1991）105 FLR 304 at 308-309 per Miles CJ; although cf. S Luttrell, *Bias Challenges in International Commercial Arbitration: The Need for a "Real Danger" Test*,（2009）at p 180.

[76] *Ngati Tahinga & Ngati Karewa Trust v Attorney General*（2003）16 PRNZ 878 at［15］-［20］, CA（NZ）; *Porter v Magill*［2001］UKHL 67,［2002］1 All ER 465 at［103］; *Jung Science Information Technology Co Ltd v ZTE Corporation*［2008］HKCFI 606.

[77] Challenge Decision of 11 January 1995,（1997）XXII Yearbook Commercial Arbitration 227 at 234.

[78] S Luttrell, *Bias Challenges in International Arbitration: The Need for a "Real Danger" Test*,（2009）at p 283.

[79] *Kuala Ibai Development Sdn Bhd v Kumpulan Perunding*（1988）*Sdn Bhd*［1999］5 MLJ 137 at 149.

[80] *Dato' Dr Muhammad Ridzuan bin Mohd Salleh v Syarikat Air Terengganu Sdn Bhd*［2012］3 MLJ 737 at［30］.

[81] ［1997］3 MLJ 524, CA.

[82] *MTM Millenium Holdings Sdn Bhd v Pasukhas Constructions Sdn Bhd*［2013］MLJU 472 at［8］, citing Gunn Chit Tuan J（as he then was）in *David Anthony v PP*［1985］1 MLJ 453.

Jelutong Omnibus 所有无私的男女心中”——或者允许我补充，如果理性地和公正地坐在巴生地方法院（Klang Magistrate's Court）的人依照诉讼程序，可能质疑或怀疑审判的公平性，认为存在偏见的真正可能性，并且可能会走开并认为“治安官有偏见”，那么这种情况下裁判官最好不要进一步审理案件。

在国际商事仲裁的背景下，特别是当它被作为诉讼的竞争性替代品进行市场营销时，继续使用范围更窄的“真实的危险”检验法，其中只采纳法院的意见，可能产生不满意的结果。

国际上放弃这种做法的部分原因是，当事人（以及众多公众）越来越倾向于解决争议，认为无论以前的陈述或存疑的情况如何，裁判者都可以拥有超脱的态度。[83]

虽然两个检验的结果在绝大多数情况下是一样的[84]，但适当地应用 *Porter v Magill*[85] 案中较为容易的检验法对当事人和马来西亚的仲裁都可能更好。

有一些案件是根据未经修改的 *R v Gough* 案中的检验方法来裁决的，例如英国 *AT & T Corpn v Saudi Cable Co*[86] 案中，如果采用 *Porter v Magill* 案的检验法，裁决可能会有所不同。在该案中，仲裁员没有透露他是一方当事人竞争对手的非执行董事，但法院认为在这种情况下，对于一个有经验的仲裁员来说，没有真正的偏见危险。

虽然法官和仲裁界可能知道，经验丰富的仲裁员客观和公正的标准很高，但我们必须从仲裁用户的角度来考虑这个问题——如果一个公正和明智的观察员已经形成了 *Saudi Cable Co* 案的检验中案件事实情况的一部分，那么他们可能会对仲裁员的公正性和独立性产生正当的怀疑，也当然会看到存在偏见的可能性。

国际投资争端解决中心（ICSID）副秘书长纳西布·齐德（Nassib Ziade）采取了一个有用的做法来决定 *Vito G Gallo v The Government of Canada*[87] 案中关于仲裁员异议的问题：该案中的仲裁员向有可能申请参与诉讼程序的第三方提供了少量的法律咨询。

向第三方提出的建议微不足道，而且只有真正适用于申请干预时才可能会驳回关于问题的观点。因为仲裁员无法完全脱离该第三方的利益。

因此，尽管各方都接受了这一观点，但在面临挑战时，即使并不存在偏见的“真正的危险”，也仍然有可能存在偏见。仲裁员可以选择继续担任仲裁员或第三方顾问。当他选择前者继续仲裁时，这种做法最符合仲裁员、当事人和仲裁本身的利益。

---

[83] *Johnson v Johnson* ［2000］ HCA 48，［2000］ 5 LRC 223 at ［44］；*Galea v Galea* ［1990］ 19 NSWLR 263 at 277-278；*Raybos Australia Pty Ltd v Tectran Corporation Pty Ltd* ［*No* 9］（unreported），27 November 1990，CA（NSW）at 20-21 cited in *Australian National Industries Ltd v Spedley Securities Ltd*（*in liq*）［1992］ 26 NSWLR 411 at 419-420；*Gillies v Secretary of State for Work and Pensions* ［2006］ 1 All ER 731，［2006］ UKHL 2 at ［3］.

[84] *Locabail*（*UK*）*Ltd v Bayfield Properties Ltd*；*Locabail*（*UK*）*Ltd v Waldorf Investment Corp*；*Timmins v Gormley*；*Williams v HM Inspector of Taxes*；*R v Bristol Betting and Gaming Licensing Committee*，*ex parte O'Callaghan* ［2000］ 1 All ER 65 at 74，［2000］ QB 451 at 477.

[85] *Porter v Magill* ［2001］ UKHL 67，［2002］ 1 All ER 465 at ［100］-［103］ per Lord Hope of Craighead.

[86] *AT & T Corpn v Saudi Cable Co* ［2000］ 2 All ER（Comm）625 at ［43］ and ［58］.

[87] PCA Case No 55798，available at：http://italaw.com/cases/471.

尽管如此，坚持“真正的危险”检验可能会导致一些担忧，即马来西亚各方当事人及其律师将会根据仲裁员与当事人和律师间的微弱关系而提出虚假偏见的指控。因为 *R v Gough* 案的检验法使得提出异议更加困难；这似乎与 *Progressive Insurance Sdn Bhd v Gaya Underwriting Services Sdn Bhd* 案的判决要点相一致，在该案中指控是虚假的。

当然也可以说，各方可能会越来越多地要求他们的律师提起偏见异议，作为使用所有可能的策略来增加在仲裁中获胜的可能性中的一部分。一位评论员指出，国际律师公会《国际仲裁利益冲突指南》（*IBA Guidelines on Conflicts of Interest in International Arbitration*）橙色名单（Orange List）中提供了“不服从规章的当事人发起策略异议的一个恶意的、别出心裁的清单”[88]。

第三方观察员的性质

应用于世界其他地方的 *R v Gough* 案检验法（由 *Porter v Magill* 案修改）[89] 被证明适用于马来西亚，“真正的危险”检验被修改为包括一个名义上公平的和知情的观察员的观点[90]，这名观察员的性质和特点将会对异议是否成立或被否决产生重要的影响。

第三方观察员的特点虽然不可取也不可能，但是被描述为一个“公平的非专业的观察者”[91]，既不过分自满，也不自我怀疑[92]，对仲裁和普通的司法实践有了解，虽然他并不是一个律师或仲裁员。[93]

最后一点至关重要，因为对使用观察员最严厉的批评之一是，非专业观察员不会“按照专业共同体的标准执行专门的争议解决程序”，因此需要特别的协助。[94] 观察者并不担任申请人的角色，也不一定赞同该方的利益。[95]

如果仲裁员在仲裁期间提出的意见引起了正当的怀疑，则应考虑其上下文语境以及

---

[88] VV Veeder, “L'Indepdendance et L'impartialite de L'arbiter dans L'arbitrage International” in LC Cladiet, T Clay, E Jeulan (eds), *Mediation et Arbitrage* (2005) at p 219, Lord Steyn, “England: The Independence and/or Impartiality of Arbitrators in International Commercial Arbitration”, (2007) ICC Bulletin Special Supplement at p 96.

[89] 由中国香港地区上诉法院的判决可知，“*Porter v Magill*” 成了判例。*Suen Wah Ling t/a Kong Luen Construction Engineering Co v China Harbour Engineering Co (Group)* [2007] BLR 435, [2007] HKCA 320, CA (HK); *Deacons (A Firm) v White & Case LLP* [2003] 6 HKCFAR 322, CA (HK); *Jung Science Information Technology Co Ltd v Zte Corporation* [2008] HKCFI 606; *Muir v Commissioner of Inland Revenue* [2007] 3 NZLR 495, CA (NZ).

[90] *Gillies v Secretary of State for Work and Pensions* [2006] 1 All ER 731, [2006] UKHL 2 at [39]; *In re Medicaments and Related Classes of Goods (No 2)* [2001] 1 WLR 700 at [35], *Porter v Magill* [2001] UKHL 67, [2002] 1 All ER 465 at [102].

[91] *Saxmere Company Ltd v Wool Board* [2009] NZSC 72, [2010] 1 NZLR 35 at [5]; *Laws v Australian Broadcasting Tribunal* [1990] HCA 31.

[92] *Johnson v Johnson* [2000] HCA 48, [2000] 5 LRC 223 at [53].

[93] 法院必须谨慎地将法律专业人员的知识强加于这一旁观者。*Belize Bank Ltd v Attorney General of Belize* [2011] UKPC 36 at [38]; *Gillies v Secretary of State for Work and Pensions* [2006] UKHL 2, [2006] 1 All ER 731 at [39].

[94] S Luttrell, *Bias Challenges in International Arbitration: The Need for a “Real Danger” Test*, (2009) at p 286.

[95] *Todd Taranaki Ltd v Energy Infrastructure Ltd* HC Wellington CIV-2007-485-2684 at [21]; *A v B* [2011] EWHC 2345 (Comm) at [23] - [28].

随后的解释或澄清。不可避免的是，某些意见总是会引起有理由的怀疑。[96]

客观的合理性证明方法在国内是可行的，但在国际仲裁中，每种“顽固异质的法律文化”[97] 都有各自的道德行为观点，“理性的人”的态度可能各不相同，在一个国家可能被认为是恶意交易的行为，在其他地方却不一定也是如此。

澳大利亚高等法院承认仲裁员在历史上都是同质性的[98]，因此提醒称，“虚构的旁观者不一定是男性，也不一定拥有欧洲血统或其他多数人的特征”[99]。

看来，无论是仲裁的类型还是仲裁员的类型，都应当予以考虑；比起其他新人，一名经验丰富、具备无可挑剔资质的仲裁员或许能更好地控制思维偏见。[100] 同样，一名技术仲裁员可能不会遵循“由一个履行相同职能的女王御用律师提出的那种管理制度”[101]。

通过选择检验方法来避免不确定性

如下所述，当事人可以放弃就公正性或独立性可能引起正当怀疑的情况提出异议的权利。这提出了一个合乎逻辑的命题，即在起草仲裁协议的阶段，各方当事人也可以对公正性和独立性的正当怀疑所适用的标准达成一致意见。[102]

当事人可能会从以下条款得到启发，并酌情删除以下条款，选择 *R v Gough* 案或 *Porter v Magill* 案中的检验法[103]：

> 双方同意，任何关于仲裁员缺乏公正性或独立性的指控，在任何阶段和任何司法管辖区内被提出，由相关权力机构通过问（其自身，在该相关权力机构看来，是否曾经有或有）/（一个公平的、知情的观察员是否会断定曾经有或有）一个仲裁员是否曾经有（或有）偏见（真正的危险）/（真正的可能性）以作出最终决定。

对独立性或公正性的正当怀疑的例子

引起正当怀疑的情况可分为三大类：仲裁员与争议的关系，仲裁员和其中一方或双方当事人的关系，表现出预先判断的行为。

---

[96] 关于臭名昭著的意大利和葡萄牙诉讼当事人不诚实倾向的评论是通过任何上下文分析都无法挽救的典型例子。*In re The Owners of the Steamship Catalina & The Owners of the Motor Vessel Norma* [1938] 61 Ll L Rep 360,（Eng).

[97] William Park，“Arbitrator Integrity”，（2009） 46 San Diego Law Review 629 at p 633.

[98] J Mamounas，“Does ‘Male，Pale，and Stale’ Threaten the Legitimacy of International Arbitration? Perhaps，but There's No Clear Path to Change”（2014） ICCA Miami Conference.

[99] *Johnson v Johnson* [2000] HCA 48，[2000] 5 LRC 223 at [52]；*Cf ASM Shipping Ltd of India v TTMI Ltd of England* [2005] EWHC 2238（Comm） 第 39 页中表述“我认为，观察者的介入确实使得没有必要特别关注外国人”。

[100] *Sumukan Ltd v Commonwealth Secretariat* [2007] EWHC 188（Comm） at [71]；Sutton Gill and Gearing，*Russell on Arbitration*，（24h，2015） at para 4-110.

[101] *Norbrook Laboratories Ltd v Tank* [2006] EWHC 1055（Comm），[2006] 2 Lloyd's Rep 485 at [153].

[102] Gary Born，*International Commercial Arbitration*，（2nd Edn，2014） at pp 1940-1941.

[103] S Luttrell，*Bias Challenges in International Arbitration*：*The Need for a “Real Danger” Test*，（2009） at p 283.

作为起点，应该牢记法官辛加姆（VT Singam）在 *Residence Hotel and Resorts v Seri Pacific Corp*[104] 案中的话："每个声称出现了对偏见的合理担忧的案件都取决于它本身的案情，它很少（若有）会成为先例。在每个案件中，在具有同等知识的理性观察者看来，受到质疑的言论或行为是否会引起'就真正的偏见产生合理的担忧'是一个事实问题。"

仲裁员与争议的关系

产生合理怀疑的最明显情况也许就是在仲裁员与仲裁程序结果有经济利益时。[105] 这种情况下，仲裁员有可能拥有其中一方当事人的股份。[106]

在阿根廷作为被申请人的国际解决投资争端中心（ICSID）仲裁中[107]，一名仲裁员是申请人的股东之一 UBS 的执行董事，并且收到了 UBS 股票期权的部分报酬。这实际上使她成为申请人的间接股东。这个异议被驳回了，因为仲裁员是一个被动的、投资组合的投资者，争议的结果对 UBS 的股票价格几乎没有或根本没有影响。

作为争议合同的一方当事人也明确表明缺乏独立性。[108] 与一方当事人的重大业务交易也可能引起对公正性的怀疑，特别是在仲裁很重大、可能导致公司破产时。一般认为，仲裁员并不会仅仅因为受雇于一方当事人的债权人的子公司而与纠纷有利害关系。[109]

然而在现实中存在灰色地带。如果仲裁员在一方当事人的独立子公司中持有股份，或是拥有一方附属公司股份的公司董事会成员时，又该怎么办？

国际律师公会《国际仲裁利益冲突指南》（*IBA Guidelines on Conflicts of Interest in International Arbitration*）提供了一份有用的情况汇编，通过"交通灯系统"引起的怀疑按严重性递减排列。例如，持有"一方当事人微不足道的股份"属于绿色名单之列，不存在实际或明显的利益冲突，也没有披露的义务。[110]

Tan Sri Dato' Professor Dr Lim Kok Wing v Thurai Das a/l Thuraisingham[111] 案中，仲裁员在 A 和 B 之间、A 和 C 之间两个独立的仲裁中被委任，一个异议因仲裁员将受另一仲裁

---

[104] *Residence Hotel and Resorts Sdn Bhd v Seri Pacific Corp Sdn Bhd* [2014] 10 MLJ 413 at [23].

[105] IBA Guidelines on Conflicts of Interest in International Arbitration (2014), Non-Waivable Red list 1.2-1.4; *Grand Junction Canal v Dimes* (1852) 3 HL Cas 759 at 793-794 per Lord Campbell; *Sellar v Highland Railway Co* 1919 SC (HL) 19; *R v Rand* (1866) LR 1 QB 230 at 232 per Blackburn J; *R v Camborne Justices, ex p Pearce* [1955] 1 QB 41 at 47, [1954] 2 All ER 850 at 855 per Slade J; *R v Glough* [1993] 2 All ER 724 at 730 per Lord Goff of Chieveley, HL; *Clenae Pty Ltd v Australia and New Zealand Banking Group Ltd* [1999] VSCA 35 at [59] per Charles JA and [3] per Winneke P; De Smith et al, *De Smith, Woolf and Jowell, Judicial Review of Administrative Action*, (5th Edn, 1995) at p 528.

[106] *Sellar v Highland Rly Co* 1919 SC (HL) 19.

[107] *Electriciadad Argentina SA & EDF International SA v Argentine Republic* ICSID Case ARB/03/22; *EDF International SA, SAUR International SA & Leon Paricipaciones Argentinas SA v Argentine Republic* ICSID Case ARB/03/23.

[108] *Desbois v Industries AC Davie Inc* [1990] CanLII 3619 (QC CA); *Logy Enterprises Ltd v Haikou City Bonded Area Wansen Products Trading Co* [1997] 2 HKC 481.

[109] *Cook International Inc v BV Handelmaatschappij Jean Delvaux and Braat, Scott and Meadows* [1985] 2 Lloyd's Rep 225.

[110] IBA Guidelines on Conflicts of Interest in International Arbitration, Part Ⅱ No. 4 (Green List) Point 4. 4. 2.

[111] [2011] 9 MLJ 640.

中的事实和证据影响的理由而被提起，但是该异议被否决了，理由是其毫无根据和不可能，部分原因也在于两个仲裁程序处于不同的阶段。

仲裁员与当事人及其法定代理人的关系

仲裁员受雇于一方当事人[112]或其对手[113]是提出异议的明确理由，特别是其作为董事时。[114] 但是，有些仲裁合同会规定合同管理员，例如建筑合同中的建筑师、工程师或项目经理担任仲裁员，在这种情况下，双方当事人应该接受这一点。[115]

仲裁员对其中一方当事人负债也表明其缺乏独立性，反之亦然。[116]

仲裁员与一方当事人之间有不相关的待决诉讼，在历史上不会推定存在偏见[117]，但几乎可以确定的是，这种情形在现代仲裁中肯定会产生正当的怀疑。

然而，不能因为仲裁员同意在无关联的法律程序中向一方当事人提供不利于律师的证据，就说仲裁员有偏见。[118]

现已确定，仲裁员与其审理的仲裁程序中的任何一方当事人有亲密的家庭关系将使其失去资格。[119] 在一起案件中，仲裁员的教女受雇于一方当事人的法定代理人，因此异议被驳回。[120]

虽然这种关系可能太遥远，但若仲裁员的配偶、父母或子女被其中一方当事人雇用或在其中一方当事人处拥有重大经济利益，则很可能成为另一方当事人对其提出质疑的理由。[121]

当一名仲裁员被委任时，他必须对委任进行保证，并预留相应的工作日程。由于争

---

[112] *Veritas Shipping Corpn v Anglo-Canadian Cement Ltd* [1966] 1 Lloyd's Rep 76; *Pickthall v Methyr Tydvil Local Board* [1886] 2 TLR 805. Cf *Blackwell (R W) & Co Ltd v Derby Corporation* (1909) 75 JP 129; *Bremer Handelsgesellschaft mbH v Ets Soules & Cie and Scott* [1985] 2 Lloyd's Rep 199.

[113] 中国福建省台州市中级人民法院的判决（PRC [2012] ZTZC No. 26 and [2013] ZTZC No. 17）在一方当事人是保险公司的纠纷中，法院驳回了关于仲裁庭的若干成员受雇于保险公司而造成实际利益冲突或导致危及公平审判的辩论意见。

[114] *Veritas Shipping Corp v Anglo-Canadian Cement Ltd* [1966] 1 Lloyd's Rep 76; *Burkett Sharp & Co v Eastcheap Dried Fruit Co and Perera* [1962] 1 Lloyd's Rep 267, CA (Eng).

[115] 在 *Jean Charboneau v Les Industries AC Davie Inc et al* [1989] Recueil de Jurisprudence du Quebec 1255, SC (Quebec) 案中，政府部长是仲裁的一方当事人，但在协议中也被指定为仲裁员，致使协议因违反了自然公正而无效。

[116] *Cook International Inc v BV Handelsmaatschappij Jean Delavaux and Braat, Scott and Meadows* [1985] 2 Lloyd's Rep 225; *Rand v Readington*, 13 NH 72 (1842). 尽管在 *Morgan v Morgan* 2 LJ Ex 56 案中，由于仲裁员欠一方当事人的债务，一项裁决没有被撤销，但据说若放在今天将会达成不同的结果。

[117] *Re Baring Brothers & Co and Doulton & Co* (1892) 61 LJQB 704; *Belcher v Roedean School Site and Building Ltd* (1901) 85LT 468.

[118] *Fletamentos Maritimos SA v Effjohn International BV (No 2)* [1997] 2 Lloyd's Rep 302. *Rustal Trading v Gill & Duffus SA* [2000] 1 Lloyd's Rep 14.

[119] *Bridgman v Holt* [1693] 1 Show PC 111; *R (Murrey and Wortley) v Armagh County Justices* (1915) 49 ILT 56; *Metropolitan Properties Co (F G C) Ltd v Lannon* [1968] 3 All ER 304.

[120] Oberlandesgericht München, Germany, 34 SchH 05/06, 5 July 2006.

[121] 《国际仲裁利益冲突指南》第 2. 2. 2-2. 2. 3 条。

议可能会和解，这意味着仲裁员可能损失其他职业机会，因此很多仲裁员会要求预付金或保证金。

此外，如果一方当事人向仲裁员支付了保证金，但没有披露给另一方当事人，将会引起明确的正当怀疑。[122]

参与仲裁的律师（包括律师和仲裁员）以及在某些深奥的实践领域相对少量的积极参与者，都意味着基于这些关系的异议经常出现。

在许多法律制度中，法官都是从法律界来的，法官和律师之间的友谊和专业联系自然会存在。

普遍观点认为这些不能成为引起对偏见的合理担忧的理由。[123] 在某案中，一方当事人为银行行长，该银行为与仲裁员有经济利益关系的律师事务所提供重要业务，因此法庭毫不犹豫地判决了存在正当的怀疑。[124]

由个人友谊引起偏见的案例很少，因为很少会有针对这种类型偏见的异议[125]，但是律师和仲裁员之间的爱情关系明显会成为更换仲裁员的理由。[126] 在中国的一个案例中，法院支持了对一位仲裁员提出的异议，该仲裁员与一方当事人的代理律师曾经共同担当联席仲裁员，这种关系可能影响仲裁员的独立性。

如上所述，许多仲裁员的收入并不全部来自仲裁工作，他们仍然作为律师事务所的合伙人、律师或者大律师行的大律师在积极执业。这可能导致仲裁员审理争议时，他或他的律所正同时处于其中一方当事人的对立面[127]，或甚至在另一个独立的争议中，直接为其中一方当事人服务或者为该方的对手服务。[128]

Republic of Ghana v Telekom Malaysia[129] 案中，一名仲裁员正同时作为代理律师致力于撤销一份其中一方当事人寻求依赖的裁决。海牙地方法院支持了异议，并表示，即使仲裁员实际上可以充分界定他作为辩护律师的角色，以及作为一个开明的仲裁员的角色，尽管如此还是会出现缺乏公正的现象。[130]

做律师的仲裁员可能曾经担任其中一方当事人的代理人，这是否会构成异议的理由

---

[122] LF Ebb, "A Tale of Three Cities: Arbitrator Misconduct by Abuse of Retainer and Commitment Fee Arrangements" (1992) 3 Am Rev Int'l Arb 177, 181-190.

[123] *Saxmere Company Ltd v Wool Board* [2009] NZSC 72, [2010] 1 NZLR 35 at [106], observing the British Columbia Court of Appeal decision in *Wellesley Lake Trophy Lodge Inc v BLD Silviculture Ltd* [2006] 10 WWR 82 at [18].

[124] *Sierra Fishing Company v Farran* [2015] EWHC 140 (Comm) at [57].

[125] *Cottle v Cottle* [1939] 2 All ER 535.

[126] William Park, "Arbitrator Integrity", (2009) 46 San Diego Law Review 629 at p 641.

[127] *ICS Inspection and Control Services Limited v Argentine Republic* (UNCITRAL), Decision on Challenge to Mr Stanimir A Alexandrov, 17 December 2009.

[128] As was the case in *S & T Oil Equipment and Machinery Ltd v Romania*, ICSID Case No ARB/07/13.

[129] *Republic of Ghana v Telekom Malaysia Berhad*, (District Court of The Hague) Case No HA/RK 2004, 667 and Case No HA/RK/2004/778, reprinted in (2005) 23 ASA Bulletin 186, 192.

[130] *Republic of Ghana v Telekom Malaysia Berhad*, (District Court of The Hague), Case No HA/RK 2004, 667, reprinted in (2005) 23 ASA Bulletin 186, 192.

取决于案件的事实。一个几年前的、无关的、不存在持续关系的事项不应该引起正当怀疑[131]，而律师仲裁员曾经就争议提供法律意见则会引起正当的怀疑。[132]

关于英国大律师，要注意的一点是，他们虽然可能会在一个大律师行中执业，但在专业上和财务上都是独立的执业者[133]，因此在大律师行的其他成员被聘为代理律师的案件中，他们也可以担任仲裁员。[134]

这在许多英联邦司法管辖区中是很常见的观点，但值得注意的是，大律师行制度对许多国际仲裁的参与人来说是陌生的，在这种陌生感会因仲裁当事人的秘密行为而加剧时，仲裁员可能会被撤销。[135]

法院不会仅因为仲裁员指定了一家为一方当事人提供咨询的某事务所中的成员作为其代理律师而进行干预。[136]

多次委任同一名仲裁员是令人担忧的潜在问题[137]，要么是由一方当事人委任或是由一个联席仲裁员选择的首席仲裁员。有可能的情况是，一方当事人多次指定一名仲裁员以获得有利裁定，从而引起有关公正性的怀疑。应该指出的是，在国际律师公会《国际仲裁利益冲突指南》（*IBA Guidelines on Conflict of Interest in International Arbitration*）中，出现两次被一方当事人或者其附属公司委任为仲裁员这样的情况是属于橙色清单上的。

另外，法院一般会驳回这种性质的异议[138]，重复委任的出现更有可能是由于仲裁员的资质。[139]

威廉·帕克（William Park）同意仲裁员可能希望看到他的委任方得到支持性裁决，但也认为，更强的激励在于个人声誉，这是仲裁员更为在意的，“对那些经常作为仲裁员的人来说，能刺激良好品行的几乎没有什么比同事们对其能力和诚信的赞赏更有分量”[140]，这是一些仲裁员想要“购买和支付”却得不到的东西。

法院也认定，委任机构委任该机构的主席作为仲裁员将会引起正当怀疑。[141]

---

[131] *BOC NZ Ltd v Trans Tasman Properties Ltd*（1996）10 PRNZ 199 at 206，CA；*Bright v River Plate Construction Co Ltd*［1990］2 Ch 835；*Hanseatisches Oberlandesgericht Hamburg*，Germany，9 SchH 01/05，12 July 2005.

[132] IBA Guidelines on Conflicts of Interest in International Arbitration，Waivable Red list 2. 1. 1.

[133] J Kendall，“Barristers，Independence and Disclosure Revisited”，（2000）16 3 Arbitration International，at pp 343-351.

[134] *Laker Airways Inc v FLS Aerospace Ltd*［1999］2 Lloyd's Rep 45 at 53；Gary Born，*International Commercial Arbitration*，(2nd Edn，2014）at p 1884. 2014 年《国际仲裁利益冲突指南》将这些情况列入了橙色名单（第 3. 3. 2 项），这可能会引起当事人有正当理由的怀疑。

[135] Hrvatska Elektroprivreda dd v Slovenia；ICSID Case ARB/05/24.

[136] *Bunten and Lancaster（Produce）Ltd v Kiril Mischeff Ltd*［1964］1 Lloyd's Rep 386.

[137] FZ Slaoui，“The Rising Issue of ‘Repeat Arbitrators’：A Call for Clarification”，（2009）25 Arb. Int'l 103.

[138] *ASM Shipping Ltd of India v TTMI Ltd of England*［2005］EWHC 2238（Comm），如果在此期间总共做了约 400 次仲裁员，则相较其 11 年内做了 10 次仲裁员来说，并没有问题；*Andros Compania Maritime SA v Marc Rich & Co* AG 579 F. 2d 691；*Michael v Aetna Life & Cas Ins Co* 107 Cal Rptr 2d 240，251（Cal App 2001）.

[139] Gary Born，*International Commercial Arbitration*，（2nd Edn，2014）at p 1879.

[140] W Park，“Arbitrator Integrity：The Transient and the Permanent”，（2009）46 San Diego Law Review，629，at p 653.

[141] CLOUT Case 900，cause No 10/04.

有观点认为，“仲裁员和律师应该被要求决定作为前者或是后者”[142]，以确保“仲裁员不会被有意或无意地诱惑，以寻求在仲裁裁决中获得可能提升委托人利益的结果”。

商事仲裁出现这种情况的可能性很小，这样的限制性要求是不切实际和不合需求的。[143]

表现出预先判断的行为

上述讨论的情况一般与外部事实有关。在仲裁员进行仲裁的行为中也存在很多可以提出异议的理由。首先，仲裁员与一方当事人、律师或证人之间的单方面沟通[144]将会为正当怀疑提供明确的理由。[145]

仲裁员必须避免进行这种接触并披露发生的任何事情。不可避免地，没有参与讨论的当事人将会深切关注仲裁员的公正性，一封未被披露的书信往来已经被判定是不恰当的。[146]

仲裁员拒绝披露有关建议委任第三名仲裁员的非实质性的讨论不会构成正当怀疑。[147]

仲裁员在仲裁庭上的其他行为也可以证明公正性，例如，毫无疑问的一点是在裁决中不公平地指责申请人并重复控诉他们蓄意拖延。[148]

然而律师在对仲裁员所作出的对其不利的程序指示提出异议时必须谨慎，因为这不会构成对公正性的正当怀疑[149]，除非它违反了《2005年仲裁法案》第20条所规定的平等对待各方并为他们提供合理陈情机会的法定要求。[150]

有说法认为，“仲裁员疑似不停地作出有利于一方当事人的指令，等于与该方所支持的是非曲直相一致”[151]。

事实上，法院通常不会干涉仲裁的程序事项。[152] *Ng Chee Yew Sdn Bhd v IJM Corp Bhd*[153] 案中的法院提到了申请人的懒散态度，尤其是直到第11小时才通知替换律师，最

---

[142] T Buergentha, “The Proliferation of Disputes, Dispute Settlement Procedures and Respect for the Rule of Law”, (2006) 3 (5) Transnational Dispute Management.

[143] That being said, it did happen in *Compañia de Aguas del Aconquija SA and Vivendi Universal SA v Argentine Republic* (ICSID Case No ARB/97/3), Award 20 August 2007. 投资条约仲裁可能更容易受到这些问题的影响，因为对同一文书的解释是这些案件的一个特点。

[144] *Re Enoch & Zaretzky, Bock & Co's Arbitration* [1910] 1 KB 327, CA (Eng).

[145] *Norbrook Laboratories Ltd v Tank* [2006] EWHC 1055 (Comm), [2006] 2 Lloyd's Rep 485; *Kuala Ibai Development Sdn Bhd v Kumpulan Perunding (1988) Sdn Bhd* [1999] 5 MLJ 137 at 149.

[146] Gary Born, *International Commercial Arbitration* (2nd Edn, 2014) at p 1840.

[147] *Pacific China Holdings Ltd v Grand Pacific Holdings Ltd* [2007] HKCFI 715.

[148] *Damond Lock Grabowski & Partners v Laing Investments (Bracknell) Ltd* (1992) 60 BLR 112.

[149] *Wiseline Corp Ltd v Hockey* HC Auckland M383-IM02, 25 June 2002.

[150] *Montrose Canned Foods Ltd v Eric Wells (Merchants) Ltd* [1965] 1 Lloyd's Rep 597.

[151] *Anwar Siraj v Ting Kang Chung* [2003] 2 SLR (R) 287 at [43].

[152] *Ng Chee Yew Sdn Bhd v IJM Corp Bhd* [2011] 7 MLJ 122 at [9], citing *Engineering Environmental Consultants Sdn Bhd v Sime UEP Development Sdn Bhd* [2009] MLJU 534, [2009] 1 LNS 619; *Majlis Perbandaran Shah Alam v Menara Biru Sdn Bhd* [2009] MLJU 584, [2009] 1 LNS 636.

[153] *Ng Chee Yew Sdn Bhd v IJM Corp Bhd* [2011] 7 MLJ 122 at [9].

后证明法院坚定的态度是合理的，因为其没有违反自然正义。

尽管与法院相比，仲裁庭听审室的布置更令人放松，但仲裁员在仲裁程序中必须谨慎发表意见；在澳大利亚高等法院的 *Johnson v Johnson*[154] 案中，法官表示将"寻求独立人士和独立文件来寻找这件事的真相"，随后也重申了这一立场。

申请人辩称，这是对各方当事人信誉的否定假设，但高等法院认为，法官在这种情况下的意见是合理的，特别是就陈述之前律师所提交的意见而言。因此，在评估仲裁员所做的任何陈述时，必须采取上下文而不是微观的分析方法。

仲裁员如果对一方当事人通过表达消极的刻板印象[155]或者强烈的敌对言辞[156]来表现出敌意，他对于在仲裁中拒绝行使职责的行为有可能被解读为明摆着的不公正，原因是他阻止了申请人获得正义而让被申请人获得了有利结果。

学术写作在许多领域都是必不可少的，特别是在竞争激烈的仲裁委任市场。如果仲裁期间出现法律问题，而仲裁员以前曾就此发表过意见，申请人可尝试以此为由将其更换。

这类的表达意见通常与独立性或公正性无关[157]，国际律师公会《国际仲裁利益冲突指南》将此类意见归类在绿色清单上。[158]

但是可以想象，存在对公正性正当怀疑的情况，例如，一名仲裁员就特定主题写了几篇言辞激烈的文章[159]，或者是作为专家对某一特定观点作出先前的承诺。[160] 因此很显然地，他在表达意见时似乎跨越了一条错误的界限。[161] 公众就案件本身发表意见自然会令人对案件的公正性产生合理怀疑，因此应予避免。

费用问题是投诉的常见原因，因为通常是由各方当事人直接支付给仲裁员费用的。

Turner v Stevenage Borough Council[162] 案中，一名仲裁员寻求双方当事人在案中付款，仲裁员接受了其中一方的付款，并试图与另一方通过真诚、公开的讨论来协商支付问题，该另一方声称这是在不合理的时间提出的付款要求。法院认为，仲裁员并不因不当

---

[154] *Johnson v Johnson* [2000] HCA 48, [2000] 5 LRC 223 at [5].

[155] *Catalina SS (Owners) v Norma (Owners)* [1938] 61 Ll L Rep 360; *R v Handley* (1921) 61 DLR 656; *Maclean v Workers Union* [1929] 1 Ch 601; Contrast with *White v Kuzych* [1951] AC 585.

[156] *R (O'Donoghue) v Cork County JJ* [1910] 1 IR 270; *R (Kingston) v Cork County JJ* [1910] 2 IR 658; *Re Harrington v Clare County Justices* [1980] 2 IR 116.

[157] Gary Born, *International Commercial Arbitration* (2nd Edn, 2014) at p 1887; Bishop & Reed, "Practical Guidance for Interviewing, Selecting and Challenging Party - Appointed Arbitrators in International Commercial Arbitration", (1998) 14 Arb Int'l 395 at p 411.

[158] IBA Guidelines on Conflicts of Interest in International Arbitration, Green List 4. 1. 1.

[159] *Locabail (UK) Ltd v Bayfield Properties Ltd*; *Locabail (UK) Ltd v Waldorf Investment Corp*; *Timmins v Gormley*; *Williams v HM Inspector of Taxes*; *R v Bristol Betting and Gaming Licensing Committee*, *ex parte O'Callaghan* [2000] 1 All ER 65 at [71] - [97], cited in *JSC BTA Bank v Ablyazov (Recusal)* [2012] EWCA Civ 1551 at [50].

[160] Tackaberry, Marriot QC and Bernstein, *Bernstein's Handbook of Arbitration and Dispute Resolution Practice* (4th Edn, 2003) at para 2-278.

[161] *Vakauta v Kelly* (1989) 167 CLR 568 at 570-1.

[162] [1997] ADRLJ 409.

行为而有罪。

Wicketts v Brine Builders & Siederer[163] 案中，法院更换了仲裁员，理由之一是仲裁员作出了一项基本上未经请求的命令，即要求双方支付其费用的100%作为费用保证，这实际上为其提供了双重担保。

23.5 异议程序

作为法庭仲裁程序的一小部分[164]，《2005年仲裁法案》第15（1）条规定，要求更换仲裁员的一方当事人必须先向仲裁庭提出异议。

没有向仲裁庭明确提出异议的，任何向法院作出的申请都是没有根据的和错误的[165]，因为向高等法院提出上诉的权利只有在异议不成功的情况下才会被激活。[166]

首先，应向仲裁员提供异议的书面详情，使其能够就是否辞职恰当地作出决定。一个被提出异议的、被一方当事人委任的仲裁员，应与其委任方协商，只有在极少数明显缺乏独立性或公正性的情况下，其才应该在其委任者的同意下辞职。[167]

一旦提出异议，仲裁庭就必须就异议作出裁决，除非该仲裁员辞职或者对方当事人同意更换。[168]

然而《2005年仲裁法案》并没有规定仲裁员要在多长时间内作出裁决，这使得一个仲裁员可能实施拖延策略或单纯地缓慢工作，从而推迟仲裁进度。

如果没有作出裁决，当事人必须根据本法案第16（1）条的规定，以仲裁员无法毫不拖延地履行职责为由而向法院提出申请。

虽然各方可以根据第15条的规定，就向仲裁员提出异议的程序自由地达成协议[169]，但是如果异议不成功，他们不能排除法院的干预。[170] 向法院提出的申请受制于《2012年

---

[163] *Wicketts v Brine Builders & Siederer* [2001] CILL 1805, [2001] App LR 06/08.

[164] *Capping Corp Ltd v Aquawalk Sdn Bhd* [2013] 6 MLJ 579 at [29]; *AV Asia Sdn Bhd v Pengarah Kuala Lumpur Regional Centre For Arbitration* [2013] MLJU 183 at [15]; *Cetelem SA v Roust Holdings Limited* [2005] 1 WLR 3555; *Electrim SA v Vivendi Universal SA* (*No* 2) [2007] EWHC 571 Comm at [67].

[165] *Tan Sri Dato' Professor Dr Lim Kok Wing v Thurai Das a/l Thuraisingham* [2011] 9 MLJ 640 at [22] - [23].

[166] *Infineon Technologies* (*M*) *Sdn Bhd v Orisoft Technology Sdn Bhd* (*previously known as Orisoft Technology Bhd*) [2011] 7 MLJ 539 at [50]; Arbitration Act 2005 s 15 (3).

[167] Tackaberry, Marriot QC and Bernstein, *Bernstein's Handbook of Arbitration and Dispute Resolution Practice*, (4th Edn, 2003) at para 2-296.

[168] Arbitration Act 2005 s 15 (2); *Tan Sri Dato' Professor Dr Lim Kok Wing v Thurai Das a/l Thuraisingham* [2011] 9 MLJ 640 at [22]; *Horizon Construction* (*Taupo*) *Ltd v Reitveld* (unreported), (M 64/2002); *Auckland Co-operative Taxi Society Ltd v Perfacci Ltd* (unreported) HC Auckland CIV 2003-404-5495; *Banks v Grey District Council* [2004] 2 NZLR 19, CA (NZ).

[169] 任何此类商定的程序都必须遵守，参见 *Torch Offshore LLC v Cable Shipping Inc* [2004] EWHC 787 (Comm) 案。

[170] Official Records of the General Assembly, Fortieth Session, Supplement No. 17 (A/40/17) at paras 79-80 and 121-124.

法院规则》第 69 号命令第 4（3）条，即必须在收到仲裁员驳回异议的通知后 30 天内提出。[171]

由于仲裁庭可在向法院提出申请的同时继续仲裁[172]，这就防止了虚假的主张阻碍仲裁，因此，也向仲裁员送达申请通知是一种好的做法[173]，以使他或她能够决定是否继续仲裁[174]并发表其可能希望在法庭上提出的意见，以防止在法庭上只能听到一面之词。[175]

新加坡高等法院在 *Mitsui Engineering & Shipbuilding v Easton Graham Rush*[176] 案中拒绝了一项申请阻止仲裁庭在等待更换仲裁员的处理时继续进行仲裁程序的禁令，理由是：如若不然，"每一个不满意的仲裁参与者在撤销申请待决时都会寻求临时禁令，这违背了法院最低干预的总体方案"。

法院会适用客观性的测试来决定撤销申请，即在第三方观察者的眼中，这些情况是否会引起对仲裁员公正性或独立性的正当怀疑。

法院并不关心仲裁员实际上是否受到这些情况的影响。法院关心的是，对可能存在缺乏公正性或独立性的合理担忧是否基于客观基础。[177]

在这样做时，法院将采取务实的做法，在仲裁员可能拥有的任何明显的个人利益是如此之小或微不足道，以致以此方式或其他方式都无法影响他的裁决时，法院不会撤销这名仲裁员。[178]

法院认为，基本上不需要考虑受质疑的仲裁员作出的关于其心胸开阔的说法[179]，虽然法院不太可能拒绝仲裁员在申请中做陈述。[180] 每个案件都将根据其事实来处理，法院可以依赖整个程序的庭审记录，以形成一个是否出现偏见的印象。[181]

---

[171] Arbitration Act 2005 s 15（3）.

[172] Arbitration Act 2005 s 15（4）; *Nikiforos v Petropoulos* 2007 QCCS 3144（CanLII）; *Groupe De Charles Lacroix v Syndicat des travailleurs horaires de l'amiante CSN Inc*［2002］CanLII 30068（QC CS）; *Monkland 5765 Plus v 9101-8309 Québec Inc*［2008］QCCS 253（CanLII）; *Mitsui Engineering & Shipbuilding Co Ltd v Easton Graham Rush*［2004］2 SLR（R）14,［2004］SGHC 26.

[173] *Auckland Co-operative Taxi Society Ltd v Perfacci Ltd*（unreported）HC Auckland CIV-2003-404-5495 at［2］; *Succula and Pomona Shipping Co Ltd v Harland and Wolff Ltd*［1980］2 Lloyd's Rep 381; *Pratt v Swanmore Builders Ltd and Baker*［1980］2 Lloyd's Rep 504.

[174] 在实践中，如果申请似乎有充分理由，当事人可能会同意在申请得出结果之前暂停程序，因为如果申请获得成功，那么继续进行仲裁将会造成费用浪费。参见 *Japan Line v Aggeliki Charis Compania Maritima SA*, *The Angelic Grace*［1980］1 Lloyd's Rep 288, CA（Eng）案。

[175] Mustill and Boyd, *The Law and Practice of Commercial Arbitration in England*,（2nd Edn, 1989）at p 532.

[176] *Mitsui Engineering & Shipbuilding Co Ltd v Easton Graham Rush*［2004］2 SLR（R）14;［2004］SGHC 26 at［40］.

[177] *Rustal Trading Ltd v Gill & Duffus SA*［2000］1 Lloyd's Rep 14 at 18.

[178] *R v Inner West London Coroner, ex p Dallaglio*［1994］4 All ER 139 at 162 CA（Eng）, per Sir Thomas Bingham MR; *Locabail（UK）Ltd v Bayfield Properties Ltd*［2000］QB 451,［2000］1 All ER 65, CA（Eng）; *Metropolitan Properties Co（F G C）Ltd v Lannon*［1968］3 All ER 304; 尽管是给第三方最低限度的建议，也足以让人产生对偏见的担忧，参见 *Vito G Gallo v Government of Canada PCA Case No 55798*, available at: http://italaw.com/cases/471 案。

[179] *Re Medicaments & Related Classes of Goods*（No 2）［2001］1 WLR 700, CA（Eng）.

[180] J B Casey, *Arbitration Law of Canada: Practice and Procedure*,（2nd Edn 2012）at 4.12.

[181] *Sabah Medical Centre Sdn Bhd v Sykt Neptune Enterprise Sdn Bhd*［2012］7 MLJ 28.

一旦证明了正当怀疑，就没有必要另外证明会造成实质性的不公正；这是可以自动推论的，因为“不可能有比据推测一个仲裁庭在决定当事人权利上不公正更严重或重大的不公正了”[182]。

23.6 不履行、不可能履行及未及时履行

熟悉《1952 年仲裁法案》[183] 的人会注意到，《2005 年仲裁法案》并没有关于因“不当行为”撤销仲裁员的规定。种种显示偏见或缺乏独立性的不当行为[184]属于《2005 年仲裁法案》第 14（3）条提出异议的理由。

然而仲裁员即使没有表现出偏袒，也可能会采用拖延策略，或通过疾病发作、在关键日期没有档期、在签署文件或起草指示方面的长期拖延来表明其无能力。[185]

一名不称职的仲裁员可以很容易被当事人协议更换，但如果一方当事人在保留仲裁庭方面看到战术优势，更换或许就不可能了。《2005 年仲裁法案》第 16 条规定了除缺乏资格、公正性或独立性的原因以外，仲裁员可以被撤销的理由。

第 16 条的第一个理由涉及仲裁员在事实上或法律上无法履行职务。这包括疾病[186]或精神上无行为能力[187]以及客观不能，例如仲裁员在一个外国司法管辖区被逮捕和扣留。[188]

仲裁员可以在仲裁中使用文书助理，包括打字和进行法律研究。但是，仲裁员的任务是个人的[189]，他不得将决策职责委托给任何第三方。[190]

如果仲裁员派第三方出席其所在地的听审，或者不参与起草裁决而只是简单地签字，这将违背他的职责，也是仲裁员事实上不能履行职责的证据。

《2005 年仲裁法案》第 16 条没有明确列明仲裁员拒绝履行职责或不能恰当地进行仲裁程序的情况。[191] 因此，质疑拒绝履行职责是否属于“法律上或事实上不能履行该职务

---

[182] *ASM Shipping Ltd of India v TTMI Ltd of England* [2005] EWHC 2238 (Comm) at [39]; *Norbrook Laboratories Ltd v Challenger* [2006] EWHC 1055 (Comm), [2006] 2 Lloyd's Rep 485; *ASM Shipping Limited v Bruce Harris* [2007] EWHC 1513 (Comm) at [32].

[183] Act 93 (repealed).

[184] 法官拉贾·阿兹兰·沙阿（Raja Azlan Shah J）在 *Sharikat Pemborong Pertanian & Perumahan v Federal L and Development Authority* [1971] 2 MLJ 210 at 211 案中解释说：“在仲裁法中，不当行为的技术意义是指违规行为，而不是道德败坏。它包括未能履行本身赋予仲裁员的基本职责，例如未能遵守自然公正的规则，表现出偏见或偏袒。”

[185] Sutton Gill and Gearing, *Russell on Arbitration*, (24th Edn, 2015) at para 4-161; C Newmark and R Hill, “The Appointment of Arbitrators in International Arbitration”, (2004) 7 Int'l Arb L Rev 73.

[186] *Oberlandesgericht Köln*, Germany, 9 SchH 27/02, 11 April 2003.

[187] Williams QC and Kawhar, *Williams & Kawharu on Arbitration* (2011) at para 5. 9. 5.

[188] *Noble Resources Pte Ltd v China Sea Grains and Oils Industry Co Ltd* [2006] HKCFI 334.

[189] Schwarz, “The Rights and Duties of ICC Arbitrators”, (1995) ICC Ct Bull Spec Supp: The Status of the Arbitrator, 67 at p 68.

[190] Gary Born, *International Commercial Arbitration* (2nd Edn, 2014) at pp 1949-1950.

[191] 这可能与 1996 年《英国仲裁法案》第 24（1）（d）条形成对比，该项规定，如果未能适当举行听证会并且已经或将会造成实质性的不公正，则应撤销该仲裁员。

的职能”的范围是重要的。

有争议的是，如果仲裁员不愿意担任仲裁员或作出裁决[192]——这是他作为仲裁员的职责，那么他就无法履行该职责。

法院认为，若要构成拒绝履行职责，仲裁员的行为必须达到就仲裁程序而言足以令仲裁员无法采取行动的程度。[193] 这包括拒绝签署一个没有仲裁员不同意见的裁决。[194]

这种理论可以扩展到包括尽管并不显示出缺乏公正性或独立性，但仲裁的行为标准低于对一个合格仲裁员的预期标准的情况。

应该指出的是，仲裁员不能因为技术[195]或程序上的错误被撤销。迈尔斯法官（Miles）在 *Holland Stolte Pty Ltd v Murbay Pty Ltd*[196] 案中解释说：

> 要因为此种错误（程序上的错误，实际上是法律错误）——这种不可避免地偶尔一定会发生的错误而撤销仲裁员，将会使仲裁员的地位岌岌可危，并会剥夺仲裁制度的规律性和稳定性，这些规律性和稳定性对于成为一个可能是司法解决的合适的替代方案的、有效的争议解决体系来说是必要的。[197]

如果仲裁员听取了所谓特定人才知晓的证据（例如和解要约），那么撤销仲裁员通常是与司法利益不相称的，并且违背了司法利益。[198]

当事人有合理的期望，即仲裁员将有能力有效和迅速地发挥作用[199]，以及仲裁员有责任勤勉地进行仲裁[200]，因此，《2005 年仲裁法案》规定了仲裁员无辜拖延履行职责时

---

[192] *Harji Engineering Works Pvt Ltd v Bharat Heavy Electricals Limited* 2008（4） Arb LR. 199（Del）.

[193] *Succula and Pamona Shipping Co Ltd v Harland and Wolff Ltd* ［1980］ 2 Lloyd's Rep 381 at 388；*Re Gerard（Lord）and London & North Western Railway Co* ［1895］ 1 QB 459，11 TLR 170，CA（Eng）；*Den of Airlie SS Co Ltd v Mitsui & Co Ltd and British Oils and Cake Mills Ltd* 17 Com Cas 116，CA（Eng）；*Re Donkin and the Proprietors of the Leeds Canal*（1893） 9 TLR 192.

[194] *Cargill International SA Antigua（Geneva Branch）v Sociedad Iberica De Molturacion SA* The Times 12 November 1997.

[195] *Hagop Ardahalian v Unifert International SA，The Elissar* ［1984］ 2 Lloyd's Rep 84；*Holland Stolte Pty Ltd v Murbay Pty Ltd*（1991） 105 FLR 304.

[196] （1991） 105 FLR 304 at 309；*City Centre Properties（ITC Pensions）Ltd v Tersons Ltd（or Matthew Hall & Co Ltd（sued in name of Tersons Ltd））* ［1969］ 2 All ER 1121，［1969］ 1 WLR 772，CA（Eng）；*Den of Airlie SS Co Ltd v Mitsui & Co Ltd and British Oils and Cake Mills Ltd* 17 Com Cas 116，CA（Eng）；*Scott v Van Sandau*（1841） 1 QB 102 at 110，（1841） 113 ER 1068 at 1071；*Succula and Pomona Shipping Co Ltd v Harland and Wolff Ltd* ［1980］ 2 Lloyd's Rep 381；*Stockport Metropolitan Borough Council v O'Reilly* ［1983］ 2 Lloyd's Rep 70 at 78-79；*World Pride Shipping Ltd v Daiichi Chuo Kisen Kaisha，The Golden Anne* ［1984］ 2 Lloyd's Rep 489；*Property Investments（Development）Ltd v Byfield Building Services*（1985） 31 BLR 47.

[197] 诸如承认不可接受的证据之类的技术错误也不一定会成为被撤职的理由。*Jeuro Development Sdn Bhd v Teo Teck Huat（M）Sdn Bhd*［1998］6 MLJ 545；*Hartela Contractors Ltd v Hartecon JV Sdn Bhd*［1999］2 MLJ 481，CA；*Suppu v Govindacharyar*ILR 11 Mad 85；*Howard v Wilson*（1878） 4 Calc 231.

[198] *Ian Keith Brown v CBS（Contractors）Ltd* ［1987］ 1 Lloyd's Rep 279.

[199] A/CN. 9/264. 关于国际商事仲裁示范法草案案文的分析性评注第 14 条第 4 段。

[200] *K/S Norjarl A/S v Hyundai Heavy Industries Co Ltd* ［1991］ 3 All ER 211 at 228，［1992］ 1 QB 863 at 877.

将被撤销。

有说法认为，启动撤销程序的最常见原因是仲裁员造成了不可接受的延误，或没有回应来自各方当事人的信件，或在作出裁决时存在严重的延误。[201] 在向法院提出申请之前，拖延的仲裁员或独立仲裁员应继续进行程序。[202]

是否存在不当拖延将取决于每个案件的事实[203]以及其他因素，比如本应作出的行动的性质、造成拖延的原因、任何一方当事人是否向仲裁员发出提醒。[204]

仲裁员没有义务为听审提供特定的日期，不管这些日期是否合理。[205] 在委任受尊重和忙碌的仲裁员时，当事人必须接受可能会存在时间安排上的困难[206]，将复杂的事实和冗长的陈述提炼到裁决中可能需要很长的时间。

马洛特拉指出，以下考虑因素可能与所发生的延误相关：

> 根据仲裁协议和具体程序的情况，他被预期或要求采取什么行动？如果他对此无动于衷，考虑到案件的技术性困难和复杂程度等，这延误是否太过分，以致不可接受？
>
> 他的行为是否明显低于对仲裁员合理预期的标准？影响预期水平的因素是仲裁员有效和迅速发挥作用的能力，以及根据当事人达成的协议，仲裁员的任何特殊能力或其他资格。此外，还有其他原因会影响适当性、合适性或不可能性。[207]

在确定是否有不当延误时的实际困难[208]使得以下的情况越来越普遍，即时间紧张的当事人会规定一个确定的期间，在该期间内仲裁员必须作出裁决[209]，如果没有在时限内作出裁决，则仲裁权力会被有效地终止。[210]

对此，建议谨慎规定整个仲裁程序完成时间的强制性时限，因为在争议明朗化之前约定的过分乐观的期间可能会迫使仲裁庭为及时作出裁决而走捷径，或者最终因为当事

---

[201] *Hong Huat Development Co (Pte) Ltd v Hiap Hong & Co Pte Ltd* [2000] 1 SLR (R) 510 at [57], CA.

[202] *Drummond v Hamer* [1942] 1 KB 352, [1942] 1 All ER 398. *Port Sudan Cotton Co v Govindaswamy Chettiar & Sons* [1977] 1 Lloyd's Rep 166 at 178 per Donaldson J. 上诉法院基于其他理由撤销判决的案例，参见 *Port Sudan Cotton Co v Govindaswamy Chettiar & Sons* [1977] 2 Lloyd's Rep 5, CA (Eng) 案。

[203] Sutton Gill and Gearing, *Russell on Arbitration*, (24th Edn, 2015) at para 7-127.

[204] *Succula and Pomona Shipping Co Ltd v Harland and Wolff Ltd* [1980] 2 Lloyd's Rep 381; *Enterra Pty Ltd v Adi Ltd* [2002] NSWSC 700.

[205] *K/S Norjarl A/S v Hyundai Heavy Industries Co Ltd* [1991] 3 All ER 211 at 223, [1992] 1 QB 863.

[206] Williams QC and Kawhar, *Williams & Kawharu on Arbitration* (2011) at para 5.9.6.

[207] OP Malhotra, *The Law and Practice of Arbitration and Conciliation: The Arbitration and Conciliation Act* 1996 (1st Edn, 2002) at pp 450-451.

[208] Lew, Mistelis & Kröll, *Comparative International Commercial Arbitration* (2003) at pp 13-49.

[209] 《KLRCA 仲裁规则》(2013年修订) 第11条规定，裁决应在最后的口头/书面陈述结束后的3个月内发出；参见《国际商会仲裁规则》第30 (1) 条。

[210] *Kifayatullah Haji Gulam Rasool et al v Smt Bilkish Ismail Mehsania et al*, AIR 2000 Bom 424, 2000 (4) Bom CR 412, 2000 (4) MhLj 341; *Petro-Canada v Alberta Gas Ethylene* 1992 ABCA9 (CanLII); *NBCC Ltd v JG Engineering Pvt Ltd* (2010) 2 SCC 385; *Ting Kang Chung John v Teo Hee Lai Building Constructions Pte Ltd* [2010] 2 SLR 625, [2010] SGHC 20; *Tay Eng Chuan v United Overseas Insurance Ltd* [2009] 4 SLR (R) 1043, [2009] SGHC 193.

人没有得到合理的陈情机会而导致裁决无效。[211]

然而可以有效地使用纯粹用于发布裁决的合理时限。有人认为，在仲裁员因拖延作出裁决而被撤销之前，通常应该存在由拖延造成的偏见[212]，或者延迟导致对仲裁员能否完成任务缺乏信心。[213]

根据《2005年仲裁法案》第16条撤销仲裁员的程序，与依据第15条由于资格或缺乏公正性或独立性而撤销仲裁员的程序是不同的。这里没有明确要求对仲裁员提出异议，向高等法院作出申请的权利"在任一方当事人不同意终止仲裁员的职权"时被激活。[214]

因此，新西兰的法院认定，此事项必须向仲裁的其他当事人提出，仅仅写信给仲裁员要求其辞职，并表示否则会向法院提出申请是不够的。[215]

23.7 异议权的放弃

澳大利亚高等法院认为：

> 根据案例或原则，一个对可以推测出表面偏见的情况有充分认识的诉讼当事人没有理由不能放弃以后反对法官继续审理和处理案件的权利。[216]

《2005年仲裁法案》第7条明确规定，凡在仲裁协议中规定了资格要求，而没有就仲裁员缺乏这种资格提出异议的，将构成权利的放弃。

更普遍地说，英国的判例法表明，知道了可以提出异议的理由但等到作出裁决之后才提起异议可能是致命的。[217]

《2005年仲裁法案》第15（1）条使用了强制性措辞，要求一方当事人自知道仲裁庭的组成或知道缺乏资格或条件可引起对公正性和独立性的正当怀疑的情况的15日内，发出异议通知。

这表明，未能在这一时限内采取行动的将无法向法院提出申请，这反映了一个基本的公平和正义观点[218]，即一方当事人不能"参与他认为根本上不正当的诉讼程序，意图

---

[211] Blackaby and Partasides with Redfern and Hunter, *Redfern and Hunter on International Arbitration*, (6th Edn 2015) at para 9.165.

[212] *Boncorp Pty Limited v Thames Water Asia/Pacific Pty Limited* (1996) 12 BCL 139.

[213] *Lewis Emanuel & Son Ltd v Sammut* [1959] 2 Lloyd's Rep 629; *Korin v McInnes* [1990] VR 723.

[214] Arbitration Act 2005 s 16 (2).

[215] *Interact v McKay* HC Wellington CP51/03, 14 July 2003 at [26]; Williams QC and Kawhar, *Williams & Kawharu on Arbitration*, (2011) at para 5.9.3.

[216] *Vakauta v Kelly* [1989] HCA 44, per Toohey J at [16], cited in *Johnson v Johnson* [2000] HCA 48 at [78].

[217] *ASM Shipping Ltd of India v TTMI Ltd of England* [2005] EWHC 2238 (Comm), [2006] 1 Lloyd's Rep 375; *Sinclair v Woods of Winchester Ltd* [2005] EWHC 1631 (QB).

[218] *Rustal Trading Ltd v Gill & Duffus SA* [2000] 1 Lloyd's Rep 14 at 20-21.

利用对他有利的裁决，并同时对不正当的决定保持沉默，只有在面对对他不利的决定时才会提出异议[219]。

英国的一个案例认为，如果对继续进行诉讼的权利作出具体保留（不影响任何后续质疑），则可能不得弃权。[220]

实际上，必须同意保留的对方当事人[221]实际上是不会这样做的，除非潜在的异议取决于发生其他事件，例如上文讨论的 *Vito G Gallo v The Government of Canada*[222] 案中第三方的可能介入。

一方当事人能够在多大程度上放弃就缺乏公正性或独立性提出异议的权利，是一个重要的问题。当异议是就相对轻微的情况提出的，例如仲裁员的教女受代表一方当事人的律所雇用时，异议权似乎是可放弃的，如果声称仲裁员不符合资格的情况是为双方当事人所知晓且其没有提出异议并继续进行程序的，则裁决不应该撤销。[223]

同样，当事人是否可以放弃就仲裁员是其中一方当事人的主要股东这一事实的申诉权？在英国，对此似乎没有任何不能放弃的理由。[224] 一方当事人不能在参与程序的同时保留万一得到不利的裁决时可提出异议的权利这一原则，应该意味着任何已知和没有被采取行动的冲突都是可以放弃的。

另外，一个违反自然正义基本原则的裁决应该被视为违背马来西亚的公共政策，因此也是撤销仲裁员或撤销裁决或不予执行裁决的理由。[225]

要注意的是，一名仲裁员因缺乏公正性或独立性构成违反自然正义时，即使是在一个三人仲裁庭，也有可能导致裁决无效。[226]

国际律师公会《国际仲裁利益冲突指南》包括了不可放弃的红色类别的情况，但这些“只是有信息价值，尽管大家公认的是其可以提供有用的指导”[227]。

在这个问题上的最后一点是，加里·博恩认为，如果说一方当事人可以放弃基于迟延或不作为来对一个有偏见的仲裁员表示异议的权利，那么在逻辑上，他们也应该能够

---

[219] *Thyssen Canada Ltd v Mariana Maritime SA* ［2005］ EWHC 219（Comm） at ［18］，［2005］ 1 Lloyd's Rep 640.

[220] *Compagnie Nouvelle France Navigation SA v Compagnie Navale Afrique du Nord*, *The Oranie and The Tunisie* ［1966］ 1 Lloyd's Rep 477，CA（Eng）.

[221] Tackaberry，Marriot QC and Bernstein，*Bernstein's Handbook of Arbitration and Dispute Resolution Practice*，（4th Edn，2003） at para 2-303.

[222] PCA Case No 55798，available at：http://italaw.com/cases/471.

[223] *Ghirardosi v Minister of Highways for British Columbia* 56 DLR（2d） 469 at 473-474.

[224] *Smith v Kvaerner Cementation Foundations Ltd*（*Bar Council intervening*）［2006］ EWCA Civ 242.

[225] Under Arbitration Act 2005 ss 37（1）（b）（ii） or 39（1）（b）（ii）.

[226] *City Centre Properties*（*ITC Pensions*）*Ltd v Tersons Ltd*（*or Matthew Hall & Co Ltd*（*sued in name of Tersons Ltd*））［*1969*］ *2 All ER 1121*，［1969］ 1 WLR 772，CA（Eng）. 例如，存在严重违反自然正义规则的情况：参见案例 *East and West India Dock Co v Kirk and Randall*（1887） 12 App Cas 738，HL；*Re Gerard*（*Lord*）*and London & North Western Railway Co*［1895］ 1 QB 459，11 TLR 170，CA（Eng）；*Glamorganshire Canal Navigation Co v Nixon's Navigation Co Ltd*（1901） 85 LT 53。

[227] *Participaciones Inversiones Portuarias SARLv Gabonese Republic*ICSID Case No ARB/08/17，Decision on the Proposal to Disqualify an Arbitrator，12 November 2009 at ［24］.

在仲裁协议中就仲裁庭的偏袒达成一致。[228]

23.8　撤销仲裁员命令的实践和影响

撤销仲裁员并不会终止仲裁。当事人不应该把质疑仲裁庭作为逃避仲裁协议的手段，除非仲裁协议指明了该人，而解除该人的职务可能导致仲裁协议失效。[229] 没有任何案例支持撤销首席仲裁员时需要撤销联席仲裁员的主张。[230]

《2005 年仲裁法案》第 17（1）条就任命替代仲裁员载有一项不可克减的条款，即当他或她是根据第 15 条或第 16 条被撤销，或者该名仲裁员撤职，或者他或她的职务被协议撤销，或者在“任何其他终止的情况下”时，可以任命替代仲裁员。因此，当事人和仲裁员都不能通过仲裁员的撤销或辞职而阻碍仲裁。

替代仲裁员将按照《2005 年仲裁法案》的规定委任，根据准备工作文件[231]，“第 11 条认可的最初委任仲裁员的当事方自主权同样适用于委任替代仲裁员的程序，因为第 15 条提到了适用于委任被替代的仲裁员的规则”，因此，当事人就委任达成的、根据第 13 条有效的任何协议，将适用于选择替代仲裁员。[232]

最具实践意义的结果是，在每位当事人各指定一名联席仲裁员的多人仲裁庭中，如果一方当事人的联席仲裁员被撤销或主动辞职[233]，该方当事人将仍具有委任替代仲裁员的权利[234]。如果不能委任的，可以申请吉隆坡区域仲裁中心主席或高等法院进行委任。因此在一个仲裁员被撤销的情况下，一方当事人可以通过委任一名新的仲裁员来拖延最多 30 天的程序，也可以为另一个故意拖延的联席仲裁员设置障碍。

第 17（3）条规定，除当事人另有约定外，在委任替代仲裁员之前，仲裁庭作出任何命令或裁定都不会因仲裁庭的组成变化而无效。因此，仲裁员的撤销或辞职不能被用作废除不利的程序或临时命令的策略手段。[235]

当新的仲裁员进入一个进行中的仲裁程序时，之前举行的听审应该在何种程度上重复举行是一个问题。除当事人另有协议外，根据第 17（2）条规定，当独任仲裁员被替代时，所有之前已经举行的听审必须再次举行。

---

[228] Gary Born, *International Commercial Arbitration*,（2nd Edn, 2014）at pp 1845-1850.

[229] J Poudret, S Besson et al, *Comparative Law of International Arbitration*,（2nd Edn, 2007）at p 365.

[230] *ASM Shipping Ltd of India v TTMI Ltd of England*［2007］EWHC 927（Comm）.

[231] Official Records of the General Assembly, Fortieth Session, Supplement No. 17（A/40/17）, annex I, para 147. *Yashwith Construction*（*P*）*Ltd v Simplex Concrete Piles India Ltd*（2006）6 SCC 204.

[232] *Yashwith Construction*（*P*）*Ltd v Simplex Concrete Piles India Ltd*（2006）6 SCC 204.

[233] 《2005 年仲裁法案》第 17（1）（b）条似乎允许仲裁员以第 15 条或第 16 条规定的异议以外的理由辞职。

[234] 这是一项非常重要的权利，如果被剥夺，将对各方提出质疑产生非常不利的影响。参见 Gary Born, *International Commercial Arbitration*,（2nd Edn, 2015）at p 1922.

[235] 例如拒绝给予延期或者提早开始听审。参见 *Re Whitwham Trustees etc and Wrexham, Mold & Connah's Quah Rly Co*（1895）39 Sol Jo 692 案、*Schofield v Allen*（1904）48 Sol Jo 176, 116 LT Jo 239, CA（Eng）案。

此条款可能会导致效率低下[236]，因为它可以为双方当事人提供一个重新争论以前所有的程序性命令或裁决的机会，从而大大地拖延仲裁程序。

如果一个联席仲裁员被替换，将由仲裁庭自由裁量是否重复以前举行过的听审。[237]重复的决定将取决于听审的性质；案件管理会议和程序听审可能是不必要的，而来自证人和专家的口头证词以及来自律师的陈词应该一律重复。

加里·博恩主张采取更温和的做法，只有在程序公正性受到威胁、证人可信度很重要或替代仲裁员有非如此而无法解决的重要问题的情况下，才应重复进行听证。[238]

最后一点是，当仲裁员被撤销时，可能会出现费用问题。该仲裁员会希望当事人为其更换之前已提供的服务付款，而各方当事人可能希望收回已经支付给该仲裁员的任何款项，这取决于导致撤销仲裁员的过错程度。[239]

与 1996 年《英国仲裁法案》[240] 不同，《2005 年仲裁法案》和 1996 年《新西兰仲裁法案》[241] 都没有规定法院可在发生仲裁员被撤职时就其费用作出命令。

除非另有约定，否则如果仲裁员被撤销，他的报酬将基于一般的合同原则计算；如果他的任期终止非因过错，例如一种无过错但会使其丧失资格的利益冲突，他应该有权获得应计的费用。[242]

然而如果仲裁员负有更大的责任，例如未能披露在一方当事人中的重大经济利益，他有可能会被要求偿还他在被更换之前所收到的任何费用[243]，尽管《2005 年仲裁法案》第 47 条规定了仲裁员可免于被起诉。[244]

---

[236] 加里·博恩在《国际商事仲裁》中认为“这种相对机械的方法是否考虑周全，值得怀疑”。

[237] 除非违反《2005 年仲裁法案》第 20 条或者其他自然公正原则，否则不得对该决定提出异议。参见 *Kalyan People's Coop Bank Ltd v Dulhanbibi Aqual Aminsaheb Patil* 1966 AIR 1072 案。

[238] Gary Born，*International Commercial Arbitration*，（2nd Edn，2014） at p 1954.

[239] Sutton Gill and Gearing，*Russell on Arbitration*，（24th Edn 2015） at para 7-136.

[240] 1996 年《英国仲裁法案》第 24（4）条规定，“法院如果撤换仲裁员，可以就仲裁员有权（如有）获得的费用或开支，或偿还已经支付的任何费用或开支作出其认为适当的命令”。

[241] Williams QC and Kawhar，*Williams & Kawharu on Arbitration*，（2011） at para 5. 10.

[242] 如果仲裁员的合同没有规定此类赔偿，则按照《1950 年合同法案》（法案 136）第 71 条规定的合理价格给付原则进行计算。

[243] 在 *Wicketts v Brine Builders & Siederer* ［2001］CILL 1805，［2001］App LR 06/08 一案中，除了其他费用，仲裁员还命令双方当事人支付其所发生费用的 100%作为费用的担保。法院对仲裁员进行了的严厉批评，虽然他已经支付该搬迁的费用，但最后只得到了搬迁时所产生的 26000 英镑费用中的 10000 英镑；参见 *Du Toit v Vale*（1993）9 WAR 138（WASC）。

[244] Merkin，Flannery 在 2014 年第 5 版的《1996 年仲裁法案》第 101 页所描述的即为英国的情况。

第24章　仲裁员的报酬

24.1　导　言

在仲裁中提出或辩护索赔的费用可能远远高于在法庭上提出或辩护索赔的费用，因为除了通常的法律费用之外，还必须为至少一名而往往是三名仲裁员的专业工作和投入支付费用。尽管如此，不受严格的法院诉讼程序限制的仲裁程序也可以同诉讼一样具有效益性，在许多情况下更是如此。

米歇尔·J. 莫泽（Michael J. Moser）解释道：

> 采用各种简单而直接的技术手段大大提高了国际仲裁的效率。其中包括最初的程序性命令、雷德芬表*、费用表、共同专家证人程序等。❶

仲裁员对提出其委任的人作出答复是正常的，说明他准备接受委任。这将包括仲裁员的报酬及其计算方法、是否需要任何保证金、是否要求分期付款，以及仲裁员是否希望储备一笔承诺费，无论仲裁是否生效，均因仲裁员为仲裁预留了时间而得到支付。

24.2　仲裁员的报酬

仲裁员的报酬是他无可争议的应得权益，由他的专业费用和开支组成。❷ 当仲裁由机构管理时，这可能包括该仲裁机构的费用和开支，但管理费用通常与仲裁员的报酬是分开的。

这种报酬也称为裁决费用，即仲裁员或裁决员的费用和开支，它们必须与协议提交仲裁的费用区分开来，后者是当事人发生的法律费用。❸

---

* 雷德芬表最初由艾伦·雷德芬（Alan Redfern）设计，是一份合作文件，是由原告、被告和法院共同建立的一个请求披露记录，也加入了当事人对请求的论点以及仲裁庭的决定。——译者注

❶ Moser, "*The 'Pre-Hearing Checklist' -A Technique for Enhancing Efficiency in International Arbitral Proceedings*", (2013) 30 Journal of International Arbitration, at p 155.

❷ G. Born, *International Commercial Arbitration*, (2nd Edn, 2014) at p 2018.

❸ Arbitration Act 2005 (Act 646) s 44; *Re Westwood, Baillie & Co and Cape of Good Hope Govt*, (1886) 2 TLR 667.

在临时仲裁中，报酬通常是以时间和烦琐程度为基础的。在机构仲裁中，仲裁庭成员依照规定的机构仲裁规则获得报酬。然而，在吉隆坡区域仲裁中心（KLRCA）和国际商会（ICC）等机构管理的仲裁中，首席仲裁员获取较高的报酬（40%），而联席仲裁员每人获得相当于总费用的 30% 的报酬。[4]

24.3 仲裁员的开支

除非委托仲裁机构（例如吉隆坡区域仲裁中心，即 KLRCA）从双方当事人处收取款项并支付仲裁员的费用[5]，否则此类费用将由双方当事人直接与仲裁员协商并支付。费用包括仲裁员在旅行、住宿、生活、证据记录和租用合适场所方面的合理开支。

各方当事人可以同仲裁员商量替代的方法，即双方支付每日或每日的费率，以支付仲裁员的生活费和住宿费。如果产生差旅费的，当事人双方和仲裁员可以对旅行的舱位达成一致意见。

仲裁员通常会详细记录他的开支，包括机票、当地交通费、生活费和住宿费用。如果从委任到作出裁决之间可能会有相当长的一段时间间隔，那么一些仲裁员在他们的委任条款里会规定可能出现的通货膨胀率。

通常来说，双方当事人和仲裁员会同意即时报销仲裁员的费用，并不需要等待案件结束或下一个费用付款日。这样可以避免出现仲裁员需要自费完成该部分仲裁程序的情况。

萨顿（Sutton）、吉尔（Gill）和吉尔林（Gearing）表示，一个经验丰富的仲裁员能够确保双方当事人尽可能直接与其他开支的供应商订立合同，例如为听审租用合适的场地。[6] 如果仲裁员被授权雇用某人，例如专家、法律顾问或评估员以协助处理该案，则可获许将支付给他们的费用作为仲裁的成本。[7]

法院在 *Appleton v Norwich Union Fire Insurance Society Ltd*[8] 案中允许将独立仲裁员的费用纳入联合裁决中。如果独立仲裁员在被授权之前过早地参与了程序，则他不能要求任何报酬。另外，不需要支付未经双方同意的与仲裁员一起开庭的法律评估员的费用。

---

[4] M McIlwrath and J Savage, *International Arbitration and Mediation: A Practical Guide*, (2010) at p 267, para 5-112.

[5] 《KLRCA 仲裁规则》(2013 年修订)，第 13.3 条。

[6] Sutton Gill and Gearing, *Russell on Arbitration*, (24th Edn, 2015) at para 4-052.

[7] *Hawkins v Rigby* (1860) 8 CB (NS) 271, (1860) 141 ER 1169.

[8] (1922) 13 Ll L Rep 345.

24.4　固定报酬

仲裁员的费用是当事人仲裁争议中的一个重要考虑因素。在临时仲裁程序中，通常由仲裁庭自行确定费用。[9] 大多数经验丰富和合格的仲裁员会收取其认为市场愿意为其服务承担的费用。

经验丰富和合格的仲裁员习惯于收取至少相当于在其司法管辖区内其专业收费上限的费用。[10] 如果费用结构太低，可能难以得到适当资质仲裁员的服务。即使他们同意，他们也可能不太愿意投入解决这一案件所要花费的时间。

在大多数情况下，仲裁员的费用或者保证金通常在当事人和仲裁员的第一次初步会议里或通过预先约定的方式进行计算。如果没有事先达成一致，仲裁庭将其列入初步会议的议程是合情合理的。

大多数提供仲裁服务机构都有其自身适用的费用表、收费基础，如争议的数额。[11] 在这种情况下，双方当事人不一定非要同仲裁员协商。

但是在临时仲裁中，当事人的律师或代理人有必要就拟收取的费用与可能的仲裁员进行公开协商，或通过通信的方式进行协商。这类协商应在仲裁员和所有当事人之间公开进行，以避免受到行为不当的指控。这些工作应在早期阶段就完成，以避免之后的分歧或尴尬。[12]

各方当事人和仲裁员最好在接受委任以及仲裁程序开始之时或之前，就所有有关仲裁员报酬的条款和委任条件进行协商并达成一致。[13]

这样可以避免仲裁员意外收取高昂费用的情况，也可确保仲裁员的服务费用能够得到支付。在仲裁开始时，能够评估出仲裁员的费用。与仲裁员的费用未能在委任时达成协议相比，这也可以减少仲裁员遇到困难的可能性。

从 *K/S Norjarl A/S v Hyundai Heavy Industries Co Ltd*[14] 案中，我们可以看到一个例子。在该案中，在接受了委任条款后（条款不包括分期付款或保证金），三名仲裁员中的两名建议应当在冗长的听审之前分期收取保证金。一方当事人同意这种付款的条件，但另

---

[9] M McIlwrath and J Savage, *International Arbitration and Mediation: A Practical Guide*, (2010) at p 267, para 5-112.

[10] Greenberg, Kee and Weeramantry, *International Commercial Arbitration: An Asian-Pacific perspective*, (2011), at p 408.

[11] 参见《KLRCA 仲裁规则》（2013 年修订），附表 1：费用表。

[12] Tackaberry, Marriot QC and Bernstein, *Bernstein's Handbook of Arbitration and Dispute Resolution Practice* (4th Edn, 2003), at para 2-339; *ICT Pty Ltd v Sea Containers Ltd* [2002] NSWSC 77; *Wickets v Brine Builders & Siederer* [2001] CILL 1805, [2001] App LR 06/08.

[13] *Sea Containers Ltd v ICT Pty Ltd* [2002] *NSWCA* 84; *K/S Norjarl A/S v Hyundai Heavy Industries Co Ltd* [1991] 3 All ER 211, [1992] 1 QB 863, CA (Eng); *Turner v Stevenage Borough Council* [1998] Ch 28.

[14] [1991] 3 All ER 211, [1992] 1 QB 863, CA (Eng).

一方表示反对。

法院认为，未经双方同意，仲裁员应按委任时商定的基础事项行事，他们不享有默示的收取保证金或取消费用的权利。[15]

塔克巴利和马里奥特将这个判决的结果做了以下的总结[16]：

（1）一个对于费用是否作出规定的接受任命的仲裁员，应与当事人达成了一个三方协议。[17]

（2）根据该协议，仲裁员具有准司法审判员的地位，具有这种地位所固有的所有职责和限制。

（3）在这些限制当中，其中之一是不能为了个人利益而单方面地与一个人打交道。

（4）因此，一个根据特定的有关数额和支付方式（可能包括提前付款的规定或保证金）的基础接受委任的仲裁员，此后不能更改之前所订立的报酬依据，除非所有当事人均同意。

（5）未就费用作出规定而接受了委任的仲裁员，有权在仲裁结束时获得合理的费用，费用由其或法院计算，因此其不得就其费用作出特别约定或者安排，除非提交仲裁的所有当事人均同意。

（6）因此，当任意一方当事人反对时，仲裁员不得与另一方当事人就费用达成任何协议或作出安排。

（7）这些主张适用于独任仲裁员、当事人委任的仲裁员、独立仲裁员、主席或第三方仲裁员。

然而加里·博恩指出，在某些地方，由当事人委任的仲裁员可以与其委任方有独立的报酬合同。[18] 不过，在马来西亚，这种安排可能有缺乏独立性的嫌疑，一般都会避免。

因此，经当事人同意委任的仲裁员可以规避收回费用的困难，因其可以在接受委任之前就费用安排进行协商。

也不能仅仅因为仲裁持续的时间比最初预计的长，就暗示仲裁员可以在公布裁决或裁决费用时增加其费用。在公布裁决或裁决费用时，其不得增加费用，在公布裁决费用时试图增加费用容易成为行为不当的指控理由。

24.5 仲裁员在合同中的权益

英国和新加坡的仲裁立法明确规定了仲裁员的获得报酬权，[19] 但是在《2005年仲裁

---

[15] Blackaby and Partasides with Redfern and Hunter, *Redfern and Hunter on International Arbitration*, （6th Edn, 2015） at para 4. 213.

[16] Tackaberry, Marriot QC and Bernstein, *Bernstein's Handbook of Arbitration and Dispute Resolution Practice* （4th Edn, 2003） at para 2-358.

[17] Sutton Gill and Gearing, *Russell on Arbitration*, （24th Edn, 2015） at para 4-060.

[18] Gary Born, *International Commercial Arbitration*, （2nd Edn, 2014） at p 1966.

[19] 1996年《英国仲裁法案》第28条；《新加坡仲裁法案》（第10章）第40条。

法案》中并没有提及。接受委任后，仲裁员与当事人之间形成了法律关系。这意味着当事人需要承诺支付仲裁员的工作费用和开支，而无论是否作出裁决。[20]

《2005 年仲裁法案》第 44 条提到了仲裁的“费用和开支”，在临时仲裁中，该条款可以授权仲裁庭确定费用。法案规定，费用通过明文协议确定，否则将在裁决中确定。

因此，仲裁员获得费用和开支的权利通常是仲裁员与当事人之间合同约定的问题。仲裁员一开始就会向各方当事人发出拟议的条款和条件。然后，当事人应在案件早期阶段接受或协商这些条款。如果无法达成协议，当事人必须进行其他委任。

在与双方有明文协议的情况下，协议规定的总额或计算方法对当事人具有约束力，仲裁员有权就其费用和开支进行起诉。如果没有明文协议，《2005 年仲裁法案》第 44 条隐含地规定，仲裁员有权在案件裁决中确定费用。

24.6　报酬协议的类型

一般来说，关于金额的协议有以下类型：

（1）当事人和仲裁员协商固定费用。包括仲裁员对案件所做的全部工作（包括听审花费的时间，不论其持续多久）。这通常不适用于牵涉复杂事项的仲裁，因为一开始难以确定仲裁将花费的时间。这种类型通常使用在小型仲裁中，即基于仲裁将在一个固定时间内被解决而收取固定的费用。如果费用已被固定，而仲裁员低估了仲裁实际需要的时间，其将受到约束而不能在随后坚决要求新的固定费用。[21]

（2）以花费的时间计算这是最常见的类型。例如，像 2010 年版《马来西亚建筑师协会仲裁规则》规定的那样，以按时或按日的费率计算会议、听审及案件处理时间。这套规则将《马来西亚建筑师协会建筑合同标准格式》（*PAM Standard Form of Building Contract*）中的仲裁员费用设定为每小时 450 令吉，其他合同形式的则是每小时 600 令吉。会议如果在 4 个小时之内则按半天计算，听审会以一整天（8 小时）为单位收费，每日费率为3600~4800令吉。然而这要受制于第 25 条的规定，即将仲裁员的费用和开支限制在合理的范围内。马来西亚建筑师协会还对仲裁员征收 7.5% 的仲裁员管理和协调费用，这笔费用不得加进仲裁费用中。然而在某些临时仲裁中，仲裁庭可以确定其成员中最高的小时费率，并将其延及整个仲裁庭，以确保报酬一致。[22]

（3）商定基本费用加上每日额外费用。这两项费用将根据争议标的、复杂性、索赔额和仲裁期限而有所不同。基本费用是向仲裁员支付的最低费用，例如，如果各方当事人在委任仲裁员后很快就解决了案件，还将包括裁决书书写费。这种方法很受律师和退

---

[20] *Brown v Llandovery Terra Cotta Co Ltd*（1909）25 TLR 625；*K/S/Norjarl A/S v Hyundai Heavy Industries Ltd* ［1991］3 All ER 211，［1992］1 QB 863；*Tackaberry v Phaidon Navegacion SA*［1992］ADRLJ 112；*Swift-Fortune Ltd v Magnifica Marine SA*［2007］1 SLR（R）629，［2006］SGCA 42.

[21] *Town Centre Securities plc v Leeds City Council*［1992］ADRLJ 54.

[22] M McIlwrath and J Savage，*International Arbitration and Mediation a Practical Guide*，（2010）at p 266，para 5-110.

休法官仲裁员欢迎。

（4）按价值计算法。即仲裁员费用是以争议金额的百分比（包括任何反诉）进行计算的。这见于《KLRCA仲裁规则》（2013年修订）、《马来西亚工程师协会（IEM）仲裁规则》（1994年第4版）（*Institution of Engineers Malaysia Arbitration Rules*（*4th Edition*，1994））和《马来西亚仲裁员协会仲裁规则》（2000年版）[*Malaysian Institute of Arbitrators Arbitration Rules*（2000 *Edn*）]。这是一种既简单又能够统一应用的办法，只需知道争议的总额和应适用的百分比。如果双方的争议被提交仲裁，双方都可以计算出可能带来的费用。这种费用结构的主要困难在于，两起争议数额相同的案件可能具有非常不同的复杂程度，为仲裁员带来难度不同的工作，而费用却是相同的。

《KLRCA仲裁规则》（2013年修订）[*KLRCA Arbitration Rules*（*Revised* 2013）]第12.2条规定，除非双方另有约定，吉隆坡区域仲裁中心主席将按照两个仲裁员费用附表来确定仲裁费用，一个用于国际仲裁（以美元计），一个用于国内仲裁（以令吉计）。

对于每段的价值，仲裁员费用计算是根据固定的一次性总额和超出该段最低点的百分比进行的。例如，争议价值为5万~10万令吉的，仲裁员费用为3500令吉，加上超过5万令吉部分的8.2%；消费税和其他适用的税额另外计算。

《马来西亚仲裁员协会仲裁规则》（2000年版）第28.1（1）条规定，仲裁员的费用应符合协会随时发布的现行费用表。第28.1（2）条规定了具体费率由马来西亚仲裁员协会会长确定，并在仲裁早期阶段尽早地确定，最好不迟于第一次初步会议。仲裁员或任一仲裁的当事人不同意会长确定的仲裁费率的，则该方应以书面形式向仲裁员协会会长提出修改仲裁员费率。

《吉隆坡区域仲裁中心联合国国际贸易法委员会规则》（2010年修订）（*KLRCA UNCITRAL Rules*（*Revised* 2010））[23] 规定，仲裁庭的差旅费和其他开支的数额应当合理。虽然规则提供了费用表，双方也可以另行约定，但考虑到争议金额、争议事项的复杂性、仲裁员花费的时间和其他有关情况，费用必须是合理的。[24]

除了专业费用外，仲裁员还有权得到合理的自费费用，如差旅费和生活费。《KLRCA仲裁规则》（2013年修订）[25] 还规定，如仲裁员需要过夜住宿时，日津贴为1800令吉，若不需要，则为每日900令吉。

24.7 获得合理报酬的权利

如果完成仲裁并作出有效的裁决，仲裁员将有权获得约定金额的报酬。在当事人之

---

[23] 《KLRCA UNCITRAL规则》（2010年修订）第40条。

[24] 《KLRCA UNCITRAL规则》第41条。

[25] 《KLRCA仲裁规则》（2013年修订）附件D（2010年修订），第2.2（e）项。

间存在向仲裁员或独立仲裁员支付报酬的明文协议时，仲裁员或独立仲裁员可以采取法律行动追回报酬。[26] 如果此前没有就报酬达成一致，仲裁员或独立仲裁员通常有权针对其实际工作价值的应得金额[27]获得合理的报酬[28]。

因发出终局裁决中存在不少的拖延，仲裁机构采取新措施，以督促仲裁员及时作出仲裁裁决。例如，根据国际商会（ICC）在 2016 年年初发布的新指南规定，仲裁员费用可以根据延期时间减少 5%～20%或更高（适用于 2016 年 1 月 1 日以后）。[29]

此外，国际商会（ICC）还开始执行了一项规则，要求仲裁员详细披露他们的工作安排，包括他们涉及的待决案件数量，以及可能阻止他们将时间投入该案中的任何其他事务。这有助于"确保所有仲裁员有有效审理案件的时间和专业性"[30]。

合理的报酬是根据每宗案件和所有情况来确定的一个事实问题。如果仲裁员是专业人员或前法官，则报酬的合理性可以通过一些考虑因素，如据其以往提供此类服务通常收取的费用来确定。

如仲裁员是一个对其管辖下的仲裁采用规定收费标准的行业协会成员，可以默认适用该收费标准。然而有人争辩说，这可能导致令人不满意的结果，因为仲裁员在漫长和困难的听审中得到的报酬可能低于直接但涉及较大金额的听审。[31]

实际上，当双方当事人委任了一名仲裁员并在任何机构标准以外协商费用时，如果一方当事人同意了他们的仲裁员收取不合理的高昂费用，则另一方可以坚持仅支付合理费用。[32]

24.8　需要考虑的因素

马斯蒂尔和博伊德列出了在确定合理报酬时应考虑的因素[33]，如下：

（1）争议的复杂性和所涉问题解决的难易程度或新奇性；

（2）仲裁员所需的技能、专业知识和责任；

（3）研究文件的数量和重要性；

（4）仲裁的地点和情况；

（5）争议对当事人的重要性；

（6）所涉财产的价值，或争议总金额。

---

[26] *Hoggins v Gordon*（1842）3 QB 466.

[27] 《1950 年合同法案》（法案 136）第 71 条。

[28] Moser and Cheng，*Hong Kong Arbitration：A User's Guide*，（2004）at 5. 5. 6.

[29] 2016 年 1 月 5 日，国际商会宣布新的政策，以促进透明度和确保更高的效率。

[30] Kirby，"Efficiency in International Arbitration：Whose Duty Is It?"（2015）6 Journal of International Arbitration at 692.

[31] Mustill and Boyd，*The Law and Practice of Commercial Arbitration in England*，（2nd Edn，1989）at p 236.

[32] Merkin and Flannery，*Arbitration Act* 1996（5th Edn，2014）at p 98.

[33] Mustill and Boyd，*The Law and Practice of Commercial Arbitration in England*，（2nd Edn，1989）at p 237.

法院在 *S N Kurkjian（Commodity Brokers）Ltd v Marketing Exchange for Africa Ltd（formerly T M Motiram（UK）Ltd）（No 2）*[34] 案中也讨论了评估合理费用的相关标准。[35]

24.9 双方当事人对仲裁员费用和开支的责任

双方当事人共同对仲裁员的费用和开支负责[36]，除非另有约定。[37] 有人认为，责任不仅是共同的，而且是连带的。[38] 这意味着每一方当事人应单独承担责任，而如果一方当事人未能支付或无力支付，则另一方当事人将承担仲裁员的全部费用，而不管仲裁员裁决中命令哪一方当事人承担这些费用。[39] 大多数有经验的仲裁员坚持连带责任。

这种责任，在没有任何明示或默示的相反协议的情况下，无论是共同的还是连带的，都是针对整个仲裁庭的费用和开支，并不限于寻求承担责任的一方指定的仲裁员。

双方当事人通常会与仲裁员商定有关条款，据此双方当事人以等额分期付款的方式在案中支付其费用和开支。在适当的时候，胜诉方通常会获得其仲裁费用，从而收回其支付的仲裁员费用和开支的份额。

但是，如果一方例如因为破产而没有支付仲裁员的费用和开支，无论是否是临时的，仲裁员都有权向另一方讨回所有的仲裁费用和开支，如住宿和差旅费用，应即时偿还。[40]

因此，在裁决中指示仲裁费用由一方支付并不意味着仲裁员放弃其向双方共同要求合理报酬的权利。[41] 一方当事人支付裁决费用后裁决被撤销的，费用的一半可以从另一方当事人处进行追偿。[42]

---

[34] ［1986］ 2 Lloyd's Rep 618.

[35] *Agrimex Ltd v Tradigrain SA*［2003］ EWHC 1656（Comm）; *Crampton and Holt v Ridley & Co*（1887） 20 QBD 48; *Willis v Wakeley Bros*（1891） 7 TLR 604; *Brown v Llandovery Terra Cotta Co Ltd*（1909） 25 TLR 625. 关于非专业仲裁员和法定仲裁员之间的区别，也可参见 *Government of Ceylon v Chandris*［1963］ 2 QB 327, ［1963］ 2 All ER 1, ［1963］ 1 Lloyd's Rep 214 案。

[36] *Brown v Llandovery Terra Cotta Co Ltd*（1909） 25 TLR 625, following *Crampton and Holt v Ridley & Co*（1887） 20 QBD 48 at 54.

[37] *Carter（t/a Michael Carter Partnership）v Harold Simpson Associates（Architects）Ltd（Jamaica）*［2004］ APPLR 06/14,［2004］ 2 Lloyd's Rep 512, PC.

[38] Mustill and Boyd, *The Law and Practice of Commercial Arbitration in England*,（2nd Edn, 1989） at p 235 note 13; *Tackaberry v Phaidon Navegacion SA*［1992］ ADRLJ 112; *Linnett v Halliwells LLP*［2009］ EWHC 319（TCC） at［55］.

[39] Williams QC and Kawhar, *Williams & Kawharu on Arbitration*（2011） at para 16.3.

[40] Tackaberry, Marriot QC and Bernstein, *Bernstein's Handbook of Arbitration and Dispute Resolution Practice*,（4th Edn, 2003） at para 2-387.

[41] *In re an Arbitration between Lyders v Fyfe & Cuming*（1909） 28 NZLR 1000.

[42] *Lyders v Residential College Committee*（1910） 30 NZLR 72.

24.10　保管人

第三方，例如马来西亚建筑师协会（PAM）、马来西亚工程师协会（IEM）或吉隆坡区域仲裁中心（KLRCA），保存着仲裁员报酬的保证金，他们只是一个按照仲裁员和当事人的指示行事的保管者。保管者未能遵守仲裁员和当事人的指示的，必然会影响到仲裁程序。

在临时仲裁中，保管人可能需要承担责任，具体取决于任命协议的构建内容，特别是在保管人干扰或对仲裁员作出向导处理付款的情况下。

24.11　临时支付

费用应在工作完成时，也就是在裁决作出时支付。为了克服这个问题，通常仲裁员会约定临时支付，特别是在仲裁可能会延长的时候。如果仲裁员未就临时付款与双方当事人达成协议，其可以根据允许其这样做的默示条款收取临时费用。

如果机构管理仲裁程序并从各方收取了保证金，则可以向仲裁员进行临时支付，这与临时仲裁相比省去了很多麻烦，因为后者必须由当事人来付款。

法院在 *Turner v Stevenage Borough Council*⑬ 案中指出：

> 仲裁员预计仲裁会在三个月左右完成。然而，他在此之前可能已参与了一系列的初步会议。只要当事人如此要求，他是否应该在没有报酬的情况下工作？仲裁员是否可以自由决定自己的时间和费用支出呢？只要当事人觉得开心，他是否有必要长期承担费用，直到裁决最终作出的那一天，他才有权获得补偿？我认为这似乎不是什么好的法律，也并不合理。在我看来，关于这份合同的真正解释，并考虑订立合同时的相关情况，或者根据某些人喜欢说的——以事实来看，仲裁员可以要求对其费用和开支进行临时支付，条件是在合理的时间内一次或多次这样做，而且也不是在双方当事人在听审会上对其服务作出如此坚定的承诺，以致他们在谈判中处于不利地位而被拒绝之后才这样做的。除此之外，仲裁员有权提出合理的临时付款要求，并且如果要求不被遵守，他可能会通过辞职来强制执行。

---

⑬ ［1998］Ch 28 at 36，［1997］3 WLR 309 at 316，CA（Eng），per Staugton J. Cf views of Pill J.

24.12 仲裁员对报酬进行的计算

在双方当事人没有达成相反协议的情况下，仲裁员可以决定自己的费用和开支。如果完成仲裁并且作出了有效的裁决，则在仲裁协议没有相反意图的情况下，仲裁员可以自己评估其报酬的金额并且在他的裁决中进行计算。[44] 根据《2005年仲裁法案》第44（5）条的规定，仲裁员可以按照与费用相同的方式对报酬进行计算和解决。

当提交的仲裁并没有作出裁决时，无论是由于当事人、仲裁员还是裁决员的行为所引起的，或者在因某种因素而导致裁决无效的情况下，关于仲裁员或裁决员应依据什么获得报酬，目前尚不清楚。

在公布裁决时，仲裁员有权在明示或默示的协议下对其费用和开支采取法律行动。裁判员也可以采取类似的行动，只要他有正确的法律依据。此外，仲裁庭的一名成员也可以独立提起诉讼，而无须参考仲裁庭的其他成员，以索取其费用和开支。

在马来西亚，外籍仲裁员免除预扣税。

24.13 留置裁决

当仲裁庭作出书面裁决时，通常要求当事人在发布裁决之前支付仲裁庭的费用。这是合乎逻辑的，因为在确保款项支付方面，这是仲裁庭最有优势、具有最大影响力的时刻。这是留置权，即在索赔得到满足之前保留占有物品的权利。在《2005年仲裁法案》中，没有规定留置权条款。[45]

通常认为，仲裁员对其费用有裁决权，有权保留裁决并仅在当事人支付其费用或高等法院下达命令后才发布裁决。[46]《2005年仲裁法案》第33（5）条规定，一旦裁决被作出，它就“应当被交付给每一个当事人”，这可以解释为禁止扣留裁决，但由于第44（4）条确认了如果“一个仲裁庭在其费用和开支被支付前拒绝提交裁决”，则应以仲裁员对裁决享有留置权的观点为准。

任何一方或双方当事人可以在支付费用后获得裁决。仲裁员无须担心哪一方当事人会支付费用。这是一种常规的权力，是确保迅速且妥当地支付仲裁员费用和开支的有效

---

[44] *M/S Alghanim Industries Inc v Skandia International Insurance Corp* [2001] 2 All ER (Comm) 30.

[45] 对比1996年《英国仲裁法案》第56条。

[46] *R v South Devon Rly Co* (1850) 15 QB 1043; *Government of Ceylon v Chandris* [1963] 2 QB 327, [1963] 2 All ER 1, [1963] 1 Lloyd's Rep 214.

手段。[47] 这也仍然是英国等司法管辖区里确保支付仲裁中任何未支付费用的普遍做法。

通常的做法是，仲裁员计算他的费用和开支的金额，然后通知各方，待支付计算出的数额后即可领取裁决，并且在收到付款前留置该裁决。[48]

重要的是，仲裁员可在裁决中明确指出谁应该支付裁决的费用，并进一步指示如果胜诉的当事人已经支付了裁决的费用，另一方当事人应立即偿还其任何费用，对方根据裁决承担责任。在有关责任的裁决被公布之后，公布单独的费用裁决是很常见的，这使得各方当事人能够就谁应该承担费用提交意见书。

在仲裁员计算和结算自己的费用的大多数情况下，他将对裁决行使留置权以促使当事人付款。在这种情况下，根据《2005 年仲裁法案》第 44（5）条的规定，有时可以提出上诉，以对计算方式进行审查。

如果不满意的一方当事人提出申请而被另一方当事人承担并支付费用的，则该权利无效。

但是，在 *Government of Ceylon v Chandris*[49] 案后，许多关于费用的裁决并不具体，并且没有说明仲裁员报酬的数额。因此，如果仲裁庭在当事人提出要求的 30 天内没有说明这些数额，则任何当事人都可以根据《2005 年仲裁法案》第 44（1）（b）条申请计算。

在作出这种裁决的同时，还提出一项要求，即各方当事人可以在向仲裁法庭支付一笔指定数额的款项时接受裁决。这保留了留置权，如果任何一方都不愿按照这些条款接受裁决，则可援引《2005 年仲裁法》第 44（4）条。

如果仲裁庭在收到费用之前扣留了裁决，则按《2005 年仲裁法案》第 44（4）条规定允许当事人向高等法院申请，命令仲裁庭发布裁决。

法院有广泛的自由裁量权，可以根据自己认为合适的条件作出裁决。这可能只意味着支付仲裁庭的费用。如果任何一方如在 *Rolimpex Centrala Handlu Zagranicznego v Haji E Dossa & Sons Ltd*[50] 案中那样支付了费用，则根据《2005 年仲裁法案》第 44（5）条，一方可能被剥夺了质疑费用合理性的机会，或至少会在这样做时招致额外的延误。

因此，在裁决被扣留的情况下，获得裁决的一方将要支付仲裁员的费用和开支。在实践中，当事人可能会分担费用并共同承担裁决。当事人支付仲裁庭费用的责任是连带责任。每一方对仲裁的全部未付费用应承担责任，而不仅仅是对其指定的仲裁员的费用承担责任。[51]

否则，如果获胜方获得裁决，他可以根据裁决本身寻求从败诉方处收回费用。一般

---

[47] *R v South Devon Rly Co*（1850）15 QB 1043；Re Coombs and Freshfield and Fernley（1850）4 Exch 839，（1850）154 ER 1456；Government of Ceylon v Chandris［1963］2 QB 327，［1963］2 All ER 1，［1963］1 Lloyd's Rep 214.

[48] Mustill and Boyd，*The Law and Practice of Commercial Arbitration in England*，（2nd Edn，1989）at pp 234-235.

[49] ［1963］2 QB 327，［1963］2 All ER 1，［1963］1 Lloyd's Rep 214.

[50] ［1971］1 Lloyd's Rep 380 at 384 per Donaldson J.

[51] OP Malhorta and I Malhotra，*The Law and Practice of Arbitration and Conciliation*，（2nd Edn，2006）at p 1286.

来说，裁决会包含进一步的指示，即如果获胜的一方已经为获得裁决而进行了支付，则另一方应偿还其根据裁决应当承担的任何费用。[52]

败诉方可以在其认为有理由对该裁决提出异议的情况下接受裁决。当任何一方都不领取裁决时，留置权是没有价值的。

在这种情况下，仲裁员必须根据当事人与其之间关于费用的协议来提起诉讼。在没有协议的情况下，仲裁员有权按隐含条款或应得金额[53]收取合理的报酬。

仲裁员对裁决可能拥有的任何权利中不包括当事人提交给仲裁员的文件。当事人可以向仲裁员收回这些文件。[54]

24.14 高等法院对报酬进行的计算

根据法院不干涉的原则，裁决中对费用进行计算的第一个停靠点是仲裁庭本身。[55]只有在仲裁庭指示裁决时，才需要支付费用和开支。但是，只有在裁决中并未指明金额，且仲裁庭在被要求提供裁决信息后30天内都未提供时，才可以向高等法院提出计算的申请。[56]

这里应该给予仲裁员说明费用和开支的计算依据的机会。如果提供了这种机会却没有利用，可能会引出这样的推论，即仲裁员或裁决员没有适当地用心计算[57]，这为高等法院的干预提供了合理的理由。

但是，如果仲裁员在不要求预付款的情况下发出了裁决，则法院无权审理对仲裁员费用计算的申请。支付了仲裁员费用并获得裁决的一方可以向败诉方要求支付仲裁员费用，败诉方无权要求对仲裁员的费用进行计算。[58]

如果仲裁员或裁决员行使其留置权并拒绝提交其裁决，除非支付了其所要求的费用，否则高等法院在处理为此目的的申请时，可以命令仲裁员或裁决员在高等法院认为适当的条件下向申请人提交裁决。[59] 这些条件实际上可能只是支付仲裁员的费用，但该条款赋予的灵活性规定了比单纯的不付费用更为异常的情况。不管仲裁员或裁决员是否在裁决中纳税，本节均适用。[60]

---

[52] OP Malhorta and I Malhotra, *The Law and Practice of Arbitration and Conciliation*, (2nd Edn, 2006) at p 1286.

[53] 参见《1950年合同法案》第71条。

[54] *Ponsford v Swaine* (1861) 1 John & H 433.

[55] 《2005年仲裁法案》第44（1）（a）条。

[56] 《2005年仲裁法案》第44（1）（b）条。

[57] *Government of Ceylon v Chandris* ［1963］ 2 QB 327, ［1963］ 2 All ER 1, ［1963］ 1 Lloyd's Rep 214.

[58] *Rolimpex Centrala Handlu Zagranicznego v Haji E Dossa & Sons Ltd* ［1971］ 1 Lloyd's Rep 380 at 384 per Donaldson J; *S N Kurkjian (Commodity Brokers) Ltd v Marketing Exchange for Africa Ltd (formerly T M Motiram (UK) Ltd) (No 2)* ［1986］ 2 Lloyd's Rep 618.

[59] 《2005年仲裁法案》第44（4）条。

[60] *Rolimpex Centrala Handlu Zagranicznego v Haji E Dossa & Sons Ltd* ［1971］ 1 Lloyd's Rep 380.

除上述规定外，如果仲裁员或裁决员对裁决中的费用进行计算并且不行使留置权，或者接受裁决的当事人不是投诉超额的一方时，[61] 则没有办法对仲裁员或裁决员确定的费用进行计算或以其他方式提出异议。

这个数额可能极不合理，以致法院可能会认为仲裁员缺乏公正性，从而撤销或者发回裁决。[62] 即使这一点没有得到证实，法院在行使其自由裁量权时也可以下令计算由仲裁裁决确定的仲裁员的费用和开支，因为仲裁员所要求的数额超过了法院所认为的适当数额。

24.15 仲裁员费用的保证金

对于仲裁员和当事人来说，对仲裁员的报酬有足够的保证金是非常重要的。在机构管理的仲裁中，仲裁机构将替仲裁员对其费用和开支收取足够的保证金。[63] 在其他情况下，则是由仲裁员与当事人协商就其费用和开支收取充足的保证金。

仲裁员在适当的情况下可以要求当事人支付关于费用的保证金。《2005 年仲裁法案》第 19（1）（a）条规定，基于其中一方当事人的申请，仲裁庭有权作出费用担保的命令。但是，除非仲裁员的委任条款或仲裁协议本身有规定[64]，否则法律不允许仲裁员单方面要求收取保证金，因为这样的做法可能会如 Wicketts 案中那样妨碍仲裁的顺利运行。[65] 例如，当事人和仲裁员可以达成这样的条款，要求在仲裁员获得其费用之前，将保证金支付给仲裁员或者存放在指定的账户中。

这样做的优势在于，它有助于各方当事人在仲裁案件进行时对费用进行监督；在仲裁进行期间向各方当事人收取款项比在程序结束时容易，因为仲裁员可从保证金中获得报酬。

对当事人来说，这样的好处在于公布裁决时，他们已经准备好费用，只要账户上的资金足够、不需要补充，就不需要再支付，因此在获得裁决时不会发生延迟。2010 年版《马来西亚建筑师协会仲裁规则》允许仲裁员要求任何一方当事人为他们的费用提供保证金。[66]

---

[61] *Rolimpex Centrala Handlu Zagranicznego v Haji E Dossa & Sons Ltd*［1971］1 Lloyd's Rep 380；*Re Stephens, Smith & Co and Liverpool and London and Globe Insurance Co*（1892）36 Sol Jo 464.

[62] *Re Prebble and Robinson*［1892］2 QB 602 at 604；*Appleton v Norwich Union Fire Insurance Society Ltd*（1922）13 Ll L Rep 345；*Government of Ceylon v Chandris*［1963］2 QB 327，［1963］2 All ER 1，［1963］1 Lloyd's Rep 214；*SN Kurkjian（Commodity Brokers）Ltd v Marketing Exchange for Africa Ltd*（*No* 2）［1986］2 Lloyd's Rep 618.

[63] 参见《KLRCA 仲裁规则》（2013 年修订）第 13 条。

[64] 在一项仲裁中，仲裁员在未经当事人申请的情况下下令每一方当事人支付其费用的 100% 作为押金，从而有效地双重保护了自己的利益。参见 Wicketts v Brine Builders & Siederer［2001］CILL 1805，［2001］App LR 06/08 案中说明性的论断。

[65] *Wicketts v Brine Builders & Siederer*［2001］CILL 1805，［2001］App LR 06/08.

[66] 参见《PAM 仲裁规则》（2010 年版），附件 1 第 4 条。

24.16 承诺费或取消费

一些复杂仲裁的程序可能旷日持久，它要求仲裁员预留几个星期甚至几个月的时间进行听审。在这种情况下，仲裁员将不得不在这些保留期内拒绝其他有报酬的工作。

通常情况下，仲裁员会要求并同意提前支付一笔不可退还的承诺费或“取消费”，以保护自己免受因当事人和解或因休假和推迟听审导致仲裁无法进行而浪费时间的可能。

在任何情况下，即使仲裁没有进行，也应向仲裁员支付这笔费用。这是在仲裁不能按照仲裁员事先约定的日期进行时，对仲裁员的收入的弥补。[67]

适当施加这种费用的目的是为已经预留了听审时间并且在此期间无法获得同等报酬的工作的仲裁员提供报酬。

对于希望要求支付承诺费的仲裁员来说，最佳的时间是在委任之前。在委任后，坚持要求取得取消费用为时已晚，因为在那个阶段收取这样的费用将构成对仲裁协议的变更，这需要当事人同意。

仲裁员必须注意，要确保在其接受委任时或之前就其委任的各个方面和条件达成一致。如果双方当事人没有同意，则坚持要求支付取消费是违规的。[68]

K/S Norjarl A/S v Hyundai Heavy Industries Co Ltd[69] 案中，双方当事人委任了仲裁员，并要求他们在两年内预留12周的听审时间。仲裁员接受了这项委任，但规定他们应当预先收取一定比例的费用作为“承诺费”。

其中一个当事人拒绝缴纳这种费用，并向法院提出了申请撤销仲裁员的请求。另一方当事人交叉申请声明他可以支付全部承诺费，对仲裁员没有任何异议。

初审法院驳回了这两项申请：在本案的情况下，仲裁员要求支付承诺费并无不当，但由一方单独支付承诺费并不合适。

为避免类似的问题，法院强调了所有费用应在委任前进行协商，仲裁员只有在各方当事人都清楚且对薪酬基础达成一致的前提下才应接受委任。

上诉法院驳回了双方当事人的上诉并认为：首先，仲裁员有权在被委任前就启动费进行协商，但在被委任后不得坚持收取启动费；其次，如果仲裁员拒绝与一方当事人就一项另一方当事人反对的费用表示同意时，仲裁员的行为是适当的。更好的和唯一有效的做法是，将费用规定为任用仲裁员的条件。[70]

---

[67] *K/S Norjarl A/S v Hyundai Heavy Industries Co Ltd* [1991] 3 All ER 211， [1991] 1 Lloyd's Rep 524，CA (Eng)；*Turner v Stevenage Borough Council* [1998] Ch 28.

[68] *Sea Containers Ltd v ICT Pty Ltd* [2002] NSWCA 84，per Mason P，Meagher and Sheller JA.

[69] [1991] 3 All ER 211，[1991] 1 Lloyd's Rep 524，CA (Eng)，per Leggatt J.

[70] Tackaberry，Marriot QC and Bernstein，*Bernstein's Handbook of Arbitration and Dispute Resolution Practice* (4th Edn，2003) at para 2. 348.

雷德芬和亨特[71]说，承诺费或取消费在某些文化环境中是可以被接受的，但在其他文化环境中则不然。使用这些费用时，它们往往并不能代表仲裁员在损失的时间里工作本可获得的全部费用，而只是一定比例的费用。因此，除非在任用条件中明确规定，否则常见的是收取总费额的 50%～75%的承诺费。

24.17　提前和解的费用

《2005 年仲裁法案》并没有涉及双方当事人在早期阶段就解决了纠纷的情况。出于实际的目的，提前和解与取消仲裁具有相同的效果。因此，仲裁员应该在协议中明确，出现提前和解的情况时，一些费用仍应支付。

提前和解时应付的费用取决于双方当事人和仲裁员之间的协议。这种协议的范围可能从根据仲裁员实际花费的时间进行计算的费用到预先支付的无法收回的总费用不等。

在后者的情况下，如果仲裁员进行了一些工作，这些款项将无法从仲裁员处收回，因为适用的原则是，除了毫无对价，否则不允许恢复原状。[72] 如果没有提前支付这些费用，在法律上则有天壤之别。仲裁员只有在其实质履职的情况下才能提出索赔。[73]

如果各方当事人确实在没有经过全面仲裁的情况下达成了和解，则应要求仲裁员签发一份同意书，其方式与法院作出的同意书一样。这使得各方当事人能够保留仲裁裁决的许多执行权益，如果和解被简化为仅仅是双方之间的一项合同，这种利益就会丧失。

24.18　仲裁员自身的行为导致裁决未形成

仲裁员自身的行为可能会造成未作出裁决的情况。这有可能发生在当法院撤销仲裁员或仲裁员无故辞职时。在这两种情况下，仲裁员将无法作出裁决。

尽管各方当事人与仲裁员之间的协议默示了即使裁决没有被作出[74]，仲裁员也有权获得报酬，但普遍认为，因仲裁员的过错而没有作出裁决时，他无权要求仲裁的任何报酬，因为没有明确的法律规定允许这样做。

如果仲裁员在听审结束时放弃其职责，使整个仲裁必须重复地在另一个仲裁庭进行且仍可要求付款，那么这会使各方当事人非常恼怒。在没有裁决的情况下，不可能存在

---

[71] Blackaby and Partasides with Redfern and Hunter, *Redfern and Hunter on International Arbitration*, (6th Edn, 2015) at para 4. 214.

[72] *Whincup v Hughes* (1871) LR 6 CP78.

[73] *Cutter v Powell* (1795) 6 Term Rep 320.

[74] *Brown v Llandovery Terra Cotta and Co Ltd* (1909) 25 TLR 625; *K/S/Norjarl A/S v Hyundai Heavy Industries Ltd* [1991] 3 All ER 211 *Tackaberry v Phaidon Navegacion SA* [1992] ADRLJ 112; *Swift Fortune Ltd v Magnifica Marine SA* [2007] 1 SLR (R) 629, [2006] SGCA 42.

裁决的留置问题。

例外的情况是，如果仲裁员在作出裁决之前死亡，在这种情况下，他的继任者、继承人或遗产法定继承人可以通过法律程序追回仲裁员去世之前的费用和开支。仲裁员如因健康不佳[75]或随后发生的冲突等合法原因辞职，对此他不承担责任，但仍有权获得报酬。[76]

仲裁员可以通过诉讼强制执行其费用和开支，但他们通常不希望为此而遇到麻烦和进行花费。[77] 法院在撤销仲裁员时，应考虑导致其被更换的过失程度，或考虑其辞职原因是否合理，以确定仲裁员是否可以要求获得其在辞职或被撤销之前的报酬。

24.19 仲裁员无过错时的合理费用

在没有过错的情况下，仲裁员或裁决员有权根据仲裁的明示或默示职权范围获得合理的费用和开支。即使在没有管辖权的情况下，仲裁员仍然有权向据称委任他的人寻求合理的报酬。

协议仲裁并非因仲裁员的过错而终止的实例，包括：

（1）仲裁员没有管辖权的观点被接受，法院坚持了没有管辖权的立场。由于因缺乏管辖权而无法作出有效裁决，仲裁员无法通过裁决计算和结算其费用和开支。因此，其无权收回其费用。[78]

（2）争议已达成和解。

（3）法院作出命令终止仲裁程序。

（4）法院对仲裁程序提出禁令。

（5）仲裁员在没有任何错误的情况下被撤销，原因是发现该委任不合适。

（6）仲裁员因身体欠佳而辞职。

（7）仲裁员因为程序过程中出现的利益冲突而辞职。

（8）当事人依据的协议并不构成《2005年仲裁法案》第9条定义中的书面协议。

---

[75] 根据《2005年仲裁法案》第16（1）条，这会使得仲裁员在事实上或法律上无法履行职责。

[76] Gary Born, *International Commercial Arbitration* (2nd Edn, 2014) at p 2013.

[77] Blackaby and Partasides with Redfern and Hunter, *Redfern and Hunter on International Arbitration*, (6th Edn, 2015) at para 4.212–4.214.

[78] *Burkett Sharp & Co v Eastcheap Dried Fruit Co and Perera* [1961] 2 Lloyd's Rep 80, affd [1962] 1 Lloyd's Rep 267, CA (Eng); Mustill and Boyd, *The Law and Practice of Commercial Arbitration in England* (2nd Edn, 1989) at p 244.

24.20　发生实际的不当行为时没有报酬

仲裁员或裁决员如果发生了实际的不当行为而终止仲裁，是无权获得报酬的。[79] 实际的不当行为包括接受贿赂、缺乏公正、持有偏见、贪污、对争议事项有未披露的利益、受雇于一方当事人，或者要求了不合理的费用而导致整个裁决被搁置。

因此，如果仲裁员恶意行事、明知故犯地超越其管辖权，以在客观上完全不符合争议性质或争议各方提交的材料的方式进行仲裁或决定该事项，则存在实际的不当行为。

另一种情况是在委任之前或在任用时，仲裁员没有披露其缺乏资格（包括对他所期望的资格）或存在会对其独立性或公正性产生合理怀疑的情况。

其委任协议可能自始无效。其无法获得报酬，因为裁决被撤销的原因是其没有进行必要的披露。如果因仲裁员实际的不当行为导致裁决被撤销，法院可能会要求其退还当事人已经支付的费用。[80]

但是，仲裁庭开庭后，如果仲裁员丧失独立性或者公正性，仲裁庭应当向其他仲裁员公开。否则将使裁决无效，并剥夺仲裁员索取报酬的权利。但是，如果其在失去公正性或独立性时辞职，其可能有权要求获得在辞职之前的报酬。

加里·博恩指出，严格来说没收报酬是一种民事责任形式，违反了《2005 年仲裁法案》第 47 条赋予仲裁员的法定豁免权[81]，但这是对不令人满意的表现的一种威慑。

因此，仲裁员是否会受到经济处罚应取决于导致其被免职的行为的性质，包括其是否出于恶意。例如，不披露利益冲突可能是无辜的，也可能是恶意的，因此，法院在决定这一问题时必须审查导致撤销仲裁员的行为的实际情况。

24.21　仲裁员善意行事的合理费用

仲裁员或裁决员如果善意行事，即使其错误决定导致了裁决无效，也有权获得报酬。仲裁员有权获得报酬，除非有证据证明其行为不当。

仲裁的准司法程序中存在固有的出错可能性。不同的仲裁庭对同一组事实纠纷可能作出不同的结论。仲裁员与当事人之间的契约关系使其有权根据《1950 年合同法案》第

---

[79] *Weise v Wardle*（1874）LR 19 Eq 171；*Lendon v Keen*［1916］1 KB 994；Mustill and Boyd，*The Law and Practice of Commercial Arbitration in England*（2nd Edn，1989） at p 232；*Bithrey Construction Ltd v Edmunds*［1996］35 BLISS 1（where the arbitrator was ordered to pay the costs of the motion for his removal）；*Wicketts v Brine Builders & Siederer*［2001］CILL 1805［2001］App LR 06/08（该案中仲裁员因其行为被解职而面临经济制裁）；*Tiki Village International Ltd v Riverfield Tiki Holdings*［1994］2 Qd R 674.

[80] *Traynor v Panan Constructions Pty Ltd*（1988）7 ACLR 47.

[81] Gary Born，*International Commercial Arbitration*（2nd Edn，2014） at p 2013.

71条的规定以完成的工作量获得报酬。

法院在 *Port Sudan Cotton Co v Govindasamy Chettiar & Sons*[82] 案中解释说：

> 错误和不当行为是有区别的。在事实上或法律上犯错不仅是人之常情，还是一种职业风险。除非重复的频率之高足以显示出其能力不足，否则它绝对不能说明什么，无论所涉及的人是法官、裁决员还是仲裁员。

24.22 裁决员可以决定仲裁员的报酬

在极少数情况下，如果仲裁被提交给两名仲裁员和一名裁决员，而仲裁员未能达成一致意见，以致作出裁决的责任落在裁决员身上，那么协议可规定裁决员可以将仲裁员的费用和自己的收费作为裁决费用的一部分。[83]

这样做时，裁决员应区分自己的费用和仲裁员的报酬。[84] 如果裁决员在裁决书中包括了自己的和仲裁员的报酬，但没有具体说明自己的费用是多少、仲裁员的费用是多少，法院将发还裁决书，并要求他对这些数额作出说明和指示。

24.23 评估自身费用时要考虑的因素

如果双方没有达成协议，仲裁员的费用和开支必须由仲裁员自己确定。[85] 仲裁员评估自己的费用或裁决员评估仲裁员的费用时，必须考虑到付费者的利益及其裁决的争议的性质。[86]

这种评估包括运用独立的思维和判断，并以最大的客观超然和正直的感觉来履行。由于当事人对仲裁员的信任，仲裁员必须尽力将收费保持在合理水平，并与其所提供的服务的性质相称。

法院在 *Government of Ceylon v Chandris*[87] 案中认为裁决员有权就仲裁费用进行计算和结算：

---

[82] [1977] 1 Lloyd's Rep 166 at 178, cited in *Campus and Stadium Ireland Development Ltd v Dublin Waterworld Ltd* [2005] IEHC 334.

[83] *Ellison v Ackroyd* (1850) 1 LM & P 806. *Threlfall v Fanshawe* (1850) 1 LM & P 340 (where the reference was under a court order); and *Appleton v Norwich Union Fire Insurance Society Ltd* (1922) 13 Ll L Rep 345.

[84] *Re Gilbert and Wright* (1904) 68 JP 143.

[85] 《2005年仲裁法案》第44条。

[86] 8. Factors to be considered, *infra*, and Mustill and Boyd, *The Law and Practice of Commercial Arbitration in England*, (2nd Edn, 1989) at p 236.

[87] [1963] 2 All ER 1 at 6.

“费用”和“结算”都涉及仲裁员对所要求的费用和所做工作的独立思考和判断，为确保费用公平合理，要考虑到须支付费用的当事人的利益以及仲裁员的合法利益。

关于仲裁员费用的确定，法院在 *Rolimpex Centrala Handlu Zagranicznego v Haji E Dossa & Sons Ltd*[88] 案中认为：

> 这项工作必须独立进行，而且不仅要适当考虑收费人的利益，而且要适当考虑付费人的利益。在有关仲裁庭自身的报酬时，至少在如果没有适用的费用表的情况下，行使这一权力显然既困难又容易招致不满。

当裁决员决定作为辩护—裁决员（advocate-umpires）的收费时，其应该区分归功于其作为仲裁员角色的费用，以及作为律师角色的部分。裁决员将仲裁员的费用纳入仲裁裁决是不适当的。[89] 在确定适当的费用时，可以寻求法律或其他专家协助。[90]

24.24　当报酬没有被纳入裁决

如果仲裁员或裁决员的裁决中没有包括其报酬的内容，并且在 30 天内没有提供这一信息，则需要支付费用的当事人可以要求高等法院就其本人与提交仲裁的另一方当事人之间的费用进行计算。[91] 例如，*Re Prebble and Robinson*[92] 案中的裁决员根据裁决的金额确定了以定额的方式收费，尽管当事人准备在此基础上付款，但法院不允许这样计算。

Re Collyer-Bristow & Co[93] 案的法院考虑了仲裁员或裁决员确定的费用，其中包括其因准备裁决而支付给其律师的一笔款项，法院认为，有责任支付这些费用的一方当事人有权对律师的账单进行计算。然而在 *Kuala Ibai Development Sdn Bhd v Kumpulan Perunding (1988) Sdn Bhd*[94] 案中，法院不允许仲裁员将他的律师账单加入自己的费用中。

24.25　收回超额报酬

如果当事人认为仲裁庭费用无论是从费率还是从审理案件的时间来看都过高，他们

---

[88] ［1971］1 Lloyd's Rep 380 at 384 per Donaldson J.

[89] *Government of Ceylon v Chandris*［1963］2 All ER 1.

[90] *Rowcliffe v Devon & Somerset Rly Co*（1873）21 WR 433.

[91] 《2005 年仲裁法案》第 44（1）条。

[92] ［1892］2 QB 602；*Re James (Frank) & Sons*［1903］WN 99；*Roberts v Eberhardt*（1858）3 CBNS 482 at 508.

[93] ［1901］2 KB 839，CA（Eng）.

[94] ［1999］5 MLJ 137. *Galloway v Keyworth*（1854）15 CB 228.

能怎么做呢？特别是在当事人对费用承担连带责任的情况下，当事人如何能控制定期调整的仲裁庭的费用？[95]

然而如果仲裁员或裁决员定了一个不合理和过高数额的报酬，为获得裁决而支付该数额的当事人似乎可以提起诉讼，要求收回超出公平合理数额的费用，除非该数额写进了裁决中。在这种情况下，其唯一的补救办法是撤销裁决或撤销与仲裁员报酬有关的部分裁决。[96]

由于仲裁员只能获得合理的报酬[97]，过高的费用将因违反仲裁庭与各方当事人之间的协议而应予纠正。然而，很少有当事人会正式抗议报酬的不合理性。相反，有些当事人只能拖欠仲裁庭的费用，希望另一当事人根据对其具有约束力的连带责任承担这些费用。[98]

除非费用过高，或者仲裁员或裁决员严重误解其在评估费用方面的职责，否则法院不会介入。在没有充分证据的情况下，如果收费似乎与所涉工作不成比例，就可以推断出这种误解。[99] 对此，也可以称为仲裁员因未依法行事而实施了不当行为。[100]

这个原则的适用是一个现实的问题，相关事项包括仲裁员的地位。例如，在*Appleton v Norwich Union Fire Insurance Society Ltd*[101]案中，法院认为，御用律师作为裁决员比其他两名仲裁员（初级律师和检验员）收取更高的费用是合理的。*S N Kurkjian*（*Commodity Brokers*）*Ltd v Marketing Exchange for Africa Ltd* [*formerly T M Motiram*（*UK*）*Ltd*]（*No* 2）[102]案中法院认为，如果涉及的工作复杂，则所涉数额的大小并不重要。

24.26 仲裁员或裁决员追索报酬的诉讼

当事人明确约定了向仲裁员或者裁决员支付报酬的，仲裁员或者裁决员可以提起诉

[95] M McIlwrath and J Savage, *International Arbitration and Mediation: A Practical Guide*,（2010） at p 267, para 5-112.

[96] *Llandrindod Wells Water Co v Hawksley*（1904） 68 JP 242, CA（Eng）; *Fernley v Branson*（1851） 20 LJQB 178; *Barnes v Hayward*（1857） 1 H & N 742 at 743; *Re Coombs and Freshfield and Fernley*（1850） 4 Exch 839 at 841,（1850） 154 ER 1456; and cf *Dossett v Gingell*, *Administrator of the Estate and Effects of Allen*, *Deceased*（1841） 2 Man & G 870. As to the factors relevant in assessing what amount is reasonable, *S N Kurkjian*（*Commodity Brokers*）*Ltd v Marketing Exchange for Africa Ltd*（*formerly T M Motiram*（*UK*）*Ltd*）（*No* 2） [1986] 2 Lloyd's Rep 618.

[97] 参见《KLRCA UNCITRAL 规则》（2010年修订）第41（1）条。

[98] M McIlwrath and J Savage, *International Arbitration and Mediation a Practical Guide*,（2010） at p 267, para 5-112.

[99] *Government of Ceylon v Chandris* [1963] 2 QB 327, [1963] 2 All ER 1, [1963] 1 Lloyd's Rep 214 at 227 per Megaw J.

[100] *Re Stephens*, *Smith & Co and Liverpool and London and Globe Insurance Co*（1892） 36 Sol Jo 464; *Re Prebble and Robinson* [1892] 2 QB 602; *Appleton v Norwich Union Fire Insurance Society Ltd*（1922） 13 Ll L Rep 345; *Government of Ceylon v Chandris* [1963] 2 QB 327, [1963] 2 All ER 1, [1963] 1 Lloyd's Rep 214, at p 227; *S N Kurkjian*（*Commodity Brokers*）*Ltd v Marketing Exchange for Africa Ltd*（*formerly T M Motiram*（*UK*）*Ltd*）（*No* 2） [1986] 2 Lloyd's Rep 618.

[101] （1922） 13 Ll L Rep 345.

[102] [1986] 2 Lloyd's Rep 618.

讼，要求获得合理报酬。[103] 过去的裁决认为，如果提交仲裁的当事人并未默示承诺将支付仲裁员或裁决员的服务费，这会使人怀疑仲裁员在没有明确协议的情况下有权获得报酬。[104] 例如，在 *Burroughes v Clarke*[105] 案中，法院裁定仲裁员不能就其费用提起诉讼，其职务是义务的。

鉴于现代经济结构的紧迫性，法律上并不认为这些决定是正确的。应当承认，仲裁员有权利就费用的支付对当事人提起诉讼，但在实践中这种情况很少发生[106]，因为仲裁员倾向于避免诉讼可能带来的收入损失、费用损失和负面影响，除非未决费用数额巨大。

然而在极少数情况下，如果仲裁员以朋友的身份行事且不期望获得报酬，则可能会有一个隐含的条款，即仲裁员不会为其服务收取费用，而且根据《1950 年合同法案》第 71 条，仲裁员无权获得报酬。

这似乎不再是提及非专业（而不是全职）的仲裁员的法律。[107] *Marsack v Webber*[108] 案中裁定，如果一方当事人为了获得裁决而支付了仲裁员的费用，而双方都无权收取任何费用时，则已支付费用的一方当事人可以从另一方当事人处获得一半的仲裁员费用。

如果非专业仲裁员可以对当事人的默示承诺提起诉讼，要求他们为其服务支付合理的报酬，那么法律仲裁员没有什么道理不可以这样做，无论争议是否为商业性质、仲裁员是否为法律专业人员，都没有区别。如果裁决书或事前协议未确定费用，仲裁员仍有权获得合理的报酬。

24. 27 按分配支付费用的义务

关于仲裁员报酬的法律，涉及两个需要分别处理的问题。第一个问题是各方当事人有义务支付仲裁员的费用和开支，包括终止职权的仲裁员的费用和开支，以及裁决员的费用和开支，不论其是否参与裁决。

第二个问题是根据仲裁员的裁决，关于仲裁员的费用和开支之间的分配，仲裁员的费用和开支构成仲裁的可收回成本的一部分。在实践中，如果仲裁员的费用和开支已被事先商定，则可根据裁决收回全部数额。而如果未就仲裁员的费用和开支达成协议，则仲裁员有权获得法院决定的合理数额。

---

[103] *Hoggins v Gordon*（1842）3 QB 466.

[104] *Virany v Warne*（1801）4 Esp 47；*Drane v Niccol*（1885）6 LR（NSW）145.

[105] （1831）1 Dowl 48.

[106] Blackaby and Partasides with Redfern and Hunter, *Redfern and Hunter on International Arbitration*,（6th Edn 2015）at para 4. 220.

[107] *Tackaberry v Phaidon Navegacion SA*［1992］ADRLJ 112；*Willis v Wakeley Bros*（1891）7 TLR 604；*Crampton and Holt v Ridley & Co*（1887）20 QBD 48 at 53；*Re Coombs and Freshfield and Fernley*（1850）4 Exch 839 at 841, 154 ER 1456 at 1457；*Tuckett v Isle of Thanet Electric Tramways and Lighting Co Ltd*（1902）46 Sol Jo 158；*Swinford v Burn*（1818）Gow 5 at 8；*Brown v Llandovery Terra Cotta Co Ltd*（1909）25 TLR 625.

[108] （1860）6 H & N 1；对比 Batesv Townley 2 Exch 152.

24.28 报酬与第三方资助

尽管第三方资助在仲裁中有许多优势，在纠纷仲裁中可以由申请人或被申请人以外的公司提供资金，但这可能会引起有关仲裁员的独立性或公正性问题。

例如，同一第三方资助者参与两个或两个以上的案件，而同一律师以不同身份（律师、仲裁员等）行事，这可能会导致利益冲突。[109] 因此，目前广泛被讨论的一个问题是在仲裁之前或开始时的（至少部分的）第三方资助者信息强制披露问题。[110]

2015年3月17日，在 *Euro Gas Inc and Belmont Resources Inc v Slovak Republic* 案中，仲裁庭命令申请人披露第三方资助者的身份，以便仲裁员核实他们不存在利益冲突。此前，申请人曾公开表示，该第三方的资金来自一个卢森堡的第三方资助者。不过，这似乎没有必要进一步披露条款。

在 *Muhammet Çap & Sehil Ins, aat Endustri ve Ticaret Ltd Stiv Turkmenistan*[111] 案中，仲裁庭命令两个土耳其建筑公司申请人披露他们是否是第三方资助的接受者，如果是，则须披露资金提供者的姓名和详细情况以及提供资金的一些条件。

此外，《欧盟关于跨大西洋贸易和投资伙伴关系协定》（*European Union for the Transatlantic Trade and Investment Partnership*）的最新提议载有关于披露第三方资助的明确规定。在 *RSM Production Corporation v Saint Lucia*[112] 案中，仲裁员在评估意见时，因其意见和语言遭到质疑，最终认定不存在偏见。

国际仲裁中的第三方资助越来越多，“但爱尔兰[113]、马来西亚[114]和新加坡[115]等司法管辖区仍然认为第三方资助是非法的，而在如法国和比利时等大陆法系司法管辖区，第三方资助属于灰色地带，法律普遍不愿意接受这种做法”[116]。

---

[109] *Euro Gas Inc and Belmont Resources Inc v Slovak Republic*, ICSID Case No ARB/14/14，第一届会议记录和临时措施听证会（2015年3月17日），第145页。

[110] *Teinver SA, Transportes de Cercanías SA and Autobuses Urbanos del Sur SA v The Argentine Republic*, ICSID Case No. ARB/09/1（Decision on Jurisdiction, December 21, 2012, paras 239-259）.

[111] *Muhammet Çap & Sehil Ins, aat Endustri ve Ticaret Ltd Sti v Turkmenistan*, ICSID Case No. ARB/12/6.

[112] *RSM Production Corporation v Saint Lucia*, ICSID Case No ARB/12/10.

[113] *Thema International Fund plc v HSBC Institutional Trust Services（Ireland）Ltd* [2011] IEHC 357.

[114] Christopher Leong, *Dispute Resolution in Malaysia*,（2015）at p 6.

[115] *Otech Pakistan Pvt Ltd v Clough Engineering Ltd* [2007] 1 SLR（R）989, [2006] SGCA 46 at 36.

[116] N Darwazeh and A Leleu, “Disclosure and Security for Costs or How to Address Imbalances Created by Third-Party Funding”,（2016）33 2 Journal of International Arbitration at p 125.

第6篇 Part six

仲裁的实施

第 25 章　仲裁的实施

25.1　引　言

当事人在仲裁中拥有自主权和灵活性，可以采用其偏爱的争议解决程序。程序的灵活性现被奉为国际商事仲裁的公认优势之一。[1] 从仲裁启动到结束的这一程序或仲裁行为，对仲裁的成功进行起着至关重要的作用。

仲裁的实施着眼于仲裁中出现的不同问题和采取的步骤。它的范围很广，其中包括仲裁庭如何组成、程序的时间表、仲裁地点的选择、适用于仲裁程序的规则。[2]

其他变量包括当事人、当事人的律师、仲裁机构和争议的性质，这些会影响案件仲裁的实施。与遵循具体做法的当地国际仲裁和国内仲裁相比，越来越多的国际争议解决专业人员正在进行真正的国际仲裁，通常是基于当地的仲裁实践。[3]

在仲裁过程中，当事人平等始终是首要的原则。这一原则意味着，所有当事人都有权有平等的机会提出他们的案件，参加听审，并得到适当的通知，以便作出适当的准备。

即使改变程序，也仍然需要遵守平等原则，以避免裁决被撤销的可能。仲裁程序与法院采用的传统程序有很大的不同。仲裁庭和当事人也积极参与决定和制定程序。

因此，仲裁庭必须平衡各方利益，并作出可执行的裁决。任何仲裁都必须符合法律规则，并符合适用的法律原则和仲裁的准据法。无论对于临时仲裁还是机构仲裁，这一点都适用。

25.2　当事人意思自治

当事人的意思自治原则允许各方当事人自由选择适用于他们的仲裁程序。《2005 年仲裁法案》第 21（1）（4）条 规定：

---

[1] L Mistelis, "International Arbitration-Corporate Attitudes and Practices. 12 Perceptions Tested: Myths, Data and Analysis Research Report", (2004) 15 Am Rev Int'l Arb 525 at p 527.

[2] KLRCA Fast Track Arbitration Rules (Revised 2013) art 9.

[3] M McIlwrath and J Savage, *International Arbitration and Mediation a Practical Guide*, (2010), p 225 at para 5-001. 4 UNCITRAL Arbitration Rules (Revised 2010) art 15.

在不违反本法规定的情况下，当事人可以自由约定仲裁庭审理案件的程序。

《纽约公约》第V（1）（d）条进一步确认了当事人意思自治原则。该条规定，如果拒绝执行的当事人可以证明“仲裁程序不符合各方当事人的协议”，则法院有权拒绝执行或撤销裁决。

但是，当事人意思自治是由法律所控制或约束的。[4]

Simon Greenberg, Christopher Kee and J Romesh Weeramantry[5]案总结了对当事人意思自治的约束，这些约束以各方未能达成一致、强制性的自然正义规则、强制性的程序法、机构要求、第三方、仲裁庭的自由裁量权以及法院的作用为前提。

25.3 根据法律原则实施的仲裁

国际商事仲裁是在法治的基础上进行的。因此，它以自然正义规则和诸如公共政策等其他考虑为指导。仲裁维护法治的基本原则，同时确保在程序问题上有充分的灵活性。

公共政策要求仲裁作为民事司法的一个组成部分发挥作用。这是为了确保仲裁决策过程的一致性，并保持仲裁各方之间的公平平衡。[6]

法院在*Podar Trading Co Ltd; Bombay v Francois Tagher, Barcelona*[7]案中说：“从表面上看，仲裁员的职责是按照本国法律行事。”其他案例加强了这一决定，指出：

> 毫无疑问，仲裁员与其他法官一样受法律规则的约束，如果在记录上看到仲裁员违反法律行事，则可以撤销仲裁员的裁决。[8]

仲裁庭必须根据主流的法律原则解决争议和分歧。丹宁勋爵在*David Taylor & Son Ltd v Barnett Trading Co*[9]案中强调：

---

[4] M Pryles, “Limits to Party Autonomy in Arbitral Procedure”,（2007）24（3）Journal of International Arbitration 327.

[5] S Greenberg, C Kee and J R Weeramantry, *International Commercial Arbitration: An Asian-Pacific perspective*,（2011）at pp 308–310.

[6] Arbitration Act 2005 s 20; Mustill and Boyd, *Commercial Arbitration*,（2nd Edn, 1989）at chapter 4; T D Rhidian, *The Law and Practice Relating to Appeals from Arbitration Awards*,（1994）at p 20; T D Rhidian, “Commercial Arbitration-Justice According to Law”（1983）2 Civ Just Q 166 at 183; *Czarnikow v Roth, Schmidt & Co* [1922] 2 KB 478, CA; *Maritime Insurance Co Ltd v Assecuranz-Union Von* 1865（1935）52 Ll L Rep 16; *Orion Compania Espanola de Seguros v Belfort Maatschappij voor Algemene Verzekgringeen* [1962] 2 Lloyd's Rep 257.

[7] [1949] 2 All ER 62 at 66.

[8] *Aubert v Maze*（1801）2 Bos & Pul 371; *Morgan v Mather*（1792）2 Ves Jun 15; *Kent v Estob*（1802）3 East 18; *Blennerhassett v Day*（1812）2 Ball & B 104; *Steff v Andrews*（1816）2 Madd 6; *Ames v Milward*（1818）8 Taunt 637; *Doe d Stimpson v Emmerson*（1847）9 LTOS 199; *Hodgkinson v Fernie*（1857）3 CBNS 189; *British Westinghouse Electric and Manufacturing Company, Limited v Underground Electric Railway Company of London, Limited* [1912] AC 673; *Attorney-General for the Province of Manitoba v Thomas Kelly Ltd* [1922] 1 AC 268.

[9]（1953）1 WLR 562 at 570.

仲裁员和法院并非受不同的法律约束。他们受同样的法律约束。

因此，仲裁是按照法律原则进行的。[10]

审理 *Orion Compania Espanola de Seguros v Belfort Maatschappij voor Algemene Verzekgringeen*[11] 案的法院总结了适用于仲裁程序的以下原则。

一般来说，仲裁员应该适用如下一套固定且被认可的原则：

（1）法律体系；他们不能使用不同的标准，例如，他们的个人观点或纯粹的抽象或公平原则作为友好裁判（*amiable compositeur*）[12]来应用。

（2）协议仲裁可以让仲裁庭有效地基于国际法原则，依照一些外国法律制度或事件决定事宜。[13]

（3）当事人可以通过合同中的仲裁条款本身或其他合同规定本应适用于事件的某些法律不应适用。例如，在不违反公共政策的情况下，排除某些法定条款，如法定时效。

（4）如果仲裁协议规定仲裁员应当适用仲裁员认为公平合理的其他标准，不论这些标准是否符合法律规定，则这个合同是无效的。因此，不存在具有法律约束力的仲裁协议，如果根据这种协议作出任何裁决，在合同无效的情况下是不能执行的。

仲裁庭必须采用固定的和被认可的法律体系，通常来说主要是合同的准据法。他们不能采用其他标准，例如，仲裁员的个人主观观点或者并非基于法律的抽象原则等。

很明显，法院并不允许仲裁庭在不根据法律原则的情况下作出裁决。即使有衡平法条款［又称为“尊贵的诺言”（*honourable engagement*）或“友好裁判”］明确地豁免仲裁员全部或部分地适用法律，仲裁员也仍然有义务遵守法律。[14]

《UNCITRAL 示范法》第 28（3）条允许仲裁庭在衡平法的基础上作出裁定，但与之相当的《2005 年仲裁法案》第 30 条中又故意省略了这一条。因此，从逻辑上说，对于马来西亚作为仲裁地解决的争议，必须依法作出裁决。

这与新加坡等国的立法形成了鲜明对比。[15] 此类立法允许仲裁庭可以根据公平合理

---

[10] *Ritchie v W Jacks & Co*（1922）10 Ll L Rep 519 at 520，CA（Eng），per Lord Sterndale MR；*Czarnikow v Roth，Schmidt & Co*［1922］2 KB 478；*Maritime Insurance Co Ltd v Assecuranz-Union Von* 1865（1935）52 Ll Rep 16；*David Taylor & Son Ltd v Barnett Trading Co*［1953］1 All ER 843，［1953］1 WLR 562. *Pacific & Orient Insurance Co Sdn Bhd v Woon Shee Min*［1980］1 MLJ 291，FC.

[11] ［1962］2 Lloyd's Rep 257.

[12] ［1962］2 Lloyd's Rep 257.

[13] *Republic of Ecuador v Occidental Exploration and Production Co*［2005］EWCA Civ 1116，［2005］2 All ER（Comm）689 at［13］.

[14] *Overseas Union Insurance Ltd v AA Mutual International Insurance Co Ltd*［1988］2 Lloyd's Rep 63 at 72 per Evans J. 尽管衡平条款仍然是争论的主题，但从 MegawJ 的公司观点来看，重点已经发生了转变，参见 *Eagle Star Insurance Co Ltd v Yuval Insurance Co Ltd*［1978］1 Lloyd's Rep 357，CA（Eng）；*Home Insurance Co and St Paul Fire and Marine Insurance Co v Administratia Asigurarilor de Stat*［1983］2 Lloyd's Rep 674；*Deutsche Schachtbau-und Tiefbo-hrgesellschaftmbH v R'as Al Khaimah National Oil Co*［1990］1 AC 295，［1987］2 All ER 769，CA（Eng）；*Home and Overseas Insurance Co Ltd v Mentor Insurance Co*（UK）Ltd（in liq）［1989］3All ER 74，［1989］1 Lloyd's Rep 473，CA（Eng）.

[15] *Astro Nusantara International BV v PT Ayunda Prima Mitra*［2012］SGHC 212，［2013］1 SLR 636 at［84］.

原则（*ex aequo et bono*）或友好裁判原则（*amiable compositeur*）作出裁决，该特征可能对来自大陆法系司法管辖区的仲裁当事人来说具有吸引力。[16]

加拿大法院在 *Faubert & Watts v Temagami Mining Co Ltd*[17] 案中表示：

> 在仲裁协议没有明文的相反规定的情况下，仲裁员有责任根据当事人的合法权利决定提交给他的问题，而不是根据在这种情形下他认为公平合理的情况。
>
> 仲裁庭必须决定所有提交给它的事项。[18]
>
> 但是，这一原则并没有扩大到要求仲裁庭坚持法院所采用的严格实务规则。[19]当事人的法律顾问不能在仲裁中坚持适用法院规则。[20]

25.4 关于仲裁实施的结果

仲裁的基本目标之一——特别是在国际语境中——是提供一个中立的程序，使不同背景和民族的各方当事人受到平等对待。[21]

仲裁庭在进行仲裁程序时必须遵守以下要求[22]，以确保公平审理：

（1）必须事先通知各方当事人听审将要进行；

（2）各方当事人必须有合理的机会与其法律顾问和证人一起出席听审；

（3）各方当事人必须有机会参加听审的全过程；

（4）各方当事人必须有合理的机会提出证据和论据[23]来支持自己的主张；

（5）如果有口头听审，各方当事人必须有合理的机会通过举证和对其证人的质证来反驳对方的证据；

（6）仲裁庭一方当事人提供的所有文件或信息均应同时告知另一方当事人，但不能造成程序上的不平等。如逾期提交文件的一方当事人在要求同时交换物品的程序中获得了不公平的好处，仲裁庭通常保留更改这一规则的自由裁量权。

---

[16] 类似的制度可以在爱尔兰找到，参见 *Marshall v Capital Holdings Ltd*（*trading as Sunworld*）［2006］IEHC 271案）；而在印度，可参见 *TDM Infrastructure Pvt Ltd v UE Development India Pvt Ltd*［2008］INSC 931 案。

[17] （1959）17 DLR（2d）246 at 256，per Laidlaw JA.

[18] *Wilson，Sons & Co v Conde D'Eau Railway Co*（1887）51 JP 230.

[19] *Re Badger*（1819）2 B & Ald 691，（1819）106 ER 517；*Jugoslavenska Oceanska Plovidba v Castle Investment Co Inc*：*The Kozara*［1973］2 Lloyd's Rep 1；*Techno-Impex v Gebr van Weelde Scheepvaartkantoor BV*［1981］2 All ER 669.

[20] Blackaby and Partasides with Redfern and Hunter，*Redfern and Hunter on International Arbitration*（6th Edn，2015）at para 6.02.

[21] Gary Born，*International Commercial Arbitration*（2nd Edn，2014）at p 2123.

[22] Mustill and Boyd，*Commercial Arbitration*，（2nd Edn，1989）at p 302 and Mustill and Boyd，*Commercial Arbitration*：*Companion Volume*（2001）at p 187；*Town and City Properties*（*Development*）*v Wilthsier Southern & Gilbert*（1988）44 BLR 109.

[23] Arbitration Act 2005 s 20.

不按照自然正义的规则进行仲裁构成对裁决提出异议的理由。[24]

25.5　口头听审

以前，除非各方当事人不同意，否则仲裁将必须以口头听审的方式进行。[25]

现在已经不是这样了。

《2005 年仲裁法案》第 26（1）条规定，仲裁庭有权决定是否举行口头听审，以提交证据和进行口头辩论。[26] 这项规则的基本理由是，如果案件只涉及文件，本来可以迅速处理，但如果需要口头听审，则可能会导致不必要的拖延。但是，《2005 年仲裁法案》第 26（2）条还规定，任何一方均可以要求在程序的“适当阶段”（*an appropriate stage*）[27] 进行口头听审，而且应进行此类听审，除非双方同意只进行书面审理。尽管存在一些拖延战术的风险，但这为程序提供了灵活性。[28]

如果仲裁庭仅根据书面证据作出裁决，则仲裁庭可以免除听审。这种程序须经各方当事人约定或明确写进仲裁协议中，或由适用的仲裁规则规定。

不经过听审的程序通常会规定在仲裁协议或适用的规则中，各方当事人应送达索赔书、答辩书、反诉书、反诉答辩书和反诉答辩陈述。

这些声明要求当事人提交一份文件清单及其所依据的所有文件的副本，然后仲裁庭根据收到的书面证据作出裁决。仲裁庭还可酌情视察争议现场或争议标的。

通过避免听审的做法，可以节省如租用听审室及律师、仲裁员每日出勤费用和双方当事人和证人的收入损失等费用。作为一个删减了的程序，书面仲裁在建筑纠纷仲裁中不太受欢迎。

建筑纠纷通常要求仲裁员查找并确定很多事实，因此仅仅是书面审理通常不合适。书面审理在小型消费者纠纷、航运纠纷中且往往在大陆法系国家很受欢迎，而在普通法司法管辖区，偏好于口头听审。

---

[24] *Front Row Investment Holdings*（*Singapore*）*Pte Ltd v Daimler South East Asia Pte Ltd*［2010］SGHC 80.

[25] *Ritchie v W Jacks & Co*（1922）10 Ll L Rep 519，CA（Eng）；*Star International Hong Kong*（*UK*）*Ltd v Bergbau-Handel*，*GmbH*［1966］2 Lloyd's Rep 16；*The Myron*，*Myron*（*Owners*）*v Tradax Export SA Panama City RP*［1970］1 QB 527 at 532-533，［1969］2 All ER 1263 at 1265，［1969］1 Lloyd's Rep 411 at 415 per Donaldson J. *Henry Bath & Son Ltd v Birgby Products*［1962］1 Lloyd's Rep 389；*Altco Ltd v Sutherland*［1971］2 Lloyd's Rep 515；*Ritchie v W Jacks & Co*（1922）10 Ll L Rep 519 at 520，CA（Eng），per Lord Sterndale MR.

[26] 除非双方当事人另有协议。

[27] 参见《UNCITRAL 示范法》第 24 条。关于这类申请的判例法有限，但在 Kempinski Hotels SA v PT Prima International Development［2011］SGHC 171，［2011］4 SLR 633 案中，申请人根据第 24 条的规定，对仲裁庭拒绝允许进行第二轮交叉询问提出了质疑。

[28] 即使仲裁员认为没有必要进行口头审理，也不能忽视。参见 *Attorney-General v Tozer*（*No* 3），2 September 2003，M1528-IM02 CP607/97，（Auckland）案。

25.6 听审的通知

《2005年仲裁法案》第20条要求仲裁庭确定听审的日期，为双方当事人的案件提供合理的机会。[29]

虽然仲裁庭应尽力满足双方当事人便利的要求，但这并不是一个没有灵活性的规则。仲裁庭根据自然正义规则保留了对相关事项的自由裁量权。[30]

对此，必须通知每一方当事人参与听审的情况[31]，但也必须给予他们充分的事先[32]警告，使他们能够有效地准备己方的论点、回答对方的论点（如有）、出席听审并作出陈述，否则通知就没有价值了。[33]

如果一方当事人不知道仲裁案件将会进行，则仲裁程序是不能正常进行的，否则由此作出的裁决可能会被撤销。[34]

仲裁庭只通知一方当事人而故意忽略通知另一方当事人的情况非常罕见。通常情况下，这种情况可能是由于缺乏沟通或单纯的误解而造成的。[35]

例如，*Oakland Metal Co Ltd v D Benaim & Co Ltd* 案的一方当事人知道有一个仲裁并且有一个听审，但是由于一些误解，他没有被告知何时何地举行听审。[36]

仲裁庭有责任避免这种误解的发生。可能的情况是，如果没有规定具体的通知方式，那么不发出这种通知不会使裁决无效，除非它已对各方当事人造成了损害。

当事人可以用明确的语言，通过明确的协议，随时免除向双方当事人都告知听审的要求。[37] 当事人的这种行为可能意味着放弃接受听审通知的权利。

然而仲裁庭应始终保持谨慎，以确保当事人有机会陈述案情。除非取消听审通知，

---

[29] *R v Diggines, ex p Rahmani* [1985] QB 1109, [1985] 1 All ER 1073.

[30] *Williams v Thomas* (1847) 8 LTOS 348; *Chandmull Moolchand & Co v Weis & Co Ltd* (1921) 9 Ll L Rep 412; *Rushworth v Waddington* (1859) 1 LT 69; *Nares v Drury* (1864) 10 LT 305; *Ginder v Curtis* (1863) 14 CB (NS) 723, (1863) 143 ER 628; *British Oil and Coke Mills Ltd v Horace Battin & Co Ltd* (1922) 13 Ll Rep 443.

[31] Arbitration Act 2005 s 26 (3). *Oswald v Earl Grey* (1855) 24 LJQB 69; *The Warwick* (1890) 15 PD 189; *French Government v Tsurushima Maru (Owners)* (1921) 37 TLR 961 at 962, CA (Eng), per Atkin LJ; *M Golodetz v Schrier* (1947) 80 Ll L Rep 647 at 651 per Lord Goddard LCJ; *Oakland Metal Co Ltd v D Benaim & Co Ltd* [1953] 2 Lloyd's Rep 192 at 199; *Doleman & Sons v Ossett Corp* [1912] 3 KB 257 at 271, CA (Eng); *London Export Corp Ltd v Jubilee Coffee Roasting Co Ltd* [1958] 1 All ER 494, [1958] 1 WLR 271; *Re an Arbitration between Hainan Machinery Import & Export Corp and Donald & McArthy Pte Ltd* [1995] 3 SLR (R) 354.

[32] *Atul R Shah v M/S V Vrijlal Lalloobhai and Co AIR* 1999 Bom 67, 1998 (4) Bom CR 867.

[33] Mustill and Boyd, *Commercial Arbitration*, (2nd Edn, 1989) at p 303, cited in *FBD Insurance plc v Connors* [2011] IEHC 184.

[34] *Methanex Motunui Ltd v Spellman* [2004] 1 NZLR 99, affirmed [2004] 3 NZLR 454, CA.

[35] *Lennon & Harvey Ltd v Murphy* [2004] IEHC 402.

[36] [1953] 2 Lloyd's Rep 192 at 193.

[37] *Oakland Metal Co Ltd v D Benaim & Co Ltd* [1953] 2 Lloyd's Rep 192 at 193.

否则如果不向任何一方发出听审通知，将构成违反《2005 年仲裁法案》和自然正义的行为。[38]

仲裁庭不能仅仅因为经常出现的一方当事人无视或拒绝参加仲裁而擅自解除通知。[39]一方当事人即使已经声明不会在听审中露面，也必须发出通知。[40]

如果在口头听审之前举行了一次会议，而一方当事人因没有收到会议通知而未能出席，若会议上没有作出任何实质性决定，则裁决不会失效。[41] 如果仲裁程序推迟，仲裁庭应将恢复听审的日期和时间通知各方当事人，而不能让一方当事人去通知另一方。[42]

25.7 出席听审的机会

除非双方当事人有相反的约定[43]，否则每一方当事人都有合理的机会出席听审。私人仲裁的性质意味着，一个人有权出席他作为当事人的仲裁程序。

这与必须将听审信息通知当事人的要求无关，因为可能通知了当事人参加听审，但其由于听审的时间和地点原因而无法出席。当事人不能陈述案情的，听审通知无效。

西班牙法院撤销了一份因一方当事人的律师无法出席仲裁，但仲裁员继续举行了听审而形成的裁决。[44] 仲裁庭当然不应该通过临时通知而单方面更改听审的日期，因为这可能会造成日程上的冲突。[45]

因此，仲裁庭应作出使当事人有合理的机会亲自出席，并能如他所愿地带上他的法律顾问和证人的安排；应确保听审的日期不会太近，而不致无法作出合适的准备和提交案情。

同样，仲裁庭应当照顾到因不可避免的情况而无法出席听审的一方当事人[46]，并且不应因为一方当事人的无心之过而剥夺其陈述意见的机会，特别是他的法律顾问的意见。[47]

但是，当事人没有绝对的权利坚持他的便利来获得各方面的照顾。在这种情况下，

---

[38] *The Warwick* (1890) 15 PD 189.

[39] *Montrose Canned Foods Ltd v Eric Wells* (*Merchants*) *Ltd* [1965] 1 Lloyd's Rep 597.

[40] Tackaberry, Marriot QC and Bernstein, *Bernstein's Handbook of Arbitration and Dispute Resolution Practice*, (4th Edn, 2003) at para 2-424. 一方当事人总有可能会改变主意，或者拒绝只是虚张声势。

[41] *Re Morphett* (1845) 2 Dow & L 967.

[42] *The Warwick* (1890) 15 PD 189; *Bignall v Gale* (1841) 9 Dowl 631; *Hamilton v Bankin* (1850) 3 De G & SM 782.

[43] *AA Amram Ltd v Bremar Co Ltd* [1966] 1 Lloyd's Rep 494.

[44] CLOUT case No 968 [A Coruña Provincial High Court, Spain, Section 6, Case No. 241/2006, 27 June 2006].

[45] FBD *Insurance Plc v Connors and another* [2011] IEHC 184.

[46] *Id.* n 40.

[47] Tackaberry, Marriot QC and Bernstein, *Bernstein's Handbook of Arbitration and Dispute Resolution Practice* (4th Edn, 2003) at para 2-425.

仲裁庭必须采取现实和司法的方式行使其自由裁量权，避免当事人玩弄拖延战术。

安排听审是仲裁庭自由裁量的事项。在仲裁庭合理安排听审的情况下，法院不愿介入仲裁庭的自由裁量权。[48]

如果修改听审日期后一方当事人不能参加，则不应单方面修改听审日期。[49]

仲裁庭不能仅仅因为一方当事人忽视或拒绝参与仲裁（这种情况经常发生），就冒昧地撤销该通知。[50] 即使一方当事人声明不会出席聆讯，也必须发出通知。

如果有理由认为缺席是无意的，仲裁庭应暂时休庭，以便进行调查。[51]如果调查结果显示没有出席听审的一方当事人有合理的理由，根据该听审作出的裁决则将被撤销。[52]

25.8 合理的陈情机会

《2005年仲裁法案》第20条规定：

当事人应受到平等对待，应当给予各方当事人公平合理的机会以陈述案情。[53]

给予每一方当事人陈述案情的合理机会是一项核心的程序性权利，这与被平等对待的权利相似。德兰斯（Derains）和施瓦茨（Schwartz）说：

> 在某些情况下，以相同的方式对待各方当事人可能会导致不公平的结果。[54]事实上，在正义和公平的意义上，被平等对待的权利有时体现为陈述案情的权利。[55]

丹宁勋爵在 *Privy Council in B Surinder Singh Kanda v Government of the Federation Malaya*[56] 案中表示：

> 如果说陈述权是有价值的、真正的权利，那么被申请人就有权知道对他提起的案情。他必须知道已经给出什么证据以及对他做了什么陈述。然后，他必须得到一

---

[48] *Fetherstone v Cooper*（1803）9 Ves Jun 67；*Ginder v Curtis*（1863）14 CBNS 723；*Nares v Drury*（1864）10 LT 305；*Re Whitwam's Trustees, etc and Wrexham, Mold and Connah's Quay Rly Co*（1895）39 Sol Jo 692.

[49] *Coromandel Land Trust Ltd v Milkt Investment Ltd*［2009］NZHC 1753.

[50] *Harris Adacom Corporation v Perkom Sdn Bhd*［1994］3 MLJ 504；*Waller King*（1723）9 Mod Rep 63；*Fetherstone v Cooper*（1803）9 Ves Jun 67；*Wood v Leake*（1806）12 Ves 412，（1806）33 ER 156；*Harcourt v Ramsbottom*（1820）1 *Jac & W* 505，at p 512，（1820）37 ER 460；*Scott v Van Sandau*（1844）6 QB 237；*Tryer v Shaw*（1858）27 LJ Ex 320；*Angus v Smythies*；*Smythies v Angus*（1861）2 *F & F* 381，（1861）175 ER 1106；*Re Hewitt and Portsmouth Waterworks Co*（1862）10 WR 780；*Baroness Wenlock v River Dee Co*（1883）36 Ch D 675；*Golodetz v Schrier*（1947）80 Ll L Rep 647.

[51] Mustill and Boyd，*Commercial Arbitration*，（2nd Edn，1989）at p 346.

[52] *Gladwin v Chilcote*（1841）9 Dowl 550.

[53] 它在很大程度上重复了《贸易法委员会示范法》第18条的规定。

[54] Y Derains and E Schwartz，*A Guide to the ICC Rules of Arbitration*，（2nd Edn，2005）at p 229.

[55] D Caron，L Caplan and M Pellonpaa，*The UNCITRAL Arbitration Rules：A Commentary*，（2006）at p 29.

[56]［1962］AC 322 at 337.

个公正的机会来纠正或反驳它们。

因此，《2005 年仲裁法案》第 20 条为各方当事人提供了一个不可剥夺的[57]合理机会来提供证据[58]，并就其事实和法律方面[59]对其进行辩护。[60]

如果一方当事人拒绝参与这一程序[61]，则裁决不会因为当事人没有得到陈情的合理机会而被撤销。

如果一方当事人没有得到仲裁庭所依据的专家报告，则该裁决有可能会被撤销。[62]

但是，如果当事人有充分的机会就案件中的某个特定问题提出证据而没有这样做时，则不能以不能陈述案情为理由对裁决提出争议。[63]

法院在 *Russel v Duke of Norfolk* 案中陈述道：

> 无论采用什么标准，重要的一点是有关的人应该有合理的机会陈述他的案情。[64]

德·史密斯（De Smith）、伍尔夫（Woolf）和乔韦尔（Jowell）等人解释道，尽管在不同的背景下，根据自然正义法则得出的公平听审的概念会有很大的不同。听取双方意见的规则设定了裁决中公平的最低标准。[65]

什么机会可以被视为合理的，将取决于实际情况的必要性。[66] 当事人应有机会提出

---

[57] *Methanex Motunui Ltd v Spellman*［2004］1 NZLR 95，HC；这一规则的效力可以在 1958 年《纽约公约》第 V（1）（b）条中看到，该条允许作为裁决执行对象的当事人，在由于其他情况不能对案件提出意见的情况下拒绝承认和执行裁决。

[58] *Lian Hup Manufacturing Co Sdn Bhd v Unitata Bhd*［1994］2 MLJ 51；*Carey and Brown v Henderson and Liddell*（1920）2 Ll L Rep 479 at 480，CA（Eng），per Atkin LJ；*Oakland Metal Co Ltd v D Benaim & Co Ltd*［1953］2 Lloyd's Rep 192 at 199 per Parker J；*Montrose Canned Foods Ltd v Eric Wells（Merchants）Ltd*［1965］1 Lloyd's Rep 597；*AA Amram Ltd v Bremar Co Ltd*［1966］1 Lloyd's Rep 494 at 499 per Megaw J；*Altco Ltd v Sutherland*［1971］2 Lloyd's Rep 515；*Modem Engineering（Bristol）Ltd v C Miskin & Sons Ltd*［1981］1 Lloyd's Rep 135.

[59] *Artic Builders & Co（Pte）Ltd v Tan Tong Meng Co（Pte）Ltd*［1984］2 MLJ 5，CA（Sing）；*Ritchie v W Jacks & Co*（1922）10 Ll L Rep 519 at 521，CA（Eng），per Lord Sterndale MR；*AA Amram Ltd v Bremar Co Ltd*［1966］1 Lloyd's Rep 494 at 499 per Megaw J；*Oakland Metal Co Ltd v D Benaim & Co Ltd*［1953］2 Lloyd's Rep 192 at 199 per Parker J *Star International Hong Kong（UK）Ltd v Bergbau-Handel GmbH*［1966］2 Lloyd's Rep 16；*Henry Bath & Son Ltd v Birgby Products*［1962］1 Lloyd's Rep 389 at 398-399 per McNair J

[60] *Carey and Brown v Henderson and Liddel*（1920）2 Ll L Rep 479；*Altco Ltd v Sutherland*［1971］2 Lloyd's Rep 515 at 518.

[61] *Swisher Hygiene Franchise Corp v Hi-Gene Ltd*（2009）20 PRNZ 292，affirmed in *Hi-Gene Ltd v Swisher Hygiene Franchise Corp*［2010］NZCA 359，［2010］NZSC 132，CA.

[62] *Paklito Investment Limited v Klockner East Asia Ltd*［1993］HKLR 39 at［57］-［58］.

[63] *Nanjing Cereals, Oils and Food Stuffs Import & Export Corporation v Luckmate Commodities Trading Ltd*［1994］HKCFI 140.

[64]［1949］1 All ER 109 at 118，CA.

[65] De Smith，Woolf and Jowell，*Judicial Review of Administrative Action*，（5th Edn，1995）at pp 431-432.

[66] *Arthur John Spackman v Plumstead District Board of Works*（1885）10 App Cas 229；*Re Gregson and Armstrong* 70 LT 106；*Board of Education v Rice*［1911］AC 179 at 182 per Lord Loreburn；*Local Government Board v Arlidge*［1915］AC 120；*Stafford v Minister of Health*［1946］KB 621；*Rex v Justices of Bodmin ex parte McEwen*［1947］KB 321；*Goold v Evans & Co*［1951］2 TLR 1189，CA；*Marriott v Minister of Health* 105 LJKB 125 confirmed in appeal in［1937］1 KB 128，CA.

他所依据的相关证据，并且对方的证据应该在他在场的情况下提出。[67]

当事人应该有机会对另一方的证人进行交叉质询，在没有机会作出解释的情况下，任何材料都不能被作为仲裁的依据。陈情的合理机会并不是说简单地在听审中有时间发言。仲裁庭必须考虑当事人的陈述意见。[68]

在加拿大的一个案件中，仲裁庭允许一方当事人提出与申请书不同的案件，并提出了另一方没有意料到的证据，这个裁决因此被撤销了。有人认为，仲裁庭允许这些“突击手段”（surprise tactics）[69] 违反了自然正义规则。

英国上诉法院裁定，各方当事人必须有机会就仲裁庭结论的所有“基本组成部分”提出自己的论点。[70] 新加坡上诉法院在 *L W Infrastructure Pte Ltd v Lim Chin San Contractors Pte Ltd*[71] 案中撤销了一项仲裁庭作出的额外裁决，该裁决中仲裁庭没有听取一方当事人提出的有关仲裁庭是否具有这种管辖权的陈述意见。

《UNCITRAL 示范法》第 18 条使当事人有充分的机会陈述案情。有人提出，“充分”一词固有的高标准可能导致各方当事人滥用过多的证人或作出不合理的、冗长的法律论据。[72]

但是，给予各方当事人充分的机会提出案情的规则也受到限制。伊朗—美国索赔仲裁庭（Iran-US Claims Tribunal）中的第三庭解释说：

鉴于这些案件的仲裁历史，仲裁庭不相信任何一方当事人能够令人信服地声称其被剥夺了“充分陈述其案情的机会”。关键词是“机会”：仲裁庭有义务向当事人提供陈述案件的框架，但这并不意味着有义务默许当事人对特定程序性顺序的要求或允许重复仲裁。[73]

当事人不能在仲裁庭上提出他们所选择的证据。该条款并不要求仲裁庭继续审理此事。

《2005 年仲裁法案》第 20 条明确了这一规则，它不遵循《UNCITRAL 示范法》第 18 条的规定，因为它给予了各方当事人合理的机会而不是充分的机会来陈述案情。[74] 这

---

[67] *Trustees of Rotoaira Forest Trust v Attorney-General* [1999] 2 NZLR 452.

[68] *AKM v AKN* [2014] SGHC 148.

[69] *Noble China Inc v Lei* [1998] CanLII 14708 (ON SC), 42 OR (3d) 69.

[70] *OAO Northern Shipping Company v Remolcadores de Marin Slp*, *The Remmar* [2007] 2 Lloyd's Rep 302, [2007] EWHC1821 (Comm) at [22]; *ABB AG v Hochtief Airport GmbH* [2006] 2 Lloyd's Rep 1 at [70], adopted in *TMM Division Maritima SA de CV v Pacific Richfield Marine Pte Ltd* [2013] SGHC 186 at [63]; *Soh Beng Tee & Co Pte Ltd v Fairmount Development Pte Ltd* [2007] SGCA 28, [2007] 3 SLR (R) 86.

[71] [2012] SGCA 57.

[72] T Sawada, "Conduct of the hearings", in M Pryles and M Moser (eds), *The Asian Leading Arbitrators' Guide to International Arbitration*, (2007) at p 299.

[73] *Dadras International v Islamic Republic of Iran* (1995) 31 Iran-US CTR 127 at p 144.

[74] 在 *Amasya Enterprises Pty Ltd v Asta Developments (Aust) Pty Ltd* [2016] VSC 326 案中，维多利亚州最高法院建议应由一个监督法院（而不是通过国内法院诉讼的棱镜）来认真审视给予当事人“合理机会”陈述其案情的要求。另可参见 Albert Monichino QC，“Arbitration: Reasonable Opportunity to Present Case”，(2016) 28 July。

项规定减少了当事人采用游击战术的机会，案中案会导致程序上不必要的拖延。[75]

仲裁庭没有义务允许同等数量的证人或相等的时间[76]，也不需要接受与争议问题无关的证据。它应该给予各方当事人提供证据的自主权，但是在给予了合理通知和合理机会的前提下，仲裁庭应该防止当事人破坏本来应该很快结束的程序。

该程序用于呈现真相的两种不同版本。仲裁庭的职能不是通过沉迷于猜测、主观臆断、追究调查或传唤和询问证人来寻求真相。

仲裁庭必须在双方当事人提交的两个不同版本的真相中作出选择。其应该评估提交内容的正确性或其他方面情况，并有接受或拒绝论点的自由裁量权。

当事人有权决定是否举行口头听审来提供证据和进行口头辩论，或是根据文件和其他材料进行书面审理。提供文件资料和口头证据的模式和方式可以由双方商定。

双方当事人通过明确的、不可撤销的协议可以有效地排除他们就一些或所有争议问题提出证据的权利。但是，应该以非常有力和明确的语言来表明他们打算放弃提供证据的权利。[77]

仲裁听审程序与法庭听审程序相似，即申请人将提出申请并反驳被申请人提出的反诉，传唤其证人并陈述案情。被申请人随后开始他的答辩、提出反诉，并传唤他的证人。

当事人有权提出口头证据的，可以以正常方式提出，表现为询问证人。[78] 仲裁协议的准据法将确定所有实质问题，有关程序问题的法律将指导程序性事项。[79]

25.9　自然正义规则的适用性

自然正义规则可以用两个词来表达："公正"（impartiality）和"公平"（fairness）。[80] 仲裁庭的权力受制于自然正义的首要原则。[81] 这是任何现代司法制度的支柱之一，其本

---

[75] M Hwang, "Why is there still Resistance to Arbitration In Asia", in G Aksen et al, *Global Reflections on International Commercial Law, Commerce and Dispute Resolution: Liber Amicorum in Honour of Robert Briner* (2005).

[76] T Sawada, "Conduct of the hearings", in M Pryles and M Moser (eds), *The Asian Leading Arbitrators' Guide to International Arbitration*, (2007) at p 297.

[77] *Ritchie v W Jacks & Co Ltd* (1922) 10 Ll L Rep 519 at 524, CA; *Oakland Metal Co Ltd v D Benaim & Co Ltd* [1953] 2 Lloyd's Rep 192 at 199.

[78] 在民事诉讼中，证人陈述作为当事人的主要证据只提供补充问题的趋势大大缩短了听审会的时间。

[79] *Naviera Amazonica Peruana SA v Cia Internacional de Seguros del Peru* [1988] 1 Lloyd's Rep 116 at 119, CA (Eng), per Kerr LJ; *South Carolina Insurance Co v Assurantie Maatschappij "de Zeven Procincien" NV* [1987] AC 24, [1986] 3 All ER 487; *International Tank and Pipe SAK v Kuwait Aviation Fuelling Co KSC* [1975] QB 224, [1975] 1 All ER 242.

[80] *B Surinder Singh Kanda v The Government of the Federation of Malaya* [1962] 1 MLJ 169 at 172, per Lord Denning.

[81] *Turner (East Asia) Pte Ltd v Builders Federal (Hong Kong) (No 2)* [1988] 2 MLJ 502; *Tan Tong Meng (Pte) Ltd v Artic Builders & Co (Pte) Ltd* [1986] 2 MLJ 241, PC; *Malaysian Newsprint Industries Sdn Bhd v Bechtel International, Inc* [2008] 5 MLJ 254.

质是公正审判。

自然正义规则首先是“没有人能成为自己的法官”（nemo debet esse judex in sua causa），其次是“双方当事人都有被听取的权利”（audi alteram partem）。[82] 违反自然正义的仲裁裁决可能会受到质疑。[83]

印度最高法院指出：

> 制造自然正义规则的目的是确保司法公正，或反过来说，以防止司法审判错误。这些规则只能在尚未被任何有效制定的法律涵盖的范围内运作。也就是说，它们不取代当地的法律，而是补充了当地的法律。[84]

这些规则和许多其他规则只不过是这两项主要原则的延伸或改进，这两项原则是自然正义的基本特征，也是支持自然正义的两大支柱。

然而自然正义的要求必须取决于每个案件的实际情况、调查的性质、仲裁庭的行为规则、待处理的事项等。

确定违反自然正义的行为有某些准则。这一检验要求法院从证据和听审规则的角度仔细审查每项裁决的是非曲直。这些要素应出现在每一项判决或仲裁裁决中。[85]

审理 *Castel Electronics Pty Ltd v TCL Air Conditioner（Zhongshan）Co Ltd* 案的法院解释说，在国际仲裁中，“如果要以违反自然正义规则为由拒绝执行裁决，则必须证明对拒绝执行裁决的一方当事人有确实的不公平和不公正”[86]。

上诉法院在 *Aircraft Support Industries Pty Ltd v William Hare UAE LLC*[87] 案中确认，尽管裁决的另一部分因为仲裁员给胜诉方的是一项最初提出但未包含在申请书中的索赔而违反自然正义，Abu Dhabi 裁决得到了部分执行。上诉法院认为，如果裁决的无效部分能清晰地分割，则部分无效的裁决一般不会整体无效。

25.10 仲裁的程序

当事人可以自由地在合同中加入特殊的仲裁条款，就像他们在合同中没有授权“通过战争或磨难进行审理，或者更令人怀疑地，交给一个由三只猴子组成的小组进行审理”（trial by battle or ordeal, or, more doubtfully, by a panel of three monkeys）一样。[88]

---

[82] R H Kersley and H Broom, *A Selection of Legal Maxims*,（10th Edn, 1939）at p 65-68.

[83] Sutton Gill and Gearing, *Russell on Arbitration*（24th Edn 2015）at para 5-036,

[84] *Union of India v Col J N Sinha*（1970）2 SCC 458 at [8].

[85] *Castel Electronics Pty Ltd v TCL Air Conditioner（Zhongshan）Co Ltd（No 2）*［2012］FCA 1214; S Suresh, “Application of Natural Justice in Arbitration: An Irreconcilable Legal Proposition”.

[86] ［2012］FCA 1214.

[87] ［2015］NSWCA 229.

[88] *Ahmad Baravati v Josepthal, Lyon & Ross Incorporated and Peter Sheib* 28 F. 3d 704（7th Cir 1994）at 709.

仲裁协议的当事人也享有最广泛的自由裁量权，可根据当事人意思自治的概念，在仲裁之前或仲裁期间商定其偏好的任何程序。

除非这种协议违反基本原则，以致被视为违反公共政策，如就剥夺一方或双方当事人发言权的程序达成协议，否则这种协议将被执行。[89][90]

《2005 年仲裁法案》第 21 条规定，当事人可以自由地商定所要遵循的程序，但如果没有达成此类协议，仲裁庭可以根据该法案的规定，以其认为适当的方式进行仲裁。

仲裁庭在进行仲裁时必须遵循各种程序，其中可能包括如仲裁程序的时间和地点，听审、申请书或索赔和辩护的书面陈述，文件的披露，费用，取证时限等。

当事人的自治原则是管理程序的起点，程序规则的选择是仲裁的重点。[91]

当事人商定的程序必须符合马来西亚的公共政策。与公共政策相冲突的裁决，特别是由欺诈或贿赂引起的裁决可能会被撤销，或者被拒绝执行。[92]

当事人可以根据具体需求和愿望设计程序规则。在提交仲裁或者授权仲裁员作出裁决时，他们可以通过明示或默示的方式来选择采用的程序。

例如，如果选择《国际商会仲裁规则》（*ICC Arbitration Rules*），当仲裁庭收到国际商会秘书处的文件时[93]，就必须制定“职权范围”（terms of reference），其中包括当事人索赔的摘要和适用的程序规则的细节。

职权范围还会包括一份待确定的问题清单，将由仲裁庭和提交仲裁的当事人签字以加强仲裁。[94] 如果一方当事人拒绝签字，则会存在程序上的违约。[95]

在临时仲裁中，各方当事人可以编制自己的一套规则，或者通过仲裁机构的标准仲裁规则来做到这一点。这些仲裁规则可能对当事人的自主权做了限制。

例如，《KLRCA 仲裁规则》（2013 年修订）纳入了《UNCITRAL 仲裁规则》，其中第 17（1）条规定：必须平等对待各方，必须给予各方陈情的充分机会。

第 29 条规定：仲裁庭如果任命一名专家，必须给予当事人机会审查专家在提交报告时所依赖的任何文件，在听审上对专家进行交叉质询，并给予就争议事项带来他们自

---

[89] *Naumann v Edward Nathan & Co Ltd*（1930）37 Ll L Rep 249 at 252，CA（Eng）；*London Export Corp Ltd v Jubilee Coffee Roasting Co Ltd*［1958］1 All ER 494，［1958］1 WLR 271，affd［1958］2 All ER 411，［1958］1 WLR 661，CA（Eng）；*Trustees of Rotoaira Forest Trust v Attorney-General*［1999］2 NZLR 452；*Hi-Gene Ltd v Swisher Hygiene Franchise Corp*［2010］NZSC 132；*Hebei Import & Export Corp v Polytek Engineering Co Ltd*［1999］1 HKLRD 665；*Re Corporación Transnacional de Inversiones，SA de CV v STET International，SpA*［1999］CanLII 14819（ON SC）；*Uniprex SA v Grupo Radio Blanca*，Case No 178/2006-4/2004，CA，（Spain）；*Smart Systems Technology Inc v Domotique Secant Inc*［2008］QJ No 1782（Quebec）.

[90] Oberlandesgericht München，Germany，34 Sch 26/08，22 June 2009.

[91] Sutton Gill and Gearing *Russell on Arbitration*（24th Edn，2015）at para 5-057.

[92] Arbitration Act 2005 ss 37（1）（b）（ii）and 39（1）（b）（ii）.

[93] 参见《ICC 仲裁规则》第 23（1）条。2007 年《SIAC 仲裁规则》第 17 条规定了类似的“发行备忘录”程序。后来的《SIAC 仲裁规则》省略了这条规定。

[94] *Commonwealth Development Corp*（*UK*）*v Montague*［2000］*QCA* 2522.

[95] ICC Rules of Arbitration art 23（3）.

己的专家证人的机会。[96]

否则，双方可以采取正式或非正式的程序。由双方当事人来协商对必须对其协议给出结果的仲裁员给予狭窄的还是广泛的管辖权。

在实质问题和程序问题上，双方当事人不能有效地通过授权仲裁员的程序来直接影响作为非仲裁当事人的第三方。例如，仲裁员可以指示当事人（或其控制下的其他人）出示文件或提交审查。

仲裁庭无权强迫非仲裁当事人的第三方，使其受制于协议仲裁、支付损害赔偿或实施某一特定行为，即使当事人意图授予这种权力。[97]

KS Abdul Kader v MK Mohamed Ismail 案的仲裁当事人同意仲裁庭应在审议当事人的书面陈述和证明文件后给予裁决。[98]

然而在作出裁决时，仲裁庭在作出裁决之前似乎就某些有争议的事项单方面询问了第一被申请人（上诉人），并且显然是根据他给出的部分陈述作出裁决的。法院否决了仲裁员采用的程序，并撤销了这一裁决。

25.11 仲裁庭是程序的主管

仲裁被比作一艘可能由当事人拥有的船。正如一艘船是船主拥有的，这艘船也由船长进行日常指挥。就仲裁而言，则由仲裁庭来指挥。

虽然当事人可以互相同意终止某一特定仲裁庭的职权并同意替换它，但总会有一个具有最终控制权的仲裁庭。[99]

加里·博恩指出，在极少数情况下，如果商定的程序根本不公平，那么仲裁庭的职责就是拒绝使其生效。[100] 但是如果不存在根本上的不公平性，则仲裁庭必须遵守当事人的意愿。[101]

法院在 *Sineo Enterprise v Jayarena Construction* 案中认为，仲裁员自行决定自己的仲裁方式和程序，完全无视当事人的意愿，因此脱离了当事人同意选定的职责。[102]

---

[96] Blackaby and Partasides with Redfern and Hunter, *Redfern and Hunter on International Arbitration* (6th Edn 2015) at para 6. 133–134.

[97] Blackaby and Partasides with Redfern and Hunter, *Redfern and Hunter on International Arbitration* (6th Edn 2015) at para 6. 17–6. 18.

[98] [1954] MLJ 231, CA; cited in *The Government of Sarawak v Sami Mousawi–Utama Sdn Bhd* [2000] 6 MLJ 433.

[99] Blackaby and Partasides with Redfern and Hunter, *Redfern and Hunter on International Arbitration* (6th Edn 2015) at para 6. 03.

[100] Gary Born, *International Commercial Arbitration* (2nd Edn, 2014) at p 2142.

[101] Williams QC, A Kawharu, *Williams & Kawharu on Arbitration* (2011) at para 11. 15.

[102] *Sineo Enterprise Sdn Bhd v Jayarena Construction Sdn Bhd* [2005] MLJU 216.

在当事人对程序不能达成一致时，仲裁庭就成为程序主管人[103]，并受制于自然正义规则。[104] 这赋予了仲裁庭广泛的权力以基于当事人的自主权、正当程序和平等待遇、避免延误和免受破坏来进行仲裁程序。[105]

审理 *Amalgamated Metal Corp Ltd v Khoon Seng Co* 案的法院说：

> 根据私人仲裁协议任命一名独任仲裁员，双方当事人可以让仲裁员掌握仲裁应遵循的程序……只要其采用的程序不违反自然正义规则，其就有完全的自由裁量权来决定如何从其被任命之日起到裁决之日止进行仲裁。[106]

法院在 *Bremer Vulkan Schiffbau und Maschinenfabrik v South India Shipping Corp Ltd* 案中认为：

> ……一般来说，仲裁员是自己程序的主管。根据以往经验，法院通常不会试图控制仲裁程序——除此之外，我没有引用任何权威。他们通常不向仲裁员发出指示，一般来说，法院不干涉仲裁审理过程中发出的程序令。当然，如果仲裁员未能履行其公平行事的职责，那么情况可能就会有所不同，尽管在通常情况下，人们会以存在不当行为为由将这样的事情诉诸法院。[107]

How Engineering Services Ltd v Lindner Ceilings Floors Partitions Plc 案采纳的是仲裁员仅在遵守自然正义规则的情况下才可掌管程序的观点。有人认为，法院并不清楚当事人提交的陈述是否等于推翻案件，即当事人之间存在某些协议，这超出了仲裁庭酌情作出裁决的指示。[108]

如果这种观点是正确的，那么仲裁庭的程序性命令在符合自然正义规则的情况下就可以超越双方当事人的程序协议。这种程序可以在申请临时仲裁或仲裁程序开始时通过。

在临时仲裁中，当事人通常会阐明仲裁庭的任命程序、适用的规则、费用和押金问题等。

仲裁庭可能会反对当事人商定的程序。例如，在双方争议特别激烈的程序中，若双方认为冗长、昂贵和敌对的程序（如过度披露）对于公平地解决争议来说是不必要的，

---

[103] 《2005 年仲裁法案》，该条受其他条款的约束。

[104] Tackaberry, Marriot QC and Bernstein, *Bernstein's Handbook of Arbitration and Dispute Resolution Practice* (4th Edn, 2003) at para 2-470; Sutton Gill and Gearing, *Russell on Arbitration* (24th Edn, 2015) at para 5-036; Williams QC, A Kawharu, *Williams & Kawharu on Arbitration* (2011) at para 11. 3.

[105] R Rana and M Sanson, *International Commercial Arbitration*, (2011) at p 177.

[106] [1977] 2 Lloyd's Rep 310 at 317 per Lord Fraser of Tullybelton.

[107] [1981] AC 909 at 985, HL, per Lord Diplock. *Carlisle Place Investments Ltd v Wimpey Construction (UK) Ltd* (1980) 15 BLR 109 at 116 per Goff J; *McCarthy v Keane* [2004] IESC 104.

[108] *How Engineering Services Ltd v Lindner Ceilings Floors Partitions Plc* [1999] 2 All ER (Comm) 374. *Kelsey Housing Association Ltd v Ruddy Development Ltd* [1998] ADRLN 6 per Judge Hallgarten QC.

仲裁庭可以通过拒绝来阻止它们。[109]

在了解了问题的一般性质后，仲裁庭必须采取其认为适当的程序。[110] 新德里的萨维尔勋爵建议，仲裁员们不仅需要了解自己所在领域或专业领域通常的程序，还需要了解现有的一般程序范围。[111]

除非有不当行为或违规行为，否则法院不会基于另一仲裁庭可能会采用不同的处理方式而干涉仲裁庭在仲裁程序中处理程序和证据事项的自由裁量权。[112]

仲裁庭作为其自身程序的主管，有权根据仲裁标的事项的紧急程度设计程序。仲裁庭可根据具体争议的要求自行制定程序，而不是使用一份旨在满足广泛的适合不同情况的程序（诉讼程序则必须如此）。[113] 仲裁庭必须具有灵活性，以满足当事人的愿望。

25.12 仲裁规则的选择

当事人可以使用仲裁地的程序法或制定自己的程序规则。他们可以但不一定要同意将适用于机构的[114]或临时的规则[115]应用于他们的仲裁。[116] 如果没有协议，则不予适用。

机构仲裁规则赋予了仲裁机构启动仲裁的权力，通常由仲裁员小组组成一个适当的仲裁庭来主持争议，协助仲裁庭保持仲裁顺利进行，并在此后确保仲裁的及时性和质量控制。总的目标是有效解决双方当事人之间的争议。[117]

世界各地的仲裁机构都密切关注仲裁的最新发展情况，并通过聘请熟练的法律顾问，对仲裁庭和各方当事人就仲裁实务的行政问题提出建议来履行有效的行政职能。在管理案件中，他们经常审查裁决的草案。他们通过减少当事人的不当行为和不良的仲裁

---

[109] J Carter, "The Rights and Duties of the Arbitrator: Six Aspects of the Rule of Reasonableness, in ICC The Status of the Arbitrator" (1995) 24 ICC Ct Bull Spec Supp at 31.

[110] *Henry Sotheran Ltd v Norwich Union Life Assurance Society* [1992] ADRLJ 245.

[111] Lord Saville of Newdigate in "Introduction" to Bernstein, Tackaberry and Marriott, *Handbook of Arbitration*, (3rd Edn, 1998) at para 1.20, p 9.

[112] *Bremer Vulkan Schiffbau und Maschinenfabrik v South India Shipping Corpn Ltd* [1981] 1 All ER 289; *Bill Biakh K/S A/S and Bill Biali v Hyundai Corpn* [1988] 1 Lloyd's Rep 187; *Three Valleys Water Committee v Binnie & Partners (a firm)* (1990) 52 BLR 42.

[113] Tackaberry, Marriott and Bernstein, *Bernstein's Handbook of Arbitration and Dispute Resolution Practice* (4th Edn, 2003) at para 2-463.

[114] 机构规则的例子包括《吉隆坡区域仲裁中心仲裁规则》(2013 修订版)、《新加坡国际仲裁中心（SIAC）仲裁规则》《香港国际仲裁中心（HKIAC）仲裁规则》，以及韩国商事仲裁委员会（KCAB）、中国国际经济贸易仲裁委员会（CIETAC）、北京仲裁委员会（BAC）、日本商事仲裁协会（JCAA）和澳大利亚国际商事仲裁中心（ACICA）等机构制定的规则。

[115] 特殊规则的例子是《UNCITRAL 仲裁规则》。

[116] S Greenberg, C Kee and J R Weeramantry, *International Commercial Arbitration: An Asian-Pacific perspective*, (2011) at p 308.

[117] M McIlwrath and J Savage, *International Arbitration and Mediation a Practical Guide*, (2010) at p 39 at para 1-070.

庭行为方式，以将干扰降至最低。

不断发展的仲裁机构也会随之更新它们的规则。[118] 仲裁程序受仲裁规则管辖，除非双方另有协议，通常授权该机构管理其主持下的仲裁程序。许多机构有不止一套的规则，是为特定专业[119]设计的，包括加快或快捷规则，[120] 以及为小型索赔设计的简短规则。

仲裁规则通常比法院规则更简单、更灵活。因此，对于来自不同国家的各方当事人来说比较容易理解，程序更容易集中在实质性问题上，而且当事人能够适应争议解决程序，以适应他们的关系和争议的性质。

在没有具体规定的情况下，仅向仲裁机构提请仲裁则一般意味着双方当事人同意该机构的规则，反之亦然。假设当事人选择了这套机构仲裁规则，仲裁机构将对仲裁进行管理。[121]

当仲裁规则在从仲裁协议签署到仲裁开始之间的时间内进行修改或修订时，出现的问题是应适用仲裁规则的哪一版本。

推定倾向于最新或最适当的仲裁规则，寻求适用较早或较不适当的仲裁规则的一方有责任证明其适用性。[122]

各方当事人通常会通过明确或暗示的方式来表达采用哪些程序规则来适用于仲裁。如果没有这样的协议，则将按照仲裁地选择的法律对仲裁程序进行管理。

大多数的仲裁法，特别是根据《UNCITRAL 示范法》规定的仲裁法规定了各种应变程序规定。否则，即使没有应变条文，国内仲裁立法的规定也适用。

在临时仲裁中，程序通常由双方当事人掌握。然而，双方可能会通过商定应用程序或机构规则，就《2005 年仲裁法案》中未涉及的某些程序性事项达成一致。

在这种情况下，有时仲裁庭很早就拥有了控制权。[123] 临时仲裁因为不受仲裁机构规定的要求的制约，在程序上往往更灵活。

萨顿解释说，不管是否受管理：

> 根据不同规则进行的仲裁旨在为实施仲裁提供程序性框架。它们不是提供旨在涵盖仲裁过程中可能出现的所有问题的详尽守则，而是规定了仲裁庭和当事人的权

---

[118] 美国巴西商会制定的新仲裁规则于 2014 年 10 月 9 日生效；BAC 的新仲裁规则于 2015 年 4 月 1 日生效；香港国际仲裁中心根据《UNCITRAL 仲裁规则》更新的仲裁管理程序于 2015 年 1 月 1 日生效；荷兰仲裁中心制定的新仲裁规则于 2015 年 1 月 1 日生效；国际仲裁委员会发布了新的仲裁规则，自 2015 年 12 月 1 日起生效；新的《新加坡国际仲裁中心仲裁规则》（SIAC 仲裁规则）自 2016 年 8 月 1 日起生效。近年来，新成立了若干仲裁机构：柬埔寨国家商事仲裁中心于 2006 年成立；珀斯能源和资源仲裁中心（PCERA）于 2014 年 11 月启动；新成立的伊斯坦布尔商会仲裁中心于 2015 年 5 月启动。

[119] 例如能够处理涉及伊斯兰教法争端的《KLRCA 仲裁规则》。

[120] 例如，《KLRCA 快速通道仲裁规则》包含一个快速程序，能够处理标准仲裁和只接收文件的仲裁。

[121] S Greenberg, C Kee and J R Weeramantry, *International Commercial Arbitration: An Asian-Pacific perspective*, (2011) at p 308-309.

[122] *Black and Veatch Singapore Pte Ltd v Jurong Engineering Ltd* [2004] SGCA 30.

[123] Blackaby and Partasides with Redfern and Hunter, *Redfern and Hunter on International Arbitration* (6th Edn, 2015) at para 6.05.

利、责任和义务，以便知道什么是可以做的而什么是不能做的，以及由谁决定在特定仲裁中采纳的程序。然而，仲裁规则通常会提供更完整的守则，例如规定诉状送达和仲裁庭的任命时限。[124]

约阿希姆·诺尔（Joachim Knoll）补充说：

> 废除约定的仲裁规则……在临时仲裁的情况下不构成问题。然而一些机构可能会持怀疑态度，可能不接受按照其规则的修订版管理程序，至少在修订涉及机构规则规定的程序的重要部分时如此。[125]

加里·博恩补充说，然而当选定的仲裁规则未能涵盖出现的所有程序问题时，若规则不够详细或者各方不能随后就程序细节达成一致，则“仲裁员自行决定仲裁程序……是国际仲裁程序的另一个基础”[126]。

如果选择了一套特定的仲裁规则，那么它将在当事方之间的仲裁协议或仲裁程序之前或期间达成的提交协议中有所表示。不正确地引用适用的仲裁规则可能会影响仲裁条款的有效性。

但是，一些司法管辖区并不要求指定的仲裁机构或其仲裁协议规则有效。例如，审理 *State Joint Stock Company*（*Uzbekistan*）*v State agency*（*India*）[127] 案的仲裁庭裁定，当事人没有因为选择一个据称不存在的机构——日内瓦国际商会——而犯下共同错误。

对于这些词语，并非一定要一并解读，而是表示同意在日内瓦进行国际商会仲裁。指明“调解和仲裁规定”是无害的，因为根据瑞士法律，正确指明仲裁规则并不是有效性的先决条件；此外，这一指定实际上接近于1988年1月1日至1997年12月31日生效的《国际商会规则》（*ICC Rules*）的正式名称——《调解和仲裁规则》（*Rules of Conciliation and Arbitration*）。[128] 根据瑞士法律，指定仲裁机构或其规则对仲裁协议的有效性来说并不是必要的。

指定这些规则的目的是最大限度地扩大赋予仲裁庭的权力，并为仲裁程序步骤设定时间表，以确保迅速、高效和有成本效益地处理争议。

仲裁当事人通常不宜采用法院的规则作为仲裁规则，因为法院程序的规则是为法庭程序而不是仲裁程序起草的。

这样做往往会导致各方当事人在程序问题上陷入分歧，这不可避免地会拖延仲裁程序，并破坏仲裁本身存在的优势。

---

[124] D Sutton Gill and Gearing, *Russell on Arbitration*（24th Edn, 2015）at para 5-116.

[125] J Knoll, “Commentary on Chapter 12 PILS, Article 182［Procedure: principle］” in M Arroyo（ed）, *Arbitration in Switzerland: The Practitioner's Guide*,（2013）at p 102.

[126] “Chapter 8: Procedural Issues in International Arbitration” in Gary Born, *International Arbitration: Law and Practice*（*Second Edition*）（2nd Edn, 2015）at §8.03（7）.

[127] *State Joint Stock Company*（*Uzbekistan*）*v State agency*（*India*）, Final Award, ICC Case No. 14667, 2011 in van den Berg（ed）, *Yearbook Commercial Arbitration* 2015-*Volume XL*,（2015）at pp 51-144.

[128] *Id.* at p 52.

许多标准形式的合同，例如 2006 年《马来西亚建筑师协会建筑合同标准格式》（*Pertubuhan Akitek Malaysia*（*PAM*）*Standard Form of Building Contract* 2006）第 34.7 条，将仲裁规则纳入了仲裁协议。对此，有很多的仲裁规则可供选择，包括吉隆坡区域仲裁中心的规则。

它们规定了仲裁的机构管理，其中仲裁的所有早期步骤都通过仲裁机构进行。这符合当事人意思自治的理念，当事人可以自由商定如何在保障公共利益的情况下解决其争议。

然而，采用仲裁规则进行仲裁的当事人必须小心，除非这些规则允许当事人自己达成协议，否则这些规则不得与《2005 年仲裁法案》的任何规定相抵触。此外，当事人还必须考虑这种规则是否有助于仲裁程序的效力，而不是埋下潜在陷阱的种子。

例如，当决定使用《马来西亚仲裁员协会仲裁规则》（2000 年版）时，各方必须熟悉并准备应对可能存在的有争议的问题，因为该规则结合了被取代的马来西亚高等法院规则和标准仲裁规则的内容。

它包括了关于书状、书状的修改、书状的进一步和更详细的细节、文件的披露和检查、临时保护措施、专家、证据和听审以及索赔、反诉和问题的简易处理等非常详细的规定。

虽然为个人纠纷量身定制程序和脱离法院程序的能力一直是仲裁的一个特点，但重要的是要认识到仲裁和诉讼之间的基本相似之处。

法院认为，仲裁通常不亚于私营部门的诉讼。仲裁庭需要查明事实，适用法律并给予其中一方或另一方或双方救济。[129] 仲裁庭可以将当事人不遵守适用的程序规则作为默示弃权的一部分。[130]

但是，如果当事人未就一套完整的程序规则达成明确协议时，就必须从仲裁协议的措辞、提及的相关情况以及纳入仲裁协议的任何习惯做法或贸易惯例中默示所遵循的程序。[131]

仲裁庭违反约定程序作出的裁决，可以基于违反当事人同意的程序作出裁决为由而予撤销。[132]

如果仲裁协议没有规定仲裁程序，仲裁庭可以确定进行仲裁所遵循的程序。

在实践中，如果当事人尚未商定他们希望采用的程序，仲裁庭将建议采取适当的程序。一个熟练的仲裁庭将努力让各方当事人了解现有仲裁的可能性，如果这些当事人有

---

[129] *Northern Regional Health Authority v Derek Crouch Construction Co Ltd* ［1984］ QB 644，［1984］ 2 All ER 175，CA（Eng），per Donaldson MR.

[130] JR Weeramantry，“Estoppel and the Iran-United States Claims Tribunal”，（1996） 27 Netherlands Yearbook of International Law 113 at p 114-117.

[131] *London Export Corp Ltd v Jubilee Coffee Roasting Co Ltd* ［1958］ 1All ER 494 at 498，［1958］ 1 WLR 271 at 278 per Diplock J.

[132] *KS Abdul Kader v MK Mohamed Ismail* ［1954］ MLJ 231，CA；*London Export Corp Ltd v Jubilee Coffee Roasting Co Ltd* ［1958］ 1 All ER 494 at 497，［1958］ 1 WLR 271 at 277 per Diplock J，cited in *Corrigan v Durkan* ［2010］ IEHC 477 at ［20］.

合理的意见，那么可以达成适当的平衡。

在一些复杂的建筑纠纷中，详细和冗长的程序对于取得准确和公正的结果可能是必不可少的。在涉及相对较少金额的简单争议的情况下，这可能是不合适的。

在争议激烈的时候，当事人往往在法律顾问的鼓励下，要求进行旷日持久和详细的程序，认为除此之外他们可能无法充分陈述案情。

令人遗憾的是，在各方共同提出相反要求的情况下，仲裁庭几乎无法使程序保持简短。事先就程序问题和规则达成一致可以避免这个问题。

25.13 对抗制方式

普通法法域（如美国、菲律宾、英国，以及之前的英联邦国家，如马来西亚、新加坡、澳大利亚、文莱、印度、巴基斯坦、新西兰、斯里兰卡、尼日利亚、坦桑尼亚和南非等）的仲裁庭通常采用“对抗制”程序，各方有机会提出自己的事实和法律版本。[133]

对抗制程序[134]下的仲裁被称为“没有假发的诉讼”（litigation without wigs）[135]，它由当事人陈述案情。双方交换正式的书状，其中包括申请书、辩护和反诉，披露其掌握和控制的文件，要求证人口头提交证据，然后进行交叉质询。

马来西亚以及其他普通法司法管辖区的从业人员很熟悉对抗制的程序。当事人就各自的案件提出支持性的论据。在巨大的争议中，这个过程可能长达 12 个月或是更长的时间。

即使在采用审问式程序的大陆法系国家，人们也普遍认为，在事实冲突的情况下，对抗性做法保证了高质量的裁决。[136] 仲裁庭的作用是根据事实和法律来裁决案件。

但仲裁庭可以在听审过程中进行干预，如向证人提问等。但是，必须谨慎，确保各方当事人都有机会根据调查结果处理问题。[137]

未经当事人同意，仲裁庭没有进行充分审问的自由，这种区别被认为是仲裁员和专家之间的主要区别之一。[138]

Simon Greenberg，*Christopher Kee and J Romesh Weeramantry*[139] 案在解决争议方面有益

---

[133] “Chapter 8：Procedural Issues in International Arbitration” in Gary Born，*International Arbitration：Law and Practice*（*Second Edition*）（2nd Edn，2015）at pp 155-184.

[134] Hyun Song Shin，“Adversarial and Inquisitorial Procedures in Arbitration”.

[135] Lord Saville of Newdigate in Introduction to Bernstein Tackaberry and Marriott，*Handbook of Arbitration*，（3rd Edn，1998）at para 1.21，p 9.

[136] J Tackaberry and A Marriot and Bernstein，*Bernstein's Handbook of Arbitration and Dispute Resolution Practice*（4th Edn，2003）at para 2-537.

[137] D Sutton Gill and Gearing，*Russell on Arbitration*（24th Edn，2015）at para 5-109.

[138] *Metalform Asia Pte Ltd v Holland Leedon Pte Ltd*［2007］2 SLR 268，CA.

[139] S Greenberg，C Kee and J R Weeramantry，*International Commercial Arbitration：An Asian-Pacific perspective*，（2011）at pp 319-322.

地阐述了普通法对抗制程序，如下：

（1）书面陈述或诉状——包含重大事实的摘要，没有证据，法律很少。一般来说，申请人提出索赔申请，被申请人提交辩护，申请人提交答复。

（2）证人陈述——以该人的名义撰写并经其宣誓为真实的证人陈述，构成向仲裁庭提交并提供给另一方当事人的重要文件。在证人陈述中，关键证人通常会就有关事实或与关键文件的含义和背景有关的知识或他们的信仰作出陈述。证人的陈述通常在书面程序的较后阶段，在双方交换了陈述他们的索赔和据称支持索赔的事实的书状之后提交。

（3）文件证据——文件通过证人作为证据来提交。这主要是通过证人陈述来完成的，证人在陈述中展示文件，并陈述其对相关事项的认识，如证人是如何起草文件的等。文件也可以通过提供口头证据的证人作为证据提交。

（4）文件请求——可以批准广泛和许多不同类别的文件的请求。通常情况下，如果一方当事人提出请求，仲裁庭会命令另一方当事人列出其拥有的相关文件的清单——无论这些文件是否支持或削弱披露方的观点。请求方随后可以检查并复印这些文件。这个过程通常被称为文件披露。

（5）听审——听审通常由开庭陈述、证人证词（和交叉质询）和闭庭辩论组成。口头证据是非常重要的。在大多数情况下，证人都会出庭并提供证据。听审至关重要，因为这是提交主要法律论点的环节（往往是胜诉或败诉的环节），也是证人根据事实提供的证据可以判断或破坏案件的环节（通常取决于仲裁庭对证人及其证词可信度的评估）。在复杂的案件中，听审需要几周、几个月甚至几年的时间是不常见的。

（6）听审后——一旦听审结束，当事人通常不会再与仲裁庭进行更多的交流，直到获得裁决。

（7）专家证人——仲裁庭通常不会任命专家。当事人可以拥有自己的专家证人，就可能有争议的医疗、科学或技术问题发表意见。专家证人出庭作证，由对方当事人的代表进行交叉质询，仲裁庭也可能会提问。

25.14　审问制方式

在欧洲大陆以及中国（包括台湾地区）、日本、韩国、印度尼西亚、泰国、越南等大陆法系国家，仲裁庭在各方当事人及其律师的协助下，在调查案件和自行调查事实和法律问题方面发挥着更积极的作用。仲裁庭较少依赖各方当事人提出的论点得出自己的结论。

有关审问制方式，加里·博恩指出，与普通法律师所熟悉的程序相比，对抗式程序的适用范围更小，如当事人主动提出的强制披露、证词、冗长的口头听证、律师控制的证人询问等。[140]

仲裁庭的审问作用在口头听证中变得尤为明显。仲裁庭通过对争议的开始阶段进行总结，然后再就事实、证据和法律问题向当事人提出更多的问题。

然后，应由当事人或其法律代表作出进一步的解释，并提出进一步的证据，但这并不是按照指控制度以开庭陈述和最后陈述的形式作出的。

通常，证人和专家证人的主要提问者是仲裁庭，而不是当事人或其法律代理人。当事人及其律师只是提出补充问题。

听审的适当时长应由仲裁庭把握。口头证据在庭审记录中很少被逐字记录下来。口头证据的庭审纪要由仲裁庭来整理。[141]

菲利普·加斯曼迪（Phillipe Gastombide）解释道：

> 当事人（多为当事人的律师）绝对不能打断、插话、试图影响证据的获取，这些是由法官或仲裁员行使的权力。如果听审是在友好的气氛中进行的，律师通常会从仲裁员那里获得其将向证人提出具体问题的信息，但是仲裁庭可以自由接受或拒绝律师提出这种做法的建议。[142]

审问制程序中的仲裁庭与证人有更大的联系，但不得在双方没有律师的情况下联系实际或潜在的证人。[143] 但是，有人指出，这种做法有利于仲裁庭实施并遵循自己关于案件的理论和想法，而不是让各方陈述他们自己的案件。[144]

马来西亚很少使用审问制程序，双方当事人都必须在仲裁协议中或随后的提交仲裁中明确同意。

Simon Greenberg，*Christopher Kee and J Romesh Weeramantry*[145] 案有益地列出了解决争议的民事法律审问制程序，如下：

（1）书面呈件或书状——载有法律和事实论据，这些论据将由书状所附文件或证人陈述和权威加以证明。一般而言，可连续提交索赔书、辩护和答复。

（2）证人陈述——事实上证人陈述的证明价值是很有限的，而且通常都很简短。例

---

[140] “Chapter 8：Procedural Issues in International Arbitration” in Gary Born，*International Arbitration*：*Law and Practice*（*Second Edition*），（2nd Edn，2015）at pp 155-184. Gary Born，*International Commercial Arbitration*，（2nd Edn，2014）at pp 2202-10.

[141] Dr Volker Triebel，“An Outline of the Swiss/German Rules of Civil Procedure and Practice Relating to Evidence”，（1982）47 3 The Journal of the Chartered Institute of Arbitrators，at p 22.

[142] P Gastombide，“Arbitration and a Recent French Decree（May 1980）”，（1981）47 1 The Journal of the Chartered Institute of Arbitrators，at pp 51-52.

[143] *Norbrook Laboratories Ltd v Challenger*［2006］EWHC 1055（Comm）.

[144] D Sutton Gill and Gearing，*Russell on Arbitration*（24th Edn，2015）at para 5-110. 在国际商事仲裁中，出现了这种做法的趋势。参见 Blackaby and Partasides with Redfern and Hunter，*Redfern and Hunter on International Arbitration*，（6th Edn，2015）at para 6. 1691。

[145] S Greenberg，C Kee and J R Weeramantry，*International Commercial Arbitration*：*An Asian-Pacific Perspective*，（2011）at pp 319-322.

如，在法国，民事和商业案件中的证人证言普遍较少。当证人作证时，他们通常提供作为事实证据的证词，根据《法国民事诉讼法》（*French Code of Civil Procedure*）第 202 条，证词必须包含他们的姓名、与当事人的关系，并且必须手写。但是，当这些要求不能满足时，没有规定具体的制裁。根据第 202 条的规定，证人还必须声明他们清楚虚假陈述有可能受到刑事制裁的惩罚。

（3）文件证据——同期的文件证据通常附在书状上，被认为是最重要的证据。文件不需要证人去证实。但是，法院必须确认文件的真实性。如有疑问，可要求证人或专家进行文件确认。

（4）文件请求——当事人的义务是仅提供其自身所依赖的文件。如果一方当事人请求获得对方当事人持有的文件，其可以请求仲裁庭指令对方当事人出示。对特定文档的请求通常会被指令，但一般披露请求则不会。例如，一方当事人可以请求仲裁庭命令其他当事人出示某些可能与争议结果有关的文件。

（5）听审——听审可以不需要证人作证，但这取决于双方当事人提交的证据。在书面证据不够充分的情况下，仲裁庭可以传唤证人。或者，如果一方当事人强烈要求证人作证时，仲裁庭可以同意。双方重申其书面陈述中提出的论点。口头证词被认为是文件证据的次要证据。口头听审很少会超过一两天。听审也并不总是必要的，当事人可以同意仲裁庭根据当事人的文件和书面陈述作出裁决。

（6）听审后，仲裁庭在听审后的活动见下列有关专家证人的部分。只有仲裁庭需要额外信息以作出裁决的情况下，才可能会出现听审后的摘要。如果仅仅因为当事人想提交他们的理由，仲裁庭可能不会允许。

（7）专家证人——仲裁庭可以（或由当事人请求）要求仲裁庭在听审期间或之后任命的一名或多名技术专家提交意见。仲裁庭的任命在实践中经常出现。仲裁庭将起草专家任命条款。仲裁庭不受专家报告的约束。当事人可以聘请自己的专家对仲裁庭指定专家的调查结果提出异议。专家必须尊重当事人的正当程序权利。

25.15　平衡对抗制程序和审问制程序

国内仲裁通常倾向于采用普通法制度的对抗制方式，而不是大陆法系的审问制方式。

马斯蒂尔和博伊德指出，某些类型的争议：

> 像这些在工程与建筑业方面的合同中，通常采用与高等法院相似的程序进行。仲裁员意识到，这些争议在没有提前通知并获得双方当事人同意的情况下[146]，不能恰当适用海事和商业仲裁中认可的那种非正式程序。

[146] Mustill and Boyd, *Commercial Arbitration*, (2nd Edn, 1989) at p 287.

事实上，一个主动采取“审问制”而不是“对抗制”仲裁的仲裁庭，如在对证人本身进行审查时，存在因不当行为而受到质疑的风险。[147]

在涉及消费者的仲裁中，如果一方当事人亲自参与，审问制的做法是值得考虑的，仲裁庭可能必须在指导程序方面发挥更多的实际作用。

《2005年仲裁法案》第21条规定，仲裁庭可酌情决定要遵循的程序，各方当事人根据这个条款提起仲裁的，即同意仲裁庭可采取对抗或纠问式的程序或其认为合适的混合方式。

必须指出的是，这两种方法不一定就是对立的。大陆法系程序通常不如普通法系程序那样具有对抗性，然而普通法的仲裁庭至少也像大陆法的仲裁庭一样存在审问方式如在询问证人或律师方面。[148]

事实上，国际商事仲裁通常涉及来自大陆法或普通法法系的两个或多个当事人。持反对意见的当事人通常来源于不同的法律传统，例如，申请人可能来自大陆法系司法管辖区，而被申请人来自普通法系司法管辖区。同样，仲裁庭也可由大陆法和普通法司法管辖区的仲裁员组成。

国际商事仲裁的主要优点是其有在两种法律传统之间取得适当平衡的能力。如果仲裁庭既包括大陆法系司法管辖区，也包括英美法系司法管辖区，仲裁庭倾向于采取各种传统的适当混合的做法。

在国际实践中，通常会尝试两种方式的协调统一。2010年国际律师公会《国际仲裁取证规则》（*IBA Rules on the Taking of Evidence in International Arbitration* 2010）和国际律师公会《国际仲裁利益冲突指南》就是这点的反映。最终，每个案件都需要自己的动态程序方法，这样做是解决争议的最好和最有效的方式，这也是仲裁的目的之一。[149]

西蒙·格林伯格（Simon Greenberg）、克里斯托弗·基（Christopher Kee）和法官罗梅什·威拉曼特里（Romesh Weeramantry）[150] 有效地提出了在国际仲裁程序中解决争议的常见混合方法如下：

（1）书面陈述或书状——包含事实、法律、文件证据，证人陈述和各方依据的专家报告。通常，会有两轮连续交换此类文件的程序，有时也进行同时交换。

（2）证人陈述——证人陈述书经常附在书面摘要上。如果国际仲裁主要涉及普通法律师和仲裁员，证人陈述可能会在稍后阶段进行交换，而不是与书面摘要同时进行。国际律师公会《国际仲裁取证规则》第4（5）条要求证人确认陈述的真实性。

（3）文件附于双方的书面案情摘要或证人陈词中，或两者兼有。书面证据（特别是

---

[147] Mustill and Boyd，*Commercial Arbitration*，（2nd Edn，1989） at pp 306-308.

[148] “Chapter 8：Procedural Issues in International Arbitration” in Gary Born，*International Arbitration：Law and Practice*，（2nd Edn，2015） at pp 155-184.

[149] “Chapter 8：Procedural Issues in International Arbitration” in Gary Born，*International Arbitration：Law and Practice*（2nd Edn，2015） at pp 155-184.

[150] S Greenberg，C Kee and J R Weeramantry，*International Commercial Arbitration：An Asian-Pacific Perspective*，（2011） at pp 319-322.

与争议事件同时发生的书面证据）相当重要，可能被认为是最重要的证据。

（4）文件请求——仲裁庭经常会发出提交文件的命令，通常以 2010 年国际律师公会《国际仲裁取证规则》第 3 条规定的有限的方式（即请求方必须指出的文件或范围较窄的文件，并解释它与案件的关联性）。广泛的请求通常会被拒绝。

（5）听审——除非案件相对简单，或者争议金额不足以支付费用，否则通常都会举行听审。仲裁机构可以只针对文件或快速仲裁制定特殊规则。书面证据通常比证人的口头证据更重要。听审的时间长短根据案件而定，但听审的时间一般较普通法法院短得多。一两周以上的听审算是时间较长的。证人通常要接受交叉质询。

（6）听审后——仲裁庭接受听审的程序摘要，即对听审提出的证据或问题发表的评论是很常见的。这些程序摘要也可以总体上概括当事人的论点。

（7）专家证人——各方可自由任命自己的专家证人。专家通常需要提交书面陈述，在听审上作证并接受交叉质询。仲裁庭有时任命一名或多名独立专家向仲裁庭报告。在这种情况下，此类报告通常都会提交给要求对专家交叉质询的当事人。对此，可参见 2010 年国际律师公会《国际仲裁取证规则》第 6 条。

国际商事仲裁是一个混合的过程，既结合了普通法，也结合了大陆法，采用了对抗和审问两种手段。

第 *26* 章 听审前的程序

26.1 初步步骤

仲裁庭的任命是仲裁过程中的一个关键步骤。如果仲裁程序可能要进行听审，仲裁庭将通知各方当事人其任命情况，并召开预备会议，以便与各方当事人进行初步对话。[1]

预备会议不需要当事人亲自到场，视频会议和电话会议技术的进步使得此类会议成为可能，避免了在某个地点召集各方当事人的不便和开支。

在仲裁庭接受任命之前不应举行预备会议。否则，仲裁庭的任命就是不完整的，因为它失去了召开预备会议的管辖权。

预备会议有助于建立仲裁程序的框架，还可使仲裁庭能够从任命条款中确定争议是否可以进行书面裁决。

当事人的代表通常会事先讨论，并向仲裁庭提交关于其费用和开支问题的一致意见，以避免出现尴尬场面。但如果无法达成协议，各方当事人就不能回避与仲裁庭讨论这个问题。[2]

26.2 仲裁秘书

仲裁庭没有附带仲裁秘书。在大多数的仲裁规则下，仲裁庭如果想用仲裁秘书，就必须向当事人提议任命仲裁秘书并获得当事人同意。不可避免地，当事人可能会同意，因为他们可能会觉得除了接受仲裁庭的请求外别无选择。

指定一名通常是仲裁庭首席仲裁员的律师事务所的初级律师作为仲裁秘书，可能是经各方当事人同意而采取的初步步骤之一。仲裁秘书的作用和职能有其局限性，在实践

---

[1] Tackaberry，Marriot QC and Bernstein，*Bernstein's Handbook of Arbitration and Dispute Resolution Practice*（4th Edn，2003）at para 2-656.

[2] Blackaby and Partasides with Redfern and Hunter，*Redfern and Hunter on International Arbitration*（6th Edn，2015）at para 4. 203.

中，他们通常限于提供程序上的支持。[3]

在现在的大型仲裁，比如临时投资协议仲裁中，指定一名仲裁秘书以便于为管理仲裁提供行政支持是常见的。在没有仲裁机构可以执行行政事务的临时仲裁中，这种情况就更可能出现。

例如，《国际投资争端解决中心（ICSID）行政和财务条例》[*International Centre for Settlement of Investment Disputes*（*ICSID*）*Administrative and Financial Regulations*] 第 25 条规定[4]，ICSID 秘书处的成员在单独的 ICSID 仲裁中担任秘书。在仲裁中，该名人员将完成与各方当事人所有的沟通工作，并对仲裁的后勤进行安排，并出席听审。但除非仲裁庭另有决定，他不会出席仲裁庭的审议工作。

同样，海牙常设仲裁院（Permanent Court of Arbitration，PCA）秘书处的成员也将担任由 PCA 管理的仲裁的仲裁庭秘书。

未被管理的大型临时仲裁也会定期雇用仲裁秘书，这些秘书将处理许多行政事务，如安排、收取和分配仲裁庭的费用，并代表仲裁庭进行沟通。在机构管理的仲裁中，这些任务通常由仲裁机构进行。

毫不惊讶地说，这些被俗称为魔法师学徒的仲裁秘书通常也会投入相当大的注意力，以便协助仲裁庭全面地总结叙述仲裁的步骤、事实证据和各方当事人的立场。

国际商会（ICC）就指定仲裁秘书发布了如下指南：

（1）指定仲裁秘书之前，仲裁庭必须首先确定该人满足仲裁庭规则规定的同样的独立性要求，然后向当事人建议希望指定其为仲裁秘书。

（2）仲裁庭应尽可能早地通知国际商会秘书处和各方当事人预估的仲裁秘书的费用，以便国际商会仲裁院（ICC Court）在确定仲裁费用的预付款时可以纳入考虑。

（3）仲裁秘书的职责必须严格限于行政任务的范围，他不得以任何方式影响仲裁庭的任何决定。[5]

另外，ICCA 第 1 号报告：《国际商事仲裁青年委员会仲裁秘书指南》（2014 年）[*Young International Council for Commercial Arbitration*（*ICCA*）*Guide on Arbitral Secretaries*（2014）][6] 中，对仲裁秘书的“最佳做法”陈述如下：

> 第三条　仲裁秘书的作用
>
> （1）在仲裁庭的适当指导和监督下，仲裁庭秘书的作用可以合法地超越单纯的行政职能。

---

[3] C Partasides，“The Fourth Arbitrator? The Role of Secretaries to Tribunals in International Arbitration”，（2002）18 2 Arbitration International at p 147；ICC，Introduction of revised Note on the Appointment，Duties and Remuneration of Administrative Secretaries，1 August 2012.

[4] Amended 2006；C H Schreuer et al，*The ICSID Convention–A Commentary*，（2nd Edn，2009）at p 824 and 1210.

[5] “Appendix 4d：Note Concerning the Appointment of Administrative Secretaries by Arbitral Tribunals”，in Derains and E Schwartz，*Guide to the ICC Rules of Arbitration*，（2nd Edn，2005）at pp 421–422.

[6] Young ICCA GUIDE on Arbitral Secretaries.

（2）在此基础上，仲裁秘书的任务可能涉及以下全部或部分内容：

（a）在没有机构的情况下，承担必要的行政事务；

（b）与仲裁机构和各方当事人进行沟通；

（c）组织各方当事人进行会议和听审；

（d）代表仲裁庭处理和组织信函、呈件和证据；

（e）研究法律问题；

（f）研究有关事实证据和证人证言的问题；

（g）起草程序令和类似文件；

（h）审查各方当事人的陈词和证据，起草事实时间轴和备忘录以总结各方当事人的陈词和证据；

（i）出席仲裁庭的审议；

（j）起草裁决的适当部分。

第四条　费用

（1）作为一般原则，使用仲裁秘书应减少而不是增加仲裁的总成本。

（2）仲裁秘书的报酬应当合理，并与案件情况相称，且应自仲裁开始时保持透明。

（3）除非仲裁机构另有决定或者当事人达成协议，仲裁秘书的报酬和合理支出应该这样支付：

（i）如果仲裁庭基于争议的金额收取费用时，应从仲裁庭的费用中扣除；或者

（ii）如果仲裁庭基于小时数来收取费用时，应由当事人支付。

迈克尔·菲特（Michael Feit）和克洛伊·特拉篷·撒苏（Chloé Terrapon Chassot）补充道：

> 一些人担心，仲裁秘书执行实质性的法律工作可能最终会担任“第四名仲裁员”（*fourth arbitrator*）的角色，这个术语经常用来形容仲裁秘书在作出裁决过程中可能出现的不正当的影响。[7]

考虑到仲裁秘书的工作范围，认为仲裁秘书在与仲裁庭互动时实际上可能发挥了更具实质性的作用是一种合理的担忧。由于仲裁秘书对案件本身的事实和意见熟悉而对仲裁庭可能无意地施加了不正当的影响，确实存在仲裁秘书成为事实上的第四名仲裁员的真正风险。

奈杰尔·罗丁（Nigel Rawding）、格雷戈里·富勒（Gregory Fullelove）等人解释说：

---

[7] M Feit and C T Chassot, “The Swiss Federal Supreme Court Provides Guidance on the Proper Use of Arbitral Secretaries and Arbitrator Consultants under the Swiss *lex arbitri*: Case Note on DFC 4A_709/2014 dated 21 May 2015”,（2015）33 4 ASA Bulletin at p 898; Cf. M Polkinghorne and C B Rosenberg, “The Role of the Tribunal Secretary in International Arbitration: A Call for a Uniform Standard”,（2014）8 2 Dispute Resolution International, at p 107; Kyriaki Karadelis, The Role of the Tribunal Secretary,（2011）Global Arbitration Review, 21 December.

行政秘书的费用可以由双方当事人确定，并由其作为仲裁费用直接支付，或者从仲裁员的费用中扣除。重要的是，行政秘书应向仲裁庭提供支持，而不是篡夺它的实质性功能。[8]

在 *Yukos Oil Company against the Russian Federation*，*the Ministry of Finance of the Russian Federation* 案中，提起仲裁的尤科斯石油公司的前股东认为：

仲裁庭曾表示，仲裁秘书仅负责行政工作，但实际上仲裁秘书向各方当事人收取的费用比仲裁员都要多。因此，仲裁庭不允许将某些仲裁员的个人职责委托给秘书，包括分析证据和适用的法律、参与审议和仲裁裁决准备。[9]

2015 年 5 月，瑞士联邦最高法院（The Swiss Federal Supreme Court）[10] 就仲裁秘书的任用问题作出了处理，认为：

（1）禁止将仲裁庭的任务转授并不一定排除了保留协助的可能性，例如由仲裁秘书或顾问提供协助；

（2）当事人可以在仲裁协议或是后来的协议中约定排除指定仲裁秘书的可能性；

（3）普遍认为，仲裁庭在国际仲裁中可以指定一名仲裁秘书，尽管《瑞士国际私法规约》（*Swiss Private International Law Statute*）第 12 章没有明确提及这种可能性；

（4）至于仲裁秘书的职责，与法院书记员在国家法院诉讼中的职责相似，如组织交换材料、准备听审、庭审记录、编制费用账目和相关工作。这里也不排除仲裁秘书在起草裁决时在仲裁庭的控制与指示下（或意见不一致的情况下，根据仲裁庭多数成员的指示）提供一定的协助，要求仲裁秘书参与协助听审及仲裁庭的审议。但是，如果各方当事人没有相应的协议，仲裁秘书必须避免行使任何司法职能，这是属于仲裁员的职权。[11]

ICCA 第 1 号报告《国际商事仲裁青年委员会仲裁秘书指南》（2014 年）对仲裁秘书的使用作了如下规定：

---

[8] N Rawding，G Fullelove，et al，“Chapter 18：International Arbitration in England：A Procedural Overview” in J D M Lew，H Bor，et al（eds），*Arbitration in England*，*with chapters on Scotland and Ireland*，（2013）at pp 18-26.

[9] 俄罗斯联邦财政部 2015 年 2 月 6 日的公告。

[10] M Feit and C T Chassot，“The Swiss Federal Supreme Court Provides Guidance on the Proper Use of Arbitral Secretaries and Arbitrator Consultants under the Swiss *lex arbitri*：Case Note on DFC 4A_709/2014 dated 21 May 2015”，（2015）33 4 ASA Bulletin at pp 897-917.

[11] M Feit and C T Chassot，“The Swiss Federal Supreme Court Provides Guidance on the Proper Use of Arbitral Secretaries and Arbitrator Consultants under the Swiss *lex arbitri*：Case Note on DFC 4A_709/2014 dated 21 May 2015”，（2015）33 4 ASA Bulletin at pp 897-917，901.

然而为了尽量减少仲裁员个人职权被削弱的风险，仲裁庭必须密切指导和监督仲裁秘书。最后，应由仲裁庭酌情决定可适当赋予仲裁秘书哪些职责和责任，同时考虑到案情和仲裁秘书的经验和专门知识水平。如果仲裁员在确定分配给仲裁秘书的任务时判断失误，则说明其仲裁秘书管理制度出了问题。[12]

总之，仲裁秘书不应在仲裁庭的工作中发挥实质性的作用。仲裁秘书不应参与对律师或证人的提问。仲裁秘书不是仲裁庭成员，因此不参与仲裁庭对争议的裁决。理所应当的是，仲裁秘书也有义务提供与仲裁庭相同程度的利益冲突披露。

26.3 初步会议的性质

法律没有强制要求举行初步会议，但这是仲裁庭与各方当事人或其代理人举行的第一次会议。会议的有效性源自仲裁庭、各方当事人及其律师进行的面对面讨论，包括通过视频会议或电话会议进行的远程联系。[13]

初步会议是仲裁的一部分，其召开的主要目的是确定仲裁的范围。它给所有相关当事人提供了一个宝贵的谈判机会，因为他们对如何进行仲裁可能有不同的期望。可以说，这次会议为大多数仲裁的成功奠定了基础。[14]

有时候，仲裁庭可能会被直接进行适当听审的想法所吸引。明智的做法是，只有在事实争议有限的情况下，或在必须设法减少费用的小额争议中，才考虑这样的做法，然后连同初步会议一起省掉。

各方当事人可以在这一早期阶段提供案件摘要或陈述，以便仲裁庭了解争议的性质，以及考虑所采用的适当程序。如果仲裁庭明确表示不要求当事人为其最初的案件摘要负责，这会使初步会议更有成效。实际上，这也是非常可行的。[15]

初步会议还有助于仲裁庭确定其已被指定，并考虑各方当事人提交的关于仲裁庭作出裁决前必须完成的程序的意见和对这些程序的时间安排。

希尔斯顿（A. W. Shilston）指出，在考虑初步会议采用什么程序时，必须要看：

> 无论是基于非正式的临时交换陈述意见还是仅依靠会议上的口头讨论，仲裁员应尽力通过巧妙的询问，估计待解决的商业问题的性质，以及争议诉求的金钱的顺序。通常来讲，如果律师在仲裁员到来之前没有通过正式的文件交换介绍案件，情况会更好。对此，应给予仲裁员在充分讨论后制定程序的机会，这种程序对聘用人

[12] "Section 2: Best Practices for the Appointment and Use of Arbitral Secretaries" in *ICCA Reports No. 1: Young ICCA Guide on Arbitral Secretaries*, (Vol 1, 2014) at pp 10-11.

[13] D Sutton Gill and Gearing, *Russell on Arbitration* (24th Edn, 2015) at para 5-126.

[14] D A Davis, "A View of the London Maritime Arbitration", (1986) 52 Arbitration 150; Howard Holtzman, "What an Arbitrator can do to Overcome Delays in International Arbitration", (1986) 52 Arbitration 169.

[15] 这样做可以避免出现对诉状、弃权等问题的担心。Tackaberry, Marriot QC and Bernstein *Bernstein's Handbook of Arbitration and Dispute Resolution Practice* (4th Edn, 2003) at para 2-660.

力资源方面来说可能是及时和经济的。[16]

现在，一些机构规则明确包括了初步会议的条款。

例如，2016 年《新加坡国际仲裁中心（SIAC）仲裁规则》第 19.3 条规定召开“初步会议”，2012 年《国际商会（ICC）仲裁规则》第 24 条规定了“案件管理会议”，以及其他如《美国仲裁协会（AAA）国际仲裁规则》［*American Arbitration Association*（*AAA*）*International Arbitration Rule*］第 20 条和《国际争端解决中心（ICDR）仲裁规则》第 20（2）条规定可以由仲裁庭酌情召开会议。[17]

2015 年《中国国际经济贸易仲裁委员会仲裁规则》（*CIETAC Arbitration Rules* 2015）第 35（5）条和第 37（1）条规定，“仲裁员认为必要时……举行庭前会议”，并进一步规定，“仲裁庭确定第一次开庭日期后，应不晚于开庭前 20 天将开庭日期通知双方当事人”。

这样做的用意是仲裁庭在初步会议结束后立即发布指示令，以协助高效、及时地完成在作出裁决之前需要着手的各项任务。

但是，在某些情况下，仲裁庭可能希望直接下令各方当事人通过书面形式概述他们的情况。在其他情况下，仲裁庭可在初步会议开始之前要求各方当事人简要概述案情。

当各方当事人或其代理人对仲裁程序有适当的理解时，应请他们对仲裁的进行方式提出意见。当事人可以在仲裁庭批准的情况下就程序和期限达成协议。

在这一程序阶段，他们应该比仲裁员更了解争议和分歧。不过，初步会议可能有助于消除对仲裁范围和仲裁方式产生的误解。

26.4　初步会议的通知

仲裁庭以致函的方式通知各方当事人举行初步会议。召开初步会议的通知需要仔细起草，通常会附有议程。通知要求各方当事人亲自或由其代理人出席初步会议，并向仲裁庭发言。议程上的相关问题包括对仲裁庭的组成或其管辖权的任何反对意见，确定法律文书的时限，披露程序和文件检查情况，确定审理、提交和交换专家报告的时间和地点，无异议文件的准备。

它还可以考虑通过以下方法和途径缩短仲裁程序：包括但不限于是否承认争议问题、是否存在有记录的付款安排、提前交换证人证词的可取性，以及开庭陈词和最后陈述。[18]

---

[16] AW Shilston，“The Evolution of Modern Commercial Arbitration”，（1987）4 2 Journal of International Arbitration at pp 45–76.

[17] “Chapter 8：Procedural Issues in International Arbitration” in Gary Born，*International Arbitration*：*Law and Practice*（*Second Edition*），（2nd Edn，2015）at pp 155–184，para 6.42.

[18] “Chapter 6：Conduct of the Proceedings” in Blackaby and Partasides with Redfern and Hunter，*Redfern and Hunter on International Arbitration*（*Sixth Edition*），（6th Edn，2015）at pp 353–414，para 6.164；M Moser，“The ‘Pre-Hearing Checklist’：A Technique for Enhancing Efficiency in International Arbitral Proceedings”（2013）30 J Intl Arb 155.

26.5 初步会议

初步会议的程序和时间表可能包括[19]：

（1）初步问题——例如管辖权异议、临时救济申请和/或分歧；

（2）如果适用《国际商会仲裁规则》，则为“职权范围”（*terms of reference*）做准备；

（3）书面陈词——包括轮次数、时间安排、结构和长度，以及是否要附上书证和证人证据；

（4）文书出示；

（5）证人——包括证人人数、提交证人证词或专家报告的时间，以及仲裁庭指定专家的任用；

（6）审前会议——包括场地和时间安排；

（7）证据听审——包括场地、日期和会议时间；

（8）其他程序和行政事项——如2010年国际律师公会《国际仲裁取证规则》（*International Bar Association（IBA）Rules on the Taking of Evidence in International Arbitration* 2010）的作用、首席仲裁员单独作出程序性命令的权力、仲裁秘书的指定，以及与仲裁庭沟通的方式；

（9）当事人还可以咨询《UNCITRAL关于组织仲裁程序的注意事项》（*UNCITRAL Notes on Organizing Arbitral Proceedings*）以获得进一步的指导。这些注意事项包含了一系列当事人和仲裁庭在为其仲裁制定程序规则时可以考虑的事项。

与地方法院不同，在以马来西亚为仲裁地的仲裁中，不要求使用官方语言（马来语）或任何其他语言。在仲裁程序中，当事人提交的法律文书、听审及仲裁员作出的任何裁决或通信通常都使用英文。

当事人可以自由协商确定仲裁的语言，在不能达成一致时，《2005年仲裁法案》[20]第24条授权了仲裁员来决定仲裁使用的语言。

《吉隆坡区域仲裁中心仲裁规则》（2010年修订版）第19条规定：“在不违反各方当事人约定的情况下，仲裁庭应在其被指定后迅速确定仲裁程序中所使用的一种或数种语言。”

因此，完全可以用普通话、泰米尔语、马来语或双方同意的任何其他语言进行仲裁和作出裁决。[21] 证人证言可以使用官方语言甚至方言。使用方言的，可安排翻译作为程

---

[19] “Chapter 6：Conduct of the Proceedings” in Blackaby and Partasides with Redfern and Hunter，*Redfern and Hunter on International Arbitration*（*Sixth Edition*），（6th Edn，2015）at pp 353-414，para 6-47.

[20] Act 646.

[21] 请注意，如果以英文或马来语之外的语言作出裁决，如果一方请求执行该裁决，则必须被提供经过认证的英文翻译，参见《2005年仲裁法案》第38（3）条。

序的一部分。如有疑问，仲裁庭有权要求就翻译的真实性提供证明。[22]

在一些国际商事仲裁中，尤其是涉及使用不同语言的当事人的，语言可能成为一个问题。语言的重要性意味着当事人应该积极主动地就仲裁程序的一种或多种语言达成一致。[23]

在国内仲裁中，初步会议的典型议程包括确认各方当事人及其代理人，确认仲裁协议和适用的仲裁规则（如有），确定可用的临时性和程序性权力，提交申请书，就文件、证人和专家证人、接收证据的听审日期达成协议，确定是否需要裁决，裁决是否须附带理由，与仲裁、仲裁地点和仲裁庭费用相关的一般问题。

针对有些事项需要作出决定，这些决定可以由当事人达成协议，如果没有达成协议，则由仲裁员决定。在会议查明实际问题后，即可开始准备书面主张和抗辩。在正式听审之前，必要时可以通过进一步的中间会议监督和调整仲裁程序。

通过最大限度地发挥中间活动的优势，仲裁的整体经济性是以最大限度地减少口头听审和记录案件实际情况的时间来实现的。举行初步会议的主要目的是让仲裁庭有机会评估仲裁问题，确保以经济和及时的方式、利用适当的资源履行解决问题的职能。[24]

这次会议肯定不是给当事人提出证据或发表讲话的机会。各方当事人不得携大批人员参加初步会议；当然，仲裁庭可能无法阻止他们出席。第三方或其代理人不得参加初步会议。例外的情况是，在双方当事人同意的情况下，初级仲裁员可作为观察员出席，以便进行学习。

初步会议本身将由律师或代理人出席，或一两名来自指示他的一方的代表出席。除了解释争议的标的外，会议不是就各方当事人之间的实质性分歧进行辩论的场合。这也可能是双方一段时间以来首次举行的会晤。

在会议期间，当事人处境的严重程度以及他们所面临的仲裁时间和费用会变得清晰。他们可能会希望在会议结束不久后进行调解，如果适宜的话，仲裁庭不妨为双方当事人之间的简短讨论做准备。

初步会议可以在任何方便的地方举行。因为隐私很重要，故场地应该位于不会被干扰的地方，并且有足够的空间供所有与会者使用。会议将在会议室或听审室举行，多数是在像吉隆坡区域仲裁中心的苏莱曼（Sulaiman）大厦或新加坡的麦克斯韦（Maxwell）办公室等仲裁机构。

它可以在某些专业机构的场地举行，如马来西亚工程师协会、测量师协会，甚至在如皇家雪兰莪俱乐部或湖畔俱乐部、槟城俱乐部、沙捞越俱乐部等俱乐部。它甚至可以在仲裁员办公室、律师事务所和酒店举行。所有这些都必须经过各方当事人和仲裁庭同意。

---

[22] *E Rotheray & Sons Ltd v Carlo Bedarida & Co*［1961］1 Lloyd's Rep 220.

[23] 参见《KLRCA 仲裁规则》（2013 年修订）第二部分；《UNCITRAL 仲裁规则》（2010 年修订）第 19 条。

[24] A W Shilston，"The Evolution of Modern Commercial Arbitration"（1987）4 Journal of International Arbitration 45 at pp 65-66.

仲裁庭将逐项处理议程。仲裁庭会提前转发议程给双方当事人或其代理人，并给予各方就这些条目发言的机会，并在可能的情况下达成协议。

各方在大多数项目上达成相当高的程度的一致意见是很普遍的。有时，双方代理人在收到议程后会相互联系，并商定仲裁程序的时间安排。双方当事人可以自由商定他们所能达成的协议，仲裁员应受此类协议的约束。

如果双方当事人不能就初步会议上提出的问题达成一致，则仲裁庭必须作出裁定。但是，只有在双方当事人都听审完毕后才能这样做。

仲裁庭通常会当场作出裁决，但仲裁庭会在初步会议后的指示命令中记录所有经同意或未经同意的裁决。

复杂的争议经常召开不止一次的初步会议。有时候，一方当事人没有遵守计划，该方会提出意见要求给予额外的会议时间。仲裁庭会在进一步的会议中听取该方意见，同时另一方当事人也将有机会就该方意见表示同意或反对。

在筹备听审的过程中还可能出现其他问题，因此有必要再举行一次会议，以便收集各方当事人的意见。仲裁庭听取提交的意见后，将作出裁定并向当事人作出指示。

26.6 程序指令

在初步会议之后，仲裁庭通常会发布关于仲裁的一般程序指示或临时时间表，包括初步时间表、仲裁采取的形式、证据规则，以及程序是以口头、书面还是检查的形式。有时正式文件的标题是“指示令”（Order for Directions）。

随后，仲裁庭可以在仲裁过程中发布其他中间命令。当事人不得对指示性命令提起上诉。仲裁庭对这些事项的决定是终局性的。[25] 仲裁庭没有义务说明中间裁决的理由，而且一般也不应这样做。

法院在 *Bill Biakh K/S A/S and Bill Biali K/S A/S v Hyundai Corporation* 案中认为，其没有管辖权以纠正程序错误。[26] 它只能发回重审，而不能在裁决前作出裁定。

26.7 仲裁程序中的诉状

申请人通常最先提交诉讼文件，可以采取案件陈述（*statement of case*）、纪要书（*memorial*）、索赔书（*claims submissions*）或请求要点（*points of claim*）的形式。杨良宜

---

[25] *Ocean Laser Shipping Ltd v Charles M Willie & Co (Shipping) Ltd*, *The Smaro* [1999] 1 Lloyd's Rep 225, per Rix J.

[26] [1988] 1 Lloyd's Rep 187.

(*Philip Yang*) 将前三个术语称为非正式诉讼文件，其中包括事实和法律论点及书面证据。[27]

另一方面，正式诉讼文件是一个术语，指请求要点 (*points of claim*)、答辩要点 (*points of defence*) 和反诉 (*counterclaim*) (如有) 以及答复要点等文件。在这些文件中，当事人陈述他们的主张和他们打算证明和依据的事实。

诉讼文件必须说明支持当事人的主张所依据的所有事实以及所寻求的补救措施，同时提醒另一方必须要处理的案件的特殊性。[28] 诉讼文件既不用说明也不用总结将来要出示的证据，不用说明其所依据的法律要点。

总之，诉讼文件应该说明事实而不是申辩法律，应避免罗列证据，只需要包含重要事实，并尽可能的简明扼要。[29] 这些对于诉讼律师来说是很熟悉的，因为它们基本上与法庭上的诉讼文件相同。它们的风格简洁，并参考了法院诉讼程序中所要求的书面陈述的类型，其中列明了所有主张事项。

杰克·雅各布爵士 (Sir Jack Jacob) 和伊恩·S. 戈德林 (Ian S. Goldrein) 解释说，提供诉讼文件的主要目的是：

> 第一，明白和准确地界定当事人之间存在的争议，并由法院确定问题……第二，要求每一方当事人应公平和适当地通知案件的相对方，使他能够为自己的案件做好准备。第三，使法院知晓当事双方之间的明确争议事项，法院只能就这些事项作出判决，因为他们限定了诉讼的范围，未经适当修正不得扩大……第四，提供每一方当事人情况的简要总结，以供随时参考，方便理解请求及抗辩的性质，并形成对诉讼中问题所进行的永久记录，以防止当事人或与他们有利害关系的人日后就已判决的诉讼提起诉讼。[30]

在没有相反协议的情况下，通常需要在仲裁中提交诉讼文件。[31]

法院在 *Indian Oil Corp Ltd v Coastal* (*Bermuda*) *Ltd*[32] 案中认为诉讼文件在仲裁中具有与其商业诉讼中相同的地位，其评论说：

> 虽然在我看来，在通知相对方（和仲裁庭）所依据的事实时，仲裁员应该更强调诉状的实际优点，而不是强调所谓的阻止一方提出新问题的消极作用。

---

[27] Philip Yang, "The Organisation of International Arbitration Proceedings", in M Pryles and M Moser (eds), *The Asian Leading Arbitrators' Guide to International Arbitration*, 2007 at p 187.

[28] D Sutton Gill and Gearing, *Russell on Arbitration* (24th Edn, 2015) at para 5-133.

[29] 列举仲裁中诉状的一系列可能用途。马斯蒂尔和博伊德：《商事仲裁》(*Commercial Arbitration*, 2nd Edn, 1989)，第 319 页。

[30] Sir Jack Jacob and Ian S Goldrein, *Pleadings*: *Principles and Practice* (1990) at pp 2-3.

[31] *South Australian Superannuation Fund Investment Trust v Leighton Contractors Pty Ltd* (1990) 55 SASR 327.

[32] [1990] 2 Lloyd's Rep 407 at 411.

26.8 诉状的形式要件

《2005 年仲裁法案》第 25 条要求申请人提供的申请书包括以下几点：

（a）支持其主张的事实；

（b）争议的要点；

（c）寻求的救济或补偿。

被申请人在答辩书中也必须作出答辩。虽然提供申请书和答辩书是强制性的，但各方当事人可以自由地商定这些文书的必要组成部分。[33]

正如《2005 年仲裁法案》第 25 条所述，诉讼文件通常按顺序进行交换。申请人将其陈词称为“申请书”（*Statement of Claim*），被申请人在“答辩书”（*Statement of Defence*）中对该申请书作出回答。如果另外还有反诉，文书将会是“答辩书和反诉书”（*Statement of Defence and Counterclaim*）。

申请人可以“对被申请人的答辩作出回应，这是进一步回应答辩书的指控”，如果存在反诉，则为“就反诉的答辩书”（*Defence to Counterclaim*）。最后，被申请人可以提交“对反诉答辩书的回应”（*Reply to the Defence to the Counterclaim*）。偶尔还会出现进一步的诉状。

2014 年《伦敦国际仲裁院（LCIA）仲裁规则》（*London Court of International Arbitration（LCIA）Arbitration Rules* 2014）规定，书面申请书由“案情陈述”“答辩陈述”和“反诉陈述”组成，且必须在规定的时限内轮流更迭。[34]

2012 年《瑞士国际仲裁规则》（*Swiss Rules of International Arbitration*）也要求当事人的陈述附有“所有依据的文件和其他证据”[35]。

《国际投资争端解决中心仲裁规则》（*ICSID Arbitration Rules*）[36] 将双方当事人提交的文件命名为“纪要书”（*memorial*）和“答辩纪要书”（*counter-memorial*），随后，必要时还可以提交回复书和反驳答辩书。如果仲裁的请求是共同作出的，该规则还允许同时交换书面陈词。

纪要书应包含有关事实、法律的陈述和意见，而答辩纪要书、回复书或者反驳答辩书应对这些陈述和意见作出反应，并可以补充任何额外的事实、法律陈述或自己的意见。[37]

---

[33] 另参见《联合国国际贸易法委员会第十八届会议工作报告》［大会正式记录，第四十届会议，补编第 17 号（A/40/17）］第 196 段。

[34] 2014 年《LCIA 仲裁规则》第 15 条。

[35] 《瑞士国际仲裁规则》第 18（3）条和第 19（2）条。

[36] 《ICSID 仲裁规则》第 31（1）和（2）条。

[37] “Chapter 6：Conduct of the Proceedings” in Blackaby and Partasides with Redfern and Hunter，*Redfern and Hunter on International Arbitration*（*Sixth Edition*），（6th Edn，2015）at pp 353-414，para 6.69.

《吉隆坡区域仲裁中心 UNCITRAL 规则》(2010 年修订)第 20 条和第 21 条明确规定，当事人提交的初始的书面申请书不是对当事人各自立场的最终的、确定的陈述，因为申请书“应尽可能附具申请人所依据的所有文件和其他证据，或注明这些文件和证据的来源出处”，说明还可以提出补充的要点。[38]

《KLRCA 仲裁规则》(2013 年修订)没有规定严格的时效，虽然它确实提供了一些指导。其第 25 条规定：

> 仲裁庭确定的传递书面陈述（包括仲裁申请书和答辩书）的期间不得超过 45 天。但是，仲裁庭认为延长期间正当的，可以延长该期间。

反诉不同于抗辩，因为它将提出一个新的问题。例如，如果雇主对有缺陷的工作提出索赔时，被申请人可以在答辩中声称工作没有缺陷。这是一个答辩。被申请人可以进一步索赔雇主因此造成的直接损失和/或费用。这将是一个反诉。

> 仲裁庭通常在提交申请书时仔细阅读这些申请书，它可提醒当事人注意任何错误或不一致之处。当申请书复杂和混乱不清时，仲裁庭可以要求各方当事人商定一份问题清单，明确列出它将裁定的要点。

如有必要，可能需要举行进一步的初步会议来解决当事人之间的问题。仲裁庭如能说明其期望的书面陈述的性质，可能会有所帮助。因为细节不足会拖延程序，而如果要进行详细的口头听审，非常彻底的申请书可能会增加不必要的成本。[39]

26.9 诉状的修改

《2005 年仲裁法案》第 25(3)条允许当事人对其索赔或抗辩进行补充，除非仲裁员认为这是不适当的。仲裁庭应考虑的因素包括延误和对其他当事人造成的任何损害。通常的规定是，修改形成的费用由修改方承担。

未经另一方当事人或仲裁庭同意，一方当事人不能再提出新的索赔。[40] 如果提出新的索赔，仲裁庭必须确保根据仲裁规则，这些索赔属于仲裁庭的管辖范围。

一方可能意识到，在仲裁中间阶段甚至在听审中提出的证据在不做修改的情况下不能支持其主张的部分事实陈述，或者会支持另一个完全没有提出的诉由。在这种情况

---

[38] Blackaby and Partasides with Redfern and Hunter, *Redfern and Hunter on International Arbitration* (6th Edn, 2015) at para 6. 65.

[39] Blackaby and Partasides with Redfern and Hunter, *Redfern and Hunter on International Arbitration* (6th Edn, 2015) at para 6. 74.

[40] *Terna Bahrain Holding Co WLL v Al Shamsi* [2012] EWHC 3283 (Comm), [2013] 1 All ER (Comm) 58 at [125].

下，有关当事人将向仲裁庭申请修改其案件，并向另一方当事人提供副本。申请书将附有拟议的修正草案，并标记删除的多余的案文，在新案文中加下划线以供识别。建议的修订应详加说明，以免吸引更多人申请进一步及更详细的资料。

仲裁庭将考虑双方的陈述，以了解允许一方当事人拟议的修正将会对另一方当事人造成的损害。一般来说，仲裁庭如果有可能通过对意图修改的当事人提出诉讼费要求来对另一方当事人将会受到的损害进行充分赔偿，则会允许作出修改。[11]

如果仲裁庭作出这样的指示，就可以修改诉状，包括列入新的索赔和抗辩。仲裁庭可准许一方当事人在任何阶段修改诉状，并且通常会为了查明双方当事人之间的真正问题而允许作出一切必要的修改。

但是，如果修正或补充超出了仲裁协议的范围，那么仲裁庭就没有裁量权。[12] 仲裁庭的管辖权是由仲裁所涉及的问题来定义的。

未经双方当事人和仲裁庭的同意，各方当事人对诉状的修改不能扩大管辖范围。未经双方当事人和仲裁庭同意，拟议的修正内容不能将问题扩大到已提交仲裁的范围之外。[13]

例外的情况可能是，例如，拟议的修改内容没有具体规定。如果得到允许，将会暂停庭审程序，因为作为新的申请事由的修改可以根据新的仲裁通知来实施，并在稍后的日期进行听审。如果拟议的修改内容是一项新的主张，则可能会被禁止。

仲裁庭可能认为当事人的行为是不诚实的，或者是由于先前的错误当事人对另一方当事人造成了一些损害，而其无法得到费用的赔偿。如果拟议的修改内容意味着另一方在处理原仲裁申请方面浪费了时间和金钱，则仲裁庭可以允许修改，但费用由修改方承担。

如果仲裁庭认为当事人没有妥善地辩护且需要修改其诉状的，仲裁庭应标明其关切和允许修改的问题。[14] 当然，这不应延伸到仲裁庭就如何处理其案件向当事人提供咨询意见、提出抗辩等。

当事人不能按时递交诉状的，应当征得另一方当事人同意延长期限，并将延期结果通知仲裁庭。如果不能这样做，当事人必须向仲裁庭申请延长期限。

作为《2005年仲裁法案》第20条所体现的基本规则，仲裁庭在处理需要作出决定

---

[11] *Congimex SARL (Lisbon) v Continental Grain Export Corpn (New York)* [1979] 2 Lloyd's Rep 346; *Edward Lloyd Ltd v Sturgeon Falls Pump Co Ltd* 85 LT 162; *Re Crighton and Law Car and General Insurance Corpn Ltd's Arbitration* [1910] 2 KB 738.

[12] *Leif Hoegh & Co A/S v Petrolsea Inc*, *The World Era* [1992] 1 Lloyd's Rep 45; *Interbulk Ltd v Aiden Shipping Co Ltd*, *The Vimeira (No 1A)* [1985] 2 Lloyd's Rep 410; UNCITRAL Arbitration Rules (Revised 2010) art 22.

[13] Sutton Gill and Gearing, *Russell on Arbitration*, (24th Edn, 2015) at para 5-138; *Persaud v Beynon* [2005] EWHC 3073 (Comm). Eduardo Zuleta Jaramillo, *Liberty Seguros SA and Liberty Seguros de Vida SA v Arbitral Tribunal and Civil Chamber of the Bogotá Judicial Tribunal*, Constitutional Court of Colombia, Decision T-186/15, Case Date 17 April 2015, A contribution by the ITA Board of Reporters, Kluwer Law International.

[14] Alenco Inc v Niska Gas Storage US [2009] AWLD 2128; Ng Chin Siau v How Kim Chuan [2007] 2 SLR (R) 789, [2007] SGHC 31.

的事项时，不应该在审议双方提交材料之前作出决定，因为这显然没有平等对待各方当事人。

除非是在庭审上提出，这类材料通常都是书面的。一般来说，在提出申请时，除非有令人信服的理由，否则通常只给予一次短暂的延期。

考虑到公平、拖延和费用问题，仲裁庭会进一步仔细审查延期请求。公平地说，仲裁庭不应该是教条的，程序上延长时间的适当执行政策可据案件的情况决定。

提供仲裁文件的目的是使另一方当事人充分注意到案件。另一方当事人则有充分的机会提出证据，来反驳所有否认的指控。双方当事人必须充分了解对方的情况。各方当事人也有权了解所依据的所有事实和事项。

如果申请书含混不清，或没有提供足够的细节，或不能准确地说明需要审理的案件，收到申请书的一方当事人可能无法与自己的证人确认该指控是否属实。充分和详细的申请书有助于以更有效和更具成本效益的方式解决争议。

法院在 *Bailey v Federal Commissioner of Taxation*[45] 案中解释道：

> 细节在诉讼中起着重要的作用。它们界定了要审判的问题，使各方当事人能够知道需要提供什么证据，并避免花时间去处理没有争议的问题。一方面，它们防止了由于突发情况产生的不公正现象；另一方面，可以通过将案件的处理控制在适当的范围内以节省开支。

有时，要求提供进一步和更精确的细节只是在浪费时间。满足每个请求会增加费用并导致延迟。在这种情况下，仲裁庭有义务防止这种情况出现。

法官塔克巴利（J. Tackaberry）和亚瑟·马里奥特（Arthur Marriot）解释道：

> 不幸的是，从策略上请求提供详细资料经常被滥用。例如，如果被申请人拥有所要求的资金，并可能滥用钱袋的权力来耗尽申请人的索赔能力，那么成本甚至利息并不总是能得到足够的赔偿。除却其他，他们可能太迟了。如果符合上述原则，仲裁员可能不得不划定界限，然后才允许对方迂腐地拖延而不是迅速进行仲裁。如果各方当事人本身不能够通过他们之间的力量博弈来解决细节是否充分的问题，仲裁员就需要一个大胆的精神，而不能有一个胆怯的灵魂。当事人有义务，仲裁员有权力。[46]

除非仲裁庭就此作出命令，否则另一方当事人没有答辩的义务。任何一方当事人均可通过向仲裁庭提出要求的方式，向另一方当事人索取更多更详细的资料。

然而，仲裁庭一般应避免给予这种指示，并设法寻找其他方法来迫使当事人明确陈

---

[45] *Bailey v Federal Commissioner of Taxation*（1977）136 CLR 214 at 219.

[46] J Sharkey，and J Dorter，Commercial Arbitration，（1986）.

述其案情，例如通过修改或提前披露证人证词。[47]

有时，会以询问的形式要求提供进一步的细节。这是一系列的问题，对于这些问题，可能很少有书面证据可以提供给另一方当事人，并在宣誓后作出答复。在仲裁中很少需要询问。

一旦仲裁庭下令提供进一步和更好的细节，另一方当事人必须在仲裁庭规定的时限内提供书面答复。

26.10 陈述的顺序

申请人会提供申请书，申请书可以用完全叙述的形式提出争议，或以相对简明的起诉状的方式提出。合同条款通常以摘要的形式，依据具体的索赔要求、支持索赔的事实证据和寻求的救济或补救措施提出。这些申请书必须足够充分，以使对方当事人能够充分了解其必须面对的情况。

如果有反诉，被申请人将会在提交答辩状的同时附以反诉状，接着是申请人对反诉的答辩，然后各方当事人可以对各自答辩状进行回复。

26.11 披　露

听审的目的是确定案件中的真实情况[48]，并且为了公正，仲裁庭应当掌握所有提交给它的相关证据。[49] 隐瞒证据是不可接受的。

披露的过程与诉讼文件不同。它涉及两个要素，即披露和检查。各方当事人出示合同所依据的文件，如争议发生之前的信函，以及各方当事人与其律师之间交换的其他文件通常没什么困难。

真正的困难在于出示一方拥有但未告知另一方的文件。这种文件可能是另一方与第三方之间交换的文件，也可能是一个组织各部门之间传递的内部文件。

《UNCITRAL 示范法》第 19（2）条和第 27 条没有具体提及披露的相关内容，但《2005 年仲裁法案》明确提到了披露的相关内容，以确保仲裁庭具有如下裁量权[50]：

> 如果有理由认为某文件中包含的信息有利于一方当事人的主张或会对另一方的主张不利，或者如果该文件可能会引导一系列调查，而这些调查可能会产生这两种

[47] J Tackaberry and A Marriot and Bernstein, *Bernstein's Handbook of Arbitration and Dispute Resolution Practice* (4th Edn, 2003) at para 2-675.

[48] M Kurkela and H Snellman, *Due Process in International Commercial Arbitration*, (2005) at p 123.

[49] *BA Rao v Sapuran Kaur* [1978] 2 MLJ 146.

[50] 参见《2005 年仲裁法案》第 19（1）（b）条和第 21（3）（f）条。

后果之一，则任何文件都是可披露的。[51]

在国内仲裁中，如果当事人、仲裁员和代理人均为马来西亚人，他们会很熟悉仲裁中的披露制度。

然而在国际仲裁中，如果涉及多国人员，就会出现对披露的性质和程度的不同成见。迥异的披露文化的一个明显例子就是涉及面广且昂贵的美国披露过程。

在订立仲裁协议时，当事人绝不能认为另一方和仲裁庭对披露的预期会跟他们一致。仲裁庭本身也可能对任一披露申请的处理方式产生重大影响。[52]

仲裁庭可以决定当事人应当披露的文件或文件的类别，以及披露的时间段。[53] 仲裁庭有权命令当事人披露任何文件，但如果命令得不到遵守[54]，双方最终也只能向法院申请协助执行。

由于仲裁庭的权力源于双方当事人之间的仲裁协议，仲裁庭无权命令第三方出示其拥有的文件，不管其与待决的事项多么相关。[55]

第三方证据有时对仲裁请求或抗辩很重要[56]，所以应向法院寻求协助以获得此类证据。[57] 有时，第三方可能经一方当事人的请求而向其提供证据，却又可能拒绝另一方当事人提供证据的请求。[58]

虽然仲裁庭没有强制证人出示文件的权力，但可能会对该证人的证据作出不利的推论。

披露是一种程序，使每一方当事人能够充分了解另一方当事人拥有、保管或掌握的关于案件问题的所有文件。这能让一方当事人在其对手的文件中看到不利的或有利的信息，这可能有助于确定其案件主张。

任何文件，如有理由认为其含有有利于一方当事人的主张或对另一方当事人的主张不利的信息，都必须披露。

传统披露是列出所有可披露文件，包括对方已经拥有的文件，以及披露方曾经拥有但现已不再拥有的文件。

清单分为三个部分：第一部分是当事人拥有、保管或掌握的，不享有保密特权的文件；第二部分是当事人曾经拥有但现已不再由其保管、掌握或占有的，不享有保密特权

---

[51] Mustill and Boyd, *Commercial Arbitration*, (2nd Edn, 1989) at pp 323-324. *The Compagnie Financiere et Commerciale Du Pacifique v The Peruvian Guano Company* [1882] 11 QBD 55.

[52] Gary Born, *International Arbitration and Forum Selection Agreements*: *Drafting and Enforcing* (2010) at p 88.

[53] 参见《2005 年仲裁法案》第 21（3）条下：广泛的权力。

[54] 参见《2005 年仲裁法案》第 19（1）（b）条。

[55] *BNP Paribas v Deloitte and Touche LLP* [2004] 1 Lloyd's Rep 233.

[56] S P Caplow, "Through a Glass Darkly: Non-Party Discovery Under the US Federal Arbitration Act" (2012) 78 Arbitration, 3 at p 256.

[57] 《2005 年国际仲裁法案》第 29（2）条有关于强制第三方出庭或出示文件的规定。参见 *UF Engineers Sdn Bhd v Datuk Lawrence Sinsua* [2010] MLJU 1492 案。

[58] Blackaby and Partasides with Redfern and Hunter, *Redfern and Hunter on International Arbitration*, (6th Edn, 2015) at para 6.130.

的文件；第三部分是当事人享有保密特权的文件。

一方当事人如果有理由相信另一方没有完全履行披露义务，则可以要求具体的披露。控诉方通常会说出这些据称已丢失的文件或文件的类别，并解释为什么相信这些文件与案件相关且这些文件肯定由对方占有、保管或掌握。[59]

如今，90%的文件、信函和其他信息是以电子形式出现的。因此，有必要考虑如何将这些信息用于商业诉讼和仲裁。

在今天，许多仲裁庭会根据2010年国际律师公会《国际仲裁取证规则》的指导来行使其裁量权，该规则将“文件”一词定义为“文字、通信、照片、图画、程序或数据等任何形式，无论是以纸质还是通过电子、音频、可视的或任何其他的方式记录或保持”[60]。

2010年国际律师公会《国际仲裁取证规则》第3条在原则上不区分硬拷贝文件和软拷贝文件。在权衡“结果的重要性”与“适当性”时，最终由仲裁庭决定是否应该披露某些类型的文件。[61]

26.12 披露的限制

仲裁中的披露程序的范围将在很大程度上取决于仲裁的性质和双方的意愿。[62] 除非双方另有约定，否则没有自动的披露权。[63] 例如，披露不能用来“远距离取证”或者允许用来阻挠或拖延仲裁。[64]

此外，法院根据《2005年仲裁法案》第11条命令第三方提供证据的权力如果不够具体，以致与披露无异的，则不能使用。[65]

如果隐私权和保密资料所包含的国家利益超出了披露的一般利益，则披露可能受到限制。保密资料分为三类：涉及国家事务的；涉及法律职业保密义务的；为和解而进行的通信。

但是，《1950年证据法案》[66] 明显不适用于仲裁庭审理的程序，这产生了一个问题，

---

[59] Mustill and Boyd, *Commercial Arbitration*, (2nd Edn, 1989) at pp 323-324.

[60] IBA《国际仲裁取证规则》(2010年) 的定义。

[61] IBA《国际仲裁取证规则》(2010年) 第9条。

[62] *Edwards (Inspector of Taxes) v Bairstow* [1956] AC 14 at 36, per Lord Radcliffe; *Pioneer Shipping Ltd v BTP Tioxide Ltd*, *The Nema* [1981] 2 Lloyd's Rep 239, [1982] AC 724, per Lord Roskill.

[63] Gary Born, *International Commercial Arbitration* (2nd Edn, 2014) at p 2346.

[64] 例如，*Navigator Investment Services Ltd v Acclaim Insurance Brokers Pte Ltd* [2010] 1 SLR 25 at [67], CA案，承认了证据开示有助于仲裁；另可参见 *Dorsey James Michael v World Sport Group Pte Ltd* [2014] 2 SLR 208, [2014] SGCA 4案。

[65] *The Lao People's Democratic Republic v Sanum Investments Ltd* [2013] 4 SLR 947, [2013] SGHC 183.

[66] Act 56.

即在以马来西亚为仲裁地的仲裁中，某些类别的文件能否被披露。[67]

适当的观点是适用于诉讼的法定披露规定不适用于仲裁，但必须遵守自然正义规则，违反这些原则的任何披露都应被拒绝。

2010 年国际律师公会《国际仲裁取证规则》[68] 允许仲裁庭基于以下理由排除证据：相关性和重要性；法律或道德特权；不合理的举证责任；商业或技术秘密；政治敏感；对公平公正和各方当事人平等的考虑。

《1950 年证据法案》第 123 条规定：

> 任何人不得出示与国家事务有关的未发表的官方记录，或者提供任何由此获得的证据，除非得到有关部门负责人的许可。该负责人可以视情况决定是否准许，但受制于马来西亚政府部门的部长和州政府部门的首席部长。

《1950 年证据法案》第 123 条所涵盖的文件是未发表的与国家事务有关的官方记录。[69]

然而，很难看出这一类文件的披露会如何违反自然正义的规则。较合理的解释是政治敏感。此外，法院可能会撤销或拒绝执行以这种性质的证据为依据的有悖于公共利益的裁决。

《1950 年证据法案》第 126 条规定，律师未经委托人明确同意，不得在任何时候披露在从事专业工作过程中或为了从事专业工作的目的而向其发出的任何信息。这肯定属于自然公正规则的范围，仲裁不应接受享有保密特权的文件。

这种特权适用于在考虑或即将提起仲裁或诉讼阶段一方与其律师之间的任何法律咨询和通信。特权也适用于律师为仲裁或诉讼目的而获得的文件。[70]

例如，这可以是在考虑仲裁时或在仲裁开始之后，以仲裁作为唯一或主要目的而产生的专家或咨询文件。[71]

在国内仲裁中，所有律师都是当地的，因此都熟悉《1950 年证据法案》和《2012 年法院规则》，这些可能为参与者提供了一定的心理安慰。然而这些规则旨在涵盖整个诉讼程序，并不一定是商事仲裁中最实际的一套规则。

律师和仲裁庭应力求在程序方面有所创新，以减少仲裁时间和费用，根本无须按照

---

[67] Evidence Act 1950 s 2；*Jeuro Development Sdn Bhd v Teo Teck Huat (M) Sdn Bhd* ［1998］ 6 MLJ 545；*Malaysian Newsprint Industries Sdn Bhd v Bechtel International, Inc* ［2008］ 5 MLJ 254；*Tetuan Bakar & Partners v Malaysia National Insurance Bhd* ［2010］ 4 MLJ 493 at ［142］；CK Oon，"Arbitration in Construction Disputes：A Procedural and Legal Overview"，(2003).

[68] 2010 年 IBA《国际仲裁取证规则》第 9 条。

[69] *BA Rao v Sapuran Kaur* ［1978］ 2 MLJ 146；*Wix Corporation South East Asia Sdn Bhd v Minister of Labour & Manpower* ［1980］ 1 MLJ 224.

[70] *Chua Su Yin v Ng Sung Yee* ［1991］ 2 MLJ 348；*Yeo Ah Tee v Lee Chuan Meow* ［1962］ MLJ 413；*Dato' Au Ba Chi v Koh Kheng Kheng* ［1989］ 3 MLJ 445；*Dato' Anthony See Teow Guan v See Teow Chuan* ［2009］ 3 MLJ 14，FC.

[71] Tackaberry，Marriot and Bernstein，*Bernstein's Handbook of Arbitration and Dispute Resolution Practice* (4th Edn，2003) at paras 2. 701-2. 703.

严格的诉讼原则进行现代仲裁。[72] 如第 26 章第 11 节所述，仲裁当事人适用 2010 年国际律师公会《国际仲裁取证规则》，这套专门适用于仲裁的证据规则的情况越来越普遍。

不同于法院，仲裁中的当事人可以指定任何人作为其代理人，而不一定是律师。[73] 对某一特定代理人的指定可能会影响该方与其指定代理人之间通信的保密特权类型（如有）。虽然法律允许仲裁方由非律师代理，但并没有明确地声明这种特权适用于非律师代理人。

保密特权适用于在争取和解过程中产生的文件。在和解谈判过程中产生的文件通常标明“不影响实体权利”。

这些文字本身并没有为文件赋予特权，除非文件是为和解而产生的。[74] 文件没有标明“不影响实体权利”也并不影响其获得特权。[75] 此外，机密文件没有特权，但是，此类文件在仲裁过程中仍然保密，不得在提交仲裁时披露或复制。

在 *Webster v James Chapman & Co*（*a firm*）[76] 案中，法院基于正义的原则，允许一方当事人使用未经任何欺诈或其他不当行为所获取的保密特权文件。因此，如果无意中披露了保密特权文件，该特权可能会丧失。如果文件是通过欺诈或欺骗手段获得的，则其使用将受到限制。[77]

26.13 检　查

作为披露程序的一部分，披露命令通常附有检查命令。[78] 检查是指查看对方披露的非保密特权文件，除非放弃特权。每一方都有权查看另一方可披露文件清单中的原件并复印。

法院在 *Urban Small Space Ltd v Burford Investment Co Ltd*[79] 案中认为，检查的目标不仅限于可以被纳为证据的文件。

随后，双方就备好了一捆意见一致、双方都认可其合法性的文件。双方还会备好各自的文件，以在仲裁中提出案件主张。如果一方涉嫌隐藏文件，仲裁庭可以要求其以法

---

[72] Tackaberry, Marriot and Bernstein, *Bernstein's Handbook of Arbitration and Dispute Resolution Practice*（4th Edn, 2003）at para 2-787.

[73] *Zublin Muhibbah Joint Venture Sdn Bhd v Government of Malaysia*［1990］3 MLJ 125.

[74] *Daya Anika Sdn Bhd v Kuan Ah Hock*［1998］6 MLJ 537.

[75] *Wong Nget Thau v Tay Choo Foo*［1994］3 MLJ 723.

[76] ［1989］All ER 939；参见案件 *Mohamed Azahari bin Matiasin v GBB Nandy @ Gaanesh*（*in his capacity as the President of the Sabah Law Association is sued/named as the respondent in this appeal proceedings pursuant to s 9*（*c*）*of the Societies Act 1966*）［2013］5 MLJ 474 at［18］，非律师也可以在沙巴的仲裁程序中作为当事人的代理人。

[77] Tackaberry, Marriot and Bernstein, *Bernstein's Handbook of Arbitration and Dispute Resolution Practice*（4th Edn, 2003）at para 2-703.

[78] *James Laing, Son & Co*（*MC*）*Ltd v Eastcheap Dried Fruit Co*（*No 2*）［1962］1 Lloyd's Rep 285 at 290.

[79] ［1990］2 EGLR 120.

定声明的形式编写新的清单。[80]

26.14　申请延期

仲裁庭的职责之一是不能阻止当事人提出证据。如果当事人不能遵守时间表并要求延期，在申请延期似乎不是为了拖延且似乎确实需要的情况下，仲裁庭应予以准许，否则有可能违反自然正义规则。[81]

法院在 *Larchin v Ellis*[82] 案中表示：

> 仲裁员绝没有义务允许在他必须作出裁决的时间内要求的任何延迟。首先，应由他来判断延长时间的申请是真实的还是只是为了拖延。即使假设它是真的，也还要判断它是否合理。

仲裁庭可以在当事人无充分理由故意缺席的情况下拒绝延期。仲裁庭保留是否允许一方当事人从国外传唤证人的裁量权。[83] 如果仲裁庭拒绝延期，导致申请人无法在某一重要问题上反驳证人证据，那么这一点会成为提出异议的明确理由。[84]

---

[80] 例如 *Elektrim SAv Vivendi Universal SA* [2007] EWHC 11 (Comm) 案件，这是一个在仲裁中提出了欺诈指控的例子。

[81] *Priddle v Fisher & Sons* [1968] 3 All ER 506.

[82] (1863) 11 WR 281; Dalmia Dairy Industries Ltd v National Bank of Pakistan Ltd [1978] 2 Lloyd's Rep 223; the arbitration in Bauer (M) Sdn Bhd v Embassy Court Sdn Bhd [2012] 10 MLJ 189 这几个案件的审理过程因一方当事人反复要求延期而导致“严重拖延”。

[83] *Ginder v Curtis* (1863) 14 CBNS 723; *Dodington v Hudson* (1823) 1 Bing 384, (1823) 130 ER 155; *Grazebrook v Davis* (1826) 5 B & C 534.

[84] *In re Enoch and Zaretzky, Bock & Co's Arbitration* [1910] 1 KB 327.

第 *27* 章 听审程序

27.1 简 介

在听审中，仲裁庭、争议当事人、当事人的律师、顾问和证人会以某种形式会面，尽管这种形式不像在法庭上那么正式。当事人没有相反约定的，仲裁庭可以决定是否以口头审理的方式进行仲裁❶，仲裁庭没有义务进行这样的听审。❷

大多数的仲裁规则都规定了应任何一方当事人的请求❸或在仲裁庭启动时举行听审。如果没有当事人要求口头审理的，仲裁庭不进行口头审理是没有过错的。❹

尽管除了涉及航运和大宗商品的仲裁外，在大多数的商事仲裁中这种情况不太可能发生，也不常见，但如果各方当事人已明确表示同意，那么仲裁庭应在不经审理的情况下作出裁决。❺ 除了典型的商业纠纷，还有许多没有必要进行口头审理的情况，例如非常小的消费者纠纷仲裁。

在仲裁程序中，当事人更倾向于缩短仲裁程序的口头阶段。在关于证人的仲裁程序方面，当事人也应尽可能缩短获取证人证言的口头阶段。如果调查涉及复杂和有争议的事实，证人就必须作出口头证词。这些证据是有用的，它在许多情况下是无价的。在这种情况下，仲裁庭通常在正式审理案件时听取证人的证词。

各方当事人和仲裁庭可以通过聚焦争议要点来加速仲裁程序。仲裁庭常通过强迫当事人的代理人关注争议焦点，以大大缩短仲裁程序。

一旦查明了争议焦点，仲裁庭就可在各方当事人同意的情况下缩小索赔的问题范围，消除无关事项，从而大大减少披露的必要性。查明真正有争议的问题可减少对律师辩论的需求并最大限度地减少证人出庭的时间，从而缩短口头庭审时间。

国际商事案件中往往会产生大量的文件，但争议问题通常仅仅依赖于少数文件。及早查明焦点问题能使仲裁庭进行突出重点和关联性的文件阅读。确实，仲裁庭有可能仅

---

❶ Arbitration Act 2005（Act 646）s 26（1）.

❷ *Government of the Republic of the Philippines v Philippine International Air Terminals Co Inc*［2006］SGHC 206.

❸ 参见《KLRCA UNCITRAL 仲裁规则》（2010 年修订）第 17（3）条、2014 年《LCIA 仲裁规则》第 19 条。《2005 年仲裁法案》第 26（2）条也具有这种效力，但当事人之间达成任何相反协议的除外。

❹ *PT Asuransi Jasa Indonesia（Persero）v Dexia Bank SA*［2006］SGCA 41.

❺ Blackaby and Partasides with Redfern and Hunter，*Redfern and Hunter on International Arbitration*（6th Edn，2015）at para 6. 155.

在文件的基础上确定某些问题，除非双方当事人有相反的约定或一方当事人提出了相反的申请。[6]

27.2　没有听审的仲裁程序

与《UNCITRAL 示范法》第 24（1）条相类似，《2005 年仲裁法案》第 26（1）条以及许多像《国际商会仲裁规则》第 25（6）条的仲裁规则，都允许仲裁庭在没有举行听审的情况下仅根据文件作出裁决。但是这受双方当事人的协议之约束，如一方当事人要求，则听审就是强制性的。因此，如果一方或双方当事人要求举行听审，仲裁庭就必须举行听审。[7]

另一方面，裁决可以只根据或主要根据听审时间很短的文件作出，以处理最适宜口头处理的任何事项。[8] 但是，案件必须适合以此种处理方式处理。

Lovell Partnership（Northern）Ltd v AW Construction Plc[9] 案的仲裁员因行为不当而被撤销了，其中一个原因就是，尽管一方当事人在信函中明确表示口头证据和可能的发现对于适当解决某些问题来说是必要的，但过分强调速度给双方当事人造成了伤害。

如果各方当事人同意只进行书面的仲裁，则仲裁庭无权要求他们提供口头证据，不能仅仅以不要求口头证据违反自然正义规则为由而对最终裁决提出质疑。

如果仲裁员有进行口头审理的裁量权，但选择不进行口头审理，也适用以上原则。[10] 仲裁庭在仲裁过程中的行为也必须是"光明正大的"（above board）。[11]

如果仅仅进行书面审理，而仲裁庭希望提出补充问题，则必须小心，不要提出新的事项，并应给予双方当事人就该问题提交书面意见的机会。[12]

27.3　听审准备

仲裁庭和双方当事人都应在开庭前了解仲裁程序的性质。仲裁庭通常将确保程序按

---

[6] Arbitration Act 2005 s 26；Tackaberry，Marriot QC and Bernstein，*Bernstein's Handbook of Arbitration and Dispute Resolution Practice*（4th Edn，2003） at para 2-692.

[7] M McIlwrath and J Savage，*International Arbitration and Mediation a Practical Guide*，（2010） at p 308 at para 5-228.

[8] 有人说，只有文件的诉讼程序唯一的错误在于它们使用得不够频繁。

[9] （1996） 81 BLR 83.

[10] *Dalmia Dairy Industries Ltd v National Bank of Pakistan Ltd* [1978] 2 Lloyd's Rep 223.

[11] *Kuala Ibai Development Sdn Bhd v Kumpulan Perunding*（1988） *Sdn Bhd* [1999] 5 MLJ 137；*Ketua Pengarah Buruhv Britania Brands（Malaysia） Sdn Bhd* [2010] MLJU 504.

[12] *Pacol Ltd v Joint Stock Co Rossakhar* [1999] 2 All ER（Comm） 778；*St George's Investment Co v Gemini Consulting Ltd* [2004] EWHC 2353（Ch）.

照仲裁协议和任何的补充协议进行。

仲裁庭将邀请各方当事人商定拟议的听审时间表，并可在听审前几周召开电话会议，以最后确定听审时间表和程序。[13] 听审的方式取决于当事人的协议和仲裁庭的酌处权。

仲裁庭应阅读诉状和证人陈述，并注意可能需要进一步解释的问题。它还应审查各方当事人商定的问题，以确定这些问题是否已反映在诉状中。

在宣读诉状之后，仲裁庭将能够遵循各方当事人在陈述案件时所采取的战略。大多数仲裁庭都有一份复核材料清单，包括笔记本、不同颜色的笔（用于记录和列出展品）、宣誓书和确认书文本等。

通常情况下，双方当事人会将听审室安排在仲裁地。当事人也可以要求给他们安排休息室，他们可以在听审后的休息时间里单独商讨，同时应给仲裁庭提供一个房间。

听审一般在会议室或听审室进行，大多数情况下是在仲裁机构内，像吉隆坡区域仲裁中心的苏雷曼大楼或在新加坡的麦克斯韦办公室；还有专业机构内的场所，如马来西亚的建筑师协会、工程师协会、测量师协会，甚至是像皇家雪兰莪俱乐部或湖泊俱乐部、槟城俱乐部、沙捞越俱乐部等。仲裁甚至可以在仲裁员的办公室、律师事务所和酒店举行。所有这一切都需要双方当事人和仲裁庭同意。

对漫长而复杂的听审来说，舒适的环境尤其重要。如果房间不舒服，则会影响参与者的警觉性。听审室的用具在一定程度上使双方当事人隔离，仲裁庭坐在上首，证人坐在双方当事人之间。这样的环境比法庭让参与者亲密得多，更像是在法官室里举行的听审。

在几乎所有的国际商事仲裁案件中，双方当事人都可以通过提供书面意见或论点提纲的方式，为仲裁庭提供一份论点概述或路线图。现代商业案例产生了大量的文献资料。这在一定程度上是因为给案例选择文档的任务通常被委派给法律团队中初级法律人员，他们总是十分谨慎地将每一份可能相关的文件纳入其中。这为仲裁庭提供了大量的阅读材料。

应该记住的是，律师和当事人可能在开庭前已经研究案件数月或数年，而仲裁庭将是相对的初接触者，必须首次费力地审阅文件。两个或两个以上当事人提交的超过数百页的书面材料可能会加剧这一问题。

通常，仲裁员在预读大量的文件和听审时，一个简明概述论点并带有相关资料和权威观点索引的开庭陈述或论点提纲对仲裁庭来说是很有帮助的。[14] 制作一套能供律师查阅的“工作文件包”也是明智的。

---

[13] M McIlwrath and J Savage, *International Arbitration and Mediation a Practical Guide* (2010) at p 308 at para 5-229.

[14] *Inplayer Ltd (formerly Invideous Ltd) v Thorogood* [2014] EWCA Civ 1511 at [55] per Jackson LJ.

27.4 听　审

仲裁庭在任何时候都需要表现出司法能力和职责所在。在听审期间，这种能力和其中的任何缺陷都很容易被当事人注意到。在实际听审期间，仲裁庭必须确保在各方当事人都在场的情况下接收证据。只要当事人不反对，仲裁庭可以以口头证词或证人陈述的形式接收证据。

这种证据将包括一切可能的证据类型，如证人证据、专家证人证据，对任何此类证人的交叉询问、证词和对一方当事人的交叉询问。在没有明示或默示的相反协议下，当事人有权盘问对方的证人。

鉴于这部分对抗式程序的中心地位[15]，如果仲裁庭拒绝交叉询问的行为仅适用于一方当事人，则表明缺乏公正性或独立性；如果是针对双方当事人且违背他们的意愿适用的，则仲裁庭最有可能被立即撤销。[16]

仲裁庭也有权在取证过程中或在当事人完成询问后向证人提问。有时，仲裁庭可能需要介入律师对证人的讯问，但其技巧是介入时机恰当。

一般的做法是在仲裁庭向证人提出问题之前让双方律师完成他们对证人的询问。这样，律师可以按照他计划的方式对证人进行询问。在对方的交叉质询之后，律师可以重新询问证人以澄清或解释在交叉质询期间产生的任何问题。

一个有经验的仲裁庭很少会介入有能力的律师的交叉询问。[17] 中断交叉询问本身对于律师可能非常有用，因为这向他们表明了仲裁庭最关注的问题，或者这是仲裁庭解释一个特定合同或法律规定的一种方式。

在仲裁庭对证人进行提问后，应当给予律师在仲裁庭询问的问题范围内重新询问证人的机会。此顺序与先前对证人的询问顺序相同，即询问、交叉质询和再质询。

仲裁庭必须谨慎行事，不要带头询问证人，过度纠问式的做法可能导致偏见归责。

哥斯达黎加最高法院第一庭在 *Worldwide Medical Assurance*，*Ltd Corp v SISA Vida SA*，*Seguro de Personas*[18] 案中认为仲裁庭确实做到了对原告平等对待，尽管原告因没有及时提出异议而失去了交叉质询被告证人的机会。

《2005 年仲裁法案》第 21 条赋予了仲裁庭非常广泛的权力以确定适用的仲裁程序，

---

[15] *Al Rawi v Security Service* ［2011］ UKSC 34 at ［13］.

[16] *Chilton v Saga Holidays Plc* ［1986］ 1 All ER 841.

[17] Tackaberry，Marriot QC and Bernstein，*Bernstein's Handbook of Arbitration and Dispute Resolution Practice* （4th Edn，2003） at para 2-798.

[18] Ryan Mellske，*Worldwide Medical Assurance*，*Ltd Corp v SISA Vida SA*，*Seguro de Personas*，Supreme Court of Costa Rica，RES. 000280-F-S1-2015 （EXP 14-000159-0004-AR），Case Date 05 March 2015，Acontribution by the ITA Board of Reporters，Kluwer Law International.

而且并不禁止以纠问方式对待证人。[19] 事实上，指定了民事法律仲裁员的当事人不应对纠问式程序提出不必要的抱怨，特别是当仲裁员让各方当事人加入其中并向其征求意见时。[20]

仲裁庭的不断干扰和干涉会妨碍案件的公正审理，除非使用得当，否则不会缩短仲裁的时间，而且在许多情况下还可能延长仲裁的时间。仲裁庭必须保持平衡，以使律师或代表专注于相关事项，而不妨碍各方当事人陈述案情。

对于没有丰富仲裁程序经验的新手仲裁员来说，这不是一件容易的事情，特别是当律师对仲裁程序不熟悉、当事人都相信自己的立场正确而有不合理的期望时。

当仲裁的一方当事人在没有法律代理的情况下亲自出庭或完全缺席的罕见情况下，这种困难可能更为严重。在这种情况下，仲裁庭可能在程序中发挥更积极的作用。同时，仲裁庭应十分谨慎，不要为无代表或缺席的一方辩护，以免超越偏袒的表面界限。

27.5 听审的时间和地点

不同于诉讼程序，仲裁的听审只有在所有中间准备工作完成后才能进行，在完成了提交材料、遵守证据披露、证人陈述（如有）已作出并进行交换之后才会进行；听审的日期是在履行这些手续之后确定的，这些手续包括准备听审材料；如双方当事人提交的材料中未包含这方面的约定，仲裁员可自行决定仲裁的时间和地点。[21]

仲裁庭有责任提前且充分地通知各方当事人[22]听审的时间和地点，以及为检查文件、货物或其他财产而举行的会议的时间和地点。这一要求至关重要，因为它使当事人能够有效参与诉讼程序，并为仲裁做准备和陈述案情。如果一方当事人未得到关于仲裁程序的适当通知，则由此产生的裁决可能会被撤销。[23]

因此，在进行仲裁之前，确保双方当事人已获得听审的适当通知对仲裁庭来说是至关重要的。如果对当事方的缺席是否故意抱有任何疑问，则应该延期听审并进行调查。

《罗素论仲裁》建议，仲裁庭如果提议在当事人缺席的情况下进行仲裁，则应当向缺席的当事人明确表示仲裁将继续进行。[24]

《2005年仲裁法案》没有类似于《2012年法院规则》第32号命令第5（3）条中允许法院在一方当事人缺席的情况下提出重新审理申请，如延长提交文件时间的指示的规则。如果一方当事人不出席，该法也不允许撤销裁决。[25]

---

[19] Sutton Gill and Gearing, *Russell on Arbitration* (24 Edn, 2015) at para 5-206.

[20] *Checkpoint Ltd v Strathclyde Pension Fund* [2003] All ER (D) 56 (Feb).

[21] *Larchin v Ellis* (1863) 11 WR 281. W H Gill, *Law of Arbitration*, (2nd Edn, 1975) at p 61.

[22] *Atul R Shah v M/S V Vrijlal Lalloobhai And Co* AIR 1999 Bom 67, 1998 (4) Bom CR 867 (Bombay).

[23] *Methanex Motunui Ltd v Spellman* [2004] 1 NZLR 95, affirmed [2004] 3 NZLR 454, CA.

[24] Sutton Gill and Gearing, *Russell on Arbitration* (24th Edn, 2015) at para 5-194.

[25] Rules of Court 2012 O 35 r 2 (1).

除非仲裁庭通知的时间过短或者其事实上不能出席，一方当事人不应故意拒绝出席听审以期获得策略优势[26]，反而应该尽其所能努力地参加听审。

仲裁庭有决定听审的时间和地点的自由裁量权。[27] 在某个案例中，法院曾拒绝解除一名仲裁员的职务，该仲裁员拒绝改变开庭日期，而开庭日期是一方当事人的一名重要证人安排在开庭前一天离开国外长期居留的日期。[28] 各方当事人和仲裁庭通常会商定开庭的时间和地点。

听审本身可在各方当事人和仲裁庭方便的任何地方举行，听审室应能容纳所有与会者及其文件。审理的时间通常由仲裁庭在与当事各方协商其作证所需的时间后确定。

听审通常在上午 10 点开始，下午 4 点结束，其间有一个午餐时间。鉴于需要各方当事人和仲裁庭精力高度集中，通常在上午和下午有短暂的咖啡时间。

27.6 听审程序

首先要注意的是，在仲裁中不需要也许不应该模仿法院程序。[29] 然而在一个典型的仲裁中，在每次听审开始的时候，仲裁庭都会要求参与者遵守会议秩序。它会发一份与会者考勤表，并要求出席人员在其上列明他们的姓名和身份。

仲裁通常从解决行政事项开始，例如遵守先前的指示、需要休庭、插入另一名证人或改变听审时间以适应证人或当事方，然后再进行仲裁。

在某些司法管辖区，律师就当事人的立场做开庭陈述，仲裁员作出评价的基础是他们的诉状和证据。

萨顿在《罗素论仲裁》中描述和建议如下：

> 仲裁程序通常从申请人的开庭陈述开始，然后可能是被申请人短暂的开庭陈述（这经常被省掉）。开庭陈述通常将具体说明所依赖的关键文件和证据，阐明当事人的论点以及在仲裁过程中拟设立的案情主张。然而我们不鼓励冗长的开庭陈述和大声宣读大量文件。[30]

皇家律师卡普兰（N Kaplan QC）表示：

> 建筑领域最有经验的仲裁员都不再容忍双方律师长时间的口头开庭陈述。

---

[26] 如果适当地通知了听审信息，那么当事人不出席听审并不构成对临时或终局裁决提出上诉的理由，因此这种行为是不明智的。Blackaby and Partasides with Redfern and Hunter, *Redfern and Hunter on International Arbitration*（6th Edn, 2015）at para 5.121.

[27] *Fetherstone v Cooper*（1803）9 Ves 67 at 68.

[28] *Re Whitwham Trustees etc and Wrexham, Mold and Connah's Quay Railway Co*（1895）39 Sol Jo 692.

[29] Sutton Gill and Gearing, *Russell on Arbitration*（24th Edn, 2015）at para 5-192.

[30] Sutton Gill and Gearing, *Russell on Arbitration*（24th Edn, 2015）at para 5-203.

他补充说：

开庭陈述应由双方当事人准备，这些声明应在听审开始前送达仲裁员。这样他可以在有空且无当事人在场的时候进行阅读，这既能节约时间和金钱，又能让他在听审一开始就了解这个案件的全部情况。[31]

另外，塔克贝利和马里奥特表示，在听审上通常的程序如下[32]：

（1）申请人做开庭陈述。

（2）申请人对其首位证人进行询问。

（3）被申请人对上述证人进行询问。

（4）申请人重新询问上述证人。程序（2）、（3）和（4）对后续的证人重复适用。

（5）被申请人开庭陈述其反诉主张。

（6）被申请人对其首位证人进行询问。

（7）申请人对上述证人进行询问。

（8）被申请人重新询问上述证人。程序（6）、（7）和（8）对后续的证人重复适用。

（9）被申请人的最后结论。

（10）申请人的最后结论。

如果仲裁庭在他们的最后结论期间不打算与律师进行对话，那么以书面形式提交最后结论将更具成本效益，并可能会对仲裁庭可能由此产生的任何问题进行短暂的后续听审。[33] 在听审结束时，仲裁庭应向各方当事人明确仲裁程序已结束。

27.7 听审记录

对于小型的国内仲裁，在听审中，当双方当事人没有录音、录像或记录时，仲裁庭会做记录。由于仲裁员正在记录，其应告知证人语速要跟仲裁员的书写速度相当。

大多数仲裁员使用横格大页纸笔记本记录证人、日期、每天听审次数、每次听审的开始时间和结束时间、一天内每次延期的开始时间和重新开庭的时间。

仲裁员可以记录其对证人的意见或其他在撰写裁决时有用的评论。随着专业人士对科技的日益熟悉，以及随着价格和效用的改善，用笔记本电脑做记录越来越普遍。

仲裁员在记录其笔记时应始终关注仲裁中发生的情况。他必须在听审中保持一段时

---

[31] N Kaplan QC，“Modern Commercial Arbitration”，（1997）53 Arbitration 225 at 226.

[32] Tackaberry，Marriot QC and Bernstein，*Bernstein's Handbook of Arbitration and Dispute Resolution Practice*（4th Edn，2003）at para 2-792.

[33] Tackaberry，Marriot QC and Bernstein，*Bernstein's Handbook of Arbitration and Dispute Resolution Practice*（4th Edn，2003）at para 2-801.

间的专注。他在做笔记、收取和记录证物、作出裁定和不时作出指示时，必须保持警觉。记录中应包括律师提出异议的具体措辞以及仲裁庭就此作出的裁定或指示。其裁决和指示可能影响仲裁的整个结果。

仲裁员的记录，连同有关的书面证据和来自各方当事人期望有用的书面陈述，将会构成裁决的基础，因此必须非常小心地对待所有这些要素。仲裁庭应该意识到，如果仲裁庭在仲裁期间似乎没有进行任何记录，当事方及其代表可能会感到诧异。

另一个安排是让一名初级律师输入证据记录并在听审期间投射到屏幕上。所有在听审室的人都能看到问题和答案。最终的记录在听审日结束时通过电子邮件发送给所有听审参与者。

大多数国际仲裁的听审由转录服务记录，这可以在计算机屏幕上实时显示。或者，听审记录会在当事人听审后的当晚或之后产生，以供各方在听审过程中准备庭审意见时使用。仲裁庭在审议和撰写裁决时将使用该记录。鉴于其费用，它可能不适用于小额纠纷或很少或根本没有证人或专家的情况。[34]

27.8　争议标的的检查

仲裁庭的现场检查是一项望、闻、触的活动，以提供对地点或标的物的印象，以便更全面地了解争议中的事实问题。大多数仲裁立法和规则授权仲裁庭进行现场视察。[35]

在某些类型的争议中，如在商品贸易或建筑合同纠纷中，仲裁庭可以在各方当事人提出书面和口头证据之前或之后对争议标的物进行检查。

仲裁庭还可要求各方当事人允许检查“任何场地、财产、机器或任何其他货物或工艺或文件”。[36] 然而，作为适用适当程序原则的一部分，仲裁庭必须事先向当事人发出充分的视察通知。[37]

雷德芬和亨特指出，如果争议涉及材料的质量或数量，仲裁庭的这种检查可能特别重要，但在实践中，仲裁庭很少进行现场检查，因为这种检查的费用可能超过受益。[38]

在国际商事仲裁中很少进行现场查验是出于后勤方面的原因；安排往往来自世界各地的仲裁员、当事人、律师，也许还有证人和专家——检查一个现场将是一个昂贵和耗

---

[34] M McIlwrath and J Savage, *International Arbitration and Mediation a Practical Guide*, (2010) at p 309 at para 5-234.

[35] Blackaby and Partasides with Redfern and Hunter, *Redfern and Hunter on International Arbitration* (6th Edn, 2015) at paras 6. 146-148.

[36] IBA Rules on the Taking of Evidence in International Arbitration (2010) art 7.

[37] UNCITRAL Model Law art 20 (2).

[38] UNCITRAL Model Law art24; KLRCA UNCITRAL Rules (Revised 2010) art 18 (2); IBA Rules on the Taking of Evidence in International Arbitration (2010) art 7.

时的过程。[39] 现在，向仲裁庭提供数码照片和高清晰度视频是容易的、负担得起的和有效的，这意味着在大多数情况下不可能进行实地检查。

双方当事人如果认为现场查验没有什么意义，反而会产生不必要的费用，则可以通过协议阻止仲裁庭检查争议现场标的。除非双方当事人另有约定，否则仲裁庭有权自由裁量是否进行现场查验。

为何、何时以及如何进行现场检查应由仲裁庭决定。但是，它必须在所有当事人或其代表在场的情况下作出决定，各方当事人有权按照平等待遇和合理机会陈述案情的原则参加现场查验。

在查验时，仲裁庭将不直接向现场工人提出与案件有关的问题，除非各方当事人的律师也有权向这些工人提出进一步的问题。在仲裁程序中，不应将当事人的代表在现场视察时发表的评论和陈述视为证据。双方还可以商定仲裁员是否可以在无人陪同的情况下视察现场。[40]

27.9 当事人的总结陈词

在仲裁中，书面意见的类型、数量和顺序各不相同。在小型仲裁中，出于速度和经济的原因，可以口头提出意见或一起提交意见。在书面审理的仲裁中，仲裁庭可以根据提交的文件、书面意见和证人陈述，对争议作出裁决。[41]

一般来说，在听审最后阶段，必须给予各方当事人合理的机会就事实和可能出现的任何法律问题提出论据和意见。[42] 如果没有适用的仲裁机构规则来确定陈词的时限[43]，仲裁庭通常会与各方当事人协商确定最后期限。时限因争议的事实和法律问题的复杂性而异。

整个仲裁程序的基本目标是，每一方当事人都应能够陈述自己的主张并反驳对方的主张。这种口头或书面陈述不仅可以包括实质的争议焦点，也可以包括关于程序问题的争点。这不会引起新的争议，但会总结会议过程中提出的论点。

现在很常见的是交换书面的听审后意见，这取代了共同口头陈词。[44] 这些意见通常

---

[39] M McIlwrath and J Savage, *International Arbitration and Mediation a Practical Guide*, (2010) at p 307 at para 5-226.

[40] Tackaberry, Marriot QC and Bernstein, *Bernstein's Handbook of Arbitration and Dispute Resolution Practice* (4th Edn, 2003) at para 6. 176.

[41] P Yang, "The Organisation of International Arbitration Proceedings", in Pryles and Moser (eds), *The Asian Leading Arbitrators' Guide to International Arbitration*, (2007) at pp 171-172.

[42] *Carey and Brown v Henderson and Liddell* (1920) 2 Ll L Rep 479; *Altco Ltd v Sutherland* [1971] 2 Lloyd's Rep 515 at 518; *Modern Engineering (Bristol) Ltd v C Miskin & Son Ltd* [1981] 1 Lloyd's Rep 135.

[43] CIETAC Arbitration Rules art 12.

[44] 解决投资争端国际中心仲裁中的观点是，拒绝书面仲裁是“普遍做法”：A J van de Berg, *Arbitration Advocacy in Changing Times* (2011) at p 226.

是连续的而并不会同时提交。[45] 如有必要，仲裁庭还可保留要求任何一方当事人做口头补充的权力。

然而也有观点认为，如果某一特定结论完全符合该案的诉状、证据和意见，则不需要当事人就该问题提交进一步的意见。[46]

合理的程度将取决于所有的事实，包括贸易协会制定时限的规则所包含的协议。在这种情况下，仲裁庭必须对一方当事人在合理时间内对另一方当事人提起诉讼的权利和可能是由于不合理的拖延造成的对另一方当事人的不公正这二者进行平衡。仲裁庭没有义务允许每一项要求延时或进一步提出意见的申请。[47]

必须记住的是，各方当事人提交的最后书面意见往往会成仲裁裁决的基础，或与仲裁庭起草仲裁裁决高度相关。各方当事人应避免以不必要的冗长意见压垮仲裁庭，应做到透彻且中肯。

27.10　将听审分为几个阶段

将听审分为几个阶段，特别是在有争议的大型复杂事项上，这样做能够提高效率，减少费用和时间。[48] 例如，一个阶段涉及管辖权问题[49]，一个阶段涉及赔偿责任，最后一个阶段涉及额度。这被称为二根分叉（*bifurcation*）和三根分叉（*trifurcation*）。每一阶段的裁决可以在其他阶段开始前发布。

仲裁庭如果认定其缺乏管辖权，就无须进入下一阶段处理案件的实质问题，从而节省了费用、时间和各方当事人的人力。同样，如果案件中当事人的责任不成立，也就没有必要对损害赔偿的量化进行仲裁。在该特定阶段，还可促进各方当事人进行和解。[50]

---

[45] UNCITRAL Arbitration Rules 2010 arts 18 and 19.

[46] *London Underground Ltd v Citylink Telecommunications Ltd* [2007] EWHC 1749 (TCC).

[47] Mustill and Boyd, *Commercial Arbitration*, (2nd Edition, 1989) at p 305. *Overseas Fortune Shipping Pte Ltd v Great Eastern Shipping Co Ltd*, *The Singapore Fortune* [1987] 1 Lloyd's Rep 270.

[48] S Greenberg, C Kee and J R Weeramantry, *International Commercial Arbitration: An Asian – Pacific perspective*, (2011) at p 330.

[49] *Transfield Philippines Inc v Pacific Hydro Ltd* [2006] VSC 175.

[50] H Heilbron, "Assessing Damages in International Arbitration: Practical Considerations", in LW Newman and RDHill (eds), *The Leading Arbitrator's Guide to International Arbitration*, (2nd Edn, 2008) at p 445.

第 28 章　当事人缺席的后果

28.1　缺席的类型

在一些情况下，一方当事人或较少见的双方当事人都对仲裁程序缺乏热情，从而导致当事人缺席。最常见的当事人缺席的原因是，被申请人希望通过拒绝参与仲裁程序或以缓慢的速度行事来阻挠仲裁程序。

有时，在仲裁前阶段“摊牌”的强烈敌意和渴望会因进行仲裁的成本和费力的现实而被冲淡。一方当事人董事会的变化或总体经济气候的变化都可以降低仲裁程序的吸引力。当事人申请仲裁可能是希望对方让步和解，而不是真正想要进行仲裁。所有这些情况都可能会引起缺席。

在任何法律程序中，当事人在程序上违反义务或不履行义务的问题都是司空见惯的。这种违反义务的行为可以是拒绝或不遵守命令，或一方当事人不履行其责任程序上的义务。

例如，萨顿解释说：

> 如果仲裁庭无法在一方当事人缺席的情况下进行审理，该当事人有可能通过简单拒绝或不参与仲裁而绕过仲裁协议。❶

因此，缺席的认定对于仲裁程序的顺利进行来说具有十分重要的意义。与法院认定缺席的权力相比，这一领域的仲裁法相对不发达。因此，仲裁庭在行使这种权力时因为害怕受到质疑而相当谨慎。

仲裁规则对迟延和不合作问题作出了规定，如果规则适用于仲裁程序，则建议当事人熟悉这些规则。

缺席通常发生在：

（1）申请人或答辩人未在约定的时间内送达诉状；

（2）当事人没有充分理由而不出席听审；

（3）当事人不理会仲裁员在规定的期限内出具文件或者采取措施的指示；或者

（4）当事人拒绝预付仲裁费用。

---

❶ Sutton Gill and Gearing, *Russell on Arbitration* (24th Edn, 2015) at para 5-195.

斯扎兹博士（Professor Dr Szasz）说：

> 这是一个明智的仲裁庭，其本身愿意破除障碍，并有能力识别当事人的合法权利与无理阻挠之间的分界线。[2]

仲裁庭必须在尊重当事人公平审判的权利与阻挠手段之间取得平衡，特别是要谨慎避免因操之过急而犯程序错误，否则可能导致新的延误和中断，为撤销或拒绝执行裁决提供理由。

28.2　申请人的缺席

为了免受法定时效期限和合同时效期限的影响，申请人可能已将仲裁程序作为一种保护措施启动。如果没有为自己总结详细的申请要点，或者未获得必要的证人支持，那么申请人可能无法恰当地表达他的请求要点。

申请人的申请要点是陈述支持其主张的事实、争议要点和寻求救济的诉状。申请人通常在当事人约定或仲裁员指定的时间内提交。如果申请人没有这样做，仲裁就不能进行。

《2005 年仲裁法案》[3] 反映了《UNCITRAL 示范法》第 25 条的内容。《2005 年仲裁法案》第 27（a）条要求仲裁庭在申请人无充分理由不能在各方当事人约定或者仲裁庭规定的期限内提交其仲裁主张的情况下终止程序。

虽然受制于当事人的协议，但这是一项强制性的规定。这与以前的立法有很大出入。以前的法律规定，即使申请人拒绝提交仲裁主张，仲裁员也无权终止仲裁程序。[4]

第 27（c）条授权仲裁员在申请人未到庭或没有提供书面证据的情况下继续审理并作出裁决。[5] 这与 1996 年《英国仲裁法案》第 41 条有所不同，后者规定，如果存在过度的拖延，仲裁庭有权作出裁决。英国法律的门槛很高[6]，这是因为仲裁庭有权作出任何裁决，就像弗兰肯斯坦笔下的怪物（Frankenstein's monster）一样，准备将矛头指向它

---

[2] Professor Dr I Szasz, "Preventing Delay or Disruption of Arbitration, Arbitration Rules and Practice of Institutions", paper presented at Xth International Council of Commercial Arbitration Congress, Stockholm, 28-31 May 1990 at pp 5-6.

[3] Act 646.

[4] *Bremer Vulkan Schifbau Und Maschinenfabrik v South India Shipping Corporation*, *The Bremer Vulkan* [1981] AC 909, [1981] 1 All ER 289, HL; *Paal Wilson & Co A/S v Partenreederei Hannah Blumenthal*, *The Hannah Blumenthal* [1983] 1All ER 34, [1983] 1 AC 854, HL; *Food Corporation of India v Antclizo Shipping Corporation*, *The Antclizo* [1988] 2 All ER 513 [1988] 1 WLR 603, HL.

[5] 令人遗憾的是，这种情况经常发生：*Corporación Transnacional de Inversiones*, *SA de CV v STET International*, *SpA* [1999] CanLII 14819 (ON SC).

[6] 例如，在时效期限尚未届满的情况下，不应将延误视为过分，因为索赔人可以在时效期限届满后重新启动诉讼程序。参见 *TAG Wealth Management v West* [2008] EWHC 1466 (Comm) 案。

的创造者。[7]

第 27 款只要求证明申请人没有充分理由，这是一个由仲裁庭决定的事项。[8] 仲裁庭必须确定构成充分理由的条件，这将取决于案件的事实和缺席方的辩解。

《2005 年仲裁法案》超出了《UNICTRAL 示范法》第 27（d）条的范围，该条允许仲裁庭在申请人未能继续进行仲裁的情况下作出驳回申请的裁决。[9] 仲裁庭的权力没有扩大到 1996 年《英国仲裁法案》第 41 条规定的权力，因为裁决仅限于驳回，而不是针对原告的不利裁决。

《KLRCA 仲裁规则》（2013 年修订）第 30（1）条削弱了《2005 年仲裁法案》第 27（a）条的影响，其规定如果申请人无充分理由未能按照有关时限提交其申请主张，仲裁庭应终止程序，“除非有剩余事项可能需要作出决定，而且仲裁庭认为这样做是适当的”。

因此，仲裁庭在仲裁程序中应谨慎终止仲裁，因为这意味着彻底拒绝申请人的请求，但仲裁庭确实有这样的权力，应该使用它来防止当事人试图滥用仲裁的时间限制。[10]

仲裁庭可以考虑中止仲裁或者暂停仲裁程序。它有义务通知确实没有在规定的日期提出申请主张的申请人，要求其解释没有提出申请主张的原因和不中止仲裁程序的理由。

28.3 强制命令

出于公平原则，应先向申请人作出意思明确的强制命令，以给其提供解释的机会。《2005 年仲裁法案》对仲裁庭作出强制命令[11]没做具体规定，但是认为可以有效地参照适用第 27（b）条、（c）条和（d）条。

强制命令要求受影响方必须在规定时间内执行。由于未能遵守该命令时可能产生一定后果，因此对此不能以非强制性的措辞加以规定。

强制命令必须明确规定时限，并规定预期的制裁，以促使拒不服从的一方采取行动。这能避免缺席方对仲裁庭作出的缺席裁定提出任何质疑。如果申请人仍然未能提交申请主张而被申请人没有反诉的，仲裁庭可以中止仲裁程序。

仲裁庭必须明确无误地下达强制命令，并以书面形式说明开庭的时间、日期和地点，明确说明若任何一方当事人拒绝或未能出庭，则可以在他缺席的情况下进行审理。[12]

---

[7] R Merkin, L Flannery, *Arbitration Act* 1996 (5th Edn, 2014) at p 161.

[8] *Indian Oil Corporation Ltd v Atv Projects India Ltd* [2004] (2) ARBLR 432 Delhi.

[9] *Infineon Technologies (M) Sdn Bhd v Orisoft Technology Sdn Bhd* (*previously known as Orisoft Technology Bhd*) [2011] 7 MLJ 539.

[10] *Overseas Fortune Shipping Pte Ltd v Great Eastern Shipping Co Ltd*, *The Singapore Fortune* [1987] 1 Lloyd's Rep 270; *Yamashita Shinnihon Steamship Co Ltd v Elios SpA*, *The Lily Prima* [1976] 2 Lloyd's Rep 487.

[11] 1996 年《英国仲裁法案》第 41（5）条。

[12] *Bremer Vulkan Schiffbau und Maschinenfabrik v South India Shipping Corp Ltd* [1981] AC 909, [1981] 1 All ER 289, HL.

在向当事人发出的任何指示中使用“强制性”（*peremptory*）一词就足以表明这一目的。[13] 通知必须妥善送达。

28.4　答辩人缺席

答辩人应当在当事人约定或者仲裁员指定的时间内提交答辩意见。如果他没有这样做，第 27（b）条规定了仲裁庭应继续进行审理，而不将此视为其承认任何指控。

因此，仲裁与诉讼有很大的不同，当未能提交答辩意见时，没有相应的仲裁程序对此作出裁定。布莱克比（Blackaby）解释道：

> 相应地，没有赋予仲裁庭与法院同等的权力去作出有利于原告的“缺席”判决。它必须对在仲裁中提出的主张作出认定，并将这些认定纳入裁决。《国际投资争端解决中心仲裁规则》详细规定了缺席程序。[14]

因此，即使被申请人通过拒绝提交答辩来阻挠或逃避仲裁程序，申请人也不可以基于技术性细节或答辩延迟来谋求胜诉。这项规定也有助于防止因对撤销缺席裁决的争议而造成的程序拖延。[15]

仲裁庭不应急于处罚一方当事人的缺席行为，而应为其提供补救的合理机会。[16] 仲裁庭应继续进行程序，直至作出裁决，以履行仲裁庭的职责。仲裁庭有权从未提交任何答复的不作为中得出不利推论。[17]

28.5　未能提供证据

《2005 年仲裁法案》第 27（c）条专门处理了这一情况，允许仲裁庭根据当前的证据作出裁决。第 20 条规定向各方当事人提供了陈述案情的合理机会，第 27（c）条规定就第 20 条规定的义务提供了指导。

如果一方当事人在没有充分理由的情况下未能提出证据，则当仲裁庭根据当前的证

---

[13] *Doddington v Hudson*（1824） 1 Bing 410； *Gladwin v Chilcote* 9 Dowl 550. *Paal Wilson & Co A/S v Partenreederei Hannah Blumenthal*, *The Hannah Blumenthal* [1983] 1 All ER 34, [1983] 1 AC 854, HL； *Food Corp of India v Antclizo Shipping Corp*, *The Antclizo* [1988] 2 All ER 513, [1988] 1 WLR 603, HL.

[14] Blackaby and Partasides with Redfern and Hunter, *Redfern and Hunter on International Arbitration*（6th Edn, 2015） at para 6. 196.

[15] *Hainan Machinery Import & Export Corporation v Donald & McArthy Pte Ltd* [1995] 3 SLR（R） 354.

[16] *Rebah Construction CC v Renkie Building Construction CC* [2008] ZAGPHC 34（South Africa）.

[17] *M/s Prime Telesystem Limited v Sasken Communication Technologies Ltd* [2009] INDLHTC 5430.

据作出裁决时，该当事人不能认为其没有得到合理的机会来陈述案情。[18]

仲裁庭应考虑缺席一方当事人在之前提出的任何证据。[19] 仲裁庭不一定采信另一方当事人未经质证的证据，可以认定该证据不足以证明该当事人的主张。[20]

Shuttari v Solicitors Indemnity Fund[21] 案的仲裁庭未能在收到进一步证据之前休庭，这并不算违规。然而仲裁庭应考虑任何此类延期对完成仲裁的影响。影响越小，仲裁庭越愿意给予延期，特别是该证据被认为是决定性时。

28.6 单方仲裁程序

根据普通法，如果一方当事人没有充分理由拒绝出庭或未能出庭的，则只要向当事人合理通知了听审日期且提供了足够的出庭机会，仲裁庭或裁判就有权缺席审理。[22]

因此，仲裁庭如果认为一方当事人的缺席是为了妨碍司法公正和破坏仲裁的目的，则可以进行缺席审理。《2005 年仲裁法案》第 27（c）条规定了这一通用的法律原则。[23]

在这方面出现的问题是，什么情况会构成拒绝参加以及仲裁庭在这种情况下应如何进行仲裁程序。雷德芬和亨特认为，在某些情形下，情况是明确的，如“被申请人明确拒绝回复仲裁庭的信函或者遵守关于提交书面答复及其他任何程序性指示”[24]。

其他情况包括当事人不通知仲裁员其不愿意参加听审，更罕见的是通过故意破坏来使仲裁程序无法进行，这无异于拒绝参与仲裁程序。[25]

这还可包括当事方拒绝仲裁庭管辖权的情况，或当事方通知仲裁庭其已退出仲裁协议，或通过其行为表明其无意出庭或没有令人信服的缺席理由而缺席的情况。[26]

作为一个实例，*Progressive Insurance Sdn Bhd v Gaya Underwriting Services Sdn Bhd*[27] 案的仲裁员在被提出质疑后拒绝辞去仲裁员的职务，质疑的理由是他作为董事的一家公司和申请人之间有关联，这一点相当牵强。仲裁员拒绝辞职，并表示他作为仲裁员没有任何问题，因为不存在冲突或偏见。被申请人随后退出了仲裁程序，仲裁员单方面作出裁

---

[18] *Nanjing Cereals, Oils and Foodstuffs Import & Export Corp v Luckmate Commodities Trading Ltd* [1994] HKCFI 140.

[19] Sutton Gill and Gearing, *Russell on Arbitration* (24th Edn, 2015) at para 5-198.

[20] *Lewis Emanuel & Son Ltd v Sammut* [1959] 2 Lloyd's Rep 629.

[21] [2004] EWHC 1537 (Ch).

[22] 需要获得法律建议是这种理由的实例；参见 *Lennon & Harvey Ltd v Murphy* [2004] IEHC 402 案。

[23] *Gladwin v Chilcote* 9 Dowl 550; *Waller v King* (1723) 9 Mod Rep 63.

[24] Blackaby and Partasides with Redfern and Hunter, *Redfern and Hunter on International Arbitration* (6th Edn, 2015) at para 6. 193.

[25] Blackaby and Partasides with Redfern and Hunter, *Redfern and Hunter on International Arbitration* (6th Edn, 2015) at para 6. 194.

[26] *Scott v Van Sandau* (1844) 6 QB 237; *Tryer v Shaw* (1858) 27 LJ Ex 320; *Laing (James) Son & Co (M/C) Ltd v Eastcheap Dried Fruit Co* [1961] 2 Lloyd's Rep 277.

[27] [1997] 3 MLJ 524, CA.

决后，法院维持了该裁决。[28]

法院在 *Wood v Leake*[29] 案中称：

> 每个仲裁员都有权进行缺席审理；如果一方当事人经适当传唤而未到庭，以达到妨碍仲裁的目的，那么仲裁员有权自由裁量……

这一原则很可能延伸到仲裁庭安排的任何会议，无论该会议是否算得上听审。[30] 由于这种权力的行使会损害到一项基本权利，因此必须谨慎行事，而且只能在最明确的情况下行使。[31] 过去有仲裁庭经常行使此种权力，对在听审确定的时间和地点没有出现的被申请人作出单方面的裁决。

仲裁庭有义务单方面进行听审并作出裁决，在裁决中仔细说明程序开展的情况。如果仲裁庭认为当事人的缺席并非故意，则仲裁庭应该后延仲裁程序并进行调查。[32]

根据法院在 *The Myron* （*Owners*） *v Tradax Export SA Panama City RP*[33] 案中的建议，在作出此类查询后，“仲裁庭如果提议在一方当事人缺席的情况下进行仲裁，就应当向缺席方明确表示仲裁将继续进行”。仲裁庭可利用其权力对不情愿的被申请人即时作出临时裁决，以使仲裁更加便利。[34]

28.7　仲裁庭的角色

在一方当事人没有抗辩的情况下，仲裁庭更容易干预。然而仅仅一方当事人没有抗辩这一事实并不意味着仲裁庭必须毫无疑问地接受另一方当事人的说法。

新加坡高等法院[35]接受这样的原则，“当面对单方仲裁的需要时，仲裁员的职责是在此种情况下尽可能公平地进行仲裁”。不过，仲裁庭没有义务，也绝对不能通过作为缺席方的律师来保护该方当事人。

实践中，在缺席审理的情况下，仲裁庭应评议提交仲裁庭的证据和呈件，以确定其是否足以确立申请主张。

---

[28] 质疑的一方正确的做法应是根据《2005 年仲裁法案》第 15（3）条向高等法院提出上诉，而不是退出仲裁程序。

[29] （1806） 12 Ves 412.

[30] *Re Hall and Anderton* （1840） 8 Dowl 326；*Scott v Van Sandau* （1844） 6 QB 237；*Tryer v Shaw* （1858） 27 LJ Ex 320；*Baroness Wenlock v River Dee Co* （1883） 36 Ch D 675；*Montrose Canned Foods Ltd v Eric Wells* （*Merchants*） *Ltd* ［1965］ 1 Lloyd's Rep 597；*Myron* （*Owners*） *v Tradax Export SA Panama City RP* ［1970］ 1 QB 527，［1969］ 2 All ER 1263；*Crawfordv AEA Prowting Ltd* ［1973］ QB 1 at 8.

[31] *Gladwin v Chilcote* 9 Dowl 550.

[32] *Montrose Canned Foods Ltd v Wells Eric* （*Merchants*） *Ltd* ［1965］ 1 Lloyd's Rep 597 at 602.

[33] ［1970］ 1 QB 527，［1969］ 2 All ER 1263.

[34] *SL Setia Liners v Naviagro Maritime Corp*，*The Kosta Melas* ［1981］ 1 Lloyd's Rep 18.

[35] *Ting Kang Chung John v Teo Hee Lai Building Constructions Pte Ltd* ［2010］ SGHC 20.

法院在 *Takao Sakao v Ng Pek Yuen*[36] 案中赞同了 *Wasakah Singh v Bachan Singh* 案中的以下内容：

> 如果举证责任所在的一方给出或者提出证据，而相信证据足以证明他的案件，那么法官必然要求另一方提供证据，而无权仅仅因为不相信其证据就认为该方未能证明其案件。在现阶段，证据的真伪无关紧要。为了检验是否有案件需要回答，必须假定所有提供的证据都是真实的。[37]

包括以前由缺席方提供的证据，仲裁庭也必须给予适当的重视。仲裁庭也可以无视该方在规定的举证时限之后提供的任何书面证据。此外，并不排除仲裁庭对一方当事人未能按要求出示证据作出不利推论。

法院在 *The Myron*（*Owners*）*v Tradax Export SA Panama City RP*[38] 案中认为，仲裁庭并不一定要接受出庭当事人的证据。出庭的一方当事人需要证明其主张。

但是，必须适当考虑所适用的法律和仲裁规则。例如，1999年《印度尼西亚仲裁与争议解决法案》（*Indonesian Arbitration and Dispute Resolution Act* 1999）第44条规定，如果被申请人没有出席听审，则仲裁庭必须举行第二次听审。只有在被申请人没有出席第二次听审的情况下，“除非其请求没有事实根据或违反法律”，仲裁庭才可作出对申请人有利的裁决。[39]

此后，仲裁庭必须在单方面听审中就证据本身、事实和法律争议作出裁决。仲裁庭可能会发现，即使该证据未受到反驳，也不能证明待证事实。[40] 仲裁庭随后可根据对记录在案的材料的评估作出裁决，详细说明当事人未能参与的情况以及作出裁决的理由。

28.8 拒绝预付押金

大多数仲裁规则要求预付仲裁费用。拒不服从的一方当事人可能会通过拒绝支付押金的方式来阻挠仲裁进程。对经济困难的申请人提出的高额赔付请求，按标的金额收费的押金可能很高，拒绝支付其份额可能是被申请人压制仲裁程序的一种策略。

同样，违约方可能确实无法支付必要的押金，或对仲裁庭的管辖权提出真正的质

[36] [2010] 1 CLJ 381 at [4].

[37] [1931] 1 MC 125.

[38] [1970] 1 QB 527, [1969] 2 All ER 1263 cited in *PT Asuransi Jasa Indonesia* (*Persero*) *v Dexia Bank SA* [2005] SGHC 197.

[39] S Greenberg, C Kee and J R Weeramantry, *International Commercial Arbitration*: *An Asian-Pacific perspective*, (2011) at p 331.

[40] *Lewis Emanuel and Son Ltd v Summut* [1959] 2 Lloyd's Rep 629 at 634.

疑。实践中，申请人未能支付押金可能导致索赔被撤销、驳回或中止。[11]

有人认为，如果当事人希望提出索赔，其应支付必要的押金，但这显然会产生不公平的结果。如果在仲裁规则中未做规定，仲裁庭在发出必要的通知之后可以要求另一方当事人支付拒付方的份额并继续仲裁，直至作出裁决。该裁决包含关于这笔费用的支付命令。

[11] 举例参见《KLRCA UNCITRAL 规则》（2010 年修订）第 13（6）条和《KLRCA 仲裁规则》（2013 年修订）第 43（4）条。

第 29 章　仲裁证据

29.1　举证的方法

证据在确定案件事实的过程中起着至关重要的作用，是公正和公平裁决最重要的依据。在任何法律程序中，有争议的事实都通过证据加以证明。证据是当事人为获得仲裁庭对争议的预期裁决而提出的证明的主体。举证的目的是协助仲裁庭裁决有争议的事实或专家的意见。

司法的普遍原则是，除非另有规定，证明任何事实的责任应由主张这一事实并希望法院接受这一事实的人承担。❶ 特别情况是，待证事实的证据为一方当事人所掌握时，则该方负有举证责任。证明标准是概率平衡。最后，仲裁庭根据已证明的事实和合法推论作出司法裁决。

为了履行举证责任，仲裁庭有四种方式提供证据：

（1）相关文件的制作；

（2）证人的口头或书面证据；

（3）专家证人的口头或书面意见；

（4）检查争议标的。

事实通常由证人直接作证来证明。证人在口头证明时会提供书面证据。争议发生时产生的文件通常会包含关于事实问题的证据。提交文件通常更容易且更迅速，因为同期记录更令人信服。

在商业案件和那些时隔数年的案件中，准确查明真相的紧迫性和人类记忆的固有弱点意味着同时期书面证据的证据分量比口头证据更重。在缺乏技巧或时间来交叉询问以检验证人证言的情况下，尤其如此。❷

29.2　仲裁庭和法院的权力

仲裁庭根据《2005 年仲裁法案》第 21（3）条，拥有广泛的权力进行仲裁，但必须

---

❶ Evidence Act 1950（Act 56）s 102；KLRCA UNCITRAL Rules（Revised 2010）art 27.

❷ Blackaby and Partasides with Redfern and Hunter，*Redfern and Hunter on International Arbitration*（6th Edn，2015）at para 6. 90.

强调的是，仲裁庭不能免除双方之间的约定，除非它违反了自然正义。[3]

如果双方没有约定，仲裁庭有权：

（1）确定任何证据的可采性、相关性、实质性和重要性；

（2）利用自己的知识和专长；

（3）要求在申请主张或答辩陈述书中提供进一步的细节；

（4）命令提供费用担保；

（5）确定和修改仲裁程序中各步骤必须完成的时限；

（6）命令披露和出示一方当事人占有或控制的文件或材料；

（7）命令回答书面质询；

（8）命令在宣誓或确认下提供证据；

（9）作出仲裁庭认为适当的其他命令。

《2005 年仲裁法案》赋予了仲裁庭这些权力，但不强制使用。

这项规定有两个方面的效果：一是给予了仲裁庭在没有相反规定的情况下审理和有效获取证据的权力，这与普通案件中提供给法院的权力相同；二是使仲裁员能够主导仲裁程序，除非当事人另有约定。

《2005 年仲裁法案》第 21 条规定的仲裁庭的所有一般权力均“受本法规定的约束”。因此，如果案件与该法的另一项规定，如平等对待当事人的义务等相冲突，仲裁庭就不能下达具有约束力的命令。

此外，本节用词宽泛，并未赋予仲裁庭高等法院法官的所有权力。例如，仲裁庭不得藐视法庭。当事人在很大程度上可以在仲裁协议中自由地约定采用何种程序，以及仲裁庭在仲裁发生时应具有哪些权力。

如果各当事人根据仲裁庭在特定行业中的经验选择了高度的非正式程序，并准备好放弃一些说明其主张的机会，则适用不同的条件。[4]

同样，法院在 *JE Talyor Co Ltd v PaulL Brown & Prime Properties Ltd* 案中也采取了这样的做法，即仲裁程序必须适合具体争议的情况。[5] 法院接着说，如果各方当事人同意在仲裁争议时不进行披露，则仲裁庭不会自动要求披露。[6] 这项裁定使得《法院规则》不会自动适用于仲裁。

根据《2005 年仲裁法案》[7] 第 11 条的规定，法院可协助仲裁程序并作出如下命令：

（a）费用担保；

（b）文件和质询书的披露；

---

[3] *Sinclar v Woods of Winchester Ltd*［2005］EWHC 1631（QB）；*Amalgamated Metal Corp Ltd v Khoon Seng Co*［1977］2 Lloyd's Rep 310.

[4] *Myron（Owners）v Tradax Export SAP anama City RP*［1970］1 QB 527，［1969］2 All ER 1263；*Star International Hong Kong（UK）Ltd v Bergbau-Handel GmbH*［1966］2 Lloyd's Rep 16；*Government of Ceylonv Chandris*［1963］2 QB 327；*Haddad v Norman Mir Pty Ltd*［1967］2 NSWR 676.

[5]［1993］1 HKLR 285. *Carlisle Place Investments Ltd v Wimpey Construction（UK）Ltd*（1980）15 BLR 109.

[6] Gary Born，*International Commercial Arbitration*（2nd Edn，2014）at p 2346.

[7] 本节之所以重要，是因为《2005 年仲裁法案》第 8 条对法院干预作出了限制，但该法案对此有除外规定。

（c）提供经宣誓的证据；

（d）指定管理人；

（e）依据高等法院的海事司法管辖权，以扣押财产、保释或其他担保方式保全争议金额；

（f）作为争议标的的任何财产的保存、临时保管或出售；

（g）确保仲裁程序中可能作出的任何裁决不因一方当事人的资产流失而达不到目的；

（h）临时禁令或任何其他临时措施。

《2005年仲裁法案》第29条还规定，高等法院可“命令证人出庭作证，或酌情在高等法院官员或包括仲裁庭在内的任何其他人面前出示经宣誓或确认的文件”。这份法院权力清单并非具有排他性，还可包括对任何财产的检查。法院应努力利用这些权力协助仲裁庭迅速完成仲裁。

法院在 *Kirkawa Corporation v Gatoil Overseas Inc*，*The Peter Kirk*[8] 案中认为，仲裁庭只能在必要时行使上述权力，以妥善解决争议，而不是为了任何附属目的。在这种情况下，仲裁庭使用其权力根本不是为了获得信息披露，而是为了向被申请人施加压力，迫使他们遵守临时裁决。

仲裁庭出于附属理由行使这种权力的行为，在 *Fletamentos Maritimos SA v Eff john International BV*（*No* 3）[9] 案中被认为能够以不公正为由对仲裁裁决提出质疑或申请撤销仲裁庭。

安东妮亚·迪蒙蒂斯（Antonias Dimolits）解释说：

> 此外，仲裁庭有责任确保以有效和经济的方式取证，同时确保不同法律传统的当事人之间的“武器平等”（equality of arms）。取证的程序规则必须在每个案件中事先确定，以避免在仲裁过程中使各方当事人及其律师感到意外。[10]

他进一步补充说：

> 仲裁员的法律文化的确可能会影响仲裁员确定取证规则、是否允许某些人作为证人、进行听审、在审查过程中进行干预，以及最重要的即通过对书面证据和口头证据进行不同的权衡来评估提交证据的方式。然而实际上，“没有人在处理程序时能完全摆脱其通常的思维方式及其对正义要求的理解”[11]。

---

[8] ［1990］1 Lloyd' s Rep 154. *Ceval Alimentos SA v Agrimpex Trading Co Ltd*［1995］2 Lloyd's Rep 380.

[9] ［1997］2 Lloyd's Rep 302.

[10] A Dimolitsa，“Chapter 1. Giving Evidence：Some Reflections on Oral Evidence vs Documentary Evidence and on The Obligations and Rights of The Witnesses” in Laurent Lévy and V V Veeder（eds），*Arbitration and Oral Evidence*，Dossiers of the ICC Institute of World Business Law，Volume 2（2004）at p 12.

[11] D Williams，A Kawharu，*Williams & Kawharu on Arbitration*（2011）para 11. 17. 10 at note 112.

从心理学的角度来看，这可能总是正确的。然而在实践中，有经验的仲裁庭能够采取不同的做法，以便在同类仲裁程序中以及在“跨国”（transnational）程序中对各方当事人及其律师的意愿作出反应，利用大陆法和普通法制度的最佳之处，并确定适当的程序规则。

在最常见的后一种仲裁程序中，口头证据和书面证据之间达到了平衡，尽管仲裁员来自不同的法律传统，但最终适用的规则并没有太大差异。

此外，在大多数情况下，仲裁庭根据当事人的律师提出的论点和案件的具体事实，成功地以处理和评估证据的方式找到了内部文化平衡。国际仲裁庭的一个不可言喻的特点是思想开放，这是以中立为前提的，但并不总是这样。⑫

29.3　《1950 年证据法案》的适用性

《1950 年证据法案》不适用于仲裁庭和仲裁，它适用于法庭上的所有诉讼。《1950 年证据法案》第 2 条规定：

> 本法适用于任何法庭庭前、庭中的所有司法程序，但不适用于……仲裁程序。

第 3 条进一步明确地从“法院”（court）一词的定义中排除了仲裁员。

《1950 年证据法案》因而并不适用于仲裁程序。因此，除非各方当事人另有约定，否则仲裁庭不受诉讼所用证据规则的约束。⑬

它即使违背了《1950 年证据法案》的某些技术规则，也不构成对程序的有效抗辩。仲裁员作出的裁决只能在《2005 年仲裁法案》第 37 条规定的有限情况下予以撤销。⑭

但是，这不排除各方当事人和仲裁庭采纳《1950 年证据法案》所阐明的原则。仲裁庭在实践中不受技术和证据规则的严格约束，这一事实为仲裁庭接收证据提供了相当大的余地。它有权以其认为适当的方式进行操作。这既适用于事实证人，也适用于专家证人。

古德教授（Professor Goode）恰当地说：

> 唯一的证据规则应该是仲裁员行为公正且符合自然正义规则。⑮

---

⑫ “Taking of evidence in international arbitral proceedings”, The Dossiers of the Institute of International Business Law and Practice, No. 8/1989, ICC Publishing No. 440/8 1990, Conclusions at p 165 et seq in A Dimolitsa, “Chapter 1. Giving Evidence: Some Reflections on Oral Evidence vs Documentary Evidence and on The Obligations and Rights of The Witnesses” in Laurent Lévy and V V Veeder (eds), *Arbitration and Oral Evidence*, Dossiers of the ICC Institute of World Business Law, Volume 2 (2004) at p 12.

⑬ D Williams, A Kawharu, *Williams & Kawharu on Arbitration* (2011) para 11. 17. 10 at note 112.

⑭ 根据旧法律的规定，撤销的限制性理由也是存在的。参见 *Jeuro Development Sdn Bhd v Teo Teck Huat (M) Sdn Bhd* [1998] 6 MLJ 545 at 552 案。

⑮ R Goode, “The Adaptation of English Law to International Commercial Arbitration”, (1992) 8 Arbitration International at p 6.

仲裁庭不得无视基于正义和公平竞争的基本原则的证据规则。它不得采取违反自然正义原则的手段。它必须在双方当事人都在场的情况下听取各方的意见。除非当事人另有明确约定，不得在另一方当事人不知情的情况下接收证据或听取一方的意见。

仲裁庭如果在一方当事人缺席的情况下接收证据，或就其自己提出的问题作出裁定，就会让当事人措手不及，剥夺了另一方当事人充分陈述案情的机会。[16] 不遵守自然正义规则，妨碍了一方当事人陈述案情，这意味着由此产生的裁决可能被撤销。[17]

法院在 *Jeuro Development Sdn Bhd v Teo Teck Huat* （*M*） *Sdn Bhd*[18] 案中解释说：

> 违反《1950年证据法案》的规定本身并不等于不当行为，除非所违反的证据规则是以自然正义为基础的，而对该规则的违反有违公平正义。

因此，如果仲裁员在一方当事人缺席的情况下收到另一方当事人的证据，不给当事人提供证明其案件的公平机会，不允许一方当事人对对手的证人进行交叉质询，或以私下调查的结果作为其裁决的依据，那么他的裁决将被撤销，因为在这些案件中侵犯的证据规则是以自然正义为依据的。因此，除非程序存在根本性错误，否则仲裁员作出的裁决不得撤销。

29.4 英国证据规则的适用性

在引入1996年《英国仲裁法案》之前，在证据的可接受性方面，仲裁庭一般要受到英国法律的证据规则的约束。[19]

法院在 *Enoch and Zaretsky*，*Bock & Co*[20] 案中解释说：

> 在实践中显而易见的是，法院确实允许仲裁员接收证据，但要说他们不受证据规则的约束，在我看来是完全误导的，可能造成非常大的不公正。

但是，史泰恩法官（Lord Steyn）在一项司法意见中提到：即使这一主张有根据，

---

[16] Mustill and Boyd, *Commercial Arbitration*,（2nd Edn, 1989） at p 312.

[17] *Fairclough Building Ltd v Vale of Belvoir Superstore Ltd* 56 BLR 74.

[18] ［1998］ 6 MLJ 545 at 552-554. *Hartela Contractors Ltd v Hartecon JV Sdn Bhd* ［1999］ 2 MLJ 481, CA, cited in *Tetuan Bakar & Partners v Malaysia National Insurance Bhd* ［2010］ 4 MLJ 493, CA. Cf *Wong Wai Cheng v Attorney-General of Singapore* ［1977-1978］ SLR （R） 538, ［1979］ 1 MLJ 59,（Sing）.

[19] *A-G v Davison* （1825） M Cle & Yo 160; *Re Haigh*, *Haigh v Haigh* （1861） 3 De GF & J 157, 45 ER 838; *East and West India Dock Co v Kirk and Randall* （1887） 12 App Cas 738, HL; *R v War Pensions Entitlement Appeal Tribunal; ex parte Bott* （1933） 50 CLR 228; *Re Gregson and Armstrong* （1894） 70 LT 106; *Land Securities plc v Westminster City Council* ［1992］ 44 EG 153; *Re Enoch and Zaretzky, Bock & Co's Arbitration* ［1910］ 1 KB 327 at 336, CA （Eng）.

[20] *In re Enoch and Zaretsky*, *Bock & Co* ［1910］ 1 KB 327. *Walford, Baker & Co v Macfie & Sons* （1915） 84 LJKB 2221; *Agroexport Entreprise D'Etat pour le Commerce Exterieur v NV Goorden Import Co SA* ［1956］ 1 Lloyd's Rep 319.

技术性的程序和证据规则也不适用于仲裁，因为一个没有经验的人应用技术性规则可能会导致对自然正义的否定。[21]

萨顿、吉尔和吉尔林支持斯泰恩勋爵的观点时，引用了 *Fairclough Building Ltd v Vale of Belvoir Superstore Ltd*[22] 案作为例子，仲裁庭在案件中未能向其中一方当事人表明，由于技术上未能遵守证据规则，它不能证明其未被提出异议的主张。从裁决的表面来看，这被认为是法律错误。[23]

根据 1996 年《英国仲裁法案》第 34（2）（f）条，英国的情况现在更接近于马来西亚。现在，在当事人有权另行商定的前提下，仲裁庭应决定"是否适用严格的证据规则或任何其他规则，以确定拟就任何事实或意见事项提交的任何材料，如口头、书面或其他材料的可采性、相关性或重要性，以及交换和提交这些材料的时间、方式和形式"。

29.5 2010 年国际律师协会《国际仲裁取证规则》

在实践中，被证明极为有效的一套举证规则[24]是 2010 年国际律师公会的《国际仲裁取证规则》（*IBA Rules on the Taking of Evidence in International Arbitrations* 2010）。这些规则综合和补充了普通法和大陆法系在取证和举证方面的做法。在 2012 年的一项调查中，60% 的国际仲裁采用了 2010 年国际律师公会的《国际仲裁取证规则》，85% 的答卷人认为这些规则有用。[25]

它们不具有约束力，但被亚洲越来越多的地方所接受，即使缔约方未事先约定适用。[26] 在某些情况下，案件事实与准则中提供的例子不符，但它们提供了有用的指导。[27] 仲裁庭现在常常对此进行参考，仲裁规则也参考这些规则。[28]

如果这样一个术语可以用于本质上灵活和务实的仲裁程序，那么这些规则可以说在某种程度上实现了"标准化"（standardise），即仲裁证据方面普遍适用的做法。这无疑会使仲裁程序更为和谐，而仲裁规则通常没有这样的效果。

这些规则制定得相当完善，为取证提供了一套可预测的基本程序，至少为各方当事

---

[21] Lord Steyn's 1993 Freshfields Lecture（1994）10 Arbitration International 1，cited with approval in Sutton Gill and Gearing，*Russell on Arbitration*，（24th Edn，2015）at paragraph 4. 076.

[22] （1992）56 BLR 74.

[23] *Bandwidth Shipping Corp v Intaari*［2006］EWHC 2532（Comm）at［75］.

[24] P Yuen and J Choong，"Is arbitration value for money? Assessing some common complaints about the costs in international arbitration"，2008，Asian Dispute Review 76.

[25] 53% 的受访者以此作为指导原则，7% 的受访者以此作为约束规则。参见 the White & Case LLP，2012 *International Arbitration Survey*：*Current and Preferred Practices in the Arbitral Process* at p 11.

[26] Blackaby and Partasides with Redfern and Hunter，*Redfern and Hunter on International Arbitration*（6th Edn，2015）at para 1. 235.

[27] *ASM Shipping Ltd of India v TTMI Ltd of England*［2005］EWHC 2238（Comm）.

[28] 举例参见：Australian Centre for International Commercial Arbitration（ACICA）Arbitration Rules 2016 art 31. 2.

人和仲裁庭提供了有用的指导。[29] 如果双方当事人同意使用规则作为指导原则，那么它们将成为议定程序的一个要素，不得随便忽略。[30]

2010年国际律师公会的《国际仲裁取证规则》仅仅包含9条，涉及帮助仲裁庭与当事人的协商、为仲裁提出的主张[31]、相关材料的出示[32]、检查[33]、证人证言[34]、当事人指定[35]和仲裁庭指定专家[36]、听审本身[37]、证据的可接受性和可评估性[38]、选择最适当的操作程序。

仲裁庭有权根据《2005年仲裁法案》第21条的规定来确定程序规则。因此，仲裁庭适宜在适当程度上适用2010年国际律师公会的《国际仲裁取证规则》。[39] 该规则第9（7）条载有一项规定，允许仲裁庭在根据《2005年仲裁法案》第44条考虑费用问题和行使裁量权时，将在取证阶段未能本着诚意行事的情况考虑在内。

2010年国际律师公会的《国际仲裁取证规则》如同其前身1999年《国际律师公会规则》（*IBA Rules* 1999）一样，继续在普通法和大陆法实践之间保持着平衡。乔治·冯赛格瑟（Georg von Segesser）评论说：

> 从一开始，国际律师公会《国际仲裁取证规则》的主要目标之一就是对国际仲裁界普遍使用的程序进行调和，这代表了最初在大陆法和普通法制度中制定的关于取证问题的程序的融合。[40]

29.6 仲裁庭决定证据的分量

仲裁庭是证据数量和质量的唯一法官。它有权确定证据的可采性、相关性、实质性和重要性。在接受证据时，要有一定的适当性。

仲裁庭必须诚实和公正地行事，如果在证据是否可以采纳的问题上弄错，那么这本

---

[29] Gary Born, *International Commercial Arbitration*, (2nd Edn, 2014) at p 2347.

[30] D Williams, A Kawharu, *Williams & Kawharu on Arbitration*, (2011) at para 11.16; *ALC v ALF* [2010] SGHC 231.

[31] IBA Rules on the Taking of Evidence in International Arbitrations (2010) art 2.

[32] 根据2010年国际律师公会的《国际仲裁取证规则》第3条，要求提供证据的一方当事人必须说明该文件为何与案件相关，并说明该文件与其结果相关的实质内容。

[33] IBA Rules on the Taking of Evidence in International Arbitrations (2010) art 7.

[34] IBA Rules on the Taking of Evidence in International Arbitrations (2010) art 4；包括证人证言的形式和内容。

[35] IBA Rules on the Taking of Evidence in International Arbitrations (2010) art 5.

[36] IBA Rules on the Taking of Evidence in International Arbitrations (2010) art 6.

[37] IBA Rules on the Taking of Evidence in International Arbitrations (2010) art 8

[38] IBA Rules on the Taking of Evidence in International Arbitrations (2010) art 9.

[39] *Final CME Czech Republic BV v Czech Republic*, Final Award (14 March 2003) 15 WTAM 83 (2003). *Dongwoo Mann+Hummel Co Ltd v Mann+Hummel GmbH* [2008] SGHC 67, [2008] 3 SLR (R) 871.

[40] G von Segesser, "The IBA Rules on the Taking of Evidence in International Arbitration" (2010) 28 ASA Bulletin 4 at p 735.

身不仅是不当行为。如果故意接受明显不可采纳的证据，那么其裁决可能受到质疑。仲裁员如果全盘拒绝证据规则，那就无异于渎职。

如果仲裁庭成员来自不同的法律背景，或仲裁员相对缺乏经验，雷德芬和亨特提醒，律师必须注意不要代理一个只能通过证据证明案件事实，而该证据又可能会被仲裁庭用其熟悉的制度技术性地认定为不可采纳的案件。[11] 大陆法系律师遇到普通法系的仲裁庭和对方律师会是一个特别严重的问题。

当事人有提出证据或陈述意见的平等权利。仲裁庭通常应听取向其提交的有关重要事实的所有证据。仲裁庭拒绝接收一方当事人提出的证据而接收另一方当事人的证据的做法是错误的。这是一个难以处理的领域，仲裁庭应谨慎行事。[12]

仲裁庭在作出裁决时，将考虑到记录在案的所有证据。它的裁决不能基于与争议标的无关的任何因素。但是，仲裁庭不能依赖对其中一方当事人不具有约束力的证据行事，例如在他缺席时所记录的先前的陈述。

法院在 *Carlisle Place Investments v Wimpey Construction*（*UK*）*Ltd*[13] 案中说：

> 不要求仲裁员必须允许每一方当事人要求他希望得到的所有证据。仲裁员是否行使其裁量权来决定以特定方式进行仲裁，取决于案件的具体情况。

最后，应给予每一方当事人合理的机会陈述案情。[14]

就建筑仲裁而言，特别是在大型项目中，几十个甚至几百个小事件可能导致产生仲裁争端，就每一个事件提出证据将使费用激增到不切实际的水平。在这种情况下，各方当事人和仲裁庭必须商定抽样方法，以便在不损害程序效力的情况下提供具有代表性的证据。[15]

29.7　证人的证据

如果案件涉及复杂或有争议的事实，可能有必要听取证人的口头证词。仲裁庭通常在案件的正式听审上听取证人的证言，证人的主要证据通常以宣誓书、宣誓证词，或由证人直接签名的证词的形式提供。

完成和交换证人证词以及准备和交换专家报告（如有）的时间表和程序应由仲裁庭通过指示来确定。皇家律师卡普兰指出，最有经验的仲裁员也会“命令双方当事人交换拟传唤的证人的书面陈述，这样，仲裁员和另一方当事人可以阅读这些陈述，以便每个人都知

---

[11] Blackaby and Partasides with Redfern and Hunter，*Redfern and Hunter on International Arbitration*（6th Edn，2015）at para 6. 127.

[12] *Nauru Phosphate Royalties Trust v Matthew Hall Ltd*［1993］ADRLJ 223.

[13] ［1980］15 BLR 109.

[14] Arbitration Act 2005 s 20.

[15] R Horne，J Mullen，*The Expert Witness in Construction*，（2013）at p 220.

道该人将提供的证据的实质内容……以及为什么我们要看证人是否记住了他的陈述[46]”。

这些证据取代了证人的主要证据。证人将出席听审并接受询问。如果证人未能出席作证，则将会影响其书面证据的效力，或在极端情况下可能导致其被排除在外。[47]

在听审开始的时候，传唤证人的一方当事人通常会问证人几个问题，以确定证人的身份及其所涉及的有关专门知识。传唤证人的一方当事人也可以请求允许就补充性问题对证人进行询问，例如澄清或解释某一点，或反映随后的事件，也可以对陈述作出更正。传唤证人的一方当事人对证人进行初步询问后，其他各方当事人将对证人进行交叉询问，然后再对证人进行再询问。证据是经宣誓或确认后提供的。

如果仲裁庭已指示交换书面陈述，则不应允许当事人在听审时以主方询问的方式向证人提出全新的问题，除非有令人信服的理由说明这些问题无法在书面交换中处理。[48]仲裁庭可以对未提供证据的当事人作出不利推论，推断这种证据对该方当事人不利。[49]

如果难以通过交叉询问证人来获得对有争议事项的答复，则可以使用质询书来获得答复。[50] 质询书是一方当事人向另一方当事人提出的书面问题，另一方当事人必须以书面形式并经宣誓或确认后回答问题。质询书在现代商事仲裁中很少见。[51]

听取事实证人证词的程序通常是首先由提出证人的一方律师对证人进行询问，然后对他们进行交叉询问；如有必要，再由第一名律师重新询问。仲裁庭可允许进行额外的交叉询问。[52] 如询问属“诱导性”或“封闭性”的，可以此为由提出异议，以纠正询问方式。进行交叉询问的对方律师可以提出任何类型的问题，只要是公正和相关的即可。[53]

事实证人在接受询问期间，不得在夜间或休息时间与“律师或同一方提出的其他证人”讨论案情。这是为了避免证人在接受询问时，事先没有准备好如何回答问题。[54]

29.8 接收和排除证据

仲裁庭须按照程序公正的原则听取所有有关证据。根据“两造兼听”（*audi alteram*

---

[46] N Kaplan QC，“Modern Commercial Arbitration：A Hong Kong Viewpoint”，（1987）53 Arbitration 225 at 226.

[47] Blackaby and Partasides with Redfern and Hunter，*Redfern and Hunter on International Arbitration*（6th Edn，2015）at para 6. 122.

[48] Sutton Gill and Gearing，*Russell on Arbitration*（24th Edn，2015） at para 5-155.

[49] *Ironsands Investments Ltd v Toward Industries Ltd* [2011] NZHC 870；Blackaby and Partasides with Redfern and Hunter，*Redfern and Hunter on International Arbitration*（6th Edn，2015） at para 6. 113；IBA Rules on the Taking of Evidence in International Arbitration（2010），art 9.

[50] J Tackaberry and A Marriot and Bernstein，*Bernstein's Handbook of Arbitration and Dispute Resolution Practice*（4th Edn，2003） at para 2-712.

[51] J Tackaberry and A Marriot and Bernstein，*Bernstein's Handbook of Arbitration and Dispute Resolution Practice*（4th Edn，2003） at para 2-712.

[52] “Chapter 8：Procedural Issues in International Arbitration” in Gary Born，*International Arbitration：Law and Practice*（*Second Edition*），（2015） at pp 155-184，para 6. 177.

[53] *Id.* para 6. 178.

[54] *Id.* para 6. 179.

partem）原则，各方有权提出任何相关证据。如果在双方没有约定或其他正当理由的情况下阻止一方当事人这样做，那么这可能构成不当行为并导致裁决被撤销。[55]

仲裁庭如果事先认为一些证据无助于确定任何问题而拒绝考虑这些证据，则可能涉嫌渎职。[56] 然而，对相关性的考虑赋予了仲裁庭排除证据的权力。[57]

当事人需要考虑的另一个重要因素是及时提交证人证据，因为可能会出现“仲裁员可以随意无视证据或提供未按照适用的程序规则提出的证据”的情况。

如果未能及时提交证人证据，可能导致一方当事人无法以不平等待遇和侵犯当事人陈述意见的权利为由撤销仲裁裁决。仲裁员必须有排除证据的正当理由。排除证据的一个很好的理由是主动弃权。[58]

排除证据的另一个理由是双方当事人之间在这方面有一个明示或默示的条款，其中可包括双方以前的仲裁裁决。仲裁庭将受此种协议的约束。[59]

这样的意图需要明确表示，因为这相当于放弃了一项权利。[60] 这样的规定将被严格解释。[61] 然而仲裁庭有拒绝证据的裁量权，即使证据是相关的和可接受的。

如下四种相关的情况[62]下仲裁庭可拒绝接收证据：

（1）从法律的角度来看，证据并不重要；[63]

（2）证据仅仅有助于加强仲裁员对已经形成的事实的看法；

（3）如果证据涉及仲裁员具有专家知识的事项；

（4）证据数量与待证明问题的重要性不成比例。[64]

仲裁庭没有义务接受未被质疑但并不能证明待证事实的证据。[65] 在作出裁决之前，仲裁庭可以接受申请许可来重新开放和接收进一步的证据[66]，但若作出裁决的仲裁庭或

---

[55] This being a clear breach of Arbitration Act 2005 s 20; *Phipps v Ingram*（1835）3 Dowl 669; *Lawton v Rodgers*（1844）3 LTOS 40; *Paterson v Clayton*（1845）6 LTOS 125, 132; *Rumbelow v Whalley*（1849）13 LTOS 208; *Ritchie v W Jacks & Co*（1922）10 Ll L Rep 519.

[56] *Faure, Fairclough Ltd v Premier Oil and Cake Mills Ltd*［1968］1 Lloyd's Rep 237 at 241.

[57] *FEHookway & Co Ltd v Alfred Isaacs & Sons*［1954］1 Lloyd's Rep 491; *Universitédu Québecà Trois Rivières v Larocque*［1993］1 SCR 471 at 488; *Canadian Broadcasting Corporation Radio-Canada v Canadian Media Guild*［2007］BCJ No 821at［34］.

[58] *Macpherson Train & Co Ltd v J Milhem & Sons*［1955］1 Lloyd's Rep 597 at 600, affirmed on appeal［1955］2 Lloyd's Rep 59, CA.

[59] *Ritchie v W Jacks & Co*（1922）10 Ll L Rep 519 at 521-522; *Oakland Metal Co Ltd v D Benaim & Co Ltd*［1953］2 QB 261,［1953］2 All ER 650.

[60] *Ritchie v W Jacks & Co*（1922）10 Ll L Rep 519 at 524 per Atkin J; *Agroexport Entreprised' Etatpourle Commerce Exterieur v NV Goorden Import Cy SA*［1956］1 Lloyd's Rep 319; *Charles E Ford v AFEC Inc*［1986］2 Lloyd's Rep 307.

[61] *WN Lindsay & C oLtd v European Grain & Shipping Agency Ltd*［1963］1 Lloyd's Rep 437.

[62] Mustill and Boyd, *Commercial Arbitration*（2nd Edn, 1989）at p 306-308.

[63] 这种情况显然很危险，尤其是对非律师仲裁人来说。

[64] 这可能包括早先的一个建筑纠纷的案例，在这个案例中，数百个小事件造成了程序延误，从而引起诉讼，而每个事件的证据都是不相称的。

[65] *Lewis Emanuel & Son, Ltd v Sammut*［1959］2 Lloyd's Rep 629; *Fox v PG Wellfair Ltd*（*inliq*）, *Fisher v PG Wellfair Ltd*［1981］2 Lloyd's Rep 514 at 522, 528, 533,（1981）19 BLR 52.

[66] *Bignall v Gale*（1841）2 Man & G 830.

仲裁员职权已经结束，则不能批准这种申请。

葡萄牙最高法院（Supreme Court of Justice of Portugal）在 *AA v BB*[67] 案中审议了在葡萄牙工商会仲裁中心（Arbitration Centre of the Portuguese Chamber of Commerce and Industry）进行的国内仲裁案件。法院裁定，仲裁庭拒绝被申请人作为证人出庭的请求并不违反平等原则，理由如下：被申请人没有说明他的证词拟解决的具体事实，而且不能就所有事实问题听取被申请人的意见，因此这一请求不可接受。

加里·博恩解释如下：

> 国际律师公会有关当事方代表的准则载有关于这种准备的适当限度的咨询意见，规定了律师和证人之间的接触不应"改变证人或专家证据的真实性，这种真实性应始终反映证人自己对有关事实、事件或情况的陈述"[68]。

29.9 仲裁庭自身知识经验的应用

作为一般规则，仲裁庭可以依靠其专家知识来作出裁决[69]，但不应依赖其对有争议事项的事实的了解，除非仲裁庭通知各方当事人并向他们提供了对其提出质疑的机会。[70]

例如，建筑合同中的一般专家知识是必须让钢筋混凝土结构有时间达到一定的强度，然后才能撞击模板。特别的事实是，在某一天模板的撞击延迟是否是由于雨天、缺少人员或其他资源、混凝土的迟交或以上事件的结合及其他事件造成的。

然而，仲裁员往往是由于其具有某一特定领域的知识和经验而被任命的。因此，在某些情况下，仲裁员可以利用其知识和经验在不听取专家意见的情况下确定有争议的问题。例如，在质量纠纷中，由于具备相关知识和经验而指定的仲裁员可以在不听取专家意见的情况下决定质量和损害赔偿问题。[71]

---

[67] José Miguel Júdice, *AA v BB*, *Actividades Hoteleiras Unipessoal*, *Lda*, Supreme Court of Justice of Portugal, 3486/12.7TBLRA. C1. S1, Case Date 10 December 2015, Acontribution by the ITA Board of Reporters, Kluwer Law International.

[68] "Chapter 8: Procedural Issues in International Arbitration" in Gary Born, *International Arbitration: Law and Practice* (*Second Edition*), (2015) at pp 155–184, para 6.174; IBA Guidelines on Party Representation in International Arbitration, guidelines 20–24.

[69] *Town & City Properties* (*Development*) *Ltd v Wiltshier Southern Ltd and Gilbert Powell* (1988) 44 BLR 109.

[70] *Attorney General of Singapore v Wong Wai Cheng* [1980] 1 MLJ 131, [1979–1980] SLR (R) 165, CA (Sing); *Fox v PG Wellfair Ltd* (*inliq*), *Fisherv PG Wellfair Ltd* [1981] 2 Lloyd's Rep 514, (1981) 19 BLR 52 at 61, CA (Eng); *Louis Dreyfus & Co v Produce Brokers' New Co* (1924) *Ltd* (1936) 54 Ll L Rep 60; *Owen v Nicholl* [1948] 1 All ER 707, CA (Eng); *Grand Trunk Rly Coof Canada v R* [1923] AC 150, PC; *Youroveta Home and Foreign Trade Co Inc v Coopman* (1920) 3 Ll L Rep 242, (Eng); *Checkpoint Ltd v Strathclyde Pension Fund* [2003] EWCA Civ 84, [2003] All ER (D) 56 (Feb); *Soh Beng Tee & Co Pte Ltd v Fairmount Development Pte Ltd* [2007] SGCA 28.

[71] *Mediterranean and Eastern Export Co v Fortress Fabrics* (*Manchester*) *Ltd* [1948] 2 All ER 186; *Eads v Williams* (1854) 4De G M & G 674; *Wright v Hawson* (1888) 4 TLR 386; *Jordenson & Co v Stora Kopparbergs Bergslags Aktiebolag* (1931) 41 Ll L Rep 201; *Compania Argentinade Pesca v Eagle Oil Shipping Co* (1939) 65 Ll L Rep 168; *Ravenseft Properties Ltd v Boots Properties Ltd* [1988] ADRLN 7. *British Oil and Cake Mills Ltd v Horace Battin & Co Ltd* (1922) 13 Ll L Rep 443.

法院在 *Fox v PG Wellfair Ltd*[72] 案中称：

> 在有些仲裁中，仲裁员应形成自己的意见，并在自己知情的情况下行事，而不求助于任何一方证人提供的证据，如决定货物是否达到样品标准的仲裁（参见 *Mediterranean and Eastern Export Cov Fortress Fabrics（Manchester）Ltd*［1948］2 All ER 186 案）。但在其他仲裁中，仲裁员应接收证人证词和代理人的意见陈述，并在他们的影响下得出结论，例如关于航运合同或建筑合同的仲裁。

仲裁庭要注意的实际要点是，如果使用自己的知识对有争议的问题进行仲裁，他应该向当事人披露这一事实。[73] 如果仲裁员有意运用自己的专业知识，而欲拒绝一方当事人未被质疑的专家意见或双方当事人的专家意见，那么这一点尤其重要，因为他实际上是在向自己提供证据。[74]

如果仲裁庭在裁决中提及任何一方当事人都还没有机会提交意见的案件，那么法院将审查有关情况，看其中任何一方是否受到了任何不公正对待。

如果没有，就不会违反自然正义，也不会涉及《2005 年仲裁法案》第 37（1）（b）条。[75]

29.10 专家证据

仲裁往往需要专家意见来解释任何知识领域如工程、化学、会计或科学的某些事件为什么或如何发生。[76] 选择专家不仅仅是依据其论文资格，还因为其对该专业领域的实际熟悉程度。[77] 与其知识和经验同样重要的是，专家能够流利地提出自己的意见，并能够在仲裁中经受质询。[78]

一个不能在适当层面表达自己的意见以让仲裁庭了解的专家[79]可以说是没有帮助的，

---

[72]（1981）19 BLR 52 at 61，［1981］2 Lloyd's Rep 514，CA（Eng）.

[73] *Fox v PG Wellfair Ltd（inliq）*，*Fisher v PG Wellfair Ltd*［1981］2 Lloyd's Rep 514 at 680，（1981）19 BLR 52；*Checkpoint Ltd v Strathclyde Pension Fund*［2003］EWCA Civ 84，［2003］All ER（D）56（Feb）；*Soh Beng Tee & Co Pte Ltd v Fairmount Development Pte Ltd*［2007］SGCA 28.

[74] J Tackaberry and A Marriot and Bernstein，*Bernstein's Handbook of Arbitration and Dispute Resolution Practice*（4th Edn，2003）at para 2-436；Sutton Gill and Gearing，*Russell on Arbitration*（24th Edn，2015）at para 6-076.

[75] *Chain Cycle Sdn Bhd v Government of Malaysia*［2015］9 MLJ 214.

[76] S Greenberg，C Kee and J R Weeramantry，*International Commercial Arbitration：An Asian-Pacific perspective*，（2011）at p 350.

[77] *Junaidi bin Abdullah v Public Prosecutor*［1993］3 MLJ 217 at 229，SC，per Mohamad Azmi SCJ；*Public Prosecutorv Muhamed bin Sulaiman*［1982］2 MLJ 320 at 322，FC，per SuffianLP；*Singh v Singh*［2014］EWHC 1060（Ch）at［79］. 缺乏这种实际熟悉程度会使专家意见黯然失色。

[78] 漫不经心或不能直接回答问题的专家并不是有说服力的证人；*Double G Communications Ltd v News Group International Ltd*［2011］EWHC 961（QB）at［16］.

[79] *Skanska Construction UK Ltd（formerly Kvaerner Construction Ltd）v Egger（Barony）Ltd*［2004］EWHC 1748（TCC）.

即使被认定为该领域的领军人物，他也不是一个很好的专家证人。[80]

专家证人以公正和不偏不倚的方式就专家问题向仲裁庭提供咨询、协助和教育。专家专业知识可以是与争议相关的技术、法医、法律或会计知识等仲裁员不具备的专业知识。[81]

事实证据和意见证据是有区别的，这已被法院承认了几个世纪[82]，法院在 *Khoo Hi Chiang v Public Prosecutor* 案中表示：

> 在这种情况下可以这样分析：首先，直接涉及案件事实的证据可以被称为直接的事实证据；其次是就已被证明的事实提供意见证据；最后是可以描述为事实的证据，用以支持或反驳意见证据。这是专家通常提供的证据，因为在提供专家证据时，专家们依赖的是其专门知识和经验，而且他们在证据中确实参考了这种经验。[83]

如果仲裁标的是仲裁庭可以自行决定的事项，则不需要专家证据。而考虑到专家证据的费用和延误会拖累程序，仲裁庭也可以成为专家，这是仲裁的一大好处。

在决定是否允许提供专家证据时，仲裁庭应考虑拟征求专家意见的争议标的是否属于允许的标的类别，即在知识领域缺乏指导或经验的人在没有掌握特殊知识或经验的证人协助的情况下能够作出合理裁判的标的。

仲裁庭还必须考虑这些意见的标的是否构成了充分组织、得到承认和可靠的知识或经验的一部分，证人的意见将凭此知识或经验向仲裁庭提供协助。[84]

因此，有时候仲裁员无法形成正确的判断，在技术或科学事务方面需要其他领域专家的帮助，以了解其经验和知识之外的问题。[85]

例如，这可能包括对证据或法律、工程或商品贸易的具体问题进行调查。另外，也可能有外国法律问题或质量问题需要回答。在这种情况下，仲裁庭可指示争议一方向此类专家提供相关信息，或者出示任何有关文件、货物或其他财产进行检查，在不能实际占有的情况下为检查提供便利。承认这种证据是为了使仲裁庭能够作出恰当的裁决。

专家意见证据必须与事实相关，在事实基础上发表专家意见。专家不应损害其职业操守和独立性而充当“枪手”（hired gun），根据他本人核实的事实或由面前的可靠证据所证明的事实来陈述他的独立意见。[86]

法院在 *Arthur JS Hall & Co v Simons Barratt v Woolf Seddon Harris v Scholfield Roberts &*

---

[80] R Horne，J Mullen，*The Expert Witness in Construction*，（2013） at p 7.

[81] “Chapter 8：Procedural Issues in International Arbitration” in Gary Born，*International Arbitration：Law and Practice*（*Second Edition*），（2nd Edn，2015） at pp155-184 para 6.183.

[82] 在 *Folkes v Chadd*［1782］3 DOUG KB 157 案中，对于已被证实的事实的意见，可以由科学家在自己的科学研究领域内给出。

[83] ［1994］1 MLJ 265 at 270.

[84] *R v Bonython*（1984）38 SASR 45.

[85] *Chou Kooi Pang v Public Prosecutor*［1998］3 SLR（R）205 at［16］CA，per Yong Pung How CJ；*Ong Chan Tow v R*［1963］MLJ 160；*R v Turner*［1975］1 All ER 70 at 74.

[86] *Cala Homes*（*South*）*Ltd v Alfred Mc Alpine Homes East Ltd*［1995］EWHC 7（Ch），［1995］FSR 818.

Hill[87]案中解释，证人在向法庭提供证据时，对任何人都没有注意义务。他唯一的职责就是说实话。在我看来，这与律师的地位似乎没有可比性，律师对其客户具有注意义务。

专家证据可能导致仲裁总费用大幅增加，因此程序应以能够尽可能准确地确定初步成本的方式进行主动管理，而且不允许证据过多。

仲裁庭应考虑到争议问题的复杂性不一定与争议的数量直接相关。最好先假定不需要专家证据。只有在需要专家证据以便就有争议的关键问题知会仲裁庭的情况下，才会抛开这一推定。[88]

任命专家仅仅是为了获得技术援助或专家咨询，以了解复杂的技术问题，从而作出正确的决定。[89] 专家可以由仲裁机构[90]提出并任命，其不是仲裁庭工作的一部分，仲裁庭必须对专家向其提供的咨询意见作出自己的判断。专家的职能仅限于就其专长领域内的事项向仲裁员提供公正的咨询意见。

另一方面，仲裁庭必须依法行事，不能将其决策职能委托给专家机构，即不能委托无权力的机构。仲裁庭在裁决这些问题时必须作出自己的判决。[91] 其必须形成自己的意见，并就任何专家证据的可采性、相关性、材料和分量作出决定。[92]

仲裁庭必须遵循各方当事人就任命专家的程序所达成的协议。[93] 通常的做法是，如果需要，则允许每一当事人而不是仲裁庭援引其自己的专家证据，以便在交换报告之后并可能“在不妨碍与另一当事人专家会晤的情况下”对专家证人进行审查。[94] 这是经仲裁庭批准的，仲裁庭通常不会拒绝这种请求。

当事人可以决定是否需要任命专家，并向他提供口头或书面资料。当事人可以采用贸易中普遍使用的标准协议中规定的规则。或者，双方可以授权仲裁庭任命专家。仲裁庭可以拒绝这样做，就像 *Siemens and Argentina* 的仲裁案一样，一方当事人要求仲裁庭任命一名专家，而仲裁庭拒绝了这一请求。[95]

---

[87] ［2002］ 1 AC 615 at 698.

[88] 国际商会仲裁委员会关于 2012 年仲裁时间和成本控制技术的报告第 62 段。http://www.iccwbo.org/Advocacy-Codes-and-Rules/Document-centre/2012/ICC-Arbitration-Commission-Report-on-Techniques-for-Controlling-Time-and-Costs-in-Arbitration/.

[89] *Sharp v Nowell* （1848） 6 CB 253；*Baker v Cotterill* 18 LJQB 345；*Whitmore v Smith* （1861） 7 H & N 509；*Naumann v Nathan* （1930） 37 LI LR 249.

[90] ICC Rules for the Appointment of Experts and Neutrals 2015，available at：http://www.iccwbo.org/Products-and-Services/Arbitration-and-ADR/Experts/Appointment-of-Experts-and-Neutrals/ICC-Rules-for-the-Appointment-of-Experts-and-Neutrals/.

[91] Sutton Gill and Gearing，*Russell on Arbitration* （24th Edn，2015） at para 6-074；也可参见 *Agrimex Ltd v Tradigrain SA* ［2003］ EWHC 1656 （Comm） 案，法庭雇用了一名草拟人员，而其职能是按要求提供/完善法庭的分析和法律推理。

[92] Anon （1648） Jenk 128；*R v Humphryes* （1649） Sty 154；*Johnson v Latham* 19 LJQB 329；*Eastern Counties Railway Co v Eastern Union Railway Co* （1863） 3 De G J & S 610；*Trachsell & Clayton v Wilson* （1865） 11 LT 713；*Chin Sen Wah v Public Prosecutor* ［1958］ MLJ 154.

[93] *Gueprattе v Young* （1850） 16 LTOS 455；*Re Tidswell* （1863） 33 Beav 213；*Proctor v Williams* （1860） 8 CBNS 386.

[94] Sutton Gill and Gearing，*Russell on Arbitration* （24th Edn，2015） at para 5-152.

[95] *Siemens AG v The Argentine Republic*，Award of 6 February 2007 at pp 369-360，368.

一方当事人如果认为仲裁庭采用对方当事人提交的专家报告中的结论侵犯了其程序权利，则有义务在侵权行为仍可得到纠正时立即向仲裁庭作出质疑“任何被认为违反程序权利的行为”[96]。如果一方未曾要求仲裁庭指定自己的专家而是等待争议的结果[97]，那么成功质疑裁决的可能性就会降低。

大多数的仲裁规则通常都赋予了仲裁员指定专家的权力。[98] 例如，《吉隆坡区域仲裁中心联合国国际贸易法委员会规则》（2010年修订）中重申了《贸易法委员会仲裁规则》（*UNCITRAL Arbitration Rules*）第29条允许仲裁庭指定一名或多名专家向其就具体待定问题提供报告。

任何一方当事人可被要求向该专家提供、出示任何有关资料，或提供核查任何有关文件、货物或其他财产的途径，以供其核查。马斯蒂尔和博伊德建议：

> 在任命自己的专家之前，特别是在不允许当事人提出自己的证据的情况下，仲裁庭应谨慎行事。仲裁庭在拟订专家的职权范围时应十分谨慎，应尽力避免给人留下这样的印象，即案件将根据仲裁庭自己的专家私下提出的建议作出裁决，或者更糟的是由专家自己作出裁决。[99]

这是一个非常明智的做法，因为专家的费用和开支是仲裁费用的一部分。

在提出具体问题之后，专家们将向仲裁员提交报告。实践中，专家报告通常是在事实证人的其他证人陈述的时候提供的。无论如何，他们应在庭审开始前提交仲裁庭。国际商会建议仲裁员“考虑同意对专家报告轮次的限制，并考虑是同时提交还是按顺序交换更有效”[100]。

专家证据可能会在复杂的技术问题上产生冲突。在双方不在场的情况下，仲裁庭不应与专家会面讨论其证据。[101] 交换专家报告后，仲裁庭可以指示当事人的专家会面，以讨论问题并确定双方专家都认可的问题，从而缩小庭审上的问题范围。

专家可拟订两份清单，一份载列他们同意的事项，另一份列明他们不同意的事项。[102] 仲裁庭可要求向其提供专家会议记录。初步交换意见后，仲裁庭可进一步指示专家提交补充专家报告。[103]

专家在提交书面口头报告后，必须亲自到仲裁庭出庭接受检查。他们还应提供为编

---

[96] M Scherer，“Introduction to the Case Law Section”，（2012）30 ASA Bulletin 1 at pp 64-75.

[97] Swiss Federal Supreme Court，Decision 4A_617/2010 of 14 June 2011，（2012）30 ASA Bull at p 138.

[98] ICC Rules of Arbitration 2012，art 25（4）；LCIA Rules 2014，art 21.

[99] Mustill and Boyd，*Commercial Arbitration*（Companion Volume to 2nd Edn，2001）at p 311.

[100] 国际商会仲裁委员会关于2012年仲裁时间和费用控制技术的报告第66段。http://www.iccwbo.org/Advocacy-Codes-and-Rules/Document-centre/2012/ICC-Arbitration-Commission-Report-on-Techniques-for-Controlling-Time-and-Costs-in-Arbitration/.

[101] *Hussman（Europe）Ltd v Al Ameen Development & Trade Co*［2000］2 Lloyd's Rep 83.

[102] Blackaby and Partasides with Redfern and Hunter，*Redfern and Hunter on International Arbitration*（6th Edn 2015）at para 6.184.

[103] Sutton Gill and Gearing，*Russellon Arbitration*（24th Edn，2015）at para 5-26.

写报告而提供给他们的所有文件、货物或其他财产，以供检查。然后，双方当事人应有机会对专家进行交叉询问，以便证实有争议的问题，并检验其报告的正确性。

仲裁庭在专家的审查方式方面存在一定的灵活性。一种做法是，通常会在各方当事人的事实证人作证后听取专家的意见。另一种做法是将之提到议程的高度来重视，同时听取专家的意见，请每一位专家对其他专家的意见作出评论和答复。

如果在审理中援引专家证据，仲裁庭应利用其知识和经验来了解和评估该专家证据。[104] 仲裁庭有权在有专家证词冲突的情况下，倾向于另一方的意见[105]，但是在裁决之前必须考虑专家的理由。[106] 对于更倾向于哪一方的证据，仲裁庭有责任作出事实裁决，并且不能忽视互相冲突的专家证据。[107]

在法庭上提出专家证据的有关规则同样适用于仲裁。法官克雷斯韦尔（Creswell J）在 *National Justice Compania Naviera SA v Prudential Assurance Co Ltd*（The Ikarian Reefer）[108] 案中设定了以下准则：

（1）提交给法院的专家证据应该是并且应该被看作专家的独立产品，形式或内容都不受诉讼的影响（*Whitehouse v Jordan*［1981］1 WLR 246 at 256 per Lord Wilberforce）。

（2）专家证人应就其专长范围内的事项提供客观公正的意见，向法院提供独立协助（参见案例 *Polivitte Ltd v Commercial Union Assurance Co Plc*［1987］1 Lloyd's Rep 379 per Garland J；*Re J*［1990］FCR 193 per Cazalet J）。专家证人永远不应扮演律师的角色。

（3）专家证人应陈述其意见所依据的事实或假设，不能忽略可能有损其结论性意见的重要事实（Re J［1990］FCR 193）。

（4）如果某一特定问题不属于其专业知识范围，专家证人应加以说明。

（5）如果专家的意见没有得到适当的研究是因为其认为没有足够的数据可用，那么必须说明这个意见只不过是临时的（Re J［1990］FCR 193 per Cazalet J）。如果编写报告的专家证人不能无条件地坚持其在报告中的主张，则应在报告中说明这一限定条件（*Derby v Weldon*（No 9）［1990］TLR 712 per Staughton LJ）。

（6）如果在交换报告后，专家证人在阅读了对方的专家报告后或由于其他原因改变

---

[104] *James Longley v South West Thames Regional Health Authority* 25 BLR 56 at 63；*Top Shop Estates Ltd v Danino*［1985］1 EGLR 9 at 11.

[105] *Singapore Finance Ltd v Lim Kah Ngam（S'pore）Pte Ltd & Eugene HL Chan Associates（Third Party）*［1984］2 MLJ 202at 208，per Lai Kew Chai J；*Cheong Fatt Tze Mansion Sdn Bhd v Hotel Continental Sdn Bhd（Hong Hing Thai Enterprise Sdn Bhd，third party）*［2011］4 MLJ 354；*Collector of Land Revenue v Alagappa Chettiar*［1971］1 MLJ 43，PC.

[106] *Sim Ah Oh v Public Prosecutor*［1962］MLJ 42 at 43，per Adams J；*Lee Ing Chin @ Lee Teck Seng v Gan Yook Chin*［2003］2 MLJ 97；*Nilai-3Porcelain Inn Sdn Bhd v Berjaya Sompo Insurance Bhd*［2013］9 MLJ 256.

[107] *Eastern Counties Railway Co v Eastern Union Railway Co*（1863）3 De G J & S 610；*Royal Commissionon Sugar Supply v Kwik-Hoo-Tong Trading Society* 38 TLR 684；*Giacomo Costa Fu Andrea v British Italian Trading Co Ltd*［1961］2 Lloyd's Rep 392.

[108]［1993］2 Lloyd's Rep 68 at 81-82. *University of Warwick v Sir Robert McAlpine*（1988）42 BLR 1 at 22 per Garland J；*Cala Homes（South）Ltd v Alfred McAlpine Homes East Ltd*（1995）CILL 1083 at 1086，［1995］EWHC 7（Ch），［1995］FSR 818；*Abbey National Mortgages PLC v Key Surveyors Nationalwide Ltd*［1996］3 All ER 184，［1996］1 WLR1534 at 1542，CA（Eng）；*Stanley v Rawlinson*［2011］EWCA Civ 405；*Jones v Kaney*［2011］UKSC 13.

了对重大事项的看法，应立即通过代理人通知对方，并在适当时机通知法院。

（7）如果专家证据涉及照片、计划、计算、分析、测量、调查报告或其他类似文件，则必须在交换报告的同时向对方提供。

目前与专家报告有关的一个问题是“根据新的科学方法分析仲裁中出示的证据的专家报告是否符合新证据的条件”[109]。

拿督马哈德夫·尚卡尔（Dato' Mahadev Shanker）[110] 建议应以开放的态度对待专家证据，仲裁员应评估专家的证词并适用以下标准：

（1）涉及的问题是否有公认的专业领域？

（2）专家是否通过培训或经验取得该领域资格？

（3）专家是否忠实于适用于解决现有问题的方法或技术的公认标准？

（4）他的观点是否基于证据所证明的事实，并与任何相关理论相一致，最重要的是他的发现是否是有效演绎推理的产物？

（5）如果他的证据受到质疑，是否表明他的信誉因其他事实的证明而受到损害，而这些事实否定了他的结论所依据的基础？

（6）他的结论是否与仲裁庭收到的全部证据一致？

然而仲裁庭不应使用其知识和经验来反驳一方当事人所提供的专家证据，除非该仲裁机构给予了该机构质疑其倾向的观点的机会。[111] 仲裁庭可以就仲裁中的某一问题征求具有专家知识的第三方的意见，但必须就所提交给他的每个问题形成自己的判断。[112] 仲裁员可以获得法律帮助来拟订其裁决的框架[113]，但不得就裁决的内容寻求援助。[114]

---

[109] M Scherer，“Introduction to the Case Law Section”，（2013） 31 ASA Bulletin 4 at p 818；Swiss Federal Supreme Court，Decision 4A_105/2012 of 28 June 2012，ASA Bull 4/2013 at p 822.

[110] Dato' Mahadev Shanker，“Expert Evidence in Court-The Legal Perspective”，Paper presented at the 2nd National Medical-Legal Conference，Kuala Lumpur，（2000） April.

[111] *Fox v PG Wellfair Ltd*（*in liq*），*Fisher v PG Wellfair Ltd* [1981] 2 Lloyd's Rep 514，（1981） 19 BLR 52，CA（Eng）；*Burne v Young*（29 May 1991，CP 68/89）（unreported），NZ；*Checkpoint Ltd v Strathclyde Pension Fund* [2003] EWCA Civ 84，[2003] All ER （D） 56 （Feb）.

[112] *Emery v Wase*（1801） 5 Ves 846，affd （1803） 8 Ves 505 at 517；*Hopcraft v Hickman*（1824） 2 Sim & St 130；*Anderson v Wallace*（1835） 3 Cl & Fin 26；*Caledonian Rly Co v Lockhart* 3 Macq 808；*Gray v Wilson*（1865） LR 1 CP50；*Re Hare，Milne and Haswell*（1839） 6 Bing NC 158 at 162；*Johnson v Latham* 19 LJQB 329.

[113] *Fetherstone v Cooper*（1803） 9 Ves 67；*Baker v Cotterill*（1849） 7 Dow & L 20；*Behren v Bremer*（1854） 3 CLR 40；*Rolland v Cassidy*（1888） 13 App Cas 770 at 776-777，PC；*Threlfall v Fanshawe*（1850） 1 LM & P 340；*Galloway v Keyworth*（1854） 15 CB 228；*Re Underwood and Bedford and Cambridge Rly Co*（1861） 11 CBNS 442；*Giacomo Costa Fu Andrea v British Italian Trading Co Ltd* [1961] 2 Lloyd's Rep 392，affd [1963] 1 QB 201，[1962] 2 All ER 53，[1962] 1 Lloyd's Rep 151，CA（Eng）.

[114] *Lingood v Eade*（1742） 2 Atk 501；*Tomlin v Fordwich Corporation*（1836） 5 Ad & El 147；*Re Goddard and Mansfield*（1850） 1 L M & P 25；*Ellison v Bray*（1864） 9 LT 730.

29.11 宣誓证据

《2005 年仲裁法案》第 21（3）（h）条规定，允许仲裁庭命令任何证据都必须经过宣誓或确认，除非当事人另有约定。仲裁庭可以决定是否有问题，如果有，应由各方当事人提出和回答哪些问题，以及应以何种形式这样做。

仲裁庭本身不能让非当事方作证，因此，在证人拒绝出庭的情况下，必须得到法院的协助才能命令证人出庭。[115] 仲裁庭对证人的权力仅限于指示任何出庭的证人以宣誓或确认的方式接受询问。其本身不能从无法出庭的证人身上取证。

即使各方当事人同意赋予仲裁庭这种权力，如果没有证人的合作，仲裁庭也可能无能为力，其必须寻求法院协助，以确保证人出庭。

仲裁庭可以自行主持宣誓或确认。宣誓或确认有两种常用形式，即：

> 一、宣誓（Oath）
>
> 我向全能的上帝发誓，我所提供的关于本次仲裁中的争议事项的证据是事实，全部事实，只有事实。
>
> 二、确认（Affirmation）
>
> 我庄严地、真诚地、真正地肯定并声明，我所提供的关于本次仲裁中的争议事项的证据是事实，全部事实，只有事实。

根据 1949 年《宣誓和确认法》（*Oaths and Affirmation Act* 1949）[116]，伪证是指证人在依法宣誓或确认后提供虚假证据。根据《刑法典》（*Penal Code*）第 181 条和第 191 条，这是一项应受惩罚的罪行。[117]

因此，仲裁程序中的一方当事人或证人在作出誓言或确认后，若提供明知为虚假或认为是不真实的证据，则可能受到刑事起诉。萨顿、吉尔和吉尔林解释说：

> 即使证据从未被实际使用，制造虚假的证据来欺骗和误导仲裁庭也是干涉司法过程的罪行。[118]

---

[115] Arbitration Act 2005 s 29.

[116] Act 194 s 13.

[117] Act 574.

[118] Sutton Gill and Gearing, *Russell on Arbitration*（24th Edn, 2015）at para 5-159.

第 30 章 仲裁中的代理

30.1 代理的选择

各方当事人有权选择自己的代理人陪同出席听审。[1]《KLRCA 仲裁规则》（2013 年修订）第 5 条规定“每一方可由其选择的人员代理或协助”。这项规则与《纽约公约》第 2（1）条和第 2（3）条所起的作用是共同保障这种自由。[2]

选择代理的权利是仲裁当事人自主权的一个基本组成部分。如果仲裁员未能休庭以方便一方当事人能够获得律师代理，而另一方当事人却意外地有律师代理的[3]，那么仲裁员这样的行为是不当的。

这是为了确保各方当事人有合理的机会来陈述其主张。在绝大多数的商事仲裁中，双方当事人都希望并需要代理。代理通常由包括律师在内的团队进行。仲裁员在允许当事人委托代理方面拥有广泛的裁量权。

仲裁当事人可选择任何人进行代理，而且代理人不一定是 1976 年《法律职业法案》（*Legal Profession Act* 1976）[4] 意义上的律师（advocate）和事务律师（solicitor）。通常，大多数规则都要求将此类人员的姓名、地址、电话和传真号码以及电子邮件地址等详细情况告知另一方当事人和仲裁机构秘书处。[5]

1974 年《澳大利亚国际仲裁法案》（*Australian International Arbitration Act* 1974）第 29 条记载了法律代理的强制性规定。并非所有法域都允许仲裁代理自由，例如《印度尼西亚国家仲裁委员会（BANI）仲裁程序规则》（*Rules of Arbitral Procedure of the Indonesia National Board of Arbitration*）第 5（2）条就规定了：

---

[1] Blackaby and Partasides with Redfern and Hunter, *Redfern and Hunter on International Arbitration*（6th Edn, 2015）at para 6.07.

[2] Gary Born, *International Commercial Arbitration*（2nd Edn, 2014）at p 2833.

[3] *Whatley v Morland* 2 Dowl 249, 39 RR 790; *Tatem Steam Navigation Co v Anglo Canadian Shipping Co*（1935）53 Ll L Rep 161.

[4] Act 166. *Zublin Muhibbah Joint Venture v Government of Malaysia* [1990] 3 MLJ 125, which followed the High Court of Barbados decision in *Re Arbitration between Lawler, Matusky and Skelly, Engineers and the Attorney-General of Barbados*（unreported, 22 August 1983; No 320 of 1981）, referred to in M Polkinghorne, “The Right of Representation in a Foreign Venue”,（1988）4 Arbitration International 333 at 338.

[5] 例如 2013 年《香港国际仲裁中心（HKIAC）仲裁规则》（*Hong Kong International Arbitration Centre Administered Arbitration Rules* 2013）第 13.6 章。

> 涉外仲裁案件中，当事人有外国顾问或者外国法律顾问代理的，外国顾问或者外国法律顾问只有在有印度尼西亚顾问或者法律顾问陪同的情况下方可参加。

前者是一个例外，因为大多数标准的仲裁规则，包括《KLRCA 仲裁规则》（2013 年修订），都允许当事人选择代理[6]。在中国，有关国家机关已经作出指示[7]说明：

> 外国律师事务所在中国仲裁案件中代理委托人是不被禁止的；不过，在适用中国法律或处理中国法律问题时，他们应避免提供法律意见或评论，而应协助客户聘请本地律师。

然而，这被认为是限制性的。[8]

1994 年《中华人民共和国仲裁法》（*Arbitration Law of the People's Republic of China 1994*）第 29 条规定，"当事人或者其法定代理人可以委托律师或者其他代理人进行仲裁活动"，如果指定了律师，则必须向仲裁委员会提交授权书。[9]

但是，《中国国际经济贸易仲裁委员会（CIETAC）仲裁规则》（2014 年修订）[*China International Economic Trade Arbitration Commission*（*CIETAC*）*Arbitration Rules*（*Revised* 2014）] 第 22 条对此进行了修改，没有对律师施加任何限制。该条规定，一方可以授权中国公民或外国公民担任其代表。

《国际争端解决中心仲裁规则》（*ICDR Arbitration Rules*）在第 12 条的评注中指出：

> 鉴于现代主义和《ICDR 仲裁规则》所采取的自由主义的做法，这一规定应解释为无论其代理是律师还是非律师，均应给予每一方当事人选择其代理的自由。[10]

即使仲裁规则未明确说明，卢（Lew）和米斯特利斯（Mistelis）也指出"这不应该默认为对非律师的排除"[11]。然而西蒙格·林伯格（Simon Greenberg）、克里斯托弗·基和法官罗梅什·威拉曼特里（J Romesh Weeramantry）[12] 认为，诉诸国际商事仲裁以及伴随而来的对跨境法律服务的需求可能会形成问题。

这种问题可能是，被禁止在其本国法域执业的律师仍可被允许在其他法域的国际仲裁中为客户代理，如果仲裁庭有权在适当情况下拒绝一方当事人选定的代理，那么这种

---

[6] 《KLRCA 仲裁规则》（2013 年修订）第 5 条。

[7] Jingzhou Tao, "Challenges and Trends of Arbitration in China", (2004) 12 ICCA Congress Series in van den Berg (ed), *New Horizons in International Commercial Arbitration and Beyond*, (2005) at pp 82-88.

[8] S Greenberg, C Kee and J R Weeramantry, *International Commercial Arbitration: An Asian-Pacific perspective*, (2011) at p 325. R P Rana and M Sanson, *International Commercial Arbitration*, (2011) at p 169.

[9] R P Rana and M Sanson, *International Commercial Arbitration*, (2011) at p 169.

[10] Weigand, *Practitioner's Handbook on International Commercial Arbitration*, (2009) at para 17.163.

[11] J Lew, L Mistelis, et al, *Comparative International Commercial Arbitration*, (2003) at pp 21-67.

[12] S Greenberg, C Kee and J R Weeramantry, *International Commercial Arbitration: An Asian-Pacific perspective*, (2011) at p 325.

情况可能会得到解决。

除非各方当事人明确同意不会由律师代理，否则他们可以由律师或律师团队代理。如果案件涉及技术问题，律师团队中含有建筑师、工程师、数量测量师或其他专业人士的情况也很常见。

例如，《纽约司法法》（*New York Judiciary Law*）第 484 条实际上并没有界定“法律实践”（practice of law），因此不禁止非律师收取当事人的费用在金融业监管局（FINRA）仲裁中进行代理。[13]

因此，当事人指定非律师代理其案件是相当合理的。当事人由索赔顾问、工程师或公司人员等非律师代理的情况并不少见。“各方选择代理的权利通常延伸到非律师。”[14]

一般来说，虽然非法律代理人往往是小组的重要组成部分，但律师在代表当事方出席听审的律师小组中经常发挥重要的指导作用。在实践中，当事人选择代理是因为他们熟悉某一特定行业及其仲裁程序。

指定特定代理人可能决定或影响其他关键问题的解决。例如，代理人为该方行事的资格和能力可能影响该方与指定代理人之间的交流特权类型（如有）。

由此引发的一个问题是客户和非法律代理人之间的交流是否享有法律职业特权的优点。如果不能，那就是非律师代理人的潜在危险。

根据《2005 年仲裁法案》[15]，仲裁庭由仲裁协议当事人指定，对其面前的某些具体事实作出裁决，并最终解决缔约方之间因其合同而产生的争议。[16] 然而在仲裁庭出庭的当事人是仲裁协议或机构规则所规定的当事人。

临时仲裁没有任何机构规则或协议规定代理自由，这被广泛认为是隐含的自由[17]，仲裁庭在行使其根据《2005 年仲裁法案》第 21 条指导仲裁程序的权力时几乎都会允许这样做。

30.2　马来西亚接受外国律师

然而在实践中，大型的国际商事仲裁中的当事人几乎都是由律师代理。在这方面，不排除外国律师在马来西亚举行的国际或国内仲裁程序中为当事人代理。此外，对代理的国籍没有任何限制。[18]

---

[13] A J Gana，AA Truitt，“Should Non-attorneys Represent Parties in FINRA Arbitration for Compensation?”，（2015）NYSBA Journal，available at：http://www.ganalawfirm.com/files/gana-truitt-january2015-nysba-bj.pdf.

[14] F T Schwarz and C W Konrad，*The Vienna Rules*：*A Commentary on International Arbitration in Austria*，（2009）at para 23-006.

[15] Act 646.

[16] *Zublin Muhibbah Joint Venture v Government of Malaysia*［1990］3 MLJ 125.

[17] Gary Born，*International Commercial Arbitration*（2nd Edn，2014）at p 2835.

[18] S Greenberg，C Kee and J R Weeramantry，*International Commercial Arbitration*：*An Asian-Pacific perspective*，（2011）at p 324.

对于任何希望成立国际仲裁中心的国家来说，这是一个至关重要的问题。在仲裁中禁止外国律师主要被视为狭隘保护主义游说的产物，其目的是排除外国竞争[19]，而不是保证仲裁质量的方法。

20 世纪 80 年代后期，在 *Turner*（*East Asia*）*Pte Ltd v Builders Federal*（*Hong Kong*）*Ltd*（*No2*）[20] 案之后，很多人为新加坡能否维持其作为仲裁中心的信誉表示担忧。该案中，高等法院排除了一家知名的纽约律师事务所在新加坡的仲裁中担任委托人的代理。[21]

法院在 *Zublin Muhibbah Joint Venture v Government of Malaysia*[22] 案中说：

> 资深联邦律师的主要反对意见是，贾利利先生（Mr Jalili）并没有被承认为马来西亚高等法院的律师和事务律师，而且由于他是 1976 年《法律职业法》第 36（1）条所指的未经授权的人，所以根据该法第 37（1）（a）条，他不得作出任何代理行为；即使他已经代理，根据该法第 40 条规定，他也不能取得任何费用……符合第 36（1）条规定的合格律师和事务律师被赋予了在马来西亚所有法院出庭和辩护的专属权利。第 36（1）条未赋予他专属权利，亦不禁止他在非本国法院的其他审裁处出庭。未经授权的人员不得从事该法第 37 条所述的任何行为，否则将受到处罚。然而该法第 37 条所指的上述行为必须在马来西亚的法庭上进行，或与马来西亚任何法院诉讼程序有关……在我审理的案件中，原告的律师戴维森先生（Mr Davidson）希望贾利利先生出庭，他的工程资质和经验将使他更有利于协助戴维森先生对技术证人进行交叉询问，因为诉状中有许多工程问题。按照 *Haigh v Haigh*（1861）31 LJ Ch 420 案，作为美国律师和化学工程师的贾利利先生不应被排除在仲裁程序中。即使贾利利先生可能已经采取行动或履行了通常由该国的律师和事务律师承担的职责，但他这样做并不是在马来西亚的法院，而是在仲裁程序中或与仲裁程序有关。因此，他的行为没有违反 1976 年《法律职业法》第 37 条的规定。

1976 年《法律职业法》已被 2013 年《法律职业（修订）法》（*Legal Profession*（*A-mendment*）*Act* 2013）[23] 修正，包括了第 37（A）条，其中明确规定，外国人代表一方参加仲裁或就仲裁程序提供咨询、编写文件或提供任何其他协助并不违反该法，但马来西亚境内仲裁程序引起的法院程序除外。

因此，外国代表能够在马来西亚境内就涉及马来西亚法律的国内和国际仲裁开展工作。伊曼纽尔·邓肯·蔡司（Emmanuel Duncan Chua）解释说：

> 根据第 37（2B）条，这些律师可就不涉及马来西亚法律任何方面的事项提供咨询意见，条件是他们在马来西亚的累计逗留时间在任何日历年总共不超过 60 天，

[19] Gary Born, *International Commercial Arbitration*（2nd Edn，2014） at p 2836.

[20] ［1988］ 2 MLJ 502，［1988］ 1 SLR（R） 483.

[21] 请参阅以下关于该案的讨论以及随后的变化。

[22] ［1990］ 3 MLJ 125 at 126-127.

[23] Act A 1456.

而且每一段逗留时间都已获得许可。[24]

此外，根据2012年《法律职业（修订）法》［*Legal Profession*（*Amendment*）*Act* 2012］第40（F）条和第40（G）条，外国律师事务所可以作为马来西亚律师事务所国际合伙关系的一部分或作为合格的外国律师事务所在马来西亚执业。外国律师也可以在国际合伙企业、合格的外国律师事务所或马来西亚律师事务所注册执业。

从首相部门的声明中可以看出，除了涉及国家利益和国家主权的事宜外，外国律师事务所和执业人员可以在律师公会决定的广泛范围内执业。[25]

马来西亚律师公会主席克里斯托弗·梁（Mr Christopher Leong*）表示："我们的法律市场自由化应该被看作带来机遇的挑战。"

马来西亚律师面临的挑战是建立更有竞争力的容量和能力，拓宽视野，拓展翅膀，开创新路。[26]

在国内，东马来西亚律师出庭的专属权利并不延伸到在沙巴进行的仲裁中的代理。[27] 2015年12月7日，马来西亚联邦法院裁定，马来西亚西部律师不得在马来西亚东部为客户代理，包括仲裁程序。对仲裁庭则没有这种限制。这些决定不得上诉。

30.3 新加坡先前的状况

在 *Zublin Muhibbah Joint Venture v Government of Malaysia*[28] 案裁定之前，在关于外国律师是否可以出席本地仲裁上存在一些不确定性。

例如，新加坡陈·塞·克昂法官（Chan Sek Keong JC）在 *Turner*（*East Asia*）*Pte Ltd v Builders Federal*（*Hong Kong*）*Ltd*[29] 案中认为出席仲裁听审的外国律师作为律师和事务律师执业有违《新加坡法律职业法》（*Singapore Legal Profession Act*）。[30] 法院将这一立场总结如下：

---

[24] Emmanuel Duncan Chua，"MALAYSIA：Changes to law governing foreign lawyers"，（2014）Global Arbitration Review，15 July.

[25] Emmanuel Duncan Chua，"MALAYSIA：Amendments to the legal profession act-one step forward，two steps back for arbitration?"，（2012）Global Arbitration Review，28 September.

* 克里斯托弗·梁（Mr Christopher Leong）为马来西亚律师公会前任会长，现任会长是乔治·瓦如斯（George）。——译者注

[26] C Leong，"Foreign Law Firms and Foreign Lawyers Now Permitted to Practise in Peninsular Malaysia"（2014）Malaysian Bar Press Release，30 June.

[27] *Mohamed Azahari bin Matiasin v GBB Nandy @ Gaanesh*（*in his capacity as the President of the Sabah Law Association is sued/named as the respondent in this appeal proceedings pursuant to s* 9（*c*）*of the Societies Act* 1966）［2013］5 MLJ 474 at［18］.

[28] ［1990］3 MLJ 125.

[29] ［1988］2 MLJ 280 at 287，［1988］1 SLR（R）281 at［34］.

[30] Cap 161.

分页行该法的主要目的是保护公众免受未经授权者对法律服务的索偿。宁愿通过仲裁而不是通过法院程序解决争端的当事人也是公众的一员。我认为，该法剥夺了他们在新加坡仲裁程序中聘请他们更中意的为他们提供法律服务的任何非授权人员类别的人的普通法权利。在有关争议涉及法律和法律权利及义务问题的情况下，这种选择自由现在只限于从授权人员中作出选择。这并不意味着只有最高法院的律师和事务律师才能参加仲裁程序，但意味着只有持有执业证书的人才可以在仲裁程序中执业。

在 Turner 案的裁决之后，新加坡作为国际仲裁地点的信誉受到损害，无论新加坡律师的素质如何，如果中国香港等其他法域不对代理资格作出限制，与其偏好的律师有长期合作关系的外国当事人便不会同意将新加坡作为仲裁地点。

《新加坡法律职业法》已经进行了修改，允许外国律师在仲裁程序中担任代理人。但是，当仲裁程序中的争议问题需要由新加坡法律裁决时，外国律师必须与根据《新加坡法律职业法》持有有效执业证书的律师或事务律师或新加坡法律事务处的法律干事共同出席仲裁程序。

此限制随后被移除，因为在英国、中国香港、马来西亚或澳大利亚没有这种要求，而且这种规定让作为仲裁地点的新加坡一直处于不利地位。[31] 移除这一限制可能有利于增加在新加坡申请的国际商事仲裁案件。[32]

30.4 可以参加仲裁程序的人员

由于仲裁庭不是法院，而是私人仲裁庭，是双方和仲裁员[33]之间的私人程序，因此不允许公众出席。[34] 因此，听审是不公开的，只有在当事人同意的情况下，外人才得以在场。[35]

任何协助当事人办理案件的人均可出席仲裁程序，如速记员、评审员、工程师、建筑师等；如果当事人要求其出席仲裁程序，则不得在无充分理由的情况下将该人员排除

---

[31] 参见《新加坡法律职业法》第 35 条。

[32] 2015 年《SIAC 年度报告》第 7 页，可查阅：http://siac.org.sg/images/stories/articles/annual_report/SIAC_Annual_Report_2015.pdf.

[33] *Bibby Bulk Carriers Ltd v Cansulex Ltd* [1989] QB 155 at 166-167.

[34] *Oxford Shipping Co Ltd v Nippon Yusen Kaisha, The Eastern Saga* [1984] 3 All ER 835, [1984] 2 Lloyd's Rep 373; *Hassneh Insurance Co of Israel v Mew* [1993] 2 Lloyd's Rep 243 at 247; *Ali Shipping Corporation v Shipyard Trogir* [1998] 2 All ER 136, [1999] 1 WLR 136; *Department of Economics, Policy and Department of City of Moscow v Bankers Trust Co* [2004] EWCA Civ 314, [2005] QB 207; *Emmott v Michael Wilson & Partners Ltd* [2008] EWCA Civ 184; *Malaysian Newsprint Industries Sdn Bhd v Bechtel International, Inc* [2008] 5 MLJ 254.

[35] 《KLRCA 仲裁规则》(2013 年修订) 第 28 (3) 条。

在外，否则裁决有可能被撤销。[36]

法院在 *R v Leicester City Justices, ex parte Barrow*[37] 案中指出，在当事人亲自出庭声称负担不起法律服务的情况下，仲裁庭有权允许“Mc Kenzie friend”* 协助。

然而除了在非常小的消费者或专门的贸易仲裁中，一方当事人没有法律代理人是罕见的，而且几乎肯定是不明智的。一方当事人有权全程出席仲裁程序，仲裁庭无权在仲裁程序的任何阶段排除一方当事人，除非他同意或不愿全程出席仲裁程序。

但一方当事人扰乱了听审程序，以致仲裁员无法有秩序地进行程序的情况例外。马斯蒂尔和博伊德说：

> 如果一方当事人或其代理人的行为使仲裁无法以公平的方式进行，除非其中一人或全部被排除在外，否则该规则在这种情况下并不适用…… 但是，如果一方当事人的行为超出了所有可容忍的范围，则必须有某种补救办法，而申请撤销仲裁员的权力似乎是唯一的选择，除非该方当事人的不良行为从仲裁一开始就表现出来，否则这种申请不太可能具有实际价值。[38]

因此，在 *Haigh v Haigh*[39] 案中，一方当事人希望儿子在场，因为儿子精通业务账目，而仲裁员排除了儿子和速记员，裁决后来被撤销。

不过，大法官特纳勋爵（Lord Turner LJ）在 *Haigh v Haigh* 案中接着解释说，这并不意味着仲裁庭必须忍受出席仲裁庭的人的侮辱，但在仲裁庭排除当事人的代表出席之前，必须查明排除的理由是充分的，并尽最大努力将对当事人的影响降低。

> 这不是一项独立的权力，而是根据当事人之间有关合同的规定决定谁有权出席的权力。[40] 适当的做法是将扰乱当事人视为不愿意参加听审，从而使仲裁能够单方面进行。[41]

在最后一刻指定律师会给仲裁庭造成问题，在听审前不久任命新代理人的一方可能会试图以此为理由休庭。在 *Hrvatska Elektroprivredadd v The Republic of Slovenia*[42] 案中，在最后一分钟增加律师的请求被驳回，律师被取消了资格。因此，仲裁庭似乎有权取消律师参加仲裁的资格。

---

[36] *Zublin Muhibbah Joint Venture v Government of Malaysia* [1990] 3 MLJ 125 at 127 per Eusoff Chin J.

[37] (1991) The Times, August 5th, CA; *McKenzie v McKenzie* [1971] p 33.

* “Mc Kenzie friend”的代理方式来源于麦肯齐的一位朋友在英格兰和威尔士、北爱尔兰、爱尔兰共和国和澳大利亚的法庭上协助诉讼当事人。类似于寻找朋友代理，此人不需要具有法律资格。——译者注

[38] Mustill and Boyd, *Commercial Arbitration*, (2nd Edn, 1989) at p 304 and footnote 9.

[39] 31 LJ Ch 420, (1861) 3 De GF & J 157. Cf *Tillam v Copp* (1847) 5 CB 211.

[40] *Esso Australia Resources Ltd v The Honourable Sidney James Plowman (The Minister for Energy and Minerals)* (1995) 128 ALR 391.

[41] Blackaby and Partasides with Redfern and Hunter, *Redfern and Hunter on International Arbitration* (6th Edn, 2015) at para 6. 194.

[42] ICSID Case No ARB/05/24, Tribunal's Ruling of 6 May 2008.

由于第三方资金的日益普及，随之而来的问题是应允许第三方投资者参与听审还是说其参与是不相关的并且违反了仲裁的私人性质。中国学者章曦建议：

考虑到仲裁的保密性，接受 TPF 的一方当事人当然不能向出资人披露仲裁案件的案情或程序，除非双方另有约定。然而，如果资金提供者被排除在程序和仲裁裁决之外，他们是否会失去对仲裁进展的控制？

这种排除所带来的额外风险是否会影响投资者的投资意愿？这些都是值得进一步探讨的有趣问题。[43]

仲裁庭必须在最特殊的情况下非常谨慎地行使这些权力，因为被排除在程序之外的当事人极有可能在法院对这种排除提出异议。

如果仲裁庭的行动有过于仓促的嫌疑，裁决就有被撤销的风险，对无辜的当事人造成明显的时间和费用浪费的后果。因此，仲裁庭应保持安全、耐心并有毅力地完成程序。[44]

30.5　道德与代理人

当事人的代理人在仲裁中的道德行为是程序取得全面成功的关键。程序的灵活调整以减少拖延和费用取决于无有采取阻挠战术的代理人。

在法院之外的程序中，甚至在非律师代理的情况下，道德操守一直是有争议的话题。国内和国外的律师都有自己严格的行为守则，在进行诉讼时对法院负有首要责任。

尽管如此，专业仲裁从业人员仍拥有一系列战术手段，他们可以利用这些手段在仲裁中取得优势。鉴于仲裁程序的“一次性”（one shot）特征，这并不奇怪。然而最重要的是，为赢而战不会堕落为误导仲裁庭或其他不道德行为。

关于律师和事务律师道德行为的规定，应同样大力地适用于在马来西亚进行的仲裁。

在国际仲裁方面的挑战是，律师的道德守则和义务因法域而异。关于费用安排、利益冲突，特别是与证人接触程度的规则都可能影响程序的中立性、当事人之间的“平等权利”（equality of arms）[45] 和仲裁的最终结果。

随着来自各种不同法律传统的许多新选手参与仲裁，透明度和规范化可能是有益的，国际律师公会已试图通过 2013 年《国际仲裁当事人代理准则》（*IBA Guidelines on Party Representation in International Arbitration*）提供指导。[46]

这些准则很有用，包括与仲裁庭的单方面交流、诚实和坦率、文件的保存和交换以

---

[43] 章曦. 国际仲裁中的第三方融资困境［N］. 中国经营报，2016-02-28.

[44] Mustill and Boyd, *Commercial Arbitration*,（2nd Edn, 1989）at p 304.

[45] P Ashford, *Handbook on Commercial Arbitration*（2nd Edn, 2014）at p 118.

[46] Gary Born, *International Commercial Arbitration*（2nd Edn, 2014）at p 2853.

及证人和专家证人的使用。

准则还规定了对律师违反规定的处罚，其中包括：

（a）训诫当事人的代理人；

（b）在评估所依据的证据或当事人的代理人提出的法律主张时作出适当推论；

（c）在分摊仲裁费用方面考虑当事人的代理人的不当行为，酌情说明代理人的不当行为如何以及在何种程度上导致仲裁庭对费用进行不同的分摊；

（d）采取任何其他适当措施，以维护程序的公正性和完整性。[47]

这些准则不具有约束力，但在仲裁庭看来有必要对当事人的代理人进行某种形式的制裁的情况下，可为仲裁庭提供有益的协助。但是，这可能涉及破坏《2005年仲裁法案》第20条所赋予当事人的以合理机会陈述案情的权利，或表现出偏袒，从而危及裁决。

仲裁庭根据《2005年仲裁法案》第44条所拥有的决定费用的裁量权并不禁止仲裁员因代理人的行为而对一方当事人进行费用处罚。

---

[47] 国际律师公会《国际仲裁当事人代理准则》第26条和第27条。

第7篇 Part seven

仲裁员和法院

第 31 章　仲裁庭的权力、义务和责任

31.1　仲裁庭的职能

仲裁员的职责和权力应单独或者混合适用于仲裁庭。仲裁庭不是永久性的，大部分都是根据具体情况而构成的。仲裁庭的权力和管辖权是以当事人之间的仲裁协议为依据的。即使程序细节在仲裁协议中或当事人之间事先达成一致，仲裁庭也有处理仲裁事宜的自由裁量权并作出裁决。

合格、独立、公正的仲裁庭对确保国际商事仲裁的成功起了至关重要的作用。仲裁庭应以司法方式解决仲裁协议当事人根据证据和法律原则提交仲裁协议的争议或分歧，作出三个部分的组合：事实、法律和法律对事实的适用。这就是将仲裁与其他形式的替代性争议解决方式（ADR）区别开的原因。

仲裁庭作出裁决，对当事人的权利和义务作出最终决定。仲裁庭的核心职责之一就是确定裁决是可执行的，这反过来又要求仲裁程序符合仲裁程序公平性、听取机会和平等待遇的最低质量标准。

加布里埃尔·考夫曼·科勒（Gabrielle Kaufmann-Kohler）解释说：

> 对最近的法规和案例的比较性审查表明，对于两项压倒一切的原则达成了共识，而第三项似乎正在出现。程序和正当程序事项上的当事方自主权在各国的仲裁制度中都已确立。这里的“正当程序”一词是指在不同的国家法律下有不同名称的一些概念，包括自然正义、程序公平、发表意见的权利或机会、所谓的矛盾和平等待遇原则。最近，学术作家越来越提倡程序效率，仲裁庭和法院也考虑到这一点。但是，它没有得到与前两项原则相同的认可。[1]
>
> 仲裁庭不是调解员，不能为了做它认为公正合理的事情而无视法律。它必须依法裁决争议并作出裁决。在全球化的时代，仲裁庭的责任扩大到理解各方当事人之间的文化和法律差异，并进行公平、公正和符合适用法律的仲裁。
>
> 因此，仲裁庭和仲裁员个人也应尽最大努力履行谨慎义务。虽然仲裁庭在许多具体问题上有很大的自由裁量权，但它不能任意、不合理、任性或独立于仲裁协议行事。仲裁庭的权限来自各方当事人的协议，因此，其行动基于仲裁协议和各方当

[1] G Kaufmann-Kohler, “Globalization of Arbitral Procedure”, (2003) 36 Vanderbilt J Transn'l at 1321.

事人之间的合同。

通过仲裁解决争议的任务和裁决的可执行性受制于条件。故意离开或有意无视仲裁协议将构成无视其授权，可能会使裁决无效，也可能相当于恶意行为，危害到裁决本身的神圣性。它可能会剥夺裁决的可执行性。

仲裁庭履行职责时，必须公平公正地审理所有争议事项，并作出裁决。这些职责是不可转让的。它必须密切关注当事人提出的证据或论据，而且现在是必须这样做的。它必须让各方当事人充分了解它正在做什么以及它建议做什么。仲裁庭的权力和义务反映在各方当事人的权利和义务上。

鉴于所涉任务的重要性，各方当事人和指定机构在指定仲裁庭时需要非常谨慎。虽然仲裁庭可以在程序上给予指导，但试图通过与律师决斗来“偷戏”（steal the show）是有风险的。它必须在其任命范围内有效地行事，并使仲裁过程具有确定性和终局性。

例如，瑞士联邦最高法院（Swiss Federal Supreme Court）根据《ICC仲裁规则》驳回了撤销裁决的申请。因为它认为，作为程序节约的一种措施，仲裁庭可以将其分析限制在某些决定性的论点上，而不侵犯当事方发表意见的权利。[2]

最后，仲裁员的职责之一是具备当事人为任命仲裁员处理仲裁争议所规定的资格。[3]近年来的趋势表明，当事人会在仲裁协议中列出具体的资格。

这在诸如能源、石油和天然气、建筑或海事等基础行业尤为普遍。例如，《谷物和饲料贸易协会规则》（*GAFTA Rules*）规定，仲裁必须是粮食饲料贸易协会的合格仲裁员。[4] 在其他情况下，适用法律将根据资格进行限制。在西班牙，当争议具有法律性质时，必须指定一名律师作为仲裁员。[5]

除了这些限制之外，仲裁庭还有义务确保其具有符合当事人、仲裁规则或适用法律赋予其作用的专业资格和专业知识。

31.2 仲裁庭对当事人的职责和义务

公正和独立是仲裁庭的最低黄金标准，不论该仲裁庭是否为独任仲裁员、被当事人委任的仲裁员还是首席仲裁员。因此，在研究仲裁庭对当事人的职责和义务之前，有必要确定一套统一的标准是否既适用于当事人指定的仲裁员，也适用于首席仲裁员和首席

---

[2] E Leimbacher and G von Segesser, BGer-4A_520/2015, Federal Supreme Court of Switzerland, 1st Civil Law Chamber, 4A_520/2015, Case Date 16 December 2015, Acontribution by the ITA Board of Reporters, Kluwer Law International.

[3] Arbitration Act 2005 (Act 646), s 14 (3) (a).

[4] GAFTA Arbitration Rules No 125.

[5] Spanish Arbitration Act 1888, art 12 (2).

仲裁员。

由于《UNCITRAL 示范法》规定了一种默认立场，即国际仲裁将由三名仲裁员作出裁决，这一点就变得更加恰当。这一立场不仅体现在马来西亚《2005 年仲裁法案》中，也体现在《 KLRCA 仲裁规则》（2013 年修订）中。类似的立场也反映在不同的司法管辖区。

有一种错误的观点是，当事人委任的仲裁员是当事人在仲裁庭上的辩护人。这违反了整个仲裁庭的职能。仲裁员的角色不因其是一方当事人指定的仲裁员还是首席仲裁员而有所区别。他们履行同样的职责，即独立和公正地确定双方当事人之间的问题，并作出最终的和可执行的裁决。当事人委任仲裁员的标准与独任仲裁员或者首席仲裁员的标准相同。

然而随着要求的增加，可能会发现关键的差异。与当事人可能委任的人接触时，应披露任何及所有可能引起对此人的公正或独立性产生合理怀疑的情况。这一立场反映在《UNCITRAL 示范法》《2005 年仲裁法案》以及包括《 KLRCA 仲裁规则》（2013 年修订）在内的各种仲裁规则中。

仲裁庭的权力从执行委任的仲裁协议中来，这是老一套的法律。此后，规约或仲裁法律给予了仲裁庭自由裁量权。仲裁庭的权力和义务来源于当事人之间的协议、当事人与仲裁员之间的协议以及《2005 年仲裁法案》所规定的适用于仲裁的法律。

当事人可以在仲裁协议中确定仲裁庭的职责和义务。这种权力可以用仲裁条款、提交协议或指定条款的语言来表达或暗示。此外，还有另外一套被认为是“道德或伦理义务”的一般职责。[6]

这些职责可能没有包含在《2005 年仲裁法案》中，或与当事人之间的仲裁协议或者当事人与仲裁庭之间的协议无关。仲裁庭一旦接受了仲裁的责任，就视为接受了这些职责。

但是，不应把权力和义务混淆。仲裁庭的职责规定了其必须符合的最低要求，而仲裁庭的权力则表示其管辖权的最高限度。虽然权力和义务的概念是不可互换的，但仲裁庭往往通过行使其权力来履行职责。

例如，仲裁庭通过行使其裁决的权力来履行其提交的责任，并履行其根据《2005 年仲裁法案》第 21 条行使其权力的司法行为义务，去采取必要的程序性措施妥善确定争议。[7]

仲裁庭必须知道何时及如何负责仲裁，以及如何使用其职位工具来管理程序。[8] 有时，这种权力和义务是必须重叠的，例如公布裁决，不仅是权力，也是仲裁庭的义务。

---

[6] Blackaby and Partasides with Redfern and Hunter, *Redfern and Hunter on International Arbitration* (5th Edn, 2009) at para 5. 73.

[7] Mustill and Boyd, *The Law and Practice of Commercial Arbitration in England* (2nd Edn 1989) at pp 291-292. D Sutton Gill and Gearing, *Russell on Arbitration* (23rd Edn, 2007) at para 4-105.

[8] Blackaby and Partasides with Redfern and Hunter, *Redfern and Hunter on International Arbitration* (5th Edn 2009) at para 5. 07.

仲裁庭的权力既受到规约的加强，也受到规约的限制，因为未经当事人的同意，仲裁庭就不可能成立。因此，这完全源于当事人的一致意见。仲裁庭根据当事人明示或者默示的意愿，私下地履行其职责。仲裁庭的作用不同于法官的作用，尽管和法官在法庭上的职责有明显的相似。

当一方当事人根据其个人知识、声誉和经验提名一名仲裁员时，他对仲裁庭有一种安全感和信心。一旦仲裁庭接受任命，与任命人的一切联系就断绝了。

此后，仲裁庭直接站在双方之间，与双方均无特殊关系。[9] 即使一方当事人任命的仲裁员在另一方当事人没有任命的情况下成为独任仲裁员，在不由另一方当事人任命的情况下，仲裁员也当然且必须依法判决。[10]

约翰塔克贝利和亚瑟马里奥特解释说：

> 一个糟糕的仲裁员可能会担心作出一个被强烈反对的决定，这可能意味着当事人永远不会同意他再次成为仲裁员。但胆怯——从决策中退缩——是一个糟糕仲裁员的标志，就像坚定与公平和礼貌相伴，是一个好仲裁员的标志一样。[11]

仲裁庭必须在其管辖范围内行事，不得试图行使其没有的权力。仲裁庭超出其管辖范围的裁决可以被撤销。如果仲裁庭的行为在其职权范围内但行使不当，则其裁决不太可能在法庭上受到质疑。[12]

与仲裁庭职责有关的问题出现在仲裁庭与仲裁机构的规则和裁决不一致的时候。[13] 共识的意见是，仲裁庭应当在规则和法律的范围内行事，不能单方面在其职权范围之外行事。

例如，在 *Getma v Guinea*[14] 案中，非洲统一商法组织（l'Organisation pour l'Harmonisation en Afrique du Droit des Affaires，"OHADA"）和司法与仲裁共同法院（Cour Commune de Justice et d'Arbitrage，"CCJA"）撤销裁决的合法性引起了仲裁机构和仲裁庭之间对后者费用索赔的分歧。CCJA 宣布裁决无效，理由是仲裁庭违反了 CCJA 关于仲裁庭收费的规则和裁决。

---

[9] Mustill and Boyd, *Commercial Arbitration* (2nd Edn, 1989) at p 223.

[10] D Sutton Gill and Gearing, *Russell on Arbitration* (23rd Edn, 2007) at para 4-145.

[11] J Tackaberry and A Marriot and Bernstein, *Bernstein's Handbook of Arbitration and Dispute Resolution Practice* (4th Edn, 2003) at para 2-473.

[12] *Lesotho Highlands Development Authority v Empregilo* [2005] UKHL43, cited in *The Government of India v Cairn Energy India Pty Ltd* [2014] 9 MLJ 149 at [137].

[13] C A Rogers, "When Arbitrators and Institutions Clash, or The Strange Case of Getma v. Guinea", (2016) Kluwer Arbitration Blog, 12 May; M de Brugiere, "A Step Back for OHADA Arbitrations?", (2016) Kluwer Arbitration Blog, 10 February.

[14] *Getma International v Republic of Guinea*, ICSID Case No. ARB/11/29.

31.3　披露利益冲突的义务

法院在 Dr Bonham's Case[15] 案中说："像恺撒的妻子一样的法官，应该高度怀疑。"（Judges，like Caesar's wife，should be above suspicion.）这句格言适用于仲裁庭。[16] 只有当仲裁庭对其行为和性质产生信心，并对其作出的裁决毫无畏惧或偏袒时，争议才能公平地得到解决。其裁决应是基于事实和适用于有关案件的法律的公正裁决。否则，不仅会产生不公正，而且仲裁机构本身也容易受到危害。仲裁庭如果缺乏独立、公正和中立的品质，就很容易受到挑战。一个带有偏见的仲裁庭继续在公正的基础上进行仲裁，将违反正当程序和公平。

国际律师公会于 1987 年建立了国际仲裁员的职业道德准则，为国际仲裁庭提供了统一的指南。这些准则要求仲裁庭保持不带偏见。准则中定义的偏见包括与当事人有关的公正性以及争议的主题不与一方当事人或与一方当事人关系密切的人有任何关系。

英国 *Porter v Magill*[17] 案建立了一种偏见测试，即"在考虑了事实之后，公正、知情的观察员是否会得出结论法庭确实有可能存在偏见"。因此，法院在 *A v B*[18] 案中认为，仲裁员在过去或其他情况下担任某一当事人律师的事实并不满足 *Porter v Magill* 案的考验。

马蒂斯 · S. 库克拉（Matti S. Kurkela）和桑图 · 图伦宁（Santtu Turunen）[19] 列举了偏见出现的各种方式，即：

（a）经济依赖（就业、咨询、交易、共同利益）；

（b）情感联系可能友好（如家庭关系、友谊）或不友好（竞争对手、敌意、恐惧）；

（c）事先参与或了解该事项；

（d）与一方共同的个人利益，或与上述（I）或（ii）中与该事项或一方有间接利益或有关系的人的利益或联系；

（e）对争议中的特定问题采取的先前立场。

从上述清单可以看出，任何偏见或公正的事项都必须从背景中看出来，因为其意义、观点和影响因情况、管辖权和文化而异。

2004 年，国际律师公会还通过了《国际仲裁利益冲突指南》，并于 2014 年修订了该

---

[15] 在 *Dr Bonham's Case*（1609）8 Co Rep 113b 里，规则是用拉丁文写的；另可参见 *Lesson v General Council of Medical Education and Registration*［1889］43 Ch D 366 at 385 案。

[16] *Dato' Dr Muhammad Ridzuan bin Mohd Salleh v Syarikat Air Terengganu Sdn Bhd*［2012］3 MLJ 737 at［34］.

[17] ［2001］UKHL 67 at［103］.

[18] ［2011］EWHC 2345（Comm）.

[19] M S Kurkela，S Turunen，"*Due Process in International Commercial Arbitration*，"（2nd Edn，2010）at pp 118-119.

指南。后者仅在覆盖重叠区域的范围内取代前者。

该指南包含了应该透露的冲突情况，并通过色彩体系来区别。绿色名单上的事项不需要透露，因为没有冲突的存在。橙色名单是必须透露的，因为有潜在的冲突，但如果当事人没有及时反对，则存在豁免。最后，红色名单包含冲突必须透露的情况，可以放弃，也可以不放弃。

此外，自 1987 年国际商业道德规范出版以来，国际仲裁的形势已经演变，工作组建议，在道德规范和准则可能会发生冲突的情况下，准则将作为仲裁员和当事人的行为基础。[20]

马蒂斯·库克拉和桑图·图伦宁[21]同意，IBA 指南强调了客观测试的重要性，应被视为软法（soft law）而不是黑体字法（black letter law）*。他们补充说：

（i）“主观分析”（subjective analysis）测试

仲裁员拒绝接受委任，或者，如果仲裁已经开始，他们对自己的公正或独立能力有任何怀疑，他们将拒绝继续担任仲裁员。

（ii）第三方“客观怀疑”（objective doubt）测试

同样的原则适用于如果事实或情况存在，或自任命以来已经出现，从一个合理的第三人的角度了解相关事实，产生对仲裁员的公正性和独立性的合理怀疑，除非当事人按照通用标准（4）[General Standard（4）] 的规定接受仲裁员。

（iii）有正当怀疑理由的客观检验

怀疑的理由是正当的，并且认为仲裁员在作出裁决时有可能受到当事人所提出的案情要点以外的因素的影响。

（iv）本身（Per se）规则（仲裁员被认为是人）

如果一方当事人和仲裁员之间存在某种身份，而仲裁员是作为仲裁一方当事人的法律实体的法律代表，或者仲裁员在所涉事项中有重大的财务或个人利益，则必然存在对仲裁员公正性或独立性的正当怀疑。

阿方索戈麦斯·阿塞博（Alfonso Gomez-Acebo）认为：

> 重要的是，不要把一个裁决机构的公正性（这自然是显而易见的）与一个单方面提名的仲裁员的公正性（这自然不是显而易见的）混为一谈。仲裁庭的公正义务是司法的一项基本要求，这可能是每个人的想法，并认为这是一项人权。相比之下，当事人任命的仲裁员保持公正的义务是那些能够在司法系统中作出选择的人的

---

[20] For the Working Group，O LO de Witt Wijnen，N Voser and N Rao，“Background Information on the IBA Guidelines on Conflicts of Interest in International Arbitration”，（2004）5 Business Law International 3 at p 458.

[21] M S Kurkela，S Turunen，“*Due Process in International Commercial Arbitration*，”（2nd Edn，2010）at pp 119-120.

* 软法（soft law），是指那些不能运用国家强制力保证实施的法规范；黑体字法（black letter law），是指那些能够依靠国家强制力保证实施的法规范。——译者注

> 选择。在仲裁中，首先是争议各方当事人的共同选择。[22]

仲裁庭的独立性和公正性受到其披露在这些方面可能引起怀疑的事实或情况的义务的保障。[23] 仲裁庭必须独立和公正，并有义务披露任何可能引起对其独立性和公正性产生合理怀疑的情况。披露的义务涵盖的范围更广泛，而构成偏见的情况也更广泛。它从始至终贯穿整个仲裁程序[24]，仲裁庭应承担持续的责任。[25]

披露有可能产生疑问的事实或情况保障了仲裁员的独立性和公正性。这也使仲裁庭考虑到与案件和当事人的关系，以便意识到自己的偏见或作出的侵害行为，并注意改进以确保客观公正。

如果当事人不知道潜在的偏见，他们将无法对仲裁庭的公正性提出质疑。放弃原则不能用来解决与偏见相关的问题。这种披露是有利的，因为它使当事人能够在进行仲裁程序之前考虑、辩论和决定是否接受或质疑仲裁庭，从而避免产生不必要的费用和浪费时间。

瑞士联邦最高法院（Swiss Federal Supreme Court）认为，对仲裁庭的偏袒的异议应当立即提出：

> 无论如何都不能认定偏袒，由于申请人在听审中没有适当地提出异议，因此不能主张偏袒。一般反对意见（“我反对这个问题”）、单独引用的庭审记录（“恕我直言，仲裁员先生”（With all due respect，Mr Arbitrator）和“仲裁员先生，我真的很惊讶……”）并不构成足够的抗议。需要吸取的教训是，良好的行为方式并不总是有效的，律师必须明确反对任何被认为违反正当程序的行为。他们可以有礼貌地这么做，但必须直截了当。[26]

仲裁庭如果日后发现其未能披露，则可能怀疑其隐瞒。可能会有人反对仲裁庭继续行使职责，风险也会增加，即如果必须替换，则会浪费大量费用。[27]大多数仲裁机构都有具体的申报表，每个仲裁庭都必须在其委任之前签署确认书。

不过，马蒂斯·库克拉和桑图·图伦宁[28]感到如下遗憾：

> 披露的义务有时会被夸大到极致，无论过去还是现在，在一个多司法管辖区的

---

[22] “Chapter 4：The Standard of Impartiality and Independence” in A Gomez-Acebo, *Party-Appointed Arbitrators in International Commercial Arbitration*,（2016） at para 4-2.

[23] M S Kurkela，S Turunen，“*Due Process in International Commercial Arbitration*，”（2nd Edn，2010） at p 120.

[24] *Penta-Ocean Construction Co Ltd v Penang Development Corporation* ［2003］ MLJU 11，［2003］ 2 AMR 311；Blackaby and Partasides with Redfern and Hunter，*Redfern and Hunter on International Arbitration*（5th Edn，2009） at para 4. 80.

[25] Arbitration Act 2005 s 14（2）；KLRCA Arbitration Rules（Revised 2013） art 11；Blackaby and Partasides with Redfern and Hunter，*Redfern and Hunter on International Arbitration*（5th Edn，2009） at para 4. 81.

[26] M Scherer，“Introduction to the Case Law Section”，（2016） 34 ASA Bulletin 1 at pp 126-133.

[27] D Sutton Gill and Gearing，*Russell on Arbitration*（23rd Edn，2007） at para 4-127.

[28] M S Kurkela，S Turunen，“*Due Process in International Commercial Arbitration*，”（2nd Edn，2010） at p 121.

> 律师事务所，即使是最小的潜在利益冲突也会被披露为可能存在偏见的理由。披露而不是隐瞒是更安全和更可取的，但Buenos Aires的一名合伙人提出的商标申请很难构成对同一家公司的巴黎合伙人的偏见，从而阻止他们在没有其他冲突的情况下成为仲裁员。

在任用前阶段，一方当事人提议提名一名准仲裁员为仲裁员时，他应以书面形式向该方披露任何可能引起对其独立性或公正性的合理怀疑的情况。当事人在收到披露信息后，认为对当事人的独立性和公正性没有任何正当怀疑的，可以提名其为仲裁员。

被指定后，准仲裁员应向仲裁另一方当事人以书面形式正式披露应披露的情况。此后，如果从他被任命时到仲裁程序结束的任何时候，他丧失了独立性、公正性或中立性，那么他必须以书面形式向各方当事人披露这一事实。

法国上诉法院（French Court of Appeal）撤销了一份仲裁裁决，理由是其中一名仲裁员欺诈性地隐瞒了与一方当事人及其律师的关系，并误导了他的共同仲裁员作出裁决。[29]

其中一个问题是，由一方当事人提名的仲裁员是否有义务向另一方当事人披露第三方资金，因为不披露也可能引起对仲裁员的独立性和公正性产生怀疑。因此，要么对仲裁员提出质疑并更换，要么对裁决提出质疑、撤销或不执行。

今天，马来西亚和新加坡禁止第三方融资。中国香港法律改革委员会（Law Reform Commission，“LRC”）辖下的仲裁委员会建议容许在中国香港进行仲裁的第三方资金。该小组委员会发表了咨询文件，建议在中国香港进行仲裁的第三方资金应获得香港地区法律的准许。[30]

仲裁机构可以要求仲裁员对第三方资金进行强制性申报，因为国际律师公会《国际仲裁利益冲突指南》没有约束力。最近，玛丽皇后国际仲裁学院（Queen Mary School of International Arbitration）的调查结果证实了对这种规定的需要，调查结果显示，71%的从业人员认为应该对其进行监管。[31]

仲裁庭未能披露情况可能会导致对其独立性以及在任用前阶段的公正性的正当怀疑，将使其任命失效，使整个仲裁程序与最终裁决无效。在任命后不披露此类情况将破坏仲裁程序。在这两种情况下，未披露将导致仲裁庭被撤销，其裁定也有被撤销的风险。

但是根据所载事实，一方当事人或指定的机构如果在披露后没有反对仲裁员的独立性或公正性，则视为放弃了对仲裁员独立性和公正性的异议。[32]

---

[29] France，First Chamber of the Court of Appeal，Decision 13/13278 of 17 February 2015（excerpts），（2016）34 ASA Bulletin 1 at p 204.

[30] HKLRC Consultation Paper，“Third Party Funding for Arbitration”.

[31] “2015 International Arbitration Survey：Improvements and Innovations in International Arbitration”，available at：http://arbitration.qmul.ac.uk/docs/164761.pdf.

[32] OP Malhotra，*The Law and Practice of Arbitration and Conciliation*：*The Arbitration and Conciliation Act* 1996（1st Edn 2002）at p 420.

《2005 年仲裁法案》第 15（1）条要求当事人在意识到提出质疑理由的情况后 15 天内提出质疑。[33]因此，随后的任何质疑必然会失效。然而，仲裁庭仍然有公正的义务保持开放的心态，并对仲裁程序中产生的证据作出裁决。

对仲裁庭提出利益冲突的异议可能会拖延仲裁。因此，它提出了采用适用于披露、自由裁量权和公正性的统一标准的必要性。国际律师公会于 2013 年发布了《国际仲裁当事人指南》（*guidelines on Party Representation in International Arbitrations*），国际商会国际仲裁院于 2016 年 5 月 10 日通过了《仲裁员披露冲突指引》（*Guidance Note for the disclosure of conflicts by arbitrators*）。[34]

国际商会国际仲裁院决定在其网站上公布国际商会国际仲裁院的仲裁员姓名、国籍以及该仲裁员是否由仲裁庭或当事人委任、哪位是首席仲裁庭，以便提高国际仲裁的透明度。[35]

在仲裁员情报项目中，可以看到在选择国际仲裁员时提高透明度、公平性和问责制的尝试。其目的是使仲裁用户受益于所提供的信息。[36]

项目网站提到三个信息来源，即：（1）基于网络的信息汇总；（2）仲裁员以往裁决的资料；（3）通过仲裁当事人完成的反馈调查表生成的信息。得出的结果是：

这些来源中的每一个将会提供有关预期仲裁员可搜索和更平等的信息，并且使指定仲裁员的过程更公平和更有效率。最重要的来源——来自过去裁决的信息和反馈调查表的信息——将通过人工智能会员进行社区采购，并迅速扩大合作伙伴关系。[37]

2014 年 12 月 10 日通过的《联合国投资人与国家间基于条约仲裁透明度公约》（*The UN Convention on Transparency in Treaty-based Investor-State Arbitration*）《毛里求斯透明度公约》（*the "Mauritius Convention on Transparency"*），[38]和 2013 年 12 月 6 日通过的《贸易法委员会投资人与国家间基于条约仲裁透明度规则》（*UNCITRAL Rules on Transparency in Treaty-based Investor-State Arbitration*，《透明度规则》）是为了促进投资者国家的仲裁透明度而制定的重要规约。

《毛里求斯透明度公约》旨在为在条约投资国仲裁中透明度问题的适用提供更多的空间。《透明度规则》于 2014 年 4 月 1 日生效，且第 1（4）条纳入了 2013 年《贸易法委员会仲裁规则》（*UNCITRAL Arbitration Rules* 2013）。除了某些例外情况外，《透明度规则》自动适用，但仅适用于根据 2014 年 4 月 1 日以后缔结的条约提交的贸易法委员会仲裁。

---

[33] *Tan Sri Dato' Professor Dr Lim Kok Wing v Thurai Das a/l Thuraisingham* [2011] 9 MLJ 640.

[34] 给当事人和仲裁庭的关于根据国际商会仲裁规则进行仲裁的说明，参见 http://iccwbo.org/News/Articles/2016/ICC-Court-adopts-Guidance-Note-on-conflict-disclosures-by-arbitrators/。

[35] "ICC Court announces new policies to foster transparency and ensure greater efficiency"，(2016) ICC，5 January available at：http://www.iccwbo.org/News/Articles/2016/ICC-Court-announces-new-policies-to-foster-transparency-and-ensure-greater-efficiency/. 这项新政策适用于自 2016 年 1 月 1 日起登记的所有个案。

[36] http://arbitratorintelligence.org/.

[37] "Arbitrator Intelligence：Transforming arbitrator selection"：https://innovatingjustice.com/en/projects/arbitrator-intelligence/plan.

[38] https://www.uncitral.org/pdf/english/texts/arbitration/transparency-convention/Transparency-Convention-e.pdf.

对于在2014年4月前投资条约下进行的贸易法委员会仲裁，《透明度规则》仅适用于争议当事人或条约当事人自行同意申请的情况。根据争议各方当事人的协议适用《透明度规则》的第一起案件是 *Iberdrola, SA and Iberdrola Energia SAU v Bolivia*[39] 案，并随后适用于 *BSG Resources Limited BSG Resources（Guinea）Limited and BSG Resources（Guinea）SÀRL v Republic of Guinea*[40] 案。

被申请人对 *CC/Devas v India*[41] 案中的两位仲裁员弗朗西斯科·或里戈维库尼亚（Francisco Orrego Vicuña）和马克·拉隆德（Marc Lalonde）提出了质疑，因为他们对案件适用的双边投资条约中的基本安全条款有预先判断的看法。这是因为上述仲裁员之前已经裁决了美国—阿根廷双边投资条约的类似安全条款。此外，或里戈维库尼亚教授还写了一篇关于仲裁庭对基本安全条款的必要性保护方法的学术论文。

国际法院驳回了对马克·拉隆德的质疑，认为在以前的仲裁中持有观点并不会导致不公正和不独立。然而它支持了对或里戈维库尼亚教授的挑战，因为后者在过去三次仲裁中以及在学术上坚持了他对基本安全条款的解释。[42]关于这一决定是否会阻碍学术调查以及仲裁员根据案件事实和情况修改观点的能力存在争议。

然而申报义务符合所有国际标准、国家法律和制度规则。国际商会（ICC）、伦敦国际仲裁院（LCIA）、斯德哥尔摩商会仲裁院（SCC）和吉隆坡区域仲裁中心（KLRCA）均以规定的格式表明了利益冲突的强制性披露，并明确规定了仲裁庭的责任和义务。这符合《UNCITRAL 示范法》第12（1）条的规定。

仲裁庭确保其公正和独立的义务之关键要素是要求在任用时和在仲裁过程中披露任何利益冲突的情况。当有质疑时，仲裁庭应始终以披露而不是隐瞒方式解决问题。

31.4 勤勉尽责的义务

仲裁庭必须勤勉尽责地履行职责，确保仲裁在合理的时间内迅速完成。勤勉尽责的义务与仲裁庭有避免不必要的延误、费用和开支的责任有关。[43]

---

[39] *Iberdrola, SA and Iberdrola Energia SAU v Bolivia*; UNCITRAL Rules on Transparency in Treaty - based Investor-State Arbitration, art 1（2）.

[40] *BSG Resources Limited BSG Resources（Guinea）Limited and BSG Resources（Guinea）S? RLv Republic of Guinea*, available at: https://icsid.worldbank.org/apps/icsidweb/cases/Pages/casedetail.aspx?caseno=ARB/14/22&tab=DOC.

[41] *CC/Devas（Mauritius）Ltd., Devas Employees Mauritius Private Limited and Telecom Devas Mauritius Limited v The Republic of India*, discussed in S Schill, "Arbitrator Independence and Academic Freedom", available at: http://www.ejiltalk.org/arbitrator-independence-and-academic-freedom/.

[42] *CC/Devas（Mauritius）Ltd., Devas Employees Mauritius Private Limited and Telecom Devas Mauritius Limited v The Republic of India*, discussed in S Schill, "Arbitrator Independence and Academic Freedom", available at: http://www.ejiltalk.org/arbitrator-independence-and-academic-freedom/.

[43] P Yang, "The Organisation of International Arbitration Proceedings", in M Pryles and M Moser（eds）, *The Asian Leading Arbitrators' Guide to International Arbitration*,（2007）at pp 173-174.

这有时可能与遵守双方意愿的义务相冲突，特别是如果一方违反了基础合同，不确定获胜的机会或者预期不利的裁决。[44] 这样的一方当事人可能会采取拖延战术，并可能试图隐瞒事实。它可能不希望为双方当事人在仲裁协议中考虑的理想程序做出贡献。

然而一些仲裁法规承认，仲裁协议规定了双方当事人有义务共同合作并制定适当的程序。[45] 他们有责任积极参与仲裁，并以节约成本的方式迅速解决争议。

仲裁立法和规则鼓励仲裁庭采用适用于特定案件的程序，避免产生不必要的延误和费用，以便提供解决争议的公平手段。[46] 即使规则无效，仲裁庭仍然有义务避免产生不必要的延误和费用。[47]

适用的仲裁法[48]或仲裁规则[49]可以规定作出裁决的时限。例如，《KLRCA 仲裁规则》(2013 年修订) 第 11 (1) 条规定，从收到口头或书面的结案陈词起，仲裁庭有 3 个月的时限作出最终裁决。

经双方当事人同意，仲裁庭可以延长这一时限，或者根据案件情况在未经中心主席同意的情况下延长仲裁庭的期限，或者未经双方当事人同意而由主席决定。

其他一些机构规则中也有类似的规定，期限通常可以延长。[50] 国际商会《控制仲裁时间和费用技术指南》旨在让仲裁庭和当事人使用技术以采用适当的程序实现有效的仲裁。[51]

违反规定的仲裁庭可能会导致根据《2005 年仲裁法案》第 16 (1) 条被终止任务的情况。几乎所有仲裁机构，如新加坡国际仲裁中心 (SIAC)、香港国际仲裁中心 (HKIAC) 和国际商会 (ICC) 在其规则下都有类似的授权，以确保仲裁庭勤勉尽责地履行职责。

勤勉尽责的义务还延伸到采用适合争议并与待决定的问题相称的程序，例如使用单

---

[44] Gearing, "ADR in Asia Conference 2008: Arbitration and Mediation-Global Platforms for Dispute Resolution", Hong Kong, (2008) 12 September as cited in S Greenberg, C Kee and J R Weeramantry, *International Commercial A《rbitration: An Asian-Pacific perspective*, (2011) at p 317.

[45] English Arbitration Act 1996 s 40.

[46] English Arbitration Act 1996 s 33 (1) (b); LCIA Rules art 14.4 (ii); Hong Kong Arbitration Ordinance s 46 (3) (c); SIAC Rules (2016) r 19.1; Japan Commercial Arbitration Association (JCAA) Commercial Arbitration Rules (2015) r 37; ICA Rules r 63; UNCITRAL Arbitration Rules 2010 art 17 (1).

[47] S Greenberg, C Kee and J R Weeramantry, *International Commercial Arbitration: An Asian-Pacific perspective*, (2011) at p 317.

[48] 《意大利仲裁法案》第 20 条规定，除非对作出裁决规定了时限，否则仲裁庭必须在接受指定后的 240 天内作出裁决，但是在某些情况下可以延长时间。而《法国法案》第 1456 条规定，如果仲裁协议没有为仲裁员的任务规定时限，则时限应为最后一名仲裁员接受任务之日起 6 个月。

[49] AAA Commercial Arbitration Rules and Mediation Procedures rr 39 and 41; ICC Rules of Arbitration art 24; KLRCA Arbitration Rules (Revised 2013) r 11 (1).

[50] KCAB International Arbitration Rules art 33; CIETAC Rules art 42; ICC Rules of Arbitration art 24; JCAA Commercial Arbitration Rules (2015) r 53 (1).

[51] 国际商会仲裁委员会关于控制仲裁时间和费用的方法的报告，参见 http://www.iccwbo.org/Advocacy-Codes-and-Rules/Document-centre/2012/ICC-Arbitration-Commission-Report-on-Techniques-for-Controlling-Time-and-Costs-in-Arbitration/.

一的联合专家或仅使用文件的程序。[52]

31.5 公平和公正行事的义务

仲裁庭应当在法律上和事实上履行职能。仲裁庭有责任采取公平的行动，包括确保各方当事人有合理的机会陈述他们的案件，并回答或反驳任何可能对他们提出的索赔[53]，这项义务延伸到其关于程序和证据事项的决定。

仲裁庭未能这样做可能导致不公正和偏袒，从而裁决有可能被撤销。仲裁庭按照当事人约定的程序进行，还必须确保各方当事人受到平等的对待。

各方当事人和仲裁庭之间的所有沟通都要以同样的方式同时进行，以便仲裁庭能立即作出回应或评论。单方面的沟通需要避免，例外也许是对于首席仲裁员的任命。任何单方面的材料都必须通知各方当事人和仲裁庭。

仲裁庭必须向所有当事人发出听审通知。[54] 除非讨论只涉及纯粹的程序性事项，而另一方当事人已经得到适当的通知，或除非在通知已适当发出的情况下缺席的一方当事人未能出席会议或听审。[55]

仲裁庭始终以耐心和公正的心态行事。[56]司法程序的本质是对抗性的而不是调查性的。[57]仲裁庭应始终保持任用的尊严和公正，使其行为不产生怀疑、偏见或偏袒。

仲裁庭的司法责任范围扩大到仲裁的各个方面。法院在 *Kuala Ibai Development Sdn Bhd v Kumpulan Perunding*（1988）*Sdn Bhd* 案中说：

> 仲裁当事人有权期望仲裁员之间以及仲裁员决定的事宜方面完全是公正的和中立的。他们也有权期望他有一个忠实、诚实和无私的决定。缺乏公正或产生偏见是当事人对仲裁员提出异议意见的理由（参见 *Szilard v Szazz*［1955］SCR 3）。仲裁员不仅要摆脱偏见，也要拒绝偏见……偏见的出现是由仲裁员的行为确定的……仲裁员和建筑师之间“早期关系”的指控可能不足以满足这两个考验，但是对于仲裁员在被委任为仲裁员后所犯下的不当行为，鉴于他早先与建筑师的关系，能够不可否

---

[52] D Sutton Gill and Gearing, *Russell on Arbitration*（23rd Edn, 2007）at para 4-131.

[53] Arbitration Act 2005 s 20; *Bandwidth Shipping Corporation v Intaari*［2006］EWHC 2532（Comm）; CIArb Practice Guideline 7: Guidelines for Arbitrators on the use of ADR procedures, s 2.

[54] Chapter 25 and *Re an Arbitration between Hainan Machinery Import & Export Corp and Donald & McArthy Pte Ltd*［1995］3 SLR（R）354; *Oakland Metal Co Ltd v D Benaim & Co Ltd*［1953］2 Lloyd's Rep 192 at 199,［1953］2 QB 261,［1953］2 All ER 650.

[55] J Tackaberry and A Marriot and Bernstein, *Bernstein's Handbook of Arbitration and Dispute Resolution Practice*（4th Edn, 2003）at para 2-424.

[56] *Turner（East Asia）Pte Ltd V Builders Federal（Hong Kong）Ltd（No 2）*［1988］2 MLJ 502 at 514 per Chao Hick Tin JC; *Kuala Ibai Development Sdn Bhd v Kumpulan Perunding*（1988）*Sdn Bhd*［1999］5 MLJ 137 at 147.

[57] Mustill and Boyd, *Commercial Arbitration*,（2nd Edn 1989）at p 226.

认地得出结论，对仲裁员在仲裁中存有偏见的可能性表示合理怀疑……

要注意的是，这种法律意见是在申请人知情并同意的情况下获得的。此外，仲裁员在寻求独立法律顾问的意见方面已经产生了费用，仲裁员已经作出了临时裁决，即申请人和第二被申请人应对这笔费用负责，这对申请人和第二被申请人来说都是不公平的。未经当事人同意，仲裁员无权聘请独立法律顾问并要求申请人和第二被申请人承担费用。仲裁员的不正当和未经授权的行为使仲裁不合规矩。仲裁员的这种不规矩行为不符合公平与良知的一般原则。[58]

在仲裁员与仲裁协议当事人的关系中，在未经当事人事先同意的情况下聘请独立的法律顾问，或引起怀疑偏见或丧失信心的其他不利行为的关系构成撤销仲裁员的依据。[59]这可能是在听审中发表有偏见意见的情况下出现的。[60]

法院在 *Morro v Crowie*[61] 案中认为，在另一方当事人缺席的情况下，其因迟到行为而向当事人道歉没有任何的不当。[62] 法院在 *Rolland v Cassidy*[63] 案中认为，其中一名仲裁员在其他仲裁员和当事人不存在的情况下咨询了律师关于法律要点的行为没有任何不当。

仲裁员的这种行为可能会遭到质疑，因此现代的方法是让仲裁员邀请各方当事人同意他可以就程序性问题提出意见，并让他充分披露所要求的意见的性质。[64]

法官经常与同事讨论事宜，他们在此基础上的决定不应被谴责。如果仲裁员希望寻求同事对于程序性的指导，就不会发生正式的质疑。

实践中发现了“公正”（impartial）和“独立”（independence）之间的区别。独立于当事人的仲裁员虽然获得了委任，但不一定就是公正的。为弥补这个空白，对仲裁庭施加了不偏不倚的责任。公正性确保仲裁庭不仅是独立的，而且在履行职责时似乎是独立的，从而实现了客观和主观的标准。

此外，仲裁庭除了由当事人约定或法律规定的责任外，还具有某些道德义务。例如，如果不能给予案件足够的时间和关注，他们有义务拒绝接受委任。[65]

---

[58] ［1999］5 MLJ 137 at pp 147–150.

[59] Arbitration Act 2005 s 14（3）（a）; *Kuala Ibai Development Sdn Bhd v Kumpulan Perunding*（1988）*Sdn Bhd*［1999］5 MLJ 137. *Sharikat Pemborong Pertanian & Perumahan v Federal Land Development Authority*［1971］2 MLJ 210.

[60] *In re The Owners of the Steamship Catalina & The Owners of the Motor Vessel Norma*（1938）61 Ll L Rep 360（Eng）; *Veritas Shipping Corpn v Anglo-Canadian Cement Ltd*［1966］1 Lloyd's Rep 76. *Schofield v Allen*（1904）48 Sol Jo 176, CA（Eng）.

[61] ［1967］SASR 165. *Re JRL, Ex parte CJL*（1986）161 CLR 342 at 351 per Mason J.

[62] 这一质疑表明了仲裁当事人有时会试图抓住救命稻草。

[63] （1888）13 App Cas 770.

[64] J Tackaberry and A Marriot and Bernstein, *Bernstein's Handbook of Arbitration and Dispute Resolution Practice*（4th Edn, 2003）at para 2-522.

[65] “Chapter 5. Powers, Duties, and Jurisdiction of an Arbitral Tribunal” in Blackaby and Partasides with Redfern and Hunter, *Redfern and Hunter on International Arbitration*,（6th Edn, 2015）at pp 305–352, para 5. 79.

31.6 决定所有问题的责任

仲裁庭应详细记录证人所陈述的一切材料。但是，仲裁庭没有责任向当事人提供其附注。法院在 *Tan Tong Meng（Pte）Ltd v Artic Builders & Co（Pte）Ltd*[66] 案中解释了以下原因：

他没有义务提供他的笔记副本。然而他误解了向当事人出示笔记的权利，这一事实本身并不会导致任何不公平或不遵守自然正义的规则，这是所谓的不当行为的依据。他已经向各方提供了一份说明，说明他在仲裁发生时所发生的事情中最重要的一面……他所记录的余额不仅来自上诉人，而且来自双方当事人。因此，他的行为是公平的。

仲裁庭必须考虑所有问题，否则裁决有可能会被撤销。[67] 与法官不同的是，仲裁庭不能自由地选择其希望回答的问题。在接受委任时，仲裁庭接受了审议所有争议问题的责任，并对此作出裁决。

仲裁员有合同和道德上的义务去完成仲裁，并根据提交的事项作出裁决。如果仲裁员不能裁决仲裁程序中提出的所有问题，根据《2005年仲裁法案》[68] 第35（4）条规定，当事人可在收到裁决书后的30天内要求仲裁庭另外作出裁决。仲裁庭有60天的时间来作出裁决。[69]

在类似情况下，瑞士联邦最高法院（Swiss Federal Supreme Court）根据《瑞士国际私法法案》（*Swiss Private International Law Act*）第190（2）（d）条的规定，在仲裁庭未能在裁决中处理某些有关论点的基础上，部分撤销了体育仲裁院（Court of Arbitration for Sport）对违反听审权的裁决。[70]

仲裁庭有责任对当事人作出能够执行的裁决。这主要是指根据《2005年仲裁法案》在马来西亚可以执行的裁决。但如果当事人都是国际的，一个得力的仲裁庭则应考虑制定一项适合国际执法的裁决。

明确地说，完成任务并作出裁决的义务意味着仲裁庭不应该辞职。然而《2005年仲裁法案》确认，在某些情况下，如果无法根据第16（1）条履行其职务或根据第15（2）条提出质疑，则可以撤回仲裁庭。

---

[66] *Tan Tong Meng（Pte）Ltd v Artic Builders & Co（Pte）Ltd*［1986］2 MLJ 241 at 246.

[67] *Tan Toi Lan v Lai Kee Ying*［1975］1 MLJ 27；*Jeeram v National Union of Plantation Workers*［1993］3 MLJ 104；*Official Assignee v Chartered Industries of Singapore*［1978］2 MLJ 99.

[68] 除非双方当事人另有协议。

[69] 《2005年仲裁法案》第35条第（6）款授权仲裁庭延长作出额外裁决的期限。

[70] E Leimbacher and G von Segesser，BGer-4A_520/2015，Federal Supreme Court of Switzerland，1st Civil Law Chamber，4A_520/2015，Case Date 16 December 2015，Acontribution by the ITA Board of Reporters，Kluwer Law International.

撤回可能具有重大影响[71]，这意味着仲裁员不应因虚假的质疑而辞职，或者仅仅由于其时间表比其想象得更繁忙。无理撤回可能会构成恶意行为，使仲裁庭根据《2005年仲裁法案》第47条的规定承担赔偿责任。

除非当事人之间的协议或《KLRCA仲裁规则》（2013年修订）[72] 等一套仲裁规则如此规了定仲裁庭有权在任何时间作出裁决，否则《2005年仲裁法案》没有规定限制裁决的时间。

从历史上看，《1952年仲裁法案》[73] 规定了法院下令仲裁的具体规则，但现行法规没有规定。如果法院要求当事人进行仲裁，则可以对仲裁庭作出裁决进行时间上的限制。

已经废除的《1952年仲裁法案》规定，法院可以延长发布裁决的时间，但根据《2005年仲裁法案》，法院是否具有这种管辖权是值得商榷的。无论如何，法院对于延长申请日期的时间是犹豫不决的。[74]

在国际上，这一立场也反映在法律或仲裁规则中。如果仲裁庭在听审结束后的合理期限内未能作出裁决，则当事人不妨采取行动鼓励其作出仲裁裁决。

寻求撤销仲裁庭既不太可能是务实的，也不太可能是经济的，因为几乎所有的仲裁费用（可能也许是仲裁庭的最后一部分薪酬）都将会发生。

撤销仲裁庭将需要重新审理，并支付所有相关的费用。在延迟裁决的情况下，双方当事人应首先共同联系仲裁庭，看是否可以解决问题。

英国高等法院在*BV Scheepswerf Damen Gorinchem v The Marine Institute*[75]案中认为，延迟12个月发出裁决不是依据《1996年仲裁法案》第68条的规定。即使拖延可能造成严重违规行为，申请人也必须遭受这样严重的不公正。

2016年1月，国际商会宣布，为提高国际商会仲裁程序的效率，仲裁庭清楚地说明了在向其提交仲裁裁决草案时出现的不合理拖延所产生的费用后果。

迈克尔·麦克弗拉斯（Michael McIlwrath）指出，根据国际商会的新指引，延迟的仲裁员可以看到他们的费用从5%降至20%或更高，这取决于延迟的时间。[76] 在未来几年内，更多的机构可能会采取积极的措施，以确保及时作出裁决。

---

[71] 如果独任仲裁员的程序取得重大进展，那么对于辞职可能需要进行全面的重新审理，这可能给一方或多方当事人造成无法克服的财务问题。

[72] 《KLRCA仲裁规则》（2013年修订）第11（1）条规定，仲裁庭必须在最后结案的口头或书面陈述日期起3个月内作出裁决。

[73] Act 93（repealed）.

[74] *Oakland Metal Co Ltd v D Benaim & Co Ltd*［1953］2 Lloyd's Rep 192，［1953］2 QB 261，［1953］2 All ER 650.

[75] *BV Scheepswerf Damen Gorinchem v The Marine Institute*；*The Celtic Explorer*［2015］EWHC 1810（Comm）.

[76] M McIlwrath，"ICC To Name Sitting Arbitrators And Penalize Delay In Issuing Awards"，（2016）Kluwer Arbitration Blog，6 January.

31.7 无法授权作出裁决

仲裁庭在作出裁决时必须作出自己的判断[77]，这是它的司法职能。大法官罗默（Romer LJ）解释说：

司法职能从本质上讲是不能授权的。没有人听说仲裁员同意争议当事人指定某人去坐在他的位置，因为这是他的办公室的本质，他本人就是那个处理交给他的争议的人。[78]

因此，任何授权都不能进一步下放（delegatus non potest delegare），并且委托第三方作出的裁决是无效的。

仲裁庭必须对争议问题作出自己的裁决。它不能委托给另一人，而采纳法律顾问的决定。如果它不能在没有法律指示的情况下进行，那么根据旧的《1952 年仲裁法案》的规定，它应该向法院陈述案件或者征求律师的意见。[79]

仲裁庭在拟订裁决时可获得法律援助。[80] 然而仲裁庭雇用律师协助制定裁决也是不合适的，该律师也可能是其中一方当事人的律师。[81] 仲裁庭如果寻求法律意见，那么只限于争议的法律领域，而不是针对仲裁中争议的具体法律问题寻求法律意见。

法院在 *R v Smith and Harley*；*ex parte Crugnale*[82] 案中认为，没有绝对的规则规定仲裁员或与法庭地位基本相同的人永远不能私下获得有关法律的建议。但是，任何这样的调查都必须限于法律的一般原则，而不能采纳别人的观点，要自己拿主意。[83]

非授权原则的例外

虽然决策事务仍然是仲裁庭不可推卸的责任，但如果它被期望处理伴随仲裁的全部行政工作，那么一个繁忙的仲裁法庭可能无法履行职责。[84]因此，不侵犯仲裁庭司法职能的行政工作是可以委派的。

Millthorpe v The Spa Hydraulic Sluicing & Gold Mining Co[85] 案的仲裁庭请求会计师协助他们在裁决确定之前，但在双方辩论结束之后进行某些计算。仲裁庭认为会计师的工作

---

[77] D Sutton Gill and Gearing，*Russell on Arbitration*（23rd Edn，2007）at para 6-074.

[78] *Barnard v National Dock Labour Board*［1953］2 QB 18.

[79] *Kuala Ibai Development Sdn Bhd v Kumpulan Perunding*（1988）*Sdn Bhd*［1999］5 MLJ 137 at 148 per Nik Hashim J.

[80] *Fetherstone v Cooper*（1803）9 Ves 67；*Giacomo Costa Fu Andrea v British Italian Trading Co Ltd*［1961］2 Lloyd's Rep 392，affd［1963］1 QB 201，［1962］2 All ER 53，［1962］1 Lloyd's Rep 151，CA（Eng）.

[81] *Re Underwood and Bedford and Cambridge Rly Co*（1861）11 CBNS 442，142 ER 868；*Behren v Bremer*（1854）3 CLR 40. *Anderson v Wallace*（1835）3 Cl & Fin 26，6 ER 1347，HL.

[82] ［1970］WAR 43.

[83] *Giacomo Costa Fu Andrea v British Italian Trading Co Ltd*［1961］2 Lloyd's Rep 392，affd［1963］1 QB 201，［1962］1 Lloyd's Rep 151，CA（Eng）.

[84] 也许可以用法院拒绝迫使建筑师仔细检查每一个细节来做比较，参见 *Hemming v Hale*（1859）7 CBNS 487 案。

[85] （1893）14 LR（NSW）292.

只是行政性的，而不是司法性的。因此，这个裁决没有被击倒。行政工作还包括实质性地起草裁决。

Agrimex Ltd v Tradigrain SA[86] 案的仲裁庭使用了一名起草人，其职责是阐述仲裁庭告诉他的内容。如果没有将起草人的任务扩大到提供和完善仲裁庭的分析和法律推理，那么是没有人反对的。否则，这会毫无疑问地篡夺仲裁庭的决策职能。

仲裁庭必须谨慎行事，不要让仲裁秘书影响其决定。但是，仲裁秘书进行法律研究、组织档案和证人陈述，甚至起草部分裁决，例如案件的客观事实背景，都是完全允许的。[87]

最近在 Yukos 案中[88]，有 89 项专家证据支持这项挑战，表明仲裁庭秘书写了该项裁决的初步反对意见部分的 79%、责任部分的 65% 和损害赔偿部分的 81%。该裁决被撤销了。

依靠他人从而导致对仲裁庭责任的不正当授权的另一个例子是 *et la Commercialisation des Hydrocarbures SpA v Statoil Natural Ga*，*Sonarach* 案，依据的论点是"仲裁庭不恰当地将权力下放给了行政秘书，或者不允许她参与仲裁庭的审议"[89]。

其他例子包括授予文书和行政职能，如确定会议时间和准备用于起草仲裁的数据表。仲裁庭可以根据提交的条件授权，适当地将其职责委托给会计师、测量员、律师等。如果要寻求估价或委托编写调查报告，则允许将之作为证据。

在 *Sharp v Nowell*[90] 案中，法院认为仲裁庭的授权是正当的，"他（第三方）的决定以承认的形式提交仲裁员，这只不过是一个证据问题。然而在收到专家的报告时，仲裁庭必须给双方当事人提供主要证据并就此提交意见的机会。[91] 此外，仲裁庭必须听取当事人提交的所有证据。[92]

但是，仲裁庭可以向法院的适当官员授权确定费用数额。[93] 因此，不能委任另一人来听取和确定委托给它的事务。[94] 一般规则是仲裁庭不应寻求法律或其他专业协助。[95] 即

---

[86] ［2003］ EWHC 1656.

[87] Gary Born，*International Commercial Arbitration*（2009） at p 1628.

[88] *Yukos Universal Ltd*（*Isle of Man*） *v The Russian Federation*（PCA Case No AA227），available at：http://pcacases.com/web/view/61；*Hulley Enterprises Limited*（*Cyprus*） *v The Russian Federation*（PCA Case No AA 226），available at：http://pcacases.com/web/view/60；*Veteran Petroleum Limited*（*Cyprus*） *v The Russian Federation*（PCA Case No AA 228），available at：http://pcacases.com/web/view/62.

[89] *Sonatrach v Statoil Natural Gas LLC*［2014］ EWHC 875（Comm）.

[90] （1848） 6 CB 253，136 ER 1248.

[91] *Royal Commission on the Sugar Supply v Trading Society Kwik-Hoo-Tong* 38 TLR 684；*Kursell v Timber Operators and Contractors Ltd*［1923］ 2 KB 202 at 206.

[92] *Gray v Wilson* 35 LJCP 123.

[93] *Holdsworth v Wilson*（1863） 4 B & S 1 at p 8；*Simpson v IRC*［1914］ 2 KB 842；*Matthews v IRC*［1914］ 3 KB 192，CA（Eng）. *Knott v Long*（1735） 2 Stra 1025 and *Cargey v Aitcheson*（1823） 2 B & C 170.

[94] *Neale v Richardson*［1938］ 1 All ER 753；*Kuala Ibai Development Sdn Bhd v Kumpulan Perunding*（1988） *Sdn Bhd*［1999］ 5 MLJ 137.

[95] *Sharp v Nowell*（1848） 6 CB 253，136 ER 1248；*Whitmore v Smith*（1861） 7 H & N 509.

使没有委托参与裁决程序，也不应获得法律援助。

法院在 *Proctor v Williamson*[96] 案中指出：

> 当双方当事人同意由行外的仲裁员解决争议时，我认为他们当中的任何一方在整个仲裁程序中应有一名法律人士，以规范仲裁行为的目的。

仲裁庭可以在仲裁事项中咨询第三方的专业知识来给予自己指引，尽管它必须为每个争议事项作出自己的判断。尼克·哈希姆法在 *Kuala Ibai Development Sdn Bhd v Kumpulan Perunding*（1988）*Sdn Bhd* 案中解释说：

> 在本案中，仲裁员将申请人提出的主要申请事项提交给了独立法律顾问以征求意见。当然，这相当于对仲裁员的权力和义务的授权，因此这是程序的不当行为。如果仲裁员对自己决定申请人申请问题的能力没有信心，他可以诉诸第22条的规定，作为高等法院裁决的特殊案例。然而他从来没有这样做过。[97]

31.8　为仲裁程序保密的义务

程序的保密性是当事人选择仲裁的关键优势。除法律要求披露外，仲裁庭有义务为仲裁程序保密。然而执行程序中，通常不可避免地会披露该裁决。[98]

一般来说，仲裁庭和当事人对彼此负有保密的一般义务。[99] 国际律师公会《道德规范》（*IBA Ethics*）规定：

除非各方当事人免除了仲裁员的这一义务，否则仲裁庭审议和裁决的内容将永远保密。仲裁员不应参与或提供任何信息，以协助审理裁决的任何程序，他认为除非例外情况才有责任披露，如其他仲裁员有重大不当行为或欺诈行为。[100]

仲裁庭的审议是保密的。[101] 在仲裁进行过程中，不应当将仲裁庭其他成员的意见透

---

[96] （1860）8 CBNS 386 at 390，141 ER 1215. *Emery v Wase*（1801）5 Ves Jun 846，31 ER 889 at 890-891，affirmed on appeal（1803）8 Ves Jun 505，32 ER 451 at 455. *Hopcraft v Hickman*（1824）2 Sim & St 130，57 ER 295；*Anderson v Wallace*（1835）3 Cl & Fin 26，6 ER 1347；*Caledonian Rly Co v Lockhart* 3 Macq 808；*Gray v Wilson* 35 LJCP 123；*Behren v Bremer*（1854）3 CLR 40；*Threlfall v Fanshawe* 19 LJQB 334. Cf *Re Tiki Village International Ltd*［1994］2 Qd R 674 at 678（5）.

[97] ［1999］5 MLJ 137 at 148. *Anderson v Wallace*（1835）3 Cl & Fin 26，6 ER 1347，HL；*Eastern Counties Rly Co v Eastern Union Rly Co*（1863）3 De G J & S 610，46 ER 773；*Emery v Wase*（1801）5 Ves Jun 846；31 ER 889 at 890-891，affirmed on appeal（1803）8 Ves Jun 505，32 ER 451. *Dobson v Groves*（1844）6 QB 637，115 ER 239.

[98] A Redfern & M Hunter，*Law and Practice of International Commercial Arbitration*，（3rd Edn，1999）at pp 27-43.

[99] D Sutton Gill and Gearing，*Russell on Arbitration*（23rd Edn，2007）at para 4-138；*Oxford Shipping Co Ltd v Nippon Yusen Kaisha*，*The Eastern Saga*［1984］2 Lloyd's Rep 373 at 379.

[100] IBA Ethics art 9.

[101] *Noble China Inc v Lei*（1998）42 OR（3d）69，42 BLR（2d）262（OCJ）.

露给被指定的仲裁员，以免危及审理过程。[102]

执法和监管机构、税务官员、警察和审理第三方之间案件的法院等各种当局可以联合或单独要求提交信息和文件，或者出于向仲裁庭、仲裁员个人、当事人或其律师披露或隐瞒的原因而有意审查这些信息和文件。

根据适用的规则，第三方请求若是可强制执行的也可能需要强制执行。《瑞士规则》(*Swiss Rules*) 第 43 条规定：

(1) 除非双方当事人以书面形式明确表示相反意见，否则作为一般原则，双方当事人承诺对另一方当事人在仲裁程序框架内提交的所有裁决和命令以及所有材料保密，除非法律义务可能要求一方披露、保护或追求法律权利，或在司法机关的法律程序中执行或质疑裁决。这项承诺也适用于仲裁员、仲裁庭指定的专家、仲裁庭秘书和各分庭。

(2) 仲裁庭的审议情况是保密的。

仲裁庭和当事人有义务调查并确定这种请求有充分的法律依据，以便予以遵守。任何疑问都可以通过向法院提出申报救济申请来解决。[103]

31.9 仲裁庭良好做法准则

总而言之，仲裁庭有义务遵守：

(i) 自然正义原则；

(ii) 仲裁协议的明示和默示条款，包括通过引用并入的任何条款或仲裁规则；和

(iii) 仲裁地的法律 (lex arbitri)。

对仲裁庭来说，遵循由特许仲裁员协会的惯例和标准委员会制定的实践指南和协议也可能是有用的，目前有 18 条准则和协议确定了最佳实践，涵盖了仲裁的方方面面，如访问准仲裁员、管辖权异议、申请临时措施、费用担保申请、只提供文件的仲裁等。[104] 准则旨在促进决策过程的一致性。

31.10 仲裁庭的责任

仲裁庭的任务是多方面的，具有法官般的职能。仲裁庭行使职权时，必须遵守一定的程序和伦理规则，否则可能导致滥用或疑似滥用的情况，并可能导致仲裁庭承担责

---

[102] Y Derains, "The Deliberation and the Arbitral Tribunal in The Resolution of the Dispute-Fromthe Hearing to the Award" (2007) ASA Special Series No 29 at 16.

[103] M S Kurkela, S Turunen, "*Due Process in International Commercial Arbitration*," (2nd Edn, 2010) at pp 137-138.

[104] All CIArb Guidelines are available at: http://www.ciarb.org/guidelines-and-ethics/guidelines/practice-guidelines-protocols-and-rules.

任。这种责任是准合同性质的，将仲裁庭视为专业人员。

在涉及重大利害关系的仲裁中，各方当事人由律师为代表，他们具有高超的技巧和战术上的动机，以准备好对仲裁庭提出异议，有时还可能要求仲裁庭对其行为承担责任。这种责任可能是由于违反基本程序规则、未披露利益冲突、偏见、疏忽和故意错误行为而不是未能在裁决中适用实体法而产生的。

当面临这样的质疑时，违反职责的无能和疏忽的仲裁庭需要知道，仲裁的任务可以由当事人或法院终止，也可能导致其作出的裁决被撤销。在具体情况下，仲裁庭甚至可能丧失其收费的权力，甚至还可能面临问责。

鉴于仲裁庭的豁免权，这本身并不会导致仲裁庭因违反义务或履行义务时的无能或疏忽而造成损害或损失。失败可能是由于当事人、仲裁庭或任何人无法控制的原因，如疾病或不可抗力的情况。

虽然仲裁法庭本身很少会涉及当事人在仲裁程序中所争取的事项，但这些事项总会引起对源自仲裁机构与当事人之间法律关系以及相互之间权利和义务关系的仲裁庭的行为和权限的考虑。

悬而未决的问题是，当事人是否有权针对仲裁庭未能按照合理的行为和权限标准履行其职责而提起诉讼。例如，在逾期仍未作出裁决的情况下，某些问题仍然需要解决，比如谁负责失误责任、支付仲裁费用以及当事人招致的费用和开支。

乍一看，答案似乎是否定的。奥托阿尔恩特·格罗斯纳（Ottoarndt Glossner）[105] 解释了德国法律中的立场，其规定是一般性的应用：

> 根据德国法律，双方当事人和仲裁员之间存在仲裁合同（Schiedsrichtersvertrang）。根据这份合同，仲裁员必须履行他所承担的职能。虽然仲裁合同受适用于一般合同的条款管辖，但法院认为仲裁员的责任与法官的责任相同。因此，他不需要为善意的错误承担责任。

因此，鉴于豁免的涵盖，仲裁庭对其作出的裁决中的任何错误或观点或判断概不负责。然而这种豁免是有条件的，因为它涉及仲裁庭在履行其职能时所做的行为。霍华德·M. 霍尔茨曼（Howard M. Holtzmann）[106] 解释说，美国的豁免源于判例法，判例法同样普遍适用：

> 美国的一般规则是，即使仲裁员粗心大意，作出了错误的裁决，其也和法官一样，对与其决策职能相关的行为免于承担民事责任。仲裁法中没有这一原则，但法院判决中确立了这一原则。法院将这种豁免扩大到仲裁机构，如美国仲裁协会（AAA）。

---

[105] O Glossner，（1994）10 International Handbook on Commercial Arbitration Supp 17.

[106] H M Holtzmann，“Report on U. S. Arbitration Law”，in（1992）18 International Handbook on Commercial Arbitration Supp18.

这个规则在一般的普通法和大陆法管辖权中都被接受。但是，仲裁庭可能不会因严重疏忽、故意做错或故意违反仲裁协议或适用法律所产生的直接费用而放弃专业或商业责任标准。[107]

一个例子是首席仲裁员未能在仲裁之前和仲裁期间披露向当事方提供重要协商情况，一方当事人要求首席仲裁员赔偿损失。芬兰最高法院认为，在没有相反证据的情况下，首席仲裁员应当承担责任。[108]

31.11 仲裁庭和任命机构的豁免权

《2005年仲裁法案》与《1952年仲裁法案》相比的重大变化是编纂了对仲裁庭在仲裁程序中因其行为而引起的索赔的豁免条款。这与《UNICTRAL示范法》有所不同，但是与仲裁庭免于诉讼的大多数司法管辖区一致。

《2005年仲裁法案》第47条规定：

> 除非该作为或不作为被证明是恶意的，否则仲裁员对于作为仲裁员履行职务所做的任何作为或不作为概不承担责任。

在此之前，正如前一节所讨论的那样，在普通法中，仲裁庭被免除责任的惯例是合理的，因为它的豁免源自其司法功能。[109] 司法豁免是基于三个考虑：需要独立的司法；需要避免对司法裁决造成威胁；并避免重新听审案件。对这些疏忽的指控不可避免。[110] 与现有的立场相反，“准仲裁员”（quasi-arbitrator），如专业估价师或验证师，不能享有同样的豁免权。[111]

因此，支持豁免权的论据可以重铸如下：

（1）有助于确保仲裁裁决的终局性，防止不成功的一方当事人起诉仲裁员。

（2）如果有承担重大责任的风险，准备担任仲裁员的技术人员将会减少。[112]

（3）仲裁庭对争议的结果没有利害关系，不得被迫成为当事人。

（4）在真正行使司法职能的情况下，它确保对公众的保护（大概是减轻许多法院争

---

[107] M S Kurkela, S Turunen, "*Due Process in International Commercial Arbitration*,"（2nd Edn, 2010） at p 135.

[108] Finnish Supreme Court decision S2003/933, 31 January 2005 as cited in M S Kurkela, S Turunen, "*Due Process in International Commercial Arbitration*,"（2nd Edn, 2010） at p 135.

[109] M Rutherford and J Sims, *Arbitration Act* 1996: *A Practical Guide*（1996） at p 99; *Pappa v Rose*（1871） LR 7 CP 32; *Tharsis Sulphur and Copper Co v Loftus*（1872） LR 8 CP1; *Stevenson v Watson*（1879） 4 CPD 148; *Chambers v Goldthorpe*; *Restell v Nye* [1901] 1 KB 624, CA（Eng）; *Mark Beatty and Walter Beatty*, *Applicants v The Rent Tribunal*, *Respondent and Francis McNally*, *Notice Party* [2005] IESC 66 at [65].

[110] R Merkin, L Flannery, *Arbitration Act* 1996（5th Edn, 2014） at p 100.

[111] *Sutcliffe v Thackrah* [1974] AC 727, [1974] 1 All ER 859, HL.

[112] Gary Born, *International Commercial Arbitration*（2009） at p 1662.

议的负担）。[113]

（5）在没有法定豁免的情况下，仲裁员在其委任协议中会坚持排除条款，否则将缺乏仲裁庭。[114]

最高法院在 *Sutcliffe v Thackrah*[115] 案和 *Arenson v Casson Beckman Rutley & Co*[116] 案中列举了仲裁庭豁免的理由如下[117]：

（1）司法职能的特点不同于专业咨询的特点。在前一种情况下，当事人之间发生了争议，仲裁庭必须就当事人提交的证据作出决定。任何错误都可能不是由于缺乏技巧和判断能力，而是由于判断失误引起的。相比之下，在专业咨询方面，专业人士可自己进行调查。

（2）在没有这种豁免权的情况下，仲裁庭将受到几乎没有成功机会的行为的骚扰；这反过来可能会导致仲裁庭在其最终决定中受到影响。

（3）为了公共利益，法院没有必要对仲裁庭行使比《2015年仲裁法案》所赋予的更大的权力，例如对不当行为的撤销权。

（4）仲裁庭只有在履行司法职能时才足以被赋予豁免权。

法院在 *Sutcliffe v Thackrah*[118] 案中所表达的另一种观点是，由于"仲裁员与法官的立场非常相同，因为他们履行的职能大同小异，法律多次承认，公共政策也要求给予他们所提及的豁免权"。

梅赛德斯·托雷斯·拉加德（Mercedes Torres Lagarde）认为：

> 不同之处在于，法官的权力仅来自国家，旨在加强司法和民主。相反，仲裁员除了通过仲裁方式将争议提交给私人司法之外，还可以事先得到国家批准而通过仲裁行使职权。[119]

相反，也有一些反对豁免的理由。政策论据包括"豁免权可能鼓励粗心大意；判决的终局性优先于个人公正；对于仲裁员，通常无法获得纪律救济；而其他的补救措施，如撤销裁决和扣缴费用的可能性可能是不够的"[120]。

国际律师公会在1987年《国际仲裁员职业道德准则》（*Rules of Ethics for International Arbitrators* 1987）中的立场是："原则上，国际仲裁员应享有国家法律规定的豁免权，除非是极端的故意或罔顾其法律义务的情况。"

---

[113] "Chapter 5. Powers, Duties, and Jurisdiction of an Arbitral Tribunal" in Blackaby and Partasides with Redfern and Hunter, *Redfern and Hunter on International Arbitration*, (6th Edn, 2015) at pp 305-352.

[114] R Merkin, L Flannery, *Arbitration Act* 1996 (5th Edn, 2014) at p 101.

[115] [1974] AC 727, [1974] 1 All ER 859, HL.

[116] [1977] AC 405, [1975] 3 All ER 901.

[117] OP Malhotra, *The Law and Practice of Arbitration and Conciliation*: The Arbitration and Conciliation Act 1996 (1st Edn, 2002) at pp 381-382.

[118] *Sutcliffe v Thackrah* [1974] AC 727, [1974] 1 All ER 859; *Mond v Berger* [2004] VSC 150, citing *Lendon v Keen* [1916] 1 KB 994.

[119] M T Lagarde, "Liability of Arbitrators in Dubai: Still a Safe Seat of Arbitration", (2015) 33 ASA Bulletin 4 at p 800.

[120] M T Lagarde, "Liability of Arbitrators in Dubai: Still a Safe Seat of Arbitration", (2015) 33 ASA Bulletin 4 at p 800.

这是一个中立的立场，但其执行情况将取决于每个管辖权及其规则。[121] 例如，“新西兰、澳大利亚、肯尼亚和爱尔兰的仲裁员不能对自己的疏忽负责”[122]。

最近，迪拜最高法院（Dubai Court of Cassation）裁定了两起阿联酋的案件。[123] 据报道，迪拜国际仲裁中心（DIAC）委任的仲裁员因过去几年的不当行为面临一系列的质疑。

在第 212/2014 号案件中，迪拜最高法院得出以下结论：

(根据这些规定) 仲裁员不对任何基于现行法律规定的权限的无意错误负责，据此，裁决权由仲裁员自行决定。这意味着仲裁员在履行职责时享有法律保护，除非仲裁员犯了根本性错误。严重的根本性错误被定义为未能遵守明确的法律原则或忽略了明确的事实，而裁决由仲裁员自己考虑。[124]

在第 294/2015 号案件中，迪拜最高法院确认驳回了索赔人的索赔，因为索赔人未能证明三个强制性要素中的任何一个：错误、损害和两者之间的因果关系。

尽管其中一方当事人设法从法院下达撤销仲裁庭的命令，但仲裁庭有权从作为利益攸关者的被申请人所持有的担保中扣除进行仲裁的费用。[125]

不诚实

《2005 年仲裁法案》第 47 条规定，在仲裁庭承担损害赔偿责任之前，必须证明存在恶意。这遵循了 1996 年《英国仲裁法案》第 29 条的措辞，因此，提交英国判例法将有助于决定仲裁庭是否以恶意行事，而且没有针对指控仲裁庭恶意的举报诉讼。

在英国，“恶意”被定义为“恶意，指的是出于个人恶意或出于不正当理由的伤害意图，或知道自己没有能力作出决定”[126]。这包括贿赂。[127] 爱德华多·马塞纳罗（Edoardo Marcenaro）解释道：

> 一个忽视贪污的裁决肯定违反国家和国际公共政策，国家法院将不得不放弃或拒绝执行裁决。[128]

---

[121] *Id.* para 5. 60.

[122] *Id* para 5. 50.

[123] Case No. 212/2014-*Meydan Group LLC v Alexis Mourre*, ruling of the Dubai Court of Cassation of 8 October 2015; and Case No. 284/2015-*Meydan Group LLC v Doug Jones*, Humphrey Lloyd QC and Stephen Furst QC, ruling of the Dubai Court of Cassation of 17 December 2015 in G Blanke, “The liability of arbitrators in the UAE: Quod novi sub sole?”, (2016) Kluwer Arbitration Blog, 28 March.

[124] *Ibid*.

[125] *Sundra Rajoo AL Nadarajah v Chong Lee Siong* [2009] MLJU 666.

[126] D Sutton Gill and Gearing, *Russell on Arbitration* (23rd Edn 2007) at para 4-154.

[127] J Lew, “Immunity of Arbitrators under English Law”, in J Lew (ed) *Immunity of Arbitrators*, (1990) LLP at p 27.

[128] EMarcenaro, “Chapter 9: Arbitrators” Investigative and Reporting Rights and Duties on Corruption” in D Baizeau and R H Kreindler (eds), *Addressing Issues of Corruption in Commercial and Investment Arbitration*, Dossiers of the ICC Institute of World Business Law, (Vol 13, 2016) at p 144；著名的“护卫舰对台案”（国际商会 1996 年第 7664 号案）证实了这一点。1992 年，Frontier AG 和 Brunner Sociedad Civil de administracao Limitada 向泰雷兹提出了 3700 万美元的索赔，要求支付向中国台湾地区出售军舰的佣金。该裁决认定代理合同是有效的，因为即使一个代理被收买而可能影响到购买军舰的合意，也没有证据证明存在贿赂。瑞士法院后来于 1997 年 1 月 28 日承认了这一裁决。

这里应当考虑到，当事人可能会对彼此的贿赂提出指控，以诋毁另一方当事人；或者可以提出这种指责，以抵制在国家中执行仲裁裁决。[129]

疏忽

从规约的措辞中可以清楚地看出，除非有恶意，否则仲裁庭对因缺乏独立性或公正性的指控而被撤销的损害不承担责任。然而可能的情况是，仲裁庭只是在履行其职责时玩忽职守，受害方希望知道是否可以追究仲裁庭的责任。

虽然专业人士通常会面临合同或侵权行为[130]对其领域内的疏忽行为的责任，但当专业人士担任仲裁员时，似乎也不会对此承担类似的责任。

可能有争议的是，对个别案件事实的疏忽构成恶意行为，例如仲裁庭知道无权作出某些决定（如授予利益）的情况。

但是，作出这一主张的当事人有责任指出，在这一特定案件中，根据这一特定的仲裁协议，仲裁庭知道其没有这样的权力。这将是一个很难克服的障碍，因此没有关于仲裁员职业过失的判例法。值得注意的是，有些情况下，即使没有恶意，仲裁员也会因其行为而受到经济上的惩罚。

法院在 Wicketts[131] 案中撤销了一名不合格的仲裁员。虽然他没有对失败的仲裁当事人所浪费的费用承担责任，但是在评估仲裁员的费用时，法院从其26000英镑的费用中移除了重新审理的费用，他只获得10000英镑。仲裁员虽然在没有恶意的情况下所承担的金融责任显然是有限的，但也并非完全不受影响，可能会因收取费用而受到惩罚。

仲裁机构

《2005 年仲裁法案》还赋予了仲裁机构法定豁免权，这在《1952 年仲裁法案》中并未规定。《2005 年仲裁法案》第 48 条规定，吉隆坡区域仲裁中心主席或任何其他机构指定或要求各方当事人指定的其他人员或机构提名仲裁员，除非仲裁员的作为或不作为被证明是不诚实的，否则仲裁员对履行职责的行为概不负责。

这种豁免只适用于任命仲裁庭，而不适用于仲裁本身。因此，机构仍需要对诸如由于没有原始文件或没有预订房间而无法进行听审等所造成的损失负责，《KLRCA 仲裁规则》（2013 年修订）第 16 条规定了一个更宽泛的术语，不包括与仲裁程序的进行有关的任何作为或不作为的责任。

仲裁当事人与进行仲裁的仲裁机构之间的关系属于合同关系，类似于仲裁庭与各方当事人之间的关系。仲裁机构的豁免基础与仲裁庭的豁免基础不同，因为仲裁机构是作

---

[129] *Nomihold Securities Inc v Mobile Telesystems Finance SA* [2012] EWHC 130 (Comm); *Honeywell International Middle East Limited v Meydan Group LLC* (*Formerly Known as Meydan LLC*) [2014] EWHC 1344 (TCC).

[130] *Bolam v Friern Hospital Management Committee* [1957] 1 WLR 582; *Hedley Byrne & Co Ltd v Heller & Partners Ltd* [1964] AC 465.

[131] *Wicketts v Brine Builders & Siederer* [2001] CILL 1805, [2001] App LR 06/08.

为准司法机构运作的。

此外，还应注意普通法和大陆法系的区别。例如，在美国，仲裁机构违反自己的规定、不遵守仲裁协议通常会得到豁免。然而在法国，仲裁机构必须遵守自己的规则，对不遵守仲裁协议的行为可能要承担责任。[132]

[132] Blackaby and Partasides with Redfern and Hunter, *Law and Practice of International Commercial Arbitration*, (4th Edn, 2004) at para [5-22].

第 32 章　仲裁庭的权力

32.1 概　述

仲裁庭的权力来自《2005 年仲裁法案》[1]、仲裁协议（包括协议中可能采纳的适用程序规则）和仲裁地的法律。

这种权力甚至可能来自仲裁庭在其认为合适的情况下进行仲裁的固有权力。根据仲裁协议的明示或默示条款、法律规定和自然正义的考虑，仲裁庭控制仲裁程序。

法院无权控制或微观管理仲裁庭的活动。[2] *Commonwealth of Australia v Cockatoo Dockyard Pty Ltd* 案认定了法院无权审查或受理对仲裁庭中间裁决的上诉。[3]

上诉法院在 *Dato' Samsudin bin Abu Hassan v Robert Kokshoorn*[4] 案中作出了同样的决定，并表示其无权监督仲裁，无权审查仲裁庭的中间裁决。法院又补充说，其没有权力命令仲裁庭重新考虑裁决前的决定。

事实上，仲裁庭正如船长，是负责日常程序的人，除非有特殊情况，否则不会受制于法庭的二次审理。如果不是这样，仲裁将失去商事的吸引力，因为当事人将无休止地向法院上诉来反对对其不利的程序性决定。

32.2 《2005 年仲裁法案》规定的权力

对仲裁庭权力的评估可以从《2005 年仲裁法案》本身开始。这是因为一份合同只需要包含"任何纠纷将在吉隆坡仲裁解决"就构成了一个有效的仲裁协议，缺乏细节的协议几乎完全受《2005 年仲裁法案》管辖。

《2005 年仲裁法案》第 18 条明确允许仲裁庭确定自己的管辖权。判例法已经确定，决定管辖权的任务应留给仲裁庭，除非当事人明确表示希望由两个独立的仲裁庭来决定

---

[1] Act 646.

[2] *Abu Dhabi Gas Liquefaction Co Ltd v Eastern Bechtel Corp and Chemical Engineering & Construction Co Ltd* [1982] 2 Lloyd's Rep 425, Watkins LJ; *FR Waring (UK) Ltd v Administracao Geral do Acucar E do Alcool EP* [1983] 1 Lloyd's Rep 45; *Kirkawa Corp v Gatoil Overseas Inc*, *The Peter Kirk* [1990] 1 Lloyd's Rep 154.

[3] (1994) 35 NSWLR 704.

[4] [2003] 3 MLJ 331; followed in *Ranhill Bersekutu Sdn Bhd v Safege Consulting Engineers* [2004] 3 MLJ 554 at [12].

争议的实质性问题和所产生的管辖权问题。[5]

《2005 年仲裁法案》第 21 条列出了仲裁庭的程序性权力。除非当事人另有约定[6]，否则仲裁庭可以以其认为适当的方式进行仲裁。[7] 仲裁庭被赋予的这种权力包括：

（a）确定任何证据的可接受性、相关性、实质性和重要性；

（b）利用自身的知识和专长；

（c）命令对索赔书或辩护状提供详情；

（d）命令提供费用担保；

（e）修订和修改仲裁程序中的各个步骤必须完成的时限；

（f）命令披露和提供一方当事人所有或控制的文件或材料；

（g）命令回复质询书；

（h）命令以宣誓或确认的方式提供任何证据；

（i）作出仲裁庭认为适当的其他命令。

由于仲裁庭的权力均受制于双方当事人的协议，这些权力有可能随着仲裁的进行而受限制或被扩大。这使得仲裁庭的程序性权力是动态的，当事人可以根据需要定制。

当出现仲裁庭根据规约行使其权力的问题时，仲裁庭首先要决定是否需要行使权力以适当解决提交给它的争议。[8]

一方当事人没有义务遵守仲裁庭的命令，即使命令是由高等法院作出的，他也不能被强迫遵守，例如披露受官方特权保护的文件的命令。[9]

《2005 年仲裁法案》第 21 条使仲裁庭可命令提交和检查指定的文件。鉴于条款的广泛性措辞，仲裁庭也可能下令进行更广泛的调查。[10] 这些将受制于一般的特权规则[11]和“不影响实体权利”（without prejudice）的通信。[12]

由于仲裁程序是非公开的，披露文件的唯一标准是相关性，保密性不是实质性的。[13] 除非决定了实质性问题，否则仲裁庭对任何程序方面的中间裁决不被视为最终裁决。[14]

这些措辞还授权了仲裁庭作出它可能需要的任何事情，以便对事实或法律作出必要

---

[5] *Fiona Trust & Holding Corporation v Privalov* ［2007］ UKHL 40，［2007］ 4 All ER 951；*CMS Energy Sdn Bhd v Poscon Corp* ［2008］ 6 MLJ 561；*TNB Fuel Services Sdn Bhd v China National Coal Group Corp* ［2013］ 4 MLJ 857；*Standard Chartered Bank Malaysia Berhad v City Properties Sdn Bhd* ［2008］ 1 MLJ 233.

[6] 当事人完全有权就应遵循的程序达成协议；参见 *Infineon Technologies（M）Sdn Bhd v Orisoft Technology Sdn Bhd（previously known as Orisoft Technology Bhd）*［2011］ 7 MLJ 539 at ［62］ 案。

[7] Arbitration Act 2005 s 21（2）.

[8] *Kirkawa Corp v Gatoil Overseas Inc*, *The Peter Kirk* ［1990］ 1 Lloyd's Rep 154.

[9] *Re Société les Affréteurs Réunis and Shipping Controller* ［1921］ 3 KB 1.

[10] Arbitration Act 2005 s 19（1）（b）.

[11] *Re Société les Affréteurs Réunis and Shipping Controller* ［1921］ 3 KB 1.

[12] *Finney Lock Seeds Ltd v George Mitchell（Chesterhall）Ltd* ［1979］ 2 Lloyd's Rep 301.

[13] *Mitchell Construction Kinnear Moodie Group v East Anglia Regional Hospital Board* ［1971］ CLY 375.

[14] Arbitration Act 2005 s 2（1）；*Three Valleys Water Committee v Binnie and Partners（a firm）*（1990） 52 BLR 42.

的结论来确定参考。[15] 然而以上所述并不是将法院的一切权力授权给仲裁庭。[16] 仲裁庭可以行使自由裁量权，指示当事人提交索赔和辩护的要点，并允许或不允许对其要点进行修改。[17]

32.3 下令披露和检查的权力

仲裁庭可以命令任何一方当事人披露文件[18]，或者以宣誓的方式回答质询书。[19] 但是，它不能对第三方下令，因为它的管辖权只限于当事人本身。[20] 法院可以根据《2005 年仲裁法案》第 11（1）（b）条，对非当事人作出此类命令来支持仲裁。

如果当事人力图迫使第三方提供文件，则其有必要根据第 11（1）（b）条向法院提出申请。*Norwich Pharmacal*[21] 案列出了要求非当事人披露的命令的检验标准，但该案件的范围仅限于侵权的诉由，而不是合同纠纷。[22]

作为《2005 年仲裁法案》第 21 条所规定的仲裁庭权力的一部分，仲裁庭可以对作为争议标的物的所有权进行检查。仲裁庭可以作出此命令，而不需要法院协助。[23] 它也可能要求当事人向专家提供相关信息，或者出示或提供相关文件、物品或其他财产以供专家检查。[24]

仲裁庭有权通过检查来排除各方当事人提出的证据。[25] 当遵循这种程序时，应给予双方当事人进一步提交证据或意见的机会。当达成一致意见或下达命令时，仲裁庭对其

---

[15] *In Re an Arbitration between Unione Stearinerie Lanza and Wiener* [1917] 2 KB 558 at 562 per Viscount Reading CJ.

[16] *Vasso (Owners) v Vasso (Cargo owners)*; *The Vasso* [1983] 3 All ER 211 at 216, [1983] 1 WLR838 at 844, [1983] 2 Lloyd's Rep 346 at 350 per Lloyd J.

[17] *AK Construction Sdn Bhd v Universiti Kebangsaan Malaysia* [1991] 2 CLJ Rep 223; *Engineering Environmental Consultants Sdn Bhd v Sime UEP Development Sdn Bhd* [2009] MLJU 534; *Grant Advertising International Inc v Glaze* [1968] 1 MLJ 31; *Looi Guan Kway v Low Lean Bok* [1938] MLJ 35; *Quality Concrete Holdings Berhad v Classic Gypsum Manufacturing Sdn Bhd* [2012] 2 MLJ 521; *Kurtz v Spence* [1887] 36 Ch D 770 at 773 per Cotton LJ; *Edward Lloyd Ltd v Sturgeon Falls Pulp Co Ltd* 85 LT 162; *Re Crighton and Law*, *Car and General Insurance Corp Ltd's Arbitration* [1910] 2 KB 738.

[18] Arbitration Act 2005 s 21 (3) (f); Arbitration Act 2005 s 19 (1) (b).

[19] Arbitration Act 2005 s 21 (3) (g).

[20] *Kursell v Timber Operators and Contractors Ltd* [1923] 2 KB 202.

[21] *Norwich Pharmacal Company v Customs and Excise* [1973] UKHL 6.

[22] *First Malaysia Finance Bhd v Dato' Mohd Fathi Bin Haji Ahmad* [1993] 2 MLJ 497 at 506-507, SC. 在可以预见需要向非当事人披露的情况下，索赔人必须在很早的阶段就考虑是否可以同时提出侵权索赔。参见合同责任与侵权责任并存的 *Henderson v Merrett Syndicates Ltd* [1994] 3 All ER 506 案；以及上诉法院随后的 *Lim Soh Wah v Wong Sin Chong* [2001] 2 CLJ 344 and *Bank Utama (M) Bhd v Insan Budi Sdn Bhd* [2009] 1 MLJ 148 案。

[23] *Vasso (Owners) v Vasso (Cargo owners)*, *The Vasso* [1983] 3 All ER 211 at 216, [1983] 1 WLR 838 at 844, [1983] 2 Lloyd's Rep 346 at 350 per Lloyd J.

[24] Arbitration Act 2005 s 28 (1) (b).

[25] *J Aron & Co v Miall* (1928) 31 Ll L Rep 242 at 245.

进行方式拥有自由裁量权。[26]

争议标的可以在双方当事人均不在场的情况下由仲裁庭进行检查，但不得在一方当事人不在场的情况下进行。[27] 仲裁庭可以命令独立专家进行检查。[28] 如果遵循这种程序，并且在没有相反或豁免协议的情况下，应该赋予当事人在裁决作出之前研究专家报告的机会。

《KLRCA 仲裁规则》（2013 年修订）第 26（2）（d）条规定，可以命令当事人“保留与解决争议相关的和重要的证据”。

法院在 *Sunderland Steamship P and I Association v Gatoil International Inc*，*The Lorenzo Halcoussi*[29] 案中认为，在确定仲裁披露时限时必须考虑到仲裁过程中固有的快速、费用低、有效性和终局性。由于仲裁程序是私密的，所以对文件披露的唯一测试标准是相关性，保密性不受附带于文件的任何特权的限制。

32.4　命令财产保全、临时保管或出售的权力

仲裁程序中的一方当事人可能会发现有必要保护自己或争议标的不受另一方当事人采取或提议采取的行动的影响。这可能包括寻求仲裁庭下令另一方当事人做某事或不做某事。[30]

过去，仲裁庭在作出这样的命令时总是很犹豫，部分原因在于执行这些命令缺乏确定性。[31] 而今，这种情况已经发生了变化，因为仲裁庭通过下令采取临时措施，更有力地行使了其权力，已公布的国际投资争端解决中心（ICSID）和国际商会（ICC）仲裁案例就证明了这一点。

《UNCITRAL 示范法》第 17 条规定，仲裁庭可在法律程序结果出来之前下达临时命令，以保持现状。这种命令是暂时性的，通常在最终裁决作出之前有效[32]，以维持或恢复争议裁决前的现状，如禁止一方当事人出售另一方当事人的产品的命令。

它还涉及采取措施以防止即将发生的危害的命令，包括禁令和其他确保执行的措施。例如，设立代管账户或发出冻结命令[33]，提供保存资产的方式，提供费用担保的措

---

[26] *Heaven & Kesterton Ltd v Sven Widaeus A/B*［1958］1 All ER 420，［1958］1 WLR 248.

[27] *Naumann v Edward Nathaniel & Co Ltd*（1930）36 Ll L Rep 268，on appeal（1930）37 Ll L Rep 249 at 250.

[28] *Colls v Home & Colonial Stores Ltd*［1904］AC 179 at 192.

[29]［1988］1 Lloyd's Rep 180.

[30] R Rana and M Sanson，*International Commercial Arbitration*，（2011） at p 223.

[31] 仲裁庭不愿发布临时措施令的例子，参见国际商会案件中的部分裁决：No. 3896（1984）111 JDI（Clunet）914；Partial Award in ICC Case No. 4415（1984）111 JDI（Clunet）952；Award in ICC Case No. 5103（1988）115 JDI（Clunet）1206；Final Award in ICC Case No. 5650（1991）XVI Yearbook Commercial Arbitrations 855。

[32] *Firm Ashok Traders v Gurumukh Das Saluja*（2004）3 SCC 155，at［17］，SC（India）.

[33] *Amco Asia Corp v Republic of Indonesia*，ICSID Case No. ARB/81/1：关于请求临时措施的决定（1983-12-09），《商事仲裁年鉴》第 159 号第 161 页。

施，并保存可能与解决争议相关的证据。[34]

大卫·威廉（David William）建议，仲裁庭在行使下列权力时需要谨慎行事：

在考虑准予临时救济是否适当时，仲裁庭必须敏锐地意识到其所处的情况。它可能会被要求立即采取行动而不完全了解事实，并有可能在仲裁中预先作出判断，甚至与仲裁的最终裁决毫无关系。[35]

仲裁庭下令临时救济时对两种情况尤其需要谨慎，即单方面的申请和涉及第三方的救济，因为这些救济可以从法院获得，并伴随着根据《纽约公约》执行这些救济的困难。原因在于，通常这种命令是在没有听取另一方当事人意见或没有给予另一方当事人陈情的机会的情况下发出的。[36]

另外，法院在决定是否采取行动时，应该考虑当事人应首先向仲裁庭申请救济的原则性推定。《2005 年仲裁法案》第 11（2）条暗示了这一点：

如果当事人向高等法院申请临时措施，并且仲裁庭已经就与该申请相关的事项作出裁决，高等法院应视仲裁庭在该裁决过程中所做的任何事实调查结果为该申请的结论。

法院尽管不受仲裁庭命令的约束，但通常会特别重视仲裁庭的命令，考虑到各方当事人选择的仲裁庭已经考虑过此事，其命令会得到支持，除非有压倒性的理由不应这样做。[37]

《2005 年仲裁法案》从某种程度而言更狭义，包含了更具体的措辞，符合仲裁庭处理当事人争议的原则。《2005 年仲裁法案》第 19（1）（d）条规定了仲裁标的物的保存、临时监管或出售所有权的临时命令。[38] 如果财产存有将会被以某种方式移走或处置的风险，则仲裁庭很可能会作出这样的命令。[39]

仲裁庭有权下达这种性质的命令是有利的，因为诉诸法院往往会涉及对相关索赔的是非曲直的断言，造成法院对仲裁庭可能作出的裁决进行事后猜测的风险，这与仲裁立法的目标相冲突。[40]

如果争议的标的是财产，例如股份，而被申请人正在试图将之转让给第三方，则根据本条作出的命令可能会很有用。[41] 然而这一命令不是裁决，因为《2005 年仲裁法案》第 2（1）条将“裁决”（award）定义为“仲裁庭关于争议实质的决定，包括任何最终、临时或部分裁决以及任何关于费用或利息的裁决，但不包括中间命令”。

---

[34] Partial Award in ICC Case No. 10040（2000）11（1）ICC Ct Bull 23 at p 29.

[35] D William, “Interim Measures”, in M Pryles and M Moser（eds）, *The Asian Leading Arbitrator's Guide to International Arbitration*,（2007） at p 246.

[36] *Siporex Trade SA v Comdel Commodities Ltd* ［1986］ 2 Lloyd's Rep 428 at 437；Y Derains, “The View Against Arbitral Ex Parte Interim Relief”（2003） 58 Dispute Res J 61；J Castello, “Arbitral Ex Parte Interim Relief：the View in Favor”（2003） 58 Dispute Res J 60.

[37] R Rana and M Sanson, *International Commercial Arbitration*,（2011） at p 224.

[38] *Fiona Trust & Holding Corporation v Privalov* ［2007］ UKHL 40,［2007］ 4 All ER 951.

[39] *Emmott v Michael Wilson & Partners* ［2009］ EWHC 1（Comm）.

[40] Gary Born, *International Commercial Arbitration*（2009） at p 1951.

[41] R Merkin, L Flannery, *Arbitration Act* 1996（5th Edn, 2014） at p 155.

《2005 年仲裁法案》第 19（1）（d）条由于涉及争议标的物的所有权，因此不太可能适用于金钱。因此，如果有一个据称雇主欠承包商超过1000万令吉的纠纷，仲裁庭就不能对此作出保全命令。

但是，如果争议具体涉及合资公司银行账户持有的1000万令吉的所有权，仲裁庭则可以有效地发出命令，以禁止任何一方当事人接触该账户的资金，或通过银行担保形式提供担保。[12]

《2005 年仲裁法案》第 19 条适用与否须经过双方当事人协议。各方当事人可以限制或扩大仲裁庭的权力范围。双方可以明确撤回仲裁庭下令采取临时措施的权力，或者他们可以同意批准仲裁庭对与仲裁无关的资产作出冻结令的权力。[13] 这当然只对仲裁的当事人具有约束力，而对像银行这样的第三方没有约束力。

《KLRCA 仲裁规则》（2013 年修订）扩大了仲裁庭对资产的权力，而不仅仅是争议标的物的所有权。《KLRCA 仲裁规则》（2013 年修订）第 26（2）（c）条授权了仲裁庭可以命令当事人“提供一种保留资产的方式，以便后续的裁决可以被满足”，这具有潜在的应用性广泛。

有人提出，这种措施最好由法院作出。[14]然而《KLRCA 仲裁规则》（2013 年修订）要求请求命令的当事人证明，如果命令没有被批准，其将承受无法用损害赔偿来弥补的损失，这种损失超过了命令接收方当事人可能遭受的损害，以及根据索赔的是非曲直获得胜诉的合理可能性。[15]

根据第 19 条执行中间命令

《2005 年仲裁法案》的一个关键条文是第 19（3）条，其中规定“除非当事人另有约定，否则第 38 条和第 39 条将适用于仲裁庭根据本条作出的命令，就如同这些条款中提及裁决就是提及此类命令一样”。

该规定具有重大的意义，因为它使当事人能够在法庭上强制执行第 19 条的中间命令就如同执行一项裁决。这使得执行依据仲裁庭裁决的命令相当容易，并且减少了根据第 11（1）条向高等法院作出新的命令申请的需要。

在许多情况下，当事人自愿遵守仲裁庭下达的临时措施时，事情就结束了。但是，不遵守可能会对违约方产生以下影响：

（1）可能会使他自己陷于违反仲裁协议的诉讼；

（2）仲裁庭可能对违约方产生不好的推论；

（3）仲裁庭可能对其作出费用的裁决；

---

[12] D Sutton Gill and Gearing, *Russell on Arbitration* (23rd Edn, 2007) at para 5-080; KLRCA Arbitration Rules (Revised 2013) art 26 (6); *Rotary Watches Ltd v Rotary Watches* (*USA*) *Inc* [2004] APP LR 12/17.

[13] *Kastner v Jason* [2004] EWCA Civ 1599 at [17].

[14] D Sutton Gill and Gearing, *Russell on Arbitration* (23rd Edn, 2007) at para 6-021.

[15] KLRCA Arbitration Rules (Revised 2013) art 26 (3) (a) and (b).

（4）法院的权力可能会被援引以协助执行，这可能导致违约方被施加制裁。[46]

32.5 准予延期的权力

仲裁庭可以行使准予延期的权力，条件是协议中没有表示相反的意图。[47] 仲裁庭必须以司法的方式及按照自然正义的规则行使权力。*Sullivan v Department of Transport*[48] 案的法院表示，拒绝批准延期可能会导致未能在程序上给予当事人陈述其案件的充分机会。

延期是一种可以确保"权利平等"的机制，因为各方当事人应该能够熟悉仲裁程序。例如，在 *Tesco（Ireland）Ltd v William Moffett et al*[49] 案中，一方当事人不知道仲裁的存在，没有准备好辩护，因此法院批准了其延期仲裁的申请。

在 *Azpetrol v Azerbaijan* 案的仲裁程序中，一场关于 Azerbaijan 涉嫌违反了《能源宪章条约》（*Energy Charter Treaty*）的争议最终在证人就有关贿赂作证后得以结束。在对管辖权提出异议的听审上，索赔公司的董事在交叉询问中作证时表示，他"于 2006 年年初向 Azerbaijan 提供了资金以贿赂官员，以保护 Azerbaijan 境内的未透露姓名的个人"[50]。在这一出乎意料的证词后，双方当事人立即提交了休庭的联合申请，仲裁庭批准了该申请。[51]

然而没有提出延期申请并不一定会对上诉人产生不利的结论。可以想象的是，如果一个仲裁庭有义务采取司法行动来延期处理某一事项而未能采取行动，那么即使该当事人没有明确要求延期，这也是一种让该当事人有机会适当陈述自己其案情的行为。[52]

仲裁庭必须要在有时会互相冲突的权宜之计和让每个当事人充分陈情的目标中作出平衡。为了获得相对不重要的证据而进行延期是不好的做法，但如果可以在一个合理的较短时间内安排另一个听审日期，那么律师不可避免的缺席可以成为延期的正当理由。

---

[46] S Greenberg，C Kee and J R Weeramantry，*International Commercial Arbitration：An Asian－Pacific perspective*，（2011）at p 358.

[47] 参见第 26 章。

[48] （1978）1 ALD 383.

[49] "UK No 100，Tesco（Ireland）Ltd v William Moffett et al.，High Court of Justice，Northern Ireland，Queen's Bench Division，Commercial Court，1 July 2015' in van den Berg（ed），*Yearbook Commercial Arbitration 2015－Volume XL*，（2015）vol 40 at pp 495－499.

[50] *Azpetrol International Holdings BV，Azpetrol Group BV，Azpetrol Oil Services Group BV v Republic of Azerbaijan*，ICSID Case No. ARB/06/15，Award of 8 Sep 2009 at para 6.

[51] C Rose，"Questioning the Role of International Arbitration in the Fight against Corruption"，（2014）31 Journal of International Arbitration 2 at p 191.

[52] *Priddle v Fisher and Sons*［1968］1 WLR 1478，［1968］3 All ER 506.

32.6　取消仲裁程序的权力

仲裁庭没有普通法上的权力来取消仲裁程序，也没有普通法上的权力以过度和不可原谅的拖延为由驳回仲裁请求。[53]

根据《2005 年仲裁法案》第 27（a）条的规定，如果申请人在商定的期限内没有传送其索赔书[54]，或者申请人未能继续推进程序，则仲裁庭有权终止协议仲裁或驳回索赔。[55]

关于行使这一权力终止或驳回索赔的判例法是有限的。[56] 应当指出的是，除非另有约定，如果申请人在约定的时间内没有传送其索赔书，则法条的措辞规定仲裁庭应终止其仲裁。因此，在这种情况下仲裁庭没有自由量裁权。

但是，法条的措辞在没有推进索赔方面是宽容的。因此，它与没有传送索赔书导致的强制终止不能混为一谈。在这种情况下，仲裁庭必须行使其自由量裁权。

然而仲裁庭只应作出裁决，驳回拖延过久、可能导致无法公平解决争端或可能对被申请人造成严重损害的索赔。[57] 仲裁庭应在拖延相对较小的情况下，有条件或无条件地指示迅速决定索赔。[58]

32.7　下令费用担保的权力

顾维遐（Gu Weixia）将费用担保描述为：

> 费用担保，是使申请人或反申请人有权基于某条件而推进索赔，这个条件是提出银行担保或者其他形式的保证担保，以在索赔失败的情况下担保仲裁庭作出的任何针对申请人或反申请人的最终法律费用的裁决。[59]

---

[53] *Crawford v A E A Prowting Ltd*［1973］QB 1,［1972］1 All ER 1119.

[54] Arbitration Act 2005 s 27（a）.

[55] Arbitration Act 2005 s 27（d）.

[56] 有关于此的一个案例是 *Infineon Technologies*（*M*）*Sdn Bhd v Orisoft Technology Sdn Bhd*（*previously known as Orisoft Technology Bhd*）［2011］7 MLJ 539 案。

[57] Sutton Gill and Gearing, *Russell on Arbitration*（23rd Edn, 2007）at para 5-214.

[58] 1995 年《肯尼亚仲裁法案》第 26（d）条的措辞与《2005 年仲裁法案》第 27（d）条相同。

[59] G Weixia, "Security for Costs in International Commercial Arbitration",（2005）22 Journal of International Arbitration 3 at p 167.

虽然费用担保的申请与仲裁庭在实际层面作出争议的决定[60]没有关系，但是费用担保命令如在诉讼中那样，是可以在仲裁，包括机构仲裁和临时仲裁中申请的。[61] 它可以用来支付法律代理、专家、机构的费用和开支。

提出或抗辩仲裁请求可能需要花费巨额资金[62]，法院必须考虑可能造成损害的危险：阻止仅有有限资金的申请人提出真正的索赔，或者强制被申请人对于一个相当虚假的诉讼进行抗辩而无力支付费用。[63]

事件发生后支付费用的原则必然有另一项原则进行补充，即如果对申请人在仲裁失败时是否有能力支付被申请人的费用存在疑问时，则不应允许申请人在不提供费用担保的情况下继续仲裁。

法院在 *Bani K/S A/S and K/S A/S Havbulk I v Korea Shipbuilding and Engineering Corpn*[64] 案中认为，费用担保的命令适合用于程序昂贵且复杂及申请人财务状况不稳定的情况。反诉申请人的费用担保令可以被批准。[65]

德克·德·梅勒梅斯特（Dirk De Meulemeester）和塞德里克·费尔瑟（Cederic Veryser）解释道：

> 通常的做法是，在确定成本预算后，邀请双方当事人支付一半的预付款。最后，越来越普遍的做法是，一方当事人（主要都是被申请人）没有满足这个要求，以作为大多数案例中的一个拖延战术。[66]

在仅依据文件的仲裁中，通常不会批准费用担保。[67] 1996 年《英国仲裁法案》规定，不能仅基于申请人是在英国之外居住或成立的个人或法人而行使作出费用担保命令

---

[60] *Re Unione Stearinerie Lanza and Weiner* [1917] 2 KB 558; *Mavani v Ralli Bros Ltd* [1973] 1 All ER 555 at 559, [1973] 1 WLR 468 at 472 per Kerr J; *CR Keath Earthmoving Co Pty Ltd v RJ Davies Pty Ltd* (1965) 39 ALJR 403; *Fal Bunkering of Sharjah v Grecale Inc of Panama* [1990] 1 Lloyd's Rep 369 at 371 per Saville J. *Hitachi Shipbuilding and Engineering Co Ltd v Viafiel Compania Naviera SA* [1981] 2 Lloyd's Rep 498, CA (Eng).

[61] UNCITRAL Arbitration Rules (2010) art 26 (2) (c).

[62] 申请人在尤科斯环球有限公司（马恩岛）、Hulley 企业有限公司（塞浦路斯）、老牌石油有限公司（塞浦路斯）和俄罗斯联邦之间根据 1994 年 12 月 17 日里斯本《能源宪章条约》2080 UNTS 95 进行的一系列仲裁中的法律费用超过了 5000 万美元。

[63] Blackaby and Partasides with Redfern and Hunter, *Redfern and Hunter on International Arbitration* (5th Edn, 2009) at para 5.31.

[64] [1987] 2 Lloyd's Rep 445, CA (Eng).

[65] *Flender Werft AG v Aegean Maritime Ltd* [1990] 2 Lloyd's Rep 27; *Hitachi Shipbuilding and Engineering Co Ltd v Viafiel Compania Naviera SA* [1981] 2 Lloyd's Rep 498, CA (Eng); *Samuel J Cohl Co v Eastern Mediterranean Maritime Ltd*, *The Silver Fir* [1980] 1 Lloyd's Rep 371, CA (Eng); *Coppee-Lavalin SA/NV v Ken-Ren Chemicals and Fertilizers Ltd (in liq)* [1994] 2 All ER 449, [1995] 1 AC 38.

[66] D De Meulemeester, C Veryser, "Failing to pay the advance on costs and the risk of inoperability of the arbitration clause-Remedy?", (2014) Kluwer Arbitration 31 July available at: http://kluwerarbitrationblog.com/2014/07/31/failing-to-pay-the-advance-on-costs-and-the-risk-of-inoperability-of-the-arbitration-clause-remedy/.

[67] *Mavani v Ralli Bros Ltd* [1973] 1 All ER 555, [1973] 1 WLR 468.

的自由量裁权。[68]

这一规定，显然是为了防止国际当事人不愿在英国对其争议进行仲裁。仲裁庭和法庭应该适用同样的原则，禁止任何纯粹根据他们是外国申请人而命令费用担保的做法。[69]

作出命令必须有更多的实质理由。[70] *Bank Mellat v Helliniki Techniki SA*[71] 案中，外国当事人同意根据 ICC 的规则在英国进行仲裁，法院拒绝作出费用担保命令。

在 *Kasturi Palm Produts v Palmex Industries Sdn Bhd*[72] 案中，法院根据《油脂、种子、脂肪联合会（FOSFA）仲裁与上诉规则》（*Rules of Arbitration and Appeal Federation of Oils, Seeds, Fats Association*）考虑了一个在伦敦作出的裁决的执行申请。

被申请人在质疑其合法性的同时申请了费用担保命令，原因是申请人在印度班加罗尔经营，经常居住地在法院管辖范围之外。

法院参考了 1980 年《高等法院规则》（*Rules of High Court* 1980 *Order*）第 23 号命令第 1（1）条（现为《2012 年法院规则》第 23 号命令第 1（1）条）来判断案情，命令申请人提供费用担保。法院解释说：

> 本案的问题是，下令费用担保是否公平？在我看来，对此可以关注两个重要的考虑。首先考虑的当然是申请人经常居住地在本院管辖范围之外的事实。诚然，根据第 1（1）条，考虑到针对外国申请人的权利不能下令费用担保，但法院认为根据案件情况作出命令是公平的除外。其次，考虑到被申请人在对申请人的主要申请提出异议的理据之一是至关重要的……[73]

因此，除非情况明确需要，否则法院不应向外国申请人作出费用担保的命令。[74]

除双方另有约定外，《2005 年仲裁法案》第 19（1）（a）条和第 21（3）（d）条规定了仲裁庭有权下令费用担保。通过允许仲裁庭下令将费用担保作为在仲裁过程中准予申请人作出某些让步或者延期的一个条件，法院试图为这个不足提供救济。

---

[68] English Arbitration Act 1996 s 38（3）.

[69] *William Hsieh Cheng Te v Tan Kwee Chai*［2012］MLJU 705 at［2.2］；Cf. *Shaik Ali v Shaik Mohamed*［1963］MLJ 300 第 301 页的观点认为，“很明显，法院在这个问题上有自由裁量权。同样清楚的是，关于原告，申请人应被视为原告，他并不在管辖范围内且其在该国没有财产或资产。在目前情况下，自由裁量权似乎总是倾向作出对费用进行担保的命令”。

[70] 仲裁庭应更愿意基于一方当事人的贫穷而非该当事人是外国人的原因来作出讼费保全的命令，参见 *Coppe-Lavalin SA/NV v Ken-Ren Chemicals and Fertilizers Ltd*（*in liq*）［1994］2 All ER 449，［1995］1 AC 38 案。

[71] ［1984］QB 291，［1983］3 All ER 428，CA（Eng）. *Flender Werft AG v Aegean Maritime Ltd*［1990］2 Lloyd's Rep 27；*Fal Bunkering of Sharjah v Grecale Inc of Panama*［1990］1 Lloyd's Rep 369.

[72] ［1986］2 MLJ 310 at 311；*Gateway Land Pte Ltd v Turner*（*East Asia*）*Pte Ltd*［1988］1 MLJ 416，［1988］2 CLJ 364；*Haidakota v Tan Tiam Chai*［2008］MLJU 654，［2009］1 CLJ 699.

[73] *S & S Power Switchgear Ltd v Toprank Corp Sdn Bhd*［2005］2 MLJ 69；*GH-USAValve Co v Techno Rada Sdn Bhd*［2012］MLJU 92.

[74] *William Hsieh Cheng Te v Tan Kwee Chai*［2012］MLJU 705 at［2.2］；Cf. *Shaik Ali v Shaik Mohamed*［1963］MLJ 300 at p 301.

例如，法院在 *Japan Line Ltd v Aggeliki Charis Compania Maritime SA*，*The Angelic Grace*[75] 案中允许了仲裁庭将提供费用担保作为作出临时裁决的条件。

同样，法院在 *Lafki Shipping Co SA v Pinios Shipping Co No* 1，*The Maria*[76] 案中也支持了仲裁庭作出的决定，即把提供费用担保作为向高等法院提出特殊情况的先决条件。

然而这些都是孤立的案件，*Kirkawa Corp v Gatoil Overseas Inc*，*The Peter Kirk*[77] 案的法院认为，将费用担保命令作为条件并不是目的，它也不是为辅助目的而行使的。

除了有关仲裁庭认为申请方是否能够从申请人或被申请人处追回费用的这些一般考虑事项外，在 *Badger Chiyoda v CBI NZ Ltd*[78] 案中，就面对仲裁中的费用担保的申请时仲裁庭可能会考虑的因素，新西兰高等法院提供了一些有用的指引，如下：

（1）申请人的案件是否是真诚的、真实的。

（2）申请人在其索赔中是否具有相当高的胜诉可能性。

（3）在程序过程中，针对申请人的部分索赔，是否已经有正式或非正式的承认。

（4）是否有向法院支付的款项或在仲裁程序中与其相当的款项，以表明原告的索赔不只是一个滋扰性的索赔。

（5）是否有任何理由认为被申请人使用该申请是为了防止将申请人的案件提交审裁处审理。

（6）费用担保令是否能使被申请人以申请人自己造成的不可诉行为为由驳回索赔。

（7）作为被申请人的担保金申请人是否因提出申请而被认定延误。

这些因素是在仲裁庭批准担保金的背景下得以阐述的，但应该同样适用于高等法院批准的担保金。

有些情况下，当事人可能觉得直接向高等法院申请这种命令为更为合适。[79] 这种情况可能包括一方当事人拒绝参与仲裁或明确表示不会支付仲裁下令的任何担保金，或者是在事项紧急时。[80]

根据其性质，这种命令不能对被申请人提出，但可以针对提出反诉的被申请人作出。[81] 法院命令费用担保的权力不能因双方当事人明确的意图相反的协议来排除。[82]

然而当仲裁程序已经完成而其费用尚待仲裁庭计算时，《2005年仲裁法案》中没有规定法院可以为这些费用下令费用担保。[83]

费用担保令不是裁决，但《2005年仲裁法案》第19条列出了原则，即依据第38~

---

[75] [1980] 1 Lloyd's Rep 288.

[76] [1982] 1 Lloyd's Rep 257.

[77] [1990] 1 Lloyd's Rep 154.

[78] [1986] 2 NZLR 599 at 604.

[79] Rules of Court 2012 O 23.

[80] Blackaby and Partasides with Redfern and Hunter, *Redfern and Hunter on International Arbitration* (5th Edn, 2009) at para 7.28.

[81] Rules of Court 2012 O 23 r 1 (3).

[82] *Mavani v Ralli Bros Ltd* [1973] 1 All ER 555, [1973] 1 WLR 468.

[83] *Maeda Construction Co Ltd v Building Design Team* [1991] 3 MLJ 24.

第 39 条适用于为执行的目的而作出的命令，该原则适用于费用担保的命令。因此，仲裁庭对于费用担保的命令可以像裁决那样执行。

如果申请人拒绝按照命令去支付担保费用，那么仲裁庭可能会要求被申请人履行这一义务，或者根据《2005 年仲裁法案》第 27（d）条的规定，以其权力驳回索赔申请，理由是申请无法继续推进；或者被申请人可以中止程序，直至申请得到履行。[84] 被申请人可能会因为没有遵守向仲裁庭交付费用担保的命令而永久地被禁止在仲裁程序中进行抗辩。[85]

仲裁庭在 *RSM Production Corporation v Saint Lucia*[86] 案中考虑了申请人一贯地未能在其他国际投资争端解决中心（ICSID）案件中支付预付款或成本的历史，并下令给予费用担保。[87] 德克·德·梅勒梅斯特和塞德里克·费尔瑟解释了背后的理由，如下：

> 在几起案件中，申请人在遇到被申请人不愿支付其份额的预付款时，认为仲裁协议已失效，因而放弃了仲裁，回到国家法院来对案件的是非曲直作出裁判。[88]

英国高等法院在 *BDMS Limited v Rafael Advanced Defense Systems*[89] 案中认为：

（i）被申请人未能支付预付款并不意味着他拒绝参与仲裁。被申请人拒绝“按规则行事”仅限于拒绝支付费用预付款，这说的是除非费用担保被提供的情况；

（ii）申请人可能已经提供了银行担保或支付被申请人预付款的份额，这是 ICC 规则考虑、处理和提供解决机制的情况；

（iii）申请人可能会寻求临时命令，以要求被申请人支付其预付款份额；

（iv）申请人没有大幅度地被剥夺合同的全部利益，因为 ICC 规则为申请人提供了防止这种情况发生的方法。

费用担保包括仲裁庭的费用。[90] 如果机构规则没有对这些费用的支付作出规定，那么仲裁庭可以这样做，但必须确保这样的命令是在一方当事人的要求下合理和通常地进行的。

在新加坡的一个案件中，法院拒绝针对一个在美国的程序颁发禁令，在该案中，美

---

[84] *Dorval Tankers Pty Ltd v Two Arrows Maritime and Port Services Ltd*［*Pakistan Edible Oil Corp Ltd*（*intervener*）］, *The Argenpuma*［1984］2 Lloyd's Rep 563, CA（Eng）; cf *Petromin SA v Secnav Marine Ltd*［1995］1 Lloyd's Rep 603; *Djuric Dragon v Toshali Marketing Pte Ltd*［2000］1 SLR（R）505; *Fasi Paul Frank v Speciality Laboratories Asia Pte Ltd*［1999］1 SLR（R）1138.

[85] *Richco International Ltd v International Industrial Food Co SAL*, *The Fayrouz III*［1989］1 All ER 613.

[86] *RSM Production Corporation v Saint Lucia*（ICSID Case No. ARB/12/10）.

[87] "Chapter 5. Powers, Duties, and Jurisdiction of an Arbitral Tribunal", in Blackaby and Partasides with Redfern and Hunter, *Redfern and Hunter on International Arbitration*（6th Edn, 2015）at pp 305-352, para 5. 79.

[88] D De Meulemeester, C Veryser, "Failing to pay the advance on costs and the risk of inoperability of the arbitration clause-Remedy?",(2014) Kluwer Arbitration 31 July.

[89] *BDMS Limited v Rafael Advanced Defence Systems*［2014］EWHC 451（Comm）.

[90] *Wealcan Enterprises Inc v Banque Algerienne Du Commerce Exterieur SA*［2012］EWHC 4151（Comm）.

国法院曾经对在新加坡的仲裁程序批准了费用担保。[91]

如果申请人获得第三方资助，即其法律费用全部或部分由专业资助者支付，而资助者通常只有在成功的情况下才能获得偿还，那么会出现一个更难的局面。有人反驳，只要存在第三方资助就应该要求费用担保，因为如果索赔失败，其就没有能力从不是仲裁当事方的资金提供者那里收回成本。

Guaracachi and Rurelec v Bolivia[92] 案的仲裁庭对这个论点非常谨慎，指出：

> 事实上，被申请人没能充分证明因果关系，因此法庭可以从第三方资金的存在推断出，无论出资人是否对费用负责，申请人都无法支付最终针对他们的费用裁决。

一方当事人为了对另一方当事人造成损害或损失而采取的滥用法律诉讼手段可能造成的损失或损害担保索赔，以防止裁决被修改或撤销。如果适用的规则明确允许仲裁庭有作出这种费用担保命令的自由裁量权，那么这种索赔的提出是可能的。[93] 但在实践中，这是很少见的。

32.8 反诉讼禁令

原则上，仲裁庭有权根据《UNCITRAL 示范法》第 17 条发布反诉讼禁令，该命令要求当事人不能违反仲裁协议向法院提起诉讼。[94]

作出这种命令的理由是，两个程序都会裁决相同的问题，发布禁令的目的是保留仲裁庭的管辖权，并且防止平行、不一致的裁决和重复程序的风险。[95]

但是，仲裁庭应谨慎和克制地发布此类命令。法院可能会通过作出阻止另一方当事人在另一个法院推进仲裁或诉讼程序的命令——甚至通过禁止反诉讼禁令——来阻止一方当事人在一个外国法院仿效寻求反诉讼禁令。[96]

---

[91] *Regalindo Resources Pte Ltd v Seatrek Trans Pte Ltd* ［2008］ 3 SLR （R） 930.

[92] *Guaracachi America*, *Inc* （*USA*） & *Rurelec plc* （*United Kingdom*） *v Plurinational State of Bolivia* （PCA Case No. 2011-17）.

[93] 《ICC 仲裁规则》第 28 （1） 条规定：“仲裁庭可以批准任何此类措施，但请求方须提供适当的保证金”；另可参见《瑞士规则》第 26 （2） 条。

[94] R Rana and M Sanson, *International Commercial Arbitration*, （2011） at p 226.

[95] *Component Builders Inc v Islamic Republic of Iran*, Award No. ITM/ITL 51-395-3 （27 May 1985）, 8 Iran-US CTR; *Paul Donin de Rosiere v Islamic Republic of Iran*, Award No. ITM/64-498-1 （4 December 1986）, 13 Iran-US CTR 193 at 194.

[96] *Pan Australia Shipping Pty Ltd v The Ship* “*Comandate*” ［2006］ FAC 881.

32.9　共同的仲裁员的非司法能力

《1952 年仲裁法案》[97] 允许共同的仲裁员有权在委任仲裁员时以非司法的资格行事，但是《2005 年仲裁法案》中并未给予仲裁员这样的能力。

因此，在这种情况下，这将完全取决于双方当事人的协议。仲裁庭根据《2005 年仲裁法案》第 21 条决定仲裁规则的自由裁量权将受协议的约束。

如果提到两名仲裁员有权在发生分歧的情况下任命裁判员，并且裁判员在仲裁员意见不一致时加入了仲裁，那么仲裁员的职责就结束了。[98]

无论何时，当新的仲裁员或裁判员进入正在进行的仲裁时，仲裁程序都必须重新开始。裁判在没有向他提供证据的情况下采取行动是不正常的。

法院在 *Orion Compania Espanola de Seguros v Belfort Maatschappij Voor Algermene Verzekgringeen*[99] 案中提到：

> 假设仲裁员已经作出临时裁决来处理部分争议事项，例如他们有权根据第 14 条进行裁决……并且在已经作出或公布临时裁决后继续处理争议中的其他事项，那么会发生什么？然后，他们意见不合，并将争议提交给裁判员。我们很难说，裁判员有权（更不能说有义务）重新讨论仲裁员的临时裁决中已经处理过的那些事项。即使没有临时裁决的问题，经常发生的情况是，在听审过程中，仲裁员会对事项作出命令，例如修改诉状，或者……涉及证据的采纳。如果在作出这些命令后，仲裁员意见不一，然后裁判员进入仲裁，那么我们很难说裁判员有义务甚至有权重新讨论这些问题并以自己的决定加以替代，也很难说那些已经由仲裁员一致同意的证据并没有被妥当地采纳。如果是这样，那么当仲裁员已经对向其提交的证据和陈述达成了一致，即仲裁中某一特定的抗辩没有成功，而他们对另一事项没有达成一致时，裁判员加入了仲裁。对此，似乎很难理解为什么裁判员不受制于协议，却会受制于仲裁庭有关证据的接纳性命令？

在这种情况下，仲裁员可以由各方当事人授权，继续以非司法者的身份参与仲裁。仲裁员的继续参与可以由仲裁当事人明确或默示地同意。例如，各当事人可以通过同意一个有此惯例的商事仲裁而默示地同意。

在出现分歧之前，两名仲裁员必须独立行事，尽管他们可能试图通过成为“倡导协

---

[97] Act 93（repealed）.

[98] *Sabah Shipyard Sdn Bhd v Jackson Marine*（*Malaysia*）*Sdn Bhd*［1991］2 CLJ 1020.

[99] ［1962］2 Lloyd's Rep 257 at 267.

商者”（*negotiating advocate*）而达成折中解决办法。[100] 例如，仲裁员能为裁判员提供事实或专家证据，或者在裁判员面前充当委任他的当事人的拥护者。

在商事仲裁中，当仲裁员职权终止时，可以向裁判员提交事实证据。[101] 在进行裁决时，裁判员可以考虑仲裁员的专家意见。[102]

在商事仲裁中无法达成一致时，仲裁员在裁决员面前担任委任他的当事人的拥护者这样的做法已经发生了改变。[103] 当仲裁员成为委任他们的当事人的拥护者时，他们已经成了各方的代理人。

一旦仲裁员的司法职能结束，仲裁员的职能之一就是代表委任他的一方。不论该方与仲裁员的观点是否一致，其意见都必须得到表达。

作为该方的代表，仲裁员具有豁免或者同意在程序中的任何不合规行为的默示权力。[104] 即使这种违规行为可能是由于委任仲裁员的一方当事人的过错造成的，也是如此。[105]但是，在涉及司法管辖权问题的情况下，要豁免任何违规行为都需要得到明确授权。[106]

法官麦克奈尔（McNair J）在 *Kawasaki Kisen Kaisha v Government of Ceylon*[107] 案中认定：

> 无论律师还是仲裁员或辩护律师，如果涉及未定义金额的潜在责任或超出最初提交仲裁的索赔金额，都无权同意考虑以另一索赔来代替已提交的索赔。

虽然没有明确说明，但如果有作出委任的文件或任何其他有效形式的授权，则裁决员的管辖权可以延伸。[108]

法院在 *Luanda Exportadora SARL v Tamari & Sons Ltd*[109] 案中说，仲裁员由一方当事人

---

[100] *Naumann v Edward Nathan & Co Ltd*（1930）37 Ll L Rep 249 at 250；*In Re Enoch and Zaretzky, Bock & Co's Arbitration*［1910］1 KB 327，CA（Eng）.

[101] *Bourgeois v Weddell & Co*［1924］1 KB 539.

[102] *Cerrito v North Eastern Timber Importers Ltd*［1952］1 Lloyd's Rep 330.

[103] *In Re Enoch and Zaretzky, Bock & Co's Arbitration*［1910］1 KB 327 at 334，CA（Eng），per Farwell LJ；*French Government v Tsurushima Maru SS（Owners）*（1921）37 TLR 961，CA（Eng）；*Ritchie v W Jacks & Co*（1922）10 Ll L Rep 519；*Russian Oil Products Ltd v Caucasian Oil Co Ltd*（1928）31 Ll L Rep 109；*Wessanen's Koninklijke Fabrieken NV v Isaac Modiano Brother & Sons Ltd*［1960］3 All ER 617，［1960］1 WLR 1243，［1960］2 Lloyd's Rep 257；*Kawasaki Kisen Kaisha Ltd v Government of Ceylon*［1962］1 Lloyd's Rep 424；*Rahcassi Shipping Co SA v Blue Star Line Ltd*［1969］1 QB 173，［1967］3 All ER 301；*Westminster Chemicals and Produce Ltd v Eichholz and Loeser*［1954］1 Lloyd's Rep 99.

[104] *Kawasaki Kisen Kaisha v Government of Ceylon*［1962］1 Lloyd's Rep 424 at 429 per McNair J.

[105] *Hill Court Shipping Co SA v Cie Continentale（France）SA, The Yperagia*［1977］1 Lloyd's Rep 29 at 36 per Mocatta J.

[106] *Rahcassi Shipping Co SA v Blue Star Line Ltd*［1969］1 QB 173，［1967］3 All ER 301.

[107] *Kawasaki Kisen Kaisha v Government of Ceylon*［1962］1 Lloyd's Rep 424 at 429 per McNair J.

[108] *Westminster Chemicals and Produce Ltd v Eichholz and Loeser*［1954］1 Lloyd's Rep 99 at 106.

[109] *Luanda Exportadora SARL and Colprogeca-Sociedade Geral De Fibras, Cafes E Produtos Coloniais Lda v Wahbe Tamari & Sons Ltd and Jaffa Trading Co*［1967］2 Lloyd's Rep 353 at 368.

直接委任与由第三方委任的情况是有区别的。如果仲裁员是由第三方委任的，则不能说仲裁员有被授权的豁免权。[110]

仲裁员也可以扩大裁判员的权力，前提是得到委任他们的当事人的授权。[111] 仲裁员的权力在裁判员结束辩论时终止。[112]

当裁判员代替仲裁员时，裁判员的权力与之相同。[113] 裁判员也可以接受作为非司法人员行事的仲裁员的协助。但是，自仲裁开始时，裁判员通常会与仲裁员和谐共处，否则各方当事人必须重复举证。[114]

此外，双方当事人经常明确同意裁判员有权在仲裁过程中作出所有程序性裁决。尽管两名仲裁员有可能在部分争议事项上作出裁决，并且把他们未达成一致的其他事宜提交给裁判员[115]，裁判员必须对向他提交的整个争议进行裁决[116]。

32.10 首席仲裁员的角色

IBA《道德规范》（*Ethics*）特别允许，由当事人指定的仲裁员可以就接受首席仲裁员候选人的问题获得其委任方的意见。

首席仲裁员担任仲裁庭主席。首席仲裁员的职能包括负责仲裁庭的审议工作、举行会议和听审。

首席仲裁员的责任还包括确保仲裁程序尽可能顺利和有效地进行。

首席仲裁员还有责任确保诉讼顺利和有效，并确保当事人指定的仲裁员始终保持公正。当一方当事人指定的仲裁员越过界限并担任指定方的辩护人时，其他仲裁员，特别是首席仲裁员，通常会无视“律师仲裁员”（advocate arbitrator）的意见。

---

[110] *Ritchie v W Jacks & Co*（1922）10 Ll Rep 519；*Wessanen's Koninklijke Fabrieken NV v Isaac Modiano Brother & Sons Ltd*［1960］3 All ER 617，［1960］1 WLR 1243，［1960］2 Lloyd's Rep 257；*Government of Ceylon v Chandris*［1963］2 QB 327，［1963］2 All ER 1，［1963］1 Lloyd's Rep 214；*French Government v Tsurushima Maru SS*（*Owners*）（1921）37 TLR 961，CA（Eng）.

[111] *Kawasaki Kisen Kaisha Ltd v Government of Ceylon*［1962］1 Lloyd's Rep 424 at 429 per McNair J. *Westminster Chemicals and Produce Ltd v Eichholz and Loeser*［1954］1 Lloyd's Rep 99 at 106 per Devlin J.

[112] *Kawasaki Kisen Kaisha Ltd v Government of Ceylon*［1962］1 Lloyd's Rep 424 at 429 per McNair J；In *Re Fuerst Bros & Co Ltd and R S Stephenson*（*Cater*，*Collings & Co Ltd Intervening*）［1951］1 Lloyd's Rep 429 at 432.

[113] Arbitration Act 1952（repealed）ss 10 and 12. South Africa Arbitration Act 1965 s 19（d）.

[114] *Re Salkeld and Slater and Harrison*（1840）12 Ad & El 767.

[115] *Lang v Brown*（1855）25 LTOS 297，HL.

[116] *Cerrito v North Eastern Timber Importers Ltd*［1952］1 Lloyd's Rep 330. *Orion Compania Espanola de Seguros v Belfort Maatschappij Voor Algemene Verzekgringeen*［1962］2 Lloyd's Rep 257.

32.11 固有和隐含的权力

《2005年仲裁法案》和大多数现代机构规则对仲裁庭的权力进行了更多的文本性的规定，使得隐含的权力在现代仲裁舞台上较少具有相关性。但是，仲裁协议有可能出现不属于《2005年仲裁法案》范围的情况。[117] 因此，需要考虑仲裁庭固有和隐含的权力。

国际法协会（International Law Association，ILA）委员会解释说：

> 适用固有权力的原则通常不适用于解决常规的程序问题，而适用于解决异议和不可预见的情况，这些情况会涉及仲裁程序本身的完整性。例如，在最近的国际投资案件中，仲裁员援引了这样的权力来阻止一方所选择的律师出席听审[118]，并在当事人协议规定分担费用的情况下，对发现有恶意行为的一方当事人征收了仲裁费用。[119]

莱昂·科佩克（Leon Kopecky）和维多利亚·彭特（Victoria Pernt）说：

> 根据国际法协会委员会的报告，隐含的权力来源于仲裁协议、仲裁规则或者赋予仲裁员的自由裁量权。另外，固有的权力来源于仲裁的性质，以及仲裁员的职能和任务。[120]

根据两年期会议的国际法协会报告，固有的和隐含的权力可以被认为是三种可能重叠的权力：

（a）由当事人特定的管理仲裁的协议、规则和法律所隐含的权力；

（b）对于在概念上与隐含和固有权力都相关的程序的自由裁量权；

（c）对于维持管辖权、保留程序的完整性和作出一个可执行的裁决而言有必要的固有权力。

与程序有关的权力可以包括如确定仲裁地点的权力、分开程序的权力[121]或允许非当

---

[117] 例如，口头仲裁协议会违反《2005年仲裁法案》第9（3）条关于仲裁协议必须以书面形式作出的规定；参见 *New India Assurance Co Ltd v Lewis*［1967］1 MLJ 156，［1965-1967］SLR（R）433，FC（Sing）案、*Imperial Metal Industries（Kynoch）Ltd v Amalgamated Union of Engineering Workers*［1979］1 All ER 847，［1979］ICR 23，CA（Eng）案；另可参见 Mustill and Boyd，*Commercial Arbitration*，（2nd Edn，1989）at p 6.

[118] *Hrvatska v Elektroprivreda*，*dd v Republic of Slovenia*，ICSID Case No. ARB/05/24，Order Concerning the Participation of a Counsel.

[119] The ILA's Committee on International Commercial Arbitration，"Report on Inherent and Implied Powers of Arbitrators for the Biennial Conference in Washington DC April 2014" at p 3.

[120] L Kopeck? and V Pernt，"A Bid for Strong Arbitrators"，（2016）Kluwer Arbitration 15 April.

[121] M Benedettelli，"To Bifurcate or Not to Bifurcate? That is the（Ambiguous）Question"，（2013）29 Arbitration International，3 at 505.

事人参与仲裁的权力。[122]

这些权力是进行仲裁的一般权利，并且包括就如交换诉状[123]、披露、决定初步事项、适用专家证人、确定听审日期等仲裁进行中的一般事项给予指示。

但是，除非所有当事人同意，否则在案例法下，仲裁庭无权将不同仲裁协议下的各个争议进行合并审理。[124] 如果两个仲裁程序中的任何一方当事人没有提出共同或联合审理两个程序的要求，那么就没有进行合并的法律基础。[125] 未能取得双方当事人的同意将使得作出的任何裁决都是无效的。[126]

法官丹宁在 *Alfred Crompton Amusement Machines Ltd v Customs and Excise Commissioners* (*No* 2)[127] 案中认定，仲裁一方当事人有权像他是一个高等法院民事诉讼的一方当事人那样获得披露，这是隐含的权利。

然而仲裁存在商业和司法背景，特别是有降低成本和延误的需要，这意味着现代仲裁庭不应将广泛的披露视为一个预定的结论，而应该愿意以与法院诉讼相比程序更少的方式来进行仲裁。

32.12　来源于仲裁协议的附加权力

当事人通过仲裁协议给予额外的权力，以使得仲裁员能够就被提交仲裁的争议或分歧作出一个裁决。由于仲裁庭的委任可能是由一个当事人和仲裁员（们）之间的私人合同作出的，所以可能会存在在规定情况下给予仲裁庭辞职的权力的条款。[128]《2006 年建筑师协会建筑合同标准格式》（*PAM standard Form of Building Contract* 2006）第 34（8）条明确地给予了仲裁庭以下权力：

（a）纠正合同，以便准确反映雇主和承包商的真实协议；

（b）指示他认为可行的测量策略和/或估价，以决定双方的权利；

（c）确定和裁定应该是任何证书的标的物或包括在其内的任何款项；

（d）开立、审查和修改任何证明书、意见、决定、要求或通知；

（e）以犹如没有给予此等证明书、意见、决定、要求或通知的方式，决定所有交给

---

[122] *Suez*, *Sociedad General de Aguas de Barcelona SA and Inter Aguas Servicios Integrales del Agua SA v The Argentine Republic*, ICSID Case No. ARB/03/17, Order in Response to a Petition for Participation as Amicus Curiae（17 Mar 2006）.

[123] 参见 *Grangeford Structures v SH*［1990］2 IR 351 案，如果问题相对简单，并且所涉金额不大，那么仲裁员可以决定：只要他的行为公正并符合自然公正，就不需要提出诉状。

[124] 这明确规定在《KLRCA 仲裁规则》（2013 年修订）第 8 条和《2005 年仲裁法案》第 40（2）条中。

[125] *Tan Sri Dato' Professor Dr Lim Kok Wing v Thurai Das a/l Thuraisingham*［2011］9 MLJ 640.

[126] *PT First Media TBK*（*formerly known as PT Broadband Multimedia TBK*）*v Astro Nusantara International BV*［2014］1 SLR 372,［2013］SGCA57, CA; *Oxford Shipping Co Ltd v Nippon Yusen Kaisha*, *The Eastern Saga*［1984］3 All ER 835,［1984］2 Lloyd's Rep 373.

[127] ［1972］2 QB 102 at 127.

[128] *Anwar Siraj v Teo Hee Lai Building Construction Pte Ltd*［2014］1 SLR 52,［2013］SGHC 200 at［26］.

他的争议事项；

(f) 如他认为合适，从某日期起、依照某利率计算：

(i) 他作出裁决的全部或部分数额，自裁决日期前的任何区间起算；

(ii) 仲裁索赔的全部或部分金额，以及在仲裁程序开始时未付但在裁决作出之前已支付的全部或部分金额，自付款日前的任何区间起算。

(g) 针对未付的任何裁决金额，按照他认为合适的利率，裁决从裁决日期（或任何较晚的日期）到支付时的利息。

尽管各方当事人不能授予仲裁庭那些只有法官可以行使的权力，他们也可以向仲裁庭赋予他们认为适当的其他附带权力。即使通过明确的协议，也不能赋予仲裁庭只有法官才能行使的权力[129]。

只有法官才能行使的权力的例子有判处藐视法庭的权力[130]和命令发出人身保护令和作证令的权力。[131] 因此，尽管双方当事人达成了协议，但仲裁庭无权作出逮捕他人的指示，也不得作出临时保护命令或者中间禁令，以保护财产不受非仲裁当事人的侵害。实际上，赋予仲裁庭的任何权力都不得针对非仲裁协议当事人行使。

32.13 来源于仲裁规则的权力

仲裁机构规则通常会列出这些权力，从范围来讲，它们一般比法规规定得更广泛。大多数机构规则[132]赋予仲裁庭的权力包括命令披露或对质询书[133]的检查或审阅；允许修改或延期提交或送达诉状[134]，确定仲裁的语言、地点和时间，和/或批准延期[135]以限制证人；批准或拒绝重新开庭；用其自己的知识来评估和确定争议事项；确定作出裁决的时间[136]；纠正文书错误；延长仲裁程序的范围；批准或拒绝法律陈述，以及允许文件在规定时间以外提交。[137]

由于仲裁庭从仲裁协议中获得了管辖权，其不得拒绝该协议的任何部分，也不能忽略对其权限的任何限制，除非这样的限制违反了《2005年仲裁法案》中的强制性规定，

---

[129] *Kursell v Timber Operators and Contractors Ltd* [1923] 2 KB 202 at 206 per Salter J.

[130] *Re Unione Stearinerie Lanza and Weiner* [1917] 2 KB 558.

[131] *Kursell v Timber Operators and Contractors Ltd* [1923] 2 KB 202 at 206 per Salter J.

[132] KLRCA Arbitration Rules (Revised 2013); the International Chamber of Commerce (ICC); AAA rules; CIETEC rules; The Pertubuhan Akitek Malaysia Arbitration Handbook (1994 Ed); the Malaysian Institute of Arbitrators Rules (2000 Edn); the Institution of Engineers Rules 1994 (3rd Edn).

[133] KLRCA UNCITRAL Rules (Revised 2010) art 27 (3); PAM Arbitration Rules (2010) art 14.3.

[134] KLRCA UNCITRAL Rules (Revised 2010) art 25.

[135] PAM Arbitration Rules (2010) art 15.2.

[136] KLRCA Arbitration Rules (Revised 2013) r 11 (2).

[137] KLRCA Arbitration Rules (Revised 2013) art 27 (3).

例如要求以书面形式发表裁决[138]或平等对待各方。[139]

如果仲裁庭被指定对由合同和附件所引起的争议进行仲裁，法院认定，仲裁庭无权认定附件中的一个条款不适用于该协议。[140]

仲裁庭无权施加义务或者授予在提交仲裁时未被授权的权利。[141] 但是，仲裁庭有权考虑其是否有司法管辖权，以确信自己值得推进程序。[142] 明确或隐含地提及这一结论的裁决不会因此失效。

---

[138] Arbitration Act 2005 s 33（1）.

[139] Arbitration Act 2005 s 20.

[140] *Cie Algerienne de Meunerie v Kyprianou*［1960］1 Lloyd's Rep 366，affd［1961］2 Lloyd's Rep 113，CA（Eng）.

[141] *Phoenix v Pope*［1974］1 All ER 512，［1974］1 WLR 719；*Walmsley v White* 67 LT 433；*Olver v Hillier*［1959］2 All ER 220，［1959］1 WLR 551；*Vawdrey v Simpson*［1896］1 Ch 166；*Turnell v Sanderson*（1891）60 LJ Ch 703；cf *Joplin v Poslethwaite*（1889）61 LT 629.

[142] KLRCA UNCITRAL Rules（Revised 2010）art 23（1）.

第 33 章 高等法院的权力

33.1 没有监督的管辖权

当事人未能根据仲裁协议履行其义务的，可以通过临时措施等在仲裁庭以外的法院强制执行。长期以来，人们一直认为高等法院并没有监督协议仲裁和仲裁庭行为的固有管辖权。[1]

现在，这一点已经编入《2005 年仲裁法案》[2] 第 8 条，该条款以《UNCITRAL 示范法》第 5 条为基础，规定“除本案另有规定外，法院不得干预由本法案管辖的事项”[3]。

这一规定被解释为强制性的[4]，并且该法案规定了有关法院的具体干预是确定此类干预正确性的基本标准。[5] 第 5 条被援引来质疑法院对《UNCITRAL 示范法》未明确列出的一般事项的干预。[6]

因此，法院的干预只有在《2005 年仲裁法案》[7] 明确允许的范围内才适用，但《UNCITRAL 示范法》第 9 条明确接受了法院干预的概念，该条规定：

当事人在仲裁程序开始之前或进行期间请求法院采取临时保护措施并由法院批准这

---

[1] *Exormisis Shipping SA v Oonsoo, the Democratic Peoples Republic of Korea and the Korean Foreign Transportation Corp* [1975] 1 Lloyd's Rep 402 at 434 per Donaldson J; *Bremer Vulkan Schiffbau und Maschinenfabrik v South India Shipping Corp Ltd* [1981] AC 909, [1981] 1 All ER 289, [1981] 1 Lloyd's Rep 253, HL; *Bill Biakh K/S A/S and Bill Biali K/S A/S v Hyundai Corp* [1988] 1 Lloyd's Rep 187 at 189 per Steyn J. *Japan Line Ltd v Aggeliki Charis Compania Maritima SA, The Angelic Grace* [1980] 1 Lloyd's Rep 288 at 292 per Lord Denning MR (expressly disapproved by the House of Lords in *Bremer Vulkan Schiffbau und Maschinenfabrik v South India Shipping Corp Ltd* (above)).

[2] Act 646.

[3] *The Government of India v Cairn Energy India Pty Limited* [2014] 9 MLJ 149 at [107]; *TNB Fuel Services Sdn Bhd v China National Coal Group Corp* [2013] 4 MLJ 857 at [24]. *Sunway Damansara Sdn Bhd v Malaysia National Insurance Bhd* [2008] 3 MLJ 872 at [21].

[4] *Noble China Inc v Lei Kat Cheong* [1998] CanLII 14708 (ON SC).

[5] *Vibroflotation AG v Express Builders Co Ltd* [1994] HKCFI 205.

[6] *BWV Investments Ltd v Saskferco Products Inc and UHDE GmbH* [1994] CanLII 4557 (SK CA); CLOUT case 18: *Rio Algom Limited v Sammi Steel Co* [1991] OJ No 268.

[7] *Sunway Damansara Sdn Bhd v Malaysia National Insurance Bhd* [2008] 3 MLJ 872 at [21]; *Mitsui Engineering & Shipbuilding Co Ltd v Easton Graham Rush* [2004] SGHC 26; *NCC International AB v Alliance Concrete Singapore Pte Ltd* [2008] 2 SLR (R) 565, [2008] SGCA 5; *Western Oil Sands Inc v Allianz Insurance Company of Canada* [2004] ABQB 79 (CanLII).

种措施的，这与仲裁协议并无抵触。[8]

但是，对法院管辖权的限制并不是绝对的。法院认定，如果在马来西亚[9]境外进行仲裁或者仲裁终止，像《2005 年仲裁法案》第 8 条那样的规定将不适用。[10]

上诉法院在 *Bina Jati Sdn Bhd v Sum-Projects* （*Bros*） *Sdn Bhd*[11] 案中基于法院的固有管辖权，维持了撤销仲裁庭职权的决定。如果待决事项超出《2005 年仲裁法案》的范围，那么法院可以干预。[12]

在没有不当行为的情况下，法院过早干预仲裁程序违背了既定的权威。法院的非建设性干预权不会有助于鼓励各方当事人进行仲裁，法院已经认识到避免作出可能会阻碍或耽误仲裁的命令的重要性。[13]

现在很清楚的是，"实行临时措施的目的是补充和便利仲裁，而不是预防或替代仲裁。法院的作用是辅助的，只能在仲裁员处理该问题是可能或切实可行的程度下行使"[14]。

其中一个最常被引用的案例是 *Channel Tunnel Group Ltd v Balfour Beatty Construction Ltd*[15] 案，马斯蒂尔法官勋爵说：

> 相反，实行临时保护措施的目的不是侵犯仲裁员的程序权力，而是加强它们，以使仲裁员根据争议实质问题最终会作出更多决定。其做法只要没有超越措施的目的，就并没有违反国际仲裁的精神。

英国上诉法院在 *Cetelem SA v Roust Holdings Ltd* 案中提供了有益的观点：

> 赋予法院作出这种命令的权力的目的是：如遇紧急情况，可在仲裁开始前协助仲裁程序。否则，一个不合作的当事人可以轻易地挫败仲裁程序。当然，如果要求法院行使权力，那么在任何情况下，它必须特别注意不可篡夺仲裁程序，并且通过从申请人处获得适当承诺而确保将实质性问题留给仲裁员解决。[16]

---

[8] UNCITRAL Model Law，art 9.

[9] CLOUT Case 13：*Deco Automotive Inc v GPA Gesellschaft für Pressenautomation mbH* ［1989］ OJ No 1805.

[10] *Indian Oil Corporation v Atv Projects India Ltd* 2004 （2） ARBLR 432 Delhi.

[11] ［2002］ 2 MLJ 71.

[12] *Sundra Rajoo v Mohamed Abd Majed* ［2011］ 6 CLJ 923.

[13] *Merino-O. D. D. Sdn Bhd v PECD Construction Sdn Bhd* ［2009］ MLJU 671.

[14] S Greenberg，C Kee and J R Weeramantry，*International Commercial Arbitration*：*An Asian-Pacific Perspective*，（2011） at p 368.

[15] 参见［1993］ 1 All ER 664 at 688，［1993］ AC 334 at 365；新西兰的 *Pathak v Tourism Transport Ltd* ［2002］ 3 NZLR 681 案和新加坡的 *NCC International AB v Alliance Concrete Singapore Pte Ltd* ［2008］ 2 SLR （R） 565，［2008］ SGCA 5 案，都表达了类似的观点。

[16] ［2005］ EWCA Civ 618 at ［71］.

在其他司法管辖区，也有类似的看法。⑰

《2005 年仲裁法案》第 11 条和第 19 条中，法院和仲裁庭的临时权力有相当大的重叠。因此，有人认为，如果存在共同管辖权，那么除非存在抵消因素，否则当事人应首先向仲裁庭提出申请。⑱

在首先向法院提出申请更为合适的情况下，并不要求首先征求仲裁庭的意见。⑲雷德芬和亨特⑳有益地总结了五种更适合向法院申请支持仲裁的临时措施的情况：

（1）根据国家法律，仲裁庭没有权力下令临时措施；

（2）在仲裁庭组成之前亟须采取临时措施；

（3）当需要对第三方执行命令时，因为仲裁庭的权力只适用于仲裁协议当事人；

（4）当临时措施的申请必须在执行地的法院提出时；和/或

（5）当需要单方面临时措施限制另一方当事人的行为，而仲裁庭无法授予时。

法院在促进仲裁方面发挥着至关重要的作用，并且是作出和执行临时救济的有力盟友。这是因为法院的权力比仲裁的权力更广更深，并且通常只能由法院给予及时的早期禁令救济。㉑

法院在决定是否采取行动时应该时刻记住，当事人应该首先向仲裁庭申请救济。《2005 年仲裁法案》第 11（2）条默示了这一点：

如果当事人向高等法院申请任何临时措施，并且仲裁庭已经就与申请有关的任何事项作出裁决，高等法院应将仲裁庭在裁决过程中作出的任何事实裁定视为对申请而言是结论性的。

这并不是说法院有义务就申请本身与仲裁庭达成同样的结论，但这一决定必须以仲裁庭所作出的事实认定为依据。

但是，如果仲裁程序是在马来西亚境外进行的，那么法院必须考虑其权力是否适用于马来西亚以外的仲裁程序，以及为了便利马来西亚境外对仲裁程序拥有主要管辖权的法院或仲裁程序。㉒

应寻求法院协助的两个主要情况是仲裁庭缺乏必要的权力，如强制第三方采取或禁

---

⑰ *NCC International AB v Alliance Concrete Singapore Pte Ltd* ［2008］ 2 SLR （R） 565，［2008］ SGCA 5 at ［41］，CA；*Katran Shipping Co v Kenven Transport Ltd* ［1992］ HKCFI 173；van den Berg （ed），*XVIII Yearbook Commercial Arbitration* （1993） at p 177.

⑱ *Cobrain Holdings Sdn Bhd v GDP Special Projects Sdn Bhd* ［2010］ MLJU 2140 at ［14］，citing the Singapore Court of Appeal in *NCC International AB v Alliance Concrete Singapore Pte Ltd* ［2008］ 2 SLR （R） 565，［2008］ SGCA 5 at ［61］.

⑲ *Metrod （Singapore） Pte Ltd v GEP Ⅱ Beteiligungs GmbH* ［2013］ MLJU 602 at ［18］.

⑳ A Redfern，M Hunter，N Blackaby and C Partasides，*Law and Practice of International Commercial Arbitration*，（4th Edn，2004） at pp 332-336.

㉑ Sutton Gill and Gearing，*Russell on Arbitration* （23rd Edn，2007） at para 7-182.

㉒ R Rana and M Sanson，*International Commercial Arbitration*，（2011） at p 229.

止某种行为，或者是仲裁庭无法及时采取行动。[23]

后一种情况在国际仲裁方面尤其重要。因为当事人通常选择具有国际法定人数的三人仲裁员小组，这使得在短时间内召集仲裁庭是困难的。[24] 如果尚未完全组建仲裁庭，则不可能发出任何形式的临时命令。[25]

33.2　具体的中间权力

《2005 年仲裁法案》第 11 条规定了在中间阶段对仲裁进行干预的程度。在英国，在《1996 年仲裁法案》颁布之前，法院认定其权力是不可排除的。[26] 新法案允许当事人排除法院的管辖权以作出中间命令，例如保护财产的命令。[27]

《2005 年仲裁法案》第 11 条没有这样的措辞，因此，当事人无法阻止法院干预其中规定的临时事项。

就仲裁而言，在不损害仲裁庭在这些事项上可能拥有的权力的情况下，高等法院拥有与针对高等法院的诉讼或事项来说相同的发出命令的权力。

这些权力是[28]：

（a）费用担保；

（b）披露和质询；

（c）以誓词的方式提供证据；

（d）委任财产管理人；

（e）依据高等法院的海事管辖权，通过扣押财产、保释或其他担保来保证争议数额；

（f）保存、临时监管或出售作为争议标的物的任何财产；

（g）确保仲裁程序中可能作出的任何裁决不会因一方当事人的资产流失而失效；

（h）临时禁令或任何其他临时措施。

---

[23] 虽然根据不同的法定制度，但在新加坡的 *Solvadis Commodity Chemicals GmbH v Affert Resources Pte Ltd* ［2014］1 SLR 174，［2013］SGHC 217 案中，这是单方面提出紧急申请的情况。

[24] Sutton Gill and Gearing, *Russell on Arbitration*（23rd Edn，2007）at para 7-190.

[25] *Econet Wireless Ltd v Vee Networks*［2006］EWHC 1568（Comm）.

[26] *Mavani v Ralli Bros Ltd*［1973］1 All ER 555，［1973］1 WLR 468. 然而在 *Hitachi Shipbuilding & Engineering Co Ltd v Viafiel Compania Naviera SA*［1981］2 Lloyd's Rep 498，CA（Eng）案中，这个决定受到了批评；另可参见 *Coppee-Lavalin SA/NV v Ken-Ren Chemicals and Fertilizers Ltd*（*in liq*）［1994］2 All ER 44 案。

[27] English Arbitration Act 1996 s 44；*Re Q's Estate*［1999］1 Lloyd's Rep 931；*SAB Miller Africa v Tanzania Breweries Ltd*［2010］2 Lloyd's Rep 422，CA.

[28] Arbitration Act 2005，s 11（1）（a）-（h）.

33.3 披露和质询

命令披露文件和询问的权力可见于《2005年仲裁法案》第11（1）（b）条。在诉讼中，这些权力可见于《2012年法院规则》第24条和第26条。对仲裁陌生的当事人和律师必须接受的诉讼与仲裁之间的重大差异是，在诉讼中早已确立的披露原则并不适用于仲裁。

JE Taylor Co Ltd v Paul L Brown and Prime Properties Ltd[29]案中，法院同意了出自马斯蒂尔和博伊德的以下段落，即披露“在普通的仲裁中没有对应概念”[30]。法院补充说，如果在普通的仲裁中披露没有对应概念，则很难将没有下令披露视为不当行为。

法院强调，每个仲裁都要求根据具体情况制定程序，待决的案子并没有显示出披露是必要或值得的。因此，虽然法院有权在仲裁中作出临时的一般披露令，但这是一个特殊的步骤，而不是一个可能被作出的步骤[31]，因为披露是仲裁庭的事情。[32]

更可预见的情况是，当事人在仲裁庭命令后未能披露具体文件，如一系列电子邮件或合同副本。在这种情况下，高等法院可以提供具体的和在费用方面可能是惩罚性的救济。

法院根据非当事人或仲裁庭的申请，强迫非当事人提供文件。[33] 显然，任何一方企图利用法院的强制权力让第三方作出披露，以便对该方提出索赔或者阻挠仲裁的行为，都是对程序的滥用。[34]

33.4 协助取证

证人被要求提供事实证据。但是，证人有时候可能拒绝提供证据。在这种情况下，法院协助把证人带到仲裁庭前的作用是至关重要的。[35] 仲裁协议仅授权仲裁庭命令该协议的各方作出某些行为，而没有强制第三方证人作证的权力。[36]

---

[29] ［1990］HKCFI 193 at［59］.

[30] Mustill and Boyd, *The Law and Practice of Commercial Arbitration in England*（2nd Edn, 1989）at 541.

[31] *Sunderland Steamship P and I Association v Gatoil International Inc*, *The Lorenzo Halcoussi*［1988］1 Lloyd's Rep 180 at 183.

[32] *Assimina Maritime Ltd v Pakistan National Shipping Corp*（*The Tasman Spirit*）［2005］1 Lloyd's Rep 525.

[33] P Megens, P Starr and P Chow, “Compulsion of Evidence in International Commercial Arbitration: An Asia-Pacific Perspective”,（2006）2 Asian International Arbitration Journal（1） at p 47.

[34] *Navigator Investment Services Ltd v Acclaim Insurance Brokers Pte Ltd*［2010］1 SLR 25 at［67］, CA.

[35] 例如，1996年《印度仲裁和调解法案》第27（5）条规定，在法院审理的案件中，未到庭或拒绝提供证据的人应受到与同类犯罪相同的处罚。

[36] Noted in *Jardine Lloyd Thompson Canada Inc v SJO Catlin*［2006］ABCA 18（CanLII）.

《2005 年仲裁法案》第 29（2）条规定，高等法院有权命令证人宣誓作证，向高等法院的官员或包括仲裁庭在内的任何其他人提供证据。它还允许高等法院命令证人出示文件。在某些司法管辖区，法院本身可以审查仲裁庭的证人。[37]

值得注意的是，第 29（1）条要求一方当事人在向高等法院申请协助取证之前，必须得到仲裁庭的批准。一般情况下，仲裁庭不大可能会反对协助寻求有关的证人，但各方当事人不应该把批准当成是理所当然的；广为接受的是，仲裁庭的批准可能是含蓄的，但仍应寻求明确的书面批准。[38]

仲裁庭如果认为这种申请会给仲裁造成不成比例的拖延，或证人与仲裁中的关键问题几乎毫无关系，则可能会拒绝批准。而法院不会对这样的决定进行二次猜测。

一个印度的案例没有寻求仲裁庭的批准，向法院申请的协助被拒绝了。[39] 在新加坡，在被仲裁庭拒绝后向法院提出的申请可能会被视为试图利用法院作为上诉机构[40]，因此构成滥用程序。[41]

《2005 年仲裁法案》第 29（2）条是以自由裁量的语言起草的，高等法院没有义务给予任何协助。法院认为，如果请求是由仲裁庭提出的，或仲裁庭已经批准了该请求，那么法院不应该调查证据的真实性，因为在这种情况下，“法院的作用仅仅是为仲裁庭行使仲裁庭可能不具备的强制力”[42]。

当法院命令某人出庭作证时，法院的这种橡皮图章式的做法可能是一个过分的步骤，随之而来的后果是拒绝作证，但是法院应该本着支持仲裁庭的压倒一切的精神来审理这种申请。

实际上，如果要求法院命令第三方出示文件，那么人们认为这种对隐私和保密性的侵犯要求法院应确信它们与仲裁有关。[43]

在英联邦的一些案件中，法院认为类似于第 29 条的法律规定并未赋予法院在外国仲裁中[44]协助取证的权力。例如，仲裁在新加坡进行，特定证人居住在马来西亚。更好的观点是，面对这种要求的法院应平衡任何可能侵犯马来西亚主权的行为和在国外协助仲裁庭的愿望。[45]

---

[37] T Nakamura，“Commercial Litigation/Arbitration”，in L Nottage（ed），*Japan Business Law Guide*，（2008）at para 83-720.

[38] *Vibroflotation AG v Express Builders Co Ltd* [1994] HKCFI 205 at [20].

[39] *SH Satinder Narayan Singh v Indian Labour Cooperative Society Ltd* [2007] INDLHC1462，2008（1）ARBLR 355 Delhi.

[40] *Soh Beng Tee & Co Pte Ltd v Fairmount Development Pte Ltd* [2007] 3 SLR（R）86 at [60].

[41] *ALC v ALF* [2010] SGHC 231.

[42] CLOUT case 68：*Delphi Petroleum Inc v Derin Shipping and Training Ltd*，3 December 1993，FC（Can）.

[43] *The Lao People's Democratic Republic v Sanum Investments Ltd* [2013] 4 SLR 947，[2013] SGHC 183.

[44] *BF Jones Logistics Inc v Rolko* [2004] CanLII 21276（ON SC）；*Re Corporación Transnacional de Inversiones SA de CV et al v STET International*，*SpA et al* [1999] CanLII 14819（ON SC）.

[45] *Zingre v The Queen et al* [1981] 2 SCR 392，1981 CanLII 32（SCC）.

传票的实用性

采取措施强迫证人出庭并不总有必要，因为仲裁庭可以对证人据称受其控制的一方当事人提出不利的推论。如果一方当事人认为证人出庭是必要的，那么法院有权发出作证令传票（*subpoena ad testificandum*）以让证人作证或提交书面文件令传票（*subpoena duces tecum*）以提供文件。

根据此类令状，不得强迫任何人出示他不能在诉讼中被迫出示的文件。高等法院或其法官可命令发出作证令传票或提交书面文件令传票，以确保在马来西亚境内任何地方的证人均出现在仲裁员面前。

作证传票或提交书面文件传票的令状申请可向内庭法官或登记官提出。[46] 高等法院或其法官也可下令发出人身保护令和作证令（*habeas corpus ad testificandum*），将囚犯带到仲裁员面前进行审查。

传票的范围不能太广。它必须以合理的精确度确定所需的文件。传票必须仅适用于为公平处理案件所需的文件类型（假设它们存在）。[47]

它不得用于“钓鱼”（fishing）取证，也不得具有投机性或压制性。[48] 法院拥有固有管辖权，可以撤销基于不正当动机发出的传票，也不得用于获取不相关证据以防止滥用程序。[49]

法院可以撤销滥用法院程序的传票。[50] 一些例子包括：

（1）法院在 *Pit Stop Auto Accessories v Tan Kock Siang*；*Minister of Communication*[51] 案中撤销了作证传票，因为发出传票不是为了获得相关证据的真诚目的及证人对于事件并不知情。

（2）法院在 *Sin Chong v Bhagwan Singh*[52] 案中撤销了在拖延之后对律师发出的且带有免去一方当事人的律师职务的恶意目的的传票。

（3）法院在 *Ismail v Hasnul*[53] 案中将传票撤销，因为其作出的目的并非用于获取相关证据。

（4）法院在 *R v Hurle-Hobbs*，*ex p Simmons*[54] 案中将传票撤销，因为法规规定了强迫

---

[46] Rules of Court 2012 O 69 r 14 and O 38 rr 13-23.

[47] *Sunderland Steamship P & I Association v Gatoil International Inc*, *The Lorenzo Halcoussi* [1988] 1 Lloyd's Rep 180.

[48] *Senior v Holdsworth*, *ex p Independent Television News* [1976] QB 23, [1975] 2 All ER 1009, CA (Eng); *Sunderland Steamship P & I Association v Gatoil International Inc*, *The Lorenzo Halcoussi* [1988] 1 Lloyd's Rep 180 at 185-186; *Navigator Investment Services Ltd v Acclaim Insurance Brokers Pte Ltd* [2010] 1 SLR 25 at [67], CA.

[49] *Pit Stop Auto Accessories v Tan Kock Siang*; *The Minister of Communications* [1974] 2 MLJ 79; *Ismail v Hasnul* [1968] 1 MLJ 108, FC applying *Raymond v Tapson* (1882) 22 Ch D 435; *Wong Sin Chong v Bhagwan Singh* [1993] 3 MLJ 679, SC.

[50] *Farulli v Farulli and Pederzoli* [1917] P 28; *Macbryan v Brooke* [1946] 2 All ER 688, CA (Eng).

[51] [1974] 2 MLJ 79.

[52] [1993] 3 MLJ 679, SC.

[53] *Ismail v Hasnul* [1968] 1 MLJ 108, FC.

[54] [1945] KB 165, [1945] 1 All ER 273.

证人出庭的不同程序。

（5）法院在 *Steele v Savory*[55] 案中撤销了一个强迫性的、与披露已被法院拒绝的文件相关的提交书面文件的传票。[56]

（6）法院在 *R v Baines*[57] 案中撤销了不是真诚作出以获得相关证据的且指定的证人事实上不能提供相关证据的传票。

（7）法院在 *Morgan v Morgan*[58] 案中撤销了侵犯证人隐私的传票，因为披露的具体证据相当于压迫。

发出传票的一方有责任证明证人对案件公正裁决的重要性，因为这比反对的一方可能受到的任何压迫都重要。[59] 因为不服从相当于藐视法庭[60]，收到传票的人应该采取合理的方法，根据他对此事的了解来收集他被要求提交的文件。[61]

33.5　担保争议金额

在仲裁中，担保争议金额的权力见于《2005 年仲裁法案》第 11（1）（e）条，一般规定存在于《2012 年法院规则》第 29 号命令第 2（3）条中。该权力仅限于相对不寻常的情况，即争议涉及对特定基金，如信托或出售所得[62]的权利，而不是未清偿的损害赔偿。[63]

高等法院可以坚持要求通过向法院支付或其他一些等同的方式提供担保，包括签发 Mareva[64] 禁令[65]。根据《2005 年仲裁法案》，法院根据这一规定的权力已经扩大，现在[66]包括“根据高等法院的海事管辖权，通过扣留财产或保释或其他担保的方式”，即扣押船只。[67]

如果一方当事人未能遵守向法院支付争议金额的命令，那么法院可以裁定仲裁程序永久中止，从而阻止违约方对其索赔的追究或抗辩。[68]

---

[55] 8 TLR 94.

[56] 这暗示了如果仲裁庭最初合理地拒绝了申请，那么当其日后向法院提出申请时，也会遭到同样的拒绝。

[57] ［1909］1 KB 258.

[58] ［1977］Fam 122，［1977］2 All ER 515.

[59] *Wong Sin Chong v Bhagwan Singh*［1993］3 MLJ 679 at 687，SC，per Mohamed Azmi SCJ.

[60] *R v Daye*［1908］2 KB 333；*Re Emma Silver Mining Co*（1875）LR 10 Ch App 194.

[61] *McColl v Lehmann*［1987］VR 503.

[62] *ESPL（M）Sdn Bhd v Radio & General Engineering Sdn Bhd*［2005］2 MLJ 422，［2004］4 CLJ 674，CA.

[63] Noted obiter by the court in *Ikatan Innovasi Sdn Bhd v Kacc Construction Sdn Bhd*［2007］MLJU 780.

[64] *Mareva Compania Naviera SA of Panama v International Bulk Carriers SA*［1980］1 All ER 213.

[65] Rules of Court 2012 O 29 r 2（3）and（4）.

[66] 在《2011 年仲裁（修订）法案》（法案 A1395）生效以后。

[67] Rules of Court 2012 O 70 r 4.

[68] *Richco International Ltd v International Industrial Food Co SAL*，*The Fayrouz III*［1989］1 All ER 613，［1989］2 Lloyd's Rep 106.

这种权力已经变得多余了，因为在几乎所有的案件中，通过对争议的金额颁布 Mareva 禁令就可以克服这个问题，从而使仲裁继续进行。反对下令这种中止的更进一步的考虑是，对在仲裁程序中进行辩护的权利施加程序性障碍可能会被认为与整个仲裁的基础不一致。

33.6 扣留、保存和出售所有物

对作为争议标的物的财产或物品的扣留、保存或出售可见于《2005 年仲裁法案》第 11（1）（f）条，以及一般规定于《2012 年法院规则》第 29 条命令第 2 条和第 3 条。

Vasso（*owners*）*v Vasso*（*owners*）[69] 案的法院裁定，仲裁庭有权在海上救助仲裁案件中，基于货主的请求，下令对船舶进行检验。法院还认为，这一权力并不属于高等法院根据该条可行使的权力，尽管两套权力之间存在一定的重叠。

由于检查财产的问题完全属于仲裁庭的权力范围，所以，法院在没有强有力的正当理由，如船只位于对仲裁不友好的地区的情况下，作出这样的命令是完全不合适的。

33.7 临时禁令和委任财产管理人

颁布临时禁令的权力见于《2005 年仲裁法案》第 11（1）（h）条，以及一般规定于《2012 年法院规则》第 29 号命令。[70] 禁令救济可能是为了保护争议标的物，如防止当事人转售特定物品或防止违反基本合同。

印度最高法院认为，提供临时救济的实体法仍然适用于向法院提出的根据仲裁法行使其权力的申请。[71] 一些支持仲裁的禁令救济如下：

（a）根据申请人先前的指示，阻止律师事务所在其拥有机密信息的情况下进行仲裁。[72]

（b）在适当的情况下授予搜查令（Anton Piller）。

（c）已作出强制性禁令以支持仲裁，例如在一段时间内持续供应部件。[73]

---

[69] ［1983］3 All ER 211，［1983］1 WLR 838.

[70] *Rimbunan Hijau Sdn Bhd v Sarawak Plywood*（*M*）*Sdn Bhd*［1985］2 MLJ 377，SC. *Cie du Sénégal et de la Côte Occidentale d'Afrique v Smith & Co and Woods & Co*（1883）53 LJ Ch 166；*Pini v Roncoroni*［1892］1 Ch 633；*Law v Garrett*（1878）8 Ch D 26，CA（Eng）.

[71] *Adhunik Steels Ltd v Orissa Manganese and Minerals*（*P*）*Ltd*［2007］7 SCC 125 at［15］.

[72] *Gus Consulting GmbH v Leboeuf Lamb Greene & Macrae*［2006］All ER（D）229（Jan）.

[73] *Engineered Medical Systems v Bregas AB*［2003］EWHC 3287（Comm）；Cf *NCC International AB v Alliance Concrete Singapore Pte Ltd*［2008］2 SLR（R）565，［2008］SGCA 5 at［41］，CA.

（d）禁止违反仲裁协议启动的外国诉讼程序。[74]

（e）在仲裁程序结果产生之前禁止违反基本合同的禁令。[75]

虽然仲裁庭有延期仲裁程序，但《2005 年仲裁法案》第 11（1）（h）条是否赋予了法院在仲裁庭之前发布命令以无限期地暂停程序是令人怀疑的。[76]

在 *Formis Automation Sdn Bhd v Lingkaran Teknik Sdn Bhd*[77] 案中，当要求法院作出中间禁令以支持仲裁时，它考虑了以下理由：

（1）所提供的全部事实是否揭示了一个真正需要审理的严重问题；

（2）发现已披露的问题需要进一步调查后，法院必须考虑案件的正义应在哪里；

（3）所要求的补救措施是为了在申请之日至审判期间产生公正的结果，并维持现状。

法院在 *Bina Jaya Mantap Sdn Bhd v Institute of Technology Petronas Sdn Bhd*[78] 案中，讨论了在担保或债券的情况下给予禁令的理由。

拉什达·拉纳（Rashda Rana）和米歇尔·桑森（Michelle Sanson）[79] 指出，大多数的司法管辖区和仲裁规则要求申请临时措施的一方表明（而不是证明）[80] 便利平衡，即基于表面的证据，在主诉讼中仲裁庭的管辖权、决定此类申请并作出批准救济命令的权力；不可弥补的伤害（或不能充分补救伤害）的可能性[81]；事件的紧迫性[82]；一个总体看来有据可查或合理的案件，或者基于事实至少有一个合理的胜诉可能性；如果仲裁庭或法院要求，对可能导致的损害提供适当担保。

Mareva 禁令

法院根据第 11（1）（g）条所赋予的权力延伸至可授予 Mareva 禁令，以防止被申请

---

[74] *OT Africa Line Ltd v Magic Sportswear Corp* ［2005］ EWCA Civ 710 at ［32］；*Starlight Shipping Co v Tai Ping Insurance Co Ltd*；*The Alexandros T* ［2007］ EWHC 1893（Comm）*WSG Nimbus Pte Ltd v Board for Cricket in Sri Lanka* ［2002］ 1 SLR（R）1088；*PT Pukuafu Indah v Newmont Indonesia Ltd* ［2012］ 4 SLR 1157，［2012］ SGHC 187.

[75] *Channel Tunnel Group Ltd v Balfour Beatty Construction Ltd* ［1993］ 1 All ER 664；*Foster and Dicksee v Hastings Corpn*（1903）87 LT 736.

[76] *Proprietors of Strata Plan* 3771 *v Travmina Pty Ltd*（1986）4 BCL 91.

[77] ［2012］ MLJU 326，citing *Keet Gerald Francis Noel John v Mohd Noor bin Abdullah* ［1995］ 1 MLJ 193.

[78] ［2014］ 11 MLJ 352.

[79] R Rana and M Sanson，*International Commercial Arbitration*，（2011） at pp 232-233.

[80] *Geneva Chamber of Commerce and Industry*，Arbitral Award of 25 September 1997，（2001） 19 ASA Bull 745；Interim Award in ICC Case 8894（2000） 11（1） ICC Ct Bull 94；*Victor Pey Casado y Fundacion Presidente Allende v Republica de Chile*，*Decision on Provisional Measures*，ICSID Case No. ARB/98/2（25 September 2001）.

[81] *Plama Constortium Ltd v Republic of Bulgaria*，*Order on Provisional Measures*，ICSID Case No. ARB/03/24（6 September 2005） at 38.

[82] *Biwater Gauff*（*Tanzania*）*Ltd v United Republic of Tanzania*，Procedural Order No. 1，ICSID Case No. ARB/05/22（31 March 2006） at 75-75.

人处理特定资产[83]，它可能包括全球性的冻结禁令。[84]

授予这种命令的测试标准是：申请人是否可以（a）展现出一个可争论的案件；（b）提供证据证明被申请人拥有在管辖范围内拥有资产；和（c）证明被申请人的资产存在被从法院管辖区移除的风险。[85]

这种命令可以在完成司法程序或仲裁之前作出，以确保被申请人有足够的资产来支付任何对他作出的裁决；或者也可以在作出判决或裁决之后作出，在这种情况下，Mareva 禁令是作为一种执行裁决的方法。[86]

委任财产管理人

财产管理人和仲裁庭的职能是互补的。[87] 为了仲裁程序的目的，法院可以通过以《2005 年仲裁法案》第 11（1）（d）条与高等法院诉讼程序完全相同的方式指定财产管理人。

然而仲裁庭自身不能委任财产管理人。[88] 在这种情况下，仲裁庭无权指示将这笔款项支付给其中一个号码，因为这无法受到法院的监督。

对于这个问题，没有现代案例，主要是因为仲裁庭在实践中没有被赋予任命财产管理人的权力。但是，说仲裁庭不能基于明示的授权而任命财产管理人是没有任何理由的，这之后将由法院按照通常的方式进行监督。

33.8 仲裁无结果的救济

当仲裁失败时，法院有权给予救济。[89] 邓菲尔姆林的肖勋爵（Lord Shaw of Dunfermline）在 *Cameron v Cuddy*[90] 案中表示：

> 当仲裁因任何原因而流产时，法院有责任在制定一份合同时修补已经发生的缺陷，而这种仲裁是实际机制的一部分。在这种情况下，法院享有特权，有责任通过

---

[83] *The Rena K* [1979] QB 377 at 407-408, [1979] 1 All ER 397 at 418 per Brandon J. *Bank Mellat v Helliniki Techniki SA* [1984] QB 291 at 302, [1983] 3 All ER 428 at 432, CA (Eng).

[84] *Dadourian Group Int Inc v Simms* [2006] EWCA Civ 399.

[85] *S & F International Limited v Trans-Con Engineering Sdn Bhd* [1985] 1 MLJ 62.

[86] *Jasa Keramat Sdn Bhd v Monatech (M) Sdn Bhd* [1999] 4 MLJ 217; *Orwell Steel (Erection and Fabrication) Ltd v Asphalt and Tarmac (UK) Ltd* [1984] 1 WLR 1097; *Mercantile Group (Europe) AG v Aiyela* (1993) Times, 4 August; *Gidrxslme Shipping Co Ltd v Tantomar Transportes Maritimos Ltd* [1994] 2 Lloyd's Rep 392.

[87] *Cie du Sénégal et de la Côte Occidentale d'Afrique v Smith & Co and Woods & Co* (1883) 53 LJ Ch 166; *Plews v Baker* (1873) LR 16 Eq 564.

[88] *Re Mackay, West and Holt* (1834) 2 Ad & El 356.

[89] generally Rules of Court 2012 O 38 rr 14-19.

[90] [1914] AC 651 at 656. *Safety Insurance Co Sdn Bhd v Chow Soon Tat* [1975] 1 MLJ 193, FC; *Hamlyn & Co v Talisker Distillery* [1894] AC 202.

打破僵局和解放各方当事人的权利来帮助各方。这一规则事实上是建立在最合理的原则基础上的，它是实用性的，通过向法院上诉提供了解决和防止双方当事人谈判失败的手段。

这可能表明了在确定仲裁协议是否“无效、失效或不能执行”时，法院应以有利于使其有效的尝试来解释协议。

第 *34* 章　高等法院的管辖权

34.1　批准中止诉讼的责任

《2005 年仲裁法案》[1] 第 10（1）条认可了高等法院在批准中止诉讼方面的支持作用，如下：

> 对于审理就仲裁协议标的事项提起诉讼的法院来说，如果当事人在诉讼中采取其他步骤之前提出申请，那么除非法院认定该协议无效、失效或无法执行，否则法院应批准中止诉讼，并将当事人转交仲裁。

因此，高等法院必须批准中止诉讼，并将当事人转交仲裁，这是当事人解决争议或分歧的首选。

这些规定也适用于 1980 年《高等法院规则》第 70 号命令规定的海事诉讼程序，以及根据 1964 年《司法法院法案》（*the Courts of Judicature Act* 1964）第 24（b）条启动的程序。[2] 除此之外，《2005 年仲裁法案》第 10（2A）条规定如下：

若海事程序被中止……如果在其程序中的财产已被扣押或解除扣押或作出其他担保以防止或获得解除扣押，则批准中止诉讼的法院可以——

（a）命令将被扣押的财产保留作为担保，以偿付该项争议所产生的仲裁裁决；或

（b）命令中止该法律程序的条件是提供可等同于能满足任何此类裁决的保证金。

而今，随着《2005 年仲裁法案》第 10（2A）条的引入，船只有可能被申请人扣押，以获得马来西亚海事仲裁裁决的担保（在 2011 年 7 月 1 日之前，在马来西亚，船只扣押只会出于满足对物权诉讼判决的担保）。

然而，即使存在明确的仲裁协议，也不会排除高等法院对仲裁和仲裁相关事宜的管辖权。联邦法院在 *Sanwell Corp v Trans Resources Corp Sdn Bhd*[3] 案中明确表示（尽管此意见是根据已废除的《1952 年仲裁法案》作出的，但根据《2005 年仲裁法案》也同样适用）如下：

---

[1] Act 646.

[2] Act 91；Arbitration Act 2005 s 10（2C）.

[3] ［2002］2 MLJ 625 at 632.

……法院对包含仲裁条款的合同始终拥有管辖权，并且根据该法案，在法院将该事项提交仲裁的管辖权范围内，尽管存在仲裁条款，原告向法院提交令状并无任何不当之处……

在最近的一起案件中，高等法院以争议当事人之间没有仲裁协议或条款为由，拒绝批准中止诉讼。❹ 这是英国人决定是否批准中止诉讼的通常立场。但是，人们也可能会发现与此标准的某些偏差。例如，新加坡上诉法院在决定是否批准中止诉讼时，在其判决中采用了表面审查标准。❺

34.2　法院对初步法律要点的确定

仲裁裁决必须依法作出，这是老生常谈的话题了。尽管如此，现在人们已经认可的是，并不是每个仲裁庭都完全能胜任或熟悉法律。因此，说明程序的案例旨在弥合这一差距。在这方面，仲裁庭和高等法院都可以发挥作用。仲裁庭确定事实，法院就由其引起的法律问题提供答案。

英国上诉法院裁定，只有在特殊情况下，如初步法律要点正确地决定了当事人之间的整个争议时才应作出批准。

法院描述该方法如下：

通俗地说，仲裁员或当事人会沿着这条路走下去，向女王陛下的一位法官请教，从而得到启发，恢复仲裁。从本质上来说，它是一个旨在尽可能少地打断仲裁的快速程序，是法院不干预仲裁的一般规则的例外。❻

《2005 年仲裁法案》第 8 条规定的不干预标准如下：

除本法案另有规定外，法院不得干预由本法案管辖的事项。

但是，人们对法院在仲裁中不干预的这一概念也存在一些担忧。英格兰和威尔士首席大法官托马斯勋爵（Lord Thomas）认为：

仲裁阻碍了普通法的发展，因为它将案件从国家法院带走，允许商业索赔进行不公开裁决，而缺乏对法律提出上诉的权利，从而阻碍了更高的司法审查。❼

---

❹ *CLLS Power System Sdn Bhd v Sara Timur Sdn Bhd* [2015] 11 MLJ 485.

❺ *Tomolugen Holdings Ltd v Silica Investors Ltd* [2016] 1 SLR 373, [2015] SGCA 57.

❻ *Babanaft International Co SA v Avant Petroleum Inc*, *The Oltenia* [1982] 3 All ER 244, [1982] 1 WLR 871.

❼ The Right Hon. The Lord Thomas of Cwmgiedd, "Developing Commercial Law through the Courts: Rebalancing the Relationship between the Courts and Arbitration", (2016) The Bailii Lecture 2016, 9 March.

设定特定案件程序的目的是确保仲裁的进行和裁决的作出都是符合法律的。其基础是在法律的范围内，法院的司法管辖权未被排除。

当事人有权向法院提出任何法律问题。其结果是通过仲裁员适用的已裁决案件建立起法律体系，当一个人诉诸仲裁时，法律方面的结果会有一定的确定性。

在特殊情况下，高等法院可以确定法律要点，这毫无疑问地在《1952 年仲裁法案》[8] 颁布后的几年中被滥用，因为这不可避免地会造成延迟。

在本书第 1 版中，该程序被描述为“在大多数英联邦司法管辖区内被废除的不合时宜的规定，取而代之的是一个更加严格周密的上诉程序，即如果当事人不同意，就需要针对法院许可的法律要点提出上诉”[9]。《2005 年仲裁法案》仍然存在高等法院确定法律要点的程序，但其受到了更多限制。

《2005 年仲裁法案》第 41（1）条规定：“任何当事人均可以向高等法院申请决定在仲裁过程中产生的任何法律问题。”这需要得到仲裁庭的批准或所有当事人的同意，后者可以在仲裁协议中事先给予明确。[10] 因此，一方当事人不再有权诉诸法院解决法律问题。[11]

高等法院必须确信，初步法律观点的确定可能会节省大量费用，而且这一观点会对一方或多方当事人的权利产生重大影响。当这个问题被裁决时，法院不需要确信可能会节省成本。如果一种方式可以节省成本，但另一种方式不能，那么这就足够了。[12]

除非经诉讼当事人一致同意，向高等法院提出的申请必须说明要确定的法律问题，否则应说明支持该申请的理由。[13]

在现代仲裁场合，大多数独任仲裁员会有法律培训，而在三个仲裁员的仲裁庭中，首席或联席仲裁员通常是经过法律培训的，因此可以看出分散的法律问题。

第 41 条规定，高等法院的裁决可以上诉。因此，仲裁庭在批准对于根据第 41 条作出的申请时应该谨慎，因为从高等法院到上诉法院，以及随后到联邦法院，可能会导致在上诉中花费大量时间。

除非当事人另有约定，如果仲裁庭认为其有能力裁决法律问题，那么不满意的一方当事人不应违背同意将争议的所有问题交由仲裁庭裁决的协议而诉诸法院。[14] 目前，还没有出现任何基于第 41 条而产生的判例法。

仲裁庭在作出批准，以及法院在决定是否可能大量节省成本或对一方当事人的权利

---

[8] Act 93（repealed）.

[9] Sundra Rajoo, *Law*, *Practice and Procedure of Arbitration*,（2003） at p 416.

[10] *Taylor Woodrow Holdings Ltd v Barnes & Elliot Ltd*［2006］ EWHC 1693（TCC）.

[11] 根据旧法律规定的案例，参见 *ASM Development Sdn Bhd v Arab-Malaysian Corp Builders Sdn Bhd*［1998］ MLJU 188,［1998］ 3 CLJ Supp 192 案。

[12] Arbitration Act 2005 s 41（2）; *Unistress Building Construction Ltd v Humphrey's Estate*（*Forrestdale*） *Ltd*［1991］ 1 HKC 519.

[13] Arbitration Act 2005 s 41（3）.

[14] 参见案件 *Fiona Trust & Holding Corporation and others v Privalov*［2007］ UKHL 40,［2007］ 4 All ER 951 中所阐明的单一法庭的一般原则。

产生重大影响时，也可考虑以下几点[15]：

（1）法律问题必须是非常明确的，能够被准确地作为法律要点来陈述。法律问题不是仅仅由事实或证据组合而成的法律要点。明确的法律要点的例子包括对法规的解释、对合同的解释和对合同中术语的推断。

（2）另外，事实问题的例子包括合同的环境、惯例、作为或不作为的合理性，以及完成的工作质量的可接受性。*Compagnie d'Armement Maritime SA v Compagnie Tunisienne de Navigation SA*[16] 案认定，合同所适用的正确法律也是一个事实问题。然而，更多的情况是事实和法律的混合，如拒绝履约或违反合同、损害赔偿或疏忽等。在这些情况下，法律问题仍然可以被说明，但仲裁员必须找到包含该问题的相关事实。

（3）法律要点容易引起严重的争论。最高法院没有必要在一个特别的问题上陈述整个案件，这个问题很明显是一致的。另外，法律要点不一定必须是新颖的。[17]

（4）法律问题必须对解决争议有实质的重要性。一般来说，法律问题应该是有关争议的根本的实体法问题，而不是程序问题。然而，仲裁庭可以将是否有证据使得仲裁庭对于某一事实作出特定的认定结论，或者特定证据是否被接纳或妥当收到，作为一个法律问题。[18]

（5）法律问题必须是善意提出的，而不是出于某些别有用心的动机。[19] 它不应该是针对仲裁庭的管辖权问题，因为仲裁庭如果没有管辖权来处理该争议，便没有管辖权来陈述案件。[20]

因此，法院有拒绝考虑这个问题的自由裁量权。[21]

根据第 41 条向高等法院提出申请时，必须使用原诉传票程序提出申请，表格 5 应提交给高等法院。[22] 申请人提起原诉传票时，应通过誓词书提交所依赖的书面证据，包括仲裁协议的副本、双方当事人的书面协议或根据《2012 年法院规则》第 69 号命令第 7 条的仲裁庭的许可。原诉传票和誓词书应送达仲裁庭和被申请人。

---

[15] *Shencourt Sdn Bhd v Arab Malaysian Toda Construction Sdn Bhd*［1998］7 MLJ 473 at 478 per Steve Shim J. *Lion Asia Investment Pte Ltd v Altelier ADT International Consultants Ltd*［2001］MLJU 494，［2001］4 AMR 4383；*Halfdan Grieg & Co A/S v Sterling Coal & Navigation Corp*（*The Lysland*）［197］QB 843，［1973］2 All ER 1073，CA（Eng），applied in *Yee Hoong Loong Corp Sdn Bhd v Kwong Fook Seng Co*［1993］1 MLJ 163，［1993］1 CLJ 90.

[16] ［1970］2 Lloyd's Rep 99，HL.

[17] *Halfdan Grieg & Co A/S v Sterling Coal & Navigation Corp*（*The Lysland*）［1973］QB843，［1973］2 All ER 1073，CA（Eng）.

[18] *Jeuro Development Sdn Bhd v Teo Teck Huat*（*M*）*Sdn Bhd*［1998］6 MLJ 545；*Zim Israel Navigation Co Ltd v Effy Shipping Corpn*，*The Effy*［1972］1 Lloyd's Rep 18.

[19] *Windsor Rural District Council v Otterway & Try Ltd*［1954］1 WLR 1494；*Christopher Brown Ltd v Genossenschaft Oesterreichischer Waldbesitzer Holzwirtschaftsbetriebe GmbH*［1954］1 QB 8 at 12，［1953］2 All ER 1039 at 1042.

[20] *Halfdan Grieg & Co A/S v Sterling Coal & Navigation Corp*（*The Lysland*）［1973］QB 843，［1973］2 All ER 1073，CA（Eng）. *Shencourt Sdn Bhd v Arab Malaysian Toda Construction Sdn Bhd*［1998］7 MLJ 473 at 478 per Steve Shim J；*General Rubber Co Ltd v Hessa Rubber Maatschappij*（1927）28 Lloyd's Law Rep 362 at 363.

[21] *Taylor Woodrow Holdings Ltd v Barnes & Elliott Ltd*［2006］EWHC 1693（TCC）.

[22] Rules of Court 2012 O 69 r 4.

《2005年仲裁法案》第41（4）条规定，在申请未决的情况下，仲裁庭可以继续进行程序并作出裁决。仲裁庭可以有效地听取证据，作出事实认定，等待法律问题的解决并推进程序。在这种情况下，仲裁庭可以在法院作出决定之前另行作出两个裁决。[23]

如果法律问题很可能是决定性的，并且可能导致任何继续程序的成果无实际意义，那么仲裁庭就不应该行使这种权力，而应等待法院的裁决。

高等法院只能裁决提交给它的具体法律问题，第41条未提供给法院就实质性仲裁作出任何判决或裁决的机会。即使法律问题的回答方式使原告不再有任何诉讼理由，也应由仲裁庭而不是法院作出有利于被告的裁决。

34.3 审断法律问题

《2005年仲裁法案》第42（2）条规定，在公布和收到仲裁裁决后的42天内，当事人有权将裁决引起的任何法律问题提交给高等法院，说明待决定的法律问题，以及提交审断是基于什么理由。

必须对引起提交审断原因的事实予以说明，法律问题根据该条文必须是允许的。[24]法律问题必须对一方或多方当事人的权利产生重大影响。[25]

法院不会考虑不按时对基于第42条提出的申请。这项规定是强制性的，不遵守时间表将会导致申请被驳回。[26] 法院在 *Perembun（M）Sdn Bhd v Binas BMK Sdn Bhd*[27] 案中描述了一种情况：

> 虽然有一些迹象表明Perembun会寻求延长提出异议的时间，但Perembun的律师并没有追求这一目标，而是放弃了根据第42条提出的异议。

法院在 *SDA Architects（sued as a firm）v Metro Millenium Sdn Bhd*[28] 案中认为，适当和有效的法律问题是通过"考虑到在整个案件的事实背景下提出的问题，包括仲裁员必须处理的问题是适当的"来决定的。

上诉法院在 *Awangku Dewa bin Pgn Momin v Superintendent of Lands & Surveys, Limbang Division*[29] 案中解释说：

---

[23] *Arbitration between Olympia Oil & Cake Co and MacAndrew Moreland & Co, Re*［1918］2 KB 771, CA（Eng）; *Government of Ceylon v Chandris*（*No* 2）［1965］3 All ER 48 at 55 per Mocatta J; *Cheng Keng Hong v Government of the Federation of Malaya*［1967］2 MLJ 1.

[24] *Taman Bandar Baru Masai Sdn Bhd v Dinding Corporations Sdn Bhd*［2009］MLJU 793.

[25] *Pioneer Shipping Ltd v BTP Tioxide Ltd v,*（*The Nema*）（*No.* 2）［1981］2 Lloyd's Rep 239.

[26] *Chip Lam Seng Berhad v RI International Pte Ltd*［2010］MLJU 104.

[27] ［2015］11 MLJ 447 at［12］.

[28] ［2014］2 MLJ 627 at［12］.

[29] ［2015］3 MLJ 161 at［27］.

……在考虑第 42 条的提交审断时，不得轻视批判性地审查申请人提出的问题的责任，并确保提交法院的问题纯粹是法律问题，而不是法律和事实相混合的问题，并且是明确和简明的框架。在设计问题时，不应该有复杂、混乱或表里不一；相反，应该简单明了。申请人有法律责任确保严格遵守这些要求。

《2005 年仲裁法案》第 42 条规定的申请标准很高。例如，上诉法院在 *Petronas Penapisan*（*Melaka*）*Sdn Bhd v Ahmani Sdn Bhd* 案中认为案情根本不符合第 42 条的规定，因此驳回了上诉，并指出：

第 42 条申请成功的门槛极高。此外，法院一再表示，除非这种错误导致“明显的不公”（patent injustice），否则其不会干涉事实和/或法律的错误，因为这属于仲裁庭的管辖范围。有很多案例支持这个论点，其中列举如下：（i）*Crystal Realty Sdn Bhd v Tenaga Insurance*（*Malaysia*）*Sdn Bhd*［2008］3 CLJ 791 案；（ii）*SDA Architects v Metro Millennium Sdn Bhd*［2014］3 CLJ 632 案；（iii）*Taman Bandar Baru Masai Sdn Bhd v Dindings Corporations Sdn Bhd*［2010］5 CLJ 83[30] 案。

如果仲裁裁决不包含理由或没有详细列出理由，那么高等法院可以根据《2005 年仲裁法案》第 42（3）条命令仲裁庭说明其裁决的理由。此外，根据第 42（4）条，高等法院可以确认、更改、发回或撤销裁决。

法院在 *Petronas Penapisan*（*Melaka*）*Sdn Bhd v Ahmani Sdn Bhd*[31] 案中发现：“在示范法或并行司法管辖区内没有相当于第 42 条的规定。”因此现在，第 42 条与《2005 年仲裁法案》第 37 条一起，似乎是对裁决提出异议的一个选项。

但是，如果提交审断是尝试对仲裁裁决提出上诉而伪装成根据《2005 年仲裁法案》第 42 节的“法律问题的提交审断”，则申请将会被驳回。

例如，法院在 *Awangku Dewa Bin Pgn Momin v Superintendent Of Lands And Surveys, Limbang Division*[32] 案中指出：

相反，我们在原诉传票中找到的并不是被简明扼要地阐明的法律问题，而是通常对博学的仲裁员的决定进行的批评，通常以上诉的备忘录（或申请）“理由”的形式出现（注意：在所提出的每个“问题”中反复使用了“在法律上犯错”这一短语）。

法院在 *Chain Cycle Sdn Bhd v Kerajaan Malaysia*[33] 案中认为，这种对仲裁裁决的干预只应在明确和特殊的情况下进行，因为“同意进行仲裁的当事人都同意仲裁员会发生错

---

[30] *Petronas Penapisan*（*Melaka*）*Sdn Bhd v Ahmani Sdn Bhd*［2016］2 MLJ 697 at［22］.

[31] ［2016］2 MLJ 697.

[32] *Awangku Dewa Bin Pgn Momin v Superintendent of Lands and Surveys, Limbang Division*［2015］3 MLJ 161 at［2］.

[33] ［2016］1 MLJ 681 at［63］.

误，民事法庭不应该进行干预”。法院进一步解释道：

> 允许就法律问题向法院提交审断（《2005年仲裁法案》第42条）的立法意图是，在不同立场之间提供中间路径，即允许法院通过有限的作用来重新审查裁决引起的问题或法律问题。在这方面有必要指出，我们的法规使用了“提交审断”（reference）而不是“上诉”（appeal）（同1996年《英国仲裁法案》的措辞）。同样需要指出的是，在英格兰、新西兰和新加坡（国内仲裁）中，在对法律问题本身开始“上诉”或“提交审断”之前，初步步骤是首先获得“法院的同意”（leave of court）。这种“取决于法院的同意”（subject to leave of court）明显旨在“筛选”（sieve out）事实上针对事实的上诉或对法律问题不重要或不相关的其他情况。[34]

同样，法院在*Petronas Penapisan（Melaka）Sdn Bhd v Ahmani Sdn Bhd*[35]案中解释说：“第42条不是关于上诉的规定，而是关于法律问题的提交审断……我们认为，考虑到第42条的前提条件，在审查仲裁裁决时不会有‘打开大闸门’的危险。”

法院在*Government of Lao People's Democratic Republic v Thai-Lao Lignite Co Ltd（TLL），AThai Company*[36]案中提及了条文中的“可以”，认为这意味着法院可以撤销裁决只是自由裁量性的，而不是强制性的。

---

[34] *Ibid* at［64］.

[35] *Petronas Penapisan（Melaka）Sdn Bhd v Ahmani Sdn Bhd*［2016］2 MLJ 697 at［6］.

[36] ［2011］MLJU 361.

第8篇 Part eight

仲裁裁决

第 35 章　裁决的类型

35.1 引　言

除非双方当事人达成和解，否则任何仲裁程序中的通常高潮和合乎逻辑的结论都是具有约束力的最终裁决。仲裁庭在审议和撰写仲裁裁决方面做了大量工作。参与仲裁的各方当事人期待这一结论。大多数仲裁立法和仲裁规则都反映了这种期望。

《承认及执行外国仲裁裁决公约》（*Convention on the Recognition and Enforcement of Foreign Arbitral Awards*，即《纽约公约》）和《UNICITRAL 示范法》提及裁决时均使用了单数。这可能会使人感觉只有最终裁决才被称为裁决。但是，仲裁庭所作出的每一项裁决，无论是临时的、部分的还是初步的，都具有相同的效果。它们是终局性的，对各方当事人都具有约束力。[1]

《UNICITRAL 示范法》并没有试图界定一项裁决[2]，因为起草者难以就可接受的一般定义达成一致，该定义将适当规范法院对仲裁裁决的控制。[3]

《纽约公约》第 1（2）条规定：

> ……“仲裁裁决”（Arbitral awards）不仅包括每一案件中指定的仲裁员所做的裁决，也包括当事人提请常设仲裁机构所作的裁决。

在国际商会仲裁委员会起草的仲裁裁决报告中，仲裁裁决定义如下：

> 仲裁裁决通常是对引起争议和仲裁的有关当事人的权利和义务的决定，通常是合同规定的。它不是当事人根据仲裁协议所产生的程序而享有的权利和义务，仲裁协议将成为程序命令的主体。[4]

---

[1] Arbitration Act 2005（Act 646），s 36（1）.

[2] 国际合同惯例问题工作组试图商定以下定义：“裁决是指处理提交仲裁庭的所有问题的最后裁决，以及仲裁庭最终确定任何实质性问题、权限问题或程序问题的任何其他决定，但在后一种情况下，只有在仲裁庭作出决定时才可将之称为裁决。” UNCITRAL Report of the Working Group on International Contract Practices on the Work of its Seventh Session，A/CN. 9/246（1984，6-17 February） at paras 192-194.

[3] H Lloyd，M. Darmon，JP Ancel，Lord Dervaird and H Verbist，“Drafting Awards in ICC Arbitrations，”（2005） 16（2） ICC International Court of Arbitration Bulletin 19 at p 25.

[4] H Lloyd，M. Darmon，JP Ancel，Lord Dervaird and H Verbist，“Drafting Awards in ICC Arbitrations，”（2005） 16（2） ICC International Court of Arbitration Bulletin 19 at p 25.

另一方面，《2005年仲裁法案》将第2（1）条中的“裁决”定义为：

> ……仲裁庭对争议实质的决定，包括任何最终、临时或部分裁决以及任何关于费用或利率的裁决，但不包括中间命令。[5]

审理 *Padda Gurtaj Singh v Tune Talk Sdn Bhd*[6] 案的法院对第2（1）条的法定定义给予了司法认可，即最终、临时、部分的以及处理费用和利率的裁决，尽管这并非穷尽式。

裁决是终局性的，根据《2005年仲裁法案》第36条的规定，这些裁决对其所处理的事项有约束力。它们可以像判决一样得到执行，或者根据《2005年仲裁法案》第38（1）条，为执行的目的而通过诉讼执行。

一般来说，仲裁规则不会定义裁决，但可以指出它包括临时裁决或部分裁决[7]，而且是对争议实质的决定以及对其决定的事项的处分。[8]

马斯蒂尔和博伊德认为，这是因为“也许人们只是想当然地认为，无论一个人如何定义裁决，只要看到它，就很容易认出它”[9]。他们接着解释说，一份载有仲裁庭一项决定的文件是否可以被描述为裁决是具有实际意义的，因为准确的分类可以决定：

（1）该裁决是否可由国内或国外法院执行；

（2）该裁决是否会受上诉或其他法院干预，如果是的话将是通过何种形式；

（3）该决定是否对双方当事人和仲裁庭具有约束力。

此外，仲裁庭是否以及在多大程度上有效地撤销或更改其裁决，将取决于裁决的种类。

因此，仲裁庭对提交给它的争议作出的决定就是裁决。[10] 它包括体现仲裁庭关于争议实质作出决定的文字或文件。

法院在 *Jeuro Development Sdn Bhd v Teo Teck Huat (M) Sdn Bhd*[11] 案中解释说：

> 因此，“裁决”是由仲裁员就提交给他的争议作出的决定。由于裁决必须针对提交仲裁的有关争议，所以裁决必须决定争议涉及的所有问题。

---

[5] 1996年《新西兰仲裁法案》第2（1）条和《新加坡国际仲裁法案》（第143A章）第2（1）条也采用了类似的措辞。2004年《菲律宾非诉讼争端解决法案》（第9285号共和国法案）第3（f）条将裁决定义为“仲裁员在解决争议问题时作出的任何部分裁决或最终裁决”。

[6] ［2014］1 LNS 1700.

[7] Indian Council of Arbitration Rules of Arbitration & Conciliation r 2; ICC Rules of Arbitration art 2 and the Korean Commercial Arbitration Board (KCAB) International Arbitration Rules 2016 art 37.

[8] Singapore International Arbitration Centre (SIAC) Arbitration Rules 2016 r 1.3; Blackaby and Partasides with Redfern and Hunter, *Redfern and Hunter on International Arbitration* (6th Edn, 2015) at p 502, para 9.04.

[9] Mustill and Boyd, *Commercial Arbitration* (Companion Volume to 2nd Edn, 2001) at p 105.

[10] 《新加坡国际仲裁法案》第2（1）条扩大了仲裁庭的定义，包括“……当事人根据约定或通过的仲裁规则指定的应急仲裁员……”。

[11] ［1998］6 MLJ 545 at 551.

裁决是司法决定的结果。[12] 因此，不是仲裁员的人或不是仲裁庭的机构作出的决定都不是仲裁裁决。[13] 然而并非仲裁庭的所有决定都是裁决。

例如，《UNICITRAL 仲裁规则》和《UNICITRAL 示范法》区分了通过程序决定和通过裁决或其他途径决定的程序。[14] 简·詹金斯（Jane Jenkins）解释说：

值得注意的是，仲裁庭可以在仲裁过程中作出许多决定，而不是所有决定都是裁决。此外，可能会有几种不同类型的裁决。[15]

“裁决”一词不是艺术术语。首席大法官罗斯（Rose CJ）在 *Re Mohamed Ibrahim and Koshi Mohamed*[16] 案中认为：

任何形式的单词，只要相当于对被提交的问题作出的决定，就相当于裁决。并不需要有技术性的表达。

仅仅将文件标注为“裁决”并不会使之当然地成为裁决。[17] 同样，仅仅是命名为“命令”也不是对其真实地位的决定。[18] “裁决必须是执行一个去‘仲裁’的协议的结果，而不是去做别的事情（如调解）的协议的结果”[19]。每个裁决本身都是完整的。它是对于与其有关的事项的最终决定。

巴黎上诉法院在 Brasoil 案中认为：

一个决定能作为裁决的资格不取决于仲裁员或当事人使用的用语。[20]

法院在 *Re Arbitration between Mohamed Ibrahim and Koshi Mohamed*[21] 案中将仲裁庭作出的命令视为裁决，即使是临时性质的，因为它相当于对提交给仲裁庭的一些问题的决定。

法官沃赫拉赫（KC Vohrah J）在 *MCIS Insurance Bhd v Associated Cover Sdn Bhd*[22] 案中解释说：

---

[12] *Vadilal Chatrabhuj Gandhi v Thakorelal Chimanlal Munshaw* AIR 1954 Bom 121 at 123，（Bom）.

[13] *Sanshin Chemicals Industry v Oriental Carbons and Chemicals* AIR 2001 SC 1219，per Pattanaik J.

[14] 《UNCITRAL 示范法》第 29 条规定，在有一名以上仲裁员的仲裁程序中，除非各方当事人另有协议，仲裁庭的任何决定均应由其所有成员的过半数作出；但如果当事人或仲裁庭全体成员给予了授权，那么程序问题可由首席仲裁员决定。

[15] “Chapter 13：Effect of the Award” in J Jenkins，*International Construction Arbitration Law*（2nd Edn，2013） at p 273.

[16] ［1963］ MLJ 32 at 32，CA（Sing）.

[17] *Evergreat Construction Co Pte Ltd v Presscrete Engineering Pte Ltd*［2006］ 1 SLR （R） 634；*Sport Maska Inc v Jack Zittrer*［1988］ 1 SCR 564，SC（Can）.

[18] R Rana and M Sanson，*International Commercial Arbitration*，（2011） at p 272.

[19] “Chapter 15：International Arbitral Awards：Legal Framework” in Gary Born，*International Arbitration：Law and Practice*（2nd Edn，2015） at p 10.

[20] *Braspetro Oil Services Company-Brasoil v The Management and Implementation Authority of the Great Man-Made River Project*，Paris Cour d'Appel（1 July 1999），（1999） 14 Mealey's Intl Arb Rep 8，［G-1］ - ［G-7］.

[21] ［1963］ MLJ 32.

[22] ［2001］ 2 MLJ 561 at 567 per KC Vohrah J.

在我们的仲裁法语境下，无论使用什么表达方式，无论是“裁决”“最终裁决”“临时性裁决”还是“暂时裁决”，重要的是确定它是否等同于仲裁员就提交给他以作出决定的问题的一个决定；只要相当于对被提交问题作出的决定的任何形式的单词，就相当于裁决。

35.2 裁决和命令的区别

在仲裁程序中，仲裁庭在其授权期间会作出许多决定。仲裁庭的不同类型的决定具有不同的效果。[23] 其中一些是仲裁裁决，可在实质性争议中授予救济，而另一些则不是。[24] 其他如程序裁决和命令，通常只与仲裁的进行有关。

一些仲裁立法在裁决的定义中明确排除了命令和指示。[25] 这种做法认可了裁决和程序裁决之间的区别。

仲裁庭使用命名法将其程序命令描述为裁决，并不能使之成为真正的裁决。[26] 有些情况下，被称为裁决的可能并不是真正的裁决。[27]

相反，只要它对于双方当事人之间的实质性问题作出了最终决定，仲裁庭描述为“命令”的决定实际上就可能是裁决。*Brasoil*[28] 案的上诉法院解释说：

> 裁决的资格不取决于仲裁员或当事人使用的术语……经过5个月的审议后，仲裁庭作出了1998年5月14日的“命令”，经过对当事人立场的漫长研究，它宣布，由于Brasoil无法证明存在其声称的欺诈行为，因此该请求不能被批准。这一经过缜密思考的决定似乎是由仲裁庭行使了其管辖权——仲裁员通过这一决定考虑了当事人相互矛盾的理论，详细研究了它们是否成立，并最终解决了双方之间关于Brasoil的审查要求的可接受性的争议，通过拒绝来结束了提交给他们的争议。1998年5月14日的决定尽管被称为“命令”，但确实是一项裁决。

---

[23] 23 B Hanotiau & O Caprasse, “Introductory Report” in E Gaillard (ed), *The Review of International Arbitral Awards*, (2010) at pp 14-18.

[24] 24 S Greenberg, C Kee and J R Weeramantry, *International Commercial Arbitration: An Asian-Pacific perspective*, (2011) at p 393.

[25] 25 Arbitration Act 2005 s 2; Singapore International Arbitration Act s 12.

[26] LReed, E Schwartz & J Sutcliffe, “The Award”, in R Rhoades, D M Kolkey & R Chernik (eds), *Practitioner's Handbook on International Arbitration and Mediation*, (2nd Edn, 2007) at pp 14-18.

[27] *Resort Condominium International Inc v Ray Bolwell and Resort Condominiums (Australasia) Pty Ltd*, 29 October 1993, Queensland Supreme Court (1995) XX YBCA628; *Gingerbread Investments Ltd v Wing Hong Interior Contracting Ltd* [2008] HKCFI 218.

[28] *Braspetro Oil Services Company-Brasoil v The Management and Implementation Authority of the Great Man-Made River Project*, Paris Cour d'Appel, 1 July 1999, (1999) 14 Mealey's Intl Arb Rep 8 at [G-1] - [G-7]; *Groupe Antoine Tabet v Republique du Congo*, Case No. 09-72, 439, Cass. CLv. Iere, 12 October 2011, np; *Publicis Communciations and Publicis SA v True North Communications Inc.* (2000) XXV YBCA 1152.

知道什么类型的决定构成仲裁裁决是很重要的。区分裁决和辅助性的程序性决定、命令或指示的必要性源于具有裁决地位的决定的结果。仲裁裁决会引起重大的法律后果。

加里·博恩解释说：

> 在大多数情况下，与“裁决”相反，构成“命令”的决定不得被废除、承认或执行，或者像程序和形式要求那样附加于裁决。因此，安排听审或指示双方当事人根据时间表提交文件的信件不是裁决（而是“命令”，或仅仅是仲裁庭作出的通信）。[29]

JDM Lew，*LA Mistelis* 案和 *SM Kroll* 案描述了裁决和决定之间的区别：

> 虽然所有裁决都是仲裁庭的决定，但并非所有决定都是裁决。“决定”一词是通用的，是指任何结论性的结果，或者在思考之后达成的解决方式；而“裁决”是影响双方当事人之间权利的决定，其通常符合《纽约公约》的规定。[30]

克勒马德（B. Cremades）[31] 总结了不太可能被归类为仲裁裁决的决定的类型如下：

（1）对管辖权的否定决定[32]；

（2）仲裁庭作出的例行程序性安排[33]所产生的程序性命令或裁定，如修改诉状[34]、询问证人、文件的披露和出示[35]、确定听审日期和下令作出担保[36]等；

（3）仲裁机构行使管理性职权的决定。

法院无权猜测仲裁庭的程序性命令。其命令是不能被撤销的。[37]

---

[29] “Chapter 15：International Arbitral Awards：Legal Framework” in Gary Born，*International Arbitration*：*Law and Practice*（2nd Edn，2015）at p 12.

[30] J Lew，L Mistelis et al，*Comparative International Arbitration*，（2003）at para 24-3.

[31] B Cremades，“The Arbitral Award，” in LW Newman and RD Hill（eds），*The Leading Arbitrators' Guide to International Arbitration*，（2nd Edn，2008）at p 483.

[32] 在 *PT Asuransi Jasa Indonesia*（*Persero*）*v Dexia Bank SA*［2007］1 SLR（R）597，［2006］SGCA41 at［66］案中，新加坡上诉法院认为，对管辖权的否定裁决不是对争议实质的裁决，相反，这是一项不确定争议实质内容的决定，因此就《UNCITRAL 示范法》第 34 条而言，不能将之作为裁决。另可参见 L Boo，“*Ruling on Arbitral Jurisdiction-Is that an Award?*”（2007）3 *Asian International Arbitration Journal* 125 *at p* 135 *states*，“关于管辖权初步问题的裁决（与‘根据案情作出的裁决’相反）仍然只是关于管辖权初步问题的裁决，即使仲裁根据否定裁决（即仲裁庭缺乏管辖权）而结束，其也不会变成‘裁决’。因为这样的裁决使得所有实质性索赔、反索赔和问题都得不到解决，而如果仲裁庭有管辖权，这些问题本来是可以解决的”。

[33] E Gaillard and J Savage（eds），*Fouchard*，*Gaillard Goldman on International Commercial Arbitration*，（1999），第 1355. 这本书提到：“仲裁员所采取的不完全或部分决定的措施不属于裁决。例如，听证令和文件制作令只是程序步骤。因此，他们不可能成为撤销诉讼的主体。”

[34] *Michael Wilson & Partners Ltd v Emmott*［2008］EWHC 2684（Comm）.

[35] *Terrawinds Resources Corp v ABB Inc* 2009 QCCS 5820；*Premium Brands Operating GP Inc v Turner Distribution Systems Ltd* 2010 BCSC 258.

[36] *Inforica Inc v CGI Information Systems and Management Consultants Inc* 2009 ONCA 642.

[37] English Arbitration Act 1996 s 67.

例外情况是，其程序性命令超越了一般的做法，以致证明了偏见，或违反了仲裁庭平等对待当事人以及给予其合理的陈情机会的义务。

法院已经认识到，各方当事人对仲裁庭作出的每一个程序性决定提出质疑是不切实际和不可取的，否则将带来造成损害的机会，并将伴随仲裁延迟的出现。

因此，加拿大高等法院授予了执行上海国际经济和贸易仲裁委员会（SHIAC）的一项裁决的决定，指出仲裁没有违反正当程序，因为拒绝执行的一方当事人已经提出了双重损害赔偿问题。仲裁庭在裁决中提到了这个问题，尽管没有作出事实认定。[38]

同样，在 *OAO C v Y GmbH & Co KG*[39] 案中，汉堡高等法院没有因为仲裁庭拒绝听取匿名证言、德国法律听取匿名证人的严格条件未得到满足而认定其违反公共政策。

慕尼黑高级地方法院承认了乌克兰国际商事仲裁庭（Ukraine International Commercial Arbitration Court）的裁决，认为正当程序权不包括仲裁庭有义务邀请各方当事人提出反诉。[40] 立陶宛最高法院在 *OAO "Gazprom" v The Republic of Lithuania*[41] 案中认为，其并没有违反在国际仲裁中适用的含义更严格的公共政策。

《UNICITRAL 示范法》[42] 第17（H）条和一些仲裁规则[43]规定了以裁决的形式执行临时措施的命令。

加里·博恩[44]已经解释说，仲裁庭的暂时性保护措施仍然可以成为可执行的裁决：

> 根据普遍适用的承认及执行裁决的条文，暂时性措施应该是且实际也是作为仲裁裁决而可执行的。在处理请求仲裁结束之前的救济的意义上，暂时性措施是"终局性的"。作出暂时性救济的命令理应通过当事人在仲裁程序以外的行为被遵循和执行；在这方面，它们与中间仲裁决定有所不同，因为它们仅仅决定了某些附属的法律问题（例如法律的选择、责任）或制定程序时间表。国家法院能够执行暂时性措施，对于仲裁程序的效力也是非常重要的。
>
> 他补充说：将披露、临时措施、程序中止和类似问题的决定作为裁决的主要风险是，仲裁程序将被零散的中间上诉中断或推迟。这是一个严重的风险，但将这些非正审仲裁裁决视为裁决也并不理想。相反，这样做会提供一种执行仲裁庭的中间

---

[38] Canada No. 2016-1, *Depo Traffic Facilities (Kunshan) Co v Vikeda International Logistics and Automotive Supply Ltd.*, Superior Court of Justice, Ontario, Case No. CV-13-483322, 18 February 2015 in A J van den Berg (ed), *Yearbook Commercial Arbitration 2016-Volume XLI*, (2016) at pp 1-17.

[39] Germany No. 2016-2, *OAO C v Y GmbH & Co. KG*, Hanseatic Higher Regional Court of Hamburg, Case No. 6 Sch 2/11, 3 February 2012 in AJ van den Berg (ed), *Yearbook Commercial Arbitration 2016-Volume XLI*, (2016) at pp 1-16.

[40] Germany No. 2016-3, *OOO "M T" v 3-S F Vertriebs GmbH*, Higher Regional Court of Munich, Case No. 34 Sch 3/10, 6 March 2012 in A J van den Berg (ed), *Yearbook Commercial Arbitration 2016-Volume XLI*, (2016) at pp 1-10.

[41] Lithuania No. 2016-2, *OAO "Gazprom" v The Republic of Lithuania*, Ministry of Energy of the Republic of Lithuania, Supreme Court of Lithuania, Civil case No. 3K-7-458-701/2015, 23 October 2015 inAJ van den Berg (ed), *Yearbook Commercial Arbitration 2016-Volume XLI*, (2016) at pp 1-33.

[42] 《UNCITRAL 示范法》第17（H）条规定了承认和执行临时措施。

[43] 例如，2016年版《澳大利亚国际商事仲裁中心规则》第28条第（1）款。

[44] Gary Born, *International Commercial Arbitration*, (2nd Edn 2014) at p 2933.

机制，它不应拖延仲裁程序，而且由此可能会加速进程。[45]

纽约美国地方法院在 *Southern Seas Nav Ltd v Petroleos Mexicanos of Mexico City*[46] 案中确认了一项临时措施命令：

> 这样的一个裁决并不因其能作为通向结束的“中间”步骤而是“临时性的”。相反，它本身就是结束，因为它的目的是在“临时”期间澄清各方当事人的权利，等待对案情作出最后决定……如果基于发现了不可弥补的伤害而作出的衡平救济的仲裁裁决有任何意义，那么各方当事人必须能够在裁决被作出时执行或者废除它。

因此，仲裁庭的中间命令或指示通常涉及程序性问题，例如听审的时间安排、担保费用、披露[47]或证人的可接受性[48]。这种命令可能包括仲裁机构在行使其管理职能时作出的决定。

命令和裁决之间的第一个区别是，仲裁庭可以更改或撤销命令。[49] 如果情况发生了变化，那么仲裁庭可以灵活地采取行动来改变先前的程序性命令。

第二个区别是，《2005 年仲裁法案》第 2 条的“裁决”定义中不包括中间命令。因此，临时命令不像裁决那样是最终的、具有约束力的。一般来说，不能按照《2005 年仲裁法案》第 38 条或《纽约公约》来执行临时命令。

其定义也不属于《2005 年仲裁法案》第 37 条中的范围。因此，不能向高等法院申请撤销命令，当事人也不能基于《2005 年仲裁法案》[50] 第 42 条向高等法院提出由中间命令引起的任何法律问题。

仲裁庭必须谨慎区分程序性命令和裁决，因为它们之间的边界可能会变得模糊。[51] 仲裁庭可能会作出一份声称是裁决但只处理程序问题的文件，反之亦然。[52] 这可能导致向高等法院提出异议，这是不必要的，而且会带来延迟。[53]

---

[45] Gary Born, *International Commercial Arbitration*,（2nd Edn 2014） at p 2934.

[46] 606 F Supp 692（1985）.

[47] 并非所有关于证据开示的决定都只是中间命令，有些决定被视为裁决。参见 Judgment of 1 July 1999, *Braspetro Oil Services Company-Brasoil v The Management and Implementation Authority of the Great Man-Made River Project*, Paris Cour d'Appel（1 July 1999），（1999） 14 Mealey's Intl Arb Rep 8, [G-1] - [G-7].

[48] *Slocan Forest Products Ltd v Skeena Cellulose Inc*（2001） BCSC 1156, 203 DLR（4th） 216.

[49] *Home of Homes Ltd v Hammersmith and Fulham London Borough Council* [2003] EWHC 807（TCC）; *Charles M Willie and Co（Shipping） Ltd v Ocean Laser Shipping Ltd*, *G Roussos Sons SAv Charles M Willie & Co（Shipping） Ltd*, *The Smaro* [1999] 1 Lloyd's Rep 225.

[50] Justice Datuk Dr Haji Hamid Sultan Bin Abu Backer, *International Arbitration with Commentary to Malaysian Arbitration Act* 2005,（2016） at p 392.

[51] *Leif Hoegh & Co A/S v Petrolsea Inc*, *The World Era*（*No* 2） [1993] 1 Lloyd's Rep 363.

[52] Sutton Gill and Gearing, *Russell on Arbitration*（24th Edn, 2015） at para 6-003.

[53] Gary Born, *International Commercial Arbitration*,（2nd Edn 2014） at p 2934.

上诉法院在 *Dato' Samsudin bin Abu Hassan v Robert Kokshoorn*[54] 案中认为：

> 在仲裁程序中，如在审判中一样，不论是否允许提出问题等，仲裁员或法官在有关证据、文件或其他的可接受性上都必须作出多项命令。允许将这种命令提交法院并发回仲裁员将严重拖延仲裁程序……仲裁的目的是在法庭外解决争议，以节省时间和费用，并且适用更加灵活的程序，而不像法庭。这是为了在法庭的正常程序外解决争议。这就是对仲裁庭的决定、命令或判决没有上诉权原因，也是法律规定只有在特定的情况下才能就仲裁程序向法院提出申请的原因。

仲裁庭不作出暂时性裁决的纯粹决定，其本身不应被解释为裁决。[55] 然而，程序性的决定可以是裁决。仲裁庭在 *Exmar BV v National Iranian Tanker Co*，*The Trade Fortitude*[56] 案中选择将其不作出暂时性裁决的决定描述为"临时最终裁决"。该文件还给出了支持这一决定的详细理由。

皇家律师戴蒙德（Diamond Q C）认为，由于该文件具有构成裁决书的程序性质，因此不能说该文件是仲裁庭对提交给它的事项所作出的决定。法院有些不情愿地认为这项决定必须作为一项裁决，因此也可以提出异议。

法官里克斯在 *Charles M Willie & co*（*Shipping*）*Ltd v Ocean Laser Shipping Ltd G Roussos Sons SA* 和 *Ocean Laser Shipping Ltd v Charles M Willie & Co*（*Shipping*）*Ltd*，*The Smaro*[57] 案中对中间命令的评论如下：

> （2）仲裁员可能有权以裁决的形式作出任何决定，甚至是程序性决定。鉴于程序性决定在仲裁过程中不能受到攻击，而裁决一经作出即可向法院提出上诉，因此不应鼓励这种做法。然而在适当的情况下，例如涉及重要的原则要点，则可以以裁决的形式作出程序性决定；和（3）即使它们是如此表达的，是否所有的中间决定都可以视为裁决也是值得怀疑的。

《2005年仲裁法案》第19条解决了这个问题，该条款允许仲裁庭下达临时措施，它可以在法院的协助下执行。这是一个法定例外，即明确地规定了在双方当事人没有相反意图的协议的情况下，基于《2005年仲裁法案》第38条"承认和执行"和第39条"拒绝承认或执行的理由"的目的，这种命令被视作裁决。

作为裁决的命令只能在提出异议的一方收到裁决后的90天内提出质疑。[58] 必须指出的是，只有裁决才能根据《2005年仲裁法案》第38条和在国际上根据《纽约公约》得

---

[54] *Dato'Samsudin bin Abu Hassan v Robert Kokshoorn*［2003］3 MLJ 331 at 339，尽管该案根据旧法律作出了决定，但中间命令/决定/裁决不受质疑的原则仍然有效。

[55] *Japan Line v Aggeliki Charis Compania Maritima SA*，*The Angelic Grace*［1980］1 Lloyd's Rep 288.

[56] *Exmar BV v National Iranian Tanker Co*，*The Trade Fortitude*［1992］1 Lloyd's Rep 169.

[57] ［1999］1 Lloyd's Rep 225 per Rix J.

[58] Arbitration Act 2005 s 37（4）.

到承认和执行。[59]

35.3 裁决的类型

在仲裁过程中，可能会作出很多不同的裁决。一些仲裁法规[60]和仲裁规则[61]规定，仲裁庭可以在不同时间点就争议事项的不同方面作出一项以上的裁决。

此类裁决可以命令支付款项、宣布解决某一特定问题、禁止做或不做某一特定的事情，以及纠正错误或命令履行某些合同义务，否则应承担损害赔偿。

仲裁裁决的类型包括最终裁决、临时/部分裁决、同意裁决、缺席裁决、裁决草案、暂时裁决和机构裁决。仲裁程序由最终裁决或仲裁庭终止仲裁程序的命令终止，但有一些例外情况。[62] 仲裁庭的任务以终止仲裁程序而告终。[63]

35.4 临时/部分裁决

定义

雷德芬和亨特认为，最终裁决通常是保留给完成仲裁庭使命的裁决的一个术语。[64]因此，这将使仲裁庭已履行了其职务。加里·博恩认为："只有仲裁庭打算最终表达其对部分或全部当事人主张的裁决的文书才能被视为裁决。"[65]

任何不会终止仲裁庭任务的裁决都是部分裁决、临时裁决或中间裁决。实际上，术语"临时"（interim）和"部分"（partial）可互换使用，这表明两个术语没有差异。"临时"一词尽管具有不同的语言含义，但似乎具有相同的意思。

例如，《ICC 仲裁规则》第 21 条规定，仲裁庭可以作出部分或确定性的裁决。1996 年《英国仲裁法案》第 47 条[66]明确授权仲裁庭作出部分或临时裁决。一些仲裁规则，例

---

[59] 必须指出的是，除非各方当事人另有协议，仲裁庭根据《2005 年仲裁法案》第 19 条发出的中间命令按照《2005 年仲裁法案》第 38~39 条的立法目的被视为裁决。

[60] Singapore International Arbitration Act s 19A（1）；English Arbitration Act 1996 s 47；Arbitration Laws of the People's Republic China 1994 art 55.

[61] SIAC Rules 2016 r 32. 5；ACICA Arbitration Rules 2016 art 33. 1.

[62] Arbitration Act 2005 s 34（1）.

[63] Arbitration Act 2005 s 34（3）.

[64] Blackaby and Partasides with Redfern and Hunter, *Redfern and Hunter on International Arbitration*（6th Edn, 2015）at p 507, para 9. 18.

[65] "Chapter 15：International Arbitral Awards：Legal Framework" in Gary Born, *International Arbitration：Law and Practice*,（2nd Edn, 2015）at 11.

[66] Exmar BV v National Iranian Tanker Co, The Trade Fortitude［1992］1 Lloyd's Rep 169.

如《PAM 仲裁规则》第 21（1）条和 2014 年《LCIA 仲裁规则》第 26.1 条明确规定，仲裁庭可以作出临时裁决。

如果仲裁协议、适用的仲裁规则和适用法律中没有暗示或明示的规定，那么仲裁庭可能无权作出部分裁决。[67] 在出现有关管辖权的问题时，仲裁庭可以根据双方当事人或一方当事人的要求或主动地作出部分裁决。[68]

《2005 年仲裁法案》仅隐含地授予了这样的权力。法案规定的“裁决”（award）的定义，包括“临时”（interim）和“部分”（partial）两个术语。因此，该法明确设想了一个作出这样的裁决的仲裁庭。[69] 在 *Tanjung Langsat Port Sdn Bhd v Trafigura Pte Ltd*[70] 案中，法院审查了部分裁决，但没有对“部分”一词作出评论。

然而临时裁决和部分裁决有所区别。临时裁决是针对初步问题的决定，如仲裁庭的管辖权或一方当事人的责任。部分裁决会立即产生金钱后果。

作出临时或部分裁决仍会要求仲裁庭对争议的实质内容作出仲裁庭的决定。由于解决其他问题的最终裁决仍在形成中而尚未作出，这样的裁决必然只会处理提交仲裁中的一些争议。它可以是一个损害赔偿被评估之前有关责任的裁决，或者是一个会实质性地决定仲裁结果的有关初步问题的裁决。

高等法院在 *Menara Biru Sdn Bhd v Majlis Bandaraya Shah Alam*[71] 案中认为，在评估损害之前，关于赔偿责任的裁决属于《2005 年仲裁法案》第 2 条对裁决的宽泛定义。法院驳回了“因裁决尚未完成，所以这不是一个裁决”的说法。[72]

所有的裁决都是终局性的，因为它决定了一些确定性的问题。各种类型的裁决具有不同的法律后果。它们是裁决，对各方当事人均具有约束力，除非是以宣告的形式作出的，否则都是可以强制执行的。[73] 一般认为，在相反情况出现之前，裁决是针对所有提交的事项作出的。

证明该裁决没有处理被提交的所有问题的责任在于寻求将其撤销的一方。[74] 例如，阿姆斯特丹上诉法院在 *Çukurova Holding AS v Sonera Holding BV*[75] 案中认定，对于批准执

[67] “Chapter 15: International Arbitral Awards: Legal Framework” in Gary Born, *International Arbitration: Law and Practice*, (2nd Edn, 2015) at 11.

[68] *Liberian Eastern Timber Corporation v Government of the Republic of Liberia* (1987) 26 ILM 647.

[69] KLRCA Arbitration Rules (Revised 2013) r 11 (9).

[70] [2016] 4 CLJ 927.

[71] [2013] 1 LNS 1151.

[72] 根据已废止的《1952 年仲裁法案》，法院判定 *Malaysian Newsprint Industries Sdn Bhd v Bechtel International, Inc* [2008] 5 MLJ 245 案正在裁决。

[73] Arbitration Act 2005 s 36.

[74] *Reg v Metropolitan Railway Co* (1883) 48 LT 367. *Pegang Prospecting Co v Chan Phooi Hoong* [1957] MLJ 231, CA.（如果仲裁员只处理与采矿有关的问题，而不会决定任何法律问题的话，则裁决应被撤销）; *Tan Toi Lan v Lai Kee Ying* [1975] 1 MLJ 27.

[75] Netherlands No. 2016-1, *çukurova Holding AS v Sonera Holding BV*, Court of Appeal of Amsterdam, 24 June 2015 and Supreme Court of the Netherlands, Case No. 14/04336, 1 May 2015 in A J van den Berg (ed), *Yearbook Commercial Arbitration 2016-Volume XLI*, (2016) at pp 1-16.

行外国（瑞士）裁决的一审决定不允许上诉。

“临时”一词的含义，除其他外，尤其是指“同时采取的临时或暂时性的安排”。但是，临时裁决（interim award）不像暂时性裁决（provisional award）那样等待这些问题被进一步解决，[76] 它相当于对特定可分割问题的最终裁决，剩下的问题将留给针对其他部分问题的裁决和最终裁决。

将终局性的裁决（即部分裁决）与决定仲裁的最终裁决区分开来是很重要的。[77] 因此，有人建议仲裁庭应避免使用“临时”（interim）一词。[78] 此类裁决应被视为“部分”（partial）裁决。

上诉法院在 *City of Kiev in The Ministry of Justice of Ukraine v JKX Oil & Gas Plc*[79] 案中拒绝了执行一个紧急仲裁员根据《能源宪章条约》（*Energy Charter Treaty*）颁布的斯德哥尔摩商会临时裁决。其暂时性裁决指示，乌克兰不得对其中的一位上诉人的天然气生产以比签订投资关系时更高的费率征收特许使用费。

法院认为，应当以公共政策为由拒绝强制执行——依据适用于国际仲裁的狭义含义——在《纽约公约》和《乌克兰民事诉讼法》（*Ukrainian CCP*）下，因为强制执行会违反乌克兰的公共政策（公约第 V（2）（b）条）而且会对乌克兰的利益造成威胁（*Ukrainian CCP* 第 326 章）。

实际应用

目前的趋势是允许在分散的问题上承认和执行部分裁决。分开一个案件的不同方面可以大大节省费用。[80] 部分裁决通常旨在用于大型的、复杂的案件，在这种案件中，某些问题可能在商业上或法律上对案件有决定性的影响。

雷德芬和亨特[81]提供了三个部分裁决可能是有用的例子：

（1）适用法律的争议——在作出争议适用的法律的决定之前，各方当事人可能一直在争论使用不同的法律制度，因此对此问题的部分裁决可能非常有用。[82]

（2）份额和责任的分离[83]——较早地确定责任可能会让获得专家对份额的认定的证

---

[76] Gary Born, *International Commercial Arbitration*, (2nd Edn 2014) at pp 2895-2896.

[77] Sutton Gill and Gearing, Russell on Arbitration (24th Edn, 2015) at para 6-004.

[78] Gary Born, *International Commercial Arbitration*, (2nd Edn 2014) at p 2936.

[79] Ukraine No. 2016-1, *The Ministry of Justice of Ukraine v JKX Oil & Gas Plc*, Court of Appeals of the City of Kiev, Case No. 22-/796/9284/2015, 17 September 2015 in AJ van den Berg (ed), *Yearbook Commercial Arbitration* 2016-*Volume XLI*, (2016) at pp 1-12.

[80] Blackaby and Partasides with Redfern and Hunter, *Redfern and Hunter on International Arbitration* (6th Edn 2015) at p 510, para 9. 25-9. 28.

[81] *Government of the Philippines v Philippine International Air Terminals Co, Inc* [2007] 1 SLR (R) 278.

[82] *Indera Construction Sdn Bhd v PNS Development Sdn Bhd* [2014] 11 MLJ 886.

[83] For example, *Curacao Trading Co BV v Harkisandas & Co* [1992] 2 Lloyd's Rep 186.

据这一昂贵和耗时的过程显得没有必要，通过责任的认定往往可以促成和解。[84]

（3）合同限制条款——合同可以限制损害赔偿金额或应付的损害赔偿类型，例如排除利润损失的损害赔偿。在大部分损害赔偿可能落入排除条款的情况下，早日确定这一问题可能会使得和解更有可能。

时效问题是另一个可以由仲裁庭早日裁决的争议。如果已经超过时效，则处理实质索赔就没有什么意义了。

仲裁庭在作出决定之前，可能必须对抵销索赔的法律效力进行一些初步评估。它可能会考虑是否具有处理抵销的管辖权以及是否可以在临时裁决中处理这一问题。[85]

部分裁决可能不一定是适当的，因为它可能会导致延误。特别好斗的当事人可以根据《2005年仲裁法案》第37条和第42条对仲裁庭发布的每一项部分裁决提出异议。

该方当事人虽然可能不会成功，但可能会导致仲裁的重大延误。仲裁庭需要权衡处理离散问题的各方面的优缺点，而不是问题的整体。

即使是一个只最终决定某些问题的临时或部分裁决，对于这些问题来讲也是终局性裁决。即使只裁决了部分问题，而其他问题仲裁庭尚未解决，这些裁决也可以得到执行。

因此，部分裁决是最终的，具有约束力。[86] 这个裁决是对相应问题的最终决定。临时或部分裁决会被以与最终裁决相同的方式对待，它们对当事人和根据它们索赔的人具有约束力。

新加坡高等法院在 *PT Perusahaan Gas Negara*（*Persero*）*TBK v CRW Joint Operation*（*Indonesia*）[87] 案中处理了关于一个终局裁决如何影响以前在同一仲裁中作出的临时裁决的问题。根据《国际仲裁法案》，两者都是终局的、有约束力的。

高等法院确认，当事人可以同意允许仲裁庭作出“临时”裁决，以便在有限的期限内给予救济。这种临时裁决是有约束力的，但不是最终的，因为它只在有限的时期内有效。

法院解释说：

> 为了避免陷入困境，国际仲裁的当事人可以考虑要求仲裁庭明确列出任何预期的临时裁决申请，以避免其与在程序中作出的任何最终或其他临时裁决发生冲突。[88]

---

[84] 参见 *Econet Satellite Services Ltd v Vee Networks Ltd*［2006］EWHC 1664（Comm），［2006］2 All ER（Comm）1000案；而因另一合同引起的抵销请求可能发生争议，但不得仲裁，参见 *Aectra Refining & Manufacturing Inc v Exmar NV*，*The New Vanguard and The Pacifica*［1994］1 WLR 1634案。

[85] *Modern Trading Ltd v Swale Building and Construction Ltd*［1992］ADRLJ 174，following *SL Sethia Liners v Naviagro Maritime Corp*，*The Kosta Melas*［1981］1 Lloyd's Rep 18.

[86] *PT Perusahaan Gas Negara*（*Persero*）*TBK v CRW Joint Operation*（*Indonesia*）［2014］SGHC 146 at［126］-［127］，affirmed by the Court of Appeal in［2015］SGCA 30.

[87]［2014］SGHC 146案件第126-127页，经上诉法院在［2015］SGCA 30案件中确认。

[88] E Tan，R Coldwell，“The Finality of Interim Arbitral Awards in Singapore-How ‘Final’ is ‘Final’?”，（2015）Kluwer Arbitration Blog，January 12.

作出部分裁决的仲裁庭应明确说明它仅涉及某些索赔或问题，并说明这些问题或索赔。[89] 此类裁决也应清楚地表明该裁决会解决的问题和索赔。一个裁决处理了特定事项，将在与裁决解决的事项有关的当事人之间产生不容反悔的效果。

仲裁庭一旦作出这样的裁决，就已完成了该部分的职责。仲裁庭不能重新考虑其立场，并随后作出矛盾的裁决。因此，一方当事人重新争辩问题的尝试，或者仲裁庭就在部分或临时裁决中已处理的问题再作出审裁的企图，均属于仲裁庭的管辖范围之外，是无效的。[90]

这意味着仲裁庭在作出裁决时应该小心处理所有必要的问题。*Pirtek （UK） Ltd v Deanswood Ltd*[91] 案的法院阻止了仲裁庭在有关份额的最终裁决之后又对利息作出裁决。

然而《UNICITRAL 示范法》改进了这种严格的排除方法，如《2005 年仲裁法案》第 35（4）条所示：

> 除非双方另有约定，否则一方当事人可以在收到裁决后的 30 天内通知另一方，要求仲裁庭就仲裁程序中已提出但裁决中未包含的索赔作出额外裁决。

特殊类别：管辖权

大多数现代仲裁立法都包含了赋予仲裁庭决定其自身管辖权的权力的条款。[92] 这种 *kompetzenz-kompetenz* 或 *competence de la competence* 的概念，是指仲裁庭可以对其管辖权作出判断的能力。管辖权规定了仲裁庭可以行使其权力的限度。这种允许对管辖权作出裁定的权力，允许仲裁庭就有关仲裁协议的存在和有效性的任何反对意见作出裁定。

可能影响仲裁协议有效性的因素之一是双方是否已经妥当签署了协议。然而一些法院在考虑未签署的仲裁协议的有效性时是灵活的。奥地利最高法院确认了一个仲裁庭的管辖权裁决，在该案中，各方当事人通过交换未签署的信件缔结了有效的仲裁协议。[93]

另外，德国上诉法院根据《纽约公约》第 4 条拒绝了对乌克兰国际商事仲裁庭裁决的承认和执行。[94] 法院认为，双方当事人之间没有有效的仲裁协议，因为仲裁协议上的

---

[89] *SL Sethia Liners v Naviagro Maritime Corp*, *The Kosta Melas* ［1981］ 1 Lloyd's Rep 18.

[90] *Westland Helicopters Ltd v Al-Hejailan* ［2004］ 2 Lloyd's Rep 523, ［2004］ EWHC 1625 （Comm）; or in separate proceedingsoutside the arbitration: *Noble Assurance Co v Gerling-Konzern General Insurance Co* ［2007］ EWHC 253 （Comm）, ［2007］ All ER （D） 289 （Feb）.

[91] *Pirtek （UK） Ltd v Deanswood Ltd* ［2005］ EWHC 2301 （Comm）.

[92] 《2005 年仲裁法案》第 18 条；《UNCITRAL 示范法》第 16（1）条规定："仲裁庭可以就其本身的管辖权作出裁决，包括对仲裁协议的存在或有效性提出任何异议。为此，构成合同一部分的仲裁条款应被视为独立于合同其他条款的协议。仲裁庭作出合同无效的决定，并不依法使仲裁条款无效。"

[93] Austria No. 2016-2, *S SpA v T GmbH*, *Oberster Gerichtshof*, Case No. 180Cg1/15v, 23 June 2015 in A J van den Berg （ed）, *Yearbook Commercial Arbitration* 2016-*Volume XLI*, （2016） at pp 1-30.

[94] Germany No. 2016-1, *Seller v Buyer*, *Oberlandesgericht*, *Koblenz*, Case No. 2 Sch 12/10, 31 January 2012 in A J van den Berg （ed）, *Yearbook Commercial Arbitration* 2016-*Volume XLI*, （2016） at pp 1-11.

签字是伪造的。

仲裁庭如果接受其无管辖权的主张，则不得再对案子的是非曲直进行仲裁，仲裁程序终止。仲裁庭如果反对初步的缺乏管辖权的主张，则会继续进行仲裁程序并作出仲裁裁决。仲裁庭的初步裁决被称为管辖权裁决。

马斯蒂尔和博伊德说："这确实是一个裁决；但它是一种非常特殊的裁决，因为它不符合普遍接受的标准。"[95] 另外，对管辖权的否定决定并不是一项裁决。[96]

除非当事人另有约定，否则如果仲裁庭认定其拥有管辖权并就此作出了部分裁决，则该仲裁庭或随后重组的仲裁庭不得再次讨论管辖权问题。[97]

提起异议的一方当事人在执行阶段有责任证明仲裁庭缺乏管辖权。例如，*Tele-Radio i Lysekil AB v Motorman Radio Sistemas y Aplicaciones*[98] 案的被申请人未能证明仲裁庭没有管辖权。

一般情况下，当双方当事人拥有互相冲突的争议解决条款，即或裁或审时，*kompetenz-kompetenz* 原则始终是适用的。[99]

35.5 同意裁决

《2005年仲裁法案》明确认可了鼓励当事人对提交仲裁的争议进行和解的可取性。当事人可以随时约定终止仲裁程序。仲裁和诉讼一样，都欢迎和解。

例如，有一种情况是，即使听审已经结束，仲裁庭也允许各方当事人重新进行听审，这样做的目的是以仲裁裁决的形式记录和解协议的条款。[100] 这种裁决被称为同意裁决、约定的裁决、约定条款裁决或和解裁决。

《2005年仲裁法案》第32（1）条[101]规定：

> 在仲裁程序中，如果双方当事人对争议达成了和解，那么仲裁庭应当终止仲裁程序；并且，如果双方当事人要求且仲裁庭不反对，那么应以裁决约定条款的形式记录该和解。

---

[95] 参见 Mustill and Boyd，*Commercial Arbitration*（Companion Volume to 2nd Edn，2001）at pp 107-108；另可参见 *Ranko Group v Antarctic Maritime SA*，*The Robin*［1998］ADRLN 35 案；对管辖权决定的任何异议，必须按照《2005年仲裁法案》第18条的规定提出。

[96] *PT Asuransi Jasa Indonesia（Persero）v Dexia Bank SA*［2007］1 SLR 597，CA.

[97] *Emirates Trading Agency LLC v Sociedade de Fomento Industrial Private Ltd*［2015］EWHC 1452（Comm）.

[98] Spain No. 2016-1，*Tele-Radio i Lysekil AB v Motorman Radio Sistemas y Aplicaciones*，SL，Superior Court of Justice of Catalonia，Case No. 16/2014，19 February 2014 in A J van den Berg（ed），*Yearbook Commercial Arbitration 2016-Volume XLI*，（2016）at pp 1-9.

[99] Luxembourg No. 2016-1，*Company A v Company B*，Cour d'Appel，14 March 2012 in AJ van den Berg（ed），*Yearbook Commercial Arbitration 2016-Volume XLI*，（2016）at pp 1-6.

[100] 参见 CLOUT 第779号判例（开罗国际商事仲裁中心临时仲裁，埃及，2006年2月17日）。

[101] 《UNCITRAL 示范法》第30条规定了协议裁决。

2013 年《UNICITRAL 仲裁规则》[102] 第 36（1）条规定：

> 在作出裁决之前，如果双方同意对争议达成和解，则仲裁庭应作出终止仲裁程序的命令；或者，如果当事人要求且仲裁庭接受，应以裁决约定条款的形式记录该和解。仲裁庭没有义务为这种裁决出具理由。

因此，各方当事人可以简单地终止仲裁庭的职务。或者，他们可以将和解协议记录在仲裁庭作出的约定裁决书中。如果就是否存在这样的和解协议或费用方面存在争议，那么这仍然属于仲裁庭的管辖范围。[103]

双方当事人应该就他们之间达成的和解协议通知仲裁庭和管理该仲裁的仲裁机构。这将确保仲裁庭不再进行仲裁，因此除了取消费用外（如有约定），不会产生额外费用。

无论以何种方式通知仲裁庭和适当的仲裁机构，这种和解都必须确保该声明的通知或包含它的裁决草案得到双方当事人的授权代表的明确同意。[104] 甚至可能出现的情况是，双方当事人的代表将就一份完整的草案达成一致，然后由仲裁庭加入其费用和签名后作为裁决书。

在约定的裁决中记录和解协议有许多好处。它可以根据《2005 年仲裁法案》第 38 条，如判决那样执行一个裁决。这必须与约定的和解协议形成对比，后者需要新的诉讼才能执行。

琼·弗朗索瓦·普德雷特（Jean-Francois Poudret）和塞巴斯蒂安·贝松（Sebastien Bésson）[105] 解释说：

> 同意裁决体现了双方当事人达成的和解。

同意或约定的裁决具有明确和可识别的结果，显示了仲裁庭批准的方法。[106] 它如任何对实质争议作出的仲裁裁决那样，具有与其相同的地位和实质效力。作者补充说：

> 它的对象不同于最终裁决，它是由双方当事人的同意而不是仲裁庭作出的决定组成的，而没有给出理由。

---

[102] 《ICC 仲裁规则》第 32 条有类似规定：如果当事人提出请求，并得到仲裁庭的同意，则协议方有义务在同意裁决中记录任何和解。

[103] *Doshion Ltd v Sembawang Engineers and Constructors Pte Ltd* [2011] SGHC 46, [2011] 3 SLR 118; *Dawes v Treasure & Son Ltd* [2010] EWHC 3218 (TCC), [2011] 2 All ER (Comm) 569.

[104] R W Turner, *Arbitration Awards: A Practical Approach*, (2005) at p 24.

[105] J Poudret, S Besson, *Comparative Law of International Commercial Arbitration*, (2nd Edn, 2007) at p 648. 关于仲裁程序中的和解问题，参见 F Dissemontet, "L'Instance arbitrale et la transaction" in *Etudes de procédure et d'arbitrage en l'honneur de Jean-Francois Poudret*, Faculté de droit de l'Université de Lausanne (1999) at pp 367-386，其中强调了应由各方当事人选择是以裁决的形式记录其和解，还是只根据双方协议终止仲裁程序。

[106] Blackaby and Partasides with Redfern and Hunter, *Redfern and Hunter on International Arbitration* (6th Edn 2015) at p 513, para 9. 35.

伯杰（Berger）认为，同意裁决不是裁决，而是与裁决具有类似效果的行为，特别是在《纽约公约》中。[107] 它不仅确保了双方当事人之间的和解协议具有约束力，而且提出了一个关于后续仲裁或诉讼程序的禁止反悔的问题。

总体来说，它可以与任何其他仲裁裁决相同的方式被执行。它比提起诉讼执行和解条款来得更直接。它相当于对另一方当事人违反协议而提起诉讼的完整辩护。[108]

雷德芬和亨特[109]认为将和解记录在同意裁决中是一个便利的步骤，因为它表明了仲裁庭对和解的批准。反过来，同意裁决可以协助双方当事人在面对任何外部批评的情况下为他们的和解决定辩护。

要使同意裁决有效，就必须符合《2005年仲裁法案》第33条规定的形式和内容的要求，其中包括说明它是裁决。[110] 这些是强制性要求。如果这样做，同意裁决与根据案件事实作出的裁决具有相同的地位和效果。[111]

一项同意裁决不仅仅是记录和解的存在和事实，而应包含和解协议的条款，以使其可被执行。[112] 对此不需要给出原因，因为各方当事人知道和解的原因。它应该是真诚的，不受到强制或不当行为的影响。

但是，和解协议的无效性并不会自动使裁决无效。[113] 一般认为，有关和解协议有效性的争议必须在单独的诉讼程序中决定，而不是作为仲裁标的事项的一部分。[114]

《KLRCA仲裁规则》（2013年修订）［*KLRCA Arbitration Rules*（*Revised* 2013）］还就作出和解裁决作出了规定，并具体规定了仲裁庭不必在此类裁决中给出理由。[115] 类似条款可见于《马来西亚仲裁员协会仲裁规则》（2000年版）［*Malaysian Institute of Arbitrators Arbitration Rules*（2000 *Ed*）］、2014年《伦敦国际仲裁院仲裁规则》第26.9条、2012年《国际商会仲裁规则》（*ICC Rules of Arbitration* 2012）第32条和《中国国际经济贸易仲裁委员会仲裁规则》（*CIETAC Arbitration Rules*）第49（3）条。

如果双方要求仲裁庭记录同意裁决，那么除非有一些不这样做的压倒一切的公共政策理由，否则仲裁庭不得拒绝。它必须起草裁决，以记录双方当事人的和解。各种仲裁规则都规定了仲裁庭这样做不仅仅是橡皮图章，它保留了拒绝按照商定条款公布裁决的自由裁量权。[116]

---

[107] JF Poudret, S Besson, *Comparative Law of International Commercial Arbitration*,（2nd Edn, 2007）at p 648.

[108] *Rmarine Engineering*（*M*）*Sdn Bhd v Bank Islam Malaysia Bhd*［2012］10 MLJ 453.

[109] "Chapter 9. Award" in Blackaby and Partasides with Redfern and Hunter, *Redfern and Hunter on International Arbitration*,（6th Edn 2015）at para 9.35.

[110] Arbitration Act 2005 s 32（2）.

[111] Arbitration Act 2005 s 32（3）.

[112] *Oberlandesgericht Frankfurt a.M.*, Germany, 3 Sch 01/99, 28 June 1999.

[113] *Kiyue Co Ltd v Aquagen International Pte Ltd*［2003］3 SLR（R）130.

[114] *M/S Polytron & Fragrance Industries*（*P*）*Limited v National Insurance Co. Limited*, 27 April 2009, ARB P 144/2008（Ind）; *Chimimport PLC v G D'Alesio SAS*, *The Paola D'Alesio*［1994］2 Lloyd's Rep 366.

[115] KLRCA Arbitration Rules（Revised 2013）art 36（1）.

[116] 2013年《香港国际仲裁中心仲裁规则》第42.5条；2012年《ICC仲裁规则》第32条。2016年《KCAB国际仲裁规则》第39条不包含这种明确的裁量权。

当出现同意裁决的目的是误导第三方等情况时，仲裁庭可以拒绝记录同意裁决。如果当事人扣留其费用和开支，那么没有记录同意裁决的仲裁庭可能会失去保证金。

如果没有作出同意裁决，那么希望执行和解协议的一方当事人有必要对此提起诉讼；或者执行方至少可以在另一方当事人对他提出的诉讼中，以此作为辩护理由。

35.6 缺席裁决

仲裁裁决通常是最终裁决，也可以表现为缺席或单方面裁决，这在许多仲裁规则中都是允许的。[117] 缺陷裁决发生在一方或多方当事人不出席或不参加的情况下。这可能会发生在仲裁开始时，缺席方拒绝参与是完全的；也可能会发生在仲裁期间，因缺席方改变了主意或出于战略目的。[118]

在这种情况下，积极主动的仲裁庭将单方面进行仲裁。与法院的简易判决程序不同，当事人仍需要起诉并证明其案件符合仲裁庭的要求。[119]

另外，仲裁庭必须向缺席方发出通知以及“除非”（unless）命令，包括证据和提醒缺席方注意的材料，以给予缺席方参加仲裁程序的机会。

在没有任何或者完整的来自缺席方的书面文件和书面证据的情况下，仲裁庭仍然必须考虑、审议和评估主动的一方当事人就争议提出的主张和证据。虽然这项任务可能很困难，但其必须对各种索赔作出决定，并作出有效的裁决。

仲裁庭必须仔细地编写缺席裁决，因为如果仲裁是在相关机构的管理下进行的，它们可能会受到该机构的审查，或者如果申请根据《2005 年仲裁法案》第 37（1）（a）（iii）条提出执行或撤销这样的裁决，那么会受到法院的审查。

缺席裁决必须包含仲裁庭所遵循的详细程序，并且包含能反映仲裁庭彻底而真诚地处理了案情事实的理由。该仲裁庭必须处理与其管辖权相关的问题。[120]

缺席裁决类似于最终裁决，其中包含事实、程序记录、原因和决定。这项工作的目的是确保法院会执行缺席裁决，减少积极的一方在推进仲裁方面浪费资金的风险。

35.7 裁决草案

在裁决草案对当事人产生约束力之前，仲裁庭必须进行确认。裁决草案不是“裁

---

[117] ICC Rules of Arbitration 2012 arts 6（3） and 26（2）；SIAC Rules 2016 r 24.3；CIETAC Arbitration Rules 2015 art 34；ACICA Rules 2016 art 34.

[118] Blackaby and Partasides with Redfern and Hunter，*Redfern and Hunter on International Arbitration*（6th Edn，2015） at p 512，para 9.30.

[119] 如果被告没有出庭并对原告的案件提出异议，那么法院几乎会自动对被告作出即决判决。

[120] 《ICSID 仲裁规则》第 42（4）条规定：仲裁庭应审查中心的管辖权及其本身对争端的管辖权，如果认为是毫无疑问的，那么应裁定所提交的呈件在事实和法律上是否有充分根据。

决”，不会产生法律后果。裁决草案的主要目的是在公布最终裁决之前，允许各方当事人看到仲裁庭的结论和理由。

双方当事人可能有的任何意见，包括更正事实要点或澄清歧义，都可能被纳入裁决的最终版本。仲裁庭必须确保所提出的任何意见都向所有当事人公布，以便在适当情况下能作出陈述。

这是一个有争议的话题，因为至少有一方（通常是失败方）想要发表意见，另一方则作出回应，这可能会带来巨大费用和延误。仲裁庭如果有意分发裁决草案，则应对发表意见的程序和这些意见的范围进行非常严格的控制。[121]

35.8 暂时性裁决

暂时性裁决是一项受制于仲裁庭最终决定的裁决，通常应用于现金流很重要的行业。因此，仲裁庭能命令一方当事人暂时付款是有帮助的。

在英国，虽然仲裁庭有权作出这种裁决[122]，但《2005年仲裁法案》并没有暂时性裁决的相关内容。如果双方当事人出于不可避免地对最终结果的预期而同意仲裁庭在最终决定事项之前下令被申请人向申请人支付一笔款项，那么就有可能作出暂时性裁决。

因此，暂时性裁决的性质是实质性的，而不是程序性的。仲裁庭在考虑发布这类裁决时应当谨慎。任何将裁决作为变更的企图均可能违反《2005年仲裁法案》第36（2）条的规定：

除第35条另有规定外，仲裁庭不得违反、修改、更正、审查、补充或撤销已经作出的裁决。

即使裁决的受益人最终未能在仲裁中胜诉，仲裁庭也可能会保留当事人先前的裁决。法官沃赫拉赫在 *MCIS Insurance Bhd v Associated Cover Sdn Bhd*[123] 案中解释说：

> 如果协议不禁止作出暂时性裁决，或者如果将事项提交给仲裁员的协议事实上明确规定了基于特定争议作出裁决（并称为暂时性裁决）和对另一争议作出另外的裁决，若其作出了暂时性裁决且对该争议作出了决定，则不必考虑标签，该暂时性裁决就是最终裁决。

在马来西亚，除非仲裁协议特别规定了作出暂时性裁决，否则无论使用什么标签，仲裁作出的暂时性裁决也可能是最终的。

---

[121] J Tackaberry and A Marriot and Bernstein, *Bernstein's Handbook of Arbitration and Dispute Resolution Practice* (4th Edn, 2003) at para 2-443.

[122] English Arbitration Act 1996 s 39.

[123] [2001] 2 MLJ 561 at 569 per KC Vohrah J.

35.9 最终裁决

“最终”（final）一词在仲裁中有不同的含义。当用来描述裁决有“终局的和有约束力的”（final and binding）效果时，它是指所有作出的裁决。一个裁决无论是临时的还是最终的，都是对其所涉及的特定问题或索赔的最终决定。

该术语也可以用于描述裁决的范围，因为它是完整的，没有将任何问题留给其他人或其他仲裁庭。[124] 这里使用的“最后”一词是表示最后一个裁决，在仲裁中处理所有悬而未决的问题。[125] 这是使得仲裁庭完成职务的最终裁决，[126] 然后仲裁程序得以终止。[127]

它实际上像是一个法庭的最终判决。换句话说，一旦作出最终裁决，仲裁庭的职权就终止了，[128] 原来的诉因消失。[129] 除了修改文书错误或出于各方当事人的请求外，此次裁决在此后不能被重新考虑或修改。[130]

适用的检验标准是有关问题是否已经最终解决。[131] 例如，一个只有在仲裁结果产生之前才有约束力的初步裁决不是最终的，因此不是最终裁决。裁决和仲裁庭的程序性决定之间的区别在实践中可能是细微的。[132]

法官沃赫拉赫在 *MCIS Insurance Bhd v Associated Cover Sdn Bhd*[133] 案中表示：

> 因此，如果存在有关赔偿责任和份额的争议，并就赔偿责任问题作出暂时性裁决，则该暂时性裁决是终局性的，因为它是就争议的一部分作出的决定，即提交给仲裁员待其作出决定的责任。仲裁庭已完成任务，当它处理其他份额问题时，不能重新审视责任问题。

这体现在《2005年仲裁法案》第36（2）条中，即除非情况有限，禁止仲裁庭返回最终裁决。仲裁庭可以（也应该）指出，在就仲裁中的实质性问题作出最终裁决时，该

---

[124] *Ranko Group v Antarctic Maritime SA*, *The Robin* [1998] ADRLN 35; UNCTAD, *Making the Award and Termination of Proceedings*, (2005) at p 7.

[125] *Cargill Srl Milan* (*formerly Cargill SpA*) *v P Kadinopoulos SA* [1992] 1 Lloyd's Rep 1.

[126] *Dawes v Treasure & Son Ltd* [2010] EWHC 3218 (TCC), [2011] 2 All ER (Comm) 569 at [27]; *Anwar Siraj v Teo Hee Lai Building Construction Pte Ltd* [2007] 2 SLR (R) 500 at [45]; *Pegang Prospecting Co Ltd v Chan Phooi Hoong* [1957] MLJ 231, CA; *Maeda Construction Co Ltd v Building Design Team* [1991] 3 MLJ 24.

[127] 参见《2005年仲裁法案》第34条：记录仲裁程序中止不需要正式命令。

[128] Arbitration Act 2005 s 34 (3).

[129] *Dobbs v National Bank of Australasia Ltd* (1935) 53 CLR 643 at 656.

[130] 另有严格规定的情况下除外，参见《2005年仲裁法案》第34条。

[131] *The Vasso* [1983] 2 Lloyd's Rep 346; *Cargill Srl Milan* (*formerly Cargill SpA*) *v P Kadinopoulos SA* [1992] 1 Lloyd's Rep 1.

[132] *Leif Hoegh & Co A/S v Petrolsea Inc*, *The World Era* (*No* 2) [1993] 1 Lloyd's Rep 363; *Urban Small Space Ltd v Burford Investment Co Ltd* [1990] 2 EGLR 120.

[133] [2001] 2 MLJ 561 at 569 per KC Vohrah J.

裁决是否涉及费用，或是否将作出有关费用的后续裁决，即“最终裁决”（费用除外）。

最终裁决可以在任何时候作出。根据《2005年仲裁法案》第36（1）条，这样的裁决分别对当事人和通过或根据它们提出索赔的人是终局性的和具有约束力的。裁决是终局性的，但受制于法院根据《2005年仲裁法案》第42（4）（c）条和第37条拥有的发回或者撤销裁决的权力。

35.10 纠正性、补充性和解释性裁决

根据《2005年仲裁法案》第35条的规定，仲裁庭可以在一方当事人提出要求的30天内：

（i）纠正笔误或者更改本条款规定的错误，以澄清或消除歧义；

（ii）对提交的索赔作出额外的裁决，如果该争议没有在仲裁中得到处理。[134]

纠正可能涉及事实陈述或分析，或可能涉及原有的关键部分。如果基础裁决给出了理由，则更正或补充也必须给出理由，但是不能改变原来的意图。仲裁庭可以根据一方当事人的申请或者主动作出纠正或补充裁决。

法院认定，根据与《UNICITRAL示范法》第33条相当的《2005年仲裁法案》第35条的规定，仲裁庭无权修正裁决的错误，无论是法律上的还是事实上的，都不能作出撤销、推翻或以其他方式改变仲裁裁决意思的修正。[135]

《2005年仲裁法案》第35（2）条也授权仲裁庭在认为合理的情况下对裁决的具体要点或部分作出解释。但是，根据《2005年仲裁法案》第35（1）（b）条，要求解释的一方必须通知另一方并获得其同意。这种裁决被称为解释性裁决。

《2005年仲裁法案》第35（5）条授权仲裁庭在其认为合理时作出额外的裁决，以处理当事人已提交但在裁决中未处理的索赔。除非双方当事人同意，否则请求方必须在收到裁决后的30天内向仲裁庭提出申请，请求也必须通知对方当事人。这样的裁决被称为额外裁决。

纠正性、补充性和解释性裁决必须符合《2005年仲裁法案》第33条的规定，即它们必须以书面的形式、有日期、由仲裁庭签署，并包含理由。

---

[134] 许多仲裁规则，如2013年《UNCITRAL仲裁规则》第39条、2014年《LCIA仲裁规则》第27条、《ICSID仲裁规则》第49（2）条都明确规定了额外的裁决。在《ICC仲裁规则》中可以找到一个例外，该规则没有规定根据一方当事人的请求作出额外裁决，即仲裁庭没有考虑所提出的问题。

[135] 联合国国际贸易法委员会2012年国际商事仲裁示范法判例摘要，第208号判例：*Vanol Far East Marketing Pte. Ltd v Hin Leong Trading Pte Ltd*，High Court，Singapore，27 May 1996 and *Oberlandesgericht Stuttgart*，Germany，1 Sch 13/01，20 December 2001.

35.11　机构裁决

机构裁决是根据贸易机构，如 PORAM 或橡胶委员会等公布的其他一些规则作出的裁决，类似于 FELDA 的法规，其中规定了某些争议应通过仲裁或消费者机制解决。一些仲裁立法规定了消费者仲裁协议。[136]

对于有关根据此类规则或适用法条作出的裁决，仲裁庭有义务遵守其要求。这样的法规有可能限制可以被提交仲裁的争议性质，或者可能施加会影响裁决的内容和形式的限制和要求。[137]

---

[136] English Arbitration Act 1996 ss 89-91.

[137] English Agriculture Holdings Act 1986.

第 36 章　作出裁决

36.1 引　言

裁决的形式以仲裁地法[1]和所采取的仲裁程序规则为依据。[2] 除《2005 年仲裁法》第 33 条规定的某些强制性标准外[3]，仲裁当事人可以自由商定裁决的形式。在没有协议且无相反法律规定的情况下，仲裁庭可以按照其认为适当的形式作出裁决。[4]

许多仲裁法规规定了仲裁裁决书必须以书面的形式作出[5]，由仲裁庭签署[6]，说明裁决的理由[7]以及裁决的日期和地点。[8] 投资者国家仲裁规则还规定了其他要求，如仲裁庭成员的姓名[9]、仲裁主张[10]、案件事实[11]以及如何分配费用[12]。

36.2 裁决的撰写

《2005 年仲裁法》第 33（1）条明确要求以书面形式作出裁决。这是一项强制性规定。如果是独任仲裁员，当他以书面形式作出决定并签字时，即作出了有效裁决。

如果仲裁庭由一名以上的仲裁员组成，那么仲裁裁决由仲裁员共同作出决定，以书

---

[1] 例如，《司法鉴定法》第 31 条规定："裁决的形式和内容：①裁决书应当由一名仲裁员或多名仲裁员签字。在多于一名仲裁员的仲裁程序中，仲裁庭所有成员中的大多数人的签名应足以说明任何省略签名的理由。②裁决应说明其所依据的理由，除非当事人同意不用说明或者裁决属于第 30 条下同意条款的裁决。③裁决应述明其日期和根据第 20（1）条确定的仲裁地点。该裁决应视为已在该地方作出。④裁决作出后，仲裁员按照本条第（1）项的规定签发副本，交付给各方当事人。"

[2] 2013 年《UNCITRA 仲裁规则》第 34 条；《ICSID 仲裁规则》第 47 条。

[3] Act 646.

[4] *Everard v Paterson*（1816）6 Taunt 625；*Eardley v Steer*（1835）4 Dowl 423.

[5] 《2005 年仲裁法案》第 33（1）条；2013 年《UNCITRAL 仲裁规则》第 34 条；《ICSID 仲裁规则》第 47 条。

[6] 《2005 年仲裁法案》第 33（1）条和（2）条。

[7] 《2005 年仲裁法案》第 33（2）条。

[8] 《2005 年仲裁法案》第 33（3）条。

[9] 《ICSID 仲裁规则》第 47（1）（c）条。

[10] 《ICSID 仲裁规则》第 47（1）（h）条。

[11] 《ICSID 仲裁规则》第 47（1）（g）条。

[12] 《ICSID 仲裁规则》第 47（1）（j）条。

面形式签字确认时作出。

裁决如果不是以书面形式作出的，则不能执行、撤销或作为法律问题的参考依据。大多数仲裁机构的规则确实要求裁决必须是书面的形式。[13] 书面要求在马来西亚或新加坡没有引起任何争议。

《2012 年法院规则》第 69 号命令第 4 至 6 条都要求申请人在提出申请时提交裁决副本。裁决书如果不是书面的，则不能满足这一要求。[14] 仲裁庭现在很少会不作出书面裁决。[15]

相反，仲裁庭不会尝试像法院一样作出口头裁决，也不会宣读裁决。允许口头裁决的旧普通法规则已经不再适用。[16]《2005 年仲裁法案》不适用于口头裁决。

36. 3　签署裁决

根据普通法的规定，裁决不必由仲裁员签署，尽管当事人有要求他签署裁决的自由。[17] 尽管如此，裁决书只有在署名之后才具有法律效力。

大多数现代仲裁规则都要求签署裁决。[18]《2005 年仲裁法案》第 33（1）条规定，裁决由仲裁员或多数仲裁员签署，未能署名的应当根据《2005 年仲裁法案》第 33（2）条的规定说明理由。

尽管有这一法定豁免，仲裁庭对所有成员在裁决上签字的问题也应当谨慎，以避免任何关于裁决意见不一致的暗示，减少不满的当事人说服法院撤销裁决的可能。

没有法律规定仲裁庭的签名需要证人证明。不过为了谨慎起见，证人可以为裁决签名的真实性提供证明。

如果仲裁员在作出裁决后去世，那么其签名可能会引起怀疑。证人可以证明其签名的真实性。这也是为了缩小伪造指控的范围。奥地利最高法院认为，仲裁员签名的真实

---

[13] 2013 年《UNCITRAL 仲裁规则》第 34（2）条；2013 年《香港国际仲裁中心仲裁规则》第 32 条；2016 年《新加坡国际仲裁中心仲裁规则》第 32（4）条；2015 年《中国国际经济贸易仲裁委员会仲裁规则》第 49（4）条意味着必须以书面形式作出裁决，因为它需要 CIETAC 的印章。

[14] 如果遗失了裁决书，可以用口头证据或复印件证明；参见 *Mymoonah v Haji Mohamed Ariff*（1873）1 Ky 353 案。

[15] 从理论上来说，口头裁决是可能的；参见 *Cocks v Macclesfield*［1562］2 Dyer 218 案、*Oates v Bromil*（1704）1 Salk 75 案、*Rawling v Wood*（1736）Barnes 54 案、*Roberts v Watkins* 32 LJCP 291 案、cf *Lawson's Case*（1633）Clay 17 案，这些案件的出处表明，这更多是历史的而非实际的利害关系。

[16] *Thompson v Miller*（1867）15 WR 353.

[17] *Columbel v Columbel*（1676）2 Mod Rep 77；*Everard v Paterson*（1816）6 Taunt 625.

[18] KLRCA Arbitration Rules（Revised 2013）art 34（4）；ICC Rules of Arbitration art 34（1）；P Binder, *International Commercial Arbitration and Conciliation in UNCITRAL Model Law Jurisdictions*,（3rd Edn, 2009）at p 352. AAA International Arbitration Rules art 30；CIETAC Arbitration Rules 2015 art 49（7）；LCIA Arbitration Rules（2014）r 26. 2；PAM Arbitration Rules（2010 Edn）r 21. 2（1）；the Malaysian Institute of Arbitrators Rules（2000 Edn）；the Institution of Engineers Rules（3rd Edn, 1994）.

性应该得到充分证明。[19]

三名仲裁员组成的仲裁庭可能无法在所要求的地点或时间签署裁决。如今，他们可以通过电话、电子邮件、视频或 Skype 会议进行沟通。仲裁庭不再需要在同一时间和地点签署裁决。

法官克尔（Kerr J）在 *European Grain and Shipping Ltd v Johnston*[20] 案中说：

> 我认为这是不必要和不可取的。我本人曾参与仲裁员在不同国家的案件，并通过信函或电话作出许多重要决定。这样做有利于节省各方当事人的费用。因此，除非仲裁规则有规定，否则我认为，像主事官丹宁勋爵和大法官奥利弗（Oliver L. J.）一样，纯粹为了形式上的目的而将时间和地点安排在一起是不必要的。

法院在 *Bank Mellat v GAA Development and Construction Co*[21] 案中进一步认为，多数仲裁员不必在裁决签署之前会见少数仲裁员以试图改变主意。

这似乎是一种适当的做法，特别是在仲裁庭成员可能来自世界不同地区的国际仲裁中。要求仲裁庭的成员在单一地点出差和会面才能签署该裁决，在物流困难和实际成本方面是不相称的。

仲裁协议要求仲裁庭全体成员签署裁决书的，应当遵照此要求。裁决书的副本通常打印出来并签字，然后通过快递分发给其余仲裁员，供其在任何地方签字。经签署的裁决书应送回首席仲裁员、仲裁秘书或仲裁机构。最终签字的日期视为裁决的日期。

试图拖延仲裁的仲裁员不可能拒绝签署裁决以拖延裁决，因为《2005 年仲裁法案》第 33（2）条规定，如果有理由，仲裁庭多数成员的签署就足够了。

《2005 年仲裁法案》第 33（2）条不受双方当事人相反约定的约束。因此，仲裁协议中的任何相反约定都是无效的。这样的拒绝不能使裁决无效。

持不同意见的仲裁员可以在裁决中签署不同意见。[22] 加里·博恩（Gary Born）认为“这并不构成裁决的一部分，无须废止或承认”[23]，这仅仅是意见，他甚至可以不签字。从技术上讲，拒绝签字的异议仲裁员会违反其在该协议下的义务。[24]

---

[19] Austria No. 2016-3, *Kinve Solar Power Co Ltd v Sun Value GmbH et al*, Landesgericht, Ried im Innkreis, 24 June 2015 in A J van den Berg (ed), *Yearbook Commercial Arbitration 2016-Volume XLI*, (2016) at pp 1-7.

[20] [1983] QB 520 at 528, CA (Eng), per Kerr J. 随后，法院在案件 *Bank Mellat v GAA Development and Construction Co* [1988] 2 Lloyd's Rep 44 中的决定证实了这一点。关于之前的案件 *European Grain and Shipping Ltd v Johns-ton* [1983] QB 520 中的观点，参照 *Thomas v Harrop* (1823) 1 Sim & St 524; *Little v Newton* (1841) 2 Man & G 351; *Stalworth v Inns* (1844) 13 M & W 466; *Wade v Dowling* (1854) 4 E & B 44; *Anning v Hartley* (1858) 27 LJ Ex 145; *Eads v Williams* (1854) 4 De G M & G 674; *Peterson v Ayre* (1855) 15 CB 724; *Re Beck and Jackson* (1857) 1 CBNS 695。

[21] [1988] 2 Lloyd's Rep 44.

[22] 不同意见书没有法律地位，也不构成裁决的一部分（参见 *B v A* (*Arbitration: Chosen Law*) [2010] EWHC 1626 (Comm) at [21]），但可用作有关程序事宜的证据（参见 *F Ltd v M Ltd* [2009] 1 Lloyd's Rep 537 at 543 案）。

[23] "Chapter 15: International Arbitral Awards: Legal Framework" in Gary Born, *International Arbitration: Law and Practice*, (2nd Edn, 2015) at 31.

[24] *Cargill International SA Antigua (Geneva) Branch v Sociedad Iberica de Molturacion SA* [1998] 1 Lloyd's Rep 489.

阿拉伯联合酋长国（UAE）以其严格的仲裁裁决签署方式而闻名。阿联酋最高上诉法院认为：根据《阿拉伯联合酋长国民事诉讼法》（*Civil Procedures Law of the UAE*）第 212/5 条的规定，仲裁裁决只有经仲裁员在所有页面上签字后才有效。[25] 然而在某些法域（如阿联酋），这可能是必要的。

阿布扎比最高法院（Abu Dhabi Court of Cassation）只要求仲裁法庭签署最后一页，而不管其是载有裁决和部分说理还是只载明裁决。阿布扎比商业上诉法院（Abu Dhabi Court of Cassation in the Commercial Appeal）在 2010 年 12 月 30 日第 834/2010 号案件中认为：

> 最高法院对此作出了妥善处理并认为，根据《民事诉讼法》第 212 条的规定，仲裁员不受民事程序的约束，必须遵循仲裁部分规定的程序和当事人商定的任何具体程序。仲裁员还必须尊重正当程序的权利，允许双方当事人提出请求和论点，证明其主张，驳斥对方的主张，并对敌对方提起诉讼。以违反《民事诉讼法》为由撤销仲裁裁决的标准偏离了维护平等权利原则的诉讼程序基本规则，包括对抗诉讼的基本权利，并违反了当事人在这方面商定的程序。这些程序并不要求在仲裁裁决的所有页面上签字，因为《民事诉讼法》本身只要求在裁决最后一页上由仲裁负责人签字，该法第 131 条没有要求所有页面都必须签字。

迪拜上诉法院（Dubai Court of Appeal）在 2014 年 5 月 14 日第 371-203 号案件中认为，虽然裁决有不同的意见，但主要裁决并没有解释为什么没有签名。这是取消裁决的另一个原因。[26]

特许仲裁员协会（The Chartered Institute of Arbitrators）颁布了《国际仲裁实务指南》（*International Arbitration Practice Guidelines*），为起草草案提供指导。《起草仲裁裁决指引》（*Drafting Arbitral Awards Guideline*）第一部分第 4 节规定，签署裁决的行为表示赞同其内容。一般的原则是所有仲裁员都应该签署裁决，而无论裁决是否一致通过。[27]

36.4　裁决日期

裁决必须根据《2005 年仲裁法案》第 33（4）条的规定注明日期。以前的《1952 年仲裁法案》[28] 没有包含任何此类规定。事实上，贸易法委员会工作组（UNCITRAL

---

[25] H Elhais，"United Arab Emirates：Should An Arbitrator Sign On All Pages Of The Arbitration Award?"，25 April 2016.

[26] H Arab，D Al Houti，"UAE Court Annuls Award and Stresses Strict Compliance with Law"，（2015） Kluwer Arbitration Blog，13 May.

[27] CIArb International Arbitration Practice Guidelines："Drafting Arbitral Awards Part I-General Formal and substantive requirements for drafting arbitral awards".

[28] Act 93（repealed）.

Working Group）认为，未能明确规定裁决的日期和地点不应使裁决无效。[29]

然而未注明日期的裁决不能令人满意，原因如下：

（1）可能规定了作出裁决的合同时限。[30]

（2）裁决一旦作出，就成为终局裁决并具有约束力。[31]

（3）仲裁庭一旦作出裁决，其就该裁决事项所具有的职能即告结束，虽然根据第35条可能有更正、解释或出具补充裁决的文书职能。

（4）裁决的公布必须通知当事人。[32]

（5）根据第42条提出的任何有关法律问题的申请时限自收到裁决之日起满42天结束，第37条下的撤销申请的时限自收到裁决之日起满90天结束[33]；马来西亚联邦法院在*Christopher Martin Boyd v Deb Brata Das Gupta*[34]案中认为，根据《1953年时效法案》规定的申请裁决登记的时限为35年，执行或执行登记令的时限为12年。[35]

（6）提交仲裁的依据是合同协议，将裁决作为判决注册登记只是执行该协议的程序，因此在马来西亚，执行仲裁裁决的期限为6年，根据《2005年仲裁法案》第38条的规定，不会因进行注册登记而增加到12年。[36]

同一仲裁庭的仲裁员应注意不要在各自的签名上插入不同的日期而引起争议。[37]

36.5 仲裁地点

仲裁地点是仲裁的司法或法定位置。[38]“地方”（place）和“地点”（seat）两个术语通常可互换使用。例如，《UNCITRA示范法》和《纽约公约》使用“地方”一词，而“地点”越来越多地在亚太地区的仲裁规则中得到应用。[39]

---

[29] Report of the Working Group on International Contract Practices on the Work of its Third Session（New York，16-26 February 1982），UN Doc A/CN. 9/216（1982）at［79］；P Binder，*International Commercial Arbitration and Conciliation in UNCITRAL Model Law Jurisdictions*，（3rd Edn，2009）at p 355.

[30] 例如，《ICC仲裁规则》第30条规定了作出裁决的时间限制，并包含了一个内置的延长时间的机制。另可参见*Ting Kang Chung John v Teo Hee Lai Building Constructions Pte Ltd*［2010］2 SLR 625案。

[31] *Brooke v Mitchell*（1840）6 M & W 473；*Hiscox v Outhwaite*（*No* 1）［1991］3 All ER 641.

[32] *Hong Huat Development Co*（*Pte*）*Ltd v Hiap Hong & Co Pte Ltd*［2000］1 SLR（R）510；*Progen Engineering Pte Ltd v Winter Engineering*（*S*）*Pte Ltd*［2006］SGHC 224.

[33] *Tay Eng Chuan v United Overseas Insurance Ltd*［2009］4 SLR（R）1043.

[34] *Christopher Martin Boyd v Deb Brata Das Gupta*，Federal Court of Malaysia，Case No. Civil Appeal no：03（i）-1-02-2014（W），3 November 2014 in A J van den Berg（ed），*Yearbook Commercial Arbitration* 2016-*Volume XLI*，（2016）at pp 1-9.

[35] Act 254.

[36] *Deb Brata Das Gupta v Christopher Martin Boyd*［2014］4 MLJ 590，CA.

[37] Chan Leng Sun SC，*Singapore Law on Arbitral Awards*，（2011）at p 44.

[38] *PT Garuda Indonesia v Birgen Air*［2002］1 SLR（R）401.

[39] S Greenberg，C Kee and J R Weeramantry，*International Commercial Arbitration*：*An Asian-Pacific Perspective*，（2011）at p 55；SIAC Rules，HKIAC Rules and ACICA Rules.

但是，这个地点可能不同于可能举行听审的地理位置或实际地点，这可能符合当事人和仲裁庭的便利，因为实际原因可能会有所不同。如果没有指定地点，将通过法律规则的互动或冲突来推定。[40]

法院在 *Dalmia Dairy Industries Ltd v National Bank of Pakistan*[41] 案中提出了浮动的法律与任何国内法律制度无关的可能性。然而仲裁法和仲裁程序法的区别在于一个与国家法律制度无关的“离域”（delocalised）仲裁的观点普遍不被接受。[42]

然而仲裁庭在 *Dallal v Bank Mellat*[43] 案以及随后的 *Naviera Amazonia Peruana SA v Compania Internacional de Seguros del Peru*[44] 案中认为，法律允许双方当事人规定与仲裁地点不同的仲裁法，重点在于仲裁地点。[45]

该裁决必须写明仲裁地点。[46]《2005 年仲裁法案》不要求裁决写明仲裁庭签署裁决的实际位置。一些仲裁规则，如《KLRCA 仲裁规则》（2013 年修订）第 34（4）条要求说明仲裁的“地点”（place）。

当事人应在所在地申请与仲裁或仲裁行为有关的临时救济，或申请撤销裁决。[47] 这不同于寻求执行裁决的法院。[48]

过去，在不是仲裁地点的法域签署裁决是有困难的。上议院在 *Hiscox v Outhwaite (No 1)*[49] 案中认为，尽管仲裁的地点在伦敦，但是该裁决是仲裁员在法国签署的，因而这个裁决具有争议，因而引来了反对意见。1996 年《英国仲裁法案》的颁布使这一裁决变得毫无意义。[50]

同样，《2005 年仲裁法案》第 33（4）条规定，该裁决应被视为在所在地作出，而不是在签署地作出。[51] 因此，在签署裁决时，仲裁庭无须设在马来西亚。

裁决的地点仍然很重要。仲裁如果在马来西亚以外，可以被视为国际仲裁。在这种情况下，除非仲裁协议有明确选择，否则不适用《2005 年仲裁法案》第三部分的规定（如高等法院裁定上诉引起的法律问题的权力）。此外，可以其在原籍国被撤销为由而否认它。[52]

---

[40] *Woh Hup (Pte) Ltd v Property Development Ltd* [1991] 1 SLR (R) 473; *Union of India v McDonnell v Douglas Corp* [1993] 2 Lloyd's Rep 48 at 50; *Naviera Amazonica Peruana SA v Compania Internacional de Seguros del Peru* [1988] 1 Lloyd's Rep 116 at 120; *PT Garuda Indonesia v Birgen Air* [2002] 1 SLR (R) 401 at [24] - [25].

[41] [1978] 2 Lloyd's Rep 223.

[42] *Bank Mellat v Helleniki Techniki SA* [1983] 3 All ER 428.

[43] [1986] 1 All ER 239.

[44] [1988] 1 Lloyd's Rep 116.

[45] *Union of India v McDonnell v Douglas Corp* [1993] 2 Lloyd's Rep 48.

[46] 《2005 年仲裁法案》第 33（4）条。

[47] Chan Leng Sun SC, *Singapore Law on Arbitral Awards*, (2011) at p 45.

[48] *Karaha Bodas Co LLC v Perusahaan Pertambangan Minyak Dan Gas Bumi Negara* 364 F 3d 287 (5th Cir, 2004).

[49] [1991] 3 All ER 641.

[50] 1996 年《英国仲裁法案》第 100（2）（b）条规定了应在仲裁地点作出裁决。

[51] 如《2005 年仲裁法案》第 22 条。

[52] Brazil No. 2016-1, *EDF International S/A v Endesa Latinoam ica S/A*, Superior Court of Justice of Brazil, Case No. SEC no. 5. 782-EX, 2 December 2015 in A J van den Berg (ed), *Yearbook Commercial Arbitration 2016-Volume XLI*, (2016) at pp 1-10.

36.6 裁决的送达

仲裁庭必须签署、发布并告知其裁决已准备就绪。《2005 年仲裁法案》第 33（5）条规定，仲裁庭应在裁决作出后立即将裁决副本送交各方当事人。裁决必须交付给当事人，这一点被认为仅仅意味着提供裁决以供领取。[53]

《2005 年仲裁法案》没有要求仲裁庭向各方当事人提供裁决副本。[54] 裁决书公布后，必须立即通知当事人。公布是指向有关当事人公布，而不是向一般公众公布。

仲裁庭通知当事人裁决书已准备好可予收取时，即公布了裁决书。[55] 裁决可以由当事人自行提取，也可以邮寄，但如果当事人没有交付仲裁庭相关费用，裁决将被留置。[56] 在收到其费用和开支之前，仲裁庭可以扣留裁决。

如果当事人未向仲裁庭支付任何应付费用，而仲裁庭拒绝交付裁决（这是很正常的），那么一方当事人可以支付另一方当事人的份额[57]，也可以向法院申请命令仲裁庭发布裁决，但须符合条件。[58]

为了实际的目的，由一方当事人支付未付的费用可能比试图迫使对方当事人支付快得多，因为加里·博恩解释说：

> 向当事人交付或传递裁决书往往会产生重大的程序后果，特别是往往会触发申请更正或修改裁决书以及提起撤销裁决书诉讼的时限。[59]

裁决通常有三份副本，其中两份由仲裁庭签署。一份签名的副本送到接受它的一方当事人处。另一份签名的副本随后发送给另一方当事人。

但是，仲裁机构在所管理的仲裁中，可能对通常由仲裁庭交付有关机构所要求的签字份数有自己的要求。仲裁机构秘书处在仲裁费用全部付清后，通常负责将裁决送达各方当事人。[60]

裁决书只有收到经签署的副本，才能确定相关的实施期限。例如，如果裁决书的电

---

[53] *Brown v Vawser*（1804）4 East 584；*Riley Gowler Ltd v National Heart Hospital Board of Governors*［1969］3 All ER 1401.

[54] Cf English Arbitration Act 1996 s 55（2）.

[55] *Hiscox v Outhwaite*（*No* 1）［1991］3 All ER 641；*Bulk Transport Corpn v Sissy Steamship Co Ltd*，*The Archipelagos and Delfi*［1979］2 Lloyd's Rep 289；*Brooke v Mitchell*（1840）6 M & W 473；*Musselbrook v Dunkin*（1833）9 Bing 605.

[56] *R v South Devon Rly Co*（1850）15 QB 1043；*Government of Ceylon v Chandris*［1963］2 QB 327，［1963］2 All ER 1，［1963］1 Lloyds Rep 214.

[57] *International Petroleum Refining & Supply SDAD Ltd v Elpis Finance SA*，*The Faith*［1993］2 Lloyd's Rep 408.

[58] 《2005 年仲裁法案》第 44（4）条。

[59] "Chapter 15：International Arbitral Awards：Legal Framework" in Gary Born，*International Arbitration*：*Law and Practice*，（2nd Edn，2015）at pp 283-310 at 34.

[60] 《国际商会仲裁规则》第 34（1）条；2016 年《SIAC 仲裁规则》32（8）条。

子副本是通过电子邮件发送的，随后是签署的裁决书，则认为时间仅从收到签署的文件起算。[61] 当事人未能接受裁决可能导致没有足够的时间对裁决提出质疑，特别是在申请延长时间失败的情况下。[62]

36.7 裁决的形式

裁决的形式结构或布局并不固定。不同的仲裁庭可能有自己的首选起草方式。有人建议，裁决书的格式和内容应包括叙述和结论。[63]

约翰·塔克贝利和亚瑟·马里奥特认为，简易商事仲裁裁决应当包含下列内容结构：[64]

（1）标题。

（2）仲裁协议：日期和当事人。

（3）仲裁庭的任命日期和方式。

（4）仲裁地点。

（5）适用的程序，包括听审日期或书面审理。

（6）任何陈述，如仲裁庭认为它有权裁决争议的陈述。[65]

（7）依次处理的问题。

（8）事实的第一个问题：例如，我发现因为 XYZ，我更喜欢索赔人的证据。

（9）第一个法律问题。

（a）申请人的主张；

（b）被申请人的主张；

（c）我更倾向于申请人，原因是；

（d）因此，我在这个问题上支持申请人。

（10）因此，我从［日期到目前为止］确定并以［Y］%的利息确定［RM］。

（11）除费用外，该裁决是所有事项的最终决定。

这是一个有用的结构化的裁决起草方式，可确保仲裁庭包括减少质疑和确保可执行性所需的所有相关组成部分。

---

[61] *Oberlandesgericht Oldenburg*, Germany, 9 SchH 03/05, 30 May 2006.

[62] *International Petroleum Refining & Supply Sdad Ltd v Elpis Finance SA The Faith* [1993] 2 Lloyd's Rep 408 at 411; *Progen Engineering Pte Ltd v Winter Engineering (S) Pte Ltd* [2006] SGHC 224.

[63] *Oleificio Zucchi SpA v Northern Sales Ltd* [1965] 2 Lloyd's Rep 496 per McNair J.

[64] J Tackaberry and A Marriot and Bernstein, *Bernstein's Handbook of Arbitration and Dispute Resolution Practice* (4th Edn, 2003) at para 2-884.

[65] Sutton Gill and Gearing, *Russell on Arbitration* (24th Edn, 2007) at para 6-055.

36.8 标题或题目

标题或题目通常插在裁决的封面上。它载明了进行仲裁所依据的适用法，以及仲裁是否为最终、临时或部分裁决。一般来说，马来西亚的仲裁是根据《2005年仲裁法案》的规定进行的。但仲裁有时可能是根据其他规则进行的，这些法规规定了对特定争议或分歧的仲裁。[66]

标题中通常会列明仲裁员或仲裁庭的名称、当事人的姓名以及他们参与仲裁的角色，即是否是申请人或被申请人。如果是机构仲裁，则会说明案件编号、适用的仲裁法律和仲裁规则。

36.9 目 录

通常在标题或题目封面页插入目录。这个概述使得各方当事人、法院和其他读者能够把握裁决的结构。它可以简化搜索或阅读裁决的特定部分。

36.10 引 述

通常在裁决中列明争议的性质及其产生并发展到仲裁的情况。如果仲裁协议要求以正式会议和调解等多层次争端解决程序作为仲裁的先决条件，那么这一点很重要。

这可以通过引述的形式进行。引述是关于当事人之间与没有争议的事项有关的非必要的初步陈述[67]，包括会议名单、当事人的姓名、出庭的法律代表以及仲裁庭的名称、要解决的问题、背景资料和与仲裁庭的任命有关的事宜、日期或听审日期以及重大管理事项。

引述与裁决的说理不同。引述不仅应提及当事人，而且必须在裁决书中具体列出他们的姓名以供识别。[68] 不准确的说明不影响裁决的有效性，因为它们不构成裁决的实质

---

[66] Trade Unions Act 1959 (Act 262) ss 44-46 *Kolandaisamy v Annamalai & The Harbour Trade Union (Selangor) Port Swettenham* [1968] 1 MLJ 222; *AR Fernandez v National Union of Bank Employees* [1986] 2 MLJ 135, SC; *Jeeram v National Union of Plantation Workers* [1993] 3 MLJ 104; *Ismail bin Abd Halid v National Union of Newspaper Workers* [1993] 3 MLJ 541; *the Workmen's Compensation* Act 1952 (Act 273) ss 27-41 (*Tan Kooi Neoh v Chuah Tye Imm* [1958] MLJ 123; *Tan Toi Lan v Lai Kee Ying* [1975] 1 MLJ 27); the Co-operative Societies Act 1993 (Act 502) s 82 (3) (b) (*Professor Dr Akahar Bador v N Krishnan* (*No* 2) [1983] 1 MLJ 412; the repealed Co-operative Societies Act 1993 (Act 287); the Companies Act 1965 (Act 125) s 270 (2).

[67] *Spence v Eastern Counties Rly Co* (1839) 7 Dowl 697; *Baker v Hunter* (1847) 16 M & W 672.

[68] *Gabela v Aris* (*Owners*) [1927] 29 Ll L Rep 289.

性或必要部分。[69]

有许多案例表明，法院拒绝撤销或免除对引述不准确的裁决。[70] 当代仲裁裁决与现代法院判决一样，可能曾经包含在引述中的信息往往会在裁决正文中列出。[71]

国际商会要求在引述部分列明各方当事人的程序历史和细节。

36.11　问题的确定

仲裁中的争议问题是一方当事人提出而被另一方当事人拒绝的事实或法律主张。争议问题包括事实问题和法律问题。在各种解决争议的方式中，确定、缩小（如有可能）并将重点放在争议问题上都是一个好的习惯。

仲裁不是伏击论证的地方，早日就争议的问题达成一致对仲裁速度和经济方面至关重要。仲裁庭起草裁决时，必须明确案件中的实际问题。

区分争议问题与任何一方当事人提出的论点是很重要的。[72] 仲裁庭不必列出其达成结论的每个步骤或理由。[73] 相反，裁决应处理紧要的问题。[74]

《1950 年证据法案》[75] 第 3 条有助于解释事实问题。该条将事实定义为：（i）能够被感官感知的任何事物、事物状态或事物之间的关系；（ii）任何人都能意识到的任何精神状况。

它进一步将争议中的事实一词定义为意指并包括——在诉讼或程序中主张或否认的任何权利、责任或资格的存在、不存在、性质或程度，无论是本身的还是与其他事实相

---

[69] *Thames Iron Works and Shipbuilding Co Ltd v R*（1869） 10 B & S 33；*Baker v Hunter*（1847） 16M & W 672；*White v Sharp*（1844） 12 M & W 712；*Trew v Burton*（1833） 1 Cr & M 533；*Kaffeehandelsgesellschaft KG v Plagefim Commercial SA*［1981］ 2 Lloyd's Rep 190.

[70] *Paull v Paull*（1833） 2 Cr & M 235（陈述部分没有列出仲裁庭需要解决的所有问题）；*Price v Popkin*（1839） 10 Ad & El 139（仲裁员管辖范围表述错误）；*Hannan v Jubb*（1846） 10 Jur 926（某些经宣誓而收到的证据的事实被省略了）；*Baker v Hunter*（1847） 16 M & W 672（更不用说法院已将裁决转交给仲裁员）；*Trew v Burton*（1833） 1 Cr & M 533（仲裁员姓名写错）；*Harlow v Read*（1845） 1 CB 733（不正确的声明，即该决定不是获得一致通过的）；*Sprigens v Nash*（1816） 5 M & S 193（在任命仲裁员之前，没有指明两名仲裁员之间的争议）；*White v Sharp*（1844） 12 M & W 712（引用允许省略多数裁决的声明）；*Thames Iron Works and Shipbuilding Co Ltd v R*（1869） 10 B & S 33（未声明各方已修改参考文件）；Re Lloyd and Spittle（1849） 6 Dow & L531（关于延长裁决时间的声明被省略）；*TA Ruf & Company, Limited v Pauwels*（1919） 1 KB 660（关于签署基础合同的错误陈述）。

[71] Sutton Gill and Gearing, *Russell on Arbitration*（24th Edn, 2015） at para 6-055.

[72] *Petrochemical Industries Co v Dow Chemical*［2012］ EWHC 2739（Comm） at［16］ per Andrew Smith J.

[73] *Hussman（Europe）Ltd v Al Ameen Development and Trade Co*［2000］ 2 Lloyd's Rep 83 at［56］，在 *TMM Division Maritima SA de CV v Pacific Richfield Marine Pte Ltd*［2013］ SGHC 186，［2013］ 4 SLR 972 at［101］ 案件中被引用；*SEF Construction Pte Ltd v Skoy Connected Pte Ltd*［2010］ 1 SLR 733.

[74] *Ascot Commodities NV v Olam International Ltd*［2002］ CLC 277 at 284.

[75] Act 565.

关的，必然随之而来的任何事实。[76]

另一方面，法律问题可能涉及法律的解释或适用，包括仲裁员的管辖权和《2005年仲裁法案》的规定。

仲裁通知通常会一般性地描述双方当事人之间的争议事项。各方当事人和仲裁庭最好对问题的性质、范围和数量有所了解，因为这可能与选择仲裁员的类型和在特定仲裁中采用的程序有关。

开始仲裁的通知也是特别重要的，因为它直接影响到最终裁决的可执行性。例如，在 *Kinve Solar Power Co, Ltd v Sun Value GmbH et al*[77] 案中，裁决可以拒绝执行，因为仲裁庭的裁决只针对需要确定的问题。

马斯蒂尔和博伊德提出了四种根据争议的性质、仲裁庭的资格以及双方当事人明示或默示的程序的一般性质，以确定争议问题的不同途径：

（1）与民事法庭一样要求有完整的诉状。这些书面陈述是当事人打算证明以支持其各自争议的事实的。它们应该只包含事实的主张（在任何理论上），而不应包含论据、证据或法律主张。

（2）要求每一方当事人提交其案件的完整书面陈述。这种陈述应包括论点和证据，包括法律问题和事实问题，以及单纯对事实的指控；它将作为有关文件的附件。

（3）要求提交简短的非正式信件，以列出各方当事人的案件情况。

（4）找出真正有争议的问题。这是通过在初步听审上的口头讨论完成的，之后是将这些问题的书面记录作为对此问题的确定材料。[78]

无论选择哪一种方式，上述所有内容都应尽早在程序中进行。[79] 仲裁庭有各种技巧来框定争议问题。

大多数的仲裁规则，例如《KLRCA仲裁规则》（2013年修订）第20条和第21条以及2010年版《PAM仲裁规则》第10条都需要某种形式的诉状，通常是法律、证据和事实支持的相关文件，各方当事人需明确表示其主张、答辩、反诉和抵销。

只有一方当事人主张而另一方当事人拒绝的诉状才构成问题。如果提及的问题在早些时候已经明确列出，这就会减少出现败诉方抱怨仲裁庭的行为超出其任务规定的范围的情况。与诉讼一样，起草完善的诉状对仲裁至关重要。

---

[76] 请注意，根据《1950年证据法案》第2条的规定，这在仲裁中并没有约束力，但这一定义反映了常规的实践标准。

[77] Austria No. 2016-1, *Kinve Solar Power Co, Ltd v Sun Value GmbH et al*, Landesgericht, Ried Im Innkreis, Case No. 6 R 80/14b, 27 August 2014 in AJ van den Berg (ed), *Yearbook Commercial Arbitration* 2016-*Volume XLI*, (2016) at pp 1-7.

[78] Mustill and Boyd, *The Law and Practice of Commercial Arbitration in England* (2nd Edn, 1989) at p 318.

[79] J Tackaberry and A Marriot and Bernstein, *Bernstein's Handbook of Arbitration and Dispute Resolution Practice* (4th Edn, 2003) at para 2-665.

36.12　理由和结论

除签字和日期等正式要求外，仲裁裁决最重要的部分是说理。这在许多仲裁立法中都有要求，包括《UNCITRAL 示范法》在内的立法[80]、《UNCITRAL 仲裁规则》等程序规则[81]甚至公约[82]。

《2005 年仲裁法案》第 33（3）条规定，仲裁庭有义务提供其决定的理由。例外情况是，除非双方同意不需要理由，或者裁决是根据第 32 条作出的同意裁决。

法院在 *Tanjung Langsat Port SB v Trafigura Pte Ltd*[83] 案中认为，给予理由的义务不属于自然正义规则的一部分。因此，根据《2005 年仲裁法案》第 37（2）（b）条，第 37（1）（b）（ii）条可能会成为撤销仲裁裁决的理由。

长期以来，裁决中要求说理的逻辑根据一直被认为是“使其财产或其利益受到某一行政决定或某一法定仲裁影响的人知道，如果该决定对他们不利，其理由是什么”[84]。

它还确保了仲裁庭在说明理由时遵守纪律，以作出正确决定。法院在 *Compton Beauchamp Estates Ltd v Spence*[85] 案中解释说：

> 如果选择仲裁员是因为他在有关专业方面富有经验，那么我看不出有什么特别的理由说明为何他宁愿选择一名专家而不愿选择另一名专家，这与法庭在这种情况下的责任有本质上的区别。

说理的字面意义是一种信念或行动的根据或动机，是对信念或行动的正当性或解释的陈述。因此，说理是某些结论所依据的材料与实际结论之间的联系。[86]

法院在 *Schiffahrtsagentur Hamburg Middle East Line GmbH Hamburg v Virtue Shipping Corporation Monrovia*；*The Oinoussian Virtue*[87] 案中解释说，“裁决的理由”一词包括仲裁员的结论所依据的相关事实，而不仅限于仲裁员的“推理”（reasoning）。

---

[80] 《UNCITRA 示范法》第 31（2）条规定：“裁决书应当载明作出裁决书的理由，但当事人约定不予说明理由或者裁决书是依照第 30 条约定的条件作出的除外。”

[81] 2010 年《UNCITRA 仲裁规则》第 34（3）条规定：“仲裁庭应说明裁决所依据的理由，除非当事各方同意不需要理由。”

[82] 1961 年《欧洲国际商事仲裁公约》第 8 条规定：“除非双方（a）明确声明不得提出理由，否则应推定双方已同意应就裁决提出理由；或（b）同意一项仲裁程序，根据该程序不习惯给予裁决理由，条件是，在这种情况下任何一方均不得在听审结束前提出要求，或者如果没有听审，则在制作裁决前给予理由。”

[83] ［2016］4 CLJ 927 at［13］.

[84] *Re Poyser & Mills' Arbitration*［1964］2 QB 467 at 477-478，per Megaw J.

[85] *Compton Beauchamp Estates Ltd v Spence*［2013］EWHC 1101（Ch）at［50］，per Morgan J.

[86] *Union of India v Mohan Lal Kapoor*（1972）2 SCC 836.

[87] ［1981］2 All ER 887 at 889.

马斯蒂尔和博伊德说，仲裁庭应该说明其理由，而不是推理。[88] 在仲裁庭辩论这些问题时，理由通常是有帮助的。[89] 这些理由必须足以使双方当事人知道这个裁决是经过适当考虑的裁决。

法院在 *President of India v Jadranska Slobodna Plovidba*[90] 案中解释说：

> 仲裁员所给出的理由应足以证明在其所发表的裁决中作出或拒绝作出的每项裁决，包括任何关于仲裁费的裁决，都是合理的。

理由充分的裁决的作用不仅仅是查明和确定仲裁庭最终认为具有决定性的要点。它还使各方当事人和法院能够首先了解让仲裁庭得出决定性要点的事实和一般推理；其次能了解事实，从而考虑对仲裁庭审理的任何其他问题提出上诉的立场。

在起草理由和调查结果时，仲裁庭会先考虑所有证据和呈件，然后查明事实并说明理由。仲裁庭是事实的主人。仲裁庭记录的事实调查结果是决定性和最终性的。对于事实的认定，不能以任何证据的可采性、相关性、实质性和重要性为由提出质疑。

因此，仲裁庭没有必要详细列出据以得出事实结论的证据。这些调查结果由于尚未开放以供审查，因此对证据的陈述没有任何用处。

马斯蒂尔和博伊德说，相反，它也可能会引起混乱，因为法院可能不知道仲裁员已经接受了多少证据。[91] 仲裁庭应简要解释其是如何就法律问题作出自己的决定的。

法院在 *Transcatalana de Commercio SA v INCOBRA SA Industrial e Commercial Brazileira SA*[92] 案中认为：

> 长篇大论地叙述交换的信息或包含的事实或法律主张的呈件没有任何用处，也可能毫无助益；重要的是仲裁员的裁决和对裁决的简要推理。

仲裁庭不必列出相互对立的论点和事实主张，也不必说明在这些论点和主张之间作出选择的理由。[93] 仲裁庭应足够训练有素地在每个问题上总结各方当事人各自的论点。

它不需要提及每一个证据和法律依据以及事实，只需提及案件关键问题的材料和相关证据即可。[94] 然后，它可以在阐述推理之后对每一个问题作出决定。

简短的裁决不一定就是缺乏理由的。[95] 必要的是，仲裁庭应根据其对证据的看法来说明究竟发生了什么或没有发生什么，并应根据所发生的情况简明地解释其作出决定的

---

[88] Mustill and Boyd, *Commercial Arbitration*, (2nd Edn, 1989) at p 337.

[89] AAB AG v Hochtief Airport GmbH [2006] EWHC 388 (Comm), per Tomlinson J.

[90] *President of India v Jadranska Slobodna Plovidba* [1992] 2 Lloyd's Rep 274 at 279, per Hobhouse J.

[91] Mustill and Boyd, *Commercial Arbitration*, (2nd Edn, 1989) at p 377.

[92] [1995] 1 Lloyd's Rep 215.

[93] *Finelvet AG v Vinava Shipping Co Ltd*, *The Chrysalis* [1983] 1 Lloyd's Rep 503.

[94] *Sharikat Pemborong Pertanian & Perumahan v Federal Land Development Authority* [1969] 1 LNS 172, [1971] 2 MLJ 210.

[95] *L'Office National du The et du Sucre v Philippine Sugar Trading (London) Ltd* [1983] 1 Lloyd's Rep 89.

原因和作出了什么样的决定。[96]

仲裁庭需要做的只是证明它为什么为一方当事人而不是另一方当事人作出了裁决。[97]仲裁庭还应说明其对不具有决定性的问题的调查结果和推理。[98]

法官马斯蒂尔在 *Finelvet AG v Vinava Shipping Co Ltd*, *The Chrysalis*[99] 案中认为，仲裁庭的推理可以分为三个阶段：

在第一阶段，仲裁庭确定事实，包括对有争议的任何事实作出裁决的过程。它认真审查每一方当事人提供的证据，包括专家证据、适用的举证责任和标准，权衡证据并得出有关问题的事实结论。它必须利用举证责任规则。如果证据对于双方当事人对争议事实的陈述具有同等的说服力，承担举证责任一方则将承担不利后果。一般情况下，法院不会干扰仲裁庭的事实认定。

在第二阶段，仲裁庭在其推理过程中确定法律，即确定规约和普通法的所有实质性规则、确定和解释合同的有关部分以及确定作出裁决时必须考虑的事实的过程。

最后一个阶段，仲裁庭根据确定的事实和法律作出裁决。在考虑各方当事人的呈件时，必须确保其正确性，因为这将根据《2005 年仲裁法案》第 42 条进行审查。仲裁庭不应该考虑的事项，如当事人未向其援引的不同合同条款或判例法等，由于它们未经当事人详细讨论，可能会引起对违反自然正义的质疑。[100]

在实践中，如果仲裁庭没有采纳各方当事人的对立意见，而是在它们之间或通过对裁决中的推理进行了其他某种合理化，那么法院通常会维持裁决。[101]

在第三阶段，仲裁庭将事实认定与每一问题的法律联系起来，从而对其作出裁决。在事实与法律结合之后，将有一系列的答案。然而，人们很难对仲裁庭的这一判决程序提出质疑。这些问题解决了双方当事人之间的争议，确定了双方当事人的索赔和反诉（如果适用）是否被允许，以及在多大程度上被允许并在裁决书中列出。

因此，从上述过程中可以清楚地看出，裁决是高标准的产物，应由训练有素、经验丰富的仲裁庭作出。裁决不必像某些商业判决那样详尽无遗。它只需要以“合理和商业

---

[96] *Bremer Handelsgesellschaft mbH v Westzucker GmbH*（*No* 2）［1981］2 Lloyd's Rep 130 at 132；cited by the High Court of Australia in *Westport Insurance Corp v Gordian Runnoff Ltd*［2011］HCA 37 at［51］.

[97] *Stinnes Interoil GmbH v A Halcoussis & Co*, *The Yanxilas*［1982］2 Lloyd's Rep 445；*Cefetra BV v Alfred Toepfer International GmbH*［1994］1 Lloyd's Rep 93.

[98] *Transcatalana De Commercio SA v INCOBRA SA Industrial e Commercial Brazileira SA*［1995］1 Lloyd's Rep 215 at 217, per Mance J.

[99]［1983］1 Lloyd's Rep 503；*Exceljade Sdn Bhd v Bauer*（*Malaysia*）*Sdn Bhd*［2013］1 LNS 1470,［2014］1 AMR 253；*Kerajaan Malaysia v Perwira Bintang Holdings Sdn Bhd*［2015］6 MLJ 126,［2015］1 CLJ 617, CA.

[100]《2005 年仲裁法案》第 37（1）（b）（ii）条和第 37（2）（b）（ii）条。

[101] *Government of Lao People's Democratic Republic v Thai Lao Lignite Co Ltd*［2013］3 MLJ 409,［2013］2 AMR 375, affirmed by CAin *Thai Lao Lignite Co Ltd v Government of Lao People's Democratic Republic*［Civil Appeal No：W-02（NCC）（A）-96-01/2013］.

的方式”处理问题。[102]

裁决需要更高的推理裁决标准。[103] 但是，裁决不应该被精细的技术要点破坏，现代方法是有利于维持裁决而不是摧毁裁决。[104]《2005年仲裁法案》没有对裁决中的不同意见作出规定，但并不禁止这些意见。[105]

附带原因

裁决书中未附加或提及的附带文字不能构成裁决书的一部分。[106] 然而在没有明确的免责声明的情况下，没有附加于裁决但与之一并发布的理由构成了裁决的一部分。

正如1950年《英国仲裁法案》的做法一样，随后在马来西亚根据《1952年仲裁法案》规定了仲裁庭将提供不构成裁决一部分的理由。这些理由将在单独的文件中给出，并对其使用作出保密等限制。

这些限制的目的是防止敏感原因在遇到任何质疑时被公开披露。这种做法现在很少见，因为法院已经证明了自己愿意考虑这些附带原因，而不管其声称的保密性如何。[107]

36.13 裁　决

在理由之后，就是简要而准确地概述仲裁庭对每一个相关问题的裁决。它用以解决双方当事人之间的争议，确定双方当事人的索赔和反索赔（如果适用）是否被允许以及允许的程度。

这种确定通常以“因此我裁决并持有以下观点……”（I therefore find and hold as follows...）为开头，并简要而准确地载有仲裁员对所涉每一问题的裁定。

---

[102] *Zermalt Holdings SAv Nu-Life Upholstery Repair Ltd* ［1985］ 2 EGLR 14 at 14F；*The Government of India v Cairn Energy India Pty Ltd* ［2014］ 9 MLJ 149 at ［176］；*TMM Division Maritima SAde CV v Pacific Richfield Marine Pte Ltd* ［2013］ SGHC 186，［2013］ 4 SLR 972 at ［109］；*Primera Maritime（Hellas）Ltd v Jiangsu Eastern Heavy Industry Co Ltd* ［2013］ EWHC 3066（Comm），*Secretary of State for the Home Department v Raytheon Systems Ltd* ［2014］ EWHC 4375（TCC）.

[103] 在 *Balfour Beatty Engineering Services（HY）Ltd v Shepherd Construction Ltd* ［2009］ EWHC 2218（TCC） at ［48］案中，Akenhead J 指出，仲裁裁决的标准低于法官和仲裁员的标准。

[104] *Money v Ven-Lu-Ree Ltd* ［1988］ 2 NZLR 414 at 417，CA；*Zermalt Holdings SA v Nu-Life Upholstery Repair Ltd* ［1985］［1985］ 2 EGLR 14 at 14F.

[105] 参见第37章有关不同意见的裁决。

[106] *Leggo v Young*（1855）16 CB 626；*Holgate v Killick*（1861）7 H & N 418；*Kent v Elstob*（1802）3 East 18. *Produce Brokers Co Ltd v Olympia Oil and Cake Co Ltd* ［1916］ 1 AC 314，HL. 关于将文件或合同纳入裁决的案例，通常可参见 *Legis AB v V Berg & Sons Ltd* ［1964］ 1 Lloyd's Rep 203 案、*Giacomo Costa Fu Andrea v British Italian Trading Co Ltd* ［1963］ 1 QB 201，［1962］ 2 All ER 53，CA（Eng）案、*DS Blaiber & Co Ltd v Leopold Newborne（London）Ltd* ［1953］ 2 Lloyd's Rep 427，CA（Eng）案。

[107] *Mutual Shipping Corpn v Bayshore Shipping Co*，*The Montan* ［1985］ 1 All ER 520；*Tame Shipping Ltd v Easy Navigation Ltd*，*The Easy Rider* ［2004］ EWHC 1862（Comm），［2004］ 2 All ER（Comm）521；*SJW Facades Ltd v Bowen Construction Ltd* ［2009］ IEHC 49.

例如，仲裁庭被问及："在这种情况下，索赔人是否有权获得 30 个工作日或任何其他时间，如果有权，是否有权因在挖掘过程中遇到岩石而延长完成工程的时间？"

对此，仲裁庭的裁决大致如下："是的，索赔人有权延长 17 个工作日，实际完成工程的延长日期为 2016 年 6 月 5 日。"

裁决书最后一部分的处置部分将简单列出仲裁结果，以便执行法院能够毫无困难地执行裁决。[108] 开头会说明，在审议了诉状、提交的证据、提交的法律依据、各方当事人在仲裁中提交的材料和查明的问题之后，结果已经达成。

如果仲裁协议允许，最终裁决还应述及利息、由谁支付仲裁的费用和开支以及仲裁庭的费用，以及在未达成协议的情况下如何确定仲裁费用。它最后会声明驳回了其他所有主张。

---

[108] Lloyd, Darmon, Ancel, Dervaid, Leibscher & Verbist, "Drafting Awards in ICC Arbitrations", (2005) ICC International Court of Arbitration Bulletin 16/No. 2.

第 37 章 裁决的实质性要件

37.1 引 言

法院在 *JH Rayner (Mincing Lane) Ltd v Shaher Trading Co*[1] 案中表示，仲裁裁决不是法律判决，因此不能期望它们达到标准或以迂腐或过分批评的方式进行解释。

然而这种看法已经不再合理了。在过去的 20 年中，仲裁法律和仲裁实践发生了变化，现代仲裁员将是训练有素、技术娴熟、经验丰富的。由退休法官或在职专业人士担任仲裁员的情况并不少见。

法官宾汉在 *Zermalt Holdings SA v Nu-Life Upholstery Repair Ltd*[2] 案中解释说，裁决必须是高标准的：

> 法院一般会尽量维护仲裁裁决。他们不会对仲裁裁决进行严格审查，不会努力挑出裁决中的漏洞、不一致性和错误，并且不以阻碍或扰乱仲裁程序为目的，反而以合理的、从商业角度的方式来解读仲裁裁决，希望不会在裁决中发现重大的错误。[3]

37.2 可执行的裁决

仲裁庭有义务作出可执行的裁决。[4] 然而对此不能指望仲裁庭保证其裁决在胜诉方

---

[1] [1982] 1 Lloyd's Rep 632；这一结果在 *Oil Basins Ltd v BHP Billiton Ltd* [2007] VSCA 255 案中得到认可，但在 *Westport Insurance Corp v Gordian Runnoff Ltd* [2011] HCA 37 案中被推翻。

[2] [1985] 2 EGLR 14 at 14F；Mustill and Boyd，*Commercial Arbitration*，(2nd Edn，1989) at p 570，fn 16；*Larrinaga & Co v Societe Franco-Americaine des Phosphates de Medulla* (1922) 10 Ll L Rep 254；*Money v Ven-Lu-Ree Ltd* [1988] 2 NZLR 414 at 417，CA.

[3] 这种对待裁决的方式，在 *The Government of India v Cairn Energy India Pty Ltd* [2014] 9 MLJ 149 at [176] 案和新加坡的 *TMM Division Maritima SA de CV v Pacific Richfield Marine Pte Ltd* [2013] SGHC 186，[2013] 4 SLR 972 at [109] 案，以及 *Primera Maritime (Hellas) Ltd v Jiangsu Eastern Heavy Industry Co Ltd* [2013] EWHC 3066 (Comm)，*Secretary of State for the Home Department v Raytheon Systems Ltd* [2014] EWHC 4375 (TCC) 中得到了认可。

[4] Blackaby and Partasides with Redfern and Hunter，*Redfern and Hunter on International Arbitration*，(6th Edn，2015) at p 501，para 9.14.

选择执行的任何国家都可以执行。[5]

《2005 年仲裁法案》[6] 没有规定作出有效裁决所必需的实质性要件。一般来说，法院不会强制执行裁决，除非裁决是令人信服的、完整的、确定的、终局性的和可执行的。

因此，裁决的条件必须是无条件、不矛盾、明确和无可指责的。[7] 大多数情况下，普通法中都有实质性的要求。此外，法院在 *Inkometal AG v Koksno Hemijski Kombinat d Lukavac*[8] 案中解释说，所处理的事项应当是可仲裁且不属于国家法院专属管辖的。

审理 *Roy Hill Holdings Pty Ltd v Samsung C & T Corporation*[9] 案的法院认为，争议事项不会因其具有紧迫性而变得不可仲裁。使仲裁成为一种较不吸引人的争议解决方式并不会导致争议事项变得不可仲裁。

然而，法院有时可以不顾各方当事人之间的仲裁协议来决定其管辖权。例如，意大利最高法院（Supreme Court of Italy）在 *Government and Ministries of the Republic of Iraq v Armamentie Aerospazio SpA et al* 案中确认了上诉裁定并认为，尽管合同中有仲裁条款，但意大利法院对争议有管辖权。由于对伊拉克实行禁运，当事人在提起一审诉讼的相关时间内无法再自由处置基本合同权利，因此，争议变得不可仲裁，仲裁条款无效。[10]

罗伯特·梅尔金泰特（Robert Merkinstates）认为，法律先例表明了有效的裁决必须具备以下特征[11]，即：

（1）提出的一切问题必须解决；

（2）提交之外的问题不得由裁决处理；

（3）最终裁决必须是终局性的和无条件的；

（4）当事人在裁决下的义务必须确定能够履行；

（5）如果当事人要求，裁决必须包含理由；

---

[5] "Chapter 9. Award" in Blackaby and Partasides with Redfern and Hunter, *Redfern and Hunter on International Arbitration（Sixth Edition)*,（6th Edn, 2015） at para 9. 14.

[6] Act 646.

[7] Mustill and Boyd's *Commercial Arbitration*（2nd Ed, 1989） p 384.

[8] Bosnia and Herzegovina No. 2016-1, *Inkometal AG v Koksno Hemijski Kombinat d Lukavac*, Cantonal Court, Tuzla, Case No. R-72/02, 4 June 2002, Supreme Court of the Federation of Bosnia and Herzegovina, Case No. Gž-51/02, 31 July 2002, Cantonal Court, Tuzla, Case No. R-185/00, 15 January 2003 and Supreme Court of the Federation of Bosnia and Herzegovina, Case No. Gž-51/02, 19 May 2003 in AJ van den Berg（ed）, *Yearbook Commercial Arbitration* 2016-*Volume XLI*,（2016） at pp 1-17; Dominican Republic No. 2016-1, *Comercial Para? so Tropical*, *SA et al v Carlos S? nchez Hern? ndez et al*, Suprema Corte de Justicia, 30 January 2013 in A J van den Berg（ed）, *Yearbook Commercial Arbitration* 2016-*Volume XLI*,（2016） at pp 1-13.

[9] Australia No. 2016-4, *Roy Hill Holdings Pty Ltd v Samsung C & T Corporation*, Supreme Court of Western Australia, Case No. CIV 2781 of 2015, 4 December 2015 in AJ van den Berg（ed）, *Yearbook Commercial Arbitration* 2016-*Volume XLI*,（2016） at pp 1-17.

[10] Italy No. 2016-1, *Government and Ministries of the Republic of Iraq v Armamenti e Aerospazio SpA et al*, Supreme Court of Cassation of Italy, Case No. no. 23893, 24 November 2015 in A J van den Berg（ed）, *Yearbook Commercial Arbitration* 2016-*Volume XLI*,（2016） at pp 1-8.

[11] R Merkin, *Arbitration Law*,（2004） at para 16-30.

（6）裁决必须是仲裁员参与和审议的结果，尽管意见不一定一致。

不符合上述一项或多项要求的裁决书如果可以在不破坏其余部分的情况下切断违法部分，则可在有效范围内强制执行。[12]

裁决的形式必须能够执行。仲裁庭应尽最大努力确保裁决采用这种形式，这是仲裁协议的隐含条款。[13] 裁决如果是令人信服的、完整的、确定的和终局性的，则可以执行。

例如，如果是一个货币裁决，就必须清楚裁决支付的金额是多少；如果是履行裁决，则必须指定要履行的时间；如果与金钱索赔有关的裁决只涉及赔偿责任，那就不具备可强制执行性。

不能履行的裁决可能会受到攻击，并因法律原因或实际上不可能履行而无法执行。[14] 如果裁决要求一方当事人对非其所有的财产行使权利的，那么该裁决无效。[15] 裁决如果是仲裁庭不当行为的产物，则不能强制执行，可以撤销。[16]

法院在 *Margulies Bros Ltd v Dafnis Thomaides & Co*（*UK*）*Ltd*[17] 案中认为，该裁决无法执行，因为不可能执行一份仅声明某些合同应与其他合同抵销，而上诉人应支付它们之间的差额的文件。

法院认为，下达执行命令不属于法院的法定管辖范围。这一决定在 *River Plate Products Netherlands BV v Etablissement Coargrain*[18] 案中得到了遵循。在该案中，因付款未能作出无法量化的扣减，因此无法执行。如果含义不确定，那么裁决就无效且不可执行。[19]

但应该指出的是，裁决即使是不可执行的，也不一定是无效的。因赌博协议引起的仲裁裁决可能在马来西亚等国无法执行，但不会因此而失效。裁决不可执行的事实并不妨碍裁决引起其他可执行的法律义务，索赔人有权获得赔偿的补救。

---

[12] *Abrathut v Brandon*（1713）Gilb 118；*Auriol v Smith*（1823）Turn & R 121；*Selby v Whitebread & Co*［1917］1 KB 736.

[13] Blackaby and Partasides with Redfern and Hunter，*Redfern and Hunter on International Arbitration*，（6th Edn，2015）at p 506，para 9. 14.

[14] *Lee v Elkins*（1701）12 Mod Rep 585；*Baillie v Edinburgh Oil Gas Light Co*（1835）3 Cl & Fin 639.

[15] *Lee v Elkins*（1701）12 Mod Rep 585.

[16] *Margulies Brothers Ltd v Dafnis Thomaides & Co*（*UK*）*Ltd*［1958］1 All ER 777，［1958］1 WLR 398，CA.

[17] ［1958］1 All ER 777，［1958］1 WLR 398，CA.

[18] ［1982］1 Lloyd's Rep 628.

[19] *River Plate Products Netherlands BV v Etablissement Coargrain*［1982］1 Lloyd's Rep 628；*Margulies Bros Ltd v Dafnis Thomaides & Co*（*UK*）*Ltd*［1958］1 All ER 777，［1958］1 WLR 398，CA；*Re Tidswell*（1863）33 Beav 213；*Waddle v Downman*（1844）12 M & W 562；*Plummer，Administratrix of M Thompson，Deceased v Lee*（1837）2 M & W 495 at 499；*Mortin v Burge*（1836）4 Ad & El 973；*Re Tribe and Upperton*（1835）3 Ad & El 295；*Hopcraft v Hickman*（1824）2 Sim & St 130；*Manchester Carriage and Tramways Co Ltd v Swinton and Pendlebury UDC*［1906］AC 277，HL.

37.3　解决所有提交的问题

在仲裁中，当事人可能会有一系列不同的论据来支持仲裁请求，或者可能有若干不同的财务请求和反诉。仲裁庭可以就所有问题作出单一裁决[20]或多个部分裁决。[21]

在过去，未能处理所有问题的最终仲裁裁决是无效的。[22] 现在则不存在这种情况，因为法院支持仲裁。虽然未能涵盖所有问题的裁决可能会受到质疑，但法院很可能将仲裁裁决发回仲裁庭，以使其纠正裁决中的错误。[23]

一项有效的裁决必须载有仲裁庭对各方当事人提交仲裁的争议所产生的所有事实和法律问题的裁决。如果要作出临时裁决，那么它必须明确指出所涵盖的问题，并作出处理。

在使程序结束的终局裁决中，仲裁庭不能选择只回答一些问题而忽视其他问题，以致这些问题无法确定[24]，也不能不顾所请求的案件而开始调查。[25] 除非所有问题都得到处理，否则仲裁庭的职责不会解除。[26]

如果仲裁庭未能这样做，那么可要求仲裁庭作出进一步裁决，直至所有问题都得到答复。[27] 问题的解决是一个包括两个步骤的过程，必须包括一项主张和一个结论，仅仅叙述事实和问题而没有任何裁决是不够的。[28]

法院在 *Tan Toi Lan v Lai Kee Ying*[29] 案中认为，有效的裁决必须阐明对所提出的所有问题的调查结果和裁决。该案向仲裁员提出了四个问题，仲裁员的裁决只是说了“我驳回该主张”。法院认为，这未能处理所有问题。

法院在 *Official Assignee v Chartered Industries*[30] 案中对仲裁庭在据称错误终止的仲裁中

---

[20] *Compagnie Financiere pour le Commerce Exterieur SA v O Y Vehna AB* [1963] 2 Lloyd's Rep 178.

[21] 仲裁协议要求作出单一裁决的，仲裁员不得作出部分裁决，否则可能会引起异议；参见 *Winter v Munton* (1818) 2 Moore CP 723 案。

[22] *Wilkinson v Page* 6 Jur 567; *Bhear v Harradine* 7 Exch 269; *Sowdon v Mills* (1861) 30 LJQB 175; *Wakefield v Llanelly Railway and Dock Co* (1864) 55 ER 629

[23] 根据《2005 年仲裁法案》第 37（6）条的规定，如果一方当事人申请撤销裁决，那么法院可以允许仲裁庭有时间恢复诉讼程序或作出进一步裁决。

[24] *Bowes v Fernie* (1838) 4 My & CR 150; *Ross v Boards* (1838) 8AD & E 290; *Re O'Conor and Whitlaw's Arbitration* (1919) 88 LJKB 1242; *Steel Authority of India Ltd v Hind Metals Inc*, [1984] 1 Lloyd's Rep 405 at 412.

[25] *Multiplex Constructions Pty Ltd v International Golf Services Pty Ltd* (1988) 4 BCL 320; *S & S Constructions Pty Ltd v Fulop* [1996] VR 401.

[26] *Tomlin v Forwich Corp* (1836) 5 Ad & El 147, 111 ER 1121; *Johnson v Latham* (1850) 19 LJQB 329; *Goddard & Mansfield* (1850) 19 LJQB 305; *Dresser v Finnis* (1855) 25 LTOS 81.

[27] Arbitration Act 2005 s 35 (4).

[28] *Jeeram v National Union of Plantation Workers* [1993] 3 MLJ 104 at 111 per KC Vohrah J.

[29] [1975] 1 MLJ 27; *Official Assignee v Chartered Industries of Singapore* [1978] 2 MLJ 99.

[30] *Official Assignee v Chartered Industries of Singapore* [1978] 2 MLJ 99 at 100 per Chua J; *Jeeram v National Union Of Plantation Workers* [1993] 3 MLJ 104.

作出的裁决作了评论：

> 从裁决来看，仲裁员显然未能就提交给他的所有事项或问题作出决定……仲裁员应在其裁决中说明通知和协议的终止是好是坏。裁决显然有缺陷，因此是无效的。我看不出有什么方法可以避免这个后果，也就是说，裁决必须作废。

如果裁决涉及仲裁庭之间的所有争议，则该裁决是有效的，并且不会因当事方之间当时存在其他争议而受到质疑，因为这些争议未作为提及的一部分提交。[31]

如果一方当事人放弃了某一观点，而在审理或提交材料期间未提出，那么仲裁庭即使未能作出处理也不算不当行为。[32] 如果不能证明未处理的事项已提交仲裁庭，则不能以不完整为由对裁决提出质疑。[33]

如果裁决不涉及费用，它就是不完整的。仲裁庭即使只是保留了自己的立场，也必须明确在费用方面的立场。如果省略费用问题，裁决就是不完整的[34]，因此仲裁庭应在裁决中具体说明关于费用的立场，即"最后裁决（费用除外）"（save as to costs）。

Aircraft Support Industries Pty Ltd v William Hare UAE LLC[35] 案中，法院处理了未能解决所有问题是违反自然正义的建议。法院认为，必须证明对拒绝执行的一方当事人存在真正的不公平和不公正，才能以违反自然正义为由拒绝执行。

确定仲裁庭是否已处理所有问题

仲裁庭在每项裁决中明确说明是否为部分裁决有助于避免对是否已处理所有问题产生争议。如果随后发生争议，则质疑裁决的一方负有举证责任，证明仲裁庭未能就已提请仲裁的事项作出裁决，或对未移交的事项作出裁决。[36]

这是一项可以推翻的推定，有利于裁决的有效性，即仲裁庭已考虑到其面前的所有

---

[31] *Rees v Francis Waters*（1847）16 M & W 263 *Hawksworth v Brammall*（1840）5 My & Cr 281；*Abraham and Westminster Improvements Co*（1849）14 LTOS 203.

[32] *Yamashita Shinnihon Steamship Co Ltd v Elios SpA*, *The Lily Prima*［1976］2 Lloyd's Rep 487. 如果仲裁庭以当事人没有考虑到的理由作出了裁决，那么这可能会违反自然正义原则，参见 *Pacific Recreation Pte Ltd v S Y Technology Inc*［2008］2 SLR（R）491 案。

[33] *Middleton v Weeks*（1607）Cro Jac 200；*Baspole's Case* 8 Co Rep 97；*Craven v Craven* 1 Moore CP 403；*Hawksworth v Brammall*（1840）5 My & Cr 281；*Martin v Thornton*（1802）4 Esp 180；*Rees v Francis Waters*（1847）16 M & W 263；*Tatem Steam Navigation Co v Anglo-Canadian Shipping Co*（1935）53 Ll L Rep 161.

[34] *Re An Arbitration between Becker, Shillan & Co and Barry Bros*［1921］1 KB 391，［1920］All ER Rep 644，(Eng)；*Harrison v Thompson*［1989］1 WLR 1325.

[35] Australia No. 2016-1，*Aircraft Support Industries Pty Ltd v William Hare UAE LLC*，Supreme Court of New South Wales，Court of Appeal，11 August 2015 in AJ van den Berg（ed），*Yearbook Commercial Arbitration* 2016-*Volume XLI*，(2016) at pp 1-3.

[36] *Bland & Co Ltd v Russian Bank for Foreign Trade*（1906）11 Com Cas 71；*Jewell v Christie*（1867）LR 2 CP 296；*Davies v Pratt*（1855）17 CB 183 at 188 per Jervis CJ；*Harrison v Creswick*（1853）13 CB 399；*Obaseki Bros v Reif & Son Ltd*［1952］2 Lloyd's Rep 364.

争议问题[37]，特别是在裁决如此陈述的情况下。[38] 在裁决书首页声明它是部分裁决将有助于减轻这种争论。

有关证据将被接纳以认定裁决是否已经对提交的所有事项作出了处理，包括关于提交事项范围的证据[39]、仲裁员就所考虑的事项作出的陈述。[40]

例如，在 *Obaseki Bros v Reif and Son Ltd*[41] 案中考虑了仲裁员在某些基础上确定损害赔偿的后续声明。

Poliakoff v Stromwall[42] 案的法院将裁决发回了仲裁庭，以便其说明是否审议了特定的问题。

Blackford & Sons （Caine） Ltd v Borough of Christchurch[43] 案的法院要求提供指示和诉状文件。它认为这个程序是允许的，不仅是为了确定歧义，更是为了确切了解提交仲裁庭作出裁决的内容。

实际上，大多数仲裁现在都已经有记录，因此可以得到仲裁程序的记录。结合其他书面证据，如诉状和律师说明等，这可以证明在听审中是否提及了某项问题。

仲裁庭未能处理所有问题的程序

收到裁决后，如果当事人认为仲裁庭遗漏了提交仲裁庭的争议问题，应在收到后的 30 天内通知仲裁庭，要求仲裁庭对这些问题作出补充裁决。[44]

当事人不应等到撤销阶段才试图解决裁决书中遗漏的问题。如发现有遗漏，应立即与仲裁庭联系。仲裁庭如果认为请求是合理的，则有 60 天的时间作出进一步的裁决，但这一期限可以延长。[45]

《2005 年仲裁法案》没有规定仲裁庭有权自行作出“补充”裁决。“遗漏规则”[46]的应用有限。然而未能处理某一特定问题的裁决即使冠名“终局裁决”，也只是部分

---

[37] *Crofton v Conner* （1770） 1 Bro Parl Cas 530；*Ingram v Milnes* （1807） 8 East 445；*Middlemiss & Gould （a firm） v Hartlepool Corp* ［1973］ 1 All ER 172 at 176 per Lord Denning. 另可参见 *Fairclough Building Ltd v Vale of Belvoir Superstore Ltd* ［1993］ ADRLJ 12 案（仲裁员不需要为其关于法律问题的结论引用权威）。

[38] *Hayllar v Ellis* （1829） 6 Bing 225；*Day v Bonnin* （1836） 3 Bing NC 219；*Re Brown and Croydon Canal Co* （1839） 9 Ad & E 522；*Dunn v Warlters* （1842） 9 M & W 293；*Jewell v Christie* （1867） LR 2 CP296；*Re Duke of Beaufort and Swansea Harbour Trustees* （1860） 8 CBNS 146；*Obaseki Brothers v Reif & Son Ltd* ［1952］ 2 Lloyd's Rep 364.

[39] *Duke of Beaufort v Welch* （1839） 10 Ad & E 527；*Smith v Hartley* （1851） 10 CB 800.

[40] *Aitcheson v Cargey* （1824） 2 Bing 199 at 204；*Jewell v Christie* （1867） LR 2 CP 296；*Day v Bonnin* （1836） 3 Bing NC 219；*Re Brown and The Croydon Canal Co* （1839） 9 Ad & E 522.

[41] ［1952］ 2 Lloyd's Rep 364.

[42] （1921） 8 Ll L Rep 388.

[43] ［1962］ 1 Lloyd's Rep 349 at 355-356；*FR Absalom Ltd v Great Western （London） Garden Village Society Ltd* ［1933］ AC 592 at 599-61.

[44] 《2005 年仲裁法案》第 35（4）条；请注意，这一规定须经当事人协议，因此可能被仲裁协议或机构规则排除在外。

[45] Arbitration Act 2005 s 35（5） and （6）.

[46] 根据《2005 年仲裁法案》第 35（3）条，仲裁庭可自行更正排印错误、文书性错误或计算错误。

裁决。

此时，仲裁庭的职权并未终结。因此，它可以就任何未决问题作出另一项裁决。但是，仲裁庭不能违背先前颁布的裁决，也不能试图以任何方式改变裁决。

如果双方当事人都没有向仲裁庭提出追加裁决的请求，而一方当事人以遗漏重大问题为由请求撤销裁决，那么法院可中止撤销程序，以便仲裁庭采取行动消除撤销理由。[47]

似乎没有任何判例法处理法院根据《UNCITRAL 示范法》第 34 条行使这项权力的问题。然而加里 · 博恩则认为应该保留这种救济权力。[48]

37.4 超出参考范围的问题

超出仲裁协议的问题

裁决不能对未提请仲裁的事项作出处理。[49] 这有时被称为额外诉讼（extra petita）或超裁（ultra petita）。仲裁庭如果就未提交其审理的事项作出了裁决，除非能够证明各方当事人已订立明示或默示的特别协议以扩大其管辖权，否则属于超出管辖权。[50] 超出诉请的裁决可以被撤销。

仲裁庭有义务努力理解和处理当事人提交给它的问题[51]，而不是自己选择的问题。仲裁庭无权裁决未提交的任何问题。[52] 然而法院一般来说不愿意接受仲裁庭超出仲裁协议范围的呈件。[53]

没有管辖权的仲裁庭作出的裁决无效。如果仲裁庭被要求就与履行合同有关的一个单一问题作出裁决，尽管仲裁协议可以授权仲裁员这样做，修改合同也是超出其管辖范围的。[54] 在双方未提请仲裁的情况下，仲裁庭就信托义务问题作出裁决属于无权管辖。[55]

例如，*Hooper & Co v Balfour*，*Williamson & Co*[56] 案中，双方当事人之间的仲裁问题

---

[47] Arbitration Act 2005 s 37（6）.

[48] Gary Born，*International Commercial Arbitration*（2nd Edn，2014） at pp 3151-3153.

[49] *PT Prima International Development v Kempinski Hotels SA*［2012］4 SLR 98；*CRW Joint Operation v PT Perusahaan Gas Negara*（*Persero*）*TBK*［2011］SGCA33；*Dunhill Personnel System v Dunhill Temps Edmonton* 1993 CanLII 7171，13 Alta LR（3d） 241；*AAMCO Transmissions Inc v Kunz* 1991 CanLII 8036，97 Sask R 5.

[50] *Furness Withy*（*Australia*） *Pty Ltd v Metal Distributors*（*UK*），*The Amazonia*［1990］1 Lloyd's Rep 236 at 244 per Staughton J.

[51] *Timwin Construction Pty Ltd v Façde Innovations Pty Ltd*［2005］NSWSC 548；*Brodyn Pty Ltd t/as Time Cost and Quality v Davenport*［2004］NSWCA 394.

[52] *PT Asuransi Jasa Indonesia*（*Persero*） *v Dexia Bank SA*［2007］1 SLR（R） 597 at［37］.

[53] Gary Born，*International Commercial Arbitration*（2nd Edn，2014） at p 3288.

[54] 参见 *Re Dare Valley Railway Co*（1868） LR 6 Eq 429，以及 *Williams Brothers v Ed T Agius Ltd*［1914］AC 510 案；及 2006 年《PAM 合同》第 34.8 条。

[55] *Todd Petroleum Mining Co Ltd v Shell*（*Petroleum Mining*） *Co Ltd*（2005） 2 NZCCLR 266.

[56] （1890） 62 LT 646.

是是否按正确重量交付了货物。关于货物应在价格减免的前提下予以接受的裁决被发回了仲裁庭。

如果仲裁庭收到了其管辖权之外的事项的证据，除非存在欺诈行为或裁决表面上有相反迹象，否则推定其裁决仅是就提交的问题作出的。[57]

在 *Re Green & Co* 和 *Balfour Williamson & Co*[58] 案中，仲裁庭要决定的问题是买方是否有权以质量缺陷为由拒收货物；该案涉及一个所谓的商业习惯，这一商业习惯否认拒收货物的权利，但在价格上应予以减免。这个裁决后来被撤销了。

如果当事人之间存在一些未决的问题，但并非所有这些问题都已提请仲裁，则涵盖整个争议作出的裁决会超出管辖范围。

这种情况的例子包括：仲裁庭认为保险人在考虑索赔价值的情况下有权获得救援残值[59]；仲裁人只被要求解决滞期费纠纷，但在裁决中也错误地处理了派遣费[60]。

其他例子包括裁决涵盖了申请人在最后陈述中出现的项目，但这些项目不在商定的争议事项清单中。[61] 即使仲裁庭认为某些事项本应作为仲裁申请的一部分提交，但这也并不意味着仲裁庭就有权在裁决中对这些事项作出处理。[62]

丹麦最高法院（Supreme Court of Denmark）认为，由于被申请人未能证明仲裁庭对索赔人的裁决超出其索赔主张，所以没有违反《丹麦仲裁法案》（*Danish Arbitration Act*）的正当程序。[63]

超出提交范围的救济

一份裁决规定的救济措施不能超出仲裁庭审理的争议事项。[64] 救济措施超出提请仲裁范围的最明显例子或许就是利息。

《2005 年仲裁法案》第 33（6）（a）条授权仲裁庭作出利息裁决，除非仲裁协议另有规定。

如果另存有这种协议，那么对利息作出处理的部分裁决可能会受到质疑。

侵权损害赔偿额或合理赔偿额是当事人可能会主张超出仲裁请求范围的例子。有人认为应该对仲裁协议做扩张解释，据此，各方当事人被推定为欲将所有的争议都交由同

[57] *Falkingham v Victorian Railway Commissioners* ［1900］ AC 452.

[58] （1890） 62 LT 325，CA.

[59] *Skipper v Grant* （1861） 10 CBNS 237.

[60] *Societe Franco-Tunisienne D'Armement-Tunis v Government of Ceylon*，*The Massalia* ［1959］ 3 All ER 25.

[61] *Henry Boot Construction Ltd v DF Mooney* ［1996］ ADRLN 13.

[62] *Jager v Tolme and Runge* ［1916］ 1 KB 939.

[63] *Taewoong Inc v AH Industries A/S*，Supreme Court of Denmark，Case No. H2016. 142-2014，28 January 2016 in A J van den Berg （ed），*Yearbook Commercial Arbitration* 2016-*Volume XLI*，（2016） at pp 1-13.

[64] *Benwell v Hinxman* （1835） 1 Cr M & R 935；*Lindsay v Direct London & Portsmouth Railway Co* （1850） 19 LJQB 417；*Pascoe v Pascoe* （1837） 3 Bing NC 898；*Price v Popkin* （1839） 10 Ad & El 139；*Angus v Redford* （1843） 11 M & W 69；*Toby v Lovibond* （1848） 5 CB 770；*Nickels v Hancock* （1855） 7 De G M & G 300.

一个仲裁庭处理[65]，因而这种性质的损害赔偿可落入仲裁协议的范围。[66]

法院在 *Ross v Boards*[67] 案中裁定，有权确定土地所有权的仲裁庭不能在其裁决中命令卖方在买方的所有权被成功质疑的情况下提供赔偿。

Rees v Waters[68] 案中，仲裁庭超出了管辖权，指明了履行其裁决的时间和地点。裁决不能就尚未产生的争议试图规范当事人未来的行为。[69] 法院在 *Nils Heime Akt v G Merel & Co Ltd*[70] 案中认定，仲裁庭将对质量纠纷的裁决扩大到一批尚未交付的货物，超出了其管辖权。

另一个例子是以另一种货币作出损害赔偿裁决。《2005年仲裁法案》没有规定裁决的货币。[71] 鉴于汇率波动，国际仲裁当事人以不同的货币寻求裁决是很常见的。[72] 在这种情况下，仲裁庭必须对合同损害赔偿的货币问题适用有关法律。

超出管辖权的后果

《2005年仲裁法案》第37（3）条规定：

> 如对提请仲裁的事项所做的裁决可以与未提请仲裁的事项分开，则只能撤销对未提请仲裁事项所做的部分裁决。

因此，如果裁决的不良部分是可以分割的，则裁决的其余部分仍能够执行。[73] 然而，如果违法与良好的部分是不可分割的，则整个裁决可以撤销[74]或者发回[75]。

37.5 最终裁决和最后裁决

裁决的表述形式必须是终局性的、完整的和明确的，以符合程序法。例如，裁决应这样表述："我裁决被申请人向申请人支付100000令吉"，而不是"我裁决索赔人有权获得待评估的损害赔偿"。

裁决书不能留下重新讨论所涉问题的机会。仲裁庭必须处理其面前的所有争议，不

---

[65] *Premium Nafta Products Ltd v Fili Shipping Company Ltd* ［2007］ UKHL 40 at ［13］.

[66] *Sabah Shipyard* （*Pakistan*） *Ltd v Government of the Islamic Republic of Pakistan* ［2004］ 3 SLR （R） 184.

[67] （1838） 8 Ad & El 290.

[68] *Rees v Waters* （1847） 16 M & W 263.

[69] *Re Morphett* （1845） 2 Dow & L 967.

[70] ［1959］ 2 Lloyd's Rep 292.

[71] 《1996年英国仲裁法》第48条第（4）款规定了可以以任何货币支付。

[72] *Lesotho Highland Development Authority v Impregilo SpA* ［2005］ UKHL 43.

[73] *Prestige & Co Ltd v Brettell* ［1938］ 4 All ER 346 at 351.

[74] Arbitration Act 2005 s 37 （1） （a） （v）.

[75] *Selby v Whitbread & Co* ［1917］ 1 KB 736; *Leadbetter v Marylebone Corpn* ［1904］ 2 KB 893, CA （Eng）; *Williams Bros v E T Agius Ltd* ［1914］ AC 510, HL.

得留下一些争议待第三方处理。其如果想保留一些事项待随后裁决，就必须作出一份临时裁决以表明其意图。

除非各方当事人同意，仲裁庭不能让任何事项在未来某一日期以某种其他特定手段解决。除非仲裁庭作出部分裁决，在这种情况下，仲裁庭应明确裁决的目的。[76]

例如，在 *Chiswell Shipping Ltd v State Bank of India*，*The World Symphony*（*No* 2）[77] 案中，仲裁庭至少已被默认了以单独的裁决来处理问题。

但是，可能会发生仲裁当事人无法控制的情况而导致迟延如仲裁庭主张在今后某个时候对某一特定问题作出裁决的管辖权时，某一事项委托法院、第三人或者当事人自行决定时，或者仲裁取决于未来事件时。如果裁决的违规部分可以分割，则其余部分可以强制执行。[78]

仲裁庭不能作出要求其行使未来某种权力的裁决。[79] 因此，如果仲裁庭试图对其裁决的执行方式主张管辖权，则该裁决在一定程度上会因缺乏管辖权而无效。[80]

仲裁庭不能以法院的裁决或法院采取的其他行动为条件作出裁决。一项列明其他裁决的裁决，除非经法院裁定为错误或作出了无管辖权的裁决，否则主要裁决仍然有效。

在这种情况下，可适用替代裁决，但这不是最终裁决，不能强制执行。[81] 但是，如果委托给法院的问题纯粹是形式上的[82]，或者如果可以在不影响裁决的可理解性的情况下切断该条件，则该裁决是有效的。[83]

向第三方的多种形式的委托授权是不允许的。例如，相当于将司法裁量权授予第三方专家或律师的裁决可能被撤销或发回。[84] 在这种情况下，法院将切断违法条件，并查明裁决的其余部分是否足够完整以便执行。[85]

因此，仲裁庭不能裁定维修要满足某一独立承包商的要求[86]，也不能要求第三方批

---

[76] *Stockport Metropolitan Borough Council v O'Reilly*［1978］1 Lloyd's Rep 595.

[77] ［1987］1 Lloyd's Rep 157.

[78] *Lewis v Rossiter*（1875）44 LJ Ex 136. 关于执行裁决，参见《2005 年仲裁法案》37（4）条。

[79] *Thinne v Rigby*（1612）Cro Jac 314；*Winch v Sanders*（1619）Cro Jac 584；*Selby v Russell*（1697）12 Mod Rep 139，*Re O'Conor and Whitlaw's Arbitration*（1919）88 LJKB 1242.

[80] *Grove v Crane*（1621）Palm 145；*Manser v Heaver*（1832）3 B & Ad 295；*Re Tandy and Tandy*（1841）9 Dowl 1044；*Benwell v Hinxman*（1835）1 Cr M & R 935；*Lindsay v Direct London & Portsmouth Railway Co*（1850）19 LJQB 417.

[81] *Baillie v Edinburgh Oil Gas Light Co*（1835）3 Cl & Fin 639；*Goode v Waters*（1850）20 LJ Ch 72；*Nickels v Hancock*（1855）7 De G M & G 300；*C T Cogstad & Co*（*The SS Lord*）*v H Newsum Sons & Co Ltd*［1921］2 AC 528. 另可参见 *North & South Western Junction Railway Co v Brentford Union Assessment Committee*（1888）13 App Cas 592 案（如果事实问题有待法庭裁决）。

[82] *Lingood v Eade*（1742）2 Atk 50.

[83] *Barton v Ranson*（1838）3 M & W 322；*Re Wright and Cromford Canal Co*（1841）1 QB 98.

[84] *Kuala Ibai Development Sdn Bhd v Kumpulan Perunding*（1988）*Sdn Bhd*［1999］5 MLJ 137；*Re Goddard and Mansfield*（1850）1 LM & P 25.

[85] *Re Goddard and Mansfield*（1850）1 L M & P 25.

[86] *Tomlin v Fordwich Corpn*（1836）5 Ad & El 147.

准裁决的执行方式。[87]

裁决如果给予了一方或双方当事人避免其条款的权利或是否执行裁决的自由权利，则不能视为终局性裁决。[88] 然而裁决可规定其他履行方法，例如支付一笔款项、提供令人满意的安全保障[89]、交付货物或支付损害赔偿[90]。

如果裁决中给出了替代方案，而其中一种无论从法律还是实践来说都无法履行，则该替代方案可能会被切断，该裁决会被保留。[91] 但是，以当事人的情况不变为条件的裁决因太不确定而难以成立。[92]

37.6 确定及可执行的裁决

裁决不能出现任何形式的不确定性或模棱两可[93]，否则将无法执行[94]。裁决应具有信服力和说服力，并且必须包含前后一致的说理。

不一致和不确定的裁决可能会在确定裁决内容方面造成一些困难，随之而来的是执行方面的问题，因为败诉方会立即提出异议。

在提供救济时，裁决书必须明确规定各方当事人应尽的义务，必须明确需要做什么和由谁来做。流行的格言"能被确定的，便可以当它是真实的"（*certum est quod certum redid potest*）也适用于仲裁裁决。

《2005年仲裁法》第35（1）（b）条规定，仲裁庭有权根据各方当事人的要求对裁决的具体要点或部分作出解释。这是一项重要规定，因为它防止了裁决以及仲裁程序由于仲裁庭的起草欠妥而无效。

裁决中的不确定性

裁决中的一些具不确定性的例子如下：

---

[87] *Johnson v Latham*（1850）1 LM & P 348；*Ellison v Bray*（1864）9 LT 730；*Turner v Turner*（1827）3 Russ 494.

[88] *Sherry v Richardson* Poph 15；*Watson v Watson*（1648）Sty 28；*Thursby v Halburt*（1689）1 Show 82；*Glover v Barry* 2 Lut App 1597；*Pedley v Goddard*（1796）7 Term Rep 73；*Baillie v Edinburgh Oil Gas Light Co*（1835）3 Cl & Fin 639；*Miller v De Burgh* 4 Exch 809.

[89] *Simmonds v Swaine*（1809）1 Taunt 549.

[90] *Gabriel v Longton* 26 LTOS 257.

[91] *Wharton v King*（1831）2 B & Ad 528.

[92] *Knige v Fines*（1661）1 Sid 59.

[93] *Transfield Projects*（*M*）*Sdn Bhd v Malaysian Airline System Bhd*［2001］2 MLJ 403；*Tongyuan*（*USA*）*International Trading Group v Uni-Clan Ltd*［2001］WL98036；*Usaha Damai Sdn Bhd v Setiausaha Kerajaan Selangor*［1997］5 MLJ 601；*Sopers Hole Corporation Ltd v Sandstorm Virgin Islands Ltd*（1984）34 WIR 110.

[94] *Official Assignee v Chartered Industries of Singapore*［1978］2 MLJ 99；*Middlemiss & Gouldv Hartepool Corpn*［1972］1 WLR 1643 at 1648；*Harrison v Creswick*（1853）13 CB 399 at 415；*Sir Mark Wood*，*Bart v Edmund Griffith*（1818）1 Swans 43 at 52；*Re Marshall and Dreser*（1843）3 QB 878.

（1）法院在 *Hopcraft v Hickman*[95] 案中认定，根据某一地产的面积作出价格增减的裁决不利于不确定性；

（2）*Johnson v Wilson*[96] 案中的裁决规定了当事人之间应该进行财产分割，但没有就如何使分割有效作出指示。既然没有指示执行财产转让契约以对财产作出分配，则该项裁决无效，因为裁决必须是终局性的；

（3）在 *Matson v Trower*[97] 案中的裁决没有强加义务，而是采取了建议的形式。

裁决应该写明“我已认定并裁决被申请人应向申请人付款……”而不是“我已经形成了一个意见，即被申请人应该向申请人支付……”

法院在 *Oricon Waren-Handelgesellschaft Mbh v Intergraan NV*[98] 案中认为索赔人要求赔偿一笔款项，但裁定是赔偿按一定价格开具发票的货物，因此认定此裁决是不妥的。

然而不构成裁决的部分建议不会使整个裁决无效。[99] 对败诉方施加的义务必须清楚[100]，裁决应准确描述受裁决影响的标的。[101]

视情况不同，裁决应具体说明应支付的数额[102]、存在多方当事人的情况下向谁支付[103]、履行的时间[104]、拟提供的担保形式[105]，以及为纠正违约行为而应采取的确切行动。[106] 如果这些没有规定，裁决可能由于不确定性而变得不可执行。

如果仲裁庭明确说明了如何计算裁决金额，从而使其余金额为算术值，则裁决就无法以不确定性或缺乏终局性为由进行抗辩。[107] 这延伸到一种情况，即一笔不确定的款项

---

[95] （1824） 2 Sim & St 130.

[96] （1741） Willes 248.

[97] *Matson v Trower* （1824） Ry & M 17; *Lock v Vulliamy* （1833） 5 B & Ad 600; an obligation should be imposed, *Johnson v Wilson* （1741） Willes 248; *Thornton v Hornby* （1831） 8 Bing 13; *Donlan v Brett* （1834） 2 Ad & El 344; *Wykes v Shipton* （1834） 8 Ad & El 246n; *Hopkins v Davies* （1835） 1 Cr M & R 846; *Re Seaward and Howey* （1838） 1 Will, Woll & H 410; *Wood v Duncan* （1838） 7 Dowl 91; *Re Marshall and Dresser* （1843） 3 QB 878. Cf *Dickins v Jarvis* （1826） 5 B & C 528; *Mays v Cannell* （1854） 15 CB 107.

[98] ［1967］ 2 Lloyd's Rep 82 at 98.

[99] Price v Hollis （1813） 1 M & S 105.

[100] *Lawrence v Hodgson* （1826） 1 Y & J 16; *Re Tidswell* （1863） 33 Beav 213.

[101] *Pathow v King* （1733） 2 Barn KB 386; *Doe d Madkins v Horner* （1838） 8 Ad & El 235; *Price v Popkin* （1839） 10 Ad & El 139; *Mays v Cannell* （1854） 15 CB 107; *Kendal v Symonds* （1855） 3 CLR 322. Cf *Round v Hatton* （1842） 10 M & W 660; *Smith v Pinder* （1837） 6 LJ Ex 232.

[102] *Samon v Pitt* Cro Eliz 432; *Massey v Aubry* （1652） Sty 365; *Pope v Brett* （1671） 2 Saund 292; *Higgins v Willes* （1828） 3 Man & Ry KB 382; *Mortin v Burge* （1836） 4 Ad & El 973; *Hewitt v Hewitt* （1841） 1 QB 110; *Margulies Brothers Ltd v Dafnis Thomaides & Co （UK） Ltd* ［1958］ 1 All ER 777, ［1958］ 1 WLR 398; *Montrose Canned Foods Ltd v Eric Wells （Merchants） Ltd* ［1965］ 1 Lloyd's Rep 597; *Cremer v Samanta and Samanta* ［1968］ 1 Lloyd's Rep 156; *River Plate Products Netherlands BV v Etablissement Coargrain* ［1982］ 1 Lloyd's Rep 628.

[103] *Bulk Trading SA v Moeller* ［2006］ EWCA Civ 1294.

[104] *Armitt v Breame* 2 Ld Raym 1076; *Edgell v Dallimore* （1826） 3 Bing 634.

[105] *Thinne v Rigby* （1612） Cro Jac 314.

[106] *Boss v Clifton* （1841） 9 Dowl 356; *Stonehewer v Farrar* （1845） 6 QB 730.

[107] *Higgins v Willes* （1828） 3 Man & Ry KB 382.

将由明确的标准确定，或在当事方之间按固定比例分配。[108]

计算中的任何错误都可以根据《2005年仲裁法案》第35（1）（a）条和第35（3）条的错漏规则进行处理。这一原则的一个例子是规定对费用征税的一项但书。[109] 如果命令向某些人付款，那么还应查明这些人的身份。[110] 此外，还应确定领取津贴的一方。[111]

裁决必须是内部一致的。[112] 在许多情况下，法院采取的做法是弄清裁决的意思，并判决各方当事人部分胜诉或授予合格权利。[113] 它必须能够执行。如果裁决书规定了两种行为中的一种或另一种必须执行，而其中一种行为是不确定的或不可能的，则另一种行为必须执行。[114]

裁决的起草

仲裁庭不必使用法律条款中的技术表述方式，可以以其认为适当的语言表述裁决书，但意思必须是明确的。[115] 用商业术语而不是法律术语来表达裁决是完全可以接受的。[116]

非律师仲裁员的确应谨慎使用法律术语和准则。他可能理解其原则，但也很容易通过不恰当的法律措辞令人混淆。诚然，律师如果在仲裁员面前极力主张其法律解释，则裁决很可能被迫使用他们使用的术语。然而非律师仲裁员不随意引用或以自己的理解来解读术语是明智的。

例如，假设合同要求向另一方当事人的注册地以书面形式通知投诉事项，而通知已口头向一位高级现场管理人员作出，则接收公司对该通知的处理方式应严格按照合同条款约定。

在这里，不考虑假设裁决的有效性，如果非律师仲裁员自愿使用了“推定通知”（constructive notice）或“禁止反言”（estoppel）等词语，那么他很可能弄错了。

如果作为起草点，仲裁员像被申请人公司一样，以向索赔人暗示不需要严格遵守通

---

[108] *Lingood v Eade*（1742）2 Atk 501；*Wohlenberg v Lageman*（1815）6 Taunt 251；*Hopcraft v Hickman*（1824）2 Sim & St 130；*Wood v Wilson*（1835）2 Cr M & R 241；*Platt v Hall*（1837）2 M & W 391；*Waddle v Downman*（1844）12 M & W 562；*Perry v Mitchell*（1844）12 M & W 792；*Fabrica Lombarda di Acido Tartarico v Fuerst Bros Ltd*（1921）8 Ll L Rep 57.

[109] *Cargey v Aitcheson*（1823）2 B & C 170.

[110] *Re Tidswell*（1863）33 Beav 213.

[111] *Bailey v Curling* 20 LJQB 235.

[112] *Transfield Projects（M）Sdn Bhd v Malaysian Airline System Bhd*［2001］2 MLJ 403；*Fenton v Dimes*（1840）9 LJQB 297.

[113] *Boodle v Davies*（1835）3 Ad & El 200；*Williams v Moulsdale*（1840）7 M & W 134；*Warwick v Cox*（1844）12 M & W 774；*Grenfell v Edgecombe*（1845）7 QB 661；*North Metropolitan Tramways Co v Leyton UDC* 98 LT 792.

[114] *Simmonds v Swaine*（1809）1 Taunt 549.

[115] *Giacomo Costa Fu Andrea v British Italian Trading Co Ltd*［1963］1 QB 201 at 218，［1962］2 All ER 53 at 63，CA（Eng），per Diplock LJ；*Lock v Vulliamy*（1833）5 B & Ad 600 at 602 per Denman CJ.

[116] CLOUT case 10：*Navigation Sonamar Inc v Algoma Steamships Limited*，Superior Court of Quebec，Canada，16 April 1987.

知要求的方式行事，而现在不能寻求依赖这种严格遵守的需要，那么就更有可能避免这种陷阱。

裁决书的起草应避免对其含义产生任何合理的怀疑，简单明了的语言应该是规则而不是例外，行话要避免使用，短句总是比长句好，短单词比长单词好，感情用事的语言应该避免。

裁决必须是独立的，因为案外人应当能够理解裁决以及仲裁员如何作出裁决。它不需要参考任何其他内容去确定其含义。好的裁决和好的专家报告会有很多共同点。

因此，只要裁决的意思明确，它就是好的。[117] 在确定裁决是否足够确定时，法院可以参考提交的材料或接受外来证据，以解决含混不清的问题，并确定实际争议的内容。[118]

37.7　裁决的理由

有些裁决，特别是由技术仲裁员作出的裁决，篇幅可能很短，只有两三页，只不过是查明了当事人及其争议，叙述了仲裁员是如何任命的，列出了这些理由，然后就实质性事项和费用作出了简单的决定。

这种做法似乎是效仿了曼斯菲尔德勋爵（Lord Mansfield）的建议，他说道：

> 作出你的判决，但不要给出理由。因为你是一个正直、理智且有知识的人，你的判断很可能是正确的；但是由于你对法律一无所知，你的理由往往是错误的。[119]

那是 200 多年前的事了，已经过时。如今，人们强烈要求在仲裁裁决中有更好的理由。参与仲裁的各方当事人和专业人员越来越希望仲裁庭给出详细理由。

要求在裁决中说明理由的目的是：明确理由应经过司法审查，以确定它们是否与争议问题密切相关，是否是法律角度的理由。这将使各方当事人能够向法院提出申请，并从实际业务的角度安排处理其未来事务，以便尽可能避免争议再次发生。

现代仲裁立法和大多数仲裁规则[120]所采取的做法是要求裁决说明理由，除非是一项

---

[117] *Eardley v Steer* 4 LJ Ex 293；*Giacomo Costa Fu Andrea v British Italian Trading Co Ltd*［1963］1 QB 201.

[118] *Plummer, Administratrix of M Thompson, Deceased v Lee*（1837）2 M & W 495 at 499；*Gordon v Whitehouse*（1856）18 CB 747 at 755-756；*Round v Hatton*（1842）10 M & W 660；*Wrightson v Bywater*（1838）3 M & W 199；*Wohlenberg v Lageman*（1815）6 Taunt 251 at 254；*Aktiebolaget Legis v V Berg & Sons Ltd*［1964］1 Lloyd's Rep 203 at 213；*D S Blaiber & Co Ltd v Leopold Newborne（London）Ltd*［1953］2 Lloyd's Rep 427.

[119] Case Benjamin Flower（1799）27 Bow St Tribunal 986 at 1060，per Lord Mansfield. Bingham，"Reasons and Reasons for Reasons：Differences Between a Court Judgement and an Arbitral Award"（1988）4Arbitration International 141.

[120] The KLRCA Arbitration Rules（Revised 2013）；the Pertubuhan Akitek Malaysia Arbitration Rules 2010；the Malaysian Institute of Arbitrators Rules（2000 Ed）；the Institution of Engineers Rules（2003）；the ICC Rules；AAA Rules；CIETAC Arbitration Rules；London Court of International Arbitration（LCIA）Rules 2014；Grain and Feed Trade Association Rules No. 125（2015）.

商定的裁决或各方当事人同意免除理由。[121]

根据《2005年仲裁法案》，除非双方当事人另有协议，仲裁庭必须说明其决定的理由。[122] 因此，如果双方当事人要求裁决中不说明理由，则仲裁庭不应违背其协议。[123]

说理充分的裁决是仲裁庭说明其裁决所依据的理由的裁决，这些理由构成裁决本身的一部分。未讨论所依据的理由就对问题作出结论性裁决不算是说理充分的裁决。

仲裁庭具有司法功能，虽然有些法院认为它们的标准与法院不同[124]，但司法机构解释了其裁定的职责是"正当程序的职能，因此也是司法的职能"。[125]

仲裁庭没有义务处理当事人提出的每一个论据。[126] 但一份理由充分的裁决必须具有足够的透明度，以便仲裁庭找到作出结论的证据途径，从而可以确定其结论[127]的依据。[128]

裁决的解释

为了寻找原因，裁决不会被人为地解释。然而法院将尽可能以使裁决有效而不是无效的方式来解释裁决。[129] 主事官约翰·唐纳森（John Donaldson MR）在 *The Niedersachsen*[130] 中说：

> ……获得足以提出上诉的理由的权利应取决于律师的聪明才智是否能够发现裁决中可被定性为理由的东西，而从商业人士的观点来看，这种理由永远不能被认为是合理的裁决……

法院采取的正当做法是：

> 作为一般做法，法院会努力维持仲裁裁决。他们不会从法律的角度严格审查，找出裁决中的错漏，也不以扰乱或阻碍仲裁进程为目的。相反，他们通常是以合理的方式和从商业视角来解读仲裁裁决，并常常期望仲裁裁决不会出现实质性的错误。[131]

---

[121] UNCITRAL Model Law art 31（2）; English Arbitration Act 1996 s 52（4）.

[122] Arbitration Act 2005 s 33（3）.

[123] 请注意，如果双方当事人认为裁决不合理，那么这几乎可以肯定地避免法院根据《2005年仲裁法案》第42条就裁决引起的法律问题作出裁决的能力。

[124] *Westport Insurance Corporation v Gordian Runoff Limited* [2011] HCA 37 at [168] – [169].

[125] *Thong Ah Fat v PP* [2012] 1 SLR 676 at [19]; *TMM Division Maritima SA de CV v Pacific Richfield Marine Pte Ltd* [2013] SGHC 186, [2013] 4 SLR 972.

[126] *Checkpoint Ltd v Strathclyde Pension Fund* [2003] EWCA Civ 84, [2003] All ER（D）56（Feb）at [48].

[127] *SEF Construction Pte Ltd v Skoy Connected Pte Ltd* [2010] 1 SLR 733 at [60].

[128] *World Trade Corporation v C Czarnikow Sugar Ltd* [2005] 1 Lloyd's Rep 422 at [8].

[129] *J H Rayner（Mincing Lane）Ltd v Shaher Trading Co* [1982] 1 Lloyd's Rep 632.

[130] *Trave Shiffahrts GmbH & Co KG v Ninemia Maritime Corpn*, *The Niedersachsen* [1986] 1 Lloyd's Rep 393 at 396, [1986] 2 All ER 244 at 248, per Sir John Donaldson MR.

[131] *Zermalt Holdings SA v Nu-Life Upholstery Repairs Ltd* [1985] 2 EGLR 14 at 14; *TMM Division Maritima SA de CV v Pacific Richfield Marine Pte Ltd* [2013] SGHC 186, [2013] 4 SLR 972 at [45].

裁决不是法律判决，不应仅仅因为仲裁员没有以正确的法律语言表达其结论而受到指责。简短的裁决不一定是理由不足的。[132] 推理的不确定性不一定会导致裁决被撤销。[133]

例如，如果裁决所载事实不足以使法院能够判断仲裁员的法律结论是否合理，即使仲裁员没有找到这些事实，它也将假定相关证明事实是存在的。[134]

如果仲裁庭在裁决书中确实说明了其裁决的某些理由，则可以理由中的法律错误为由对裁决提出质疑。[135]

什么构成合理的裁决

关于什么构成合理的裁决，并没有相关的权威解释。大法官唐纳森（Donaldson LJ）在 *Bremer Handelsgesellschaft mbH v Westzucker GmbH*（*No* 2）[136] 案中说：

> 最重要的是，贸易仲裁员应该意识到他们的整体做法现在应该有所不同。听审结束时，他们将能够作出决定并说明作出决定的理由。他们应该尽早这样做……不要求特殊形式的裁决.……所有必要的是，仲裁员应根据其对证据的看法列出究竟发生了什么或没有发生什么，并根据所发生的情况做简要解释为什么他们作出了这样的决定，以及他们的决定是什么……理由充分的裁决与判决的不同之处在于，仲裁员不需要分析法律和权威，只要解释是如何得出结论的就足够了……我想指出的是，一个合理的裁决……不是技术性的，不难作出，最重要的是，这是能够而且应该在听审结束时迅速作出的东西。……

仲裁员没有必要列出反对意见和事实主张的清单，也没有必要列出在它们之间作出选择的理由。[137] 如果裁决能说明仲裁员为何作出对一方当事人而不是另一方当事人有利的裁决，那就足够了。[138]

不平衡的裁决在准确确定已作出的裁决方面可能会造成一些困难，特别是在裁决与提交仲裁员的材料相比所载的结论和理由很少的情况下。如果某一点正在程序的“竞技场”上时，即使任何一方都没有提出异议，仲裁庭也可以考虑并将之作为推理的一部分。[139]

---

[132] *L'Office National du The et du Sucre v Philippine Sugar Trading*（*London*）*Ltd*［1983］1 Lloyd's Rep 89.

[133] *Moran v Lloyd's*［1983］QB 542 at 550.

[134] OP Malhotra, *The Law and Practice of Arbitration and Conciliation*：*The Arbitration and Conciliation Act* 1996（1st Edn 2002），p 736.

[135] *Three Valleys Water Committee v Binne & Partners*（*a firm*）（1990）52 BLR 42.

[136]［1981］2 Lloyd's Rep 130 at 132 per Donaldson LJ；*Hayn Roman & Co SA v Cominter*（*UK*）*Ltd*［1983］1 Lloyd's Rep 521；*Interbulk Ltd v Aiden Shipping Co Ltd*，*The Vimeira*（*No* 1）［1983］2 Lloyd's Rep 424.

[137] *Finelvet AG v Vinava Shipping Co Ltd*，*The Chrysalis*［1983］1 Lloyd's Rep 503.

[138] *Stinnes Interoil GmbH v A Halcoussis & Co*，*The Yanxilas*［1982］2 Lloyd's Rep 445；*Cefetra BV v Alfred C Toepfer International GmbH*［1994］1 Lloyd's Rep 93.

[139] *ABB AG v Hochtief Airport GmbH*［2006］EWHC 388（Comm），［2006］1 All ER（Comm）529.

Transcatalana de Commercio SA v Incobrasa Industrial e Commercial Brazileira SA[140]案的裁决中包括了41页的主要事实和论据，而原因只有12行。法官曼斯批评道：

> 这种准备合理裁决的方法几乎不可避免地导致了不确定性和争论，即仲裁员通过证据接受了什么，或就重要的事实或法律问题作出了什么决定。合理裁决的作用不仅仅是确保和确定仲裁员最终认为具有决定性的一点。双方当事人和法院有理由（a）理解导致仲裁员得出结论认为这是关键点的事实和一般推理；（b）理解事实，并因此考虑对仲裁出现的任何其他问题提出上诉的处境。因此，如果对不同的问题进行了辩论，裁决书应指明对每一个问题的裁决和推理的性质，包括仲裁员本身可能认为不具有决定性的问题。此外，长篇大论地叙述交换的信息以及包含事实或法律主张的意见可能毫无助益；重要的是仲裁员的裁决和对裁决的简要推理。

另一个例子是*Cefetra BV v Alfred C Toepfer International GmbH*[141]案的裁决，其中说理部分只有五行。

仲裁庭有义务根据仲裁协议给予裁决的理由。如果有多个问题需要作出决定，则必须单独分析每项申诉，除非有迹象表明一个问题的答案应与其他一些问题的答案一并表述。[142]

相比之下，如果仲裁庭没有义务说明理由，则无须具体说明其对裁决中每一个问题的裁决。

仲裁庭在未提供充分理由的情况下就某一问题作出裁决的，不属于未能处理该问题。仲裁庭不必“列出得出结论的每一步骤或处理仲裁当事人提出的每一点意见”[143]。

同意和不赞成裁决

公法仲裁的仲裁庭可以就仲裁结果达成一致意见。但是，仲裁庭的仲裁员不同意仲裁裁决的理由或者不同意仲裁裁决的组成方式的，可以发表单独或者认可的意见。这在国际商事仲裁中是很少见的。[144]

在三名仲裁员小组仲裁庭中，有时会出现裁决不一致的情况。上诉法院在*Cargill International SA Antigua（Geneva Branch）v Sociedad Iberica de Molturacion SA*[145]案中认为，如果要求作出说明理由的裁决，那么持异议的仲裁员不能坚持将他持异议的理由列入裁决。

---

[140] ［1995］1 Lloyd's Rep 215 at 217.

[141] ［1994］1 Lloyd's Rep 93.

[142] *Varley v Spatt*［1955］VLR 403；*Jopling v Jopling*（1909）8 CLR 33.

[143] *Hussman（Europe）Ltd v Al Ameen Development and Trade Co*［2000］2 Lloyd's Rep 83 at［56］；*TMM Division Maritima SA de CV v Pacific Richfield Marine Pte Ltd*［2013］SGHC 186，［2013］4 SLR 972 at［101］.

[144] Blackaby and Partasides with Redfern and Hunter，*Redfern and Hunter on International Arbitration*（6th Edn 2015）at p 545，para 9. 128.

[145] ［1998］1 Lloyd's Rep 489，CA（Eng）.

不过，持异议的仲裁员有权就费用裁决提出意见。在这种情况下，他应该接受多数裁决的约束。[146] 这可能包括讨论费用分摊的可能性，特别是如果仲裁庭在裁决产生的问题上存在分歧，并且需要明确谁是胜诉方的时候。

仲裁裁决与判决不同，并不旨在推进法律判例。从本质上来说，它们是商业文件，为此目的，应以商业上合理的方式解决争议。

如果允许仲裁员坚持提出不同意见，特别是攻击仲裁程序的意见，这就为败诉方质疑裁决创造了真正的机会，而这种机会常常会被利用。

仲裁员，特别是有法律背景的仲裁员应避免作出不同的裁决，除非这种批评是必要的和有道理的，例如在出现了他们根本不同意的实质性法律问题时。

不构成裁决一部分的理由

仲裁庭另行印发载有理由的保密文件，但明确指出该文件不应成为裁决的一部分，这种历史惯例现已停止使用，在这种情况下会推定裁决是不合理的。[147]

如果仲裁庭有义务说明理由，它就不能出示一份单独说理但声明裁决不附带理由的保密文件。相应地，不能以法律或事实错误为由，而依靠文件中的理由来审查裁决。

法院在 *Atlantic Lines & Navigation Co Inc v Italmare SpA*，*The Apollon* 案中认为[148]法院不能依靠这些单独的文件来对裁决提出质疑，它们只与确定仲裁是否以不正规的方式进行有关。这种做法在 The Montan[149] 案的法院作出裁决后陷入了困境，法院在裁决中明确表示将考虑这种“外部”原因。

在 *BP Chemicals Ltd v Kingdom Engineering*（*Fife*）*Ltd*[150] 案中，法院认为，尽管仲裁庭在后来的来文中强调了该文件是保密的，但仲裁庭随裁决书发给各方当事人的载有理由的单独文件构成了说理裁决。

因此，如果仲裁庭没有将该文件标明为“机密”（confidential），而只是标为了“补充”（supplementary），则该文件将被视为载有作出裁决的理由。[151] 这种做法应予避免。当事人要么同意裁决书不包含理由，要么同意在裁决书受到质疑的情况下任何理由都可

---

[146] C YC Ong and M P O'Reilly，*Costs in International Arbitration*，（2013） at p 60.

[147] *SL Sethia Liners Ltd v Naviagro Maritime Corpn*，*The Kostas Melas* ［1981］ 1 Lloyd's Rep 18；*Trave Shiffahrts GmbH & Co KG v Ninemia Maritime Corpn*，*The Niedersachsen* ［1986］ 1 Lloyd's Rep 393；*Gebr van Weelde Scheepvaarkantoor BV v Societe Industrielle d'Acide Phosphorique et d'Engrais*，*Mabbs and Clark*，*The Dynashinky* ［1986］ 1 Lloyd's Rep 435.

[148] ［1985］ 1 Lloyd's Rep 597 （folld *Mutual Shipping Corpn v Bayshore Shipping Co*，*The Montan* ［1985］ 1 All ER 520，［1985］ 1 Lloyd's Rep 189）.

[149] *Mutual Shipping Corp v Bayshore Shipping Co*，*The Montan* ［1985］ 1 All ER 520，［1985］ 1 Lloyd's Rep；*Tame Shipping Ltd v Easy Navigation Ltd*，*The Easy Rider* ［2004］ EWHC 1862 （Comm），［2004］ 2 All ER （Comm） 521；*SJW Facades Ltd v Bowen Construction Ltd* ［2009］ IEHC 49.

[150] ［1994］ 2 Lloyd's Rep 373 （folld *Pietro Cingolani SAS v Pearl Marin Shipping A/B*，*The General Valdes* ［1982］ 1 Lloyd's Rep 17）.

[151] *Vermala Shipping Enterprises Ltd v Minerals and Metals Trading Corp*，*The Gay Fidelity* ［1982］ 1 Lloyd's Rep 469；*Michael I Warde v Feedex International Inc* ［1984］ 1 Lloyd's Rep 310；*Trave Shiffahrts GmbH & Co KG v Ninemia Maritime Corpn*，*The Niedersachsen* ［1986］ 1 Lloyd's Rep 393.

以进入公众视野。

要求理由

显而易见，如果一方当事人收到的裁决理由不足，务实的做法是要求仲裁庭提供更适当的理由。《2005年仲裁法案》第35（1）（b）条规定了这样做的机制，该条允许仲裁庭对裁决的某一点或部分作出“解释”（give an interpretation）。

法案的语言含混不清，以致可以有效地使用对完全或不充分理由的解释请求来要求仲裁庭就此提供理由。这一规定的潜在困难是需要双方当事人的同意，而双方当事人在这个时候可能并不愿意合作。[152]

37.8 参与制作裁决

仲裁庭通常将在各方当事人有合理机会通过提交其索赔、抗辩和反诉陈述、援引证据和提交材料并陈述案情之后，宣布程序结束。[153]

仲裁庭本应在仲裁进行过程中评议所提出的问题。[154] 在准备裁决时，这种审议将变得更加激烈，因为裁决涉及通过司法决策来确定法律和事实问题的大量工作。

如果仲裁员不止一人，那么整个仲裁庭必须有机会参与作出裁决。仲裁庭成员不能将其决策职能下放的规则进一步加强了这一点。[155] 一般来说，这种评议是保密的，不得传达给仲裁庭以外的任何人。[156]

如果仲裁庭成员被剥夺了参与裁决制定过程的机会，那么这违反了自然正义规则，违背了仲裁程序的基本精神。

如果仲裁员对裁决有不同意见，那么必须给予持不同意见的仲裁员试图说服其他仲裁员的机会。如果不给他这个机会，多数人裁决可能被撤销。

在过去，裁决可能因其中一名仲裁员不参与而被撤销。[157] 然而这为品行不端的仲裁员故意不参与裁决而破坏程序提供了肥沃的土壤。[158]《2005年仲裁法案》第31（1）条改善了这一风险：

> ……在有一名以上仲裁员的仲裁程序中，仲裁庭的任何决定均应由全体成员的

---

[152] 这与1996年《英国仲裁法案》第57（3）（a）条规定的权力形成了对比，该权力可以单方面适用，并被认为包括了寻求理由；例如，可参见 *Torch Offshore LLC v Cable Shipping Inc*［2004］EWHC 787（Comm）案。

[153] UNCITRAL Arbitration Rules 2010 art 31；SIAC Rules 2016，r 32；ICC Rules of Arbitration，art 27.

[154] V Pradhan，“The Tribunal's Deliberations”，in M Pryles and M Moser（eds），*The Asian Leading Arbitrators' Guide to International Arbitration*，（2007）at p 357.

[155] *Agrimex Ltd v Tradigrain SA*［2003］EWHC 1656（Comm），［2003］All ER（D）151（Jul）at［33］.

[156] *Himpurna California Energy Ltd v Republic of Indonesia*（2000）YB Comm Arb at 11-215.

[157] *European Grain and Shipping Ltd v Johnston*［1983］QB 520，［1982］3 All ER 989，CA（Eng）.

[158] *Himpurna California Energy Ltd v Republic of Indonesia*（2000）YB Comm Arb at 11-215.

过半数作出。

这不仅意味着仲裁庭的多数（而不是一致）裁决就足够了，也意味着即使不是所有仲裁员出席会议，只要记录了缺席的充分理由，也可以有效地作出决定和裁决。这得到了《2005 年仲裁法案》第 33（2）条的支持，该条规定：

> ……仲裁庭全体成员过半数签字即已足够，但必须说明任何遗漏签字的理由。

《2005 年仲裁法案》第 31（2）条规定了仲裁庭多数人的签名就已足够，这不能因协议而变更，因此仲裁协议即使规定了应由所有仲裁员签署裁决，也不会使裁决无效。如果裁决书错误地说明了其是一致通过的裁决，也不能仅仅以此为由撤销裁决，因为这一错误仅仅是技术性的。

仲裁员拒绝参与决策必须是完全的。然而法院在 *Re Pering* 和 *Keymer*[159] 案中撤销了一项裁决，因为第三名仲裁员最初拒绝参与裁决，但其随后试图通过对裁决草案提出异议（显然是错误地发给他的）参与裁决的企图也遭到了多数人的忽视。

严格解读《2005 年仲裁法案》的另一种观点是，如果没有仲裁庭所有成员的参与，那么就没有作出裁决的权力。如果这样的看法是正确的，则根据第 16（1）条的规定，当仲裁员拒绝参与决策过程时，当事人（或其他仲裁员）必须提出将其免职的申请。有人认为这种观点是不正确的。

---

[159] （1835）111 ER 406.

第38章　裁决中的错误或疏忽

38.1　仲裁庭完成其职责

一旦仲裁庭作出最终裁决，仲裁庭就完成了其职责，[1] 其不再对该事项有管辖权。这一规则减少了诸如有关裁决的支付、公司账户的备案和一般商业职能等方面的不确定性，因为不会存在仲裁庭修改其裁决并重新发给各方当事人的风险。

《2005年仲裁法案》第36条[2]规定，仲裁裁决应为终局裁决，对各方当事人具有约束力，但赋予了各方当事人质疑的权利。《2005年仲裁法案》第36（2）条规定如下：

除第35条[3]另有规定外，仲裁庭不得违反、修改、更正、审查、补充或撤销已经作出的裁决。

因此，仲裁庭的权力以作出最终裁决而告终。最终裁决使仲裁程序在与该裁决的标的物有关的范围内得出了结论。裁决的终局性意味着仲裁庭不能以任何方式对裁决作出任何修改。即使仲裁庭因笔误需要作出变更，也适用本规则。[4]

如果仲裁庭继续修改其裁决，此类修改将被视为由未经授权的第三方插入了内容。之前的裁决只要仍是清晰易读的，就是可以执行的。[5] 这意味着即使前一个裁决是有缺陷的而后一个裁决是正确的，后者也会被无视，因为当第二个裁决作出的时候，仲裁庭的职责已经履行完毕了。[6]

如果一个在仲裁的时间和费用之后获得的、本来有效的裁决由于仲裁庭无权纠正文书错误而无效了，那么这会破坏仲裁的商业目的。

《2005年仲裁法案》第35（1）条解决了这一问题。这是裁决终局性的一个例外，

---

[1] "Chapter 15: International Arbitral Awards: Legal Framework" in Gary Born, *International Arbitration: Law and Practice* (*Second Edition*) (2nd Edn, 2015) at § 5.07, p 45.

[2] Act 646.

[3] *Kelana Erat Sdn Bhd v Niche Properties Sdn Bhd* [2012] 5 MLJ 809.

[4] For example, *Mordue v Palmer* (1870) LR 6 Ch App 22; *Henfree v Bromley* (1805) 6 East 309; *Irvine v Elnon* (1806) 8 East 54; *Ward v Dean* (1832) 3 B & Ad 234; *Trew v Burton* (1833) 1 Cr & M 533; *Brooke v Mitchell* (1840) 6 M & W 473 at 477; *Re Calvert and Wyler* (1899) 106 LT Jo 288; *Re Stringer and Riley Bros* [1901] 1 KB 105; and cf *Mountain v Parr* [1899] 1 QB 805, CA (Eng).

[5] *Henfree v Bromley* (1805) 6 East 309.

[6] *Re Stringer and Riley Brothers* [1901] 1 KB 105; *Inland Revenue Commissioners v Hunter* [1914] 3 KB 423.

通常称为“失误规则”（*slip rule*）。[7] 它允许仲裁庭修改，如在一笔款项中错误地放置了句号或错误地拼写当事人姓名等。

38.2　第 35 条所述的失误规则

根据《2005 年仲裁法案》第 35 条的规定，仲裁员或裁决员有不可减损的权力来纠正裁决中“任何计算错误、任何文书或印刷错误或类似性质的其他错误”。各方当事人可自由商定在收到裁决书之日起的一段时间内，可要求仲裁庭作出这种更正。[8]

否则，这一期限为 30 天。在任何情况下，仲裁庭均可主动地在裁决书作出之日起的 30 天内这样做。[9] 它有权在认为必要时延长作出更正的期限。正如英国高等法院最近的一项裁决[10]所表明的那样，法院甚至可以追溯延长时间，以使仲裁庭能够纠正裁决中的模糊之处。值得注意的是，延期的时间是在裁决公布之日起的 6 年后提出。

高等法院在《2012 年法院规则》第 20 号命令第 11 条下具有类似的权力，以纠正判决书或命令中的文书错误，或由于任何意外或遗漏而产生的错误。

但是，只有仲裁庭可以在仲裁裁决的范围内行使这种权力。法院不能行使这样的权力。法院认定，在被仲裁庭驳回后向法院提出这种更正的申请将会面临“不可逾越的管辖困难”（*insuperable jurisdictional difficulties*）[11]。仲裁庭在收到更正请求后认为合理的，有 30 天时间来作出任何更正或给出解释。

38.3　仅文书错误或此类错误

《2005 年仲裁法案》第 35 条所赋予的权力严格限于仅是由于意外失误或遗漏而产生的文书错误或此类错误。[12] 大法官劳埃德（Lloyd L J）在 *Food Corp of India v Marastro Cia*

[7] 关于“滑动法则”的历史渊源，见 *Mutual Shipping Corp of New York v Bayshore Shipping Co of Monrovia*, *The Montan*［1985］1 All ER 520 第 527-528 段，CA（Eng），per Robert Goff LJ.

[8] 《2005 年仲裁法案》第 35（1）条。

[9] 《2005 年仲裁法案》第 35（3）条。

[10] *Xstrata Coal Queensland Pty Ltd v Benxi Iron & Steel（Group）International Economic & Trading Co Ltd*［2016］EWHC.

[11] *Ronly Holdings Ltd v JSC Zestafoni G Nikoladze Ferroalloy Plant*［2004］EWHC 1354（Comm），［2004］All ER（D）223（Jun）at［37］.

[12] 在 *Firmpower Sdn Bhd v Philip Tugit*［2012］MLJU 103 案的法庭判决中，严格适用了这条规则。另可参见 *Re Great Western Rly Co and HM's Postmaster-General* 19 TLR 636，*Pedler v Hardy*（1902）18 TLR 591 at 592 案；cf *Re Stringer and Riley Bros*［1901］1 KB 105；*Benabu & Co v Produce Brokers' Co*（1921）7 Ll L Rep 45；*R v Cripps*，*ex p Muldoon*［1984］QB 686，［1984］2 All ER 705，CA（Eng）；*Pancommerce SA v Veecheema BV*［1983］2 Lloyd's Rep 304.

Naviera SA, The Trade Fortitude（No 1）[13] 案中解释了这个短语的含义，如下：

> 当然，在某种意义上，所有错误都是偶然的。你不会故意犯错误。这里要考虑到这些词的上下文背景……但是，一般而言，一个错误必须是一个影响了仲裁庭思想的表达的错误，而不是思考过程本身的错误……事实上，错误……如果是一个初级错误的话……并不足以使其偶然。

这项权力使得仲裁庭有机会真正实现其最初的想法和决定。[14] 无论如何，必须有确凿的表面证据证明错误是偶然的。[15]

根据失误规则进行更正的例子有很多：

（1）文字错误包括遗漏数据、计算或计算错误[16]，以及在打字[17]或起草裁决过程中出现的书面或印刷错误[18]。

（2）仲裁庭如果忽略了双方当事人同意一笔较少的索赔的事实，则被认为是文书错误。[19]

（3）未能裁决利息在 *Pancommerce SA v Veecheema BV*[20] 案中被认为是一种属于该规则的范围内的疏忽。不过，在 *McKechnie v McKechnie*[21] 案中，仲裁庭裁定了复利，而本意却是裁定单利，法院不允许其根据失误规则作出更正。

（4）错误不一定直接归因于仲裁庭；*Chessum & Sons v Gordon*[22] 案和 *Re Inchcape, Craigmyle v Inchcape*[23] 案中，错误与错漏是由于律师未能提请法院注意而引起的。

（5）在裁决中混淆当事人是一种意外失误。[24]

---

[13] ［1986］3 All ER 500 at 508，［1987］1 WLR 136 at 147，［1986］2 Lloyd's Rep 209，CA，per Lloyd LJ；*Sutherland & Co v Hannevig Bros Ltd*［1921］1 KB 336 at 340-341 per Rowlatt J；*Mutual Shipping Corp of New York v Bayshore Shipping Co of Monrovia*，*The Montan*［1985］1 All ER 520 at 527，［1985］1 WLR 625 at 632，［1985］1 Lloyd's Rep 189 at 194，CA（Eng）. Cf *Fuga AG v Bunge AG*［1975］2 Lloyd's Rep 192 at 193.

[14] *Mutual Shipping Corp of New York v Bayshore Shipping Co of Monrovia*，*The Montan*［1985］1 All ER 520 at 523，［1985］1 WLR 625，［1985］1 Lloyd's Rep 189 cited in *O'Donnell Developments Ltd v Build Ability Ltd*［2009］EWHC 3388（TCC）at［28］.

[15] *Mutual Shipping Corp of New York v Bayshore Shipping Co of Monrovia*，*The Montan*［1985］1 All ER 520 at 527，［1985］1 WLR 625 at 632，［1985］1 Lloyd's Rep 189 at 194，CA（Eng）.

[16] *Econ Piling Pte Ltd（both formerly trading as Econ-NCC Joint Venture）v Shanghai Tunnel Engineering Co Ltd*［2010］SGHC 253 at［117］；*RC Pillar & Sons v Edwards*［2001］All ER（D）232（May）.

[17] RM264，758.06 was written instead of RM228，079 in *Deb Brata Das Gupta v Knight Frank*［2006］2 MLJ 775.

[18] CLOUT case 625：*Relais Nordik Inc v Secunda Marine Services Limited* 12 April 1990，FC（Can）.

[19] *Gannet Shipping Ltd v Eastrade Commodities Inc*［2002］1 All ER（Comm）297.

[20] ［1983］2 Lloyd's Rep 304，CA（Eng）；cf *Food Corp of India v Marastro Compania Naviera SA of Panama*，*The Trade Fortitude*［1986］3 All ER 500，［1987］1 WLR 134，［1986］2 Lloyd's Rep 209，CA（Eng）.

[21] *McKechnie v McKechnie* 2005 BCCA 570（CanLII）at［50］.

[22] ［1901］1 KB 694，CA（Eng）.

[23] ［1942］Ch 394，［1942］2 All ER 157，CA（Eng）.

[24] *Mutual Shipping Corp of New York v Bayshore Shipping Co of Monrovia*，*The Montan*［1985］1 All ER 520，［1985］1 WLR 625，［1985］1 Lloyd's Rep 189m，CA（Eng）.

（6）法官唐纳森在 *Fuga AG v Bunge AG*[25] 案中则认为，失误规则的规定仅限于转录错误，并没有延伸到仲裁庭“形成他们记录自己所做的意图时”所犯的错误。[26]

（7）*Chung and Wong v CM Lee*[27] 案的法院认为，遗漏了就反诉作出裁决的内容不能视为只是对意外遗漏的纠正。

38.4　仲裁庭采用的程序

仲裁庭应当通知各方，并请他们在行使纠正权力之前提交意见。主事官约翰·唐纳森在 *Mutual Shipping Corp of New York v Bayshore Shipping Co of Monrovia, Montan*[28] 一案中表示：

> 如果他有意行使这项权力，他应该通知各方当事人，并给予他们机会作出表述，或在法庭上质疑该权力对具体情况的适用性。

RC Pillar & Sons v Edwards[29] 案中，一方当事人要求更正计算错误。它随后在英国法规规定的期限之外提交了另外两个请求。法院认定，一旦提出了更正的要求，则“整个裁决被开放审查，因此随后的更正请求必须被考虑”[30]。

在 *Gannet Shipping Ltd v Eastrade Commodities Inc* 案中，法院认定了仲裁庭在更正裁决后还可以更正费用裁决，以反映这一变化。[31]

38.5　援引失误规则的原则

法院将警惕一方当事人试图在未征得另一方同意的情况下，假借失误规则单方面获得“澄清”[32]。仲裁庭必须始终警惕当事人提出文书性质的错误，以及申请人不同意并希望纠正的裁决要点。[33]

---

[25] ［1975］2 Lloyd's Rep 192.

[26] *R v Cripps, ex p Muldoon*［1984］QB 686，［1984］2 All ER 705，CA（Eng）；*Pancommerce SA v Veecheema BV*［1983］2 Lloyd's Rep 304.

[27] ［1934］MLJ 153.

[28] ［1985］1 All ER 520 at 527，［1985］1 WLR 625 at 634，［1985］1 Lloyd's Rep 189 at 194，CA（Eng），per Sir John Donaldson MR.

[29] *RC Pillar & Sons v Edwards*［2001］All ER（D）232（May）.

[30] D Williams，A Kawharu，*Williams & Kawharu on Arbitration*（2011）at para 14.4.1.

[31] *Gannet Shipping Ltd v Eastrade Commodities Inc*［2002］1 All ER（Comm）297；J Tackaberry and A Marriot and Bernstein，*Bernstein's Handbook of Arbitration and Dispute Resolution Practice*（4th Edn，2003）at para 2-886.

[32] *Kelana Erat Sdn Bhd v Niche Properties Sdn Bhd*［2012］5 MLJ 809.

[33] *Tay Eng Chuan v United Overseas Insurance Ltd*［2009］SGHC 193；［2009］4 SLR（R）1043 at［17］.

法院在 *R v Cripps, Ex p Muldoon*[34] 案中列出了在援引失误规则时应采用的具体原则：

（1）该规则是非常宽泛的；

（2）其主要目的与订正合同相似，也就是使命令妥当地反映实际决定；

（3）它可以用来纠正由于律师意外遗漏要求该部分的命令而导致的遗漏；

（4）虽然该规则可以被援引来纠正正式命令与明确决定之间的歧义，但如果命令是明确的，则不能援引该规则；

（5）这项规则绝不能使法院有权在最后裁决已经被完善后重新考虑它。

高级法院在 *L Shaddock & Associates Pty Ltd v Parramatta City Council*（*No.* 2）[35] 案中将失误规则下的权力与法院纠正失误或错误的固有管辖权进行了比较，并强调了所提供的救济的自由裁量性质。

导致规则的适用不公平或不适当的拖延或其他干预情况，可能不利于仲裁庭根据本条规定协助一方当事人。

如果错误可以合理地归因于行使司法考虑或裁量权，则该错误不是由任何意外失误或遗漏引起的错误。它无法被纠正，因为仲裁庭无权纠正实质错误、法律错误或判决错误。

例如，仲裁庭不能援引这一权力来纠正其错误评估证据，或者曲解或滥用法律的裁决或判决。*Sutherland & Co v Hannevig Bros Ltd*[36] 案的法官罗拉特（Rowlatt J）解释说：

> 在这里，我们几乎进入了形而上学的领域。一个意外的失误发生在某物被意外地错误放置，一个意外的遗漏发生在某物被意外地遗忘……在这里，什么是意外，一个影响了某人思想表达的意外？这是一件很难定义的事情，但我认为这不是该条款意义上的意外。我不能假装给出一个涵盖所有情况的公式，但在这种情况下没有意外地遗漏什么东西。仲裁员准确地写下了他打算写下的内容，尽管从法律角度来看，这到底意味着什么还不确定……一个人可能会不经意地写下一个词——一个如果他对这件事多加思考，他就会用不同的方式写下的词，但这意味着他就是错了。

仲裁庭在决定是否延长更正时间时应考虑到所有情况，包括延误查明错误的原因。这是因为明显的错误，例如数字错误，是很容易被发现的。然而在使用专业技术或财务词汇时，可能难以发现错误。[37]

任何时限，特别是根据《2005 年仲裁法案》第 37 条申请撤销裁决的 90 天期限，或就第 42 条法律问题向高等法院提出申请的 42 天期限，一般都是从原裁决之日起算，除非裁决中有此含糊之处，以致可能造成真正的混淆。[38] 因此，作出轻微更正并不会改变

---

[34] ［1984］QB 686，［1984］2 All ER 705（CA）Eng；在 *YCMS Ltd*（*t/a Young Construction Management Services*）*v Grabiner*［2009］EWHC 127（TCC）案的仲裁裁决中引用。

[35] （1982） 151 CLR 590. *Barell Insurances Pty Ltd v Pennant Hills Restaurants Pty Ltd*（1984） 58 ALJR 51.

[36] ［1921］ 1 KB 336 at 341 per Rowlatt J.

[37] *Gold Coast Ltd v Naval Gijon SA*［2006］ EWHC 1044（Comm）.

[38] *Tay Eng Chuan v United Overseas Insurance Ltd*［2009］ SGHC 193，［2009］ 4 SLR 1043 at［22］－［23］.

裁决作出的日期。[39]

另一方面，实质性澄清或解释更有可能影响裁决的实质内容，因此时间将从作出澄清或解释之日起算。[40] 这当然是一个程度问题。明智的做法是宁愿过于谨慎也不要冒险犯错，并假定较早的日期适用。

38.6　更正不能纠正基本的实质性错误

有人说：

> 计算性错误、日期错误或其他方面的错误可能会无意中出现在裁决中。根据作出裁决时仲裁即终止、仲裁庭失去其所有职能的法律学说——这个在旧的仲裁法中严格适用的法律学说下，纠正错误是不可能的。现代仲裁法和规则规定，仲裁庭可以主动或应一方当事人的请求纠正这类错误。纠正这种错误的时间是有限制的。对国际商事仲裁来说，典型的是 1 至 2 个月；对国内仲裁来说，时间则会较短。[41]

仲裁庭所作的更正不得用于实施它的第二种想法或意图。[42] *Pegang Prospecting Co Ltd v Chan Phooi Hoong*[43] 案的法院认定，补充裁决（仲裁庭无权作出）不能纠正原裁决的根本错误。

因此，仲裁庭事后认为不正确的部分裁决不能被后来的裁决取代，不能超过最终裁决的程度。[44] 司法管辖权错误不能根据失误规则更正，除非该错误的性质与裁决书所述的“我确信我没有司法管辖权”相似，并且“没有”（not）一词是文书或印刷错误。[45]

Sutherland & Co v Hannevig Bros Ltd[46] 案的法院认为，仲裁员将某些费用判给其中之一的当事人没有犯下源于意外失误或者遗漏的错误，他无法根据失误规则更正这一裁决。

有人说：

---

[39] *Price v Carter* [2010] EWHC 1451 (TCC) at [69].

[40] *Al Hadha Trading Co v Tradigrain SA* [2002] 2 Lloyd's Rep 512 and *Blackdale Ltd v Mclean Homes South East Ltd* [2001] All ER (D) 55 (Nov).

[41] UNCTAD, 5.6 *Making the Award and Termination of Proceedings*, (2005) at p 13.

[42] *O'Donnell Developments Ltd v Build Ability Ltd* [2009] EWHC 3388 (TCC) at [28]; *Mutual Shipping Corp of New York v Bayshore Shipping Co of Monrovia*, *The Montan* [1985] 1 All ER 520, [1985] 1 WLR 625, [1985] 1 Lloyd's Rep 189.

[43] [1957] MLJ 231, CA.

[44] *Opotiki Packaging & Coolstorage Ltd v Opotiki Fruitgrowers Co-operative Ltd* (*in receivership*) [2003] 1 NZLR 205 at [18].

[45] *Pedler v Hardy* (1902) 18 TLR 591.

[46] [1921] 1 KB 336.

裁决书中如果遗漏了本应在程序中处理的索赔或其他问题，或者仅仅是一个词或信息，就会出现欠缺。更正可在第一种情况下作为补充裁决提出，或在第二种情况下作为补遗提出。仲裁员在作出补充裁决和补遗补救办法之间的选择时，会考虑到仲裁庭的组成、适用于更正的规则、采用的程序、惯例以及漏洞的范围和性质等情况。事实上，真正重要的是它的实质。[47]

Union Marine Classification Services v The Government of the Union of Comoros[48] 案中，法院裁定，仲裁员对仲裁裁决的更正并未导致新的裁决的产生。

申请人在 *La Sociétépour la Recherche*，*la Production*，*le Transport*，*la Transformation et la Commercialization des Hydrocarbures SPA v Statoil Natural Gas LLC v Statoil Natural Gas LLC* 案中辩称，仲裁庭已经违反了1996年《英国仲裁法案》第33（1）（a）条规定的责任，即：

……在当事人之间公平公正地给予各方当事人合理的机会提出他的意见，处理对方的意见。[49]

当事人辩称，仲裁庭由于忽视某些证据并对其作出错误定性，故未能履行它的职责。然而法院认为，只有在仲裁庭出现异常错误，以致出于正义的要求必须对裁决作出更正的情况下，法院才会进行干预。

新加坡上诉法院在 *AKN v ALC*[50] 案中解释说：

仲裁的一项重要的基本原则是当事人选择其仲裁员。这一点的核心是当事人意思自治的概念。正如各方享有当事人自主权的许多好处一样，他们也应该接受他们所作出的选择的后果。法院不会也不得干涉仲裁裁决本身的法律依据，以及在此过程中帮助已经作出选择但又后悔的当事人，或为他们提供第二次机会以重新研究各自的对错。这一重要的限制体现在法院对仲裁程序最低限度干预的政策中，这是《UNCITRAL示范法》和《国际仲裁法案》（新加坡，第143A卷，2002修订）［*International Arbitration Act*（Singapore，cap 143A，2002 revised）］的支柱。

特别是，法院对仲裁裁决没有上诉权。这并不是说法院永远不能干预。然而法院干预的理由受到严格限制，通常涉及不公平的程序失误和损害当事人或仲裁庭作出超出仲裁协议范围的裁决的情况。因此，从法院的角度来看，仲裁当事人无权要求仲裁庭作出

---

[47] ICCA Congress，Discussion Paper "Correction and Clarification of Arbitral Awards"，(2010) at p 3.

[48] ［2015］EWHC 508（Comm）.

[49] ［2014］EWHC 875（Comm）.

[50] 新加坡首席大法官梅农宣读新加坡上诉法院的判决：*AKN v ALC*［2015］SGCA 18案件第［37］-［38］段，in Australia No. 2016-2，*Indian Farmers Fertiliser Cooperative Limited v Joseph Isaac Gutnick et al*，Supreme Court of Victoria，Commercial Court，Case No. CI 2015 05409，21 December 2015 and 22 December 2015 in A J van den Berg (ed)，*Yearbook Commercial Arbitration 2016-Volume XLI*，(2016) 第1-57页。

“正确的”裁决，法院可以证明这一点。相反，他们只有权同意在对其争议进行仲裁的范围内，通过公平的程序作出裁决。

38.7　更正费用的裁决

一般情况下，仲裁庭在不知情的情况下作出费用裁决时，费用裁决仍然有效。[51] 受影响方唯一可得到的救济是申请撤销裁决。但是，一些仲裁立法允许仲裁庭[52]或法院[53]审查费用裁决。

38.8　具体要点或部分裁决的解释

根据《2005 年仲裁法案》第 35（1）（b）条的规定，仲裁庭也有权应双方当事人的请求并在仲裁庭认为该请求“合理”（justified）的情况下，对裁决的一部分作出解释。[54] 该法案没有界定解释的含义。

德兰斯和施瓦茨认为，可以要求澄清“裁决的意图以及由此产生的双方当事人的义务和权利”[55]。*World Trade Corporation Ltd v Czarnikow Sugar Ltd*[56] 案的法院认为，如果裁决书“是如此的不透明，以致无法通过阅读它来确定（仲裁庭）是通过什么证据途径得出结论的”，则可以提出请求。

一个国际商会仲裁庭的裁决提供了一些指导：

> 它不应被用来要求仲裁庭解释或重新拟订其理由。它没有提供重新审议仲裁庭裁决的机会。如果这是当事人申请的依据，仲裁庭认为作出所要求的解释是没有必要的或不适当的，那么这是合理的。[57]

---

[51] *King v Thomas McKenna Ltd*［1991］2 QB 480；*Gannet Shipping Ltd v Easttrade Commodities Inc*［2001］1 All ER（Comm）297.

[52] 2011 年《香港仲裁条例》第 69（3）条及第 69（4）条规定：“（3）如仲裁庭在作出判给费用的裁决时，并不知悉它应考虑的关乎费用的任何资料（包括要约和解），则该仲裁庭可在该裁决日期的 30 天内复核该裁决。（4）在进行第（3）条所指的复核时，仲裁庭可维持、更改或改正判给费用的裁决。”

[53] 《2005 年仲裁法案》第 44（5）条。

[54] 《2005 年仲裁法案》第 35（5）条。

[55] Y Derains，E Schwartz，*A Guide to the New ICC Rules of Arbitration*（1998）at p 301.

[56] *World Trade Corporation Ltd v Czarnikow Sugar Ltd*［2005］1 Lloyd's Rep 422，［2004］2 All ER（Comm）813 at［8］.

[57] ICC Case No 12131，referred to in M Butler，T Webster，*Handbook of ICC Arbitration*：*Commentary*，*Precedents*，*Materials*（2000）at p 421.

其结果是，解释请求将不会成为正当理由，因为当事人的要求没有得到满足。[58] 在仲裁中很少会要求加以解释，由于上述原因，仲裁庭认为作出解释是合理的概率就更小了。[59]

在这一问题上，在《2005 年仲裁法案》下没有相应的当地案例。*Kelana Erat Sdn Bhd v Niche Properties Sdn Bhd*[60] 案的法院认为：被申请人所要求的“澄清”（clarifications）问题是完全错误的，因为《2005 年仲裁法案》或《UNCITAL 示范法》没有规定对裁决作出“澄清”。

法院认为，以前的法案已经解决了澄清的问题。[61] 在给出的例子中，仲裁庭对提供仲裁员的费用、开支和付款的确定细目没有管辖权。请求解释不能用于审议法庭裁决的细节。

有人说：

> 解释必须是裁决的解释，而不是推理。仲裁庭必须谨慎，不要让请求解释成为就已经在裁决中解决的事项提出新的论点的机会。[62]

还有人建议：

> 实质性错误是计算机的错误，如在计算某一数额时的错误。文书错误纯粹是排版或类似的技术性错误，例如错误的日期、倒排的数字和词语错位。两者都必须是不言自明的……纠正裁决中的任何错误的提议可以由仲裁庭提出，也可以应任何一方当事人的要求。[63]

由于越来越多的人接受了《UNCITRAL 示范法》及其规则，仲裁裁决的请求在普通法国家中受到欢迎。[64] *ICSID* 案（No ARB（AF）/04/05）[65] 中，仲裁庭允许了被申请人更正裁决的请求。

Perembun（M）Sdn Bhd v Binas BMK Sdn Bhd[66] 案的法院裁定，仲裁庭在对裁决作出更正时并没有超越第 35 条赋予的权力。*Bina Bmk Sdn Bhd v Magna Prima Construction Sdn Bhd*[67] 案的法院执行了经纠正后的裁决。

---

[58] H Holtzman, J Neuhaus, *A Guide to the UNCITRAL Model Law on International Commercial Arbitration*（1994） at p 891.

[59] D Williams, A Kawharu, *Williams & Kawharu on Arbitration*（2011） at para 15. 3. 2.

[60] ［2012］ 5 MLJ 809 at ［52］.

[61] Citing *Teong Piling Co v Asia Insurance Co Ltd* ［1994］ 1 MLJ 444, ［1994］ 1 AMR 7.

[62] UNCTAD, *Making the Award and Termination of Proceedings*, （2005） at p 15, available in at: http://unctad.org/en/docs/edmmisc232add41_en.pdf.

[63] ICCA Congress, Discussion Paper “Correction and Clarification of Arbitral Awards”,（2010） at p 7.

[64] ICCA Congress, Discussion Paper “Correction and Clarification of Arbitral Awards”（2010） p 2.

[65] ICSID 案（No. ARB（AF）/04/05）2008 年 7 月 10 日关于更正请求、补充决定和解释的裁决，参见 http://www.italaw.com/sites/default/files/case-documents/ita0041_0.pdf.

[66] *Perembun（M）Sdn Bhd v Binas BMK Sdn Bhd* ［2015］ 11 MLJ 447.

[67] *Bina Bmk Sdn Bhd v Magna Prima Construction Sdn Bhd* ［2015］ MLJU 283.

38.9　补充裁决

《2005 年仲裁法案》第 35（4）条规定，除非双方当事人另有协议，任何当事人均可请求仲裁庭就仲裁程序中已提出但裁决中遗漏的索赔作出补充裁决。如果仲裁庭认为这是合理的，它有 60 天的时间作出补充裁决，但作出这种裁决的时间可以延长。[68]

《2005 年仲裁法案》没有规定法院将裁决发回仲裁庭以作出补充裁决。[69] 申请必须向仲裁庭提出。例如，如果仲裁庭在其最后一项裁决中没有处理费用问题，当事人应根据第 35 条向仲裁庭提出申请，请求作出这种裁决，这属于仲裁庭的管辖权范围。[70]

仲裁庭可能希望作出补充裁决的时间从默认的 60 天延长到更长的时间。[71] 在需要协商的多名仲裁员组成的仲裁庭中，或仲裁庭认为需要额外听审、听取非请求方的证据或答复时，这可能是必要的。

仲裁庭不合宜地拒绝提供补充裁决会使一方当事人有理由根据第 37（2）（b）（ii）条，基于违反自然正义的原则申请撤销裁决。[72] 一旦作出补充裁决，它将构成原始裁决的一部分。[73]

必须注意的是：

> 有些国内法允许仲裁庭自行作出补充裁决。其他国家的仲裁法不允许作出补充裁决，或可能将它们限制于有限的问题，如关于费用的裁决等。有些国家的仲裁法可能允许法院将裁决发回仲裁庭，以便就裁决中未做决定的请求完成裁决，但这不是一般规则。[74]

---

[68] 《2005 年仲裁法案》第 35（5）条和（6）条。

[69] 与根据《2005 年仲裁法案》第 37（6）条规定的法院权力相对比，即若裁决涉及在仲裁庭管辖权之外的事项，则法院可以将裁决发回仲裁庭。

[70] 《2005 年仲裁法案》第 44 条。

[71] 根据《2005 年仲裁法案》第 35（6）条。

[72] D Williams，A Kawharu，*Williams & Kawharu on Arbitration*（2011） at para 15. 3. 3.

[73] *Mutual Shipping Corp of New York v Bayshore Shipping Co of Monrovia*，*The Montan*［1985］1 All ER 520 at 529，［1985］1 WLR 625，［1985］1 Lloyd's Rep 189，CA（Eng），per Goff LJ.

[74] UNCTAD，*Making the Award and Termination of Proceedings*，（2005） at pp 12-13；English Arbitration Act 1996，ss 57 and 68；Israel，Arbitration Law 1968，art 22.

第 39 章　有效裁决的效力

39.1　仲裁庭职权完成

有效的[1]裁决是终局性的，对当事人和根据其提出索赔的人均具有约束力。相反，无效裁决不产生效果。同样，已被撤销的裁决也不产生效果。[2] 但是，可被撤销的裁决具有有效裁决的所有效力，除非和直到该裁决被撤销为止。[3]

根据《2005 年仲裁法案》[4] 第 38（1）条的规定，一项有效裁决一经作出，即可对其所针对的当事人强制执行。它会导致仲裁终止，原诉讼事由消灭。有效裁决是法律及其认定事实的决定性证据。

只要裁决未被撤销，与裁决或裁决所涉及的任何法律或事实问题相抵触的证据均不被认可。[5] 马斯蒂尔和博伊德补充说：

> 它阻止胜诉方随后再提出一个其已经胜诉的索赔。同样，它使得败诉方不得就其败诉事项仅因其认为第二次可能会有一个更有同情心的仲裁庭、更有说服力的证人或更好的律师而再次提请仲裁。争议总要结束。[6]

当作出最终裁决时，仲裁庭就完成了职权。仲裁庭对更改、增加或作出补充裁决拥

---

[1] 最终决定当事人之间提交仲裁的纠纷的机构，参见 *Svenska Petroleum Exploration AB v Government of the Republic of Lithuania*［2006］EWCA Civ 1529，［2006］All ER（D）156（Nov）at［91］案。

[2] 比照英国案例 *Yukos Capital SarL v OJSC Rosneft Oil Company*［2014］EWHC 2188（Comm），即使裁决已被外国法院撤销，法院仍认为其有权根据普通法强制执行裁决；citing AVan den Berg，Enforcement of Annulled Awards（1998）ICC ICArb. Bull. 15；见 Gary Born 的反对意见，International Commercial Arbitration（2014 年第 2 次修订版）第 3128 页，脚注 88。

[3] *F J Bloemen Pty Ltd v Council of City of Gold Coast*［1973］AC115，PC.

[4] Act 646.

[5] Sutton Gill and Gearing，*Russell on Arbitration*（24th Edn，2015）at para 6-181；*Whitehead v Tattersall*（1834）1 Ad & El 491；*Leicester Waterworks Co v Cropstone Overseers and Churchwardens* 44 LJMC 92；*Hill v Ball*［1828］2 Bli（NS）1；*Sybray v White*（1836）1 M & W 435；*Gueret v Audouy*［1893］62 LJQB 633.

[6] Mustill and Boyd，*The Law and Practice of Commercial Arbitration in England*，（2nd Edn，1989）at p 413.

有有限的管辖权[7]，除非文书错误、计算错误[8]或应当事人请求。[9]

裁决的终局性受制于法规和适用的仲裁规则，它们赋予了仲裁庭更正和解释裁决的权力，还允许仲裁庭对在仲裁程序中被提出但在裁决中被遗漏的主张作出补充裁决。[10]

如果法院根据第37（7）条或第42（4）（c）条的有限规定将仲裁裁决发回仲裁庭，则它有权就被发回的事宜作出新的裁决。[11] 就临时裁决而言，仲裁庭就临时裁决中处理的问题完成了职权。[12] 即使仲裁中有其他问题尚未解决，也可以执行部分或临时裁决。[13]

《2005年仲裁法案》第36条明确规定，无论裁决是何种类型，每一项裁决都是终局性的，对裁决当事人具有约束力。因此，仲裁庭发布的每一项裁决对其裁决事项均具有排除性的效果，无论争议的其他事项是否仍待确定，无论该裁决如何命名。[14]

最终裁决可以与仲裁员可能作出的其他类型的裁决区别开来，因为它将处理在仲裁中被提出的所有或全部剩余的事项。在这个意义上说，这是最后的裁决，但是在其所涉及的实质性问题上，它与在程序中较早发布的部分裁决没有差别。

因此，一个最终裁决对仲裁双方当事人所具有的约束力与法院判决在双方当事人之间的约束力相同。[15] 一个有效的仲裁裁决在当事人之间的其他程序中具有若干重要后果[16]，可以从其对仲裁协议、仲裁员、当事人、第三方以及最后对物的权利的影响方面加以分析。

---

[7] *Pegang Prospecting Co Ltd v Chan Phooi Hoong*［1957］MLJ 231.

[8] Arbitration Act 2005 s 35（1）；*Giacomo Costa Fu Andrea v British Trading Co Ltd*［1961］2 Lloyd's Rep 392；*Legis AB v V Berg & Sons*［1964］1 Lloyd's Rep 203.

[9] Arbitration Act 2005 s 35（4）.

[10] 《吉隆坡区域仲裁中心仲裁规则》（2013年修订版）第37条和39条分别涉及解释、更正和附加裁决。

[11] *Legis AB v V Berg & Sons*［1964］1 Lloyd's Rep 203 at 213-214 per Roskill J.

[12] *Fidelitas Shipping Co Ltd v V/O Exportchleb*［1966］1 QB 630，［1965］1 Lloyd's Rep 223，CA（Eng）；*Opotiki Packaging & Coolstorage Ltd v Opotiki Fruitgrowers Co-operative Ltd*（*in receivership*）［2003］1 NZLR 205 at［18］. 在*Pirtek*（*UK*）*Ltd v Deanswood Ltd*［2005］EWHC 2301（Comm），［2005］All ER（D）44（Oct）案中，可以看到仲裁庭在试图进一步判给临时量刑裁决时所面临的困难。

[13] *Marine Contractors Inc v Shell Petroleum Development Company of Nigeria Ltd*［1984］2 Lloyd's Rep 77；*Overseas Fortune Shipping Pte Limited v Great Eastern Shipping Co Ltd*，*The Singapore Fortune*［1987］1 Lloyd's Rep 270；*Westl and Helicopters Ltd v Al-Hejailan*［2004］EWHC 1625（Comm），［2004］All ER（D）218（Jul）.

[14] Adapted from the eloquent judgment in *PT Perusahaan Gas Negara*（*Persero*）*TBK v CRW Joint Operation*（*Indonesia*）［2014］SGHC 146 at［126］-［127］.

[15] *Pitcher v Rigby*（1821）9 Price 79；*Imperial Gas Light & Coke Co v Broadbent* 7 HL Cas 600；*Caledonian Railway Co v Turcan*［1898］AC 256；*Republic of India v Indian Steamship Co Ltd*，*The Indian Endurance*［1993］1 All ER 998.

[16] *Travers Executors of Lord Powis v Lord Stafford and Mr Furness*（1750）2 Ves Sen 19；*Peters v Anderson*（1814）5 Taunt 596；*R v Caius College*，*Cambridge*（1845）9 Jur 411；*Caledonian Railway Co v Turcan*［1898］AC 246.

39.2 对协议的效力

每一项仲裁协议都暗示着各方当事人将以诚信的态度履行裁决。[17] 裁决的执行是以这一承诺为前提的。一个有效的裁决赋予了胜诉方新的讼权，以取代仲裁协议规定的权利。

所有索赔都并入裁决，权利和责任仅根据上述裁决确定。裁决本身通过取代当事人以前的权利而在当事人之间产生新的权利。裁决的执行一般不需要进一步的执行程序。[18] 它们通常在一方当事人拒绝遵守裁决时开始。

然而马斯蒂尔和博伊德解释说，一项有效的裁决禁止各方当事人在新的仲裁或诉讼中再次提出同样的请求，或否定仲裁庭在裁决中对事实和法律的认定。他们补充说，这适用于仲裁员管辖范围内的索赔或抗辩，只是这些索赔或抗辩在提交仲裁期间因故意或疏忽而并未引起仲裁员的注意。[19]

39.3 对仲裁庭的效力

仲裁庭的职权在作出有效的裁决后终止。《2005 年仲裁法案》第 34（1）条明确规定了“仲裁程序随着最终裁决终止”，第 35（3）条规定“除第 35 条和第 37（6）条规定外，仲裁庭的职权随着仲裁程序的终止而终止”。[20]

除有限的例外情况外，仲裁庭在其任务终止后就完成了职权。它的职权消失了。它的职能和职责就此结束了。在不违反失误规则的情况下，马斯蒂尔和博伊德得出结论认为，最重要的结果是仲裁庭无权以任何方式更改裁决，因为如果这样做，其裁决将成为无效品。[21]

---

[17] Gary Born, *International Commercial Arbitration* (2nd Edn, 2009) at p 2899.

[18] Sutton Gill and Gearing, *Russell on Arbitration* (24th Edn, 2015) at para 8-002; *Doleman & Sons v Ossett Corpn* [1912] 3 KB 257 at 267, per Fletcher-Moulton LJ; *Bremer Oeltransport GmbH v Drewry* [1933] All ER Rep 851, [1933] 1 KB 753; *F J Bloemen Pty Ltd v Council of City of Gold Coast* [1973] AC 115, (PC); *Stargas SpA v Petredec Ltd*, *The Sargasso* [1994] 1 Lloyd's Rep 412.

[19] Mustill and Boyd, *The Law and Practice of Commercial Arbitration in England*, (2nd Edn, 1989) at p 409.

[20] 应注意的是，在适用《2005 年仲裁法案》第三部分的情况下，《2005 年仲裁法案》第 42（4）（c）条也授予了仲裁庭在高等法院撤销裁决后继续采取行动的权力。

[21] Mustill and Boyd, *The Law and Practice of Commercial Arbitration in England*, (2nd Edn, 1989) at p 409.

39.4　对各方当事人的效果——既判力

对当事人来说，最重要的考虑因素也许是仲裁裁决在多大程度上可以防止索赔或其他问题在随后的仲裁或诉讼程序中重新出现，这通常被称为既判力（res judicata）理论。[22] 如果一方当事人能够基于同样的诉讼理由提起诉讼，那么进行仲裁就没有什么意义了。

既判力原则在世界各国的适用并不统一[23]，但在英美法系国家，该原则最容易被理解为两种类型：禁止反言的诉由和禁止反言的问题。

在马来西亚，既判力通常只适用于禁止反言的诉由的标签，而“禁止反言”则适用于禁止反言的问题的标签。为了清楚起见，本书将禁止反言的诉由和禁止反言的问题分别称为既判力一般原则的两个分支。

禁止反言的诉由

禁止反言的诉由原则[24]适用于随后的仲裁事项[25]以及仲裁引起的诉讼，如强制执行程序。[26] 对争议事项作出裁决后，原诉讼事由消灭。[27]

胜诉方的权利不再是最初的诉由，而在于执行裁决的权利。[28] 未能执行裁决不会使原来的诉由复活。[29]

ICSID 仲裁庭在 *GEA Group Aktiengesellschaft v Ukraine*[30] 案中认定，追回款项的仲裁裁决（根据被视为投资的协议到期）本身并不构成投资。但是，仲裁庭认为未能执行裁决可能构成没收。

胜诉方的合同权利终止，并被执行裁决的权利所取代。因此，败诉方未能履行裁决的行

---

[22] *Amco Asia Corporation v Indonesia*（*Resubmission*：*Jurisdiction*），ICSID 的 No. ARB/81/I，（1992）89 ILR 552 at 560. Blackaby and Partasides with Redfern and Hunter，*Redfern and Hunter on International Arbitration*）（6th Edn，2015）案在第 9. 173 段第 559 页将既判力原则解释为一项法律权利或义务，或由具有管辖权的法院或法庭具体提出并确定的任何事实，后者不能在同一方当事人之间重新受到质疑。

[23] Blackaby and Partasides with Redfern and Hunter，*Redfern and Hunter on International Arbitration*，（6th Edn，2015）at pp 501-568，para 9. 174.

[24] *Manoharan a/l Malayalam v Menteri Dalam Negeri*，*Malaysia*［2009］2 MLJ 660.

[25] *Siporex Trade SA v Comdel Commodities Ltd*［1986］2 Lloyd's Rep 428；*Fidelitas Shipping Co Ltd v V/O Exporthleb*［1966］1 QB 630，［1965］2 All ER 4，［1965］1 Lloyd's Rep 223，CA（Eng）.

[26] *Noble Assurance Co v Gerling-Konzern General Insurance Co*［2007］EWHC 253（Comm）.

[27] *Gascoyne v Edwards*（1826）1 Y & J 19；*Allen v Milner*（1831）2 Cr & J 47；*Commings*（*Cummings*）*v Heard*（1869）LR 4 QB 669. *Norske Atlas Insurance Co Ltd v London General Insurance Co Ltd*（1927）43 TLR 541.

[28] *Purslow v Baily*（1704）2 Ld Raym1039；*Bremer Oeltransport GmbH v Drewry*［1933］1 KB 753，CA（Eng）；*F J Bloemen Pty Ltd v Gold Coast City Council*［1973］AC115，［1972］3 All ER 357，PC. *Norske Atlas Insurance Co Ltd v London General Insurance Co Ltd*（1927）43 TLR 541.

[29] Sutton Gill and Gearing，*Russell on Arbitration*（24th Edn，2015）at para 6-179.

[30] S Usoskin，“GEA v Ukraine：an Arbitral Award is not an Investment”，2011，CIS Arbitration Forum，16 April.

为必须通过诉讼程序予以纠正，以执行裁决，而不是通过基于原诉讼理由的司法程序来解决。[31] 一方当事人不能在另一仲裁中就同一事项重新起诉[32]，只能就不同的诉由重新起诉。[33]

因此，裁决的作出会产生一种新的诉由，其依据是每一项仲裁协议中隐含的当事人履行的仲裁庭裁决的条款。[34] 但是，如果提交仲裁并未赋予仲裁庭解决当事人之间所有争议事项的管辖权，则有关这些除外事项的原诉由仍然存在。[35]

该理论已扩大到包括仲裁庭决定的争议，以及显然属于争议标的的一部分，以致允许对这些争议启动新的程序都将是滥用程序的事项。[36]

在仲裁中败诉的申请人不能根据同一诉由开始新的诉讼或仲裁。[37] 法院将行使其固有的管辖权，驳回滥用程序的请求，或阻止权利请求人将该事项提交仲裁。[38] 如果诉由不属于仲裁协议的条款范围，则一方当事人可以在随后的程序中提起诉讼。[39]

同样，如果诉由在提交时实际上并不是争议事项，则不得阻止一方当事人在随后的程序中提出诉讼。[40] 最明显的例子是，引起索赔的事实被申请人欺诈性地隐瞒了。[41]

---

[31] *F J Bloemen Pty Ltd v Gold Coast City Council*［1973］AC115，［1972］3 All ER 357，PC；*Clay v Rufford*（1849）8 Hare 281；*Talbot v Earl of Shrewsbury*（1873）LR 16 Eq 26；HE *Daniels Ltd v Carmel Exporters & Importers Ltd*［1953］2QB242；*Stargas SpA v Petredec Ltd*，*The Sargasso*［1994］1 Lloyd's Rep 412.

[32] *PT Asuransi Jasa Indonesia（Persero）v Dexia Bank SA*［2007］1 SLR（R）597 at［46］.

[33] *Excomm Ltd v Guan Guan Shipping（Pte）Ltd*，*The Golden Bear*［1987］1 Lloyd's Rep 330.

[34] *Crofts v Harris*（1691）Carth187；*Allenv Harris*（1696）1 Ld Raym122；*Freeman v Bernard*（1697）1 Ld Raym247；*Perslow v Baily*（1704）2 Ld Raym1039；*Gascoyne v Edwards*（1826）1 Y & J 19；*Bremer Oeltransport GmbH v Drewry*［1933］1 KB 753，CA（Eng）；*F J Bloemen Pty Ltd v Gold Coast City Council*［1973］AC115，［1972］3 All ER 357，PC.

[35] *Excomm Ltd v Guan Guan Shipping（Pte）Ltd*，*The Golden Bear*［1987］1 Lloyd's Rep 330.

[36] *Greenhalgh v Mallard*［1947］2 All ER 255 at 257，CA（Eng）per Somervell LJ；*Ethiopian Oilseeds and Pulses Export Corpn v Rio Del Mar Foods Inc*［1990］1 Lloyd's Rep 86.

[37] Blackaby and Partasides with Redfern and Hunter, *Redfern and Hunter on International Arbitration*,（6th Edn，2015）at pp 501-568.

[38] *Fidelitas Shipping v V/O Exportchleb*［1966］1 QB 630，［1965］2 All ER 4，［1965］1 Lloyd's Rep 223，CA（Eng）；*Yat Tung Investment Co Ltd v Dao Heng Bank Ltd*［1975］AC 581，［1975］2 WLR 690，PC；*Dallal v Bank Mellat*［1986］QB 441，［1986］1 All ER 239；*Arnold v National Westminster Bank plc*［1991］3 All ER 41，［1991］2 WLR 1177，HL. *Smith v Johnson*（1812）15 East 213；*Trimingham v Trimingham*（1835）4 Nev & MKB 786；*Dunn v Murray*（1829）9 B & C 780；*Hawksworth v Brammall*（1840）5 My & Cr 281；*Henderson v Henderson*（1843）3 Hare 100；*Rees v Waters*（1847）16 M & W 263；*Smalley v Blackburn Rly Co*（1857）2 H & N 158.

[39] *Gueret v Auduoy*（1893）62 LJQB 633；*Crane v Hegeman-Harris Co Inc*［1939］4 All ER 68，CA（Eng）；*Cie Graniere SA v Fritz Kopp AG*［1980］1 Lloyd's Rep 463，CA（Eng）；*Telfair Shipping Corpn v Inersea Carriers SA*，*The Caroline P*［1985］1 All ER 243，［1985］1 WLR 553，［1983］2 Lloyd's Rep 351；*Excomm Ltd v Guan Guan Shipping（Pte）Ltd*，*The Golden Bear*［1987］1 Lloyd's Rep 330. *Purser & Co（Hillingdon）Ltd v Jackson*［1977］QB 166，［1976］3 All ER 641.

[40] *Ravee v Farmer*（1791）4 Term Rep 146.

[41] *Charter v Trevelyan* 11 Cl & Fin 714.

而一旦有了最终裁决，胜诉方也不得为了获得更多的赔偿而以同一诉由再次发起仲裁。[12] 该裁决是对任何一方提出的任何此类索赔的抗辩。

在随后不一致的法律程序中，法院会认可裁决。例如，如果裁决裁定取消按揭，则抵押人不能在司法程序中取得止赎令。[13]

如果裁决是宣示性的，不赋予强制执行的权利，但要求对最初的诉由进行单独的司法程序，则这种宣示性裁决可作为该项权利的决定性证据。[14]

如果裁决被撤销，则裁决不应在随后程序中禁止反言诉由。[15] 若法院愿意执行已在其他司法管辖区被撤销的裁决[16]，则如果有人试图对其认为可执行的裁决重新提起诉讼，那么法院可能会适用禁止反言诉由原则。

禁止反言的问题

在仲裁中，不存在遵循先例原则。仲裁庭先前的裁决对当事人之间随后就不同事项或诉由发生的争议不具有与法院裁决相同的约束力。[17] 禁止反言的问题产生了类似的结果。[18]

虽然禁止反言诉由原则禁止对同一诉由重新提起诉讼，但争议问题禁止反言的概念更窄，即不得对先前确立的法律或事实状况问题进行重新讨论。

因此，在当事人随后就其他事项进行的程序中，除非涉及第三方[19]，否则先前裁决中与这些程序中有分歧的事项有关的任何事实或法律结论都将是结论性的。[50]

---

[12] *Conquer v Boot* ［1928］ 2 KB 336；*Naamlooze Vennootschap Handels-en-Transport Maatschappij "Vulcan" v A/S J Ludwig Mowinckels Rederi* ［1938］ 2 All ER 152 at 156，60 Ll L Rep 217 at 223，HL；*Cie Graniere SA v Fritz Kopp AG* ［1978］ 1 Lloyd's Rep 511 at 521；*Telfair Shipping Corp v Inersea Carriers SA*，*The Caroline P* ［1983］ 2 Lloyd's Rep 351 at 353. *H E Daniels Ltd v Carmel Exporters and Importers Ltd* ［1953］ 2 QB 242，［1953］ 2 All ER 401，［1953］ 2 Lloyd's Rep 103；*Speak v Taylor* （1894） 10 TLR 224；*Brunsden v Humphrey* （1884） 14 QBD 141；*Dunn v Murray* （1829） 9 B & C 780.

[13] *Pitcher v Rigby* （1821） 9 Price 79.

[14] *Whitehead v Tattersall* （1834） 1 Ad & El 491；*Richard Adler t/a Argo Rederei v Hellas Soutos Maritime Corp*，*The Argo Hellas* ［1984］ 1 Lloyd's Rep 296；*F J Bloemen Pty Ltd v Gold Coast City Council* ［1973］ AC115，［1972］ 3 All ER 357，PC.

[15] Blackaby and Partasides with Redfern and Hunter，Redfern and Hunter on International Arbitration，（6th Edn，2015） at pp 501-568；Republic of Egypt v Southern Pacific Properties （Pyramids Arbitration），Courd'Appel de Paris，July 12，1984，（1984） 23 ILM 1048 申请人在国际商会裁决被撤销后启动 ICSID 程序。

[16] *Yukos Capital SARL v OJSC Oil Company Rosneft* ［2014］ EWHC 2188 （Comm）.

[17] Blackaby and Partasides with Redfern and Hunter，*Redfern and Hunter on International Arbitration*，（6th Edn，2015） at pp 501-568.

[18] *Westland Helicopters Ltd v Al-Hejailan* ［2004］ EWHC 1625 （Comm），［2004］ All ER （D） 218 （Jul） at ［36］，citing *Fidelitas Shipping Co Ltd v V/O Exportchleb* ［1966］ 1 QB 630 at 643；*Svenska Petroleum Exploration AB v Government of the Republic of Lithuania* ［2006］ EWCA Civ 1529.

[19] *Sybray v White* （1836） 1 M & W 435；*Gueret v Audouy* （1893） 62 LJQB 633，CA （Eng）；*Aktiebolaget Legis v VBerg & Sons Ltd* ［1964］ 1 Lloyd's Rep 203.

[50] *Imperial Gas Light and Coke Co v Broadbent* （1859） 7 HL Cas 600.

争议问题禁止反言原则也禁止提出以前程序中没有但本应提出的问题。[51] 但是，如果仲裁员早先作出的关于法律的裁决被证明是错误的或与随后作出的司法裁决不一致，则争议问题禁止反言将不适用于阻止一方当事人在双方当事人之间随后的纠纷中提出这一问题。[52]

禁止反言问题的适用范围并非宽广到足以将仲裁中提出的每一个问题排除在今后的程序之外；只有针对决定仲裁庭为作出裁决所必须解决的问题的事项，才会以这种方式禁止反言，而附带的或附属的决定[53]不属于禁止反言原则的范围。[54]

但是，裁决对根据该裁决处理的争议仍然具有约束力，除非法院予以撤销。如果提起了诉讼以执行最终裁决，那么法院将假定裁决是完整的，并将据此执行裁决。[55]

39.5 对物的权利的效力

裁决是对人不对物的。[56] 对物的诉由与对人的诉由性质不同，只要对人的诉由的裁决未得到履行，申请人就仍可使用对物的诉由。

因此，这种裁决不直接影响第三方利益对物的不同请求。然而在双方当事人之间，裁决是申请人在任何对物诉讼中权利的决定性证据。[57]

马斯蒂尔和博伊德表示：

> 裁决是否有效的问题是妨碍进一步诉讼的因素，这取决于仲裁员是否作出了损害赔偿裁决，或为偿付债务作出了裁决，或只是就当事人的权利作出了声明。此外，根据进一步的程序是对人还是对物来说的，情况可能有所不同。[58]

法官詹姆斯·汉尼（James Hannen J）在 *The Cella*[59] 案中表示，这一决定可能取决于对物诉讼和对人诉讼的性质差异。在对物诉讼中，原告可以根据裁决进行判断，而不必

---

[51] *Fidelitas Shipping Co Ltd v V/O Exportchleb*［1966］1 QB 630，［1965］2 All ER 4，［1965］1 Lloyd's Rep 223，CA（Eng）；*Carl Zeiss Stiftung v Rayner & Keeler Ltd*（*No* 2）［1967］1 AC 853，［1966］2 All ER 536，HL；*Middlemiss & Gould*（*a firm*）*v Hartlepool Corpn*［1973］1 All ER 172 at 176，［1972］1 WLR 1643 at 1647-1648，CA（Eng），per Lord Denning MR and Edmund-Davies LJ；*Imbar Maratima SA v Republic of Gabon*，XVYB Comm Arb 436（Cayman Islands Grand Court 1989）；*Henderson v Henderson*（1843）3 Hare 100，115；*Virgin Atlantic Airways Ltd v Zodiac Seats UK Ltd*（*formerly Contour Aerospace Ltd*）［2013］UKSC 46 at［17］.

[52] *Arnold v National Westminister Bank plc*（*No*2）［1993］1 EG 94.

[53] *Good Challenger Navegante SA v Metal Export Import SA*，*The Good Challenger*［2003］EWCA Civ 1668，［2003］All ER（D）320（Nov）.

[54] *Sun Life Assurance Company of Canada & Ors v The Lincoln National Life Insurance Co*［2004］EWCA Civ 1660 at［39］.

[55] *Middlemiss & Gould v Hartlepool Corpn*［1973］1 All ER 172.

[56] *SC Rolinay Sea Star Srl v The Bumbesti*（*owners*）*The Bumbesti*［1999］All ER（D）691.

[57] *The Sylph*（1867）LR 2 A & E 24；*The Tuyuti*［1984］2 Lloyd's Rep 51；*The Rena K*［1978］1 Lloyd's Rep 545.

[58] Mustill and Boyd，*The Law and Practice of Commercial Arbitration in England*，（2nd Edn，1989）at p 409.

[59] ［1888］13 PD 82 at 85，per Sir James Hannen J；*The Rena K*［1978］1 Lloyd's Rep 545.

再次证明其主张，因为裁决产生了禁止反言的问题。[60]

裁决并不阻止申请人就同一诉由提起对物诉讼，除非该诉由通过执行裁决而得到了满足。[61]

39.6　对第三方的效力

仲裁裁决对第三方没有约束力，因为仲裁裁决是在仲裁双方当事人之间进行的，但当事人同意受仲裁裁决约束的除外。[62] 然而，根据《2005 年仲裁法案》第 36 条的规定，在仲裁一方当事人之下主张权利的人隐含地受仲裁条款的约束。

裁决对第三方权利没有直接影响，这意味着：

（1）无论仲裁的一方是否受到这些程序的影响，裁决中的事实调查结果都不能在涉及第三方的程序中用作证据，除非仲裁各方当事人同意或法院给予许可；[63]

（2）如果被允许，对随后的仲裁庭将具有说服意义；[64]

（3）第三方不能执行仲裁员作出的任何对其有利的命令；[65]

（4）第三方不能因仲裁裁决而承担义务；[66]

（5）裁决不能命令仲裁一方当事人违反与第三方的合同或以其他方式干涉第三方的权利；[67]

（6）假设仲裁员的调查结果可用于随后的诉讼，他的调查结果具有约束力，则会引起禁止反言的问题。[68]

在有些情况下，这一原则似乎因受第三方默认和受法院批准而有所偏离。例如，在

---

[60] *The Tuyuti* ［1984］ 2 Lloyd's Rep 51.

[61] *The Sylph* ［1867］ LR 2 A & E; *The Rena K* ［1978］ 1 Lloyd's Rep 545 at 560.

[62] *Thomas Jackson & Co Ltd v Henderson, Craig & Co* （1916） 115 LT 36.

[63] *Mitchell Construction Kinnear Moodie Group v East Anglia Regional Hospital Board* ［1971］ CLY 375; *Dolling-Baker v Merrett* ［1991］ 2 All ER 890.

[64] Blackaby and Partasides with Redfern and Hunter, *Redfern and Hunter on International Arbitration*, （6th Edn, 2015） at pp 501-568, para 9.182-9.185.

[65] *Davies v Rea* （1680） Finch 441; *Thomson v Noel* （1738） Westtemp Hard 304; *Robertson v Hatton* （1857） 26 LJ Ex 293; *Ex p Skeete* 2 Will Woll & H 49; *Ecclestade v Maliard* （1581） Cro Eliz 4; *Samon v Pitt* （1593） Cro Eliz 432; *Bedam v Clerkson* （1696） 1Ld Raym123; *Bird v Bird* （1703） 1 Salk 74; *Snook v Hellyer* （1818） 2 Chit 43; *Wood v Adcock* （1852） 7 Ex 468; *Lynch & Templeman v Clemence* （1699） 1 Lut 571.

[66] *Tunbridge Wells Local Board v Akroyd* （1880） 5 Ex D 199; *Kitchin, Re, ex p young* （1881） 17 Ch D 668; *Ecclestade v Maliard* （1581） Cro Eliz 4; *Bacon v Dubarry* （1697） 91 ER 1060; *Alder v Savill* （1814） 5 Taunt 454; *Alfred Mc Alpine Construction v Unex Corpn* 70 BLR 26, 38 Con LR 63.

[67] *Hern v Dryden* （1710） 11 Mod Rep 272; *Wicks v Cox* （1847） 11 Jur 542; *Turner v Swainson* （1836） 1 M & W 572.

[68] *Moundreas & Co SA v Navimpex Centrala Navala* ［1985］ 2 Lloyd's Rep 515; *Stargas SpA v Petredec Ltd, The Sargasso* ［1994］ 1 Lloyd's Rep 412; *Sacor Maritima SA v Repsol Petroleo SA* ［1998］ 1 Lloyd's Rep 518; cf *Aneco Reinsurance Underwriting Ltd （in liquidation） v Johnson & Higgins* ［1998］ 1 Lloyd's Rep 565.

某些情况下，在向第三方提出赔偿要求时也可以依赖裁决。[69]

雷德芬和亨特解释说，第三方的这种默认将表明他打算受裁决的约束。[70] 第三方与仲裁当事人共同承担责任的，也可能受到裁决的影响。

裁决可对非仲裁当事人产生间接影响。例如，建筑合同中雇主与主承包商之间仲裁产生的裁决可能对不是仲裁当事人的分包商产生重大间接影响。

主承包商可能希望在随后的仲裁中向分包商索赔。但即使两项仲裁中的事实可能基本相同，第一项裁决也不具有既判力。

雷德芬和亨特提示，在这种情况下，分包商可能希望（或更有可能是别无选择地）在双方同意的情况下加入而成为当事人，并通过提交与索赔（可能受仲裁裁决影响）有关的证据和论点以陈述案情。[71]

---

[69] *Stargas SpAv Petredec Ltd*, *The Sargasso* ［1994］ 1 Lloyd's Rep 412; Cf *Alfred McAlpine Construction Ltd v Unex Corpn Ltd* 70 BLR 26, 38 ConLR 63.; *Land Securities plc v Westminster City Council* ［1992］ 44 EG 153; Cf *Govett v Richmond* ［1834］ 7 Sim 1; *Re Kitchin*, *ex p Young* （1881） 17 Ch D 668; *Thomas v Atherton* ［1877］ 10 Ch D 185; *Lady Wenmanv Mackenzie* （1855） 5 E & B 447; *Evans v Rees* （1839） 10 Ad & El 151; *Thorpe v Eyre* （1834） 1 Ad & El 926; *R v Cotton* （1813） 3 Camp 444.

[70] Blackaby and Partasides with Redfern and Hunter, *Redfern and Hunter on International Arbitration*, （6th Edn, 2015） at pp 501-568, para 9. 182-9.

[71] Blackaby and Partasides with Redfern and Hunter, *Redfern and Hunter on International Arbitration*, （6th Edn, 2015） at pp 501-568, para 9. 182-9. 185.

第 40 章　补救和救济

40.1 概　述

《2005 年仲裁法案》[1] 没有详尽说明仲裁员可以利用救济的范围。[2] 人们认为，仲裁员可以裁决法院可利用的任何补救措施，但须遵守任何关于管辖权限制的约定，并在实际层面考虑到执行的可能性。

这一管辖权的依据是，仲裁庭被默示授权可行使任何权利并裁决任何法院可以作出自由裁量的救济。[3] 因此，人们认可仲裁庭具有修正契约和命令分担的默示权力。[4] 但是，当事人可以通过协议自由地变更仲裁员可行使的权力。

仲裁庭无权对仲裁协议之外的第三人作出裁决。[5] 仲裁庭准予救济的权力可由仲裁协议当事人加以限制或扩大。在建筑纠纷中，当事人在协议中授权仲裁庭"重开、审查或修改"（open up，review or revise）任何证书、决定、通知或意见都是很常见的。[6]

法院维持了这一权力，但对这一权力的解释是严格的，排除了通过明文[7]约定为终局性和具有约束力的估价意见或证书。[8] 尽管仲裁条款措辞宽泛，但如果估价由雇主"全权酌情决定"（sole discretion），则这被认为对仲裁庭具有约束力。[9]

在一定程度上，仲裁庭有权行使法院不一定享有的各种权力。雷德芬和亨特提供的

---

[1] Act 646.

[2] 对比 1996 年《英国仲裁法案》第 48 条。

[3] *Lian Hup Manufacturing Co Sdn Bhd v Unitata Bhd* [1994] 2 MLJ 51 at 54，per Zakaria Yatim J，citing *Chandris v Isbrandtsen-Moller Co Inc* [1951] 1 KB 240，[1950] 2 All ER 618，CA（Eng），per Tucker LJ；*President of India v La Pintada Compania Navigacion SA* [1985] AC 104，[1984] 2 All ER 773，HL；*Raja Lope & Tan Co v Malayan Flour Mills Bhd* [2000] 6 MLJ 228.

[4] *Societe Commerciale de Reassurance v ERAS (International) Ltd*（formerly Eras（UK）[1992] 1 Lloyd's Rep 570，[1992] 2 All ER 82；*X Ltd v Y Ltd* [2005] BLR 341，[2005] EWHC 769（TCC），其中，经适当起草的仲裁条款据说是能够涵盖根据相关法律提出出资索赔要求的。

[5] *Raukura Moana Fisheries Ltd v The Ship "Irina Zharkikh"* [2001] 2 NZLR 801.

[6] 例如，2006 年《PAM 建筑合同标准格式》第 34（8）（d）条。

[7] Dennys，Raeside and Clay，*Hudson's Building and Engineering Contracts*，（12th Edn，2010）at para 4-031.

[8] *United Overseas Land v Loke Hong Kee (S) Pte Ltd* [1979-1980] SLR（R）199，[1979] SGCA10，[1981] 1 MLJ 5，CA（Sing；见案件 *Crestar Ltd v Carr* 37 BLR 113，了解证书中未包含此类明确措辞的情况。

[9] *WMC Resources Ltd v Leighton Contractors Pty Ltd*（2000）16 BCL 53，*AGL Victoria Pty Ltd v TXU Networks (Gas) Pty Ltd* [2004] VSC 225，*Yarraman Pine Pty Ltd v Forestry Plantations Queensland* [2009] QCA102.

一个例子是，*British Airways Board v Laker Airways Ltd*[10]案的法院适用美国法律，但没有权力下令支付三倍赔偿金，而处于同样地位的仲裁庭本可以下达这样的命令。[11]

仲裁庭的权力也被视为包括即使没有终止条款[12]，确定合伙解散的条件[13]；在各方当事人之间进行合同调整（例如，在*Heyworth v Hutchinson*[14]案中，购买瑕疵货物的买方有权要求降价）；指示一方当事人进行赔偿[15]；下令以一方当事人的名义对第三人提起诉讼[16]；在裁决书中就财产的未来用途作出指示[17]。

其他权力包括重开、审查或修改工料测量师作出的估价和评估[18]；裁决仲裁协议所赋予的任何不违背公共政策的救济措施[19]。但是，产生违反公共政策结果的裁决，例如不合理的贸易限制，只要其效力仅限于双方当事人的合同权利，就可以执行。[20]

由于违反公共政策而导致拒绝执行的另一个例子是裁决中规定的双重赔偿权利。但是，它要根据具体情况加以界定，如果法院没有发现违反公共政策的行为，则可以执行。[21]

仲裁庭裁决补救的权力必须与仲裁庭进行仲裁的中间权力相区别。仲裁庭习惯于下令采取的补救措施主要包括裁决金钱的支付、归还、强制履行、宣告性救济、修正、第三方索赔责任赔偿、禁令、惩罚性损害赔偿金、调整和填补合同中的空白、利息，以及《2005年仲裁法案》第44条规定的费用。

---

[10] ［1985］AC 58，HL.

[11] Blackaby and Partasides with Redfern and Hunter，*Redfern and Hunter on International Arbitration*，（6th Edn，2015）at pp 501-568，para 9.45.

[12] *Russell v Russell*（1880）14 Ch D 471；*Walmsley v White* 67 LT 433；*Belfield v Bourne*［1894］1Ch521；*Vawdrey v Simpson*［1896］1 Ch 166；*Olver v Hillier*［1959］2 All ER 220；*Phoenix v Pope*［1974］1 All ER 512.

[13] *Burton v Wigley*（1835）1 Bing NC 665；*Van Der Zijden Wildhandel（P J）NV v Tucker and Cross Ltd（No 1）*［1975］2 Lloyd's Rep 240. Mustill and Boyd，*The Law and Practice of Commercial Arbitration in England*，（2nd Edn，1989）at p 394.

[14] （1867）LR 2 QB 447.

[15] *Brown v Watson*（1839）6 Bing NC118；*Re Goddard and Mansfield*（1850）1 LM &P25.

[16] *Round v Hatton*（1842）10 M & W 660.

[17] *Winter v Lethbridge*（1824）13 Price 533；*Ross v Clifton*（1841）9 Dowl 357.

[18] *Moody v Ellis*（1984）26 BLR 39. Until recently such power did not extend to the courts：*Northern Regional Health Authority v Derek Crouch Construction Ltd* 26 BLR；*Central Provident Fund Board v Ho Bock Kee*［1981］2 MLJ 162；over-ruled in *Beaufort Development（NI）Ltd v Gilbert-Ash NI Ltd*［1998］2 All ER 778.

[19] *Wood v Griffith*（1818）1 Swanst 55；*Alder v Savill*（1814）5 Taunt 454；*Turner v Swainson*（1836）1 M & W 572.

[20] *Morley v Newman*（1824）5 Dow & Ry KB 317. *Lancashire County Council v Municipal Mutual Insurance Ltd*［1996］3 All ER 545.

[21] Australia No.2016-2，*Indian Farmers Fertiliser Cooperative Limited v Joseph Isaac Gutnick et al*，Supreme Court of Victoria，Commercial Court，Case No. CI 2015 05409，21 December 2015 and 22 December 2015 in AJ van den Berg（ed），*Yearbook Commercial Arbitration* 2016-*Volume XLI*，（2016）at pp 1-57.

40.2　金钱的支付

最常见的裁决类型是付款，即指示一方向另一方支付某些款项。它可以包括债务，即欠款或以损害赔偿和利息计算的金额。仲裁庭有权指示付款的时间和方式。[22]

禁止国家法院审查裁决案情是国际仲裁的基石。立陶宛最高法院（Supreme Court of Lithuania）在 *Inter performances Inc v RJ*[23] 案中认为，法院承认裁决时，不能重新审查仲裁庭关于违约赔偿金规定有效和金额公平的裁决。

仲裁庭也可以指示分期付款，届时全部付款即告到期。它还可能包括额外支付违约赔偿金的条款，以弥补根据裁决条款延迟付款的情况。

《罗素论仲裁》的作者指出，有古老的权威案例规定了指示向第三方付款的裁决是无效的，除非付款是为了提交仲裁的一方当事人的利益，并且寻求执行裁决的一方必须证明付款是为了他的利益。[24]

如果裁决未规定具体的付款时间，则有可能因不确定性而受到质疑[25]，虽然默示付款须在合理的时间内作出，而在执行前发出的要求通知将有助于执行申请人论证其合理性。[26]

《2005 年仲裁法案》没有规定以外币支付款项，这与 1996 年《英国仲裁法案》第 48 条形成了对比，该条授权仲裁庭以任何货币形式作出裁决。由此可以推定，裁决中的付款必须是马来西亚令吉。

---

[22] *Hobdell v Miller*（1840）6 BingNC 292；*Armitage v Walker* 2 K & J 221.

[23] Lithuania No. 2016-1，*Interperformances Inc v R J*，Supreme Court of Lithuania，Civil case No. 3K-3-483-421/2015，25 September 2015 in A J van den Berg（ed），*Yearbook Commercial Arbitration 2016-Volume XLI*，（2016）at pp 1-17.

[24] Sutton Gill and Gearing，*Russell on Arbitration*（24th Edn，2015）at para 6-099，citing *Wood v Adcock* 7 Exch 468. Cf *Re Mackay*，*West and Holt*（1834）2 Ad & El 356.

[25] *Samon v Pitt*（1595）Cro Eliz 432；*Massey v Aubry*（1652）Sty 365；*Pope v Brett*（1671）2 Saund 292；*Higgins v Willes*（1828）3 Man & Ry KB 382；*Mortin v Burge*（1836）4 Ad & El 973；*Hewitt v Hewitt*（1841）1 QB 110；*Margulies Brothers Ltd v Dafnis Thomaides & Co（UK）Ltd*［1958］1 All ER 777，［1958］1 WLR 398；*Montrose Canned Foods Ltd v Eric Wells（Merchants）Ltd*［1965］1 Lloyd's Rep 597；*Cremer v Samanta and Samanta*［1968］1 Lloyd's Rep 156；*River Plate Products Netherlands BV v Etablissement Coargrain*［1982］1 Lloyd's Rep 628；*Lingood v Eade*（1742）2 Atk 501；*Wohlenberg v Lageman*（1815）6 Taunt 251；*Hopcraft v Hickman*（1824）2 Sim & St 130；*Wood v Wilson*（1835）2 Cr M & R 241；*Platt v Hall*（1837）2 M & W 391；*Waddle v Downman*（1844）12 M & W 562；*Perry v Mitchell*（1844）12 M & W 792；*Fabrica Lombarda di Acido Tartarico v Fuerst Bros Ltd*（1921）8 Ll L Rep 57；*Oricon Waren-Handels GmbH v Intergraan NV*［1967］2 Lloyd's Rep 82 at 98；*Cargey v Aitcheson*（1823）2 B & C 170；*Re Tidswell*（1863）33 Beav 213；*Bailey v Curling* 20LJQB 235；*Armitt v Breame* 2 Ld Raym 1076；*Edgell v Dallimore*（1826）3 Bing 634；Cf *Love v Honeybourne*（1824）4 Dow & Ry KB 814.

[26] Sutton Gill and Gearing，*Russell on Arbitration*（23rd Edn，2007）at para 6-094.

英国上议院（House of Lords）在 *Lesotho Highlands v Impregilo*[27] 案中表明，裁决的货币问题受当事人的合同和适用法律的约束。[28] 然而仲裁协议可以规定以外币支付，根据该协议作出的裁决可以根据《2005 年仲裁法案》第 38 条执行。[29]

在这种情况下，仲裁庭必须以引起争议的合同的适当货币作出裁决。如果双方当事人指定了一种货币，但不打算以该货币计算损害赔偿，则裁决将以最能表达申请人损失的货币进行。[30]

上议院在 *Miliangos v George Frank*（*Textiles*）*Ltd*[31] 案中认为，英国法院可以对以外币表示的金额作出判决，任何执行的困难都可以通过在给予执行许可之日将裁定的金额转换为英镑来克服。简而言之，罗伯特 · 默金（Robert Merkin）的立场如下[32]：

（1）以外币来表示裁决是合法的，裁决金额的利息可同样变化，以代表该货币的价值；

（2）如果为执行目的需要兑换成英镑，则应按照裁决之日或法院准予执行裁决之日的现行汇率兑换；

（3）双方当事人可自由地明示或默示同意以英镑作为裁决的货币，即使它导致了不公正，也将得到维持。

威尔伯福斯勋爵（Lord Wilberforce）在 *Services Europe Atlantique Sud*（*SEAS*）*v Stockholms Rederiaktiebolag SVEA*，*The Folias*[33] 案中列出了以下关于确定裁决中的外国货币的准则：

（1）起点是合同本身，因为双方可能已经商定了合同的一种货币，即合同项下所有交易的账户和支付货币。如果是这样，裁决以该货币表示最为合适。

（2）在有些情况下，各方当事人虽然指定了一种记账货币，但无意以该货币表示因违约而裁决的损害赔偿。在这种情况下，裁决应以最能真实反映申请人损失的货币作出。

---

[27] *Lesotho Highlands Development Authority v Impregilo SpA*［2006］1 AC 221；Gary Born，*International Commercial Arbitration*，（2014） at p 3071.

[28] 这个决定在很多案例中都被引用过，例如 *SDA Architects*（*sued as a firm*）*v Metro Millennium Sdn Bhd*［2014］2 MLJ 627，CA 案、*The Government of India v Cairn Energy India Pty Ltd*［2014］9 MLJ 149 案、*Taman Bandar Baru Masai Sdn Bhd v Dinding Corporations Sdn Bhd*［2009］MLJU 0793，［2010］5 CLJ 83，在这些案件中虽然没有处理裁决的货币问题，但莱索托法庭针对超越权力指控的一般处理办法（包括关于货币的决定）得到了赞同。

[29] *Jugoslavenska Oceanska Plovidba v Castle Investment Co Inc*［1974］QB292，［1973］3 All ER 498，［1973］2 Lloyd's Rep 1，CA（Eng）；*Services Europe Atlantique Sud*（*SEAS*）*v Stockholms Rederiaktiebolag SVEA*，*The Folias*［1979］AC685，［1979］1 All ER 421，［1979］1 Lloyd's Rep 1，HL.

[30] Sutton Gill and Gearing，*Russell on Arbitration*（24th Edn，2015） at para 6－100；*President of India v Taygetos Shipping Co SA*，*The Agenor*［1985］1 Lloyd's Rep 155；*A-G of the Republic of Ghana and Ghana National Petroleum Corpn v Texaco Overseas Tankships Ltd*，*The Texaco Melbourne*［1994］1 Lloyd's Rep 473.

[31] ［1976］AC 443 overruling *Re United Railways of the Havana and Regla Warehouses Ltd*［1961］AC 1007.

[32] R Merkin，*Arbitration Law*，（2004） at para 16. 55.

[33] ［1979］AC 685；*Virani Ltd v Manuel Revert y CIA SA*［2004］2 Lloyd's Rep 14；R Merkin，*Arbitration Law*，（2004） at para 16. 56.

（3）表示申请人损失的货币，不一定是表示申请人以花费或债务形式形成的直接损失的货币。应遵守的原则是归还原则，因此裁决的货币应为申请人在违约之日受到损失的货币，不予考虑违约日期和裁决日期之间的货币波动。

40.3　归还和强制履行

衡平法上的归还原则，是指将一方当事人通过非法或欺诈行为的所得归还给其合法的所有人或当事人。[34] 雷德芬和亨特表示，该原则旨在“将受害方置于不法行为不曾发生的情况下其原本会处于的地位”[35]。这是合同强制履行的一种形式。

《2005 年仲裁法案》没有具体授权仲裁庭下令强制履行，但由于仲裁庭有权提供与法院相同的救济裁决，因此这仍是仲裁庭的一种选择。[36]

雷德芬和亨特表示，这种救济在仲裁中并没有普遍使用，并鼓励当事人和仲裁庭考虑强制履行是否是一种适当的救济，以及在具体案件的情况下是否有效。[37] 他们还补充说，在国际公法中使用这一救济是为了支持评估货币赔偿的标准。

40.4　宣告性救济

当存在违反合同的行为，其本身可以被承认但不能履行时，一方当事人可以提出宣告的请求。[38] 通常情况下，它将与可被强制执行的合同损害索赔相结合。

仲裁庭可以作出关于当事人权利的宣告性裁决，它确定当事人的法律地位并对其具有约束力。*Vine v National Dock Labour Board*[39] 案的法院认为，宣告是一种根据特定事实宣布法律立场的自由裁量的补救方法。

宣告性裁决是载有仲裁庭对法律问题或当事人现有或未来权利问题的裁判的正式声明。这是仲裁中经常被要求的补救方法。[40]

---

[34] *Cameroon Airlines v Transnet Ltd* [2004] EWHC 1829.

[35] Blackaby and Partasides with Redfern and Hunter, *Redfern and Hunter on International Arbitration*, (6th Edn, 2015) at pp 501–568, para 9. 53.

[36] *Lian Hup Manufacturing Co Sdn Bhd v Unitata Bhd* [1994] 2 MLJ 51, Zakaria Yatim J, *Chandris v Isbrandtsen-Moller Co Inc* [1951] 1 KB 240, [1950] 2 All ER 618, (CA), Eng, Tucker LJ; *President of India v La Pintada Compania Navigacion SA* [1985] AC104, [1984] 2 All ER 773, HL; *Raja Lope & Tan Co v Malayan Flour Mills Bhd* [2000] 6 MLJ 228.

[37] Blackaby and Partasides with Redfern and Hunter, *Redfern and Hunter on International Arbitration*, (6th Edn 2015) at pp 519–520 at paras 9. 53–9. 54.

[38] *Saudi Arabia v Arabian American Oil Co (Aramco)* (1963) 27 ILR 117 at 145.

[39] [1957] AC 488. *Imperial Tobacco Ltd v Attorney General* [1981] AC 718.

[40] R Turner, *Arbitration Awards–A Practical Approach*, (2005) at pp 147–150.

雷德芬和亨特说，在双方当事人欲继续保持关系，又希望解决他们之间的争议，而要求金钱赔偿会有损害这种关系的风险的情况下，这是一种有用的手段。他们补充说：

> 它能够被认可，但它本身无法执行；出于执行的目的，一份裁决还必须涉及支付赔偿或采取或不采取某一系列行为的义务。[41]

根据英国仲裁法，宣告裁决可以被执行。[42]

然而马斯蒂尔和博伊德补充和提出忠告：

> 仲裁员应注意不被诱导在假定的事实基础上决定假定的问题，记住他只有权裁决真诚的争议，如果假定的事实后来被证明是错误的，他的裁决可能会引起进一步的分歧。[43]

宣告性救济必须是能够最终确定法律地位的，对各方当事人具有约束力。法官卡尔提格苏（Karthigesu JA）在 *Bocotra Construction Pte Ltd v A-G*44[44] 案中解释说：

> 作出宣告的主要目的是解决当事人之间的争议，使之具有既判力。如果最初的"决议"（resolution）只是旨在维持现状的权宜之计，那么这种情况将会变成幻想。从随后的程序中可能可以看出，临时声明不应被批准，因此这只会出现"临时既判力"（interim res judicata）的短暂和反常状态。现实情况是，这种声明不会一劳永逸地确定争议各方当事人的权利。

40.5 修 正

《2005年仲裁法案》没有赋予仲裁庭修正契约或文件的权力。但是，当事人可以通过协议授予仲裁员修正文件的权力。它可以包括在仲裁条款中或以后提交仲裁的协议中。它更有可能出现在仲裁条款中，因为争议一旦发生，当事人达成协议的可能性通常很小。

这种权力可以明确地规定在仲裁协议中。例如，根据2006年《PAM建筑合同标准格式》第34（8）（a）条，仲裁庭有权修正合同，以便准确反映双方当事人之间的真实意图。

大法官梅（May LJ）在 *Ashville Investment Ltd v Elmer Contractors Ltd*[45] 案中解释说：

---

[41] Blackaby and Partasides with Redfern and Hunter, *Redfern and Hunter on International Arbitration*, （6th Edn, 2015） at pp 501-568, para 9.62.

[42] *West Tankers Inc v Allianz SpA* ［2012］ EWCA Civ 27, ［2012］ 2 All ER （Comm） 113, *BD Shipsnavo GmbH & Co v Reederei KG v African Fertilizers and Chemicals NIG Ltd* （*Nigeria*） ［2011］ EWHC 2452 （Comm）.

[43] Mustill and Boyd, *The Law and Practice of Commercial Arbitration in England*, （2nd Edn, 1989） at p 390.

[44] ［1995］ 2 SLR （R） 282 at ［31］, CA （Sing）, per Karthigesu JA.

[45] ［1989］ QB 488, ［1988］ 2 All ER 577 at 582-583, 37 BLR 55 at 65-66.

> 原则上，只要这是合法的且根据仲裁协议约定的，仲裁员就没有理由不能下令修正合同……正如我所说的，在很多已裁决的案件中，法院基于对仲裁条款的正确解释认定了仲裁员不能获得这种救济办法……有了这些观点，除非先例要求我另有决定，否则我毫不怀疑双方当事人之间在签订合同时因指称而发生的错误是与该合同“相关的”，因此属于本案仲裁条款的范围。

如果没有修正协议的具体权力，就会产生仲裁条款的范围是否足以赋予仲裁员修正协议的管辖权的问题。仲裁条款中的“与之相关”（in connection with）一词可赋予仲裁员更广泛的权力。[46]

法院在 *Ethiopian Oilseeds and Pulses Export Corpn v Rio Del Mar Foods Inc*[47] 案中认为，一项条款如果规定了“因合同而产生或与合同有关的”或“因合同而产生”或“与合同有关的”争议，则是允许更正合同的。

另外，法院在 *Fillite*（*Runcorn*）*Ltd v Aqua-Lift*（*a Firm*）[48] 案中认为，一项条款如果规定了“根据……产生的纠纷”，则可能不足以允许修正。因为修正所寻求的是重订合同，以反映一方当事人声称实际达成的协议。

40.6　第三方索赔责任赔偿

仲裁庭有权作出明示或默示的赔偿裁决。裁决书还可以记载当事人各自权利的声明，或关于一方当事人就其承担的责任或支出获得另一方当事人赔偿的声明。[49]

仲裁庭下令第三方索赔责任赔偿的权力是合理的，因为它包含在下令付款的权力之内。如果赔偿责任尚未确定，或者在裁决之日支出尚未发生或无法适当评估，这种补救形式就尤其重要。

马斯蒂尔和博伊德建议，如果仲裁庭要保留裁决有关赔偿范围的争议的权力，并对根据赔偿裁定的应付金额作出进一步的金钱裁决，那么仲裁员应指明该裁决是一项临时裁决。[50]

但是，萨顿、法官肯德尔（J Kendall）、法官吉尔（J Gill）表示，如果目前无法确定赔偿额，例如因为赔偿额将取决于应向第三方支付的金额（如有），则仲裁员可宣布获得赔偿的权利和/或在确定应付金额之前不作出最终裁决。[51]

---

[46] Blackaby and Partasides with Redfern and Hunter, *Redfern and Hunter on International Arbitration*,（6th Edn, 2015）at, para 9.63–9.64.

[47] ［1990］1 Lloyd's Rep 86; *Ashville Investments Ltd v Elmer Contractors Ltd*［1989］QB 488,［1988］2 All ER 577, 37 BLR 55, CA（Eng）.

[48] （1989）45 BLR 27, 26 Con LR 66, CA（Eng）.

[49] *Bocotra Construction Pte Ltd v A-G*［1995］2 SLR（R）282, CA（Sing）.

[50] Mustill and Boyd, *The Law and Practice of Commercial Arbitration in England*,（2nd Edn, 1989）at p 390.

[51] D Sutton, J Kendall, J Gill, *Russell on Arbitration*,（24th Edn, 2015）at, para 6.113.

40.7 禁令

许多司法管辖区承认仲裁庭有裁决衡平救济的权力。[52] 这种救济包括受制于仲裁协议、适用规则[53]有关立法限制的禁令。

《2005年仲裁法案》并不限制这一权力。实际上，《2005年仲裁法案》第19条赋予了仲裁庭准予临时措施的权力，其中包括临时的衡平救济。因此，仲裁庭在理论上可以下达禁令，该权力隐含在仲裁申请之中，即仲裁庭在给予救济方面具有与法院相同的权力。[54]

因此，仲裁庭有权“以临时或最终的禁令形式作出裁决”[55]。但这种权力不延伸到冻结（Mareva）或搜查令（Anton Piller）禁令。[56] 然而执行这种裁决需要通过法院采取合适的步骤，这很费时间，而禁令救济的本质在于它的及时可用性。

鉴于这个困难，雷德芬和亨特建议：

> 仲裁庭通常无权作出有效的针对第三方的命令；如果被要求提供针对第三方的禁令救济，那么直接从法院方面寻求一般来说更为快捷有效。[57]

大多数仲裁规则都规定了不得将仲裁条款视为排除国家法院下令采取的临时保护措施，这进一步加强了这一点。[58]

此外，仲裁庭对持有争议的金钱、货物或财产的第三方没有管辖权。在实践中，寻求仲裁协议标的强制令的当事人通常会向法院提出申请。

紧急仲裁员通常有权发布禁令，包括Mareva禁令。

40.8 惩罚性损害赔偿金

《2005年仲裁法案》没有提及仲裁庭作出惩罚性损害赔偿金的权力，但当事人可通过协议赋予仲裁庭在其认为适当的情况下裁定惩罚性损害赔偿的权力。然而只有在极少

---

[52] Mustill and Boyd, *The Law and Practice of Commercial Arbitration in England*, (2nd Edn, 1989) at p 390.

[53] D Wotherspoon, “The Arbitration Tribunal and Equitable Relief: An Update from the British Columbia Court of Appeal”, (2009).

[54] *Wealands v CLC Contractors Ltd* [1999] 2 Lloyd's Rep 739, [2000] 1 All ER (Comm) 30 per Mance LJ.

[55] Mustill and Boyd, *The Law and Practice of Commercial Arbitration in England*, (2nd Edn, 1989) at p 390; *Birtley and District Co-operative Society Ltd v Windy Nook and District Industrial Co-operative Society Ltd* [1959] 1 All ER 43.

[56] *Kastner v Jason* [2004] 2 Lloyd's Rep 233 at [27].

[57] Blackaby and Partasides with Redfern and Hunter, *Redfern and Hunter on International Arbitration*, (6th Edn, 2015) at, para 9.59.

[58] 《ICC仲裁规则》第28条，2010年《UNCITRAL仲裁规则》第26条。

数情况下，才会判决惩罚性损害赔偿金。[59]

裁决损害赔偿通常是为了惩罚应受谴责的行为。[60] 仲裁庭在裁决惩罚性损害赔偿金时，必须首先考虑其是否具有裁决惩罚性损害赔偿金的管辖权；其次可考虑，即使可以作出裁决，这种裁决是否能执行。

根据英国法律的规定，惩罚性损害赔偿金只能出现在侵权行为诉讼中，甚至只有在三种类型的案件中才能得到裁决。在违约诉讼中，不能判给惩罚性损害赔偿金。[61] 因此，应谨慎对待仲裁中的惩罚性损害赔偿金。

40.9　调整和填补合同空白

双方当事人可能未能在合同中规定其业务关系中可能出现的特定意外情况，或长期协议中的情况发生变化，从而要求修改合同。[62]

仲裁庭调整和填补合同空白的能力在很多不同的情况下是有用的。它们填补了合同中的缺陷，改变了合同以反映新的情况特别是导致困难的情况，以及合同的经济平衡。[63]

这种权力的基础可能是情势变更理论（*rebus sic stantibus*）（只要情况保持不变，合同就具有约束力），这也界定了条约必须遵守理论（*pacta sunt servanda*）（合同的明文规定必须遵守）。[64]

因此，如果处于不利地位的一方无法控制的外部环境从根本上改变了双方关系的平衡，特别是在长期合同（如油气项目）中，该方可能希望纠正合同的平衡。

然而仲裁庭对干预合同约定的风险分配、替代政府和商人角色持谨慎态度，仲裁庭不应试图将自己的观点强加于本来已经妥当协商的协议。

---

[59] *Bank Bumiputra Malaysia Bhd*, *Kuala Terengganu v Mae Perkayuan Sdn Bhd* [1993] 2 MLJ 76, per Abdul Hamid LP; *Penang Port Commission v Kanawangi s/o Seperumaninam* [1996] 3 MLJ 427, CA; *Addis v Gramophone Co Ltd* [1909] AC 488.

[60] *Dennis v Sennyah* [1963] MLJ 95.

[61] Blackaby and Partasides with Redfern and Hunter, *Redfern and Hunter on International Arbitration*, (6th Edn, 2015) at para 9.45.

[62] *Attorney-General v Barker Brothers Ltd* [1976] 2 NZLR 495, CA.

[63] Blackaby and Partasides with Redfern and Hunter, *Redfern and Hunter on International Arbitration*, (6th Edn, 2015) at, para 9.65.

[64] Blackaby and Partasides with Redfern and Hunter, *Redfern and Hunter on International Arbitration*, (6th Edn, 2015) para 9.66; *Himpurna California Energy Ltd v PT* (*Persero*) *Perusahaan Listruik Negara*, UNCITRAL Award of 4 May 1999, (2000) XXV Ybk Comm Arb 13.

第41章 利息的裁决

41.1 利 息

被剥夺使用款项的合法权利的一方有权利因被剥夺而获得赔偿。这包括应付款项可能引起的利息，或如果被申请人没有违反其义务，应使用款项本应产生的利息。

仲裁裁决利息问题很普遍。[1] 约翰尼·韦德（Johnny Veeder）[2] 解释说：

> 在所有预付货款的国际商事仲裁中，无论是债务还是损害赔偿，索赔人极有可能也因本金的迟付而遭受经济损失。这种损失可能占索赔总额的很大一部分；在某些情况下，它可能超过本金。在现代仲裁制度中，索赔人无权以利息的形式追回损失是不可思议的。

利息索赔额可能很大。例如，在 *Kuwait v American Independent Oil Company* 案中，除8300万美元的损害赔偿外，还裁决了9300万美元的利息。[3]

有四种情况可能出现支付利息的请求，即：

（1）从诉因的产生阶段到仲裁程序开始的阶段；

（2）在仲裁庭未决诉讼期间；

（3）在裁决之日和命令执行之日之间产生的未来利息；

（4）从注册案件到裁决实现时产生的利息。

当事人有权约定仲裁庭对利息的裁决方面有什么权力（如有）。[4] 他们可以自由协议不用支付利息，在这种情况下，仲裁庭就没有任何凌驾一切的权力来对此进行裁决。这种不需要是仲裁协议本身的一部分，也可能包含在合同文件中的其他地方。

---

[1] 例外情况是 Shariah 仲裁，其中利息裁决因高利贷禁令（riba）而受阻。

[2] Veeder, "Whose Arbitration is it Anyway: The Parties' or the Arbitration Tribunal's? An Interesting Question?' in Newman and Hill (eds), *The Leading Arbitrator's Guide to International Arbitration*, (2nd Edn, 2008) at p 344.

[3] Ad Hoc Award (24 March 1982), (1982) 21 Int'l Legal Mat 976, 1042; Gary Born, *International Commercial Arbitration*, (2nd Edn, 2014) at pp 3102.

[4] Sutton Gill and Gearing, *Russell on Arbitration* (24th Edn, 2015) at para 6－115; *Firma C－Trade SAv Newcastle Protection and Indemnity Association*, *The Fanti* [1989] 1 Lloyd's Rep 239; *Labrador Co v Queen* [1893] AC 104, PC (Can).

41.2　根据普通法

法院在 *Raja Lope & Tan Co v Malayan Flour Mills Bhd*[5] 案中认为，仲裁庭被赋予仲裁利息的权力是暗含在每一份仲裁协议中的，此事项如果在法院中被提起诉讼，则有所不同。[6]

胜诉的申请人（包括被申请人在反诉中胜诉）在仲裁中有权自诉因产生之日起将有关利息的金额列入对其有利的裁决的原本金额中，并且裁决的利息可以累计到付款之日。除了充分的理由外，对此没有例外。[7]

这个立场是为了实际的目的，然而仲裁庭裁决利息能力的历史发展更为复杂。上议院在 *London*，*Chaltam & Dover Railway Co v South Eastern Railway Co*[8] 案中阐明了习惯法的原则，在没有任何协议或法定条款规定支付利息时，不论单利还是复利，法院都没有权力以延迟支付借款造成的损害赔偿形式判决利息问题。这个规则仅仅是推定申请人远离了他的钱但没有蒙受损失。申请人如果能证明量化的损失且这项损失是在当事人考虑范围内的，就可以反驳这种推定。

上议院虽然在 *President of India v La Pintada Compania Navigacion SA*（*The La Pintada*）[9] 案中承认了规则固有的不公平性，但肯定了这项规则已经很完善，除了通过立法形式以外，不能有任何偏离。

法院受制于这项习惯法规则，只通过一般损害赔偿请求利息，同时认为因延迟支付应付款项产生的利息可以通过特别损害赔偿来追回[10]，这建立在英国上诉法院在 *Wadsworth v Lydall*[11] 案和北爱尔兰高等法院在 *Department of Environment for Northern Ireland v Farrans*（*Construction*）*Ltd*[12] 案中的差异之上。

同样，在普通法下，仲裁庭没有裁决利息的固有管辖权，这种管辖权也不来自成文法。不过，法院在 *President of India v La Pintada Compania Navigacion SA*（*The La Pintada*）[13] 案中认为一方当事人应当赔偿不能使用资金的损失适用于仲裁以及司法程序，从而结束了英国上诉法院对 *Techno-Implex v Gebr Van Weelde Scheepvartkantoor BV*[14] 案的判决而产生的疑虑。仲裁庭的管辖权来自提交仲裁的隐含条款，它应当有权决定有关参考的

---

[5] ［2000］6 MLJ 228 at 238；*Lian Hup Manufacturing Co Sdn Bhd v Unitata Bhd*［1994］2 MLJ 51.

[6] *Ahong Construction*（*S*）*Pte Ltd v United Boulevard Pte Ltd*［1994］3 SLR（R）669 at［19］per Lai Kew Chai J.

[7] *Panchaud Frères SA v Pagnan & Fratelli*［1974］1 Lloyd's Rep 394.

[8] ［1893］AC 429.

[9] ［1985］AC 104，HL.

[10] *Dods v Coopers Creek Vineyard Ltd & Co*［1987］1 NZLR 530.

[11] ［1981］2 All ER 401，CA（Eng）.

[12] 19 BLR 1.

[13] ［1985］AC 104，HL.

[14] ［1981］QB 648，［1981］2 WLR 821，CA（Eng）. *Page v Newman*（1829）9 B & C 378.

问题。

大法官塔恩德（Tander LJ）在 *Chandris v Isbrandtsen-Moller Co Inc*[15] 案中解释说：

> 摩卡塔先生（Mr. Mocatta）认为，判决是基于这样的假设，即《1833 年民事诉讼法》赋予了仲裁员裁决利息的权力；一旦该法案被废除，所有这些权力都会消失，除非仲裁员获得新的权力。我认为这就是这个判决的理由。但我同意摩卡塔先生的观点，即 *Edwards v Great Western Ry* ［11 CB 588］案的真正依据不是仲裁员从 1833 年的法案中获得了他的权力，而是因向他提交的仲裁而获得了这些权力，这必然给他提供了萨文森勋爵（Lord Salvesan）所提到的"隐含权力"；我看不出为什么自 1934 年法案以来，仲裁员不应该被视为默示具有同样的权力。因此，考虑到地区法院就此事项表明的观点，我很不自信地得出结论：在这种情况下，仲裁员有权裁定利息。

裁决前利息（Pre-Award Interest）

仲裁庭裁决裁决前利息的法律依据的缺失影响了马来西亚仲裁的效力。不过，法院已经通过承认仲裁庭有权裁决裁决前利息来改善了这一点。

法官扎卡里亚·亚蒂姆（Zakaria Yatim J）在 *Lian Hup Manufacturing Co Sdn Bhd v Unitata Bhd*[16] 案中认为，仲裁庭裁决利息的权力来源于向其提交的文件，这意味着隐含地赋予了仲裁庭根据现行合同法裁决所有争议事项的权力，有权行使赋予法院的每一项权力和任意补救。

法院的依据是 *Chandris v Isbrandtsen-Moller Co Inc*[17] 案。该案中，英国上诉法院认为，独立于法规，仲裁员拥有源自普通法的固有程序权力，类似于法官在高等法院审理诉讼时拥有的程序权力。法院解释说：

> 在这种情况下，双方已经通过合同中的仲裁条款达成了一致意见……合同的解释、有效性和履行都受马来西亚法律管辖。根据 1956 年《民事法令》（*Civil Law Act 1956*）第 11 条的规定，法院为了收回债务或损害，有裁决利息的自由裁量权……[18] 我认为，本案中的仲裁员与法院一样有权裁决其认为合适的利息。因为在此案中裁决利息包含在仲裁员的裁量权范围内，法院不会干预其行使裁量权。

法院在 *Raja Lope & Tan Co v Malayan Flour Mills Bhd*[19] 案中认为提交仲裁的行为赋予

---

[15] ［1951］ 1 KB 240 at 262-263，［1950］ 2 All ER 618，CA（Eng），per Tucker LJ；*Techno-Implex v GebrVan Weelde Scheepvartkantoor BV* ［1981］ QB 648，［1981］ 2 WLR 821，CA（Eng）；*President of India v La Pintada Cia Navigacion SA* ［1985］ AC 104，HL.

[16] ［1994］ 2 MLJ 51 at 54 per Zakaria Yatim J.

[17] ［1951］ 1 KB 240，［1950］ 2 All ER 618.

[18] Citing *Evergrip Prestressing Sdn Bhd v Ken Construction & Trading Sdn Bhd* ［1991］ 3 CLJ 2149.

[19] ［2000］ 6 MLJ 228 at 238.

了仲裁庭裁决利息的默示权力时，就是遵循了上述做法。这包括直接预先裁决应支付的利息的权力。[20] 大量案件遵循了这种根据《1952 年仲裁法案》[21] 而裁决的方法，在上诉法院以 *Leong Kum Whay v QBE Insurance*（*M*）*Sdn Bhd*[22] 案的判决告终。

目前适用的立法是《2005 年仲裁法案》。[23] 然而上诉法院在 *Far East Holdings Bhd v Majlis Ugama Islam Dan Adat Resam Melayu Pahang*[24] 案令人惊讶的判决中判定《2005 年仲裁法案》第 33 条只规定了裁决后的利息而没有规定裁决前利息。

因此，上诉法院认为，议会无意授予仲裁庭裁决裁决前利息的权力。这一判决背离了马来西亚和其他地方的判例。[25] 仔细阅读判决表明，上诉法院并没有考虑到仲裁员裁决利息的来源不是法定的而是从合同中衍生出来的，而这是隐含在仲裁之中的。[26]

联邦法院已经批准了审理对这项裁决的上诉。希望联邦法院会审议仲裁庭裁决裁决前利息的权力来源，并重新调整关于裁决前利息的判例，使其与其他仲裁管辖区的判例相一致。

这将免除为了仲裁庭裁决前利息而颁布法定依据以减小 *Far East Holdings Bhd v Majlis Ugama Islam Dan Adat Resam Melayu Pahang* 案对马来西亚仲裁的负面影响这一步骤。

41.3　《2005 年仲裁法案》第 33 条的法定条款

《2005 年仲裁法案》载有仲裁庭可以在裁决中裁决利息的有限依据，其中第 33（6）（a）条规定，除非另有约定，仲裁庭可“自裁决之日到执行之日，对裁决下令支付的任何一笔款项裁决利息”。

根据第 33（6）（b）条，仲裁庭也有决定利率的自由裁量权。这与以前的法律明显不同，当时的默认情况是利息将按判决利率（目前为每年 5%）计算，并且是单利，没有法定条款规定授予复利。

裁决利息的法定依据是非常有限的，只有处理裁决后利息的规定，并没有规定裁决前的利息，而这通常是更大的金额。这可以与根据 1996 年《英国仲裁法案》第 49（3）条以及 1996 年《新西兰仲裁法案》第 12 条明确规定了裁决前的利息形成对比。

---

[20] *Ahong Construction*（*S*）*Pte Ltd v United Boulevard Pte Ltd*［1994］3 SLR（R）669.

[21] Act 93（repealed）.

[22] ［2006］1 MLJ 710，CA；*Shamelin Holdings Sdn Bhd v Mohd Anhar bin Ahmad*（*trading as ABA Architect*）［2006］6 MLJ 135 at［16］-［19］.

[23] Act 646.

[24] ［2015］4 MLJ 766，［2015］8 CLJ 58，CA.

[25] *Government Insurance Office*（*NSW*）*v Atkinson-Leighton Joint Venture*（1980）31 ALR 193（Aust）；*General Distributors Ltd v Casata Ltd*［2006］2 NZLR 721，SC（New Zealand）；*Ahong Construction*（*S*）*Pte Ltd v United Boulevard Pte Ltd*［1994］3 SLR（R）669.

[26] R Navaratam，“Chapter 11：Arbitration”，in Sundra Rajoo and Philip Koh（eds），*Arbitration in Malaysia：A Practical Guide*，（2016）at para［11.064］.

这些法规还规定了仲裁庭可以对裁决之日以前支付的有关数额的利息作出裁决[27]，然而在《2005年仲裁法案》中不存在这样的规定，所以看起来要忍受旧的立场了。[28]

《KLRCA仲裁规则》（2013年修订）第11（8）条的法定依据规定了仲裁庭可以裁定整个期间或任何部分期间的利息，和在诉因发生之日到裁决实现之日，即裁决前和裁决后的利息。

41.4 仲裁庭裁决的执行

一贯认为，仲裁庭在没有充分的理由时不应拒绝行使其裁决利息的权利。[29] 与此同时，仲裁庭可根据《2005年仲裁法案》第33（6）条就是否根据其默示管辖权裁决裁决后利息和裁决前利息保留裁量权，如果裁决的本金不包含利息，那么通常会要求仲裁庭提供一个额外的裁决来处理此事。

法院在 *Van Der Zijden Wildhandel*（*PJ*）*NV v Tucker and Cross*（*No* 2）[30] 案中认为，未能裁决利息或处理利息是技术性的不当行为，因为这是对提交法庭裁决的问题的失败处理。这不是在新的立法制度下撤销裁决的原因，而是明确要求额外裁决的理由。[31]

缺失利息的裁决是否可以根据《2005年仲裁法案》第35条"失误的规则"（slip rule）进行纠正取决于仲裁庭对不包含利息的解释。在仲裁庭的想法中，这如果是一种表达错误，则可以作为文书错误而进行纠正；但这如果是根本性错误，则不能被纠正。[32]

马斯蒂尔和博伊德称，如果仲裁庭决定不裁决利息，那么应该在其裁决中说明这样做的理由。[33] 其裁决利息的权力是自由裁量的，必须基于公正、平等和良知原则公平地行使其裁量权。

萨顿、吉尔和吉尔林称，仲裁庭必须牢记裁定"利息的目的是补偿胜诉方在一段时间内不能处分裁决的金额"[34]。

大法官奥利弗在 *Techno-Implex v Gebr Van Weelde Scheepvartkantoor BV*[35] 案中认为，仲

---

[27] New Zealand Arbitration Act 1996 s 12（1）（b）（ii）and English Arbitration Act 1996 s 49（3）（b）.

[28] *President of India v La Pintada Cia Navigacion SA*［1985］AC 104，HL；*IM Properties plc v Cape & Dalgleish*（*a firm*）［1998］3 All ER 203；Sutton Gill and Gearing，*Russell on Arbitration*（24th Edn，2015）at para 6-116.

[29] *Van Der Zijden Wildhandel*（*PJ*）*NV v Tucker and Cross*（*No* 2）［1976］1 Lloyd's Rep 341；*Panchaud Frères SA v Pagnan & Fratelli*［1974］1 Lloyd's Rep 394，CA（Eng）；*Raja Lope & Tan Co v Malayan Flour Mills Bhd*［2000］6 MLJ 228，*Ahong Construction*（*S*）*Pte Ltd v United Boulevard Pte Ltd*［1994］3 SLR（R）669.

[30] ［1976］1 Lloyd's Rep 341；*Thos P Gonzales Corpn v F R Waring*（*International*）（*Pty*）*Ltd*［1978］1 Lloyd's Rep 494 at 505，affd［1980］2 Lloyd's Rep 160，CA（Eng）；*Warinco AG v Andre & Cie SA*［1979］2 Lloyd's Rep 298.

[31] 尽管基于不同的法律制度，仍请参见 *CNH Global NV v PGN Logistics Ltd*［2009］EWHC 977（Comm）案中关于未能裁决利息的讨论。

[32] *CNH Global NV v PGN Logistics Ltd*［2009］EWHC 977（Comm）at［26］onwards.

[33] Mustill and Boyd，*The Law and Practice of Commercial Arbitration in England*，（2nd Edn，1989）at p 394.

[34] Sutton Gill and Gearing，*Russell on Arbitration*（24th Edn，2015）at para 6-120.

[35] ［1981］QB 648，［1981］2 WLR 821，CA（Eng）.

裁庭自由裁量权的行使涉及一个被视为基本隐含的术语，即仲裁庭必须根据当事人在法律下的权利作出裁决。仲裁庭裁决利息的裁量权是实体法的问题，而不仅仅是仲裁庭可以无视其裁量权而作出的实践规则。

仲裁庭如果裁定了本金，则可以裁决利息。[36] 利息的法定权利不依赖于损失证明（例如，索赔人将会以某种方式投入资金并获得一定利率的利息），即使没有证据证明使用的损失或利润的损失，也可能判给利息。[37]

扣缴利息

保留了无权保留的钱款的当事人不应从中受益。主事官丹宁勋爵在 *Jefford v Gee*[38] 案中表示：

> 当一方欠另一方钱，另一方被迫诉诸法律程序以追讨钱款时，错误地扣留另一方钱的当事人不应该通过占有和使用这笔钱而从中受益。

法院在 *Woon Hoe Kan & Sons Sdn Bhd v Bandar Raya Development Bhd*[39] 案中认为，无论如何，根据《1950 年合同法案》[40] 第 74 条的规定，如果存在违约，则应支付利息。特别是法院提到第 74 条的例释（n）中规定：

> A 签订合同，在规定的日期向 B 支付一笔钱。那一天，A 没有支付这笔钱。B 由于那天没有收到钱，无力偿还债务并且完全破产了。除了他签约支付的本金以及支付日之前的利息外，A 没有责任对 B 进行任何赔偿。

因此，法院认为，在此案的情况下，应支付所有逾期付款的利息。

如前所述，仲裁庭在行使裁决利息的裁量权时应该一视同仁，除非具备充分的理由。[41] 有时候有争议认为胜诉方在提出诉讼上的拖延是行使裁决利息的裁量权需要考虑的一个因素。一些指导原则可以列出如下：

（1）如果原告在开始或进行程序时不合理地拖延了，法院可以行使其裁量权，不同意一段时间的利息或者降低利息利率。

（2）在行使裁量权时，法院必须认真考虑延误的情况。在商事纠纷中，诉讼对所有当事人来说都是对他们正当业务的不受欢迎的干扰。期望任何一方在可能的第一时间采取每一个诉讼步骤，或者将注意力集中在诉讼上而排除其他一切，都是不合理的。延误应该只在目前的情况下是不合理的，在对情况进行适当考虑后可以看出，原告在很长的

---

[36] *Allison v Kiteley* [1995] CILL 1016.

[37] *Metal Box Ltd v Currys Ltd* [1988] 1 All ER 341, [1988] 1 WLR 175.

[38] [1970] 2 QB 130 at 143, CA (Eng), per Lord Denning MR, citing Lord Herschell in *London, Chaltham & Dover Railway Co v South Eastern Railway Co* [1893] AC 429.

[39] [1973] 1 MLJ 60 per Harun J.

[40] Act 136.

[41] [1973] 1 MLJ 60 per Harun J.

一段时间内忽视了或拒绝提交他的诉求。

（3）在确定什么导致驳回或减少利息时，应该标记为一段不合理的拖延时期，法院应该记住被告在延期期间内已经使用了这笔钱。[42]

法官德夫林（Devlin J）在 *Kemp（A B）Ltd v Tolland*[43] 案中解释道：

> 我认为我不应该根据任何人的错误来裁决利息。我应该仅基于简单的商业基础来裁决它：如果钱款在合适的商业时机被支付，另一方就会使用它。

同样，法官唐纳森在 *The Owners of the MV Myron v Tradax Export SA*[44] 案中表示：

> 仲裁中的所有费用和所有应付款项的利息均由仲裁员或裁决员裁决。但是，我如果对这些适用的原则发表意见，可能会有所帮助。对于迅速解决争端来说，至关重要的是被申请人被认定对申请人负担责任不应获得利益，同时申请人不应因其拖延而在裁决时承担遭受相应损害的结果。因此，裁决一般应包括被申请人自款项应支付之日起支付应支付款项的利息的命令。

在一些例外情况下会考虑这种迟延，在 *Panchaud Frères SA v Pagnan & Fratelli*[45] 案中，主事官丹宁勋爵考虑道：

> 在商业交易中，如果原告在一段时期内不能获得他的钱款，通常的命令是被告应该支付未付时间的利息。除非有充分的理由，否则对此不应有例外。

同样的情况下，大法官梅高（Megaw LJ）表示[46]：

> 根据我的判断，基于胜诉方在延误上有过错而拒绝裁决对被认定为违约而被追究责任的一方不利的利息不是适当地行使裁量权，直到给予该方机会证明是否其对延误有过错，并且如果有的话是何种程度的过错。

埃里克·萨克斯爵士（Sir Eric Sachs）同意[47]：

> 像我一样接受……在此类案件中，任何一方如果胜诉，表面上有权获得损害赔偿的利息，接下来，寻求获得损害赔偿的任何一方都可以在他将自动获得损害赔偿利息的基础上进行诉讼，除非提出相反的主张要求他处理。

---

[42] *Claymore Services Ltd v Nautilus Properties Ltd*［2007］EWHC 805（TCC）at［55］；在 *Network Rail Infrastructure Ltd v Handy*［2015］EWHC 1460（TCC）案中，就争端而言，拖延11个月提起诉讼并不是不合理或应受谴责的行为，因此有理由不支付利息。

[43]［1956］2 Lloyd's Rep 681 at 691 per Devlin J.

[44]［1970］1 QB 527 at 536 per Donaldson J.

[45] *Panchaud Frères SA v Pagnan & Fratelli*［1974］1 Lloyd's Rep 394 at 409 at 411，CA（Eng），per Lord Denning MR.

[46] *Ibid.*

[47] *Panchaud Frères SA v Pagnan & Fratelli*［1974］1 Lloyd's Rep 394 at 409 at 414，CA（Eng），per Sir Eric Sachs.

41.5 适合的利率

《2005 年仲裁法案》第 33（6）（b）条规定了仲裁庭就其选择何种利率有明确的裁量权。此前法律判定的利率是强制性的，这是对之前法律的一个改变。[48]

目前的判定利率为 5%，这通常对原告有利，但仲裁庭不一定适用它。然而适用判定利率是有充分理由的，因为这是为了维护未付款的判定债务人的利益。

预先裁决利息的目的是补偿被剥夺款项的一方，而不是惩罚支付款项的一方。付款方只是被剥夺了他从未适当享有的利益，例如，在裁决前享有的准确来说是所欠另一方的金额。[49]

同样，威尔伯福斯勋爵在 *General Tire & Rubber Co v Firestone Tyre & Rubber Co Ltd*[50] 案中解释了这个基本原则：

> 利息不是作为对扣发本应支付的款项的不法行为者的惩罚。对它作出裁决是因为被剥夺了应得款项使用权的人应该获得他被剥夺享受该款项期间所获得的该款项的利息。

当提交适当利率的裁决前利息时，被申请人可以争辩说，在两个企业之间发生纠纷的情况下，判决利率不是合适的裁决利率[51]，应当使用更准确地反映双方商业上可获得的利率。

对于国内仲裁而言，这不是一个重大问题，目前的判定债务利率和国家银行的贷款基础利率（BLR）间的区别相对较小；但比如在英国就会有显著差异，当前的贷款基础利率是 0.5%，但是判定债务利率为 8%。

41.6 何时开始产生利息

利息应从诉因产生之日起计算。[52]《2005 年仲裁法案》第 33（6）条只规定了从裁

---

[48] *Fratelli Moretti SpA v Nidera Handelscompagnie BV* [1980] 1 Lloyd's Rep 534 per Donaldson J.

[49] *London, Chatham and Dover Railway Co v South Eastern Railway Co* [1893] AC 429, HL, per Lord Herschell.

[50] [1975] 2 All ER 173 at 192 per Lord Wilberforce. *Raja Lope & Tan Co v Malayan Flour Mills Bhd* [2000] 6 MLJ 228; *Freedom Maritime Corpn v International Bulk Carriers, The Khian Captain (No 2)* [1986] 1 Lloyd's Rep 429 at 434 per Hirst J; *Business Computers Ltd v Anglo African Leasing Ltd* [1977] 2 All ER 741; *Re Bird Precision Bellows* [1985] 3 All ER 523.

[51] *Claymore Services Ltd v Nautilus Properties Ltd* [2007] EWHC 805 (TCC) at [68]; *Persimmon Homes (South Coast) Ltd v Hall Aggregates (South Coast) Ltd* [2012] EWHC 2429 (TCC).

[52] *BP Chemicals Ltd v Kingdom Engineering (Fife) Ltd* [1994] 2 Lloyd's Rep 373, 38 ConLR 14.

决之日起就裁决确定要支付的金额作出裁决，该利率与裁决之日的判定债务利率相等。

仲裁庭裁决裁决前利息缺乏明确的法律依据，在某种程度上对马来西亚仲裁来说是无效的，因为这强制了各方当事人依赖《2005年仲裁法案》这一普通法原则或机构规则。[53]

尽管《2005年仲裁法案》中没有明确的规定，但在大多数情况下利息的立场是利息应该自裁决数额之日起被准许，并应该至支付之日起被合理支付。如果仲裁庭没有这样做，那么当事人就有充分的理由要求追加额外裁决。

41.7 是否应支付复利

虽然单利和复利之间的底线差异在这几年时间里往往较小，[54] 但是复利计息的利息通常会更准确地反映出一方当事人不能使用金钱的损失，因为复利计息是商业现实。[55]

复利计息可以在很长一段时间内变得更加重要；由于银行只发放复利贷款，所以申请人必须以复利借款，但仅收回单利也会蒙受损失。[56]

在诉讼中是不能收取复利的，除非合约明示或默示[57]地进行了规定。1956年《民法法令》（*Civil Law Act* 1956）[58] 第11条中没有规定授权利息利益（如复利）。然而第11条继续补充说，它不适用于关于凭借任何协议或以其他方式支付利息的债权。

法院可以裁决复利，尽管这在1956年《民法法令》第11条中是禁止的。法院在 *Trengganu State Economic Development Corp v Nadefinco Ltd*[59] 案中认为：

> 对这个建议的简短回答是，在这种情况下应征收的利息不是基于《民法法令》第11条或其他法律授予法院的法定裁量权，而是根据双方当事人的协议……此外，第11条的语言本身没有任何疑问的空间，在此条款没有覆盖的情况下，法院可以就利息给予利息。事实上，法院没有被授权不意味着被禁止这样做。那么原告可以请求计算剩余利息的原则是什么呢？……作为法律问题，法院显然可以允许复利，如果有情况表明结算方通过扣留这笔款项而从中获利和有衍生利益。哈特利勋爵（Lord Hatherley LC）在 *Burdick v Garrick*（1869-70）LR 5 Ch Ap 233 案中作为一条

---

[53] KLRCAArbitration Rules（Revised 2013）r 11（8）.

[54] 例如，500 000帝国马克的债务加上8%的年息，两年后每月的复利累计利息为86 443.97帝国马克；而同样的债务加上8%的年息，则累计利息为80 000帝国马克。

[55] *Sempra Metals Ltd（formerly Metalgesellschaft Ltd）v Inland Revenue Commissioners*［2007］UKHL34 at［41］, cited by the New Zealand Court of Appeal in *Clarkson v Whangamata Metal Supplies Ltd*［2007］NZCA 590.

[56] R Merkin, L Flannery, *Arbitration Act* 1996（5th Edn, 2014）at p 218.

[57] *Yeng Hing Enterprise Sdn Bhd v Datuk Dr Ong Poh Kah*［1988］2 MLJ 60.

[58] Act 67.

[59]［1982］1 MLJ 365 at 368-369 per Salleh Abas FJ; *The Board of Trustees of The Sabah Foundation v Datuk Syed Kechik bin Syed Mohamed*（No 2）［1999］6 MLJ 577.

合理原则而重申了这个原则。

帕万切克·马里坎（Pawancheek Maritcan）[60] 引用了文森特·鲍威尔-史密斯教授（Professor Vincent Powell-Smith）的观点，这可能不是一个正确的立场。在考察了 *Chandris v Isbrandtsen Moller Co Inc*[61] 案、*London, Chaltham & Dover Railway Co v South Eastern Railway Co*[62] 案和 *President of India v La Pintada Compania Navigacion SA*（*The La Pintada*）[63] 案后，他总结说，第 11 条裁决复利的权力只被授予了普通法院而不是仲裁庭。

同样，投资条约仲裁的实践原本是不允许仲裁庭裁决复利的。[64] 马乔里·怀特曼（Marjorie Whiteman）[65] 解释说：

> 在国际法的损害赔偿范围内，很少有规则比不允许复利的规则能更好地使问题得到解决。

这种方法在 20 世纪 80 年代和 90 年代继续存在，此时裁决复利并不常见。[66] 然而在现代，法官布劳尔（C Brower）解释说：

> 即使是在涉及主权的案件中，复利的概念也是根据国际公法决定的，已经得到如此广泛的接受，以致最近的裁决甚至没有援引先例就准予了复利。[67]

仲裁庭在 *Compania del Desarrollo de Santa Elena, SA v Costa Rica*[68] 案中认为：

> 如果财产所有者在较早的时候损失了他的资产价值，但没有收到当时应得的货币等价物，那么赔偿金额至少应部分反映他的钱如果以普遍利率每年再投资的话会赚到的额外金额以及由此产生的收入。扣押利息的目的不是要责怪或惩罚任何人拖延支付给被征用的所有者；这是一种机制，以确保裁决给申请人的赔偿在这种情况

---

[60] Pawancheek Marican, "The Arbitrator's Power to Award Interest" [1997] 1 MLJ lxix.

[61] [1951] 1 KB 240.

[62] [1893] AC 429.

[63] [1985] AC 104.

[64] *RJ Reynolds Tobacco Co v Iran* (1984) 7 Iran-US CTR 181 at 191-192; *Autopista Concesionada de Venezela, CAv Bolivarian Republic of Venezuela*, ICSID Case No. ARB/00/5, Award 23 September 2003, 10 ICSID Reports 309 at para 396.

[65] MM Whiteman, *Damages in International Law*, (1943) vol 3 at p 1997.

[66] Gary Born, *International Commercial Arbitration*, （2014 年第 2 次修订版）第 3108 页，引用伊朗的案件 *RJ Reynolds Tobacco Co v Islamic*, Award No. 145-35-3（1984 年 8 月 6 日），其中仲裁庭表示"没有发现任何特殊原因可以背离通常不允许判给复利的国际先例"。

[67] C Brower, "Awarding Interest-Ex Officio or only When Request, At What Rate, As of When, Compound or Not" in *The Resolution of the Dispute-from the Hearing to the Award* (2007) 29 ASA Special Series 70 at 75; D Williams, A Kawharu, *Williams & Kawharu on Arbitration* (2011) at 14.13.4.

[68] *Compania del Desarrollo de Santa Elena, SA v Republic of Costa Rica*, ICSID Case No. ARB/96/1, Award 17 February 2000, 51 ICSID Reports 153, at [104].

下是合理的。

虽然裁决中以复利计息在投资仲裁中很常见[69]，但在马来西亚的商事仲裁中可能还有很长的路要走。从本质上讲，如果合同规定了以复利计息，则不应禁止仲裁庭作出这样的裁决，但是在没有此类明确条款时，仲裁庭裁决以复利计息是有些不寻常的。

41.8 合同中的利息

各方当事人可以自由商定仲裁庭裁决利息的权力范围。[70] 例如，2006 年《马来西亚建筑师协会建筑合同标准格式》（*PAM Standard Form of Building Contract* 2006）第 34（8）（f）（i）条和（ii）条就赋予了仲裁员以他认为合适的利率和条件对裁决前和裁决后利息进行裁决的权力。

《CIDB 建筑工程合同标准格式》（2000 年修订）（*CIDB Standard Form of Contract for Building Works*，2000 *ed*）中第 42（9）条也有类似的例子。不论以明示还是默示的形式，仲裁员对基于该合同而裁决利息都是有管辖权的。[71]

就建筑合同而言，建筑师或工程师不提供证书将构成违约，承包人可要求获得合同利益。

在没有明确规定时，他可能有权将利息作为特殊损害赔偿。[72] 这与雇主迟延付款时的立场是一样的。[73]

如果裁决的依据是仲裁庭将证书修订到比最初证明的金额更高的金额，案例权威机构[74]建议的立场如下：建筑师或工程师如果遵守合同条款并证明了他认为是到期的金额，则不得要求利息。

---

[69] For example *Compa? i? de Aguas del Aconquija SA and Vivendi Universal v Argentine Republic*，ICSID Case No ARB/97/3，Award 20 August 2007 at［9.2.6］.

[70] *F G Minter Ltd v Welsh Health Technical Services Organisation*（1980）13 BLR 1；*Balfour Beatty Construction Ltd v Kelston Sparkes Contractors Ltd*［1996］ADRLN 18；*Firma C-Trade SA v Newcastle Protection and Indemnity Association*，*The Fanti*［1989］1 Lloyd's Rep 239，CA.

[71] *F G Minter Ltd v Welsh Health Technical Services Organisation*（1980）13 BLR 1.

[72] *Holbeach Plant Hire Ltd v Anglian Water Authority*（1988）14 ConLR 101；*F G Minter Ltd v Welsh Health Technical Services Organisation*（1980）13 BLR 1；*Secretary of State for Transport v Birse-Farr Joint Venture* 9 Const LJ 213；*Royal Borough of Kingston-upon-Thames v Amec Civil Engineering Ltd*（1994）10 Const LJ 225，（1993）35 Con LR 39. 就建筑合同而言，建筑师或工程师未进行认证将构成违约，承包商可要求获得合同利益。在没有明确规定的情况下，他有权获得作为特别损害赔偿的利息。

[73] *Holbeach Plant Hire Ltd v Anglian Water Authority*（1988）14 ConLR 101.

[74] *Nash Dredging Ltd v Kestrel Marine Ltd* 1986 SLT 62；*Hall and Tawse Construction Ltd v Strathclyde Regional Council* 1990 SLT 774；*The Secretary of State for Transport v Birse-Farr Joint Venture* 62 BLR 36；*Royal Borough of Kingston Upon Thames v AMEC Civil Engineering Ltd*（1994）10 Const LJ 225，（1993）35 Con LR 39；*BP Chemicals Ltd v Kingdom Engineering（Fife）Ltd*［1994］2 Lloyd's Rep 373，38 ConLR 14. Cf *Morgan Grenfell（Local Authority Finance）Ltd v Seven Seas Dredging Ltd*（1990）21 ConLR 122.

这样做的原因是依法签发的证书到期的债务是经过认证的金额。当仲裁员作出裁决时（而不是在原始证书的日期），仲裁员向上修改认证金额的余额就到期了。

另一方面，如果建筑师或工程师的证书因不符合合同条款而被修正，其就存在违约，并可能被要求支付利息。如果有足够的证据表明建筑师或工程师进行恶意认证或有不当动机，则也可以要求支付利息。

如果法规有明确规定，那么法定仲裁是可以裁决利息的。另一方面，沉默可能导致无法裁决利息的假设。在支付仲裁金额之前累计的利息是债务，而不管利息是如何产生的。[75]

法院在 *Coastal States Trading*（*UK*）*Ltd v Mebro Mineraloelhandelsgesellschaft GmbH*[76] 案中认定了在作出裁决时可以裁决累计至支付仲裁庭裁决的本金之日的利息。法院将累计的利息作为债务。

41.9　损失、费用以及特殊损害赔偿

仲裁庭可以根据合同或者特殊损害赔偿将利息视为直接的“损失和费用”（loss and expense）。如果有直接损失的合同权利（例如，参见 1969 年和 1998 年《PAM 建筑合同标准格式》第 24 条、《CIDB 建筑工程合同标准格式》（2000 年修订）第 31 条和相关的分包合同），对于在承担支出中产生的额外融资费用，申请人有权以之作为直接损失和费用主张。[77]

在此基础上，可以主张复利。大法官高夫在 *Rees & Kirby v Swansea City Council*[78] 案中指出：

> 在此看来，我们必须采取一种现实的做法。此外，我们必须牢记，我们在这里考虑的是一笔根据合同到期的债务；这不是对利息的请求……，而是对合同当事人由于具体事项而涉及的损失或费用的请求。答辩人与我想象的大多数的承包商一样，会在相关期间在其通过银行大幅透支的基础上经营业务，并就该期间向银行支付的有关款项的利息提出索赔。众所周知，银行在计算透支利息时，是以定期利息为基础的；根据上诉法院在 Minter 案中陈述的原则，我们在这里必须适用，我看不出为什么在计算本案中被申请人的损失或费用索赔时不考虑这一事实。

法院随后让双方商定计算利息的利率，但指示必须考虑承包商在银行透支时支付的利率，以及适用于该账户的定期利率。承包商正在争取季度利息，法院没有排除这一可

[75] *Monmouthshire County Council v Newport Borough Council*［1947］1 All ER 900，［1947］AC 520，HL.

[76] ［1986］1 Lloyd's Rep 465；cited in *Walker v Rome*［1999］All ER（D）1283.

[77] *F G Minter Ltd v Welsh Health Technical Services Organisation*（1980）13 BLR 1.

[78] （1985）30 BLR 1 at 23 per Goff LJ.

能性。这种请求类型必须经过答辩和证明。

索赔人需要确定以下两件事之一：

（1）增加借款，通常是从其银行借款，在增加开支的时候以及由于增加开支而产生了索赔的权利；

（2）资本的减少，即赚取利息或以其他方式获利，同样额外支出的时间和后果产生了索赔的权利。

在真正要求增加借款的情况下，索赔人必须提供关于额外借款数额、原因、支付给银行的确切利率以及额外利息发生的确切期间的准确完整的记录。请求若仅仅基于想象被提出而没有详细的借款日期或记录，则不会被采纳。

仲裁庭将利息裁定为建筑合同下的“损失和费用”并将利息作为特殊损害赔偿是被允许的。这两个种类的利息是不一样的。作为建筑合同下的“损失和费用”的利息是作为合同权利出现的，而作为特殊损害赔偿的利息是作为违反合同的损害赔偿权利出现的。

这两种类型都被考虑在了一起，因为在开发过程中，它们都从另一种类型中获得了支持，并提出了类似的考虑。要求利息索赔构成特殊损害赔偿的，必须得到具体的证明。[79]

索赔人可以明确提出利息索赔作为特殊损害赔偿并进一步进行证明，例如在 *Department of Environment for Northern Ireland v Farrans Construction Ltd*[80] 案中，原告获得了特殊损害赔偿利息裁决，因为被告在违约金的临时支付中错误地扣除了特殊损害赔偿利息，使得原告被迫借款。这些扣款后来在诉讼开始前发给了承包商。

《建筑法报告》（*Building Law Reports*）的编辑评论了 *Department of Environment for Northern Ireland v Farrans Construction Ltd*[81] 案，对裁决的正确性提出了质疑：

> 这种损失是难以准确估计的，因此可能也被认为属于“一般损害赔偿”（general damages）而不是“特殊损害赔偿”（special damages）……在这个基础上，他们似乎被惯例法规则束缚，反对将利益作为违反合约支付款项的损害赔偿来恢复。利息只有当有针对本金的判决或裁决而不是本金已经被支付给原告或请求人时，才能由法院或者仲裁员裁定。

法院在 *President of India v Lips Maritime Corpn*, *The Lips*[82] 案请求延迟支付货款的损害赔偿情况中认为，如果源自延迟的损害赔偿是自然产生的，那么这不一定有利于原告。但是原告如果能够证明当事人知晓事实或情况并从中合理推知该延迟支付会导致损失，则可以恢复其有关特殊损失的损害。

---

[79] *International Minerals & Chemical Corpn v Karl O Helm AG* [1986] 1 Lloyd's Rep 81 per Hobhouse J.

[80] 19 BLR 1.

[81] *Ibid* at 6-7.

[82] [1987] 1 Lloyd's Rep 131, [1987] 1 All ER 957.

被告在 *Wadsworth v Lydall*[83] 案中不正当地延迟支付了应属于原告的款项，法院认为原告将被迫因此借款去完成交易是可预见的。法院准予了原告在借款方面产生的实质利息，作为特别损害赔偿向被告追偿。

因此，显而易见的是，在大多数司法管辖区，仲裁庭有权裁决将利息作为损失或费用的一部分，而且这仍然是仲裁庭的裁量权。

[83] ［1981］2 All ER 401.

第9篇 Part nine

仲裁费用

第42章 仲裁费用

42.1 引 言

出于诸多原因，国际商事仲裁通常可能是一个复杂且昂贵的过程。这和诉讼本身在性质上是不同的。双方当事人必须向仲裁庭和仲裁机构支付服务费用。他们必须承担仲裁费用，因为国际商事仲裁是私人争议解决机制。

仲裁费用包括仲裁庭的费用和审理费用、仲裁机构费用、法律费用和开支、专家费用和开支、当事人自己的直接费用（员工差旅和出席会议或听审费用）和当事人自己的间接费用（员工的时间费用）。

仲裁费用已经升高，而在复杂案件中，仲裁费用可能与诉讼费用一样高，这种情况并不少见。与等同的国家诉讼相比，国际商事仲裁的费用是很高的。这不仅在绝对期限上昂贵，而且与争议金额相比也是昂贵的。[1]

每次仲裁中出现的费用问题和支付义务都是由仲裁协议产生的。[2] 在决定提交仲裁程序和是否继续仲裁时，费用是一个实际的问题。[3] 仲裁案件没有报告，难以引用实际案例来说明在特定情况下如何行使审理费用的自由裁量权。[4]

谁支付费用的问题对于各方当事人来说尤其重要。德兰斯和施瓦茨评论说：

> 除了仲裁程序的最终结果和可能需要的时间之外，仲裁程序通常没有哪个方面比其审理费用更能让当事人关心。

然而，尽管审理费用是仲裁程序的一个组成部分，但国际商事仲裁费用的一般实践也不可辨别。[5] 仲裁庭对费用的分摊和分配责任的做法是不可预知的和粗枝大叶的。[6]

这源于国际法中普遍流行的基本二分法。一方面可以说，英国“审理费用跟随事件”（costs follow the event）的规则普遍存在。相反，另一种做法是美国的“无审理费用

[1] E A Schwartz, “The ICC Arbitral Process, Part IV: the costs of ICC Arbitrations”, (1993) 4 ICC Cr Bull at p 8.

[2] *Re Kenworth Engineering Ltd* [2005] 2 HKLRD 97 at [44], per S Kwan J.

[3] M W Buhler, “Awards of Attorney's Fees in International Arbitration”, (2005) 20 Mealy's International Arbitration Report, 5 at p 3.

[4] A P H Chew, *The Law of Costs in Civil Proceedings*, (2013) at p 1284.

[5] A Redfern and M Hunter, *Law and Practice of International Commercial Arbitration*, (3rd Edn, 1999) at p 406.

[6] *Ibid.*

转移”（no costs shifting），规定每一方当事人都要承担自己的法律费用，而不管争议的结果如何。[7]

大多数仲裁机构以修改过的前一原则为规则，其中仲裁庭主要审议确定费用的结果。[8] 作为一般规则来说，仲裁庭可以裁定费用，但不受有关费用的固定规则的约束。

一般来说，仲裁地的程序法规定了审理费用的适用法律。加里·博恩[9]解释说：

> 毫无疑问，仲裁员决定裁决费用的权力受仲裁程序法（通常是仲裁地的程序法）管辖。这与对待仲裁员处理临时措施、披露等形式救济的权力是一致的，没有其他国家法律制度是管理这个问题的合理候选方。

费用是实质性索赔产生的附带或衍生补救，在国家立法规定的指导下，由仲裁庭自由裁量。[10]

42.2 审理费用类型

一般来说，大多数司法管辖区和仲裁规则下的仲裁庭有权裁定费用。首先，根据仲裁地的明示条款或议定条款或程序，费用裁决是强制性的；其次，当事人已经适当提出了对费用的索赔。

在没有这种明确权力的情况下，仲裁庭可以具有裁定其实质管辖权的隐含权力和提供补救措施来处理相关事项的权力，比如费用。加里·博恩[11]解释说：

> 法国和瑞士的这种做法反映了一个一般原则：如果当事人在协议中没有相反的

---

[7] T Eisenberg 和 G P Millar，“ The English vs the American Rule on Attorney's Fees：An Empirical Study of Attorney's Fee Clauses in Publicly-Held Companies' Contract，”（2010）纽约大学法律与经济学工作报告第241页称：“美国赔偿律师的规则要求每一方支付自己的律师费，无论输赢；英国规则（适用于世界大多数国家的规则）要求败诉方向胜诉方支付合理的费用。” W Olson and D Berstein，“Loser Pays-Where Next?”（1996）55 Maryland Law Review 1161：“失败者付费规则通常被称为‘英国规则’，因为它在英国普通法体系中长期存在。相反的做法，让双方各自承担自己的律师费用，通常被称为‘美国规则’”。另见AAA商业仲裁规则第48条。

[8] 《世界知识产权组织仲裁规则》（2016）第74条规定：“仲裁庭可以根据所有情形和仲裁结果，在裁决书中命令一方当事人支付另一方当事人因陈述主张而发生的全部或部分合理支出，其中包括为法律代理人和证人发生的支出，但当事人有相反约定的除外。”。《2012年国际商会仲裁规则》第37（5）条将双方当事人的行为视为一个关键情况，规定：“在决定成本时，仲裁庭可以考虑其认为相关的情况，包括各当事方以迅速且具有成本效益的方式进行仲裁的程度”。

[9] Gary Born，*International Commercial Arbitration*（2nd Ed，2014） at p 3098.

[10] 例如，《2005年马来西亚仲裁法案》（第646号法案）第44条第（1）款的规定，作为国际仲裁的一种选择权，“除非当事人另有约定（a）仲裁的费用和开支应属于仲裁庭的自由裁量权，可以……”。在投资条约仲裁中，仲裁庭也有自由裁量权：参见 *Toto Costruzioni Generali SpA v Republic of Lebanon*（ICSID Case No. ARB/07/12），2012年6月裁决书第258页；*Swisslion DOO Skopje v The Former Yugoslav Republic of Macedonia*（ICSID Case No. ARB/09/16），2012年7月裁决书第258页。

[11] Gary Born，*International Commercial Arbitration*（2009） at p 2491.

> 说明，则应推定国际仲裁员有权对法律代表的费用作出裁决……即使适用的机构规则也没有明确授予仲裁庭裁定法律费用的权力，当事人的仲裁协议应解释为默示授予了该项权力。这源于发达司法管辖区的压倒性权威，以及当事人寻求不法损害赔偿的权利必须包含成本的基本原则。默示协议授予了仲裁员裁定仲裁费用（包括法律费用）的权力，是仲裁庭权威的自然和固有的方面（无相反协议）。

仲裁费用是仲裁所涉及或附带的所有费用和开支。它不是指提交仲裁中要求的实质性数额。仲裁庭通常会在仲裁过程中提出诉讼费要求，否则仲裁庭可以通过相关的请求超过其仲裁管辖而对费用作出裁决。[12]

重要的是要记住，在考虑仲裁费用时，对费用的定义因机构的规则而异。2012年《国际商会仲裁规则》第37（1）条规定，费用包括“当事人仲裁所产生的合理法律和其他费用”，而2014年《伦敦国际仲裁院仲裁规则》第28.1条则使用了更广泛的规则，即“当事人自己承担的法律或其他费用”。

《UNCITRAL仲裁规则》第40条通过使用“唯一”（only）一词提供的排他定义如下：

2.“费用”（costs）一词仅包括：

（a）按每一仲裁员分别开列并由仲裁庭根据第41条自行确定的仲裁庭收费；

（b）仲裁员所花费的合理旅费和其他开支；

（c）仲裁庭征询专家意见的合理费用和所需其他协助的合理费用；

（d）证人的合理旅费和其他开支，以仲裁庭核准的开支额度为限；

（e）各方当事人与仲裁有关的法律费用和其他费用，以仲裁庭确定的此种费用的合理数额为限；

（f）指定机构的任何收费和开支，以及常设仲裁院秘书长的费用和开支。

科林·王（Colin YC Ong）和迈克尔·帕特里克·奥赖利（Michael Partick O'Reilly）[13] 表示，费用可以重新定义为大众全部的费用和当事人自己的费用：

（1）大众全部的费用，即涉及大众管理的费用，如仲裁庭的费用和开支、仲裁机构的费用和开支，以及由仲裁庭或仲裁机构直接委托的服务费用；

（2）当事人自己的费用，即直接由当事人承担的费用，比如代理、证人陈述和调查等方面产生的费用。

另外，也可以将其重新定义为诉讼或仲裁的费用和各方当事人的费用[14]，或者作为仲裁费用和法律费用。很明显，这些术语涵盖了一定范围和时间段内国际仲裁规则和立

---

[12] 一些例子在《墨西哥商法典》中可以看到，参见第IV章“商事仲裁”第1415章（IV）；1999年《瑞典仲裁法案》第43条；2012年《瑞士国际仲裁规则》第38（e）条；2016年《澳大利亚国际商事仲裁规则（ACICA）》第44（e）条；2013年《香港国际仲裁中心仲裁规则》第33（1）（e）条。

[13] C Ong and M O'Reilly, *Costs in International Arbitration*,（2013）at p 5.

[14] J Y Gotanda, “Attorney's Fees Agonistes: The Implications of Inconsistency in the Awarding of Fees and Costs in International Arbitration”, in MA Fernandez-Ballesteros and D Arias（eds）, *Liber Amicorum Bernado Cremades*（2010）.

法中的混乱含义。[15]

雷德芬和亨特指出，“关于国际商事仲裁中费用的处理问题，没有任何的一般惯例可以确定”[16]。国际仲裁案件中的缔约方不应假设会遵循其管辖权的正常做法或审理费用概念。

例如，仲裁庭在 *Konsortium Oeconomicus v The Czech Republic*[17] 案中裁定，根据作为仲裁地法的德国法律规定，在仲裁中担任索赔人代表但不是仲裁当事人的两个人要对仲裁庭判给被申请人的仲裁费用承担连带责任。

马来西亚的立场反映了大多数国际司法管辖区的立场。总之，仲裁庭必须考虑四种类型的费用[18]：

（1）仲裁庭自己的费用和开支，包括仲裁员的审理费用，由于诸如随后的利益冲突而不能行使权力，但有权因完成的工作而获得工作费用和开支。

（2）涉及仲裁的所有仲裁机构的费用和开支，例如仲裁员的任命或上诉听审。

（3）各方当事人自己的费用，包括法律费用和律师或其他代表（包括非专业代表）的费用[19]。在谈判中提到的仲裁员所产生的费用将列入其中。[20]

（4）仲裁附带的其他支出，包括专家的费用以及口译、过程记录、复印、雇用仲裁的场地[21]等费用种类。[22]

在马来西亚，仲裁的费用是一个简明的术语，包括提交仲裁的费用和裁决的费用。《2005 年仲裁法案》第 44 条处理了费用问题，但两者之间没有区别。

然而两者之间的区别在实践中可能仍然具有一定的相关性，因为各方当事人和仲裁庭可能会发现这有助于确定如何处理这些不同的可收回成本。[23]

而仲裁庭应遵循的一般规则是给出所准予费用的理由。加里 · 博恩[24]解释说：

---

[15] J Lew，L Mistelis，et al，*Comparative International Commercial Arbitration*，（2003） at p 652.

[16] Redfern and Hunter，*Law and Practice of International Commercial Arbitration*，（1999） at p 406；M Hodgson and C Chopra，“ICSID tribunals” reasoning on costs：A survey of 145 public ICSID awards up to 31 May 2014”.

[17] *Konsortium Oeconomicus v The Czech Republic*，Decision for Termination of the Proceedings（5 Dec 2011），Award on Costs（8 Feb 2012） and Addendum to the Award on Costs（22 Feb 2012）.

[18] 2010 年《UNCITRAL 仲裁规则》第 40 条中解释“费用”的措辞为：“（a）按每一仲裁员分别开列并由仲裁庭根据第 41 条自行确定的仲裁庭收费；（b）仲裁员所花费的合理旅费和其他开支；（c）仲裁庭征询专家意见的合理费用和所需其他协助的合理费用；（d）证人的合理旅费和其他开支，以仲裁庭核准的开支额度为限；（e）各方当事人与仲裁有关的法律费用和其他费用，以仲裁庭确定的此种费用的合理数额为限；（f）指定机构的任何收费和开支，以及常设仲裁院秘书长的费用和开支。”

[19] 这包括业外人士代表，参见 *Piper Double Glazing Ltd v DC Contracts*（1992）*Ltd*［1994］1 All ER 177，［1994］1 WLR 777 案。

[20] *In Re An Arbitration between Autothreptic Steam Boiler Co Ltd and Townsend*，*Hook & Co*（1888）21 QBD 182.

[21] 如果不包括在仲裁机构的费用中，或者使用了替代场地。

[22] *Hawkins v Rigby* 29 LJCP 228；*Re Westwood*，*Baillie & Co and Government of Cape of Good Hope*（1886）2 TLR 667.

[23] Sutton Gill and Gearing，*Russell on Arbitration*（24th Edn，2015） at para 6-129.

[24] “Chapter 15：International Arbitral Awards：Legal Framework” in Gary Born，*International Arbitration*：*Law and Practice*（2nd Edn，2015） at 17.

从历史上看，大多数法律制度并没有规定对裁决的理由进行解释。尽管如此，许多司法管辖区的现代仲裁立法取代了历史规则，要求仲裁员对在国家领土内作出的裁决提供理由，除非双方当事人另有约定。

2011 年《特许仲裁员协会国际仲裁费用调查研究》（*The Chartered Institute of Arbitrators' Survey on Costs of International Arbitration* 2011）得出结论认为，在仲裁程序中，申请人在仲裁程序中的支出比被申请人多 12%。[25] 普通法国家的平均费用约为1 348 000英镑，大陆法系国家的费用为1 521 000英镑，差距近 13%。[26]

在现今的仲裁程序中，申请确保仲裁费用安全是司空见惯的事情。[27] 具体而言，根据仲裁机构以各种能力提供的支持，这种现象在机构仲裁中普遍存在。

42. 3　提交仲裁的费用

除非各方当事人另有约定，否则他们可以聘请熟练和富有经验的代表来提交他们的案件。[28] 提交仲裁的费用是当事人在仲裁的开始[29]、准备、提出和提起仲裁请求或者答辩中产生的合理费用。这些费用是当事人必须支付给律师或代表的法律费用。[30]

它们的范围包括向其他专业人员和专家证人支付的合理款项，律师、证人和所有有关人员的酒店和旅行费用，复印费，电话费，传真费，电子邮件费，以及提供服务时征收的商品及服务税或增值税等税项。

如果此事有合适的理由聘请专家证人参加[31]，那么向证人支付费用也是合理的。[32] 如果可以证明仲裁庭自己的团队为仲裁程序提供了一些好处并避免了聘请外部专家的参与，那么仲裁庭可以允许客户计算自己团队的相关费用。

在 *Re Nossens's Letter Patent*[33] 案中，法官劳埃德·雅各布（Lloyd-Jacob J）认为：

---

[25] *Ibid* at p 1.

[26] 2011 年《CIArb 国际仲裁费用调查研究》，可查阅：http://aryme.com/docs/adr/2-2-2594/arbitraje-reino-unido-2011-uk-ciarb-international-arbitration.pdf，第 1 页。

[27] 《CIArb 申请担保费用指南》，可查阅：http://www.ciarb.org/docs/default-source/ciarbdocuments/guidance-and-ethics/practice-guidelines-protocols-and-rules/international-arbitration-guidelines-2015/2015securityforcosts.pdf?sfvrsn=16.

[28] 某些仲裁规则，如《GAFTA 仲裁规则》和《PORAM 仲裁规则》不允许独立执业的律师未经仲裁庭许可出席听证会；也可参见 *Ceval Alimentos SAv Agrimpex Trading Co Ltd* ［1995］ 2 Lloyd's Rep 380 案。

[29] 为支持启动仲裁而委托专家的费用被视为仲裁费用的适当组成部分，正如 *Societe Anonyme Pecheries Ostendaises v Merchants' Marine Insurance Company* ［1928］ 1 KB 750 at 763，per Atkin LJ 以及 *Bolton v Mahadeva* ［1972］ 1 WLR 1009 at 1014，per Cairns LJ 案中那样。

[30] *Sabah Shipyard （Pakistan） Ltd v Government of the Islamic Republic of Pakistan* ［2004］ 3 SLR （R） 184.

[31] *Atwell v Ministry of Public Buildings and Works* ［1969］ 1 WLR 1074.

[32] *Wright v Bennett* ［1948］ 1 All ER 410.

[33] *Re Nossens's Letter Patent* ［1969］ 1 WLR 638 at 643-644.

> 法院的惯例是不允许当事人就其本人在指示律师期间所花费的时间进行索赔。在公司提起诉讼的情况下，这一点还没有得到严格的执行，因为人们已经认识到，如果需要专家协助，可能公司自己的专业人员会是最适合或最方便的专家。如果公司的诉讼当事人没有决定从自己的工作人员那里选择和提供专家援助，正如案件发生的那样，法官必须决定允许专家出席的适当费用。对于外部专家，正常评估将基于当前的专业标准，在适当的情况下，这将包括其办公室或实验室的运行管理费用的适当比例，即他能够承担的费用，以及这种支出的利润要素。法官行使自由裁量权时，认为向被控一方列入任何有关被申请人本身间接费用或任何与其有关的利润因素的项目是不合理的负担……在此，他显然是正确的，因为他所做的工作的实际和直接费用是为了对被申请人支付参与实验的人员的薪金、材料和自付费用进行赔偿。被申请人的间接费用支出的任何部分都不是由这一诉讼引起的，只因为被申请人决定倾向于自己的独立专家工作人员的服务就将责任转移给另一方来解决其部分问题是不合理的。

提交仲裁的费用还包括支付仲裁机构对仲裁的管理和监督的所有费用。这些是与当事人有关的审理费用。2015 年《国际商会委员会报告》（*The* 2015 *ICC Commission Report*）“关于国际仲裁费用的决定”（Decisions on Costs in International Arbitration）[34] 指出：

> 法院经常认定，一方当事人的审理费用虽然明显高于另一方，但仍然是合理的。

换句话说，不平衡并不会自动意味着不合理。在某些情况下，仲裁庭会通过计算双方当事人索赔的平均费用来确定法律费用的合理性，并以市场利率为基准。[35]

法院在 *VV v VW*[36] 案中的解释说：

> 虽然法院认识到具有专门知识的高级顾问能够指定一定的审理费用水平，但是在任何普通法系统内都有固有的标准过程，可以评估在一般现行法律市场的情况下合理和适当的数字是什么。这并不一定与特定律师可能向其客户收取的费用（以及客户可能满足于支付专业知识的内容）有关。

仲裁庭应实事求是地考虑律师的费用。VK Rajah JA 在 *Lin Jian Wei v Lim Eng Hock Peter*[37] 案中阐述道：

---

[34] ICC，Decisions on Costs in International Arbitration–ICC Arbitration and ADR Commission Report.

[35] *Simpsons Motor Sales*（*London*）*Ltd v Hendon Corp*（*No* 2）［1965］1 WLR 112 at 118，per Pennycuick J；*Stanley v Phillips*（1966）115 CLR 470；*P Rosen & Co Ltd v Dowley & Selby*［1943］2 All ER 172；*Edwards v Legalese Pty Ltd t/a Peter Scragg & Associates*（*No* 2）［2012］SADC 110.

[36] ［2008］2 SLR（R）929 at［29］，per Judith Prakash J.

[37] ［2011］3 SLR 1052 at［70］–［71］.

> 工时表常常包含并嵌入了低效和重叠工作的许多方面，不应总是从表面上看待它们。取而代之的是由司法常务官*和核定专家来核定。他们应该一开始就评估律师处理相关工作所需要的实际时间。不幸的是，费用的账单夸大了工作量，并且夸大了争议事项的复杂性……总而言之，尽管事情的重要性和复杂性以及花费时间的困难性或新奇性确实是重要的，但这只是衡量结算的合理性和相称性的若干参考点之一。费用裁决应当是根据判断而不是算术作出的，也不是采用什么算术交叉核定作出的。

《2005 年仲裁法案》对于各方当事人自己的间接费用，例如酒店和差旅费用，都是沉默的。但是，《KLRCA 仲裁规则》为仲裁庭规定了每日津贴和其他费用的具体参照表。

有时，“提交仲裁的费用”一词具有更广泛的内涵，以便包括裁决的平均费用。因此，它包括与仲裁有关的一切费用。处理提交仲裁费用的权力包括处理裁决费用的权力。

例如，法院在 *Re an Arbitration between Walker & Son and Brown*[38] 案中认为，当事人之间就提交仲裁费用提出的协议将被视为意味着所有的审理费用，而不仅仅是当事人的审理费用。

不过，*Lewis v Haverfordwest RDC*[39] 案的法院批评了仲裁庭裁定裁决费用由败诉方承担，但随后又命令双方当事人自行承担各自的法律费用。

42. 4　裁决的费用

裁决的费用是仲裁庭为设立、管理和完成仲裁所发生的费用和开支。这些是与仲裁庭有关的费用。在没有达成协议的情况下，仲裁庭有权确定其费用，由有关部门核定。[40]

福查德 · 盖拉德 · 戈德曼（Fouchard Gaillard Goldman）[41] 补充说：

> 在机构仲裁中，仲裁机构有责任根据这些费用和开支从当事人处获得预付款。

总的来说，这些费用一般是支付仲裁庭和证人的费用，还包括与仲裁程序和仲裁裁决有关的任何其他费用。

裁决的费用与提交仲裁的费用之间的划分可能会引起混淆。菲尔德法官（Field J）

---

* 司法常务官（registrar），是一个司法机关的行政工作最高负责人。司法常务官负责其司法机关的运作，例如法院或审裁处的登记处。——译者注

[38] （1882） 9 QBD 434.

[39] ［1953］ 2 All ER 1599，［1953］ 1 WLR 1486.

[40] *Progen Engineering Pte Ltd v Winter Engineering （S） Pte Ltd* ［2006］ SGHC 224.

[41] “Part 4：Chapter II-The Arbitral Proceedings” in E Gaillard and J Savage （eds），*Fouchard Gaillard Goldman on International Commercial Arbitration*，（1999） at p 684.

在 *Re an Arbitration between Walker & Son and Brown*[12] 案中说：

> 常识表明，提交仲裁的费用的权力包括了决定裁决的费用的权力。如果没有作出任何裁决，那么提交仲裁将永远不会完成。

《2005 年仲裁法案》第 44（1）（c）条规定，当事人将对裁决费用的平等份额承担责任，除非该裁决规定了这些费用的其他分配方式。例如，仲裁庭在 *Lithuania v OAO Gazprom*[13] 案中以同样的方式公平地裁决了双方当事人分别承担 50 万欧元的裁决费用。

通常情况下，有关费用的裁决会指示不成功的一方向成功的一方偿还裁决的费用及提交仲裁的费用。

42.5 无须详细列明的费用

作出裁决费用的仲裁庭可以区分提交仲裁的费用、赔偿的费用和所涉及的其他费用之间的责任。《2005 年仲裁法案》不要求仲裁庭分别列出分摊仲裁费用的各个项目。[14]

实践中，仲裁庭在行使留置权以保留裁决时，可单独列出其费用和开支，直至这些费用和开支被支付。这大大缩小了各方当事人就一个没有具体说明的全球数字进行争论和争议的范围。[15]

在这方面，法官唐纳森在 *Rolimpex Central Handlu Zagranicznego v Haji E Dossa & Sons Ltd*[16] 案中提到了英国相当于《2005 年仲裁法案》第 20（1）条所引起的困难，它限制了对获得裁决的一方要求结算的权利。

根据《2005 年仲裁法案》，向法院提出的任何申请的审理费用由法院处理，而不是由仲裁庭处理。此类申请可包括根据第 15 条撤销仲裁员，或根据第 18 条对仲裁庭管辖权的上诉。

法官斯克鲁顿（Scrutton J）在 *Arnhold Karberg & Co v Blythe, Green, Jourdain & Co*[17] 案中表示，仲裁庭对于就审理费用争议向高等法院提出上诉的案件没有自由裁量权。这是一个法院的问题，将以与之前的任何其他事项相同的方式处理。[18]

然而在仲裁中，可能会感受到与仲裁有关的申请对法院的影响。在许多情况下，仲

---

[12] （1882）9 QBD 434 at 435.

[13] *Lithuania v OAO Gazprom* 22 June 2016.

[14] *Re Gilbert v Wright* 20 TLR 164; *Rolimpex Central Handlu Zagranicznego v Haji E Dossa & Sons Ltd* ［1971］1 Lloyd's Rep 380.

[15] *R v South Devon Rly Co*（1850）15 QB 1043; *Government of Ceylon v Chandris* ［1963］2 QB 327, ［1963］2 All ER 1, ［1963］1 Lloyd's Rep 214.

[16] ［1971］1 Lloyd's Rep 380.

[17] *Arnhold Karberg & Co v Blythe, Green, Jourdain & Co* ［1915］2 KB 379 at 393 per Scrutton J; *Higham v Havant and Waterloo UDC* ［1951］2 KB 527, ［1951］2 All ER 178, CA（Eng）.

[18] *Marc Rich & Co AG v Beogradska Plovidba, The Avala* ［1994］2 Lloyd's Rep 363.

裁庭将暂停未决程序，等待法院的裁决。例如，对管辖权的上诉中至少有现实的胜诉前景。

通常情况下，程序的持续时间尽管被延长了，但仍可继续进行。在此类案件中，增加的费用仅仅是裁决总费用的一部分。

42.6　作出裁决的费用的管辖权

《2005 年仲裁法案》第 44 条规定，除非当事人另有约定，否则仲裁的费用和开支由仲裁庭酌情决定，仲裁庭可以指示向谁支付、由谁支付以及以何种方式支付这些费用或其任何部分，可以对将要支付的费用或其任何部分进行核定和结算，并可以裁决律师和客户之间将要支付的费用。

《2005 年仲裁法案》第 21（1）条与《UNCITRAL 示范法》第 19（1）条同样涉及当事人意思自治，具体如下：

> （1）在不违反本法规定的情况下，当事人可以自由商定仲裁庭在仲裁中应遵循的程序。

《2005 年仲裁法案》第 44 条“除非当事人另有约定”的措辞进一步加强了这一规定，双方当事人可以自由商定如何处理费用。因此，裁决的费用是程序性的。

因此，仲裁庭有权在仲裁本身范围内作出费用裁决。如果两个或两个以上的仲裁一起审理，它们在法律上仍然是分开的。除非两项或多项仲裁得到正式合并，否则仲裁庭必须为每项仲裁作出费用裁决。[49] 一旦正式合并，仲裁庭可以就争议事项作出单一裁决。

在某些司法管辖区，法院将授权仲裁庭审理费用解释为强制性的。法官罗利特（Rowlett J）在 *Re Becker*, *Shillan & Co and Barry Bros*[50] 案中解释说：

> ……这并不意味着仲裁员有权决定是否处理这些问题，而是他必须通过对这些问题行使自由裁量权来处理。如果他选择的话，他可以要求引起这种费用的各方当事人来承担，而不要求任何一方支付另一方的费用。但他必须对他们行使自由裁量权。

马来西亚的立场主要反映了大多数国家，特别是符合示范法的国家和立法机构的立场。

---

[49] *Maritime Transport Overseas GmbH v Unitramp SA*, *The Antaios* [1981] Lloyd's Rep; *Wilhelmsen v Canadian Transport Co*, *The Takamine* [1980] 2 Lloyd's Rep 204.

[50] *Re an Arbitration between Becker*, *Shillan & Co and Barry Bros* [1921] 1 KB 391 at 395, per Rowlatt J; *Blue Horizon Shipping Co SAv E D and F Man Ltd*, *The Aghios Nicolaos* [1980] 1 Lloyd's Rep 17，根据法官 Ormrod 的观点，他认为对费用作出裁决是仲裁庭的“义务”。

法官史密斯（Smith J）在 *Re Stephens, Smith & Co and Liverpool and London and Globe Insurance Co's Arbitration*[51] 案中表示：

> 该条款的作用是使仲裁员和裁决员在他们自己的事业中担任法官，并使他们能够最终解决应支付给他们的费用数额。

仲裁庭裁决费用的权力适用于所有没有明确排除费用而提交的问题。因此，仲裁庭可以裁定：

（1）中间申请的费用，例如披露申请，应立即支付；

（2）承担费用的一方当事人必须在规定期限内支付费用；

（3）实质性裁决的净支付者应结算的费用（被申请人作出有关要约的，其金额不超过实质性裁决），仲裁庭有权从实质性裁决的应付金额中扣除此类费用。[52]

因此，仲裁庭必须明确有权获得费用的一方、应支付费用的一方、确定的金额或确定金额的方法，以及支付费用的方式。

它还可以包括进一步的指示，如果成功的一方已经支付了裁决的费用，则另一方应立即向成功的一方报销该方根据该裁决而承担责任的任何费用。

虽然仲裁庭有作出裁决和分摊费用的自由裁量权，但马斯蒂尔和博伊德指出，仲裁庭必须严格注意与仲裁有关或导致仲裁的事实，这些事实已在仲裁庭面前得到证明，或仲裁庭本身在仲裁过程中遵守了这些事实。仲裁庭不得考虑与争议无关的因素，如种族、宗教偏见或对败诉方的同情。[53]

仲裁庭对费用作出裁决的自由裁量权和决策权通常不能委托给第三方。除非协议规定或者仲裁地的程序法允许，否则不能适用授权原则。例如，一些仲裁立法允许仲裁庭将仲裁费的核定权委托给法院或机构。[54]

这项权力必须通过裁决来行使，否则根本不能行使。[55] 因此，裁决的费用必须以裁决的形式作出，或作为实质性裁决的一部分，或在补充裁决中单独处理。加里·博恩[56]补充说：

除此之外，关于费用的单独裁决可能是撤销程序的主题。

这样的裁决包括双方当事人之间的费用分配以及决定裁决中包含的费用数额。如果

---

[51] （1892）36 Sol Jo 464 per Smith J；*Re an arbitration between Williams and Stepney*［1891］2 QB 257，CA（Eng）.

[52] *Everglade Maritime Inc v Schiffahrtsgesellschaft Detlef von Appen mbH*，*The Maria*［1993］QB 780 at 803，［1993］3 All ER 748 at 766，［1993］2 Lloyd's Rep 168 at 180，CA（Eng），per Evans LJ.

[53] Mustill and Boyd，*Commercial Arbitration*，（2nd Edn，1989）at p 395.

[54] 《新加坡国际仲裁法案》（Cap 143A）第21（1）条。

[55] Cave J in *Re an arbitration between Prebble and Robinson*［1892］2 QB 602 at 605.

[56] "Chapter 23：Form and Contents of International Arbitral Awards" in Gary Born，*International Arbitration：Law and Practice*（2nd Edn，2015）at p 3017；*VV v VW*［2008］2 SLR（R）929. *Tang Boon Jek Jeffrey v Tan Poh Leng Stanley*［2001］2 SLR（R）237，CA（Sing）；*Maruna v Lopatka*［2002］BCSC 1084，SC（BC）.

实质性裁决被撤销，关于费用的裁决就无效了。[57]

不处理费用的裁决并不是完整的裁决。[58] 重要的是，如果仲裁庭没有将费用包括在其裁决中，就不能假定它没有就费用和每一方当事人应承担的费用下达命令。相反，有人认为仲裁庭未能确定费用。[59]

如果仲裁庭没有这样做，那么在约定的条款或者程序法允许的情况下，仲裁庭在弥补不足或者请求追加裁决的期限届满前不能终止其职权。[60]

例如，任何一方当事人均可根据《2005 年仲裁法案》第 35（4）条的规定向仲裁庭申请额外的费用裁决。要求追加费用裁决的适用规则与实质性问题追加裁决的适用规则相同，仲裁庭没有特别管辖权自行追加费用裁决。

因此，仲裁庭有义务行使裁决费用的权力。[61] 说仲裁庭对费用有“裁量权”并不意味着仲裁庭有权决定是否处理这些费用，但是其在作出裁决时可以行使裁量权。[62]

42.7　当事人之间的协议

在普通法中，双方当事人可以就仲裁费用在数量、分摊和支付方式如何确定和分配等方面达成一致意见。[63] 这种协议可能包括列出各种费用，限制可能追回的款项，并规定向仲裁庭提出意见的方式和形式。

处理提交仲裁的费用的权力包括处理裁决的费用的权力。[64] 双方当事人之间关于支付费用的协议即使没有通知仲裁庭，也将优先于裁决，命令每一方当事人承担自己的费用。[65]

根据已废除的《1952 年仲裁法案》[66] 的规定，双方或协议的任何一方将在任何情况下支付自己的费用和/或另一方的费用的任何协议都是无效的。该协议应理解为没有包含该条款，除非该协议是在争议发生后签订的。[67]

---

[57] *Re an arbitration between Becker, Shillan & Co and Barry Brothers*［1921］1 KB 391,［1920］All ER Rep 644; *Blue Horizon Shipping Co SA v E D & F Man Ltd, The Aghios Nicolaos*［1980］1 Lloyd's Rep 17, CA (Eng).

[58] *Davis v Witney UDC* 15 TLR 275.

[59] *Williams v Wilson* (1853) 23 LJ Ex 17, 9 Exch 90; *Re an arbitration between Becker, Shillan & Co and Barry Brothers*［1921］1 KB 391,［1920］All ER Rep 644.

[60] *Casata Ltd v General Distributors Ltd*［2006］NZSC 8.

[61] *Blue Horizon Shipping Co SA v E D & F Man Ltd, The Aghios Nicolaos*［1980］1 Lloyd's Rep 17 at 21, CA (Eng), per Ormrod LJ.

[62] *Re an arbitration between Becker, Shillan & Co and Barry Brothers*［1921］1 KB 391,［1920］All ER Rep 644.

[63] *Fitzsimmons v Lord Mostyn*［1904］AC 46, HL; *Mansfield v Robinson*［1928］2 KB 353 at 358.

[64] *Re an Arbitration between Walker & Son and Brown* (1882) 9 QBD 434.

[65] *Mansfield v Robinson*［1928］2 KB 353; *Fitzsimmons v Lord Mostyn*［1904］AC 46.

[66] Act 93 (repealed).

[67]《1952 年仲裁法案》第 19（3）条；只有在争端发生后达成协议的情况下，这种协议才具有约束力，参见 *Fitsimmons v Lord Mostyn*［1904］AC 46 案。

2011年《香港仲裁条例》（*the Hong Kong Arbitration Ordinance* 2011）第74（8）条规定，凡各方当事人同意自行承担费用的任何条文都是无效的，具体如下：

如果仲裁协议的任何条文规定了各方或任何一方须就根据该协议产生的仲裁程序支付其自己的费用，则该条文属无效。

但是，根据第74（9）条的规定，在争议发生之后作出的协议则不是无效的。

如果第74（9）条所提述的条文属协议的一部分，而该协议规定将在该协议订立前已产生的争议提交仲裁，则该条文并非无效。

它本质上意味着双方当事人在仲裁开始后必须相互同意费用的安排。

同样，1996年《英国仲裁法案》第60条[68]明确规定了任何此类关于费用的预备争议协议无效，内容如下：

由任何一方当事人支付全部或部分仲裁费用的协议仅在争议发生后订立方为有效。

《2005年仲裁法案》没有包括这样的规定。

然而商业合同中常见的条款是规定一方当事人承担另一方当事人因对方违约的事由提出索赔的费用，而不管结果如何。协议甚至可以规定申请人有权在补偿的基础上获得其费用。

这显然是一项繁重的合同条款，但它通常是由商业当事人协商达成的。有些司法管辖区规定了消费者合同中不公平的合同条款无效[69]，而其他司法管辖区规定了显失公平的合同条款无效。[70] 法院是否会将旧法适用于新的法律框架还有待观察。

像 *Windvale Ltd v Darlington Insulation Co Ltd*[71] 这样的案例可能会提供一些指导。

有观点认为 *Windvale Ltd v Darlington Insulation Co Ltd*[72] 案也适用于一方当事人将承担仲裁全部费用的协议，这意味着该方将承担自己的全部费用，无论其是否是申请人，也不论结果如何。

关于仲裁条款制定这一禁令的目的是防止出现这样的情况，即希望在仲裁中提出索赔的一方发现自己无法这样做，因为无论结果如何，其已经同意承担其部分或全部费用或另一方的费用。这种规定可能被视为旨在阻止一方行使诉诸司法的权利。

仲裁庭在面对与此有关的协议时，需要以通常的方式裁决费用。[73] 如果在争议发生之后产生了关于费用的协议，则在争议之后不会有任何意见反对此类协议的出现。

在该阶段，双方当事人可能被推定为在执行仲裁协议方面是公平的。分配与双方当事人之间（有效）协议不一致的费用的裁决在普通法系中是无效的。[74]

---

[68] *Shashou v Sharma*［2009］EWHC 957（Comm）.

[69] 2012年《爱尔兰仲裁法案》第21条。

[70] Barrass v Bank Banking & Trust Company（In re Checking Account Overdraft Litig. MDL No. 2036），685 F. 3d 1269（11th Cir. 2012），CA；cf Hough v Regions Financial Corportation，672 F. 3d 1224（11th Cir 2012），CA.

[71] （1983）The Times，22 December.

[72] 同上。

[73] *Smeaton，Hanscomb & Co Ltd v Sassoon I Setty，Son & Co*（*No* 2）［1953］2 All ER 1588，［1953］1 WLR 1481.

[74] *Mansfield v Robinson*［1928］2 KB 353.

法院在 *Magnificent Diagraph Sdn Bhd v JWC Ariatektura Sdn Bhd*[75] 案中认为，仲裁费用和开支将由双方当事人在指定仲裁庭之前确定并达成一致意见。

当双方当事人就费用问题提交一致意见时，例如，当双方当事人要求将费用判给胜诉方时，就可能形成协议。[76]然而，仲裁庭保留了是否裁决费用的自由裁量权。[77]

有些立法允许缔约方就费用作出补充协议[78]或参考有关费用的潜在协议[79]。这可能将费用问题转化为经双方当事人同仲裁庭磋商后商定的费用议定书。[80] 但一般来说，有些法规如果使词语符合了条件，则自身会较不灵活，如“除非双方当事人另有约定”[81]。大多数仲裁法规定了裁决费用的框架。

42.8 裁决费用的自由裁量权

仲裁庭无论是通过双方当事人的协议[82]还是通过法律，必须对仲裁费用行使自由裁量权。它通常会考虑到该方收回其最初主张的程度、各方当事人立场的合理程度、一方当事人的行为不必要地使仲裁程序和类似因素复杂化的程度。[83]

根据《2005 年仲裁法案》第 44（1）（a）条的规定，仲裁庭有完全的自由裁量权以裁定双方当事人之间的仲裁费用。从该法令关于费用的规定中可以清楚地看出这些条款是允许的，但仅供参考。[84] 根据案件的情况，仲裁庭对分摊责任和费用的金额有广泛的自由裁量权。仲裁庭的自由裁量权据说是“绝对的”（absolute）和“不受约束的”（unfettered）。[85]

然而虽然仲裁庭的自由裁量权是广泛的，但并不意味着它有权完全作为不负责任的

---

[75] *Magnificient Diagraph Sdn Bhd v JWC Ariatektura Sdn Bhd*［2009］MLJU 583.

[76] ICC Case No. 12745 at［272］, in AJ van den Berg（ed）, *Yearbook Commercial Arbitration* 2010-*Volume XXXV*（2010）at pp 40-128; ICC Case No. 14108 at［260］, as in A J van den Berg（ed）, *Yearbook Commercial Arbitration* 201-*Volume XXXVI*（2011）at pp 135-201.

[77] *Teinver SA*, *Transportes de Cercanias SA and Autobuses Urbanos del Sur SA v Argentina*, ISCID Case No. ARB/09/1, Decision on Jurisdiction 21 December 2012

[78] 1996 年《巴西仲裁法案》第 27 条；2010 年《爱尔兰仲裁法案》第 21（1）条。

[79] 1996 年《英国仲裁法案》第 61（1）条和（2）条、第 62 条、第 63（1）条和第 64（1）条。

[80] J Y Gotanda, “Awarding Costs and Attorneys” Fees in International Commercial Arbitrations”,（1991）21 Michigan J Intl Law at 1-50; M Buhler, “Awarding costs in International Commercial Arbitration: an Overview”,（2004）22 ASA Bulletin at p 249.

[81] 《澳大利亚国际仲裁法案》第 22（2）条。

[82] *Williams v Wilson*（1853）23 LJ Ex 17, 9 Exch 90 at 99, per Parke B; *Richardson v Worsley* 5 Exch 613, 155 ER 268; *Maeda Construction Co Ltd v Building Design Team*［1991］3 MLJ 24 at 26.

[83] “Chapter 15: International Arbitral Awards: Legal Framework” in Gary Born, *International Arbitration: Law and Practice*（2nd Edn, 2015）at 44.

[84] *ATA Construction*, *Industrial and Trading Company v The Hashemite Kingdom of Jordan* ICSID Case No Arb/08/2.

[85] *Blexen Ltd v G Percy Trentham Ltd*［1990］42 EG 133, CA（Eng）; *Everglade Maritime Inc v Schiffahrtsgesellschaft Detlef von Appen GmbH*, *The Maria*［1993］QB 780,［1993］3 All ER 748,［1993］2 Lloyd's Rep 168, CA（Eng）.

独裁者来行事。[86] 仲裁庭的自由裁量权是基于公平的义务，这类似于法院在确定审理费用时行使的义务。

最高法院在 *Donald Campbell and Co v Pollak*[87] 案中解释说：

> 法院对它们裁决或不裁决有绝对的自由裁量权。像任何其他自由裁量权一样，这种自由裁量权当然必须在司法上行使，而且法官不应该对成功的一方当事人行使，除非是出于与案件有关的某种原因。因此，如果……一名法官因为某些完全与诉由不相关的不当行为或者某些种族或宗教的偏见的理由拒绝给予一方当事人他的审理费用……那么上诉法院可能会感觉需要进行干预了。

法院在 *Bani v Korea Shipbuilding and Engineering Corporation*[88] 案中详细阐述了它应该如何行使：

> 虽然行使任何自由裁量权必然意味着法官的自由裁量权在某个区域是最终的并且是无可置疑的，但非常可取的是，熟悉的自由裁量权的一般路线应该是普遍已知并且可广泛预测的。

因此，仲裁庭行使其自由裁量权仍然受到以下条件的约束：

（1）双方当事人达成的协议至关重要（视可执行性而定）；

（2）仲裁庭在行使其自由裁量权时无权误导自己；

（3）决定“由哪一方当事人”来支付费用的权力只有提交仲裁的一方当事人能够适用；

（4）决定“以什么方式”支付费用的权力必须适当酌情行使；

（5）审理费用跟随事件的一般原则。

仲裁庭只要符合这些要求，就可以对认为合理且适当[89]的费用作出裁决，只要其正确实施了被授予的权力。仲裁庭的费用裁决必须得到连贯理由的支持。

例如，仲裁庭如果决定区别对待提交裁决的费用和裁决的费用，就必须清楚合理地解释这样做的理由。仲裁庭不得随意行事。如果可以证明在决定提交仲裁的最终结果之前对仲裁费用做出了分摊，那么仲裁庭会这样做。[90]

仲裁庭的自由裁量权问题提出了另一个关键问题：关于裁决的费用和提交仲裁的费用的决定，是属于程序法的范围还是属于实体法的范围？当仲裁庭裁决费用的管辖权是根据同样的原则确定时，这一点就变得有意义了。

---

[86] *Lloyd del Pacifico v Board of Trade* 46 TLR 476.

[87] *Donald Campbell and Co v Pollak* ［1927］ AC 732 at 811-812.

[88] *Bani v Korea Shipbuilding and Engineering Corporation* ［1987］ 2 Lloyd's Rep 445 at 448，per Bingham LJ.

[89] *Bradshaw v Air Council* ［1926］ Ch 329.

[90] *Messers Ltd v Heidner & Co*（*No* 2）［1961］ 1 Lloyd's Rep 107；*Smeaton，Hanscomb & Co Ltd v Sassoon I Setty，Sons & Co*（*No* 2）［1953］ 2 All ER 1588，［1953］ 1 WLR 1481.

大多数司法管辖区认为，关于费用和开支的裁决是程序法问题。[91] 另一方面，费用也可以视为与间接性损害基本相同，因此应该属于实体法范围。

仲裁庭的任务是决定费用是否涉及程序法或实体法问题。由仲裁庭根据案件的事实、程序法、适用的法律和政策来考虑确定费用的问题，然后再通过费用的裁决。

42.9 确定费用的责任

因此，仲裁庭必须在司法上行使其裁量权。[92] 在英国，挑战其自由裁量权的唯一理由是法律问题或严重违规。[93] 重点将裁量权的行使是否符合法规以及双方当事人之间的任何协议。

仲裁庭如果在任何不实际的[94]、无关紧要的或法律以外的[95]，或不合适的理由上[96]行使了其自由裁量权，都会误导自己。仲裁庭在考虑到与仲裁程序无关的事项时不会行使自由裁量权。例如，在仲裁人员看来，成功一方当事人在提交审理之前的行为是不道德的。[97]

Stotesbury v Turner[98] 案表明，仲裁庭必须按照高等法院适用的原则行使其裁量权。[99] 在该案中，仲裁庭作出了一项不损害对方利益的 50 英镑的报价，并在仲裁过程中提出了这一报价。仲裁庭判给申请人的钱少于 50 英镑。然后，其考虑了没有偏见的提议，并指示申请人支付仲裁程序的所有费用。

上诉时，法院撤销了裁决，认为仲裁庭的裁量权与法官的裁量权相同，必须以司法方式行使。[100] 法院继续说，仲裁庭不应该考虑没有偏见的提议。因此，其没有任何理由

---

[91] J Y Gotanda, "Awarding Costs and Attorneys" Fees in International Commercial Arbitrations', (1999) 21 Michigan J Intl Law at p 16.

[92] *L Figueiredo Navegacas SA v Reederei Richard Schroeder KG*, *The Erich Schroeder* [1974] 1 Lloyd's Rep 192; *Lloyd de Pacifico v Board of Trade* 46 TLR 476; *Matheson & Co Ltd v A Tabah & Sons* [1963] 2 Lloyd's Rep 270; *Centrala Morska Importowo Eksportowa (known as Centromor) v Compania Nacional de Navegacao SARL* [1975] 2 Lloyd's Rep 69; *Gbangbola v Smith & Sheriff Ltd* [1998] 3 All ER 730; *Stotesbury v Turner* [1943] KB 370; *Donald Campbell & Co Ltd v Pollak* [1927] AC 732.

[93] *Fence Gate Limited v NEL Construction Limited* [2001] All ER (D) 214 (Dec) at [85].

[94] *Civil Service Co-operative Society v General Steam Navigation Co* [1903] 2 KB 756 at 765 per Lord Halsbury; *Ritter v Godfrey* [1920] 2 KB 47, CA (Eng).

[95] *Everglade Maritime Inc v Schiffahrtsgesellschaft Detlef von Appen GmbH*, *The Maria* [1993] QB 780 at 790, [1993] 3 All ER 748 at 754, [1993] 2 Lloyd's Rep 168 at 173, CA (Eng), per Bingham MR.

[96] *Blexen Ltd v G Percy Trentham Ltd* [1990] 42 EG 133, CA (Eng).

[97] *Lloyd del Pacifico v Board of Trade* 46 TLR 476.

[98] *Stotesbury v Turner* [1943] KB 370 at 371-372.

[99] *Re an Arbitration between Becker, Shillan & Co and Barry Brothers* [1921] 1 KB 391; *Lloyd del Pacifico v Board of Trade* 46 TLR 476 *Stotesbury v Turner* [1943] KB 370; *Matheson & Co Ltd v A Tabah & Sons* [1963] 2 Lloyd's Rep 270.

[100] *Everglade Maritime Inc. v Schiffahrtsgesellschaft Detlef Von Appen Mbh*, *The Maria* [1993] 2 Lloyd's Rep 168 at 179. 尽管《仲裁法》给予仲裁员关于费用的完全自由裁量权，但其自由裁量权的行使仅限于其在决定费用裁决时必须适用与高等法院相同的原则。这意味着自由裁量权必须通过司法途径行使。

可以行使自由裁量权来剥夺申请人的费用。

但是，法院不会仅仅因为其以不同的方式行使了司法管辖权而干涉仲裁庭行使自由裁量权。[101]如果该提议是在“不损害费用的情况下”，那么立场会有所不同。

仲裁庭如果不以司法的方式行使自由裁量权，则可将该部分裁决返回仲裁庭重新审议[102]，或者法院可以撤销裁决，并经双方当事人同意作出自己的裁决。[103]

在适当的情况下，也可提供缓解的补救办法。如果仲裁庭依法行使自由裁量权，那么即使有法律上的错误也不能免除费用。[104] 除非仲裁庭没有以司法的方式行使裁量权，否则法院将力图实施该裁决。[105]

仲裁庭不得对费用问题适用一成不变的惯例规则。*James Allen*（*Liverpool*）*Ltd v London Export Corp Ltd*[106] 案的法院认为，上诉法院命令双方当事人支付各自费用的做法不符合他们的自由裁量权。

感觉到自己被惯例强迫以特定的方式向一方当事人作出费用裁定的仲裁庭抛弃了行使自由裁量权的责任，并误导了自己。

这种做法在 *Blue Horizon Shipping Co SA v E D & F Mann Ltd*，*Aghios Nicolaos*[107] 案中表现得最为明显，该案中据称，仲裁庭认为自己有义务在申请人仅部分成功时分摊费用。

42.10 费用遵循结果

罗伯特·默金说，仲裁庭有充分的自由裁量权指示谁来支付仲裁费用。首先，这意味着仲裁庭必须适用司法管辖程序的一般规则，即成功的一方应当承担其费用；其次，由于司法判决必须以裁决的形式作出，各方当事人有权就费用提交意见书。[108]

仲裁庭必须适用一般规则，即费用遵循结果（costs prima facie follow the event）[109]，因

---

[101] *Channel Island Ferries Ltd v Cenargo Navigation Ltd*，*The Rozel*［1994］2 Lloyd's Rep 161.

[102] *LE Cattan v AMichaelides & Co*［1958］2 All ER 125，［1958］1 WLR 717；*Warinco AG v Andre & Cie SA*［1979］2 Lloyd's Rep 298；*Patroclos Shipping Co v Société Secopa*［1980］1 Lloyd's Rep 405；*Archital Luxfer Ltd v Henry Boot Construction Ltd*［1981］1 Lloyd's Rep 642.

[103] *Smeaton Hanscomb & Co Ltd v Sassoon I Setty*，*Son & Co*（No 2）［1953］2 All ER 1588，［1953］1 WLR 1481；*Lewis v Haverfordwest RDC*［1953］2 All ER 1599，［1953］1 WLR 1486）.

[104] *Heaven and Kesterton Ltd v Sven Widaeus A/B*［1958］1 All ER 420，［1958］1 WLR 248.

[105] *P Rosen & Co v Dowley and Selby*［1943］2 All ER 172.

[106] ［1981］2 Lloyd's Rep 632.

[107] *Blue Horizon Shipping Co SA v E D & F Mann Ltd*，*The Aghios Nicolaos*［1980］1 Lloyd's Rep 17，CA（Eng）.

[108] R Merkin，*Arbitration Law*，（2004）第16.73段。同样可见案件 *Centrala Morska Importowo Eksportowa*（*known as Centromor*）*v Companhia Nacional de Navegacao SARL*［1975］2 Lloyd's Rep 69；*Harrison v Thompson*［1989］1 WLR 1325。见《2012年法院规则》第59号第7条第（2）款。

[109] 《CIArb国际仲裁准则》2015/2016，起草仲裁裁决，第三部分-费用，序言部分，其中指出：“……据报道，英美法系和大陆法系国家几乎普遍承认‘费用遵循结果’的规则。也有人认为，在国际仲裁中，正在出现一种将其作为默认规则的趋势。然而，在实践中，它只是作为一个起点，导致采取一种考虑到各种因素的非常温和的做法，并受到合理性和相称性的检验”。

为成功的一方当事人应主要考虑仲裁的成功结果，从而获得其费用。[110] 如果有正当理由，仲裁庭可考虑各方当事人在仲裁中的行为、相称性和合理性。

然而在由《新加坡国际仲裁法案》管辖的 *VV v VW*[111] 案仲裁程序中，如果没有上诉，当事人费用的合理性是问题所在。申请人提出了927 000新加坡币的索赔，而被申请人提出了要求赔偿20 000 000新加坡币的反诉。仲裁员裁定其无权处理被申请人的反诉，而被申请人成功的交叉索赔只能减少申请人的索赔。

仲裁庭随后驳回了申请人的索赔。因此，没有必要裁决被申请人的交叉索赔。仲裁员的裁决费用为2 800 000新加坡币。申请人向高等法院申请了撤销费用的裁决。其中一个理由是费用的裁决违反了比例原则，因此与新加坡的公共政策相冲突。

法官朱迪思·普拉卡什（Judith Prakash J）在 *VV v VW* 案中提出了质疑，即相称性原则是否正式适用于新加坡仲裁费用的评估。法院认为，虽然它会审查和控制在法院诉讼中索赔的过高费用[112]，但法院评估当事人在法院系统之外的仲裁费用不是新加坡公共政策的一部分。一次性诉讼和私人诉讼的当事人的法律费用不涉及公共利益。[113]

这必须与法官昆汀·罗（Quentin Loh JC）在 *Ting Kang Chung John v Teo Hee Lai Building Constructions Pte Ltd*[114] 案中的判决相对照。法院认为，在国内仲裁中，无论是仲裁员还是律师，法院都有管辖权和利益，确保收取适当的费用和开支。因此，在新加坡的国际仲裁中，是否可以撤销据称不成比例的费用的裁决是有待争论的。

新加坡上诉法院在 *Lin Jian Wei v Lim Eng Hock Pete*[115] 案中肯定了比例原则，其解释道：

> 我们认为，除其他外，与索赔的价值明显不相称的费用是不合理的。因此，在评估所产生的费用是否合理时需要说明的是，为了处理这个问题，所产生的费用不仅是合理和必要的，而且在整个事件背景下都是按比例发生的……

然而各种仲裁规则中的一般做法是，合理的费用可以根据费用的裁决收回。[116] 仲裁庭可以考虑比例原则，因为所产生的费用一般不会与数额不成比例或与有争议的金额不

---

[110] *Messrs Ltd v Heidner & Co*［1961］1 Lloyd's Rep 107 at 115，per Winn J 解释了“费用遵循结果”一词：“仲裁员在就费用作出裁决时，并没有像他们的正式裁决所表明的那样，把心思放在与行使其自由裁量权有关的最重要的考虑上，即谁胜诉谁就在诉讼中赢得成功”。

[111] *VV v VW*［2008］2 SLR（R）929.

[112] 新加坡上诉法院在 *Lin Jian Wei v Lim Eng Hock Peter*［2011］SGCA29（at［34］）案中确认，根据 2010 年《新加坡法院规则（修正案）》第 59（1）条和（2）条的规定，相称性原则适用于法律费用的评估。

[113] *VV v VW*［2008］2 SLR（R）929 at［31］.

[114] ［2010］2 SLR 625.

[115] ［2011］SGCA 29 at［56］.

[116] UNCITRALArbitration Rules 2010 art 40（2）（e）；WIPO Rules art 72.

相称。[117] 如果合理费用与争议金额不成比例，仲裁庭应考虑调整裁决的费用。[118]

《UNCITRAL 仲裁规则》第 42（1）条规定：

> 仲裁费用原则上应由败诉一方或败诉各方负担。但是，仲裁庭如果考虑到案件的具体情况而认为分摊费用合理的，则可裁决在当事人之间分摊每一项此种费用。

费用遵循结果的规则也适用于涉及相同争议事项的各方当事人之间的一系列仲裁，其中胜诉一方将被判支付第三方的费用，由于他未能成功参与其他诉讼，这些费用必须由他支付。[119]

法官德尔文（Delvin J）在 *Smeaton, Hanscomb & Co Ltd v Sassoon I Setty, Sons & Co (No 2)*[120] 案中说：

> 表面上，成功的一方有资格获得他的审理费用。剥夺他的费用或要求他支付另一方的部分费用是一项特殊措施。

成功的一方当事人在法律上无权承担其费用，而只是表面上有权。仲裁庭有义务考虑这一原则是否适用于这种情况，即使它有意适用这一原则。

作为一般规则，仲裁庭在行使其自由裁量权时会裁决胜诉方支付诉讼费用，就像高等法院在"费用遵循结果"的情况下一样。在没有特殊情况时，仲裁庭不应偏离这一般规则。[121] 法官摩卡塔（Mocatta J）在 *Eric Schroeder*[122] 案中解释说：

> 裁决员或仲裁员在行使其司法上的自由裁量权时，首先必须考虑到法院和仲裁庭行使与费用有关的自由裁量权方面的主要原则，即费用遵循结果原则。

首席大法官戈达德勋爵（Lord Goddard LCJ）在 *Lewis v Haverfordwest RDC*[123] 案中强调，获胜方不收取费用是不寻常的。仲裁员从规范中调整这种偏离将具有实际意义。

---

[117] *Lownds v Home Office* [2002] 1 WLR 2450; *Research in Motion UK Ltd v Visto Corporation* [2008] EWHC 3026 (Pat); *Digicel (St Lucia) v Cable & Wireless plc* [2010] EWHC 888 (Ch); *Lin Jian Wei v Lim Eng Hock Peter* [2011] SGCA 29.

[118] *Research in Motion UK Ltd v Visto Corporation* [2008] EWHC 3026 (Pat).

[119] *L E Cattan Ltd v A Michaelides & Co (a firm)* [1958] 2 All ER 125.

[120] [1953] 2 All ER 1588 at 1590, [1953] 1 WLR 1481 at 1484. 另可参见 *Tramountana Armadora SA v Atlantic Shipping Co SA* [1978] 2 All ER 870 at 873, [1978] 1 Lloyd's Rep 391 at 394 案，法院认为英国法律和惯例的表面证据规则是费用应该跟随事件而定。

[121] *Semco Salvage & Marine Pty Ltd v Lancer Navigation Co Ltd, The Nagasaki Spirit* [1996] 1 Lloyd's Rep 449; *Channel Island Ferries Ltd v Cenargo Navigation Ltd, The Rozel* [1994] 2 Lloyd's Rep 161; *The Erich Schroeder* [1974] 1 Lloyd's Rep 192; *Blue Horizon Shipping Co SA v E D and F Man, The Aghios Nicolaos* [1980] 1 Lloyd's Rep 17; *Heaven & Kesterton v Etablissements Francois Albiac et Cie* [1956] 2 Lloyd's Rep 316.

[122] *The Erich Schroeder* [1974] 1 Lloyd's Rep 192 at 194, per Mocatta J.

[123] *Lewis v Haverfordwest RDC* [1953] 2 All ER 1599, [1953] 1 WLR 1486, per Lord Goddard LCJ; *Portland Steamship Co Ltd v Charlton Steam Shipping Co* [1925] 23 Ll L Rep 268 at 271.

他补充说：

……法院有一个既定的管理规则，即在没有特殊情况时，成功的诉讼当事人应该承担其费用，而且如果拒绝承担，则必须给出其拒绝该命令的理由。拒绝该命令的自由裁量权必须通过司法的方式行使。关于“司法的方式行使”（judicially exercised）这些词总是有些难以适用，但这意味着仲裁员不得随意行事，而且他如果行使了自由裁量权来拒绝通常的命令，就必须给法院一个可见的且与案件有关的合适理由。

仲裁庭在审理 *Smeaton, Hanscomb & Co Ltd v Sassoon I Setty, Sons & Co (No 2)*[124] 案时裁定了各方当事人应承担自己的费用，卖方应承担向高等法院提出上诉的任何费用。法官德尔文认为裁决很糟糕，因为仲裁庭没有考虑费用分配的最重要方面，即仲裁结果。

法院在 *Teong Piling Co v Asia Insurance Co Ltd*[125] 案中确认了“费用遵循结果”原则的一般规定适用于仲裁庭。它认为：

将“仲裁费用，包括仲裁员的费用、开支和支出共23 740令吉”等文字与裁决评估中的文字一起阅读，可以清楚地看出从使用的词汇中收集的意图是，审理费用是建立在当事人与当事人的基础上。此外，“包括”一词是一个延伸性词语，而不是限定性的定义，而且很明确的是，仲裁员已经将仲裁员的费用和开支与其他费用区分开，所有这三种费用由被申请人向申请人支付。

索赔人已证明其索赔的一部分并就此收回损失的，有权获得对其有利的全额费用赔偿。其被视为完全成功的索赔人。[126] 这一规则在司法程序中已经确立。[127] 如果被授予的金额超过了要约中所要求的金额，即使金额很小，也说明申请人赢了这场仲裁。[128]

仲裁庭应分别审议不构成完整抗辩的请求和成功的反诉，并在可行的情况下，在两

---

[123] [1953] 2 All ER 1588 at 1590, [1953] 1 WLR 1481 at 1484. *Teong Piling Co v Asia Insurance Co Ltd* [1994] 1 MLJ 444; *Heaven and Kesterton v Etablissements Francois Albiac et Cie* [1956] 2 Lloyd's Rep 316; *Tramountana Armadora v Atlantic Shipping Co SA* [1978] 2 All ER 870, [1978] 1 Lloyd's Rep 391; *Dineen v Walpole* [1969] 1 Lloyd's Rep 261, CA (Eng); *Fenceline Ltd v W J Simms, Sons & Cook Ltd* (1972) 224 Estates Gazette 1041; *Patroclos Shipping Co v Societe Secopa* [1980] 1 Lloyd's Rep 405; *Wilhelmsen v Canadian Transport Co, The Takamine* [1980] 2 Lloyd's Rep 204; *Leif Hoegh & Co A/S v Maritime Mineral Carriers Ltd, The Marques de Bolarque* [1982] 1 Lloyd's Rep 68; *Bani v Korea Shipbuilding and Engineering Corpn* [1987] 2 Lloyd's Rep 445, CA (Eng).

[124] [1994] 1 MLJ 444.

[125] *Demolition & Construction Co Ltd v Kent River Board* [1963] 2 Lloyd's Rep 7; *Blue Horizon Shipping Co SA v E D & F Mann Ltd, The Aghios Nicolaos* [1980] 1 Lloyd's Rep 17, CA (Eng); *Channel Island Ferries Ltd v Cenargo Navigation Ltd, The Rozel* [1994] 2 Lloyd's Rep 161; *Metro-Cammell Hong Kong Ltd v FKI Engineering plc* (1996) 77 BLR 84.

[126] *Ritter v Godfrey* [1920] 2 KB 47, CA (Eng); *Donald Campbell & Co Ltd v Pollak* [1927] AC 732, HL.

[127] *Tramountana Armadora SA v Atlantic Shipping Co SA* [1978] 2 All ER 870, [1978] 1 Lloyd's Rep 391; *Archital Luxfer Ltd v Henry Boot Construction Ltd* [1981] 1 Lloyd's Rep 642; *Everglade Maritime Inc v Schiffahrtsgesellschaft Detlef von Appen GmbH, The Maria* [1993] QB 780, [1993] 3 All ER 748, [1993] 2 Lloyd's Rep 168, CA (Eng).

个诉由之间分摊费用。[129]

即使有一项抵销，目的只是减少被申请人应付给申请人的款额，并应与反诉区分开来，成功的申请人也有权获得其费用[130]，只要抵销不会使索赔本身消失。[131]

若申请人提出了一系列单独的索赔[132]，如果不是全部都能解决的话，仲裁庭就可以在双方当事人之间分配费用。[133] 只有部分成功的申请人如果能够以财务方式确定其主要索赔，则可获得全部费用[134]；或者相反，答辩人如果除了次要索赔外均获成功，则可获得全部费用。[135]

仲裁庭将审查总体结果，以确定哪一方当事人可以称为赢得仲裁。[136] 这可能涉及可收回费用的分配，以反映索赔申请的成功或失败。[137]

必须指出的是，菲律宾没有承认"费用遵循结果"的原则。菲律宾上诉法院在 *Luzon Hydro Corporation v Baybay and Transfield Philippines Inc*[138] 案中认为所述的原则不属于菲律宾法律，因为诉讼当事人不得因行使其诉讼权而受到处罚。[139] 另据裁决，仲裁庭在案件中已经滥用了其自由裁量权来适用原则。因而在此案中，关于费用的裁决被撤销了。

42.11　一般规则的例外

授予成功的当事人其费用的规则并不是僵化的。在某些特殊情况下，法官可能会剥夺成功的当事人的全部或部分费用。[140] 埃马纽埃尔·盖拉德（Emmanuel Gaillard）和约

---

[129] *Tramountana Armadora SA v Atlantic Shipping Co SA*［1978］2 All ER 870，［1978］1 Lloyd's Rep 391；*Archital Luxfer Ltd v Henry Boot Construction Ltd*［1981］1 Lloyd's Rep 642. Mustill and Boyd，*Commercial Arbitration*，（2nd Edn，1989）at p 395，footnote 12 and 13.

[130] *Nicholson v Little*［1956］2 All ER 699，［1956］1 WLR 829，CA（Eng）.

[131] *Hanak v Green*［1958］2 QB 9，［1958］2 All ER 141，CA（Eng）.

[132] *Norris v Daniel*（1834）10 Bing 507；*Gyde v Boucher*（1836）5 Dowl 127；*England v Davison*（1841）9 Dowl 1052；*Pearson v Archbold*（1843）11 M & W 477；*Brooks v Parsons*（1843）1 Dow & L691；*Lund v Hudson*（1843）1 Dow & L236；*Kilburn v Kilburn*（1845）13 M & W 671；*Crosbie v Holmes*（1846）3 Dow & L 566；*Rule v Bryde* 1 Exch 151；*Hellaby v Brown*（1857）1 H & N 729；*Ellis v Desilva*（1881）6 QBD 521，CA（Eng）.

[133] *Thyssen（Great Britain）Ltd v Afan Borough Council*（1978）15 BLR 98，CA（Eng）；*Blue Horizon Shipping Co SA v E D & F Man Ltd*，*The Aghios Nicolaos*［1980］1 Lloyd's Rep 17，CA（Eng）；*Ismail v Polish Ocean Lines*，*The Ciechocinek（No 2）*［1980］1 Lloyd's Rep 97；*Eleftheria Niki Compania Naviera SA v Eastern Mediterranean Ltd*，*The Eleftheria Niki*［1980］2 Lloyd's Rep 252；*Archital Luxfer Ltd v Henry Boot Construction Ltd*［1981］1 Lloyd's Rep 642；*Channel Island Ferries Ltd v Cenargo Navigation Ltd*，*The Rozel*［1994］2 Lloyd's Rep 161.

[134] *Demolition and Construction Co Ltd v Kent River Board*［1963］2 Lloyd's Rep 7.

[135] *Harris v Petherick*（1879）4 QBD 611，CA（Eng）；*Anglo-Cyprian Trade Agencies v Paphos Wine Industries Ltd*［1951］1 All ER 873 at 875；*Evmar Shipping Corp v Japan Line Ltd*，*The Emvar*［1984］2 Lloyd's Rep 581.

[136] Sutton Gill and Gearing，*Russell on Arbitration*（24th Edn 2015）at para 6-139.

[137] *Rotary Watches Ltd v Rotary Watches（USA）Inc*［2004］WL 3200214.

[138]（2007）XXXII Yearbook of Commercial Arbitration 456 at p 472.

[139] Philippines Supreme Court Special Rules of Court on Alternative Dispute Resolution r 21，effective October 2009.

[140] *P Rosen & Co Ltd v Dowley and Selby*［1943］2 All ER 172 at 175.

翰·萨维奇（John Savage）[141] 解释道：

> 仲裁庭命令因纠纷而败诉的一方当事人支付全部或大部分仲裁费用的做法越来越普遍。在一些普通法系国家，这是一种传统的做法。现在，当仲裁庭设在法国或瑞士等大陆法系司法管辖区时，这种做法就经常发生。仲裁员在作出费用分摊决定时，可以考虑当事人在仲裁过程中的态度。

Julian DM Lew、Loukas A Mistelis 和 Stefan Kroll[142] 同样指出：

> 仲裁庭要求败诉方支付全部或大部分仲裁费用，这是一种新的趋势。这一传统已被广泛接受，例如在英国、法国和瑞士都可以看到。在双方当事人之间分配费用的另一个新趋势是在仲裁过程中考虑到他们的态度。

这里的建议是，当事人的消极态度导致了其在仲裁过程中涉及仲裁费用和时间有效性的诉讼行为表现不佳。这可能包括不合理的行为、拖延和转移注意力的策略、缺乏勤奋和诚信。国际商会委员会（ICC Commission）[143] 列举了不良行为的例子，包括过多的文件要求、过多的法律辩论、过多的盘问、拖延战术、夸大的索赔额、不遵守程序命令、不合理的临时救济申请、不合理的不遵守程序时间表。

国际商会委员会在其最新报告《国际仲裁费用裁决》（*Decisions on Costs in International Arbitration*）[144] 中已经阐明，当事人的不当行为或恶意行为包括程序性措施的不当行为、文件制作中的不当行为、虚假的证人或专家证据、虚假的提交仲裁庭和侵略/缺乏专业礼貌/无根据的欺诈指控。

此外，实践中通过采用诸如国际律师公会《国际仲裁取证规则》（*IBA Rules on the Taking of Evidence in International Arbitration*）等特殊程序性规则，可能会加强仲裁庭在考虑到各方当事人行为不良的情况下进行费用分配的权力。该规则第 9（7）条规定：

> 仲裁庭如果认为一方当事人在取证程序中缺乏善意，那么除采取本规则规定的其他措施之外，还可在决定仲裁费用（包括任何因取证产生的或与取证有关的费用）分担时对该情形予以考虑。

因此，仲裁庭有可以偏离一般规则的自由裁量权，即只有在特殊情况下可以初步证明费用遵循结果。仲裁庭在适当的情况下甚至可以判给不成功的一方当事人一部分或全

---

[141] E Gaillard and J Savage（eds）, *Fouchard*, *Gaillard and Goldman*, *International Commercial Arbitration*,（1999）at 685.

[142] J Lew, LMistelis et al, *Comparative International Commercial Arbitration*（2003）at p 653; J Rosell, "Arbitration Costs as Relief and/or Damages",（2011）28 Journal of International Arbitration 2 at pp 115-126.

[143] ICC Commission Report, *Controlling Time and Costs in Arbitration*,（2nd Edn, 2012）at para 82.

[144] ICC Commission Report, "Decision on Costs in International Arbitration",（2015）ICC Dispute Resolution Bulletin2.

部费用。[145] 关于这一点的案件表明了仲裁庭的裁决还是合法的，尽管其作出的裁决中费用没有遵循结果。

仲裁庭如果打算行使其自由裁量权并偏离一般规则，则必须听取各方当事人提交的意见。[146] 其应始终铭记公平地采取行动的义务，而不应考虑与仲裁无关的事项。

仲裁庭在作出交叉赔偿时应谨慎，在这些交叉赔偿中，如果索赔和反诉都有部分成功，或者在仲裁的不同时期有不同的解决方案，则各方当事人都会获得部分费用。[147] 对仲裁庭来说，比较好的办法是应当作出单向裁决，给予成功一方当事人一定比例的费用。[148]

如果倾向于偏离这一规则，仲裁庭应当在作出裁决之前，给予双方当事人解决这个问题的机会。即使其没有这么做，也不会使裁决无效。[149] 在听取双方当事人的意见后，仲裁庭应下达公正的命令，并明确阐述脱离原则的原因。[150]

一般规则适用于法定仲裁的情况，其中法规赋予了仲裁庭关于仲裁的绝对自由裁量权。[151]《2005 年仲裁法案》第 44 条将该法案的相关费用规定扩大到了其他不适用的成文法中。但是，这并不表示费用应该遵循结果。

42.12 例外情况下的例子

有理由不遵守费用遵循结果规则的例子包括：

（1）就所有相关目的而言，申请人撤回请求的，被申请人有权被视为胜诉方，仅留下次要问题需要解决。[152] 例如 *Evmar Shipping Corp v Japan Line Ltd*，*The Evmar*[153] 案中，申请人因延迟提出索赔导致获赔的数额很小。

（2）申请人在了解有关支持索赔的相关事实的情况下延迟通知申请人，或以无益的方式进行案件起诉，例如缺乏详细资料，或作出无效和无关的指控，从而造成了延误、困难和额外费用。

---

[145] *Civil Service Co-operative Society v General Steam Navigation Co* [1903] 2 KB 756，CA（Eng）；*Andrew v Grove* [1902] 1 KB 625 at 628 per Channell JJ.

[146] *Gbangbola v Smith & Sherrif Ltd* [1998] 3 All ER 730.

[147] *Summit Property Limited v Pitmans*（*a firm*）[2001] EWCA Civ 2020.

[148] C YC Ong and M P O'Reilly，*Costs in International Arbitration*，（2013） at p 58.

[149] Mustill and Boyd，*Commercial Arbitration*，（2nd Edn，1989） at p 396.

[150] *Lewis v Haverfordwest RDC* [1953] 2 All ER 1599，[1953] 1 WLR 1486；*Smeaton Hanscombe & Co Ltd v Sassoon I Setty*，*Son & Co*（*No* 2）[1953] 2 All ER 1588，[1953] 1 WLR 1481.

[151] *Re Barnett and Eccles Corp*（1901）65 JP 757.

[152] *Argolis Shipping Co SA v Midwest Steel & Alloy Corpn*，*The Angeliki* [1982] 2 Lloyd's Rep 594.

[153] [1984] 2 Lloyd's Rep 581.

（3）当判给申请人的数额非常小的时侯，被申请人可以说是参与仲裁的真正赢家。[154]

（4）如果索赔额被故意夸大，并且在涉及大量时间（或费用）的一个或多个问题上（其他胜诉方）失败，则可以判给被申请人费用。这可能包括成功的一方在一个花费了大量时间的问题上失败的情况。[155] 然而被申请人在陈述其对事件的看法时不得回避，不得隐瞒实质性证据，不得隐瞒其在仲裁中花费了大量费用后才知道的真实答辩理由，不得在开始进行之前拒绝仲裁，从而有效地招致索赔。

（5）如果申请人不诚实，提出不真实的指控或者违反了各方当事人同意参与仲裁的隐含基础，导致不必要的费用和延误，那么费用也可以判定给被申请人。[156] 其他考虑因素是当申请人不合理地阻挠、无理取闹、作出不合理的反对意见或不合理地参与仲裁时，如不遵循指示。

（6）成功的一方当事人如果浪费了费用，如通过调用不必要和不相关的证据，就可能得不到费用。[157] 这种情形还可能包括铺张浪费，如使用过多的律师或专家证人等。这一原则的另一个例子适用于费用核定，因为任何已经完成的事情，或者任何不合理或不恰当地代表任何一方导致的疏忽，该方就该作为或不作为而产生的任何费用将不被允许，并且任何其他方因该作为或不作为而产生的任何费用将由该方支付给另一方。[158]

（7）仲裁胜诉方没有接受之前另一方提出的付费方案，而该提议中的付费方案原本对胜诉方更为有利[159]，这类似于高等法庭诉讼程序里的“付入庭保金”。通常情况下，除非裁决在某些重要方面改善了胜诉方通过接受这一提议本来会获得的利益，那么仲裁员要考虑的问题是，为什么胜诉方不早点接纳提议。

---

[154] *Harris v Petherick*（1879）4 QBD 611，CA（Eng）；*Tramountana Armadora SA v Atlantic Shipping Co SA*［1978］2 All ER 870，［1978］1 Lloyd's Rep 391.

[155] *Re Fearon and Flinn*（1869）LR 5 CP34；*Heaven and Kesterton Ltd v Sven Widaeus A/B*［1958］1 All ER 420，［1958］1 WLR 248；*Perry v Stopher*［1959］1 All ER 713，［1959］1 WLR 415，CA（Eng）；*Matheson & Co Ltd v A Tabah & Sons*［1963］2 Lloyd's Rep 270；*Dineen v Walpole*［1969］1 Lloyd's Rep 261，CA（Eng）；*Tramountana Armadora SAv Atlantic Shipping Co SA*［1978］2 All ER 870，［1978］1 Lloyd's Rep 391；*Ismail v Polish Ocean Lines*，*The Ciechocinek*（*No* 2）［1980］1 Lloyd's Rep 97；*Channel Island Ferries v Cenargo Navigation*，*The Rozel*［1994］2 Lloyd's Rep 161 at 170 per Phillips J.

[156] *Channel Island Ferries v Cenargo Navigation*，*The Rozel*［1994］2 Lloyd's Rep 161 at 170 per Phillips J；*Re Elgindata Ltd*（*No* 2）［1993］1 All ER 232 at 237，［1992］1 WLR 1207 at 1214，CA（Eng），per Nourse LJ；*Unimarine SA v Canadian Transport Co Ltd*，*The Catherine L*［1982］1 Lloyd's Rep 484；*Tramountana Armadora SA v Atlantic Shipping Co SA*［1978］2 All ER 870，［1978］1 Lloyd's Rep 391；*Matheson & Co Ltd v A Tabah & Sons*［1963］2 Lloyd's Rep 270；*Lewis Emmanual & Son v Sammut*［1959］2 Lloyd's Rep 629；*Behring International Inc v Islamic Republic of Iran Air Force et al*（1992）Yearbook Com Arb 382，Iran US Claims Tribunal；*J & C Cabot v City of Keilor*［1994］1 VR 220；*A-G v Wentworth*（1988）14 NSWLR 481.

[157] *Teong Piling Co v Asia Insurance Co*［1944］1 MLJ 444；*Rosen & Co v Dowley & Selby*［1943］2 All ER 172；*Lewis Emmanual & Son v Sammut*［1959］2 Lloyd's Rep 629.

[158] Rules of Court 2012 O 59 r 5. *Matheson & Co Ltd v A Tabah & Sons*［1963］2 Lloyd's Rep 270；*Unimarine*，*SA v Canadian Transport Co Ltd*，*The Catherine L*［1982］1 Lloyd's Rep 484.

[159] *Demolition and Construction Co Ltd v Kent River Board*［1963］2 Lloyd's Rep 7；*Lewis v Haverfordwest RDC*［1953］2 All ER 1599，［1953］1 WLR 1486；*Cutts v Head*［1984］2 WLR 349；*Calderbank v Calderbank*［1976］Fam 93，［1975］3 WLR 586.

（8）如果被申请人提供的信息最终证明索赔将会失败，并且将导致一个成功的撤销，则坚持该索赔是不受仲裁协议约束的事项。

如果有多方当事人参与仲裁，关于费用的特殊命令可能会比较适当。仲裁庭不得向不是仲裁程序的当事人要求仲裁费用。

作为私人诉讼的仲裁通常不能影响第三方的权利。[160] 仲裁庭的管辖权来自双方当事人提交仲裁的协议，因此仲裁员无权命令非缔约方支付费用。[161]

一个可能的例外是，如果律师未能以合理的能力和速度采取行动并且造成了费用的浪费，那么仲裁庭可以根据《2012年法院规则》第59号命令第6条的规定，命令由律师为其中一方当事人支付费用。

当事人必须采取单独行动，要求包括自己的代理人在内的非缔约方分摊费用。这种情况的例子可能包括：

（a）在有多方仲裁的情况下，多名申请人向一个被申请人提出索赔（其中一些胜诉，另一些败诉），被申请人可以要求一项命令，其中包括那些败诉的申请人合并所引起的费用；

（b）如果申请人对通过同一法律代表提出抗辩的两个被申请人提出索赔，并且一个被申请人胜诉，但另一个被申请人败诉，那么在没有相反协议的情况下，胜诉的被申请人应有权向申请人追偿一半的辩护费用；[162]

（c）如果有两个被申请人加入替代方案，而仲裁庭认为合并是合理和适当的，那么它可以作出裁决，要求申请人支付胜诉被申请人的费用，然后要求败诉被申请人赔偿申请人。

这种命令被称为"Bullock"命令。[163] "Bullock"命令的一个变体是"Sanderson"命令，仲裁庭命令败诉方直接支付胜诉方的费用。[164] 在作出这些命令时，仲裁庭必须根据理性和正义的原则作出决定，在这些原则中，一个理性的人是可以得出结论的。[165]

---

[160] *Wilhelmsen v Canadian Transport Co*, *The Takamine* [1980] 2 Lloyd's Rep 204; *James Allen* (*Liverpool*) *Ltd v London Export Corporation Ltd* [1981] 2 Lloyd's Rep 632. Cf *Aiden Shipping Co Ltd v Interbulk Ltd*, *The Vimeira* (*No* 2) [1986] AC 965, [1986] 2 All ER 409, [1986] 2 Lloyd's Rep 117, HL.

[161] *Forbes-Smith v Forbes-Smith and Chadwick* [1901] P 258 at 271.

[162] *Beaumont v Senior and Bull* [1903] 1 KB 282; *Ellingsen v Det Skandinaviske Compani* [1919] 2 KB 567, CA (Eng).

[163] *Bullock v London General Omnibus Co* [1907] 1 KB 264, CA (Eng); *Lackersteen v Jones* (*No* 2) (1988) 93 FLR 442.

[164] *Sanderson v Blyth Theatre Co* [1903] 2 KB 533, CA (Eng).

[165] *Hong v A and R Brown Ltd* [1948] 1 KB 515 at 522, [1948] 1 All ER 185 at 187, CA (Eng), per Lord Greene MR; *Mayer v Harte* [1960] 2 All ER 840 at 846, [1960] 1 WLR 770 at 777, CA (Eng), per Harman LJ; *Bayliss Baxter Ltd v Sabath* [1958] 2 All ER 209 at 214, [1958] 1 WLR 529 at 536, CA (Eng), per Jenkins LJ.

42.13　一般情况下的例子

但是，法律判例也指出了下列情况并不构成偏离一般规则的特殊情况[166]：

（1）在任何情况下双方当事人都没有认真努力解决争议的；[167]

（2）当事人拒绝调解争议的；[168]

（3）胜诉方采取了仲裁庭不允许的技术要点的；[169]

（4）被申请人在任何情况下一直愿意纠正被投诉事项的；[170]

（5）如果胜诉方没有赢得他的全部索赔；[171]

（6）在没有偏见的情况下进行了初步的友好讨论，并且拒绝了没有偏见的提案；[172]

（7）仲裁庭纯粹认为成功的一方当事人在仲裁开始之前的行为是不道德的；[173]

（8）索赔的规模非常小；[174]

（9）双方当事人同意排除的任何因素或在仲裁开始前履行合同期间发生的因素；[175]

（10）在其他地方进行的其他合同或无关程序引起的争议。

如果同一仲裁庭同时审理两项或两项以上的仲裁而未经正式合并，并且上述仲裁的当事人尚未就仲裁程序作为一套程序处理达成一致协议，则单一裁决可以约束所有各方当事人。

仲裁庭必须分别处理每项仲裁的费用。然而有人建议，仲裁庭有权在审视整个仲裁程序的成败情况之后裁决仲裁费用。[176]

相反，如果一个以上的仲裁得到正式合并，以便一个裁决对所有当事人均有约束力，裁决的费用可能要求合并仲裁的任何一方当事人支付仲裁的任何另一方当事人的费

---

[166] *Smeaton Hanscomb & Co Ltd v Sassoon I Setty, Son & Co*（*No* 2）［1953］2 All ER 1588，［1953］1 WLR 1481；*Heaven and Kesterton v Sven Widaeus A/B*［1958］1 All ER 420，［1958］1 WLR 248；*Heaven and Kesterton v Etablissements Francois Albiac & Cie*［1956］2 Lloyd's Rep 316 at 322.

[167] *Lewis v Haverfordwest RDC*［1953］2 All ER 1599，［1953］1 WLR 1486.

[168] *Beadle v M & Local Authority Moore Ltd*［1998］3 NZLR 271，CA；*Glaister v Amalgamated Dairies Ltd*［2004］2 NZLR 606，CA.

[169] *Messrs Ltd v Heidner & Co*（*No* 2）［1960］1 Lloyd's Rep 500.

[170] *Dineen v Walpole*［1969］1 Lloyd's Rep 261，CA（Eng）.

[171] *Demolition and Construction Co Ltd v Kent River Board*［1963］2 Lloyd's Rep 7 at 15.

[172] *Stotesbury v Turner*［1943］KB 370.

[173] *Lloyd Del Pacifico v Board of Trade* 35 Com Cas 325 at 332，334.

[174] *Messrs Ltd v Heidner & Co*（*No* 2）［1961］1 Lloyd's Rep 107 at 116.

[175] *Everglade Maritime Inc v Schiffahrtsgesellschaft Detlef von Appen GmbH*，*The Maria*［1993］2 Lloyd's Rep 168 at 173，per Sir Thomas Bingham MR；*Hanak v Green*［1958］2 QB 9 at 27，per Sellers LJ.

[176] *Unimarine*，*SA v Canadian Transport Co Ltd*，*The Catherine L*［1982］1 Lloyd's Rep 484 at 489.

用。这是法院合并诉讼程序后的经常做法。[177]

在没有合并的情况下，每项仲裁费用单独处理之规则的唯一例外是一次仲裁中的费用可以在其他仲裁中适当地作为损害赔偿或权利而提出索赔。[178] 这是一种罕见的情况，在这种情况下，这种费用自然来自另一次仲裁中的违约行为。对此，因果关系和距离的测试都必须满足。[179]

42.14 提交费用

《2005 仲裁法案》第 20 条[180]规定：

> 各方当事人应被平等对待，应得到公平合理的机会去提交方案。

各方当事人应当有机会向仲裁庭提交其案件，并对其对手的案件（包括费用）作出评论。通常情况下，双方当事人将提出索赔清单，并附上有关的证明文件。这些可能包括进行活动的时间表、律师、证人、专家证人和从事时间分配的工作人员、支付给仲裁机构的费用。然后，每一方当事人都可以对另一方当事人的费用进行评论。[181] 仲裁庭可以要求提供有关费用的进一步资料。[182]

仲裁庭通常将其费用的决定纳入实质性裁决，因为只有一项裁决被公布。[183] 另外，仲裁庭应当事人的要求，通常可以通过公布实质性（部分）裁决来分摊裁决费用。[184]

单独的实质性部分裁决和随后的费用裁决的两阶段裁决方法有其优点和缺点。五反田（Gotanda JY）[185] 解释道：

---

[177] Unimarine, *SA v Canadian Transport Co Ltd*, *The Catherine L* [1982] 1 Lloyd's Rep 第 486 页，该案对合并仲裁作了说明。

[178] *Hammond & Co v Bussey* (1887) 20 QBD 79, CA (Eng); *Suzuki & Co Ltd v Burgett and Newsam* [1922] 10 Ll L Rep 223.

[179] *Antaios Compania Naviera SA v Salen Rederierna AB* [1985] AC 191, [1984] 3 All ER 229.

[180] 同样，《UNCITRAL 示范法》第 18 条规定："各方当事人应得到平等对待，每一方当事人都应有充分机会陈述其理由。"

[181] *Noble Ventures*, *Inc v Romania*, ICSID case ARB/01/11 采取了这种方法。

[182] 《ICSID 仲裁规则》第 28（2）条规定："在程序结束后，每一方当事人应立即向仲裁庭提交一份关于其在程序中合理引起或承担的费用的说明，秘书长应向仲裁庭提交一份关于每一方当事人向中心支付的所有款项和该中心为程序支付的所有费用的说明。"

[183] 在 *King v Thomas McKenna Ltd* [1991] 2 QB 480 案中，由于争议金额不大，故只裁决了一份赔偿金。

[184] 《2005 年仲裁法案》第 2（1）条规定了部分裁决；2010 年《UNCITRAL 仲裁规则》第 40（1）条作为《KLRCA 仲裁规则》（2013 年修订）的一部分，也规定了通过以下方式作出部分裁决："仲裁庭应在最终裁决书中并在其认为适当的其他任何决定中确定仲裁费用。"

[185] JY Gotanda, "Bringing Efficiency to the Awarding of Fees and Costs in International Arbitration" in Kr? ll, Mistelis, et al (ed) *International Arbitration and International Commercial Law*: *Synergy*, *Convergence and Evolution* (2011) at p 144.

> 当争议金额更大时，我会用一种系统取代强制性的费用转移程序，这涉及仲裁庭决定案件法律意义后的费用和开支，包括任何救济措施。在这种情况下，解决针对费用和开支诉请的单独程序保证了相关费用，因为：(1) 各方当事人更愿意花费资源来对这一索赔提起仲裁，这将使当事人能够解决仲裁庭裁决对主要索赔的影响，以及仲裁期间当事方总体行为对费用和开支索赔的影响；……(3) 争议可能会更加复杂，结果可能会使仲裁庭得到充分的通报和辩论；(4) 这一过程使仲裁庭能更仔细地调整裁决以适应案件的情况，从而对审理费用和开支作出更高质量的决定，减少任意裁决。

有时，费用的量化会被委托给法院[186]或仲裁机构[187]。

42.15 质疑费用的分摊与分配

《2005年仲裁法案》第37条和第42条提供了质疑仲裁庭关于费用的裁决的理由。它们是相当狭窄和极具限制性的理由。仅仅是事实或法律上的错误并不能构成撤销裁决的充分理由。[188]

可以质疑费用裁决的唯一方法是，该裁决根据第37（1）（a）条和（v）条的规定超出了仲裁庭的管辖权，或者其是足够恶劣的，根据第37（1）（b）（ii）条足以与部分公共政策相冲突。

未能适用合同条款（例如一项费用）已经被认为远低于公共政策门槛。[189]

Magnificient Diagraph Sdn Bhd v JWC Ariatektura Sdn Bhd[190]案的被申请人辩称，在作出最终裁决前，申请人必须承担仲裁员的费用。因仲裁庭中止了审理，则应由法院决定该问题。

高等法院驳回了申请，认为确定费用的管辖权明确归属于仲裁员。法院不会轻率地干涉他的自由裁量权。上诉法院在*SDA Architects（sued as a firm）v Metro Millennium Sdn Bhd*[191]案中认为：

> 就上诉人的费用金额的裁决而言，法院可能与仲裁员不同，在我看来，法院没有足够的理由干涉仲裁员已经对费用金额作出的裁决。

---

[186] 例如，根据2011年《香港仲裁条例》第75条的规定，当事人可以同意法院核定费用。

[187] 《新加坡国际仲裁法案》（Cap 143A）第19A（1）条："仲裁庭可在仲裁程序的不同阶段就待决事项的不同方面作出相应的裁决，除非当事各方另有约定。"

[188] *Lesotho Highlands Development Authority v Impregilo SpA*［2005］UKHL 43；*Sui Southern Gas Co Ltd v Habibullah Coastal Power Co（Pte）Ltd*［2010］SGHC 62.

[189] *Downer Connect Ltd v Pot Hole People Ltd* HC Christchurch CIV-2003-409-2878, 19 May 2004.

[190] ［2009］MLJU 583.

[191] ［2014］2 MLJ 627 at［39］.

在考虑费用可能受到质疑的潜在途径时，可能会违反公共政策规则。与美国等这样的国家习惯法于各方当事人承担自己的费用相区别，马来西亚的公共政策是为了让费用遵循结果。

在申请人要求赔偿损害和费用并成功的直接索赔案中，如果仲裁庭拒绝对费用作出任何裁决，则可能构成与公共政策的冲突。

仲裁庭没有遵循一般原则，也没有得出法院不可能得出的结论，这本身并不是推翻仲裁员裁决的理由。[192] 要在这方面取得成功，就必须大大偏离可接受的准则。

或者也可以说，双方当事人将争议提交了仲裁庭，打算依法处理费用问题。如果可以证明仲裁庭已经行使了自由裁量权，同时考虑到费用遵循结果的规则，那么其裁决是有效的。相反，如果可以证明仲裁庭根本没有考虑这个规则，并且行使了自由裁量权，那么其关于费用的裁决就可能是糟糕的。

例如，法院在 *James Allen（Liverpool）Ltd v London Export Corporation Ltd*[193] 案中裁定了贸易仲裁员存在不当行为，因为他命令各方当事人承担其自身的法律费用。然而与《2005年仲裁法案》相比，这是由不同法律制度引起的争议问题。

如果仲裁费用的裁决是在双方争议解决之前确定的，而仲裁庭无视该协议，那么这将超出其管辖权。[194] 如果仲裁庭考虑到不相关的因素，则可以对其裁决提出异议。

这种不相关的考虑的例子包括商业意义上的不道德行为[195]或仲裁庭不赞成一方当事人[196]，或涉及问题处于仲裁范围之外的无关事项被考虑在内。[197]

如果仲裁庭根本没有处理费用分配问题，而只是向申请人授予了费用裁决，则该裁决可以在与费用有关的范围内被撤销，或者可以转交仲裁庭进行适当考虑。[198]

---

[192] *Rosen & Co v Dowley & Selby*［1943］2 All ER 172；*Perry v Stopher*［1959］1 All ER 713，［1959］1 WLR 415，CA（Eng）；*Matheson & Co Ltd v A Tabah & Sons*［1963］2 Lloyd's Rep 270.

[193] ［1981］2 Lloyd's Rep 632. *Blue Horizon Shipping Co SA v E D & F Mann Ltd*，*The Aghios Nicolaos*［1980］1 Lloyd's Rep 17，CA（Eng）.

[194] *Messers Ltd v Heidner & Co*（*No* 2）［1961］1 Lloyd's Rep 107；*Smeaton*，*Hanscomb & Co Ltd v Sassoon I Setty*，*Son & Co*（*No* 2）［1953］2 All ER 1588，［1953］1 WLR 1481.

[195] *Lloyd del Pacifico v Board of Trade* 46 TLR 476.

[196] *Everglade Maritime Inc v Schiffahrtsgesellschaft Detlef von Appen GmbH*，*The Maria*［1993］QB 780，［1993］3 All ER 748，［1993］2 Lloyd's Rep 168，CA（Eng）；*Rosen & Co v Dowley & Selby*［1943］2 All ER 172；*Messers Ltd v Heidner & Co*（*No* 2）［1961］1 Lloyd's Rep 107.

[197] *Stotesbury v Turner*［1943］KB 370.

[198] *Dineen v Walpole*［1969］1 Lloyd's Rep 261，CA（Eng）；*Unimarine*，*SA v Canadian Transport Co Ltd*，*The Catherine L*［1982］1 Lloyd's Rep 484；*Leif Hoegh & Co A/S v Maritime Mineral Carriers Ltd*，*The Marques de Bolarque*［1982］1 Lloyd's Rep 68.

42.16 相关法律程序引起的费用

尽管当事人在参与仲裁程序的同时还参与了法院诉讼，其仍然可以强制执行仲裁协议，请求中止诉讼，甚至可以申请反诉讼强制令。所有这些申请或者辩护都需要费用。

相关争论的焦点是能否收回这些成本。有人建议，成功申请中止程序的无辜一方可以获得因协议造成损失的补偿费用。[199] 仲裁庭有权将该损害纳入裁决的范围之内。[200]

42.17 费用利息的裁决

有关法律规定或者程序规定仲裁庭有权决定费用是否适用利息的，仲裁庭可以作出决定。有人建议，除非有明文禁止，仲裁庭可拥有附加的裁决费用的权力。[201] 然而法院在 *South Australian Superannuation Fund Investment Trust v Leighton Contractors*[202] 案中认为仲裁庭无权裁定费用利息。

42.18 无实质性管辖权的费用裁决

一般来说，仲裁庭有权就费用作出裁决。问题是，当仲裁庭裁定自己对实质性争议没有管辖权时，它是否可以就费用作出裁决。

一个此类的例子就是，ICSID 仲裁庭裁定它没有司法管辖权，但是仍然对审理费用作出了裁决。[203] 另外一个例子就是没有有效的协议，被申请人也反对仲裁庭的管辖权。被申请人不会对此费用负责。错误地接受该机构服务和仲裁庭服务的申请人必须支付费用。[204]

---

[199] *A v B* (*No* 2) [2007] EWHC 54 (Comm); *United Discount Company Ltd v Robert Zoller* [2001] EWCA Civ 1755.

[200] Final Award in ICC case 14046, AJ van den Berg (ed), *Yearbook of Commercial Arbitration* 2010–*Volume XXXV*, (2010) at pp 241–247.

[201] C YC Ong and M P O'Reilly, *Costs in International Arbitration*, (2013) at p 31.

[202] *South Australian Superannuation Fund Investment Trust v Leighton Contractors* (1996) 66 SASR 509.

[203] *Murphy Exploration and Production Company International v Republic of Ecuador* ICSID Case No. ARB/08/4.

[204] C YC Ong and M P O'Reilly, *Costs in International Arbitration*, (2013) at p 32.

42.19 紧急仲裁员费用

紧急仲裁员条款现在已成为逐步仲裁制度术语的一部分。许多仲裁机构都有与紧急仲裁员有关的程序规则。[205] 紧急仲裁员是在仲裁庭组成之前任命的，负责发布紧急临时决定来维持当时的局势。

在大多数司法管辖区，它不能作为裁决来执行。然而仲裁庭随后可以将未能遵守紧急仲裁员的决定视为违约方的违约行为，并在处理此事时得出必要的不利推论。

紧急仲裁员通常会决定紧急程序的费用。它是由可以接受、修改或者撤销的决定构成的暂时性程序，对仲裁庭无约束力。[206]

---

[205] 《KLRCA 仲裁规则》（2013 年修订）附表 2；2016 年《SIAC 仲裁规则》附表 1。

[206] 《KLRCA 仲裁规则》（2013 年修订）附表 2 第 14 段；2016 年《SIAC 仲裁规则》附表 1 第 10 段；2012 年《ICC 仲裁规则》附录 V 第 2（4）条和第 7（3）条。

第 43 章　和解要约与费用的保护

43.1　介　绍

法律鼓励各方当事人和解，接受合理的要约而不是走冗长的仲裁程序。任何旨在合理解决问题的谈判都享有特权。

法院在 *Cutts v Head*❶ 案中解释了理由：

> 事实上，是否以公共政策作为正当理由主要取决于是否应防止把在和解谈判过程中作出的陈述或提议作为对赔偿责任问题的承认提交到审理法院。

这意味着在对实质性问题作出裁决之前，未经所有有权享有这种特权的人的同意，不得向仲裁庭透露这种谈判的情况。❷ 在此之后，就费用问题向仲裁庭披露此类要约不存在任何困难。

澳大利亚法院在 *Leichhardt Municipal Council v Green*❸ 案中认为：

> ……允许 *Calderbank* 函件的做法是因为这种做法被认为有助于实现公共政策目标，即鼓励争议方尽快结束诉讼。此外，这也符合制止浪费与不合理行为的相关政策。

实施这些政策的目的是鼓励双方当事人和解。提出要约的申请人或被申请人不必担心仲裁庭的观点会因在程序期间披露要约的事实而受到影响。

仲裁中的和解要约现在已经被广泛接受。❹ 它被列入了仲裁法规❺规则和惯例❻中，

---

❶ ［1984］ Ch 290 at 306，［1984］ 1 All ER 597 at 605-606，per Oliver J.

❷ *Rush & Tomkins Ltd v Greater London Council*［1989］ AC 1280，HL；*Cutts v Head*［1984］ 1 Ch 290，［1984］ 1 All ER 597，CA（Eng）.

❸ *Leichhardt Municipal Council v Green*［2004］ NSWCA 341 at［14］.

❹ M Buhler，"Awarding Costs in International Arbitration：An Overview"，（2004）ASA 249；R H Smit and T BRobinson，"Costs Awards in International Commercial Arbitration：Proposed Guidelines for Promoting Time and Cost Efficiency"，（2009）Am Rev of Intl Arb at 267；L M Saralegui，"The Effect of Settlement Offers on the Decisionon Costs"，（2010）The European & Middle Eastern Arbitration Review s 2. 1：overviews.

❺ New Zealand Arbitration Act 1996 s 6（2）（b）；Hong Kong Arbitration Ordinance s 74（2）.

❻ 即使是《2000 年跨国民事诉讼程序原则》第 24 条"和解"，也承认和解要约；另见美国《联邦民事诉讼法规则》第 68 条关于和解的规定。

并在普通法法域得到法院裁决的承认。[7] 它也通过软性法律文件，如2010年国际律师公会《国际仲裁取证规则》而适用于大陆法法域的仲裁。

普通法中的特权概念是和解要约成功的原因之一，这点在仲裁中通过2010年国际律师公会《国际仲裁取证规则》第9条得到了加强，对可适当采纳的证据材料作出了处理。

特别是第9（2）条的规定：

> 2. 仲裁庭应根据一方当事人的请求或自行决定，基于下列任一理由从证据或证物中排除任何文件、陈述、口头证词或检查：
>
> （a）对案件或重要性缺乏足够相关性的；
>
> （b）仲裁庭确定适用的在法律或道德规则下的法律障碍或特权……

第9（3）条进一步解释道：

> 3. 在根据第9.2（b）项考虑法律障碍或特权问题时，并在仲裁庭确定适用的任何强制性法律或道德规则允许的范围内，仲裁庭可考虑：
>
> （a）保护与提供或获得法律咨询有关的文件、声明或口头通信的机密性的任何需要；
>
> （b）保护与和解谈判有关或为和解谈判目的而制作的文件、声明或口头通信的机密性的任何需要；
>
> （c）在据说出现法律障碍或特权时，双方当事人及其法律顾问的期望；
>
> （d）因同意、提前披露、对文件的肯定使用、声明、口头沟通或建议或其他原因可能放弃任何适用的法律障碍或特权；
>
> （e）必须保持当事人之间的公平和平等，特别是如果他们遵守不同的法律或道德规则时。

实质上，第9（3）（b）条规定，将存在与争议谈判有关的材料，其制作目的是和解谈判，包括和解要约。其不应向仲裁庭披露这些内容，并受到保密特权的保护。

与要约相连的特权通常会被明确主张，并通常通过“不影响实体权利”（without prejudice）等习惯用语或标签出现在要约文件的开头。但是，如果不存在特权，则声称拥有特权的事实不会创建该特权。[8]

---

[7] *SBS Transit Ltd (formerly known as Singapore Bus Services Limited) v Koh Swee Ann* [2004] 3 SLR (R) 365; *Jet Holding Ltd v Cooper Cameron (Singapore) Pte Ltd* [2006] SGHC 20; *Chinney Construction Co Ltd v Po Kwong Marble Factory Ltd* [2005] 3 HKLRD 758; *Fence Gate Ltd v NEL Construction Ltd* [2001] EWHC 456 (TCC), [2001] All ER (D) 214 (Dec); *Linpave v Gillingham FC* [2003] 69 Arbitration 145 (unreported); *Décor Ceilings Pty Ltd v Cox Constructions Pty Ltd* [2006] SASC 85; *Marek v Chesney* 473 US 1 (1985).

[8] 在 *Reed Executive Plc v Reed Business Information Ltd* [2004] EWCA Civ 887, [2004] All ER (D) 233 (Jul) 案中，为评估当事人之间的讼费，上诉法庭拒绝查阅有关拟议调解的函件，因为该函件只注明了“不妨碍”。

法官德雷克（Drake J）在 *Dixons Stores Group Ltd v Thames Television plc*[9] 案中解释道：

> 仅仅是在函件上以"不影响实体权利"为开头，并不能决定这封信实际上是否享有特权。这种特权的存在是为了鼓励和解，如果这封信不是为了继续努力达成和解而写的，它将不受特权的保护。但是相反，如果这封信是在这种真诚的努力过程中写成的，那么它将被特权涵盖，即使在信中没有任何标题或提及来表明它是不影响实体权利的，也不会有太大问题。

在成本以外不影响实体权利的要约，其基本原则是，受要约人拒绝要约并继续提交仲裁的，如果受要约人未能追回超过要约价值的款项，则受要约人将对要约后发生的费用承担初步责任。[10]

法官戴蒙德（Diamond J）在 *Everglade Maritime Inc v Schiffahrtsgesellschaft Detlef von Appen GmbH*, *The Maria*[11] 案中解释说，这是一个法律问题，如果受要约人获得的比和解要约更多，则无论多少都应根据结果支付费用。

问题是仲裁庭是否有权在其费用裁决中考虑要约的提出和拒绝。这将取决于要约是"不影响实体权利"（without prejudice）、"公开"（open）、"密封"（sealed）或"Calderbank"的。[12]

根据《2005 年仲裁法案》[13] 第 44（2）条的规定，除当事人另有规定外，仲裁庭在裁定从提出要约至作出裁决期间的费用和开支时，可以考虑要约的事实。

因此，费用原则是适用的，因为仲裁庭默认了具有适用这些原则的管辖权。对于起草仲裁协议或在争议开始时的谈判，就是否希望适用要约的费用后果而言，这是一个重要的考虑因素。

实际上，在初步会议上，双方当事人应就如何在仲裁过程中处理不影响实体权利的要约达成一致。这种协议将让案件形成更强的清晰度，甚至可能在仲裁程序中推动和解。

---

[9] ［1993］1 All ER 349 at 351 per Drake J; *Bradford & Bingley Plc v Rashid*［2006］UKHL 37,［2006］All ER（D）145（Jul）at［84］; *Avonwick Holdings Ltd v Webinvest Ltd*［2014］EWHC 3322（Ch）.

[10] *Tramountana Armadora SA v Atlantic Shipping Co Ltd*［1978］2 All ER 870 at 878,［1978］1 Lloyd's Rep 391 at 397–398per Donaldson J. *G Hawkins & Sons Pty Ltd v Cable Belt（Aust）Pty Ltd*（1986）2 BCL 246; *Huron Liberian Cov Rheinol GmbH*［1985］2 Lloyd's Rep 58 at 61.

[11] ［1992］2 Lloyd's Rep 167 per Diamond J.

[12] 即，根据 *Calderbank v Calderbank*［1975］3 All ER 333,［1976］Fam 93 案中的决定，该决定来自案件 *Thrimalai v Mohamed Masry bin Tukimin*［1987］1 MLJ 153。

[13] Act 646.

43.2 不影响实体权利的要约

要约人在向受要约人作出完全“不影响实体权利”的要约[14]时，书面表明要约在任何阶段都不能向仲裁庭披露。[15] 仲裁庭在仲裁前和仲裁时必须无视双方当事人在谈判过程中作出的“不影响实体权利”和解要约。

法官阿特金森（Atkinson J）在 *Stotesbury v Turner*[16] 案中撤销了仲裁庭的裁决，因为该仲裁庭明显考虑到在初步会议上提出的“不影响实体权利”要约。法院指出，讨论是在仲裁庭未以司法身份行事的情况下进行的。

43.3 公开要约

公开要约是指，要约人通过信函以确定的数额（包括费用）邀请受要约人和解。它是明确表示公开或者在显然不要求特权的情况下发布的。公开要约应由当事人告知仲裁庭。

公开要约不享有特权，除非双方当事人将之视为秘密文件，从而随着时间的推移赋予它一定程度的特权。仲裁庭在确定讼费时，可以合理地考虑对该种要约的拒绝。[17]

仲裁庭可以裁定，如果受要约人在裁决书中获得的赔偿额大于所提供的赔偿额，则受要约人有权获得其费用；反之，如果受要约人在裁决书中获得的赔偿额低于所提供的赔偿额，则要约人应当收回其部分费用。

然而考虑到存在费用后果，没有义务或一般规则规定公开要约应具有与明确提出（并被拒绝）的要约相同的后果。

43.4 密封或 *Calderbank* 要约

《2005年仲裁法案》[18] 第44（2）条和（3）条设想的密封或 *Calderbank* 要约的程序

---

[14] ICC Commission Report, *Decisions on Costs in International Arbitration*, (2015) at para 95.

[15] 参见案件 *Simaan General Contracting Co v Pilkington Glass Ltd* [1987] 1 All ER 345, [1987] 1 WLR 516, 以了解这样的提议。

[16] *Ibid*; *Walker v Wilsher* (1889) 23 QBD 335, CA (Eng); *Tomlin v Standard Telephones and Cables Ltd* [1969] 3 All ER 201, [1969] 1 WLR 1378, CA (Eng); *Tramountana Armadora SA v Atlantic Shipping Co SA* [1978] 2 All ER 870, [1978] 1 Lloyd's Rep 391; *Ian Keith Brown v CBS (Contractors) Ltd* [1987] 1 Lloyd's Rep 279.

[17] *Tramountana Armadora SA v Atlantic Shipping Co SA* [1978] 2 All ER 870, [1978] 1 Lloyd's Rep 391.

[18] 《1996年新西兰仲裁法》第6（2）（b）条也是类似的规定。

如下：

(2) 除非当事人另有约定，如果一方当事人向另一方当事人提出解决争议或部分争议的要约，但该要约未被接受，且仲裁庭的裁决对另一方当事人没有比该要约更有利的，则仲裁庭在确定和分配仲裁费用和开支时，可以在裁定从要约作出到裁决作出期间的费用和开支时考虑该要约的事实。

(3) 根据第（2）款提出的和解要约，在仲裁庭对争议中除确定和分配费用和开支外的所有方面作出最后裁定之前，不得通知仲裁庭。

新加坡[19]、中国香港[20]、英格兰[21]和澳大利亚[22]的法院已经在其管辖区域内认可了类似的方式。

密封要约被描述为相当于向法院付款。这种要约没有形式上的要求，但通常是以信函形式提出的，并且一定会表明“除费用外不影响实体权利”，同时会提出在规定期限内可接受的仲裁解决条件。[23]

因此，密封要约介于公开和不影响实体权利要约之间。这种要约会表明“除了费用不影响实体权利”，或者以“不影响实体权利”（without prejudice）置顶，但是也包含一项声明，表示要约会就成本问题向仲裁庭提请注意。[24]

“除了费用”是重要的措辞。否则，要约就会如同不影响实体权利的信函一样不被采纳。[25] 在仲裁庭对争议作出除费用外的最后裁定之前，不得将要约通知仲裁庭。[26]

在和解时，要约人邀请受要约人接受密封要约（包括费用），但有一明示或默示的谅解，即该要约可以在就费用问题作出决定时向仲裁庭披露，但不得在此之前披露。

“密封要约”一词是指将一份要约密封在信封或受通行保护的档案中的做法，只有在对实质性问题作出裁决后才交给仲裁庭开启。[27] 这个表达有点用词不当，密封要约在作出时是不密封的，受要约人显然能看到要约。[28]

顶端标明“除费用外不影响实体权利”的函件通常被称为 *Calderbank* 信函，尽管它

---

[19] *SBS Transit Ltd (formerly known as Singapore Bus Services Limited) v Koh Swee Ann* [2004] 3 SLR (R) 365; *Jet Holding Ltd v Cooper Cameron (Singapore) Pte Ltd* [2006] SGHC 20.

[20] *Chinney Construction Co Ltd v Po Kwong Marble Factory Ltd* [2005] 3 HKLRD 758.

[21] *Fence Gate Ltd v NEL Construction Ltd* [2001] EWHC 456 (TCC), [2001] All ER (D) 214 (Dec); *Linpave v Gillingham FC* [2003] 69 Arbitration 145 (unreported).

[22] *Décor Ceilings Pty Ltd v Cox Constructions Pty Ltd* [2006] SASC 85.

[23] Sutton Gill and Gearing, *Russell on Arbitration*, (24th Edn, 2015) at para 6-158.

[24] *Oksuzoglu v Kay* [1998] 2 All ER 361, CA (Eng); *Cutts v Head* [1984] Ch 290, [1984] 1 All ER 597, CA (Eng); *Calderbank v Calderbank* [1975] 3 All ER 333, [1976] Fam 93, CA (Eng).

[25] *Reed Executive plc v Reed Business Information Ltd* [2004] EWCA Civ 887, [2004] All ER (D) 233 (Jul).

[26] Arbitration Act 2005 s 44 (3).

[27] *King v Thomas McKenna & Co* [1991] 2 QB 480 at 492-493, [1991] 1 All ER 653 at 662, CA (Eng), per Lord Donaldson MR。

[28] *Huron Liberian Co v Rheinoel GmbH* [1985] 2 Lloyd's Rep 58 at 60 per Staughton J.

们仍然可以被描述为密封要约。[29] 这个术语是以 *Calderbank v Calderbank*[30] 案命名的，该案涉及解除婚姻时财产分配的费用保护。

如果密封要约被提出并被拒绝了，那么仲裁庭即使知道要约存在，也不会知道金额。密封要约和 *Calderbank* 信函明显招引了特权，它们在对费用的裁决上是有效的。

直到所有责任问题和数量问题得到确定，违反一方当事人的特权向仲裁庭透露是不被允许的。此二者的区别是程序上的，对费用的影响是一样的。

法官唐纳森[31]解释了和解要约对讼费的影响：

> 当存在“密封要约”时，仲裁员如何处理费用？我认为他应该问自己一个问题：“申请人是否通过拒绝要约继续仲裁而获得的比接受要约更多？”回答这个问题很简单……如果申请人最后没有比接受要约能获得的更多，在那一天之后继续的仲裁就是浪费时间和金钱的。表面上，申请人应该收回至要约之日的费用，同时应该支付被申请人在要约之日之后的费用。如果他通过继续仲裁获得了更多，被申请人应该支付全程的费用。不过我要强调，这虽然是一般规则，但有一个优先的裁量权。

实践中，作出密封要约或 *Calderbank* 要约有三种程序：

第一种方法是在密封要约作出时告知仲裁庭其存在。仲裁庭只有在终结了争议的实质问题后才可以打开。此后，该要约被用作裁决费用的指导。让人担心的是，仲裁庭知道密封要约后可能会影响对当事人主张的评价。

第二种方法是仲裁庭不知道密封的要约已经被制作，但是被邀请作出临时实质性裁决，并在稍后的日期对讼费作出最终裁决。向仲裁庭提出的请求可能提醒它有可能提出了密封要约，接下来的听审可能会增加仲裁费用。

主事官唐纳森勋爵（Lord Donaldson MR）在 *King v Thomas McKenna & Co*[32] 案中提出了第三种方法。他建议在所有案件中交给仲裁庭一个可能装有也可能没装有要约的密封信封。它将在实质性裁决作出之后被打开。如果信封确实包含一个密封要约，那么费用裁决会将此要约考虑在内。这种方法避免了仲裁庭在对费用作出裁决时不知道相关要约的程序性失误的可能性。[33]

---

[29] *Australian Medic-Care Company Ltd v Hamilton Pharmaceutical Pty Limited* (*No 2*)［2009］FCA 1494，在不影响成本的情况下，提供详细的组合式和解要约。

[30] ［1975］3 All ER 333，［1976］Fam 93；*Thrimalai v Mohamed Masry Bin Tukimin*［1987］1 MLJ 153.

[31] *Tramountana Armadora SA v Atlantic Shipping Co SA*［1978］2 All ER 870 at 877-878，［1978］1 Lloyd's Rep 391 at 397-398，per Donaldson J.

[32] ［1991］2 QB 480，［1991］1 All ER 653，CA（Eng）；*Everglade Maritime Inc v Schiffahrtsgesellschaft Detlef von Appen GmbH*，*The Maria*［1992］2 Lloyd's Rep 167，affd［1993］2 Lloyd's Rep 168，CA（Eng）；*Tramountana Armadora SA v Atlantic Shipping Co SA*［1978］2 All ER 870，［1978］1 Lloyd's Rep 391.

[33] *Harrison v Thompson*［1989］1 WLR 1325；*King v Thomas McKenna Ltd*［1991］2 QB 480，［1991］1 All ER 653，CA（Eng）；*Chinney Construction Co Ltd v Po Kwong Marble Factory Ltd*［2005］3 HKLRD 758.

43.5　拒绝密封或*Calderbank*要约的后果

如果一方当事人拒绝密封要约，那么裁决将被取消。如果裁决不如要约有利，则拒绝方将承担在接受该要约的期限届满后至裁决之日发生的费用，但将被判给直至接受期限届满的费用。[34]

如果被申请人在仲裁提出后不久就作出了密封要约，申请人胜诉但获得的金额低于要约，那么申请人将对被申请人至裁决之日的大部分费用承担责任。这笔费用可能很巨大。另一方面，如果要约是在听审之前不久或听审期间作出的，费用责任将会小得多。胜诉方能否通过拒绝要约获得更多利益，将取决于案件的具体事实。[35]

在确定裁决是多于或少于密封要约的金额时，将考虑到本金和利息，[36] 费用将被忽略。"更有利"（More advantageous）是指就金钱而言更多。因此，550 000令吉比540 000令吉更有利。

Calderbank 费用后果可能因此随之而来。自然，拒绝方可以认为其中的细微差别纯属侥幸，而且该要约的条件不足以使不接受要约的大笔费用后果合理化。因此，一个可能大体上胜诉的申请人可能会因为不接受密封要约而被要求支付仲裁费用，或至少是其中一部分。这个规则的逻辑很简单，如果胜诉的申请人接受了要约，仲裁程序就可以避免，这可以节省很多时间。它的设计是为了促成双方当事人和解。

作出密封要约的显著后果是仲裁庭可以赔偿为由作出费用裁决。[37] 它可以裁决产生的合理费用（正常的方式），但也可以不按比例作出裁决。[38] 没有要求仲裁庭须以赔偿为由作出裁决，如果仲裁庭选择以赔偿为由裁决，可能大幅度增加一方当事人面临的法律费用。例如，新西兰法院在 *General Distributors Ltd v Casata Ltd*[39] 案中认为，在适当的情况下，如果在仲裁的早期阶段提出了和解要约，但没有比最后裁决更好，仲裁庭可以裁决赔偿费用。但是，赔偿费用将限于胜诉方的实际合理费用。密封或 *Calderbank* 要约的本意是模仿向法院付款，它尽可能地再现了向法院付款的诉讼程序。

如果对申请人有利的最终裁决少于向法院支付的款项，就会初步认定申请人须就支

---

[34] *Tramountana Armadora SA v Atlantic Shipping Co SA*［1978］2 All ER 870，［1978］1 Lloyd's Rep 391；*Archital Luxfer Ltdv Henry Boot Construction Ltd*［1981］1 Lloyd's Rep 642；*Cheeseman v Bowaters United Kingdom Paper Mills Ltd*［1971］3 All ER 513，［1971］1 WLR 1773，CA（Eng）.

[35] *Centreland Management Ltd v HSBC Pension Trust（UK）Ltd*［2013］EWHC 3238（Ch）.

[36] *Everglade Maritime Inc v Schiffahrtsgesellschaft Detlef von Appen GmbH*，*The Maria*［1992］2 Lloyd's Rep 167，affd［1993］2 Lloyd's Rep 168，CA（Eng）.

[37] 在概念上，并不反对仲裁员以赔偿金为基础裁定费用。R Merkin，L Flannery，*Arbitration Act* 1996（5th Edn，2014）at p 250.

[38] *Jones v Bradley*（*No* 2）［2003］NSWCA 258 at［8］.

[39] ［2006］NZSC 8，［2006］2 NZLR 721.

付日期后产生的诉讼费用承担责任。[40]

反向或原告的要约

原告和被告都可以提出 *Calderbank* 要约。原告提出此种要约的好处在于，如果原告如愿胜诉，他就有了一个强力的论据以获得赔偿费用的裁决。

法院在 *Linpave Building Ltd v Gillingham FC*[41] 案中认为，仲裁庭应该通过加强利息和费用裁决的方式来认可成功的反向要约的存在。据说，一个成功的反向要约会对案件结果起到强化作用。

虽然《2012年法院规则》中没有对原告提出“除了费用外不影响实体权利”的要约作出规定，但仲裁庭没有理由不作出这样的裁决。原告有权利根据《英国民事诉讼程序规则》（*English Civil Procedure Rules*）提出这种要约。[42] 这为促进原告在争议过程中提出要约提供了一个合理的目的。

43.6 密封或 *Calderbank* 要约的要求

如果仲裁庭公布的仲裁裁决低于密封要约的金额，仲裁庭则有权将费用判给要约人。要约条件的高低代表了受让人最终获得金额的权衡标准。

要约本身必须以受要约人和仲裁庭容易确定要约内容和容易以与裁决金额进行比较的方式作出。进行“相类”（like for like）比较是很重要的。仲裁庭可能需要重新计算任何裁决前的利息，就像该裁决在要约之时已经作出一样。[43]

作出密封要约是一个战术决定，需要仔细考虑。一个原告永远不会接受的低报价是不值得写在纸上的。它一定不能超过仲裁庭裁决的费用。

被告作出意在保护其费用地位的要约时需要考虑仲裁庭事实上可能裁决的数额，然后再提出略高于这一点的要约。只有这样，才会给对方造成不接受要约的实际风险。[44]

仲裁庭的自由裁量

仲裁庭在裁决费用时拥有裁量权。即使密封要约的金额大于裁决金额，它也可能会

---

[40] 英国上诉法院在 *Stokes Pension Fund v Western Power Distribution*（*South West*）*Plc*［2005］EWCA Civ 854 案中解释了要约须相等于向法庭支付款项的规定，包括要约人须“物有所值”的规定。

[41] ［2003］69 Arbitration 145，per J Tackaberry QC（unreported）.

[42] English Civil Procedure Rules，pt 36.

[43] J Bailey，*Construction Law*（2014）at p 1707.

[44] *Evmar Shipping Corpn v Japan Line Ltd*，*The Evmar*［1984］2 Lloyd's Rep 581.

无视 *Calderbank* 要约并适用费用遵循结果的规则。[45] 但是，仲裁庭必须说明背离一般 *Calderbank* 原则的理由，对其作出的裁决进行司法上的解释。[46]

仲裁庭仅仅说明已经行使裁量权来排除其犯法律错误的可能是不够的。[47] 根据《2005 年仲裁法案》的规定，法律错误不能作为撤销裁决的依据。

当事人可以试图根据《2005 年仲裁法案》第 42 条的规定，基于法律问题对该裁决提出上诉，但第 44（1）（a）条明确规定了费用属于仲裁庭的裁量权。高等法院可能会驳回这种申请。

如果当事人不合理地行事，仲裁庭也可以背离 *Calderbank* 原则。法官唐纳森在 *Tramountana Armadora SA v Atlantic Shipping CoSA*（*The Vorros*）[48] 案中解释道：

> 例如，如果申请人在密封要约之前进行仲裁的方式是可非议的，那么这可能会成为剥夺其全部或部分费用的理由，甚至在非常极端的情况下也可能成为要求其支付被申请人全部或部分费用的理由。反之，如果在密封要约被提出并被拒绝之后，被申请人的行为是可非议的，那么这可能是剥夺被申请人在此期间由其引发的全部或部分费用的理由，甚至在非常极端的情况下可能成为下令其支付申请人的全部或部分费用的合理理由。

实质上，要约人在作出 *Calderbank* 要约时，并不能肆意妄为地拒绝进一步谈判，故意增加其法律费用。

43.7　与和解要约有关的因素

仲裁庭实际上可以考虑在仲裁通知发出之前提出的要约。费用可从仲裁通知发出前的一段时间开始计算。[49]

要约没有表明在任何特定时间段内公开的，默认公开至听审日。

Argolis Shipping Co SA v Midwest Steel and Alloy Corpn，*The Angeliki*[50] 案的法院审议了

---

[45] *Perry v Stopher*［1959］1 All ER 713，［1959］1 WLR 415，CA（Eng）；*Harris v Petherick*（1879）4 QBD 611，CA（Eng）；*Anglo-Cyprian Trade Agencies Ltd v Paphos Wine Industries Ltd*［1951］1 All ER 873；*Alltrans Express Ltd v CVAHoldings Ltd*［1984］1 All ER 685，［1984］1 WLR 394，CA（Eng）；*Lipkin Gorman v Karpnale Ltd*［1992］4 All ER 409，［1989］1 WLR 1340，CA（Eng）；*Beoco Ltd v Alfa Laval Co Ltd*［1994］3 WLR 1179.

[46] *Argolis Shipping Co SA v Midwest Steel and Alloy Corpn*，*The Angeliki*［1982］2 Lloyd's Rep 594；*Cadmus Investment Ltd v Amec Building Ltd*［1998］ADRLJ 72 per Tuckey J. 如果仲裁员未能考虑 *Calderbank* 原则，那么法院认为有关费用的决定应反映仲裁庭的意见，因此应考虑该建议，并应说明无视该建议的理由。［2003］69 Arbitration 145，per J Tackaberry QC（unreported）.

[47] *The Ios I*［1987］1 Lloyd's Rep 321；*Blexen Ltd v G Percy Trentham*［1990］42 EG 133，CA（Eng）.

[48] ［1978］2 All ER 870 at 878，［1978］1 Lloyd's Rep 391 at 398 per Donaldson J.

[49] *Re Gibson's Settlement Trust*，*Mellors v Gibson*［1981］1 All ER 233.

[50] ［1982］2 Lloyd's Rep 594.

在开庭前四天提出要约并在开庭一天后被接受的情况。仲裁庭将直到接受之日的费用裁决给了受要约人。劳埃德法官（Lloyd J）认为仲裁庭本该考虑到受要约人并没有足够的时间考虑要约。

仲裁庭应以与延迟向法院支付款项同样的方法考虑在听审期间提出的要约。费用不会自动跟此类付款相一致。仲裁庭对裁定费用拥有裁量权。[51]

在听审期间提出的和解要约应包含有关费用的要约，如被接受，则会产生有约束力的协议。仲裁庭就该要约在那个阶段是否应该被合理接受拥有裁量权。

仲裁要约具有合同性质。它可以标明在一段有限的时间内有效。在审议这一要约事项时，允许一段短暂的时间可能是适当的，以便任何合理的受要约人在这种情况下考虑是否接受该要约。

法官斯托顿（Staughton J）在 *Huron Liberian Co v Rheinoel GmbH*[52] 案中说道：

> 对于密封要约在听审之前不能被接受的建议，正常人的最初反应是惊讶的，甚至是不赞成的。

作为惯例，受要约人接受要约的，除已支付的金额外，有权获得其在接受日之前的费用。另外，仲裁庭在考虑费用时可无视已撤回的要约。

在费用方面，一些密封要约当然会表明在听审日之前有效，例如 *Archital Luxfer Ltd v Henry Boot Construction Ltd*[53] 案的密封要约。要约如果未标明失效时间，则将在一段合理时间内继续有效，即到听审开始时止。受要约人可以通知限制承诺的时间。

如果在该期限内未被接受，则该要约会失效，未经要约人同意不得被接受。[54] 当然，仲裁庭在作出关于费用的决定时仍可加以考虑。要约人也可以随时撤回要约。

要约和解是一种程序性手段，合同原则不一定适用。[55] 相应地，一方当事人可以撤回妥协的要约，而没有必要像撤回向法院提存款项所要求的那样提出一个充分的理由。

如果受要约人明确拒绝，要约将不再有效。[56] 仲裁庭在作出关于费用的决定时，仍可考虑因撤回或拒绝而失效或不再可供接受的要约。

43.8 要约条件

要约应说明其涵盖的诉因。它应就要约的范围（即所有的主张和反主张，或其中的一部分）、要约的本金（或其他救济）以及接受日之前的利息、受要约人的费用和仲裁

---

[51] *Griggs v Petts* [1939] 4 All ER 39.

[52] [1985] 2 Lloyd's Rep 58 at 61 per Staughton J.

[53] [1981] 1 Lloyd's Rep 642.

[54] *Huron Liberian Co v Rheinoel GmbH* [1985] 2 Lloyd's Rep 58.

[55] *Cumper v Pothecary* [1941] 2 KB 58 at 67, CA (Eng).

[56] *Huron Liberian Co v Rheinoel GmbH* [1985] 2 Lloyd's Rep 58.

庭的费用和开支，以及在适用情况下直至接受之日的机构费用和开支作出单独规定，以避免随后的争议。[57]

要约可包括一项条款，即如果一旦接受，就会由仲裁庭记录一份和解裁决书以便根据《承认及执行外国仲裁裁决公约》利于执行。

一次付清的要约通常被解释为包括本金和利息。如果要约给出了本金和待确定的利息，则要约可能不确定。在这种情况下，受要约人可以要求澄清，也可以选择接受这种模糊性。

例如，仲裁庭在 *Kin Shing （Leung's） General Contractors Ltd v Chinese University of Hong Kong*[58] 案中不得不处理各种不明确的"除费用外不影响实体权利"的要约。其中一个情况是这样的：

> 我方委托人准备承担贵方委托人在诉讼中发生的费用，包括仲裁员的费用，但不包括仲裁员已命令贵方委托人承担的任何费用。然而我们的客户强烈倾向于同时解决原则性问题和费用问题，因此这部分要约以贵方提供的合理估算（含细目）为准。

申请人拒绝了这些要约，称它们不是有效的 *Calderbank* 要约。申请人没有解释为什么认为要约是无效的，但是，仲裁庭在其费用裁决中考虑到了这一要约。

申请人向法院提起了上诉。法院承认被告的要约不是典型的 *Calderbank* 要约，但维持了仲裁庭对费用的裁决。在这种情况下，法院建议受要约人如果认为要约无效，应和要约人明确。[59]

受要约人可能会发现很难在不知道要约细目的情况下估算利息。即使要约的本金最终超过了所裁决的金额，受要约人拒绝该要约也是合理的，但这可能对受要约人不利。

如果本金和利息是单独列明的，受要约人可以以获裁的本金或利息超过要约数额为由，主张其拒绝要约是合理的。由于仲裁往往在争议发生多年后进行，因此利息可能构成最终裁决的重要因素。

净付款人的任何和解要约，除和解要约提供的款项外，还应包括支付合理费用至要约被接受之日的要约。法官唐纳森在 *Tramountana Armadora SA v Atlantic Shipping Co Ltd*[60] 案中建议：

> 如果一方希望作出"密封要约"，并希望其作为裁定费用的参考，他必须在和解要约上再加入一定的合理费用。

---

[57] *Tramountana Armadora SA v Atlantic Shipping Co Ltd* ［1978］ 2 All ER 870 at 878，［1978］ 1 Lloyd's Rep 391 at 398per Donaldson J.

[58] *Kin Shing （Leung's） General Contractors Ltd v Chinese University of Hong Kong* ［2011］ HKEC 284，［2011］ HKCFI 138.

[59] *Codent Ltd v Lyson Ltd* ［2005］ EWCA Civ 1835.

[60] ［1978］ 2 All ER 870 at 878，［1978］ 1 Lloyd's Rep 391 at 398.

法官吉普森（Gibson J）在 *Archital Luxfer Ltd v Henry Boot Construction Ltd*[61] 案中解释说：

> 核定要约支付的费用总是明智的，因为存在错误的风险（即在确定到要约日期为止的成本价值时），但要约的充分性与其可证明的实质内容有关，而与其形式无关。

在考虑包括费用在内的一次性总额时，仲裁庭必须在去掉费用部分后确定余额是否大于裁定的数额。如果不是，则要约对费用没有影响。

要约人有责任证明要约有效。如果要约表明双方当事人都应支付自己的费用，那么要约就是不确定的。但是，如果要约数额在计算了费用后明显超过裁定额，那么它将产生费用保护。

对各方当事人来说重要的是考虑实际要达成和解的内容，并拟订明确的条款。一项包含“解决双方之间所有争议”条款的要约可能会产生歧义。

另一方当事人可能会极力主张这也包括了今后的任何争议，例如对潜在缺陷的赔偿责任。

法院将难以推断此类条款。[62] 各方当事人如果希望通过协议确保他们不用担心来自对方当事人的其他主张，则应使用诸如“无论过去、现在还是未来，以及是否已知或预期”等明确措辞。[63]

---

[61] ［1981］1 Lloyd's Rep 642 at 654.

[62] *Point West London Ltd v Mivan Ltd*［2012］EWHC 1223（TCC）at［32］；*Bank of Credit and Commerce International SA v Ali*［2001］UKHL 8，［2001］All ER（D）06（Mar）.

[63] *Kazeminy v Siddiqi*［2012］EWCA Civ 416.

第 44 章　核定或结算费用

44.1　仲裁庭核定费用的权力

根据《2005 年仲裁法案》[1] 第 44（1）（a）（ii）条的规定，如双方当事人无相反约定的，仲裁庭有权对费用进行核定或结算。但是，除非仲裁协议要求，否则仲裁庭没有义务行使这一权力。[2]

仲裁庭可以对裁决的费用，即自己的费用和开支进行核定或结算；也可以核定当事人的费用，即根据裁决支付或部分支付费用的一方或多方的费用（“仲裁费用”）。

在实践中，仲裁庭经常核定自己的费用与开支。现在看来，仲裁庭对当事方的费用进行核定或结算似乎是仲裁程序的一部分。仲裁庭虽然过去并不积极地接受这一任务[3]，但现在应该考虑这样做，因为其已经熟悉程序，并且能够判断任何费用的合理性。[4]

44.2　核定和结算的意义

对仲裁程序中产生及附带产生的合理和适当费用的评估被称为“核定”（taxing）或“结算”（settling）。这两个术语之间的区别尚未得到充分解释。

法官阿特金森在 *P Rosen & Co Ltd v Dowleyand Selby*[5] 案中说：

> 《1889 年仲裁法案》中……有“和清算”（and settle）的措辞，看起来好像是用来表示要给一笔总的费用。

“核定”一词不再是英国法律术语系统的一部分。费用现在是“以概览或详细的方

---

[1] Act 646.

[2] *Morgan v Smith*（1842）9 M & W 427.

[3] R Merkin，L Flannery，*Arbitration Act* 1996（5th Edn，2014） at p 254.

[4] 在 *Rotary Watches Ltd v Rotary Watches*（*USA*）*Inc*［2004］EWHC 90038（Costs）案中，仲裁庭命令高等法院根据 1996 年《英国仲裁法案》第 63（4）条评估费用。根据《2005 年仲裁法案》的规定并不存在这种权力，但如果仲裁庭命令任何一方支付费用和开支，那么任何一方均可根据《2005 年仲裁法案》第 44（1）（b）条向高等法院申请评估。

[5]［1943］2 All ER 172 at 173.

式评定的”。

不过，《2005年仲裁法案》第44（1）条仍然规定：

（1）除非双方另有约定，

（a）仲裁的费用和开支由仲裁庭酌情决定，由仲裁庭

（i）指示由谁向谁以及以何种方式支付这些费用或其部分；

（ii）对该费用及开支的数额进行核定或结算；

（iii）对聘请事务律师产生的费用和开支作出裁决；

（b）仲裁庭在其裁决书中指示由任一方当事人支付费用和开支，但在收到请求后的30天内未指明费用和开支数额的，任一方当事人均可向高等法院申请核定费用；

（c）在没有裁决或附加裁决确定和分配仲裁费用和开支的情况下，每一当事方应自行承担法律费用和其他开支，并平等分担仲裁庭的费用和开支以及与仲裁有关的任何其他开支。

《2005年仲裁法案》第44（5）条还补充如下：

> （5）本条规定的仲裁费、服务费及开支的核定，可以按照与仲裁费核定相同的方式予以审查。

“核定”（taxation）是用来表示确定费用数额的一般术语[6]，费用的“确定”（determination）用于表示过程。[7] 在国际仲裁中，术语“fix”通常用于表示识别和阐明总额的过程[8]，除非双方当事人另有约定，核定（taxation）是默认的术语。

实质上，各方当事人将其费用主张提交给仲裁庭、司法常务官或核定专家（专门处理费用的人员）核定，以确定裁决中的哪些费用根据仲裁协议的条款、所在地法律规定和适用的程序规则是应该支付的。

实际上，总体费用核定是采用“粗略”（broad brush）的方法进行，并采用包括仲裁庭费用和支出、法律费用和附带费用在内的总体数字作出的。详细的评估包括对一方当事人成本的详细分析，目的是评估费用的产生和费用的数额是否合理和相称。

费用裁决有两个阶段[9]：首先，在双方当事人之间分摊或分配费用责任（包括成本转移）[10]；其次，量化一方当事人应支付的费用数额。

一旦仲裁庭确定了费用的数额，法院就不太可能干涉仲裁庭的裁量权。[11] 如果根据

---

[6] 参见《2012年法院规则》和《马来西亚哈尔斯伯里法律》，《民事诉讼法》（2014年重新发布）；《新加坡国际仲裁法》（第143A章）第21条第（1）款规定：“裁决指令支付的任何仲裁讼费，须由新加坡国际仲裁中心主簿官评定，除非裁决书中另有指示。”

[7] 参见1996年《英国仲裁法案》第63条。

[8] 2016年《SIAC仲裁规则》36（1）条规定：“主簿应当根据案件适用的《费用表》……决定仲裁庭的报酬。”2012年《ICC仲裁规则》第37（4）条规定：“终局裁决应确定仲裁费用并确定该由哪一方承担或承担的比例。”

[9] C YC Ong and M P O'Reilly, *Costs in International Arbitration*,（2013） at p 11.

[10] 转移成本要求一方当事人支付另一方当事人所产生的部分或全部费用。Lord Justice Jackson, *Review of Civil Litigation Costs*: *Final Report*,（2009）第八页将费用转移定义为：“命令一人支付另一人的费用。成本转移通常是在“败者付费”的基础上进行的，因此要求败诉方支付胜诉方的可收回成本”。

[11] *VV v VW* [2008] 2 SLR（R） 929.

《纽约公约》需要在外国执行的，仲裁庭的费用裁决也更有效。根据《纽约公约》的规定，司法常务官的核定证明书不能强制执行。

仲裁地法规定的一个例子就是 1996 年《新西兰仲裁法案》[12] 第 6（1）条附表 2，其中规定：

> 6（1）除当事人另有约定外，
>
> （a）仲裁的费用和开支，即当事人的法律费用和其他费用/仲裁庭的费用和开支，以及与仲裁有关的其他任何费用……

44.3 仲裁庭必须作出适当的裁决

仲裁庭在核定自己的费用时必须行使适当的判断力和裁量权[13]，同时考虑到有义务支付费用的一方当事人以及有权获得支付的一方当事人的利益。[14]

法官斯莱特（Slater J）在 *Appleton v Norwich Union Fire Insurance Society Ltd*[15] 案中说，在仲裁庭确定其自身费用的语境下，这是一个裁量权问题。其必须公正和诚心诚意地行使这一权力。有权获得仲裁费用的一方当事人也有权获得其合理的核定费用。

评估大概费用或明细费用是否合适将取决于案件的情况。在标的相对较小的国内仲裁中，如果当事人的费用差不多，则大概核定会比较合适。

在费用非常高，或双方当事人的费用有重大差异，或一方当事人强烈反对大概核定的较大争议中，对收款人费用明细表进行审查则更为合适。

44.4 法院核定

如果仲裁庭作出裁决以命令一方当事人支付费用和开支，但未具体说明这些费用的数额，而且在 30 天内未对提供这一细节的请求作出答复的，则任何一方当事人均可根据《2005 年仲裁法案》第 44（1）（b）条向高等法院申请法院核定。

《2012 年法院规则》第 59 号命令第 12（1）（b）条规定，司法常务官有权根据任何成文法律或仲裁协议核定仲裁裁决所指示的费用。

---

[12] 其他例如：1974 年《澳大利亚国际仲裁法案》第 27 条；《新加坡国际仲裁法案》第 21 条；1996 年《英国仲裁法案》第 22 条和第 23 条。

[13] *Appleton v Norwich Union Fire Insurance Society Ltd* ［1922］ 13 LlL Rep 345. *SN Kurkjian* （*Commodity Brokers*） *Ltd v Marketing Exchange for Africa Ltd* （*formerly TM Motiram* （*UK*） *Ltd*） （*No1*） ［1986］ 2 Lloyd's Rep 614.

[14] *Government of Ceylon v Chandris* ［1963］ 2 QB 327 at 338, ［1963］ 2 All ER 1 at 6, ［1963］ 1 Lloyd's Rep 214 at 229 per Megaw J.

[15] ［1922］ 13 Ll L Rep 345 at 347, cited in *Government of Ceylon v Chandris* ［1963］ 2 All ER 1 at 3.

Credit Corporation（*M*）*Bhd v National Insurance Co Ltd*[16]案的申请人要求获得一项之前律师未要求的费用支付令。法院允许并指示了由高级助理司法登记官核定费用。

法院还认为，这是律师疏忽大意或意外未能请求费用支付令。他有权在该命令尚未起草和登记的法院的固有管辖权下，或根据该命令所隐含的适用自由，或根据《2012年法院规则》第20号命令第11条的规定（错漏规则），准许所寻求的支付令，连同对申请费的核定，用以由被申请人向申请人支付。

如果只是要在高等法院核定，则高级助理司法常务官就相当于仲裁庭的代表。[17]他无权拒绝执行核定的命令，也无权因认为错误而核查该命令或裁决。[18]

双方当事人向高等法院申请核定的权利是非常有限的。《2005年仲裁法案》第44（1）（b）条规定，只有在仲裁庭指示费用由一方当事人支付，但未具体说明费用数额，且在收到请求后的30天内仍未说明的情况下，才可以这样做。这是高等法院有权对裁决的费用进行核定的唯一情况。[19]

44.5 裁决费用的确定

仲裁庭对费用的核定或结算是裁决的一部分。法官凯夫（Cave J）在Re Prebble and Robinson[20]案中说，核定或结算费用的权力，除非在裁决中或由裁决本身行使，否则根本没法行使。另一方面，格言“被赋予确定性者即为确定者”（*id certum est quod certum reddi potest*）一般适用于仲裁裁决。[21]

仲裁庭作出终局性裁决时，可以保留核定或结算费用的权力。这样它在费用评定或结算方面的职权就不会终结[22]，并可就费用作出后续的裁决。

44.6 费用方面不具约束力的程序性法院规则

仲裁庭核定或结算费用显然不受法院所执行的详细程序规则的约束。

---

[16] ［1975］2 MLJ 104.

[17] *HG Perkins v Best Shaw*［1973］2 All ER 924 at 930，subnom *HG Perkins Ltd v Brent Shaw*［1973］1 WLR 975 at 982 per Kerr J；*Piper Double Glazing Ltd v DC Contracts*（1992）*Ltd*［1994］1 All ER 177 at 183，［1994］1 WLR 777 at 783 per PotterJ.

[18] *Piper Double Glazing Ltd v DCContracts*（1992）*Ltd*［1994］1 All ER 177 at 183，［1994］1 WLR 777 at 783 per PotterJ；*Cope v United Dairies*（*London*）*Ltd*［1963］2 QB 33 at 38 per Megaw J.

[19] *SDA Architects*（*sued as a firm*）*v Metro Millennium Sdn Bhd*［2014］2 MLJ 627 at［39］引用对于司法干预的评论，见*Taman Bandar Baru Masai Sdn Bhd v Dinding Corporations Sdn Bhd*［2009］MLJU0793，［2010］5 CLJ 83.

[20] ［1892］2 QB 602 at 605.

[21] *Holdsworth v Wilson*（*late Barsham*）（1863）4 B & S 1，122 ER 360.

[22] “Chapter 15：International Arbitral Awards：Legal Framework” in Gary Born，*International Arbitration*：*Law and Practice*（2nd Edn，2015）at 45.

迪普洛克勋爵在 *Bremer Vulkan Schiffbau und Maschinenfabrik v South India Shipping Corpn Ltd*[23] 案中表示，在没有具体商定的程序规则的情况下，仲裁庭有完全的裁量权来决定从其任命之时起至其裁决之时止如何进行仲裁，只要其采用的程序不违反自然正义规则。

在实践中，这包括核定或结算程序。关于格式和证据，仲裁庭不受详细的技术程序规则的约束。只要符合自然正义规则，仲裁庭就可以以其认为方便的任何方式受理仲裁申请。仲裁庭必须以公正无私的方式这样做。[24]

有权获得费用赔偿的一方当事人所获的赔偿不得超过程序的费用，这称为补偿原则。[25] 这里不应把它与按补偿原则作出的费用裁决混为一谈，即裁定的费用是合理的，但不一定相称。

44.7　可获补偿的费用

可获补偿的费用是指在申请仲裁的过程中产生或附带产生的合理费用。[26] 有两种类型的费用：

（1）当事人自己的费用、证人费用及其他附带费用；

（2）仲裁员自己的费用和开支。

向法院提出申请的费用不包括在内。法官科恩（Cohen J）在 *Higham v Havant and Waterloo UDC*[27] 案中说：

> 我本应十分怀疑仲裁员是否有资格处理可能在高等法院各分庭发生的讼费。我认为这些费用有必要由高等法院各分庭自行决定。

这是合乎逻辑的，因为如果一方当事人向高等法院提出申请，例如根据第 15（3）条对仲裁提出异议，法院会处理听审的费用，而不是将该问题发回仲裁庭。

可获补偿的费用（而不是仲裁庭本身的费用和开支）可以通过各方当事人的协议[28] 在仲裁庭的裁决中确定［如果仲裁庭未能这样做，则由法院根据《2005 年仲裁法案》第 44（1）（b）条作出裁判确定］。

仲裁庭可根据其认为适当的标准方式或补偿方式确定补偿费用。除非当事人另有约定，否则仲裁庭可以拒绝确定补偿费用的水平。

然后，任何一方当事人均可按照《2005 年仲裁法案》第 44（1）（b）条的规定向

---

[23] ［1981］AC 909 at 985，［1981］1 All ER 289 at 301，HL per Lord Diplock.

[24] *Appleton v Norwich Union Fire Insurance Society Ltd*［1922］13 Ll L Rep 345；*Government of Ceylon v Chandris*［1963］2QB 327，［1963］2 All ER 1，［1963］1 Lloyd's Rep 214.

[25] *Re Eastwood（decd），Lloyds Bank Ltd v Eastwood*［1975］Ch 112 at 131，［1974］3 All ER 603 at 608，CA（Eng）.

[26] *Johnson v Reed Corrugated Cases Ltd*［1992］1 All ER 169.

[27] ［1951］2 TLR 87 at 90.

[28] *Mansfield v Robinson*［1928］2 KB 353.

法院提出申请，要求法院处理此事。法院确定补偿费用的水平相当于代表仲裁庭行使职权，在此过程中不能对裁决的内容提出异议。因此，费用核定不是质疑裁决的途径。[29]

当事人由不具备法律资格的人代理仲裁的，法院可以按照与具有法律资格的律师相同的方式核定该人的费用。波特法官 Potter J 在 *Piper Double Glazing Ltd v DC Contracts*（1992）*Ltd*[30] 案中表示：

> 对于一方自己选择律师代理其参加仲裁的权利，或者甚至雇用一名非专业、合格或不合格的人代理其参加仲裁的权利，没有任何法定的或其他的限制。

法院进一步说，1950年《英国仲裁法案》第18（1）条（相当于《2005年仲裁法案》第44条的宽泛规定）的无保留条款范围很广，足以涵盖关于一方当事人有责任支付的在仲裁过程中产生的费用裁决总额。

代理人可以由执业大律师、律师、测量师、其他专家或不特定的人担任，这些不特定的人有偿提供通常由前述人士提供的服务。一项大型仲裁会涉及一大批专业人员，这些费用应该可以补偿并在核定中处理，这是完全合理的。

44.8 确定费用时的适用标准

仲裁庭在核定或结算费用时应考虑到案件的诸多因素。这可能包括问题的复杂性或难度、所需的技能和责任水平、所涉文件的数量和重要性、会议和听审的情况、所涉服务人员的资历、此事对客户的重要性以及权利主张的价值。

仲裁庭可能遵循基于《2012年法院规则》第59号命令第16条所列明的标准的指导原则，该规则阐述了法院关注的相关情形，代表了费用评估的合理标准。

如果仲裁庭认为账单里的项目在费用或完成某项任务的时间长度方面不合理或不成比例，那么仲裁庭可以不允许或减少这些项目。[31] 这样可以减少代理和证人主张的费用。

这种减免当然不会影响被核定费用的一方当事人对其律师的付款责任，而只会减少另一方当事人必须承担的账单数额。

怎样才算合理呢？这要根据引发费用的决定作出之时的情况来判断，而不是根据后见之明。法院在 *Barlett v Higgins*[32] 案中允许了对证据进行审查的费用，但随着案件的展开，证明了这种费用是不必要的。

---

[29] *Piper Double Glazing Ltd v DC Contracts*（1992）*Ltd*［1994］1 All ER 177,［1994］1 WLR 777.

[30] ［1994］1 All ER 177 at 182,［1994］1 WLR 777 at 782, per Potter J.

[31] *Re Gibson's Settlement Trusts*, *Mellors v Gibson*［1981］Ch 179 at 189,［1981］1 All ER 233 at 241.

[32] ［1901］2 KB 230.

44.9　风险代理费的安排

一方当事人与其律师或代理之间的风险代理费用安排是指不赢不收费的费用支付方式，获胜的费用是根据所获裁金额的约定百分比计算的。一方当事人与其律师或代理之间的这种风险代理费用安排具有帮诉性质，在普通法中是无效的。这一原则适用于仲裁。[33]

如果有关合同的法律允许收取风险代理费用，但所在地法律不允许，则可能发生冲突。例如，《2005 年仲裁法案》第 44 条规定了双方当事人应确定仲裁可补偿费用的范围，而双方可能已就风险代理费的补偿作出了约定。

仲裁庭在这一点上可能会感到冲突，因为如果没有各方当事人的同意，其不会根据所在地法律下达这种命令。但是，其应根据各方当事人的协议作出命令。规定风险代理费用的费用裁决在马来西亚可能无法执行，但可在其他法域执行。

在仲裁庭只是迎合当事人关于风险代理费的合同意图的情况下，法院不应受理以违反公共政策为由撤销裁决的申请。

44.10　第三方资金

第三方资金的费用不包括在裁决的费用内，因为其可能会违反与帮诉或挑拨诉讼有关的规则。仲裁庭在 *Kardassopoulos and Fuch v Republic of Georgia*[34] 的投资仲裁案中表示“不知道在确定申请人的费用补偿额时应考虑到任何此类第三方资金安排的理由”。在某些法域，第三方资金是可以补偿的。

44.11　获裁的费用标准

费用可以按一般标准或赔偿标准计算。当费用按一般标准计算时，则意味着对所有合理发生的费用给予合理的赔偿。

根据《2012 年法院规则》第 59 号命令第 16（3）条规定，对任何关于费用是否合理或相称的疑问都将作出对付款方有利的解释。不合理或不相称的因素将被剔除。

---

[33] *Bevan Ashford v Geoff Yeandle*（*Contractors*）*Ltd*（*In Liquidation*）［1998］3 WLR 172；*Re Trepca Mines Ltd*（*No* 2）［1963］Ch 199.

[34] ICSID caseno. ARB/05/18&ARB/07/15 at［691］, 3 March 2010；*RSM Production Corporation v Grenada* ICSID case no.

《2005年仲裁法案》第44（1）（a）（iii）条规定，仲裁庭可裁令支付律师与委托人之间的费用，该费用被视为类似于赔偿标准下的付款。在支付费用的一方当事人的行为具有压迫性或不合理的特殊情况下，可以通过赔偿的方式判给费用。[35]

法院在 *Burgess v Stafford Hotel Ltd*[36] 案中未允许对一个房客以赔偿标准作出费用裁决，这一房客钻了制度的空子，利用法定的上诉权利尽可能长久地延长了租赁期限。但是，如果仲裁协议约定了费用以赔偿方式计算，则仲裁庭的裁量权应与合同授权相符合。

法院在 *Gomba Holdings*（*UK*）*Ltd v Minories Finance Ltd*（*No* 2）[37] 案中允许了以赔偿标准计算的费用，因为一个按揭契约对此作出了约定。在考虑了相关因素后，仲裁庭可以向一方当事人裁定其部分费用。[38] 然而仲裁庭不能因为一方或另一方当事人比例正确就简单地以这种方式作出裁决，因为一般规则是根据案件结果确定费用负担。

在以赔偿标准计算费用的情况下，所有费用都将被允许，除非该笔费用本身不合理或数额不合理。《2012年法院规则》第59号命令第16（3）条规定，对任何疑问都应作出有利于接受方的解释。

在 *Societe Anonyme Pecheries Ostendaises v Merchants' Marine Insurance Co Ltd*[39] 案中，法官阿特金（Atkin J）在提到同样的英国规则时说：

> 这一规则是核定费用的指导规则，意在概括费用的裁决原则。我不禁想到，如果这个规则真被所有人严格地适用，而且“严格适用”（rigorously applied）指适用于所有情况，按字面赋予其充分效力，那么胜诉方的投诉会比现在少得多。这项规则旨在对胜诉方因诉讼而合理产生的一切费用全部给予赔偿。条文规定，司法常务官可以承认在他看来是实现正义所必要或适当的“所有这些费用、收费和开支”。这就是司法常务官必须适用的全部原则。

法官进一步表示，费用并不局限于令状发出后所产生的费用，而在诉讼提出前所产生的费用亦获容许。

虽然《2012年法院规则》不调整仲裁，但其中体现的费用原则是老规则。它们是仲裁庭核定费用的合理准则。

---

[35] Johnson Matthey plc v Eros Casting Ltd（1993）The Times，7 December.

[36] [1990] 3 All ER 222，[1990] 1 WLR 1215，CA（Eng）.

[37] [1993] Ch 171，[1992] 4 All ER 588，[1992] 3 WLR 723.

[38] *Cinema Press Ltd v Picture and Pleasures Ltd* [1945] KB 356；*Archital Luxfer Ltd v Henry Boot Construction Ltd* [1981] 1 Lloyd's Rep 642；*Blue Horizon Shipping Co SA v ED & F Mann Ltd*，*The Aghios Nicolaos* [1980] 1 Lloyd's Rep 17，CA（Eng）.

[39] 案件 [1928] 1 KB 750 第762页。同时参见法官 Edgar Joseph Jr SCJ 在案件 *Teong Piling Co v Asia Insurance Co Ltd* [1994] 1 MLJ 444 第448页中的解释。

44.12　裁决的撰写

仲裁庭如果希望就费用作出裁决，则必须在裁决中明确指出。对此没有强制性的措辞。如果该裁决没提到，则推定以一般的标准进行核定。

仲裁庭通常是在裁决主体部分对实质性问题作出裁定之后才就仲裁和裁决的费用作出裁定的。例如，裁决书可以使用如下措辞：

> 本庭裁令被申请人（或申请人）向申请人（或被申请人）支付仲裁费用，如对费用无法达成一致，则由本庭核定。

如果获胜方由于某种原因不能获得其部分费用，则裁决的措辞可以如下：

> 被申请人（或申请人）应向申请人（或被申请人）支付仲裁费用，但因申请人（或被申请人）缺席而在（日期）延期期间所浪费的费用除外。此外，申请人（或被申请人）应支付被申请人（或申请人）前述延期期间的费用。

如果按比例裁决更好，则可以使用如下裁决的措辞：

> 申请人应支付被申请人费用的 3/4（或一个百分比）。

如果申请和反申请都获胜了，则裁决可以采取以下措辞：

> 被申请人须支付申请人的仲裁费用，申请人须支付被申请人的反申请费用。

关于裁决的费用，仲裁员可以在裁决中说明如下：

> 被申请人（或申请人）须承担本庭的裁决费用，经本庭核定为 *RM*××××。

虽然在处理核定费用问题时没有规定具体的术语，但仲裁庭在起草费用裁决之前应谨慎考虑到所有相关情况和立法。

44.13　费用裁决的结构

Colin YC Ong 和 *Michael Partick O'Reilly*[40] 案提出了费用裁决的以下结构，可以在最终裁决中使用，也可以视情况需要单独使用：

---

[40] CYC Ong and M P O'Reilly, *Costs in International Arbitration*,（2013） at pp 62-63.

（1）引言。仲裁庭应说明其就费用作出裁决的权力在多大程度上得到了所在地程序法和任何约定或采用的程序规则的补充；之后列出适用的基本条款，使双方当事人知道仲裁庭已经考虑到有关规定。如果任何有关规定明确要求仲裁庭考虑某些特定因素，那么仲裁庭应表明已考虑到这些因素。

（2）陈述意见。仲裁庭应简要列出各方当事人提出的意见。这能使各方当事人知道仲裁庭已经清楚其各自的立场，而且在决定费用问题时已充分考虑到这些立场，从而使任何审查的法院相信程序是正当的。

（3）分摊或分配。仲裁庭在作出核心费用分摊和当事人费用分摊裁决时，应说明其所考虑的因素、遵循的任何准则和其认为相关的情况。仲裁庭尤其应表明其对每一当事人的相对成功程度的看法（以及在所有条件相同的情况下如何转化为裁决），包括任何调整（如因和解要约）等。仲裁庭应说明已作出的任何调整，以反映行为或其他有关因素。

（4）确定费用。仲裁庭应确定接受方主张的费用，并大致说明不批准哪些费用成分，以及不批准的理由（例如不合理、不相称等）。

（5）结论。仲裁庭应对其裁决进行总结，明确说明应支付的金额、截止日期以及逾期付款的利息（如适用）后果。在单独作出费用裁决的情况下，仲裁庭也应说明这是最后裁决；仲裁庭的职能终止（即其管辖权已用尽，因为其已履行了任务），但需要纠正意外的疏漏和文书错误的情况除外。

第10篇 Part ten

提出裁决异议

第 45 章　提出仲裁裁决异议

45.1 引　言

仲裁如果一直进行到最终裁决，通常都会有获胜方和失败方。[❶] 失败的一方可能会对这种最终裁决感到不满。即使是获胜的一方也可能不会完全满意，也许是因为其认为裁决金额太低。尽管对裁决感到失望，但各方当事人都应遵守仲裁庭的裁决，对这个结果提出异议的机会是有限的。

仲裁对双方当事人之间的争议作出最终裁决。仲裁优于诉讼的主要优点之一是，仲裁裁决是终局性的，具有约束力。大多数仲裁立法和仲裁规则[❷]都将终局性作为普遍接受的立场予以强调。因此，这些成文法和规则规定的法院监督管辖权仅在这个语境下才适用。

联邦法院在 *The Government of India v Cairn Energy India Pty Ltd*[❸] 案中认为，即使有制定法上的规定允许，它也可以拒绝行使自由裁量权以受理对仲裁庭裁决异议。美国最高法院在 *Hall Street Associates, LLC v Mattel Inc*[❹] 案中认为，即使各方当事人明确同意允许对裁决进行上诉，它也不允许这么做，以确保裁决是最终的且具有约束力。

---

❶ 情况并不总是这样，有时候律师是唯一的“赢家”。

❷ ICC Rules of Arbitration (2012), art 34 (6); LCIA Arbitration Rules (2014), art 26.8; ICDR Rules, art 30 (1).

❸ [2011] 6 MLJ 441 [33]. 法院解释说：“在我们看来，最高法院在 *Ganda Edibile* 案件……和联邦法院在 *Intelek Timur* 案件中均没有提出任何新的质证理由。这两个案件都只是重申了一项基本的法律原则，即如果仲裁员的决定带有违法性，它总是可以接受质疑的。因此，即使具体提及仲裁员，如果随后作出的裁决带有违法性，法院也可以以存在法律错误为由将其撤销。这里必须强调的是，裁决必须带有某种非法性。还必须强调的是，这里使用“可以”一词，因为裁决可能被搁置。对于是否尊重或撤销仲裁庭的裁决，法院仍有酌处权。”法院在 [2011] 6 MLJ 441 [53] 中补充说：“正如大法官斯库顿所说……如果你把一件事明确地提交给仲裁员，而他犯了法律错误，你必须承担后果；你已经去找了一个仲裁员，如果你选择的仲裁员在法律上犯了错误，那就是你要小心避免选择错误的仲裁员；如果你选择去凯撒，你必须遵从凯撒的判决……”法院在 *Goldcourse Sdn Bhd v Asaztera Sdn Bhd* [2011] 9 MLJ 700 和 *Majlis Amanah Rakyat v Kausar Corporation* [2009] MLJU 1697, [2011] 3 AMR 315 中引用 Mustill 法官在案件 *Pupuke Service Station Ltd v Caltex Oil (NZ) Ltd* [1995] EG 180 (CS) 中的判决，在此判决中解释道：“仲裁是解决争端的一种合同方法。根据合同，当事人同意将他们之间的分歧交由仲裁员或仲裁员小组裁决，法院不予受理，一旦作出，无论他们认为是否正确，他们有义务接受裁决。从前景来看，这种方法似乎很吸引人。回想起来，情况并非总是如此。败诉一方在一开始同意将其争议从法庭上撤诉后，可能会想得更好，并要求法庭进行干预，因为仲裁员误解了诉讼，认为证人不可信，对证据的重要性作出了否定的决定，或以其他方式得出了错误的结论。所有发达的仲裁法体系原则上都反对接受这种改变。各方当事人已经作出了选择就必须遵守。然而，根据诉讼的性质，一般原则在不同的制度下有不同的适用方式。”

❹ 128 S Ct 1396 (2008), SC (US).

雷德芬和亨特[5]进一步解释了为什么终局性和对法院干预进行限制很重要：

赋予对仲裁裁决提出上诉的不受限制的权利的仲裁制度是有严重缺陷的。第一，国家法官的裁决可取代当事人或其代表特别选定的仲裁庭作出的裁决。第二，同意将仲裁作为不公开解决争议的方式的当事人可能会发现自己不情愿地被带到国家法院公开审理。第三，上诉程序可能只是用来推迟付款日期，从而使迅速解决争议作为国际商事仲裁的主要目的之一落空。

《2005 年仲裁法案》第 36 条[6]规定：

裁决是终局性的，并且具有约束力。

（1）仲裁庭根据仲裁协议作出的裁决应为终局裁决，对各方当事人具有约束力，任何一方当事人均可在任何法院的任何程序中以抗辩、抵销或其他方式援用该裁决。

（2）除第 35 条另有规定外，仲裁庭不得违反、修改、更正、审查、补充或撤销已经作出的裁决。

仲裁的终局性是普遍的常态，因为在大多数司法管辖区提出裁决异议的范围非常有限。[7] 因此，提出裁决异议需遵循适用的仲裁立法，并遵守诸如《UNCITRAL 示范法》和《纽约公约》等有利于执行的国际法律文件。[8]

同样，《2005 年仲裁法案》清楚地列出了裁决异议的范围。《2005 年仲裁法案》第 8 条（基于《UNCITRAL 示范法》第 5 条）明确表示：

除本法规定的情况外，法院不得干预本法规定的事项。[9]

法院的监督管辖权受到《2005 年仲裁法案》规定的限制。除非符合《2005 年仲裁法案》中明确的成文规定，否则法院不干涉仲裁裁决。法院不能依靠其固有管辖权来排除《2005 年仲裁法案》的严格限制。[10]

不同于以前的《1952 年仲裁法案》，与《UNCITRAL 示范法》的制度相一致，作为一种有利于仲裁、有利于执行和仲裁效率的管辖权，法院关注于认可当事人自主权、运

---

[5] A Redfern, M Hunter, N Blackaby and C Partasides, *Law and Practice of International Commercial Arbitration*,（2004 年第 4 次修订版）第 9. 36 段。S Greenberg, C Kee, J R Weeramantry, *International Commercial Arbitration: An Asian-Pacific Perspective*,（2011）. 该书第 416 页增加了其他的理由，包括国内法院可能缺乏对国际商事仲裁的知识或理解，或者可能存在潜在的本地偏见。

[6] Act 646.

[7] *PT Asuransi Jasa Indonesia (Persero) v Dexia Bank SA* [2007] 1 SLR (R) 597 at [57].

[8] *Parsons & Whittemore Overseas Co Inc v Societe Generalede L'industrie Du Papier* 508 F. 2d 969 (2nd Cir 1974).

[9] 经《2011 年仲裁（修正）法案》（A1395 号法案）修订。被取代的条款内容如下："除另有规定外，任何法院不得干预本法所管辖的任何事项。"《UNCITRAL 示范法》第 5 条规定："由本法管辖的事情，任何法院不得干预，除非本法另有规定。"

[10] *Sunway Damansara Sdn Bhd v Malaysia National Insurance Bhd* [2008] 3 MLJ 872; *Sarawak Shell Bhd v PPES Oil and Gas Sdn Bhd* [1998] 2 MLJ 20; *KNM Process Systems Sdn Bhd v Mission Biofuels Sdn Bhd* [2012] MLJU 839, [2013] 1 CLJ 993 at [16]; *Exceljade Sdn Bhd v Bauer (Malaysia) Sdn Bhd* [2014] 1 AMR 253; *Government of Malaysia v Perwira Bintang Holdings Sdn Bhd* [2015] 6 MLJ 126, [2015] 1 CLJ 617.

用最小的法院干预。[11]

如此一来，当事人就能够避免冗长的上诉程序。仲裁协议本身就意味着当事人已经承诺将履行裁决所确定的各自的义务。一般而言，异议的理由仅限于程序严重违规、不可仲裁性、仲裁庭组成和裁决等对自然正义的违反，或者缺乏和超出管辖权。[12] 其他异议仅限于在裁决中缺乏分析说理，以及在宣布裁决时违反自然正义。[13]

法院在 *Far East Holdings Bhd v Majlis Ugama Islam dan Adat Resam Melayu Pahang*[14] 案中指出，法院应避免干预程序，“除非是法律明确允许干预的明显不公正案件”。它不包括仲裁庭对案件事实的认定。法院不会干涉仲裁裁决的实体问题。

支持这种做法的其他案件是 *Government of Malaysia v Perwira Bintang Holdings Sdn Bhd*[15] 案、*Government of the Lao People's Democratic Republic v Thai-Lao Lignite Co Ltd* （“*TLL*”）案、*a Thai Co*[16] 案、*AJWA For Food Industries Co* （*MIGOP*） *Eqypt v Pacific Inter-Link Sdn Bhd*[17] 案、*Taman Bandar Baru Masai Sdn Bhd v Dindings Corporations Sdn Bhd*[18]，*Rmarine Engineering* （*M*） *Sdn Bhd v Bank Islam Malaysia Bhd*[19] 案和 *Chain Cycle Sdn Bhd v Kerajaan Malaysia*[20] 案。

---

[11] 第 93 号法案（已废除）；*Rmarine Engineering* （*M*） *Sdn Bhd v Bank Islam Malaysia Bhd* ［2013］1 LNS 318. *Majlis Amanah Rakyat v Kausar Corporation Sdn Bhd* ［2009］MLJU 1697，［2011］3 AMR 315 一案的法官在解释《2005 年仲裁法案》第 37（1）（b）（ii）条中“与马来西亚公共政策的冲突”时，参考了比较法，并指出《2005 年仲裁法案》的“基本原则”是“当事人自治”。

[12] 仲裁法确定其适用的理由。例如，《1996 年英国仲裁法》第 68 条和第 69 条均规定了更广泛的撤销裁决和基于法定事由的上诉，而《1987 年瑞士国际私法法》第 190 条和《法国民事诉讼法》第 1502 条规定了撤销裁决的理由。

[13] M Hwang SC and J Lim，“How to Draft Enforceable Awards under the Model Law”，in M Hwang SC，*Selected Essays on International Arbitration*，（2013）.

[14] ［2015］4 MLJ 766 at ［32］，CA.

[15] ［2015］6 MLJ 126，［2015］1 CLJ 617 at ［39］. 加利福尼亚州法官 Mohamad Ariff Yusof 表述道：“尽管我们的法院必须在《示范法》法律制度的范围内采纳裁决的终局性、当事人意思自治和最低限度的法院干预的原则，以及我们的法院应当更普遍地考虑有利于仲裁和有利于执行的，我们不能允许在明显超出管辖权和违反平等原则（即仲裁程序是协商一致的，选定的仲裁员的授权必须限于提交的条款和商定的问题）的情况下成立。”

[16] ［2013］3 MLJ 409 at ［32］. 法官 Lee Swee Seng 陈述道：“《2005 年仲裁法案》中反映的示范法制度，不干涉国际仲裁裁决的模式发生了明显转变，特别是在所谓的法律错误问题上，但就管辖权而言，《示范法》承认并尊重法院在仲裁员的行为超出提交书的范围并超出他们的管辖范围的情况下的干预，这一原则反映在《2005 年仲裁规则》第 37（1）（iv）和（v）条中。”

[17] ［2013］2 CLJ 395 at ［13］. 上诉法院法官 Ramly Ali JCA 陈述道：“根据当前《2005 年仲裁法案》第 8 条、第 9 条、第 37 条和第 42 条规定的影响，法院对仲裁裁决的干预应当缓慢。应当限制法院干预，除非是法律明确允许干预的专利不公正案件。”

[18] ［2009］MLJU 0793，［2010］2 AMR 151，［2010］5 CLJ 83 at ［20］. 法官 Hamid Sultan Abu Backer 陈述道：“现在法院自己要限制干涉，除非是专利不公正的情况，法律允许法院以明确的条款进行干预。”

[19] ［2012］10 MLJ 453，［2012］7 CLJ 540 at ［41］，法官 Hasnah Hashim 陈述道：“高等法院干预的管辖权有限。缺乏对法律和证据的评估本身并不是一个很好的可以让仲裁庭重新考虑的理由……这种有限的管辖权只能在‘特殊情况’下行使。”

[20] ［2016］1 MLJ 681 at ［66］. 上诉法院法官 per Varghese George JCA 陈述道：“法庭承受着压力，因此必须时刻保持警惕，并抵制让法院根据案情审查仲裁裁决的企图。”

大法官拿督穆罕默德·阿里夫（Mohamad Ariff bin Md Yusof）[21] 对马来西亚法院阐述的一般原则进行了有用的总结，如下：

（1）仲裁裁决是终局性的、有约束力的、结论性的，只有在特殊情况下才能提出异议，这一点已得到“妥善解决”。[22]

（2）如果仲裁庭错误地从其面前的证据（无论是口头证据还是书面证据）中得出错误的事实推论，这本身不足以将其撤销，而且“如果基于所提供的证据作出的裁决只因某些证据存在被‘误解’的迹象而被重新审理，这将违反与仲裁有关的所有既定法律原则”。[23]

（3）法院不对仲裁裁决行使上诉管辖权，并且不需要审查实体主张的正确性。[24]

（4）法院不能通过重新审查和重新评定提交仲裁庭的材料来对仲裁庭的观点妄加评论。[25]

（5）对撤销或者发回仲裁庭裁决的管辖权，行使时应当十分谨慎并带有责任感。[26]

（6）对法律或者证据的评定不足本身并不是撤销或者发回裁决重新审议的合法理由。在分析和评估重要相关证据上必须有严重失误，已对裁决造成影响，否则不予撤销或发回裁决。[27]

（7）仲裁庭应被视为案件事实和所适用的程序的主人。[28]

（8）当裁决具有违法性时，法院可以进行干预。[29]

上述方法大体上支持了这种观念，即当事人既然自愿同意仲裁，就必须接受仲裁庭裁决的约束。这种态度与其他先进的仲裁司法管辖区所采取的态度一致。

马来西亚的仲裁制度还规定了根据《2005 年仲裁法案》第 42 条对法律错误提出异议的扩大理由。第 42 条脱离了《UNCITRAL 示范法》。它默认适用于所有国内仲裁案件，除非被明确选择不适用。人们希望这一条被及时废止，以便国内仲裁得到与国际仲裁同等的待遇。

至少有 90% 的失败方自愿遵守仲裁裁决。这表明当事人已经接受了在公平的程序中

---

[21] M A Md Yusof, “Chapter 14: Challenge of Arbitral Awards”, in Rajoo and Koh (eds), *Arbitration in Malaysia: A Practical Guide*, (2016) at para [14.008].

[22] *Intelek Timur Sdn Bhd v Future Heritage* [2004] 1 MLJ 401, FC; *Far East Holdings Bhd v Majlis Ugama Islam dan Adat Resam Melayu Pahang* [2015] 4 MLJ 766, CA.

[23] *Intelek Timur Sdn Bhd v Future Heritage* [2004] 1 MLJ 401 at [13], FC (per Siti Normah FCJ).

[24] *Intelek Timur Sdn Bhd v Future Heritage* [2004] 1 MLJ 401, FC (per Siti Normah FCJ).

[25] *Pembinaan LCL Sdn Bhd v SK Styrofoam (M) Sdn Bhd* [2007] 4 MLJ 113, CA.

[26] *Hartela Contractors Ltd v Hartecon JV Sdn Bhd* [1999] 2 MLJ 481, CA.

[27] *Sami Mousawi Utama Sdn Bhd v Kerajaan Negeri Sarawak* [2004] 2 MLJ 414, [2004] 2 CLJ 186, CA; *Syarikat Pemborong Pertanian & Perumahan v Federal Land Development Authority* [1971] 2 MLJ 210.

[28] *Majlis Amanah Rakyat v Kausar Corporation* [2009] MLJU 1697, [2011] 3 AMR 315, *Gold & Resource Development (NZ) Ltd v Doug Hood* [2000] 3 NZLR 318; *Pupuke Service Station Ltd v Caltex Oil (NZ) Ltd* [1995] UKPC 44.

[29] *The Government of India v Cairn Energy India Pty Ltd* [2011] 6 MLJ 441, [2012] 3 CLJ 423, FC.

辩论失败的事实，因此遵守仲裁庭的决定。[30]

但是，受影响的一方当事人可以通过两种方式对仲裁裁决进行司法检验。第一，可以采取积极的措施申请撤销裁决；裁决如果被撤销，则不能执行。[31] 第二，可以采取被动方式，反对任何承认或执行裁决的企图。

加里·博恩[32]说道：

> 在大多数法律制度中，在国际商事仲裁中作出的裁决具有与国家法院根据国家法律作出的判决相同的排他性效力。

如果当事人成功地反对执行，则裁决不会失效，执行只会在马来西亚受阻。胜诉方仍可在败诉方拥有资产的任何其他《纽约公约》管辖区申请执行裁决。

45.2　异议的意义

对仲裁裁决不满意的一方当事人通常可以向仲裁地的管辖法院提出异议，这勉强算是裁决终局性的一个例外。[33] 这种异议或许最能体现仲裁诉讼的一面。[34]

“异议”（challenge）一词简要地表达了败诉方对抗裁决的手段。它是指请求相同或不同的仲裁庭或法院变更、发回、撤销（最常见）或废除[35]裁决的全部或部分的过程。

大陆法系术语“追索权”（recourse）被用于《UNCITRAL 示范法》[36] 以及《2005 年仲裁法案》[37] 中。然而雷德芬和亨特阐明：

“异议”（challenge）一词包含普通法系术语的“追索权”（recourse）和“上诉”（appeal）。[38]然而根据《2005 年仲裁法案》的规定，对仲裁裁决的异议范围似乎比对法院判决的上诉范围要狭窄得多。

---

[30] P Lalive, *Enforcing Awards in 60 Years of ICC Arbitration: A Look at the Future* (1984) at 319; “Chapter 16: Annulment of International Arbitral Awards” in Gary Born, *International Arbitration: Law and Practice* (2nd Edn, 2015) at pp 311-374, para 1.

[31] 《纽约公约》管辖区的法院可拒绝承认和执行仲裁地法院撤销的裁决；见《纽约公约》第 5 条第（1）款，但请注意，在某些情况下，在一个管辖区撤销的裁决在其他地方仍然得到承认和执行。

[32] “Chapter 15: Annulment and Revision of International Arbitral Awards” in Gary Born, *International Arbitration: Cases and Materials*, (2nd Edn, 2015) at p 1113.

[33] Williams QC and Kawhar *Williams & Kawharu on Arbitration* (2011) at para [17.1].

[34] Ibid at para [17.1.2].

[35] 在美国，用“搁置”来代替“撤销”。美国《联邦仲裁法》第 9 号第 9 条、第 10 条。

[36] UNCITRAL Model Law art 34.

[37] Arbitration Act 2005 s 37.

[38] “Chapter 10. Challenge of Arbitral Awards” in Blackaby and Partasides with Redfern and Hunter, *Redfern and Hunter on International Arbitration*，(2015 年第 6 次修订版) 第 569-604 页（第 10.06 段中没有这样的措辞。然而，在最新版本的一章中，使用了“追索权”和“上诉”两个词)。

45.3 异议的目的

向法院提出裁决异议的目的是质疑裁决，并说服法院修改裁决或将其全部或部分撤销，以利于提出异议的一方当事人。与此同时，“裁决的异议和执行凸显了仲裁程序自治与国家法院控制之间的微妙平衡”[39]。

对仲裁裁决感到失望的一方当事人会设法撤销裁决，因为撤销成功意味着裁决不能被强制执行。这样的异议取决于有关的仲裁规则是否建立了内部上诉程序。[40] 据此，异议属于《2005年仲裁法案》第37条规定的范围。[41]

当事人（包括仲裁的获胜者在内）可能对裁决的某些内容感到不满意，或感到不清楚。其可能希望仲裁庭更正文书错误[42]或提供一份解释或裁决的一部分。[43] 这是仲裁庭在作出裁决之后职权终结原则的有限例外之一。

45.4 法院之外的异议程序

在向法院提出异议之前，通常需要穷尽仲裁规则中的其他可用救济措施。否则，对仲裁裁决提出的异议将属于《2005年仲裁法案》第10（1）条关于“仲裁协议标的事项”的定义范围，因此会被强制中止诉讼。

大多数仲裁规则规定仲裁裁决是终局性的，对双方当事人具有约束力。[44] 然而一些行业规则还规定了内部审查或内部异议程序[45]，以及任何可用于更正裁决或补充裁决的条款。

根据《2005年仲裁法案》第37条的规定，受侵害方可以在收到裁决后的90天内向高等法院提出申请。《2005年仲裁法案》第37（4）条中允许性词语“可”（may）的使用被解释为法院有决定是否延长期限的自由裁量权。[46] 而在其他司法管辖区，法院不得

---

[39] S Greenberg, C Kee, J R Weeramantry, *International Commercial Arbitration: An Asian-Pacific perspective*, (2011) at p 411.

[40] 例如国际投资争端解决中心撤销程序。

[41] 这类似于《UNCITRAL示范法》中的撤销条文。《1999年印度尼西亚仲裁和争端解决法》第70条和《中华人民共和国仲裁法》第58条、第70条与《UNCITRAL示范法》不同。

[42] Arbitration Act 2005 s 35 (1) (a).

[43] Arbitration Act 2005 s 35 (1) (b).

[44] KLRCA Arbitration Rules (Revised 2013) r 11.7; KLRCA UNCITRAL Rules (Revised 2010) art 34.2.

[45] 例如，仲裁庭的裁决是临时的，只有在90天内没有上诉的情况下才会是最终裁决：《欧盟-越南自由贸易协定（2016年）》第8章第二章第3（5）条、第29条、《欧盟-加拿大自由贸易协定（CETA）》第8条、第39条。

[46] *Dato' Dr Muhammad Ridzuan bin Mohd Salleh v Syarikat Air Terengganu Sdn Bhd* [2012] 3 MLJ 737 at [13]-[21]; *Government of the Lao People's Democratic Republic v Thai-Lao Lignite Co Ltd (TLL), A Thai Company* [2011] MLJU 361 at [8]-[12], but cf. *Perembun (M) Sdn Bhd v Binas BMK Sdn Bhd* [2015] 11 MLJ 447.

延长这一时限。[47]

一个关键的问题是 90 天的时间限制如何受到内部异议程序的影响。审理 *Al-Hadha Trading Co v Tradigrain SA*[48] 案的法院认为，通过内部异议程序作出的裁决构成最终裁决。因此，90 天期限从收到该异议程序产生的裁决之日起算。

对《2005 年仲裁法案》第 37（4）条关于延长时限的裁量权的通行解释将适用于因内部上诉程序导致撤销申请超过 90 天期限的情况。

在某些有限的情况下，可能有规定要求其他一些机构对裁决进行事先审查。在这种情况下，对裁决的任何异议要么是根据实体问题向上级仲裁庭或上诉委员会提出上诉，要么是通过审查达成裁决所遵循的程序来进行。

有关这种异议安排的最佳例子是涉及贸易协会、海事和商品贸易的某些专门类型的仲裁。[49] 通常会有一项条款，规定任何一方当事人均可向专门设立的仲裁上诉庭提出上诉。如果仲裁规则规定向二级仲裁庭提出上诉，那么上级仲裁庭的裁决是终局性的，对当事人具有约束力，而不是任何先前的裁决。

新加坡上诉法院在 *PT Asuransi Jasa Indonesia*（*Persero*）*v Dexia Bank SA*[50] 案中解释说，仲裁最重要的目的是就双方当事人之间的争议作出迅速和终局性的裁决。这主要是通过删除高等法院向上诉法院和联邦法院的诉讼上诉程序来实现的。

然而内部上诉程序可能会妨碍这种成功，因为上诉所产生的决定可能会受到内部上诉程序的冲击或挫败，然后可以根据《2005 年仲裁法案》第 37 条被再次提出异议。仲裁的成功取决于仲裁员的裁决在多大程度上被接受，或者更准确地说取决于其能在多大程度上受到异议。

45.5 内部异议程序的例子

《马来西亚棕榈油炼油商协会（PORAM）仲裁和上诉规则》［*The Palm Oil Refiners Association of Malaysia*（*PORAM*）*Rules of Arbitration and Appeal*］规定的内部上诉程序如下：

（1）对 PORAM 仲裁裁决不服的一方当事人有权在作出裁决后的 28 天内向上诉

[47] *Downer-Hill Joint Venture v Government of Fiji*［2005］1 NZLR 554 at［61］-［62］; *Opotiki Packing & Coolstorage Ltd v Opotiki Fruitgrowers Co-operative Ltd*（*In Receivership*）［2003］1 NZLR 205 at［19］, CA; *ABC Co v XYZ Co Ltd*［2003］3 SLR（R）546.

[48] *Al-Hadha Trading Co v Tradigrain SA*［2002］2 Lloyd's Rep 512.

[49] 例如，根据《谷物和饲料贸易协会仲裁规则》（北美洲最古老的行业仲裁制度之一）第 7 条的规定，当事人有向仲裁上诉委员会提出上诉的权利。

[50] *PT Asuransi Jasa Indonesia*（*Persero*）*v Dexia Bank SA*［2007］1 SLR（R）597 at［57］, CA（Sing）.

委员会提出上诉。[51] 上诉委员会由协会的三名成员组成。[52]

（2）上诉程序符合规则规定的程序，可对争议进行新的听审（可包括新的证据）。[53]

（3）上诉委员会的多数成员可以作出裁决。[54]

（4）上诉委员会的裁决取代一级仲裁庭的裁决，而且为终局性、决定性和具有约束力的。[55]

（5）相应地，对裁决的任何进一步异议都只能向法院提出。

这一程序概述展示了内部异议程序对法定异议程序造成延迟的可能性，提出了28天的上诉期，之后是可能针对新证据重新开庭，并起草新的裁决。

45.6 对ICSID裁决的内部异议

内部异议要求的另一个例子是根据《关于解决国家与其他国家国民之间投资争端公约》（*the ICSID Convention, Regulations and Rules*，《ICSID公约、条例和规则》）作出的ICSID（International Centre for Settlement of Investment Disputes，国际投资争端解决中心）裁决。

根据《1952年仲裁法案》第34条，适用《ICSID公约、条例和规则》第54（2）条，ICSID裁决被明确排除在法院异议程序之外。《2005年仲裁法案》不再包含任何此类排除，因此除非投资协议排除了对裁决异议的权利，否则败诉方可以对裁决提出异议。

《ICSID公约、条例和规则》基于这类理由规定了自己的异议程序，异议通常会向市法院提出。ICSID裁决不得就实体问题提出上诉，但可基于程序原因而被修改甚至撤销。可据以请求撤销裁决的理由包括仲裁庭超出管辖权、违反基本程序规则以及未能说明作出裁决的理由。[56]

因此，对ICSID仲裁裁决不满意的一方当事人可以使用的唯一方法是根据《ICSID公约、条例和规则》申请解释、修正或修改裁决。这种申请的理由包括仲裁庭超越其权限、严重偏离了基本程序规则、未能说明裁决所依据的理由。[57]

如果一方当事人申请撤销裁决，该申请将由一个由三名成员组成的特设委员会决

---

[51] PORAM Rules of Arbitration and Appeal, s 3. Ⅰ.3.

[52] PORAM Rules of Arbitration and Appeal, s 3. Ⅱ. 1.

[53] PORAM Rules of Arbitration and Appeal, s 4.V.3.

[54] PORAM Rules of Arbitration and Appeal, s 4. Ⅰ. 2.

[55] PORAM Rules of Arbitration and Appeal, s 4. Ⅵ.

[56] ICSID Convention, Regulations and Rules art 52（1）.

[57] ICSID Rules of Procedure for Arbitration Proceedings（Arbitration Rules） r 50.

定，该委员会实际上是一个新的仲裁庭。[58] 如果裁决被全部或部分撤销，那么任何一方当事人都可以要求将争议提交给一个新的仲裁庭，然后作出一个新的终局性裁决。[59] 新的仲裁庭将不重新考虑裁决中未被撤销的任何部分。[60]

45.7　裁决或补充裁决的更正

仲裁规则或仲裁法通常会提供仲裁庭修改裁决的某种机制。这使得仲裁庭可在不诉诸法院的情况下更正缺陷。例如，《KLRCA 仲裁规则》（2013 年修订）规定如下：

（1）一方当事人可在收到裁决书后的 30 天内，在通知其他各方当事人后，请求仲裁庭更正裁决书中的任何计算错误、任何笔误或排印错误，或任何类似性质的错误。[61]

（2）仲裁庭可在发送裁决书后的 30 天内，自行主动作出此种更正。[62]

（3）一方当事人可在收到裁决书后的 30 天内，在通知其他各方当事人后，请求仲裁庭对裁决书作出解释。[63]

（4）一方当事人可在收到终止令或裁决书后的 30 天内，在通知其他各方当事人后，请求仲裁庭就仲裁程序中提出而仲裁庭未做决定的请求作出裁决或补充裁决。[64]

（5）仲裁庭认为裁决或补充裁决请求有正当理由的，应在收到请求后的 60 天内作出裁决或补充裁决。如有必要，仲裁庭可延长其作出裁决的期限。[65]

2010 年版《PAM 仲裁规则》第 22~24 条也对更正和解释作出了规定，给予了稍短的 28 天的时限。《2005 年仲裁法案》第 35（1）条也对更正和解释作出了规定。

纽约州最高法院在 *Edward Pinkesz v Joel Wertzberger*[66] 案中撤销了原裁决两年后作出的仲裁裁决，原因是其对先前裁决做了实质性修改，因此根据纽约州法律，这不能被视为适当的修改。

---

[58] ICSID Rules of Procedure for Arbitration Proceedings（Arbitration Rules）r 52.

[59] ICSID Rules of Procedure for Arbitration Proceedings（Arbitration Rules）r 55.

[60] ICSID Rules of Procedure for Arbitration Proceedings（Arbitration Rules）r 55（3）.

[61] KLRCA Arbitration Rules（Revised 2013）art 38（1）.

[62] KLRCA Arbitration Rules（Revised 2013）art 38（2）.

[63] KLRCA Arbitration Rules（Revised 2013）art 37（1）.

[64] KLRCA Arbitration Rules（Revised 2013）art 39（1）.

[65] KLRCA Arbitration Rules（Revised 2013）art 39（2）.

[66] *Edward Pinkesz v Joel Wertzberger*，纽约州最高法院，上诉庭，2016 年 5 月 25 日的 14351/13 号案，一份由国际贸易法协会记者委员会提供的报告。Kluwer Law International，参见：http://www.kluwerarbitration.com/CommonUI/document.aspx id=kli-ka-16-25-002.

45.8 裁决的解释

《KLRCA仲裁规则》（2013年修订）第37条和2010年版《PAM仲裁规则》第22条规定，仲裁庭可对裁决作出解释，以解决任何有歧义的问题，而无须诉诸法院。如果裁决的某一具体部分含混不清、不确定或模棱两可，并可能需要仲裁庭作出澄清或解释，就可能出现这种情况。

一方当事人可以请求仲裁庭在规定的时限内解释裁决。仲裁庭必须在规定的时限内提供解释。但仲裁庭无权主动解释裁决。解释构成仲裁裁决的一部分。

45.9 诉诸法院

任何一方当事人如果在澄清、解释或补充裁决作出后仍然不满意，而且没有内部审查裁决之规定的，可向法院提出裁决异议。在这种情况下，格林伯格（Greenberg）、基（Kee）、威拉曼特里（Weeramantry）[67] 列举了三种选择，不成功的一方当事人可以利用这些选择来提出裁决异议：

（1）向仲裁地的法院申请撤销裁决；[68]

（2）在仲裁地法律允许的情况下[69]，或在极少数情况下，在仲裁程序规则允许的情况下，就事实或法律问题提出上诉；

（3）等待法院执行行动开始，然后反对执行。[70]

---

[67] S Greenberg, C Kee, J R Weeramantry, *International Commercial Arbitration*: *An Asian - Pacific perspective*,（2011）at p 412. 学者们批评新加坡对 *Newspeed International Ltd v Citus Trading Pte Ltd*［2003］3 SLR（R）1一案的判决是僵硬的，该案错误地认为第二和第三种选择是“替代性的，而不是累积性的”。他们补充说，该案的做法否认了《纽约公约》赋予当事人的基本权利。此外，《UNCITRAL示范法》或《纽约公约》中也没有规定，撤销申请的失败将使一方当事人在另一司法管辖区内拒绝执行裁决。M Hwang and S Lee 在 *Survey of South East Nations on the Application of the New York Convention* 一文（《国际仲裁期刊》第873卷第889页）中建议，既判力不适用于撤销申请和强制执行申请，因为诉讼原因不同。新加坡法院在“*Aloe Vera of America, Inc v Asianic Food Pte Ltd*”［2006］3 SLR（R）174一案限制了Newspeed案的约束力，其裁定撤销和执行的理由跟上一个案例是不一样的。

[68] 《2005年仲裁法案》第37条是一方当事人在法庭上提出的“积极的”质疑。

[69] 《2005年仲裁法案》第42条。

[70] 《2005年仲裁法案》第39条是一方当事人在执行法律程序中作为抗辩而提出的“被动的”质疑。

选项 1 是当事人根据《2005 年仲裁法案》第 37 条在法院对裁决提出积极异议的情况。[71] 本节既适用于国内仲裁，也适用于国际仲裁，并规定了仲裁地在马来西亚时撤销裁决的理由。[72] 下一章将更详细地研究第 37 条的运作情况。

选项 2 是当事人根据《2005 年仲裁法案》第 42 条就国内裁决引起的法律问题提交审断的情况。[73] 虽然其他司法管辖区也有类似的规定，但没有与《UNCITRAL 示范法》第 42 条相同的规定。大多数司法管辖区将这一术语称为“对法律问题的上诉”。在马来西亚方面，这项规定被称为“对法律问题的提交审断”，这一点在本书第 46 章中有更详细的阐述。

选项 3 是《2005 年仲裁法案》第 39 条规定的在执行程序中以抗辩方式提出的“被动”异议。但是，第 39（1）（vii）条下还有另外的被动异议理由，即基于裁决“尚未对当事人具有约束力，或已被作出裁决的国家或根据其法律作出裁决的国家的法院撤销或中止”而拒绝登记和执行程序。

后一项规定适用于裁决在仲裁地法院（非马来西亚）已经被撤销的情况。本款的这一规定认可了以“追索权”（recourse）的方式提出“积极”（active）的异议必须在仲裁地的法院提出。《2005 年仲裁法案》第 39 条的运作情况将在本书第 11 编予以讨论。

45.10　撤销裁决的申请

法院向仲裁庭发回裁决或撤销部分或全部裁决的实质性要求将在以下各章中处理，本部分工作涉及申请的程序要求。

《2012 年法院规则》第 69 号命令第 5 条规定了申请撤销裁决的条件：

> （1）除第（2）条另有规定外，根据《2005 年仲裁法案》第 37 条提出的撤销裁决申请的时间为：

---

[71] Arbitration Act 2005 s 37 is almost identical to the UNCITRAL Model Law art 34 and to the New York Convention art 5. Explanatory Note by the UNCITRAL Secretariat on the UNCITRAL Model Law at para［46］explains the rationale for the grounds of challenge：“As a further measure of improvement，the Model Law list exhaustively the grounds on which an award may be set aside. This list is essentially mirrors that contained in article 36（1），taken from article V of the New York Convention … lack of capacity of parties to conclude arbitration agreement；lack of valid arbitration agreement；lack of notice of appointment of an arbitrator or of the arbitral proceedings or inability of a party to present its case；the award deals with matters not covered by submission to arbitration；the composition of the arbitral tribunal or the conduct of arbitral proceedings are contrary to the effective agreement of the parties or，failing such agreement，to the Model Law … non-arbitrability of subject-matter of the dispute and violation of public policy，（which is to be understood as serious departures from fundamental notions of procedural justice）”.

[72] 《2005 年仲裁法案》第 2 条第（1）款将国内仲裁定义为非国际仲裁的任何仲裁。国际仲裁的定义是当事人的营业地和争议事项与马来西亚以外的国家关联。

[73] 《2005 年仲裁法案》第 42 条适用于国内仲裁，除非当事人选择退出。对于国际仲裁，《2005 年仲裁法案》第 42 条不适用，除非双方选择加入。

（a）申请人收到裁决之日起90天内的任何时间；

（b）如已经根据该法第35条向仲裁庭提出了更正或解释裁决或作出补充裁决的请求，则在仲裁庭处理该请求后90天内的任何时间。

（2）以裁决是欺诈或腐败所致或受其影响为由向法院提出撤销裁决的申请，可在提出申请的一方得知所指控的欺诈或腐败后的90天内提出。

（3）在每宗撤销裁决的申请中，除规则第4（1）条所列的事项外，原诉传票应当：

（a）提供被异议裁决的详情；

（b）确定所异议的是裁决的哪一部分；

（c）具体说明异议的理由。

（4）申请人在提交原诉传票时，须通过宣誓书提交拟依赖的书面证据，包括仲裁协议及裁决的副本。

（5）原诉传票和宣誓书应送达每名仲裁员和答辩人。

在向高等法院提出的申请中，必须说明异议是根据第37条的哪项规定提出的[74]；之所以这么要求，是因为提出异议的一方当事人负有证明撤销裁决的理由的举证责任[75]，而不是由答辩人去猜测申请人所依据的理由。法院也没有责任为该申请选择一个恰当的理由。

责任落在申请人身上。申请必须足够详尽，并包含相关细节。[76] 异议方必须提供仲裁协议的证据。[77] 所要求的证明是概然性权衡，也就是正常民事证据标准。起支持作用的原诉传票和宣誓书必须送达仲裁员或仲裁庭的每个成员以及答辩人。

不严格遵守程序要求可能导致申请被驳回。[78] 被告还可以根据《2012年法院规则》第18号命令第19条，以该申请显然不可持续为由，提出驳回裁决异议的申请。[79]

仲裁庭随后可以选择是否：

（1）作为积极的一方充分参与诉讼。

（2）作出宣誓书，陈述其认为对法院有帮助的任何事实。

（3）不采取行动。在这种情况下，仲裁庭会被认为愿意服从法院的裁定。[80]

---

[74] *Chain Cycle Sdn Bhd v Government of Malaysia* [2015] 9 MLJ 214; *Perembun (M) Sdn Bhd v Binas BMK Sdn Bhd* [2015] 11 MLJ 447.

[75] *Re Corporación Transnacional de Inversiones SA de CV et al v STET International SpA* [1999] CanLII 14819.

[76] *Perembun (M) Sdn Bhd v Binas BMK Sdn Bhd* [2015] 11 MLJ 447.

[77] *International Bulk Carriers Spa v CTI Group Inc* [2014] 6 MLJ 851, CA.

[78] *Taman Bandar Baru Masai Sdn Bhd v Dindings Corporations Sdn Bhd* [2009] MLJU 0793, [2010] 2 AMR 151, [2010] 5 CLJ 83.

[79] *Perembun (M) Sdn Bhd v Binas BMK Sdn Bhd* [2015] 11 MLJ 447.

[80] *Port Sudan Cotton Co v Govindaswamy Chettiar & Sons* [1977] 1 Lloyd's Rep 166. *Modern Engineering (Bristol) Ltd v C Miskin & Sons Ltd* [1981] 1 Lloyd's Rep 135, CA (Eng); *Bank Mellat v GAA Development and Construction Co* [1988] 2 Lloyd's Rep 44 at 47.

如果申请失败，仲裁庭可以追回其费用。

一般来说，大多数仲裁庭会采取第三种选择，因为这会减少其陷入斗争的可能。特别是仲裁庭可以认为自己已经履行完职权，因此应当由法院来认定其审理的证据。

如果仲裁员决定采取第二种行动，那么他的宣誓书就派上用场了。[81] 如果出现特殊困难，在确定事实时可对仲裁员口头取证[82]，因为在关于裁决的作出方面，仲裁员的证据在任何时候都是可接受的，被视为事实。

他可以说明他在程序中采取了什么处理方式、当事人提出了什么主张、什么索赔被承认，但他的证据不能用来解释、补充其裁决或与裁决相矛盾。[83]

审理 *Vendort Traders Inc v Evrostroy Grupp LLC*[84] 案的法院在驳回一项上诉时解释说，尽管仲裁裁决可以因仲裁过程中无法获得的且会使得已提供给仲裁庭的证据受到怀疑的证据而被撤销，然而必须要证明新证据涉及的问题可能对结果具有决定性意义。

高等法院在 *Luminous Crossroads Sdn Bhd v Lim Kong Huat Construction*[85] 案中认为，它有完全的自由裁量权来决定是否下令对仲裁员的裁决提供付款担保。行使这种自由裁量权完全取决于案件的事实和情况。在该案中，法院命令提供付款担保，因为它认为通过这种付款担保将确保当事人得到公正。已经获得了裁决利益的一方当事人不能再申请将其撤销。[86]

45.11　发回裁决的申请

不管是《2005 年仲裁法案》还是《2012 年法院规则》第 69 号命令第 2 条，都没有根据《2005 年仲裁法案》专门向仲裁庭申请发回裁决。这是因为高等法院根据第 37（6）条延期诉讼并发回裁决的权力明确属于“根据第（1）款提出的撤销裁决申请”的范围。因此，一方当事人必须申请撤销裁决，并明确要求法院根据第 37（6）条将裁决发回仲裁庭。这是不同于以前法案的重大变化。

---

[81] *Mills v Bowyers' Society*（1856）3 K & J 66.

[82] *Leiserach v Schalit*［1934］2 KB 353.

[83] *Duke of Buccleuch v Metropolitan Board of Works*（1872）LR 5 HL418；*AG for Manitoba v Kelly*［1922］1AC 268，91 LJPC 101，126 LT 711，38 TLR 281，PC；*Belsfield Court Construction Co Ltd v Pywell*［1970］1 All ER 453，［1969］3 WLR 1051；*Recher & Co v North British and Mercantile Insurance Co*［1915］3 KB 277；*Kiril Mischeff Ltd v Constant Smith & Co*［1950］2 KB 616，［1950］1 All ER 890. *Ward v Shell-Mex and BP Ltd*［1952］1 KB 280，［1951］2 All ER 904；*Top Shop Estates Ltd v Danino* 273 Estates Gazette 197.

[84] *Nicholas Fletcher*，*Vendort Traders Inc v Evrostroy Grupp LLC*［2016］UKPC 15，［2016］All ER（D）104（Jun）.

[85] ［2001］MLJU 475，［2002］5 CLJ 100.

[86] *European Grain and Shipping Ltd v Johnston*［1983］QB 520，［1982］3 All ER 989，［1982］2 Lloyd's Rep 550，CA（Eng）.

45.12 提交审断裁决所引起的法律问题

就裁决引起的法律问题，必须在收到裁决之日起的42日内提交审断。本节为提交审断提供了一段不寻常的专门时间。《2012年法院规则》第69号命令第6条规定了提出这种申请的程序要求。

原诉传票必须：

（1）明确由裁决引起的需要解决的法律问题；

（2）说明提出申请所依据的理由；

（3）给出主张仲裁庭在法律上有错误所依据的详细理由，并标明所谓的错误在裁决中的具体段落。

申请必须附有经宣誓的证据，包括申请人打算依赖的书面证据和仲裁协议副本以及所作出的裁决，然后必须向仲裁庭的每一名成员和所有被申请人送达。

45.13 延长提出异议的时间

《2012年法院规则》第69号命令第11条涉及延长仲裁程序时间的问题。这个规则并没有对延长提出异议的时间作出规定。第69号命令第5（1）条规定，在收到裁决之日起90日内提出撤销申请。不遵守这项规则不仅是高等法院可以纠正的违规行为，而且对申请来说是致命的。[87]

未按照规定的期限采取步骤撤销仲裁裁决的，将不能对上述裁决提出异议。即使提出了申请，但如果未能在90天的截止日期之前提出申请，也可能会导致申请被拒绝。[88]

根据《2012年法院规则》第3号命令第5（1）条的规定，法官既可在时限到期之前也可在时限到期后将其延长。然而在第69号命令中，第3号命令第5条仅在根据第45条和第46条（延长开始仲裁程序或作出裁决的时间）提出的申请中有所提及。

因此，在第69号命令第2条中，似乎没有明确的权力来延长申请撤销裁决的时限。

然而审理 *Dato' Dr Muhammad Ridzuan bin Mohd Salleh v Syarikat Air Terengganu Sdn Bhd*[89] 案的法院认为，第37（4）条规定的“从仲裁庭处理该请求之日起90天届满后不可以提出申请”将被解释为指导性的而不是强制性的。因此，法院有权延长提出申请的时间。

---

[87] *Lim Joo Thong v Koperasi Serbaguna Taiping Barat Berhad* ［1998］1 MLJ 657，CA.

[88] *Chin Hwa Engineering Development Co v State Government of Sarawak* ［1994］MLJU 353，［1994］2 CLJ 762；*Jeuro Development Sdn Bhd v Teo Teck Huat （M） Sdn Bhd* ［1998］6 MLJ 545.

[89] ［2012］3 MLJ 737 at ［13］-［21］.

法院在 *Ong Guan Teck v Hijjas*[90] 案中说：

> 法院有完全的自由裁量权来批准或拒绝延长时间，这是老一套的法律规定。第一个原则是，法院的规则必须得到表面上的遵守，为了证明延长时间的正当性，必须有一些材料，法院可据以行使其自由裁量权。否则，违反规定的一方当事人将有不受限制地延长期限的权利，这与时效规则的宗旨和目标相违背。

一般来说，法院不容忍过度拖延。因此，申请人在申请撤销时必须证明：

（1）对延迟[91]及当事人的责任程度有充分的理由。[92] 如果当事人的法律顾问有充分的延迟理由，则可以按通常方式延长时间。[93] 如果拖延是由于当事人无法控制的情况造成的，则法院准予延长时间。[94]但是，如果申请延期的一方理由是不方便而不是不可能[95]，则法院不予批准；也不得仅凭对方所声明的意图要求发回案件[96]，或因仲裁员声称的费用超支而未能接受裁决[97]；并且对在执行程序开始之前无视裁决的当事人不予批准延长时间。[98]

（2）案件有据可查。[99]

（3）同意延长期限才能平衡双方当事人之间的利益[100]，为此，所涉金额是一个相关因素。[101]

---

[90] [1982] 1 MLJ 105 at 106, per Hashim Yeop ASani J; *Universal Cargo Carriers Corp v Citati* (*No* 1) [1957] 3 All ER 234, [1957] 1 WLR 979, [1957] 2 Lloyd's Rep 191, CA (Eng); *Ismail v Polish Ocean Lines*, *The Ciechocinek* (*No* 2) [1980] 1 Lloyd's Rep 97; *Industria de Oleos Pacaembu SA v NV Bunge* [1982] 1 Lloyd's Rep 490.

[91] *Ismail v Polish Ocean Lines*, *The Ciechocinek* [1977] 2 Lloyd's Rep 134; *Bulk Transport Corpn v Sissy Steamship Co Ltd* (*The Archipelagos*) [1979] 2 Lloyd's Rep 289; *Sokratis Rokopoulos v Esperia SpA*, *The Aros* [1978] 1 Lloyd's Rep 456; *Arnold v National Westminister Bank plc* (*No* 2) [1993] 1 EG 94; *Zermalt Holdings SA v Nu-Life Upholstery Repairs Ltd* [1985] 2 EGLR 14.

[92] *Rogers v Dallimore* (1815) 6 Taunt 111; *Re Coles and Ravenshear's Arbitration* [1907] 1 KB 1.

[93] *Compania Maritima Zorroza SA v Maritime Bulk Carriers Corpn*, *The Marques de Bolarque* [1980] 2 Lloyd's Rep 186.

[94] *Bennett v Skardon* (1829) 5 Man & Ry KB 10; *Reynolds v Askew* (1837) 5 Dowl 682.

[95] *Re Evans & Howell* (1842) 4 Man & G 767; *Hemsworth v Brian* (1844) 7 Man & G 1009; *Guardiano v Brown* (1856) 2 Jur NS 358.

[96] *Emet v Ogden* (1831) 7 Bing 258.

[97] *Musselbrook v Dunkin* (1833) 9 Bing 605; *Macarthur v Campbell* (1833) 5 B & Ad 518; *Moore v Darley* (1845) 1 CB 445.

[98] *Industria de Oleos Pacaembu SA v NV Bunge* [1982] 1 Lloyd's Rep 490.

[99] *Bulk Transport Corpn v Sissy Steamship Co Ltd* (*The Archipelagos*) [1979] 2 Lloyd's Rep 289; *Learmonth Property Investment Co Ltd v Amos Hinton & Sons plc* [1985] 1 EGLR 13; *Bord na Mona v John Sisk & Son Ltd* [1992] ADRU 163; *Mount Charlotte Investments plc v Prudential Assurance* [1995] 10 EG 129.

[100] *Universal Cargo Carriers Corpn v Citati* (*No* 1) [1957] 3 All ER 234, [1957] 1 WLR 979, [1957] 2 Lloyd's Rep 191, CA (Eng); *Compania Maritima Zorroza SA v Maritime Bulk Carriers Corpn*, *The Marques de Bolaque* [1980] 2 Lloyd's Rep 186; *Citland Ltd v Kanchan Oil Industries PVT Ltd* [1980] 2 Lloyd's Rep 274; *Mitsubishi International GmbH v Bremer Handelsgesellschaft mbH* [1981] 1 Lloyd's Rep 106.

[101] *Broadgate Square plc v Lehman Brothers Ltd* (*No* 2) [1995] 33 EG 89.

第 46 章 不服裁决的追索权

46.1 撤销的申请

马来西亚《2005 年仲裁法案》第 37 条[1]包含了撤销裁决的理由的穷尽清单[2]：

第 37 条 撤销的申请

(1) 只有在以下情形下，一份裁决才可能被高等法院撤销——

(a) 提出申请的一方当事人提供证据证明——

(i) 仲裁协议当事人无行为能力；

(ii) 仲裁协议根据当事人受制于的法律，或者在没有明确指明时，根据马来西亚的法律无效；

(iii) 提出申请的当事人没有得到有关委任仲裁员或仲裁程序的适当通知，或者没有得到陈述案情的机会；

(iv) 该裁决涉及未考虑或不属于提交仲裁条款的争议；

(v) 除第 (3) 款另有规定外，裁决包含了对协议提交仲裁范围以外的事项的决定；或者

(vi) 仲裁庭的组成或仲裁程序不符合各方当事人的协议，除非该协议与本法案的双方当事人不能减损的条文相冲突，或者在没有协议的情况下，不符合本法案的规定；

(b) 高等法院认为——

(i) 根据马来西亚法律，争议的事项无法通过仲裁解决；或者

(ii) 该裁决与马来西亚的公共政策相冲突。

(2) 在不限制第 (1) (b) (ii) 项的一般性的情况下，裁决在以下情况下与马来西亚的公共政策相冲突——

(a) 该裁决的作出受到了欺诈或徇私舞弊的诱导或影响；或者

(b) 违反了自然正义的规则——

(i) 在仲裁程序中；或者

---

[1] Act 646.

[2] 本条款相当于《UNCITRAL 示范法》第 34 条。

（ii）与作出裁决有关。

根据《2005 年仲裁法案》第 37 条的规定，高等法院必须在满足特定要求的情况下才可以审核异议。如：

在《UNITRAL 示范法》的做法下，法院行使有限的管辖权。[3] 当仲裁仍在进行中时，高等法院没有固有的或法定的权力介入仲裁。[4] 无论仲裁庭曾经（可能是不明智地）给予了当事人何种表象，仲裁裁决在实际发布之前都不能受到质疑。

根据《2005 年仲裁法案》第 37 条的规定，当仲裁地不在马来西亚的情况下，高等法院没有撤销裁决的管辖权。[5] 法院认定，对仲裁地的选择就是对于试图攻击仲裁裁决的救济法院的选择。[6] 即使仲裁地不在马来西亚，而听审的实际地点在马来西亚，情况也是如此。[7]

格林伯格、基、威拉曼特里[8]解释道，法院基于这种理由撤销裁决的权力非常重要，以致不能通过合同排除这一权力，就如新西兰上诉法院对 *Methanex Motunui Ltd v Spellman*[9] 案的判决那样：

> 我们随后在本判决中得出结论，Methanex 约定了排除审查。Methanex 在该交易中并没有遭受任何不公平，也没有迹象表明谈判地位存在不公平。此外，排除审查是基于很好的商业理由，即可以预见到的、裁决后的诉讼所带来的不便和费用。Methanex 的不诉诸法院的协定仅仅是其获得的、以便参与（尽管是以有限的方式）仲裁的权利的交换条件。它不是为了 Methanex 在协议约定的范围内参与仲裁，然后被允许寻求（否认约定的内容）审查仲裁产生的裁决。

尽管有上述考虑，但我们得出的结论是法律不允许当事人根据第 34 条规定的理由排除审查。

第 37（1）（a）条引入了六项理由，申请人负有举证责任。第 37（1）（b）条规定了另外两个由高等法院审议并解决的理由：（i）根据马来西亚的法律，争议事项是否无法通过仲裁解决；或（ii）该裁决违反马来西亚的公共政策。

[3] *Taman Bandar Baru Masai Sdn Bhd v Dindings Corporations Sdn Bhd* ［2009］ MLJU 0793，［2010］ 2 AMR 151，［2010］ 5 CLJ 83.

[4] *Bremer Vulkan Schiffbau und Maschinenfabrik v South India Shipping Corpn Ltd* ［1981］ AC 909，［1981］ 1 All ER 289，CA.

[5] *Twin Advance（M） Sdn Bhd v Polar Electro Europe BV* ［2013］ 7 MLJ 811，*C v D* ［2007］ EWCA Civ 1282；"Chapter 10. Challenge of Arbitral Awards" in Blackaby and Partasides with Redfern and Hunter，*Redfern and Hunter on International Arbitration*（6th Edn，2015） at pp 569-604，paras 10. 26-10. 29.（新版本中没有确切的引文，但在第 10. 26~10. 27 段中暗示了这一点。）

[6] A similar decision was reached in *Xiamen Xingjingdi Group Ltd v Eton Properties Ltd* ［2009］ 4 HKLRD 353］.

[7] *PT Garuda Indonesia v Birgen Air* ［2002］ 1 SLR（R） 393.

[8] S Greenberg，C Kee，J R Weeramantry，*International Commercial Arbitration：An Asian - Pacific perspective*，（2011） at p 416.

[9] ［2004］ 3 NZLR 454 at ［107］ - ［108］.

第37条使用的术语表明了法院的自由裁量权。它通过使用“只有”（only if）这一术语进一步承认了对法院施加的限制。法院只能根据条款本身包含的有限的理由行使其自由裁量权。法院拥有基于“某些问题出错了”而撤销裁决的一般的自由裁量权。[10] 但是，法院的做法必须符合法院对仲裁不干预的一般原则。

最高法院在 *Lesotho Highlands Development Authority v Impregilo SpA*[11] 案中认定，1996年《英国仲裁法案》的目的是“大大减少法院在仲裁程序中的干预程度”。法院在 *SDA Architects（sued as a firm）v Metro Millennium Sdn Bhd* 案中指出：

> 早已确定的是，《2005年仲裁法案》的机制几乎禁止法院干预仲裁裁决，除非该法案特别赋予了进行干预的管辖权和权力。[12]

因此，要法院撤销一个仲裁裁决需要跨越的门槛很高。《2005年仲裁法案》通用的“不当行为”（misconduct）一词不再是撤销裁决的理由。相反，《2005年仲裁法案》第37条列出了一份可以提出撤销裁决申请的明确的理由清单。这些是唯一适用的理由。

46.2 根据《2005年仲裁法案》第37（1）（a）条申请撤销

根据《2005年仲裁法案》第37（1）（a）条的规定，若要撤销裁决，申请人必须提供证据。此外，《2005年仲裁法案》第37（4）条规定了此类申请必须在提出申请的当事人收到裁决后的90天之内作出。

大法官拿督哈吉德·苏丹·本·阿布·贝伯博士（Datuk Dr Hamid Sultan Bin Abu Backer）解释了这背后的合理性：

> 该条文明确指出法院可以撤销裁决，不能在查明撤销裁决的理由后声称其是正当的。不同司法管辖权的判例法在方法上有所不同。在仲裁友好国家，即使一方当事人已经证明了其中一项理由，法院也会拒绝撤销裁决。但是如果一项裁决违反了1958年《纽约公约》第1~4条，那么法院可能有义务撤销裁决，否则，国家法院会因为没有遵守公约义务而被批评。[13]

---

[10] *Re Montgomery, Jones & Co and Liebenthal & Co's Arbitration*（1898）78 LT 406 at 409，CA（Eng），per Chitty LJ；*CK Tay Sdn Bhd v EngHuat Heng Construction & Trading Sdn Bhd*［1989］1 MLJ 389（法院的便利平衡）；*Gasing Heights Sdn Bhd v Pilecon Building Construction Sdn Bhd*［2000］1 MLJ 621；*Intelek Timur Sdn Bhd v Future Heritage Sdn Bhd*［2001］6 MLJ 727.

[11] ［2006］1 AC 221 at［26］-［28］.

[12] ［2014］2 MLJ 627 at［50］，citing *Taman Bandar Baru Masai Sdn Bhd v Dinding Corporations Sdn Bhd*［2009］MLJU 0793，［2010］2 AMR 151，［2010］5 CLJ 83.

[13] Justice Datuk Dr Haji Hamid Sultan Bin Abu Backer，*International Arbitration with Commentary to Malaysian Arbitration Act 2005*（2016）at p 338.

他进一步补充说：

> 一般来说，在仲裁程序中已经提出并已经由仲裁庭处理的问题不能被再次提出。例如，仲裁员如果已经决定其管辖权和/或法院已经根据《2005 年仲裁法案》第 18（8）条将某问题作为初步问题进行了处理，则不能根据《2005 年仲裁法案》第 37 条重新讨论该问题。[14]

但是，这种严格的时间限制并不适用于裁决受到欺诈或者贪污诱使或影响的情况。

当事人无行为能力

正如无行为能力的人无法签订合同那样，由一个缺乏行为能力的当事人签署的仲裁协议也可以使裁决无效并可被撤销。一方当事人订立合同的能力受制于管辖该合同的适当法律。[15]

虽然这可能意味着精神上无行为能力[16]，但在大多数商事仲裁中，这个问题与一个公司或者其他机构根据其章程签订仲裁协议的能力有关，或者可能会有一些法律禁止国有机构签订仲裁协议。[17] 后一类国有实体的法律能力可能需要根据有关的外国法律来决定。

对这种意义上的能力进行评估应是在仲裁协议签订时，而不是在裁决作出时。[18] 如果另一个国家的立法试图溯及地认定其中一方当事人没有签订仲裁协议的能力，那么法院可以拒绝根据这一理由行使其撤销裁决的自由裁量权。

会引起行为能力问题的另一种情况是，仲裁当事人如此不适，以致在听审期间无法向他的法律代表提供指示，或根本无法委任代表。[19]

作为仲裁协议一方当事人的个人破产或公司实体破产不会使得事件发生前已被委任的仲裁庭的职权无效。[20] 如果这发生在仲裁程序过程中，则有必要由官方受让人或清算人接管程序。[21] 仲裁程序可以通过法院命令继续进行。[22]

然而大法官拿督哈吉德认为：

---

[14] 同上，第 338-339 页。

[15] *Charron v Montreal Trust Co*（1958）15 DLR（2d）240.

[16] *Kanoria v Guinness*［2006］EWCA Civ 222，［2006］2 All ER（Comm）413；*Irvani v Irvani*［2000］1 Lloyd's Rep 412.

[17] *Continental Enterprises Ltd v Shandong Zhucheng Foreign Trade Group Co*［2005］EWHC 92（Comm）.

[18] *SDV Transami Ltd v Agrimag Limited et al*，Kampala High Court，Commercial Division，Uganda，19 June 2008，HCT-00-CC-AB-0002-2006.

[19] *Kanoria v Guinness*［2006］EWCA Civ 222，［2006］2 All ER（Comm）413 at［18］.

[20] 《2005 年仲裁法案》第 49 条。

[21] D Sutton Gill and Gearing，*Russell on Arbitration*，（24th Edn，2015）at para［3.040］.

[22] 1965 年《公司法案》（法案 125）第 226（3）条和第 236（2）（a）条。

纯粹的技术异议自身可能不会成功，因为法院有权酌情决定是否根据本条款撤销裁决。[23]

至今似乎尚无基于《2005 年仲裁法案》第 37（1）（a）（i）条的案件。

仲裁协议无效

仲裁的有效性或其他方面的决定事关当事人对仲裁协议的法律的选择，或者如果没有作出这样的选择，则事关仲裁地的法律。[24] 可能导致仲裁协议无效的一些因素包括非法性、虚假陈述、共同的错误、胁迫和不当影响。[25] 这些因素会直接影响仲裁协议。

仲裁协议的审慎和认真起草对于确保仲裁协议的有效性来说非常重要。当仲裁协议是处于"病态的"时，这种撤销的理由往往会被提出。例如，一方当事人在仲裁协议里也被命名为仲裁员，或者无法确定仲裁庭的身份。

如果各方当事人未能发现仲裁协议的无效性，那么这一理由仍然存在。而如果尽管仲裁协议有瑕疵，但是当事人已经在没有提出异议的情况下推进了仲裁程序，则他们不能再依赖这一理由。

当然，如果一方当事人已经援引仲裁协议以取得法院程序的中止，如果败诉，禁止反悔原则会禁止其基于无效性而撤销仲裁裁决。[26]

新加坡法院在 *Aloe Vera of America，Inc v Asianic Food（S）Pte Ltd* 案中认定，关于一方当事人是否是仲裁协议的当事人的争议落入这一理由的范围内。[27] 这种解释也是因为《UNCITRAL 示范法》在同一条内规定了无行为能力和仲裁协议的无效性。

缺乏正当程序

仲裁庭有权以其认为合适的方式进行仲裁。法院在 *Anwar Siraj v Ting Kang Chung*[28] 案中解释道：

> 除双方当事人对适用于待解决的仲裁程序另有约定外，仲裁员是他的程序的控制者，只要他的行为并不是明显不公或违背自然正义的，他对以他认为合适的方式进行仲裁程序就拥有广泛的自由裁量权，参见《仲裁操作手册》（1998 年第 3 版）［*Handbook of Arbitration Practice*（3rd Ed，1998）］。

---

[23] Justice Datuk Dr Haji Hamid Sultan Bin Abu Backer，*International Arbitration with Commentary to Malaysian Arbitration Act* 2005，（2016）at p 346.

[24] Chan，*Singapore Law on Arbitral Awards*，（2011）at p 155，paras 6.98–6.99；*Woh Hup（Pte）Ltd v Property Development Ltd*［1991］1 SLR（R）473；*Dallah Real Estate and Tourism Holding Co v Ministry of Religious Affairs，Government of Pakistan*［2010］UKSC 46.

[25] Phang，"Vitiating Factors in Contract Law–Some Key Concepts and Developments，"（2005）17 SAcLJ 148.

[26] *Jiangxi Provincial Metal & Mineral Import & Export Corp v Sulanser Co Ltd*［1995］HKCF 449.

[27] *Aloe Vera of America，Inc v Asianic Food（S）Pte Ltd*［2006］3 SLR（R）174.

[28] ［2003］2 SLR（R）287 at［41］.

仲裁庭必须在满足有效完成案件的需要以及确保当事人有机会陈述案情之间作出平衡。[29] 第 37（a）（iii）条事关后者无法得到满足的情况。它指向两种情况，包括缺乏适当的通知和缺乏陈情的平等机会。因此，这两个理由都表明在程序中缺乏正当程序或违反了自然正义。

法院在 *Infineon Technologies*（*M*）*Sdn Bhd v Orisoft Technology Sdn Bhd*（*previously known as Orisoft Technology Bhd*）[30] 案中区分了自然正义和程序自然正义，并重申了第 37（1）（a）（iii）条处理的是程序性自然正义，它认定：

在提出索赔的论点方面，申请人保留了立场，因为这个费用问题据称违反了《KLRCA 仲裁规则》第 7（4）条的规定。另外，不能仅仅因为 KLRCA 采取的立场就允许申请人拒绝遵守临时命令的其他规定，特别是关于及时提交索赔要点的规定。简而言之，人们可以说这完全不是申请人的过错。因此，仲裁庭在仲裁过程中忽视争议的这些特殊情况是否公平？仲裁小组本身在没有完全遵守《KLRCA 仲裁规则》第 7（4）条上是有错误的，因为其事先没有与主席讨论其试图收取的较高费用。申请人 Infineon 错误地认为其这样做了。在这种情况下，允许最终裁决有效是公平合理的吗？通过一个“除非命令”，至少给予申请人一个机会以提出其索赔论点，难道不是更公平吗？不幸且遗憾的是，现行的仲裁法并不允许法院在正当程序之外冒进，因为仲裁员对某一特定决定的公正性的考虑取决于案情，因此本法院不宜干预。我必须要提醒自己，只要涉及诉讼编号 R3-24-88-2009 的案件，本法院就不会行使上诉的管辖权，不会再讨论该事项。因此，我得出结论：基于事实和法律以及对双方律师提出的完整论点的考虑，最终裁决应成立。

根据第 37（2）条的规定，违反自然正义和与马来西亚公共政策的冲突之间存在联系。法院在 *Infineon Technologies*（*M*）*Sdn Bhd v Orisoft Technology Sdn Bhd*（*previously known as Orisoft Technology Bhd*）[31] 案中解释了这种联系，如下：

作为撤销仲裁裁决的理由，公共政策的概念仍然是一个棘手的方面，它对法律的立场可以千差万别，首先是关于裁决是否为国内仲裁裁决的问题，其次是关于是否涉及国际仲裁裁决。就后者而言，现有的比较法理学似乎表明对公共政策的概念采用了一个较为狭隘的观点。一个在某种意义上而言较为宽泛的方式在国内仲裁裁决（比如本案）中得到适用。尽管如此，法院在应用有关违反自然正义规则的公共政策概念时，总是会存在不管是否出于本意地侵犯到裁决案件事实的危险，并因此触犯了一项基本原则，即撤销程序绝不能具有上诉的性质。

本章在后面会详细讨论马来西亚的公共政策。

当事人必须收到听审的通知，因为《2005 年仲裁法案》第 20 条明确规定，必须给予当事人陈述案情的公平和合理的机会。对此，没有指定适用的特定通知方式。

---

[29] *Soh Beng Tee & Co Pte Ltd v Fairmount Development Pte Ltd*［2007］3 SLR（R）86 at［65］.

[30]［2011］7 MLJ 539 at［75］，per Mohamad Ariff J.

[31]［2011］7 MLJ 539 at［71］，per Mohamad Ariff J.

适当的通知意味着不仅要通知各方当事人听审[32]，还要足够提前地给予他们令状[33]，使他们能够有效地准备案件，回应对方（如有），出席听审并作出陈述。如果不这样做，通知是没有价值的。[34]

如果当事人不知道将有仲裁听审，则仲裁程序不能妥善进行，因此作出的裁决会被撤销。但是，法院已经认定，如果有充分的证据表明，在当事人搬迁后，通知已被送至合同上的地址，则当事人不会被认定为已经收到了仲裁通知。[35] 违背这一原则会违反条文和自然正义的规则，并且意味着裁决可能被撤销。[36]

法院在 *Bernuth Lines Ltd v High Seas Shipping Ltd*，*Eastern Navigator* 案中处理了一个通过电子邮件启动的小额索赔仲裁。没有证据表明职位高于职员的任何一人意识到这件事。法院认定通知是不充分的。[37] 如果一方未被给予会议通知，则存在裁决被撤销的风险[38]，除非该会议实际上并没有做任何事。[39]

关于当事人不能陈述案情的问题，必须将这一理由的措辞与《2005年仲裁法案》第20条共同理解，该条款仅规定了“合理的”陈情机会。[40] 法院在 *Dongwoo Mann + Hummel Co Ltd v Mann + Hummel GmbH*[41] 案中解释说：

关于当事人是否能够在仲裁中陈述案情，这是一个事实和程度的问题，而且必须关注程序的总体实行情况，并特别关注仲裁庭和当事人本身的行为。

拒绝允许受让人参与仲裁程序将属于这一范畴。[42] 裁决不会因为当事人不能详尽地描述其所有论点，或不能提供不会影响当事人在本案中立场的证据而被撤销。[43]

如果仲裁庭因为一方当事人没有遵守披露令而拒绝允许该方当事人引用该证据，则

---

[32] Arbitration Act 2005 s 26（3）；*Oswald v Earl Grey*（1855）24 LJQB 69；*The Warwick*（1890）15 PD 189；*French Government v Tsurushima Maru*（*Owners*）（1921）37 TLR 961 at 962，CA（Eng），per Atkin LJ；*M Golodetz v Schrier*（1947）80 Ll L Rep 647 at 651 per Lord Goddard LCJ；*Oakland Metal Co Ltd v D Benaim & Co Ltd* [1953] 2 Lloyd's Rep 192 at 199；*Doleman & Sons v Ossett Corpn* [1912] 3 KB 257 at 271，CA（Eng）；*London Export Corpn Ltd v Jubilee Coffee Roasting Co Ltd* [1958] 1 All ER 494，[1958] 1 WLR 271；*Re an Arbitration between Hainan Machinery Import & Export Corp and Donald & McArthy Pte Ltd* [1995] 3 SLR（R）354.

[33] *Atul R Shah v M/S v Vrijlal Lalloobhai And Co* AIR 1999 Bom 67，1998（4）Bom CR 867（Bombay）.

[34] Mustill and Boyd，*The Law and Practice of Commercial Arbitration in England*，（2nd Edn，1989）at p 303，cited in *FBD Insurance plc v Connors* [2011] IEHC 184.

[35] *Lenmorniiproekt v Arne Larsson & Partner Leasing AB*（O 13-09）（16 April 2010）SC（Sweden）.

[36] *Government of the Republic of the Philippines v Philippine International Air Terminals Co*，*Inc* [2007] 1 SLR（R）278，[2006] SGHC 206；*Attorney General v Lyall Tozer* High Court，New Zealand，2 September 2003，M1528-IM02 CP607/97；*Methanex Motunui Ltd v Spellman*，[2004] 1 NZLR 95，affirmed [2004] 3 NZLR 454.

[37] [2005] EWHC 3020（Comm）.

[38] *Oswald v Earl Grey*（1855）24 LJQB 69.

[39] *Re Morphett*（1845）2 Dow & L 967.

[40] M Hwang，“Why is there still Resistance to Arbitration in Asia”，in G Aksen et al（eds），*Global Reflections. on International Commercial Law*，*Commerce and Dispute Resolution*：*Liber Amicorum in Honour of Robert Briner*（2005）.

[41] [2008] 3 SLR（R）871 at [55].

[42] *Montedipe SpA v JTP-RO Jugotanker*，*The Jordan Nicolov* [1990] 2 Lloyd's Rep 11.

[43] *Alphapoint Shipping Ltd v Rotem Amfert Negev Ltd*，*The Agios Dimitros* [2004] EWHC 2232（Comm）at [26].

法院不太可能会认定这一理由是正确的。[44] 如果一方当事人拒绝参加仲裁，那么法院不会因此撤销裁决，这也不应使准申请人感到惊讶。[45]

裁决与仲裁条款无关

这个撤销裁决的理由是有关仲裁庭已经对一个争议作出了裁决，但是裁决没有落入协议仲裁的范围之内。加里·博恩说道：

> 根据第 34（2）（a）（iii）条废除裁决的最常见理由是，仲裁员“对当事人没有（向他们）提交的事项作出了裁定”——也就是所谓的 extra petita 或 ultra petita。美国、英国、法国、瑞士和其他法院均撤销了涉及双方当事人提交文件范围以外事项的裁决。同样，大多数法院不愿意接受这种主张。[46]

仲裁庭在没有管辖权的情况下对未提交给它的新争议作出裁决（是使其裁决无效的行为），这与仲裁庭在其管辖权内犯法律上的错误（不会构成提起异议的理由的行为）之间存在区别。例如，被授权评估损害赔偿的仲裁庭对损害赔偿作出的错误评估仅仅是法律错误，而不是管辖权问题。[47]

法院在 *The Government of India v Cairn Energy India Pty Ltd*[48] 案中，并随后在 *Perwira Bintang Holdings Sdn Bhd v Kerajaan Malaysia*[49] 案中全面处理了仲裁庭超裁的问题。法院在 *The Government of India v Cairn Energy India Pty Ltd* 案中同意了霍尔斯伯里勋爵（Lord Halsbury）在 *London and North Western and Great-Western Joint Rly Companies v Billington*[50] 案中的陈述，具体如下：

> 我认为任何律师都没有理由辩称，当事人将分歧提交仲裁时，无论在何种授权下提交仲裁，你都可以在仲裁令作出后首次提出新的分歧。因此，我当然会在这个问题上提出非常强烈的意见。[51]

---

[44] *Elektrim SA v Vivendi Universal SA* ［2007］ EWHC 11（Comm）.

[45] *Swisher Hygiene Franchise Corp v Hi-Gene Ltd*（2009）20 PRNZ 292，在案件 *Hi-Gene Ltd v Swisher Hygiene Franchise Corp* ［2010］ NZCA 359 和［2010］ NZSC 132 中得到确认。

[46] “Chapter 24：Correction，Interpretation and Supplementation of International Arbitral Awards” in Gary Born，*International Commercial Arbitration*（2nd Edn，2014） at pp 3126-3127.

[47] *James Laing & Son*（*M/C*）*Ltd v Eastcheap Dried Fruit* Co ［1961］ 2 Lloyd's Rep 277，［1962］ 2 Lloyd's Rep 15，CA.

[48] ［2014］ 9 MLJ 149.

[49] ［2014］ 11 MLJ 561. *Government of the Lao People's Democratic Republic v Thai-Lao Lignite Co Ltd*（“*TLL*”），*a Thai Co* ［2013］ 3 MLJ 409；*Thai-Lao Lignite Co Ltd & Hongsa Lignite Co Ltd v Government of the Lao People's Democratic Republic* ［2014］ 1 LNS 525，CA.

[50] ［1899］ AC 79；*PT Asuransi Jasa Indonesia*（*Persero*）*v Dexia Bank SA* ［2007］ 1 SLR（R） 597 at ［37］.

[51] ［2014］ 9 MLJ 149 at ［132］.

法院在 *Lesotho Highlands Development Authority v Impregilo SpA*[52] 案中指出，仲裁协议、法规和仲裁通知本身赋予仲裁庭的权力必须被“高度关注”。

当根据《2005 年仲裁法案》第 37（1）（a）（iv）条行使自由裁量权时，法院必须确定哪些事项属于提交仲裁的范围。它还将考虑裁决是否涉及新的纠纷或与仲裁庭被要求决定的问题无关的事项。

无论是哪种情况，仲裁庭都超越了仲裁协议赋予的管辖范围。如果基于对协议仲裁的真实解读，该争议并没有被提交，那么仲裁庭不能自称对它具有管辖权，因为它不能扩大其管辖范围。[53]

默金[54]解释说，这个区别是细微的。他继续举出了下面的例子，在这些情况下，法院认定仲裁庭因为对未被提交的争议作出裁决而超越了其管辖范围：

（1）如果仲裁庭被要求就涉及履行合同的某一问题作出裁决，那么仲裁庭提出重写合同是超越其管辖范围的。例如，在 *Re Hooper & Co and Balfour Williamson & Co*[55] 案中，双方当事人的争议是是否已交付了正确重量的货物。然而仲裁员裁定应该接受经价格减免的货物。法院下令将裁决发还给了仲裁员。在 *Re Green & Co and Balfour Williamson & Co*[56] 案的程序中，提出了同样的观点。争议的问题是买方是否有权出于质量缺陷拒收货物，然而裁决涉及的是习惯，因此驳回了拒绝的权利，但认可了获得价格减免的权利。[57]

（2）如果在一起案件中有多个争议，而且其中只有部分争议已经被提交仲裁，则一个包含了所有争议的裁决超出了仲裁庭的管辖范围。例如，在 *Skipper v Grant*[58] 案中，考虑到并非仲裁争议的索赔的价值，仲裁员认定保险公司有权获得金额。在 *Societe Franco-Tunisienne D'Armement-Tunis v Government of Ceylon, The Massalia*[59] 案中，裁决员只被要求解决逾期争议。法院裁决他在裁决中错误地处理了派遣金的问题。法院在 *Henry Boot Construction Ltd v DF Mooney*[60] 案中得出了同样的结论，在该案中，裁决涉及的项目出现在申请人最终账目报告中，但并不在商定的争议事项列表中。

在 *Perwira Bintang Holdings Sdn Bhd v Kerajaan Malaysia*[61] 案中，法院在评估协议提交仲裁的条款是否包括一个现在被质疑的争议时，强调了应广泛地解释这些文件。其认为没有理由偏离霍夫曼（Hoffman）法官在 *Fiona Trust & Holding Corp v Privalov*[62] 案中的

---

[52] *Lesotho Highlands Development Authority v Impregilo SpA* [2006] 1 AC 221 at [32], HL; *Quintette Coal Limited v Nippon Steel Corp et al*, [1990] BCJ No 2241, 1991 CanLII 5708 (BC CA).

[53] *Attorney-General for Manitoba v Kelly* [1922] 1 AC 268 at 276.

[54] R Merkin, *Arbitration Law* (2004) at para 16. 34.

[55] (1890) 62 LT 646.

[56] (1890) 63 LT 325.

[57] *Re Dare Valley Railway Co* [1868] LR 6 Eq 429; *Williams Bros v Ed T Agius Ltd* [1914] AC 510.

[58] (1861) 10 CBNS 237. *Atkinson v Jones* (1843) 1 Dow & L 225.

[59] [1959] 3 All ER 25.

[60] [1996] ADRLN 13.

[61] [2014] 11 MLJ 561.

[62] [2007] UKHL 40, [2007] 4 All ER 951 at [13].

观点：

仲裁条款的解释应从这样的假设开始，即双方当事人作为理性商人，可能打算将任何由他们已经达成的或将要达成的关系所引起的争议交由同一个仲裁庭决定。除非其用语明确表示本来打算将某些问题排除在仲裁员的管辖范围之外，否则，应根据这个假设来解读这项条款。

裁决超出仲裁协议范围

这一理由超出了对未提交仲裁庭的争议的裁决，并且更广泛地涵盖了超出提交范围的“事项”。在决定基于这个理由的异议时，标准与对待未被提交的争议是相同的，在 *The Government of India v Cairn Energy India* 案中同时处理了这个问题。

新加坡高等法院在 *Kempinski Hotels SA v PT Prima International Development*[63] 案中撤销了一个裁决，并作出解释如下：

仲裁员在考虑提交给他的问题以便为当事人作出裁决时，必须遵循诉状的指导。在法院和仲裁庭面前，诉状均是程序公平的审判的基本组成部分。

上诉法院在 *Kerajaan Malaysia v Perwira Bintang Holdings Sdn Bhd*[64] 案中确认了如下规则：

> 尽管我们的法院必须接受示范法法律机制下的裁决终局性、当事人意思自治和最低法院干预原则，以及出于更一般性的考虑，即我们的法院应该是有利于仲裁和有利于执行的法院，但我们不能允许裁决明显超出管辖权且违反同等重要的原则，即仲裁程序是双方当事人合意的，并且被选定的仲裁员的任务授权必须仅限于提交仲裁条款和商定的事项。如果已经就四个事项达成一致，则仲裁员不能出于自身的意愿增加另一个事项（特别是没有事先达成共识并在当事人结案后），因为这会导致严重的不公平。

这也可以包括仲裁庭裁决的未被要求的救济。仲裁庭在 *Ross v Boards*[65] 案中被授权确定土地所有权。法院裁定，它不能裁决如果买方的所有权无效则卖方应当提供补偿。

在 *Rees v Francis Waters*[66] 案中，法院认定仲裁庭因具体规定履行裁决的时间和地点而超越了其管辖权。[67] 同样，在 *Nils Heime Akt v G Merel & Co Ltd*[68] 案中的仲裁庭将裁决

---

[63] ［2011］ SGHC 171 at ［55］. Cf *Sui Southern Gas Co Ltd v Habibullah Coastal Power Co (Pte) Ltd* ［2010］ 3 SLR 1; *Sobati General Trading LLC v PT Multistrada Arahsarana* ［2010］ 1 SLR 1065; *Government of the Republic of the Philippines v Philippine International Air Terminals Co, Inc* ［2007］ 1 SLR (R) 278.

[64] ［2015］ 6 MLJ 126 at ［39］, CA.

[65] ［1838］ 8 Ad & El 290.

[66] ［1847］ 16 M & W 263. *Benwell v Hinxman* ［1835］ 1 Cr M & R 935; *Lindsay v Direct London & Portsmouth Railway Co* ［1850］ 19 LJQB 417.

[67] *Pascoe v Pascoe* (1837) 3 Bing NC 898; *Price v Popkins* ［1839］ 10 Ad & EL 139; *Angus v Redford* (1843) 11 M & W 69; *Toby v Lovibond* ［1848］ 5 CB 770; *Nickels v Hancock* ［1855］ 7 De G M & G 300.

[68] ［1959］ 2 Lloyd's Rep 292.

延伸至对尚未出货的一船货物的质量纠纷，因此是试图规范双方当事人在尚未出现的纠纷中的未来行为。[69]

还有一个例子是仲裁庭对非仲裁协议签署人作出裁决。[70] 法院在 *Government of the Lao People's Democratic Republic v Thai-Lao Lignite Co Ltd*（"*TLL*"），*a Thai Co*[71] 案中撤销了裁决。在该案中，仲裁庭超越了项目发展协议的仲裁范围，对属于采矿合同下的争议适用了管辖权，仲裁庭还允许了没有签署仲裁协议的当事人参与仲裁。

仲裁庭组成或仲裁程序不合规

这个理由被描述为程序性问题，前提是当事人的协议首先涉及仲裁庭的组成，其次涉及仲裁程序。[72] 两者都必须是双方当事人约定的。除非商定的条款与《2005年仲裁法案》的某些强制性要求相冲突或者被豁免，否则对这些商定条款的偏离可能会成为裁决撤销的理由。[73]

大多数仲裁立法和规则都允许仲裁庭在进行仲裁程序时具有很大的灵活性，它限制了可能对违反当事人的协议进行仲裁的投诉。如果协议未对此作出规定，则适用法院地的仲裁法。

仲裁协议经常指出，仲裁庭应由某一特定机构的负责人委任。如果没有这样做，则可能会被提出异议。仲裁协议当然是评估这一异议的关键文件。有可能委任机构已经不存在了，或者委任是由某个机构的副主席而不是主席作出的。

当事人意识到委任机制不正确并且还继续进行仲裁的情况很少会发生，因此在裁决作出后对委任程序提出异议是很少见的。较常见的是基于商定的仲裁程序没有得到遵守的异议。[74]

如果轻微违反程序而没有造成影响，法院不会行使其自由裁量权。法院在 *CRW Joint Operation v PT Perusahaan Gas Negara*（*Persero*）*TBK*[75] 案中解释了这一做法：

> 仅仅由于仲裁员未能尽可能有效地行事，或者与当事人确立的程序规则存在较小的出入，这本身并不足以使得违反自然正义规则的救济正当化。仲裁员完全有权遵守当事人约定的程序规则，或遵守仲裁员本人在其权力范围内采纳的程序规则。

---

[69] *Re Morphett*［1845］2 Dow & L 967.

[70] *Bayview Irrigation District #11 v United Mexican States* 2008 CanLII 22120（ON SC）.

[71]［2013］3 MLJ 409，Lee Swee Seng JC.

[72] M A Md Yusof，"Chapter 14：Challenge of Arbitral Awards"，in Rajoo and Koh（eds），*Arbitration in Malaysia：A Practical Guide*，（2016）at para［14.008］.

[73] *Fleming and Moran v Space Homes Ltd*（1985）58 AR 335；*Rederi Aktiebolaget Sally v Srl Termarea*（13 April 1978）（Court of Appeal，Florence）Sanders（ed），*Yearbook Commercial Arbitration* 1979-*Vol IV*（1979）at p 294；*Insigma Technology Co Ltd v Alstom Technology Ltd*［2009］1 SLR（R）23；*JKM Transport v Danish Crown*（2010）Dannish Weekly Reports 802.

[74] *Sumukan Ltd v Commonwealth Secretariat*［2007］EWHC 188（Comm），［2007］All ER（D）177（Feb）.

[75]［2011］SGCA 33 at［36］.

一个典型的例子是当仲裁协议要求获得一致裁决，但仲裁庭作出了多数裁决的情况。[76] 在肯尼亚的 *Siginon Maritime Ltd v Gitutho Associates*[77] 案中，仲裁庭采用了一套仲裁规则，而不是当事人选择采用的规则，从而导致裁决基于此而被撤销了。

但是，法院在 *Wuzhou Port Foreign Trade Development Corp v New Chemic Ltd*[78] 案中并没有因为仲裁庭应用机构的修改后的规则而不是原来的规则而撤销裁决。

法院在 *Luzon Hydro Corp v Transfield Philippines Inc*[79] 案中认定，双方当事人的联合专家（其报告直接交予仲裁庭而未给予申请人作出陈述的机会）既没有违反商定的仲裁程序，也没有违反自然正义。法院指出，双方当事人已指定专家筛选技术证据，他并没有超越其角色。

如果仲裁协议要求采取口头证据，但仲裁员接受了书面陈述，由此没有遵循商定的程序。[80] 在一个对抗制程序中，仲裁员单方面采取了纠问制方式，并且剥夺了当事人询问证人的机会，这将构成对程序的违反。[81]

Perwira Bintang Holdings Sdn Bhd v Kerajaan Malaysia[82] 案详细描述了这一规定背后的合理性。法院引用 *PT Prima International Development v Kempinski Hotels SA*[83] 案中的一段话，详细阐述了《2005 年仲裁法案》第 37（1）（a）（iv）条和（v）条赋予的权力，如下：

仲裁庭无权解决在协议提交仲裁时没有向它提交的争议。简而言之，未经一方当事人同意，另一方当事人不得在仲裁中提起新的争议。这些观点不可阻挡地来源于仲裁合意的本质。

法院认为，超出仲裁协议范围的认定是"有悖常理的"（perverse），需要法院的介入以避免这种公然的违规行为。

46.3 根据《2005 年仲裁法案》第 37（1）（b）条申请撤销

争议不能够通过仲裁解决

这一质疑的基础重申了有关争议可仲裁性的原则。在以下情况下，当事人的仲裁自由可能会受到限制：首先，如果救济或者处理的事项会影响除仲裁当事人以外的当事

---

[76] *Brunswick Bowling & Billiards Corporation v Shanghai Zhonglu Industrial Co Ltd* [2009] HKCFI 94 at [111].

[77] *Siginon Maritime Ltd v Gitutho Associates Misc Civil Suit* 719 of 2004.

[78] *Wuzhou Port Foreign Trade Development Corp v New Chemic Ltd* [2001] 3 HKC 395. 这是一个有趣的问题，因为机构规则的更新版本可能与订立仲裁协议时选择的那套规则截然不同。

[79] [2004] 4 SLR (R) 705 at [14]; cf *Paklito Investment Ltd v Klockner East Asia Ltd* [1993] HKLR 39.

[80] *Banks v Banks* (1835) 1 Gale 46; *Phipps v Ingram* (1835) 3 Dowl 669.

[81] *Faure Fairclough Ltd v Premier Oil and Cake Mills Ltd* [1968] 1 Lloyd's Rep 237.

[82] [2014] 11 MLJ 561 at [75].

[83] [2012] SGCA 35.

人；其次，该问题超出了当事人的纯粹私人利益。[84]

这些可能包括公法问题、带有公共利益因素的争议或影响可能会超出双方当事人的问题。马斯蒂尔和博伊德[85]观察道：

仲裁员可以裁决的救济的种类受到公共政策考虑以及他是由当事人而非国家任命的事实的限制。例如，他不能判处罚金或监禁期、犯藐视罪或发出传票；也不能作出约束第三方或会影响广大公众的裁决，如对船只的对物裁决、对土地应纳税额的评估、离婚令、清算令。

刑事审判[86]、授予公民身份、对船只的对物诉讼[87]、批准离婚和子女监护权[88]、商标或专利注册的有效性以及公司清盘[89]都属于无法通过在马来西亚的仲裁解决的争议，因为它们与国家法院的管辖权有着根本的联系。[90]

然而美国最高法院认为反垄断问题是可以仲裁的。[91] 公司或组织成员对于不公平偏见的申诉的可仲裁性，则存在冲突决定。

法院在 *Exeter City Association Football Club Ltd v Football Conference Ltd*[92] 案中拒绝了中止程序，原因是股东被赋予的申请救济的法定权利是不可剥夺的，不能通过合同来减损或删除。*Re Vocam Europe Ltd*[93] 案的法院批准了中止，以便将此事提交仲裁，理由是股东协议要求将所有争议提交仲裁。[94]

可仲裁性问题至少可以通过三种模式提出。首先，向仲裁庭提出，随后提交法院决定；其次，通过声明和/或禁止令的程序阻止另一方将此事提交仲裁，从一开始就向法院寻求指示；最后，在法院就实质争议提起诉讼。

---

[84] Sundaresh Menon SC，“对报告的回应：重新思考可仲裁性，包括公司争议的可仲裁性”，载于《缺陷与推定：重新思考新仲裁的仲裁法律与实践》，2010 年毛里求斯国际仲裁会议，第 102-103 页。

[85] Mustill and Boyd，*The Law and Practice of Commercial Arbitration in England*，Butterworths，（2nd Edn，1989） at p 149.

[86] R Merkin 和 J Hjalmarsson，*Singapore Arbitration Legislation Annotated*（2009）其中，第 31 页指出：“可能还有一些其他事项无法仲裁，因为它们影响到有权受到法律保护的第三方的权利：监护权纠纷可能属于这一类。”

[87] *The Sylph*（1867） LR 2 A & E 24；*Raukura Moana Fisheries Ltd v The Ship* “*Irina Zharkikh*” ［2001］ 2 NZLR 801.

[88] 离婚双方就资产分割达成的私下协议可以进行仲裁。*Soilleux v Herbst*（1801） 2 Bos & P 444；*Bateman v Countess of Ross*（1813） 1 Dow 235；*Hooper v Hooper*（1860） Sea & Sm 156；*Wilson v Wilson*（1848） 1 HLCas 538；*Besant v Wood*（1879） 12 Ch D 605；*Hart v Hart*（1881） 18 Ch D 670；*Cahill v Cahill*（1883） 8 App Cas 420，HL.

[89] 在 *Aras Jalinan Sdn Bhd v Tipco Asphalt Public Co Ltd*［2012］ 1 MLJ 510 案中，法院指出：《公司法案》第 181 条规定的补救措施是一种法定补救措施。不能以请愿人在仲裁程序中解决了构成请愿基础的一些问题为由而剥夺或否定请愿人的这一法定补救办法。*A Best Floor Sanding Pty Ltd v Skyer Australia Pty Ltd*［1999］ VSC 170 at［18］，per Warren J；*Larsen Oil and Gas Pte Ltd v Petroprod Ltd*（*in official liquidation in the Cayman Islands and in compulsory liquidation in Singapore*）［2011］ SGCA 21.

[90] A Rogers QC，“Arbitrability”，（1994） 10（3） Arbitration International 263.

[91] *Mitsubishi Motors Corp v Soler Chrysler-Plymouth Inc* 473 US 614 （1985）；*Baxter International*，*Inc v Abbott Laboratories* 315 F 3d 954 （7th Cir，2003）.

[92] ［2004］ 1 WLR 2910.

[93] ［1998］ BCC 396.

[94] *Fulham Football Club*（1987） *Ltd v Richards*［2010］ EWHC 3111 （Ch），［2011］ 2 All ER 112.

如果另一方当事人声称此事是可仲裁的，那么需要获得程序中止，并且在此阶段确定可仲裁性问题。也许并不令人惊讶的是，这是一个很少见的异议理由。

裁决与马来西亚公共政策相冲突

根据《UNICITRAL 示范法》和《2005 年仲裁法案》的规定，仲裁员的“不当行为”（misconduct）不再是作为撤销裁决的广泛理由。[95] 只有在仲裁庭的行为或仲裁自身达到了违反自然正义规则的程度[96]，因此根据《2005 年仲裁法案》第 37（2）（b）条的规定，该裁决与马来西亚的公共政策相冲突时，才是如此。

有两种情况是特殊的，并且不限制该条款的一般性。第一种是被欺诈或腐败诱使或受其影响的裁决[97]，由一方仲裁当事人所致，或者是另一方当事人对一方当事人的欺诈知情。[98] 第二种是在仲裁程序期间或与作出裁决相关的过程中发生了违反自然正义的行为。

法院在 *Gas & Fuel Corporation of Victoria v Wood Hall Ltd & Leonard Pipeline Contractors*[99] 案中详细阐述了自然正义的概念：

首先，裁判官必须是无私的、无偏见的。这表现在拉丁文格言“*nemo judex in causa sua*”（任何人不得担任自己案件的法官）中。其次，必须给予双方当事人充分的通知和主导的机会。这反过来又反映在熟悉的拉丁格言“*audi alteram partem*”（听取双方的陈词）中。在考虑案件的证据时，重要的是要记住这两个原则中的每一个都可能有分支或者延伸。第一条规则的一个延伸是不仅要实现正义，而且要表现出正义被实现（Lord Hewart：*R v Sussex*；*ex parte McCarthy*（1924）1 KB 256，at 259（1923 All ER Rep 233））。第二项原则的分支是，必须给予每一个当事人公平的被听取机会以及公平的陈情机会。只有在所有当事人都被给予充分的、公平的听取机会后，才能达到超越两个原则的公平和判断的概念。

新加坡上诉法院在 *Soh Beng Tee & Co Pte Ltd v Fairmount Development Pte Ltd*[100] 案中列出了适用于基于违反自然正义提出异议的原则：

John Holland Pty Ltd v Toyo Engineering Corp（Japan）［2001］1 SLR（R）443（“John Holland”）案在第 18 段中已经正确地认定，基于仲裁裁决违反了自然正义规则而提出异议

---

[95] *Colliers International Property Consultants（USA）v Colliers Jordan Lee and Jaafar（Malaysia）*［2010］MLJU 650；*PT Asuransi Jasa Indonesia（Persero）v Dexia Bank SA*［2007］1 SLR（R）597 at［56］－［57］. 这两个案件中法官都不同意 *Oil & Natural Gas Corporation Ltd v SAW Pipes Ltd AIR 2003 SC 2629* 一案的裁决，认为仲裁庭在裁决中犯了法律错误或事实错误，裁决违反了公共政策。

[96] *Government of the Lao People's Democratic Republic v Thai-Lao Lignite Co Ltd*（“*TLL*”），*a Thai Co*［2013］3 MLJ 409.

[97] *Swiss Singapore Overseas Enterprises Pte Ltd v Exim Rajathi India Pvt Ltd*［2010］1 SLR 573.

[98] *Elektrim SA v Vivendi Universal SA*［2007］1 Lloyd's Rep 693 at［79］－［82］，［2007］2 All ER（Comm）365.

[99] *Gas & Fuel Corporation of Victoria v Wood Hall Ltd & Leonard Pipeline Contractors*［1978］VR 385 at 396.

[100]［2007］3 SLR（R）86 at［29］；*Dongwoo Mann+Hummel Co Ltd v Mann+Hummel GmbH*［2008］3 SLR（R）871；*Sobati General Trading LLC v PT Multistrada Arahsarana*［2010］1 SLR 1065.

的一方当事人必须证明：（a）违反了自然正义的哪一个规则；（b）是如何违反的；（c）违反的行为与作出裁决的关系；（d）这种违反如何损害了其权利。

与公共政策理由的冲突是一个更常见的异议理由，因为理由的措辞很笼统。[101] 上诉法院在 *Brunsfield Project Management Sdn Bhd v Ingeniur Bersekutu Consulting Engineers*[102] 案中观察道：

> 尽管法律认可法院有权撤销违背马来西亚公共政策的裁决，但很难真正理解公共政策在该节和仲裁中的含义。

试图基于公共政策理由对裁决提出异议的当事人必须查明所违反的公共政策，并且证明该裁决的哪一部分与公共政策相冲突。[103] 普遍来说，法院已经认定了必须给予公共政策狭义的解读。相反，对裁决的异议可以给予一个广泛的自由度，即只考虑已经造成影响的、严重违反公共政策的行为。[104]

新加坡上诉法院在 *PT Asuransi Jasa Indonesia*（*Persero*）*v Dexia Bank SA*[105] 案中解释了这一做法：

虽然国家公共政策的概念在法案或示范法中都没有作出规定，但司法界和专家意见的普遍共识是，该法案下的公共政策涵盖的范围很窄。我们认为，只有在维护仲裁裁决会“使你的良知震惊”的情况下（*Downer Connect*（［58］supraat［136］），或者是“明显损害公共利益或……对于普通的理性且充分知情的公众是完全的冒犯”（*Deutsche Schachbau v Shell International Petroleum Co Ltd*［1987］2 Lloyd's Rep 246 at 254，per Sir John Donaldson MR），或违反法院最基本的道德和正义的概念（*Parsons & whittemore Overseas Co Inc v Societe General de L'Industrie du Papier*（*RAKTA*）508 F2d 969（2nd Cir，1974）at 974）。这与公共政策的概念是一致的，它可以从示范法的准备材料中得到确定。正如委员会报告（A /40/17）第297段中所强调的那样：

> 在讨论“公共政策”一词时，人们的理解是，它不等同于一个国家的政治立场或国际政策，但包含了公正的基本概念和原则……1958年《纽约公约》和许多其他条约使用的“公共政策”一词在实质和程序方面涵盖了法律和司法的基本原则。因此，诸如腐败、贿赂或欺诈等类似的严重情况将构成撤销的理由。

---

[101] 虽然根据《2005年仲裁法案》第37条规定，在撤销时可以启动公共政策测试，这也是根据《2005年仲裁法案》第39条拒绝执行裁决的理由。*AJT v AJU*［2011］*SGCA* 41 案的法院认为，根据1985年示范法的规定，在撤销裁决与拒绝执行时，其公共政策理由在解释上没有区别。它必须涉及违反道德和正义这些最基本的概念。

[102] Civ App No. W-01（C）（A）-1796-10/2014 at［19］.

[103] Chan，*Singapore Law on Arbitral Awards*，（2011） at p 186，para［6.1.67］.

[104] *Amaltal Corporation Ltd v Maruha*（*NZ*）*Corporation Ltd*［2004］2 NZLR 614，CA；*Downer-Hill Joint Venture v Government of Fiji*［2005］1 NZLR 554.

[105] ［2007］1 SLR（R）597 at［59］.

Majlis Amanah Rakyat v Kausar Corporation Sdn Bhd[106] 案中，法院在分析了其他司法管辖区的判决后认为："除非冒犯了最基本的道德和正义观念，否则这个方式不应被用于基于违反公共政策而拒绝登记。"因此，并不是每一个对自然正义规则的违反都会被视为对公共政策的违反，因为这个原则的确切范围并没有得到充分的界定。[107]

在应用公共政策原则时，国内与国际公共政策存在着差别，原因在于"与马来西亚公共政策冲突"的措辞。[108] 雷德芬和亨特[109]解释道：

仲裁在有关国内和国际公共政策方面有所不同并不是什么新鲜事。事实上，这是可以在许多国家的立法和司法决定中观察到的一贯主题。基于此，国际裁决不会仅仅因为其不符合国内的要求而被撤销。

安东·G. 莫勒（Anton G. Maurer）[110] 补充说：

> 对"公共政策"一词的文义解释至少可以得出这样一个结论，即这个术语与"国内法"不同；否则，起草方会适用这些条款并这样说明。这意味着如果一个外国裁决在寻求承认和执行之地违反了其国内法，并不说明其已经违反了国家政策；因此，临时委员会或者联合国国际商事仲裁会议都不接受印度和以色列的提议，即当裁决违反国内法时应拒绝承认和执行。

另外，即使一个裁决与马来西亚的公共政策相冲突时，由于这个理由的特殊措辞，一方当事人很难去争辩它并没有与合同适用法的公共政策相冲突，或没有与普遍的国际公共政策相冲突。即使仲裁与马来西亚的唯一联系就是仲裁所在地，但这也是马来西亚的公共政策，适用于这一理由。

常见的论点是违反自然正义，例如据称仲裁庭对于争议的结果有利害关系[111]、一方当事人无法陈情[112]或在程序中对证据和论点作出回应。[113] 如果仲裁庭给予了一方当事人比另一方当事人较少的陈情机会，那么这可能会被视为违反了自然公正。

当仲裁庭对法律的解释不同于任何一方当事人所提出的解释时，法院应给予他们相

---

[106] ［2009］MLJU 1697，［2011］3 AMR 315. *Hebei Import & Export Corp v Polytek Engineering Co Ltd*（1999）2 HKCFAR 111；*Aloe Vera of America Inc v Asianic Food（S）Pvt Ltd*［2006］3 SLR（R）174；*PT Asuransi Jasa Indonesia（Persero）v Dexia Bank SA*［2007］1 SLR（R）597；*Downer Hill Joint Venture v Government of Fiji*［2005］1 NZLR 554.

[107] *Government of the Lao People's Democratic Republic v Thai-Lao Lignite Co Ltd*（"*TLL*"），a Thai Co［2013］3 MLJ 409.

[108] M A Md Yusof，"Chapter 14：Challenge of Arbitral Awards"，in Rajoo and Koh（eds），*Arbitration in Malaysia：A Practical Guide*，（2016）at para［14. 056］.

[109] Blackaby and Partasides with Redfern and Hunter，*Law and Practice of International Commercial Arbitration*，（4th Edn，2004）at para［9-33］.

[110] Maurer，*The Public Policy Exception under the New York Convention*，（Rev Edn，2013）at p 58 as cited in M AMd Yusof，"Chapter 14：Challenge of Arbitral Awards" in Rajoo and Koh（eds），*Arbitration in Malaysia：A Practical Guide*，（2016）at para［14. 055］.

[111] *Dato' Dr Muhammad Ridzuan bin Mohd Salleh v Syarikat Air Terengganu Sdn Bhd*［2012］3 MLJ 737.

[112] *Government of the Republic of the Philippines v Philippine International Air Terminals Co，Inc*［2007］1 SLR（R）278.

[113] *Methanex Motunui Ltd v Spellman*［2004］3 NZLR 454.

应的表达陈述的机会。[114] 当事人在准备文件夹的时候需要谨慎些，如果裁决中错误地包含了仲裁庭的审判文件，却不在另一方当事人的文件夹中时，该裁决可能会被撤销。[115] 未给出理由、违反仲裁规则也被视为违反了公共政策。[116]

一般来说，与非法协议有关的仲裁裁决，例如违反海关法的走私货物[117]将违反公共政策，因此会被撤销。法院通常采用狭义的方式来处理基于公共政策提出的撤销裁决申请。奥地利法院认为，根据外国法定利率收取高达35%（根据奥地利标准）的商定利率并不违反公共政策。[118]

可以说，并没有确切的或准确的“公共政策”的定义，它往往会根据特定国家的法律而有所不同。然而一系列判决和法理学揭示出的一般标准是，标的事项明显违法，或来源于任何腐败造成的欺诈的非法性，或公然罔顾自然正义的最基本原则。

46.4 仲裁不当行为导致违反自然正义的例子

法院认定，导致违反自然正义且不属于上述讨论类型的不当行为会在以下情况下产生：

（1）根据双方当事人未提出的外在证据来决定案件，没有给予他们评论的机会。[119] 这与第37（1）（a）（iii）条高度重合。

（2）基于与证人单方面的直接联系而作出决定。[120]

（3）仲裁庭不正当地拒绝接受重要证据，可能会构成不合规。[121]

（4）仲裁庭拒绝就费用问题进行适当听审，并在决定应付费用数额时颠倒举证责任[122]；

---

[114] *Brunswick Bowling & Billiards Corporation v Shanghai Zhonglu Industrial Co Ltd* [2009] HKCFI 94 at [111]; *Omnibridge Consulting Ltd v Clearsprings (Management) Ltd* [2004] EWHC 2276 (Comm); *Vee Networks Ltd v Econet Wireless International Ltd* [2005] 1 Lloyd's Rep 192 (QB), [2005] 1 All ER (Comm) 303.

[115] *Attorney General v Lyall Tozer*, 2 September 2003, M1528-IM02 CP607/97, High Court of New Zealand.

[116] *Smart Systems Technology Inc v Domotique Secant Inc* [2008] QJ No 1782, 2008 QCCA 444 (CanLII).

[117] *Soleimany v Soleimany* [1999] QB 785.

[118] Judgment of 15 September 1998, 1 Ob 317/96t, EvBl 22 (Austrian Oberster Gerichtshof); "Chapter 23: Form and Contents of International Arbitral Awards", in Gary Born, *International Commercial Arbitration* (2nd Edn, 2014) at p 3013.

[119] Guardcliffe Properties Ltd v City & St James Property Holdings [2003] All ER (D) 53 (Feb); Cf. *Milan Nigeria Ltd v Angeliki B Maritime Company* [2011] EWHC 892 (Comm). 该案中，法院已给该公司提供进行充分陈述的机会。

[120] *Norbrook Laboratories Co v Tank* [2006] EWHC 1055 (Comm).

[121] *Williams v Wallis and Cox* [1914] 2 KB 478.

[122] *Kuala Ibai Development Sdn Bhd v Kumpulan Perunding* (1988) *Sdn Bhd* [1999] 5 MLJ 137; *London Export Corp Ltd v Jubilee Coffee Roasting Co Ltd* [1958] 1 All ER 494, [1958] 1 WLR 271, affd [1958] 2 All ER 411, [1958] 1 WLR 661, CA (Eng).

或是在一方当事人缺席的情况下，采取另一方的指示或与其交谈[123]；或在一方当事人缺席的情况下接受证据，除非可以肯定地证明该证据不会影响最终裁决。[124]

（5）仲裁员将其职权的任何一部分转授其他人[125]，不论是授予陌生人[126]还是一方当事人[127]，甚至是联席仲裁员之一。[128] 但是，仲裁员可以将其确定讼费的权力委托给法院的适当官员。[129]

（6）显然，如果各方当事人不知道，那么仲裁员的偏见或偏袒可能会导致裁决被撤销。[130] 仲裁庭收受贿赂显然会构成对自然正义的违反。

（7）仲裁庭对其服务收费过高。[131]

46.5 放弃异议权

如果不满的一方当事人知道有不合规的行为后仍然继续该程序，则意味着投诉方默示同意了这种程序方式并放弃了反对的权利。[132]

---

[123] *Hickman & Co v Roberts* [1913] AC 229, HL; *Walker v Frobisher* (1801) 6 Ves 70; *Dobson and Sutton v Groves* (1844) 6 QB 637; *Re Plews and Middleton* (1845) 6 QB 845; *Re Tidswell* (1863) 33 Beav 213; *Re Brook, Delcomyn and Badart* (1864) 16 CBNS 403; *Re O'Conor and Whitlaw's Arbitration* (1919) 88 LJKB 1242, CA (Eng); *W Ramsden & Co Ltd v Jacobs* [1922] 1 KB 640; *Bache v Billingham* [1894] 1 QB 107 at 112, CA (Eng); *Re Brien and Brien* [1910] 2 IR 84; *Government of Ceylon v Chandris* [1963] 1 Lloyd's Rep 214 at 225-226 per Megaw J; approved *The Myron, Myron (Owners) v Tradax Export SA Panama City RP* [1970] 1 QB 527, [1969] 2 All ER 1263, [1969] 1 Lloyd's Rep 411.

[124] *Eastcheap Dried Fruit Co v NV Gebroeders Catz Handelsvereeniging* [1962] 1 Lloyd's Rep 283; *Sociedad Iberica de Moltura-cion SA v Nidera Handelscompagnie BV* [1990] 2 Lloyd's Rep 240; *Grand Trunk Rly Co of Canada v R* [1923] AC 150 at 166, PC; but cf *Royal Commission on Sugar Supply v Kwik-Hoo-Tong Trading Society* 38 TLR 684, per Greer J.

[125] *Kuala Ibai Development Sdn Bhd v Kumpulan Perunding* (1988) Sdn Bhd [1999] 5 MLJ 137.

[126] *Johnson v Latham* (1850) 1 LM & P 348; *Tomlin v Fordwich Corp* (1836) 5 Ad & El 147.

[127] *Pedley v Goddard* (1796) 7 Term Rep 73 at 77.

[128] *Little, Roberts, and Mitchell v Newton* (1841) 2 Man & G 351; *Re Tandy and Tandy* (1841) 9 Dowl 1044.

[129] *Holdsworth v Wilson* (1863) 4 B & S 1 at 8; *Simpson v IRC* [1914] 2 KB 842; *Matthews v IRC* [1914] 3 KB 192, CA (Eng). 另见 *Knott v Long* (1735) 2 Stra 1025; *Cargey v Aitcheson* (1823) 2 B & C 170.

[130] 有关详尽的讨论以及有关偏见和公正的例子（这可以构成对裁决异议的基础），参考第 24 章。

[131] *Re Prebble & Robinson* [1892] 2 QB 602; *Appleton v Norwich Union Fire Insurance Society Ltd* (1922) 13 Ll L Rep 345; *Re Stephens, Smith & Co and Liverpool and London, and Globe Insurance Co* (1892) 36 Sol Jo 464. *Norjarl K/S A/S v Hyundai Heavy Industries Co Ltd* [1991] 3 All ER 211.

[132] *Ridoat v Pye* (1797) 1 Bos & Pul 91; *Re Tunno & Bird* (1833) 5 B & Ad 488; *Kingwell v Elliott* (1839) 7 Dowl 423; *Bignall v Gale* 10 LJCP 169; *Allen v Francis* 9 Jur 691; *Smith v Sparrow* (1847) 4 Dow & L604; *Hamilton v Bankin* (1850) 3 De G & Sm 782; *Biggs v Hansell* (1855) 16 CB 562; *Mills v Bowyer's Society* (1856) 3 K & J 66; *Haigh v Haigh* (1861) 31 LJ Ch 420; *Ritchie W Jacks & Co* (1922) 10 Ll L Rep 519, CA (Eng); *Bignall v Gale* (1841) 2 Man & G 830; *Re Backhouse and Taylor* 20 LJQB 233; *Thomas v Morris* (1867) 16 LT 398; *Moseley v Simpson* (1873) LR 16 Eq 226; *Drew v Drew and Leburn* (1855) 2 Macq 1 at 8-9; *Re Clout and Metropolitan and District Railway Cos* (1882) 46 LT 141; *Biglin v Clark* (1905) 49 Sol Jo 204; *Fletcher v Robertson* (1919) 56 SLR 305; *Wessanen's Koninklijke Fabrieken NV v Isaac Modiano Brother & Sons Ltd* [1960] 3 All ER 617, [1960] 1 WLR 1243, [1960] 2 Lloyd's Rep 257; *Government of Ceylon v Chandris* [1963] 1 Lloyd's Rep 214; *Faure Fairclough Ltd v Premier Oil and Cake Mills Ltd* [1968] 1 Lloyd's Rep 237. *Re Salkeld and Slater and Harrison* (1840) 12 Ad & El 767.

一方当事人不宜采取“抛硬币”（heads we win，tails you lose）的立场，即暂不提出异议，以便看程序接下来会如何进展。[133]

一旦一方当事人意识到在没有任何相反规定的情况下有理由提出反对，放弃的风险就会出现。[134] 如果一方知道有违规行为，可以被解读为对不合规行为的放弃，或者是对不合规程序的默示同意[135]，特别是在当事人以某种方式参与了其试图反对的特定的违反程序的行为时更是如此。[136]

然而弃权或签订协议必须在完全了解违规情况的情况下作出。[137] 美国地方法院在*Avraham v Shigur Express Ltd*[138]案中认为：

对仲裁委员会有异议的一方当事人有当然的义务向仲裁员提出异议，否则视为放弃异议。

因此，如果仲裁庭将违反程序的情况通知了各方当事人，但双方同意继续仲裁，那么任何一方当事人都不能基于这个理由反对该裁决。[139] 违反程序的情况可能包括接受尚未提供给各方当事人的证据。生效的案例大多是关于错误接受证据，或者是认可了未经质证的证据。

同样，在仲裁过程中，如果双方当事人同意仲裁庭在完全提出证据之前对部分争议作出临时裁决，那么法院将不会撤销该裁决。[140] 当事人对某一特定事项提出的抗议，不能在当时没有人提出异议的另一个据称违反程序中使用。[141] 一旦异议被仲裁庭驳回了，就无须再重申。[142]

放弃并不是一个不受限制的概念。然而如果严重违反了自然正义，以致会使得裁决

---

[133] *ASM Shipping Ltd of India v TTMI Ltd of England* [2006] 1 Lloyd's Rep 401；*Arduina Holdings BV v Celtic Resources Holdings Plc* [2006] EWHC 3155（Comm）；*Swisher Hygiene Franchise Corp v Hi-Gene Ltd*（2009）20 PRNZ 292，*Hi-Gene Ltd v Swisher Hygiene Franchise Corp* [2010] NCSC 132，SC（NZ）.

[134] *Ridoat v Pye*（1797）1 Bos & Pul 91；*Re Tunno & Bird*（1833）5 B & Ad 488；*Kingwell v Elliott*（1839）7 Dowl 423；*Bignall v Gale* 10 LJCP 169；*Allen v Francis* 9 Jur 691；*Smith v Sparrow*（1847）4 Dow & L604；*Hamilton v Bankin*（1850）3 De G & Sm 782；*Biggs v Hansell*（1855）16 CB 562；*Mills v Bowyer's Society*（1856）3 K & J 66；*Haigh v Haigh*（1861）31 LJ Ch 420；*Ritchie v W Jacks & Co*（1922）10 Ll L Rep 519；*Faghirzadeh v Rudolph Wolff（SA）（Pty）Ltd* [1977] 1 Lloyd's Rep 630；*Fletamentos Maritimos SA v Effjohn International BV（No 2）* [1997] 2 Lloyd's Rep 302.

[135] *Star International Hong Kong（UK）Ltd v Bergbau-Handel GmbH* [1966] 2 Lloyd's Rep 16.

[136] *Davies v Price*（1864）34 LJQB 8；*Wessanen's Koninklijke Fabrieken NV v Issac Modiano，Brother & Sons Ltd* [1960] 2 Lloyd's Rep 257；*Harvey v Shelton*（1844）7 Beav 455.

[137] *Earl Darnley v London，Chatham and Dover Rly Co*（1867）LR 2 HL 43.

[138] *Avraham v Shigur Express Ltd*，1991 US Dist LEXIS 12267（SDNY 1991）；“Chapter 23：Form and Contents of International Arbitral Awards” in Gary Born，*International Commercial Arbitration*，（2nd Edn，2014）at p 3047.

[139] *Thomas v Morris*（1867）16 LT 398.

[140] *Norman Hughes & Co v Ruthin Borough Council*（1971）222 EG 163.

[141] *Re Morphett*（1845）2 Dow & L 967.

[142] *Dobson and Sutton v Groves* 14 LJQB 17；*Re Salkeld and Slater and Harrison*（1840）12 Ad & El 767；*Re Jenkins and Leggo*（1841）1 Dowl NS 276；*Wakefield v Llanelly Railway & Dock Co*（1864）34 Beav 245；*Faure，Fairclough Ltd v Premier Oil & Cake Mills Ltd* [1968] 1 Lloyd's Rep 237.

违反公共政策，则不可能放弃。例如，如果当事人发现仲裁员是其中一方当事人的大股东，则《2005 年仲裁法案》第 15（1）条要求当事人在知道这一事实的 15 天内提出异议。

如果不遵守指示构成放弃异议权，那么仲裁可能是在仲裁庭担任自己案件的法官的情况下进行的——这明显违反了自然正义，同时因为考虑到公共政策而不能被放弃。任何面对此异议的法院必须要衡量两个政策目标，即支持自然正义，以及不允许当事人在他们败诉的案件中反过来对仲裁员或者仲裁程序提出异议。

当事人在裁决作出后的行为可能很重要。如果当事人表明不会对裁决提出异议，则其可能会被禁止提出异议。[143] 如果其已获得裁决中的利益，例如其费用、实质金额[144]，或已尝试执行裁决[145]，或已经认可了裁决[146]，那么当事人就不能对裁决提出异议。如果当事人意识到裁决有错误，则可能会裁决放弃异议权。[147]

46.6　将法律问题提交审断

高等法院能够积极参与国内仲裁裁决的实质部分的有限方式之一是[148]《2005 仲裁法案》第 42 条所规定的，将法律问题提交审断。

关于法律问题的上诉权是有条件的。[149] 早些时候针对《2005 年仲裁法案》的一篇评论说道，第 42 条“提供了上诉权，虽然叫法并非如此”[150]，考虑到缺乏给予明确的许可，应当采取更严格的方式。

《2005 年仲裁法案》第 42（1）条规定：

> 42. 将法律问题提交审断
>
> （1）任何一方当事人可以向高等法院提交任何由裁决引起的法律问题。
>
> （1A）除非该法律问题严重影响一方或多方当事人的权利，高等法院应驳回根据第（1）款提出的提交。

---

[143] *AA Amram Ltd v Bremar Co Ltd*［1966］1 Lloyd's Rep 494.

[144] *Dexters Ltd v Hill Crest Oil Co*（*Bradford*）［1926］1 KB 348.

[145] *Aiden Shipping Co Ltd v Interbulk Ltd*, *The Vimeira*（No 2）［1985］2 Lloyd's Rep 377.

[146] *Goodman v Sayers*（1820）2 Jac & W 249；*Gapp v Elwes*（1852）20 LTOS 100.

[147] *Banner Industrial & Commercial Propertiesv Clark Paterson*［1990］47 EG 64；*Sokratis Rokopoulos v Esperia SpA*, *The Aros*［1978］1 Lloyd's Rep 456.

[148] 在国内，仲裁的当事人依据《KLRCA 仲裁规则》，明确选择不适用《2005 年仲裁法案》第 42 条。

[149] 在 *Holland Leedon Pte Ltd*（*in liquidation*）*v Metalform Asia Pte Ltd*［2011］1 SLR 517 案中，法院提到了《新加坡仲裁法》（第 10 章）第 49 条，并裁定仲裁协议中的“最终的和有约束力的”字样并不排除上诉权。

[150] Rajoo and Davidson, *The Arbitration Act* 2005: *UNCITRAL Model Law as Applied in Malaysia*,（2007）at para［42.11］-［42.12］.

法院在 *MMC Engineering Group Bhd v Wayss Freytag Malaysia Sdn Bhd*[151] 案中注意到，这个没有出现在《UNCITRAL 示范法》里的条文似乎是马来西亚特有的。这是《2005 年仲裁法案》第三部分的规定之一，默认适用于国内仲裁，但国际仲裁程序的参与者必须选择采用这项规定。应该留意到的是，其他司法管辖区在描述类似的规定时使用了“对法律问题的上诉”一词。[152]

但是，应强调的第一个与第 42 条有关的原则是，它并不作为对仲裁庭裁决的上诉。它需要从狭义上解释，并且仅限于法律问题。上诉法院在 *Awangku Dewa Bin Pgn Momin v Superintendent of Lands and Surveys, Limbang Division*[153] 案中指出：

> 在本案中令人不安的印象是，博学的高等法院法官尽管注意到他面前的申请是根据该法案第 42 条提出的对法律问题的审断……并且当事人没有权利对仲裁员的裁决向高等法院提出上诉……是否将他审理的程序认为是对仲裁员裁决的上诉。

法院也对该案中两名当事人的律师作出批评，因为他们将此条文视为上诉程序，表现出他们缺乏对第 42 条的目的和完整性的了解，即该条款只是允许他们向高等法院提交单纯的法律问题，除此之外没有别的。[154] 在处理根据《2005 年仲裁法案》第 42 条作出的申请时，法院必须谨慎，并警惕各方当事人将该条文滥用为上诉程序的企图。

《2005 年仲裁法案》没有就什么构成法律问题给出定义。法院在 *MMC Engineering Group Bhd v Wayss Freytag Malaysia Sdn Bhd*[155] 案中简要地总结了相关原则，如下：

> 为了妥当地根据第 42 条援引法院的权力，要查明或者呈交的法律问题必须指向“一个存在争议的法律要点”，它需要该法院的意见、决议或决定。这种意见或决定只能在“考虑了反方的观点和论点后”才能作出。这种问题包括涉及错误地解释适用法律的法律错误，但并不包括裁决或裁决的任何部分是否得到任何证据或者任何充分或实质证据的支持问题，或者仲裁庭是否从相关的主要事实得到正确的事实推论。

法院在 *Petronas Penapisan* (*Melaka*) *Sdn Bhd v Ahmani Sdn Bhd*[156] 案中处理了这样的情况：被申请人在对申请人的反请求中并没有提出或举出证据，认为其基于应付的合同价格（30%）结余，有权获得 20% 的因通货膨胀因素导致的赔付。仲裁庭自行允许了 20% 的因通货膨胀因素导致的赔付。

在决定根据裁决所提出的法律问题时，高等法院认为根据《2005 年仲裁法案》第

---

[151] *MMC Engineering Group Bhd v Wayss Freytag Malaysia Sdn Bhd* [2015] 10 MLJ 689 at [18].

[152] 1996 年《英国仲裁法案》第 69（2）（a）条；1996 年《新西兰仲裁法案》第 2 部分第 5 条；《香港仲裁条例》第 341 章；第 23（2）~（4）条；《新加坡仲裁法案》第 49（1）条。

[153] [2015] 3 MLJ 161 at [17].

[154] *Ibid* at [18].

[155] *MMC Engineering Group Bhd v Wayss Freytag Malaysia Sdn Bhd* [2015] 10 MLJ 689 at [27], per Mary Lim J.

[156] [2016] 2 MLJ 697, CA.

42 条的规定存在着法律错误，于是变更了该裁决，删除了 20%的因通货膨胀因素导致的赔付。上诉法院同意了高等法院的决定，认为整个通货膨胀因素问题“仅仅是一个法律问题”，仲裁庭就此问题作出裁决不需要进一步的事实调查。

这里仅需要考虑的问题是，在没有任何诉状要求这个问题被审裁、当事人的律师也没有被邀请就此提交呈件时，作为一个法律事项，仲裁庭是否可以基于完成工作的费用的通货膨胀率而设定一个百分比。然而，需要对此作出补充的是，仅仅错误地适用法律而不是错误地解释法律并不会引起法律问题。

新西兰对法律问题的定义为我们提供了有帮助的指导。1996 年《新西兰仲裁法案》附则 2 第 5（10）条规定：

> 为本条的目的，法律问题——
>
> a）包括涉及对错误解释所适用法律的法律错误（无论该错误是否出现在该裁决的记录中）；但是
>
> b）不包括任何问题，有关是否——
>
> （i）该裁决或裁决的任何部分得到任何证据或任何充足或实质证据的支持；及
>
> （ii）仲裁庭从相关的主要事实中得出正确的事实推论。

《2005 年仲裁法案》第 42 条本身规定了一个障碍，即申请人必须通过第（1A）条。该条款规定，除非该问题严重影响了一方或多方当事人的权利，否则法院应驳回申请。[157]“严重”意味着具有实际重要性。[158]

如果案件涉及很大的金钱数目，或该裁决会影响当事人的财产权，那么这个条件可能会满足。[159]

但如果法律问题是假设性的，则这个条件不能满足，因为裁决中的决定性因素是不同的。[160] 一个关于程序的并不涉及裁决实质部分的法律问题，也不满足这个条件。[161]

上诉法院在 *Kerajaan Malaysia v Perwira Bintang Holdings Sdn Bhd*[162] 案中，就决定由裁决引起的法律问题列出了 10 个指南：

> a）必须能十分准确地查明法律问题；[163]
>
> b）支持的理由必须在同样的基础上阐明；
>
> c）法律问题必须来源于裁决，而不是概括的仲裁程序；
>
> d）提交法律问题的当事人必须向法院说明，对法律问题的裁决将会严重影响

---

[157] 案件 *DDT Trucks of North America Ltd v DDT Holdings Ltd*［2007］2 Lloyd's Rep 213 中的质疑之所以没有得到支持，是因为法律问题本身不会导致裁决被推翻。

[158] *Hong Huat Development Co（Pte）Ltd v Hiap Hong & Co Pte Ltd*［2000］1 SLR（R）510.

[159] Sutton Gill and Gearing，*Russell on Arbitration*（24th Edn，2015）at para 7-174.

[160] *Torch Offshore LLC v Cable Shipping Inc*［2004］EWHC 787（Comm）.

[161] *Urban Small Space Ltd v Burford Investment Co Ltd*（1990）28 EG 116.

[162]［2015］6 MLJ 126，［2015］1 CLJ 617 at［57］.

[163] *Sagau Batu Bala v Zaharah Mustapha Raja Sewa*［2013］10 MLJ 843.

他的权利；[164]

e）法律问题必须是一个合理的法律问题，而不是一个伪装成法律问题的事实问题；[165]

f）如果决定该问题不会对当事人的权利产生重大影响，法院必须驳回提交；

g）不得轻率使用第 42 条的管辖权，应仅在明确和特殊情况下使用；

h）然而如果裁决明显不合法和不合情理，法院应当介入；

i）仲裁庭仍然是事实和证据问题的唯一决定者；以及

j）除非裁决有悖常理，否则即使仲裁庭对事实的认定和法律原则的适用可能是错误的（事实和法律混合问题的情况下），法院也不应该介入。

拿督莫哈马法官（Justice Dato' Mohamad Ariff bin Md Yusof）[166] 列出的在 *Tune Insurance Malaysia Bhd v Messrs K Sila Dass & Partners*[167] 案中法院所认定的需要考虑的因素如下：

（a）法律的查明必须有充足的准确性（*Taman Bandar Baru Masai Sdn Bhd v Dindings Corporations Sdn Bhd*［2010］5 CLJ 83；*Maimunah Deraman v Majlis Perbandaran Kemaman*）；

（b）支持的理由必须基于同样的基础来阐明；

（c）法律问题必须来源于裁决，而不是概括的仲裁程序（如上文提及的 *Majlis Amanah Rakyat v Kausar Corporation Sdn Bhd* 案）；

（d）提交法律问题的当事人必须向法院说明，对法律问题的裁决将会严重影响他的权利；

（e）法律问题必须是一个合理的法律问题，而不是一个伪装成法律问题的事实问题（*Georges SA v Trammo Gas Ltd*（*The Belarus*）［1993］1 Lloyd's Rpe 2015）；

（f）如果决定该问题不会对当事人的权利产生重大影响，法院必须驳回提交（如上文提及的 *Exceljade Sdn Bhd v Bauer*（*Malaysia*）*Sdn Bhd* 案）；

（g）不得轻率使用第 42 条的管辖权，应仅在明确和特殊情况下使用（*Lembaga Kemajuan Ikan Malaysia v WJ Construction Sdn Bhd*［2013］8 CLJ 655）；

（h）然而如果裁决明显不合法和不合情理，法院应当介入；

（i）仲裁庭仍然是对事实和证据问题的唯一决定者（*Gold and Resource Developments*（*NZ*）*Ltd v Doug Hood Ltd*［2000］3 NZLR 318）；

（j）除非裁决有悖常理，否则即使仲裁庭对事实的认定和法律原则的适用可能是错

---

[164] 根据《2005 年仲裁法案》第 42（1A）条。

[165] *Geogas SA v Trammo Gas Ltd*（*The Beleares*）［1993］1 Lloyd's Rep 215 at 228；*MMC Engineering Group Bhd r v Wayss Freytag Malaysia Sdn Bhd*［2015］10 MLJ 689 at［28］.

[166] M A Md Yusof，"Chapter 14：Challenge of Arbitral Awards"，in Rajoo and Koh（eds），*Arbitration in Malaysia：A Practical Guide*，（2016）at para［14.076］.

[167] ［2015］9 CLJ 93 at［45］. *Lembaga Kemajuan Ikan Malaysia v WS Construction Sdn Bhd*［2013］5 KLJ 98.

误的（事实和法律混合问题的情况下），法院也不应该介入。

法院在 *Exceljade Sdn Bhd v Bauer*（*Malaysia*）*Sdn Bhd*[168] 案中使用了马斯蒂尔（Mustill）在 *Finelvet AG v Vinava Shipping Co Ltd*[169] 案（The Chrysalis 案）中使用的三阶段分析法来解释《2005 年仲裁法案》第 42 条，如下：

> 因此，能否证明裁决存在法律错误，法院在审理上诉时如何处理这个问题？在如本案的案件中，答案可以通过将仲裁员论理的过程分成三部分而得出。（1）仲裁员确认事实。这一过程包括对争议的事实作出认定。（2）仲裁员确认法律。这一过程不仅包括确定所有成文法和普通法的重要规则，而且包括对合同相关的部分作出查明和解释，以及查明作出裁决时必须被纳入考虑的那些事实。（3）仲裁员将根据已确认的事实和法律作出裁决。

在某些情况下，第（3）阶段是机械地适用的。一旦法律被正确地认定，然后将其应用于发现的事实，便可自然而然地作出裁决。然而在其他情况下，第（3）阶段则涉及仲裁员的判断因素。事实和法律的结合不会产生独有的"正确"答案，而仅仅是对答案的选择，任何一种答案都不能被描述为是错误的。

该程序的第（2）阶段是根据 1979 年法案提出上诉的适当事项。

无论第（3）阶段是否能成为合适的上诉事项，在裁决的作出并不自动遵循事实和法律的确认的情况下，这都不是一个有必要发表观点的事项。

但是，一旦法院得出结论，即正确理解法律的仲裁庭也会得出与该仲裁员同样的答案时，即使某个法官自己可能会得出不同的结论，这也不会成为干预裁决的理由。

法院认定，裁决引起的法律问题类似于英国法院处理仲裁引起的法律问题的方式，如下：

《2005 年仲裁法案》第 42 条明确允许将法律问题提交至法院，而无须进行任何初步筛选或许可申请，但是高等法院介入或干预该仲裁的唯一限制是该法律问题必须严重影响到各方当事人的权利。杰克森（Jackson）法官在 *Kershaw* 案中采用的论理也可以类似地适用于目前基于第 42 条的本案。

换句话说，尽管《2005 年仲裁法案》颁布的深意是不干预的精神和原则，但是，这种原则必须让位于法案的明确规定。例如第 42 条，它阐明了如果一个法律问题严重影响到双方当事人的权利，则当事人有权将该法律问题提交给高等法院。因此，法律必须明确规定其效力。

杰克森法官考虑的第三个问题是对仲裁员在法律问题上的裁决所表现出的尊重程度。博学的法官得出的结论是，这个问题与 1996 年《英国仲裁法案》中的任何原则或思想无关，而与过去 25 年以来的一系列案例有关。回顾几个案例，包括 *The Chrysalis* 案（上文提及），可以归纳出两项原则：

---

[168] ［2014］1 AMR 253 at［14］，［2013］1 LNS 1470 at［17］per Nalini Pathmanathan J.

[169] ［1983］1 WLR 1469。案件 *Telecom Malaysia Berhad v Eastcoast Technique*（*M*）*Sdn Bhd*［2014］11 MLJ 525，［2014］6 CLJ 1067 第 38 页中引用了相同的段落。

（i）法院需要以公平和合理的方式审阅整个裁决。法院不应进行细微的文本分析。

（ii）如果仲裁员的经验能帮助他决定一个法律问题，例如对他自己的行业或产业成员之间的合同文件或通信进行解释，法院将对于仲裁员对此问题的决定给予一定的尊重。法院只有在认为仲裁员尽管拥有相关经验优势却仍然得出了错误答案的情况下才会推翻该决定。

Kershaw 案涉及根据《1996年仲裁法案》第69（2）（a）条提出的上诉。实质上这两个条款处理的都是对裁决引起的法律问题提交审断或者上诉。因此，这些规定与我们的第42条有很多相似之处，第42条也同将仲裁裁决引起的法律问题提交高等法院审断有关。《2005年仲裁法案》第42条在这一程度上允许没有任何筛选机制的提交审断，而需要满足的条件是这是一个严重影响当事人权利的法律问题。在我看来，这与1979年《英国仲裁法案》第1（3）条和1996年《英国仲裁法案》第69（2）（a）条的上诉类似或近似。因此，我的结论是：在高等法院决定第42条下的提交审断时，*The Chrysalis* 案（上文提及）和 *Kershaw* 案（上文提及）中的标准是特别适合运用的方法或测试。[170]

所以，上诉法院在 *Chain Cycle Sdn Bhd v Kerajaan Malaysia*[171] 案中认为，在运用第42条的权力时必须谨慎：

《2005年仲裁法案》第37条及第42条是仲裁法案条文中可用于在裁决作出后提出异议的两个主要方式。类似于《2005年仲裁法案》第42条的条文并不属于《UNCITRAL示范法》建议的一部分。有人认为，一方面，对于仲裁裁决的终局性应当有绝对的司法控制和尊重。他们说，同意进行仲裁的当事人同意了仲裁员会发生错误，民事法庭应该完全地不干预。另一方面，国家法院特别是在国内仲裁中，不应该放弃对于下级分庭所拥有的完全的督导和上诉监督权，他们认为仲裁程序也是其中之一。因此，有些人目前表达的观点是，对仲裁裁决的审查应当是结构化的，并且应更加符合当前在规则簿上的"司法审查"程序的性质。

允许将法律问题提交到法院审断（《2005年仲裁法案》第42条）背后的立法目的是折中分叉的两种立场，即允许法院担任重新审查裁决中的事项或者法律问题的有限制的角色。在这一点上需要留意，我们的法规使用了"提交审断"（reference）而不是"上诉"（appeal）（如1996年《英国仲裁法案》）一词。同样直接相关的是，在英国、新西兰和新加坡（国内仲裁）的类似条文中，在对法律问题进行这样的"上诉"或者"提交审断"之前，首要步骤都是需要先获得"法院许可"。这种"如果获得法院许可"的条文，明显是设定用于"筛选"实质上对事实或者其他不重要的或与法律问题无关的情况的上诉。

仲裁法案没有规定这样的筛选机制。然而我们现在拥有第42（1A）条，该款赋予

---

[170] *Exceljade Sdn Bhd v Bauer (Malaysia) Sdn Bhd* [2014] 1 AMR 253, [2013] 1 LNS 1470 at [31] – [35].

[171] [2016] 1 MLJ 681 at [63] – [66], per Varghese George JCA, CA. *Exceljade Sdn Bhd v Bauer (Malaysia) Sdn Bhd* [2014] 1 AMR 253, [2013] 1 LNS 1470; *Kerajaan Malaysia v Perwira Bintang Holdings Sdn Bhd* [2015] 6 MLJ 126, CA; *Kershaw Mechanical Services Ltd v Kendrick Construction* [2006] EWHC 727 (TCC); *Finelvet AG v Vinava Shipping Co Ltd (The Chrysalis)* [1983] 1 WLR 1469.

了法院驳回提交审断的权力，除非提出的“法律问题”“严重影响一方或多方当事人的权利”。这一条的适用范围仍然有待检验，但是它可能会允许一方当事人反对提交审断申请，就算不是对整个程序而言，至少可以在该程序的初始阶段，基于该条文对提出的某些问题进行删除。

因此，法院面临的压力无疑是时刻都要谨慎行事，并且抵制法院对仲裁裁决的是非曲直进行复审的企图，这类似于“上诉”，常常被精妙地伪装成“法律问题”。毋庸置疑，立法机构的原意是，法院基于《2005 年仲裁法案》第 42 条下的功能仅是延伸到法律问题本身，并且会严重影响到一方或另一方当事人的权利的情况。

毫无疑问，第 42 条的功能原本只适用于法律问题本身，以及会严重影响到一方或另一方当事人权利的情况。公法原则也不适用于私人合同纠纷，裁决必须全面地以公众和合理的方式审视。[172]

一个重要的问题是：法律问题是否需要先在仲裁庭讨论？《2005 年仲裁法案》第 42 条没有提到这一问题，而 1996 年《英国仲裁法案》第 69（3）（b）条明确规定，这个问题必须先是一个要求仲裁庭决定的问题。这是为了防止当事人在裁决作出后才意识到在程序中漏掉的抗辩（如时效），然后通过将时效作为法律问题提出而试图撤销裁决。[173]

但是，法院在 *MMC Engineering Group* 案中强调，第 42 条与英国和新加坡的仲裁法的语境是“完全不同的”，因为没有像其他司法管辖区那样采用“上诉”这个词，因此应该遵循一个严格的方式。因此，如果满足了法定要求，则可以提交问题，法院可以决定被提交的法律问题。[174]

---

[172] *MMC Engineering Group Bhd v Wayss Freytag Malaysia Sdn Bhd* [2015] 10 MLJ 689 at [88].

[173] *Marklands Ltd v Virgin Retail Ltd* [2003] EWHC 3428 (Ch).

[174] *MMC Engineering Group Bhd v Wayss Freytag Malaysia Sdn Bhd* [2015] 10 MLJ 689 at [65].

第 47 章　发回令和撤销裁决的影响

47.1　撤销裁决的后果

裁决被撤销后即丧失一切法律效力，其地位就相当于该裁决从未产生。撤销裁决不影响原仲裁协议的效力，因此同一合同下今后发生的争议仍可提交仲裁。

撤销不会自动影响仲裁员的现有地位，因为其已经完成了职权。撤销仲裁有全球的效果。❶ 尽管撤销裁决具有国际效力，但仍存在一个问题，即在一个国家撤销的裁决是否应在另一个国家得到承认和执行。

英国最近的一份裁定提供了有用的概述，以说明正确的方法是什么。在 *Yukos Capital SARL v OJSC Oil Company Rosneft*❷ 案中，裁决的仲裁地为俄罗斯，其随后被俄罗斯法院撤销了。当申请人设法在英国执行裁决时，被申请人提出反对，因为已经不存在裁决以供执行，以及适用“无中不能生有”（*ex nihilo nil fit*）原则。被告引用了范·德·伯格（Van den Berg）❸ 曾说过的话：

> 无视撤销裁决……涉及基本的法律概念。当一个裁决在原籍国被撤销，它在该国就已经不存在了。这个裁决已被撤销的事实，意味着这个裁决此前是合法根植于原籍国的仲裁法的。那么另一个国家的法院怎么会有可能认为同一个裁决仍然有效呢？一些法哲学的理论可能会提供这个问题的答案，但对于法律执业者来说，这个现象是令人费解的。似乎只有一个国际条约才能给予这个裁决一个特殊的法律地位，尽管这项裁决在原籍国已被撤销了。

法官西蒙（Simon）不同意被告的意见，认定英国法院并不“一定会承认外国法院违反诚信原则、自然正义和国内公共利益观念的裁决”❹，就如俄罗斯的裁决被指控的那样。英国法院仍然可以执行尽管已经在仲裁地被撤销的仲裁裁决。

---

❶ New York Convention art V（1）（e）.

❷ ［2014］EWHC 2188（Comm），*Malicorp Ltd v Government of the Arab Republic of Egypt*［2015］EWHC 361（Comm）.

❸ ［2014］EWHC 2188（Comm）at［19］，citing Van De Berg，“Enforcement of Annulled Awards”，（1998）ICC International Court of Arbitration Bulletin 15.

❹ *Ibid* at［20］；*Dallah Estate and Tourism Holding Company v The Ministry of Religious Affairs of Government of Pakistan*［2009］EWCA Civ 755 at［91］，［2010］1 All ER（Comm）917，per Rix UJ.

巴西高等法院在 *EDF International S/A v Endesa Latinoamérica S/A and YPF S/A*[5] 案中拒绝承认先前在仲裁地被撤销的裁决。法院认为，为了使裁决得到巴西法律的承认，裁决必须是最终裁决。一份在仲裁地已被撤销的裁决，不能在巴西得到承认和执行。

对此，可以遵循以下方法。在适用马来西亚国际私法的一般原则的情况下，撤销仲裁裁决的外国裁定不是一个马来西亚法院承认效力的裁定，该项裁决仍可以根据《2005 年仲裁法案》[6] 第 38 条得到执行。这种情况当然很少发生，申请人必须证明被质疑的裁定有如此大的缺陷，以致不应予以承认。

47.2　诉讼时效

根据已被废止的《1952 年仲裁法案》[7] 第 25 条的规定，在涉及欺诈问题或仲裁员偏袒的案件中，高等法院有权命令仲裁协议停止生效。[8]《2005 年仲裁法案》没有这样的规定。因欺诈或其他原因撤销裁决不会使仲裁协议无效；除非法院裁定仲裁协议无效。

参照《1953 年时效法案》[9]，如果高等法院命令撤销裁决，或在仲裁开始后下令仲裁协议对被提请仲裁的纠纷不再有效，则法院可进一步下令，在根据《1953 年时效法案》或任何其他时效法规的规定，针对被提交的争议计算提起程序（包括仲裁）的时效时，将从仲裁开始到命令作出的日期之间的时间排除在外。[10]

47.3　发回裁决的后果

作出裁决后，仲裁庭的职能即告完结。只有在《2005 年仲裁法案》第 37（6）条和第 42（4）（c）条规定的范围内，其管辖权才能恢复。[11] 裁决书的全部或部分可能会被发回。法院还可以明示或默示地将仲裁庭管辖权的恢复限于重新审议被提交事项的某一

---

[5] João Bosco Lee, *EDF International S/A v Endesa Latinoam ica S/A and YPF S/A*, Superior Court of Justice of Brazil, Senten? a Estrangeira Contestada N? 5. 782-AR (2011/0129084-7), Case Date 02 December 2015, Acontribution by the ITA Board of Reporters, Kluwer Law International.

[6] Act 64.

[7] Act 93.

[8] *Cunningham-Reid v Buchanan-Jardine* [1988] 2 All ER 438, [1988] 1 WLR 678, CA (Eng).

[9] Act 254.

[10] Limitation Act 1953 s 30 (5).

[11] *Re Stringer and Riley Brothers* [1901] 1 KB 105; *Interbulk Ltd v Aiden Shipping Co Ltd*, *The Vimeira* (*No 1A*) [1985] 2 Lloyd's Rep 410, CA (Eng).

特定方面。[12] 当被发回的事项存在新证据时，仲裁庭有义务考虑该证据。[13]

如果裁决被全部发回，则该裁决书完全无效，仲裁员恢复在仲裁中的权力。如果只有部分的仲裁事项被发回，则裁决继续具有法律效力，仲裁庭对裁决中未被发回事项的职权仍然处于终结状态，该部分可强制执行[14]且不能被仲裁庭更改。[15] 法院可将申请人支付裁决中不会受影响的部分作为发回的条件。[16]

47.4 重新审理

根据《2005 年仲裁法案》的规定，发生重新审理的余地很少。第 37（6）条规定高等法院可以给予仲裁庭恢复仲裁程序的机会，或采取仲裁庭认为能消除撤销理由的其他行动。

例如，这可能涉及听审被错误排除的证据。但是，完全再审是不太可能的，更有可能的是给予仲裁庭机会来重新考虑其裁决的某一特定内容。同样，如果根据第 42 条予以发回，可能的结果将是仲裁庭按照高等法院关于法律的裁定重新审议其裁决。

但是，如果裁决被发回由仲裁庭重新审议，其就有关被发回事项的原有权力因此得以恢复。[17] 其有义务听取当事人可能提出的进一步证据。[18] 除非发回只是为了纠正某些形式上的瑕疵或对裁决作出一些不涉及进一步证据的听审的修改。[19]

如果裁决书被发回，那么重审通常在原仲裁庭进行。[20] 在无法由原仲裁庭审理的情况下（例如原仲裁员已经死亡或拒绝继续到任），则可以适用原指定仲裁员的程序来指定一名新的仲裁员。[21] 原裁决在新裁决书发布之前不能执行，因为原裁决书已经无效了。[22]

---

[12] *Ibid*；*Glencore International AG v Beogradska Plovidba*，*The Avala*［1996］2 Lloyd's Rep 311；*Interbulk Ltd v Aiden Shipping Co Ltd*，*The Vimeira*（*No* 3）［1986］2 Lloyd's Rep 75. *Re Huntley*（1853）1 E & B 787.

[13] *Nickalls v Warren*（1844）6 QB 615. Cf *Baker v Hunter*（1847）16 M & W 672.

[14] *Carter*（*t/a Michael Carter Partnership*）*v Harold Simpson Associates*（*Architects*）*Ltd*［2004］2 Lloyd's Rep 512,［2004］UKPC 29. 参见 Sutton Gill and Gearing，*Russell on Arbitration*（24th Edn，2015）at para 8－174. 尽管在 Cf. *Johnson v Latham* 20 LJQB 236 at 238 per Erle J 案中，有与会者指出可能存在没有可执行裁决的情形。

[15] *Interbulk Ltd v Aiden Shipping Co Ltd*，*The Vimeira*（*No 1A*）［1985］2 Lloyd's Rep 410，CA（Eng）.

[16] *Congimex SARL*（*Lisbon*）*v Continental Grain Export Corp*（*New York*）［1979］2 Lloyd's Rep 346 at 356，CA（Eng），per Donaldson J. 上诉法院在允许上诉时没有考虑到这一点：［1979］2 Lloyd's Rep 346 at 357.

[17] *Interbulk Ltd v Aiden Shipping Co Ltd*，*The Vimeira*（*No 1A*）［1985］2 Lloyd's Rep 410，CA（Eng）.

[18] *Nickalls v Warren*（1844）6 QB 615；*Baker v Hunter*（1847）16 M & W 672；*Bjorn-Jensen & Co v Lysaght*（*Australia*）*Ltd*，*The Gamma*［1979］1 Lloyd's Rep 494.

[19] *Howett v Clements*（1845）1 CB 128；*Bird v Penrice*（1840）6 M & W 754；*Re Morris and Morris*（1856）6 E & B 383.

[20] *Richard Clear & Co Ltd v Bloch*（1922）13 Ll L Rep 462.

[21] *Lord v Hawkins*（1857）2 H & N 55 案件中，仲裁协议规定在空缺的情况下由法院指定仲裁员。

[22] Mustill and Boyd，*The Law and Practice of Commercial Arbitration in England*，（2nd Edn，1989）at p 567. *Johnson v Latham* 20 LJQB 236 at 238 per Erle J；*Shield Properties & Investment Ltd v Anglo Overseas Transport Co Ltd* 279 Estates Gazette 1088.

47.5　申请及程序的费用

在根据《2005 年仲裁法案》[23] 第 37 条或第 42 条将裁决发回仲裁员的情况下，费用的负担由案件结果来决定，仲裁庭对此拥有裁量权。[24] 如果撤销的申请或对法律问题提出的异议被法院驳回，则申请的费用通常由申请人负担。[25] 反之，如果申请成功，通常会对被申请人作出支付费用的命令。[26]

仲裁庭本身不承担申请费用，除非此前参与了程序，或法院以仲裁庭欺诈或其他应受处罚的行为为由发回或撤销了裁决。[27] 法院可以命令申请人为申请费用提供担保，如果其不遵守命令，法院可以驳回申请。[28]

---

[23] *Mackintosh v Blyth*（1823）1 Bing 269；*The Mello*，*The Nereus*（1948）81 Ll L Rep 230；*Messers Ltd v Heidner & Co*（*No* 2）［1961］1 Lloyd's Rep 107.

[24] *M" Rae v M" Lean*（1853）2 E & B 946；*Re Pearson*（1864）4 New Rep 60.

[25] *Snook v Hellyer*（1818）2 Chit 43；*Goddard v Smith*（1872）LR 3 P & D 7.

[26] *Nils Heime Akt v G Merel & Co Ltd*［1959］2 Lloyd's Rep 292；*Rotheray & Sons Ltd v Carlo Bedarida & Co*［1961］1 Lloyd's Rep 220.

[27] *Port Sudan Cotton Co v Govindaswamy Chettiar & Sons*［1977］1 Lloyd's Rep 166；*Road Rejuvenating and Repair Servicesv Mitchell Water Board*［1992］ADRLJ 46.

[28] *Hill Court Shipping Co SA v Compagnie Continentale*（*France*）*SA*，*The Yperagia*［1977］1 Lloyd's Rep 29.

第11篇 Part eleven

裁决的执行

第 48 章 仲裁裁决的承认及执行

48.1 背 景

仲裁程序只有在胜诉方成功执行裁决后才算完成。裁决的执行可能会变得很复杂，但与此同时，“裁决的执行是国际商事仲裁相对于国际诉讼的主要优点之一。如果最终裁决无法对败诉方强制执行，那么仲裁就没有什么意义了”❶。

一项仲裁裁决作出后，启动原仲裁程序的诉因即告消灭。❷ 裁决的强制执行使仲裁程序具有约束力和合法性。胜诉方有正当理由期望裁决能被毫不拖延地执行。❸ 否则，执行法院会在这个过程中起到重要的作用。由于不同国家的做法各不相同，执行阶段往往比仲裁本身持续的时间还要长。

强制执行的权利源于“履行裁决的合同承诺”❹，因此，不履行裁决是对作为仲裁发生的基础的仲裁协议的违反。❺ 法院在 *Purslow v Baily*❻ 案中认为：“提交仲裁就意味着承诺履行仲裁员作出的裁决”。

法院在 *Doleman and Sons v Osset Corpn*❼ 案中解释说：

> 在某些类别的合同中，合同当事人指定一个私人仲裁庭，以合同方式授权该仲裁庭解决该特定合同下的争议，这种做法历来有之。如果一个争议已经被提交给这

---

❶ S Greenberg, C Kee, J R Weeramantry, *International Commercial Arbitration: An Asia-Pacific Perspective*, (2011) at p 427 at para 9. 58.

❷ *Pitcher v Rigby* (1821) 9 Price 79; *Imperial Gas Light & Coke Co v Broadbent* 7 HL Cas 600; *Caledonian Railway Co v Turcan* [1898] AC 256.

❸ "Chapter 11. Recognition and Enforcement of Arbitral Awards" in Blackaby and Partasides with Redfern and Hunter, *Redfern and Hunter on International Arbitration*, (6th Edn, 2015) at p 605.

❹ *International Bulk Shipping & Services Ltd v Minerals & Metals Trading Corp of India* [1996] 1 All ER 1017, CA (Eng).

❺ *Bremer Oeltransport GmbH v Drewry* [1933] 1 KB 753, CA (Eng); *Bill Biakh K/S A/S and Bill Biali K/S A/S v Hyundai Corpn* (1988) 15 NSWLR 734 at 743C, [1988] 1 Lloyd's Rep 187 per Rogers CJ.

❻ (1704) 2 Ld Raym 1039 at 1040 per Holt CJ. *Norske Atlas Insurance Co Ltd v London General Insurance Co Ltd* (1927) 28 Ll L Rep 104, 43 TLR 541; *F J Bloemen Pty Ltd v Gold Coast City Council* [1973] AC 115, [1972] 3 All ER 357, PC; *The Saint Anna* [1983] 1 Lloyd's Rep 637, [1983] 2 All ER 691; *Agromet Motoimport Ltd v Maulden Engineering Co (Beds) Ltd* [1985] 2 All ER 436.

❼ [1912] 3 KB 257 at 267.

样组成的私人仲裁庭并作出了裁决，则该裁决对双方当事人都具有约束力，双方的争议由此得以终结。实际上，双方已同意此争议中的权利以裁决为准，因此本质上它具有“通过替代协议和履行”的特点。双方当事人的原有权利消失，他们的地位被裁决下的权利取代。

仲裁裁决是终局的，对当事人具有约束力[8]，但任何一方当事人均有权对裁决提出异议。无论采用什么执行程序，法律都将仲裁裁决视为自始有效的和可执行的。[9]

仲裁裁决与法院的命令或判决不同，它不立即赋予胜诉方可以对败诉方资产予以执行的权利。裁决必须首先被转为法院的判决或命令。只有这样，胜诉方才能执行。[10]

执行机制往往被拿来与国内法院根据2005年海牙《选择法院协议公约》（*The Hague Convention on Choice of Court Agreements* 2005，简称《海牙公约》）[11] 的判决的执行相比较，马来西亚是其成员国，但尚未批准该公约。[12] 伦敦玛丽皇后大学在《2015年国际仲裁调查：国际仲裁的改进和创新》（*Queen Mary Arbitration Survey*，简称《玛丽皇后仲裁调查》）中指出：“裁决的可执行性”是仲裁最有价值的特征，其次是“避免特定的法律制度”“灵活性”和“选择仲裁员”。[13]

法院在 *Padda Gurtaj Singh v Tune Talk Sdn Bhd*[14] 案中称，根据《2005年仲裁法案》的规定，“裁决”的定义包括关于费用的最终裁决、临时裁决[15]、部分裁决和利息裁决。[16] 所有这些类型的裁决都可能在马来西亚被认可和执行。马来西亚法院支持仲裁以及仲裁裁决的执行，这可以从仲裁裁决的成功执行中看出，这与其他属于安全仲裁地的司法管辖区相当。[17]

《玛丽皇后仲裁调查》也显示，有些受访者表示担心紧急仲裁员裁决的可执行性。

---

[8] 《2005年仲裁法案》（法案646）第36条。

[9] Sutton Gill and Gearing，*Russell on Arbitration*（24th Edn，2015） at para 6-162.

[10] Mustill and Boyd，*The Law and Practice of Commercial Arbitration in England*（2nd Edn，1989） p 416.

[11] 可查阅：https://www.hcch.net/en/instruments/conventions/full-text/?cid=98.

[12] 《海牙公约》在关于承认及执行民商事法院判决方面适用了与《纽约公约》对仲裁裁决相类似的机制。目前《海牙公约》有81个成员国：80个国家和一个区域经济一体化组织。马来西亚是其成员国，但尚未批准该公约；成为成员日期请详询《海牙公约法规》的状态表。《海牙公约》通常只适用于排他性的法院选择协议（根据《海牙公约》，它的含义是特定而严格的）。

[13] Queen Mary University，2015 International Arbitration Survey：Improvements and Innovations in International Arbitration，（2015） at p 2.

[14] ［2014］ 1 LNS 1700.

[15] IBA Arbitration Committee，” Arbitration Guide，Malaysia”，（2012）. 第8页提到“根据本法第38条和第39条承认及执行裁决的有关规定适用于临时命令。本法规定的临时措施是以临时裁决的形式给予的。”

[16] IIBA Arbitration Committee，” Arbitration Guide，Malaysia”，（2012）. 第14页提到“临时仲裁是可执行的。根据本法第38条和第39条，承认及执行裁决的有关规定适用于临时命令。‘裁决’的定义包括任何最终、临时或部分裁决和任何讼费或利息裁决，不包括非正审命令。”

[17] *Harris Adacom Corporation v Perkom Sdn Bhd*［1994］ 3 MLJ 504；*Government of India v Cairn Energy India Pty Ltd*［2011］ 6 MLJ 441，FC；*Agrovenus LLP v Pacific Inter-Link Sdn Bhd*［2014］ 3 MLJ 648，［2014］ 4 CLJ 525，CA；*Christopher Martin Boyd v Deb Brata Das Gupta*［2014］ MLJU 1817，［2014］ 9 CLJ 887，FC.

46%的答卷人目前会在仲裁庭组成之前向国内法院寻求紧急救济，而 29%的答卷人会选择紧急仲裁员。尽管如此，93%的人赞成在机构规则中列入紧急仲裁员条款。[18] 在同一调查中，一些受访者注意到了成功执行紧急仲裁员裁决的可能性在不同司法管辖区有所不同。

执行仲裁裁决在某些司法管辖区被认为是耗时且不可预知的。使用紧急仲裁员在其他司法管辖区被认为是不必要的额外措施，因为与执行一项紧急仲裁员的裁决的不确定性相比，国家法院有可感知的有效性。[19] 然而规定紧急仲裁员条款是开明的仲裁司法管辖区的常态。

48.2　《纽约公约》

1958 年联合国《承认及执行外国仲裁裁决公约》（简称《纽约公约》）第 1 条是正在运作的关于互惠范围的条款。对第 1（1）条的文义解释表明，在任何国家作出的裁决，无论该国家是否为《纽约公约》的缔约国，均将得到承认及执行。然而第 1（3）条允许一个国家签署、批准和同意《纽约公约》，以宣布它将适用《纽约公约》来承认及执行另一个缔约国的裁决。[20]

《纽约公约》规定，在公约适用的情况下，缔约国有义务承认及执行在外国作出的国际仲裁裁决，只要其符合《纽约公约》第 1~5 条的规定，这些条款与下列问题有关：（1）有效和可执行的仲裁协议；（2）争议；（3）可仲裁性；（4）被申请人可据以拒绝承认及执行的理由。[21]

马来西亚通过 1985 年《承认及执行外国仲裁裁决公约法案》（*Convention on Recognition and Enforcement of Foreign Arbitral Awards Act* 1985）[22] 的方式成了《纽约公约》的缔约国，该法案于 1986 年 2 月 3 日生效，认可了《纽约公约》的效力，后者的主要目的是促进承认及执行外国仲裁裁决。[23]

它为登记和执行仲裁裁决提供了统一的程序。一个仲裁地为马来西亚的仲裁裁决若符合《纽约公约》的规定，则在《纽约公约》成员国内都可执行。[24] 承认及执行裁决都

---

[18] Queen Mary University, 2015 International Arbitration Survey: Improvements and Innovations in International Arbitration, (2015) at p 3.

[19] Queen Mary University, 2015 International Arbitration Survey: Improvements and Innovations in International Arbitration, (2015) at p 28.

[20] W K Mah and N Navaratnam, "Chapter 13: Recognition and Enforcement of the Arbitral Award", in Rajoo and Koh (eds), *Arbitration in Malaysia: A Practical Guide*, (2016) at para [13.011].

[21] Justice Datuk Dr Haji Hamid Sultan Bin Abu Backer, *International Arbitration with Commentary to Malaysian Arbitration Act* 2005, (2016) at p 366.

[22] Act 320 (repealed).

[23] Gary Born, *International Arbitration: Cases and Materials*, (2nd Edn, 2015) at p 1189.

[24] Dato' Mahadev Shankar, "An overview of Malaysian Arbitration Law in 2002" [2003] 1 MLJ i.

很重要，因为如果没有执行法院的承认（通常是默示承认），执行行为就无法进行。[25]

《纽约公约》第3条规定：

> 各缔约国应承认仲裁裁决具有拘束力，并且依照援引裁决地的程序规则和下列各条所规定的条件执行。承认或执行适用本公约的仲裁裁决时，不应比承认或执行国内仲裁裁决附加更过于苛刻的条件或收取过多的费用。

马斯蒂尔将《纽约公约》描述为"整个商法史上最有效的国际立法实例"。[26]《纽约公约》规定了简单明了的程序，同时也为国家法院拒绝执行裁决提供了有限的理由（有些类似于《UNCITRAL示范法》）。[27] 因此，它通过规定以仲裁迅速解决贸易争端，便利和促进了国际贸易。[28]

2015年6月19日，迪拜最高法院就执行法院是否应要求签署《纽约公约》的证据进行了审议。它撤销了下级法院拒绝执行国际商会裁决的决定并描述了适用的规则：

> 从对《纽约公约》问题的纵览中可以明显看出，英国于1974年9月24日加入了该公约，这意味着仲裁裁决的签发国和寻求执行裁决的国家都是《纽约公约》的成员，该公约对当前的情况是适用的。[29]

---

[25] S Greenberg, C Kee, J R Weeramantry, *International Commercial Arbitration: An Asia-Pacific Perspective*, (2011) at p 427 at para 9.55.

[26] Mustill MJ, "Arbitration-History and Background", (1989) 6 J Int Arb 2 at p 43. R. Briner and V Hamilton, "The History and General Purpose of the Convention: The Creation of an International Standard to Ensure the Effectiveness of Arbitration Agreements and Foreign Arbitral Awards" in Gaillard and Di Pietro (eds), *Enforcement of Arbitration Agreements and International Arbitration Awards: The New York Convention* 1958 *in Practice*, (2008) at p 21.

[27] M. Reisman in Gaillard 和 Di Pietro (eds), *Enforcement of Arbitration Agreements and International Arbitration Awards: The New York Convention 1958 in Practice*, (2008). 该书第1页指出："联合国承认及执行外国仲裁裁决公约的精髓在于它动员国家法院作为执行机构，同时限制其对国际仲裁的国家司法监督范围"。R. Briner and V. Hamilton, 'The History and General Purpose of the Convention: The Creation of an International Standard to Ensure the Effectiveness of Arbitration Agreements and Foreign Arbitral Awards' in Gaillard and Di Pietro (eds), *Enforcement of Arbitration Agreements and International Arbitration Awards: The New York Convention 1958 in Practice*, (2008). 第19-20页指出："公约的成功归功于几个因素。其中之一无疑是它诞生的条件。作为各国政府、法学家和商界共同努力的产物，它反映了所有最直接相关者的愿望。案文本身是由专家起草的，并通过全权代表和具有该领域专家知识的从业人员之间的知情讨论以及有关协商机构的投入进行了调整和完善。也许正是这种独特的利益结合使纽约会议具有了现实感。这次会议不是试图做不可能的事，而是明智地设法解决战后商界所经历的最紧迫的实际问题。在这样做的过程中，它采取了温和和实用主义的道路，为承认和执行裁决制定了一份详尽的基本要求清单。它在不要求各国放弃其法律制度的情况下实现了当事方的意愿。这种做法可能是温和和谨慎的，但首先是明智的，因为它不仅确保了《公约》的有效性和可接受性，而且还为《公约》留下了无尽的遗产。"

[28] 在某些国家，仲裁裁决的执行程序仍可能遇到困难。R Bose, N Yap and A Jaliwala, "Enforcement of International Arbitral Awards in Asia-Paying Lip Service to the New York Convention," (2007) ICMA XVI Congress Papers Singapore 477.

[29] Gordon B, "Back on track: Dubai Court of Cassation affirms enforceability of UK award under NYC", (2006) Kluwer Arbitration Blog August 1, available at: http://kluwerarbitrationblog.com/2016/08/01/back-track-dubai-court-cassation-affirms-enforceability-uk-award-nyc/.

2005 年之前，在马来西亚，《纽约公约》已经因 1985 年《承认及执行外国仲裁裁决公约法案》而生效。《2005 年仲裁法案》第 38 条和第 39 条废除并取代了 1985 年《承认及执行外国仲裁裁决公约法案》。[30]

马来西亚作出了互惠保留，限制了《纽约公约》对在公约其他缔约国作出的裁决的适用。在这方面，马来西亚联邦法院决定：

> 在公报上发表声明……不是一个在《纽约公约》的缔约国作出的裁决能被视为公约裁决的先决条件……一个国家是不是《纽约公约》的缔约国，可以通过其他手段证明（例如向《联合国条约汇编》请求信息）。在本案中，英国是《纽约公约》的缔约国，这从来都是没有争议的。[31]

在马来西亚作出的裁决，以及在马来西亚以外的《纽约公约》签约国的仲裁程序中作出的裁决，一般在马来西亚以及在其他《纽约公约》的缔约国都是可执行的。[32]

48.3 根据《2005 年仲裁法案》的执行

仲裁裁决的执行属于《2005 年仲裁法案》第 38 条和第 39 条的范围。这些条款在 2011 年进行了修订，将在马来西亚进行的国际仲裁包含在内。该法根据马来西亚接受和批准的国际公约进行了更新。近年来，人们普遍将这一裁决称为“国内国际仲裁”。

《2005 年仲裁法案》第 38 条如下：

（1）在向高等法院提出书面申请后，就仲裁地为马来西亚的仲裁裁决或外国作出的裁决，在不违反本条和第 39 条的情况下，应被承认具有约束力，并且裁决可以通过判决或诉讼的方式加以执行。

（2）在根据第（1）款提出的申请中，申请人须出示——

（a）经过适当认证的裁决正本或经适当认证的裁决副本；

（b）仲裁协议正本或经适当认证的协议副本。

（3）如果裁决或仲裁协议使用的语言不是国家语言或英文，申请人应提供经适当认证的裁决或仲裁协议英文译本。

（4）在本法中，“外国”是指 1958 年联合国国际商事仲裁会议通过的《承认及执行外国仲裁裁决公约》的缔约国。

---

[30] IBA Arbitration Committee, “Arbitration Guide, Malaysia”, (2012) at p 2. Available at: http://www.ibanet.org/Article/Detail.aspx?ArticleUid=a646cf32-0ad8-4666-876b-c3d045028e64.

[31] Malaysia No. 4, *Lombard Commodities Limited v Alami Vegetable Oil Products Sdn Bhd* (Malaysia), Federal Court of Malaysia, Civil Appeal No. 02 (f) -37-2008 (W), 3 November 2009 in A J van den Berg (ed), *Yearbook Commercial Arbitration* 2010 (2010) at pp 420-422.

[32] W K Mah and N Navaratnam, “Chapter 13: Recognition and Enforcement of the Arbitral Award”, in Rajoo and Koh (eds), *Arbitration in Malaysia: A Practical Guide*, (2016) at para [13.015].

《2005年仲裁法案》第38条规定了在马来西亚承认及执行裁决的程序。这一条足够广泛，可以处理国内外的裁决和仲裁地不在马来西亚的仲裁裁决，法院只是执行机关。[33]

仲裁裁决可以在普通法中通过诉讼方式来执行。然而大多数仲裁立法，包括《2005年仲裁法案》第38条也不例外，都会提供一个更快的机制，根据这一机制，在向高等法院提出申请后，裁决应被承认为具有约束力，并以承认裁决的判决或通过诉讼的方式加以执行。

《2005年仲裁法案》第39条规定如下：

（1）对裁决的承认或执行，不论裁决是在哪个国家作出的，只有在裁决所针对的当事人提出请求时才可予以拒绝——

（a）当该方向高等法院提供以下证明——

（i）仲裁协议的一方当事人无行为能力；

（ii）根据仲裁地法律，仲裁协议根据所适用的法律无效，或者未能满足其要求；

（iii）提出申请的一方当事人未得到关于指定仲裁员或仲裁程序的适当通知，或者无法陈述该方当事人的案情；

（iv）裁决处理的争议不属于提交仲裁申请的范围；

（v）除第（3）款另有规定外，裁决载有关于提交仲裁范围以外事项的决定；

（vi）仲裁庭的组成或仲裁程序不符合各方当事人的协议，除非这种协议与本法中强制性的规定相冲突，或者如果没有协议，就不符合本法规定；

（vii）裁决尚未对各方当事人具有约束力，或已被裁决所在国的法院或根据该裁决书所在国的法律撤销或中止；

（b）如果高等法院裁定——

（i）根据马来西亚的法律，争议标的不能通过仲裁解决；

（ii）该裁决与马来西亚的公共利益相冲突。

（2）如果根据第（1）（a）（vii）项所述的理由向高等法院提出了撤销或中止裁决的申请，而高等法院认为适当，则可推迟其决定，并可应要求承认或执行裁决的一方的申请，命令另一方当事人提供适当的担保。

（3）如果对所提交仲裁事项的决定可以与未提交仲裁的事项分开，则只有包含了提交仲裁事项的部分的决定能得到承认及执行。

《2005年仲裁法案》确定的仲裁有两种类型，即国际仲裁和国内仲裁。《2005年仲裁法案》第2（2）条结合《UNICITRAL示范法》中的定义界定了“国际仲裁”，内容如下：

> （2）为本法之目的——
>
> （a）在“国际仲裁”的定义中——

---

[33] *Sintrans Asia Services Pte Ltd v Inai Kiari Sdn Bhd*［2016］2 MLJ 660案显示出，马来西亚法院可能不会接受更适合在仲裁所在地解决的管辖权挑战。

(i) 当事人有一个以上营业地的，以与仲裁协议关系最密切的营业地为准；

(ii) 当事人没有营业地的，以该当事人的经常居住地为营业地；

(b) 除第 3 条外，如果本法规定各方当事人可以自由决定某一事项，则该自由应包括各方当事人授权第三方（包括机构）决定该事项的权利；

(c) 如果本法的一项规定涉及双方当事人已经同意或可能同意的事实，或以任何其他方式涉及双方当事人的协议，则该协议应包括该协议中涉及的任何仲裁规则；

(d) 除第 27（a）条和第 34（2）（a）条外，本法涉及仲裁请求的条款也适用于反申请，涉及抗辩的也适用于反申请的抗辩。

《2005 年仲裁法案》第 2 条补充规定：

国内仲裁是指不是国际仲裁的任何仲裁。

新加坡高等法院在 *Astro Nusantara International BV v PT Ayunda Prima Mitra*[34] 案中创造了一个新的术语——“国内国际仲裁”（domestic international arbitration），该术语是指通过仲裁地法院执行的国际仲裁裁决。法院评论道：

在“国内国际裁决”一词中，我指的是仲裁地和承认及执行法院所在地相同的仲裁裁决，例如在新加坡，这些裁决是根据国际仲裁协会和 2007 年《新加坡国际仲裁中心仲裁规则》（*Arbitration Rules of the Singapore International Arbitration Centre* 2007）作出的，仲裁地为新加坡。

新加坡上诉法庭在 *PT First Media TBR*（原名 *PT Broadband Multimedia TBK*）*v Astro Nusantara International BV*[35] 案中认可了这一术语，确认国内国际裁决为“仲裁地和承认及执行法院所在地相同的国际商事仲裁裁决”。

《2005 年仲裁法案》规定了国内案件以及仲裁地在马来西亚和马来西亚之外的国际案件的执行。简言之，所有根据《纽约公约》签署国法律作出的裁决都在《2005 年仲裁法案》的范围之内。

因此，《2005 年仲裁法案》第 8 章载有在马来西亚寻求承认及执行仲裁裁决的当事人必须满足的要求，以及拒绝承认或执行仲裁裁决的详尽理由清单。除上述要求外，申请人还应考虑到在马来西亚将仲裁裁决登记为判决的 6 年时限。[36]

法官埃文斯在 *International Bulk Shipping & Services Ltd v Minerals & Metals Trading Corpof India*[37] 案中表示：

---

[34] [2012] SGHC 212 at [1].

[35] [2014] 1 SLR 372 at [16].

[36] 《1953 年时效法案》（法案 254）第 6 条。

[37] [1996] 1 All ER 1071 at 1021 per Evans J.

6 年时效期限从申请人有权执行裁决时开始；用法律术语来说，就是在诉因产生之时。

这是马来西亚执行程序的一个重要优势，因为胜诉方从裁决之日起有 6 年的时间将之登记为判决，然后根据《1953 年时效法案》第 6（3）条的规定还有 12 年的时间执行裁决。[38]

及时提出异议通常是在执行阶段出现的问题。最高法院在 *Depo Traffic Facilities*（*Kunshan*）*Co v Vikeda International Logistics and Automotive Supply Ltd*[39] 案中认为，在现阶段不能提出有关协议下的资金裁决不是基于有效仲裁协议的论点，因为此前没有向仲裁员提出管辖权异议。

同样，中国上海市第一中级人民法院在 *Siemens International Trade Co Ltd v Shanghai Golden Landmark Co Ltd*[40] 案中认为，关于裁决有误的主张涉及对案情的审查，这在执行程序中是无法进行的。根据《2005 年仲裁法案》第 38 条的规定，向高等法院提交的书面申请通过承认裁决的判决或者诉讼方式来执行裁决。胜诉方变更公司名称并不妨碍其以新的公司名称执行裁决。[41]

48.4 向高等法院申请

仲裁协议当事人默示地相互承诺执行有效的裁决。[42]《2005 年仲裁法案》第 36 条明确规定，裁决是终局的并且是有约束力的。因此，该法适用于任何仲裁地在马来西亚的仲裁。[43] 这一术语严格遵循了《UNCITRAL 示范法》中的定义。

《2012 年法院规则》第 69 号命令第 7 条规定了根据《2005 年仲裁法案》第 38 条申请执行裁决的程序。拿督马永贵（Mah Weng Kwai）和代表律师纳亨德兰（Nahendran Navaratnam）[44] 解释说，根据《2005 年仲裁法案》第 38 条提出的执行裁决的请求是第 69

---

[38] *Christopher Martin Boyd v Deb Brata Das Gupta* [2014] MLJU 1817，[2014] 9 CLJ 887，FC.

[39] Canada No. 2016-1，*Depo Traffic Facilities*（*Kunshan*）*Co v Vikeda International Logistics and Automotive Supply Ltd*，Superior Court of Justice，Ontario，Case No. CV-13-483322，18 February 2015 in A J van den Berg（ed），*Yearbook Commercial Arbitration* 2016（2016）at pp 1-17.

[40] China No. 2016-2，*Siemens International Trade Co Ltd v Shanghai Golden Landmark Co Ltd*，First Intermediate People's Court of Shanghai Municipality，（2013）Min Ren（Wai Zhong）Zi No 2，27 November 2015 in A J van den Berg（ed），Yearbook Commercial Arbitration 2016（2016）at pp 1-12.

[41] *Zhejiang Province Garment Import and Export Co v Siemssen & Co*（*Hong Kong*）*Trading Ltd* [1993] ADRLJ 183.

[42] *Purslow v Baily* 2 Ld Raym 1039；*Bremer OelTransport GmbH v Drewry* [1933] 1 KB 753，CA（Eng）；*F J Bloemen Pty Ltd v Gold Coast City Council* [1973] AC 115，[1972] 3 All ER 357，PC；*Associated Electric and Gas Insurance Services Ltd v European Reinsurance Co of Zurich* [2003] UKPC 11 at [9].

[43]《2005 年仲裁法案》第 3（1）条。

[44] W K Mah and N Navaratnam，"Chapter 13：Recognition and Enforcement of the Arbitral Award"，in Rajoo and Koh（eds），*Arbitration in Malaysia*：*A Practical Guide*，（2016）at para [13.028].

号命令第 2 条所界定的仲裁请求。仲裁请求的原诉传票遵循《2012 年法院规则》表格 5 的要求。它必须包括索赔救济措施以及申请人要求法院作出裁决问题的简要说明。

他们补充说，它还必须说明申请所依据的理由，表明已达到法定要求，明确是根据《2005 年仲裁法案》第 38 条款作出的；明确被申请人，说明该人在仲裁中的作用，并查明被申请人中的哪些人（如有）被要求支付诉讼费。根据第 69 号命令第 4 条的规定，仲裁诉讼起诉传票可以单方面提出，但是如果已送达，则必须在 30 天内连同支持性宣誓书一并送达。

申请可以不经通知而在传票中作出，说明申请人和被申请人的姓名和通常或最后为人所知的营业地，并声明该裁决迄今尚未得到遵守。

除此之外，根据《2005 年仲裁法案》第 38（3）条的规定，当裁决或仲裁协议是国家语言或英语以外的语言时，裁决或协议的英文翻译经过认证后也应该提交给法院。

第 69 号命令第 8（6）条规定，申请人必须起草授权执行的命令，并且将该命令密封后送达被申请人。按照第 8（7）条，被申请人有 14 天的时间申请撤销命令，在此期间裁决将不予执行。

14 天期满后，裁决持有人即可利用高等法院通常的执行程序，如扣押令和销售令、案外债务人程序（包括破产或清盘程序）。[45]

在申请将裁决承认为判决时不要求申请救济[46]，事实上，法院很少会在没有通知的情况下作出这种命令，依据《2005 年仲裁法案》第 39 条的规定，其随后可以申请撤销这种命令。

判决或命令将包括仲裁庭裁决的费用和利息。即使仲裁庭裁决的费用未经核定或商定，也应列入执行申请中。[47]

利息裁决被认为是裁决的一部分。因此，当申请执行裁决时，也包括了裁决的利息部分。[48] 裁决作出后的利息主张必须载于单独的证明中。

该命令还应载有关于支付寻求执行裁决的费用的规定，无论数额有多小。根据第 38 条提出的申请，必须在裁决日期起的 6 年内提出。[49] 一开始获得有利命令的一方当事人可以申请撤销该命令。[50]

《2005 年仲裁法案》第 38（1）条中使用“应当”（shall）一词使该条款具有了强制性。如果该条的正式要求已经被满足，则法院没有拒绝将裁决认可为判决的自由裁量权。一旦满足了这些正式要求，法院会采用“机械的”（mechanistic）或“形式主义的”

---

[45] *Malayan Flour Mill Bhd v Raja Lope & Tan Realty Co*［2000］6 MLJ 591 at 598 per Ramly Ali JC.

[46] *China Steam Navigation Co Ltd v Van Laun*（1905）22 TLR 26.

[47] *Holdsworth v Wilson* 32 LJQB 289；*Lewis v Rossiter*（1875）44 LJ Ex 136；*Metropolitan District Railway Co v Sharpe*（1880）5 App Cas 425.

[48] *Bremer Handels GmbH v Deutsche Conti-Handels GmbH*（*Interest*）［1984］2 Lloyd's Rep 121.

[49] Limitation Act 1953 s 6；*Christopher Martin Boyd v Deb Brata Das Gupta*［2014］MLJU 1817，［2014］9 CLJ 887.

[50] *Karaha Bodas Co LLC v Perusahaan Pertamabangan Minyakdan Gas Bumi Negara*［2006］4 SLR（R）345.

(*formalistic*) 的方法。[51] 登记必须针对适当的当事人。[52]

意大利最高上诉法院在 *Hotel Columbus srl v Ordine Equestre del Santo Sepolcro di Gerusalemme*[53] 案中认为，虽然上诉法院承认梵蒂冈裁决依据的是承认外国法院判决的程序而不是承认外国裁决的程序，但这种错误不影响承认。在提起诉讼之前，原告不必从外国法院获得任何形式的判决或执行许可。[54]

48.5 非仲裁法案执行制度

在大规模适用《纽约公约》之前，非仲裁法案执行制度在各国很普通。在新的仲裁制度之前，满足法定要求的外国裁决可以在马来西亚登记执行。[55]

《2005 年仲裁法案》第 51 条废除了《1952 年仲裁法案》[56] 和马来西亚 1985 年《承认及执行外国仲裁裁决公约法案》。但是，它并没有废除仍然适用的 1958 年《相互执行判决法案》(*Reciprocal Enforcement of Judgments Act* 1958)。因此，在另一司法管辖区成功登记有利于其裁决的一方当事人可根据 1958 年《相互执行判决法案》的要求登记该判决，条件是该司法管辖区与马来西亚有相互安排。[57]

1958 年《相互执行判决法案》第 2 条将判决定义为：

> 民事程序中法院给予或作出的判决或命令，或法院在任何刑事程序中给予或作出的向受害方支付损害赔偿款项的判决或命令，包括仲裁程序中的裁决，但该裁决依据作出该裁决的地方的现行法律已变得可强制执行，方式与该地方的法院所做的判决相同；从任何上诉法院作出的判决到高等法院作出的判决，都应该被视为高等

---

[51] *Agrovenus LLP v Pacific Inter-Link Sdn Bhd* [2014] 3 MLJ 648, [2014] 4 CLJ 525, CA; *Aloe Vera of America, Inc v Asianic Food (S) Pte Ltd* [2006] 3 SLR (R) 174; *Dardana Ltd v Yukos Oil Co* [2002] 2 Lloyd's Rep 326, [2002] 1 All ER (Comm) 819. *Food Ingredients LLC v Pacific Inter-Link Sdn Bhd* [2012] 8 MLJ 585; *Denmark Skibstekniske Konsulenter A/S Likvidation n (formerly known as Knud E Hansen A/S) v Ultrapolis* 3000 *Investments Ltd* (原名 *Ultrapolis* 3000 *Theme Park Investments Ltd*) [2010] 3 SLR 661; *Choo Han Teck J in Galsworthy Ltd of the Republic of Liberia v Glory Wealth Shipping Pte Ltd* [2011] 1 SLR 727.

[52] *Equitas Limited v Allianz General Insurance Company (Malaysia) Berhad* [2009] MLJU 1334.

[53] Italy No. 2016-2, *Hotel Columbus srl v Ordine Equestre del Santo Sepolcro di Gerusalemme*, Supreme Court of Cassation of Italy, First Civil Law Chamber, Case No. 16901/15, 19 August 2015 in AJ van den Berg (ed), Yearbook Commercial Arbitration 2016 (2016) at pp 1-13.

[54] *Union Nationale des Co-operative Agricoles de C? r? ales v Robert Catteral & Co Ltd* [1959] 2 QB 44; *Dalmia Dairy Industries Ltd v National Bank of Pakistan* [1978] 2 Lloyd's Rep 223; *Merrifield, Ziegler & Co v Liverpool Cotton Association Ltd* 105 LT 97.

[55] 1958 年《相互执行判决法案》(法案 99) 第 7 条。也参见《2012 年法院规则》第 69 号命令第 7 条。

[56] 法案 92 (已废止)。

[57] W K Mah and N Navaratnam, "Chapter 13: Recognition and Enforcement of the Arbitral Award", in Rajoo and Koh (eds), *Arbitration in Malaysia: A Practical Guide*, (2016) at para [13.058].

法院作出的判决。[58]

一项裁决如果满足以下要求，则是外国裁决[59]：

（1）在当事人之间是终局性的和决定性的[60]；

（2）根据该裁决应支付一笔款项，但不是应付税费或其他类似的费用或罚款；

（3）是加入了 1958 年《相互执行判决法案》[61] 的国家或地区作出的裁决，裁决是在该国家或地区加入此法案之后作出的。

列出的互惠国家和地区如下：英国、中国香港、新加坡、新西兰、斯里兰卡共和国（锡兰）、印度（不包括查谟和克什米尔邦、曼尼普尔邦、部落地区的阿萨姆邦、马德拉斯和安得拉邦的预定地区）。

《2012 年法院规则》第 67 号命令规定了根据 1958 年《相互执行判决法案》提出外国裁决登记申请（或撤销其登记）的程序。

登记申请通过附带宣誓书的传票作出。支持性宣誓书必须包含经过认证的判决，当事人的名称、行业或业务以及最后的已知地址，未支付的金额的细节（括利息和债权人有权执行的声明），判决未执行的程度，判决不属于任何不能注册的类别，以及在登记之日判决仍能够在原法院执行。[62]

自 2006 年 3 月 15 日起，执行裁决属于《2005 年仲裁法案》第 38 条和第 39 条的范围。但是，对于非《纽约公约》缔约国的裁决，执行应通过令状和判决启动。

48.6 通过起诉执行

普通法上通过起诉执行是源于其历史价值而非实践价值，因为《2005 年仲裁法案》第 38（1）条规定，外国裁决应“通过记录裁决的判决执行，或通过起诉执行”。

拿督马永贵和代表律师纳亨德兰解释说：

> 通过“或通过起诉”（or by action）的表述，《2005 年仲裁法案》似乎已将一方当事人以令状诉讼方式对外国裁决提起诉讼的普通法权利纳入了第 38 条的规定。但是，这只适用于《纽约公约》缔约国的裁决。第 38（4）条规定，第 38（1）条仅适用于“外国”的裁决，“外国”是指“1958 年联合国国际商事仲裁会议通过的

---

[58] 1958 年《相互执行判决法案》第 2 条。

[59] 1958 年《相互执行判决法案》第 3（3）条。

[60] *Bankers & Shippers' Insurance Co of New York v Liverpool Marine & General Insurance Co Ltd*（1926）24 Ll L Rep 86.

[61] 1958 年《相互执行判决法案》表格 1。

[62] W K Mah and N Navaratnam，“Chapter 13：Recognition and Enforcement of the Arbitral Award”，in Rajoo and Koh（eds），*Arbitration in Malaysia：A Practical Guide*，（2016） at para ［13.062］.

《承认及执行外国仲裁裁决公约》的缔约国”。关于这个问题的立场，目前尚不清楚。[63]

因此，对裁决提出起诉是不常见的。但是，可能存在不适用简易程序的情况，那么胜诉方诉诸诉讼可能是必要的。这种情况包括：

（1）裁决是根据口头仲裁协议作出时，因此不属于《2005年仲裁法案》第9款规定的仲裁协议范围。[64]

（2）当租船合同下的争议被提交仲裁时，可以提起对物诉讼，以执行作出的裁决。[65]

（3）当裁决的形式不能强制执行或者含混不清、不确定时。这方面的例子包括：对裁定赔偿额是由官方支付还是由组成贸易委员会的个人支付表示怀疑[66]；或者败诉方被要求在其他司法管辖区付款[67]；或者裁决未说明应当支付的款项[68]。

（4）当事人已经就裁决达成和解协议，例如改变付款的时间，创建一个新合同以取代裁决必须以诉讼方式执行。[69]

在对裁决提起的诉讼中，要求根据原告必须证明的诉讼理由对事实作出判决。对裁决的诉讼不受仲裁程序规则的约束，因为它本质上是基于合同的诉讼。原告会不可避免地提出主张，然后寻求对裁决的简易判决。

可能的救济

就裁决提起诉讼的原告可以要求一些可能的救济措施。

第一个是要求裁决金额的判决。根据《2005年仲裁法案》第33（6）条的规定，法院有权命令具体履行支付一笔款项或判决未付利息[70]，即使裁决金额已经支付。[71]

第二，原告可以要求宣布裁决具有约束力[72]，并且在适当情况下要求具体履行裁决。仲裁员拥有与高等法院相同的权力来命令具体履行任何合同，但与土地有关的合同除

---

[63] W K Mah and N Navaratnam, “Chapter 13: Recognition and Enforcement of the Arbitral Award”, in Rajoo and Koh (eds), *Arbitration in Malaysia: A Practical Guide*, (2016) at para [13.065].

[64] 例如 *Imperial Metal Industries (Kynoch) Ltd v Amalgamated Union of Engineering Workers* [1979] 1 All ER 847, [1979] ICR 23, CA (Eng); *Fleming v J S Doig (Grimsby) Ltd* (1921) 38 RPC 57 案，裁决的形式是不能够强制执行的，或者是含混不清、不确定的。

[65] *The St Anna* [1983] 2 All ER 691, [1983] 1 WLR 895, [1983] 1 Lloyd's Rep 637.

[66] *Grech v Board of Trade* 130 LT 15.

[67] *Dalmia Cement Ltd v National Bank of Pakistan* [1974] 3 All ER 189.

[68] *Margulies Brothers Ltd v Dafnis Thomaides & Co (UK) Ltd* [1958] 1 All ER 777; *Cremer v Samanta and Samanta* [1968] 1 Lloyd's Rep 156; *River Plate Products Netherlands BV v Etablissement Coargrain* [1982] 1 Lloyd's Rep 628.

[69] 不建议当事人这样做。

[70] *Beswick v Beswick* [1968] AC 58.

[71] *Coastal States Trading (UK) Ltd v Mebro Mineraloelhandelsgesellschaft mbH* [1986] 1 Lloyd's Rep 465.

[72] *Birtley District Co-operative Society Ltd v Windy Nook and District Industrial Co-operative Society Ltd (No 2)* [1960] 2 QB 1, [1959] 1 All ER 623, [1959] 1 WLR 142; *Selby v Whitbread & Co* [1917] 1 KB 736; *Merrifield, Ziegler & Co v Liverpool Cotton Association Ltd* 105 LT 97.

外。在相同的情况下可以具体履行，因为在一个普通的合同诉讼[73]中就是这么做的，裁决被作为合同对待。[74]

如果拒绝裁决的命令有充分的理由，则不会作出具体履行裁决的命令，例如，所命令的裁决是非法的而不仅仅是不合理的[75]，或原告怠于寻求执行[76]，或仲裁只是部分有效[77]，或仲裁的有效性存疑[78]。

第三，原告可以要求未能履行裁决的损害赔偿[79]；要求败诉方遵守裁决的强制令[80]；作出 Mareva 禁令以冻结被告在域外的资产作为执行裁决的保全。[81] 判决可以用外币作出。[82]

在就裁决提起的诉讼中，原告必须证明：

（1）订立的合同中存在仲裁协议；

（2）发生的争议属于仲裁协议约定的范围；

（3）仲裁员按照仲裁协议经过适当指定；

（4）裁决的作出；

（5）裁令支付的金额尚未被支付，或裁决没有被执行。

法官德夫林（Devlin J）在 *Christopher Brown Ltd v Genossenschaft Oesterreichischer Waldbesitzer Holzwirtschaftsbetriebe Registrierte GmbH*[83] 案中列出了上述要求。法院也认为，“在未有相反证据时，初步推定行为正当”原则不适用于仲裁庭的程序。这些事项必须被证明。[84]

执行的诉因包括仲裁协议和裁决。[85] 此外，申请人必须证明争议属于仲裁协议约定

---

[73] *Sir Mark Wood, Bart v Edmund Griffith*（1818）1 Swan 43 at 54；*Brophy v Holmes*（1833）2 Mol 5 at 7 per Hart LC；*Norton v Mascall*（1687）2 Vern 24.

[74] *Nickels v Hancock*（1855）7 De G M & G 300；*Blackett v Bates*（1865）LR 1 Ch App 117；*Selby v Whitbread & Co*［1917］1 KB 736 at 753 per McCardie J. *Hall v Hardy*（1733）3 P Wms 187 at 190.

[75] *Sir Mark Wood, Bart v Edmund Griffith*（1818）1 Swan 43.（裁决令是非法的，而不仅仅是不合理的行为）

[76] *Eads v Williams*（1854）4 De G M & G 674；*Blackett v Bates*（1865）LR 1 Ch App 117.

[77] *Nickels v Hancock*（1855）7 De G M & G 300；*Chichester v M" Intire*（1830）4 Bli NS 78.

[78] *Wakefield v Llanelly Railway and Dock Co*（1865）3 De GJ & Sm 11.

[79] *Birtley District Co-operative Society Ltd v Windy Nook and District Industrial Co-operative Society Ltd*（*No 2*）［1960］2 QB 1，［1959］1 All ER 623，［1959］1 WLR 142；*Dalmia Dairy Industries Ltd v National Bank of Pakistan*［1978］2 Lloyd's Rep 223 at 273-274 per Kerr J，CA（Eng）. *Coastal States Trading*（*UK*）*Ltd v Mebro mineraloelhandelsgesellschaft GmbH*［1986］1 Lloyd's Rep 465 at 467 per Hobhouse J.

[80] *Birtley District Co-operative Society Ltd v Windy Nook and District Industrial Co-operative Society Ltd*（*No 2*）［1960］2 QB1，［1959］1 All ER 623，［1959］1 WLR 142；*Blackett v Bates*（1865）LR 1 Ch App 117.

[81] *Rosseel NV v Oriental Commercial and Shipping*（*UK*）*Ltd*［1990］3 All ER 545.

[82] *Jugoslavenska Oceanska Plovidba v Castle Investment Co Inc*［1974］QB 292，［1973］3 All ER 498，［1973］2 Lloyd's Rep 1，CA（Eng），approved in *Miliangos v George Frank*（*Textiles*）*Ltd*［1976］AC 443，［1975］3 All ER 801，［1976］1 Lloyd's Rep 201，HL.

[83]［1954］1 QB 8 at 9，［1953］2 All ER 1039 at 1040 per Devlin J.

[84] *Gisborne v Hart*（1839）5 M & W 50.

[85] *Ferrer and Rollason v Oven*（1827）7 B & C 427；cf *Bremer Oeltransport GmbH v Drewry*［1933］1 KB 753 at 758，765.

的范围，以及仲裁员是被妥善指定的。[86]

原告负有举证责任。[87] 如果原告不能证实其中任何一项，其就裁决提起的诉讼就会失败。在对裁决提起的诉讼中，仲裁员可被传唤为证人，就仲裁程序中发生的情况作证。[88] 原告没有必要证明仲裁庭裁定了提交给他的所有事项。这方面的责任由试图质疑裁决的一方承担。

对裁决诉讼的抗辩

就裁决提起的诉讼，可以基于以下任何理由进行抗辩[89]：

（1）当事人之间从未达成仲裁协议。当原告必须证明仲裁协议的有效性时，只要当事人达成了仲裁协议，就不需要证明仲裁协议依据的合同的有效性。协议提交仲裁是作为禁止反言的一种形式来运作的。[90] 但是，如果基础合同的缺陷是其合法性，基于合同的裁决可能会因公共利益而被拒绝执行。

（2）没有作出有效的裁决。法院可能会被要求就裁决的有效性或理解作出宣示性命令。[91]

（3）所称的裁决从未作出。

（4）由于仲裁员超出其管辖权或没有管辖权，裁决无效。[92]

（5）根据《1952 年仲裁法案》第 3 条，仲裁员的权力在裁决作出之前被有效地撤销了。[93]

裁决已协议变更或已被执行是有效的抗辩理由。早些时候，像 *Smith v Trowsdale*[94] 案中提出的协议及履行会是一个好的抗辩理由。然而这个案例是在 *Foakes v Beer*[95] 案之前

---

[86] *Kianta Osakeyhito v Britain and Overseas Trading Co Ltd* [1954] 1 Lloyd's Rep 247 at 250-251, CA (Eng).

[87] *Falkingham v Victorian Railways Commissioner* [1900] AC 452.

[88] *Bland & Co Ltd v Russian Bank for Foreign Trade* (1906) 11 Com Cas 71; *Jewell v Christie* (1867) LR 2 CP 296.

[89] *Thorp v Cole* (1835) 2 Cr M & R 367.

[90] *Re Newey, Ex parte Whiteman* 107 LT 832; *Norske Atlas Insurance Co Ltd v London General Insurance Co Ltd* (1927) 28 Ll L Rep 104, 43 TLR 541.

[91] *Birtley District Co-operative Society Ltd v Windy Nook and District Industrial Co-operative Society Ltd* (*No* 2) [1960] 2 QB 1, [1959] 1 All ER 623, [1959] 1 WLR 142; *Selby v Whitbread & Co* [1917] 1 KB 736; *Merrifield, Ziegler & Co v Liverpool Cotton Association Ltd* 105 LT 97; *Bellshill and Mossend Co-operative Society Ltd v Dalziel Co-operative Society Ltd* [1960] AC 832; *F J Bloemen Ltd v Gold Coast City* [1973] AC 115, [1972] 3 All ER 357, PC; *Savid Developments Ltd v Gibbs* 235EG 693; *Moscow V/O Exportkhleb v Helmville* (*The Jocelyne*) [1977] 2 Lloyd's Rep 121.

[92] *Mohamed Abdullah Tpe Abdul Majeed v Habib Mohamed* [1986] 1 MLJ 526; *State Government of Sarawak v Chin Hwa Engineering Development Co* [1995] 3 MLJ 237, SC; *Syarikat Yean Tat* (*M*) *Sdn Bhd v Ahli Bina Pamong Sari Sdn Bhd* [1996] 5 MLJ 469; *Christopher Brown Ltd v Genossenschaft Oesterreichischer Waldbesitzer Holzwirtschaftsbetriebe Registrierte GmbH* [1954] 1 QB 8 at 10, [1953] 2 All ER 1039 at 1041 per Devlin J; *Wyndham v Jackson* [1938] 2 All ER 109, CA (Eng); *Crane v Hegeman-Harris Co Inc* [1939] 4 All ER 68; *Kruse v Questier & Co Ltd* [1953] 1 QB 669, [1953] 1 All ER 954.

[93] *Marsh v Bulteel* (1822) 5 B & Ald 507.

[94] (1854) 3 E & B 83.

[95] (1884) 9 App Cas 605.

裁决的。目前的立场是，在任何协议及履行被认为具有约束力之前，需要对其进行适当的审议。

在仲裁员存在不当行为[96]或违规行为[97]，或者仲裁员有错误[98]等情况不能作为对裁决诉讼的抗辩，适当的做法是撤销裁决。[99] 不当行为不会导致裁决无效，仅仅会导致裁决可撤销。[100]

如果仲裁协议没有规定裁决期限，则没有在合理期限内作出裁决对就裁决的诉讼来说并不是一个很好的抗辩理由。[101] 如果裁决涉及不当行为或违规行为，适当的做法是申请撤销裁决。[102]

然而法官戈博（Gobbo J）在 *E Kontek v Daveyduke Industries*[103] 案中坚持了普遍的原则，即撤销一项裁决的可能的理由同样能用来反对申请执行一份裁决。有人提出这种方法不符合公认的判例，不应该被遵循。

法院在 *Cockatoo Dockyard Pty Ltd v Commonwealth of Australia*（*No* 3）[104] 案中认为，在没有申请撤销裁决的情况下，很难想象影响法院酌情决定不给予许可执行一份裁决的其他情况。因此，有人认为《2005 年修正法案》第 38 条没有为当事人提供据以质疑仲裁员裁决的后门方法，也未给予法院撤销该仲裁员行为的权力。

就裁决而言，反诉不构成对判决申请的抗辩。法官迪普洛克在 *Margulies Bros Ltd v Dafnis Thomaides & Co*（*UK*）*Ltd*[105] 案中解释说：

> 各方没有向我呈交什么判例，以提出反诉是拒绝允许裁决被作为判决执行的充分理由。我认为反诉的存在不是一个充分的理由……裁决不被作为判决执行的情况已经在《罗素论仲裁》（第 16 版）第 269～271 页正确地列明了，表面上证据确凿

---

[96] *Braddick v Thompson*（1807）8 East 344；*Wills v Maccarmick*（1763）2 Wils 148；*Thorburn v Barnes*（1867）LR 2 CP 384 at 402；approved *L Oppenheim & Co v Mahomed Haneef*［1922］1 AC 482，PC；*Walshaw v Brighouse Corpn*［1899］2 QB 286.

[97] *Veale v Warner* 1 Saund 323；*Wills v Maccarmick*（1763）2 Wils 148.

[98] *Swinford v Burn*（1818）Gow 5；*Walshaw v Brighouse Corp*［1899］2 QB 286.

[99] *Thorburn v Barnes*（1867）LR 2 CP 384，approved in *L Oppenheim & Co v Mahomed Haneef*［1922］1 AC 482，PC；*Bache v Billingham*［1894］1 QB 107 at 111.

[100] *Bache v Billingham*［1894］1 QB 107；*Veale v Warner* 1 Saund 323；*Wills v Maccarmick*（1763）2 Wils 148.

[101] *Curtis v Potts*（1814）3 M & S 145；*Dyer v Dawson*（1822）1 Coop temp Cott 420；*Hill v Ball*（1828）2 Bli NS 1；*Whitmorev Smith*（1861）7 H & N 509；*Thorburn v Barnes*（1867）LR 2 CP 384；*Bache v Billingham*［1894］1 QB 107；*L Oppenheim & Co v Mahomed Haneef*［1922］1 AC 482，PC；*White*，*Tomkins & Courage v Compagnie Lyonnaise de Madagascar*（1921）7 Ll L Rep 134；*Scrimaglio v Thornett & Fehr*（1924）131 LT 174.

[102] *Birtley District Co-operative Society Ltd v Windy Nook and District Industrial Co-operative Society Ltd*（*No* 2）［1960］2 QB 1，［1959］1 All ER 623，［1959］1 WLR 142；*Thorburn v Barnes*（1867）LR 2 CP 384 at 401-402；*Powell v Rutledge*［1953］St R Qd 265；*Veale v Warner* 1 Saund 323；*Re Lord v Lord*（1855）5 E & B 404；*L Oppenheim & Co v Mahomed Haneef*［1922］1 AC 482，PC；*Benedetti v Sasvary*［1967］2 NSWR 792 at 796.

[103] ［1987］Vic SC 81（13 March 1987）.

[104] 69（1995）35 N SWLR 689.

[105] 70［1958］1 All ER 777 at 782，［1958］1 WLR 398 at 404 per Diplock J.

的反诉不在其中。

大法官劳埃德在 *Dole Dried Fruit & Nut Co v Trustin Kerwood Ltd*[106] 案中表示，法院可给予执行裁决的许可，并可作出另一项命令来推迟该命令的执行，使被告可按法院所确定的条件（例如，向法院支付裁决款或提供某种其他形式的担保）在适当的法院提起反诉。法院可以根据该反诉的表面力度行使其裁量权。

在就裁决提起的诉讼中，被告可以提出反诉以纠正仲裁协议[107]，但问题是现在是否允许在诉讼程序这么晚的阶段提出这一请求。

但是，仲裁员的不当行为不能通过反诉来撤销裁决。[108] 先前仲裁中已经决定的问题，即既判力问题，应在随后的仲裁中作为抗辩提出，而不应留待执行阶段。[109]

48.7 拒绝承认或执行的理由

登记仲裁的申请通常会遇到其他申请，如根据《2005年仲裁法案》第37条撤销裁决的申请，或者根据该法案第42条提出将裁决产生的法律问题移交高等法院的申请。在许多已裁的案例中，互相冲突的申请被合并在一起处理。[110]

撤销或者移交法律问题的理由在本书第10编做了讨论。必须说明的是，如果这些理由成立，则只有不受就法律问题或撤销作出的不利裁决影响的那部分仲裁裁决，才会被继续考虑登记和执行。

《2005年仲裁法案》第39条明确规定了拒绝执行裁决的理由。[111] 这些理由在《UNCITRAL示范法》中被认为是排他性的，要求予以狭义解释[112]，以在审查裁决时尽量减少司法干预。[113] 反对登记的当事人必须根据第39（1）（a）条的规定提供以下一项或多项理由的证据：

（1）当事人不具备行为能力；

（2）仲裁协议所依据的法律无效，或者其作出地国家的法律未能满足要求；

（3）就仲裁员的指定及仲裁程序，反对方未经适当通知或无法陈述案情；

---

[106] ［1990］2 Lloyd's Rep 309 at 311 per Lloyd L J. *E D and F Man v Soci? Anonyme Tripolitaine des Usines de Raffinage de Sucre*［1970］2 Lloyd's Rep 416; *Agromet Motoimport Ltd v Maulden Engineering Co（Beds）Ltd*［1985］1 WLR 762.

[107] *Crane v Hegeman-Harris Co Inc*［1939］4 All ER 68, CA（Eng）.

[108] *Birtley District Cooperative Society Ltd v Windy Nook and District Industrial Cooperative Society Ltd*［1960］2 QB 1,［1959］1 All ER 43,［1959］1 WLR 142.

[109] *H E Daniels Ltd v Carmel Exporters and Importers Ltd*［1953］2 QB 242; *Norske Atlas Insurance Co Ltd v London General Insurance Co Ltd*（1927）28 Ll L Rep 104, 43 TLR 541; *Soinco SACI v Novokuznetsk Aluminium Plant*［1997］3 All ER 523.

[110] W K Mah and N Navaratnam, "Chapter 13: Recognition and Enforcement of the Arbitral Award", in Rajoo and Koh（eds）, *Arbitration in Malaysia: A Practical Guide*,（2016）at para［13.039］.

[111] *Kelana Erat Sdn Bhd v Niche Properties Sdn Bhd*［2012］5 MLJ 809 at［60］.

[112] *Re Corporación Transnacional de Inversiones SA de CV et al v STET International SpA et al*［1999］CanLII 14819（ON SC）.

[113] *Food Services of America Inc（cob Amerifresh）v Pan Pacific Specialties Ltd*［1997］32 BCLR（3d）225.

（4）该裁决处理了在仲裁协议中未考虑的争议；

（5）该裁决中的决定超出提交仲裁事项的范围（但如果关于已提交事项的决定可与未提交事项的决定分开，则只有已提交的部分可得到承认及执行）；

（6）仲裁庭的组成不符合仲裁协议或本法；

（7）裁决尚未具有约束力，或已被仲裁所在地的法院或根据作出裁决的法律撤销或中止。

法院如果根据马来西亚法律认定争议标的不能通过仲裁解决或该裁决与马来西亚的公共利益相冲突，也可以根据第 39（1）（b）条的规定拒绝登记。

因此，除了上述理由之外，法院没有裁量权来拒绝执行裁决。[114] 例如，存在有关仲裁裁决的保密协议不得解释为拒绝执行的理由[115]；“记录上的法律错误”和仲裁员的“不当行为”不是《2005 年仲裁法案》规定的理由。[116]

如果以上述第（7）条[117]为由提出撤销或暂停裁决的申请，法院可暂停作出登记决定，并且应申请登记的一方当事人的要求命令提供担保。

此外，多个司法管辖区的并行执法程序不是拒绝执行的理由，原因在于，在任何国家进行裁决登记都只限于该国领土，不存在作出相互矛盾决定的风险。[118]

值得注意的是，即使存在拒绝执行的理由，法院仍然认为其有权决定是否执行。[119] 这符合第 39 条的宽松措辞，该条仅规定了如果提出理由，裁决“可以”不执行。法院以这种方式行使裁量权的情形，包括非执行方的权利未因被指称的违约行为而受到任何实质性侵犯。[120]

拒绝执行的理由与撤销裁决的理由几乎相同，撤销裁决还有额外的一个理由是，裁决对各当事人还不具有约束力或已被撤销。

鉴于法院拒绝执行的法定权力只能应当事人根据《2005 年仲裁法案》第 39（1）条的请求而启动，证明理由的责任在于反对执行的一方当事人。[121]

主管法院如果裁定存在第 39 条的理由之一，则可拒绝承认仲裁裁决。申请人应区分根据第 37 条撤销裁决的请求和根据《2005 年仲裁法案》拒绝承认及执行仲裁裁决的请求。

有些理由是相似的，但索赔和后果是不同的。该法使用“可以”一词代替“应该”

---

[114] *Aloe Vera of America, Inc v Asianic Food (S) Pte Ltd* [2006] 3 SLR (R) 174.

[115] *Associated Electric and Gas Insurance Services Ltd v European Reinsurance Co of Zurich* [2003] UKPC 11.

[116] *Kelana Erat Sdn Bhd v Niche Properties Sdn Bhd* [2012] 5 MLJ 809, [2013] 4 CLJ 1172.

[117] Arbitration Act 2005 s 39 (2).

[118] *Pavan SRL v Leng D'Or SA*, Court of First Instance, Spain, 11 June 2007.

[119] *Robert E Schreter v Gasmac Inc* [1992] OJ No 257; *Canadian National Railway Co v Southern Railway of British Columbia Ltd* [1998] BCJ No 1097; *Europcar Italia SpA v Alba Tours International Inc* [1997] OJ No 133, 23 OTC 376 (General Division).

[120] *China Nanhai Oil Joint Service Corporation, Shenzhen Branch v Gee Tai Holdings Co Ltd* [1994] 3 HKC 375; *Paklito Investment Ltd v Klockner East Asia Ltd* [1993] HKLR 39. 但根据该案的事实，裁决并没有得到执行。

[121] *Food Ingredients LLC v Pacific Inter-Link Sdn Bhd* [2012] 8 MLJ 585 第［64］页；*Aloe Vera of America, Inc v Asianic Food (S) Pte Ltd* [2006] 3 SLR (R) 174; *Paklito Investment Ltd v Klockner East Asia Ltd* [1993] HKLR 39.

一词，赋予了法院决定执行任何裁决的裁量权。第39条的措辞为法院允许或拒绝执行提供了广阔的空间。

在执行仲裁裁决方面，马来西亚的立场与英国不同。原因是这样的：

1996年《英国仲裁法案》可能会促进“被动补救”的判例，这按理说是符合1958年《纽约公约》的精神和意图的，除非这是一个外国裁决，同时裁决地法院缺乏独立性和（或）公正性，且（或）不是1958年《纽约公约》裁决，因为违反第1~4条，它不应该被“被动补救”的判例打败。在这一条下，理由（i）至（vii）需要证据证明，而对于另外两种理由，法院可以自行采取行动。[122]

法院在 *EFKO v Alfa Trading Ltd*[123] 案中，对俄罗斯联邦工商会国际商事仲裁院（International Commercial Arbitration Court at the Chamber of Commerce and Industry of the Russian Federation，“ICAC Russia”）作出的裁决给予了执行。高等法院认定，双方当事人有机会讨论平行仲裁的问题，并且俄罗斯和乌克兰仲裁庭在平行仲裁中确定了不同的问题，因此没有违反自然正义。

的确，第39条规定了只有在执行的被申请人提出请求时才可拒绝执行。[124] 这种起草方式的起源可见于 *Re Boks & Co and Peters*，*Rushton & Co Ltd*[125] 案中主事官斯温芬·伊迪勋爵（Lord Swinfen Eady MR）的附带意见中：

> 众所周知，如果提出的反对意见使裁决的有效性成为疑问，则应该对裁决采取行动。如果对裁决没有反对意见，或者提出的反对意见很容易处理，那么简易程序是迅速和方便的。

第38条和第39条的起草清楚地表明了议会打算尽可能简单地执行裁决，而且意味着法院不可能自愿拒绝执行裁决。[126]

---

[122] Justice Datuk Dr. Haji Hannid Sultan Bin Abu Backer, *International Arbitration with Commentary to Malaysion Arbiuation Act* 2005,（2016）at p 379.

[123] Malaysia No. 5, Open Type Joint Stock Company Efirnoye -EFKO v Alfa Trading Ltd, High Court of Kuala Lumpur, D-24NCC-221-2010, 10 October 2011 in A J van den Berg（ed）, Yearbook Commercial Arbitration 2012-Volume XXXVII（2012）at pp 264-267.

[124] 1996年《英国仲裁法案》第66条规定了一项裁决“经法院许可后可以执行”，因此赋予了法院裁量权。

[125] ［1919］1 KB 491 at 496, CA（Eng）, per Lord Swinfen Eady MR. *Dr Ng Ah Kow v Dr Low Shik Aun*［1970］2 MLJ 257；*Re Stone and Hastie*［1903］2 KB 463；*May v Mills*（1914）30 TLR 287；*Grech v Board of Trade* 130 LT 15 per Warrington LJ；*Smith v Martin*［1925］1 KB 745；*Oil Products Trading Co Ltd v SA Societe de Gestion d'Entreprises Coloniales*（1934）150 LT 475；*Crane v Hegeman-Harris Co Inc*［1939］4 All ER 68；*Frank Fehr & Co v Kassim Jivraj & Co Ltd*（1949）82 Ll L Rep 673 at 675；*Sarandis v P Wigham-Richardson & Co Ltd*（1950）84 Ll L Rep 188；*Margulies Bros Ltd v Dafnis Thamaides & Co（UK）Ltd*［1958］1 All ER 777,［1958］1 WLR 398 per Diplock J；*Union Nationale des Co-operatives Agricoles de Cereales v Robert Catterall & Co Ltd*［1959］2 QB 44；*Middlemiss and Gould（a firm）v Hartlepool Corpn*［1972］1 WLR 1643 at 1647B per Lord Denning MR.

[126] 虽然法官佩·斯韦·金（Peh Swee Chin J）（*Mohamed Abdullah Tpe Abdul Majeed v Habib Mohamed*［1986］1 MLJ 526）说“法院有责任抓住非法性的要点，即使在这一点可以明显地反映在证据上时，各当事人也并没有提出这一点”，但这一决定在《2005年仲裁法案》的很久之前，可能不会被遵循。

对给予强制执行许可的命令提出质疑的权利仅限于被告或代表他行事的人。第三方可能会间接受到执行令的影响，例如，他因为被要求赔偿被告，所以没有资格向法院申请撤销该命令。[127]

在《2005 年仲裁法案》之前的时代，与《1952 年仲裁法案》第 27 条的情况一样，法院并不限于仅批准执行裁决的命令（这导致 *Re Hayek*[128] 案的困难，该案中这被认为不是最终命令），而应该就裁决作出判决。

如果裁决规定了被申请人对申请人不承担任何责任，则被告可将该裁决书的条款作为承认裁决的判决，实际上这是一项声明。英国上诉法院认为，承认裁决的判决不限于可以通过扣押令等通常方法执行的金钱裁决。[129]

48.8　积极或消极的救济措施

《2005 年仲裁法案》第 37 条和第 39 条所述理由之间的重叠提出了一个重要问题，即寻求反对裁决的一方当事人是否需要提出撤销裁决的申请（主动补救）；或者是否有权等待，看看另一方当事人是否试图执行裁决，并在稍后阶段抵制执行（被动补救）。

在《UNCITRAL 示范法》的发展过程中考虑了这个问题，示范法工作组第七届会议的报告规定："鉴于撤销和援引拒绝承认或执行的理由的目的和效果不同，当事人应可自由利用 1958 年《纽约公约》认可的并应保留在《UNCITRAL 示范法》中的替代抗辩制度。"[130]

新加坡上诉法院在 *PT First Media TBK v Astro Nusantara International*[131] 案中认为：

> 因此，根据《UNCITRAL 示范法》，不积极攻击国内国际裁决的当事人仍然能够在没有任何弃权问题的情况下被动地以抗辩来反对执行。

此前，*Ngo Chew Hong Oil & Fats (M) Sdn Bhd v Karya Rumpun Sdn Bhd*[132] 案的法院采取了限制性的做法，认为"在几乎所有情况下，没有提出撤销裁决申请可能是致命的"。

法院在 *Bauer (M) Sdn Bhd v Embassy Court Sdn Bhd*[133] 案中审议了作出临时裁决而没有申请撤销的情况。当申请执行时，抵制方被告知"被告自己的不作为阻止了被告现在对临时裁决提出质疑的权利"。

---

[127] *Westland Helicopters Ltd v Arab Organisation for Industrialisation* [1994] 2 Lloyd's Rep 608.

[128] (1957) 19 ABC 1.

[129] *West Tankers Ltd v Allianz SpA, The Front Comor* [2012] EWCA Civ 27, [2012] 2 All ER (Comm) 113.

[130] 工作组第七届会议工作报告 CA/CN. 9/246-6 March 1984 年 4 月，第 [154] 页。

[131] *PT First Media TBK*（原名 *PT Broadband Multimedia TBK*）*v Astro Nusantara International BV* [2014] 1 SLR 372, [2013] SGCA 57 at [71].

[132] [2009] 1 LNS 1321 at [5c]. *Agrovenus LLP v Pacific Inter-Link Bhd* [2014] 3 MLJ 648, [2014] 4 CLJ 525, CA; cf *Dallah Real Estate and Tourism Holding Co v Ministry of Religious Affairs, Government of Pakistan* [2010] UKSC 46.

[133] [2010] MLJU 1323, [2010] 1 LNS 1260.

看起来，法院在 *Ngo Chew Hong Oils & Fats*（*M*）*Sdn Bhd v Karya Rumpun Sdn Bhd* 案和 *Bauer*（*M*）*Sdn Bhd v Embassy Court Sdn Bhd* 案中的做法是不正确的。可取的是 *PT First Media TBK v Astro Nusantara International* 案中的做法，原因有两个。

首先，因为这种做法符合《UNICITRAL 示范法》的起草意图及其在《2005 年仲裁法案》中的适用。其次，如新加坡上诉法院所指出的，强迫各方当事人积极申请撤销可能对新加坡仲裁的实践和繁荣具有潜在的深远影响。

在不涉及公共利益领域的情况下，这里要提出的基本观点是，不应认为议会已经无声地甚至自然而然地同意了这样一个重要的决定。[134] 因此，法院根据第 39 条拒绝执行的裁量权不应因抵制方选择等到执行阶段提出质疑而被剥夺。

PT First Media TBK v Astro Nusantara International 案产生的争论就是如此，仲裁庭就管辖权作出了裁决，但当事人在法定时限内未对该裁决提出上诉（《2005 年仲裁法案》第 18（8）条的规定），因此不能基于该理由拒绝执行该裁决。

新加坡上诉法院的答复是，立法并没有规定对管辖权裁决的上诉是“一次性”的。其接受了律师的意见，即“这从来只是额外的积极救济措施，并不影响第 36 条程序所建立的被动救济措施的可用性”[135]。因此，管辖权裁决并不属于积极或消极救济的正常选择之外的特殊类别。

48.9 外币裁决的可执行性

《2005 年仲裁法案》对执行以外币作出的裁决没有任何限制。[136] 如果指示以马来西亚令吉以外的货币付款的裁决不能支付，那么国际仲裁裁决在马来西亚显然无法执行。

The Kozara[137] 案的法院评论说：

> 如果根据《2005 年仲裁法案》第 26 条的规定，以外币作出的裁决不能强制执行，则可以认为作出这种裁决等于仲裁员的不当行为。……如果根据合同，一种外币是记账货币，也是支付货币，那么裁决应该以该货币作出，这看起来既公平又方便。我不愿意将这样的一项裁决作为不当行为，也不愿意迫使外国当事人接受一种他们可能不希望的裁决形式，或冒着其裁决在伦敦不可执行的风险，以阻碍他们协议在伦敦进行仲裁。

---

[134] *PT First Media TBK*（原名 *PT Broadband Multimedia TBK*）*v Astro Nusantara International BV*［2014］1 SLR 372 at［90］.

[135] Ib：d at［104］.

[136] *Jugoslavenska Oceanska Plovidba v Castle Investment Co Inc*［1974］QB 292，［1973］3 All ER 498，［1973］2 Lloyd's Rep 1，CA（Eng）；*Miliangos v George Frank*（*Textiles*）*Ltd*［1976］AC 443，［1975］3 All ER 801，［1976］1 Lloyd's Rep 201，HL；*Mitsui OSK Lines Ltd v The Ship “Mineral Transporter”*［1983］2 NSWLR 564.

[137] *Jugoslavenska Oceanska Plovidba v Castle Investment Co Inc*，*The Kozara*［1973］2 Lloyd's Rep 1 at 11，［1973］3 All ER 498 at 502-203，per Cairns L J.

执行仲裁裁决与执行外国判决不同，因此 1958 年《相互执行判决法案》第 4（3）条明确规定了以外币支付的外国判决应转为马来西亚令吉；《2005 年仲裁法案》中则没有这样的规定。

法院很可能将同样的原则用于裁决。1958 年《相互执行判决法案》第 4（3）条规定了货币转换计算的日期是原判决的日期，如果在执行判决之前已经过了相当长的时间，那么这可能会造成问题。如果不是这种情况，则有可能存在以此为由反对强制执行的风险，即认为要求一个马来西亚实体以外币偿还债务是违反公共利益的。

最近，加拿大的一份关于仲裁的出版物提到：

如果判决承认以外币作出的仲裁裁决，这表明该命令要求支付足够数额的加拿大货币，以按照加拿大判决之日有效的适用汇率购买所欠的外币数额。[138]

在英国：

这里不要求法院的判决是当地货币。如果判决被命令以外币作出，该命令必须说明“命令被告在付款时向原告支付（外币数额）或等值英镑”。[139]

48.10　无约束力的裁决或在仲裁地国家被撤销的裁决

《2005 年仲裁法案》没有对裁决产生约束力的时间点作出具体规定。是在仲裁庭签署裁决之时、可供各方当事人签收之时还是在双方当事人签收之时，这是要考虑的问题。有建议称，第二个选项代表了正确的立场。

裁决在根据《2005 年仲裁法案》第 38 条被申请承认具有约束力之前不具有约束力的论点必须被驳回，因为这涉及循环推理，实际上是阻止承认裁决的约束力——因尚未承认其有约束力。[140] 还有人认为，只在申请撤销裁决的 90 天时限到期后裁决才具有约束力的论点也必须被舍弃。

如前面第 47 章所讨论的那样，如果这个裁决已在另一国家被撤销，那么法院可能会拒绝执行。但是，如果这是一个绝对的规则，那么可能会造成不公正。例如，在针对某一国家的仲裁中，以该国家为仲裁地时，法院可能会被迫撤销裁决。

英国最近的一份裁定提供了有用的概述，以说明正确的方法是什么。在 *Yukos Capital SARL v OJSC Rosneft Oil Company*[141] 案中，裁决的仲裁地为俄罗斯，其随后被俄罗斯法院撤销了。当申请人设法在英国执行裁决时，被申请人提出反对，因为已经不存在裁决以供执行，以及“无中不能生有”（ex nihilo nil fit）原则应被使用。

---

[138] Practical Law，A Thomson Reuters Legal Solution，“Enforcement of arbitral awards in Canada：overview”，（2015）. Available at：http://uk.practicallaw.com/5-619-0732.

[139] Practical Law，AThomson Reuters Legal Solution，“Enforcement of arbitral awards in the UK（England and Wales）：overview”，（2015）.

[140] 参见针对加拿大案例 *Murmansk Trawl Fleet v Bimman Realty Inc*［1994］OJ No 3018 的讨论。

[141]［2014］EWHC 2188（Comm）at［19］，cited in *Malicorp Ltd v Government of the Arab Republic of Egypt*［2015］EWHC 361（Comm）.

被告引用了 Van den Berg[142]案的结论如下：

> 无视撤销裁决……涉及基本的法律概念。当一个裁决在原籍国被撤销，它在该国就已经不存在了。这个裁决已被撤销的事实意味着这个裁决此前是合法根植于原籍国的仲裁法的。那么另一个国家的法院怎么会有可能认为同一个裁决仍然有效呢？一些法哲学的理论可能会提供这个问题的答案，但对于法律执业者来说，这个现象是令人费解的。似乎只有一个国际条约才能给予这个裁决一个特殊的法律地位，尽管这项裁决在原籍国已被撤销了。

法官西蒙不同意被告的意见，认定英国法院并不“一定会承认外国法院违反诚信原则、自然正义和国内公共利益观念的裁决”[143]，就如俄罗斯的裁决被指控的那样。英国法院仍然可以执行尽管已经在仲裁地被撤销的仲裁裁决。

有人建议应该遵循这种方法。根据国际私法的一般原则，撤销仲裁裁决的外国裁定不是一个某法院承认效力的裁定，裁决仍然可以被执行。这种情况当然很少发生，申请人必须证明被质疑的裁定有如此大的缺陷，以致不应予以承认。

《2005 年仲裁法案》第 39 条的明文规定支持了这一做法，其规定法院“可以”（may）基于上述的所有（包括这一个）理由拒绝执行。这与当一项裁决在一个国家被撤销时，法院“应该”（shall）根据第 39（1）（a）（vii）条的规定拒绝执行没有区别。

最近的判例法表明，仍然不存在统一的做法。一份在仲裁地被撤销的裁决在某些国家可能会被承认及执行，而同一裁决在其他国家则会被拒绝承认及执行。

例如，法国法院的立场是，仲裁地法院的撤销应根据其本国法律完全不予理会。至于在美国执行，根据《美国联邦仲裁法案》（*the US Federal Arbitration Act*）第 V（1）（e）条的规定，海牙法院撤销仲裁裁决属于一条抗辩理由。

在关于《纽约公约》的一篇文章中[144]，曾是俄罗斯在海牙常设仲裁法院出庭律师的艾伯特·简·凡·德·伯格（Albert Jan van den Berg）说：

> ……其他缔约国的绝大多数法院根据公约或其他规定，不执行在原籍国被撤销的仲裁裁决。

然而在最近大量的判例中，法院承认了在仲裁地被撤销的外国裁决。[145] Yukos 案的股东启动了一个引人注目的执行程序，时间正是在 2016 年 4 月 20 日海牙地区法院裁定撤销 PCA 仲裁庭的决定，即要求俄罗斯支付超过 500 亿美元的损害赔偿之前。

---

[142] Van De Berg, *Enforcement of Annulled Awards* (1998) ICC International Court of Arbitration Bulletin 15.

[143] [2014] EWHC 2188 (Comm) at [20]; *Dallah Estate and Tourism Holding Company v The Ministry of Religious Affairs of Government of Pakistan* [2009] EWCA Civ 755 at [91], per Rix L J.

[144] A J van den Berg, "The New York Convention of 1958: An Overview", (2008).

[145] B Knowles, K Moyeed and N Lamprou, "The US $ 50 billion Yukos award overturned-Enforcement becomes agame of Russian roulette", (2016) Kluwer Arbitration Blog, 13 May.

2016 年 8 月，美国第二巡回上诉法院在 *Commisa v Pemex* 案中发表了期待已久的裁定，执行了已被仲裁地墨西哥的法院撤销的一份裁决。[146]

Malicorp Limited v Government of the Arab Republic of Egypt et al[147] 案的法院批准了埃及关于撤销开罗裁决执行令的申请，理由是该法院未能确保埃及能够就埃及法律的辩护条款陈述其案情。法院认为，行使任何剩余裁量权来执行裁决都是严重违规行为。

新南威尔斯州最高法院在 *Aircraft Support Industries Pty Ltd v William Hare UAE LLC*[148] 案中认为，阿布扎比裁决应该被部分执行。法院认定，违反自然正义的部分裁决（因为仲裁员支持了胜诉方最开始提出但没有列入请求陈述书中的仲裁请求）是不可分割的。该上诉法院认为，如果无效的部分明显独立并可分割，则部分无效的裁决一般不会完全无效。

[146] M Paulsson, "Comissa v. PEMEX The Sequel: Are the Floodgates Opened? The Russian Doll Effect further defined", (2016) Kluwer Arbitration Blog, 11 August.

[147] UK No. 2016-1, *Malicorp Limited v Government of the Arab Republic of Egypt et al.*, High Court of Justice, Queen's Bench Division (Commercial Court), 19 February 2015 in A J van den Berg (ed), *Yearbook Commercial Arbitration* 2016-*Volume XLI* (2016) at pp 1-29.

[148] Australia No. 2016-1, *Aircraft Support Industries Pty Ltd v William Hare UAE LLC*, Supreme Court of New South Wales, Court of Appeal, 11 August 2015 in AJ van den Berg (ed), *Yearbook Commercial Arbitration* 2016-*Volume XLI* (2016) at pp 1-30.

第 49 章 仲裁中的法律冲突

49.1 介 绍

仲裁庭的具体任务是就各方当事人提出的问题作出具有约束力的最终裁决，以解决争议。仲裁协议可以与基础合同相分离，因此，在理论上可以根据这种可分离性原则制定不同的法律来管理仲裁协议及其基础合同。

有时，国际仲裁中的争议和仲裁程序涉及个人、公司和法律实体之间的外国司法管辖法律关系，这可能导致法律之间的相互作用，通常被称为法律冲突。仲裁庭必须处理含有这些外国因素的争议，这类似于在外国订立或履行与马来西亚法律以外的其他法律制度相互作用的合同。[1]

仲裁庭有权决定哪些法律适用于案情，以及哪些法律适用于其审理争议的管辖权，这一事实有助于仲裁庭的工作。[2] 它通常会采用国际私法中的法律冲突理论来正确选择控制仲裁程序不同方面的法律。有时，仲裁庭会犯严重的错误，导致不可预测的结果。[3]

因此，对与国际仲裁有关的适用法律进行分类就变得十分重要。它们包括适用于争议案情的法律、适用于仲裁协议的法律、适用于仲裁程序的法律，以及各项法律的内在冲突。[4]

仲裁庭可能事先不知道胜诉方打算执行其裁决的所有潜在法院的具体情况。实际上，各方可以在《纽约公约》覆盖的多个司法管辖区执行裁决。然而仲裁庭应该作出可执行的裁决，其中包含在诉讼的不同阶段适用法律问题的充分理由。

了解国际仲裁庭如何分析法律冲突所引起的问题以及对国际仲裁中法律选择的评估是有必要的。首先是仲裁协议适用的法律、仲裁中的程序法和适用的实体法。仲裁庭在评估法律选择方面可采用不同的方法。在这种法律相互作用的情况下，也有执行和承认的问题。

---

[1] Lord Collins of Mapesbury, Briggs, Dickson, Harris, et al, *Dicey, Morris & Collins*: *The Conflict of Laws*, (15th Edn, 2012) at p 3.

[2] 更多的信息，请参见“Determination of Jurisdiction” in J Lew, L Mistelis, et al, *Comparative International Commercial Arbitration*, (2003) at pp 329-354.

[3] 一些仲裁庭采用的法律冲突方法经常导致以下问题：作为争议要素的定性、对适用法律实质公平性的考虑以及反致等复杂法律理论适用等问题。更多信息，参见 M Petsche, “International Commercial Arbitration and the Transforma-tion of the Conflict of Laws Theory”, (2010) 18 Michigan State Journal of International Law n 3, 第 454-493 页。

[4] Gary Born, *International Arbitration*: *Law and Practice*, (2nd Edn, 2015) at p 239.

49.2　适用于仲裁协议和仲裁程序的法律

现行的法律冲突

仲裁庭必须回答在程序中阐述的所有问题，以履行其任务。其必须通过适用一套具体规则，对当事人提出的所有问题作出裁决。国际仲裁不是存在于法律真空中的自给自足机制。

这是一个受管制的进程，有着由各方当事人界定并以特定法律为基础的详细议事规则。[5] 任何国际仲裁的当事人将处理各种法律，包括调整仲裁协议、实体权利的法律，以及调整执行机制的法律等。

当事人有权选择准据法和适用于案件实体的实体法。[6] 如果他们没有指定这种法律，则仲裁庭有责任决定适用的法律。在仲裁中确立适当的法律是一项涉及多方面的任务，涉及评估仲裁程序中的法律选择以及这些法律得到确认后如何运作的问题。

仲裁庭享有选择自己的解释方法的自由。其可以根据其认为适当的规则作出裁决，或在其认为必要时适用法律冲突规则以得出结论。[7]

仲裁庭在整个仲裁程序中会听取各方当事人提出的关于法律适用的一系列论点。尽管如此，仲裁庭并不一定要完全根据当事人的主张作出裁决。在选择适用的仲裁法律时，可能会考虑强制性规则和公共利益的问题。[8]

因此，在事实分析和对双方当事人提出的论证进行评估之前，仲裁庭必须着手确定涵盖仲裁不同方面的适当法律制度。

仲裁庭必须面对以下问题：哪一法律调整仲裁协议；哪一法律调整仲裁的存在和程序方面；哪一法律调整实体问题；哪一法律调整裁决的执行；以及不具约束力的规则和准则是否适用于争议。[9]

在商事仲裁案件中，在当事人选择的法律不明确时，仲裁庭可以根据仲裁地的法律

---

[5] Blackaby, Partasides with Redfern and Hunter, *Redfern and Hunter on International Arbitration*, (6th Edn, 2015) at pp 155-228.

[6] 也被称为“实体法”。

[7] D Jones, “Choosing the Law or Rules of Law to Govern the Substantive Rights of the Parties”, (2014) 26 SAcLJ at pp 911-941.

[8] F De Ly, L Brozolo and M Friedman, “International Law Association International Commercial Arbitration Committee's Report and Recommendations on ‘Ascertaining the Contents of the Applicable Law in International Commercial Arbitration’ ”, (2010) 26 Arbitration International, 2 at pp 193-220.

[9] Blackaby, Partasides with Redfern and Hunter, *Redfern and Hunter on International Arbitration*, (6th Edn, 2015) at pp 155-228.

确定争议适用的法律[10]；也可以主动采用选择法律的方法，将仲裁地的相关性排除在方程式之外。

仲裁庭可以分析争议的其他方面，包括执行地法律[11]、准据法[12]和商法。[13] 在马来西亚，尽管各种各样的商事仲裁在 KLRCA 进行，但也有许多其他仲裁机构（例如PORAM）采用自己的一套仲裁规则，这也需要加以考虑。

在投资仲裁中，由于其特殊性，法律的选择以不同的方式运作。当事人可以选择合同法作为适用的法律。其还可以参照东道国独立的国内法，并选择第三国的法律，但这种情况很少见。尽管起草这样一个条款具有特殊性，但当事人往往选择结合东道国法律适用国际法和一般法律原则。[14]

因此，双方和仲裁庭都希望提供一种有效的解释仲裁条款的方法，以提取适当的仲裁法律。虽然“适当的法律”（proper law）一词没有固定的定义，而且在很大程度上仍然受到当事人自主权的约束，但“适当的法律”可以被定义为最能确定当事人在解决争议方面的意图的法律。

适用于仲裁协议的法律的相关性

仲裁员与程序之间的第一次接触发生在仲裁庭收到申请人提交的仲裁请求时。这一申请通常包含仲裁协议的一份副本、一份说明或全部条款。[15] 仲裁庭的第一项任务是分析仲裁协议和争议的程序问题。[16]

仲裁庭应仔细审查仲裁协议，对形式有效性、实质有效性进行初步评估，并审查可能因行为能力而产生的问题。在这一语境下，仲裁庭被要求处理关于仲裁协议的法律的不确定性。这种分析管辖法律的过程可能会导致不一致的解释，从而导致不同法律的适用。

国际仲裁的运作基于这样的推定：仲裁协议适用的法律可以与基础合同适用的法律

---

[10] 法庭可以遵循诉讼地法的方法，根据仲裁所在地的法律作出裁决。C Pamboukis，“On Arbitrability：The Arbitrator as a Problem Solver–Thoughts about the Applicable Law on Arbitrability”，in L Mistelis and S Brekoulakis（eds），*Arbitrability：International & Comparative Perspectives*，（2009） at p 135.

[11] 仲裁裁决执行地的法律。

[12] 适用于仲裁的实体法。

[13] F De Ly，L Brozolo and M Friedman，“International Law Association International Commercial Arbitration Committee's Report and Recommendations on ‘Ascertaining the Contents of the Applicable Law in International Commercial Arbitration’”，(2010) 26 Arbitration International 2；“Applicable Law Chosen by the Parties”，in J Savage and E Gaillard（ed），*Fouchard Gaillard Goldman on International Commercial Arbitration*，（1999） at pp 785–864.

[14] C Schreuer et al，*The ICSID Convention*，*A Commentary*，（2nd Edn，2009） at pp 545–640.

[15] 大多数仲裁机构承认仲裁协议是提出仲裁请求的必要文件。更多的信息，请参见 ICC Rules of Arbitration art 4（3）（e），LCIA Arbitration Rules（2014） art 1. 1（ii），and Stockholm Chamber of Commerce（SCC） Arbitration Rules 2010 art 2（iv）。

[16] 也被称为莱科斯仲裁法。

不相同。《纽约公约》[17] 和《UNICITRAL 示范法》都承认分离原则。[18] 它的前提是具体的国际规则将确定仲裁协议的实质内容和形式合法性。这意味着，确定仲裁协议范围和效力的适用法律与当事人基础合同的法律制度没有内在联系。[19]

适用于仲裁协议的法律之所以相关，是因为它涉及与仲裁协议的实质合法性有关的所有问题，如存在有效的仲裁协议和可允许的错误。它还涉及国际仲裁协议的解释、转让和放弃问题以及不可仲裁性问题。[20]

仲裁庭还面临着确定争议可仲裁性界限的挑战。它涉及仲裁协议赋予仲裁庭的界定属人理由和属事理由的属性。换句话说，它涉及仲裁庭在仲裁中确定争议标的和当事人的权力。[21]

国际商事合同中的仲裁条款通常不包含界定仲裁协议适用法律的具体规定。[22] 事实证明，在没有这种规定的情况下，特别是在选择法律审查的语境中考虑可分离性原则时，确定调整仲裁协议的法律是一个复杂的过程。

根据国际法规则分析仲裁协议的实质和形式有效性，并不要求适用明确的法律选择规则。[23] 相反，在选择调整国际仲裁协议的成立、有效性和终止的法律时，则允许采取多种做法。[24]

它还可促使仲裁庭检查国际公约，并根据协议的推定效力和默认的法律选择规则作出裁决，在当事人未能确定适用于仲裁协议法律的情况下，该默认规则对本国法律的选择作出了规定。[25] 因此，仲裁庭必须确定一种评估法律选择的方法，并通过使用其中一种方法来决定适用于仲裁协议的法律。[26]

---

[17] 1958年6月10日在纽约签署的《承认和执行外国仲裁裁决公约》于1959年6月7日生效。

[18] 联合国国际贸易法委员会仲裁规则。

[19] Gary Born，"The Law Governing International Arbitration Agreements：An International Perspective"，（2014）26 SAcLJ at p 819.

[20] K Berger，"Re-Examining the Arbitration Agreement，Applicable Law Consensus or Confusion?"，in AJ Van den Berg，*International Arbitration* 2006：*Back to Basics*?，（2007）at pp 304-305. Gary Born，*International Commercial Arbitration*，（2nd Edn，2014）at p 472.

[21] C Pamboukis，"On Arbitrability：The Arbitrator as a Problem Solver-Thoughts about the Applicable Law on Arbitrability" in L Mistelis and S Brekoulakis（eds），*Arbitrability：International & Comparative Perspectives*，（2009）at pp 121-142.

[22] 人们普遍认为，当事人不仅可以在签署仲裁协议时，而且可以在争议产生之前或之后的任何时候自由选择适用的法律。

[23] 《纽约公约》的运作以假定仲裁协议的实质效力和形式效力分别受特殊国际规则的约束为前提。例如，《纽约公约》第2条规定：（1）当事人以书面协定承允彼此间所发生或可能发生之一切或任何争议，如关涉可以仲裁解决事项之确定法律关系，不论为契约性质与否，应提交仲裁时，各缔约国应承认此项协定。（2）本公约所称"书面协定"者，谓当事人所签订或在互换函电中所载明之契约仲裁条款或仲裁协定。（3）当事人就诉讼事项订有本条所称之协定者，缔约国法院受理诉讼时应依当事人一造之请求，命当事人提交仲裁，但前述协定经法院认定无效、失效或不能实行者不在此限。

[24] Gary Born，*International Commercial Arbitration*，（2nd Edn，2014）at pp 485-487.

[25] 同上，第490-491页。作者举例说明了他的观点，提到了《日内瓦议定书》《日内瓦公约》《纽约公约》和《罗马公约》等。

[26] 涉及仲裁协议适用法律的问题往往在不同阶段和场合出现，包括当事人寻求执行仲裁裁决的法院和当事人可能寻求撤销仲裁裁决的法院。

总之，仲裁员、国家法院和评论员对仲裁协议的实质性问题分析采取了多种法律方法。[27] 尽管缺乏分析法律选择问题的全面方法，但法庭和国家法院找到了解决这些问题的方法。

马来西亚法院普遍采取了全世界都接受的立场。当事人享有选择前述实体法的第一权利或自主权，并有机会克服可能的限制，例如与所选法律的国家有实质性联系。[28]

法院还借鉴了《2005 年仲裁法案》第 30 条[29]，该条类似于《UNCITRAL 示范法》第 28 条的规定。根据第 30 条的规定，当事人享有确定适用性问题的第一权利。在没有任何接受的情况下，仲裁庭有权根据国际公认的法律相互作用原则作出裁决。这通常被称为“法律冲突”（conflict of law）原则。

如果这仍然没有结果，那么法院将依据《2005 年仲裁法案》第 30（5）条有关法院对协议条款和贸易惯例的考虑来处理。这被称为“重心”（centre of gravity）方法，法院在确定法律的适用性时将考虑与交易“最密切和最真实的联系”（closest and most real connection）。[30]

国际仲裁中的程序法

人们普遍认为，仲裁所在地与仲裁员的行为和对争议某些程序方面的控制密切相关，例如可执行性的问题。国家法院拥有的这种监督作用往往被称为仲裁法律的元老。[31] 在管理仲裁或机构仲裁的情况下，这些规则将适用于仲裁。

（a）仲裁内部的正式事宜，例如仲裁员的任命或对作出裁决的要求；

（b）仲裁与地方法院的关系，国家司法机关的协助；

（c）特定国家公共利益的某些方面，如强制性规则。[32]

例如，在马来西亚，与《2005 年仲裁法案》第 20 条和第 21 条相似的规定被称为仲裁程序的“大宪章”（Magna Carta）。[33]

仲裁庭与当地法院之间存在着合作关系，因为后者可以在执行仲裁协议、适当组成

---

[27] 更多信息，见 M Blessing，“The Law Applicable to the Arbitration Clause”，in A Van den Berg，*Improving the Efficiency of Arbitration Agreements and Awards*：*40 Years of Application of the New York Convention*，vol. 9，The Hague，Kluwer Law International，第 168-188 页。根据作者的说法，至少有九种不同的方法可以确定管辖仲裁协议的法律是否存在，分别是：仲裁条款生效地法律，或生效地；仲裁地法律，或仲裁地法；当事人选择的准据法；包含仲裁条款的实体合同的法律；当事人或其中一方当事人的法律；在没有仲裁条款的情况下，其法院具有管辖权的国家的法律；执行仲裁裁决的国家的法律；法律的组合；非国家或非国家化的方法。

[28] *Vita Food Products Inc v Unus Shipping Co Ltd*［1939］AC 277.

[29] Act 646.

[30] *Bonython v Commonwealth of Australia*［1951］AC 201；*Citadel Insurance Co v Atlantic Union Insurance Co SA*［1982］2 Lloyd's Rep 543；*James Miller & Partners Ltd v Whitworth St Estates*（*Manchester*）*Ltd*［1970］AC 583 followed.

[31] M Hwang and F Cheng，“Relevant Considerations in Choosing the Place of Arbitration”，（2008）4 Asian International Arbitration Journal，at pp 195-200.

[32] A Henderson，“Lex Arbitri，Procedural Law and the Seat of Arbitration-Unravelling the Laws of the Arbitration Process”，（2014）26 SAcLJ at pp 886-910.

[33] OP Malhotra，*The Law & Practice of Arbitration and Conciliation*，（3rd Edn，2014）at p 878.

仲裁庭和处理对仲裁庭管辖权的质疑方面为仲裁程序提供必要的支持。

此外，仲裁所在地的法院是管辖法院，通常用于执行临时措施、执行仲裁庭的裁决以及提交单方面申请或冻结令。[34]

49.3　适用于国际仲裁的法律选择和实体法

缔约方选择的法律

国际仲裁是建立在当事人意思自治基础上的一种仲裁机制。当事人拥有确定仲裁员在仲裁程序中必须使用的方法和适用的法律的最高权力。仲裁的存在在任何情况下都是当事人行使自主权的结果，当事人对法律的选择也反映了这种自主权。[35]

鉴于当事人和争议标的的国际特点，每一仲裁程序都有其特殊性。缔约方事先为程序的运作规定了一系列具体条件。如果未能达成法律协议，仲裁庭将负责分析争议事项并明确适用于争议实质内容的法律。

大多数仲裁法区分当事人选择准据法和未选择法律条款的情形。[36] 尽管假设当事人指明了他们打算管辖争议的法律，仲裁员仍有特权审查这一选择并确定其作出最后裁决所依据的法律。

几十年来，在当事人没有选择法律的情况下，仲裁庭拥有越来越多的自由裁量权来确定适用于争议实质内容的法律。在其他因素中，离域理论（theory of delocalisation）将仲裁地的优势地位转移到仲裁庭手中。[37] 因此，授予仲裁员的权力不受个别法院的具体规则的限制。[38]

例如，在投资仲裁中，适用于争议的法律不一定产生于当事人之间的合同关系。但是，它仍然与当事人意思自治原则联系在一起。国家的自主权体现在制定条约条款的权力以及关于当事人如何解决争议的协议。

例如，在有适用于争议的多种法律渊源的情况下，法院倾向于优先考虑投资条约，而不是其他法律渊源。在这方面，条约规定具有压倒一切的能力，东道国的法律随之据

---

[34] M Hwang and F Cheng, "Relevant Considerations in Choosing the Place of Arbitration", (2008) 4 Asian International Arbitration Journal at pp 195-200.

[35] J Lew, L Mistelis, et al, *Comparative International Commercial Arbitration*, (2003) at p 412.

[36] 《UNCITRAL 示范法》第 28 条。

[37] 离域化理论否认争议的主要方面（协议、程序和裁决）受仲裁地法律的支配。

[38] JPaulsson, "Arbitration in Three Dimensions", (2010) 2 LSE Law, Society and Economy Working Papers 第 1-35 页。在文中，作者分析了仲裁法的传统构想，并将其分为四种（在第 3 页）："第一，任何仲裁都是强制性的，根据仲裁地的法律来决定其生或死。这可以称为领土理论。第二，仲裁可以通过一种以上的法律命令来产生效力，但它们中没有一种法律命令是不可避免的。这就是多元论。第三，仲裁是仲裁员和法官接受的自治法律秩序的产物。第四，根据完全不依赖于国家法律或法官的自愿安排，仲裁可能会完全有效。"

此调整仲裁。[39]

仲裁地法

多年来，国际仲裁的运作前提是仲裁所在地决定着哪些实体法应适用于争议的问题。仲裁员必须适用仲裁所在地法律的观点一直持续到冲突规则自治制度的理论模式被纳入国际仲裁为止。[40]

自主方法基于两个理论假设。第一，仲裁地的选择往往是出于实际原因，与争议标的没有必要的联系。第二，不同于国家法院的法官，仲裁员的权力不受法院地法限制。[41]

仲裁所在地地法——仲裁地法（lex arbitri）在当代的相关性一直是讨论的中心和批评的对象。怀疑论者认为，所在地法律应当对国际仲裁产生有限和剩余的影响，其适用范围应仅涵盖争议的程序方面，避免处理实质性问题或与争议实体有关的问题。[42]

关于仲裁地的一个主要问题涉及可仲裁性。《纽约公约》提出的“可以公断解决事项之确定法律关系”[43] 和“依该国法律，争议事项系不能以公断解决者”[44] 将问题带回了仲裁地的法律或寻求执行地的法律。[45]

在这个前提下，可仲裁性问题可以出现在仲裁程序的不同阶段。[46]《2005 年仲裁法案》第 2（1）条明确规定了根据第 22 条来确定仲裁地。这样可以确保仲裁的地点不会与为当事人提供在不改变适用法的情况下确定不同地点的权利的地点相混淆。仲裁地可以是指举行会议的地点，而不一定总是所在地。[47]

法律选择的评估

仲裁庭在面对法律选择问题时，有一定程度的自由来决定他们可能使用何种适当方法来作出裁决。有两种情况可以说明仲裁庭在评估法律选择方面的任务有多困难。第一种是涉及当事人不能表达自己选择法律的情况。第二种是关于明确选择适用范围受到限

---

[39] J Thomas and H Dhillon，“Applicable Law under International Investment Treaties”，（2014）26 SAcLJ at pp 975–998.

[40] F De Ly，“Conflict of Laws in International arbitration–an overview”，在 F Ferrari and S Kröll（ed），*Conflict of Laws in International Arbitration*，（2011） at pp 3–19.

[41] *Idem.*

[42] P Ortolani，“L'Individuazione e l'Applicazione delle Norme di Merito nell'Arbitrato Internazionale”，（2013）23 Rivista dell'Arbitrato 3 at pp 763–786.

[43] New York Convention art II（1）.

[44] *Id*，art V（2）（a）.

[45] 美国学者提出了不同的观点，并以不同的方式解释了可仲裁性问题。更多信息请参见 J McLaughlin，“Arbitrability：Current Trends in the United States”，（1996）12 Arbitration Internationalat pp 113–136。

[46] BHanotiau，“The Law Applicable to Arbitrability”，（2014）26 SAcLJ 第 874–885 页。据作者介绍，可仲裁性的问题可能出现在以下情况中：仲裁庭将根据 *Kompetenz–Kompetenz* 原则自行裁决；将在国家法院援引该问题，作为对仲裁协议有效性的异议；在国家法院撤销仲裁时适用该条款；在国家法院的执行程序中适用。

[47] Blackaby and Partasides with Redfrern and Hunter，*Redfern and Hunter on International Arbitration*，（6th Edn，2015） at p 321，para 6–12；Rajoo and Davidson，*The Arbitration Act 2005：UNCITRAL Model Law as applied in Malaysia*，（2007） at para 22. 2.

制的法律的情况。[48]

许多仲裁庭都制定了具体的法律冲突规则和方法，试图找出解决适用于国际仲裁的法律冲突的一般办法。佩士奇（M Petsche）认为，这种方法最终只是肤浅地研究问题。[49] 通过法律冲突方法确定实质上最适当的法律并没有成功，从而暴露了这一进程可能存在的不公。

为了在法律冲突分析中引入客观因素，一系列不同的测试被开发出来。有人批评说，在国际仲裁中使用法律冲突理论无法调和国内法和外国法律的性质，从而造成了连接因素的冲突，而不是造成了实质性的法律冲突。[50]

当代评论者倾向于将法律选择问题的处理方法分类如下：仲裁庭确定的法律选择规则的应用；仲裁地具体而灵活的选择法律规则的应用；以及间接或直接选择方法的应用。[51]

最近，仲裁庭所侧重的做法是直接选择法，仲裁庭承担着确定实体法或“法律规则”（rules of law）的任务，这不是一项仅限于指明特定国家法律的简单任务。仲裁庭采用间接法（*voie indirecte*）和直接法（*voie directe*）来确定实体法。[52]

间接方法可以定义为一种保守的技术，其起源可以追溯到《欧洲国际商事仲裁公约》（*European Convention on International Commercial Arbitration*）。[53] 根据这种做法，仲裁庭有权裁量适用其认为“适用”或“适当”的法律冲突规则，以便找到实体法。例如，利用某个特定司法管辖区的法律冲突规则。[54]

相比之下，直接方法则赋予了仲裁员按照自己意愿行事的自由。他们可以决定诉诸法律所选择的规则，即使其没有义务这样做，他们甚至可以发明其想应用的规则。[55]

使用这种方法时，仲裁庭应分析每个案件的情况，并选择最相关的法律或其认为最适合的法律。随着不同的仲裁机构采取直接办法并将具体规定纳入其整套仲裁规则，这

---

[48] 当事人对法律的选择受到强制性公共政策规范的适用和管辖其仲裁协议正式有效性的法律的限制。

[49] M Petsche, “International Commercial Arbitration and the Transformation of the Conflict of Laws Theory”, (2010) 18 Michigan State Journal of International Law 3 at pp 456-466.

[50] *Id.*

[51] E Gaillard, “The Role of The Arbitrator in Determining the Applicable Law”, in L Newman and R Hill, *The Leading Arbitrators' Guide to International Arbitration*, (2nd Edn, 2008) at pp 185-216.

[52] D Jones, “Choosing the Law or Rules of Law to Govern the Substantive Rights of the Parties”, (2014) 26 SAcLJ at p 913.

[53] 1961 年 4 月 21 日在日内瓦签署的《欧洲国际商事仲裁公约》。《欧洲国际商事仲裁公约》第 7 条第 1 款规定：“当事人可通过协议自行决定仲裁员就争议所适用的实体法。如果当事人没有决定应适用的法律，仲裁员可按照其认为可适用的冲突规则的规定，适用某种准据法。在上述两种情况下，仲裁员均应考虑到合同条款和商业惯例。”

[54] D Jones, “Choosing the Law or Rules of Law to Govern the Substantive Rights of the Parties”, (2014) 26 SAcLJ at pp 913-914.

[55] E Gaillard, “The Role of The Arbitrator in Determining the Applicable Law”, in L Newman and R Hill, *The Leading Arbitrators' Guide to International Arbitration*, (2nd Edn, 2008) at p 205.

一方法变得流行起来。[56]

仲裁庭通过间接或直接的方法（尤其是通过后者）来评估实体法时，其广泛的自由裁量权不应被视为有利于最方便或最熟悉的法律的任意决定。这些方法的选择并不意味着仲裁庭已履行其提供合理决定的义务。相反，仲裁庭的裁决应详细解释为何被确定适用的法律是最佳的。[57]

运用法律冲突规则来确定准据法一直是许多批评的对象。佩士奇[58]认为它是以适用于国际仲裁的纯粹法律冲突规则的不可预测性、不公平性和实体性不足为基础的。

在投资条约仲裁中，评估法律选择需要采取与商事仲裁不同的方法。仲裁庭一贯认为管辖权问题不受适用于案件实体的法律调整。管辖权问题由他们自己的制度调整，这种制度的基础存在于载有各方当事人仲裁协议的文件中。[59]

仲裁员在选择法律时，会考虑到东道国法律和国际法基础上的投资条约。[60] 在这方面，国际公法代表了大量可能适用于解释和确定国内法中未知或在国际法中较发达的概念和观念的规则。

49.4 应对法律冲突规则的不同方法

基础合同实体法的相关性

仲裁庭一旦确定了调整仲裁协议的法律并就仲裁的程序问题作出了决定，就可以进入下一阶段。对仲裁实体法的审查中，提出特定的国内法、不同的国内法或多个国内法同时适用的多重问题。[61]

---

[56] 更多信息见《UNCITRAL 示范法》，第6章，第28条；《伦敦国际仲裁院仲裁规则（2014）》第22条第（3）款；《国际商会仲裁规则》第21条第（1）款；《AAA 商事仲裁规则》和调解程序 P-2 检查表。同样参照 S Nesbitt 和 M Darowski，“LCIA Arbitration Rules 2014，Article 22［Additional Powers］” 以及 S Brekoulakis 和 J Ribeiro et al，“UNCITRAL Model Law，Chapter VI Making of Award and Termination of Proceedings，Article 28［Rules applicable to substance of dispute］”，同样见于 L Mistelis（ed），*Concise International Arbitration*（2015 第2次修订版）第533-539页，第890-893页

[57] D Jones，“Choosing the Law or Rules of Law to Govern the Substantive Rights of the Parties”，（2014）26 SAcLJ at p 915.

[58] M Petsche，“International Commercial Arbitration and the Transformation of the Conflict of Laws Theory”，（2010）18 Michigan State Journal of International Law 3 at p 457.

[59] C Schreuer，“Applicable Law in Investment Treaty Arbitration”，（2014）1：1 McGill Journal of Dispute Resolution，at pp 1-25.

[60] Y Banifatemi，“The Law Applicable in Investment Treaty Arbitration”，in K Yannaca-Small（ed），*Arbitration under International Investment Agreements：A Guide to the Key Issues*，（2010）at pp 191-210.

[61] Gary Born，*International Commercial Arbitration*，（2014年第2次修订版）第2617-2618页。T. 作者提到，在国际仲裁中，涉及实体法的问题在下列情况下可能出现：（1）适用于争议实质的实体法，包括当事人标的合同的存在、效力、可执行性和解释，以及管辖任何非合同债权的法律；（2）适用于当事人仲裁协议的实体法；（3）适用于仲裁程序的法律；（4）在选择上述各项法律时适用的法律冲突规则。

第一步是分析双方当事人是否就法律选择达成了一致。无论当事人是约定了适用的实体法还是参阅基础合同，仲裁员都必须确定当事人协议中所包含的法律效力。

或者，如果他们未就法律选择达成一致，则仲裁庭必须利用法律冲突规则或直接选择适用的实体法。[62]《2005 年仲裁法案》第 30（3）条还强调了当事人第一选择的重要性。因此，即使各方当事人未作出决定，仲裁庭也须根据国家法律作出同样的决定，这是不存在争议的。

当事人选择的法律将被视为直接参照该国的实体法，不包括其法律冲突规则。[63] 马来西亚高等法院最近认为，在国际仲裁中，调整实体合同的法律、调整仲裁协议的法律和仲裁地法可以不同，这并不罕见。[64]

《2005 年仲裁法案》第 30 条对法律冲突的情况作了广泛的规定。第 30（2）条侧重于当事人意思自治，而第 30（4）条赋予了仲裁庭这一权力。当然，在确定适用的实体法时，仲裁庭将确定哪种法律制度与交易有最密切和最真实的联系。[65]

仲裁机构规则一般会给予仲裁员一定程度的灵活性，以便在当事人未做约定的情况下选择实体法。在某些情况下，仲裁机构和国内法都没有就仲裁员如何选择适用的实体法提出明确的指导意见。[66]

在优先考虑当事人意思自治原则和有利于当事人选择法律方面，投资条约仲裁与商事仲裁没有任何区别。但是，如果各方当事人不明确适用于其争议实质内容的法律，则仲裁庭必须确定各方当事人打算适用哪种法律制度或哪种具体法律。[67] 这一分析考虑到投资条约、东道国法律和国际公法的一般原则。

仲裁地实体法的相关性

在现代仲裁中，人们普遍认为适用仲裁所在地的普通法律选择规则并不一定是最佳

---

[62] *Id.*

[63] Rajoo and Davidson, *The Arbitration Act* 2005: *UNCITRAL Model Law as applied in Malaysia*, （2007） at para 30. 5.

[64] *Government of the Lao People's Democratic Republic v Thai-Lao Lignite Co Ltd* （"*TLL*"）, *a Thai Co* ［2013］ 3 MLJ 409 at ［94］.

[65] Lord Collins of Mapesbury, Briggs, Dickson, Harris, et al, *Dicey*, *Morris & Collins*: *The Conflict of Laws*, （15th Edn, 2012） at pp 1197-1198, para 32-005; *Minoutsi Shipping Corp v Trans Continental Shipping Services Pte Ltd* ［1971］ 2 MLJ 5; *Compagnie d'Armement Maritime SA v Compagnie Tunisienne de Navigation SA* ［1971］ AC 572, HL; *Coast Lines Ltd v Hudig & Veder Chartering NV* ［1972］ 2 QB 34, CA *Monterosso Shipping Co Ltd v International Workers Federation*, *The Rosso* ［1982］ ICR 675, ［1982］ 3 All ER 841, CA; *XAG v A Bank* ［1983］ 2 All ER 464; *Amin Rasheed Shipping Corpn v Kuwait Insurance Co*, *The Al Wahab* ［1984］ AC 50; *Mitsubishi Corpn v Castletown Navigation Ltd*, *The Castle Alpha* ［1989］ 2 Lloyd's Rep 383; *Woh Hup* （*Pte*） *Ltd v Property Development Ltd* ［1991］ 3 MLJ 82; supra note 9, para 30. 6.

[66] Gary Born, *International Arbitration*: *Cases and Materials*, （2nd Edn, 2015） at pp 961-962. UNCITRAL Model Law art 28, UNCITRAL Rules of Arbitration art 35 and ICC Rules of Arbitration （2014） art 21 （1）.

[67] 《解决国家与他国国民间投资争端公约》第 42 条第（1）款："法庭应依照双方可能同意的法律规则对争端作出裁决。如无此种协议，仲裁庭应适用作为争端一方缔约国的法律（包括其冲突法规则）以及可能适用的国际法规则。"另见《贸易法委员会仲裁规则》第 35 条第（1）款："仲裁庭应适用各方当事人指定适用于实体争议的法律规则。各方当事人未作此项指定的，仲裁庭应适用其认为适当的法律。"

做法。作为一个概念，适用所谓的仲裁地冲突规则被认为已经过时，几乎已经完全被放弃了。[68]

如前所述，当事人出于中立和方便以外的理由选择仲裁地带来很大争议。此外，在仲裁地由仲裁机构确定的情况下，声称当事人有可信的理由适用仲裁地实体法是不合理的。[69]

另外，一些司法管辖区违背现代趋势，背离了《UNCITRAL示范法》标准，仍然采用仲裁地的法律选择来确定使用的法律。然而这种不太自由的做法受到了严厉批评，因为它忽视了仲裁程序的跨国性质和特殊性。[70]

最相关司法管辖区法

最相关司法管辖区法利用了审查法律选择问题的累积方法。这种方法是通过分析多种法律，同时适用与争议有关的所有法律制度的法律选择规则来界定的。

仲裁庭制定了各种检验方法，使其能够审查可能与争议有关的法律之间的联系程度。在现阶段，这些规则如果在取得相同结果的情况下存在微小差异，则不相关。[71]

以与争议的联系为基础的法律规则累积选择的适用方法，目的是获得各种法律冲突问题的更可预测的结果。这种做法允许仲裁员无视其他选择，例如根据其他标准（如特定法律与争议之间的联系）选择仲裁所在地的法律规则。

仲裁庭详细制定了两种不同的利用累积办法的方式。第一种方法是争议所涉国家的法律冲突规则的累积应用。第二种方法则是有关将国际公认的冲突规范作为法律冲突的一般原则的应用。[72]

例如，英国上诉法院制定了三重检验来确定适当的仲裁法律。这个测试解决了当事人是否已明确选择法律的问题；如果没有，当事人是否可能已作出默示的选择；如果答案是否定的，那么哪一种法律与仲裁协议有最密切和最真实的联系。[73]

批评者认为，最密切联系标准只是法律选择分析的起点。他们认为，通过采用这种方法，仲裁员有充分的裁量权来分析其将适用哪些法律原则。[74]

累积法所固有的局限是显而易见的，与争议有关的法律制度的各种法律选择规则会导致不同的结果。累积的方法只能确定所谓的“最终的真正冲突”（ultimate true conflict），但并不能解决问题。在这种情况下，必须适用另一项法律冲突原则，以在“累积”（cumulative）分

---

[68] Gary Born, *International Commercial Arbitration*,（2nd Edn 2014） at pp 2639–2641.

[69] *Ibid*.

[70] J Savage, E Gaillard（ed）, *Fouchard Gaillard Goldman on International Commercial Arbitration*,（1999）, pp 868–869. 作者就瑞士和德国立法中的具体规定作了一些评论，并提到意大利和墨西哥的仲裁法是采用仲裁地选择法的国家的例子。

[71] *Id*. at p 871.

[72] M Petsche, “International Commercial Arbitration and the Transformation of the Conflict of Laws Theory”,（2010） 18 Michigan State Journal of International Law 3 at pp 456–457.

[73] *Sul América Cia Nacional De Seguros SA v Enesa Engenharia SA* ［2012］ EWHC 42（Comm）.

[74] K Berger, *International Economic Arbitration*,（1993） at pp 501–505.

析所确定的相抵触的选项之间作出选择。有些人认为累积方法的应用可能是一个繁重、复杂的和耗时的过程。[75]

国际方法

在假定国际仲裁庭不存在法院地法的情况下，或许可以确认仲裁员不太可能充当某一特定法院所在地公共利益的保护人。因此，在没有这些限制的情况下，仲裁庭在确定准据法方面享有很大程度的自由。然而这种程度的自由可能会导致涉及用以确定准据法的方法的可预测性问题。[76]

法律选择规则（也被称为国际私法一般原则的选择）的国际办法是作为应用累积方法的替代办法产生的。通过这种方式，仲裁庭试图制定一套连贯一致的国际私法规则，使其能够分析某一争议的不同方面。[77]

国际办法的一个明显优势是避开了国家法律制度的特殊性，同时避免了多重法律冲突规则的适用。国际做法背后的理念是将中立和统一的国际私法原则适用于仲裁程序。

这种方法使仲裁庭能够避免适用不寻常和不可预测的法律冲突规则。它通过允许进行涉及仲裁判例法[78]和与合同适用法律有关的国际公约的比较，扩充了仲裁庭的分析。[79]在马来西亚，偏离国际规范是由于仲裁庭不承担友好调解人或依公允善良原则的责任。

因此，在确定适当法律时，仲裁庭将首先尊重当事人的合同意图，并采用“最密切和最真实”（closest and most real）的联系标准。《2005 年仲裁法案》第 20 条反映了《UNICITRAL 示范法》第 18 条所载关于公平和正义的概念。本条规定的这些原则适用于仲裁的所有阶段，对仲裁庭和各方当事人都具有约束力。[80]

非国家法律制度的应用

国内法对国际交易的适用被认为是国际法中的一个难题。固有的领土限制和国内法政策可能会导致不受欢迎的国际争议的国家化。[81] 例如，《纽约公约》确立了自己的法律

---

[75] Gary Born, *International Commercial Arbitration*, (2nd Edn, 2015) at pp 2648–2650.

[76] M Petsche, “International Commercial Arbitration and the Transformation of the Conflict of Laws Theory”, (2010) 18 Michigan State Journal of International Law 3 at p 481.

[77] J Savage and E Gaillard (ed), *Fouchard Gaillard Goldman on International Commercial Arbitration*, (1999) at pp 873–874. Gary Born, *International Commercial Arbitration*, (2nd Edn, 2014) at pp 2650–2653.

[78] *Kuwait v The American Independent Oil Company* (*AMINOIL*), Ad-Hoc arbitration award of 24 March 1982. 即使当事人没有选择一般法律原则或跨国法作为准据法，也可以认为，一般法律原则的选择将取决于仲裁员根据国际私法一般原则而作出的“客观决定”。

[79] 1980 年《关于合同义务适用法律的罗马公约》；1955 年《关于国际货物销售适用法律的海牙公约》；1986 年在海牙会议和贸易法委员会联合主持下修订的《关于国际货物销售合同适用法律的公约》。

[80] Rajoo and Davidson, *The Arbitration Act 2005: UNCITRAL Model Law as applied in Malaysia*, (2007) at para 20.1.

[81] M Petsche, “International Commercial Arbitration and the Transformation of the Conflict of Laws Theory”, (2010) 18 Michigan State Journal of International Law n 3, at p 470.

冲突办法，将仲裁所使用的法律与执行地的国家法律联系起来。[82]

可以肯定的是，不止一个因素有助于将非国家法律适用于仲裁，其中一点就包括国际商界各方对法律的不满，以及其对仲裁程序的进行方式的抱怨。

在确定法律选择时，仲裁庭可以将非国家实体规则用于争议，例如商人法（*lex mercatoria*）[83]、跨国法以及其他非国家来源的实体规则。[84] 适用跨国规则和国际商法的一般原则是适用商业惯例的关键。它反映了这样一种观点，即可以通过适用一个国家法律体系的法律，根据跨国规则和原则加以解释，找到解决争议的适当法律。

在分析适用的法律时，几个仲裁庭采用了跨国法的分支，例如：UNIDROIT 原则[85]；贸易习惯；以及所谓的 *tron ccommun* 原则，即当事人各自的法律适用。

必须提及的是，*lex mercatoria* 的概念实际上规定了国际商业中的跨国规范和一般法律原则的适用。这意味着这些规则是对某一国家的国内法的补充。最重要的是，它可以使用一套法律而不是单一法律作为解决具体争议的手段。[86]

适用非国内法可有助于避免适用不适合国际合同的国内法。它可以用来规避特殊的形式要求、短期限制以及其他国家的国内法造成的一些未知困难，例如与合同的对价和相对性有关的问题。[87]

对于仲裁庭是否有权在当事人未指明的情况下选择非国内法律，尚不明确。在这种情况下，应该审慎选择适用非国内法。适用非国家法律通常会产生不可预测的结果，可能导致仲裁裁决无效或被撤销。

49.5 结　论

国际仲裁的目的是满足各方当事人的意图和期望，以此作为解决争议的一种方法。仲裁庭的义务是根据法律规则解决争议，通过对仲裁程序的所有法律方面的分析以调整当事人的期望。

在处理每一个案件时，仲裁庭分析适用于仲裁协议的法律、程序法、实体法和仲裁

---

[82] 有关更多信息，请参见：M Paulsson, *The 1958 New York Convention in Action*（2016），pp1-30。作者评论说："国家法律和公约之间的关系可以有三个方面：（1）公约凌驾于国家法律之上，为承认和执行提供了统一的规则；（2）公约明确服从国内法；（3）公约有缺陷，必须根据国内法解释，包括所提及的法律冲突。起草者参考了三项国家法：（1）裁决地国的法律；（2）寻求执行的国家的法律；（3）当事人选择的法律。"

[83] 商法是由国际贸易的参与者制定并为其服务的一套规则。这些规则建立在国际贸易惯例、格式条款和合同、统一法、一般法律原则和国际文书的基础上。

[84] J Lew, L Mistelis, et al, *Comparative International Commercial Arbitration*,（2003）at p 450.

[85] 国际统一私法协会制定的《2010 年国际商事合同通则》。

[86] E Gaillard, "Thirty Years of Lex Mercatoria: Towards the Selective Application of Transnational Rules",（1995）ICSID Rev. FILJ at pp 208-231.

[87] O Lando, "The Law Applicable to the Merits of the Dispute", in P Sarcevic, *Essays on International Commercial Arbitration*,（1991）at pp 129-159.

裁决的执行程序，这是一项艰巨的任务，需要一种适当的方法体系。

不同的法律选择方法对现实问题的及时解决具有重要意义。合同实体法的相关性、法律选择的直接适用、仲裁地法律选择的辅助适用、国际上的方法、最密切联系法和非国内方法，各有其利弊。

然而仲裁员必须能够区分这些做法，确定最佳解决办法及适用的法律。考虑到改变仲裁范围的专门仲裁制度，这一点变得更为重要，以后将讨论这些制度。

说明：本书索引编制方式为保留原书索引。

法案索引

A

B

C

E

I

L

M

N

O

P

附属法例索引

C

E

R

国外立法索引

A

B

C

N

O

P

R

S

U

国外附属法例索引

规则、公约、条约索引

A

B

C

E

F

G

H

I

J

K

L

M

N

P

R

S

T

U

V

W

案例索引

A

B

C

D

E

F

G

H

I

J

K

L

M

N

O

P

Q

R

S

T

U

V

W

Z